W0196777

JOHANN MAIER

Das Judentum

JOHANN MAIER

Das Judentum

Von der biblischen Zeit bis zur Moderne

Mit 4 Farbtafeln, 20 Schwarzweiß-Bildseiten und 8 Karten

verlegt bei Kindler

2. Auflage
© Copyright 1973 by Kindler Verlag GmbH München
Alle Rechte vorbehalten, auch die des teilweisen Abdrucks, des öffentlichen Vortrags und der Übertragung durch Rundfunk und Fernsehen
Redaktion: Egidius Schmalzriedt
Korrekturen: Anneliese Pernack
Einband: Hans Numberger
Gesamtherstellung: Friedr. Pustet, Regensburg
Printed in Germany
ISBN 3-463-00681-2

Einleitung

DER VERSUCH, die Kulturgeschichte des Judentums in einem Band zu schreiben, ist von vornherein ein fragwürdiges Unterfangen, und zwar in erster Linie wegen der Fülle und der Vielfalt des Stoffes. Es verlangt eine Beschränkung, die bei unvermeidlichem Verzicht auf viele illustrative Einzelheiten und Daten jene bestimmenden und wirksamen kulturgeschichtlichen Faktoren halbwegs einsichtig aufzuweisen gestattet, denen innerhalb von dreieinhalb Jahrtausenden jüdischer Geschichte mehr als episodenhafte Bedeutung zukommt.

Nun gilt das Problem der Stoffülle nicht nur für die Darstellung des Judentums allein, und selbst die Tatsache der geographischen Streuung und der damit gegebenen kulturellen Mehrsträngigkeit und Vielschichtigkeit hat zu einem gewissen Teil ihre Parallelen. Dennoch bleibt die geographische Verbreitung des Judentums eine Besonderheit, weil es sich fast immer in einer Minoritätensituation befand, deren Problematik auch kulturgeschichtlich von größter Tragweite war.

Das Verhältnis zwischen Judentum und Umwelt, so vielfältig es sich auch immer darstellt, könnte auf den ersten Blick auf die Spannung zwischen dem spezifisch Jüdischen und der jeweiligen Umweltkultur, also auf das Phänomen der Assimilation als Grundkomponente reduziert werden. Die historischen Einzelsituationen würden dann als Paradigmata für das wechselhafte Ringen mit dieser Grundproblematik erscheinen. Voraussetzung dessen wäre aber eine von vornhinein feststehende und durchgängig anwendbare Definition dessen, was als »spezifisch jüdisch« anzusehen sei.

Man hat insbesondere im vorigen Jahrhundert und zu Beginn unseres Jahrhunderts versucht, das »Wesen« des Judentums zu definieren, dabei gleichartigen Versuchen in der damaligen Umwelt folgend; doch heute steht außer Zweifel, daß es sich um Standortbestimmungen handelte, die ihren Platz im Rahmen der damaligen jüdischen Religions- und Geistesgeschichte hatten und auf frühere Perioden des Judentums kaum oder nur beschränkt anwendbar sind. Dieses Urteil gilt auch für Versuche, eine spezifisch jüdische Kultur aufzuweisen, weil sie in der Regel jenem Kultur- und Volksbegriff entsprechen, der seine Wurzeln in der Romantik hat und später in der völkischen Ideologie zum Tragen gekommen ist. Daraus ergaben sich Wertmaßstäbe, die ein sachgerechtes Urteil über das Judentum kaum zulassen, denn wenn etwas wie ein »Volkscharakter« und eine ihm — wie auch immer — allein angemessene Kultur postuliert wird, erscheint das Judentum in seiner Diasporageschichte als Außenseiter, letztlich als Fremdkörper in Gastkulturen und damit von zweifelhaftem Eigenwert.
Die jüdische Apologetik hat diese vom Antisemitismus viel strapazierte Argumentation nach Kräften zu widerlegen versucht, nicht zuletzt durch den mühevollen Aufweis all der Leistungen, die Juden zu ihren »Gastkulturen« beigetragen haben; dies geschah zum Teil in sonderbarer Parallelität zu jenen judenfeindlichen, antisemitischen Bestrebungen, die gerade diese jüdischen Anteile als verderbliche Fremdeinflüsse oder als parasitäre Teilhabe aufzuspüren bemüht waren. Tatsächlich stand der Erfolg der jüdischen Apologetik dieser Art in keinem nennenswerten Verhältnis zu ihrem Arbeitsaufwand, denn die weite Verbreitung völkischer Vorstellungen bot für antisemitische Behauptungen eine weit günstigere Resonanzkulisse.
Auch für das jüdische Selbstbewußtsein erwies sich diese Seite der Apologetik als wenig ergiebig, weil die Frage, was denn das Judentum an sich darstelle, innerjüdisch umstritten war und die nationaljüdische Bewegung — der Zionismus — eben-

falls die Eigenständigkeit auch in kultureller Hinsicht zu betonen beziehungsweise wiederherzustellen suchte. Damit bot sich zwar erneut ein Maßstab für eine Gesamtschau der jüdischen Geschichte und Kulturgeschichte an, doch wieder im Dienst eines bestimmten Gegenwartsinteresses, insbesondere im Zusammenhang mit dem Anspruch auf das Land der Väter und verbunden mit der seit der Aufklärung infolge des jüdischen Pluralismus offenen Frage nach der jüdischen Identität.

Die Judenverfolgungen des nationalsozialistischen Regimes haben zwar dem Zionismus eine praktisch überzeugende Rechtfertigung geliefert und die Staatsgründung im Land der Väter beschleunigt, aber zugleich erwies sich der völkische Weg der Selbstdefinition durch das NS-Beispiel als diskreditiert, so daß die Frage nach dem »eigentlich Jüdischen« auch im zionistischen Rahmen keine einhellige Antwort finden konnte.

Die gelegentlich dennoch stark betonte Bezugnahme auf Volk und Land zur Wertorientierung bei der Beurteilung jüdischer Geschichte wirkt irritierend, weil eine derart völkisch bestimmte Argumentation durch die gleichzeitige Beteuerung, es handle sich doch um etwas wesentlich anderes als bei jeder anderen völkischen Orientierung, uneinsichtig bleibt, solange nicht deutlich zu machen ist, worin denn dieses »andere« besteht. Die bloße Tatsache, daß für das Judentum die Religion eine besonders konstitutive Rolle spielt und daß daher auch für eine Kulturgeschichte des Judentums die Religionsgeschichte eine zentrale Komponente darstellt, gilt unbestritten bis zur Aufklärung, wird aber dann mit dem Zerfall der traditionellen Vorstellungen in ihrer Bedeutung begrenzt und verliert infolge der fortgeschrittenen Säkularisierung weiter an Gewicht – ganz abgesehen von der Tatsache, daß die Verquickung von religiösen Zügen mit nationalistischer Ideologie durchaus ihre Parallelen hat.

Wenn dennoch an der Einheit von Religionszugehörigkeit und

Nationalität so weit festgehalten wird, daß zwar religiöse Indifferenz oder ein aktiver Atheismus toleriert werden kann, ein positives Bekenntnis zu einer anderen Religion aber den Verlust der Nationalität nach sich zieht, dann als Fiktion, notwendig geworden infolge der Verlegenheit, welche die offene Frage nach der jüdischen Identität und nach dem »eigentlich« Jüdischen bewirkte.

Diese wenigen Bemerkungen machen bereits deutlich, daß mit Aufklärung und Emanzipation für das Judentum kulturgeschichtlich eine völlig neue Ära einsetzte und daß sowohl die Verfechter zentripetaler wie zentrifugaler Tendenzen seither ihren Bezugspunkt, ihr »Zentrum«, nur mehr unzulänglich als jüdisch schlechthin auszuweisen vermögen. Zwar handelt es sich vorwiegend um Auseinandersetzungen um die überlieferte, religiös begründete Lebensordnung, wie sie innerhalb der jüdischen Orthodoxie noch weitgehend konserviert aus der Zeit vor der Aufklärung herübergerettet wurde, aber die Bestimmung dessen, was als Inhalt und normative Substanz der Tradition und somit als jüdische *essentials* gelten kann, bleibt umstritten.

Manchen gilt die biblische Überlieferung als Maß aller Dinge. Insbesondere die zionistische Festlegung auf Palästina bestärkte diesen Trend, der eine Abwertung des Diasporadaseins mit sich brachte. Die Tradition der nachbiblischen Zeit wird dabei als diasporabezogen angesehen, die talmudisch-rabbinische Überlieferung als Mittel der Selbstbehauptung in der Zerstreuung betrachtet und nur insofern auch als positiv anerkannt, als eine Art Ausnahmeerscheinung, die mit der Rückkehr ins eigene Land und im eigenen Staat ihren Sinn verliert.

So einsichtig dies für manchen klingt, so fragwürdig ist das Argument genau besehen, denn die talmudische Tradition ist ja mitnichten ein ausgesprochenes Diasporaprodukt, sie fußt weitgehend auf palästinensischer Basis und ist insofern weithin nur Ausdruck jüdischen Strebens nach Autonomie und Selbstbehauptung. Der erwähnte Biblizismus bedeutet also eine willkürliche, bewußte Verkürzung der jüdischen Überlieferung – was kein Werturteil sein soll, jedoch den Anspruch seiner Verfechter, das »Eigentliche« und »Ursprüngliche« wiedergefunden zu haben, relativiert.

Die Möglichkeit, von einer festen Definition des »Wesens des Judentums« oder dergleichen auszugehen, scheidet also heute aus. So bleibt nur der Weg einer möglichst umsichtigen Betrachtung der Art und Weise der Problembewältigung innerhalb überschaubarer Räume und Perioden und der dabei verwendeten Mittel, auch auf die Gefahr hin, daß letztlich die Kontinuität zwischen dem Judentum der frühbiblischen Periode und dem der Moderne nur mehr mangelhaft definierbar erscheint, wenn man der – übrigens ja nicht uneingeschränkt vorauszusetzenden – Tatsache der bloßen Abstammung keine besondere Bedeutung zuzumessen gewillt ist.

Für die hier gewählte Darstellungsweise wird diesem Abstammungsaspekt an sich keine solche Bedeutung zuerkannt, wenn auch die Rolle des genealogischen Zusammenhangs für die Kontinuität der Tradition und für das Geschichts- wie Kollektivbewußtsein keineswegs unterschätzt werden soll. Eine Rede von »jüdischem Blut« und dergleichen erklärt nichts und bietet eine phrasenhafte, vordergründige Erklärung für ein Phänomen, dessen Voraussetzungen und Komponenten von schier unüberschaubarer Komplexität waren und von Zeit zu Zeit und von Ort zu Ort gewechselt haben.

Unter den genannten Voraussetzungen wurde jüdische Kulturgeschichte vor allem zum Aufweis von »typisch Jüdischem« einerseits und von Fremdeinflüssen auf das Judentum andrerseits betrieben. Das zweite Ziel entspricht einer Neigung zur Ableitung möglichst aller Phänomene von einem Ursprung, die in der Wissenschaftsgeschichte zeitweilig beherrschend gewirkt hat und auf dem hier zu behandelnden Gebiet vor allem im sogenannten »Bibel-Babel-Streit« um die Jahrhundertwende einen Höhepunkt erlebte, gefolgt von der Tendenz, möglichst Vieles parsistischen Einflüssen zuzuschreiben. Diese Tendenzen wurden infolge ihrer Beziehung zur Bibelwissenschaft auch weiteren Kreisen bekannt.

Die Kulturgeschichte des späteren Judentums konfrontiert aber auf Schritt und Tritt mit ähnlichen Fragen, sie sind also nicht außergewöhnlich und entbehren bei nüchterner Betrachtung auch der übermäßigen Relevanz, die ihnen in der bibelwissenschaftlichen Diskussion aus theologischen Gründen oder von völkisch orientierten Kreisen aus ideologischen Gründen zugemessen worden ist. Das Bemühen, »typisch Jüdisches« und jeweils Übernommenes zu trennen, ist wenig ergiebig, einmal, weil – wie schon bemerkt – die Definition des »typisch Jüdischen« so einfach nicht ist, zum andern, weil gar nicht so sehr wichtig ist, *was* übernommen wurde, als vielmehr, *wie* und *warum* das geschah. Um dies herauszuarbeiten, bedarf es einer eingehenden Prüfung der innerjüdischen Voraussetzungen und Folgen.

Der in diesem Band eingeschlagene Weg konzentriert sich also auf die Problematik des Verhältnisses zwischen Judentum und Umwelt in ihrer kulturgeschichtlichen Relevanz. Zu diesem Zweck war es notwendig, die Voraussetzungen zu skizzieren, die zu dieser Problematik erst geführt haben, also die Entstehung des biblischen Judentums zu schildern. Der erste Teil des Buches unterscheidet sich insofern von den folgenden, stärker auf die kulturgeschichtliche Problematik konzentrierten Teilen, weil die Darlegung der Voraussetzungen in der biblischen Zeit eine eingehendere historische und religionsgeschichtliche Darstellung erforderte, um verständlich zu erscheinen. Kulturgeschichtliche Detailfragen treten hier also mehr in den Hintergrund.

Dieses Verfahren erschien berechtigt, da die materielle Kultur des Alten Israel sich ja nicht so wesentlich von der Kultur der Umwelt, über die in dieser Reihe bereits Einzeldarstellungen vorliegen, unterscheidet, und weil überhaupt für die biblische Zeit eine Fülle von Sachliteratur zur Verfügung steht.

Gemäß dem Ansatz dieses Versuches erfolgt die Stoffeinteilung weniger nach den Zäsuren der jüdischen Geschichte als nach den großen Kulturperioden, die auch eine entsprechende Wende in der jüdischen Kulturgeschichte bedeuten. Dies gilt vor allem für die Wende von der persischen Periode zur hellenistisch-römischen Zeit und für die arabische Eroberung, danach wieder für die Aufklärung und das Aufkommen des modernen Nationalismus.

Mittelalter und Neuzeit bis zur Aufklärung bilden eine in sich äußerst vielfältige, im ganzen aber doch recht kompakte Periode jüdischer Kulturgeschichte. Mit der Aufklärung setzt hingegen ein Pluralismus ein, der es kaum mehr erlaubt, *eine* »Kulturgeschichte« zu verfassen; die jüdische Kultur und die Umweltkulturen weisen kaum mehr aufzeigbare Grenzen auf – nur im orthodoxen Bereich, wo die alten Lebensformen und das Hebräische weitergepflegt wurden, und im Zionismus, der eine erneute Abgrenzung und eine Wiederbelebung des Hebräischen auch als Alltagssprache in die Wege leitete, ergeben sich gewisse Kriterien, die man indes nicht zu allgemeinjüdischen verabsolutieren kann. Dies um so mehr, als es im Blick auf das Umweltverhältnis eine Ermessensfrage darstellt, ob man den kulturgeschichtlichen Leistungen des sich abgrenzenden oder des sich assimilierenden Judentums den Vorrang einräumt.

Sinnvoller dürfte es sein, diese Frage überhaupt nicht zu stellen, da eine solche Scheidung im Einzelfall ohnedies auf erhebliche Schwierigkeiten stößt und eine Vereinfachung der Sachlage zur Voraussetzung hätte. Gerade in diesem so schwer greifbaren, so gar nicht auf einen gemeinsamen Nenner zu bringenden Verhältnis zwischen jüdischer Kultur und Umweltkultur liegt außerdem zu einem guten Teil die Faszination begründet, die von dem Phänomen Judentum ausgeht.

Erster Teil

DIE JUDEN IM RAHMEN DES ALTEN ORIENTS

Von den Anfängen bis zur Zeit Alexanders des Grossen

Erstes Kapitel

DAS LAND DER BIBEL AM VORABEND DER GESCHICHTE ISRAELS

1. Zur Früh- und Vorgeschichte des syrisch-palästinensischen Raumes

Das südliche Syrien, ein schmaler Streifen besiedlungsfähigen Landes zwischen Mittelmeer und syrisch-arabischer Wüste, verbindet die großen Zentren der vorderasiatisch-mediterranen Kultur: Ägypten, Kleinasien und Mesopotamien. Die Küste weist im nördlichen Teil eine Reihe natürlicher Häfen auf, und in der Tat haben die phönikischen Hafenstädte von früh an eine bedeutende Rolle als kommerzielle und kulturelle Umschlagplätze gespielt. Der Süden mit seiner flachen Küste hingegen blieb für die Seeverbindungen unbedeutend.

Diese eigentümliche geopolitische Situation war für das Geschick der Landesbewohner bestimmend. Sie lebten im Aufmarsch- und Durchzugsgebiet der großen Mächte im Norden und im Süden, litten daher immer wieder unter militärischen Heimsuchungen, dazwischen freilich auch wieder die Vorzüge eines Raumes genießend, in dem sich die großen Handelswege bündelten, die, von Ägypten her die Küste entlangführend, sich hier verzweigten, im Süden gegen Arabien zu, an der Küste weiter nach Norden zu den phönikischen Häfen und nach Kleinasien, schließlich durch die Jezreel-Ebene und die obere Jordansenke ins nördliche Syrien und ins Zweistromland. Die

Kontrolle dieser Handelswege, der Zugang zum Mittelmeer über die Häfen Phönikiens und der Holzreichtum des Landes – die »Zedern des Libanon« sind ja sprichwörtlich geworden – haben es neben strategischen, durch die Weltherrschaftsaspirationen der Großmächte bedingten Erwägungen mit sich gebracht, daß dieses Land fast immer unter der Oberherrschaft einer benachbarten Macht oder im Spannungsfeld zwischen den Großmächten lag.

Nur selten ergab sich die Chance zu politischer Selbständigkeit, und auch dann nur vorübergehend, auf längere Sicht bestenfalls in einer Pufferstaatfunktion. Lange Zeit beherrschte Ägypten das Gebiet; nordsyrisch-kleinasiatische Mächte – Mitanni und die Hethiter – versuchten wohl, hier Boden zu gewinnen, aber erst im ersten Jahrtausend dominieren hier die nördlichen, nun vom Zweistromland her kommenden Mächte, Assyrer, Babylonier und Perser; die letztgenannten eroberten schließlich sogar das ägyptische Mutterland.

Diese wechselvolle Abhängigkeit wurde durch die geophysische Vielfalt des Landes begünstigt, denn sie bedingte eine entsprechende ethnisch-kulturelle Mannigfaltigkeit und somit die Bildung kleinerer politischer Gebilde, wie etwa Stadtstaaten.

Die fruchtbare Küstenebene war, wie auch die Jezreel-Ebene, von alters her Durchzugsgebiet gewesen und früh mit städtischen Siedlungen überzogen. Nach Osten hin führt ein noch gut besiedlungsfähiges Hügelland allmählich in die kargeren, bis zu tausend Meter hohen Bergregionen über, die in sich wieder reich gegliedert sind. Im Süden das Hochland des Negev, von Steppe in Wüste übergehend, dann das judäische Bergland um Hebron, im Norden begrenzt durch einen Ausläufer der städtischen Siedlungskultur, der von der Küste her dem Sorek-Fluß folgend über Beth Schemesch bis hinauf nach Jerusalem reicht, das die Verbindung in die Jordansenke und zwischen dem südlichen und nördlichen Bergland kontrollierte. Das samaritanische Bergland, mit weit günstigeren agrarischen Bedingungen, stößt im Nordwesten mit dem Karmel bis an die Küste vor, wird dann durch die Bucht von Akko und die Jezreel-Ebene vom galiläischen Bergland abgeschnitten, das wieder eine in sich reich gegliederte Landschaft bildet, die im Norden in den Höhen des Libanon und Antilibanon gipfelt.

Von Norden nach Süden zerteilt der Jordangraben, ein Riß in der Landbrücke zwischen den Kontinenten, das Land, am Genezarethsee auf zweihundert Meter, am Toten Meer auf fast vierhundert Meter unter den Meeresspiegel absinkend; auch in diesem Tal bestanden in der Nähe der Süßwasservorkommen uralte Siedlungen, beispielsweise Jericho. Im Osten davon setzt sich das Hochland weiter fort, durch tiefeingefurchte Flußtäler wie den Jarmuk und Jabbok gegliedert und allmählich in die syrisch-arabische Wüste übergehend.

Die klimatischen Verhältnisse und damit die Siedlungsmöglichkeiten sind demgemäß recht unterschiedlich. Die Niederschläge, die in erster Linie vom Mittelmeer kommen, werden sowohl von Norden nach Süden hin wie von der Küste aus nach Osten hin – vor allem jenseits des Jordantales – immer geringer. Gunst und Ungunst der Witterungsverhältnisse hatten für die Bevölkerung hier, wo umfangreichere Bewässerungseinrichtungen fehlten, dementsprechend schwerwiegende Bedeutung.

Die Niederungen mit den an den Handelswegen gelegenen städtischen Siedlungen haben verständlicherweise seit jeher eine ganz andere Rolle gespielt als das unwegsame und in seiner geophysischen Vielfalt eine Fülle von mehr oder weniger isolierten Siedlungseinheiten bildende Bergland oder die Wüstenrandgebiete. Der Gegensatz zwischen Stadt und Land war hier, auf so engem Raum, ein vorgegebener Faktor in der Geschichte der ethnischen, politischen und kulturell-religiösen Spannungen.

Für eine ethnische Einheitlichkeit bot dieser Raum keine Voraussetzungen. Die Handelswege waren ja zugleich Heerstraßen, und die Bevölkerung dieser Gebiete wurde immer wieder von neuen Eroberungsschichten überlagert oder durch friedlichen Zuzug in ihrer Zusammensetzung bereichert. Aber auch das Bergland bot keine Reservate für abgekapseltes Stammesleben, denn wie den ganzen »fruchtbaren Halbmond« im Norden und Nordwesten der arabischen Wüste entlang, so trieb auch hier der Bevölkerungszuwachs unter den Wüstenstämmen immer wieder neue Wanderbewegungen in die Randgebiete des Kulturlandes, von wo aus diese Stämme Raubzüge in das Kulturland unternahmen, dann als Halbnomaden im Zug des Weidewechsels in das Land einsickerten und seßhaft wurden oder überhaupt ganze Gebiete mit Gewalt eroberten. Das Kulturland drückte allerdings diesen Zuwanderern zumeist bald seinen Stempel auf, da sie ja auf die ansässige Bevölkerung als Lehrmeister für die neue Form der Existenz angewiesen waren.

Die Funktion der vermittelnden Brücke zwischen den großen »Kulturwiegen« am Nil und im »fruchtbaren Halbmond« läßt sich für die eben knapp beschriebene Landschaft schon für die frühgeschichtliche Zeit nachweisen. Es handelt sich also um ein uraltes Kulturgebiet, schon lange bevor Israel in die Geschichte eintrat. Als sensationell wurde zum Beispiel die Entdeckung K. Kenyons bekannt, wonach in Jericho bereits im achten Jahrtausend eine Siedlung mit festen Mauern bestand, in der Zeit der späten – mesolithischen – Natufien-Kultur beziehungsweise im noch keramiklosen Proto-Neolithikum.

Der Übergang von der Stufe der Höhlenbewohner zur Errichtung eigener Bauten, zur Viehzucht und zum Ackerbau vollzog sich demnach – der vielfältigen Landesstruktur entsprechend – recht unterschiedlich. Jericho war von etwa 7000 bis etwa 5500 v. Chr. eine städtische Siedlung mit erstaunlich massiver Befestigung, und es wird schwerlich der einzige Ort dieser Art gewesen sein. Mit dem Auftreten von Keramik (Jericho IX, gegen Mitte des sechsten Jahrtausends) ergibt sich ein neues Hilfsmittel zur Feststellung lokaler und überregionaler Kulturausprägungen, dem auch noch für die Zeit schriftlicher Zeugnisse hoher Wert zukommt. Daneben finden sich aber auch Spuren einer Megalithkultur, deren Einordnung noch eine offene Frage ist.

Jericho VIII leitet über ins Chalkolithikum. Von den Einzelfunden aus dieser frühen Zeit sind vor allem die figürlichen Darstellungen bemerkenswert, die auf den Kult einer die Sexualkraft versinnbildlichenden weiblichen Gottheit schließen lassen, nach anderer geläufiger Meinung auf einen Fruchtbarkeits- und Muttergöttinkult hinweisen.

Mit dem Chalkolithikum setzt nach der Mitte des fünften Jahrtausends v. Chr. eine Kulturstufe ein, die nahezu über das ganze Land mehr oder minder entsprechend nachweisbar ist, Jericho ausgenommen, das für das vierte Jahrtausend nichts beiträgt. Maßgebend ist dafür die nach dem Fundort Teleilat el-Ghassul an der Jordansenke benannte dörflich-städtische Kultur (früher meist zu spät datiert!). Hier fand man Bautenreste aus luftgetrockneten Lehmziegeln über Feldsteinfundamenten, und sogar Malerei – Freskenreste – ist nachzuweisen. Wieder dominieren, abgesehen von Werkzeugen und Gefäßen, figürliche Abbildungen. Das nächste Orientierungszentrum ist Beeršeba im nördlichen Negev, überleitend zur Esdraelon-Kultur der Jezreel-Ebene mit den repräsentativen Fundstätten Megiddo, Tell el-Far'a und Bet Schean.

Mit dem dritten Jahrtausend beginnt die sogenannte Bronzezeit, für die bereits literarische Zeugnisse aus Ägypten vorliegen, das damals Phönikien und Palästina kontrollierte. In der mittleren Bronzezeit (etwa 2100–1600 v. Chr.) dringen von Osten her über die Jordansenke wiederholt Wellen halbnomadischer Gruppen ein, eine Erscheinung, die den ganzen Bereich des »fruchtbaren Halbmondes« betraf und zeitweilig auch die ägyptische Grenze erreichte. Unter diesen Gruppen dürften sich Sippen befunden haben, deren Nachfahren später in den israelitischen Stämmen aufgingen und gewisse Grundüberlieferungen der Erzvätererzählungen miteinbrachten.

Im Verlauf des zweiten Jahrtausends lassen die Quellen für das syrische Gebiet zwei große Bevölkerungsgruppen erkennen: (1) die – ab etwa 1500 so benannten – *Kanaanäer*, womit keine ethnische Gruppe gemeint war, sondern die Bewohnerschaft vor allem des ägyptisch kontrollierten Syriens, insbesondere der (phönikischen) Küste; (2) die *Amoriter*, die für einen viel breiteren Raum bezeugt sind, nämlich von Mesopotamien bis Ägypten, und die offenbar ein fluktuierendes halbnomadisches Bevölkerungselement darstellten, das sich in den Randgebieten des Kulturlandes aufhielt und von da aus in dieses vordrang und sich niederließ, im Unterschied zu den Kanaanäern als den Vertretern städtischer Kultur also zunächst das Halbnomadentum und dann eine sippenorientierte Landbevölkerung repräsentierte.

Die *Bibel* ordnete beide nach geographischen Gesichtspunkten in ein genealogisches Schema ein (*Genesis* 10, 15), kennt aber daneben, wie außerbiblische Quellen, auch noch andere Bevölkerungsgruppen, zum Teil solche, die nicht der semitischen Sprachfamilie zuzuordnen sind, wie etwa die – weder semitischen noch indogermanischen – »Hurriter« oder die indogermanischen »Hethiter«. Die Hurriter drangen vom nördlichen Syrien her nach Süden vor (17.–16. Jahrhundert), zur Zeit der Hyksosherrschaft in Ägypten, der dann (15.–14. Jahrhundert) eine hethitische Expansion von Kleinasien her folgte.

Der ethnische Charakter des Landes war also von früh an nicht weniger vielfältig als sein geophysischer; schon die vorgeschichtlichen anthropologischen Befunde vom Karmel lassen bereits zwei verschiedene Menschentypen auf engem Raum erkennen. Im großen und ganzen gehört schon in der Frühbronzezeit sprachlich das ganze Gebiet zum »Westsemitischen«, und für die Mittelbronzezeit kann die Landeskultur, soweit sie städtisch war, bereits als »kanaanäisch« (-phönikisch) bezeichnet werden, während im bergigen und wüstennahen Hinterland das »amoritische« Element vorherrschte. Von daher erklären sich auch die alten Bezeichnungen »Land Kanaan« und »Land der Amoriter« für diese Gebiete.

In der zweiten Hälfte des zweiten Jahrtausends kam es zu einer entscheidenden Änderung dieser Konstellation, denn nun drangen weitere protoisraelitische Gruppen sowie Aramäer, Ammoniter und Moabiter von Süden und Osten her in das Land ein, zum Teil als Eroberer, und an der südlichen Küste setzten sich die Philister fest, ein Zweig der »Seevölker«, die von der Ägäis her eine Zeitlang die vorderasiatisch-ägyptischen Küstenstriche unsicher gemacht hatten.

Diese neuen Gruppierungen fallen ungefähr mit der etwa ab 1200 beginnenden Eisenzeit zusammen, mit dem eigentlichen Einsetzen der »Geschichte Israels«.

Die bereits erwähnte geophysisch bedingte Gegensätzlichkeit und Vielfalt des Landes bedingte auch eine entsprechende ethnisch-kulturelle Mannigfaltigkeit. Politisch wirkte sich dies in der Bildung von zahlreichen Stadtstaaten aus, die den Niederungen und Handelswegen entlang entstanden, während die Bewohner des Berglandes noch lange vorwiegend nach Sippenzugehörigkeit organisiert blieben, wie sie es von ihrer halbnomadischen Vergangenheit her gewohnt waren.

Der Gegensatz zwischen städtischem – »kanaanäischem« – Kulturbereich und diesem bergigen und wüstennahen Hinterland war also in mehrfacher Hinsicht begründet. Er entwickelte sich zu einem politischen Gegensatz mit religiös-kulturkämpferischen Einschlägen, sobald die Städte und die hinter ihnen stehende Oberherrschaft – wie dann die Philister – sich bemühten, die unruhigen und fluktuierenden Elemente im Hinterland unter ihre Kontrolle zu bringen.

So entstand im Widerstand gegen diese Unterwerfungsversuche eine eigentümliche Abwehrhaltung von einer gewissen inneren Widersprüchlichkeit. Einerseits galt diesen Gruppen

die Landnahme als höchstes erstrebenswertes Ziel, und der Besitz des Landes spielt dann auch von hier an eine dominante Rolle in der gesamten weiteren Geschichte des Judentums; andererseits wurde in der Auseinandersetzung mit der städtisch-kanaanäischen Landeskultur dieser bewußt und forciert die glorifizierte und idealisierte Überlieferung der eigenen Wüstenvergangenheit gegenübergestellt.
Dieser Raum, der bestimmt war vom Kampf um die Existenz und von der Abwehr der überlegenen Landeskultur mit ihren religiös-kulturellen Implikationen, von eigener Sippentradition und von idealisierten Vergangenheitsbildern, eine *complexio oppositorium* im Schnittpunkt der Kulturen, bot die Voraussetzungen für die Ausprägung der grundlegenden Komponenten des Judentums.

2. Die benachbarten Kulturen

Geographisch am nächsten und sowohl auf dem Landweg wie über das Mittelmeer verhältnismäßig leicht zu erreichen war Ägypten, das in vorisraelitischer Zeit das phönikisch-südsyrische Gebiet lange Zeit kontrolliert hatte und auch in biblischer Zeit unter Salomo und den folgenden judäischen Königen einen nicht geringen Einfluß ausübte. Personennamen wie Moses, Aaron, Pinhas und andere sind ägyptischen Ursprungs; eine ägyptische Weisheitssammlung (die *Lehre des Amenemope*, aus dem zehnten bis sechsten Jahrhundert) steht hinter *Proverbien* 22, 17–23, 11, und der *Psalm* 104 fußt teilweise auf dem berühmten Sonnenhymnus Amenophis' IV. (gestorben etwa 1352); die Josephserzählung bezeugt als Literaturform und in vielen ihrer Details ebenso wie bestimmte Züge des judäischen Königsrituals ägyptische Ausstrahlungen. Aber eine sprachlich-schriftliche Barriere verhinderte eine zu intensive Wechselwirkung; denn die Ägypter verwendeten für den Verkehr nach außen nicht ihre eigene Sprache und Schrift.

Anders steht es mit der Kultur des mesopotamischen Raums, aus dem schon sehr früh Impulse bis an die Mittelmeerküste vorgedrungen sind. In der Zeit der Hurriterwelle (siebzehntes bis sechzehntes Jahrhundert) scheint eine äußerst intensive Vermittlung mesopotamischer Kultur- und Zivilisationselemente vor sich gegangen zu sein, gefördert durch die Tatsache, daß das Akkadische – und die Keilschrift – im internationalen Verkehr dominierte – und zwar bis zum Aufkommen des Aramäischen als neuer *lingua franca* unter der Perserherrschaft im sechsten Jahrhundert. Nicht nur, daß die archäologischen Ausgrabungen mannigfaltige Beziehungen und Übergänge zwischen dem syrischen und mesopotamischen Bereich ergeben haben, auch akkadische Texte von zentraler religiöser Bedeutung sind im syrisch-palästinensischen Raum gefunden worden und beweisen die enge Verbindung mit dem Zweistromland.

Um die Jahrhundertwende entstand aus einer Überschätzung der neuen Entdeckungen ein theologischer Streit, provoziert durch Friedrich Delitzsch und seiner »Bibel-Babel«-These, die einem Panbabylonismus nahekam. Heute ist man zurückhaltender, jedoch nicht, weil die mesopotamischen Einflüsse sich seither nicht weiter erhärten ließen, sondern wegen der schwer zu beantwortenden Frage, wieweit es sich um unmittelbare oder vermittelte Einflüsse handelte; vor allem das Maß der vorhandenen Affinität, die zur Übernahme des »Fremden« geführt hat, war bisher kaum abzuwägen. Dies hat sich seit den Ausgrabungen von Ugarit – Ras Schamra an der nordsyrischen Küste – geändert, denn nun erwies sich der syrische Raum als weit eigenständiger, als man früher anzunehmen geneigt war, die Übernahme der sich hier überschneidenden nachbarlichen Einflüsse muß als durchaus schöpferische Leistung bewertet werden. Somit ist für das Verständnis der biblischen Welt die Kenntnis der phönikisch-kanaanäischen Umwelt und insbesondere der Ergebnisse der Ugaritforschung unerläßlich geworden.

3. Die kanaanäisch-phönikische Umwelt

Die Texte aus Ugarit

Erst die Texte aus Ugarit, die aus dem vierzehnten bis zwölften Jahrhundert stammen, haben eine fundiertere Kenntnis der frühen Kultur und Religion des Landes ermöglicht; die sonst noch vorhandenen schriftlichen Zeugnisse sind zumeist inschriftlicher Art und verhältnismäßig begrenzt im Aussagewert. Nun aber stellte sich heraus, daß in diesem Bereich nicht bloß das Akkadische als Verkehrs- und Literatursprache diente, sondern daß auch das heimische nordwestsemitische Idiom, das Ugaritische, eine reichhaltige Literatur hervorgebracht hat, wobei man sich eines keilschriftlichen Alphabetsystems bediente.

Alphabetsysteme sind im syrischen Bereich bis nach Ägypten (Sinaihalbinsel) hin auch schon früher bezeugt, und bekanntlich haben ja dann die Phöniker jene Alphabetschrift geschaffen, die den Griechen und damit auch letztlich unserem Alphabet als Vorbild diente. Die phönikische Schrift ist auch eng verwandt mit der sonst im südlichen Syrien und in biblischer Zeit angewendeten kanaanäisch-althebräischen Schrift.

Der Übergang von der komplizierten Silben- und Zeichenschrift — Keilschrift, Hieroglyphen — zur Alphabetschrift kann kaum hoch genug eingeschätzt werden: Er erleichterte die bis dahin auf kleine Kreise von Schreibern begrenzte Fertigkeit des Schreibens und Lesens ungemein und wurde damit zur Grundlage für eine breitere Wirkung des geschriebenen Wortes, letztlich auch für die Rolle der biblischen Schriften, die auf diese Weise — im Gegensatz zu akkadischen oder ägyptischen religiösen Texten — in ihrer literarischen Wirkung eben nicht esoterisch beschränkt blieben.

Neben einer Fülle von Verwaltungstexten und Dokumenten, die Rückschlüsse auf das Alltagsleben ermöglichen, haben vor allem die poetischen und episch-mythischen Texte aus Ugarit

Aufmerksamkeit erregt, denn sie bezeugen die relativ hohe Eigenständigkeit dieses kulturellen Knotenpunktes gerade auch im Vergleich zu den schon viel länger bekannten und auch im syrischen Bereich bekannt gewesenen mesopotamischen Literaturerzeugnissen dieser Art. Sie erlaubten in vielen Fällen zum erstenmal überhaupt ein zutreffenderes Verständnis der archäologischen Zeugnisse und ergaben auch zum erstenmal ein Gesamtbild von der religiösen Vorstellungswelt, insbesondere der Götterwelt.

Die kanaanäische Götterwelt

Der höchste Gott in der kanaanäischen Götterversammlung war El. *El* bedeutet gemeinsemitisch »Gott«, und daher wurden auch viele Lokal- und Sippengötter mit *El* und einer näheren Bestimmung bezeichnet, ohne daß man sie immer als Abwandlungen dieses höchsten Gottes El verstehen darf.

El galt als Vater der Götter und Menschen, als weiser Schöpfergott, König und Richter. Seine hohe Reputation hebt ihn gewissermaßen über die übrigen Mitglieder des Pantheons hinaus, und ferne Erhabenheit deuten auch die Beschreibungen seines Wohnsitzes an. Er wohnt am mythischen Ort des Weltenberges beziehungsweise an den beiden Urströmen und Urmeeren.

El regiert das Pantheon, aber für die praktische Religion tritt seine Bedeutung hinter der der »jungen« Götter zurück. Diese Auffassung von Göttergenerationen ist ein nicht selten zu beobachtendes religionsgeschichtliches Phänomen, das es erlaubte, vorgefundene oder althergebrachte Göttergestalten zu respektieren und dennoch neu hinzutretende, »aktuellere« Götter unterzubringen. Die erhabene Gestalt Els bot wenig Anlaß zum Widerspruch, und daher haben auch die späteren Israeliten an ihm keinen Anstoß genommen, sondern im Gegenteil ihre Gottesvorstellung mit Zügen Els bereichert.

Anders steht es mit den übrigen Mitgliedern des Pantheons, von denen hier nur eine kleine Auswahl erwähnt werden kann.

Dazu gehört etwa Dagan, der weit über den syrischen Raum hinaus bekannt war und insbesondere an der Küstenebene verehrt wurde, weshalb ihn auch die zugezogenen Philister anerkannten. Sein Name dürfte mit dem Wort *dāgān* »Getreide« zusammenhängen und auf eine Rolle als Fruchtbarkeitsgottheit hinweisen, vergleichbar jener des Baal.

Ba'al heißt »Herr«, »Besitzer«, und der Ausdruck begegnet als Gottesbezeichnung in zahlreichen Verbindungen, entsprechend den vielen lokalen Baalskulten. Mit ihm deckt sich weitgehend der nordsyrische Wetter- und Berggott Hadad, der »auf den Wolken einherfährt«. Als »Sohn des Dagan«, dessen Rolle er in weiten Gebieten übernahm, repräsentierte Baal die natürliche Lebenskraft, Gedeihen und Fruchtbarkeit, erscheint daher manchmal als Stier oder mit Stierhörnern abgebildet. Er steht im Zentrum des kultischen Interesses, wie es dieser ackerbautreibenden Kultur entspricht, und Gunst und Ungunst Baals waren im Bewußtsein der Landesbewohner darum schicksalsentscheidend.

Aber die Königsherrschaft Baals über die Erde ist nicht selbstverständlich. Zum einen ist sie ihm von El delegiert, zum anderen muß sie, dem jahreszeitlichen Wechsel zwischen Regenzeit und Trockenzeit entsprechend, immer wieder neu errungen werden, und zwar im Kampf gegen die Chaosmacht des Urmeergottes Jam und gegen den Todesgott Môt. Mit der Regenzeit im Herbst erringt Baal seinen Sieg und tritt seine Herrschaft an, mit dem Einsetzen der Trockenzeit unterliegt er der Macht Môts. Baal ist also einer der sterbenden und wiederauferstehenden Götter des Alten Orients – man vergleiche den griechischen Adonis –, und seine Funktion sowie sein Schicksal sind für das damalige Bewußtsein engstens mit dem natürlichen Jahresablauf und den agrarischen Alltagserscheinungen verbunden gewesen. Baal nahm daher in der praktischen Religion eine beherrschende Stellung ein und stellte neu zuwandernde Gruppen wie die israelitischen Stämme vor die unausweichliche religiöse Entscheidung für oder wider seinen Kult.

Der agrarisch bestimmten Kultur des Küstenlandes und der Niederungen entsprechend hat die natürliche Fruchtbarkeit und Sexualkraft auch in weiblichen Gottheiten ihre Repräsentation gefunden.

Aṯirat, die Gemahlin Els, begegnet in polemischen Anspielungen der *Bibel* als »Aschera«, repräsentiert durch Pfahl- und Baumsymbole und offenbar verbunden mit Kulten, die auch die heilige Prostitution pflegten. Daneben war Aṯtart (Astarte), der mesopotamischen Ištar entsprechend, eine agressive Kriegs- und Sexualgöttin, von zunehmender kultischer Bedeutung. Baals streitbare Schwester ʿAnat, die in den ugaritischen Epen eine große Rolle spielt, trat in biblischer Zeit kultisch hingegen schon nicht mehr in Erscheinung; in der jüdischen Militärkolonie von Elephantine in Oberägypten war allerdings am Ende des fünften Jahrhunderts v. Chr. noch eine Gottheit namens Anabethel bekannt.

Mond und Sonne galten wie im übrigen Orient, so auch in der kanaanäischen Religion als mächtige Götter, Ortsnamen wie Bêt Jerah oder Bêt Šämäš weisen auf die frühe Verwurzelung ihres Kultes im Land hin. Der Kult der Sonnengottheit war in biblischer Zeit selbst noch am Jerusalemer Tempel wenigstens zeitweilig von Bedeutung.

Daneben gab es die Kulte fremder Götter, der offiziellen Staatsgötter der jeweiligen herrschenden Großmacht vor allem; es waren Götter, deren Macht man entsprechend der militärisch-politischen Stärke dieses Staates anerkannte.

Dieser kleine Ausschnitt aus der bunten Götterwelt Kanaans wäre noch zu ergänzen durch einen Blick auf die Vorstellung von den Geistern und Dämonen. Überall vermutete der Mensch der Alten Welt solche Mächte, hinter Naturerscheinungen wie Quellen, Bäumen, seltsamen Stein- und Felsformen oder Anhöhen ebenso wie hinter schlimmen Ereignissen wie Krankheiten usw. Dem entsprachen verbreitete kultisch-magische Abwehr- und Beschwörungspraktiken, die insbesondere die Alltagsreligion bestimmten. Das magische Element, das mit dem Fruchtbarkeitskult verbunden war, verstärkte diesen Zug der kanaanäischen Religion, der darum auch eine der Hauptursachen für religiöse Kontroversen in biblischer Zeit wurde.

Die Kulte

Dem Kult der einzelnen Götter dienten die Heiligtümer, auf dem Land zumeist offene Opferstätten mit Altar, Maṣṣebe (Kultstele) und eventuell Aschere (Kultpfahl), in den größeren Siedlungen Tempelheiligtümer mit entsprechendem Kultpersonal, Priestern, Tempeldienern und Tempeldienerinnen sowie Propheten.

Die Tempel weisen in der älteren Zeit keinen einheitlichen Bautypus auf, doch setzt sich allmählich eine Art Langhaustyp mit der Dreiteilung in Allerheiligstes – Sitz der Gottheit –, Hauptraum und Vorhalle durch. Davor, auf dem Hof, stand der Brandopferaltar. Im Tempel selbst wurden nur Räucheropfer und Weihegaben dargebracht. Der für den Tempelbesucher vor allem aktuelle Kult hingegen war an den Brandopferaltar gebunden, wie ja die Landheiligtümer – »Höhenheiligtümer«, hebräisch *bāmôt* – eben in der Hauptsache aus einem Altar an einer traditionell als heilig geltenden Stätte bestanden.

Hier versammelten sich Familien und Sippen oder eigene Kultgenossenschaften zum Gemeinschaftsopfer und sakralen Mahl, wenn auch an den größeren Tempelheiligtümern noch eine Fülle verschiedener Opferarten möglich und üblich war. Geopfert wurden vor allem Rindvieh oder Kleinvieh (Schafe, Ziegen) und Tauben, nicht viel anders als im biblischen Kult, der samt der biblischen Kultterminologie weitgehend dem kanaanäischen Vorbild folgte; allerdings bot der Kult zugleich auch Anlaß zu Kontroversen, zum Beispiel wegen der im kanaanäisch-phönizisch-punischen Bereich zumindest gelegentlich üblichen Menschen- beziehungsweise Kinderopfer, für die, wie auch die biblische Polemik erkennen läßt, eigene Opferplätze *(tofet)* bestanden haben (*2. Könige* 23, 10; *Jeremia* 7, 32; 19, 6, 11–14).

Diese Übernahme erfolgte in einem langen Prozeß, wobei eine kultische Assimilation der »amoritischen« Elemente an die landesübliche Kultpraxis bereits vorauszusetzen ist. Sie ergab sich im Lauf der Zeit ganz von selbst, da die neu Zugewanderten die örtlichen heiligen Stätten gewöhnlich anerkannten und deren Kult mitmachten oder fortsetzten, dabei die vorhandenen Kulttraditionen mit eigenen, mitgebrachten verbanden; dabei pflegte sich die entwickeltere Kultform – zumindest was die Kultpraxis betraf – durchzusetzen.

Die Vielzahl der heiligen Stätten für ein und dieselbe Gottheit, zum Beispiel für Baal, stand für damaliges Empfinden nicht im Widerspruch zur Auffassung von der Individualität des betreffenden Gottes, da man annahm, ein und derselbe Gott könne sich an verschiedenen Heiligtümern manifestieren, zumal jede heilige Stätte als mythischer Ort galt, dessen kosmische Symbolik die Dimensionen sonstiger irdischer Örtlichkeiten sprengt. Jeder Tempelberg konnte von daher als Weltenberg und Gottesberg schlechthin, als Zentrum des Kosmos und als Schnittpunkt zwischen Oberwelt und Unterwelt gelten und mit der Vorstellung vom Urmeer, von Urströmen und vom Gottesgarten verbunden werden.

Solche Ansichten wurden, zusammen mit Kultätiologien, lokal verschieden ausgeprägt und bildeten die besonderen Überlieferungen der einzelnen Heiligtümer, die mit der Übernahme des Ortes durch neue Bevölkerungsgruppen ebenfalls weitergeführt und den neuen Bedingungen entsprechend adaptiert und ergänzt wurden. Die traditionellen Kultstätten waren daher von entscheidender religionsgeschichtlicher und kulturgeschichtlicher Bedeutung, und sie haben deshalb auch in den Auseinandersetzungen der biblischen Zeit eine entsprechende Rolle gespielt.

4. »Amoriter«, »Patriarchen« und Ḫabirus

Die »Amoriter«

Wie bereits erwähnt, tauchten gegen Ende des dritten Jahrtausends und in der ersten Hälfte des zweiten Jahrtausends entlang dem »fruchtbaren Halbmond« nomadisch-halbnomadische Gruppen auf, die zum Teil ins Kulturland einsickerten oder eindrangen und dort seßhaft wurden. Diese in den Keilschrifttexten *Amurru* genannten fluktuierenden Bevölkerungselemente dürften auch mit den in der *Bibel* erwähnten »Amoritern« zu verbinden sein. Doch verwendet die *Bibel* diesen Namen in zweifacher Weise, einmal zur Bezeichnung eines vorisraelitischen Bevölkerungsteils neben anderen, und dann wieder generalisierend als Name für die Bevölkerung der Landnahmegebiete überhaupt.

Man hat einmal erwogen, diese ganze Amurru-Bewegung als »ostkanaanäisch« (Th. Bauer) oder als »proto-aramäisch« zu kennzeichnen, aber dafür eignet sich wohl eher die allgemeinere und sprachlich orientierte Bezeichnung »westsemitisch«. Jedenfalls gab es zwischen den amoritischen Zuwanderern und der ansässigen Bevölkerung Südsyriens keine tiefreichenden sprachlichen Unterschiede; daher ging auch ihre kulturell-kultische Assimilation rasch vonstatten, so daß zur Zeit der israelitischen Landnahme bereits zahlreiche städtische Siedlungen in »amoritischer« Hand waren.

Sobald sie seßhaft geworden waren, hatten nun die einstigen kriegerischen und unbändigen Esel- und Kleinviehnomaden selber gegen ähnliche Wüstenstämme zu kämpfen. Aus den außerbiblischen Quellen ergibt sich, daß Nordwestmesopotamien ganz besonders im Brennpunkt der amoritischen Bewegungen gelegen hatte und daß manche der später nach Südwesten wandernden Sippen Überlieferungen über eine mesopotamische Vergangenheit mit nach Kanaan gebracht und dort weitergegeben haben dürften.

Die »Patriarchen«

In die Periode der Amoriterwellen in der ersten Hälfte des zweiten Jahrtausends (rund um 1750 v. Chr.) fällt auch die Zeit der biblischen »Patriarchen«, der Erzväter. Auch für sie wird ein mesopotamischer Hintergrund deutlich: Ur wird als Ausgangsort erwähnt (*Genesis* 11, 28; 15, 7) und dann vor allem Haran (*Genesis* 11, 31), wo sich Teile der Sippe seßhaft gemacht haben (*Genesis* 24, 4 ff.; 28).

Die »Patriarchen« waren, wie zunächst die Amoriter, zeltbewohnende Eselnomaden mit Klein- und Rindviehhaltung; sie hielten sich in der Trockenzeit zwischen den Siedlungen des Kulturlandes auf und durchstreiften in der Regenperiode die trockeneren Regionen, vor allem den Negev, wo ihnen zum Beispiel Beeršeba öfter als Aufenthaltsort diente.

Die sozial- und rechtsgeschichtlich feststellbaren Verhältnisse in den Patriarchenerzählungen spiegeln Gegebenheiten wider, die uns für diese Zeit auch aus den Nuzu-Texten im Zusammenhang mit den Hurritern bezeugt sind, beruhen also zweifellos auf alten Traditionen. Die biblischen Texte mit ihrer langen, nicht mehr sicher rekonstruierbaren Überlieferungsgeschichte enthalten allerdings auch andere, späterem Interesse zuzuschreibende Züge, was vor allem bei der Beschreibung der Religion der Patriarchen zu einer Flut theologischer Fachliteratur geführt hat. Für die jüdische und christliche Religion stellt der Glaube der Patriarchen ja die Basis der rechten Offenbarungsreligion schlechthin dar, und daher kam es in der Beurteilung der erhaltenen biblischen Quellen zu immer neuen Kontroversen.

Hier mag die Bemerkung genügen, daß die alten Überlieferungen in biblischer Zeit nicht aus archivarisch-historischem Interesse weitergegeben wurden, sondern im Dienst religiös-politischer Bestrebungen, wobei Überlieferung und Neuprägung einen heute nur mehr selten durchschaubaren Komplex von Vorgängen bildeten. Für die Späteren war – schon in biblischer Zeit – Abraham jedenfalls der Begründer des wahren Gottesglaubens und der Abrahamsbund (*Genesis* 15; 17) eine Vorwegnahme des Sinaibundes, die Patriarchenzeit also der Beginn einer kontinuierlichen Heilsgeschichte.

Wie es sich damit im einzelnen verhält, ist für den Zusammenhang hier nicht so wesentlich. Kulturgeschichtlich gesehen, kommt es nämlich nicht so sehr auf die Ursprünglichkeit dieser oder jener Überlieferung an, als vielmehr auf die Wirkungsgeschichte, die sich keineswegs mit der ursprünglichen, zeitgenössischen Bedeutung eines Phänomens zu decken braucht.

Die überlieferungsgeschichtliche Analyse der Geschichten in der *Genesis* deutet zum Beispiel darauf hin, daß es sich ursprünglich um getrennte Traditionskomplexe gehandelt hat, die erst sekundär zu einem auch genealogischen Zusammenhang verbunden worden sind. So weisen die Abrahamerzählungen in den Süden des Landes, während die Jakob-Überlieferungen eher dem samaritanischen Gebiet und dem Nordosten zugehörten und starke Bezüge zu obermesopotamischen Sippen (in und um Haran) zeigen. Später wurden die neuen ethnischen Verhältnisse mit Hilfe der beliebten Methode der genealogischen Verknüpfung »erklärt« und begründet, und dieses neue Bild der Frühgeschichte wurde grundlegend für das Selbstverständnis der folgenden Generationen.

Ähnliches gilt für die Religion der Patriarchen. Während Spätere in ihr das erste Zeugnis des Jahweglaubens erblickten, enthalten die biblischen Texte selbst noch genügend Hinweise auf einen davon recht abweichenden ursprünglichen Befund.

Wie es dem Nomadentum entspricht, war auch die Mentalität der Patriarchen vor allem anderen sippenbezogen, wobei der Sippenchef als eine Art charismatische, prophetisch-priesterliche Führergestalt galt. Dementsprechend war auch die Gottesvorstellung auf das Sippenverhältnis bezogen, der Sippenchef und Ahnherr eine Art Kultgründer, dessen Gott die Späteren als den Gott des Ahnvaters oder als den »Gott der Väter« verehrten. Diese sippengebundenen Kulte der Vätergötter wurden dann im Zug des Weidewechsels offenbar mit den Kulten örtlicher Heiligtümer verbunden, da traditionelle heilige Stätten nun einmal in der Regel respektiert zu werden pflegten. Somit ergibt sich für diese frühe Zeit der »Patriarchen« ein recht buntes Bild.

Es versteht sich von selbst, daß diese Gottheiten später leicht mit dem obersten kanaanäischen Gott »El« identifiziert und als ein und dieselbe Gottheit aufgefaßt werden konnten. Dem entspricht, daß *Exodus* 6, 2 f. noch die Erinnerung daran enthält, daß die Patriarchen keine Jahwe-Verehrer waren, und daß von den Patriarchen wiederholt Kultgründungen berichtet werden, wozu auch der Bau eines Altars (*Genesis* 12, 7 f.; 13, 18; 22, 9; 26, 25; 33, 20; 35, 1, 3, 7), das Aufrichten einer Maṣṣebe (*Genesis* 28, 18 ff.; 31, 13, 45 ff.) oder das Pflanzen eines heiligen Baumes (*Genesis* 21, 13) gehörte.

»Habiru« und Hebräer

Vom achtzehnten Jahrhundert v. Chr. an ist in altorientalischen Quellen für den Bereich des »fruchtbaren Halbmondes« des öfteren von *Ḫabiru* oder *Ḫapiru* die Rede, einem Bevölkerungselement ohne ethnische Einheitlichkeit, das zu bestehenden städtischen und staatsförmigen Institutionen in einem mehr oder minder festen Abhängigkeitsverhältnis stand. Ägyptische Texte aus der zweiten Hälfte des zweiten Jahrtausends verstehen unter der Bezeichnung *apiru* offenbar zur

Zwangsarbeit herangezogene Gruppen aus dem syrischen Raum und Staatssklaven. Solche Ḫabiru-Gruppen haben zuzeiten – in Perioden staatlicher Schwäche – ganze Landstriche unsicher gemacht, vor allem im mesopotamisch-syrischen Raum, wo sie zum Teil von lokalen Machthabern auch als militärische Verbände gehalten wurden.

Die meisten dieser Ḫabirus scheinen westsemitischer Zugehörigkeit gewesen zu sein. Daß es eine Beziehung von *Ḫabiru* zum biblischen *ʿIbrî* »Hebräer« gibt, ist aber, trotz vielfacher Versuche in dieser Hinsicht, bisher nicht gesichert. Es ist aber durchaus möglich, daß ein Teil der späteren Israeliten als Ḫabiru anzusehen war und der Name *ʿIbrî* sich daher im südsyrischen Raum aus einem soziologisch zu verstehenden Terminus zu einem Stammesnamen entwickelt hat. Während der Wirren in Südsyrien im vierzehnten Jahrhundert, von denen in den Amarnatafeln die Rede ist und bei denen Ḫabirus eine Rolle spielten, könnten sich tatsächlich Ḫabiru-Elemente da und dort im Land durchgesetzt haben und dann in den israelitischen Stämmen aufgegangen sein. Solche Erwägungen werden allerdings von jenen Gelehrten abgelehnt, die bereits für die älteste Zeit Israels eine einheitliche Volksgeschichte voraussetzen.

Der biblische Gebrauch von *ʿIbrî* scheint manchmal noch etwas von der ursprünglichen Bedeutung bewahrt zu haben, so wenn *Genesis* 14, 13 Abraham oder *Genesis* 39, 14, 17 und *Genesis* 41, 12 Josef als *ʿIbrî* bezeichnet werden oder wenn das Wort häufig Nichtisraeliten in den Mund gelegt wird. Offenbar hat man in einem wohl noch frühen überlieferungsgeschichtlichen Stadium die Patriarchen rückblickend – nicht ganz abwegig – als etwas wie Ḫabiru angesehen (wie man vergleichsweise zur Zeit von *Deuteronomium* 26,5 den Ahnvater des Volkes als »umherirrenden Aramäer« sah); daraus läßt sich vermutungsweise erschließen, daß Ḫabirus bei der Volkwerdung Israels mit eine Rolle gespielt haben.

ZWEITES KAPITEL

DER ÜBERGANG VON DER SPÄTBRONZEZEIT

1. DIE FRÜHGESCHICHTE DER JAHWEVEREHRENDEN GRUPPEN

Exodus, Wüstenwanderung und Landnahme

IN DER ZWEITEN HÄLFTE des zweiten Jahrtausends war das südliche Syrien ethnisch alles andere als eine Einheit. Das damalige Interesse galt aber auch nicht so sehr den ethnischen Gegebenheiten selbst, als vielmehr den geographisch-politischen und kulturellen. So erwähnt eine ägyptische Inschrift aus der Zeit des Pharao Mernephtah (1224—1216) einen Feldzug in Südsyrien und damit im Zusammenhang die geographischen Bezeichnungen »Kanaan«, »Askalon«, »Gezer«, »Jenoam« und »Israel«; unter »Israel« ist hierbei offenbar also ein bestimmtes Gebiet zu verstehen, das – sei es bereits um diese Zeit oder erst danach – einzelnen proto-israelitischen Gruppen zur Stammesbezeichnung wurde, wobei sie »Israel«, im Sinn der genealogischen Deutung neuer Bevölkerungsgruppierungen, »Jakob« zuordneten.
Unmittelbar vor dieser Zeit, unter der Regierung Ramses II. (1290—1224), standen in Ägypten Ḫabirus und ähnliche halbnomadische Sippen in einem zwangsarbeitsähnlichen Abhängigkeitsverhältnis, nachdem sie – wie die biblischen Erzählungen andeuten – wegen einer anhaltenden Trockenperiode mit ihren Herden im Nildelta Zuflucht gesucht hatten.

Auch die biblischen Berichte über den ägyptischen Aufenthalt und den Exodus haben eine komplizierte und lange Überlieferungsgeschichte hinter sich, denn dieses Ereignis diente den Späteren als Beispiel für das rettende Eingreifen Gottes in die Geschichte, und deshalb hat man diese Erzählungen auch als gesamtisraelitische Vorgeschichte ausgestaltet. Tatsächlich dürften aber nur einige kleinere Gruppen in Ägypten gewesen sein. Zudem dürften Exodusüberlieferungen wahrscheinlich einen doppelten Ursprung gehabt haben: eine Tradition, die von einer Flucht unter Mose und einer – am Schilfmeer gescheiterten – Verfolgung durch die Ägypter wußte, und eine andere, bei der es sich nur um einen vorübergehenden Zug in die Wüste zur Feier eines religiösen Festes handelte.

Beide Stränge dürften schon früh miteinander verschmolzen sein, möglicherweise bereits im Bereich der Sinai- und Negevwüste, wo sich die Wüstenstämme an bestimmten Heiligtümern zu versammeln pflegten. Solche Zentren und damit auch Umschlagplätze für Traditionen und politisch-religiöse Neuorientierungen (Stämmebünde) waren zum Beispiel der – nicht mehr lokalisierbare – Gottesberg Horeb und die Oase von Kadesch. Beide wurden auch für die israelitische Geschichte von Bedeutung, da sich dort die aus Ägypten kommenden Gruppen, im folgenden »Moseschar« genannt, mit anderen Sippen trafen und zu Vereinbarungen religiöser und rechtlicher Natur kamen.

Jedenfalls ergab sich von Kadesch aus eine Art Zangenbewegung auf das palästinensische Kulturland hin, in dem einzelne Sippen durch den Negev in das spätere Juda vordrangen, während andere über das Ostjordanland in das samaritanische Gebiet gelangten, wo sie zunächst von den Sippen im Süden durch den von der Küste bis nach Jerusalem reichenden städtischen Siedlungskeil abgeriegelt blieben. Die biblische Überlieferung hat die Landnahme von Süden her nur in Reminiszenzen (*Richter* 1) bewahrt und hat die Landnahme über das Ostjordanland, die aus der Tradition der – mit der Moseschar verbundenen – mittelpalästinensischen Josef- (Efraim und Manasse) und Benjaminstämme stammte, zu einer gesamtisraelitischen Landnahme unter Josua umgebildet; deshalb sind die Landnahmetraditionen anderer Stämme verlorengegangen.

Entscheidend war nun, daß die beiden Landnahmebewegungen im Zeichen der Verehrung des Gottes Jahwe – so glaubt man die Aussprache rekonstruieren zu können – standen. Im Land selbst verbreitete sich dieser Kult von Süden her, vor allem durch das fluktuierende Element der »levitischen« Sippen, sowie vom zentralpalästinensischen Bergland aus. Er konnte darum bei späteren Einigungsbestrebungen als Klammer dienen.

Die Anfänge des Jahwekultes

Die biblische Überlieferung vom Exodus und der Wüstenwanderung enthält noch Hinweise auf eine Verbindung bestimmter Stämme – der Keniter und Midianiter – mit der frühen Jahweverehrung. Wie immer es sich mit der Herkunft dieses Kultes verhalten mag, der Raum der Negev- und Sinaiwüste dürfte der Rahmen seines Ursprungs gewesen sein. Doch weltgeschichtliche Bedeutung erlangte er erst durch die Tatsache, daß die aus Ägypten geflohenen Sippen ihre Rettung vor den verfolgenden Ägyptern am Schilfmeer diesem Gott Jahwe zugeschrieben haben. Die genaue Lokalisierung des »Schilfmeeres« ist ungewiß. Aber wie und wo genau sich diese Begebenheit abgespielt hat, ist im vorliegenden Zusammenhang auch unwesentlich. Zu ihrer Zeit war sie eine kleine, unbeachtete Randerscheinung ohne Echo in den ägyptischen Quellen; die Nachwirkung der Exodustradition war jedoch ungewöhnlich.

Auch die Deutung des Namens Jahwe ist fraglich, wenngleich man zumeist an die Wurzel *hjh* »sein«, »werden« denkt; doch sicher ist diese Etymologie nicht, obschon sie *Exodus* 3, 14 vertreten wird. Entscheidend war aber nicht der Name, sondern der Umstand, daß durch die Identifizierung mit dem Rettergott des Exodus diese Gottheit für bestimmte Gruppen das Geschichtsbewußtsein bestimmt hat, daß diese Gottheit alsbald mit dem »Vätergott« anderer Sippen identifiziert wurde und daß sie aufgrund der besonderen politischen Situation im südlichen Syrien für weitere Stämme zur Quelle einer ungemein dynamischen und entschiedenen Religiosität geworden ist.

Mose und sein Gesetz

In der biblischen Überlieferung vom Exodus und der Wüstenwanderung beherrscht die Gestalt des Mose die Szenerie. Sie war in besonderer Weise zum Knotenpunkt überlieferungsgeschichtlicher Vorgänge geworden, weil sie später von konkurrierenden religionspolitischen Strömungen zu einer musterhaften Führergestalt beziehungsweise zum Königsideal gestaltet wurde und diese verschiedenen Bilder bei der Verarbeitung der *Pentateuch*-Quellenschriften miteinander verwoben wurden. Demgemäß ist die Skala der mehr oder minder beweisbaren Ergebnisse der theologischen Forschung sehr breit: sie reicht von völliger Leugnung der Historizität der Person des Mose bis zu weitgehender Übernahme der biblischen Darstellungen.

Man wird annehmen dürfen, daß ein historischer Mose beim Exodus und in der ersten Phase des durch die Exoduserfahrung bestimmten Jahwekultes in der Sinai- und Negev-Wüste eine entscheidende Rolle gespielt hat. Über seine Persönlichkeit kann man aber kaum mehr Sicheres feststellen, geschweige denn mit Gewißheit biblische Inhalte auf ihn zurückführen; die *Zehn Gebote* jedenfalls, die gemeinhin von ihm hergeleitet werden, stammen schwerlich aus so früher Zeit.

Andererseits fußt die von früh an erkennbare Tendenz verschiedener – auch widersprüchlicher – Zeitströmungen, ihre Rechtsordnungen auf Mose zurückzuführen, wohl auf der alten Erinnerung, daß diese Gestalt für die religiös-rechtliche Ordnung der den neuen Jahweglauben tragenden Sippen Grundlegendes geleistet hat. Die jüdische Tradition hat jedenfalls schon in frühjüdischer Zeit – in den letzten Jahrhunderten v. Chr. – die *Torah*, d. h. die im *Pentateuch* enthaltenen Gesetze, und zum Teil sogar deren Auslegung und interpretierende Novellierung von der Offenbarung an Mose am Gottesberg Horeb (in einem Teil der späteren Überlieferung Sinai) hergeleitet.
Die Sinaioffenbarung *(ma'amad Sinaj)* wurde in dieser Sicht zur *Magna Charta* des Judentums, das als Gottesvolk damals zum Gehorsam gegenüber der *Torah* erwählt worden ist. So ist wiederum ein mit Mitteln der historischen Forschung nicht mehr recht faßbares und lokalisierbares Ereignis infolge besonderer überlieferungsgeschichtlicher und politischer Bedingungen wirkungsgeschichtlich zu welthistorischer Bedeutung gewachsen.

2. Die Philisterkämpfe und die Krise der alten Sippen- und Stammesgesellschaft

Ansiedlung und Assimilation

Wie schon wiederholt angedeutet, sind die verschiedenen protoisraelitischen Gruppen im Verlauf eines jahrhundertelangen vielfältigen Prozesses im Land seßhaft geworden; sie bildeten also – wie es auch den geophysischen Gegebenheiten entspricht – keine Einheit, entgegen dem in der späteren biblischen Überlieferung gezeichneten Bild von der Landnahme der »zwölf Stämme«.
Manche Bibelwissenschaftler haben für die Zeit nach der

Landnahme zwar die These von einer Zwölfstämme-Amphiktyonie verfochten – so die Schule Martin Noths; doch bislang konnte das nicht bewiesen werden. Was anzunehmen ist, sind kleinere, den geographisch-politischen Umständen angemessene Stammesbündnisse, zunächst in den natürlich vorgegebenen Räumen, d. h. im Süden, im mittelpalästinensischen Bergland und in den nordpalästinensischen Gebieten. Solche Bündnisse wurden notwendig, sobald sich die zugewanderten Sippen im Land gegen die ansässige ältere Landesbevölkerung durchzusetzen hatte oder selber von neuen Invasoren bedroht war.

Die Erzählungen von den biblischen »Richtern«, charismatischen Gestalten, lassen noch ein recht buntes Bild erkennen, auch wenn sie sekundär »gesamtisraelitisch« gestaltet worden sind. Erst für die Periode der philistäischen Bedrohung ist ein Zusammenschluß eines größeren Teiles der sogenannten zwölf Stämme mit Sicherheit anzunehmen.

Die Übergangszeit nach der Landnahme wird durch zwei Hauptmerkmale bestimmt: (1) durch die Seßhaftwerdung der halbnomadischen Sippen und damit den Übergang zur Akkerbaukultur; (2) durch die aufkommende Verwendung des Eisens.

Der Übergang zum Ackerbau konnte schwerlich ohne Orientierung am Vorbild der bereits ansässigen Bevölkerungsgruppen erfolgen. Aufgrund der Eigentümlichkeiten der herrschenden kanaanäischen Religiosität bedeutete dieser Wechsel zugleich eine Konfrontation mit der Götterwelt Kanaans, und zwar gerade mit deren kultisch-praktischer Relevanz im Zusammenhang mit den volkstümlichen Vorstellungen vom Jahresablauf und von den Kräften des Gedeihens und Vergehens in der Natur.

In ihrem Nomadendasein waren die Protoisraeliten in religiöser Hinsicht andere Schwerpunkte gewohnt gewesen, ihre Gottheit(en) hatte(n) vor allem mit dem Geschick der Sippe und Stämme zu tun, sie galt(en) gegebenenfalls als Garant(en) der erstrebten Landnahme. Die in den Patriarchenerzählungen wiederholt auftauchenden Landverheißungen haben, unbeschadet späterer Bearbeitungen, ihre Wurzel wahrscheinlich in diesem Trend der Halbnomaden ins Kulturland, dessen Fruchtbarkeit – wenn auch im Bergland keineswegs üppig – es ihnen als ein Land des Überflusses erscheinen ließ.

Trotz dieser Ausrichtung auf das Land hin waren solche Sippen für das Leben im Land jedoch kaum gerüstet; sie bedurften also der Alteingesessenen als Lehrmeister und gerieten damit unvermeidlich in Konflikt mit ihrer hergebrachten Religiosität. Dabei erwies sich vor allem der Kult des Gottes Baal als Konkurrenz für den eigenen Kult.

Anders als bei El, dessen praktisch-religiöse Bedeutung zudem gering war, forderte der Baalskult zur Entscheidung heraus. Die Assimilation an die Landessitte auch in kultischer Hinsicht lag zwar nahe und blieb auch während der ganzen Zeit bis zum babylonischen Exil eine ständige Erscheinung innerhalb Israels; aber unter bestimmten Umständen ergaben sich auch Konflikte, die – gleich welcher Art – in altorientalischer Weise gerade auch auf religiösem Gebiet ausgetragen wurden. Wo sich keine friedlich-evolutionistische Einbürgerung ergab, kam es zu Konfrontationen kriegerischer und daher auch kultureller und religiöser Art.

Jahwe, der Gott des Exodus, der siegreiche Gott der Wüstenstämme, der sich den Ägyptern gegenüber schon als überlegen erwiesen hatte und seine Verehrer in den Besitz von Land gebracht hatte, war im Unterschied zu den vielen Vätergöttern und El-Arten am besten dazu geeignet, dem Baal entgegengestellt zu werden. Dies bedeutete freilich, daß die neuen, bislang im nomadischen Dasein nicht relevanten Funktionen Baals in Anbetracht der veränderten Situation auf Jahwe übertragen werden mußten, dieser also gerade aus dem Gegensatz zu Baal dessen Züge als Herr der Natur auf sich zog, während gleichzeitig charakteristische, augenfällige Unterschiede im kultischen Bereich aufs heftigste abgelehnt wurden.

Das gilt insbesondere für den Bereich des Fruchtbarkeitskultes, von dem aus – wegen seiner Verbindung mit der Ackerbaukultur – auch später noch lange eine ständige, stille Durchdringung des Jahweglaubens mit kanaanäischem Volksglauben erfolgte.

Philisternot und erste Einigungsbestrebungen

Waren es zunächst eher lokale Konflikte, die ihren Ausdruck auch im Kampf der Jahweverehrer gegen den Baalskult fanden (vgl. *Richter* 6, 25 ff.), so ergab die Expansionspolitik der Philister eine neue Situation.

Teile der sogenannten Seevölker hatten sich im südpalästinensischen Küstengebiet niedergelassen, sich der kanaanäischen Kultur und Religion rasch weitgehend assimiliert und nach und nach die Kontrolle über die Siedlungen des Hinterlandes errungen. Danach gingen sie daran, von dieser Basis aus auch das Hügel- und Bergland und damit die vor-israelitischen Stämme zu unterwerfen.

Dieser Konflikt wäre an und für sich nicht so bedeutsam gewesen, hätte er nicht gerade zur Zeit einer kulturgeschichtlichen Wende stattgefunden, nämlich während des Übergangs zur Eisenzeit. Die Verwendung des Eisens veränderte fast alle Lebensbereiche, ermöglichte die Herstellung überlegener Waffen, effektiverer Werkzeuge und damit eine verstärkte wirtschaftliche Leistungsfähigkeit. Dies wieder konnte die Ernährung einer anwachsenden Bevölkerung und einen steigenden Lebensstandard sichern. Die Philister haben, die Bedeutung der Eisenbearbeitung richtig erkennend, die noch nicht unterworfenen oder noch nicht voll befriedeten Stämme im Hinterland mit allen Mitteln von der Versorgung und Verwendung von Eisen abzuhalten versucht; ihr Kampf war also verbunden mit einem zivilisatorischen Boykott.

Angesichts dieser Situation konnten die betroffenen Stämme,

wollten sie nicht unter philistäischem Joch ein rückständiges Dasein fristen, nur versuchen, die zahlenmäßige und technische Übermacht der Philister durch Stämmebündnisse und durch Beschaffung von Eisen aufzuwiegen. Da nun die alten kanaanäischen Städte gerade Stützpunkte der philistäisch gelenkten Aktionen gegen die protoisraelitischen Stämme waren, ergab sich ein schroffer Gegensatz zwischen diesen Stämmen und den Philistern, ein Gegensatz, der die gesamte biblische Geschichte hindurch seine Spuren hinterlassen hat.

König Saul

Nach anfänglichen Niederlagen, von denen die schwerste die des Stämmebundes von Silo (*1. Samuel* 4) war, setzte sich der Wille zu einer organisatorischen Neuordnung durch: zur Einführung des Königtums. Das geschah natürlich nicht ohne Widerstände und auch noch nicht im Sinn einer territorial und kompetenzmäßig klar abgegrenzten Herrschaftsgewalt; vielmehr handelte es sich eher um eine Art charismatisches Heerkönigtum.

Die Wahl fiel auf Betreiben des Propheten und »Richters« Samuel auf den Benjaminiten Saul (*1. Samuel* 8 ff.). Ihm gelang es dank der nun massiveren Kampfkraft, gegen verschiedene Gegner eine Serie militärischer Erfolge zu erzielen. Doch der geballten Macht der Philister war er nicht gewachsen: Er fiel im Kampf (*1. Samuel* 31), und die begonnene Einigung eines Großteils der Stämme schien vorzeitig zu Ende.

Der Süden mit Juda, der am stärksten unter philistäischem Einfluß stand, gehörte offenbar ohnedies nur mit Einschränkungen zu Sauls Herrschaftsbereich und war von den nördlichen Stämmen durch den Siedlungskeil abgeriegelt, der von der Küste bis nach Jerusalem reichte.

Die Jahwereligion und das problematisch gewordene Verhältnis zum »verheißenen« Land

Was die Stämme zu dieser Zeit einte, war das Bewußtsein der gemeinsamen Gefährdung und des gemeinsamen Gegensatzes zur kanaanäisch-philistäischen Übermacht und Kultur. Von daher ergab sich auch die Tendenz, diese Gemeinsamkeit durch Verbindung und Betonung alter Überlieferungen auszudrücken. Das geschah teils durch genealogische Verknüpfung, teils durch »Bildung« einer gemeinsamen Vorgeschichte. Dabei begann der im Süden wie im mittelpalästinensischen Gebiet konzentrierte Jahwekult eine zunehmende Rolle als gemeinsamer Nenner in der Auseinandersetzung mit der Umwelt zu spielen.

In diesem Zusammenhang wird in der Forschung manchmal die Bedeutung des halbnomadischen Erbes recht hoch veranschlagt. Die einwandernden Gruppen haben jedoch schwerlich ihre karge vergangene Lebensweise als die ideale betrachtet, da sie ja gerade auf Landgewinn aus waren. Erst mit den Assimilationsschwierigkeiten und mit der Eskalation des politischen Gegensatzes ergab sich auch eine kulturelle und religiöse Konfrontation, in der man die eigene Vergangenheit idealisierend zum Modell für ätiologische und programmatische Selbstdarstellungen zu gestalten begann. Dabei ging es aber nicht um die Restitution der überwundenen Lebensweise, sondern um die »gottgewollte« Gestaltung des Lebens eben im Kulturland. Die Tatsache, daß es in der späten Königszeit noch Sippen wie die Rekabiter (vgl. *Jeremia* 35) gab, die die nomadische Lebensweise pflegten und von bestimmter Seite als vorbildliche Wahrer von Traditionen hingestellt wurden, besagt allerdings nichts darüber, ob es sich dabei auch um Träger authentischer frühisraelitischer Überlieferung handelte.

In der Konfrontation mit dem Kanaanäertum gewann der Kult Jahwes, des geschichtsmächtigen Gottes des Exodus, mehr und mehr an Boden, bis zur aufkommenden Forderung nach alleiniger kultischer Verehrung – man denke an das Erste Gebot. Hierzu gehört auch die sich langsam durchsetzende Animosität gegen gegenständliche, vor allem bildliche Repräsentationen der Gottheit (Zweites Gebot), die in der Umwelt üblich und auch im Rahmen der Jahweverehrung zunächst nicht ausgeschlossen waren (*Richter* 8, 24–27; *Richter* 17).

Von nun an kam es im Judentum im Fall kultureller Konfliktsituationen immer wieder zu verschärften Auffassungen dieses kultischen Bilderverbots, das bei der altorientalisch-antiken Verflechtung von künstlerischer Darstellung und religiöser Vorstellungswelt zuweilen die Ablehnung jedweder bildlichen Darstellung begründen konnte und insofern auch zu innerjüdischen Kontroversen Anlaß gab.

Es war also die Landeskultur und die damit verbundene Landesreligion, die infolge der Konfliktsituation die Wertung des »Landes« in den Augen der bedrängten Stämme veränderte. Nicht nur, daß hier Jahwe mit dem höchsten Gott El irgendwie in Beziehung gesetzt werden mußte, sei es im Sinn einer Unterordnung (vgl. *Deuteronomium* 32, 8 f.) oder im Sinn einer fortschreitenden Identifizierung (vgl. *Psalm* 29, 1; 89, 7) und daß er mit Baal in der Eigenschaft als »Herr des Landes« und der Natur in Konkurrenz geriet: Auch der faktische Besitz des Landes schien gefährdet.

Vor diesem Hintergrund sind unter anderem die betonten Landverheißungen zu sehen sowie die Ansicht, daß Jahwe der eigentliche Besitzer des Landes sei und daß er dieses verheißene Land seinen Verehrern verleihe – dies freilich nur unter der Bedingung des Gehorsams. Die Vertreter des militanten Jahwekultes, die aus ihrer halbnomadischen Vergangenheit her gewohnt waren, das Wirken ihres Gottes vor allem in der Geschichte und in den zwischenmenschlichen Beziehungen zu sehen, begannen darum, ihr Schicksal im Land als Folge vollzogenen oder verweigerten Gehorsams gegenüber Jahwes Willen zu deuten. Das Land gewann so eine ambivalente Bedeutung: Einerseits blieb es das verheißene Land, an das man durch die Jahweverehrung und das sich ausprägende heilsgeschichtliche Selbstverständnis gebunden war; andererseits stellte es mit der Landeskultur und Landesreligion zugleich eine Versuchung dar.

Diese Einschätzung des Landes und des Landbesitzes blieb übrigens im Judentum bis heute wirksam: In der Tradition bilden der *eine* Gott, das ihm zugeordnete und zum *Torah*-Gehorsam erwählte Volk sowie das verheißene Land eine organische Einheit von Vorstellungskomplexen, und die Geschichte des Volkes wird in einem kausalen Zusammenhang mit dem Verhalten des Volkes gegenüber der Erwählungsverpflichtung beurteilt. In der biblischen Geschichtsschreibung widersprechen sich denn auch die historischen Reminiszenzen vom israelitisch-kanaanäischen Zusammenleben mit den programmatischen, wunschbildhaften Vorstellungen von einer Ausrottung der Landesbevölkerung bei der Landnahme. Der Widerspruch ist zum Teil aufgehoben worden, indem ein verbleibender Rest von Kanaanäern als »Prüfstein« für Israels Gehorsam und Treue akzeptiert wurde (so zum Beispiel *Josua* 23; *Richter* 2, 3).

Diese Konzeption setzt eine selbst für altorientalische Verhältnisse überdurchschnittliche Betonung des kollektiven Aspekts voraus. Sie erklärt sich wohl als ein Erbe der halbnomadischen Vergangenheit, in welcher der Sippen- und Stammesverband und das Bewußtsein genealogischer Zusammenhänge eine beherrschende Rolle spielten. Deshalb wurden in der Überlieferung neue ethnisch-siedlungsmäßige Verhältnisse auch vorwiegend durch genealogische Verknüpfungen begründet.

Das beherrschende Gewicht des Kollektivbewußtseins, der Verpflichtung zur Solidarität und der Verantwortlichkeit der Gesamtheit auch für das Verhalten des einzelnen blieb ebenfalls ein charakteristischer Zug bis über die Zeit der europäischen Aufklärung hinaus. Die Verleihung der *Torah* am Sinai wird in der Überlieferung als Erwählung und Verpflichtung des Volkes zum *Torah*-Gehorsam verstanden, der von den einzelnen Mitgliedern des Kollektivs zu leisten ist. Versagt der einzelne, so beeinträchtigt er das Wohl des Ganzen. Die Heftigkeit innerjüdischer Kontroversen erklärt sich zum guten Teil von dieser Voraussetzung her.

Mit der zunehmenden Betonung des Kollektivaspekts verbunden war die immer stärker werdende Forderung nach alleiniger kultischer Verehrung Jahwes. Sie war zunächst – bedingt durch das starke Kollektivbewußtsein des Stammesverbandes – wohl nur henotheistisch gemeint, schloß also die Anerkennung anderer Götter noch nicht aus. Das entsprach der üblichen Ansicht, daß Macht und Einflußbereich der Götter den irdischen Machtverhältnissen entsprechen. In der Auseinandersetzung mit dem Baalskult und infolge der sich unmerklich vollziehenden Identifizierung Jahwes mit den »Vätergöttern« und mit lokalen El-Formen bot sich die Identifizierung Jahwes mit dem höchsten Gott El geradezu an.

Ein weiterer Schritt war die Übertragung der positiv empfundenen Funktionen Baals auf Jahwe bei gleichzeitiger militanter Polemik gegen dessen Kult. Das Motiv vom »eifersüchtigen« Gott Jahwe und der geforderte »Eifer« seiner Verehrer haben in dieser Konfliktsituation ihre Wurzeln. Für die Jahweverehrer, die in diesem Kampf die Geschichtsmächtigkeit ihres Gottes, wie sie sich beim Exodus erwiesen hatte, in den Vordergrund rückten, stellte sich im Fall politisch-militärischer Niederlagen allerdings die bedrängende Frage nach der faktischen Macht ihres Gottes. Die schweren Bedrängnisse der Philisterzeit und das Scheitern Sauls verursachten darum eine Krise auch der Religion, die es durch theologische Überlegungen zu bewältigen galt, nämlich durch die Besinnung auf die eigene Schuld oder den mangelhaften Gehorsam gegenüber Jahwe.

Die Deutung der negativen Seiten des Daseins und der Geschichte als Strafe für mangelnden Gehorsam und als Aufforderung zu ernsterem Bemühen blieb fortan für das jüdische Geschichtsverständnis, zusammen mit dem schon erwähnten Kollektivbewußtsein, bestimmend. Sie war eine der Voraussetzungen für die seit etwa 500 v. Chr. einsetzende eschatologisch-messianische Erwartung, nach der der Lauf der Weltgeschichte durch Israels Gehorsam oder Ungehorsam entschieden wird. Sie implizierte nämlich bei jeder geschichtlichen Katastrophe für den Fall der Umkehr die Verheißung einer besseren Zukunft und vermittelte damit die Kraft, auch schwerste Schicksalsschläge zu überstehen.

Diese Deutung der Geschichte hatte noch zwei weitere Folgen: Sie entband davon, Jahwe unmittelbar an den herrschenden Machtverhältnissen messen und einstufen zu müssen, trug also insofern zu einer Vergeistigung des Gottesbildes bei, und sie verlieh dem — religiösen — Ethos und der Wahrung von Recht und Gerechtigkeit im Sinn des überlieferten oder geoffenbarten Gotteswillens einen einzigartigen Stellenwert. Beide Aspekte haben sich im Gegensatz zur magisch bestimmten Fruchtbarkeitsreligion des Landes weiter profiliert und gehören seitdem zu den wesentlichsten Merkmalen der jüdischen Religion überhaupt.

Entsprechend der Sippen- und Stammesstruktur konnte zunächst von einem einheitlichen Jahwekult keine Rede sein, man opferte an den traditionellen Heiligtümern des Landes oder gründete da und dort neue. Sofern es zu Stämmebündnissen kam, dürfte das eine oder andere Heiligtum vorübergehend größere, überregionale Bedeutung erlangt haben, wie zum Beispiel Silo zur Zeit der Philisterbedrängnis (*1. Samuel* 1 ff.); aber die in der Bibelwissenschaft oft vertretene These von einer Zwölfstämmeamphiktyonie konnte bisher nicht durch Beweise untermauert werden. Dasselbe gilt für die Deutung des »Ladeheiligtums« als eines Amphiktyonie-Zentralheiligtums.

Die spätere Überlieferung hat die »Lade« in die Wüstenzeit zurückversetzt und mit der Offenbarung am Gottesberg in

Verbindung gebracht, ihre tatsächliche ursprüngliche Bedeutung aber vergessen. In Silo stand sie jedenfalls im Tempel (*1. Samuel* 3, 3) und erfüllte irgendeine Funktion im Zusammenhang des antiphilistäischen Bündnisses der mittelpalästinensischen Stämme: Sie wurde (*1. Samuel* 5 f.) in die Schlacht mitgenommen und fiel eine Zeitlang den Philistern in die Hände. Für die Nachwelt blieb sie zunächst mit der Erinnerung an diese schmachvolle Niederlage verbunden, gewissermaßen ein Symbol gescheiterter Hoffnungen, bis David gerade dies für seine religionspolitischen Zwecke nutzbar zu machen wußte.

Der biblischen Geschichtsschreibung nach sind Jahweglaube und Jahwekult am Gottesberg durch Mose begründet worden und sollten in der Folgezeit in Israel gegenüber Umwelt und inneren Gefährdungen in reiner Form bewahrt werden. Aber selbst in den biblischen Schriften sind noch genügend Hinweise auf die geschichtliche Entwicklung der Jahwereligion erhalten geblieben.

Wie in späteren Perioden kam dabei auch in der Frühzeit den Krisensituationen und den entscheidenden Veränderungen des politisch-kulturellen Horizontes schöpferische Bedeutung zu. Dies vollzog sich als verwickelter und mehrsträngiger Prozeß innerhalb der jahweverehrenden Gruppen, mit fließenden Grenzen im Verhältnis zu Kultur und Religiosität der Umwelt.

Drittes Kapitel

GLANZ UND VERFALL DES DAVIDISCH-SALOMONISCHEN REICHES

1. Von der Stammesgesellschaft zum Staatsvolk

Die davidische Staatsgründung

Dem Scheitern des saulidischen Königtums schien ein Rückfall in die alte, eben erst in Ansätzen überwundene Sippen- und Stammesstruktur zu folgen. Zwar beanspruchte im Nordosten nominell Eschbaal, ein Sohn Sauls, die Herrschaft, doch nur im Schatten des ehrgeizigen Kriegers Abner.

Im Süden gelang es hingegen schon früher David, einem ehemaligen jungen Gefolgsmann Sauls, der sich mit diesem überworfen hatte, nach und nach eine Machtposition aufzubauen. Zunächst mit den Philistern liiert, später immer selbständiger, kontrollierte er mit seinem kriegerischen Anhang die Halbnomaden des Negev und südlichen Juda (man vergleiche die treffende Erzählung über Nabal und Abigail, (*1. Samuel* 25). Unterstützt von südjudäischen (»levitischen«?) Sippen, die offenbar zu den entschiedensten Anhängern der Jahweverehrung gehörten, gewann er die Südstämme für sich, übersiedelte nach Hebron und regierte dort, von den Philistern toleriert, etwa sieben Jahre als König von Juda, mit den Nordstämmen in einem ziemlich gespannten Verhältnis lebend.

Als jedoch Abner seinen Schützling Eschbaal preisgab und

zwischen den Nordstämmen und David vermittelte, entschlossen sich auch die Nordstämme zur Anerkennung Davids, obwohl Abner selbst durch Davids Feldhauptmann Joab aus persönlichen und machtpolitischen Erwägungen ermordet wurde. Eschbaal wurde ebenfalls beseitigt, so daß der Salbung Davids zum König von Israel nichts mehr im Weg stand.
Diese durch Personalunion entstandene Machtkonzentration, bestehend aus Juda, dem Südreich, und Israel, dem Nordreich, war nur möglich, weil damals keine der großen Mächte einen beherrschenden Einfluß in Palästina auszuüben imstande war und die Philister sich offenbar in ihrer Einschätzung der Aspirationen Davids geirrt hatten. Ihre Macht war jedenfalls nach einer empfindlichen Schlappe, die ihnen David südwestlich von Jerusalem beibrachte (*2. Samuel* 5, 17 ff.), gebrochen.
Davids Gefolgsleute, mit den Philistern lange Zeit verbündet, hatten mittlerweile die militärischen Qualitäten von Berufskriegern erreicht und stellten auch in Zukunft – neben dem nur von Fall zu Fall aufgebotenen Heerbann der beiden Reiche – eine eigene Truppe dar, also eine Art stehendes Heer, das dem neuen Doppelmonarchen Macht und Autorität sicherte. Diese Söldnertruppe setzte er auch ein, als er sich, noch vor der Philisterschlacht, auf geschickte Weise der alten Jebusiterstadt Jerusalem bemächtigte, die auf diese Weise zu einem königlichen Territorium zwischen den immer wieder rivalisierenden Reichshälften wurde und deshalb auch von David in kluger Berechnung zur Residenz gewählt wurde.
Die Einführung eines stehenden Söldnerheeres allein bedeutete bereits eine gesellschaftspolitische Wende. Sie stärkte die Position des Königs gegenüber den beiden Heerbannen und minderte somit das Gewicht der alten Sippen- und Stammesführung. Zugleich verstärkte die Wahl einer festen Residenz außerhalb der eigentlichen Reichsgebiete die zentralistische Tendenz: David war nicht mehr nur ein Heerkönig wie Saul, sondern residierender Herrscher über ein langsam sich ausformendes Staatswesen.

Die ersten administrativen Ordnungen richteten sich zwar im großen und ganzen nach der Stämmeverteilung, doch der Zug zur territorialen, also nicht mehr stammesorientierten Administration war von vornhinein mitgegeben, unter anderem durch die Integration der kanaanäischen städtischen Siedlungen in das Reich, wo sie alsbald zu wirtschaftlichen, kulturellen und administrativen Zentren wurden.

Die Integration Jerusalems

Am deutlichsten wird diese Tendenz am Beispiel der Jebusiterstadt Jerusalem selbst. David hatte die Stadt offenbar ohne Blutvergießen im Handstreich erobert, vielleicht unterstützt durch eine Partei in der Stadt selbst, und hatte sich mit seinem Gefolge daselbst angesiedelt (*2. Samuel* 5, 9). Die Stadtbevölkerung wurde weder ausgerottet noch vertrieben – sie konnte Davids Hausmacht nur stärken. Darum respektierte David auch die kulturell-religiösen Traditionen der Stadt (vgl. *Psalm* 110, 4); er erkannte Zadok, in dem manche einen jebusitischen Edlen, eventuell ein Mitglied des ehemaligen Priesterkönigsgeschlechts (vgl. *Genesis* 14, 18) vermuten, als zweiten Oberpriester an, neben dem vor Saul zu David geflohenen Jahwepriester Ebjatar.

Der Kult des davidischen Jerusalem lief also auf eine Synthese zwischen Jahweglauben und jebusitisch-kanaanäischem El-Eljon-Kult hinaus. Die Vorteile dieser Synthese lagen nicht bloß auf politischem Gebiet, denn die Gestalt des Eljon, einer El-artigen Gottheit, vermittelte der israelitischen Gottesvorstellung Züge, die auch der neuen Machtverteilung besser entsprachen. David gelang es nämlich, auch alle angrenzenden Gebiete zu erobern: Er unterwarf die Königreiche von Edom, Moab und Ammon und die syrisch-aramäischen Territorien östlich der phönikischen Küste. Nur einige philistäische Städte und die phönikischen Küstenstädte blieben selbständig.

Der Jahwekult als davidischer Reichskult

Der Jahwekult war mit Davids Aufstieg zum offiziellen Reichskult geworden, in besonderer Weise propagiert durch die »Leviten«, fluktuierende südpalästinensische Sippen, die sich David anschlossen und von ihm für den Aufbau der neuen politischen Ordnung benutzt wurden, gerade auch als Funktionäre im offiziellen Jahwekult.

Der Jahwekult hatte Davids Aufstieg insofern erleichtert, als er eine Klammer zwischen Südstämmen und mittelpalästinensischen Stämmen darstellte, was David auch als König nicht aus den Augen verlor. Er holte nämlich das Ladeheiligtum, das seinerzeit im antiphilistäischen Stämmebund von Silo eine nicht mehr näher bestimmbare Rolle gespielt hatte, von Kirjat Jearim nach Jerusalem (*2. Samuel* 6) und machte es zum Palladium der beiden vereinten Heerbanne von Israel und Juda, zum Symbol des »Gottes der Heere«. Vielleicht diente die Lade zugleich als Behälter für den Vertrag zwischen König und Volk und so als Symbol für die gottgewollte Rechtsordnung; das könnte ihre spätere Bedeutung als »Lade des Bundes Jahwes« erklären.

Damit suchte David Nord- und Südstämme auch religiös an die »Stadt Davids« zu binden, zumal die Lade nun zum Zeichen der unter David verwirklichten – unter dem Silobund und unter Saul hingegen so furchtbar enttäuschten – alten Hoffnungen wurde. Der Gott des Exodus schien David erwählt zu haben, um Israel zu retten – das war ein Gedanke, der vom Jerusalemer Hof aus bewußt propagiert wurde. Dahinter stand unter anderem auch das Ziel einer dynastischen Erbfolge – ein revolutionierender Schritt im politischen Bereich, vorbereitet durch Hausmachtbildung und Residenzgründung sowie durch den Palastbau (*2. Samuel* 6, 11), für den angesichts mangelnder eigener Erfahrungen phönikische Hilfe aus Tyrus in Anspruch genommen wurde.

2. Die Regierung Salomos (etwa 965/961–928/922)

Nach dem Scheitern des Adonija-Putsches war Salomo Mitregent geworden. Nach Davids Tod beseitigte er energisch alle möglichen Widersacher (*1. Könige* 1–2). Seine Regierung stand im Zeichen innen- wie außenpolitischer Stabilisierung. Im Inneren wurde ein territorial gegliederter Verwaltungsapparat aufgebaut, das stehende Heer verstärkt und in eine Anzahl fester Garnisonen auf das Reichsgebiet verteilt.

Die nunmehr gesicherte Dynastiegründung galt es nach altorientalischem Usus mit entsprechenden Palast- und Palasttempelbauten repräsentativ zur Geltung zu bringen. Außenpolitisch eher auf Defensive bedacht, verzichtete Salomo auf weitere Eroberungen und suchte diplomatische Kontakte, vor allem mittels einer intensiven Bündnis- und Heiratspolitik. So erneuerte er alsbald den Vertrag mit Tyrus (*1. Könige* 5, 15 ff.) und sicherte sich das Wohlwollen des wieder etwas erstarkenden Ägypten durch die Ehe mit einer Pharaonentochter, die ihm die Stadt Gezer als Mitgift einbrachte. Dazu kamen im Lauf der Zeit noch weitere ausländische Frauen.

Die inneren Reformen waren zum Teil geeignet, breite Bevölkerungskreise zu erbittern. Der (*1. Könige* 4 f.) kurz beschriebene Verwaltungsapparat mit der Einteilung des Reiches außerhalb Judas in zwölf Distrikte unter je einem Statthalter überwand die alte Stammesstruktur und diente nicht zuletzt der Versorgung des Hofes und des Militärs; er brachte so empfindliche Belastungen durch Fron und Steuern mit sich (*1. Könige* 5, 27 ff.; 9, 20 ff.).

Dieselbe Folge hatte auch die rege Bautätigkeit. In den Provinzen wurden vor allem Festungen und Garnisonen – für Streitwageneinheiten – gebaut, die ihrerseits wieder ständige Abgaben nach sich zogen (vgl. *1. Könige* 5, 6–8; 9, 16 ff.). In Jerusalem wurde das gesamte Areal oberhalb der Davidstadt völlig neu gestaltet, was ebenfalls einen riesigen Aufwand an Arbeitskräften und Material erforderte (*1. Könige* 6 ff.; 9,

15), sowie eine Anzahl von Opferstätten für ausländische Kulte eingerichtet (*1. Könige* 11).

Salomo wird wegen seiner Leistungen in der Überlieferung zwar als weiser, reicher, prunkvoller und friedlicher Herrscher geschildert, aber auch kritisiert: David, nicht Salomo, wurde für das Bewußtsein des Volkes zum Idealkönig und zum Typus des erhofften idealen Zukunftsherrschers hochstilisiert; die kriegserfüllte Herrschaft Davids, nicht das geordnete salomonische Reich wurde zum Typus der endzeitlichen Gottesherrschaft idealisiert.

Die archäologische Forschung hat zahlreiche Zeugnisse der salomonischen Blütezeit aufspüren können. Die lange Regierungs- und Friedenszeit brachte einen Aufschwung der internationalen Handelsbeziehungen und infolgedessen eine Blütezeit der Stadtkultur mit sich, ebenso eine beträchtliche Vermehrung der Staatseinkünfte aufgrund der Kontrolle der Handelswege. Salomo rüstete auch, in Kooperation mit der verbündeten Phönikerstadt Tyrus, Handelsexpeditionen aus, die im Roten Meer ausliefen (*1. Könige* 9, 26 f.; 10, 11, 22), und er betrieb einen Tauschhandel von kleinasiatisch-nordsyrischen Pferden gegen Streitwagen aus Ägypten (*1. Könige* 10, 28 f.).

Von den Bauten Salomos sind insbesondere in Hazor, Megiddo, Gezer, Tell bet Mirsim und Beth Schemesch Reste gefunden worden. Diese Städte wurden damals mit kräftigen Kasemattenmauern und tiefen Torbauten aus behauenen Steinquadern versehen sowie mit öffentlichen Gebäuden und Vorratshäusern ausgestattet. Ein spezieller, vierräumiger israelitischer Wohnhaustyp, die reiche Keramik und die sonstigen Einzelfunde bezeugen den städtischen Wohlstand dieser unter Salomo einsetzenden und noch etwa bis 800 v. Chr. andauernden Blüte.

3. Der Palast- und Tempelbau in Jerusalem

Die Jerusalemer Bauten Salomos konnten wegen der heute noch bestehenden heiligen Stätten und der dichten Bebauung von der Archäologie erst in geringem Umfang erforscht werden. Doch geben die biblischen Quellen (vor allem *1. Könige* 6–8; *2. Chronik* 2–6) und archäologisches Vergleichsmaterial aus der weiteren Umgebung verhältnismäßig viele Hinweise, so daß man sogar Rekonstruktionen des salomonischen Palast- und Tempel-Areals versuchen konnte.

Das alte, jebusitische Jerusalem und die »Stadt Davids« lagen unterhalb der jetzigen Südmauer der Stadt, auf dem sogenannten Ophel, in der Nähe der lebenswichtigen Gichon-Quelle. David hatte bereits (*2. Samuel* 17 ff.) die nördlich davon auf dem Hügel gelegene »Tenne Araunas« – wohl ein alter, jebusitischer Kultplatz – als Opferstätte eingerichtet; hier, auf der beherrschenden Anhöhe über der alten Stadt, errichtete Salomo sein Palastviertel, das durch Mauern mit der alten Stadt verbunden wurde. Zwischen Tempel und Stadt lag der königliche Palast mit Thronhalle, Frauenteil (*1. Könige* 7, 2–5; 10, 17 ff.) und dem »Libanonwaldhaus«, das repräsentativen und militärischen Zwecken diente. Einen gesonderten Palast ließ der König für die mit ihm verheiratete Pharaonentochter errichten (*1. Könige* 9, 24).

Der Tempel war, nach Vorbildern aus dem syrischen Raum, als Palasttempel angelegt (man vergleiche etwa Tell Tainat in Syrien). Der Unterbau der Gebäude und die Stadtmauern bestanden aus behauenen Steinquadern, das Mauerwerk des Innenhofes wurde aus drei Lagen Quadersteinen kombiniert, mit einer Lage Holz aufgeführt, wofür ebenfalls archäologische Parallelen aus dem syrischen Raum erhalten sind.

Ein fensterloser kubusförmiger erhöhter Raum von zwanzig Ellen Seitenlänge auf der Westseite stellte die Stätte der Gottesgegenwart dar, den *debîr.* In ihm stand ein kolossales, die untere Hälfte des Raumes ausfüllendes Kerubenpaar aus goldüberzogenem Ölbaumholz, zwei geflügelte Sphingen also, als Repräsentation beziehungsweise Träger des unsichtbaren, die Dimensionen des Baus sprengenden (vgl. *Jesaja* 6) Gottesthrones. Vergleichbare Throndarstellungen und Tierpaare als Trägerfiguren sind aus der näheren und weiteren Umwelt in großer Zahl bezeugt.

Eine zweiflüglige Tür und eine Treppe verbanden den *debîr* mit dem holzgetäfelten Langraum *(hêkāl)*. Dieser Hauptraum war als Thronsaal und Wohnraum der Gottheit konzipiert, enthielt einen goldüberzogenen Räucheraltar aus Zedernholz, einen goldenen Tisch für die »Schaubrote« und zehn Leuchter. Ein weiteres Tor führte in den Vorraum *('ûlām)*, den man von Osten, dem Altarplatz her, über eine Treppe von zehn Stufen und durch ein prachtvolles Portal betrat, das von zwei vorgesetzten freistehenden Säulen (genannt *Jākîn* und *Bo'az*) flankiert wurde. Dieser Gebäudekern wurde, abgesehen von der Ost- oder Frontseite, bis zur halben Höhe von einem dreistöckigen Umbau mit Nebenräumlichkeiten eingefaßt.

Auf dem Vorplatz stand der große Brandopferaltar, mit »Hörnern« an den vier Ecken; auf der Südostseite des Platzes war ein Wasserbassin aus Bronze von zehn Ellen Durchmesser und fünf Ellen Höhe, getragen von drei mal vier Rinderfiguren. Ein umfangreiches Kanalsystem, von dem heute noch Reste am »heiligen Felsen« sichtbar sind, diente der Wasserversorgung und dem Abfluß des Opferblutes sowie der Abwässer.

Ferner standen am Hof zehn fahrbare Wasserkessel, für die archäologische Parallelen aus Zypern und Syrien erhalten sind. Wie schon die zwölf Rinderfiguren beim Bronzebassin und das Kerubenpaar im Allerheiligsten zeigen, scheute man bei der Ausstattung des Gebäudes auch bildliche und plastische Darstellungen nicht. Auch die fahrbaren Bronzewasserkessel, die Wände und Türen des Tempels sowie die beiden Säulen Jakin und Boaz waren mit reichen Ornamenten ausgestattet, mit Keruben- und Tiergestalten, pflanzlichen (Palmen, Blu-

men, Blätter, Granatäpfel) und geometrischen Ornamenten in Metallguß, Holzschnitzerei und Einlegearbeit. Die Keruben standen sich hier zum Teil im Profil gegenüber, mit einem Baum dazwischen, einem ebenfalls weitverbreiteten altorientalischen Motiv entsprechend.
Die enormen Staatseinkünfte ermöglichten es dem König, bei dieser Ausstattung große Mengen von Edelmetall verarbeiten zu lassen, vor allem auch für die zahlreichen Tempelgeräte, wie zum Beispiel Gefäße und Räucherpfannen.
Die großzügige und für diesen geographischen Raum ungewöhnlich umfangreiche Anlage mit ihrer anspruchsvollen Ausstattung konnte von einheimischen Handwerkern nicht bewältigt werden. Die Planung und Durchführung des Baus lag daher in Händen von tyrischen Spezialisten, auch die Erzgießerei (*1. Könige* 7, 13 f.) und die Steinverarbeitung (*1. Könige* 32). Tyrus lieferte auch Zedernholz und Metalle. Es bezog dafür Weizen und Öl (*1. Könige* 5, 24) und erhielt zudem einen Landstrich in Galiläa übereignet (*1. Könige* 9, 10–14). Diese starke phönikische Beteiligung hat immer wieder zu Erörterung über den Eigenwert dieser Bauten für die israelitische Kultur Anlaß gegeben – unnötigerweise, denn Israel gehörte damals durchaus in den Bereich der kanaanäisch-phönikischen Kultur.
Der Tempel diente mit seiner beträchtlichen Wertkumulation, die durch königliche und private Weihegaben laufend vermehrt wurde, auch als Staatsschatz. Abgesehen davon stellte er als Bestimmungsort vielfacher Abgaben ein wirtschaftliches Zentrum dar und fungierte dadurch als eine Art Depositenbank auch für Privatpersonen, wie es in der Umwelt ebenfalls üblich war.

4. Kult und Kultsymbolik

Der Kult

Der kultische Dienst gliederte sich in zwei voneinander unabhängige Bereiche: den inneren und den äußeren Kult.
Der innere Kult ist durch die Auffassung von der im Heiligtum thronend anwesenden Gottheit bestimmt und hat den ursprünglichen Zweck, die Gottheit zu versorgen, und zwar durch Darbringung von Räucheropfern, das Auflegen der »Schaubrote« und die Bedienung der zehn Leuchter im Hekal. Diese Verrichtungen geschahen *de facto* unter Ausschluß der Öffentlichkeit und gehörten zu den regelmäßigen rituellen Pflichten der Priesterschaft.
Der äußere Kult war an den großen Brandopferaltar am Tempelvorhof gebunden und insofern auch für Tempelbesucher vom Vorhof aus sichtbar. Außer den regelmäßigen täglichen Opfern und den regelmäßigen Zusatzopfern an bestimmten Feiertagen und Festen, deren Aufwand vom König bestritten wurde, konnten hier auch Privatpersonen Opfer darbringen lassen.
In erster Linie war der Tempelkult aber staatlicher, königlicher Kult. Zu Festzeiten und besonderen Anlässen wie Fasttagen usw. mochte zwar die Besuchermenge die Szene beherrschen und Musik und Gesang zum Ritus hinzutreten; doch die Gegenwart einer »Gemeinde« war für den Kultbetrieb selbst nicht konstitutiv.

Kosmologische Symbolik und kollektiver Bezug des Kultes

Aus biblischen und nachbiblischen Hinweisen ist zu entnehmen, daß die mit Tempel und Tempelkult verbundenen Vorstellungen im wesentlichen dem entsprechen, was uns aus der

Umwelt Altisraels bekannt ist. Der Tempelberg galt als Gottes- und Weltenberg, wobei Thronstätte – Allerheiligstes – und Brandopferaltar sich in dieser Symbolik weitgehend überschneiden (da ja ein Altar als Ausstattung für sich auch eine Kultstätte darstellen konnte).

Die gesamte Tempelanlage und -ausstattung beruhte offenbar auf traditionellen kosmologischen Bezügen. Die Ost-Westorientierung zum Beispiel kann schwerlich vom Sonnenlauf getrennt beurteilt werden, das große Wasserbassin – das »eherne Meer« – mit den dreimal vier Rindern dürfte Bezüge auf den Weltozean sowie auf die vier Himmelsrichtungen und Jahreszeiten haben; die Einteilung in Allerheiligstes, Hekal und Vorhof entsprach wohl auch schon damals der später bezeugten Vorstellung, daß die Tempelanlage den Kosmos in seinen einzelnen Bereichen repräsentiere.

Die im Debir gegenwärtige Gottheit wurde, wie *Jesaja* 6 und *Ezechiel* 1–3 zeigen, als über den Kolossal-Keruben thronend vorgestellt und daher auch als »Kerubenthroner« bezeichnet. Die Ansichten über Art und Bedeutung dieser Gottesgegenwart, die man sich als Lichtglanzwolke *(kabôd)* manifestiert vorstellte (vgl. *1. Könige* 8, 10), war offenbar uneinheitlich, reichte von einer recht massiven Wohntempelauffassung, die dem heiligen Ort und der heiligen Stadt etwas wie Unverletzlichkeit zuschreiben wollte (vgl. *Jeremia* 7, 4), bis zur Annahme einer nur gelegentlichen Theophanie. Die massivere Vorstellung entsprach jedoch mehr dem priesterlichen Interesse (vgl. *1. Könige* 8, 12 f.), weil sie zunächst geeignet war, das Prestige des Heiligtums zu mehren.

Als Stätte der Gottesgegenwart war der Tempel natürlich auch eine Offenbarungsstätte, von der göttliche Weisungen ausgingen. Die kosmologische Symbolik trifft auch auf den Kultbetrieb zu, vor allem auf den regelmäßigen Kult, weil man im Alten Orient allgemein eine Entsprechung zwischen kosmischer und kultischer Ordnung annahm. Der Kult hatte insofern welterhaltende Funktion. Ähnliches gilt für die Sühnefunktion des Opferkultes. Sünde und rituelle Unreinheit wurden damals auch in Israel als objektiv vorhandene Zustände verstanden, deren Beseitigung ebenfalls konkrete Maßnahmen nötig machen: Der Kult und der Vollzug der jeweils angemessenen Riten entsühnt das Land und das Volk, hat also eine kollektive Heilsfunktion und gewährleistet Ordnung und Gedeihen in Natur und Gesellschaft. Der einzelne findet seine religiöse Erfüllung in diesem Rahmen, wenn auch zusätzlich Möglichkeiten individuellen Gottesdienstes bestanden, vor allem mittels der möglichen freiwilligen Privatopfer.

Der König

Man hat manchmal versucht, in Analogie zur altorientalischen Königsideologie auch für das israelitisch-judäische Königtum eine weitgehende religiös-kultische Bedeutung nachzuweisen, jedoch ohne überzeugenden Erfolg. Wenn auch dem König als Repräsentanten des Volkes gegenüber Gott eine Sonderstellung zukam (vgl. *Psalm* 2 und 110), so doch nicht im Sinn einer Vergöttlichung. Gerade in dieser Beschränkung liegt eine der bedeutendsten Leistungen des biblischen Judentums, da damit die Überordnung des Herrschers über das Recht verhindert wurde, das man als unmittelbares Gottesrecht und somit als höchste Autorität verstand.
Die kultischen Funktionen des Königs wurden in den folgenden Jahrhunderten noch weiter eingeschränkt; konsequenterweise sah man in dem später erhofften Idealkönig in erster Linie den Repräsentanten einer gerechten Weltordnung.

Der Tempel als »Ladeheiligtum«

Die starke phönikische Beteiligung am Tempelbau war nicht der einzige Beitrag der unmittelbaren Umwelt zum Jerusalemer Heiligtum. Auch Opferkult und Kultterminologie waren – zum guten Teil wohl schon seit langem – durchaus kanaanäisch-phönikisch geprägt, auch aus der jebusitischen Kulttradition der Stadt.

Dennoch wäre es verfehlt, der Jerusalemer Priesterschaft, auch wenn sie zum Teil wenigstens jebusitischer Herkunft war (Zadok), den Willen abzusprechen, Jahwepriester zu sein. Jahwe zog nur jetzt in der neuen Großreichperspektive immer mehr Merkmale eines höchsten Gottes an sich, sei es aus den Vorstellungen über El, sei es aus denen über Baal. Die Gottesvorstellung gewann dadurch, ohne daß es notwendig zu einem kultischen Synkretismus kommen mußte.

Der salomonische Tempelbau, der unter David noch auf Ablehnung gestoßen war, bedeutete dennoch einen tiefen Einschnitt in der Geschichte der Jahweverehrung; er konnte zumindest von vielen Konservativen als bedenkliche Neuerung betrachtet werden. Salomo suchte daher die Identität des »Kerubenthroners« mit dem Gott des Exodus und der beiden Heerbanne Israels und Judas – »Jahwe, Gott der Heere« – augenfällig unter Beweis zu stellen und ließ die Lade aus dem von David für sie errichteten Zelt in das Allerheiligste bringen, wo sie in der Mitte unter den beiden kolossalen Keruben freilich etwas verloren gewirkt haben dürfte.

Aber nicht auf den optischen Eindruck kam es an, sondern auf die Präsenz der Lade im Tempel. Dieser gewann dadurch wenigstens ansatzweise die Bedeutung eines gesamtisraelitischen Heiligtums und wurde zugleich zum Symbol der göttlichen Macht, des Gottesrechtes und zugleich des davidischen Herrschaftsanspruches über Gesamtisrael. Der Tempel beziehungsweise der Tempelberg »Zion« und die Stadt Jerusalem haben denn auch für das spätere Judentum in zunehmendem Maß national-religiösen Symbolwert erhalten.

Weitere Jahwe-Kultstätten

Die spätere Auffassung, daß der Jerusalemer Tempel das einzig legitime Jahweheiligtum sei, ist für die Königszeit bis auf Josia nicht vorauszusetzen. Schon unter David sind wohl »levitische« Jahweheiligtümer in den Verwaltungszentren gegründet worden. Am Tell Arad im nördlichen Negev wurde ein Tempel aus dem zehnten bis neunten Jahrhundert ausgegraben, der zwar kleiner, aber in der Anlage etwa dem salomonischen entspricht: Er weist Ost-West-Orientierung auf, einen geteilten Vorplatz im Osten, im äußeren Teil den Brandopferaltar, vor dem Tempelportal wahrscheinlich zwei freistehende Säulen, einen Hauptraum (hier allerdings als Langhaus in Nord-Süd-Richtung), schließlich an der Westseite das Allerheiligste mit zwei Räucheropferaltären und einer Maṣṣebe (Kultstele). Ostraka enthalten Namen zweier aus der Bibel bekannter Priesterfamilien und die Bezeichnung »Söhne Korahs«. Der Tempel wurde über einer älteren, vor-israelitischen Kultstätte errichtet und offenbar gegen Ende der Königszeit, wohl bei der Zentralisation des Kultus unter Josia, profaniert und zerstört.

Neben den offiziellen »levitischen« Jahwekultstätten gab es eine Fülle von traditionellen Opferplätzen — »Höhenheiligtümer« —, die zum Teil auch für die Jahwereligion von Bedeutung geworden sind. So erwähnt *1. Könige* 3, 4 ff. Gibeon als »Großes Höhenheiligtum«, das von Salomo aufgesucht wurde — eine spätere Auffassung (*1. Könige* 3, 3) machte ihm dergleichen zum Vorwurf. Daneben gab es die politisch motivierten Fremdkulte (*1. Könige* 11), für die Salomo in der Umgebung Jerusalems Kultstätten eingerichtet hat.

5. Die Anfänge der hebräischen Literatur

Von eventuellen literarischen Überlieferungen aus der vorstaatlichen Zeit ist so gut wie nichts mehr bekannt; man wird für damals in erster Linie mündliche Traditionen anzunehmen haben. Einzelne Überlieferungskomplexe könnten allerdings bereits literarische Gestalt gefunden haben, doch bezeugt ist dies nicht.

Mit der Integration der kanaanäischen Kultur und Schreibertradition waren jedoch Voraussetzungen für ein literarisches Schaffen gegeben. Aus davidisch-salomonischer Zeit ist uns in der Geschichte vom Aufstieg Davids (*1. Samuel* 16, 14 – *2. Samuel* 5; 8, 1–15) jedenfalls das Zeugnis eines scharf beobachtenden und packend erzählenden Zeitgenossen erhalten, und auch die Thronfolgeerzählung (*2. Samuel* 9–20; *1. Könige* 1–2) dürfte in ihrem Grundbestand aus etwa derselben Zeit stammen.

Die Einigung der Stämme in einem Staatsverband hat außerdem zu einer Sichtung und Vereinheitlichung der älteren Stammestraditionen geführt, wodurch die Vorgeschichte Israels aus der Sicht der davidischen Reichsgründung einen gesamtisraelitischen Charakter erhielt. Ältere – möglicherweise auch schon literarisch fixierte – Traditionen sind auf diese Weise aufgegriffen und in einen größeren Rahmen eingebaut worden. Dieser Prozeß ist jedoch schwerlich nur einlinig verlaufen. Die ersten literarischen Ansätze für die im Verlauf der Königszeit weitergeführte Ausarbeitung der Stoffe in den *Richter-* und *Samuelbüchern* und den *Pentateuch*-Quellenschriften – den davidisch-dynastischen Jahwisten, der priesterlich-jerusalemischen Überlieferung und der elohistisch-deuteronomischen Linie – dürften in spätdavidisch-salomonischer Zeit zu vermuten sein.

David gilt auch als Dichter, und einige biblische Dichtungen stammen wohl ziemlich sicher von ihm, so etwa die Klagelieder über Saul und Jonathan (*2. Samuel* 1, 17 ff.) sowie Abner

(*2. Samuel* 3, 33 ff.), eventuell auch eine nicht mehr bestimmbare Anzahl von *Psalmen.*

Die religiöse Lyrik, die in älterer Zeit ebenfalls eher der mündlichen Überlieferung — eventuell in epischen Zusammenhängen — zugehörte (vgl. das *Deboralied, Richter* 5), gewann unter dem Einfluß der kanaanäischen Kultlyrik (vgl. *Psalm* 19A; 29; 104) richtungweisende formale und inhaltliche Impulse. Ein Teil der biblischen *Psalmen* geht zumindest im Grundbestand sicher auf die davidisch-salomonische Ära zurück. Zwei in der Bibel (*Numeri* 21, 14; *Josua* 10, 13 und *2. Samuel* 1, 18) erwähnte Liedersammlungen sind leider verlorengegangen.

Mit dem Ausbau der Verwaltung unter Salomo hat auch die für den Alten Orient und Ägypten charakteristische Weisheitslehre in Israel Einzug gehalten, zum guten Teil wohl kanaanäisch vermittelt, etwa durch das jebusitische Jerusalem. Es handelt sich teils um »Lebensweisheit« zur Erziehung von Prinzen und Beamten, teils um listenförmige Aufstellungen, die insbesondere dem priesterlichen Berufswissen dienlich waren — Aufzählungen von rituell reinen und unreinen Tierarten und Speisen —, wozu auch eine gewisse Kosmologie gehörte, die man für kultkalendarische Fragen benötigte.

Selbstverständlich mußte auch die Gesetzgebung den veränderten Verhältnissen angepaßt werden, wobei vorhandene, mehr oder weniger gemeinorientalische Konventionen und Einzelvorstellungen mit einwirkten. Eine detaillierte Rechtsgeschichte der frühen Königszeit ist allerdings aufgrund der biblischen Quellen nicht mehr zu rekonstruieren, da es sich um Überlieferungen handelt, die zum Teil entweder immer wieder den neuen Gegebenheiten adaptiert wurden oder zum Teil weniger praktische als programmatische Bedeutung hatten, also aus der empfundenen Diskrepanz zwischen dem religiöspolitischen Wunschdenken und der Realität erwachsen sind. Infolge der neuen israelitisch-kanaanäischen Symbiose sind ferner alte Überlieferungen, die wahrscheinlich syrisch-kanaanäische Adaptionen von mesopotamischen Stoffen darstellten, im biblischen Schrifttum umgearbeitet aufgegangen, charakteristischerweise gerade innerhalb der Jerusalemer Überlieferungen des Jahwisten und der *Priesterschrift*; so etwa in *Genesis* 1—11 die Schöpfungsgeschichte, die Paradieserzählung, die Tradition von den Urgenerationen zwischen Adam und der Flut, die Flutgeschichte selbst, die Erzählung vom Turmbau zu Babel usw.

6. Krisen und Konflikte

Der gesellschaftliche Wandel

Erfolg und Glanz der davidisch-salomonischen Herrschaft konnten nicht verhindern, daß sich auch innere Schwierigkeiten einstellten, vor allem infolge der Auflösung der alten, in der Sippen- und Stammesstruktur verankerten Lebensordnungen und Denkweisen, der rapiden Erweiterung des Lebenshorizontes, der wirtschaftlichen Entwicklung und der neuen religiösen Tendenzen.

Die in *2. Samuel* 24 enthaltene Kritik an der für die neue Verwaltung erforderlichen Volkszählung, der Widerstand gegen zentralistische Tendenzen — *2. Samuel* 6 gegen die Ladeüberführung; *2. Samuel* 7 gegen den Tempelbau — und die Aufstandsbewegungen der spätdavidischen und salomonischen Zeit beweisen, daß weite Kreise der neuen Entwicklung, mindestens im Laufe der Zeit, ablehnend gegenüberstanden und daß konkurrierende politisch-religiöse Strömungen um Einfluß bei Hof rangen. Letzteres wird auch durch den Verlauf der Thronfolgestreitigkeiten und durch den Absalomaufstand illustriert (*2. Samuel* 15—19).

Als markantestes Symptom für den gesellschaftlichen Wandel sei das Schicksal der Heerbanne von Israel und Juda erwähnt. Schon unter David wurde infolge der Bedeutung der stehenden Söldnertruppe der Heerbann immer seltener aufgeboten, unter Salomo offenbar überhaupt nicht mehr. So hatte er auch kaum mehr die Möglichkeit, als politische Kraft in Erscheinung zu treten, und das wieder entmachtete die Führungsschicht der alten Sippen- und Stammesgesellschaft – zweifellos im Sinn der königlichen Zielsetzungen, wie ja auch Salomos Distrikteinteilung (*1. Könige* 4–5, 1–8) nach territorialen, nicht nach stammesmäßigen Gesichtspunkten erfolgte. Dem frühdavidischen Enthusiasmus und Siegesrausch folgte das bedrückende Gefühl, beherrscht und verwaltet zu werden.

Bezeichnend ist ferner, daß David seine Herrschaft – jedenfalls über Israel (*2. Samuel* 3, 21; 5, 3) – noch aufgrund eines Vertrags zwischen König und Volk angetreten hatte, Salomo aber nach blutigen Thronfolgewirren, vorbereitet durch eine von David staatsstreichartig inszenierte Proklamation zum Mitregenten (*1. Könige* 1) einfach die Erbfolge antrat. Das Recht des Volkes hatte einer dynastischen Erwählungstheologie und einem im Palasttempelbau architektonisch demonstrierten Gottesgnadentum zu weichen.

Der Kampf um eine Jahwes Willen gemäße Rechts- und Lebensordnung, die man sich von der davidischen Herrschaft zunächst erwartet hatte, beherrschte dann auch die Folgezeit und prägte einen Grundzug des späteren Judentums vor.

Soziale Spannungen

Der angedeutete gesellschaftliche Wandel war mit dem Aufstieg einer neuen Oberschicht verbunden, die alsbald ihre eigenen Interessen verfolgte, besonders in der Residenzstadt. Die Folgen waren nicht selten Spannungen zwischen Macht und Recht, vor allem, wenn der Herrscher selbst sich über geltendes Recht hinwegzusetzen versuchte (vgl. *2. Samuel* 11 f.; für spätere Zeit *2. Könige* 21).

Als noch schwerwiegender erwies sich aber der aufbrechende Gegensatz zwischen Stadt und Land. Denn während die Städte unter den neuen Verhältnissen profitierten und Handel und Gewerbe aufblühten, geriet die Landbevölkerung infolge des langsam einsetzenden Übergangs von der Natural- zur Geldwirtschaft und der gleichzeitig wachsenden Abgabenlast (Steuern, Frohnarbeit) zunehmend in Verschuldung und Abhängigkeit.

Erbitterung mußte dabei insbesondere der Umstand erregen, daß die Städte weitgehend von integrierten kanaanäischen Bevölkerungsgruppen bewohnt waren, also gerade auch jahwetreue Kreise und Verfechter der altdavidischen Zielsetzungen zu Stiefkindern der neuen Gesellschaft wurden. Die in der biblischen Geschichtsschreibung teilweise vorliegende fanatisch-utopische Darstellung der Landnahme als eines Eroberungs- und Vernichtungsfeldzuges gegen die Kanaanäer wurzelt zum Teil in der Reaktion auf diese Enttäuschung, und die oben genannten Widerstände gegen die gesellschaftlichen Veränderungen wurden durch derartige Ressentiments verstärkt.

Die Forderung nach Recht und Gerechtigkeit gerade auch im sozialen Bereich gewann im Verlauf der weiteren Königszeit noch an Bedeutung und hat ebenfalls das Judentum nachhaltig bestimmt.

Die Problematik der Residenz

David suchte die Residenzstadt Jerusalem auch mit religiöskultischen Mitteln aufzuwerten.

Die Überführung des Ladeheiligtums (*2. Samuel* 6) in die Hauptstadt scheint aber zunächst auf erhebliche Widerstände gestoßen zu sein, und auch Davids Absicht, in Jerusalem einen Tempel zu errichten (*2. Samuel 7*), erregte Widerspruch. Die Überlieferung in *2. Samuel 7* legt den Protest zwar nur dem

Hofpropheten Nathan in den Mund, in Wirklichkeit dürften aber von verschiedenen Seiten Einwände erhoben worden sein, vor allem von Vertretern des offiziellen Jahwekultes (der »Leviten«) außerhalb Jerusalems sowie speziell von nordisraelitischen Kreisen, die beide mit Recht eine Zentralisationstendenz aufkommen sahen, ferner zugleich von jenen Jerusalemer Gruppen, die zu jener Zeit für das neue Heiligtum noch ein zu starkes Gewicht der jahwistischen Seite gegenüber der jebusitischen Tradition befürchteten.

Als dann mit der Thronfolge Salomos eine jebusitisch-dynastische Partei unter dem Oberpriester Zadok den Sieg über die Altdavididen unter Ebjatar davontrug, wurde auch mit dem Tempelbau begonnen.

Die Einrichtung des Hofes und eines Verwaltungsapparates brachte unvermeidlich Cliquenbildungen und Intrigen mit sich. Die biblische Überlieferung läßt solche Vorgänge zum Beispiel im Zusammenhang mit der Thronfolgefrage deutlich erkennen.

Der Tempelbau Salomos stärkte die Stellung der Priesterschaft innerhalb der Residenz. Vor allem der Oberpriester trat von nun an neben dem König immer stärker in den Vordergrund. Während noch unter David der König und die Prinzen unbedenklich auch priesterliche Funktionen ausübten, führte die Institution des Tempelkults zu einer allmählichen, von der Priesterschaft (vgl. *2. Chronik* 26) aber konsequent erstrebten Scheidung der Kompetenzen. Am Ende der Königszeit wollte man dem König so gut wie keinerlei kultische Funktionen mehr zugestehen (*Ezechiel* 44).

Hof (Dynastie) und Tempel waren also zwar eng miteinander verbunden, doch beide konnten über die jeweiligen eigenen Interessen auch in ein gespanntes Verhältnis zueinander geraten. Das hat die politische Szenerie der Residenzstadt zeitweilig nicht unwesentlich bestimmt.

Der Zerfall des Reiches

Die judäische Herkunft der Dynastie und die geographische Lage der Residenz am Rande des judäischen Stammesgebietes sicherten Juda einen unverhältnismäßig großen Einfluß bei Hof. Die Nordstämme fühlten sich durch die dynastische Politik Davids und die wachsende Bedeutung Jerusalems mit guten Gründen überspielt und auch sonst benachteiligt. Als der König nach dem Scheitern des Absalom-Aufstandes sich in erster Linie um einen Ausgleich mit seinem Heimatstamm bemühte, hörte man die Losung (*2. Samuel* 20, 1): »Wir haben keinen Anteil am Haus Davids und kein Erbteil am Sohn des Isai – jeder zu seinen Zelten, Israel!« Nur mit Gewalt konnte eine Loslösung des Nordens verhindert werden.
Die Wahl eines nordisraelitischen Königs lag durchaus im Bereich der Möglichkeit, vor allem solange noch Mitglieder der Familie Sauls am Leben waren. David hatte zunächst auf einen Thronerben aus seiner Ehe mit der Saultochter Michal gehofft; als sich diese Erwartung aber nicht erfüllte, hatte er die Sauliden unter Kontrolle gestellt (*2. Samuel* 9) und zu einem guten Teil sogar ausrotten lassen (*2. Samuel* 21). Salomo ließ auch noch den offenbar letzten Sauliden umbringen (*1. Könige* 2, 36 ff.), und die Jerusalemer Geschichtsdeutung hat dann selbst die Erinnerung an den König Saul als düsteren Hintergrund für den strahlenden Aufstieg Davids gestaltet.
Obwohl Salomos Regierung im großen und ganzen als Friedenszeit zu bezeichnen ist, begannen alsbald Risse im Gefüge des Großreiches sichtbar zu werden. Die Aramäer im Norden begannen unter ihrem Herrscher Reson nach Selbständigkeit zu streben (*1. Könige* 11, 23–25), und im Süden gelang es dem edomitischen Prinzen Hadad, der einst vor David nach Ägypten geflohen war, wieder Fuß zu fassen und sich als König zu etablieren (*1. Könige* 11, 14–25).
Immer kritischer wurde auch das Verhältnis zu den Nordstämmen. Durch Salomos Verwaltungseinteilung (*1. Könige*

4) wurde Judas Sonderstellung – außerhalb der zwölf Verwaltungsdistrikte – noch deutlicher und die Steuer- und Fronlast für den Norden offenbar besonders drückend. Jerobeam, ein Aufseher über mittelpalästinensische Fronarbeiter, setzte sich an die Spitze einer Empörung (*1. Könige* 11, 26 ff.), mußte aber ebenfalls in Ägypten um Asyl bitten.

Nach Salomos Tod versuchten die Nordstämme 926 in Sichem unter Führung des inzwischen heimgekehrten Jerobeam vergeblich, den Thronfolger Rehabeam wieder zu einem Vertrag und einer gerechteren Lastenverteilung zu bewegen. Daraufhin sagten sich die Nordstämme von der Dynastie Davids los, steinigten einen Frohnvogt Rehabeams und wählten schließlich Jerobeam zum König (*1. Könige* 12).

Die Herrschaft des davidischen Königtums erstreckte sich jetzt nurmehr über Juda, Jerusalem und das zum Teil umstrittene benjaminitische Gebiet.

7. Ideal und Wirklichkeit

Göttliche Macht und irdische Mächte

Die in der Philisternot akut gewordene Frage nach der faktischen Macht Jahwes erschien durch die davidischen Siege und durch die Herrschaft Israels über so gut wie alle Nachbarvölker überzeugend beantwortet. Man konnte also in Jahwe nicht bloß den allein zu verehrenden Gott Israels sehen, sondern auch den Herrn über die Völker – und deren Götter –, und die vom davidischen Königtum aufgegriffenen Elemente des altorientalischen Weltreichdenkens haben mit dem Einfluß der Gestalt Els weitere universale Züge zum Gottesbild beigetragen.

Der Zerfall des Reiches hätte allerdings normalerweise diese Einschätzung Jahwes wieder geändert. Aber das verhinderte eigenartigerweise gerade die im vorigen Abschnitt beschriebene Krisensituation infolge der aus ihr sich ergebenden Impulse zu theologischer Überlegung und Geschichtsdeutung.

Vordergründig erschien die Lage konfus. In Jerusalem und Juda wurde der davidische, gesamtisraelitische Anspruch wenigstens grundsätzlich aufrechterhalten. Man behauptete also weiterhin die Bindung des alleinigen Gottes Israels an die erwählte Dynastie und deren Residenz. Im Nordreich sah sich darum Jerobeam alsbald zu Gegenmaßnahmen veranlaßt: Er errichtete Staatsheiligtümer, in Bethel im Süden und in Dan im Norden.

Das hat ihm die spätere Jerusalemer Geschichtsschreibung angekreidet, freilich in anachronistischer Verkennung der Tatsachen, denn auch in Juda gab es zu jener Zeit mehrere Heiligtümer (man denke an Tell Arad). Die goldenen Rinderfiguren, die Jerobeam nach *1. Könige* 12, 28 f. an den beiden Staatsheiligtümern aufstellen ließ, waren auch schwerlich Götzenbilder, sondern wie das Kerubenpaar im Jerusalemer Tempel nur Träger des unsichtbaren Gottes, »der Israel aus Ägypten heraufgeführt hat.«

Wenn Jerobeam nach *1. Könige* 12, 31 ff. statt der levitischen Priester andere einsetzte, dann mit gutem Grund, denn die Leviten waren ja gerade die Vertreter des davidischen Staatskultes. Sowohl im Norden wie im Süden wollte man also ungeachtet synkretistischer Tendenzen auch weiterhin den Jahwekult pflegen, doch mit konkurrierender politischer Zweckbindung.

Für die Anhänger der altdavidischen Ordnung, die bereits gegenüber der spätdavidischen und salomonischen Herrschaft Bedenken gehegt hatten, kam eine Identifikation mit den Kulten der Teilreiche wohl nur bedingt in Frage. Wenn auch Jerusalem dabei immer noch den Vorzug genoß, hing die Einschätzung des dortigen Kultes doch zugleich vom Verhältnis des regierenden Königs zu diesen jahwefrommen Schichten ab, und unter entsprechenden Umständen konnten deren Sympathien auch einem jahwetreuen nordisraelitischen König gelten.

Die Gottesvorstellung dieser religiös besonders intensiv engagierten Kreise war also nicht mehr im alten Maß von den Realitäten abhängig, sondern transzendierte sie. Mit dieser Vergeistigung, die gewissermaßen als Tugend aus der Not erwuchs, gewann der Jahweglauben die Möglichkeit einer geradezu einzigartigen Distanz zu den irdischen Macht- und Kultverhältnissen, ohne doch auf diese zu verzichten: Nicht die Macht Jahwes erschien hier durch den Zerfall des Reiches in Frage gestellt, sondern die Legitimation und religiös-moralische Eignung der Herrschenden in Vergangenheit und Gegenwart. Die bereits in der vorstaatlichen Zeit wirksam gewordene Art der Deutung von Katastrophen als Strafen und Bewährungsmöglichkeiten kam nun erst recht zur Geltung, und das in der politisch-kultischen Realität Verlorengegangene oder fragwürdig Gewordene blieb als Utopie wirksam und konnte sich gerade in dieser Spannung zur Wirklichkeit weiter ausformen.

Ein charakteristisches Beispiel dafür ist die biblische Prophetie. Propheten als ekstatische Seher oder charismatische Gestalten im Dienst eines Heiligtums oder eines Herrschers gab es auch sonst im Alten Orient; gerade für den westsemitischen Bereich (Mari) sind Beispiele dafür bekannt. Aber das besondere der biblischen Prophetie besteht darin, daß sie in Einzelfällen über solche Bindungen hinauswuchs, begründet in der eben beschriebenen Distanz zu den Realitäten und im Glauben an die alle irdischen Mächte und Kulte transzendierende Macht und Größe Jahwes. Jahwepropheten traten darum in Juda wie in Israel auf und hatten wohl auch überall ihre Sympathisanten, wenngleich in Juda der Gegensatz zum Königtum und Staatskult vergleichsweise gering war.

Nach der Erfahrung des davidischen Triumphes war es also gerade die Erfahrung des Verfalls der realen Macht, die einen weiteren Schritt zum Monotheismus mit sich brachte; die erste klare Formulierung monotheistischer Aussagen erfolgte ja dann auch nicht etwa in einer Zeit der Machtentfaltung, sondern im babylonischen Exil *(Deuterojesaja)*. Dennoch war man letztlich an die Hoffnung gebunden, daß Jahwes wahre Macht einmal manifest wird und daß an »diesem Tag (Jahwes)« die geglaubte und die vorhandene Wirklichkeit zur Deckung gelangen.

Der Kult

Die Loslösung der Gottesvorstellung von realen Gegebenheiten betraf natürlich auch die Einschätzung des Kultes. Zwar entwickelte jede kultische Tradition – und insbesondere ein Kultbetrieb größeren Ausmaßes wie jener an den Staatsheiligtümern – ein gewisses Beharrungsvermögen und die Tendenz zur Verabsolutierung; das war auch durch die kosmologische Symbolik des Kultes angelegt. Durch die nun verstärkt einsetzende Vergeistigung gewann der Jahweglaube aber dazu die Möglichkeit einer gewissen Distanz, so daß sich sein Schicksal in Zukunft nicht mehr mit dem Geschick der Kultstätte und des staatlichen Kultträgers decken mußte.
Die Jerusalemer Propaganda hat freilich gerade das Gegenteil zu erreichen versucht und die Bedeutung des Zionheiligtums mit allen Mitteln herausgestrichen, was zusammen mit der zunehmenden heilsgeschichtlichen Symbolik dem Tempel tatsächlich eine überragende Rolle gerade auch für die folgenden Jahrhunderte gesichert hat. Aber die enge Bindung des Jerusalemer Kults an den Hof verquickte ihn in die jeweilige Politik, die ja damals immer auch religiös-kultische Relevanz hatte, weil jede politische Unterordnung die Anerkennung des offiziellen Kultes der Götter der herrschenden Großmacht zur Folge hatte.
Die Königszeit stand darum im Zeichen der Auseinandersetzung um den rechten Kult und um die Legitimität von Kultstätten sowie im Zeichen des Kampfes gegen die sogenannten Fremdkulte und gegen den Synkretismus, der nun, nach der

Integration der kanaanäischen Bevölkerung, neuerlich virulent wurde. Das geschah vor allem im Nordreich, wo die in Juda noch in gewissem Maß mögliche und auch stetig zunehmende Orientierung an einem kultisch-religiösen Zentrum fehlte und die Nachbarschaft der Phöniker und Aramäer ihren Einfluß ausübte.

Gerade im Bereich der Nordstämme kam es daher auch wieder zu einer krassen Kulturkampfsituation.

Rechtsanspruch und Rechtswirklichkeit

In dem Maß, wie Jahwe für das Bewußtsein vieler seine politisch-kultische Repräsentation transzendierte, erhielt auch das Recht als Jahwes Wille einen die Institutionen transzendierenden Charakter. Königshof und Jerusalemer Tempelpriesterschaft versuchten zwar, die bestehenden Ordnungen durch eine Zurückführung auf Mose als Stiftungen des offenbarten Gotteswillens darzustellen; aber auch die oppositionellen Gruppen taten dies mit ihren Rechtsvorstellungen.

So kam es, daß Gott eigentlich weniger als Repräsentant irdischer Macht denn als Hüter der – richtigen – Rechtsordnung gesehen wurde, wozu auch die erwähnten sozialen Gegensätze und eventuell herrschende Mißstände im Rechtswesen beitrugen: Weil gerade die jahwetreue Landbevölkerung von nun an unter den negativen Auswirkungen der städtischen Blüte zu leiden hatte, vermeinten die auf diese Weise Verarmten (*'anî* »unglücklich«, im Unterschied zu *'äbjôn* »Bettler«) einen Rechtsanspruch zu haben, als dessen Garant ihnen Jahwe, der gerechte Richter, galt und für dessen Durchsetzung Jahwe gerade die »Armen« erwählen werde.

In der Prophetie waren die Frage der sozialen Ungerechtigkeit und die Tatsache des Rechtsmißbrauchs aus diesem Grund häufig wiederkehrende Themen, und auch manche der in der *Bibel* erhaltenen Rechtsüberlieferungen lassen in bezug auf die

Sklavengesetze (Freilassung nach sechs Jahren: *Exodus* 21, 2; *Deuteronomium* 15, 12 ff.) und die Bestimmungen über Boden- und Schuldenrecht (Entschuldung beziehungsweise Restitution des Familienerbes nach sieben beziehungsweise neunundvierzig Jahren: *Exodus* 23, 10 f.; *Leviticus* 25; *Deuteronomium* 15, 1—11; *Leviticus* 27, 16—25) den Einfluß solcher Gruppen erkennen. Aber ob die Praxis davon wirklich betroffen war, ist für die Regel anzuzweifeln (vgl. *Jeremia* 34, 8 ff.).

Das Land und der Staat

Israel hatte, wie schon gesagt, von seiner Frühgeschichte her ein besonderes Verhältnis zum Land als einem »verheißenen« Land; dies war erwachsen aus der Landnahmesituation und der Philisternot. In davidischer Zeit erhielt dieses Wunschziel zum erstenmal feste Grenzen, und zwar weit über das eigentliche israelitische Siedlungsgebiet »von Dan bis Beerseba« (*1. Könige* 5, 5 und öfter) hinaus, nämlich »von Hamat (beziehungsweise vom Euphratstrom) bis zum Bach Ägyptens« (*1 Könige* 8, 65; 5, 1).

Diese Grenzen sind auch in die Erzvätergeschichten eingetragen worden (*Genesis* 15, 18) und blieben bis heute — als »historische Grenzen« bezeichnet — Ziel jüdischer Zukunftserwartung. Nach der »Reichsteilung« deckte sich dieses »Land«, das Jahwe den Vätern zugeschworen hatte, nicht mehr mit dem jeweiligen Staatsgebiet und gewann eben dadurch seinen eigentümlichen Wert als religiös-nationale Zielvorstellung.

Auch in diesem Fall ergab sich also einerseits eine gewisse Distanz zur Realität als etwas Unzulänglichem und nur Vorläufigem, andrerseits eine um so tiefere Bindung an das Idealbild, auf dessen Erlangung man einen göttlich verbrieften Anspruch zu haben vermeinte und zu dessen Verwirklichung man sich durch Gottes Gebot verpflichtet fühlte. Daraus erklärt sich auch die Hartnäckigkeit, mit der von da an – bis heute – das Recht auf das »Land der Väter« betont und verfochten wurde.

Das »verheißene Land« galt als Jahwes Eigentum, das er den Seinen unter der Bedingung des Gehorsams zugeschworen hatte, was immer man jeweils unter der Gehorsamsforderung konkret verstand (für das spätere Judentum bestand sie selbstverständlich in der *Torah* des Mose vom Sinai). Dieser Gedanke erhielt nun während der wirtschaftlichen Krise in der Königszeit für die Landbevölkerung einen neuen Klang: Der Besitz des Landes war ja nunmehr auch dadurch gefährdet, daß viele ihr Familienerbe an Grund und Boden verpfänden und verkaufen mußten.

Da dies gerade auch jahwetreue Landleute betraf, während die integrierten kanaanäischen Städte florierten, wurde der Landbesitz ein akutes soziales und religiöses Thema. Die Verarmten sahen sich um ihr göttlich verbrieftes Recht gebracht und erwarteten darum auch ein göttliches Eingreifen zu ihren Gunsten oder verstanden sich als Erwählte Gottes zur Wahrung und Durchsetzung des göttlichen Rechts.

Der Erwählungs- und Bundesgedanke, der sich zunächst auf den König oder auf Jerusalem und seine Dynastie – und nur insofern auch auf das durch ihn repräsentierte Volk bezogen hatte, begann sich in der Enttäuschung über die herrschenden Rechtszustände aus dieser Bindung zu lösen und auf das Volk Jahwes unmittelbar überzugehen, wie ja auch das Recht auf das Land auf göttliche Zusage zurückgeführt wurde.

Von einem gerechten Herrscher, den man sich natürlich wünschte, erwartete man die Anerkennung, Durchführung und Repräsentation dieses göttlichen Willens, und in der Darstellung der Mosegestalt fand diese Sicht auch literarischen Niederschlag. Später, mit dem Auftreten der eschatologischen Erwartung – der Erwartung einer endgültigen Heilswende –, wurde daraus die Messiashoffnung.

In Juda und Jerusalem waren solche Erwartungen selbstverständlich an die davidische Dynastie gebunden. Im Nordreich hingegen blieb das alte charismatische Element weiter wirksam, wenn es auch ansatzweise zu Dynastiebildungen kam. Soweit Jahweverehrer im Nordreich noch auf der altdavidisch-jahwetreuen Linie blieben, orientierten auch sie sich weniger am konkreten Davididen als vielmehr am idealisierten Davidbild oder an der Mosedarstellung; sie waren also für die judäische Politik nicht unbedingt eine Stütze.

Somit war das Verhältnis zum eigenen Staat selbst im Südreich ebenfalls von der Diskrepanz zwischen Ideal und Wirklichkeit überschattet, und die Erwartungen und Forderungen an den Staat überstiegen zumindest innerhalb einer religiös äußerst aktiven Bevölkerungsgruppe stets das realpolitisch Mögliche. Realpolitik zu treiben war daher von nun an sehr schwierig in Israel und Juda: Es zog die Kritik der Utopisten auf sich, aus deren Sicht dann die biblische Geschichtsschreibung und damit die Bewertung der einzelnen Könige zu einem guten Teil erfolgt ist.

Was über das Verhältnis zum Land gesagt wurde, gilt also auch für den Staat. Utopie und Realität stehen seither – auch heute noch – in Spannung zueinander; aber das Erwählungsbewußtsein, das die Verpflichtung zur Verwirklichung der göttlichen Ordnung in der Geschichte enthält, bindet gerade an die Realität. Wie der Landbesitz, so wurde auch das Streben nach möglichst weitgehender autonomer Lebensgestaltung – im Sinn des offenbarten Gotteswillens – zu einem *essential* für das Judentum.

Viertes Kapitel

DIE KÖNIGREICHE ISRAEL UND JUDA

1. Israel

Abgrenzung gegenüber Juda (926—882/881)

Die Jerusalemer Geschichtsdeutung sah im Abfall der Nordstämme und insbesondere in der Gründung der Staatsheiligtümer in Dan und Bethel ein schweres Vergehen gegen Gottes Willen und machte »die Sünde Jerobeams« sprichwörtlich. Aber Jerobeam war anfangs wohl gerade auch von prophetisch-jahwetreuen Gruppen unterstützt worden (*1. Könige* 11, 29—40). Er geriet mit diesen aber in Konflikt (vgl. *1. Könige* 13 f.), sobald seine realistischen Maßnahmen den charismatisch-theokratischen und religiös intoleranten Vorstellungen dieser äußerst militanten Kreise nicht mehr entsprachen.

Die Wahl eines Königs zum Beispiel war unausweichlich, da die Nordstämme eine starke Führung zur Abwehr der gesamtisraelitischen Ansprüche der Davididen und Judas brauchten. Deren Berufsheer war, trotz zahlenmäßiger Überlegenheit der Nordstämme, ohnedies im Vorteil. Hinzu kam eine ägyptische Invasion im Jahr 922/921, die Juda weniger hart traf, weil Rehabeam durch eine hohe Tributzahlung aus dem Tempelschatz schlimmere Schäden abwenden konnte, während weite Gebiete Israels geplündert wurden. So gelang es auch nicht, das Gebiet des Stammes Benjamin zu behaupten, das die Judäer wegen der Sicherheit Jerusalems für sich beanspruchten, und im Norden drangen die Aramäer, durch Juda ermuntert, immer weiter vor.

Die Situation Nordisraels war auch innenpolitisch nicht günstig. Noch fehlte ein festgefügter Militär- und Verwaltungsapparat, und das förderte die Macht der Stammes- und Lokalpotentaten ebenso wie das Prinzip des Wahlkönigtums und das Fehlen einer Hauptstadt. Wollte ein König erfolgreich regieren, so mußte er Hausmachtpolitik betreiben, um sich durchsetzen zu können; er mußte eine Dynastie zu bilden versuchen, um die Kontinuität der Macht zu sichern; und er mußte sich bemühen, durch eine aktive Bündnispolitik aus der Zwickmühle zwischen Aram und Juda zu entrinnen. Gegen all dies sträubten sich aber die fanatischen Jahweverehrer aus religionspolitischen Gründen, so daß gerade die fähigsten Realpolitiker unter den Königen Israels am grimmigsten angefeindet wurden.

Auf Jerobeam I., der in Sichem residierte, folgte zwar sein Sohn Nadab (907/905), doch eine von dem Jahwepropheten Jehu angezettelte Revolte unter Baesa fegte den ersten Ansatz zur Dynastiebildung wieder hinweg und kostete der ganzen Sippe Jerobeams das Leben. Baesa regierte von 906/905 bis 883/882 in Tirza, konnte es aber den religiösen Eiferern, die ihm zur Macht verholfen hatten, auch nicht recht machen. Sein Sohn Ela wurde 882/881 nach kaum zweijähriger Herrschaft durch Zimri ermordet, der wiederum seinem Konkurrenten Omri im Kampf unterlag und den Freitod wählte. Daraufhin rief ein Teil des Volkes Tibni zum König aus.

Die Dynastie Omris (882/881—842)

Als Omri endgültig die Herrschaft antrat, war das Land innerlich durch Bürgerkrieg zerrüttet, im Süden von Juda bedrängt und im Norden und Nordosten teilweise von den Aramäern annektiert. Zunächst führte der zielstrebige Herrscher das Reich aus seiner politisch-militärischen Isolierung heraus, indem er ein Bündnis mit der damals mächtigsten Phönikerstadt, Tyrus, einging, die ebenfalls an der Eindämmung der aramäischen Macht interessiert war und israelitische Produkte für ihren Handel verwerten konnte.

Zum erstenmal seit Salomos Zeiten erlebte das Nordreich wieder einen wirtschaftlichen Aufschwung, vor allem, nachdem der König auch das Verhältnis zu Juda entspannt hatte. Das gab ihm freie Hand für die Unterwerfung des abtrünnig gewordenen Moab und für die Sicherung des nördlichen Ostjordanlandes. Ganz entschieden verfolgte er auch das Ziel der Dynastiegründung; er erwarb für sich den Hügel des späteren Samaria und baute sich dort eine Residenz.

Ahab, einer der fähigsten Herrscher seiner Epoche, setzte (871/870—852/851) das Werk seines Vaters tatkräftig fort. Er knüpfte die Bindungen zu Tyrus enger, indem er die tyrische Prinzessin Isebel zur Frau nahm. Juda verpflichtete er sich durch die Heirat seiner Tochter Atalja mit dem dortigen Thronfolger Joram. Gegen das unzuverlässige Moab baute er Jericho mit starken Befestigungen wieder auf. Im Norden und Nordosten gelang es ihm nach heftigen und wechselvollen Kämpfen, den Aramäerkönig Benhadad zu besiegen und anschließend — in kluger Vorausschau — für eine Koalition syrischer Staaten gegen das vordringende Assyrerreich zu gewinnen.

In der Schlacht von Karkar (853), an der Ahab mit zweitausend Streitwagen teilnahm, konnte die assyrische Gefahr dann auch für fünf Jahre zurückgedämmt werden.

Im Inneren entfaltete der König eine rege Reform- und Bautätigkeit. Die Residenzstadt Samaria wurde ungemein stark befestigt. Über die Stadt selbst erhob sich auf einem Areal von neunzig mal hundertachtzig Metern noch die Zitadelle mit den reich ausgestatteten königlichen Palästen. Unter anderem verwendete man Elfenbeinschnitzereien, die von Phönikien her in Mode kamen und teils ägyptischen, teils mesopotamischen

Einfluß verraten. Aber auch andere Orte ließ der König ausbauen, so Megiddo, die salomonische Streitwagengarnison. Hier hat man Pferdeställe aus der Zeit Ahabs ausgegraben, ferner zwei Paläste und eine für diese Zeit typische Wasserversorgungsanlage.

Eine ähnliche, jedoch weit größere Anlage fand man auch in Hazor, wo der mit zwei torbaubewehrten Zugängen versehene Schacht (oben 13 mal 18 Meter, unten 6 mal 10 Meter) mit Treppen dreißig Meter in die Tiefe reicht; von dort führt dann ein Tunnel rund dreißig Meter weiter bis zur Wasserzisterne (in Megiddo zur Quelle) außerhalb der Stadtmauer. Auch in Hazor gab es eine Stadtfestung — ihren Eingang schmückten protoäolische Kapitelle; in ihrer Umgebung befanden sich Verwaltungsbauten und Vorratshäuser von zum Teil beträchtlichem Ausmaß (Hallenbauten).

Die Herrschaft Ahabs erinnert in manchem an die Verhältnisse der salomonischen Blütezeit. Gutnachbarliche Beziehungen, vor allem zu Phönikien, förderten Handel und Gewerbe und damit den städtischen Wohlstand. Aber gleichzeitig litt die Landbevölkerung unter steigenden Belastungen infolge der hohen Staatsausgaben für Bauten, Militär und Verwaltung.

Die soziale Krise ging Hand in Hand mit einer religiösen. Im Alten Orient waren gutnachbarliche Beziehungen ohne eine gewisse Konzilianz in religiös-kultischen Fragen kaum denkbar. Die ohnedies überwiegend kanaanäische Bevölkerung der Städte war einem gewissen Synkretismus nicht abgeneigt, zumal mit der Königin Isebel der Kult des tyrischen Gottes Melkart beziehungsweise des Baal am Hof offiziell Eingang gefunden hatte. Gegen diese Religionspolitik erhob sich heftiger Widerstand in jahwetreuen Kreisen, worüber uns in den — — allerdings schon legendär und polemisch ausgestalteten — Elia-Elisa-Geschichten (*1. Könige* 17—22; *2. Könige* 1—10) ein beredtes Zeugnis erhalten ist.

Die Jahwefrommen mußten jede Form der Integration in einen größeren politischen Rahmen wegen ihrer kultischen

Implikationen strikt ablehnen und übten auch Kritik an Ahabs großzügigem Verhalten gegenüber dem Aramäerkönig. Sie versuchten offenbar – wie schon einige Male in der kurzen Geschichte des Nordstaates –, einen gewaltsamen Machtwechsel herbeizuführen, weshalb der König mit scharfen Maßnahmen gegen die Opposition vorging, zum Teil wohl auch, um die phönikisch-kanaanäischen Kulte zu schützen, die in Isebel eine energische Befürworterin hatten und wegen des wichtigen Bündnisses mit Tyrus gepflegt werden mußten.

Als der König in einer – im übrigen siegreichen – Schlacht gegen den neuerlich feindseligen Aramäerkönig im nördlichen Ostjordanland fiel, deuteten seine Gegner das als verdiente Strafe Gottes. Sein Sohn Ahasja regierte zwei Jahre und starb nach einem Unfall. Dessen Bruder Joram (851/850–845/844) sah sich durch äußere Bedrängnisse genötigt, im Inneren den Forderungen der Jahwefrommen etwas entgegenzukommen (*1. Könige* 3, 2). Die Moabiter waren nämlich nach Ahabs Tod wieder abgefallen; ein Versuch, sie im Bund mit Juda wieder zu unterwerfen, schlug nach anfänglichen Erfolgen fehl (*2. Könige* 3). Die Aramäer drangen erneut in israelitische Gebiete ein und belagerten sogar eine Zeitlang Samaria.

Die Dynastie Jehus (843/842–746)

Die religionspolitischen Fanatiker, die in Ahab und noch mehr in Isebel ihre erklärten Todfeinde sahen, schritten schließlich wieder einmal zur Tat. Angestiftet von dem Jahwepropheten Elisa (*2. Könige* 9) ermordete Jehu 842 den König – samt dem auf Besuch weilenden judäischen König –, rottete die ganze Sippe der Omriden aus und verfolgte die Priester, Propheten und Anhänger der kanaanäisch-phönikischen Kulte blutig.

Die Folgen dieser Revolte waren erschreckend, gerade auch außenpolitisch: Das Bündnis mit Tyrus war gebrochen, das

Verhältnis zu Juda gespannt, und die Aramäer annektierten weite Gebiete des Landes. Jehu war daher gezwungen, ausgerechnet bei jener Macht durch Tributzahlung Schutz zu suchen, die von den Omriden zu Recht als die große Gefahr der Zukunft erkannt worden war: bei Assyrien. Jehus Huldigung und Tributzahlung sind auf dem schwarzen Obelisken des Assyrerkönigs Salmanassar III. in Kalah abgebildet.

Als Jehu starb, hinterließ er seinem Sohn Joahas einen Staat am Rand des Zusammenbruches. Doch gelang es infolge des assyrischen Druckes auf das Aramäerreich, dessen Einfluß allmählich wieder zurückzudrängen. Dem dritten Herrscher der Dynastie, Joas, glückte ein Sieg über Amazja von Juda.

Den Höhepunkt der Dynastie stellte die Regierung Jerobeams II. (787/786–746) dar. Er unterwarf Aram und Hamath und stellte damit im Norden die davidisch-salomonischen Grenzen wieder her. Ferner festigte er die innere Verwaltung, über die uns durch die Ostraka von Samaria mancherlei Details bekannt sind. So ermöglichte er am Vorabend der assyrischen Machtausweitung noch einmal eine gewisse wirtschaftlich-kulturelle Blüte. Diese war natürlich auch wieder in erster Linie auf die städtischen Siedlungen beschränkt, was das Landvolk weitgehend erbitterte und in der Kritik an den sozialen und religiös-kultischen Zuständen durch die Propheten Amos und zum Teil auch noch Hosea angeprangert wurde.

Der Untergang des Nordreiches

Jerobeams Sohn Sacharja wurde wieder das Opfer einer Verschwörung. Ein gewisser Sallum ermordete ihn, fiel jedoch bereits einen Monat später selbst dem Anschlag eines Menachem zum Opfer. Dieser regierte dann von 746 bis 737/736, jedoch schon unter weit strengerer assyrischer Oberherrschaft mit enormen Tributleistungen (2. *Könige* 15, 17 ff.).

ridische Linie ein und ließ potentielle Gegner in der Familie und in der Verwaltung (*2. Chronik* 21, 4) beseitigen. Er erntete heftigen Tadel in der späteren Jerusalemer Geschichtsschreibung. Sein Sohn Ahasja zog, unter dem Einfluß seiner Mutter Atalja, nach einjähriger Regierung mit Joram von Israel gegen die Aramäer in den Krieg und wurde wie dieser durch Jehu getötet.

Die Königsmutter Atalja riß daraufhin die Macht an sich und ließ die Davididen fast völlig ausrotten; nur der neugeborene Sohn Ahasjas, der spätere König Joas, konnte von der Frau des Priesters Jojada gerettet werden. Die dynastische Erbfolge der Davididen schien nun unterbrochen und die omridische Religionspolitik gerade in Jerusalem neu etabliert. Da aber schritt die Jerusalemer Priesterschaft, deren Spitzen — die Nachkommen Zadoks — mit den Davididen eng verbunden waren, ein: Sie präsentierte den im Tempel aufgezogenen Thronerben nach sieben Jahren den judäischen Notablen und versicherte sich der Unterstützung der Jahwetreuen und der Leviten. Ein hervorragend organisierter Staatsstreich fegte die Usurpatorin hinweg.

Die Omriden haben nachhaltig auf das Südreich eingewirkt, nicht nur politisch und religionspolitisch, sondern auch kulturell. Die Ausgrabungen von Ramat Rachel im Süden von Jerusalem (das alte Bet Käräm?) förderten zum Beispiel eine befestigte Palastanlage zutage, die in Mauertechnik und Architektur — proto-äolische Kapitelle — unverkennbar an Ahabs Bauten in Samaria erinnert, aber erst aus den letzten Dezennien des Reiches Juda stammen dürfte.

Bis zum Untergang des Nordreiches

Mit dem Staatsstreich des Oberpriesters Jojada, eines Schwagers des Königs, trat zum erstenmal ein für Juda bedeutsamer Faktor in das politische Rampenlicht: die Tempelpriester.

Ihre Interessen fielen mit denen der Dynastie zwar weitgehend zusammen, kollidierten aber doch zum Teil auch damit, so daß der König oft bei den Notablen des Landes Unterstützung suchen mußte. Auch die levitische Provinzpriesterschaft verfolgte die wachsende Bedeutung des Jerusalemer Heiligtums und seines Personals mit Argwohn.

Da Joas als Siebenjähriger auf den Thron erhoben worden war, ergab sich eine längere Zeit priesterlicher Bevormundung, in deren Verlauf die staatlich-kultische Abgabenordnung entscheidend zugunsten der Jerusalemer Priesterschaft umgestaltet wurde. Die biblischen Berichte (*2. Könige* 12 und *2. Chronik* 24) verharmlosen den Konflikt, der daraus mit zunehmender Selbständigkeit des jungen Königs entstand, zu einer Frage der Tempelreparatur. Doch muß es sich um schwerwiegendere Kompetenzstreitigkeiten gehandelt haben, denn es kam zu einer Frontbildung, in deren Verlauf die Vornehmen Judas und der König die Priesterherrschaft abschüttelten; dabei fand Jojadas Sohn Sacharja den Tod.

Nachdem das Ansehen des Königs unter einer Schlappe, die ihm die Aramäer beigebracht hatten, empfindlich getroffen worden war, wurde er von zwei seiner Diener ermordet, vielleicht auf Anstiften der Priesterpartei, denn sein Sohn Amazja wagte es erst nach einiger Zeit, gegen die Mörder seines Vaters vorzugehen.

Amazja errang einen Sieg gegen die Edomiter, unterlag aber gegen das Nordreich und geriet sogar in Gefangenschaft des Joas von Israel, der Jerusalem plünderte und Geiseln mitnahm. Schließlich wurde auch er – nachdem er laut *2. Könige* 25, 27 vom Jahwekult abgefallen war – das Opfer einer Verschwörung. Er floh nach Lachisch und wurde dort ermordet.

Die Vornehmen Judas setzten daraufhin seinen sechzehnjährigen Sohn Asarja oder Ussia als König ein. Der lange regierende Zeitgenosse Jerobeams II. von Israel erwies sich als tatkräftiger Regent. Er sicherte nach *2. Chronik* 26 Juda gegen die Philister und die Wüstenstämme, verstärkte die Befestigungen Jerusalems und führte eine Heeresreform durch, wobei von dem Chronisten besonders die Ausrüstung mit neuen Waffen und Geräten vermerkt wird.

Um 743 erlitt er an der Spitze eines Bündnisses syrischer Staaten – falls er mit dem inschriftlich erwähnten Asriau von Jaudi identisch ist – eine Niederlage gegen Assyrien, die sich aber für Juda selbst noch nicht unmittelbar auswirkte.

Der Chronist weiß (2. *Chronik* 26, 16 ff.) auch von einem religionspolitischen Konflikt zu berichten, der gut ins Bild paßt: Die Jerusalemer Priesterschaft hatte seit der Jojada-Episode ihren politischen Eigenwillen nicht mehr verloren und trachtete danach, die Kompetenzen des Herrschers zu beschränken. So gelang es dem König anscheinend nicht mehr, seinen Anspruch auf eigenhändig dargebrachte Räucheropfer im Tempel durchzusetzen (vgl. auch Josephus, *Antiquitates* 9, 223 ff.).

Die spätere Geschichtsschreibung führte auf diesen Konflikt seine Erkrankung an Aussatz zurück, wegen der er sich in einen Palast außerhalb der Stadt zurückzog und nach seinem Tod auch nicht im Familiengrab beigesetzt wurde. Das bestätigt die aus nachexilischer Zeit stammende aramäische Ussia-Tafel vom Ölberg: »Hierher wurden die Gebeine Ussias, des Königs von Juda, gebracht. Öffne nicht!«

Ob es dieser Konflikt oder tatsächlich erst die Krankheit war, die zur Einsetzung seines Sohnes Jotam (757–743/742) zum Regenten geführt hat, sei dahingestellt. Jedenfalls hat Jotam nach 2. *Chronik* 27, 2 darauf verzichtet, »in den Tempel einzudringen«; seine Mutter war die Tochter eines Zadok, also wohl aus der oberpriesterlichen Familie. Im übrigen setzte Jotam die Politik seines Vaters fort; er vermehrte die Zahl der befestigten Orte und unterwarf die Ammoniter im Ostjordanland.

Jotams Sohn Ahas (743/742–727/726) verweigerte die Teilnahme an einem Pakt syrischer Staaten gegen Assur. Er wurde daher durch Pekach von Israel und Rezin von Damaskus angegriffen und sogar eine Zeit in Jerusalem belagert. Zwar riet ihm der Prophet Jesaja (7, 1 — 8, 18) zum unverzagten Ausharren; aber da gleichzeitig die Edomiter im Süden und die Philister im Westen in judäisches Gebiet eindrangen und Pekach und Rezin offensichtlich eine Absetzung des Königs beabsichtigten (*Jesaja* 7, 6), bot er freiwillig dem assyrischen König Tiglatpilesar III. Unterwerfung und Tribut an. Darauf zog dieser tatsächlich 734 gegen Aram ins Feld und unterwarf alle Gebiete der Koalition. In Damaskus huldigte ihm dann Ahas 732; das bedeutete für Jerusalem zugleich die Einführung eines offiziellen Kultes für die assyrischen Staatsgötter.

In diesem Zusammenhang ließ der König den salomonischen Brandopferaltar durch einen neuen Altar nach einem Vorbild in Damaskus ersetzen, brachte selbst nach seiner Heimkehr die ersten Opfer dar und ordnete an, die regelmäßigen — königlichen — Opfer in Zukunft auf diesem Altar darzubringen. Unklar ist, ob seine (2. *Könige* 16, 17 f.) erwähnte Entfernung der (bildverzierten) Leisten an den Bronzewasserkesseln des Tempels und der Rinderfiguren unter dem »ehernen Meer« religiös bedingt war oder ob sie auf Metallmangel infolge der Kriegsverluste und Tributzahlungen zurückzuführen ist.

Die Außenpolitik des Königs hat in Juda heftige Kontroversen ausgelöst. Eine Partei, der unter anderem der Prophet Jesaja angehörte, verurteilte die freiwillige Unterwerfung unter Assyrien ganz entschieden. Doch bestand andererseits keine begründete Aussicht, daß Judas Teilnahme an der antiassyrischen Koalition das Vordringen der Assyrer hätte aufhalten können. Jesajas Argumente waren aber auch nicht realpolitischer Natur: Er forderte vielmehr Vertrauen auf Jahwe und die Erwählung der davidischen Dynastie und kündigte großes Unheil wegen der seiner Ansicht nach falschen Politik des Königs an.

Diese Verbindung von Jahweprophetismus und dynastischer

Erwählungstheologie ist wirkungsgeschichtlich von größter Bedeutung geworden.

3. Juda nach dem Untergang des Nordreiches

Unter assyrischer Oberherrschaft

Im sechsten Regierungsjahr des Ahas-Sohnes Hiskia (727/726 bis 698/697) eroberten die Assyrer Samaria: Das Reich Israel bestand nicht mehr. Was manche Jahwepropheten immer wieder angedroht hatten, schien bestätigt. Nun richteten sich die Blicke der nordisraelitischen Jahwefrommen mehr denn je auf das Reich der Davididen, deren Erwählungsanspruch bestätigt schien.

Von Juda erwarteten die Frommen eine Politik, in der die ausschließliche Treue zu Jahwe über realpolitische Erwägungen gestellt werden sollte. Dies traf sich mit den Zielen jener Partei in Juda, die schon, wie Jesaja, die Unterwerfungspolitik des Ahas verurteilt und absolutes Vertrauen auf Gottes Hilfe gefordert hatte.

Nachdem nun kurz nach dem Fall Samarias in Assyrien ein Thronwechsel erfolgte, der in besonderem Ausmaß von Aufständen und kriegerischen Verwicklungen begleitet war, geriet Juda unversehens tatsächlich etwas in den Windschatten der Weltpolitik. Hiskia konnte also den Forderungen der Jahwefrommen nachgeben, die wie Jesaja im Assyrerreich nur das — freilich selbstherrliche und darum strafwürdige — Werkzeug der züchtigenden Hand Gottes sahen und in der Umkehr zur wahren Jahwefrömmigkeit den Schlüssel zu Frieden und Wohlstand sahen, ja vielleicht gar noch mehr: denn die sogenannten »messianischen« Weissagungen im *Jesajabuch* (9, 1 ff.) deuten auf eine Wiederbelebung davidisch-gesamtisraelitischer Tendenzen hin. Juda fühlte sich als Erbe Israels, und der Prophet Jesaja begann für Juda den Namen »Israel« zu verwenden, der seitdem die geläufigste Selbstbezeichnung des Judentums geblieben ist.

Die Kultreform, die Hiskia zunächst durchführte, stand offenbar auch unter dem Einfluß nordisraelitischer Traditionen (*2. Chronik* 29 ff.), entsprach also etwa jener Form der Jahwefrömmigkeit, die in Juda vor allem an den levitischen Provinzheiligtümern zu Hause war; sie hat sich mit nordisraelitischen Traditionen zusammen in der elohistisch-deuteronomischen Überlieferung niedergeschlagen; sie war aber auch schon in der Reform des Josaphat zum Zug gekommen.

Die »eherne Schlange« (*2. Könige* 18, 3), die man später auf Mose zurückführte (*Numeri* 21, 9), die aber wohl zur jebusitischen Jerusalemer Kulttradition gehörte, wurde damals abgeschafft: offenkundig galt sie zu jener Zeit noch als kanaanäisches Kultrequisit.

Doch konnte der König nicht allen Forderungen der nun einmal utopisch orientierten radikalen Frommen nachkommen. Schließlich war er ja auch auf die Unterstützung durch die Jerusalemer Priesterschaft und die Vornehmen des Landes angewiesen. Ein Prophet wie Micha zum Beispiel geißelte unter Ahas und zum Teil auch noch unter Hiskia mit scharfen Worten die sozialen Ungerechtigkeiten im Land, vor allem aber die Zustände in der Stadt Jerusalem, der er samt dem Tempel die Vernichtung androhte.

Hierin kommt eine Jahwefrömmigkeit zum Ausdruck, die zugleich durch den Gegensatz zwischen Land und Residenz bestimmt war. Jesaja hingegen vertrat die Jerusalemer Ausprägung des Jahweglaubens – stärker dynastisch und am Tempel orientiert; auch seine Berufungserzählung (*Jesaja* 6) enthält ja Motive aus der Tempeltheologie und Tempelliturgie.

Sobald Sargon II. das Weltreich wieder fest in der Hand hatte, wurde die Lage Judas problematisch. Ägypten versuchte nach langem, in Syrien wieder Einfluß zu gewinnen, und versprach den von Assyrien beherrschten Staaten Hilfe. 713 er-

hoben sich einige philistäische Städte im Vertrauen auf Ägypten; doch 711 endete die Revolte blutig.
Hiskia hatte sich auf Jesajas Rat (*Jesaja* 20) zurückgehalten und rechtzeitig von neuem Tribut entrichtet, so daß Juda bei diesem Feldzug weitgehend verschont blieb. Gegen Jesajas Rat und im Vertrauen auf Ägypten brach er aber beim nächsten Thronwechsel (705) offiziell mit Assyrien. Zunächst hatte der neue Assyrerkönig Sanherib vier Jahre mit der Festigung seiner Herrschaft zu tun. Hiskia blieb also Zeit für angemessene Maßnahmen: Er verbesserte unter anderem die Befestigung Jerusalems und ließ das Wasser der Gichonquelle durch einen Tunnel, dessen Bauinschrift erhalten ist, in das Gebiet innerhalb der Mauer leiten. Aber 701 eroberte Sanherib die abgefallenen Gebiete im Westen wieder, darunter ganz Juda; nur Jerusalem blieb übrig.
In der biblischen Geschichtsschreibung sind die Ereignisse nur mangelhaft überliefert; möglicherweise sind sie mit einem zweiten Feldzug zusammengeworfen worden. 701 dürfte sich Hiskia unter Entrichtung eines hohen Tributes und unter Verlust weiter Gebiete unterworfen haben, wie es auch Sanherib selber inschriftlich festhalten ließ. Erst nach einem weiteren Aufstandsversuch im Zusammenwirken mit dem ägyptischen König Tirhake ereignete sich jener Vorfall, der das jüdische Geschichtsbewußtsein so nachhaltig geprägt hat, nämlich der überraschende Abzug eines assyrischen Belagerungsheeres von Jerusalem (*2. Könige* 19, 35 f.), nachdem Jesaja den König zu vertrauensvollem Ausharren ermuntert hatte.
Für die Späteren war diese Rettung ein wunderbares Eingreifen Gottes. Manche meinten von da an sogar, Jerusalem mit seinem Tempel sei schlechterdings uneinnehmbar. Die nationalen Emotionen und Wunschvorstellungen fanden – sicher nicht im Sinn Jesajas – durch dieses »Wunder« zwar neue Nahrung, doch blieb Juda unter assyrischer Oberherrschaft, zum Teil wohl sogar unter assyrischer Besatzung (Lachisch).
Hiskias Nachfolger Manasse (697–642) vermied ein neuer-

liches Abenteuer. Er hob auch die religiösen Reformen seines Vaters wieder auf und erntete entsprechend negative Urteile in der biblischen Geschichtsdeutung. Der Chronist berichtet zwar von einer vorübergehenden Gefangennahme durch die Assyrer und von einer Bekehrung (*2. Chronik* 33, 10 ff.), doch gibt es dafür keinerlei andere Hinweise.
Manasses Sohn Amon führte jedenfalls die gerügte Politik seines Vaters weiter und wurde das Opfer eines Mordanschlages. Doch die judäischen Notablen, die aus begreiflichen Gründen eine neue politische Katastrophe scheuten, schritten ein und erhoben Amons achtjährigen Sohn Josia zum König.

Die Reformen des Königs Josia (640/639–609)

Uneingeschränktes Lob spendet die biblische Geschichtsdarstellung dem König Josia, der (*2. Könige* 22 f.; *2. Chronik* 34 f.) im achten Regierungsjahr mit Reformen im Sinn der levitischen Jahwefrömmigkeit begann, wie sie im Bundesbuch und in der deuteronomischen Tradition bezeugt sind.
In seinem zwölften Regierungsjahr ließ er die volkstümlichen Höhenheiligtümer abschaffen, ebenso die Fremdkulte in Jerusalem, womit er seine Unabhängigkeit von dem schwach gewordenen Assyrien demonstrierte.
Die Annexion ehemaliger israelitischer Gebiete, die assyrische Provinzen geworden waren, und die Einführung der begonnenen Kultreformen auch in diesen Bereichen – der Tempel in Bethel wurde zerstört – weisen darauf hin, daß Josia eine Restitution des davidischen Reiches anstrebte.
Im achtzehnten Jahr seiner Regierung ordnete er eine Maßnahme an, die an die Affäre unter Joas erinnert (*2. Könige* 12) und wie jene wohl mehr als nur die Frage der Tempelreparatur betraf. Offenbar stand der Jerusalemer Priesterschaft eine Neuordnung der Tempeleinkünfte bevor; doch der Oberpriester Hilkia »fand« ein altes Gesetzbuch, das er

Mosaikteil vom Fußboden der antiken Synagoge in Maon (Israel)

– unterstützt von der Prophetin Hulda – dem König präsentierte. Das Ergebnis war ein feierlicher Bundesschluß zur Inkraftsetzung des neuen »alten« Gesetzes, das dem Jerusalemer Heiligtum eine Monopolstellung sicherte. Das war, trotz aller sonstigen Zustimmung, sicher nicht im Sinn der levitischen Provinzpriesterschaft, deren Heiligtümer – wie zum Beispiel Arad – nun profaniert und aufgelöst wurden. Die levitischen Priester selbst wurden dem Jerusalemer Tempel zugewiesen, aber als nicht vollberechtigtes Kultpersonal.

Man nimmt gewöhnlich an, das damals »gefundene« Gesetz sei im wesentlichen das überlieferte *Deuteronomium.* Doch dieses spricht nie von Jerusalem als dem einzigen Jahweheiligtum, und es erlaubte schon gar nicht eine derartige Degradierung der levitischen Landpriester. Es handelte sich bei dem fraglichen Gesetz eher um ein Gesetzeswerk auf der Linie der Priesterschrift, eben aus der Jerusalemer Priesterschaft, deren Monopolanspruch dann auch der Prophet Ezechiel (40, 46) im Exil noch einmal ausdrücklich formulierte: Nur die »Zadokiden«, die Nachkommen des salomonischen Oberpriesters, sollten den Altardienst versehen dürfen.

Eine Illustration zur sozialen Rechtslage dieser Zeit liefert ein Ostrakon aus M^{e}ṣad Ḥ^{e}šabjāhû an der Küste. Es ist der Brief eines Mannes, der sich darüber beschwert, daß ihm das Gewand gepfändet wurde; dazu ist *Exodus* 22, 26 und *Deuteronomium* 24, 13 zu vergleichen.

Anscheinend wurden mit den sukzessiven Reformen mehrere religionspolitische Strömungen vereint: die nordisraelitische Jahwetradition, die mit analogen judäischen Kreisen in Verbindung stand und sich im *Bundesbuch* (*Exodus* 20, 22–23, 9) und in der elohistisch-deuteronomischen Überlieferung niedergeschlagen hat; die davidisch-dynastisch-nationale Richtung in Jerusalem, aber auch unter den Notablen Judas, die Josia durch Wiederbelebung des Heerbanns aufwertete; schließlich die Jerusalemer Priestertradition.

Die Verknotung dieser Überlieferung war für die weitere Geschichte der *Bibel* und des Judentums ein Vorgang von größter Tragweite.

Das Ende des Südreiches

So bedeutsam die josianischen Reformen wirkungsgeschichtlich wurden, so begrenzt war ihr unmittelbarer zeitgenössischer Effekt. Josia stellte sich 609 bei Megiddo dem Pharao Necho entgegen, um ihn an der Unterstützung Assyriens gegen das aufstrebende Babylonien zu hindern; dabei wurde er tödlich verwundet.

Josias von den Notablen Judas zum König proklamierten Sohn Joachas setzte Pharao Necho nach drei Monaten ab und machte dessen Bruder Eljakim oder Jojaqim zum tributpflichtigen König. Dieser mußte sich jedoch im Jahr 605 den Babyloniern unterwerfen.

Sein Sohn Jojachin wurde 597 nach einem vergeblichen Aufstandsversuch, bei dem Jerusalem erobert und geplündert wurde, gefangengenommen und mit einem Teil der jerusalemisch-judäischen Oberschicht nach Babylonien deportiert. Dort ist er später begnadigt worden; nach erhaltenen babylonischen Zeugnissen erhielt er am Hof feste Zuteilungen.

In Jerusalem amtierte indessen zehn Jahre lang sein Onkel Zedekia als Regent. Er revoltierte 587 ebenfalls vergeblich und beschwor damit den Untergang des Reiches, die Zerstörung des Tempels und weitere Deportationen herauf.

Diese letzten Jahrzehnte des Königreiches waren durch verschärfte interne Spannungen gekennzeichnet. Der Tod des frommen Josia war für die Verfechter seiner Reformen ein schwerer, geschichtstheologisch kaum zu verkraftender Schlag; ein Blick auf *2. Könige* 23, 28 ff. und *2. Chronik* 35, 20 ff. zeigt die Verlegenheit der späteren Geschichtsdeuter.

An eine eigenständige Religionspolitik war nun, unter erneuter fremder Oberherrschaft, nicht mehr zu denken. So ergaben

sich heftige Kontroversen um die rechte Politik, bei denen der Prophet Jeremia eine hervorragende Rolle spielte. Er warnte eindringlich, aber vergeblich vor den verhängnisvollen Revolten gegen Babylonien. Die nationalen Hoffnungen und ein seit der »wunderbaren« Rettung Jerusalems unter Hiskia vorherrschendes blindes Vertrauen auf die Unverletzlichkeit des Tempels (*Jeremia* 7) verstellten, geschürt von Propheten wie Hananja (*Jeremia* 28), den Verantwortlichen den Blick für die realen Machtverhältnisse.
Wie umstritten diese Politik war, erkennt man noch aus den Worten und Berichten des Jeremia, dem es trotz Anfeindungen und Verfolgungen durch die Gegenpartei zeitweilig gelang, den Regenten Zedekia umzustimmen. Einmal kam es sogar zu einer Reform (*Jeremia* 34, 8 ff.), freilich ohne praktische Auswirkung, denn die anläßlich einer feierlichen Bundeszeremonie (*Jeremia* 34, 18 f. vgl. *Genesis* 15) versprochene Freilassung der hebräischen Sklaven wurde nicht durchgeführt.
Die schweren Kriegsfolgen und die erheblichen Tributlasten verschärften die sozialen Gegensätze und förderten ebenfalls Verfallserscheinungen. Der Untergang des Reiches erschien darum den Späteren, im Sinn der Worte des Propheten Jeremia, als eine verdiente Strafe. Gerade diese Katastrophe gab daher den Anstoß zu weiteren entscheidenden Ausprägungen des religiös-politischen Denkens und – nicht zuletzt – des Geschichtsbewußseins.

4. Die bestimmenden Strömungen und Überlieferungen

Die in der spätdavidisch-salomonischen Zeit einsetzende und in der Folge immer krasser zutage tretende Kluft zwischen den Forderungen jener Kreise, die eine Fortführung der altdavidisch-levitischen, streng jahwefrommen und antikanaanäischen Ordnung erhofft hatten, und den realen Verhältnissen

– die Diskrepanz zwischen Ideal und Wirklichkeit also – hat unterschiedliche Ausprägungen der auf Gesamtisrael bezogenen alten Stammesüberlieferungen mit sich gebracht.
Die einzelnen Richtungen benützten die neugefaßten Traditionen nämlich auch dazu, ihre eigenen Vorstellungen über Gegenwart und Zukunft darzulegen. Auf diese Weise sind die großen Quellenschriften des *Pentateuch* entstanden, die von der späten Königszeit an redaktionell vereinigt und zu den uns vorliegenden *Fünf Büchern Mose* gestaltet worden sind.
Es handelt sich vor allem um die Zeugnisse dreier großer Strömungen: die »jahwistische« Quellenschrift (J), die der davidisch-dynastischen Sicht entspricht; der sogenannte »Elohist« (E), der wahrscheinlich die von der altdavidisch-levitischen Jahwefrömmigkeit herkommende Linie sowie nordisraelitische Überlieferungen repräsentiert und in der deuteronomischen Tradition ausmündet; schließlich die in der *Priesterschrift* (P) angesammelte Tradition der Jerusalemer Priesterschaft, mit J nahe verwandt und doch mit ganz eigenen, weitergehenden und zum Teil abweichenden Interessen.
Darüber hinaus erhielt während der Königszeit allmählich das in den Büchern *Josua* bis *2. Könige* enthaltene Erzählungsgut Gestalt und Rahmen, wenn es später auch noch einer Gesamtredaktion unter Jerusalemer Gesichtspunkten unterzogen worden ist.
Poetisch-liturgisches Material aus dieser Zeit ist im *Buch der Psalmen* enthalten, wenngleich eine sichere Datierung nicht immer möglich ist.
Daneben entstanden eine Reihe von Weisheitstraditionen und nicht zuletzt das prophetische Schrifttum.

Der »Elohist« (E)

Diese Quellenschrift wird »elohistisch« genannt, weil sie den Jahwenamen mit der Offenbarung an Mose verbindet (*Ex-*

odus 3, 13—15). Sie ist ganz einer strengen, israelbeschränkten Jahwefrömmigkeit verpflichtet und bereits von jener Distanz zu den bestehenden Institutionen getragen, die sich durch die erwähnte Kluft zwischen Ideal und Wirklichkeit ergeben hat. Das kommt vor allem in den Ansichten über Gott und Gottesdienst, in der Wertung des Landes und der Landeskultur und in der Stellung zum König zum Ausdruck:

(1) Gottes Geschichte, die Heilsgeschichte, wird zwar strikt auf das Volk Israel und die Zeit seit der Offenbarung des Mose begrenzt, doch gleichzeitig wird Gottes Freiheit und Unverfügbarkeit hervorgehoben. Gott handelt bei E oft durch Engel und offenbart sich auch meist nur mittelbar. Sein eigentlicher Sitz ist der mythische Gottesberg Horeb in der Wüste, von wo er dann und wann erscheint, doch nicht etwa – wie bei J und P – ins Land zieht und in einem Heiligtum wohnt.

In schroffer Form kritisiert E in *Exodus* 32 jene Kultauffassung, nach der Gottes Gegenwart sinnenfällig-bildlich repräsentiert werden kann, was hier Aaron zum Vorwurf gemacht wird. Man deutet dies meist als Polemik gegen die Stierbilder Jerobeams in Dan und Bethel – so hat es die spätere Jerusalemer Tradition verstanden; aber Aaron stellt neben Mose als dem Typus des Idealherrschers eher den Typus der Jerusalemer Priesterschaft dar.

Diese Polemik dürfte sich zunächst gegen den salomonischen Tempel gerichtet und dann auch auf die analogen Tendenzen im Nordreich erstreckt haben. Sie erwuchs aus einer Haltung, die in keinem der beiden Reichskulte den rechten Jahwekult gewahrt sehen konnte.

Der Wille Gottes wird nach E einmal durch die Offenbarung am Horeb erfahren, darüber hinaus im Orakelzelt, das E außerhalb des Lagers (*Exodus* 33, 7–11), mit Josua als Betreuer, ansetzt. Hier spricht Mose – und nur er – von Zeit zu Zeit mit Gott; nicht Priester, sondern charismatisch-prophetische Gestalten vermitteln zwischen Gottheit und Volk, und was sie vermitteln, ist in erster Linie ein persönliches, *nicht unbedingt* institutionalisiertes Gottesverhältnis und Gottesrecht.

Die gottgewollte Rechtsordnung, vermittelt und repräsentiert durch die Gestalt des Mose, der Idealfigur eines gottgefälligen charismatischen Regenten, steht im Zentrum des elohistischen Interesses – verständlicherweise, denn diese Tradition hat ja ihre Form im Kampf um die für richtig gehaltene Lebensordnung erhalten. Ein Teil dieser Rechtstradition ist in das sogenannte *Bundesbuch* (*Exodus* 20, 22–23, 9) eingegangen.

(2) Wenn nach E Gott nicht mit ins Land zieht und dort in einem Heiligtum »wohnt« (wie nach P), sondern am Gottesberg Horeb verbleibt – wo ihn zum Beispiel der Prophet Elia (*1. Könige* 19) aufsucht –, dann aufgrund einer ausgesprochen distanzierten Einstellung zum Land und der Landeskultur. Man wird dies weniger als nomadisches Ideal denn als Protesthaltung gegen die in spätdavidisch-salomonischer Zeit einsetzende und offiziell geförderte Integration der Kanaanäer zu werten haben. Ebenso ist auch die Betonung der Sonderstellung Israels unter den Völkern (*Numeri* 23, 9) zu werten und die Übertragung des Erwählungsgedankens und der Bundesvorstellung vom Bereich der davidischen Dynastie auf ein Erwählungskollektiv, das Volk Israel.

Dabei werden Landbesitz und Wohlergehen des erwählten Volkes so betont an die Bedingung des Gehorsams geknüpft, daß es weniger um die Landnahme geht als um die Verwirklichung des Jahwewillens in einem Land, das mit seiner kanaanäischen Kultur eine ständige Versuchung und Gefährdung darstellt. Dazu paßt es zum Beispiel auch, wenn der Prophet Hosea das Volk noch einmal von Gott in die Wüste geführt wissen möchte, um es darnach, geläutert und gerüstet, von neuem ins Land zu bringen (*Hosea* 2, 14 ff.). Das ist ein Zeugnis für die in diesen Kreisen herrschende Ansicht, daß die Geschichte Israels seit der Landnahme im wesentlichen nicht in den richtigen Bahnen verlaufen ist und daher nur bei ernstgemeinter und praktizierter Umkehr zu Jahwe ein Unheil vermieden werden kann.

(3) Der Elohist verficht nicht das dynastische Prinzip: Die Erwählung durch Gott, das prophetisch-zelotische Charisma und die entschiedene Durchsetzung des Jahwewillens in der Praxis machen für ihn den wahren Regenten aus. Als solcher wird Mose bezeichnet, der eben keine Dynastie gründete (sondern von Josua abgelöst wurde), der auch keines Priesters bedurfte, um Gottes Willen zu erfahren. Aaron spielt nach seiner Sünde mit dem goldenen Kalb (*Exodus* 32) keine positive Rolle mehr für E; der Anspruch der mit der Dynastiegründung und Kanaanisierung so sehr verbundenen Jerusalemer Priesterschaft wird also zurückgewiesen.

Die Erwählung Davids wird nicht als etwas Bedingungsloses oder Erbliches anerkannt; sie ist von jedem Regenten erneut durch Treue zu Jahwes Willen unter Beweis zu stellen, ob er nun Davidide ist oder nicht. Diese Distanz sowohl zur Dynastie Davids wie zur staatlichen Autorität im Norden verband nordisraelitische und judäische Jahwefromme, die — zumeist in Opposition gedrängt — in keinem der herrschenden Könige der Teilreiche den gottgefälligen Regenten sehen konnten, der dem Idealtyp Mose und David entsprach.

Man wird darin auch eine der Voraussetzungen für die spätere Messiashoffnung sehen dürfen, sofern sie in erster Linie Erwartung der Gottesherrschaft war, die der Idealkönig eher repräsentiert als selbst herbeiführt (so daß er unter Umständen sogar als entbehrlich angesehen werden konnte).

Diese distanzierte Haltung zum empirischen Königtum und zu dem mit ihm verbundenen Tempelkult und die Ausrichtung auf eine erstrebte gottgefällige Ordnung für die Zukunft bereitete den Jahweglauben für eine Situation vor, die unter anderen Umständen zum Untergang des Judentums geführt hätte: nämlich für das Exil und eine zumindest vorläufige Existenz ohne Tempel und ohne Staat.

Die levitisch-deuteronomische Tradition (D)

In der späteren Königszeit ging die elohistische Strömung in die deuteronomische über. Diese fand ihren Niederschlag im Buch *Deuteronomium,* das als Vermächtnis des Mose vor dem Einzug ins verheißene Land und somit als eine Ergänzung der am Gottesberg Horeb begründeten Rechtsordnung (mit dem *Bundesbuch*) ausgegeben wird.

Die gesetzlichen Teile werden im Rahmen ermahnender Reden, speziell Abschiedsreden präsentiert, die man als literarisch geformte Beispiele levitischer Religionspropaganda werten darf und die im wesentlichen ein ganz bestimmtes Geschichtsbild einprägen sollen. Gott hat Israel aus Ägypten befreit, losgekauft zu seinem Eigentum, erwählt zum Gehorsam gegenüber seinem Willen, der nun in dem dargebotenen Gesetzbuch – zum erstenmal wird hier ein Gesetzbuch *Torah* genannt – schriftlich fixiert erscheint.

Treue und Gehorsam sowie Abfall von Jahwe und Kult fremder Götter stehen in kausalem Zusammenhang mit Wohlergehen und Unglück des Volkes. Die Umkehr zum Gehorsam erscheint demgemäß als zentrales Anliegen. Die Forderung der ausschließlichen Verehrung Jahwes in der Formulierung von *Deuteronomium* 6, 4 f. (»Höre, Israel: Jahwe, unser Gott, Jahwe ist *einer,* und du sollst Jahwe, deinen Gott, lieben von ganzem Herzen, von ganzer Seele und mit all deiner Kraft«) ist zur zentralen Bekenntnisformel des Judentums und zu einem Kristallisationspunkt der späteren synagogalen Liturgie geworden.

Das Verhältnis zwischen Jahwe und seinem Volk wird als Bundesverhältnis nach dem Muster altorientalischer Staatsverträge dargestellt und hat das gesamte weitere Judentum geprägt: Gott als Bundesherr hält zu seinem Volk in Bundestreue und liebevoller Solidarität, erwartet aber vom Volk eine entsprechende Haltung. Versagt das Volk, so treffen es die Flüche des Bundeseides, und Gott sendet feindliche Völker als

Werkzeuge seines strafenden Willens. Aber Gott ist als Bundespartner nicht wie ein Mensch, sondern der ewige Gott, dessen Bundestreue die Strafe des Augenblicks und die Untreue einzelner Generationen überdauert – ein Gedanke, der dann mit dem Aufkommen der Eschatologie, der Erwartung einer endgültigen Geschichtswende, noch größeres Gewicht erhielt.

Der Jahwist (J)

Als erstes hat wahrscheinlich die Geschichtsdeutung der davidisch-dynastischen Linie literarische Gestalt gewonnen; E und P haben in gewissem Sinn darauf bereits reagiert.

Aus der rapiden Horizonterweiterung durch die davidische Reichsgründung und der damit begründeten neuen Rolle der Jahwereligion als des Staatskultes eines Großreiches ergab sich einerseits eine Tendenz zur Universalität, andererseits zu handfesten Wertmaßstäben. Jahwe wird mit Hilfe der Schöpfungserzählung (*Genesis* 2, 4b—11, 30) und der darauf folgenden Urgeschichte als Schöpfer und wenn schon nicht *expressis verbis* als einziger, so gewiß als höchster Gott ausgewiesen; die Menschheitsgeschichte ist als eine Erwählungsgeschichte dargestellt, in der die Erwählten Jahwes Segensträger auch für die übrigen Völker werden (*Genesis* 12, 3).

Die Patriarchenerzählung bei J enthält vorzugsweise judäische Traditionen und spiegelt in den Verheißungen von Landbesitz und Nachkommenschaft davidisch-dynastische Tendenzen, die man an Hand der Mosefigur nicht zum Ausdruck bringen konnte. Der Exodus wird – man vergleiche das Liedfragment *Exodus* 15, 21 – als Sieg des kriegsgewaltigen Gottes Jahwe gefeiert, dessen Kult und offenbarte Rechtsordnung durch Mose am Gottesberg (hier nach einer offenbar judäischen Tradition »Sinai«) begründet wird, gipfelnd in einem Kultmahl im Angesicht der Gottheit (*Exodus* 24, 9 f.) mit Mose, den Aaroniden und den Ältesten Israels, wobei die Ausdrucksweise Jerusalemer Kulttheologie verrät. Jahwe zieht mit ins Land Kanaan, dessen Bewohner er seinem erwählten Volk ausliefert; das entsprach der Erfahrung der davidischen Siege. Das Land wird ausgesprochen positiv bewertet, ja überschwänglich gepriesen und Israels Macht vorbehaltlos bejaht (*Numeri* 24, 4 ff.); das läßt darauf schließen, daß diese Quellenschrift ihre grundlegende Gestalt bereits vor der »Reichsteilung« erhalten hat, so daß sie danach als Ausdruck der Hoffnung und des Anspruchs der Davididen dienen konnte. Demgegenüber hat E den Standpunkt der oppositionellen Jahwefrommen und P das Interesse der Jerusalemer Priesterschaft formuliert.

Die Jerusalemer Kulttradition: die Priesterschrift (P) und die Psalmen

In Anlehnung an die Darstellung der Jahwisten hat die Jerusalemer Priesterschaft ihre Sonderinteressen zum Ausdruck gebracht. Diese konzentrieren sich auf die Kultgründung am Sinai mit der Einrichtung des ganz nach dem salomonischen Tempel (bei P allerdings nach einem himmlischen Urbild) entworfenen Zeltheiligtums. Mit der Einsetzung des aaronidischen Priestertums wird die Kultfunktion des Mose – als Chiffre für David – an die legitimierte Priesterschaft delegiert; Moses Nachfolger Josua untersteht bereits priesterlicher Weisung (*Numeri* 27, 18 ff.).

Die Tendenz ist deutlich: Es geht um die Einschränkung des königlichen Einflusses auf den Kult. Gott zieht auch nach P mit ins Land, er läßt sich über der Deckplatte der Bundeslade zwischen den beiden Keruben nieder – eine Adaption der Vorstellung vom salomonischen »Kerubenthroner« an die Situation der Wüstenwanderung.

Auch für P ist Gottes Herrschaft universal; weit mehr als der Jahwist hat die priesterliche Theologie mit Hilfe alter Tradi-

tionen und gelehrter Konstruktionen diese Gedanken darzustellen vermocht. Genealogien und systematisch geordnete Daten verraten ein geschultes Ordnungsdenken, das auch die Geschichtsdarstellung prägt: Es teilt den Lauf der Menschheitsgeschichte in Bundesperioden ein, die konzentrisch auf Israel hinführen, von Adam über Noah (Flut) und Abraham bis zur Kultgründung unter Mose und Aaron am Sinai.
In dieses Geschichtsbild ist im Lauf der Zeit viel (ritual)gesetzliches Material eingetragen worden, vor allem das sogenannte »Heiligkeitsgesetz« (*Leviticus* 17–26). Allem Anschein nach verlief die Ausformung der P-Überlieferungen in einem langwierigen Prozeß, der erst seit der Zeit der josianischen Reform, als Reaktion auf die Verknüpfung von J und E, sowie im Exil – als Programm für die Zeit nach der Heimkehr – literarisch zu einem gewissen Abschluß gekommen ist; seine letzte Gestalt hat P erst bei der Endredaktion des *Pentateuch* erhalten. In diesem Sinn ist P die jüngste Quellenschrift; ihr wesentlicher Inhalt ist aber bereits als Faktor innerhalb der Strömungen der Königszeit vorauszusetzen.
Aus dem Bereich des Jerusalemer Kultes der Königszeit stammt auch ein umfangmäßig nicht sicher bestimmbarer Teil der biblischen *Psalmen,* gewiß ebenfalls nur ein Rest einer ursprünglich viel reicheren Kultlyrik. In ihr dürfte die Rolle des Königs als des Repräsentanten des Volkes vor Gott bedeutender gewesen sein, als es heute noch zu erkennen ist; denn man hat vom Exil an ältere, ursprünglich auf den König bezogene *Psalmen* und *Psalmen*-Gattungen verallgemeinert.
Andererseits kam den *Psalmen* in Jerusalem anscheinend schon früh eine gewisse Breitenwirkung zu. Bis auf jene liturgischen Stücke, die dem »inneren Kult« zugehörten und von denen ohnedies nur ganz wenig erhalten ist, waren die *Psalmen* im Unterschied zum Opferkult an sich eben für die Teilnehmergemeinde bestimmt. Ihre Bedeutung mußte daher mit der Monopolisierung des Kultes von Jerusalem am Ende der Königszeit weiter zunehmen.

Die Propheten

Die biblischen Propheten stellen keine religiöse Strömung für sich dar, ihr Standort reicht von Jahwefanatikern wie Elia über die elohistisch-deuteronomische Linie, der die meisten nahestanden, zu einer mehr jerusalemisch-dynastischen Orientierung – man denke an Jesaja – und bis zu ausgesprochenen Kultpropheten. Den stärksten Eindruck hinterließen aber zweifellos oppositionelle Propheten, deren Eigenwilligkeit und Sendungsbewußtsein oben bereits auf jene Distanz zu den bestehenden Institutionen zurückgeführt wurde, die sich aus der Erfahrung der Kluft zwischen Ideal und Realität ergab.

Wenngleich man zur Unterscheidung von den »Kultpropheten« gern von »Einzelpropheten« spricht, muß man diese doch auch als Repräsentanten gewisser Gruppen betrachten, in denen dann auch die – meist sorgfältig und poetisch formulierten – Sprüche gesammelt und überliefert wurden. Dies waren in der Regel zunächst oppositionelle Gruppen, deren Nachfolger in den eschatologisch ausgerichteten Strömungen der exilischen und nachexilischen Zeit dann diese Überlieferungen als »Prophetien« auf die – nahe geglaubte – Endzeit deuteten.

Infolge der josianischen Reform und durch die Tätigkeit der beiden letzten großen Schriftpropheten, Jeremia und Ezechiel, hat die Prophetie aber auch die Anerkennung weiterer Kreise gefunden und das exilisch-nachexilische Geschichtsbild entscheidend mitgeprägt: Man sah die Katastrophe Judas als Erfüllung der prophetischen Drohungen und wollte daher die prophetische Forderung nach Umkehr zumindest nachträglich und für die Zukunft ernst nehmen.

Die aus der Distanzierung zu herrschenden Einrichtungen erwachsene Vergeistigung der Gottesvorstellung, die vorherrschende Betonung der persönlichen Gottesbeziehung und die programmatisch-ethischen Forderungen aus der Orientierung an einem – wie Gott selbst – die empirischen Rechtsverhältnisse transzendierenden, jahwe-bezogenen Ideal der Gerechtigkeit heben einen Teil der Propheten selbst von der elohistisch-deuteronomischen Linie ab, die bei aller grundsächlichen Nähe gerade in der institutionellen Durchsetzung des Jahwerechts ihren gottgebotenen Auftrag erblickte. Für manche Propheten bestand eben die Möglichkeit, aus der Distanzierung zum Bestehenden auch die Mittelhaftigkeit künftiger Institutionalisierungen der geforderten Gerechtigkeit zu erkennen und den Akzent mehr auf die Einstellung des einzelnen zu rücken. Folgerichtig behauptet dann Ezechiel (*Ezechiel* 18) im Gegensatz zu der bis dahin vorherrschenden Meinung auch ausdrücklich die persönliche Eigenverantwortlichkeit des Individuums.

Dieser Gedanke steht von da an in einer ständigen und geistesgeschichtlich fruchtbaren Spannung zu dem daneben weiter wirksamen Bewußtsein kollektiver Verantwortlichkeit und Solidarität sowohl im Generationenzusammenhang wie im jeweiligen Volksganzen.

Die Weisheitslehre

Mit der kanaanäischen Stadtkultur und mit dem Aufbau einer staatlichen Administration hatte Israel auch die in seiner Umgebung vorhandenen Weisheitstraditionen übernommen und weitergeführt. Der Überlieferung nach gilt dies besonders für die Könige Salomo und Hiskia.

Die Weisheitsschulen des Alten Orients und Ägyptens haben zwei Hauptformen der Weisheitsliteratur hervorgebracht: die sogenannte »Lebensweisheit« und so etwas wie »Naturweisheit«.

Die Lebensweisheit oder Erfahrungsweisheit umfaßt Überlieferungen vor allem spruchförmiger Art, die von volkstümlicher Spruchliteratur bis zu planvollen Sammlungen zum

Zweck der Erziehung von Prinzen und Beamten reichen. Charakteristisch ist dabei eine für die ganze altorientalische Weisheit geltende Weltanschauung, die davon ausgeht, daß man die von der Gottheit eingerichteten Gesetze des Daseins bis zu einem gewissen Grad durch Beobachtung und Überlegung zu erfassen und durchschauen vermag, daß ein Weiser also imstande ist, sein Leben gemäß dieser Weltordnung erfolgreich zu gestalten. Tun und Ergehen des einzelnen stehen demnach in einem ursächlichen Zusammenhang, eine Auffassung, die stark auf das Welt- und Lebensverständnis des jüdischen Volkes eingewirkt hat. Erst in exilisch-nachexilischer Zeit wurde diese Annahme einer immanenten Vergeltung in Frage gestellt (*Hiob*) oder gar angezweifelt (*Prediger Salomos*).

Bedeutsam war nun, daß die Weisheitsschulen in Israel die verschiedensten religionspolitischen Strömungen mit ihrem geistig-sprachlichen Rüstzeug ausstatteten. Die Priesterschaft zum Beispiel, vor allem die eines großen Tempelheiligtums wie in Jerusalem, bedurfte zur Darlegung, Überlieferung und Adaptierung ihres Berufswissens der Kunst der Schreiber und der weisheitlichen Tradition. Für sie vor allem waren auch Überlieferungen aus der sogenannten »Naturweisheit« interessant, die – wie schon die alte mesopotamische Listenwissenschaft – Daten und Fakten nach bestimmten Gesichtspunkten zusammentrug, zum Beispiel Listen von reinen und unreinen Tieren oder von reinen und unreinen Speisen. Mit den Daten des Kultkalenders haben auch kosmologische Überlieferungen in der priesterlichen Tradition Platz gefunden und sind später von da aus wieder in andere Bereiche übernommen worden.

Sofern die Weisheitsschulen der Erziehung der Beamten und der Söhne vornehmer Familien dienten, gerieten weisheitliche Methoden und Traditionen in die verschiedensten Hände. Ein Jerusalemer Vornehmer wie der Prophet Jesaja weist zum Beispiel eine gewisse Nähe zur Weisheit auf; aber auch das *Deuteronomium* war durch seinen levitischen Hintergrund über die Beamtenerziehung von der Weisheit beeinflußt. Dabei bahnte sich die später so bedeutsame Gleichsetzung des offenbarten Gotteswillens – der *Torah* – mit der Weisheit als Weltordnung an, in deren Folge die Weisheitslehre im Judentum ihren allgemein-orientalischen Charakter allmählich verlor und zur Gesetzesgelehrsamkeit wurde.

FÜNFTES KAPITEL

DIE »BABYLONISCHE GEFANGENSCHAFT«

1. DIE EXILIERTEN

Umfang und Bedeutung der Exilierung

FÜR DAS SPÄTERE jüdische Geschichtsbewußtsein galt die »babylonische Gefangenschaft« als ein im Grunde das ganze Volk betreffendes Unheil, vergleichbar der »ägyptischen Knechtschaft« vor dem Exodus. Tatsächlich haben die Babylonier aber nur die Oberschicht und Teile der städtischen Mittelschicht deportiert.

In ihrer neuen Umgebung bot sich den Exilierten die Möglichkeit, in mehr oder weniger geschlossenen Siedlungen zu leben und somit untereinander und mit der Heimat in Kontakt zu bleiben. Als Oberschicht verstanden sie sich als die rechtmäßigen Repräsentanten des Volkes, zumal sich mit den Davididen und den Zadokiden auch die Rechtsträger des judäischen Thrones und des Jerusalemer Tempels im Exil befanden. So identifizierten sie ihr Schicksal, ihre Erfahrungen und Hoffnungen mit dem Geschick und der Zukunft des Volkes Israel schlechthin und erhoben dann, als sie heimkehrten, einen entsprechenden Monopolanspruch.

Die Katastrophe des Südreiches, die Zerstörung des von vielen für unverletzlich gehaltenen Tempels und die Verschleppung haben vielen Betroffenen alle Zuversicht geraubt. Im fremden, »unreinen« Land und somit – nach üblichem Glauben – auch unter der Gewalt fremder Götter erschien ihnen eine Existenz auf längere Sicht unmöglich. Unrealistische Hoffnungen auf einen erfolgreichen Aufstand in der Heimat oder pure Verzweiflung kennzeichneten zunächst die Stimmung.

Zwei Propheten haben zur Überwindung dieser Krise wesentlich beigetragen: Jeremia, der die Exilierten brieflich zu normaler Lebensführung und zur Unterordnung unter die fremde Obrigkeit aufrief (*Jeremia* 29), und Ezechiel, der ihnen mit seinen Berufungsvisionsberichten (*Ezechiel* 1–3) demonstrierte, daß der Kerubenthroner von Jerusalem auch im Exil zu erscheinen vermag und daß seine Macht mit der Tempelzerstörung keineswegs gebrochen und an den Grenzen des heiligen Landes durchaus nicht zu Ende ist. Gott selber hat seine Gegenwart *(kābôd)* vor der Zerstörung des Tempels entfernt und wird sie nach erfolgter Umkehr des Volkes wieder in einen neuen Tempel einziehen lassen; er wird zugleich eine gerechte Ordnung begründen, die Ezechiel im wesentlichen nach den Vorstellungen der Jerusalemer Priesterschaft, der er selbst angehörte, gezeichnet hat.

Es gelang also, die Verzweiflung der Anfangssituation zu überwinden und den Blick auf die beiden sich stellenden Hauptfragen zu lenken: die Deutung der Vergangenheit und die Gestaltung der Zukunft.

Angesichts der Katastrophe mußten sich alle Richtungen als mitschuldig bekennen, was die Mahnungen, Drohungen und Forderungen, die in der Königszeit aus jahwefrommen und prophetischen Kreisen gekommen waren, in einem neuen Licht erscheinen ließ. Man sah sie gerechtfertigt und war bereit, sie mit den eigenen Überlieferungen zu verbinden. Die exilische Periode war daher eine Zeit intensiver redaktioneller Arbeit.

Die *Pentateuch*-Quellenschriften wurden weiter ineinander verarbeitet, und so entstand schließlich – wobei die priesterliche Überlieferung sich am deutlichsten durchsetzen konnte – der *Pentateuch*, vielleicht schon nicht allzu lange nach der Heimkehr, nach Ansicht vieler allerdings erst in den Jahrhunderten danach. Die Erzählungen innerhalb der heutigen Bücher *Josua* bis *2. Könige* wurden überarbeitet und einem geschichtsdeutenden Redaktionsprozeß unterzogen, der aus der deuteronomischen Tradition das Schema Erwählung–Abfall–Strafe–Umkehr–Rettung übernahm und die Könige Israels und Judas nach ihrer Stellung zum Jahwekult beurteilte, besonders auch – anachronistisch – danach, ob sie neben Jerusalem noch andere Heiligtümer gelten ließen – ein Zeichen dafür, daß der jerusalemisch-priesterliche Monopolanspruch sich weitgehend durchsetzen konnte.

Diese Geschichtsdeutung im Sinn der deuteronomischen Tradition ermöglichte die Hoffnung, daß nach den furchtbaren Strafen des Exils eine auch ihrerseits unvergleichliche Heilswende eintreten werde, vorausgesetzt, daß das Volk – die Gemeinde der Exilierten – zu Jahwe umkehrt. Dies stimulierte die Exilierten zu einer intensiven und selbstbewußten Frömmigkeit, wobei man sich vor allem darum bemühte, alle überlieferten Rechtstraditionen – die ja alle als Gottesrecht galten – zu sammeln und aufs strikteste zu befolgen.

Neben dem üblichen Gewohnheitsrecht bildete sich so ein religiöses schriftliches Recht aus, das, im späteren *Pentateuch* zusammengefaßt, als *Torah* zur Grundlage für alle Lebensbereiche wurde. Je vollständiger man Gottes offenbarten Willen erfaßte und je strenger man ihn befolgte, desto größer war nach diesen Voraussetzungen die Aussicht auf eine Heilswende.

Schon Ezechiel hatte den Exilierten vor Augen geführt, daß Jahwes Macht nicht auf das Land Israel begrenzt ist. Wollten die Exilierten im fremden Land nicht unter dem gängigen Glauben leiden, daß sie in der Macht fremder Götter lebten, dann bot sich eigentlich als Ausweg nur die bewußte Verabsolutierung der Macht des eigenen Gottes an. In der Tat hat ge-

rade im Exil der Verfasser der deuterojesajanischen Kapitel (*Jesaja* 40–55) dem Monotheismus zum erstenmal deutlichen Ausdruck gegeben: Jahwe allein und kein anderer ist Gott, die Götter der Völker sind nur menschliches Machwerk.
Diese unüberbietbare Erweiterung der Gottesvorstellung erlaubte auch eine entsprechende Sicht der Geschichte des Volkes im Rahmen der Weltgeschichte. Die erhoffte Heilswende konnte man ja nur unter der Voraussetzung weltpolitischer Umwälzung erwarten: Jahwes absolute Macht, als des einzigen Gottes, gewährleistete eine solche Wende, den Anbruch eines neuen Äons. Damit beginnt das eschatologische Denken, eine der schicksalsschwersten Faktoren in der Geschichte des Judentums.
Deuterojesaja erhoffte diese Wende für bald, er sah sie mit der aufsteigenden Macht der Perser verbunden, in deren König Kyros er einen »Knecht« Jahwes erblickte. Er verkündete den Exilierten die nahe Heimkehr als einen neuen Exodus, als einen von Wundern begleiteten Zug durch die Wüste, in ein Land, das alle Erwartungen übertrifft. Diese eschatologische Erwartung überhöhte also die Diskrepanz zwischen Ideal und Wirklichkeit noch weiter, sie setzte eine Utopie zum Maßstab für das Bestehende und verhieß die Verwirklichung der Utopie für die große Geschichtswende, für den Fall vollendeter Umkehr zu Gott und vollen Gehorsams gegenüber seinem Willen.
Von nun an wurde das Geschick des Judentums durch die Problematik bestimmt, die sich aus der geforderten rechten Erfüllung des Gotteswillens und der daran gebundenen richtigen Deutung der Geschichte ergab.

Die Daheimgebliebenen

Über die Verhältnisse in Juda zur Zeit des Exils ist nur sehr wenig bekannt. Zunächst wurde ein gewisser Gedalja von den

Babyloniern als Statthalter eingesetzt, aber von unrealistischen Chauvinisten ermordet, die daraufhin nach Ägypten flüchteten und dabei den Propheten Jeremia gegen dessen Willen mitnahmen. Allem Anschein nach hat man sich danach mit den Verhältnissen abgefunden und wohl auch den Opferkult auf dem Tempelvorplatz wenigstens provisorisch wieder aufgenommen. Da die Oberschicht deportiert war, hatte man keine rechte geistige Führung. Als Folge davon ergab sich wahrscheinlich auch ein wieder verstärkter Trend zu volkstümlich-kanaanäischer Religiosität und Synkretismus, gefördert durch die neu zugezogenen fremden Ansiedler und die mangelhafte Abgrenzung gegenüber den umliegenden Völkerschaften.

Sechstes Kapitel

UNTER PERSISCHER HERRSCHAFT

1. Die ersten Heimkehrerwellen und die Einrichtung der Hierokratie

Im Jahr 538 gestattete der Perserkönig Kyros den Juden in Babylonien die Heimkehr nach Juda und den Wiederaufbau des Jerusalemer Tempels sowie die finanzielle Unterstützung des Baus und der regelmäßigen Opfer durch die Staatskasse (*2. Chronik* 36, 23; vgl. *Esra* 1, 1 ff.; 5, 13 ff.; 6, 3 ff.). Nicht alle Exilierten machten von dem Edikt Gebrauch. Viele blieben in der Fremde, die ihnen mittlerweile zur Heimat geworden war und wirtschaftlich bessere Möglichkeiten bot als das karge Judäa.

Die Heimkehrbegeisterten freilich sahen dem Land ihrer Väter zum Teil mit Hoffnungen entgegen, wie sie die Predigt eines *Deuterojesaja* geweckt hatte, also mit der Erwartung einer endgültigen und von Wundern begleiteten Heilswende. Die Davididen und die zadokidische Priesterschaft richteten ihr Augenmerk natürlich auf die Restauration ihrer angestammten Rechte, die Zadokiden mit mehr Grund, da ihre Position mit der Erlaubnis zum Tempelbau ja gesichert war, während dem Anspruch der Dynastie nur vorläufig entsprochen wurde: Der König ernannte einen Davididen — Scheschbazzar, nach ihm Serubbabel — zum Beauftragten für die Durchführung seines Edikts, konstituierte Jerusalem und Ju-

da jedoch nicht als eigene Provinz, sondern beließ sie im größeren Rahmen der judäisch-samaritanischen Administration.
Nach Hinweisen bei den Propheten Sacharja und Haggaj zu schließen, erhofften sich viele Heimkehrer von der nur mühsam voranschreitenden Wiederherstellung des Tempels den Beginn der Heilszeit (*Sacharja* 2, 1 ff.; 2, 4 ff.) und zum Teil auch die Inthronisation des mit einer neuen Heimkehrerwelle eingetroffenen Davididen Serubbabel (vgl. *Sacharja* 3, 1 ff.; 6, 9 ff.). Beide Erwartungen wurden enttäuscht. Serubbabel verschwand von der politischen Bühne, und der seit der Tempelweihe amtierende zadokidische Oberpriester, Josua ben Jehotzadaq, stand nunmehr als alleiniger Repräsentant an der Spitze der Heimkehrergemeinde.
Der Tempelbau, der nach vielen Verzögerungen vollendet wurde, reichte zwar nicht an den Glanz seines salomonischen Vorgängers heran, bot aber der Priesterschaft eine feste Existenzgrundlage, die sich mit der Besserung der Lebensumstände immer vorteilhafter entwickeln sollte. Die übrigen Heimkehrer mußten sich erst mühsam wieder einrichten und gelangten offensichtlich nur schleppend in den Besitz ihrer ehemaligen Familienbesitzungen; sozial Schwächere vermochten sich natürlich am wenigsten durchzusetzen.
Die bestehenden Verhältnisse erschienen darum vielen als heilsgeschichtswidrige und dem Gotteswillen nicht entsprechende Zustände. Die Hoffnung auf ein eschatologisches, strafendes und danach erlösendes Eingreifen Gottes wurde immer aktueller, bestärkt durch Propheten wie *Tritojesaja* (*Jesaja* 56 bis 66) und durch das neue Verständnis der alten prophetischen Überlieferungen als Weissagungen auf die Zukunft. In solchen Kreisen stand man dem Tempelbau mit einer gewissen Reserve gegenüber (*Jesaja* 66, 1 f.) und erwartete von der Zukunft mehr als nur die Errichtung einer provinziellen Priesterherrschaft, nämlich eine Gottesherrschaft, die auch von den Völkern anerkannt werden sollte (vgl. *Jesaja* 60).
Zwischen der relativ gutsituierten Priesterschaft und der är-

meren Laienbevölkerung zeichnete sich also eine soziale Kluft ab, die mit der Zeit auch religiös-politisch von Bedeutung werden mußte. Zunächst freilich dominierte die neu installierte Hierokratie, die aus dem Exil schon als genealogisch ziemlich fest umrissene Gruppe mit bestimmten programmatischen Vorstellungen ins Land gekommen war und daher nun auch bei der endgültigen Verarbeitung und Redaktion der alten Überlieferungen den größten Einfluß auszuüben imstande war.

Diese hierokratische Ordnung wurde zum selbstverständlichen Bestandteil der überlieferten, dann als Inhalt der *Torah* angesehenen gottgewollten Rechts- und Lebensordnung.

Am Tempel selbst sind zwei bemerkenswerte Änderungen gegenüber dem salomonischen Tempel zu verzeichnen. Das Kolossalkerubenpaar im Allerheiligsten wurde nicht wiederhergestellt, wahrscheinlich eine Konzession an die deuteronomisch bestimmten Richtungen, deren Bedenken im Exil durch analoge mesopotamische Figuren bestärkt worden sein dürften. Aber auch die Bundeslade wurde nicht erneuert, was erstaunlicher ist, galt sie doch für D wie P als Behälter der Gebotstafeln, so daß sie von Späteren als Vorläufer des synagogalen Torah-Schreines angesehen werden konnte. Nach *Jeremia* 3, 16, einer nachexilischen Überarbeitung von *Jeremia* 23, 3 ff., dürfte das Scheitern der davidischen Restauration die Neuanschaffung der Lade verhindert haben, da sie ja in der Königszeit vor allem Symbol der Erwählung der Dynastie gewesen war. Die Umdeutung zum »Behälter« des Horeb- und des Sinaibundes bei D und P war wohl eine kritische Reaktion auf diese dynastische Symbolik, an der die neue Hierokratie natürlich kein Interesse haben konnte.

2. Der Konflikt mit der Landesbevölkerung

Das Selbstbewußtsein der Exilierten und die ihnen eigene Frömmigkeit bildeten von vornherein gegenüber der Landesbevölkerung eine Barriere, die durch das Kyros-Edikt, das ja den Heimkehrenden galt, juristisch noch untermauert wurde. Der Tempelbau war nach Auffassung der Heimkehrergemeinde ihre eigene Angelegenheit, weil die strenge und auf die Heilszeit ausgerichtete Exilsfrömmigkeit jedem Kompromiß widerstrebte, etwa mit Kreisen, die des Synkretismus verdächtig waren oder zumindest eine unzulängliche Form der Religiosität vertraten; denn dergleichen mußte ja die heilsgeschichtlichen Erwartungen wieder zurückwerfen.
Dazu traten handfeste Interessen. Der Tempel sollte ja wie ehedem wieder ein wirtschaftliches Zentrum sein, sogar noch mehr als einst, da ja nur das Jerusalemer Heiligtum wiederaufgebaut werden durfte. Die Beteiligung am Bau schloß also die Möglichkeit der späteren kultischen und wirtschaftlichen Partizipation mit ein, und gerade dieser Punkt war heikel, denn mit der Verfügungsgewalt über den Tempel war mehr oder minder direkt auch die politische Macht verbunden.
Sofern die Landesbewohner als ebenfalls Jahwegläubige ihr Interesse am Tempelbau bekundeten, wurde ihnen darum von der Heimkehrergemeinde entgegengehalten, daß nur ihnen die Erlaubnis zum Tempelbau gegeben worden sei (*Esra* 4, 2 f.). Sie suchte sich innerhalb der Landesbevölkerung abzusondern, wobei sich die Bezeichnung »Judäer« – »Juden« einzubürgern begann.
Die einheimischen Behörden fürchteten daher zu Recht, daß diese Tendenz in einer politischen Separation ausmünden würde. Trotz erheblicher Widerstände und Verzögerungen wurde – etwa 515 – der Tempelbau auf dieser Rechtsbasis vollendet. Danach konnte die Separation freilich nicht mehr strikt durchgehalten werden: Die reichen Besitzer der näheren und weiteren Umgebung erhielten allmählich doch Zutritt

zum Tempel, nicht zuletzt, weil die höheren Priesterkreise – und die oberpriesterliche Familie an der Spitze – mit ihren Besitzungen und Einkünften bald auf das engste mit dem Establishment des Landes verbunden war; das fand auch in entsprechenden Eheschließungen seinen Ausdruck.
Mit der Zeit nahmen es darum viele nicht mehr so genau und arrangierten sich mit der Umgebung, heirateten über den Kreis der Heimkehrergemeinde hinaus, zum Teil sogar Nichtisraeliten. Gleichzeitig scheint sich die soziale Situation zunehmend verschärft zu haben, zum Teil durch äußere Bedrängnisse, vor allem von seiten der Edomiter im Süden (*Jesaja* 63, 1 ff.; *Obadja*), aber auch durch Konflikte mit der Landesbevölkerung selbst (*Esra* 4). Letzteres wurde verschärft durch einen raschen Bevölkerungszuwachs und durch die hierokratische Gesellschaftsordnung mit ihrem anwachsenden Kultapparat.
Diese Schwierigkeiten und die zunehmende Integration der Heimkehrergemeinde in ihre Umgebung erregten bei den entschiedenen Anhängern der Exilfrömmigkeit so ernste Bedenken, daß sie mit Hilfe ihrer Glaubensbrüder in Babylonien eine grundlegende Reform in die Wege leiteten.

3. Die Reformen des Esra und Nehemia

Die Mission Esras

Seit dem Verlust der Eigenstaatlichkeit gab es, von dem unzureichenden Kyros-Edikt abgesehen, keine offizielle Rechtsbasis für die neue jüdische Gemeinschaft. Sowohl die Exilierten als auch die Heimgekehrten waren daher an einer Präzisierung und Anerkennung ihrer Rechte interessiert. Sie erreichten dies, nachdem 460 v. Chr. in Ägypten ein Aufstand ausgebrochen war und für den persischen Hof die loyale Heimkehrergemeinde mit ihren engen Bindungen an Babylonien und an die Zentralgewalt neue Bedeutung erlangte.

So erkannte der König offiziell die damals wahrscheinlich schon vorliegende *Torah* (in den *Fünf Büchern Mose*) als Gesetz für die »Juden« an, ernannte den Priester Esra zum offiziellen Beauftragten (»Schreiber«) für »das Gesetz des Himmelsgottes« (*Esra* 7, 12 ff.) und entsandte ihn zur Einführung einer Rechtsordnung auf dieser Basis als bevollmächtigten Religions- und Rechtskommissar nach Jerusalem.

Dies alles war eine Erweiterung des Kyros-Edikts (*Esra* 7, 13 erlaubt auch, daß jeder Heimkehrwillige mit Esra ziehen dürfe), so daß als Träger der neuen Rechtsordnung nur die Exulantengemeinde und die Heimkehrergemeinde in Frage kamen. Die übrige judäische Bevölkerung hatte sich dem entweder zu fügen oder kam nicht in den Genuß der offiziell anerkannten Rechtsstellung. Anordnungen über die finanzielle und amtliche Unterstützung der Mission des Esra und des Jerusalemer Kultes ergänzen diese Bestimmungen. Dabei war vor allem die Befreiung des Kultpersonals von Steuern von größter Tragweite, weil sie die ohnedies starke soziale Position der Priesterschaft weiter verbesserte.

Nach der überlieferten – zum Teil freilich (wohl zu Unrecht) angezweifelten Chronologie ist Esra 458 mit einer größeren Schar von Heimkehrern nach Jerusalem gekommen. Alle waren Verfechter der strengen Exilfrömmigkeit und geprägt von der frommen Aversion gegen jedwede Art von realpolitischen Überlegungen und Kompromissen; in ihrem Gottvertrauen nahmen sie nicht einmal ein bewaffnetes Geleit in Anspruch, obwohl sie beträchtliche Werte mit sich führten.

Es war daher vorauszusehen, daß sich alsbald Spannungen sowohl mit der Landesbevölkerung als auch mit jenen Heimkehrergruppen ergeben würden, die einer Integration positiv gegenüberstanden oder sie für sich schon vollzogen hatten. Unter diesen Umständen geriet die Rechtsreform des Esra von vornherein in ein Dilemma, denn der Kreis derer, denen das neue Recht gelten sollte, war nicht mehr eindeutig abzugrenzen.

Von daher erklärt sich das unerbittliche Bemühen Esras, die Grenzen der Heimkehrergemeinde wieder eindeutig festzulegen. Das bedeutete unter anderem die Forderung nach Auflösung aller Mischehen. Die Kriterien waren dabei weniger »rassistischer« als religiös-rechtlicher Art, denn die Heimkehrergemeinde hatte ja auch schon nichtjüdische Sippen aufgenommen (vgl. *Esra* 2, 59). Es ging einfach um die Festlegung jenes Personenkreises, für den einst das Kyros-Edikt und nun die neue Rechtsordnung bestimmt war, und um die Verfügung über den Tempel.

Die Schwierigkeit einer solchen Separation ohne territorial-administrative Grundlage liegt auf der Hand. Die Entscheidung fiel auch einem weiten Personenkreis verständlicherweise schwer. Esra konnte sich jedenfalls zunächst nicht durchsetzen, da auch die Provinzpotentaten, an ihrer Spitze der Statthalter Sanballat und der ostjordanische Gouverneur und Großgrundbesitzer Tobija, begreiflicherweise gegen eine solche Rechtskonstruktion waren: Sie mußten befürchten, daß diese Konstruktion nur den ersten Schritt auch zur territorial-politischen Autonomie darstellte, die sie nicht zu Unrecht schon vorher als Ziel der Heimkehrer vermutet hatten.

Obwohl es Esra auf einer verregneten Volksversammlung (*Esra* 10, 7 ff.) doch noch gelang, für seine Reform eine Mehrheit zu finden, und die *Torah* – in der strengen Interpretation der Exilfrömmigkeit – als Basis für die neue Rechtsordnung einzuführen, blieb die Durchführung hängen: Es fehlte der exekutive Arm. Die höheren Priesterkreise waren zum Teil selbst mit der Oberschicht des Landes zu verbunden, um die geforderte Separation durchzuführen, und die persische Zentralgewalt war gerade zu dieser Zeit zu sehr mit anderen Schwierigkeiten beschäftigt, um den »Juden« Hilfe leisten zu können.

Nehemia: erster Statthalter der neuen Unterprovinz Juda

Ein völliges Scheitern der Reform des Esra war nur mehr durch die Umwandlung der Heimkehrer-Tempelgemeinde in ein territorial abgegrenztes, autonomes Gemeinwesen zu vermeiden. Die Gelegenheit dazu ergab sich, nachdem 446 ein Aufstand der westlichen Provinzstatthalter gegen die Zentralgewalt niedergeschlagen worden war und die judäische Heimkehrergemeinschaft erneut als die loyalste Gruppe im syrischen Bereich erschien. So löste König Artaxerxes I. Jerusalem mit seiner Umgebung aus der samaritanischen Unterprovinz heraus und unterstellte sie als neue Unterprovinz »Jehud« seinem Mundschenk Nehemia, der alsbald (445/446), von persischer Reiterei begleitet, in Jerusalem eintraf.

Ein Befürworter der Reform des Esra und ein Realpolitiker zugleich, organisierte Nehemia zunächst den Bau einer Stadtmauer, um Jerusalem zu sichern. Er ließ sich davon auch durch drohende Manöver der benachbarten Provinzgewaltigen nicht abhalten. Der Mauerbau lag zweifellos im Interesse aller Bewohner, da die Stadt bisher jedem Angriff – zum Beispiel nomadischen Streifzügen – schutzlos ausgeliefert gewesen war. Das Unternehmen war daher geeignet, den Zusammenhalt des neuen Gemeinwesens zu fördern, und dies war angesichts der geteilten Haltung gegenüber der Reform Esras auch notwendig.

Nehemia erkannte alsbald, daß seine Gegner in den vornehmen Kreisen und selbst in der hohepriesterlichen Familie Verbündete hatten und stärkte daher die Position der niederen und mittleren Schichten, indem er einen allgemeinen Schuldenerlaß zur Sicherung der Familienbesitzungen erzwang. Dennoch blieb seine Lage prekär, er hatte Mordanschläge zu befürchten und mußte die Stadtmauer streng bewachen lassen. Auch hatte er gegen den Einfluß von Propheten (*Nehemia* 6, 14) zu kämpfen, von denen leider nichts Genaueres überliefert ist. Vor allem gegen den ostjordanischen Notablen Tobija mußte er sich durchsetzen, der mit der hohepriesterlichen Familie und anderen einflußreichen Jerusalemern eng befreundet war (*Nehemia* 6, 17 ff.) und seinen Einfluß in der Stadt und am Tempel nicht verlieren wollte.

Nehemia stärkte seine eigene Position durch einen klugen Schachzug: Um für die Reform eine Mehrheit zu sichern und die Verteidigungskraft der Stadt zu erhöhen, ließ er ein Zehntel der auf dem Land wohnenden Exilheimkehrer nach Jerusalem umsiedeln (*Nehemia* 7, 4; dazu Kapitel 11). Zugleich wurde eine sorgfältige Volkszählung vorgenommen und damit das »Volk« der neuen persischen Provinz festgestellt.

Die Vertreter dieses Volkes beschlossen dann in einer Art verfassunggebenden Versammlung (*Nehemia* 8 ff.) feierlich die Annahme der *Torah* als verpflichtender Rechts- und Lebensordnung für die neue Provinz, nachdem sie bereits vom persischen König für die »Juden« als staatlich anerkanntes Recht bestätigt worden war. Dabei fungierte Esra als maßgebender Promotor und Interpret des Gesetzes.

Die Landesbevölkerung blieb, auch wenn sie sich weiterhin zum Jahweglauben und damit zur *Torah* als Offenbarung bekannte, außerhalb dieser offiziell anerkannten Gemeinschaft, es sei denn, sie ordnete sich der Autorität der Heimkehrergemeinde unter. Der Streit um die Macht und die Verfügungsgewalt über den Tempel war damit juristisch und politisch entschieden.

Nun blieb noch die sogenannte Mischehenfrage zu bereinigen, also für klare Abgrenzung all derer zu sorgen, die sich der *Torah* in ihrer neuen offiziellen Geltung unterordneten (vgl. *Nehemia* 10, 29). Dabei wurde – auch späterhin – in polemischer Weise der Eindruck erweckt, als handle es sich vor allem um eine Trennung von heidnischen Elementen; diese Behauptung sah für die Separation eine Rechtsgrundlage in der *Torah*, nämlich in den Gesetzen über das Verhältnis zu Nichtisraeliten. Auf diese zweifellos sehr unpopulären Maßnahmen beziehen sich *Nehemia* 10, 31 und 13, 1–3.

Ein weiteres Anliegen Nehemias war die Reformierung des Kultes. Über sie berichtet vor allem das zehnte Kapitel des *Nehemia*-Buches. Es handelte sich in erster Linie um eine Neuordnung der kultischen Abgaben und deren widmungsgerechte Verwendung durch das Kultpersonal (*Nehemia* 12, 44 ff.). Damit wurde die Hierokratie weiter gefestigt und zugleich mit ihr die wirtschaftliche Position des Kultpersonals gegenüber der Laienbevölkerung.

Nehemias zweite Amtsperiode

Laut *Nehemia* 13, 6 ist Nehemia nach 432 für einige Zeit an den persischen Hof zurückgekehrt. In seiner Abwesenheit erstarkte die Opposition von neuem, so daß bei seiner Rückkehr in den zwanziger Jahren die gesamte Reform in Frage gestellt schien.

Zunächst erwies sich die Kultordnung als korrumpiert: Die höheren Priesterkreise wußten sich auf Kosten vor allem der Leviten Vorteile zu verschaffen. Nehemia mußte nun eigens Kontrolleure bestellen (*Nehemia* 13, 10—14, 30 f.).

In engem Zusammenhang mit diesem Protektionismus in den höheren Priesterkreisen stand die wieder eingetretene Verquickung mit der reichen Laienschicht der näheren und weiteren Umgebung, die nach wie vor am Tempel als einem wirtschaftlichen Zentrum interessiert war (vgl. *Nehemia* 13, 4—9). So hatte der Priester Eljaschib, der Verwalter der Tempellagerräume, dem mit ihm verwandten ostjordanischen Notablen Tobija einen Lagerraum zur Verfügung gestellt. Nehemia ließ das Eigentum des Tobija entfernen und den Raum »reinigen«.

Auch eine Anzahl von ehelichen Verbindungen, die inzwischen geschlossen worden waren, ließ er aufgrund der einstigen Reformbestimmungen wieder auflösen; die betroffenen Männer befahl er zum Teil sogar zu züchtigen (*Nehe-*

mia 13, 23 ff.). Wie schwierig dieses Problem war, beweist die Tatsache, daß (vgl. *Nehemia* 13, 28 ff.) ein Sohn des Hohepriesters Jojada eine Tochter des samaritanischen Statthalters Sanballat, des Erzfeindes Nehemias, geheiratet hatte. Nehemia vertrieb Jojadas Sohn, weil dieser »das Priestertum und den Bund für Priester und Leviten befleckt« habe. Dadurch provozierte er die nun sich anbahnende endgültige Trennung zwischen den beiden Parteien in zwei verschiedene Religionsgemeinschaften.

Ebenfalls eine Folge der wieder eingerissenen Integrationstendenzen war die laxe Beachtung des Sabbat, dessen strikte Einhaltung dem Handel abträglich war. Nehemia ließ daher einfach am Sabbat die Stadttore schließen und verscheuchte die fremden Händler unter Androhung von Gewalt.

Esra und Nehemia im Urteil der Nachwelt

Der tatkräftige Realpolitiker Nehemia, der in seinen Aufzeichnungen alles andere als Bescheidenheit bewies und die Verdienste um die Reformen durchaus für sich persönlich in Anspruch nahm, hat die Reform des Esra erst praktisch zur Geltung gebracht und gesichert. Dennoch hat das spätere Judentum in Esra den eigentlichen Begründer der neuen Ordnung gesehen und geradezu als einen zweiten Mose gefeiert.

Esras Name blieb unlösbar mit der *Torah* und ihrer Interpretation verknüpft, wobei besonders hervorzuheben ist, daß es sich bereits um eine bestimmte Interpretation der schriftlichen *Torah* handelte und insofern die spätere Einschätzung Esras als des Vaters der Schriftgelehrsamkeit nicht unberechtigt ist. Als Lehrer und Interpret der *Torah* war Esra ein Mann der Offenbarung. So sahen ihn auch jene Autoren, die ihm später wie Mose und anderen Propheten bestimmte Schriften zuschrieben, deren Inhalt als geheime Offenbarung ausgegeben wurde.

An und für sich hätte es zwischen einem Realpolitiker wie Nehemia und einem derart religiös orientierten Gelehrten wie Esra zu Spannungen kommen müssen, allein schon über die Wahl der Mittel: denn der Einsatz persischen Militärs zur Durchsetzung von Reformen war wohl kaum im Sinn Esras, der selber noch für sich und seine Anhänger ein bewaffnetes Geleit ausgeschlagen hatte. In der Tat deuten weder die auf Esra noch die auf Nehemia zurückzuführenden Notizen in den Büchern *Esra* und *Nehemia* auf ein besonders gutes persönliches Einvernehmen zwischen den beiden. Nur die Entschiedenheit, mit der Nehemia als Statthalter das Anliegen der Reform des Esra verfocht, dürfte wohl einen internen Konflikt verhindert haben; die Spannung zwischen Forderung und Realität, utopischer Hoffnung und Bestehendem wurde jedenfalls durch die Reformen keineswegs aufgehoben.

4. Das letzte Jahrhundert der persischen Oberherrschaft

Die Militärkolonie von Elephantine

Als gegen 410 der persische Satrap für einige Zeit Ägypten verließ, um sich an den Hof zu begeben, benützten die Ägypter die Gelegenheit, eine – wahrscheinlich im siebten Jahrhundert von den Assyrern gegründete – jüdische Militärkolonie in Elephantine anzugreifen und deren Tempel zu zerstören, unter anderem wegen der Darbringung von Widdern als Opfer (der ägyptische Gott Chnoum wurde widderköpfig dargestellt). Da sich der zuständige Statthalter außer Landes befand, wandten sich die Verantwortlichen der Militärkolonie im Jahr 410 und noch einmal 407 an die benachbarten Provinzbehörden: an den Statthalter Bagoas von Juda und die Söhne des Sanballat in Samarien, aber auch an den Oberpriester Jochanan in Jerusalem und die Honoratioren der Stadt.

Diese Briefe und ein Protokoll über die eingetroffenen Antworten sind uns unter den Anfang dieses Jahrhunderts entdeckten *Elephantine-Papyri* erhalten. Die Texte sind in der Mehrzahl juristischen und administrativen Inhaltes und für die Kenntnis insbesondere des Eherechts von Bedeutung. Einer der Papyri bezeugt eine königliche Verordnung von 419, wonach die Juden das Passahfest zu halten haben, eine Verordnung, die also selbst die entlegene Militärkolonie in Oberägypten noch erreichte.

Der Tempel, der wahrscheinlich im sechsten Jahrhundert errichtet worden war, diente einem Kult, der offensichtlich die volkstümlichen synkretistischen Tendenzen der späten Königszeit weiterführte, wonach zwar Jahwe als Gott Israels verehrt wurde, aber auch andere Götter daneben, darunter sogar zwei weibliche Gottheiten (Aschambethel, Anatbethel).

Diese Militärkolonie erhoffte also 410/407 Hilfe auch von den Jerusalemern. Während nun die Statthalter Bagoas von Juda und Delajah sowie Schelemjah den Wiederaufbau des Tempels guthießen, hüllte sich der Jerusalemer Hohepriester Jochanan in Schweigen. Wenn man auch nicht voraussetzen sollte, daß zu dieser Zeit für den Jerusalemer Tempel über die Grenzen des Heiligen Landes hinaus ein Monopolanspruch galt, so war die Jerusalemer Priesterschaft doch weit davon entfernt, die Existenz von Jahwetempeln im Ausland als legitim anzuerkennen, um so weniger im Fall eines nach Jerusalemer Maßstäben offenkundigen religiösen Synkretismus.

Der Parteienstreit in Jerusalem um 400 v. Chr.

Die positive Stellungnahme des persischen Statthalters von Juda, Bagoas, zum Brief der Elephantinekolonie zeigt, daß er mit den samaritanischen Provinzgewaltigen gegen das Interesse des Jerusalemer Hohepriesters entschied. Ein Grund dafür dürfte eine konspirative Zusammenarbeit der westlichen

Statthalter gewesen sein, die unter der Regierung Darius II. und noch einige Zeit danach infolge der Schwäche der Zentralgewalt fast unabhängig amtierten und dabei ihre Politik koordinierten, unter anderem auch gegenüber den königstreuen Juden.

In diesem Spannungsfeld wurde der interne judäische Streit für und gegen die Integration erneut akut, und zwar in der hohepriesterlichen Familie selbst. Es wurde bereits erwähnt, daß Nehemia in den zwanziger Jahren einen Sohn des Hohepriesters Jojada wegen dessen Heirat mit einer Tochter des samaritanischen Statthalters Sanballat vertrieben hatte, ein Ereignis, das der antike jüdische Historiker Josephus – allerdings in einem falschen chronologischen Zusammenhang – ebenfalls berichtet (*Antiquitates* 11, 302 f.). Jojadas Nachfolger wurde sein Sohn Jochanan, der Hohepriester zur Zeit des Elephantinebriefes. Über ihn hat Josephus (*Antiquitates* 11, 297 f.) eine gut ins Bild passende Überlieferung bewahrt: Danach kam es im Tempel zwischen dem Hohepriester und einem seiner Brüder (Josua/Jeschua), dem der Statthalter Bagaos das Hohepriesteramt versprochen hatte, zu einem Streit, bei dem Jochanan seinen Bruder erschlug.

Offenbar hatte Bagaos die Partei derer ergriffen, die einen Ausgleich mit der Nachbarschaft anstrebten und insbesondere von den samaritanischen Provinzbehörden unterstützt wurden. Bagaos soll nach diesem Vorfall den Tempel entweiht und den Judäern sieben Jahre lang, bis zur Restitution der Zentralgewalt im Reich, erhebliche Abgaben auferlegt haben.

Das samaritanische Schisma

Die erhaltenen Quellen über den endgültigen Bruch zwischen Samaritanern und »Juden« lassen keine genaue Datierung zu; die meisten Fachleute entscheiden sich für eine späte Ansetzung, in die Zeit Alexanders des Großen und danach. Demgegenüber wird, unter Hinweis auf die eben erwähnten Ereignisse um 400, von anderen mit einem gewissen Recht angenommen, daß die Samaritaner bereits bald nach jenen Vorfällen, also nach dem Scheitern des Bagoas infolge des Wiedererstarkens der Zentralgewalt, von der Kompromißlosigkeit der Jerusalemer Frommen endgültig überzeugt waren. Sie begründeten auf dem Berg Garizim, am Ort einer traditionellen Opferstätte, ein eigenes Zentralheiligtum und erhoben den Anspruch, dieses Heiligtum sei das nach der *Torah* einzig legitime.

Während im Land selbst diese Separation noch relativ einfach vor sich ging, zog sie in der jüdischen Diaspora eine lang andauernde Unsicherheit über die Zuständigkeit der beiden konkurrierenden Heiligtümer am Garizim und am Zion nach sich. Die rechtliche Überlieferung des Judentums hatte sich mit den Samaritanern und ihrer eigentümlichen Stellung zwischen Juden und Nichtjuden immer wieder zu befassen.

Die Samaritaner selbst verstanden sich von da an in der Regel als eigene Religionsgemeinschaft, in betonter Weise zumal immer dann, wenn es politisch von Vorteil war. Umgekehrt verachteten die Juden die Dissidenten als halbe Heiden und Abtrünnige, wenngleich es zeitweilig auch zu besserem Einvernehmen kam.

Ein Zeugnis der Jerusalemer Haltung gegenüber dem Anspruch der Samaritaner ist das im Verlauf des vierten Jahrhunderts vollendete chronistische Geschichtswerk, in dem die Geschichte des Nordreiches, als heilsgeschichtlich irrelevant, nahezu völlig ignoriert wird: Man wertete die »Sünde Jerobeams« als Anfang und Vorbild des Schismas der Gegenwart.

Königliche Anerkennung konnten die Samaritaner freilich nicht für sich in Anspruch nehmen. Während die Juden von der Zeit Esras an für ihre *Torah* als ein staatlich anerkanntes Gesetz auch die für die damalige aramäische Reichssprache übliche Schrift anzuwenden begannen, schrieben darum die Samaritaner ihren *Pentateuch* auch weiterhin mit althebräischen Buchstaben.

Die letzte Zeit der persischen Oberherrschaft

Die spärliche Quellenlage, die leider für diese ganze Periode charakteristisch ist, läßt für die letzten Jahrzehnte der Perserherrschaft nur sporadische Feststellungen zu. Anscheinend hat es nach dem Perser Bagaos in Juda wieder jüdische Statthalter gegeben. Darauf deuten manche Stempelinschriften auf Vorratskrügen hin. In der letzten Zeit wurde wahrscheinlich überhaupt kein Statthalter mehr ernannt. Dies bedeutet, daß zur Zeit Alexanders des Großen der Hohepriester von Jerusalem zugleich der politische Repräsentant von Juda war.

5. Der Einfluss des Parsismus

Als nach dem Verebben des Bibel-Babel-Streites die Einschätzung des babylonischen Einflusses wieder nüchterneren Betrachtungen folgte, blieb die These von einem nicht unwesentlichen parsistischen Einfluß auf das jüdische Denken noch lange beliebt, ohne daß man sich freilich viel Gedanken über die Art seiner Vermittlung machte.

Man denkt vor allem dabei an die Zeit des Exils und an das babylonische Judentum. Aber demgegenüber stimmt die Tatsache bedenklich, daß die Juden Babyloniens etwa ein volles Jahrtausend unter der Herrschaft der Achämeniden, der Arsakiden und der Sassaniden verbracht haben, ohne daß sich im babylonisch-jüdischen Schrifttum Spuren eines parsischen Einflusses etwa im Ausmaß und in der Bedeutung des hellenistisch-römischen Einflusses finden ließen. Man wird also lediglich annehmen dürfen, daß in der persischen Periode gewisse bereits innerisraelitisch vorgegebene Tendenzen durch Impul-

se, die eher mittelbar vom Parsismus ausgingen, eine raschere Profilierung erfahren haben.
Dies gilt insbesondere für die Eschatologie mit der ihr eigenen Einteilung in zwei Äonen und einem gewissen (ethisch-akzentuierten) Dualismus, für die Vorstellung vom Weltgericht und von der Totenauferstehung sowie für die Ausgestaltung der Engel- und Geisterwelt (man vergleiche den »Asmodaj« in der *Tobit*-Erzählung). Gerade das Letztgenannte beruht – wie die Funktion, die man dem Satan zuschrieb – wahrscheinlich weniger auf religiösem Einfluß als vielmehr auf dem Vorbild des persischen Hofstaates, der auch durch den *Esterroman* die Phantasie in weiten Kreisen anregte.
Dabei ist – zum Beispiel bei der Auferstehungsvorstellung – gar nicht ausgemacht, ob nicht umgekehrt jüdische Vorbilder auf den Parsismus stimulierend eingewirkt haben: Die einschlägigen Quellen können zum größten Teil nur vermutungsweise datiert werden, und somit bleibt ein großer Spielraum für Ermessensurteile. In keinem Fall dürfte der parsistische Einfluß so hoch einzuschätzen sein, daß ohne ihn die Entwicklung der frühjüdischen Religion unverständlich erschiene.

Siebtes Kapitel

DAS BIBLISCHE ERBE

1. Der Übergang zur Buchreligion

Die heiligen Schriften

Die besondere religionspolitische Entwicklung, die in den vorangehenden Kapiteln umrissen wurde, hat im alten Israel dazu geführt, daß zwei Bereiche in einer unvergleichlichen Weise bewußtseins- und geschichtsbestimmende Bedeutung erlangten: die Geschichtsdeutung und die Rechtsüberlieferung. Beide standen im Brennpunkt religiös-politischer Auseinandersetzungen, in die auch die einzelnen Propheten einbezogen waren. Beide haben sich in literarischen Traditionen niedergeschlagen, die man als Ausdruck des Gotteswillens wertete, und wurden unter dem Eindruck der staatlichen Katastrophe Judas harmonisierend zusammengefaßt.

Mit dem Abschluß des *Pentateuchs*, der *Torah*, lag zum erstenmal ein Dokument vor, das von allen Jahwegläubigen – auch den Samaritanern – als fixierte Offenbarung des Gotteswillens anerkannt wurde und von da an die Basis für alle weiteren religiös-gesetzlichen Traditionen darstellte.

Die geschichtsdeutenden Schriften, die *Psalmen*-Sammlungen und die gesammelten prophetischen Überlieferungen unterlagen demgegenüber von vornherein unterschiedlicher Wertung. Sie bildeten aber am Ende der persischen Periode ein im wesentlichen der heutigen Gestalt entsprechendes Corpus religiösen Schrifttums.

Die Kanonisierung, d. h. die verbindliche Abgrenzung der »Heiligen Schriften«, erfolgte allerdings erst um die Wende vom ersten zum zweiten Jahrhundert, und die Bewertung einzelner Texte und Textgruppen blieb bis dahin zwischen den religiösen Strömungen umstritten. Die prophetischen Überlieferungen zum Beispiel wurden vor allem in Kreisen gesammelt, deren Hoffnungen sich im Rahmen der hierokratischen Neuordnung nach dem Exil nicht erfüllt hatten und die darum unter dem Einfluß der eschatologischen Erwartung einer endgültigen Heilswende die Prophetenworte als Weissagungen auf diese – meist für bald erhoffte – Zukunft verstanden.

Die Vertreter der Hierokratie konnten diese Auffassung selbstverständlich nicht teilen und suchten die Autorität der Offenbarung auf die schriftliche *Torah* und auf die bestehenden Institutionen (Tempel) zu beschränken, um so das Vorhandene zu sichern und politisch gefährliche Geschichtsspekulationen abzuweisen.

Der Zwang zur Interpretation

Es liegt in der Natur der Sache, daß ein Text Deutungen nach sich zieht. Sofern Traditionen im Lauf der Zeit neuen Verhältnissen angepaßt werden müssen und als Mittel zur Darstellung neuer Anliegen benützt werden, wird die Deutung manchmal sogar wichtiger als die Textgrundlage selbst: Die Grenzen zwischen Text und Deutung beginnen zu verfließen.

Ein nicht geringer Teil des biblischen Schrifttums hat auf diese Weise seine heutige Gestalt bekommen. Das geschah nicht zuletzt infolge des technischen Umstandes, daß man nicht, wie zum Beispiel in Babylonien, auf unbegrenzt haltbare Ton-

tafeln schrieb, sondern auf Lederrollen, die nach einiger Zeit wegen der Abnützung durch neue ersetzt werden mußten.
Sobald freilich ein Text als heilige Schrift und fixierte Offenbarung des Gotteswillens angesehen wird, wie hier im frühen Judentum die *Torah* (der *Pentateuch*), treten Text und Deutung wenigstens formal auseinander: Der Text bleibt erhalten, die Deutungen wechseln, in ihnen spiegeln sich die jeweils vertretenen Tendenzen und die jeweiligen neuen Anforderungen. Da aber die rechte Deutung umstritten war, wurde zum Teil auch für die Deutung nach Möglichkeit die Autorität der Offenbarung in Anspruch genommen; das verschärfte wiederum die Auseinandersetzungen, da nun Offenbarungsanspruch gegen Offenbarungsanspruch stand.
Die Deutung wird im Verlauf der Zeit, mit dem Wandel der Verhältnisse, auch immer wichtiger. Denn sie allein ermöglicht die Adaptierung und Aktualisierung der Tradition, die Überbrückung der stets drohenden Kluft zwischen den überlieferten Normen und den Anforderungen der Zeit, zwischen den überkommenen Maßstäben und Bräuchen und dem Gebot der Stunde. Diese Spannungen mußten von nun an durchgehalten und bewältigt werden, sofern die Religion lebendig und lebensnah bleiben sollte.

Torah und Interpretation

Gleichzeitig erfaßte die Religion nun mehr und mehr alle Lebensbereiche. Sobald man nämlich der Auffassung war, daß Gottes Wille in der *Torah* vom Sinai ein für allemal offenbart sei, mußte man – unbeschadet eventueller Anerkennung zusätzlicher und weitergehender Weisungen durch Propheten – danach trachten, die gesamten Lebensfragen nach diesem offenbarten Gotteswillen auszurichten. Dazu mußte man von der Annahme ausgehen, daß diese Offenbarung wenigstens implizit für alle anfallenden Fragen Lösungen enthält, so daß neue Bestimmungen durch die Ableitung aus der *Torah* ebenfalls eine gewisse Offenbarungsautorität erhalten können.

Im Judentum nach 70 n. Chr. wurden folgerichtig zwei Ansichten, die sich in den Jahrhunderten vorher schon abzeichneten, ausdrücklich formuliert:

(1) Nach der einen Ansicht enthält die schriftliche *Torah* alle nur erdenkbaren nötigen Regelungen und Weisungen zumindest implizit; sie brauchen nur abgeleitet zu werden. Das brachte allerdings die Frage nach den Kriterien für den Prozeß solcher Ableitungen mit sich.

(2) Nach der anderen, mit der ersten aber nicht konkurrierenden Ansicht wurde Mose am Sinai neben der schriftlichen *Torah* auch eine nur mündlich überlieferte *Torah* offenbart, die erst eine sach- und situationsgemäße Anwendung der fixierten Gesetze ermöglicht. Die prophetischen Schriften und die übrigen heiligen Schriften (die »Hagiographen«) enthalten im Grund keine neuen Offenbarungen, sondern nur Anweisungen zur rechten Erfüllung des Gotteswillens.

Diese Entwicklung, die hier ganz formal skizziert ist und daher ganz klar und folgerichtig erscheint, war in der Praxis problematischer, denn der Inhalt der Deutungen im einzelnen war natürlich mit den Interessen und Tendenzen der jeweiligen Generation verquickt und wurde daher zum Gegenstand von Kontroversen. Dazu kam ein noch lange Zeit – und zum Teil immer – offenbleibender Spielraum im Bereich des Rechts und der Ethik, der unterschiedliche Ermessensurteile ermöglichte. Die *Torah* ist ja kein systematischer Gesetzeskodex, der säuberlich alle Bereiche erfaßt und regelt; sie ist vielmehr eine Zusammenstellung von Überlieferungskomplexen, deren Inhalte sich zum Teil überschneiden, dabei zum Teil decken, zum Teil widersprechen, manche Fragen auch überhaupt nicht behandeln.

In diesen Bereichen blieb Platz für das Gewohnheitsrecht, das im Rechtsleben vor allem der kleineren soziologischen Einheiten – im Familienverband, im Dorf und in der Stadt – eine nicht geringe Rolle spielte und das später, in der talmudischen Zeit, zum guten Teil in der sogenannten *mündlichen Torah* aufgegangen ist. Es unterschied sich im großen und ganzen nur wenig vom Gewohnheitsrecht der Umwelt, wie die erhaltenen aramäischen Rechtsurkunden aus frühjüdischer Zeit bestätigen. Zwar galten im jüdischen Bereich auch die Normen dieses Gewohnheitsrechtes als Gottes Wille, wie schon die Propheten mit ihrer Forderung nach Recht und Gerechtigkeit nicht eine abstrakte Gerechtigkeitsidee gemeint hatten, sondern die »im Tor«, also auf dem üblichen Gerichtsplatz geübte Rechtspraxis, mit ihren bekannten, wenn auch zum Teil mißachteten Normen.

Aber diese gewohnheitsrechtlichen Normen sind erst nach und nach mit der *schriftlichen Torah* bewußt und interpretatorisch in Beziehung gesetzt und somit in ein umfassendes Rechtssystem eingeordnet worden. Der Prozeß setzte mit dem Abschluß des *Pentateuchs* ein.

Die Interpretation der *Torah* entfaltete sich also in mehreren Linien:

(1) Vorgegebene Gesetze in der schriftlichen *Torah* bedurften der Erklärung, um verstanden zu werden.

(2) Die Erklärung konnte im Einzelfall zur Umdeutung werden, wenn keine eindeutige Erklärung möglich war und daher neue Anliegen mit Hilfe einer solchen Erklärung gelöst werden konnten.

(3) In der Annahme, daß in der Offenbarung alle anstehenden Fragen implizit beantwortet sind, konnte man auch mit einer ganz neu auftauchenden Frage an den biblischen Text herangehen, so wie etwa an ein Orakel oder an einen Propheten. Diese »Erfragung« neuer Weisungen ist ursprünglich charakteristisch für den sogenannten *Midrasch*, ein Terminus, mit dem (a) die Methode dieser Schriftanwendung wie (b) ihr Ergebnis, die erfragte Auskunft oder Lehre, bezeichnet werden konnte.

(4) Neue Bestimmungen konnten in der Annahme, daß die

schriftliche *Torah* alle Lebensbereiche implizit regelt, nach festgelegten hermeneutischen Methoden und Regeln von einzelnen Geboten der schriftlichen *Torah* abgeleitet werden, wobei zum Teil die eben schon erwähnte Erklärung mit eintrat.

(5) Neue Bestimmungen konnten zwar auch noch lange ohne Bezug auf die schriftliche *Torah* formuliert werden (*Mischna*-Typ); doch die Tendenz ging in der Regel dahin, sie im nachhinein mit Hilfe der Interpretation zu biblischen Texten in Verbindung zu setzen.

Von diesen Voraussetzungen her wird verständlich, daß mit dem Abschluß der *Torah* die Gesetzesgelehrsamkeit und die Gesetzesfrömmigkeit sämtliche Lebensbereiche zu erfassen begann und damit auch ein kulturgeschichtlicher Faktor ersten Ranges wurde.

Prophetie und Interpretation

Soweit man die prophetischen Überlieferungen als Offenbarungsschriften anerkannte, stellte sich das Problem der Interpretation ebenfalls, wenn auch in anderer Form.

Gesammelt und überliefert wurden die Prophetensprüche vorwiegend von Menschen, die von eschatologischer Hoffnung auf eine endgültige Heilswende erfüllt waren. Sie sahen in den prophetischen Texten Offenbarungen für die Zukunft, über die Endzeit, d. h. im Fall der eschatologischen Naherwartung über die Gegenwart und die unmittelbare Zukunft. Im Lauf der Zeit jedoch wurde diese Erwartung problematisch, denn die Endzeit verzögerte sich ja offensichtlich.

Die prophetischen »Weissagungen« erforderten also einerseits eine Deutung, und zwar eine gegenwartsbezogene, andererseits blieb aber ein erheblicher Unsicherheitsfaktor und damit die Gefahr der Enttäuschung bei konkreter Ausdeutung auf den erhofften Geschichtsverlauf. Deshalb griff man gern zum

Mittel der verhüllenden, geheimnisvollen Deutung und Aussage.
Aus dem Dilemma zwischen dem Zwang zur interpretierenden Geschichtskonstruktion und der Unverfügbarkeit der Geschichte erwuchs im Zusammenwirken mit weiterhin auftretenden Ansprüchen auf prophetische Offenbarungsautorität einzelner Personen die sogenannte Apokalyptik.
Die Macht der Überlieferung und die beherrschende Rolle der Interpretation veranlaßte die apokalyptischen Nachfolger der Propheten zur Pseudepigraphie, d. h. sie stellten ihren Offenbarungsanspruch als Überlieferung dar, oft unter dem Namen eines historischen Offenbarungsempfängers, eines Mose, eines Henoch, eines Propheten oder auch des Esra. In der älteren Zeit blieben sie vorwiegend anonym, wodurch apokalyptische Texte noch in die prophetische Überlieferung miteinbezogen werden konnten, wie zum Beispiel die sogenannte *Jesaja-Apokalypse* (*Jesaja* 24—27).
Ziel des Apokalyptikers ist die spekulative Bewältigung des oben erwähnten Dilemmas. Einerseits glaubt er an einen vom allmächtigen Gott bestimmten und von den Propheten vorausgesagten Geschichtsverlauf, der trotz aller Sünde und Strafe letztlich bald in ein Heilsziel ausmündet. Andererseits zeigte die Erfahrung, daß auf diese Weise gewonnene Geschichtsbilder dem tatsächlichen Lauf der Geschichte nicht entsprachen. Diese Diskrepanz bedurfte der theologisch-spekulativen Bewältigung, denn sie stellte ein seelsorgerisches Problem ersten Ranges dar.
Die Naherwartung veranlaßte die Frommen ja zu immer intensiverer Beobachtung des Gotteswillens, also zu immer strengerer Gesetzesfrömmigkeit, und trieb die Menschen dadurch automatisch der Grenze menschlicher Leistungsfähigkeit entgegen. Dabei waren es gerade nicht die gutsituierten Schichten, die eine solche Geschichtswende herbeisehnten, sondern vorwiegend sozial Bedrängte, denen die korrekte Erfüllung aller gesetzlichen und dabei vor allem rituellen Vor-

schriften ohnedies alles andere als leicht fiel. Diesen Menschen sollte mit Hilfe von Geschichtskonstruktionen einerseits Mut gemacht und das Heilsziel der Geschichte Gottes dargelegt werden; andererseits galt es, allzu voreilige Konkretisierungen der Hoffnungen zu vermeiden, was durch verhüllende, geheimnisvolle Darstellung versucht wurde. Dies war freilich mehr eine vordergründige Ausflucht als ein Ausweg aus dem Dilemma der eschatologischen Naherwartung.

Gesetz und Geschichte

Schon bisher wurde wiederholt deutlich, daß für das Bewußtsein vieler Frommer die Erfüllung oder Nichterfüllung des Gotteswillens — jetzt der *Torah* — in kausalem Zusammenhang zu Wohlergehen oder Unheil des Menschen stand. Die eschatologische Naherwartung eskalierte automatisch die Gesetzesfrömmigkeit bis an die Grenze der menschlichen Kraft und steuerte so unter gegebenen Umständen katastrophalen Enttäuschungen zu. Da diese aber als Folge des eigenen mangelhaften Gehorsams verstanden wurden, bewirkten sie nur vorübergehend Ernüchterung: Die Verheißung war ja grundsätzlich nicht in Frage gestellt — es war doch der Mensch, der versagt hatte, nicht Gott.

In diesem Glauben mußte jede Verletzung des Gotteswillens als schreckliches, die Weltgeschichte bestimmendes Vergehen gewertet werden. Als Folge davon gewannen die Auseinandersetzungen um die rechte *Torah*-Deutung, die richtige *Torah*-Praxis und das zutreffende Geschichtsverständnis zunehmend an Schärfe, bis zu erbitterten Parteienkämpfen und verzweifelten Gewaltausbrüchen wie in hellenistisch-römischer Zeit.

Die Kette der messianischen Bewegungen und Enttäuschungen riß jedoch nicht ab: Sie reicht herauf bis in die jüngste Vergangenheit, und sie hat dem Judentum entsetzliche Opfer abverlangt, andererseits aber auch ein unvergleichliches Durchhaltevermögen eingebracht.

Mit der Spannung zwischen der messianisch-utopischen Verwirklichung und der Realität deckt sich zum Teil die Spannung zwischen Separation und Assimilation: Auch dabei geht es um die *Torah*-Praxis und um das heilsgeschichtliche Selbstverständnis. Diese Spannung war ebenfalls ein Erbteil der biblischen Periode, doch sie erlangte nun, unter dem Zeichen von *Torah* und Eschatologie, für das Verhältnis zwischen Judentum und Umweltkultur größere Bedeutung als zuvor, und zwar auch dort noch, wo es nicht mehr um die Abgrenzung von einer polytheistischen Umwelt ging.

2. Das Welt- und Menschenbild

Mensch und Natur

Die *Bibel* enthält, vor allem im priesterschriftlichen Schöpfungsbericht und in manchen *Psalmen* (vgl. *Psalm* 8), theologisch durchdachte Aussagen über die Welt als Gottes Schöpfung und über den Menschen als den von Gott eingesetzten Herrn über die Geschöpfe. Der Glaube an die Schöpferallmacht Gottes konnte auch dann und wann ein Gefühl der Geborgenheit hervorbringen, wie es in manchen *Psalmen* bezeugt ist.

Aber diese Zeugnisse theologisch durchdachter Frömmigkeit dürfen trotz ihrer großen wirkungsgeschichtlichen Bedeutung nicht als kennzeichnend für den Durchschnittsfrommen oder gar Durchschnittsmenschen der biblischen Zeit angesehen werden. Noch lange wirkten uralte und gemeinorientalische Vorstellungen fort, nach denen der Lebensraum für Götter und Menschen erst durch einen Sieg über die Chaosmächte geschaffen worden sei, die — zwar gebändigt, aber keineswegs völlig gebannt — eine ständige Bedrohung der Menschenwelt dar-

stellen, vor allem in Gestalt der unheimlichen, unbegreiflichen und unberechenbaren Naturgewalten.
Dazu kam die Erfahrung der menschlichen Hinfälligkeit, der Krankheit, der unberechenbaren Unglücksfälle, des Leidens und des Todes. Man spricht im Blick auf den Pessimismus der Spätantike gern vom Optimismus der *Bibel*, doch nur bis zu einer gewissen Grenze mit Recht, denn das Bewußtsein von der Gefährdung des menschlichen Daseins und die Erfahrung von Schmerz und Leid haben – auch im biblisch-hebräischen Wortschatz – deutliche Spuren hinterlassen.
Zur Gefährdung durch die natürliche Umwelt, durch dämonische Naturkräfte, kam noch jene durch menschliche Gewalt und Bosheit, im individuellen Bereich ebenso wie im weiteren Sinn – die Region war schließlich stets ein machtpolitisch umstrittenes Gebiet –, so daß auch innerhalb der zwischenmenschlichen Beziehungen die Erfahrung des Unbegreiflich-Unberechenbaren, des Dämonischen, eine nicht geringe Rolle spielte und eine Dämonisierung des Weltgeschehens in der Geschichtsdeutung nicht fern lag. Welt- und Existenzangst haben also das menschliche Dasein in nicht unwesentlichem Maß bestimmt und viele Impulse zu religiös-theologischer Überlegung geliefert.

Leben und Tod

Die Existenzbedrohung mußte um so krasser empfunden werden, als man mit einem Fortleben nach dem Tod nicht rechnete. Zwei allgemein-menschliche Urerfahrungen haben in diesem Zusammenhang weitreichende Konsequenzen nach sich gezogen.
Die erste konstatiert beim Tod des Menschen, was von ihm augenfällig übrig bleibt: das Gebein. Darum sah man im Körperlichen ein unabdingbares Substrat menschlicher Persönlichkeit und Identität (vgl. *Ezechiel* 37!). Von daher kam die im

Judentum auch später noch, trotz der aufkommenden Seelenlehre, so bedeutsame Ansicht, daß Persönlichkeit und Körperlichkeit des Menschen untrennbar seien. Schließlich beruht auf dieser Erfahrung, mit der sich uralte animistische Vorstellungen verbinden, die besondere Bedeutung der Bestattung und die in der folgenden Periode aufkommende Auferstehungsvorstellung.

Die zweite Urerfahrung konstatiert, was dem Menschen nach dem Tod fehlt: Das ist der Atem, der »Lebenshauch«, *näfäš* oder *nᵉšāmāh* (vgl. griechisch *psychē,* lateinisch *anima*). Man verband ihn auch mit dem – frisch vergossen »rauchenden« – Blut, das darum (wie auch zum Teil in der Umwelt, vor allem im nomadischen Bereich) als Gabe und Reservat der Gottheit galt. Das Blut als Sitz des Lebens ist tabu; auch tierisches Blut ist deshalb dem Genuß entzogen (vgl. *Leviticus* 17, 10–12 und öfter). Soweit darüber hinaus ein spezifisch menschliches, geistiges Prinzip angedeutet werden sollte, verwendete der Hebräer den Ausdruck *rûᵃḥ,* »Wind«, »Geist«, was den Gedanken der Unverfügbarkeit andeutet, die eigene oder verursachte geistige Verfassung oder Bewegung, weshalb man auch von Gottes *rûᵃḥ* – nie aber von Gottes *näfäš* oder *nᵉšāmāh* – sprechen konnte, sei es in bezug auf ihn selbst oder auf einen von ihm bewirkten geistigen Vorgang oder Zustand.

Wie im griechischen Bereich glaubte man auch hier zunächst nicht an die Möglichkeit einer vom Körper getrennten Fortdauer dieses »seelischen« Aspektes. Um einen Ansatz zu diesem Glauben handelte es sich jedoch gewiß, da es nahe lag, die Persönlichkeit gerade mit dem unverfügbaren und unverwesbaren Aspekt des Menschen zu verbinden, wobei eine Differenzierung zwischen Mensch und Tier und eine Verbindung zwischen geistig-seelischem Prinzip und Gottesbeziehung nahelag. Der *Prediger Salomos* hat am Ende der persischen Periode solche Gedanken – vielleicht, aber nicht notwendig bereits unter griechischem Einfluß – gekannt und zum Teil in

Zweifel gezogen (vgl. *Prediger* 3, 18–21). Diese auf eine Seelenvorstellung abzielende Sicht steht zweifellos in Spannung zur ersten, am materiellen Substrat orientierten Anschauung von der Verbindung zwischen Persönlichkeit und Körperlichkeit, in einer Spannung, die in der folgenden Periode mit der Auferstehungsvorstellung eine gewisse Milderung erfuhr.

Beiden genannten Ansichten liegt eine animistische Uranschauung zugrunde, die auch mit dem Toten noch die Vorstellung von Kräften, nämlich reduzierten Lebenskräften, verbindet. Der Tote lebt demnach zwar nicht mehr im eigentlichen Sinn des Wortes, sondern nurmehr rudimentär-schattenhaft; die mit ihm verbundene Restkraft vermindert sich sogar noch mit der Zeit im Lauf der Verwesung und stellt in der Totenwelt (*še'ol*, vgl. den griechischen *Hades*) nurmehr ein schattenhaftes Schemen dar.

Nach volkstümlicher Ansicht allerdings kann der Tote durch magische Praktiken zeitweilig etwas reaktiviert werden (*1. Samuel* 28). Das setzt eine Dämonisierung voraus, die den Toten oder Totengeistern ein übermenschliches Wissen zuschreibt. Andererseits konnte man sagen, daß der Tote nicht einmal mehr über ein Gottesverhältnis verfügt: »Die Toten loben Dich nicht«, meint zum Beispiel der Verfasser von *Psalm* 115, 17 (vgl. 6, 6). Für entschiedene Vertreter des Jahweglaubens galten solche magische Praktiken freilich als Vergehen (vgl. *Deuteronomium* 18, 9 ff. und öfter). Sie lebten im Volksglauben aber noch lange über die biblische Zeit hinaus weiter.

Ein positiv zu wertendes Nachleben nach dem Tod kannte man eigentlich nur in der Form des Weiterlebens in der – vor allem männlichen – Nachkommenschaft und im Sinn des Gedenkens. Kindersegen wurde darum überaus hoch, Kinderlosigkeit hingegen – vor allem für die Frau – als äußerst schmachvoll und als Gottesstrafe gewertet. Die Nachkommenschaft garantiert auch das Gedenken an die toten Vorfahren, die ansonsten mit dem Tod der Vergessenheit anheimfallen (vgl. *Psalm* 31, 13). Die Fortpflanzung – das erste Gebot in der *Torah* (*Genesis* 1, 28) – und das Gedenken behielten denn auch für das spätere Judentum bis auf die Gegenwart eine hervorragende Bedeutung.

Von den erwähnten Urerfahrungen her ist auch die Einschätzung der ordentlichen Bestattung bestimmt. Dabei unterliegen die Formen und Bräuche Konventionen, die nicht unbedingt die jeweilige Ansicht über den Menschen korrekt widerspiegeln müssen. Dies zeigt sich gerade in späteren Perioden, in denen an der hohen Wertung der Bestattung festgehalten wurde, obwohl längst die Vorstellung von der Seele als dem eigentlichen Selbst des Menschen herrschend geworden war. Die Verbindung zwischen Persönlichkeit und Körperlichkeit sowie die allmählich aufkommende Auferstehungshoffnung haben hier bis auf die Gegenwart als Gegenpol zur Annahme des geistig-seelischen Prinzips weitergewirkt.

Die Bestattung war unter diesen Voraussetzungen von alters her ein wichtiger Vorgang, ihre Verweigerung oder ihr Ausbleiben galt als ein Unheil, das dämonische Kräfte freisetzt. Der Tote, auch der regelrecht Bestattete und sein Grab, galt als rituell verunreinigend, weshalb die Gräber sich außerhalb der Siedlungen befanden, oft in natürlichen oder künstlichen Höhlen, meist in der Form des Bankgrabes an drei Seiten einer mehr oder weniger rechteckigen Grabkammer. Die Gebeine wurden von Zeit zu Zeit eingesammelt und in Sammelgruben beigesetzt – das sogenannte *Ossilegium;* denn die Gräber wurden als Familiengräber immer wieder verwendet, entsprechend der Bedeutung des genealogischen Zusammengehörigkeitsgefühls. Deshalb konnte das Sterben und die Bestattung auch als »Versammeltwerden zu den Vätern« bezeichnet werden. Gemäß den herrschenden Vorstellungen über eine schattenhafte Daseinsform in der Totenwelt wurden die Verstorbenen auch mit Beigaben ausgestattet: mit Schmuck, Gefäßen, Waffen, Geräten wie Lampen usw.

Die genannte enge Beziehung zwischen Körperlichkeit und Persönlichkeit des Menschen sowie die positive Wertung der Schöpfung – einschließlich der Erschaffung des Menschen – als »gut« oder »sehr gut« in der biblischen Schöpfungsgeschichte wird gern der spätantiken Leibfeindlichkeit gegenübergestellt.

Dies trifft aber nur in gewissen Grenzen zu. Denn auch nach biblischer Auffassung stehen Zeugung und Tod in Korrelation, sowohl positiv wie negativ: positiv insofern, als die Nachkommenschaft eine Art von Weiterleben verbürgt, negativ, indem der Tod als eine Folge des menschlichen Ungehorsams (*Genesis* 3) gedeutet wird, die die Notwendigkeit der Fortpflanzung überhaupt erst nach sich gezogen hat. Dabei erfährt gerade auch das Geschick der Frau eine Erklärung, deren Geburtswehen und deren Abhängigkeit vom Mann – zumal in sexueller Hinsicht – auf den »Sündenfall« zurückgeführt werden.

Die Wertung der Leiblichkeit und damit der Sexualität ist also ambivalent. Dazu kommt eine strikte Bindung dieser – mit Vorbehalt – positiven Wertung an die Normen des Gotteswillens. Im nomadischen Lebensbereich galten feste, überlieferte Konventionen, geprägt von der Sorge um legitimen Nachwuchs. In der kanaanäischen Umwelt hingegen herrschte eine Art Fruchtbarkeitsreligion mit magisch-orgiastischen Tendenzen. In der Kulturkampfsituation, in der sich der Jahweglaube erst voll profiliert hat, spielte die Abwehr gerade solch sexuell-kultischer Praktiken und damit die Betonung einer konträren Sexualmoral eine hervorragende Rolle.

Leiblichkeit und Sexualität haben also nur innerhalb der vom Jahweglauben gesteckten ethisch-rituellen Grenzen und innerhalb der durch die Sünde notwendig gewordenen, von Gott gesetzten Lebensordnungen ihren positiv gewerteten Platz.

Daß in der Praxis auch da fließende Grenzen zur Umwelt bestanden, versteht sich von selbst; die umfangreiche Polemik gegen derartige Erscheinungen im biblischen und insbesondere prophetischen Schrifttum beweist es zur Genüge.

Diese Wertung der Leiblichkeit trifft natürlich auf alle Bereiche des Lebensgenusses zu, so daß sich beinahe von selbst eine Art von Mittelwegethik ergab, wozu auch die Weisheitslehre mit ihrer Erfahrungsweisheit ihren Teil beitrug. Eine Verachtung und Verteufelung der natürlichen Lebensfunktionen war in der Tat kaum möglich, selbst später nicht, als der Glaube an eine unsterbliche Seele die Bedeutung der Leiblichkeit nicht unwesentlich einschränkte. Aber eine Verschärfung der ethischen Normen bis an die Grenzen zur Askese und manchmal darüber hinaus lag durchaus im Bereich der Möglichkeit. Dies war dann der Fall, wenn die Geschichtsdeutung und die damit zusammenhängende Gesetzesfrömmigkeit unter dem Eindruck der Naherwartung und unter dem Druck äußerer Bedrängnisse das Leben ganz unter den Anspruch des Erwählungsauftrages stellte und die Endzeitverzögerung die Intensität der Frömmigkeit immer weiter eskalierte, so wie es in den folgenden Perioden wiederholt der Fall war.

Im Lauf der langen Geschichte Altisraels mit ihren erheblichen Wandlungen in soziologischer und ökonomischer Hinsicht – vom Nomadentum zur Stadtkultur und zur Exils- und Tempelgemeinde – hat es natürlich auch wechselnde Verhältnisse im Bereich der Auffassung und Ordnung der Familie und des Eherechts gegeben. Einzelheiten sind darüber aber nur sporadisch bezeugt, so daß hier nur einige besonders kennzeichnende und wirkungsgeschichtlich bedeutsame Züge aufgezeigt werden.

Grundlegend war die bereits erwähnte Hochschätzung der Nachkommenschaft, insbesondere der männlichen, sowie des genealogischen Zusammenhanges. Im Ahnherrn sah man die Nachkommen gewissermaßen enthalten, die mit ihm gemeinsam Segen und Verheißungen empfangen haben (vgl. *Genesis*

15; 17 und öfter). In älterer Zeit hatte diese starke Ausbildung der Familien- und Sippensolidarität wie anderswo die Praxis der Blutrache zur Folge (vgl. *2. Samuel* 3, 30; *Deuteronomium* 19; *Numeri* 35), ferner die später als problematisch empfundene Schwagerehe (das sogenannte Levirat) zur Sicherung von Nachkommenschaft und Familienerbe sowie die Verpflichtung zum Loskauf von in Sklaverei geratenen Sippenmitgliedern (*Leviticus* 25, 25, 47 ff.).

Tabu-Bestimmungen regelten von alters her die innerfamiliären Beziehungen (Inzestgesetze), und der Respekt vor den Eltern wurde als eine auch religiös erstrangige Pflicht betrachtet (Viertes Gebot; *Exodus* 20, 12), bei deren Verletzung die Todesstrafe verhängt werden konnte (*Exodus* 21, 15. 17; vgl. *Deuteronomium* 27, 16).

Der Vater ist das Haupt der Familie, ihm obliegt die Erziehung der Kinder, speziell der Söhne; die Familienordnung ist also patriarchalisch. Dem entspricht, daß die Braut in die Familie des Mannes eintritt. Dem entspricht ferner die übliche Heirat von Nebenfrauen, von der man in den christlich beherrschten Ländern erst seit dem zehnten Jahrhundert n. Chr. — in den orientalisch-jüdischen Gemeinden sogar erst in jüngerer Zeit — zur Monogamie übergegangen ist; wurde doch die Monogamie weithin auch schon früher praktiziert.

Die Stellung der Frau war — zumindest als Mutter — dennoch rechtlich verhältnismäßig stark, wenigstens soweit es die erhaltenen Rechtsdokumente, vor allem aus Elephantine, erkennen lassen. Der soziale Status hat dabei sicher auch Unterschiede bewirkt. In nachexilischer Zeit waren jedenfalls Ehevertrag und eine Scheidungsurkunde üblich, und auch die Frau selbst konnte nach solchen Dokumenten eine Scheidung verlangen. Sie war beim Fehlen männlicher Erben auch erbberechtigt. Kinderlosigkeit wurde freilich als großes Unglück empfunden. Mittellose Witwen waren ebenso wie Waisenkinder zumeist auf die Unterstützung durch die Verwandtschaft oder gar durch die Öffentlichkeit angewiesen. Ihr Schutz ge-

hörte darum zu den meistgenannten sozialen Pflichten der Gesellschaft, wobei die Praxis, nach prophetischen Scheltworten zu schließen, nicht immer den Anforderungen entsprach.
Spezielle Vorschriften galten – und gelten – für Angehörige der Priester- und Levitenfamilien wegen der Erblichkeit ihrer Funktion.

Individuum und Kollektiv im Erwählungsglauben

Noch von der nomadischen Vergangenheit her hatte sich Israel ein außerordentliches Maß an familien- und sippenbezogener Solidarität bewahrt. In staatlicher Zeit wuchs diese über die engeren Sippen- und Stammesgrenzen hinaus, verstärkt durch das altorientalische Gemeinschaftsbewußtsein, das man als *corporate personality* zu bezeichnen pflegt.
In Israel löste sich dieses Gemeinschaftsbewußtsein von seiner monarchischen Repräsentation in dem Maß, wie die Institution des empirischen Königtums fragwürdig erschien und das Volk selbst als Träger der Erwählung und des Bundes mit Gott betrachtet wurde. Demgemäß galt auch das Volk insgesamt, das Erwählungskollektiv, als Empfänger des offenbarten Gotteswillen und letztlich der *Torah*.
Verpflichtung und damit auch Verantwortung trägt somit die Gesamtheit. In der Erfüllung des Gemeinschaftsauftrages findet das Individuum seine Bestimmung. Das schließt individuelle Frömmigkeit nicht aus, im Gegenteil: Es kommt gerade auf jeden einzelnen an, wenn die Gesamtaufgabe nicht beeinträchtigt werden soll.
Das eschatologische Geschichtsdenken und die damit verbundene *Torah*-Frömmigkeit haben dieses Verhältnis zwischen Individuum und Kollektiv noch stärker profiliert, einerseits zu einer weiteren Ausprägung der Solidarität, andererseits zu einer Verschärfung der internen Auseinandersetzungen.

Das erwählte Volk und die Völker

Das Verhältnis des jüdischen Volkes zu den anderen Völkern entsprach selbstverständlich dem jeweiligen historischen Horizont und der jeweiligen religiös-politischen Vorstellungswelt. Zeugnis dessen ist die Einordnung und Bewertung einzelner Völker in den biblischen Texten, insbesondere in den genealogischen Konstruktionen. Dabei haben sich zum Teil stereotyp gewordene Freund-Feind-Schemata niedergeschlagen, aber auch politisch-militärische Ereignisse. Hierfür nur einige Beispiele.

Die Amalekiter wurden schon früh als Typus des Feindvolkes gesehen. Im Existenzkampf während der Bedrohung durch die Philister wurde der weitverbreitete Brauch der Beschneidung in Israel zu einem religiös-nationalen Symbol aufgewertet, weil die Philister unbeschnitten waren. Die Bezeichnung »Unbeschnittener« war von da an ein Schimpfwort. Die Kanaanäer wurden in derselben Zeit — und später in oppositionellen Kreisen der Königszeit noch einmal — mit ausgesprochen negativen Vorzeichen versehen. Edom, das in der späteren Königszeit und in der nachexilischen Zeit auf Kosten Judas ständig sein Gebiet zu erweitern trachtete, wurde zum Typus des Erzfeindes, was später auf das Römische und das Heilige Römische Reich übertragen wurde.

Die Bedrohung durch die Großmächte hat zu metaphorischen Beschreibungen geführt, die eine gewisse Dämonisierung verraten, ursprünglich verbunden mit dem Glauben an die Götter der Völker, später mit der Vorstellung von den Völkerengeln. Ägypten oder der Pharao ist zum Beispiel der große Drache am Nil (vgl. *Ezechiel* 29, 3). Der Norden — oder die, bei Blick nach Osten, linke Seite —, woher die meisten Bedrohungen kamen, wurde zum Inbegriff des Bösen und des Unheils.

Im großen und ganzen zeichnet sich eine Zweiteilung der Menschheit in Israel, das erwählte Gottesvolk, auf der einen und in die Völkerwelt auf der anderen Seite ab. Der Erwählungsanspruch hat zwei Seiten, die in dieser Zeit und auch noch in den Jahrhunderten danach nicht voneinander zu trennen sind: eine politische und eine religiöse.

Der politische Anspruch auf eine Führungsrolle in der Völkerwelt wurzelt in der Erfahrung der davidisch-salomonischen Herrschaft, die zum Typus der endzeitlichen Gottesherrschaft und des messianischen Reiches geworden ist – freilich nicht im Sinn der historischen Realität, sondern idealisiert, so daß der politische Machtanspruch mit einem moralisch-religiösen verquickt erscheint. Dieser konnte je nach dem Maß, in dem das empirische Königtum fragwürdig erschien, den politischen Aspekt überlagern, nicht aber völlig verdrängen; denn der Auftrag zur Verwirklichung des Gotteswillens verpflichtete ja zu konkretem Handeln, ob dies nun im Sinn der Naherwartung jeweils hier und jetzt versucht wird oder mehr in die Zukunft gerückt, d. h. ob es unmittelbarer politisch-militärischer Aktivität oder vorwiegend göttlich-überirdischem Eingreifen wunderbarer Art zugeordnet wird.

Folgerichtig erwies sich diese Zukunftserwartung in den folgenden Perioden als politisch äußerst brisant und als ständige Versuchung zu pseudomessianischen Abenteuern.

Die Ausprägung der *Torah*-Frömmigkeit in Verbindung mit der eschatologischen Zukunftserwartung während der persischen Periode hat die Zweiteilung der Menschheit in ihrer aktuellen Bedeutung verschärft, sie zugleich in grundsätzlicher Hinsicht aber auch wieder relativiert. Israel allein ist auf den Gehorsam der *Torah* verpflichtet und schuldet dafür auch in besonderem Maß Rechenschaft (vgl. schon *Amos* 3, 2). Von den übrigen Völkern wird unmittelbar nur ein üblich-korrektes Verhalten erwartet, aber keine heilsgeschichtlich relevante aktive Rolle, es sei denn für das Ende der Tage, wenn alle Völker den Gott Israels als den einen wahren Gott erkennen und, Israels Vermittlung der wahren Gotteserkenntnis anerkennend, sich nach Zion orientieren.

Hier wurde im Rahmen des eschatologischen Denkens jener Zwiespalt sublimiert und aufgehoben, der nach dem Zerfall des davidischen Großreiches zwischen Anspruch und Realität aufzutreten begann. Der Jahwist hatte Israels Heilsgeschichte ins Zentrum einer Menschheitsgeschichte gerückt und damit auch den Machtanspruch Jahwes weitgehend verabsolutiert. Die Enttäuschungen der weiteren Königszeit zwangen dazu, diesen Anspruch Israels und Jahwes gegenüber den Realitäten auf einer qualitativ höheren Ebene durchzuhalten und seinen augenfälligen Nachweis auf der geschichtlich-irdischen Ebene für das Ende der Geschichte zu erhoffen.

Beides steht in einer gewissen Spannung zueinander, die für die weitere Geschichte des Judentums kennzeichnend geblieben ist. Sie aufzulösen, indem man »partikularistische« und »universalistische« Aspekte auseinanderdividiert, ist im Sinn historischer Forschung schwerlich legitim, wurde und wird aber im Dienst theologischer Bestrebungen im jüdischen wie christlichen Bereich oft versucht.

Für damals wie für die Jahrhunderte bis zur Aufklärung gilt jedoch, daß der »partikularistische« Weg der Verwirklichung der göttlichen Heilsgeschichte durch das erwählte Volk und ein »universalistisches« Heilsziel zwei Seiten ein und derselben Medaille darstellen, ebenso wie die eschatologisch-utopische Hoffnung und das verpflichtende Bewußtsein zur Verwirklichung des Erwählungsauftrages in der Geschichte hier und jetzt – eben auch als Verwirklichung einer gottgewollten politischen und sozialen Ordnung.

Man wird daher weder in dem Entwurf des Jahwisten noch in der Schöpfungsgeschichte der *Priesterschrift* etwas wie einen humanistischen Menschheitsgedanken sehen dürfen, wenngleich man sich später dafür auch auf biblische Ansätze dieser Art berief. Dennoch ist hervorzuheben, daß die Zweiteilung der Menschheit in der Völkerwelt hie und in das Gottesvolk da bei aller heilsgeschichtlich-funktionalen und aktuell-bedingten emotionalen Wertung (die heidnischen Völker erscheinen gerade infolge des Monotheismus im Verhältnis zum erwählten Volk als nichtig, vgl. *Jesaja* 40, 15) nicht auf eine Gegenüberstellung von Israel und einer Art Barbarenwelt hinauslief. Der Schöpfungsglaube bildete solchen Tendenzen gegenüber ein wirksames Gegengewicht, und dieses Gegengewicht wuchs mit der Ausprägung der theologischen Reflektion weiter.

Man vergleiche nur den Bericht über die Erschaffung des Menschen beim Jahwisten in *Genesis* 2, 4b ff. mit der priesterlichen Schöpfungserzählung *Genesis* 1, 1 ff., gerade auch in Hinblick auf die Erschaffung der Frau. Bei P wird die archaisch-naive Vorstellung von der Bildung der Frau aus einem Teil des Mannes eliminiert: Gott schuf den Menschen männlich und weiblich nach seinem Bild, heißt es *Genesis* 1, 27 lapidar.

Die Differenzierung der Menschheit wird nicht schöpfungsmäßig-naturhaft erklärt, sondern als Folge der Sünde und der durch sie bedingten Erwählungs- und Heilsgeschichte, also funktional aufgefaßt. Das bedeutet allerdings keineswegs, daß der Gegensatz nicht von Zeit zu Zeit, je nach den herrschenden Umständen, äußerst scharfe Konturen annehmen konnte, oder daß er sich zu Zeiten friedlicher Koexistenz etwa im Bewußtsein des Judentums entscheidend verflüchtigt hätte.

Erst mit und seit der Aufklärung und unter dem apologetischen Zwang gegenüber dem verallgemeinernden und böswillig verzerrenden Antisemitismus wurde dieses biblische Erbteil als problematisch empfunden und durch eklektizistische Hervorhebung der »universalistischen« Züge zum Teil auch rückwirkend aufzuheben versucht. Da diese Bemühungen aber gerade am Antisemitismus scheiterten, blieb die Spannung zwischen »partikularistischem« Heilsweg und »universalistischem« Heilsziel bis heute erhalten. Sie bestimmt auch noch die Problematik des Staates Israel, freilich nun differenziert, entsprechend dem Pluralismus des modernen Judentums.

Für die Geschichte und Kulturgeschichte des Judentums war

dieser Gegensatz von grundlegender Bedeutung. Er bestimmt ja auch die Problematik der Assimilation, das stets dynamische Verhältnis zwischen Abgrenzung und Angleichung.
Die biblische Periode hat dafür auch im einzelnen schon manche Voraussetzungen geschaffen. Die Beschneidung hat seit der Philisterzeit als eine Art Bekenntnissymbol gedient, wurde später mit der Bundesvorstellung verknüpft und in nachbiblischer Zeit wiederholt als Bekenntnissymbol aktualisiert. Der Sabbat war wohl schon in der letzten Königszeit in der Opposition gegen die wirtschaftlich-kulturelle Integration zu einem besonderen Anliegen der Jahwefrommen geworden und erhielt im Exil und in der späteren Diaspora dazu die Funktion eines Abgrenzungsmittels. Nehemia setzte die Sabbatheiligung mit Gewalt durch, und in hellenistischer Zeit wurde sie wie die Beschneidung zum Bekenntnissymbol ersten Ranges. Dasselbe gilt mehr oder minder für alle rituellen Vorschriften, vor allem für die Speisevorschriften.
Die Legenden im ersten Teil des *Danielbuches* bieten ein Beispiel dafür, wie solche Aspekte der Religiosität in der Situation der Diaspora oder in der Konfrontation mit der Umwelt zu Bekenntnissymbolen aufgewertet werden konnten, für die der Fromme auch zum Martyrium bereit war, weil sie für sein Bewußtsein aufs engste mit dem monotheistischen Bekenntnis und mit dem heilsgeschichtlichen Erwählungsauftrag verbunden waren.

Zweiter Teil

DAS JUDENTUM IN DER HELLENISTISCH-RÖMISCHEN WELT

ERSTES KAPITEL

BIS ZUR ZERSTÖRUNG DES ZWEITEN TEMPELS (70 n. Chr.)

1. DIE FRÜHHELLENISTISCHE PERIODE (bis um 200 v. Chr.)

Das politische Schicksal Judas

DIE EROBERUNG des Vorderen Orients durch Alexander den Großen (334–331 v. Chr.) bedeutet für Juda keine Katastrophe, obwohl die Unterwerfung infolge der traditionellen Loyalität zum persischen Hof anscheinend (vgl. *Josephus Antiquitates* 10, 8) nur zögernd erfolgte und von den Samaritanern gezielt vorweggenommen wurde. Aller Wahrscheinlichkeit nach ist der politische *status quo* durch Alexander den Großen anerkannt worden, denn auch die späteren hellenistischen Herrscher haben den Juden das Recht, nach der *Torah* und nach den Sitten der Väter leben zu dürfen, bestätigt (*Antiquitates* 11, 338ff.). Das galt auch für die Diasporagemeinden: Sie stellten also in ihrer nichtjüdischen Umgebung eigene Körperschaften dar, deren Verhältnis zu den bestehenden örtlichen (städtischen) Organisationsformen freilich nicht ganz klar geregelt war und einen Spielraum freiließ, aus dem sich auch Konflikte entwickeln konnten.
Der Hohepriester fungierte nun offiziell als Vertreter sowohl Judas wie auch des Königs, eine Doppelfunktion, die ihn unter Umständen in einen Interessenkonflikt stürzen konnte. Abso-

lut regierte der Hohepriester allerdings nicht. Neben ihm bestand als oberste Körperschaft des Staates ein Notablen- oder Ältestenrat, in hellenistischer Zeit »Gerusie« genannt.

Nach Alexanders Tod (323) geriet Juda wieder in den Brennpunkt politisch-militärischer Machtansprüche, die den Hohepriester und die judäische Oberschicht mehrmals vor außenpolitische Alternativen stellten; das gab auch zu innenpolitischen Kontroversen Anlaß. Der Streit um das südliche Syrien (Coelesyrien) entbrannte bereits zwischen Ptolemaios I. (Ägypten) und Antigonos. Um 320 besetzte Ptolemaios Coelesyrien, 315 eroberte es Antigonos. Um 312 siegte Ptolemaios bei Gaza, zog sich aber wieder zurück, ebenso 302. Mit dem Jahr 301, als Seleukos I. dem verstorbenen Antigonos auf dem Thron folgte, fiel Coelesyrien jedoch für ein gutes Jahrhundert an die Ptolemäer. Von Josephus wird *Antiquitates* 12, 3 ff. eine listige Eroberung Jerusalems am Sabbat durch Ptolemaios I. sowie eine Massendeportation von Juden und Samaritanern nach Ägypten erwähnt, offenbar im Jahr 312. Darauf oder auf das Jahr 302 bezieht sich auch eine Notiz bei Appian (*Syra* 50) über eine Zerstörung Jerusalems sowie ein Zitat aus Hekataios von Abdera bei Josephus, gegen *Apion* 1, 186 (Pseudo-Hekataios?), nach dem ein – sonst freilich nur durch eine nicht eindeutige Münzaufschrift bezeugter – Hohepriester Hiskia mit seinem Anhang 312/311 freiwillig ins ägyptische Exil gegangen sein soll. Allem Anschein nach hatte in Jerusalem zunächst die – mit den Samaritanern liierte? – Antigonos-Partei die Oberhand und verteidigte die Stadt gegen Ptolemaios, der sie jedoch eroberte und eine größere Zahl von Antigonosanhängern aus Juda und Samaria deportierte. Als er sich wieder zurückziehen mußte, schloß sich ihm der ptolemäerfreundliche Hohepriester – oder ein ptolemäisch orientiertes Mitglied der hohepriesterlichen Familie – mit einer Zahl von Sympathisanten an.

Die Exilierten wurden in Militärkolonien oder hellenistischen Städten, vor allem in Alexandria, angesiedelt und erhielten

weitgehende Privilegien. Die Deportierten sollen dann unter Ptolemaios II. Philadelphos (285—247) freigelassen worden sein (*Antiquitates* 12, 17 ff.; *Aristeasbrief*).
Allerdings verschärfte die Deportation von Samaritanern nach Ägypten den dortigen Streit um die Zuständigkeit des Tempels — Jerusalem oder Garizim? —, und es kam in Ägypten wie in Palästina zu einer neuerlichen Zuspitzung des jüdisch-samaritanischen Konflikts, da es unter anderem ja auch um die gerichtliche Zuständigkeit (vgl. *Antiquitates*, 11, 346 f.) und um die kultischen Abgaben und Zuwendungen ging.

Griechentum und Judentum

Die Kultur der ägäischen Welt hat schon lange vor der israelitischen Periode Palästinas über die Küstenstädte in das Innere Vorderasiens eingewirkt. Vor allem die Keramik bezeugt dies in unverkennbarer Weise.
Mit den Philistern — Seevölkerstämmen aus der Ägäis — sind zudem an der südlichen Küste Brückenköpfe dieser Kultur entstanden. Da die Assimilation an die kanaanäische Umwelt aber sehr rasch voranschritt, hat die ernste Bedrohung der israelitischen Stämme durch die Philister vor der Staatsgründung sich mehr in antikanaanäischen als antiphilistäischen Ressentiments niedergeschlagen, zumal unter David bei aller nachwirkenden Animosität bis zu einem gewissen Grad eine Koexistenz zwischen Israel — Juda und den selbständig gebliebenen Philisterstädten eintrat.
Außerdem war man sich dessen bewußt, daß die Philister nur einen Teil jener Völkergruppe darstellten, die im nördlichen Mittelmeergebiet und im nördlichen Vorderasien sich sprachlich von den semitischen Stämmen abhob und infolge der Distanz zu Palästina als unproblematisch galt. Die *Bibel* subsumierte diese Völker (*Genesis* 10, 2 ff.) daher einem gemein-

samen Ahnherrn, Japhet, der *Genesis* 5, 32 als dritter – in *Genesis* 9, 24 als zweiter, nach einer talmudischen Überlieferung, Sanh 69b, sogar ältester – Sohn des Noah erscheint und vom Jahwisten in *Genesis* 9, 18–27 neben Sem, dem Ahnvater der eigenen und der enger verbundenen Gruppen, positiv eingestuft wird. *Genesis* 9, 27 lautet: »Raum schaffe Gott dem Japhet, daß er wohne in den Zelten des Sem, Kanaan aber sei sein Knecht.«

Kanaan galt dagegen als einer der Söhne des Ham, der vorwiegend feindliche Völker repräsentiert. Diese nach unterschiedlichen Gesichtspunkten erstellte genealogische Konstruktion diente den Späteren als Raster für typologisch-aktualisierende Wertungen und bot somit auch für das Verhältnis zwischen Griechen und Juden zunächst eine günstige Basis.

Dem entspricht es, daß bereits in der persischen Zeit gewisse griechische Einflüsse auch auf Juda einwirkten, ohne Anlaß zu Bedenken zu geben. Noch im zweiten Jahrhundert, nach den Religionskriegen der Seleukidenzeit, behauptete der Bearbeiter des – jedenfalls zum Teil nicht authentischen – Briefes des Spartanerkönigs Areus an den Hohepriester Jonathan, daß Spartaner und Juden Brüder seien, weil sie beide Abraham zum Stammvater hätten.

Der aus der Kultur- und Religionspolitik der Seleukiden sich ergebende Religions- und Kulturkampf hat also nicht zu einer grundsätzlich negativen Wertung alles »Japhetitischen« geführt, sondern blieb im wesentlichen auf den Bereich der politischen Konfrontation – Syrien – beschränkt und erlaubte durchaus gleichzeitige gute Beziehungen zu Sparta und Rom.

Auch die griechische Sprache setzte sich – in Palästina selbst – neben Aramäisch und Hebräisch als dritte Landessprache mehr und mehr durch. In der Diaspora (des späteren römischen Reiches) wurde sie zur Umgangs- und Literatursprache schlechthin. Eine Fülle von Lehn- und Fremdwörtern im Hebräischen und Aramäischen der talmudischen Periode bestätigt diese enge Beziehung. Es wäre also übertrieben, den Gegensatz zwischen hellenistischer Kultur und Judentum aufgrund der Situation im Seleukidenreich des zweiten Jahrhunderts allzu grundsätzlich aufzufassen.

In der Tat blieb das Verhältnis auch weiterhin ambivalent und den jeweiligen politischen Wandlungen ausgesetzt. Die griechisch-hellenistische Religiosität konnte den Juden freilich keine positive Wertung abringen, sie erschien als polytheistisches Heidentum, dem man sich überlegen fühlte. Charakteristisch dafür ist die Erzählung über einen Juden im Heer Alexanders des Großen, der beim Vogelflugorakel den beobachteten Vogel einfach mit Pfeil und Bogen abschoß und so den Glauben an seine Orakelfunktion *ad absurdum* führte (Josephus, *Gegen Apion* 1, 22).

Auf gebildete Hellenisten, die ohnedies zu einer gewissen Religions- und Mythenkritik neigten, haben der jüdische Monotheismus, die Bildlosigkeit des jüdischen Kultes und die betonte ethisch-rechtliche Seite der Religiosität einen nicht geringen Eindruck gemacht. Man sprach von den Juden als »den Philosophen unter den Syrern«, setzte sie in Beziehung zu den Philosophen Indiens, und Hekataios von Abdera unterstellte um die Wende vom vierten zum dritten Jahrhundert dem Mose als Gesetzgeber unter anderem auch philosophische Gesichtspunkte. Klearchos von Soloi berichtet von einem Juden, der »der Sprache wie der Seele nach ein Hellene« gewesen sei.

Diese und andere Beispiele zeigen, daß von Juden, die sich in der Konfrontation mit dem Polytheismus als überlegen empfanden, eine gewisse »aufklärerische« Wirkung – tatsächlich oder auch nur vorausgesetzterweise – auf die Umwelt ausging, ein Phänomen, das von nun an bis in die Aufklärung der Neuzeit nachzuweisen ist.

Aber es wäre verfehlt, das Judentum nur unter diesem Aspekt zu sehen. Schon Hekataios hatte bemerkt, daß sich das Judentum durch besondere Gesetze und Bräuche von der Welt absondert und führte dies – eine ägyptische Exodus-Version aufgreifend — auf die Vertreibung aus Ägypten und die Reaktion auf die Fremdherrschaft zurück. Für den hellenistischen Menschen, der grundsätzlich im Sinn einer großräumigen Kultursynthese dachte, erschien die jüdische Absonderung als Menschen- und Fremdenfeindschaft, als Widerspruch zu den positiven Aspekten des jüdischen Gottesglaubens.

Zwar wurde die Beobachtung überkommener Sitten und Bräuche durchaus positiv gewertet; aber diese sollten im Einklang mit den gesellschaftlichen Idealen des Hellenismus stehen und insbesondere nicht intolerante Exklusivität bewirken. Die Gesetze pflegte man ohnedies als menschliche Satzungen auf einen Gesetzgeber zurückzuführen und dem Maßstab der Zweckmäßigkeit und Vernünftigkeit zu unterwerfen. Die jüdischen Gesetze und Bräuche erschienen somit weniger als Folgen des jüdischen Gottesglaubens als vielmehr als Satzungen des Gesetzgebers Mose und als Folge bestimmter gesellschaftlicher und kultureller Tendenzen, in diesem Fall eben primitiver und menschenfeindlicher Art.

Ein Verständnis für den engen Zusammenhang zwischen Monotheismus, Offenbarungsglauben, *Torah*-Gehorsam und Geschichtsdeutung im Judentum fehlte völlig. Die Vertreter des Hellenismus dachten auch nicht etwa »ahistorisch«; aber die Vorstellung von einem zielgerichtet linearen Lauf der Weltgeschichte war ihnen fremd, die Bindung dieses Geschichtslaufes an die Beachtung eines mit vielen unerklärlichen und eindeutig gesellschaftsbehindernden Riten und Vorschriften belasteten Glaubens unverständlich.

So ergab sich für den hellenistischen Betrachter des Judentums ein Zwiespalt zwischen Theorie und Praxis der jüdischen Religiosität, der mit zunehmender Begegnung im politisch-gesellschaftlichen Alltag, vor allem in der Diaspora — im Bereich der hellenistischen Polis — auch politische Konsequenzen zeitigte.

Man hat gelegentlich aus theologischem Interesse heraus versucht, auch grundsätzliche Unterschiede zwischen »hebräischem« und »griechischem« Denken herauszustellen. Dies gipfelt meist in einer Gegenüberstellung zwischen »dynamisch«-geschichtlichem hebräischem und »statisch«-ontologisch bestimmtem »griechischem« Denken – ein Ergebnis, das bei Beschränkung auf einigermaßen kommensurable Quellen freilich nicht zu erlangen ist, demgemäß als überspitzt und gesucht bezeichnet werden muß. Nicht besondere, unvereinbare Denkformen, sondern praktische Konsequenzen der jüdischen Religiosität – in ihrer eigentümlichen Verbindung von *Torah*-Gehorsam und Geschichtsverständnis – haben den Konflikt im zweiten Jahrhundert heraufbeschworen. Auch das spätere Judentum war durchaus in der Lage, sich der von der griechischen Philosophie entwickelten Begriffswelt für seine eigenen Zwecke zu bedienen und die darauf folgende Geistes- und Wissenschaftsgeschichte bis zur Gegenwart mitzuvollziehen.

Als Problem mußte das Verhältnis zwischen griechischer Weisheit und jüdisch-biblischer Tradition freilich empfunden werden, sobald man in der biblischen Offenbarung Gottes Weisheit und Weltenplan schlechthin sah. Man behalf sich mit der Annahme, daß in der biblischen Offenbarung alle Weisheit beschlossen liege und daß die griechischen Philosophen eigentlich Schüler des Mose und der Propheten gewesen seien. Daraus konnte sich je nach der Situation eine widersprüchliche Haltung zur Kultur der Umwelt ergeben. Einmal war es möglich, in der griechischen Weisheit etwas letzthin doch Eigenes zu erkennen und sie als legitime, ursprünglich ebenfalls aus der Offenbarung stammende Erkenntnis zu übernehmen. Andererseits konnte dieselbe Annahme die strikte Ablehnung der »fremden« Weisheit begründen, da sie ja doch nur in verfälschter Form Erkenntnisse enthalte, die in der biblischen Offenbarung authentischer vorliegen. Diese Haltung erlag jedoch – wie später zum Beispiel die Kabbalah – nicht selten unerkannten Fremdeinflüssen: Sie gab diese als ursprünglichste jüdische Tradition aus, weil Kriterien für eine Unterscheidung der Überlieferungen nicht zur Hand waren.

Zwischen diesen beiden Möglichkeiten der Einstellung zur Kultur der Umwelt schwankte das Judentum – in sich wieder zeitlich und örtlich recht unterschiedlich – seit der ersten bewußten Begegnung mit dem Hellenismus bis auf die Gegenwart. Die Probleme und Konflikte der hellenistischen Periode haben also weithin paradigmatischen Charakter für den Großteil der jüdischen Geschichte.

Voraussetzungen des Krisensyndroms im dritten und zweiten Jahrhundert

Alexander der Große hatte eine Verschmelzung der Kulturen unter hellenistischem Vorzeichen eingeleitet und durch Städtegründung zielbewußt gefördert. Die Diadochen setzten diese Politik fort, so daß der Vordere Orient alsbald von einer größeren Zahl hellenistischer Städte überzogen war. Man darf freilich das kulturelle Niveau dieser Gründungen in ihrer speziell griechischen Komponente nicht überschätzen: Die meisten Siedler waren relativ ungebildete ehemalige Soldaten, vor allem aus Makedonien, Kaufleute und nicht zuletzt eben auch Einheimische. Zum Teil handelte es sich überhaupt um alte Siedlungen mit erworbenem Polis-Statut.

Der Hellenismus blieb weithin nur eine formale, administrative (Polis-Verfassung) und – durch Gleichsetzung von griechischen und einheimischen Göttern – auch nominal-kultische Firnisschicht, unter der alte Traditionen und Kulturelemente weiterlebten. Nur große Städte wie Alexandrien entwickelten auch ein wirklich hellenistisches Geistesleben.

Es war also nicht so sehr die geistige Kultur des Griechentums, dem sich die orientalischen Völker konfrontiert sahen, sondern vor allem die äußere Gesellschafts- und Lebensform, die Zivilisation der hellenistischen Polis. Dies gilt auch für die Juden, wie ja auch umgekehrt der Umwelt vor allem die auf Absonderung bedachte Lebensweise der Juden ins Auge fiel.

Wenn schon dadurch ein Verständnis der jeweiligen Motivation erschwert war, so auf seiten des Judentums noch mehr wegen der Bedeutung der religiös-kultischen Komponenten. Während die übrigen Völkerschaften des Orients ihre Götter und Kulte ohne allzu große Schwierigkeiten mit denen der Griechen wenigstens nominell identifizieren und dadurch zum Teil gerade auch – wenngleich modifiziert – bewahren konnten, verhinderte der monotheistische Glaube der Juden eine derartige Elastizität und damit eine unproblematische Teilhabe an den irgendwie doch immer auch religiös-kultisch gebundenen Institutionen der hellenistischen Polis. Darüber hinaus standen die Reinheits- und Speisevorschriften der in der hellenistischen Gesellschaft geübten und geschätzten Pflege gastlichen Umgangs im Wege.

Das alles blieb für die breiten Volksschichten Judas zwar zunächst ohne Bedeutung, stellte aber die Juden innerhalb mehrheitlich nichtjüdischer Ortschaften – vor allem mit Polis-Verfassung – vor Probleme, am meisten die jüdische Oberschicht, die aus geschäftlichen und politischen Gründen den Verkehr mit der nichtjüdischen Umwelt, insbesondere mit der Obrigkeit, nicht vermeiden konnte, ja im Interesse des jüdischen Gemeinwohls gerade suchen mußte. Die Frömmigkeitspraxis der Exil- und Heimkehrergemeinde, die ganz auf Abgrenzung der Selbsterhaltung ausgerichtet war, erwies sich nun, im größeren politisch-kulturellen Rahmen, als starke Hemmung für eine gedeihliche Nachbarschaft und für die Lösung dringender Fragen.

Der jüdische Bevölkerungszuwachs war in der persischen Periode derart stark gewesen und hielt weiter so sehr an, daß die Provinz Juda nurmehr den Kern einer nach allen Seiten sich ausbreitenden jüdischen Gemeinschaft bildete. Die Diadochen haben jüdische Soldaten angeworben, ihnen durch die Bildung eigener Einheiten die Beachtung der jüdischen Riten ermöglicht und sie zur Gründung von Militärkolonien herangezogen. So entstanden zum Beispiel in Lydien und Phrygien, im südöstlichen Kleinasien und nordwestlichen Syrien jüdische Kolonien mit garantiertem Rechtsstatus (vgl. Josephus, *Antiquitates* 12, 148 ff.). In den hellenistischen Städten entstanden jüdische Gemeinden, zahlenmäßig am stärksten in Antiochien (Syrien) und in der hellenistischen Gründung Alexandrien (Ägypten).

Aber die Probleme des übervölkerten Juda waren durch Auswanderung allein nicht zu lösen. Es galt vielmehr, diese abgelegene Provinz wirtschaftlich in die weitere Umgebung zu integrieren und an dem Aufschwung der neuen städtischen Zivilisation teilhaben zu lassen, auch um die mit größeren Städtegründungen stets verbundenen negativen Folgen für ausgesprochen ländliche Gebiete aufzufangen. Als Alternative zu dieser friedlichen Integration und Expansion blieb nur eine angesichts der Machtverhältnisse nicht zu verwirklichende militärische Expansion, die Errichtung einer jüdischen Oberherrschaft über ein wirtschaftlich lebensfähiges und ausbaufähiges autonomes Staatsgebilde. Da aber solche Hoffnungen vorerst höchstens in den Träumen der apokalyptischen Endzeiterwartung und somit in politisch zu jener Zeit noch unmaßgeblichen Bevölkerungsgruppen glimmten, ging es zunächst um die Möglichkeiten und die Grenzen der Integration.

Diese Problematik war für die Juden zugleich politischer und religiöser Natur: politischer Natur, weil der wiederholte Wechsel der Oberherrschaft zu einer gewissen Unsicherheit der außenpolitischen Orientierung und damit zur Bildung einer pro-ptolemäischen und einer seleukidenfreundlichen Richtung geführt hatte, bedingt durch politische Überlegungen und persönliche Bindungen; religiöser Natur, weil die Integration und die mit ihr sich ergebende Assimilation das Mißtrauen traditionstreuer Kreise erregen mußte und damit auch die außenpolitischen Entscheidungen und Hoffnungen beeinflußte. Dieser eng verflochtene Komplex von ökonomischen, sozialen, innen- und außenpolitischen sowie kulturell-religiösen Komponenten bildete die Ausgangsposition für die krisenhafte Entwicklung des zweiten Jahrhunderts, die sich in geringerem Maß schon in der Zeit der ptolemäischen Herrschaft vorabzeichnete.

In gewissem Grad traten auch in der nichtjüdischen Umwelt Spannungen zwischen den von der hellenistischen Herrschaft abhängigen Stadtgründungen einerseits und den mehr ihre lokalen Traditionen verpflichteten einheimischen Bevölkerungsgruppen auf. Dies gilt besonders für das Gebiet des Seleukidenreiches und für Coelesyrien mit seiner Vielzahl von ethnischen Gruppen, die sich gegenüber dem Sog des Hellenismus zu behaupten suchten und — wie immer im Alten Orient — mit den kulturell-religiösen auch politische Verselbständigungstendenzen entwickelten.

Das jüdische Problem war daher nur ein reliefartig überhöht ausgeprägter Musterfall aus dem orientalisch-hellenistischen Spannungsfeld, in dem Hellenisierungsvorgänge und orientalische Renaissancebestrebungen einander in buntem Wechsel gegenübertraten, folgten und auch überdeckten.

Die ptolemäische Zeit

Im Unterschied zum Seleukidenreich, das ein Konglomerat von Völkerschaften und Kulturen darstellte, in dem den hellenistischen Städtegründungen eine staatstragende, vereinheitlichende Funktion zukam, stand die makedonische Erobererschicht in Ägypten einer geschlossenen einheimischen Bevölkerung mit uralten kulturellen, religiösen und staatlichen Traditionen gegenüber. Wollten sich die Ptolemäer auf längere Sicht in dieser Umgebung behaupten, mußten sie eine Synthese zwischen diesen Traditionen und dem Hellenismus mit dem Ziel einer einheitlichen Mischkultur suchen.

Sie gründeten darum nur am Rand ihres Gebietes ausgesprochen hellenistische Städte; im Mutterland selbst lagen lediglich Ptolemais und das zu einem wirklichen Zentrum hellenistischen Geisteslebens aufblühende, von Alexander dem Großen gegründete Alexandrien. Die staatspolitische Bedeutung solcher Städte war demgemäß bei weitem nicht so groß wie etwa im Seleukidenreich. Daher kam auch den eventuell vorhandenen Ressentiments ihnen gegenüber nur begrenzte politische Wirkung zu.

Über die Lebensverhältnisse in Juda selbst sind wir für diese Periode nur höchst unzureichend unterrichtet. Doch vermitteln der jüdische Historiker Flavius Josephus (Ende des ersten Jahrhunderts n. Chr) und die sogenannten *Zenon-Papyri* Hinweise auf Umstände und Ereignisse, die bereits Anzeichen für die sich anbahnende Krise darstellen.

Soweit sich in Palästina Ländereien der Krone befanden, unterstanden sie unmittelbar der ptolemäischen Bürokratie. Die mehr oder weniger autonomen Gebiete hingegen wurden von den traditionellen örtlichen Obrigkeiten verwaltet, die auch für das Steueraufkommen und die Rekrutierung von Hilfstruppen zu sorgen hatten. Darunter gab es Gemeinwesen mit weitgehender Autonomie, was zum Beispiel für den Tempelstaat Jerusalem — Juda zutraf.

Die *Zenon-Papyri,* Aufzeichnungen eines ptolemäischen Finanzkommissars für Coelesyrien aus dem Jahr 259 v. Chr., vermitteln einige Einblicke in diese komplizierten und nicht immer spannungsfreien Verhältnisse im ptolemäischen Syrien. Bemerkenswert ist eine weitverbreitete Unzufriedenheit in den sozial schwächeren Volksschichten, vor allem in den Gebieten unter unmittelbarer ptolemäischer Verwaltung. Aber auch die Bevölkerung Judas dürfte die harte Steuerlast zu spüren bekommen haben, die offiziell zwar dem Hohepriester auferlegt war, letztlich aber natürlich alle traf.

Der Hohepriester und die Oberschicht gerieten dabei in den Augen des Volkes mehr und mehr in ein ungünstiges Licht, was die hergebrachten Autoritäten gefährdete und Hoffnungen auf eine Besserung durch eine seleukidische Eroberung schürte, vermutlich bestärkt durch eschatologische Erwartun-

gen. Solche Erwägungen sowie persönliche und ökonomisch-politische Rivalitäten spalteten aber auch die Oberschicht selbst, von der ein Teil nach den Reformen unter Esra und Nehemia bald wieder enge Beziehungen zu den wirtschaftlich und politisch einflußreichen Gruppen der näheren und weiteren Umgebung geknüpft, also die strenge Separationstendenz der Heimkehrergemeinde preisgegeben hatte.
Ein charakteristisches Beispiel für diese Erscheinungen ist die Familie der Tobiaden.

Der Tobiade Joseph

Charakteristisch für die nach Esra und Nehemia wieder aufgetretene Integrationstendenz in besser situierten Kreisen Jerusalems und Judas ist die Tatsache, daß die Nachkommen jenes ostjordanischen Notablen Tobija, der einst zu den Hauptfeinden Nehemias gezählt hatte, wieder in Jerusalem Fuß fassen konnten. Die *Zenon-Papyri* erwähnen einen Vertrag mit den »Leuten des Tobia« und ein »Gebiet des Tobia«, offensichtlich im Ostjordanland, wo man bei ʿAraq el-Emir auch Reste eines Tobiadenpalastes aus der Zeit um die Wende vom dritten zum zweiten Jahrhundert gefunden hat.
Die Tobiaden sind auch nach dem Ende der persischen Oberherrschaft erbliche Gouverneure ihrer ostjordanischen Gebiete geblieben, und wenn die *Zenon-Papyri* »Kleruchen des Tobia« erwähnen, so weist dies außerdem auf eine Funktion als Militärbefehlshaber hin. In der zweiten Hälfte des dritten Jahrhunderts bestimmten die Tobiaden sogar weitgehend die Politik Judas.
Berichte darüber sind von Josephus in den *Antiquitates* 12, 154 ff. und 228 ff. überliefert. Wenngleich nicht durchgängig von historischer Glaubwürdigkeit, enthalten sie wahrscheinlich Auszüge aus einer älteren Familiengeschichte der Tobiaden, genauer: des noch zu erwähnenden Hyrkan. Die Datie-

rung des Josephus in das Jahr 193/192 ist allerdings unzutreffend; es muß sich um die Regierungszeit des Ptolemaios III. Euergetes (246–221 v. Chr.) handeln.
Demnach hatte der greise Hohepriester Onias II. den jährlichen Tribut nicht mehr entrichtet, nach Josephus aus Geiz; in Wirklichkeit aber dürften Hoffnungen auf eine seleukidische Eroberung dahintergesteckt haben. Um 258 hatte nämlich der Erste Syrische Krieg stattgefunden, und 246, beim Tod Ptolemaios' II., brachen die Seleukiden von neuem einen bewaffneten Konflikt vom Zaun, und zwar mit beachtlichen Anfangserfolgen. Der Hohepriester Onias II. setzte offenbar auf die Seleukiden und kündigte mit der Einstellung der Tributzahlung die Anerkennung der ptolemäischen Herrschaft auf.
Anderen erschien dieser Schritt als voreilig und verhängnisvoll, denn eine Delegation des Ptolemäerkönigs forderte den säumigen Tribut alsbald ein und drohte mit der Umwandlung Jerusalems in eine Kleruchie, was die Verteilung des Grund- und Hausbesitzes an Militärkolonisten und den Verlust der Autonomie zur Folge gehabt hätte. In dieser prekären Situation erhob sich eine starke Opposition gegen den Hohepriester, angeführt von dem mit der hohepriesterlichen Familie durch Heirat verbundenen Tobiaden Joseph, der unter Hinweis auf die drohende Gefahr ultimativ einen sofortigen Ausgleich mit dem ptolemäischen Hof forderte.
Onias II. resignierte. Er blieb zwar Hohepriester, aber die bisher unangefochten mit dem Hohepriesteramt verbundene politische Repräsentation des Volkes – die *prostasia tu lau* – mußte er auf Beschluß einer Volksversammlung an Joseph abtreten, der die gütliche Regelung des Konflikts mit Alexandrien versprach und dann auch erreichte.
Die von Joseph angewandten Maßnahmen sind bezeichnend für die Situation der Oberschicht, die infolge von Kontakten mit der Umwelt nicht die strengen Separationsgrundsätze der Exilsfrömmigkeit beachten konnte. Zunächst lud Joseph den

ptolemäischen Gesandten zu sich ein und bewirtete ihn auf das vortrefflichste. Dann besorgte er sich – zum Teil bei seinen samaritanischen Freunden – unverzüglich die Mittel für den fälligen Tribut sowie noch einiges mehr und reiste persönlich nach Alexandrien. Dort erwarb er sich, geschickt taktierend, das Vertrauen des Hofes, der ihm gegen 220 die gesamte, angesichts des verstärkten seleukidischen Druckes nunmehr vereinheitlichte Steuerverwaltung für Coelesyrien übertrug, verbunden mit der Kommandogewalt über zweitausend Soldaten.

Die einzelnen Gebiete Coelesyriens, vor allem die zum Seleukidenreich tendierenden, bekamen die starke Hand des neuen Steuerpächters bald zu spüren. Askalon und Skythopolis ließ er erobern, die männliche Bevölkerung zum größten Teil hinrichten und ihr Vermögen konfiszieren. Joseph übertraf sein Versprechen, die doppelte Steuersumme aufzubringen, und er vergaß auch sich selber nicht, indem er gleichzeitig seine Hausmacht und durch großzügige Geschenke auch das Wohlwollen des Hofes vermehrte.

Amts- und Lebensführung dieses skrupellosen Real- und Machtpolitikers waren mit den Idealen der Exilsfrömmigkeit – die von den Tobiaden allerdings ohnehin nie vertreten worden sind – nicht zu vereinbaren. Seine politische und gesellschaftliche Rolle in Juda mußte daher nicht nur in den ärmeren Schichten, sondern auch in traditionstreuen Kreisen der Mittel- und Oberschicht Unbehagen und verstärkte proseleukidische Neigungen erregen.

Das Ende der ptolemäischen Herrschaft über Coelesyrien

Unter dem tatkräftigen Antiochos III. (223–187) hatte das Seleukidenreich seine Ansprüche auf Coelesyrien erneuert. Palästina wurde wiederholt zum Schauplatz kriegerischer Aus-

einandersetzungen und glich zeitweilig, wie Josephus formulierte, »einem Schiff im Sturm, das von zwei Seiten durch die Fluten bedrängt wird« (*Antiquitates* 12, 130).
Im Jahr 221 versuchte Antiochos eine Invasion, 219 erzwang er Verhandlungen, setzte danach zu einer neuen Offensive an und eroberte Galiläa und das Ostjordanland. 217 siegten jedoch die Ptolemäer bei Raphia – darauf bezieht sich die Legende vom Besuch des Ptolemaios IV. Philopator in Jerusalem im *3. Makkabäerbuch* –, während der Seleukidenkönig sich dem Osten seines Reiches zuwenden mußte. 201 drangen die Seleukiden, nur in Gaza auf Widerstand stoßend, erneut vor, erlitten im Jahr darauf zwar eine Schlappe, doch zwischen 200 und 198 entschied das Kriegsglück endgültig zugunsten der Seleukiden (Schlacht bei Paneon).

2. Die Situation in Juda zur Zeit des Herrschaftswechsels

Der Bruderzwist im Haus der Tobiaden

Josephus (*Antiquitates* 12, 187ff.) berichtet über eine Affäre, deren Hergang im einzelnen zwar ungewiß ist, im ganzen aber kennzeichnend sein dürfte. Der Tobiade Joseph sah demnach einmal in Alexandrien eine schöne Tänzerin und beauftragte seinen Bruder, sie ihm zu verschaffen. Dieser aber hatte im Unterschied zu seinem Bruder Skrupel wegen einer solchen Liaison mit einer Nichtjüdin und unterschob ihm am Abend seine Tochter, die daraufhin Josephs zweite Frau und Mutter von Josephs jüngstem Sohn Hyrkan wurde.
Hyrkan wurde der erklärte Liebling seines Vaters. Er wurde weltgewandt erzogen und erledigte schon früh Aufträge seines Vaters bei Hof. Wegen seiner luxuriösen Lebensführung und infolge seiner großzügigen Geschenke an Mitglieder des Hofes geriet er aber in arge Geldnot. Er verbrauchte alles

Geld auf den alexandrinischen Konten seines Vaters, weshalb ihm sogar die eigenen Brüder nach dem Leben getrachtet haben sollen.

Das weitere Geschehen beweist jedoch, daß es sich keineswegs nur um sinnlose Vergeudung gehandelt hatte, sondern auch um zielstrebige Bestechung. Hyrkan erhielt nämlich zu guter Letzt vom König Briefe an die Statthalter in Coelesyrien sowie an seinen Vater, deren Inhalt zwar nicht erwähnt wird, aber zu erraten ist. Offensichtlich hatte Hyrkan erreicht, daß der König ihm die Funktion seines Vaters als Steuerpächter übertrug, wogegen sich nun Joseph mit seinen übrigen Söhnen zur Wehr setzte. Zwei der Söhne fielen im Kampf, die übrigen suchten Zuflucht bei ihrem Vater in Jerusalem, wo Hyrkan infolge der vorrückenden Seleukiden nicht mehr Fuß fassen konnte. Er zog sich ins Ostjordanland zurück und machte dort arabische Stämme tributpflichtig.

Der jahrelange Konflikt, in dem Hyrkan offenbar auch mit der Unterstützung ptolemäischer Parteigänger in Juda und Jerusalem rechnen konnte, wurde erst mit der endgültigen Festigung der Seleukidenherrschaft über Coelesyrien zugunsten der Familienmehrheit entschieden. Hyrkan konnte sich im Ostjordanland noch bis 175 behaupten. In diesem Jahr leitete der Seleukidenkönig Antiochos IV. Epiphanes eine neue Offensive ein, und Hyrkan beging Selbstmord. Sein Vermögen wurde vom König konfisziert.

Der Streit um die politische Orientierung in Juda

Der alternde Joseph hatte als erfahrener Realpolitiker die Machtverhältnisse zwischen Seleukiden und Ptolemäern genau abzuschätzen verstanden und erst im entscheidenden Augenblick die Front gewechselt und damit seine Position gesichert. Die Abwendung von den Ptolemäern fiel nicht allen leicht; in

Ägypten befand sich zu dieser Zeit schon eine zahlreiche jüdische Minderheit, die enge Beziehungen zu Juda unterhielt.

Als – nach den Andeutungen bei Josephus (*Antiquitates* 12, 131, 135 f.) – Jerusalem einige Male den Besitzer wechselte, kam es daher zu ernsten inneren Konflikten. Hieronymus erwähnt in seinem Kommentar zu *Daniel* 11, 14 noch eine Tradition über zwei Parteien, wovon die ptolemäerfreundliche zum großen Teil ins Exil gegangen sei. *Daniel* 11, 14 selbst spricht, etwas kryptisch, von der Erfüllung einer »Vision«, wonach sich »Gewaltige« in Juda gegen den König des Südens erhoben.

Deutlicher ist ein dokumentarischer Hinweis bei Josephus, *Antiquitates* 12, 138, wo ein Brief Antiochos' III. an einen Beamten zitiert wird. Demnach haben die – proseleukidischen – Juden den König mit großer Pracht empfangen, sein Heer reichlich mit Proviant versorgt und sogar bei der Einnahme der Akra, der Stadtfestung, in der sich noch eine ptolemäische Besatzung befand, mitgeholfen.

Als Dank bekam Juda außer der Bestätigung des politischen *status quo* eine Reihe von Privilegien zugesagt, eine Finanzhilfe für die Behebung der Kriegsschäden in Jerusalem und Zuwendungen für den Kult und den Ausbau des Tempelareals. Alle Bewohner Jerusalems wurden ferner für drei Jahre von Steuern befreit, und auch für die Zukunft sollte ein Drittel des Tributes erlassen bleiben. Zuletzt wird auch die Befreiung aller in der jüngsten Vergangenheit versklavten oder deportierten Juden angeordnet.

Derartige Zugeständnisse des Königs waren zweifellos ein großer diplomatisch-politischer Erfolg der proseleukidischen Partei. Diese bestand freilich aus recht unterschiedlichen Elementen. Die Tobiaden hatten handfeste Gründe für ihr Verhalten. Andere Gruppen mögen auch religiöse Beweggründe gehabt haben, zum Teil sogar verbunden mit Endzeiterwartungen.

Hervorzuheben ist, daß der damalige Hohepriester Simon

(II.) zur Seleukidenpartei gehörte und daß die vom König gewährten Privilegien und Zuwendungen ihm eine großzügige Amtsführung, Renovierungen und Ausbauarbeiten am Tempel sowie eine glanzvolle Gestaltung des Kultvollzuges ermöglichten. Ihm gilt das überschwängliche Lob in *Sirach* 50, und auch die spätere jüdische Tradition hat ihn als frommen Mann mit großen Verdiensten in Erinnerung behalten.
Daß der Herrschaftswechsel in der Tat zunächst eine Stärkung des religiösen Selbstbewußtseins mit sich brachte und in Juda also keineswegs nur im Sinn tobiadischen politischen Kalküls begrüßt worden war, zeigen zwei Erlasse aus der Zeit kurz nach der Verleihung der erwähnten königlichen Privilegien (*Antiquitates* 12, 145). Der erste Erlaß verbot es Nichtjuden bei Todesstrafe, den Tempelhof zu betreten, worauf Inschriften an der Angrenzung ausdrücklich hinwiesen (eine solche Tafel ist erhalten). Der zweite untersagte die Einfuhr rituell unreiner Tiere und Tierprodukte nach Juda und Jerusalem.
Allem Anschein nach hat also zunächst eine religiös strengere Richtung vom Herrschaftswechsel profitiert. Daß zugleich die Tobiaden ihre Schäfchen ins Trockene bringen konnten, zeigt die latent vorhandenen Gegensätze an, die alsbald offener zutage treten sollten.

3. Die seleukidische Herrschaft

Am Vorabend der Krise

Die Erfolge der proseleukidischen Partei mögen vorübergehend zu einer gewissen Euphorie Anlaß gegeben haben, zumindest in jenen Schichten der Bevölkerung, die als Nutznießer der neuen Privilegien in Frage kamen: in der Priesterschaft vor allem und unter den reicheren Laien.
Für die große Mehrheit der sozial Schwachen, in erster Linie für die Landbevölkerung, wandte sich jedoch nicht viel zum

Besseren, im Gegenteil: sofern man hier an den Herrschaftswechsel etwa gar eschatologische Heilserwartungen geknüpft haben sollte, folgte alsbald eine bittere Enttäuschung. Unübersehbar war zudem, daß die ehemaligen Steuerpächter, die Tobiaden, wiederum obenauf waren, und daß die Macht der Priesterschaft fester stand als je zuvor. Noch bildeten diese benachteiligten und auf ein richterliches Eingreifen Gottes hoffenden Gruppen keine geschlossene politisch-religiöse Kraft; das Potential dazu war aber vorhanden.

Die alten antiptolemäischen Ressentiments kehrten sich nun nicht bloß gegen die Seleukiden, sondern grundsätzlich gegen jede Form von Fremdherrschaft und speziell gegen jene privilegierten Kreise, die mit der fremden Macht kooperierten, auch wenn dies im jüdischen Interesse geschah.

Am guten Willen dieser im Lauf der nächsten Jahrzehnte immer schärfer angegriffenen »Kollaborateure«, ihr Judentum zu bewahren, ist in der Regel nicht zu zweifeln. Noch herrschte in Jerusalem eine Frömmigkeit vor, die in der Tradition der Heimkehrergemeinde und des Esra wurzelte und die Geltung der *Torah* auch theologisch zu untermauern bemüht war.

Ein Zeugnis dafür ist die Weisheitsschrift des Sirach, um 200 verfaßt, offenbar von einem Vertreter der gesetzeskundigen Mittelschicht Jerusalems stammend, für die an der Legitimität der hierokratischen Ordnung zwar noch kein Zweifel bestand, die krassen sozialen Unterschiede aber dennoch Anlaß zur Klage boten. In diesem Buch wird die *Torah* mit der personifizierten Weisheit verbunden — Beleg für eine immer deutlicher werdende Tendenz, *Torah* und Weltordnung in eins zu setzen. Verstärkt wurde diese Tendenz durch den Einfluß der Kultideologie, wonach die kultische Ordnung — schließlich ein Teil der *Torah* — und die kosmische Ordnung einander entsprechen.

Auch erzählende Schriften wie die Bücher *Tobit* und *Judith*, die *Daniel-Legenden* (*Daniel* 1—6) und der *Esterroman*, die in der frühhellenistischen Periode entstanden sind, bezeugen allein durch ihre Verbreitung und Beliebtheit die Art der vorherrschenden Frömmigkeit.

Und dennoch setzte eben nun, da die Wertung der *Torah* theologisch einen Höhepunkt erreicht hatte, eine Infragestellung der praktischen Geltung der *Torah* ein. Anlaß dazu gab die nach wie vor schwierige wirtschaftlich-soziale Lage. Der Bevölkerungszuwachs sprengte die Kapazität des kleinen Tempelstaates, der ja auch im seleukidischen Reichsverband etwas abseits lag und nicht vom Verbund der hellenistischen Städte mit profitieren konnte.

Das alte Problem der Integration stellte sich von neuem und dringlicher denn je. Aber ausgerechnet da ergab sich eine schwere Belastung des jüdisch-seleukidischen Verhältnisses, mit der alle Integrationsbestrebungen für die strengen Frommen in ein teuflisches Zwielicht gerieten.

Mit den Erfolgen Antiochos' III. zeichnete sich im Orient eine neue Großmachtbildung ab, die dann aber durch Rom unterbunden wurde. Nach der Schlacht von Magnesia (190 v. Chr.) und durch den Frieden von Apamea (188 v. Chr.) verlor das Seleukidenreich nahezu ganz Kleinasien und wurde überdies zu hohen Entschädigungen gezwungen. Eine verschärfte Steuerpolitik und verzweifelte Finanzierungsmethoden waren die Folge. In dieser Lage erregten bei Hof Gerüchte über finanzielle Unregelmäßigkeiten am Jerusalemer Tempel ganz besonderes Aufsehen.

In Jerusalem war auf den Hohepriester Simon der ebenfalls von den Frommen hochgeschätzte Onias III. gefolgt, der aber offenbar nicht mehr die Autorität seines Vaters genoß und alsbald die starke Hand der Tobiaden und ihrer Freunde zu spüren bekam. Enttäuscht von den so kurzlebigen positiven Folgen des Herrschaftswechsels und erbittert über das neuerliche Machtstreben der Tobiadenpartei, scheint Onias III. mit vielen seiner Anhänger sich wieder mehr der ptolemäischen Richtung angenähert zu haben. Jedenfalls übernahm er Gelder des jüngsten, im Ostjordanland lebenden und noch immer ptolemäertreuen Tobiaden Hyrkan zur Verwahrung im Tempel – an und für sich ein üblicher Vorgang, angesichts der bestehenden Feindschaft innerhalb der Tobiadenfamilie und der innenpolitischen Lage aber ein politisch gewagter Schritt (2. *Makkabäer* 3, 11).

Tatsächlich sorgte die Tobiadenpartei für eine Denunziation beim seleukidischen Hof, nachdem sich infolge eines Kompetenzstreites dazu eine günstige Gelegenheit bot. Der Vorsteher der Tempelverwaltung, ein vornehmer Priester namens Simon, hatte von Onias III. auch die *agoranomia* der Stadt beansprucht, ein wirtschaftlich einflußreiches Amt, wodurch die Kontrolle über die Tempelwirtschaft und über den Stadtstaat Jerusalem in einer Hand konzentriert worden wäre. Onias wies dieses Ansinnen zurück, wohl nicht zuletzt, weil Simon ein Parteigänger der Tobiaden war.

Nun informierte Simon den seleukidischen Statthalter Apollonios über die Depositen des Hyrkan, Apollonios berichtete dem Hof, der wieder den Kämmerer Heliodor damit beauftragte, die nicht kultzweckgebundenen Vermögenswerte am Jerusalemer Tempel für die Staatskasse zu konfiszieren (vgl. 2. *Makkabäer* 3 und 4. *Makkabäer* 6). Obwohl Heliodor infolge der standhaften Weigerung des Onias, die betreffenden Bestände auszuliefern, gewaltsam in den Tempel eindringen mußte, kam es aus unbekannten Gründen doch nicht zu der beabsichtigten Beschlagnahme. Nach diesem fehlgeschlagenen Versuch bezichtigte Simon den Hohepriester des Verrats beziehungsweise einer proptolemäischen Verschwörung.

Nun formierten sich auch in der Bevölkerung die Fronten zwischen Anhängern der Tobiaden und der Oniaden, so daß ein bürgerkriegsähnlicher Zustand eintrat. Onias verließ sich aber auf sein persönliches Verhandlungsgeschick und begab sich an den Hof in Antiochien. Doch eben zu dieser Zeit starb der König Seleukos IV., und Antiochos IV. Epiphanes (175 bis 163) bestieg den Thron. Die Tobiaden nützten diese Chance, rissen in Jerusalem die Macht an sich und schlugen den Bruder des Onias, Jason, dem König mit dem Versprechen erheblich höherer Steuerleistungen als neuen Hohepriester vor.

Die Versteigerung öffentlicher Ämter war im Reich eine Selbstverständlichkeit. Der neue König mochte also an dem ganzen Vorgang nichts Außergewöhnliches finden, und ernannte tatsächlich Jason von sich aus zum Hohepriester. Zum erstenmal war damit die bislang mit der Jerusalemer Autonomie selbstverständliche interne Erbfolge im Hohepriesteramt durch einen königlichen Eingriff durchbrochen, zum erstenmal erwies sich die Doppelstellung des Hohepriesters als Repräsentant des Volkes und des Königs als verhängnisvoll.

Zugleich war damit ein Präzedenzfall von großer Tragweite geschaffen; denn das Recht zur Absetzung und Ernennung von Hohepriestern wurde von nun an bis zur Zerstörung des zweiten Tempels durch die Oberherrschaft noch öfter in Anspruch genommen.

Die Reform unter Jason

Während die Mehrheit der Bevölkerung sich gerade vom ernsthaften Festhalten an der überlieferten, nach ihrer Ansicht allein der *Torah* gemäßen Lebensweise die kommende Heilswende versprach, suchte die Tobiadenpartei die anstehenden Probleme durch eine Verfassungsreform zu lösen. Da aber in Juda die *Torah* als Verfassungsgesetz galt, war die ökonomisch-soziale und politische Auseinandersetzung von vornhinein auch religiöser Art.

Ziel der »Reformer« war die Umwandlung Jerusalems in eine hellenistische Polis und damit die Eingliederung in die große Gemeinschaft dieser unter sich wie auch mit dem König besonders verbundenen Städte. Jason bot dem König für die Erlaubnis, »ein Gymnasion und ein Ephebeion errichten und die Jerusalemer als Antiochener verzeichnen« (*2. Makkabäer* 4, 9) zu dürfen, zusätzliche fünfzig Talente Silber. Der König gestattete daraufhin die Umwandlung Jerusalems in eine Polis namens »Antiochia«.

So wurden in Jerusalem auch die zur Polis gehörenden Bildungsstätten, Gymnasion und Ephebeion, eingerichtet und der Kreis der Polisbürger festgelegt. Dieses Verzeichnis der neuen »Antiochener« ermöglichte es der Reformpartei wahrscheinlich, Oppositionelle von vornhinein vom Bürgerrecht in der Polis und damit vom Stimmrecht auszuschließen. Die bisherige Gerusie wurde in eine *boule* der Polis, also einen Stadtrat, umgewandelt.

Damit war die *Torah* als Verfassung von Jerusalem und Juda aufgehoben und ein großer Teil der Bürger Jerusalems entrechtet, zumal die Landbevölkerung; denn die Umgebung einer Polis galt als ihr Eigentum. Das bedeutete zwar keine generelle Preisgabe der *Torah* – wie es die Gegner befürchteten und behaupteten –, aber doch eine beträchtliche Einschränkung ihrer Bedeutung.

Die neuen Polisherren waren durchaus bestrebt, ihr Judentum zu wahren, und stellten bei der Übersendung von Beiträgen zu den üblichen Polis-Festspielen in der weiteren Umgebung zum Beispiel die Bedingung, daß ihr Geld nicht zu Opferzwecken verwendet werde (*2. Makkabäer* 4, 18 ff.). Jason war ein Reformer, aber kein Apostat. Die Ereignisse entwikkelten jedoch ihre eigene Dynamik, und der Hohepriester verlor die Kontrolle über den weiteren Verlauf der »Reform«.

Radikalisierung der Gegensätze

Was immer Jason und die gemäßigten Reformer beabsichtigen mochten, in den Augen der traditionstreuen Juden war es ein Abfall von der *Torah*. Der äußere Eindruck des Polis-Lebens war dazu angetan, diese Auffassung zu verstärken.

Die im Kampf mit der kanaanäischen Religiosität rigoros ausgeprägte Sexualmoral war zum Beispiel mit dem für Griechen selbstverständlichen nackten Auftreten von Jünglingen im Gymnasion schlechterdings unvereinbar. Empört berichtet der Verfasser von *2. Makkabäer* 4, 10 ff. von der Einführung und Nachahmung solcher heidnischen Sitten – zumal das Gymnasion sich nicht weit vom Tempel entfernt befand. Manche Polisbürger konnten ihren neuen Status nicht genug demonstrieren, Minderwertigkeitskomplexe gegenüber älteren und »hellenistischeren« Städten und somit ein gewisses Nachholbedürfnis werden das Ihre dazu beigetragen haben. Jedenfalls schämten sich einige Besucher des Gymnasions sogar ihrer Beschneidung und ließen das »Zeichen des Bundes« operativ entfernen (*1. Makkabäer* 1, 15 f.).

Im Ephebeion wurde selbstverständlich die übliche griechische Bildung vermittelt, und so lief die Reform in mancher Hinsicht auf eine Abfallsbewegung hinaus. Jason begriff zu spät, daß ihm die Zügel entglitten und er den Radikalen nur als Marionette gedient hatte. Seine Position in der Polis war ohnehin schwach, weil er nicht mehr im Sinne der alten *Torah*-Verfassung oberster Repräsentant des Gemeinwesens war, sondern Polispriester, abhängig von Bürgerschaft und Rat.

Diese neue Rechtslage wurde von den Radikalen wahrgenommen, indem sie Menelaos, den Bruder des schon erwähnten Tempelbeamten Simon, zum neuen Hohepriester erkoren, und zwar handstreichartig: Menelaos sollte dem König die fällige Tributzahlung überbringen und erkaufte sich bei dieser Gelegenheit die Hohepriesterstelle (*2. Makkabäer* 4, 23 ff.).

Das unmittelbar anschließende Geschehen ist nicht ganz sicher rekonstruierbar. Jason dürfte vor Menelaos aus Jerusalem ins Ostjordanland – in ptolemäisches Gebiet? – geflohen sein, während in Jerusalem die Radikalen nach Belieben schalteten und walteten. Unter anderem erregte die Übersendung von Geschenken an den Hof aus den Beständen der Tempelgeräte die Frommen.

Onias III., der alte vormalige Hohepriester, tadelte in seinem Exil bei Antiochien die Praktiken so heftig, daß er dafür mit seinem Tod bezahlen mußte, und auch in Juda unterdrückten die Reformer die Opposition mit Terror, nicht bloß aus Fanatismus, sondern auch aus Angst. Die Polis war nämlich kraft ihrer Verfassung in besonderer Weise an den König gebunden; sie bedurfte bei jeder Thronbesteigung einer neuerlichen Bestätigung ihres Status. Widerstand gegen diese Verfassung konnte bei Hof, wo man über die religiösen Implikationen des Jerusalemer Geschehens kaum Bescheid wußte, allzu leicht als antiseleukidische und proptolemäische Aufsässigkeit verstanden werden, zumal es solche Tendenzen sicher auch gab.

Als sich Lysimachos, der Bruder des Menelaos, offen am Tempelschatz vergriff und damit einen Aufstand provozierte (2. *Makkabäer* 4, 39 ff.), unterlagen die Hellenisten zwar, aber der König entschied sich gegen die Aufständischen und ließ ihre Vertreter, die Menelaos bei ihm verklagen wollten, hinrichten. Menelaos blieb also im Amt, der König bestand auf der Polisverfassung. Die Mehrheit des Volkes forderte indessen die Restitution der alten, auf der *Torah* fußenden Volksautonomie. Ein Kompromiß war ausgeschlossen, die bewaffnete Auseinandersetzung im Zeichen eines Religionskrieges nicht mehr zu vermeiden.

Entscheidend für den weiteren Verlauf war die geschichtstheologische Wertung dieser Ereignisse im Kreis der Frommen. Für sie schien die große Krise vor der endgültigen Heilswende eingetreten zu sein, die Zeit der Bewährung und Versuchung. Diese Auffassung teilten infolge der eingetretenen Radikalisierung auch Gruppen, die zuvor eher realistisch ausgerichtet waren, Vertreter der städtischen Mittelschicht und der Laiengelehrsamkeit ebenso wie traditionstreue Priester. Für sie ging es nicht allein um Verfassung und Lebensart, sondern um weltgeschichtliche Entscheidungen endgültiger Art, um einen Kampf zwischen den Mächten des Guten und Bösen, zwischen Licht und Finsternis (vgl. *Daniel* 7–12). Entsprechend dieser dämonisierten Sicht wurde der Kampf mit äußerster Erbitterung und Grausamkeit ausgetragen.

Der Höhepunkt der Krise unter Antiochos IV. Epiphanes

Zu allem Unglück verursachte ein Herrscherwechsel im Seleukidenhaus mit den meist damit verbundenen außen- und innenpolitischen Krisenerscheinungen zusätzliche Verschärfungen im judäischen Konflikt. Antiochos IV. Epiphanes unternahm 169 v. Chr. einen Feldzug gegen Ägypten und kam auf seiner Rückkehr im Herbst auch nach Jerusalem, wo er – wie auch anderswo – zur Sanierung der zerrütteten Staatsfinanzen einen Teil des Staatsschatzes aushob (vgl. *1. Makkabäer* 1, 21 ff.; *Daniel* 11, 28; Josephus, *Gegen Apion* 2, 83).

Die frommen Juden sahen darin natürlich im Licht des herrschenden Streites eine bewußte und böswillige Profanierung des Heiligtums und griffen nach dem Abzug des Königs erneut zu den Waffen.

Dieser zweite Bürgerkrieg (*1. Makkabäer* 1, 20 ff.) stand zum Teil unter proptolemäischen Tendenzen, denn auch Jason griff mit tausend Mann (*2. Makkabäer* 5, 5 ff.) in den Kampf ein. Menelaos mußte sich in die Akra zurückziehen und wurde dort belagert.

Aber die frommen Aufständischen waren auch an Jason nicht mehr interessiert: Sie gewannen, jenseits der proseleukidischen und proptolemäischen Orientierung, das Profil einer eigenen politischen Bewegung. Jason mußte (*2. Makkabäer* 5, 6 f.) Jerusalem wieder verlassen und sogar in Ägypten Zuflucht suchen, nachdem nun auch die arabischen Stämme in Ostjordanien mit den Seleukiden sympathisierten und der proptolemäische Tobiade Hyrkan Selbstmord begangen hatte.

Obwohl es den Frommen gelang, Jason zu vertreiben, mußten

König Jehu von Nordisrael unterwirft sich dem Assyrerkönig Salmanassar III., 841 v. Chr. (»Schwarzer Obelisk«)

Pferdestallreste der Streitwagengarnison von Megiddo, 9. Jh. v. Chr.

»Jasongrab«, Grabanlage aus hellenistischer Zeit in Jerusalem

Masada am Toten Meer: Der Synagogenraum

sie doch der Macht des Königs weichen, der bei der Rückkehr von seinem zweiten ägyptischen Feldzug Menelaos entsetzte. Der König konnte den Aufstand der Frommen schwerlich anders denn als Empörung gegen die Seleukiden auffassen, als einen Aufstand zu einer für ihn politisch äußerst prekären Zeit: Obwohl er gegen die Ptolemäer einen klaren Sieg erringen konnte, war er durch ein römisches Ultimatum zum Rückzug gezwungen worden.

Um so energischer griff er nun im Sommer 168 in Jerusalem durch (*2. Makkabäer* 5, 11 ff.; *Daniel* 11, 28): Er setzte Menelaos wieder ein, erneuerte die Polisverfassung und hob den Tempelschatz völlig aus. Der Widerstand wurde blutig unterdrückt und in der Akra eine syrische Besatzung einquartiert.

Möglicherweise brach danach noch einmal ein Aufstand aus, der vom Feldherrn Apollonios (*2. Makkabäer* 5, 24 ff.; vgl. *1. Makkabäer* 1, 29 ff.) unter Ausnützung der Sabbatruhe niedergeschlagen wurde. Darauf wurde die Akra stärker befestigt, die Mauern der Stadt selbst dagegen zum Teil geschleift und eine Kolonie von Leuten »eines fremden Gottes« (*1. Makkabäer* 1, 36; *Daniel* 11, 39) angesiedelt, also eine Art Kleruchie gegründet – so wie es einst Ptolemaios III. um 240 schon einmal angedroht hatte.

Die Folgen einer solchen Soldatenkolonie waren unter den besonderen Bedingungen in Juda nur dazu angetan, die Gegensätze weiter zu verschärfen. Die Macht in der Polis war nun faktisch in der Hand von Nichtjuden, die als Bürger der Polis selbstverständlich Zugang zum lokalen Heiligtum forderten, wo sie auch ihre eigenen Kulte ausüben wollten: mehr oder weniger hellenisierte syrische Kulte, vor allem den des Baal Šamem, des »Himmelsbaal«.

Als die noch einigermaßen traditionstreue Priesterschaft sich dieser Zumutungen nicht mehr erwehren konnte, verließ sie die Stadt; ein Teil der Traditionstreuen hatte schon vorher in der Umgebung Zuflucht gesucht (*1. Makkabäer* 1, 40; 3,

45). Für die überwältigende Mehrheit der Juden galt es nun einen Kampf um Sein oder Nichtsein. Der König erkannte sehr richtig als Quelle des Widerstandes die Bindung des Volkes an die *Torah* und versuchte daher mit Dekreten, die Beachtung der *Torah* unter Strafe zu stellen.

Diese Maßnahme vom Dezember 167 (*1. Makkabäer* 1, 43 ff.; *2. Makkabäer* 6, 1 ff.) traf den Lebensnerv des Judentums, denn der König hatte zugleich als Loyalitätsbeweis die aktive Teilnahme am synkretistischen Kult gefordert. Der Jerusalemer Tempel wurde offiziell nach dem mit Zeus Olympios identifizierten Baal Šamem benannt. Auf dem großen Brandopferaltar wurde ein kleinerer Aufsatz errichtet, wo man die den syrischen Kulten entsprechenden Opfer darbrachte. Orgiastische Veranstaltungen im Rahmen des Bacchus- und Dionysos-Kultes ergänzten dieses für jeden auch nur halbwegs traditionsgebundenen Juden entsetzliche Bild; die Bevölkerung wurde angehalten, an solchen Opfern und Veranstaltungen teilzunehmen.

Die für Nichtjuden auffälligen separatistischen Bräuche, wie Beschneidung und Sabbatheiligung, die Beobachtung der Speisevorschriften, insbesondere des Schweinefleischverbots, wurden in dieser Situation zu Schicksalsfragen, an denen sich Leben und Tod, Verrat und Glaubenstreue entschieden. Der König und seine Ratgeber ahnten schwerlich, welche Emotionen sie durch diese Maßnahmen freisetzten, in welch verzweifeltem Widerstand sie die Bevölkerung gerade damit einten.

Nur eine kleine Minderheit entschiedener Hellenismusfreunde, die als Verräter und Abtrünnige gebrandmarkt wurden, stand auf der Seite der Syrer, die zwar in geschlossenen Ortschaften und in größeren Machtkonzentrationen noch sicher blieben, die in dem zum großen Teil unübersichtlichen offenen Gelände aber der feindseligen Bevölkerung ziemlich machtlos gegenüberstanden.

Das veränderte Verhältnis zwischen Judentum und Umwelt

Die scharfen Maßnahmen der Seleukiden gegen die judäischen Frommen entsprachen nicht der sonstigen Praxis hellenistischer Religionspolitik. Gewiß, man förderte hellenistische Kultur und Zivilisation ganz bewußt, erwartete aber keineswegs die Preisgabe der vorhandenen Traditionen, sondern gab sich mit Kompromißlösungen synkretistischer Art zufrieden.

Für hellenistisches Bewußtsein lag die Schuld am judäischen Konflikt darum auch allein bei den intoleranten, zu keinem Kompromiß bereiten jüdischen *Torah*-Fanatikern, die unter keinen Umständen von ihren »barbarischen« und »rückständigen« Bräuchen lassen wollten und die Gemeinschaft mit Nichtjuden nach Möglichkeit zu meiden suchten. Der Seleukidenhof trachtete daher danach, die Berechtigung seines Vorgehens zu erklären und die in seinen Augen wahren Ursachen des Konflikts publik zu machen.

So entstand eine antijüdische Literatur, die auch bereits vorhandene Nachrichten und Urteile über das Judentum aufgriff und verwertete; vor allem die schon erwähnte ägyptische Exodus-Version des Priesters Manetho erlangte dadurch neue Aktualität. Ganz besonders aber wurde die Menschen- und Fremdenfeindlichkeit des separatistischen Judentums in den Vordergrund gerückt. Als Folge davon wurde der Vorwurf des *odium humani generis*, des Menschenhasses, zu einem festen Bestandteil der antijüdischen Polemik, von der Antike bis zur Gegenwart.

Diese literarische Kampagne, die sich durch die ganze Spätantike hinzog und zum Teil von der altkirchlichen antijüdischen Polemik weitergeführt wurde, hatte auch praktische Folgen: Das bis dahin in der Diaspora mehr oder weniger problemlose und auch nicht einheitlich geregelte Nebeneinander und Miteinander von jüdischen Gemeinden und nichtjüdischen Gemeinwesen wurde von nun an immer öfter durch Auseinandersetzungen belastet.

Der jüdische Separatismus erregte die Aufmerksamkeit und die Emotionen der Umwelt und führte nun zu Separationsforderungen auch von nichtjüdischer Seite: Man stufte die Juden entschiedener als bisher nicht als Mitkolonisten, sondern als Fremde ein und forderte eine dementsprechende Trennung zwischen Rechten und Pflichten zum Beispiel der Bürger einer Polis und den Rechten und Pflichten eines Angehörigen der – ja ohnedies mit speziellen Privilegien versehenen – jüdischen Ortsgemeinde; die Kumulation von jüdischen Privilegien mit – jüdischerseits oft erstrebten und zum Teil auch erreichten – Polisbürgerrechten erschien vielen Nichtjuden als ein unberechtigter Vorteil.

Die weitere Entwicklung in Juda, speziell das Vorgehen der Makkabäer gegen die nichtjüdische Bevölkerung, haben diesem Konfliktstoff im zweiten und ersten Jahrhundert v. Chr. noch mehr Gewicht verliehen. Umgekehrt sahen die Juden, die von der heilsgeschichtlichen Notwendigkeit der *Torah*-Frömmigkeit überzeugt waren, in solchen Reaktionen der Umwelt nur den Ausdruck widergöttlicher Mächte und bösen Willens, also eine Gefährdung des Heilsziels der Weltgeschichte Gottes.

Der Makkabäeraufstand

Die aktive Religionsverfolgung durch die Syrer stürzte nun auch die dörfliche Bevölkerung Judas in den für Jerusalem längst eingetretenen *status confessionis*. Ein zwar tendenziös konstruiertes, aber im wesentlichen wohl charakteristisches Bild der Verhältnisse enthält die Erzählung vom Priester Mattathias und seiner Empörung gegen den heidnischen Kultzwang im Dorf Modein (*1. Makkabäer* 2, 1 ff.).

Mattathias tötete, diesem Bericht zufolge, nach dem biblischen

Vorbild des eifernden Priesters Pinhas (*Numeri* 25, 7—15) einen der opferwilligen Juden und einen der syrischen Beamten und bildete danach mit seinen fünf Söhnen eine Freischärlergruppe. Aus *2. Makkabäer* 5, 27 geht allerdings hervor, daß der Mattathiassohn Judas schon in Jerusalem bei den früheren Aufständen beteiligt gewesen war, so daß die Geschichte in *1. Makkabäer* 2 als eine spätere Konstruktion zu beurteilen sein dürfte, die dem dynastischen Interesse dieser Hasmonäerfamilie entsprach und durch den Bezug auf den biblischen Pinhas insbesondere ihr Hohepriestertum begründen helfen sollte.

Als gewiß ist nur anzunehmen, daß Judas und mit ihm weitere Mitglieder der Hasmonäerfamilie in der Widerstandsbewegung eine immer bedeutendere Rolle spielten. Judas war es auch, der jenen Beinamen »Makkabäer«, der Hammer, erhielt, der von den Späteren auf die ganze Dynastie angewendet wurde.

Die Führungsrolle der Hasmonäerfamilie liegt nicht zuletzt in ihrer realistischen Einschätzung der Machtverhältnisse begründet. Den frommen Widerstandsgruppen, die sich in das unwegsame Gebirge und in die Wüstenrandgebiete zurückgezogen hatten und von dort aus die unter Kontrolle der Syrer stehenden Orte unsicher machten, wurde nämlich ihre eigene Gesetzesstrenge zum Verhängnis. Die Sabbatheiligung wurde in diesen Kreisen so ernst genommen, daß man sich selbst im Fall eines Angriffs am Sabbat nicht zu verteidigen wagte und lieber den Tod erlitt, als das Ruhegebot zu übertreten.

Bekanntlich hatte bereits Ptolemaios I. 312 v. Chr. Jerusalem an einem Sabbat im Handstreich eingenommen, und die Syrer wußten diesen Vorteil natürlich auch zu nutzen. *1. Makkabäer* 2, 32 ff. berichtet von solchen Frommen, die mit ihren Familien in Höhlen Zuflucht gesucht hatten und sich am Sabbat ohne Gegenwehr niedermetzeln ließen (vgl. *2. Makkabäer* 6, 11).

Wir kennen diese Mentalität auch aus späteren Zeugnissen, vor allem aus der sogenannten »Kriegsrolle« von Qumran (1 QM): Sie enthält eine Beschreibung des endzeitlichen Entscheidungskampfes zwischen den Söhnen des Lichts und den Söhnen der Finsternis, die von einer ritualartigen Vorbestimmtheit aller Ereignisse ausgeht und unter anderem voraussetzt, daß an den Sabbaten und während der Sabbatjahre (also in jedem siebten Jahr) keine Kämpfe stattfinden.
Diese apokalyptische Sicht ist ihrer Grundhaltung nach auch für die Frommen der hier zu behandelnden Zeit vorauszusetzen: Sie waren der Überzeugung, daß nur das entschlossene Festhalten an den Geboten Gottes die Wende zum Heil herbeiführen könne, und vertrauten im Notfall eben auf Gott.
Die Frage war, wie lange eine solche Einstellung durchzuhalten war, sowohl militärisch als auch psychisch. Die Frage nach dem Sinn solcher Opfer stellte sich mit der Zeit unvermeidlich ein, denn auf längere Sicht konnte man sich nicht mit dem Hinweis zufrieden geben, daß wenigstens ein übrigbleibender Rest die Heilszeit bald erleben werde. Denn was profitierten die frommen Märtyrer, die tapferen Kämpfer, die Frauen und Kinder, die unter unsäglichen Entbehrungen und Strapazen ein unstetes Dasein voll Angst und Schrecken durchzustehen hatten und dabei zugrunde gingen?
Die noch immer vorherrschende Ansicht vom selbstverständlichen Lohn der Frömmigkeit und Rechtschaffenheit genügte nicht mehr: Der Blick richtete sich auf eine ausgleichende göttliche Gerechtigkeit nach dem Tod. In diesem Zusammenhang ist daher der Auferstehungsglaube zum erstenmal explizit bezeugt (*Daniel* 12, 2). Die Annahme einer Vergeltung nach dem Tod wurde zu einem Brennpunkt des Interesses, und die ihrerseits hellenistisch mitstimulierte Ansicht von einem den körperlichen Tod überlebenden Seelen-Selbst des Menschen wurde gerade in der Verfolgungszeit weithin populär, natürlich ohne daß man sich dabei der (wenigstens teilweisen) Anlehnung an hellenistische Vorstellungen bewußt war.

All dies war geeignet, den konkreten Widerstandswillen zu stärken, und es förderte zugleich ein martyriumfreudiges Duldertum. Es war daher ein Schritt von großer Tragweite, als Judas Makkabäus, laut *1. Makkabäer* 2, 39 ff., die Frommen aufforderte, sich im Fall eines Angriffs auch am Sabbat zu verteidigen. Ob alle Frommen damit einverstanden waren, darf man bezweifeln; die Mehrheit beugte sich aber wohl den einleuchtenden Argumenten des Judas, der nun das Haupt einer zunehmend auch organisatorisch geeinten antihellenistischen Sammelbewegung wurde.

Die Hellenisierenden wurden immer öfter selbst Opfer der Radikalisierung (*1. Makkabäer* 2, 44 ff.; 3, 5 f.). Auch die syrischen Truppen vermochten sich selber nicht mehr ausreichend zu schützen, denn die Stärke des Judas war der Überraschungsangriff, bei dem in dem unübersichtlichen Gelände die Kriegskunst der syrischen Söldner nur begrenzt zur Wirkung kommen konnte. Zur Unterdrückung eines solchen Aufstandes war eine mehrfache Übermacht erforderlich, die die Seleukiden infolge der zahlreichen Unruhen in anderen Reichsgegenden nur selten aufzubieten vermochten.

Der Feldherr Apollonios konnte sich gegen Judas jedenfalls nicht durchsetzen (*1. Makkabäer* 3, 10 ff.; Josephus, *Antiquitates* 12, 287 ff.) und selbst der Befehlshaber von Coelesyrien erlitt bei Beth Horon eine vernichtende Niederlage (*1. Makkabäer* 3, 13 ff.; *Antiquitates* 12, 288 ff.). Danach mußten die Generale Nikanor und Gorgias bei Emmaus eine Schlappe hinnehmen, weil Judas die einzelnen Abteilungen der im ganzen zahlenmäßig überlegenen Syrer nacheinander überraschend angriff. Im Jahr darauf drang der Vizekönig Lysias selbst von Süden her in Juda ein, erlitt aber ebenfalls eine Niederlage, denn nun verfügte Judas bereits über eine kriegserfahrene Truppe mit einer im Vergleich zu den syrischen Söldnern unvergleichlich höheren Kampfmoral.

Lysias erkannte die wahren Machtverhältnisse in Juda, insbesondere die Ohnmacht der hellenisierenden Minderheit, und leitete – was in den erhaltenen Quellen fast völlig vergessen wurde – eine Revision der seleukidischen Politik ein. Zeugnisse dafür enthalten die in *2. Makkabäer* 11, 16–38 enthaltenen Briefe, die allerdings vom Verfasser dieses Werkes irrtümlich an zu später Stelle eingeordnet wurden.

Im ersten Brief (V. 16–21) versprach Lysias dem ebenfalls kompromißbereiten Menelaos, sich beim König für eine gütliche Regelung zu verwenden. Der zweite Brief, vom König an die Gerusie – nicht an den Polis-Rat! – von Jerusalem, stammt aus dem April 164 v. Chr., bestätigt dieses Vorgehen des Lysias und gewährt eine Amnestie für alle Aufständischen, die innerhalb von vierzehn Tagen in ihre Heimatorte zurückkehren. Den Juden wird ausdrücklich zugestanden, wieder wie zuvor nach ihren alten Gesetzen leben zu dürfen.

Damit war die Polisverfassung aufgehoben, die alte Volksautonomie unter Hohepriester und Gerusie restituiert. Zu diesem Schritt wurde der König unter anderem auch durch römische Interventionen bewegt, wie aus dem dritten Brief (V. 34 bis 38) hervorgeht, der bereits bestehende Kontakte zwischen der Jerusalemer Gerusie und römischen Stellen voraussetzt.

Das Angebot des Königs beziehungsweise des Lysias vermochte freilich die Aufständischen unter Judas Makkabäus nicht mehr zu einer Kompromißlösung zu bewegen. Menelaos war in den Augen der Frommen untragbar, und Judas selbst hatte zu der Zeit wahrscheinlich bereits mehr als nur eine Restauration des alten *status quo* im Auge. Dazu kam für Judas die Notwendigkeit, bedrängten jüdischen Minderheiten in der näheren und weiteren Umgebung zu Hilfe zu eilen, denn die hellenistisch-jüdische Konfrontation hatte mittlerweile das Zusammenleben zwischen Juden und Nichtjuden vielerorts gründlich vergiftet.

Schließlich eroberte Judas auch Jerusalem – bis auf die Akra – und konnte am 25. Kislev (Mitte Dezember) des Jahres 164 den Tempel »gereinigt« wieder seiner Bestimmung

übergeben, ein Ereignis, das im Judentum noch heute alljährlich mit dem Hanukkah-Fest, dem »Tempelweihfest«, gefeiert wird. Mit dem Kult wurde auch das alte Rechtswesen wiederhergestellt, die nötigen *Torah*-Rollen, von denen es infolge der Kriegsverluste nur mehr wenige gab, neu beschafft (*2. Makkabäer* 2, 14) und die Schriftgelehrten wieder in ihre Funktionen eingesetzt. Die Priesterschaft, die sich zum Teil als so unzuverlässig erwiesen hatte, ließ Judas »säubern« (*1. Makkabäer* 4, 42); die entschiedenen Hellenisten waren ohnedies entweder geflohen oder hatten in der Akra Zuflucht gesucht.
Der Seleukidenhof betrachtete die judäischen Ereignisse zunächst als innerjüdische Angelegenheiten. Als aber Judas auch Vorbereitungen zur Eroberung der Jerusalemer Akra traf, nahm der Reichsverweser Lysias (*1. Makkabäer* 6, 28 ff.) den Kampf wieder auf und errang den ersten großen Sieg über den Makkabäer. Jerusalem wurde belagert, doch wie einst unter dem König Hiskia erzwang ein Aufstand im Osten des Reiches den Abbruch der Belagerung, und Judas erreichte im Jahr 163 v. Chr. (»Friede des Lysias«) einen Kompromißfrieden (*1. Makkabäer* 6, 57 ff.), den der junge König Antiochos V. bestätigte (*2. Makkabäer* 11, 22—26).
Das Ergebnis war die Absetzung und Hinrichtung des Menelaos (vgl. Josephus, *Antiquitates* 12, 385) und die Ernennung des gemäßigt hellenisierenden Zadokiden Alkimos zum Hohepriester. Judas Makkabäus war mit seinen Anhängern jedoch nicht gewillt, die Einsetzung des Alkimos hinzunehmen. Für ihn ging es zu dieser Zeit nicht mehr um eine Restitution der alten zadokidischen Hierokratie, sondern bereits um die Führung schlechthin. Nur eine Gruppe von *ḥasidim* (»Frommen«) innerhalb der antihellenistischen Front begnügte sich — vorläufig — mit der neuen Situation (*1. Makkabäer* 7, 12 ff.), ebenso manche der Schriftgelehrten (V. 15), denen Alkimos die volle Anerkennung ihrer Standesrechte zugesagt hatte. Kaum war der neue Hohepriester aber im Amt, brach

er seine Versprechungen und unterdrückte Kritik und Widerstand mit Hilfe syrischer Soldaten (*1. Makkabäer* 7, 16 f.).
Nun bestand *de iure* in Juda ein Dualismus, denn die Akra blieb als Polis innerhalb des wieder eingerichteten Tempelstaates bestehen. Die tatsächliche Macht lag aber bei der Makkabäerpartei, die sofort nach dem Abzug des syrischen Heeres erneut gegen Alkimos und seine verbliebenen Schutztruppen losschlug und nach einem Sieg über ein syrisches Heer unter Nikanor (160 v. Chr. bei Adasa) den Hohepriester verjagte. Judas beeilte sich, diesen militärischen und innenpolitischen Erfolg auch außenpolitisch abzusichern, nämlich durch eine Erneuerung der Kontakte mit Rom (*1. Makkabäer* 8, 17 ff.).
Der Seleukidenkönig, nun Demetrios I., war jedoch entschlossen, den judäischen Unruheherd zu beseitigen. Er entsandte ein starkes Heer unter dem Kommando des Bakchides, in dessen Gefolge sich auch Alkimos befand (*1. Makkabäer* 9). Bei Laisa verlor der Makkabäer im Frühjahr 160 Schlacht und Leben. In Jerusalem herrschten nun wieder die Hellenisten, und eine Verfolgungswelle nötigte die besiegten Frommen, sich ins Ostjordanland zurückzuziehen.
Der Aufstand der Makkabäer schien endgültig gescheitert. Doch Jonathan, ein Bruder des Judas Makkabäus, organisierte den Widerstand von neuem. Bald kontrollierten die Makkabäer wieder das offene Land, und Bakchides mußte zu einem zweiten Feldzug rüsten, einem Feldzug, dessen Ausgang eine neue Epoche in der Geschichte Judas einleitete.

4. Der Makkabäerstaat

Aufstieg und Niedergang der hasmonäischen Dynastie

Jonathan erreichte nach einem eindeutigen Sieg über Bakchides einen Ausgleich, der ihm die Herrschaft über Juda sicherte. Von Michmas aus regierte er das Land und »säuberte« nach und nach Städte und Ortschaften von den Hellenisierenden (*1. Makkabäer* 9, 73). Als 153 v. Chr. ein Sohn des Antiochos IV. mit römischer Unterstützung Anspruch auf den Seleukidenhof erhob, überboten sich die beiden Konkurrenten Alexander Balas und Demetrios in ihren Bemühungen um Jonathan. Dieser – mit Rom liiert – unterstützte Alexander Balas, nicht ohne aus der Rivalität der beiden geschickt Nutzen zu ziehen.

Schließlich ernannte Alexander im Herbst 152 Jonathan zum Hohepriester und zum »Freund des Königs« – ein hoher Ehrentitel –, womit die makkabäische Herrschaft *de iure* etabliert war (*1. Makkabäer* 10, 18 ff.). Anläßlich der Eheschließung zwischen Alexander und einer Ptolemäerprinzessin zu Ptolemais 151 v. Chr. erhielt Jonathan zudem noch das Amt eines *strategos* (»Feldherr«) und eines »Meridarchen« in Coelesyrien übertragen.

Diese über die Grenzen Judas hinausreichenden Befugnisse nützte Jonathan im Sinn einer judäischen Expansionspolitik voll aus. Als von Kreta her eine Invasion von Demetrios-Anhängern erfolgte, erweiterte er nach deren Niederlage seine Herrschaft auch auf die Küstenstädte und erreichte so den Anschluß Judas an die Küste, ein aus politischen wie wirtschaftlichen Gründen wichtiges Ziel der makkabäischen Politik.

Das Endziel bestand in der vollen Souveränität, wie die Vorbereitungen zur Eroberung der Akra in Jerusalem nach der Ermordung des Alexander Balas zeigen. Demetrios, der nun, im Jahr 145 v. Chr., die Herrschaft voll übernahm, verhinderte diesen Schritt zwar, räumte Jonathan jedoch weitere Verbesserungen des politischen Status ein (*1. Makkabäer* 11, 20 ff.). Einen abermaligen Versuch zur Eroberung der Akra nach Beginn der Erhebung des Tryphon, der auf ptolemäische Initiative hin einen Sohn des Alexander Balas auf den Thron erheben wollte, mußte Jonathan abbrechen, um seiner Heerfolgepflicht gegenüber Demetrios nachzukommen.

Während dieser Zeit betrieb Jonathans Bruder Simon in Galiläa und an der Küste eine so konsequente Annexions- und Judaisierungspolitik, daß Demetrios ungeachtet der militärischen Hilfe Jonathans – der in Antiochien einen Aufstand niedergeschlagen hatte – erbost war. Jonathan spann daraufhin Fäden zu Tryphon, der ihn als Hohepriester und Gouverneur der coelesyrischen Gebiete bestätigte und Simon zum *strategos* über die Küstenstädte ernannte. Nun fiel auch Gaza in judäische Hand, die restlichen judenfeindlichen Orte im Norden und Westen Judas wurden unterworfen und so eine jüdische Oberherrschaft über den größten Teil Coelesyriens begründet.

Wie einst schon Judas Makkabäus versicherte sich Jonathan der Unterstützung durch Rom (*1. Makkabäer* 12). Darüber hinaus nahm er Verbindung zu Sparta auf, das zu dieser Zeit – nach der Niederlage des achäischen Bundes – eine bedeutende Macht darstellte und zu dem möglicherweise (nach *1. Makkabäer* 12, 7 f. und Josephus, *Antiquitates* 12, 226 ff.) bereits der Hohepriester Onias II. diplomatische Verbindungen geknüpft hatte. Die neuen Thronstreitigkeiten nützte Jonathan zu weitreichenden Feldzügen über die Grenzen seines Gebietes hinaus, und in Jerusalem schickte er sich an, die Akra einer Blockade zu unterwerfen. Diese Aktivitäten erregten den Argwohn Tryphons, der Jonathan nach Ptolemais beorderte, dort in eine Falle lockte und gefangensetzte.

In Jerusalem beauftragte indessen eine Volksversammlung Jonathans Bruder Simon mit der Führung (*1. Makkabäer* 13, 1 ff.; Josephus, *Antiquitates* 13, 194 ff.). Angesichts der militärischen Überlegenheit Tryphons blieb ihm nichts anderes übrig, als der Forderung nachzukommen, die beiden Söhne Jonathans als Geiseln auszuliefern. Sie wurden, zusammen mit einer Entschädigungssumme für Einnahmen aus den nichtjudäischen Gebieten Coelesyriens, Tryphon übergeben, der aber sein Versprechen, Jonathan freizulassen und die Feindseligkeiten abzubrechen, nicht einhielt. Ein plötzlicher heftiger Schneefall und verstärkte militärische Aktivitäten des Königs Demetrios zwangen ihn jedoch zur Änderung seiner Pläne, worauf er Jonathan hinrichten ließ.

Simon, jetzt das Haupt der Familie, nahm Verbindung mit Demetrios auf, der ihm 142 v. Chr. in einem Schreiben (*1. Makkabäer* 13, 36 ff.) die Souveränität Judas im Sinn eines Bundesgenossenstatus zusicherte. Nun ging Simon planmäßig gegen die nichtjüdische und hellenisierende Bevölkerung seines Einflußgebietes vor. Zum Teil vertrieb er sie, zum Teil ließ er sie ausrotten oder zwangsjudaisieren; danach ließ er jüdische Fromme ansiedeln (*1. Makkabäer* 13, 48). Auch die Akra in Jerusalem, das letzte Bollwerk und Symbol seleukidischer Oberherrschaft, wurde erobert. Bald kontrollierte er ein geschlossenes Herrschaftsgebiet, das mit dem Küstenstreifen sogar über die Grenzen Altisraels hinausreichte — ein Erfolg, der in *1. Makkabäer* 14, 8 ff. als nahezu messianische Erfüllung gefeiert wird.

Nicht mehr wie Jonathan Untergebener des Königs, erfüllte Simon in den Augen der Mehrheit des Volkes die meisten Erwartungen der alten antihellenistischen Front, zum Teil sogar noch mehr, denn Juda war ein souveräner Staat geworden und herrschte über weite Gebiete seiner Umgebung. In einer verfassunggebenden Volksversammlung beschloß man daher im Jahr 140 v. Chr. zu Jerusalem feierlich eine formelle Regelung der seit mehr als zwanzig Jahren offenen Frage der Führung des Volkes (*1. Makkabäer* 14, 29 ff.). In Würdigung seiner Leistungen wurden Simon die Ämter (1) des *Naśî'* (»Fürst«, d. h. politisches Oberhaupt), (2) des Hohepriesters und (3) des Heerführers verliehen, und zwar als erbliche Würden, wenngleich mit der Einschränkung, »bis Gott einen wahren Propheten erweckt« (V. 41). Dies deutet auf einen Kompromiß zwischen der Hasmonäerpartei mit ihren dynastischen Zielsetzungen und jenen endzeitlich ausgerichteten Gruppen, die für mehr oder weniger nahe Zeit den Anbruch der Gottesherrschaft erwarteten.

Außenpolitisch wurde dieser neue Status durch ein formelles Bündnis mit Rom abgesichert (*1. Makkabäer* 15, 15 ff.). Wie nötig das war, beweist die Tatsache, daß Alexander VII., der Bruder und Nachfolger des Demetrios, nach dem Tod des Tryphon von Simon wieder die Anerkennung der seleukidischen Oberherrschaft forderte. Konkret verlangte er die Rückgabe der königlichen Städte Jaffa und Gezer sowie der Jerusalemer Akra (eine Polis!), ferner die Entrichtung von Steuern für alle außerjudäischen Gebiete unter Simons Herrschaft oder als Abfindung für beides eine Summe von fünfhundert Talenten Silber – ein angesichts der Rechtslage im ganzen nicht unfaires Angebot.

Simon jedoch bot lediglich hundert Talente für Jaffa und Gezer und verwies in bezug auf die übrigen Gebiete darauf, daß es sich dabei um ursprünglich israelitische Gebiete handle, um den Besitz der Väter, der nur vorübergehend in fremde Hände gefallen sei. Es kam zu militärischen Auseinandersetzungen, in denen sich Simon, der – selbst schon betagt – seine Streitkräfte den beiden Söhnen Juda und Johannes anvertraute, behaupten konnte.

Während Antiochos VII. persönlich zum Feldzug gegen Simon rüstete, brach in Juda aber ein Bürgerkrieg aus. Simons Schwiegersohn Ptolemaios, Gouverneur von Jericho, ließ Simon und zwei von dessen Söhnen 134 v. Chr. bei einem Gastmahl heimtückisch ermorden (*1. Makkabäer* 16, 11 ff.). Leider wissen wir nichts über die Hintergründe dieses Vorfalls; doch scheint es sich um mehr als eine Familientragödie gehandelt zu haben, denn die Anhänger des Ptolemaios versuchten, die gesamte Hasmonäerfamilie auszurotten und die Herrschaft an sich zu reißen. Möglicherweise hatte auch Antiochos VII. seine Hand im Spiel, da *1. Makkabäer* 16, 18 erwähnt wird, daß Ptolemaios ihn um Entsendung von Truppen bat.

Simons Sohn Johannes Hyrkan war jedoch den Häschern des Ptolemaios entkommen. Er trat Simons Nachfolge an und vermochte sich allmählich gegen Ptolemaios durchzusetzen. Der Beginn eines Sabbat-Jahres ließ die innerjüdischen Kampfhandlungen schließlich verebben.

Doch schon drohte die Invasion durch den König, entweder bereits 134 – also im Sabbatjahr – oder (nach Porphyrios) 130/129. Jerusalem wurde belagert. Der Mangel an Nahrungsmitteln in der Stadt wurde allmählich so groß, daß Johannes zum Entsetzen vieler die Kampfunfähigen zeitweilig in das Niemandsland zwischen Stadtmauer und Belagerungsring treiben ließ. Da die Belagerer die Unglücklichen nicht durchließen, mußte Johannes Hyrkan sie zum Sukkotfest – für das Antiochos übrigens einen siebentägigen Waffenstillstand gewährte und Opfertiere in die belagerte Stadt schicken ließ! – widerstrebend wieder in die Stadt aufnehmen.

Endlich mußte Jerusalem kapitulieren. Die Folgen waren jedoch nicht allzu hart, denn der König war kein Antiochos IV. Epiphanes. Ihm ging es nur um die Anerkennung der politischen Oberherrschaft und um eine Zügelung der hasmonäischen Machtpolitik (*Antiquitates* 13, 247 ff.). Immerhin wurde die Mauer Jerusalems teilweise geschleift. Johannes hatte dreihundert Talente Silber sofort und zweihundert weitere in einer bestimmten Frist zu entrichten; ferner mußte er für die nichtjudäischen Gebiete den Vasallenstatus anerkennen, Geiseln stellen und sich zur Heerfolge gegen die Parther verpflichten.

Zur Deckung der hohen Zahlungsverpflichtungen öffnete Johannes das Grab Davids. Von einem Teil des so gewonnenen Silbers warb er noch heidnische Söldner an – ein auf dem Hintergrund der judäischen Innenpolitik bedenklicher Schritt.

Wohl bestand er während des Partherfeldzuges darauf, daß die jüdischen Soldaten ihre religiösen Bräuche beachten konnten, so daß zum Beispiel das Heer an Sabbaten und Festtagen den Marsch unterbrechen mußte. Im übrigen aber begann sich Johannes Hyrkan mehr und mehr als Herrscher im Sinn der hellenistischen Tyrannis zu gebärden, vor allem, nachdem Antiochos VII. während des Partherfeldzugs 129 v. Chr. den Tod gefunden hatte und Johannes damit wieder souverän schalten und walten konnte.

Die in Syrien aufbrechenden Thronstreitigkeiten nützte er zielstrebig zur politisch-militärischen Expansion in Coelesyrien, offenbar mit dem Ziel, die davidischen Grenzen wiederherzustellen. So wurde Samaria, das Juda von Galiläa trennte, annektiert und der Tempel auf dem Garizim dem Erdboden gleichgemacht (*Antiquitates* 13, 254 ff.). Im Süden wurden die Edomiter unterworfen und zur Annahme des Judentums gezwungen.

Wie seine Vorgänger erneuerte auch Johannes – man vergleiche die chronologisch falsch eingeordneten Dokumente bei Josephus, *Antiquitates* 13, 260 ff. und 14, 247 – das Bündnis mit Rom. Dieses Bündnis kam nun, mit dem wachsenden direkten Einfluß dieser Weltmacht, schon mehr praktisch-politische Bedeutung zu, denn weder Seleukiden noch Ptolemäer konnten sich mehr einen Konflikt mit Rom leisten. Am Ptolemäerhof machte sich zudem der Einfluß des ägyptischen Judentums – auch über jüdische Militärs im ptolemäischen Dienst – bemerkbar.

Gegen Ende seiner Regierungszeit nahm Johannes Hyrkan seine Expansionspolitik noch einmal auf und beseitigte in Samaria und in der Jezreel-Ebene die letzten Barrieren zwischen Juda und Galiläa (Beth Schean/Skythopolis). Als er 104 v. Chr. starb, hinterließ er ein territorial geschlossenes und wirtschaftlich-militärisch stabiles Reich von davidischen Ausmaßen.

Aristobul I., der nach ihm die Herrschaft antrat, gebärdete

sich vollends in der Art hellenistischer Tyrannen und nahm den Königstitel an. Er setzte die Expansionspolitik fort und zwang zum Beispiel die Ithuräer zur Beschneidung. Aristobul hatte jedoch bereits mehr als sein Vorgänger unter schweren innenpolitischen Gegensätzen zu leiden, mit denen ein familieninterner Machtkampf Hand in Hand ging. Diesen Machtkampf entschied der König in grausamer Weise zu seinen Gunsten. Aber schon 103 v. Chr. verstarb er nach einer schweren Krankheit, und sein dritter Sohn Alexander Jannaj bestieg den Thron.

Alexander Jannaj regierte von 103 bis 76 v. Chr. als leidenschaftlicher Krieger von wechselnder Fortune und als rabiater und listenreicher Tyrann, der sich nun auch nach außen hin als König bezeichnete und entsprechende Münzen schlagen ließ. Unter ihm steigerten sich die inneren Spannungen zeitweilig bis zum blutigen Bürgerkrieg. Dabei bereitete dem König vor allem der Konflikt mit der pharisäischen Partei – von der noch zu reden sein wird – ernste Schwierigkeiten, obwohl er äußerst grausam gegen die innenpolitischen Gegner vorging und einmal achthundert von ihnen kreuzigen ließ (eine bis dahin im jüdischen Recht unbekannte Hinrichtungsart). Auf dem Totenbett riet er jedoch seiner Frau und Nachfolgerin auf dem Thron, Salome Alexandra (76–67 v. Chr.), zur Versöhnung mit den Pharisäern.

Als Hohepriester fungierte unter Salomes Herrschaft ihr Sohn Hyrkan, zeitlebens ein Parteigänger der Pharisäer, während der zweite Sohn, Aristobul, ein politisch engagierter und kämpferischer Förderer der sogenannten Sadduzäer wurde. Zu ihren Lebzeiten konnte die auf außen- und innenpolitische Stabilität bedachte Königin bei aller Begünstigung der Pharisäer einen bewaffneten Konflikt durch geschickte Konzessionen noch vermeiden. Als sie aber im Sterben lag, standen sich die Fronten für den Bruder- und Bürgerkrieg bereits unversöhnlich gegenüber.

Da Hyrkan nach dem Willen der Mutter auch das Königtum

erbte, kam es bei Jericho zur Schlacht. Hyrkan verlor und verzichtete auf die Königswürde zugunsten Aristobuls (67–63 v. Chr.). Doch dieser kam nicht mehr in den Besitz der vollen Herrschaft, da Antipater, ein zu Einfluß gelangter edomitischer Gefolgsmann des Hyrkan, mit Hilfe der Nabatäer den Süden des Reiches unter seine Kontrolle brachte. Zwar schützte er dabei das Interesse Hyrkans vor und überredete diesen auch, aus Jerusalem nach Petra an den Nabatäerhof zu fliehen, doch im Grund ging es bereits um seine persönliche Macht. Im Jahr 65 v. Chr. verlor Aristobul eine entscheidende Schlacht. Die Frommen im Land stellten sich ohnehin mehr oder minder gegen ihn und boykottierten ihn, so daß er sich in seiner Verzweiflung – wie auch Hyrkan – an die Römer wandte und sich deren Unterstützung erkaufte.

Wenig später gelang es jedoch der Gegenpartei, trotz einer nochmalig hohen Tributzahlung Aristobuls, Pompeius für sich zu gewinnen; dabei haben möglicherweise die ziemlich weitgehenden Übergriffe Aristobuls gegenüber Transit- und Seehändlern den Ausschlag gegeben. Übrigens warben zu der Zeit nicht nur die beiden feindlichen Brüder um die Gunst des Pompeius: Auch fromme Kreise Judas hatten eine Delegation entsandt, die um Wiederherstellung der alten, vormakkabäischen Volksautonomie baten. Pompeius zog gegen Aristobul zu Feld, besetzte Jerusalem und belagerte Aristobul und dessen Anhang im Tempelareal. Bei der Eroberung beteiligten sich auch Anhänger des Hyrkan, der nun wieder als Hohepriester amtierte, während sein Bruder in römische Gefangenschaft ziehen mußte (63 v. Chr.).

Zwar versuchte Alexander, ein Sohn Aristobuls, noch einmal die Macht an sich zu reißen. Aber er war der römischen Übermacht nicht gewachsen, ebensowenig wie sein Bruder Antigonos, der mit seinem 56 v. Chr. aus Rom entflohenen Vater vergeblich einen Aufstand anzettelte. Erst der Streit zwischen Pompeius und Caesar schien eine Wende herbeizuführen: Caesar ließ Aristobul frei und stellte ihm Truppen zur Eroberung Palästinas zur Verfügung. Doch auch das war ein vergebliches Unternehmen: Aristobul fiel einem Giftmordanschlag zum Opfer, und sein Sohn Alexander wurde gefangengenommen und in Antiochien enthauptet. Antigonos versuchte zwar nach Caesars Sieg, seine Ansprüche geltend zu machen, wurde aber von dem Edomiter Antipater überspielt.

Die Kluft zwischen Utopie und Wirklichkeit

In der Auseinandersetzung um die »hellenistische Reform« und um die Religionsdekrete Antiochos IV. Epiphanes stand die überwältigende Mehrheit des jüdischen Volkes fest zur Überlieferung der Väter. Es gab also *in statu confessionis* so etwas wie eine antihellenistische Front. Sie umschloß allerdings recht unterschiedliche Strömungen, von den Verfechtern der herkömmlichen hierokratischen Ordnung, denen es um die Wiederherstellung der alten Verfassung und Lebensordnung ging, bis zu fanatischen Apokalyptikern, die einen radikalen Wandel der Verhältnisse aufgrund eines endgültigen Eingreifen Gottes in die Geschichte erhofften und sich selbst als Erwählte Gottes zur Durchsetzung der Gottesherrschaft verstanden.

Hier vermischten sich mirakulöse Zukunftserwartungen, für die alles Geschehen nach einem – freilich zugleich geheimnisvollen – festen Heilsplan Gottes ablaufen sollte, mit einem unberechenbaren politisch-militärischen Aktivismus, der immer dann akut wurde, wenn die Überzeugung durchbrach, daß »die Zeit gekommen« sei. In diesen Kreisen sah man die geschichtlichen Ereignisse auch als mehr oder weniger unmittelbare Folgen des vollzogenen oder verweigerten *Torah*-Gehorsams an und eskalierte daher die Frömmigkeit bis zur Zerreißprobe.

Ein charakteristisches Beispiel solchen Verhaltens wurde bereits erwähnt, nämlich die *1. Makkabäer* bezeugte Mentalität,

die einerseits zu Martyrium und unerbittlichem Widerstand bereit war, andererseits aber die Verteidigung am Sabbat für unerlaubt hielt. In diesem Punkt sahen sich die Makkabäer unter dem Druck der Realitäten – die Syrer nützten gerade die Sabbate zu Angriffen aus – zu einem ersten schwerwiegenden Kompromiß gezwungen: eben zur Verteidigung bei Angriffen am Sabbat. Das Gewicht dieser Entscheidung ist nur anhand zeitgenössischer Wertungen des Sabbat zu ermessen.
So wird zum Beispiel im *Jubiläenbuch* 2, 17–33 (vgl. 50, 6 ff.) nicht nur die herkömmliche Auffassung vom Segen der Sabbatfeier und von der Notwendigkeit der Todesstrafe für Sabbatschänder akzentuiert, sondern der Charakter des Tages weiter »geheiligt«, indem das Sabbatgesetz als Zeichen der Schöpfung auch für die himmlische Welt als gültig betrachtet wird, entsprechend der im Kult beheimateten Vorstellung von der Entsprechung zwischen himmlischem und irdischem Gottesdienst. Die Beachtung dieser irdisch-überirdischen Ordnung durch Israel gilt als Teil seiner Erwählungsaufgabe: Sie »heiligt« das Volk unter den Völkern und ist unerläßlich für den Bestand des erwählten Volkes (V. 27: »... daß sie nicht ausgerottet werden aus diesem Land«). Kapitel 50, 8 wertet – im Gegensatz zur pharisäisch-rabbinischen Tradition – sogar den Beischlaf ausdrücklich als Befleckung des Sabbat und 50, 12 verbietet expressis verbis, jemand am Sabbat zu schlagen oder zu töten.
Der makkabäische Entschluß bedeutete die Preisgabe des unbedingten Gehorsams aufgrund der Überlegung, daß es besser sei, einige Sabbate zu entweihen, als zu sterben, oder, wie es später die Pharisäer positiv formulierten: daß es gestattet sei, einen Sabbat zu entweihen, um viele Sabbate halten zu können. Demgemäß haben die Pharisäer auch die Lebensrettung am Sabbat erlaubt, während radikalere Gruppen sie untersagten; zum Beispiel verbietet die *Damaskusschrift* 10, 16, jemand, der an einem Sabbat ins Wasser gefallen ist, mit Leitern oder Stricken herauszuholen.

An dem zuletzt genannten Beispiel kann man die Tiefe der Kluft ermessen, die zwischen der Weltanschauung und Lebensauffassung der radikalen Frommen und den gemäßigteren Gruppen innerhalb der antihellenistischen Front — also auf dem gemeinsamen Boden bewußter *Torah*-Treue — aufzubrechen begann. Die Problematik wurde mit den makkabäischen Erfolgen noch akuter. Zum einen bestand in der Einschätzung dieser Erfolge ein grundlegender Unterschied: Während die Anhänger der Makkabäer ihren Bemühungen und Erfolgen eine heilsgeschichtliche Rolle zumaßen, sahen die radikalen Frommen — wie zum Beispiel der Verfasser der *Danielapokalypse* — darin nur eine »kleine Hilfe« (*Daniel* 11, 34); sie rechneten mit end- und übergeschichtlichen Vorgängen, nicht mit einem normalen Guerillakrieg und politisch-militärischem Kalkül. Zum andern ergab sich in vielen weiteren Einzelheiten für die Makkabäer die Notwendigkeit zu Kompromissen: Durch ihre Erfolge wurden sie in das politische und wirtschaftliche Kräftespiel der Region verstrickt und mußten ihr radikales, oppositionelles *Torah*-Ethos den gegebenen Umständen anpassen. Im Folgenden seien nur einige der markantesten Vorgänge dieser Art aufgezählt.

Die Ernennung des Alkimos zum Hohepriester beim Widerruf der Religionsdekrete durch Antiochus IV. Epiphanes stellte formal den ursprünglichen Verfassungszustand wieder her; eine Fortsetzung des Kampfes gegen die Syrer erschien darum vielen Frommen als nicht mehr notwendig. Das weitere Verhalten des Alkimos hat diese Ansicht zwar widerlegt, doch nicht ohne Provokationen von seiten jener Frommen, die jeden Kompromiß ablehnten. Unter diesen befanden sich vor allem die Makkabäer, die nicht mehr bloß für die Restauration des alten *status quo* kämpften, sondern bereits um einen auch innenpolitischen Machtanspruch, den sie freilich auch religiös begründeten. Manche der kritischer eingestellten Frommen dürften diese Verquickung von theokratischer und persönlicher, machtpolitischer Zielsetzung erkannt haben.

Jonathan Makkabäus erlangte von den Seleukiden die Anerkennung als politisch-militärischer Machthaber über Juda und schließlich die Ernennung zum Hohepriester. Diese Ernennung durch einen heidnischen Herrscher und die Tatsache, daß die Hasmonäer nicht jener engeren zadokidischen Sippe angehörten, in der vordem das Hohepriesteramt vererbt worden war, konnte schwerlich allen Frommen recht sein. Dazu kam, daß Jonathan teils auf eigene Faust, teils als Gefolgsmann der Seleukiden noch nach seiner Ernennung zum Hohepriester zahlreiche Feldzüge unternahm, nach strengen Maßstäben also kaum den rituellen und ethischen Anforderungen gerecht wurde, die man an einen Hohepriester zu stellen gewohnt war. Josephus erwähnt denn auch – allerdings knapp und unvermittelt – die Entstehung der großen frühjüdischen Parteien in der Zeit des Jonathan, in dem viele Fachleute den »Frevelpriester« der Qumrantexte sehen. Wie immer es sich damit verhält: es bleibt die berechtigte Vermutung, daß es unter Jonathan zu einer Formierung der widersprüchlichen Haltungen im Lager der *Torah*-Treuen gekommen ist, aus der sich dann die bekannte Parteiengruppierung – Sadduzäer, Pharisäer, apokalyptische Gruppen beziehungsweise Essener – ergab.

Die Regierung des Simon bildet zwar den Höhepunkt der makkabäischen Herrschaft. Doch beweisen seine Ermordung und der folgende Bürgerkrieg, daß es beträchtliche Kräfte gab, die mit den Makkabäern nicht einverstanden waren.

Die Regierung des Johannes Hyrkan bot eine Reihe von Anlässen zu Kontroversen: so schon sein unglücklicher Entschluß, die Kampfunfähigen während der Belagerung aus der Stadt zu vertreiben; ferner die Plünderung des Davidgrabes zur Deckung der Kapitulationsfolgen; vor allem aber die Tatsache, daß er mit einem Teil dieser durch Grabschändung gewonnenen Mittel heidnische Söldner anwarb und damit den Weg zu einer Herrschaftsform beschritt, die sich schließlich nicht mehr von der hellenistischen Tyrannis unterschied.

Obwohl er im Rahmen seiner Expansionspolitik eine rücksichtslose Judaisierung der unterworfenen Gebiete betrieb, sahen viele Fromme in seinen Kriegs- und Raubzügen keine einem Hohepriester angemessene Tätigkeit. Sogar die bis dahin im allgemeinen makkabäerfreundlichen Pharisäer forderten daher die Trennung der Ämter, also den Verzicht auf die Hohepriesterwürde. Das kam aber für den regierenden Hasmonäer schon wegen der Verfügungsgewalt über den Tempel – und den Tempelschatz – und wegen des mit der Hohepriesterwürde verbundenen Prestiges nicht in Frage.

So kam es unter Johannes Hyrkan sogar zu einem Bruch zwischen den Hasmonäern und den gemäßigten (pharisäischen) Frommen, ein Konflikt, der unter Alexander Jannaj seinen Höhepunkt erreichte. Er, der »Zorneslöwe« des *Nachumkommentars* von Qumran, suchte die Frommen mit Gewalt zu unterdrücken, freilich vergeblich: Gerade in seiner Zeit erhielten die radikalen Frommen nur noch mehr Zulauf, wie die Erweiterung der Anlagen von Qumran beweist.

Inzwischen war mit der Führung des Königstitels die Herrschaftsform der Tyrannis voll zur Geltung gekommen. Der früher neben und grundsätzlich sogar vor dem Hohepriester in Urkunden erwähnte *ḥebär ha-J^ehûdîm* – ein oberster Staatsrat, Nachfolger der alten Gerusie – erscheint auf den Münzen des Alexander Jannaj schließlich gar nicht mehr. Obschon auch Alexander Jannaj seine Eroberungen mit einer energischen Judaisierungspolitik verband, sahen seine frommen Gegner in ihm eher eine satanische Figur im Dienst der Mächte der Finsternis.

Aus einer Verwirklichung der Gottesherrschaft, wie man sie sich in den Makkabäeraufständen erträumt hatte, war in den Augen der radikalen Frommen ihre vollkommene Pervertierung geworden, und selbst die Gemäßigten fanden die Diskrepanz zwischen Ideal und Wirklichkeit zu groß, um sich mit dem selbstherrlichen Machthaber abfinden zu können. Diese innenpolitische Polarisierung innerhalb der *Torah*treuen Bevölkerung prägte sich in den Wirren der letzten Hasmonäerzeit und unter dem Druck der folgenden römischen Herrschaft weiter aus und bestimmte die grundsätzliche und konkrete Haltung gegenüber der jüdischen wie nichtjüdischen Umwelt und Umweltskultur.

Je nach der vorherrschenden gesellschaftlichen Rolle, der geschichtstheologischen Einstellung und der *Torah*-Frömmigkeit ergaben sich dabei unterschiedliche Standpunkte, die in – organisatorisch allerdings nur zum Teil erfaßten – religionspolitischen Parteienbildungen zum Ausdruck kamen.

5. Die religiös-politischen Gruppierungen

Die Sadduzäer

Die Oberschicht Judas, deren Familienhäupter aufgrund ihrer wirtschaftlichen Position von alters her »das Volk« repräsentiert und demgemäß auch in der Gerusie dominiert hatten, bestand – der Struktur des judäischen Tempelstaates entsprechend – überwiegend aus vornehmen Priestern. Die reichen Laien waren mit diesen priesterlichen Familien – wie das Beispiel der Tobiaden zeigt – durch familiäre und wirtschaftliche Bande verbunden. Sie bildeten also zusammen mit jenen eine gewisse Interessengemeinschaft, bestimmt nicht zuletzt durch die politische Verantwortung für den Staat, dessen Interessen sich mit den ihren weitgehend deckten.

Die hellenistische Reform hat erwiesen, daß ein Teil dieser Kreise bereit war, aus Rücksicht auf zeitbedingte Erfordernisse auch gewisse Abstriche und Wandlungen in der überkommenen, als *Torah*gemäß geltenden Lebensweise in Kauf zu nehmen. Zwar ist anzunehmen, daß die Mehrheit nicht den radikalen Hellenisten folgte; sie zog eher einen Mittelweg vor, der die Geltung der *Torah* selbst unangetastet ließ. Doch mit dem Sieg der Makkabäer waren sie wenigstens vorübergehend als Sympathisanten der Abtrünnigen verdächtig geworden und für einige Zeit politisch-gesellschaftlich »erledigt«.

Da aber die Besitzverhältnisse der Familien und insbesondere die priesterlichen Privilegien nur in eindeutigen Fällen von Apostasie eine Veränderung erfahren haben dürften, mußte sich früher oder später das Gewicht dieser besitzenden und vorwiegend priesterlichen Schicht erneut bemerkbar machen, jedenfalls mit fortschreitender Normalisierung der Verhältnisse im hasmonäischen Staatswesen und mit zunehmender Entfremdung zwischen den Makkabäern und den radikalen Frommen. In der Tat suchte Johannes Hyrkan, als er selbst mit den Pharisäern in Konflikt geriet, die Unterstützung dieses alten Establishments, das zahlenmäßig zwar eine Minderheit darstellte, aber finanzkräftig genug war, um sich nun, da auch heidnische Söldner für den Bestand des Regimes sorgten, behaupten zu können.

Das gelang allerdings nur, solange es nicht zu einer allgemeinen Bürgerkriegssituation wie unter Alexander Jannaj kam. Unter Salome Alexandra und in den späthasmonäischen Wirren geriet die sadduzäische Partei aber neuerlich ins Hintertreffen. Herodes setzte zwar Sadduzäer als Hohepriester ein, aber nur als Marionetten seiner Willkür. Erst unter unmittelbarer römischer Verwaltung 6 n. Chr. gewann das Hohepriesteramt wieder an Gewicht. Das Synhedrium, das oberste politische und juristische Gremium des Staates in der römischen Periode, bestand offenbar mehrheitlich aus Sadduzäern und wurde vom Hohepriester präsidiert.

In den Aufstand gegen Rom 66 n. Chr. nach anfänglichem Zögern mitverwickelt, geriet diese Gruppe zwischen zwei Fronten: auf der einen Seite die radikalen, revolutionären Frommen, die trotz Kriegszustand und Belagerung entschlossen waren, die Vertreter des alten Establishments auszurotten, auf der anderen Seite die Römer, in deren Augen die Sadduzäer als politisch herrschende Partei für den Krieg verantwortlich erschienen. Nach dem Ende des Krieges hatte darum der Sadduzäismus zahlenmäßig wie politisch-religiös nur mehr rudimentäre Bedeutung, zumal mit dem Verlust des Tempels und der mit dem Kult verbundenen Einkünfte auch seine wirtschaftlich-gesellschaftliche Basis verloren war.

Über die religiösen Ansichten der Sadduzäer (der Name bezieht sich auf Zadok, einen Hohepriester in der Zeit Davids) sind nur wenige Nachrichten überliefert. Sie lehnten als Befürworter der herkömmlichen Ordnungen selbstverständlich die eschatologisch-apokalyptische Geschichtstheologie ab und bestritten in diesem Zusammenhang auch den verbindlichen Offenbarungscharakter der prophetischen Schriften. Sie ließen also nur die *Torah* als offenbarten Gotteswillen gelten. Damit wiesen sie auch die von der eschatologisch bestimmten Geschichtsdeutung geprägte Gesetzesinterpretation der Radikalen und Pharisäer ab und pochten demgegenüber auf den Buchstaben der *Torah*. Das schloß allerdings eine interpretierende Anwendung der *Torah* und eine gewohnheitsrechtlich oder sonst begründete Rechtspraxis nicht aus, sofern die *Torah* selbst den Sachverhalt nicht deckte. So soll es ein *Buch der Rechtsentscheidungen (Sefär g^ezerôt)* der Sadduzäer gegeben haben, dessen Aufhebung in der *Fastenrolle (M^egillat Ta^ca-nit)* erwähnt wird. Mit der Eschatologie lehnten sie auch die entsprechende Vorstellung von der Vergeltung im Jenseits ab: Sie leugneten – nach Josephus – die Unsterblichkeit der Seele und den Auferstehungsglauben.

Die Position der Sadduzäer war also konservativ-liberal, konservativ in ihrem strengen Beharren auf dem geschriebenen Gesetz und in der strikten Einhaltung der rituellen Gebote der *Torah*, liberal aufgrund des gesellschaftlichen Zwangs zum Arrangement mit der Umwelt aus politischer Verantwortlichkeit. Die spätere, pharisäische Polemik erweckte zum Teil den Eindruck, daß es sich bei den Sadduzäern um Hellenisierende gehandelt habe, was im großen und ganzen schwerlich zutrifft. Gewisse zivilisatorisch und politisch bedingte äußere Assimilationserscheinungen schlossen eine ausgesprochen jüdisch-nationale Orientierung keineswegs aus; das zeigt auch die Haltung der Oberschicht anderer orientalischer Gemeinschaften gegenüber Rom.

Aufs engste mit dem Kultwesen und der damit zusammenhängenden Abgabenordnung verflochten und auf diese angewiesen, beherrschten die mehrheitlich priesterlichen Sadduzäer bis zur Tempelzerstörung einen guten Teil des öffentlichen und sozialen Lebens in Juda. Interessenkonflikte innerhalb der Priesterschaft, vor allem zwischen den herrschenden vornehmen Familien und den gewöhnlichen Priestern, führten jedoch dazu, daß gegen Ende der Zeit des zweiten Tempels zahlreiche Priester oppositionellen — apokalyptischen, pharisäischen oder anderen — Strömungen folgten, ja sogar im Zelotismus eine Rolle spielten.

Die Pharisäer

Die Wurzeln der vor allem im städtischen Mittelstand beheimateten Richtung der Pharisäer liegen in der Laienschriftgelehrsamkeit und in levitischen Traditionen.

Seit Esras Reform hatten auch nichtpriesterliche Gesetzesgelehrte eine feste Stellung im Rechtswesen inne und übten dadurch großen Einfluß auf breitere Volksschichten aus. Dabei ging es ihnen darum, möglichst alle Juden für ihre Auffassung des Gesetzes und der Heilsgeschichte zu gewinnen. Sie profilierten sich als eigene Strömung, als unter Johannes Hyrkan die Diskrepanz zwischen religiösem Ideal und Realität immer unerträglicher wurde.

Während allerdings die Pharisäer noch einen Ausgleich erstrebten, wählten die radikalen Frommen die totale Oppositionsrolle. Grundsätzlich teilten die Pharisäer mit den radikalen Apokalyptikern das endzeitbezogene Geschichtsbild; aber sie suchten der verheerenden Eskalation der Frömmigkeit unter dem Druck der Naherwartung zu entrinnen und eine Praxis der Frömmigkeit zu finden, die eine Existenz auch auf längere Sicht gewährleisten konnte. So gerieten sie in eine Zwischenposition, die den Radikalen als Heuchelei erschien.

Während sich radikale Gruppen wie die Qumrangemeinde unter Protest aus dem öffentlichen Leben zurückzogen, um auf den Anbruch der Endzeit zu warten, wetteiferten die Pharisäer mit den Sadduzäern um den Einfluß im Gemeinwesen und im Sanhedrin, mochte auch zeitweilig – wie unter Herodes – ihr politisches Engagement notgedrungen etwas gedämpft sein.

Unter der Regierung der Salome Alexandra hatten sie zwar Gelegenheit, manche ihrer Vorhaben zu verwirklichen – zum Beispiel die Umwandlung des *ḥebär ha-J^{e}hûdîm* in den »Sanhedrin«, die Einführung von Kinderschulen in den Städten sowie eine Reform des Eherechts (Scheidebrief). Aber die folgenden Jahrzehnte brachten wieder einen Rückschlag. Erst unter unmittelbarer römischer Verwaltung und besonders unter König Agrippa I. (41–44 n. Chr.) erlangten sie wieder größeren Einfluß.

In ihrer Mehrheit ließen sie sich nur widerwillig in den Aufstand gegen Rom hineinziehen. Ein gemäßigter Flügel unter Jochanan ben Zakkaj suchte sogar Kontakt zu den belagerten Römern und legte damit die Fundamente für einen *modus vivendi* nach der endgültigen Niederlage.

Zwischen den Fronten stehend, von den radikalen Frommen im Volk als Kollaborateure und Heuchler diffamiert, von den Sadduzäern als verkappte Revolutionäre mißtrauisch beobachtet und – nicht ohne Grund – des Machtstrebens verdächtigt: so nahmen die Pharisäer an der Gestaltung und Verwaltung des Gemeinwesens teil, mit dem Ziel, ihre Vorstellungen von der *Torah*-Auslegung, die sich in der »Tradition der Väter« und der »mündlichen« Überlieferung auskristallisierte, durchzusetzen.

Während die radikalen Frommen sich absonderten und zum

Beispiel wie die Qumrangemeinde in der Wüste eigene Gemeinwesen einrichteten, blieben die Pharisäer im Volk: Sie stellten ihre rituellen Bedürfnisse – vor allem die Produktion und Zubereitung rituell reiner Nahrungsmittel – durch Genossenschaften *(ḥaburot)* sicher und sonderten sich insofern innerhalb der Siedlungen von der weniger *Torah*strengen Masse ab.

Eine weiter reichende Organisation bestand nicht: Nur die zahlreichen Schulen der pharisäischen Schriftgelehrten und die Vertretung im Sanhedrin bot einen gewissen Rahmen, innerhalb dessen dann und wann Persönlichkeiten von besonderem Format tonangebend sein konnten. In der zweiten Hälfte des ersten Jahrhunderts v. Chr. dominierten zwei solcher Schulhäupter, der aus Babylonien stammende Hillel und ein mehr zu den radikalen Frommen tendierender Gelehrter namens Schammaj. Infolge der Niederlage von 70 n. Chr. und der folgenden Entwicklung behielten die Anhänger der Hillel-Schule die Oberhand.

Aufgrund ihrer Mittelstellung und ihres Engagements mitten unter dem Volk war den Pharisäern auch nicht jene Abgrenzung und Abkapselung gegenüber der Umweltkultur möglich, die radikale Gemeinschaften wie Qumran kennzeichnen. Im öffentlichen Leben verankert, übernahmen sie darum in ihren Sprachschatz eine Fülle von griechischen und lateinischen Lehnwörtern für Begriffe und Gegenstände, die durch die hellenistisch-römische Kultur und Zivilisation bedingt waren, ja, sie übernahmen im Rahmen ihres Engagements im Rechtswesen sogar gewisse Normen der antiken Rhetorik für ihre Gesetzesinterpretation. So werden Hillel in der Tradition sieben hermeneutische Regeln *(middôt)* zugeschrieben, die zum Teil eindeutige Berührungspunkte zur hellenistischen Rhetorik aufweisen. Auch für die Kinderschule, an der den Pharisäern, die um Einfluß im breiten Volk rangen, besonders lag, waren hellenistische Vorbilder maßgebend.

Dies alles geschah wohl kaum in dem Bewußtsein, heidnische

Vorbilder zu kopieren. Eine hellenisierende Tendenz lag den Pharisäern grundsätzlich fern, wenn auch die mit ihnen sympathisierenden Kreise in der hellenistisch-römischen Diaspora zum Teil nur noch Griechisch und kaum mehr Hebräisch oder Aramäisch verstanden. Doch gegenüber Tendenzen, die auf eine Erleichterung der *Torah*-Frömmigkeit abzielten, wie etwa das frühe Christentum, erwiesen sie sich als äußerst kritisch, denn sie befürchteten, daß auf diesem Gebiet eine Konzession bald weitere nach sich ziehen würde.

Vom festen Boden des *Torah*-Gehorsams (nach ihrer Interpretation) aus waren sie jedoch auch zu Zugeständnissen bereit. Kompromißbereitschaft bewiesen sie zum Beispiel gegenüber den breiteren Schichten in Fragen des Gesetzesgehorsams, sofern dieser eine unmenschliche Last zu werden drohte. Die Pharisäer sahen in der *Torah* kein rücksichtslos verhängtes Gesetz, sondern das »Gesetz des Lebens«. Sie forderten daher auch nicht die Mißachtung vitaler Interessen gegenüber formalem Gehorsam. Der Sabbat zum Beispiel galt ihnen als Verordnung zum Nutzen des Menschen, weshalb für sie Lebensgefahr die Sabbatruhepflicht aufhob.

Andererseits waren sie bemüht, möglichst alle Lebensbereiche durch die *Torah* und ihre interpretatorische Anwendung zu erfassen und zu regeln. Daraus entstand eine immer umfangreichere religiöse Gesetzestradition, die für den schlichten Menschen eine erhebliche Belastung darstellte.

Zwischen pharisäischem Ideal, zwischen der *Torah*-gemäßen Lebenshaltung des pharisäischen Gesetzesgelehrten – für den sich die Bezeichnungen »Weiser« und später »Rabbi« einbürgerten – und dem Leben des gemeinen Mannes bestand also eine Diskrepanz, die zu überbrücken ein Hauptanliegen der Pharisäer war. Sie versuchten dies durch intensive Volksbildung: durch Verbreitung von *Torah*-Kenntnis. Mit dem Pharisäismus gewann somit jene Form volkstümlicher religiöser Gesetzesgelehrsamkeit Gestalt, die für das gesamte spätere Judentum charakteristisch wurde.

Flavius Josephus erwähnt neben Sadduzäern und Pharisäern noch die Essener als größere Partei. Aber allem Anschein nach handelt es sich dabei um eine Sammelbezeichnung für verschiedene apokalyptisch-orientierte Gruppen. Diese waren infolge des zunehmenden Konflikts mit den makkabäischen Realpolitikern aus dem radikalen Flügel der antihellenistischen Front hervorgegangen, wobei jede Gruppe für ihre Geschichts- und Gesetzesdeutung absolute Autorität beanspruchte, zum Beispiel durch prophetische Persönlichkeiten wie den »Lehrer der Gerechtigkeit« von Qumran.

Durch die christliche Überlieferung sind uns Schriften solcher Kreise im Rahmen der sogenannten *Pseudepigraphen des Alten Testaments* erhalten. Eine radikale Erwählungstheologie und eine militante Frömmigkeit hatte eine schroffe Haltung gegenüber der andersdenkenden jüdischen Umwelt zur Folge, nicht zuletzt auch gegenüber Nichtjuden allgemein. Die Geschichte erschien diesen Fanatikern als Kampf zwischen den Mächten des Guten und des Bösen; sich selber sahen sie als den treu gebliebenen Kern des erwählten Volkes und somit als eigentliches Gottesvolk und als Vorläufer des endzeitlichen, wiederhergestellten Israel.

Trotz dieser introvertierten Tendenz teilten die Apokalyptiker aber weithin das damals in der Umwelt herrschende Weltbild und verwendeten es im Rahmen ihrer Apokalypsen in Verbindung mit eigenen alten Überlieferungen, vor allem aus der Weisheitslehre und aus der Kulttheologie. Auf diese Weise entstand zum erstenmal etwas wie ein systematisch-theologisches Schrifttum und ein – freilich in vielen Varianten auftretendes – geschlossenes theologisches Welt- und Geschichtsbild.

Obschon diese Bewegung infolge der Vielzahl autoritativer Offenbarungsansprüche sich automatisch weiter aufzuspalten geneigt war, scheint der Einfluß ihres Denkens auf weite

Schichten des Volkes beträchtlich gewesen zu sein. In der Zeit der römischen Verwaltung fand die unter Herodes erfolgte, jedoch zugleich unterdrückte Radikalisierung in der Bewegung der Zeloten organisierte Gestalt. Sie schritt aktiv gegen Abtrünnige und Römer ein und beschwor schließlich den Krieg gegen Rom im Jahr 66 n. Chr. herauf.

Eine weitere, in der letzten Zeit auftretende Gruppe, die Sikarier, tat sich vor allem durch blitzartig durchgeführte, skrupellose Attentate hervor. Noch im belagerten Jerusalem lieferten sich die fanatischen Gruppen erbitterte Kämpfe. In einigen Schlupfwinkeln, wie auf der Herodesfestung Masada am Toten Meer, hielten sich einige noch bis zu drei Jahren nach dem Fall Jerusalems; sie brachten sich lieber selbst um, als daß sie sich dem verhaßten Gegner ergaben.

Die Qumrangemeinde

Über den soziologischen Hintergrund der Apokalyptik war bis vor wenigen Jahren noch nicht viel bekannt. Manche dachten an kleine Konventikel fern jeder Politik, andere an eine breite Volksbewegung. Tatsächlich handelte es sich wohl um eine breite Bewegung von beträchtlicher Vielfalt. Eine dieser Gruppen ist durch die Funde am Toten Meer (Qumran) bekannt geworden.

Eine Gruppe zadokitischer Priester unter dem »Lehrer der Gerechtigkeit« hatte sich mit dem Makkabäerherrscher überworfen und in die Wüste am Toten Meer zurückgezogen, dort gegen 130 v. Chr. eine Siedlung gegründet, die unter Alexander Jannaj ihre größte Ausdehnung erreichte und schließlich im Verlauf des römischen Krieges zerstört worden ist.

Der »Lehrer der Gerechtigkeit« nahm für sich in Anspruch, die Geheimnisse der Prophetenworte zu kennen, also die richtige Geschichtsdeutung zu besitzen. Zugleich wurde eine ganz vom priesterlichen rituellen Reinheitsdenken her bestimmte, strenge Gesetzespraxis gefordert. Bewerber wurden im Lauf eines zweijährigen Aufnahme- und Bewerbungsverfahrens geprüft, bevor sie mit ihrem Besitz als Vollmitglieder in die Gemeinschaft der »Reinen« aufgenommen wurden. Im Zustand der Reinheit vermieden sie, wie die diensttuenden Priester am Tempel, den Umgang mit Frauen und beachteten die Reinheitsregeln, als ob sie im Tempel Dienst täten.

Die Gemeindeangelegenheiten wurden durch eine Vollversammlung geregelt, in der man nach einer genauen Rangordnung verfuhr und in der die Priesterschaft dominierte. Strenge Strafen regelten das Zusammenleben, das ganz auf asketische *Torah*-Erfüllung und religiöse Erbauung abgestimmt war. Für die Lebensbedürfnisse tat man offenbar nur das Nötigste; das dürfte wahrscheinlich auch das niedrige Durchschnittsalter der in den Gräbern gefundenen Gemeindemitglieder erklären.

Ihre Schriften verfaßte diese Gemeinde vor allem in einem betont bibelnahen Hebräisch. Einige Texte sowie den Gottesnamen schrieb man sogar noch in der althebräischen Schrift.

Ob die Gemeinde mit anderen Gruppen im Land Beziehungen unterhielt, ist nicht bekannt. Einer der Texte, die sogenannte *Damaskusschrift,* bezeugt jedoch Gemeinschaften, die nicht in diesem Maß priesterlich-rituellen Regeln folgten und auch ein normales Familienleben kannten; doch ist die chronologische Ansetzung unsicher. Zum erstenmal durften solche Gemeinschaften zur Wahrung einer *Torah*gemäßen Lebensweise in der Zeit der Religionsverfolgung und der Makkabäerkämpfe entstanden sein. Die Qumrangemeinde ist als ein priesterlich beherrschter Ausläufer solcher Gemeinschaften zu betrachten.

Das Urchristentum

Unter die eschatologischen Bewegungen des Frühjudentums gehört auch das Urchristentum, wenngleich es sich aus verschiedenen Gruppierungen rekrutierte, nicht zuletzt aus Kreisen, die durch den Parteienstreit irritiert waren oder unter der eskalierten Frömmigkeit der radikalen Strömungen litten. Grundlegend war die Überzeugung, daß »die Zeit erfüllt« und die entscheidende Heilswende eingetreten sei oder unmittelbar bevorstehe.

Die Diskussion darüber allein stellte nichts Außergewöhnliches dar. Was sie heraushob, war die Fixierung dieser Überzeugung an eine messianische oder als messianisch angesehene Persönlichkeit, nämlich an Jesus von Nazareth. Zwar hat es zu dieser Zeit auch andere messianische Prätendenten gegeben, aber das Festhalten an der Messianität Jesu selbst nach der Kreuzigung war der unterscheidende und zukunftsweisende Faktor.

Mit der Ausprägung der »Christologie« trat neben die erhoffte endgültige Erfüllung der Geschichte die Überzeugung von einer Heilswende in der Geschichte, in der man das *eschaton* grundsätzlich – wenn auch noch nicht manifest – vorweggenommen sah. Mit anderen Worten: Leben und Tod Jesu erhielten im religiösen Bewußtsein einen Stellenwert, der ansonsten der *Torah* zukam; sie wurden damit zum konkurrierenden Heilsweg, und so schied das Christentum als eigene Religion aus dem Judentum aus.

Ein zweiter Punkt betrifft die *Torah*-Praxis. Die Diskussion Jesu mit den Pharisäern – die übrigen Gruppen waren zur Auseinandersetzung offenbar gar nicht bereit – konzentrierte sich auf die rechte Erfüllung des Gotteswillens aufgrund der Erfahrung der Spannung zwischen überlieferten Normen und dem Gebot der Stunde, zwischen dem »Buchstaben« und dem »Geist« des Gesetzes. Die Pharisäer sahen dieses Problem zwar auch, aber sie fürchteten, daß bei einer vorrangigen Ermessensethik die individuelle Willkür Oberhand gewinnen könnte, zumal es ohnedies darum ging, die Dämme gegen den Sog der Hellenisierung zu stärken.

Während radikale apokalyptische Gesetzesfanatiker den Pharisäern eine laxe *Torah*-Praxis vorwarfen, erscheinen sie in der neutestamentlichen Polemik zum Teil als Verfechter einer pedantischen, kleinkrämerischen Frömmigkeit. Die rapide Abwendung des Urchristentums von der strengen *Torah*-Frömmigkeit dürfte die Pharisäer in ihren Bedenken jedoch bestärkt und den aufbrechenden Gegensatz zwischen »Synagoge« und »Kirche« entscheidend mitbestimmt haben.

Schließlich durchbrach das Urchristentum die Grenzen des Judentums. Auch in apokalyptischen, radikal-frommen Kreisen konnte dann und wann die Ansicht auftauchen, daß anständige Heiden eigentlich besser seien als abtrünnige Juden. Auch Johannes der Täufer soll nach *Matthäus* 3, 8 gegen die Meinung polemisiert haben, daß die Zugehörigkeit zum Erwählungskollektiv bereits an sich eine Garantie darstelle: Gott könne vielmehr dem Abraham sogar aus Steinen Nachkommen erwecken. Es zeigt sich also das Paradox, daß gerade die Radikalisierung der Erwählungs- und Gesetzestheologie, die zu einer schroffen Konfrontation mit der nichtjüdischen Umwelt geführt hatte, zu einem Teil aus Enttäuschung über die innerjüdische Situation in eine bewußte Hinwendung zur Heidenwelt umschlagen konnte.

Im Christentum gewann diese Tendenz nach anfänglichen Auseinandersetzungen die Oberhand, und innerhalb kurzer Zeit wurde aus einer kleinen eschatologischen Bewegung des Frühjudentums eine rapid anschwellende religiöse Massenbewegung in der antiken Welt insgesamt. In dem Maß, wie das Urchristentum die Grenzen des Judentums überschritt, verschwand es für jüdisches Bewußtsein aus dem Blickfeld – es wurde aus einer innerjüdischen Sekte zu einer fremden Religion, wenn auch kleinere judenchristliche Gruppen innerhalb des Judentums zu bleiben suchten.

Schwieriger gestaltete sich dieser Ablösungsprozeß in der Diaspora, doch diese Frage führt bereits in andere Bereiche und Perioden.

6. Die römische Herrschaft (63 v. Chr. – 70/73 n. Chr.)

Rom und das Judentum

Während des ganzen seleukidisch-jüdischen Konflikts hatte sich Rom als zwar noch ferner, aber immerhin einflußreicher Bundesgenosse Judas bewährt. Mit der fortschreitenden Eroberung der seleukidischen Gebiete durch die römischen Legionen mußte jedoch argwöhnischen Beobachtern bereits klar werden, daß hier eine zielbewußte Weltmachtpolitik betrieben wurde, für die Juda nur ein kleiner Faktor unter anderen darstellen konnte.

So geriet das verbündete und befreundete Rom infolge seiner orientalischen Eroberungen für jüdisches Bewußtsein bald in die Rolle der *Weltmacht* schlechthin, in der man seit den Tagen der Assyrer zumeist die strafende Geißel Gottes, schlimmstenfalls die politische Manifestation des Bösen zu sehen gewohnt war. Man hielt sie für eine im Grunde usurpierte Herrschaft, da von der Erwählung her und nach dem Ziel der Heilsgeschichte ja Israel als »Erstgeborener der Völker« zu gelten hatte.

Solche Überlegungen haben in den eschatologisch-apokalyptisch interessierten Kreisen einen besonders fruchtbaren Nährboden gefunden und ein schematisches Geschichtsbild hervorgebracht, das unter Verwendung älterer Vorstellungen literarisch zum erstenmal im *Danielbuch* bezeugt ist und danach bis in die neueste Zeit herauf in Variationen in Geltung geblieben ist: die Vier-Reiche-Lehre.

Daniel 2, 31 ff. beschreibt die Weltgeschichtsperioden als Teile eines Standbildes, das – von oben nach unten – durch Gold,

Silber, Bronze und schließlich mit Ton vermischtes Eisen gekennzeichnet ist. Der »Seher« berichtet, wie »ein Stein ohne Zutun von Menschenhand vom Berg losbrach, auf die eisernen und tönernen Füße des Standbildes aufschlug und sie zermalmte« (V. 34), worauf alle übrigen Teile ebenfalls zerschmettert wurden. »Der Stein aber, der das Bild zerschlug, wurde zu einem großen Berg und erfüllte die ganze Erde.« Dieses Standbild mit seinen verschiedenen Teilen wird V. 36 ff. auf die einander folgenden orientalischen Weltreiche gedeutet, nach deren Ende schließlich Gott ein Reich erstehen läßt, das ewigen Bestand haben soll; »und die Herrschaft wird keinem anderen Volk überlassen bleiben« (V. 44).

Man hat in der Folge die Zählung der vier Reiche der jeweiligen weltpolitischen Situation angepaßt und vom Untergang des jeweils letzten – also des jeweils gegenwärtigen – den Anbruch des messianischen Reiches und der Gottesherrschaft erwartet. Das schließt zwar eine vorläufige Anerkennung der herrschenden Weltmacht als Faktum ein, jedoch eben nur vorläufig, weil die ersehnte Heilszeit den Untergang der bestehenden Ordnung voraussetzt.

Waren nach *Daniel* 2 noch die Diadochen die Repräsentanten des vierten und letzten Weltreiches, so trat nun automatisch Rom in die Position des »vierten Reiches« ein. Damit stand aber auch die grundsätzliche Wertung dieses Reiches für alle eschatologisch-apokalyptisch ausgerichteten Juden – und das war die Mehrheit – fest. Was als *pax Romana* in der antiken Welt weithin als Segen gepriesen wurde, erschien in diesem Licht nur als Hemmnis auf dem Weg zum Heil.

Diese Einschätzung und damit die Umwertung des römisch-jüdischen Verhältnisses wurde nicht zuletzt durch die Begleitumstände der römischen Eroberung Jerusalems im Jahr 63 v. Chr. gefördert. Pompeius erschien als Verbündeter einer inner-jüdischen Partei und hatte damit von vornhinein alle Anhänger der übrigen Gruppen gegen sich. Außerdem ließ er es sich nicht nehmen, nach der Eroberung der Stadt den Tempel zu besichtigen, dessen Betreten Fremden normalerweise bei Todesstrafe verboten war, ja, er betrat sogar das Allerheiligste, das selbst der Hohepriester nur einmal im Jahr, am Versöhnungstag, betreten durfte. *Psalm Salomos* 2 bezeugt, welch entsetzliche Demütigung selbst gemäßigt fromme Kreise in diesen Ereignissen erblickten.

Im Bemühen, die Römer im Raster der überlieferten Geschichtsdeutung unterzubringen, hat man zwei Identifikationen vorgenommen. In den Qumrantexten werden die Römer mit den »Kittäern« des *Danielbuches* gleichgesetzt und als Typ des endzeitlichen Feindes beschrieben. In der pharisäisch-rabbinischen Überlieferung hingegen hat sich die Identifizierung mit »Edom« durchgesetzt, das in der nachexilischen Zeit als Erbfeind Judas galt und nun, nach der Eroberung Judas durch Pompeius, in Gestalt des edomitischen Potentaten Antipater und dann vor allem durch den von Rom eingesetzten tyrannischen König Herodes noch einmal für Juda schicksalsbestimmend wurde, nachdem Johannes Hyrkan die Edomiter zum Judentum gezwungen hatte.

Als Ahnvater Edoms gilt in der *Bibel* Esau, weshalb sich für das Judentum von nun an das Verhältnis Rom-Israel auch in der Typologie Esau-Jakob darstellen ließ. Später ergab sich noch die durch *Psalm* 80, 14 angeregte Symbolik für Edom-Esau-Rom als »Wildschwein«. Damit erhielt der politisch-kulturell-religiöse Gegensatz durch die rituelle Implikation des Bildes – das Schwein wurde seit den seleukidischen Religionsdekreten noch mehr als schon vorher für ein verabscheuungswürdig unreines Tier gehalten – einen weiteren, emotional negativ wirksamen Zug. Diese Symbolik ist später auf das christliche römische Reich übertragen worden.

Wenn mit der neuen Weltmacht überhaupt ein *modus vivendi* gesucht wurde, dann jedenfalls nur von Pragmatikern und vom gemäßigten Flügel der eschatologisch orientierten Gruppen – von diesem freilich auch nur im Sinn des heilsgeschichtlichen Vorbehalts, der den Untergang des »vierten Reiches«

als Vorbedingung für die Heilszeit ansah. Da aber die politisch Verantwortlichen mit der römischen Oberherrschaft wohl oder übel Kontakt pflegen mußten, wurde das Verhältnis zu den Römern und zum Römischen überhaupt zu einem neuen »Schibboleth« im innerjüdischen Parteienstreit.

Dieser geschichtstheologische Hintergrund macht erst eigentlich das gespannte Verhältnis zwischen Rom und Juda begreiflich. Denn die rechtliche Situation des Judentums als einer Religion war unter römischer Herrschaft keineswegs ungünstig, im Gegenteil: im Vergleich zu anderen nationalen und religiösen Minderheiten genossen die Juden hinsichtlich ihres monotheistischen Bekenntnisses und ihrer rituellen *Torah*-Praxis sogar erhebliche Privilegien über den Status einer normalen *religio licita* hinaus. Aber die unmittelbare römische Verwaltung brachte nun einmal auch unmittelbare Konfrontationen mit sich, sei es durch ungeschicktes, verständnisloses Verhalten oder durch bewußte Provokation auf und von beiden Seiten. Dies und die zunehmenden sozialen Spannungen haben der radikalen Geschichtstheologie, die einer gewaltsamen Lösung zudrängte, in den letzten Jahrzehnten des »zweiten Tempels« immer mehr Auftrieb gegeben und das Verhältnis zu Rom vergiftet.

Dennoch hat auch Juda die prägende Kraft der römischen Herrschaft und Kultur erfahren. Einrichtungen der römischen Verwaltung und Zivilisation – zum Beispiel Bäder, Theater, Hippodrome –, Fachausdrücke aus Verwaltung und Militärwesen und anderes mehr haben Spuren archäologischer, literarischer, rechtsgeschichtlicher und sprachlicher Art hinterlassen. Diese Entwicklung verstärkte sich noch, nachdem durch den Krieg von 66–70 n. Chr. die extrem romfeindlichen Gruppen so gut wie ausgelöscht waren und ein neuer *modus vivendi* gefunden wurde.

In weit wirksamerer Weise waren natürlich die Diasporagemeinden den Einflüssen ihrer Umwelt ausgesetzt, doch handelte es sich in dieser Periode noch um vorwiegend hellenistische Faktoren und um Auseinandersetzungen mit lokalen Gegebenheiten. Da die römische Weltmacht in der Nachfolge der Diadochenreiche die jüdische Religionspraxis nach der herkömmlichen Weise garantierte und dem Judentum den Status einer *religio licita* mit zahlreichen Privilegien einräumte, sahen die regional bedrängten Diasporajuden in der Regel die römische Zentralgewalt auch in der positiven Funktion eines Rechtsgaranten; denn zunächst ging es eben vor allem um die Frage des Polis-Bürgerrechts und ähnlich begrenzte Probleme. Erst durch die Enttäuschungen während dieser Auseinandersetzungen neigte sich hier die Waagschale eindeutig zugunsten der negativen heilsgeschichtlichen Sicht.

Vom Makkabäerstaat zum herodianischen Reich

Iulius Caesar hatte schließlich Hyrkan II. als Hohepriester bestätigt und ihm den Titel eines Ethnarchen zugebilligt. Doch die tatsächliche Macht in Juda lag bereits in der Hand des Edomiters Antipater. Während nominell die Hasmonäerdynastie noch einmal einen kurzen Aufschwung erlebte, sicherte Antipater, zum *epitropos* für Judäa ernannt, mit seinen Söhnen den Aufbau der eigenen Hausmacht. Ein wackerer Haudegen von unbändigem Ehrgeiz, mit einem hervorragenden Gespür für das politisch Mögliche, erkannte er, daß nur reale Macht den Makel seiner edomitischen Abstammung wettmachen konnte, deretwegen ihn die Mehrheit der Juden verachtete. So stützte er sich voll und ganz auf Rom – wenn auch auf Kosten des jüdischen Steuerzahlers.

Stolz und hochfahrend verhielten sich auch seine Söhne, von denen der eine als Herodes der Große bekannt geworden ist. Sein Vater hatte ihm den Bezirk Galiläa anvertraut, wo einige Gruppen sich mit der neuen politischen Situation nicht abfinden konnten und einen Kleinkrieg entfesselten; dabei tat sich besonders ein gewisser Hiskia hervor, aus dessen Familie noch eine ganze Dynastie von Rebellenführern hervorgehen sollte. Herodes ließ mehrere dieser Rebellen fangen und ohne Gerichtsverfahren hinrichten. Damit hatte er jedoch die Gerichtshoheit des Jerusalemer Sanhedrin verletzt.

Die Empörung der Bevölkerung war enorm, und auch die gemäßigten, auf einen *modus vivendi* bedachten Pharisäer forderten Herodes vor den Sanhedrin. Der ängstliche Hyrkan eröffnete nur zaudernd ein Verfahren wegen Mordes und Mißachtung des Sanhedrin. Herodes erschien – widerstrebend – auf Zureden seines Vaters, jedoch von einer starken Leibwache begleitet und in pompöser Aufmachung, nachdem Hyrkan vom römischen Statthalter in Syrien bereits die Weisung erhalten hatte, ihn freizusprechen. Der Sanhedrin schien zu kapitulieren, doch ein Flügel der Pharisäer rettete die Ehre des obersten Gerichts, indem er den Rechtsbruch mit schroffen Worten geißelte. Der erboste Herodes wollte daraufhin mit Hilfe syrischer Truppen Jerusalem demütigen. Der listige Antipater besänftigte ihn aber — er wußte nur zu gut um die Gefühle des Volkes Bescheid.

Nach Caesars Ermordung entschied sich Antipater für Cassius. Das war ein Mißgriff, der enorme Gelder kostete und die Wut der Gegner schürte. Im Jahr 43 v. Chr. verstarb Antipater während eines Gastmahls, worauf Herodes seine innenpolitischen Gegner des Giftmordes verdächtigte und einen gewissen Elimelek, der Hyrkan nahestand, hinrichten ließ. Hyrkan selbst gab klein bei und duldete sogar, daß Herodes in Begleitung heidnischer Söldner zum Sukkotfest in der heiligen Stadt erschien.

Im Volk jedoch brach sich die aufgestaute Wut gegen den Tyrannen Bahn. Ein Aufstand unter dem Bruder des ermordeten Elimelek zeitigte aber nur Anfangserfolge und wurde von Herodes' Bruder Phasael niedergeschlagen; Herodes selbst hatte inzwischen eine Invasion von Aristobuls Sohn Antigonos abzuwehren, der sich mit Tyrus und einigen syrischen Potentaten verbündet hatte.

Auf diesen neuerlichen Versuch einer hasmonäischen Machtergreifung reagierte Herodes mit einem Trick: Er zwang Hyrkan, die Zustimmung zu seiner – Herodes' – Verlobung mit der Hasmonäerprinzessin Mariammne zu geben und heiratete so in die Dynastie ein. Den römischen Machtwechsel unter Antonius überstand Herodes. Jüdische Delegationen nach Rom, eine im Jahr 42 v. Chr. und eine zweite im Jahr 41 v. Chr., an der auch Hyrkan teilnahm, erreichten nichts, im Gegenteil, die beiden Söhne des Antipater wurden sogar zu »Tetrarchen« ernannt. Eine Protestkundgebung endete mit einem Blutbad. Hyrkan blieb zwar Hohepriester, war aber nicht mehr als eine Marionette des Herodes.

Als dann im Jahr 40 v. Chr. die Parther bis Palästina vordrangen, suchte Antigonos ihre Unterstützung, und Judäa fiel ihm jubelnd zu. Hyrkan und Phasael, der Bruder des Herodes, wurden in Jerusalem gefangengenommen. Herodes entkam jedoch nach Süden. Er brachte seine Familie auf der Wüstenfestung Masada am Toten Meer in Sicherheit und begab sich über Ägypten nach Rom.

Inzwischen verstarb Phasael in parthischer Gefangenschaft, und Hyrkan wurde durch Abschneiden beider Ohren für das hohepriesterliche Amt untauglich gemacht und nach Mesopotamien deportiert. Drei Jahre lang (40–37) herrschte wieder ein Hasmonäer als Hohepriester und König in Juda, offenbar in gutem Einvernehmen mit den gemäßigten Frommen.

Herodes der Große als König

Indessen proklamierte in Rom der Senat mit Antonius und Oktavian an der Spitze den Herodes als Gegenkönig und beauftragte ihn mit der Eroberung seines Herrschaftsgebietes. Nachdem die Parther zum Rückzug gezwungen worden waren, stand Antigonos auf verlorenem Posten. Herodes rückte von Süden und Norden her gegen Juda vor, heiratete nun auch die Hasmonäerprinzessin Mariammne und belagerte Jerusalem, wo — nach einem Sabbatjahr — drückender Nahrungsmangel herrschte. Nach monatelangem erbittertem Widerstand fiel die Stadt nach einem fürchterlichen Gemetzel an einem Sabbat. Antigonos vertraute auf eine ritterliche Behandlung durch Rom und stellte sich selbst, wurde aber in Antiochien enthauptet.

Verhaßt und gefürchtet, trat Herodes nunmehr seine Königsherrschaft an, die zwar schließlich fast die davidischen Grenzen erreichte, beim Volk aber nach wie vor als die Tyrannei eines Edomiters galt, um so mehr, als er nun nach und nach sämtliche Angehörigen der Hasmonäerfamilie auszurotten begann und schließlich, von Verfolgungswahn geplagt, selbst Mariammne und seine eigenen Kinder nicht verschonte; er hatte sich rettungslos in Familien- und Hofintrigen verstrickt.

Auch innenpolitisch breitete sich alsbald Friedhofsruhe aus; doch war es nur unterdrückte, verhaltene Wut, die gelegentlich in verzweifelten Guerilla-Aktionen aufbrach, niedergehalten nur durch das Joch der immer mehr verhaßten Weltmacht, die den Tyrannen stützte.

Dennoch war Herodes zugleich ein Herrscher von Format. Er versuchte, den Juden wie den Nichtjuden in seinem Bereich ein glanzvoller König zu sein. Er sorgte für wirtschaftlichen Fortschritt und entfaltete eine Bautätigkeit, wie sie Juda seit Salomos Tagen nicht mehr erlebt hatte, und er bedachte dabei Juden und Nichtjuden gleichermaßen. Er gründete neue Städte und stattete sie großzügig mit öffentlichen Gebäuden, Tempeln usw. aus. In Jerusalem gestaltete er das gesamte Tempelareal und schließlich sogar den Tempel selbst neu.

Der Kultus blieb unter ihm unangetastet, er gewann sogar an Glanz und Umfang. Die — nunmehr wieder zadokidischen — Hohepriester setzte Herodes allerdings nach Belieben ein und ab. So unterminierte er systematisch ihr Ansehen und hielt sie ständig unter Kontrolle. Der Sanhedrin hatte nichts

Wesentliches mehr zu entscheiden. Auch die politisch-religiösen Gruppen führten ein eher introvertiertes Dasein und warteten gespannt auf das Ende des Königs (4 v. Chr.).
Kaum war Herodes tot, brach der Streit um das weitere politische Geschick aus. Herodes' Sohn Archelaos wollte sich in Rom die Nachfolge bestätigen lassen, erreichte aber zunächst keine Entscheidung, weil andere Prätendenten ebenfalls Ansprüche anmeldeten und in Palästina zudem Aufstände ausbrachen. Schon während einer Erkrankung des alten Herodes hatte ein radikaler Flügel der Pharisäer unter Führung zweier Schriftgelehrter den goldenen Adler, das Symbol Roms, vom Tempeleingang entfernt; sie wurden bei lebendigem Leib verbrannt.
Am Passahfest nach dem Tod des Königs kochte die Volkswut erneut über: Die vorhandenen Truppen wurden überwältigt, doch bald erschienen Verstärkungen, und in der Folge sollen etwa dreitausend Menschen ums Leben gekommen sein. Noch ein weiteres Mal brach in Jerusalem ein Aufstand aus, den römische Legionäre niederwerfen mußten. Dabei drangen sie in den Tempel ein, plünderten und steckten die von Herodes errichteten Säulenhallen in Brand.
Daraufhin stand das ganze Land in hellem Aufruhr, allerdings ohne organisierte Führung. Nur in Galiläa erreichte Judas, der Sohn des Rebellenführers aus der frühherodianischen Zeit, eine gewisse Koordination der aufständischen Gruppen; da diese aber, zum Teil in eschatologisch-apokalyptischer Schwärmerei, Illusionen und persönlichen Machtträumen nachjagten, konnten sie von den Römern im Lauf der Zeit leicht aufgerieben werden.
Diese Unruhen und der Erfolg einer starken jüdischen Delegation, die vom Kaiser eine unmittelbare römische Verwaltung erbat, um die Herodianer loszuwerden, führten schließlich zu einer Kompromißlösung: Archelaos erhielt als Ethnarch nur Judäa, die übrigen Gebiete wurden auf seine Brüder Philippus (transjordanisch-syrische Territorien) und Anti-

pas (Galiläa und Peräa) aufgeteilt. Philippus wurde auch Jerusalem und die Hafenstadt Jaffa unterstellt. Damit brachte Rom gegenüber Archelaos ein deutliches Mißtrauen zum Ausdruck. Im Jahr 6 n. Chr. setzten ihn die Römer vollends ab und unterstellten Judäa einem Prokurator mit eigener Gerichtshoheit unter den Oberbefehl des syrischen Statthalters.

Die unmittelbare römische Verwaltung bis 41 n. Chr.

Die Hoffnungen, die insbesondere die pharisäische Richtung auf eine unmittelbare römische Verwaltung gesetzt hatte, erwiesen sich bald als trügerisch. Infolge des korrupten Charakters der meisten römischen Provinzpotentaten, die ihr Amt nicht zuletzt zum Zweck der persönlichen finanziellen Sanierung antraten, wuchsen die materiellen Belastungen weiter an. Gelegentlich wurden Unruhen bewußt provoziert, um anschließend Konfiskationen vornehmen zu können.

Dazu kam die heikle strategische Position Palästinas. Das Land diente als Brücke zwischen Syrien und Ägypten und als Bollwerk gegen Araber und Parther. Da im parthischen Herrschaftsbereich eine zahlenmäßig starke jüdische Minderheit lebte, bestand stets die Gefahr einer jüdisch-parthischen Kooperation gegen Rom, was angesichts der nicht geringfügigen jüdischen Minderheit in Ägypten noch mehr Gewicht bekam.

Der römische Prokurator übte zwar im allgemeinen Zurückhaltung; er residierte im neugegründeten Caesarea am Meer. Die Ordnungsgewalt und zumeist auch die Kapitalgerichtsbarkeit lagen bei ihm. Im übrigen regelten die Juden ihre Angelegenheiten durch den vom Hohepriester präsidierten Sanhedrin — mit einundsiebzig Mitgliedern —, der Legislative, politische Repräsentanz und oberster Gerichtshof in einem war. Die Hohepriester stammten wieder aus der sadduzäischen Oberschicht, wurden aber von den Prokuratoren nach Gutdünken ein- und abgesetzt. Um eventuelle Unabhängigkeitsbestrebungen demonstrativ und von vornhinein zurückzudämmen, hielten die Römer die Amtsgewänder des Hohepriesters unter Verschluß und gaben sie jeweils nur für die Amtshandlungen an den hohen Festen heraus.

Diese Feste, vor allem die drei großen Wallfahrtsfeste — Herbstfest, Passah, Wochenfest — boten allemal Anlaß zu Sorgen. Die Volksmassen, die zu diesen Gelegenheiten Jerusalem übervölkerten, waren leicht in religiös-politische Erregung zu versetzen, vor allem am Passahfest: Die Befreiung aus der ägyptischen Knechtschaft wurde als Typos für die erhoffte endzeitliche Erlösung angesehen, und so war eine demagogische Aktualisierung jederzeit möglich. Daher waren die Römer gezwungen, zu diesen Festen zusätzliche Truppenkontingente in die Heilige Stadt zu beordern. Das schürte wiederum die Antipathien, denn schon der Anblick der heidnischen Soldaten brachte fanatische Fromme in Rage, ganz besonders, wenn die Truppen es einmal unterließen, ihre Feldzeichen nicht rücksichtsvoll zu verstecken.

Die wiedererrungene Autonomie war also recht beschränkt und litt unter dem sichtbaren Druck der römischen Militärmacht. Dazu kam, daß auch das Münzrecht beim Prokurator lag und die Steuereintreibung durch Steuerpächter erfolgte, die in römischem Sold standen; das hat zu der bekannten Gleichsetzung der Begriffe »Zöllner« und »Sünder« geführt. Die soziale Lage verschlechterte sich außerdem ständig, denn die unter Herodes forcierte Latifundien- und Monopolwirtschaft drückte den Lebensstandard der entlegeneren Landschaften wie Galiläa ganz empfindlich. Deshalb kam es gerade dort wiederholt zu messianisch motivierten Bewegungen. Diese Tendenzen und der zunehmende Terror der Zeloten eröffneten einen Teufelskreis jüdisch-römischer Auseinandersetzungen, in den auch die besonnene Mehrheit der Sadduzäer und Pharisäer mehr und mehr verwickelt wurde.

Ein besonderer Anlaß zu Differenzen ergab sich bereits unter dem Statthalter Quirinius und dem Prokurator Coponius (6 bis 9 n. Chr.). Zur Feststellung der Unterlagen für eine geordnete Administration und Steuerpolitik wurde eine Volkszählung *(census)* angeordnet, was auf jüdischer Seite als unerträglich empfunden wurde. Im Streit über diese Maßnahme sagte sich ein radikalerer Flügel unter einem gewissen Zadok von der pharisäischen Partei los und bildete mit galiläischen Rebellen zusammen die zelotische Richtung, die, der bloßen Durchhalteparolen der Gemäßigten müde geworden, den Kampf gegen Römer und Abtrünnige mit dem Ziel einer theokratischen Herrschaft aufnahmen.
Die Spannungen nahmen dann vor allem unter den Prokuratoren Valerius Gratus (15—21 n. Chr) und Pontius Pilatus (26—36 n. Chr.) rapide zu. Vor allem Pilatus erwies sich als provokativer Tyrann, der es den Gemäßigten nicht leicht machte. Er schritt auch gegen Jesus von Nazareth ein, dessen Auftreten und Wirkung in den Augen Roms eine messianisch-revolutionäre Strömung dargestellt haben dürfte. Dabei befanden sich die verantwortlichen jüdischen Behörden, also vor allem die Sadduzäer, in einer schwierigen Situation: Sofern solche Bewegungen nämlich dazu angetan waren, römische Maßnahmen und damit eine weitere Gefährdung der ohnedies begrenzten jüdischen Autonomie herauszufordern, mußte das jüdische Establishment wohl oder übel mit den Römern kollaborieren, etwa im Sinne von *Johannes* 11, 50 (»Es ist besser, wenn ein Mensch für das Volk stirbt und nicht das ganze Volk umkommt«).
Unter dem syrischen Legaten Vitellius, in den Jahren 36—37 n. Chr., trat eine gewisse Beruhigung ein. Aber bald darauf beschwor die Forderung des Kaiserkults durch Kaiser Caligula (37—41 n. Chr.) eine erneute Konfrontation herauf, die auch die Diaspora betraf, ja im Grund sogar von Alexandrien ausgegangen war. Die nichtjüdische Bevölkerung in gemischten Gebieten nahm die Gelegenheit wahr, die geforderte Be-

achtung des Kaiserkults durch die Juden ganz besonders genau zu nehmen, und so kam es an vielen Orten zu schweren Auseinandersetzungen. Nur die Ermordung des Kaisers (41 n. Chr.) und die Aufhebung des Kaiserkultdekrets durch Claudius verhütete einen umfassenderen militärischen Konflikt.
Das Ende des Caligula und die damit verbundene Rettung bestärkte das apokalyptische Geschichtsbewußtsein der Juden: Sie sahen darin ein hilfreiches Eingreifen Gottes und waren von nun an mehr denn je zu messianischen Abenteuern bereit.

Die Regierung Agrippas I. (41–44 n. Chr.)

Die fortschreitende Radikalisierung wurde vorübergehend verzögert, als die Römer dem Herodianer Agrippa, der im Konflikt um den Kaiserkult eine vermittelnde Rolle gespielt hatte und das Vertrauen des Kaisers Claudius besaß, zu seinen bisherigen syrischen Herrschaftsbereichen auch Samaria und Judäa übertrugen. Sein Bruder Herodes erhielt die Regentschaft über das südlibanesische Chalkis (42–48 n. Chr.).
Obschon Herodianer, stand der König bei manchen Juden als frommer Mann in gutem Ruf; wenigstens die Beziehungen zu den Pharisäern waren ausgezeichnet. Stets auf Ausgleich bedacht, gelang es dem Herrscher, die Gegensätze im Volk und zwischen Juden und Nichtjuden zu entschärfen. Doch scheinen die radikalen Frommen ihre Agitation fortgesetzt zu haben: Sie stießen sich an der prohellenistischen Haltung des Regenten (Josephus, *Antiquitates* 19, 332 ff.), der auch für die nichtjüdische Bevölkerung sorgte und für sie Theater, Gymnasien und Bäder errichten ließ. Aus *Apostelgeschichte* 12, 23 geht hervor, daß viele Juden ihn für einen Heuchler hielten; bei den Nichtjuden andererseits blieb er wegen seiner Judenfreundlichkeit verhaßt.
Sein Tod löste Freudenfeste aus. Da er in der letzten Zeit sei-

ner Regierung außerdem politisch allzu selbständig zu agieren begonnen hatte, unterstellte der Kaiser Palästina wieder direkter römischer Verwaltung. Nur das Recht zur Ernennung der Hohepriester übertrug er auf Herodes.

Die letzten Prokuratoren und der jüdisch-römische Krieg

Die Jahre zwischen 44 und 66 n. Chr. sind von wachsender Feindseligkeit zwischen Juden und Nichtjuden gekennzeichnet, wobei sich die Römer als Ordnungsmacht unweigerlich noch verhaßter machten. Vor allem in der Amtszeit des Prokurators Felix (52–60) kam es wiederholt zu regelrechten messianischen Bewegungen und zum Auftreten der fanatischen Sikarier, die auch nicht vor Mordtaten an jüdischen Gemäßigten zurückschreckten. Die letzten Statthalter provozierten immer öfter ganz bewußt jüdische Ausschreitungen, um sich bei den Gegenaktionen bereichern zu können.
Die zelotische Partei gewann dadurch stetig an Zulauf und formierte sich unter ihrem Anführer Menachem zu einer Organisation, die selbst einen Teil der niederen Tempelpriesterschaft einschloß, was zum Beispiel zur Sabotierung der für den Kaiser darzubringenden Opfer führte. Die Rebellen überfielen immer öfter jüdische und römische Amtsstellen und vernichteten dabei Schuldurkunden – ein Hinweis auf die sozialen Hintergründe der Empörung.
Angesichts der zunehmenden zelotischen Aktionen entschloß sich der syrische Statthalter Cestus, zur Vorbereitung einer größeren Aktion die Truppen vorläufig aus Palästina zurückzuziehen; dabei mußte er schwere Verluste hinnehmen. Bei den Juden entstand der Eindruck eines überwältigenden Sieges: Eine maßlose Kriegsbegeisterung brach aus und erfaßte sogar die sadduzäische und pharisäische Partei, die wohl auch mit parthischer Hilfe rechneten.

So wurde der Aufstand zum offiziellen Krieg gegen Rom. Damit begann das Verhängnis, denn einem konventionellen Krieg war Juda selbstverständlich nicht gewachsen. Als Vespasian in Palästina einrückte, brauchte er nur genügend Zeit, um Stück für Stück der jüdischen Verteidigung zu zermalmen, zumal es innerhalb der jüdischen Bevölkerung und nicht zuletzt noch im belagerten Jerusalem zu bewaffneten Auseinandersetzungen zwischen gemäßigten und zelotischen Juden kam. Im Jahr 71 fiel Jerusalem und der Tempel ging in Flammen auf. Bis 73 n. Chr. hielten sich noch zelotische Widerstandsnester und Sikariergruppen in unwegsamen Gebieten.
Ein großer Teil des Volkes war vernichtet, viele gerieten in Kriegsgefangenschaft und Sklaverei. Mit dem Tempel war die alte soziale und wirtschaftliche Ordnung untergegangen, und die noch verbliebenen Reste politisch aktionsfähiger Gruppen konnten nicht anders, als einen *modus vivendi* mit der triumphierenden Weltmacht zu suchen. Diese Aufgabe fiel von selbst dem gemäßigten Flügel der Pharisäer zu, der bereits während der Belagerung Jerusalems Kontakte zu den Römern aufgenommen hatte.

7. Die Diaspora

Die Diaspora bis zu den Aufständen 115/117 n. Chr.

Seit der späten Königszeit, vor allem aber seit Alexander dem Großen, lebten in zunehmendem Maß Juden auch außerhalb Palästinas, als Deportierte und Kriegsgefangene, als Militärkolonisten, Auswanderer, Exulanten und private Kolonisten. Sie alle blieben in ihrer überwiegenden Zahl mit dem Mutterland verbunden, zumindest im Bewußtsein, zumeist auch praktisch: Sie entrichteten die jährliche Tempelsteuer und ließen sie nach Jerusalem bringen.

Leider ist über die frühe Diaspora nur wenig Material überliefert. Die Zeugnisse konzentrieren sich auf die großen jüdischen Siedlungsgebiete, vor allem in Ägypten (Alexandrien), während über die Verhältnisse im Zweistromland so gut wie nichts erhalten ist. Man darf aber voraussetzen, daß fast überall die hellenistische Kultur der Diaspora ihren Stempel aufgedrückt hat. Das erklärt sich zum Teil aus der Mentalität der siedelnden Juden: Sie verstanden sich von vornhinein als so etwas wie Kolonisten und blieben religiös-national weiterhin nach Jerusalem orientiert, so daß eine Assimilation an die einheimische Bevölkerung – etwa in Babylonien oder Ägypten – nur bedingt in Frage kam.

Die hellenistische Kolonisation wiederum entsprach in etwa diesem jüdischen Bedürfnis nach Absonderung von der einheimischen Masse, und die Rechtsstellung der hellenistischen Polis blieb weithin in der jüdischen Diaspora ebenso wie das Polisbürgerrecht ein erstrebenswertes Ziel, wenn es auch nur ansatzweise – vor allem Einzelpersonen – da und dort gelang, die Bürgerrechte mit den traditionellen jüdischen Privilegien, nach der *Torah* leben zu dürfen, zu kumulieren.

Die jüdischen Gemeinden ordneten ihre Angelegenheiten aufgrund ihres Status als *religio licita* und als nationale Minderheit intern. Sie bildeten also autonome Gemeinwesen für sich, die sich nur in übergreifenden Fragen mit der nichtjüdischen Umwelt arrangieren mußten. Dazu traten besondere Privilegien aus Rücksicht auf den Monotheismus und die Ritualgesetze, unter anderem die Befreiung vom Militärdienst und die Erlaubnis, die Tempelsteuer nach Jerusalem zu liefern (unter Augustus gewährt).

Auf diese Weise entstand eine gewisse Konkurrenzsituation gegenüber der hellenistischen Kolonisation und eine gleichzeitig mehr oder minder ausgeprägte Konfrontation mit der jeweiligen einheimischen Bevölkerung – alles in allem eine gefährliche Lage, in der dem Schutz durch die Zentralgewalt ganz besondere Bedeutung zukam. Im Fall eines Konflikts mit eben dieser Zentralgewalt konnten sich nämlich auch alle lokalen Konflikte ungehemmt entladen. Dabei ergaben sich allerdings erhebliche Unterschiede zwischen den einzelnen Diasporagebieten, vor allem zwischen den babylonischen und den westlichen.

Die babylonische Diaspora bestand — wie auch später noch — in erster Linie aus dörflichen Siedlungen von normaler soziologisch-ökonomischer Struktur. Die ethnisch uneinheitliche Umgebung ermöglichte eine weitgehende Integration, ohne Preisgabe der Eigentümlichkeiten. Man sprach einen aramäischen Dialekt, der die Kommunikation sowohl mit der nichtjüdischen Umwelt wie mit dem palästinensischen Mutterland ermöglichte, und man erfreute sich in der Regel der Sympathie der hellenistischen und später parthischen Zentralgewalt, die im Vielvölkerstaat gern die verstreuten Minderheiten gegenüber national-territorialen Kräften bevorzugte.

Ganz anders war die Lage im Westen. Der größte Teil der jüdischen Siedlungen bestand aus kleinen Kolonien inmitten größerer Orte. Demgemäß dominierten ausgesprochen städtische Berufszweige wie Handel und Handwerk. Die Umgangssprache war Griechisch und mußte wohl oder übel übernommen werden; dadurch wurde das Aramäische und Hebräische allmählich in den Hintergrund gedrängt. Eine mehr oder minder starke, fluktuierende Schicht von interessierten Nichtjuden umrahmte die Synagogengemeinden und übte ihren geistigen Einfluß aus. Das stellte die Juden vor die Notwendigkeit, sich mit der religiösen und kulturellen Umwelt aktiv auseinanderzusetzen.

Leider wissen wir über diese vielen kleinen Kolonien nur wenig. Allein die Berichte der *Apostelgeschichte* über die Missionsreisen des Paulus zeichnen ein etwas deutlicheres Bild von den Verhältnissen im östlichen Mittelmeergebiet. Über die römische Gemeinde sind allerdings auch noch andere Zeugnisse erhalten. Am meisten Einblick erlauben die Qellen jedoch in die ägyptischen Verhältnisse. Dort lebte in ländlichen wie städtischen Siedlungen eine erhebliche Zahl von Juden, und zwar bereits seit der Zeit Alexanders des Großen. Hier entstand in Alexandrien auch ein unvergleichliches Zentrum jüdisch-hellenistischer Großstadtkultur von weitreichender geschichtlicher Ausstrahlung.

Diese Verteilung und Konzentration in bestimmten Gebieten hatte selbstverständlich auch politische Aspekte. Die nähere Diaspora Syriens stand in enger Beziehung zum Kernland und war auch vom politischen Schicksal Judas weit mehr betroffen. Die fernere westliche Diaspora hingegen reagierte politisch zwar grundsätzlich nicht verschieden, aber infolge der besonderen Position – zwischen lokalen Konflikten und Spannungen mit der Zentralgewalt – nach einem anderen Rhythmus.

Die östliche Diaspora wieder unterstand nach dem Verfall des Seleukidenreiches zum größten Teil der parthischen Herrschaft und wurde wegen ihrer Verbindungen über die – umstrittenen! – Grenzen hinweg zu einem politischen Faktor, dessen taktische Bedeutung die zahlenmäßige Basis weit überwog. Es konnte nicht ausbleiben, daß unter diesen Umständen auch von jüdischer Seite gelegentlich politische Aspirationen gehegt wurden: Der Gedanke, das Mutterland mit der syrisch-mesopotamischen Diaspora in einem politischen Rahmen zu vereinen, lag nahe.

Agrippa I. (41–44) scheint solche Pläne verfolgt zu haben, und manche jüdische Aktivitäten in diesem Raum weisen auf eine länger anhaltende Tendenz in dieser Richtung. Dem entsprach auch die zum Teil forcierte Missionspolitik vor allem der pharisäischen Richtung. Dabei ist vor allem der Übertritt des Königshauses von Adiabene zum Judentum zu vermerken, der ebenfalls im Sinn einer von Ost wie West unabhängigen Pufferstaatenbildung erfolgte.

Bei all dem darf die geschichtstheologische Grundlage nicht außer acht gelassen werden: Man rechnete allgemein mit einer mehr oder minder nahen Ablösung des letzten Weltreiches durch die messianische Herrschaft und fühlte sich zur Verwirklichung dieses Zieles kraft Erwählung verpflichtet. Wie im Mutterland war es also nur eine Frage der Zeit, bis auch in der Diaspora durch eine unvorhersehbare Konstellation die Überzeugung Platz griff, der rechte Augenblick sei gekommen. Für die westliche Diaspora, die unter dem Regiment der Weltmacht Rom stand, gewann dies viel eher akute Bedeutung als für die Juden im Partherreich, von dessen Feldzügen gegen Rom man ja gerade den Sturz der Weltmacht miterhoffte.

Dies alles zeigt, daß der Bewußtseinsstand innerhalb der Gesamtdiaspora nicht synchron war und daß dementsprechend die messianischen Aufstandsbewegungen in Wellen aufeinander folgten, zur Enttäuschung der jeweils Betroffenen. So kam es während des jüdisch-römischen Krieges 66—71/73 n. Chr. in der westlichen Diaspora zu keiner entsprechenden Aufstandsbewegung, und auch die Hoffnung auf eine parthische Invasion erfüllte sich nicht. 115—117 n. Chr. erhoben sich zwar die Juden in Ägypten, in der Kyrenaika, auf Zypern und zum Teil in Syrien genau während eines römisch-parthischen Krieges; das Mutterland hingegen blieb so gut wie ruhig und unternahm erst 132—135 n. Chr. einen neuen großen Aufstand.

Die starke jüdische Minderheit in Ägypten bot kein einheitliches Bild. Ein Teil lebte auf dem Land als Pächter oder Landarbeiter, als Handwerker oder als Militärkolonisten, während in den größeren Städten naturgemäß andere Berufe dominierten, vor allem in Alexandrien, wo es eine beträchtliche Oberschicht reicher Juden gab. In Alexandrien hatten ihre Vertreter feste Plätze in der Synagoge — an anderen Orten sogar im Theater, ein Hinweis darauf, daß die geschäftlich-gesellschaftlichen Verpflichtungen Konzessionen in religiös-kultureller Hinsicht erforderten, mochten sie nun im Einzelfall gern oder widerstrebend gemacht worden sein.

Man wird nicht fehlgehen, wenn man die bestehenden sozialen Spannungen innerhalb der Diasporagemeinden auch mit religiösen Tendenzen in Beziehung setzt. Dabei erregten Arme und Reiche gleichermaßen den Unmut der Umwelt: Die Reichen weckten Neid und Konkurrenzangst, die Armen wurden zur Zielscheibe des Spottes und als lästig empfunden. Diese Emotionen hatten seit den Tagen Antiochos' IV. Epiphanes durch literarische antijüdische Polemik zugenommen, wobei Ägypten selbst eine polemische *Exodus*-Version beigesteuert hat.

Entscheidend war aber das Verhältnis zwischen Juden und Nichtjuden in den größeren Siedlungen, vor allem in Alexandrien, wo die Juden mehr als zwei der fünf Stadtbezirke bewohnten. Während in den meisten Fällen nur eine einzige Gemeinde vorauszusetzen ist, die sich um die Synagoge als Lebenszentrum konzentrierte, bildeten die Juden Alexandriens eine große Organisation, ein *politeuma,* dem zeitweilig ein *Ethnarch,* zeitweilig eine *Gerusie* vorstand. Anderswo existierten mehrere jüdische Gemeinden selbständig nebeneinander innerhalb derselben Stadt, so etwa in Rom.

Die Papyrusfunde haben bewiesen, daß keineswegs alle Juden sich strikt der Gemeindeautorität unterwarfen. Manche zogen es vor, heidnische Gerichtshöfe anzurufen. Diese in gewissen Grenzen zu beobachtende zentrifugale Tendenz wird man auch auf religiös-kulturellem Gebiet voraussetzen dürfen. Denn wie es eine Schicht neugieriger und interessierter Nichtjuden im Umkreis der Synagogengemeinden gab, so wohl auch eine – wenn auch dünnere – Schicht assimilationswilliger Juden, die, aus welchen Gründen auch immer, mehr Kontakte mit der Umwelt hatten, als gemeinhin üblich war.

Die Diasporagemeinden hatten im Unterschied zu Juda und wahrscheinlich auch Babylonien kaum eine Möglichkeit, gegen solche Tendenzen von Amts wegen einzuschreiten. Problematisch war nicht zuletzt, daß einzelne Juden sich um das Polisbürgerrecht bemühten, ihre Söhne auf das Gymnasium und

Ephebeion schickten und somit eine Kumulation von Polisbürgerrechten und jüdischen Privilegien erreichten. Das Ausmaß dieser zwischen »Griechen« oder »Makedoniern« und Juden sich verbreitenden Schicht von Grenzfällen war von Ort zu Ort verschieden, genügte aber, um eine lang anhaltende Diskussion über die Berechtigung solcher Bemühungen heraufzubeschwören.

In einigen kleinasiatischen Orten, vor allem aber in Alexandrien gewann diese Problematik ein reliefartig überhöhtes Profil. So wurde die alexandrinische Entwicklung auch schicksalbestimmend für einen großen Teil der westlichen Diaspora. Hier war in den dreißiger Jahren des ersten Jahrhunderts n. Chr. infolge solcher jüdischer Bestrebungen und ungemein heftiger nichtjüdischer Reaktionen eine schwere Krise ausgebrochen, in der sich die Juden schließlich einer gemeinsamen Front von hellenistischen Polisbürgern und der einheimischen Ägypter gegenübersahen. Es kam daher besonders auf das Verhalten der römischen Zentralgewalt an.

Beim Regierungswechsel im Jahr 37/38 unterschlug aber der römische Statthalter Avilius Flaccus die jüdische Ergebenheitsadresse an den neuen Kaiser. Außerdem forcierte er die Forderung Caligulas nach Beachtung des Kaiserkults in besonderer Schärfe; unter anderem ließ er in den alexandrinischen Synagogen Caligula-Statuen aufstellen. Kurz zuvor war der Herodes-Enkel Agrippa auf der Durchreise nach Palästina in Alexandrien eingetroffen und von der jüdischen Bevölkerung stürmisch gefeiert worden. Das veranlaßte Judengegner zur Veranstaltung einer theatralischen Gegendemonstration, bei der man einen schwachsinnigen Bettler zum »König« der Juden krönte und anschließend kreuzigte.

Zugleich erreichte der Streit um den Status der Juden einen Höhepunkt und wurde vom Statthalter zuungunsten der Juden entschieden: Sie wurden nun als »Fremde« in einem einzigen Stadtviertel zusammengepfercht, wobei erhebliche Übergriffe auf Leib und Gut der Betroffenen vorkamen. Eine jüdische Delegation, unter anderen mit dem Philosophen Philon, der darüber in einer Schrift berichtet hat *(Legatio ad Gaium)*, wurde in Rom von Caligula sehr schimpflich behandelt und erreichte nichts, im Gegenteil: der Kaiserkult sollte nunmehr auch in Palästina strikt beachtet werden.

Die Lage normalisierte sich jedoch bald wieder: Der neue Kaiser Claudius ließ die Ordnung energisch wiederherstellen, allerdings ohne den weitgehenden Wünschen der Juden nach Erlangung der Bürgerrechte zu entsprechen.

Das Kriegsgeschehen in Juda 66—70 n. Chr. ließ natürlich die Diaspora nicht unberührt. Zu einer umfassenden Aufstandsbewegung kam es jedoch nicht, nur zu vereinzelten lokalen Unruhen, zum Beispiel in Alexandrien. Entscheidender waren offenbar die Kriegsfolgen. Die Niederlage Judas löste an vielen Orten — besonders in Antiochien — antijüdische Aktionen aus und verschärfte allenthalben die Gegensätze zwischen Juden und Umwelt. Die Ordnungsmacht Rom hatte jetzt in jüdischen Augen jeden Kredit als Hüterin des jüdischen Rechtsstatus verloren und erschien mehr denn je als böse Weltmacht. Ihre geschichtstheologisch negative Wertung wurde höchstwahrscheinlich verstärkt durch den Einfluß der vielen Kriegsgefangenen, die im ganzen Reich als Sklaven angeboten wurden, wobei die jüdischen Gemeinden — wie auch in späteren Jahrhunderten — alles daransetzten, ihre Brüder loszukaufen.

So erhielten die Diasporagemeinden gerade in einer Zeit verschärfter Spannungen überall erheblichen Zuwachs aus Kreisen, die durch jene apokalyptische Geschichtstheologie geprägt waren, die schon Juda ins Verhängnis getrieben hatte. Im Jahr 115 kam es denn auch in der Diaspora zur Katastrophe. Die ersten Angriffe auf Nichtjuden erfolgten offenbar in der Kyrenaika, griffen dann alsbald auf ganz Ägypten über und arteten auf beiden Seiten in einen grausamen Vernichtungskampf aus. Dasselbe geschah auf Zypern unter Führung eines gewissen Artemion.

Nur mit Mühe gelang es den Römern, der Lage Herr zu werden. Das gesamte östliche Mittelmeergebiet war ernstlich gefährdet, da die Aufstände ausgerechnet mit der Wiederaufnahme der römisch-parthischen Feindseligkeiten zusammentrafen, was zumindest für die Aufstände in Mesopotamien zweifellos mit ein auslösender Faktor gewesen ist. Die Folgen waren furchtbar: Zypern blieb für lange Zeit für Juden verboten, in Ägypten und in der Kyrenaika war das Judentum bis zur Bedeutungslosigkeit dezimiert, so sehr, daß die Literatur und Kultur des hellenistischen Judentums für die weitere jüdische Kultur- und Geistesgeschichte so gut wie ohne Nachwirkung blieb.

Die hellenistisch-jüdische Kultur

Da für die übrige Diaspora aus dieser Zeit lediglich vereinzelte Zeugnisse erhalten sind, bleibt einzig das alexandrinische Judentum als größerer, überschaubarer Komplex aus dem hellenistischen Judentum der Forschung zugänglich. Dabei gilt es zu beachten, daß die Großstadt Alexandrien einen geistig-kulturellen Hintergrund darstellte, der für die übrigen größeren Diasporagemeinden nicht vorausgesetzt werden kann. Die alexandrinisch-jüdische Kultur ist also nicht für das ganze Judentum der griechischsprachigen Diaspora kennzeichnend.

Die Synagogengemeinden Alexandriens bestanden in der Hauptsache aus Handwerksleuten und Händlern. Von den letzteren waren nicht wenige ausgesprochen wohlhabende Unternehmer, deren Verbindungen von selbst auch eine intimere Kenntnis der hellenistischen Kultur und Literatur mit sich brachten. So blieb es nicht einfach bei der Übersetzung der *Bibel* ins Griechische; andere literarische Schöpfungen folgten, geprägt vom Versuch einer Synthese zwischen jüdischer Tradition und griechischer Kultur.

Schon mit der griechischen Bibelübersetzung waren hellenistische Begriffe und Vorstellungen unvermeidlich heimisch geworden, und der Verfasser des sogenannten *Aristeasbriefes* (um 100 v. Chr.) trat geradezu propagandistisch für diese Synthese ein und suchte sie zu rechtfertigen. Im großen und ganzen beschwichtigte man auftretende Bedenken mit dem Hinweis, daß die griechischen Weisen ja doch nur von den Propheten gelernt hätten und somit die Hellenisierung nichts anderes sei als die Wiederentdeckung verlorenen eigenen Kulturgutes.

Sofern sich bei der Harmonisierung zwischen biblischem Wortlaut und griechischer Bildung Schwierigkeiten ergaben, suchte man sie mit Hilfe exegetischer Kunstgriffe auszuräumen, vor allem mit Hilfe der allegorischen Interpretation. Das gilt bereits deutlich für den *Torah*-Kommentator des Aristobul, noch mehr aber für Philon von Alexandrien im ersten Jahrhundert n. Chr., einen Zeitgenossen des Apostels Paulus. Er vereinte die biblische Tradition mit den Grundzügen des Mittleren Platonismus und mit bestimmten stoischen und pythagoreischen Elementen zu einer religiösen Philosophie von weittragender Bedeutung – freilich nicht für das Judentum, sondern für das Christentum.

Nicht alle Probleme der Assimilation konnten jedoch auf exegetische Weise weginterpretiert werden. Bestimmte Vorstellungen unterlagen vielmehr einem grundlegenden Wandel: so die Ansicht über die *Torah*, die man im hellenistischen Bereich nicht einfach als offenbartes Gottesrecht auszugeben wagte, sondern in mehr oder weniger klarer Differenzierung als väterliche Tradition und als Brauchtum, als Gesetz des Gesetzgebers Mose und als göttlich offenbartes Sittengesetz betrachtete. Die Einheit der *Torah*-Bewertung, für das palästinische Judentum und auch für die talmudische Zeit noch charakteristisch, war damit in Frage gestellt. Das scheint da und dort auch zu einer gewissen Abwertung der unverständlichen Zeremonialgesetze geführt zu haben.

Die Folge war entweder eine gewisse Nachlässigkeit in der Beachtung solcher Gebote oder das verstärkte Bemühen, vernünftige Gründe für sie zu finden. Diese Unsicherheit gegenüber der rituellen Komponente der *Torah* hat die Diasporagemeinden dann auch der christlichen Mission zugänglicher gemacht.

Zur Wirkung auf die Umwelt

Die Übersetzung der *Bibel* ins Griechische hatte weitreichende Folgen, innerjüdisch wie für die Umwelt. Da jede Übersetzung zugleich eine Deutung darstellt, konnte eine gewisse Hellenisierung der biblischen Inhalte, schon infolge feststehender Begriffsinhalte griechischer Wörter, trotz mancher neuer Wortprägungen nicht ausbleiben.

Zugleich machte sich die Tendenz bemerkbar, gewissen Vorstellungen der hellenistischen Bildung entgegenzukommen, zum Beispiel der philosophisch beeinflußten Gottesvorstellung; das machte eine Abschwächung und Umdeutung der biblischen Anthropomorphismen und der biblischen Bildersprache nötig, weil man von Gott eben nicht mehr in so unbefangener Weise reden konnte.

Die Übersetzerarbeit stellte also erhebliche Anforderungen und schloß von vornherein ein überdurchschnittliches Maß theologischer Reflexion mit ein. Sobald sie einmal vorlag, gingen von ihr von selbst weitere Anstöße zu religiösem Denken aus, vor allem zu einer Bestimmung des jüdischen Verhältnisses zur hellenistischen Philosophie. So konnte hier zum erstenmal im Judentum ein systematisch-theologisches Denken entstehen, das später zu einer wichtigen Voraussetzung auch des christlich-theologischen Denkens geworden ist.

Dabei ist freilich darauf zu verweisen, daß aufgrund dieser Entwicklung das Verhältnis zum palästinensischen Judentum, das dem Griechischen nie eine so weitgehende Bedeutung eingeräumt hat, früher oder später problematisch werden mußte. Die Gefahr einer geistigen Kluft zwischen hellenistischer Diaspora und Mutterland war durchaus gegeben, zumal der religiös-nationale Führungsanspruch Jerusalems mit der Zeit in einen gewissen Widerspruch zum bildungsmäßigen Niveau treten konnte. Dieses Auseinanderklaffen zeichnete sich zwar in mancher Hinsicht ab, konnte aber nicht mehr voll zur Wirkung kommen, da mit dem aufkommenden Christentum die griechische *Bibel* ihre innerjüdische Bedeutung mehr und mehr einbüßte und mit den verheerenden Diaspora-Aufständen von 115/117 n. Chr. Kultur und Geistesleben der hellenistischen Juden auch in ihrer Nachwirkung für das spätere Judentum so gut wie völlig ausgelöscht worden sind.

Erst im Mittelalter setzte die innerjüdische Diskussion über das Verhältnis zwischen Judentum und dem Denken der griechischen Antike auf der Ebene philosophischer Reflexion aufs neue ein.

Bedeutsam war die Auswirkung der griechischen *Bibel*-Übersetzung in der Umwelt des Judentums. Schon die griechische Umgangssprache, die ja auch im Synagogengottesdienst herrschte, ermöglichte interessierten Nichtjuden eine nähere, wenngleich nur selten sachlich zutreffende Kenntnis jüdischer Traditionen und Vorstellungen. Mit der *Septuaginta* waren die bislang geheimnisumwitterten und daher besonders interessanten heiligen Schriften der Juden jedem griechisch Lesenden zugänglich, den Gebildeten wie den Halbgebildeten.

Das Interesse der Umwelt war natürlich in der Regel alles andere als Bildungsinteresse oder Streben nach geistiger und religiöser Auseinandersetzung, sondern bestimmt von Neugier und magisch-theurgischen Tendenzen. Es entspricht dem Wesen der Magie, daß sie gerade das Fremde und Unverständliche als etwas Geheimnisvolles besonders attraktiv findet und in das Arsenal der magischen Vorstellungen und Formeln einbaut. Nichtjuden haben, wie die griechischen Zauberpapyri beweisen, daher auch eine Fülle hebräischer Namen und Begriffe – zum Teil stark verballhornt – aufgegriffen, wie umgekehrt auch die jüdische Magie griechische Formeln und Namen aufnahm. Es kam also zu einem reichlich obskuren, breit aufgefächerten Informationsfluß von höchst zweifelhafter Wirkung.

Darüber hinaus lebte die in der hellenistischen Welt schon früh verbreitete Bewunderung für den jüdischen Monotheismus weiter und veranlaßte eine gewisse Schicht von Nichtjuden zu einem mehr oder weniger engen Kontakt mit den örtlichen Synagogengemeinden. Diese »Halbproselyten« stellten eine religionsgeschichtlich äußerst bedeutsame Größe dar, denn sie übernahmen im Unterschied zu den »Vollproselyten«, derer es auch nicht wenige gab, ja nicht den vollen Inhalt und die gesamte Praxis der jüdischen Religion, sondern wählten sich jene Vorstellungen und Praktiken aus, die ihnen für ihre eigene Spekulation und Religiosität passend und interessant erschienen. In diesem synkretistischen Milieu wucherte alsbald die Spekulation, wobei sich die Ambivalenz des frühhellenistischen Verhältnisses zum Judentum besonders verhängnisvoll auswirkte.

Wie bereits erwähnt, bewunderte man in der Umwelt zwar zum Teil den jüdischen Monotheismus, wußte aber mit der jüdischen Religionspraxis kaum etwas anzufangen, empfand vielmehr einen eklatanten Widerspruch zwischen beiden. Die *Torah* des Mose erschien als negative Größe, charakterisiert durch Fremden- und Menschenfeindlichkeit sowie durch barbarisch-abergläubische Bräuche. So galt die Beschneidung für Hellenisten als verwerfliche Verstümmelung des menschlichen Körpers und das Verbot des Schweinefleisches als ein ganz unsinniger Brauch. Andrerseits ging, wie erwähnt, von unverständlichen Bräuchen auch wieder eine gewisse Faszination aus, vor allem für magisch Interessierte.

Dieses etwas schizophren anmutende Bild vom Judentum wurde im Verlauf der kriegerischen Auseinandersetzungen in Palästina während des zweiten Jahrhunderts durch die aufkommende antijüdische Polemik und durch die Konflikte zwischen den jüdischen Gemeinden und ihrer nichtjüdischen Umgebung in der Diaspora weiter profiliert. Eine aggressive antijüdische Literatur entstand, die alsbald feste Klischees zur Folge hatte, Klischees, die teilweise bis in die Gegenwart weitergewirkt haben.

Zum Teil wurden dabei auch lokale Traditionen aufgegriffen, zum Beispiel die ägyptische *Exodus*-Version, die uns vor allem durch den ägyptischen Priester Manetho bekannt ist und schon bei Hekataios von Abdera begegnet. Nach ihr waren die Israeliten in Ägypten eine minderwertige, gefährliche und noch dazu unreine (aussätzige) Schar von Eindringlingen, die vertrieben werden mußte. Ihr Anführer war ein abtrünniger ehemaliger Priester aus Heliopolis namens Osarsiph (in der weiteren Überlieferung als Mose bezeichnet), der den Vertriebenen eigentümliche Gesetze gab. Diese *Exodus*-Version verbreitete sich in Varianten in einem guten Teil der hellenistisch-römischen Literatur und wurde durch empörte Vorwürfe gegen das »Gesetz des Mose« angereichert, verschärfte also die negative Wertung der praktischen jüdischen Religion ungemein.

Für eine seit dem ersten Jahrhundert v. Chr. mehr und mehr die gesamte Oikumene überflutende religiöse Strömung, die sogenannte »Gnosis«, bot dieses schizophrene Bild vom Judentum ein willkommenes Mittel zur Darstellung des eigenen religiösen Weltbildes. Hier wurden Elemente der philosophischen Gottesvorstellung mit der positiv gewerteten jüdisch-monotheistischen Gottesauffassung verknüpft zum Bild eines überirdischen guten Gottes, aus dessen Lichtwelt Licht- oder Geistfunken durch eine tragische Ur-Katastrophe in »untere« Bereiche gerieten; dort wurden sie vom bösen Schöpfergott und seinen dämonischen Mächten gefangen und zum Aufbau einer bösen Welt der Finsternis – eben unserer Welt – verwendet. Sofern diese versprengten Lichtfunken sich jedoch ihrer Herkunft bewußt werden, ihre Situation erkennen und den

Fesseln und Gesetzen dieser Welt entrinnen, ist ihre Erlösung und schließlich auch eine Wiederherstellung des guten Urzustandes möglich. Zu diesem Zweck veranlaßt der gute Gott, daß Offenbarer auftreten und die »schlafenden« Geistfunken zum Bewußtsein ihrer selbst bringen.

Diese Grundkonzeption mit ihrem radikalen Dualismus und ihrer absoluten Leib- und Weltfeindlichkeit hat in einer Fülle von Varianten, teils mehr philosophisch geprägt, teils ausgesprochen mythologisch-abergläubisch bestimmt, vom ersten Jahrhundert n. Chr. an breiteste Bevölkerungsschichten beeinflußt und unter anderem auch das Christentum in einer durch schleichende Unterwanderung gekennzeichneten Auseinandersetzung mitgeformt. Für das Judentum bedeutete diese Strömung eine weit geringere Gefahr, obwohl es selbst indirekt eine erhebliche Rolle bei der Ausprägung der Gnosis spielte: Die Gnostiker benützten die biblisch-jüdische Gottesvorstellung in ihren radikal-monotheistischen und transzendenzbetonten Aspekten zur Charakterisierung ihres »guten« und wahren Gottes, während die Schöpfervorstellung für das Bild des bösen Weltschöpfers – des »Demiurgen« – verwendet wurde.

Dies konnte nicht zuletzt deshalb geschehen, weil die *Torah* zu dieser Zeit schon mit der »Weisheit« identifiziert zu werden pflegte, mit jener Vorstellung von einer göttlich gesetzten, immanenten Weltordnung, die im Judentum in der *Torah* gesehen wurde. Das in der nichtjüdischen Umwelt höchst negativ bewertete Gesetz des Mose erschien so wie selbstverständlich als Inbegriff der schlechten Ordnung des bösen Schöpfergottes. So lieferte gerade die im Vergleich zur heidnischen Umwelt so außerordentlich profilierte Gottes- und Offenbarungsvorstellung des Judentums das Material zur Veranschaulichung der gnostischen Umkehrung der Werte, die zugleich durch die literarische Verbreitung antijüdischer Polemiken in ihrer Wirkung verstärkt wurde.

All das war nicht zuletzt eine Folge des jüdischen Gebrauchs der griechischen Sprache im allgemeinen und der griechischen *Bibel*-Übersetzung im besonderen. Und wenn auch das Judentum zu dieser Entwicklung mehr mittelbar – als eine Art Katalysator – beitrug und vom Einfluß der Gnosis selbst vergleichsweise wenig berührt wurde, so hatte dieser Prozeß doch schwerwiegende Folgen für das Verhältnis zwischen Judentum und Umwelt. Denn selbstverständlich blieben diese Folgeerscheinungen den maßgebenden jüdischen Kreisen auch Palästinas nicht verborgen, zumal in einem gewissen Ausmaß jüdische Randfiguren mit synkretistischen Neigungen einen trotz zahlenmäßiger Geringfügigkeit unübersehbaren Stein des Anstoßes bildeten.

8. Bevölkerungsbewegungen

Zahlenangaben antiker Autoren über die jüdische Bevölkerung sind mit äußerster Skepsis zu betrachten. Bis auf Ausnahmen ist man also in dieser Hinsicht auf Ermessensurteile und grobe Schätzungen angewiesen.

Zu Beginn der Zeit des zweiten Tempels dürfte die Gesamtzahl der Juden schwerlich mehr als 100 000 betragen haben, wovon ein Teil bereits in der Diaspora (Mesopotamien) blieb. In persischer Zeit dürfte es zu einer regelrechten Bevölkerungsexplosion gekommen sein. Es erfolgte eine kräftige Ausweitung des Siedlungsbereiches, denn Juda selbst bot nur einer begrenzten Zahl von Bewohnern eine Existenzgrundlage.

In der Makkabäerzeit nahm die jüdische Bevölkerung auch durch die gewaltsamen Judaisierungen erheblich zu. Galiläa und der Küstenstreifen wurden zu fast rein jüdischen Gebieten, in den einzelnen nichtjüdischen Orten entstanden mehr oder minder starke jüdische Minderheiten, vor allem in Syrien.

Zugleich erfaßte eine jüdische Kolonisationswelle die gesamte hellenistisch-römische Welt. In Alexandrien dürfte der jüdische Bevölkerungsanteil ein gutes Drittel betragen haben, vielleicht mehr als eine halbe Million Menschen. Im Krieg 66–70 n. Chr. ergaben sich allerdings erhebliche Verluste. Nach den Angaben bei Josephus (*Jüdischer Krieg* 6, 420) und Tacitus (*Historien* 5, 13) ist mit mehr als 600 000 Toten zu rechnen – etwa einem Viertel der jüdischen Bevölkerung Palästinas.

Noch schlimmer waren die Verluste während der Diasporaaufstände 115–117 n. Chr. und danach im Mutterland noch einmal während des Bar-Kochba-Krieges (132–135 n. Chr.). Man wird mit einiger Wahrscheinlichkeit annehmen dürfen, daß es vor dem Krieg 66–70 n. Chr. insgesamt mindestens sieben Millionen Juden gab, davon etwa zweieinhalb Millionen in Palästina.

9. Die Literatur des Frühjudentums

Sprache und Überlieferungen

Seit der letzten Königszeit, vollends aber nach dem Exil hatte sich das Aramäische als Umgangssprache mehr und mehr durchgesetzt und – wegen der nahen Verwandtschaft der Idiome – auch das Hebräische geprägt, das daneben weiterlebte, jedenfalls als Literatursprache. Das ungebildete Volk verstand jedoch das Hebräische bald nur noch so mangelhaft, daß selbst die Heiligen Schriften bei den gottesdienstlichen Lesungen in die Umgangssprache übersetzt werden mußten. So entwickelte sich eine mündliche Übersetzungstradition, die für die Nachwelt zugleich die damals vorherrschende Deutung der *Bibel* bezeugt.

Diese aramäische Übersetzungstradition *(Targum)* ist in der folgenden Periode, in der talmudischen Zeit, weitergeführt und schließlich schriftlich fixiert worden. Dabei machte wiederum insbesondere die babylonische Diaspora auch darin ihren Einfluß geltend: Das sogenannte *Targum Onkelos*, eine babylonische Adaption der alten palästinensischen Überlieferung, wurde zur verbindlichen aramäischen Übersetzung, während die anderen palästinensischen Überlieferungen zum Teil in den Hintergrund traten *(Targum Pseudo-Jonathan)*, zum Teil sogar erst in neuerer Zeit wiederentdeckt werden konnten *(Fragmenten-Targum, Kairoer Geniza, Codex Neofyti)*.

Daneben entstand auch eine entsprechende religiöse Literatur auf Aramäisch, ja selbst profane Unterhaltungsschriften fanden in dieser Sprache unter den Juden Verbreitung, zum Beispiel der *Achikarroman*, ein international verbreiteter Erzählstoff.

Im Zug der antihellenistischen Bewegung seit dem Beginn des zweiten Jahrhunderts v. Chr. wurde in radikal-frommen Kreisen das Hebräische wieder bewußt in den Vordergrund gerückt. Während das Buch *Sirach*, verfaßt um 200, bereits die Entwicklung vom *Bibel*-Hebräisch zum *Mischna*-Hebräisch anzeigt, orientierten sich die Verfasser der *Qumrantexte* wieder entschieden an der biblischen Sprache, zum Teil sogar in ausgesprochen archaisierender Tendenz. Wie die Textfunde aus dem Bar-Kochba-Krieg (132–135 n. Chr.) beweisen, hat diese Renaissance des Hebräischen auch noch über das Jahr 70 n. Chr. hinausgewirkt, weshalb mit einem weit umfangreicheren Gebrauch des Hebräischen in der neutestamentlichen Zeit gerechnet werden muß, als es in vergangenen Jahrzehnten in der Forschung üblich war.

Schon in den letzten zwei Jahrhunderten v. Chr. hatte sich daneben auch das Griechische in Palästina immer mehr durchgesetzt: Infolge der politischen Konstellation hatte es das Aramäische als internationale Verkehrssprache weitgehend verdrängt und vor allem in jenen Kreisen Eingang gefunden, die auf Kontakte mit der nichtjüdischen Umwelt angewiesen waren. Dazu kam, daß die ägyptische Diaspora sich bewußt in Parallele zur hellenistischen Kolonisation verstand und ziemlich rasch das Griechische als Umgangssprache übernahm. Die Folge war, daß die *Torah* aus rechtlichen wie internen Rücksichten ins Griechische übersetzt wurde, und zwar bereits im dritten Jahrhundert v. Chr.; die Übersetzung der restlichen biblischen Schriften folgte nach und nach. Da in der westlichen Diaspora die Kenntnis des Hebräischen und Aramäischen situationsbedingt rapid zurückging, bedurfte man hier auch einer religiösen Literatur in griechischer Sprache.

Doch auch in Palästina selbst war die Nachfrage nach solchen Werken früh spürbar. Das hebräische *Sirachbuch*, um 200 v. Chr. verfaßt, wurde vom Enkel des Verfassers bereits um 180 v. Chr. ins Griechische übertragen. Die aramäische und griechische Übersetzungsliteratur spielte also innerhalb der gesamten frühjüdischen Literatur eine nicht geringe Rolle und spiegelt die Vielfalt des jüdischen Geisteslebens dieser Periode.

Dennoch blieb die weitere Wirkung dieser Vielfalt begrenzt. Durch die furchtbaren Folgen der Diaspora-Aufstände von 115–117 n. Chr. verlor das griechischsprachige Judentum seine innerjüdische Bedeutung. Infolge der Konfrontation mit dem Christentum, das die griechische *Bibel*-Übersetzung Ägyptens, die *Septuaginta*, als Heilige Schrift übernahm, distanzierte sich das Judentum von dieser Übersetzung. So kam es, daß Literatur und Geist des hellenistischen Judentums allein innerhalb der christlichen Überlieferung eine Wirkungsgeschichte hatte.

In Palästina vollzog sich ebenfalls ein radikaler Reduktionsprozeß. Mit dem Krieg gegen Rom 66–70 n. Chr. hatte der frühjüdische Pluralismus sein Ende gefunden. Die Sadduzäer waren bis zur Bedeutungslosigkeit herabgesunken, die apokalyptischen Gruppen zum größten Teil aufgerieben oder als Kriegsgefangene verstreut und in den Restbeständen als politisch-religiös gefährlich angesehen. Allein die Pharisäer waren in der Lage, ihre Traditionen weiterzuführen. Da diese gegen 100 n. Chr. einen verbindlichen *Kanon* der Heiligen Schriften festlegten, wurden zahlreiche Schriften als außerkanonisch deklassiert und in der Folge nicht weiter überliefert oder bewußt unterdrückt.

So kam es, daß die gesamte frühjüdische Literatur bis auf wenige Ausnahmen für die weitere jüdische Tradition bedeutungslos blieb. Dies gilt einmal für die sogenannten *Apokryphen* oder deuterokanonischen Schriften, Texte, die von den Rabbinen gegen 100 n. Chr. nicht mehr als Heilige Schriften anerkannt wurden, aber in der griechischen Bibelübersetzung Alexandriens mitenthalten waren und daher von der Kirche übernommen und überliefert wurden. Es handelt sich vorwiegend um Übersetzungen aus dem Hebräischen und Aramäischen. Diese Schriften – *Tobit*, *Judith*, *Weisheit Salomos*, *Sirach*, *Makkabäerbücher*, Zusätze zu *Daniel* und *Esther*, *Brief des Jeremias*, *3. Esrabuch*, *Gebet des Manasse*, *Psalm 151* – sind zum Teil noch vor dem großen Parteienstreit im zweiten Jahrhundert v. Chr. verfaßt worden und fanden deshalb noch allgemeine Verbreitung, eben auch als religiöse Texte in griechischer Übersetzung. In der jüdischen Überlieferung blieben von dieser Literatur nur Spuren erhalten, am meisten vom Buch *Sirach*, dessen hebräischer Text im Mittelalter noch verbreitet war und aus der *Kairoer Geniza* bekannt ist, wozu neuerdings Fragmente von Masada aus dem ersten Jahrhundert n. Chr. kommen.

So gut wie gar nichts blieb hingegen vom Schrifttum der apokalyptischen Strömungen in der jüdischen Überlieferung übrig. Einzig das *Danielbuch*, dessen zweiter Teil die Ereignisse unter Antiochos IV. Epiphanes betrifft, haben die Pharisäer in ihrer Überlieferung und sogar noch in ihren Kanon übernommen; alles übrige wurde verdrängt. Es ist schwer zu sagen, wieweit diese Texte auch in griechischen Übersetzungen innerhalb der westlichen Diaspora verbreitet waren. Die christlichen Gemeinden haben jedenfalls solche Übersetzungen übernommen oder angefertigt, und so kam es, daß dieses Schrifttum, später unter dem Sammelnamen *Pseudepigraphen des Alten Testaments* zusammengefaßt, ebenfalls durch christliche Überlieferung erhalten blieb, zum Teil freilich nur in Zweit- und Drittübersetzungen orientalischer Kirchen; da auch in der Kirche Bedenken gegen diese Schriften laut wurden, mochten einzelne Texte, wie das *4. Buch Esra* auch zeitweilig fast kanonisches Ansehen genossen haben.

Im Original sind nur Texte *einer* apokalyptischen Gruppe bekannt – der Qumrangemeinde –, aber dies erst dank der Entdeckungen am Toten Meer seit 1948.

Angesichts dieser begrenzten innerjüdischen Wirkungsgeschichte der frühjüdischen Literatur kann hier auf eine ausführlichere Darstellung verzichtet werden. Es sei lediglich eine grobe Skizze geboten, die die Vielfalt und den Reichtum allein schon der bekannten Texte dokumentieren kann.

Übersetzungsliteratur

Wie soeben angedeutet, blieb der größte Teil der frühjüdischen Schriften nur in Übersetzungen erhalten, wobei teilweise zwischen jüdischen und christlichen Übersetzungen ins Griechische nicht mehr zu unterscheiden ist.

Am bedeutsamsten waren zweifellos die *Bibel*-Übersetzungen, d. h. die sogenannte griechische *Septuaginta*-Übersetzung und die aramäischen *Targume.* Mit diesen Übertragungen sind auch Vorstellungen aus der Umwelt der Übersetzer in die – ja stets auch deutende – Übersetzung eingeflossen. So schien es zum Beispiel angesichts der bereits wirksam gewordenen philosophisch geprägten Gottesvorstellung unangebracht, die naiven biblischen Redeweisen anthropomorphistischer Art in den Übersetzungen beizubehalten: Sie wurden entweder abgeschwächt oder überhaupt vermieden.

Die hervorragende Bedeutung der Interpretation seit der spätbiblischen Periode wurde bereits im ersten Teil unserer Darstellung (Siebtes Kapitel) erwähnt. Von der pharisäischen exegetischen Tradition, die vor 70 n. Chr. noch mündlich weitergegeben wurde, ist literarisch kaum etwas greifbar, am ehesten noch in der sogenannten *Passah-Haggadah*. Diese pharisäischen Überlieferungen haben dann in der folgenden, talmudischen Periode in den sogenannten *Midraschim* auch literarische Gestalt gewonnen. Aus apokalyptischen Kreisen ist durch die Qumrantexte der Typ des *Pešär* bekannt: Hier wird der biblische Text in mehr oder weniger willkürlicher Aufteilung aktualisierend als geheimnisvolle Vorhersage endzeitlicher Ereignisse verstanden und gedeutet. Mitunter wurden solche Deutungen verschiedener Schriftstellen zu eigenen Einheiten zusammengestellt *(4 QFlorilegium, 4 QTestimonia).*
Im hellenistischen Judentum erreichte die Bibelexegese beträchtlichen Umfang. Erhalten sind außer Teilen vom *Torah-Kommentar* des Aristobul vor allem die Schriften des Philon von Alexandrien, die nahezu ausschließlich exegetisch-homiletische Auslegungen biblischer Texte und Stoffe darstellen. Nur bedingt dazuzurechnen sind weitergehende, freie Nachgestaltungen biblischer Stoffe. So enthält zum Beispiel das *Jubiläenbuch* eine tendenziöse – priesterlich-apokalyptische – Neufassung des *Genesis*-Stoffes, das sogenannte *Genesis-Apokryphon* von 1Q eine aramäische Erweiterung des biblischen Noah- und Henoch-Stoffes und der pseudo-philonische *Liber antiquitatum biblicarum* eine Nacherzählung des biblischen Stoffes von der *Genesis* bis auf Saul.

Geschichtsschreibung und Geschichtsdeutung

Die eben erwähnten Schriften wie *Jubiläenbuch* und *Pseudo-Philon* stehen in einer bereits innerbiblischen Tradition der Geschichtsdeutung, für die sich im englischen Sprachbereich der Ausdruck *rewritten Bible* eingebürgert hat und die im biblischen Schrifttum zuletzt an den *Chronikbüchern* beobachtet werden kann. Die Heilsgeschichte wird dabei nach aktuellen Gesichtspunkten neu geschrieben.

Dieser Bezug auf die Vergangenheit aus aktuellem Anlaß blieb auch weiterhin ein Charakteristikum der jüdischen Historiographie. Doch tritt nun auch noch das Vorbild der hellenistischen Geschichtsschreibung hinzu. Selbstverständlich standen auch die so entstandenen Werke, etwa das *1.* und *2. Makkabäerbuch,* im Dienst einer bestimmten religiös-politischen Richtung – in diesem Fall einer makkabäerfreundlichen.

Erzählungsliteratur

Im Grund gehören die eben erwähnten Werke zwar auch zur erbaulichen Erzählungsliteratur. Doch weisen einige Schriften auch noch eine deutliche Nähe zum antiken Roman auf: so das – noch biblische – *Esterbuch* und die Bücher *Tobit* und *Judith.*

Testamenten-Literatur

Im Sinn des apokalyptischen Interesses an einer Verbindung von Offenbarungs- und Überlieferungsautorität wurden manche Schriften als Vermächtnisse einer berühmten Gestalt der Vergangenheit abgefaßt. Die umfangreichste Sammlung derartiger Schriften sind die sogenannten *Testamente der zwölf Patriarchen,* religiös-moralische »Testamente« der zwölf Söhne Jakobs für ihre Nachkommen.

Mizrach (Wandtafel zur Kennzeichnung der Gebetsrichtung) aus dem 18. Jh., Süddeutschland. Mit Szenen aus dem Festzyklus. Von rechts nach links: (Oben) Festmahl in der Sukkah (Laubhüttenfest); Passah — Sederabend; Schriftlesung am Wochenfest. (Mitte) Schofarblasen im Neujahrsgottesdienst; Versöhnungstag — Kapparotzeremonie; (Unten) Chanukkah — Anzünden der Lichter; Purimfest — Lesung der Ester-Rolle; Versöhnungstag — Bußzeremonie.

Am meisten kennzeichnend und daher auch namengebend war für die apokalyptische Bewegung die Gattung der Apokalypse. Auch sie wird einer bekannten Offenbarergestalt der Vergangenheit zugeschrieben, solchermaßen den neuen Text als Tradition und Offenbarung zugleich deklarierend.
Der auf diese Weise für autoritativ erklärte Inhalt bekundet die *crux* des damaligen religiösen Selbstverständnisses: die Deutung der Geschichte unter dem Zeichen einer in mehr oder minder naher Zukunft erhofften Endzeit und der dadurch bedingten Endzeitverzögerung. Dabei wurde eine Gesamtschau der Menschheitsgeschichte, speziell der Heilsgeschichte Israels angestrebt, die dem Leser einerseits die planvolle Führung durch Gott vor Augen stellen und zugleich die rätselhafte aktuelle Situation — das verzögerte Ende — erklären sollte.
Zu diesem Zweck wurde die Geschichte gern periodisiert und so als planvoller Ablauf dargestellt, andererseits durch eine Fülle von dunklen Bildern und Metaphern, Andeutungen und Einlagen ein Spielraum für unverhoffte aktuelle Entwicklungen gelassen. Oft nahm dabei der Apokalyptiker ältere Stoffe auf — zum Beispiel ursprünglich eindeutige Prophezeiungen —, um sie in einen solchen apokalyptischen Kontext einzufügen (in diesem Sinn wurde beispielsweise das Motiv von den vier Weltreichen im *Danielbuch* verwendet), ein Vorgang, der auch im außerjüdischen Bereich zu beobachten ist (*Töpferorakel* in Ägypten).
Die infolge der Endzeitverzögerungen notwendige ständige Re-Interpretation der *Apokalypsen* hat dazu geführt, daß sie im Lauf ihrer Überlieferungen vielfach sowohl Verstümmelungen wie Ergänzungen und Überarbeitungen erfuhren. Klare Beispiele für die Gattung finden sich darum nur noch selten, zum Beispiel im äthiopischen *Henochbuch* die *Tierapokalypse* (85–90) und die *Wochenapokalypse* (93; 91, 12 bis 17).

Infolge des aktuellen Charakters solcher Schriften konnte sich das Interesse auch punktuell konzentrieren, etwa auf bestimmte Ereignisse der jüngsten Vergangenheit oder auf aktuelle Streitfragen, nicht zuletzt auf den Kultkalender. Dadurch kam in viele Apokalypsen eine Fülle von kosmologischem Material, das zum Teil auch dazu benützt wurde, die Offenbarungsszene zu beschreiben, also den Empfang der Offenbarung im Rahmen einer Entrückung des Sehers in die himmlische Welt. Viele Elemente der kosmologischen Kulttheologie sind auf diese Weise erhalten geblieben.

Aber auch poetisches und weisheitliches Material haben die *Apokalypsen* in sich aufgenommen, so daß sich ein recht buntes Bild der inneren Struktur ergeben kann. Manche Bücher – zum Beispiel das äthiopische *Henochbuch* – stellen überhaupt nur Sammlungen mehr oder minder vollständig überlieferter Einzelapokalypsen und anderer Materialien dar. Andere Werke wiederum, etwa die *Johannesapokalypse* des *Neuen Testaments* und das *4. Buch Esra*, zeigen trotz innerer Vielfalt einen planvollen Aufbau.

Weisheitsschriften und Traktate

Die biblische Weisheitslehre hat noch bis weit in die frühjüdische Zeit hineingewirkt. Es kam also auch jetzt zur Abfassung und Sammlung spruchartigen Materials, das in mehr oder minder großen thematischen Reihen, bis hin zu traktatartigen Abhandlungen, vorgelegt wurde, vor allem im *Sirachbuch*.

Nicht allzu verschieden davon war der Stil der stoischen Diatribe, an dem sich der Verfasser des *4. Makkabäerbuches* orientierte. Einzelüberlieferungen aus der Weisheitslehre finden sich aber auch im Rahmen des übrigen Schrifttums, nicht zuletzt in den apokalyptischen Texten.

Poesie

Die Lyrik des Frühjudentums folgt im wesentlichen den aus der biblischen Dichtung bekannten Bahnen. Über die Anwendung des Parallelismus der Versglieder in annähernd gleich langen Verszeilen oder Sinneinheiten, des alphabetischen Akrostichons und der gelegentlichen Strophenbildung hinaus wurden kaum zusätzliche Kunstmittel entwickelt. Wie schon in der biblischen Literatur begegnet poetisch geformtes Gut auch da und dort innerhalb von Prosatexten, besonders häufig in der Apokalyptik, und selbstverständlich ist auch die Weisheitsliteratur poetisch gestaltet.
Die eigentliche religiöse Lyrik schließt sich unmittelbar an die biblische *Psalmen*-Dichtung an. Beispiele sind der *Psalm* 151 und die übrigen *Qumranpsalmen,* die in der Psalmenrolle aus Höhle 11 (11 QPs) mitten zwischen kanonischen *Psalmen* begegnen, oder die *Hymnenrolle* von Qumran (*1QH*), wenngleich diese unverkennbar die spezifische Gemeindefrömmigkeit widerspiegelt. Die sogenannten *Psalmen Salomos,* aus der Zeit nach der Eroberung Jerusalems durch Pompeius 63 v. Chr., weisen hingegen mehr auf pharisäische Religiosität.

Gesetzliche Überlieferungen

Die pharisäische Gesetzesüberlieferung dieser Zeit wurde noch nicht schriftlich fixiert. Nur aus der späteren Überlieferung sowie aus den Schriften des Philon von Alexandrien und des Historikers Flavius Josephus kann ein Teil der vor 70 n. Chr. vorherrschenden *Halachah* erschlossen werden. Dabei zeigt sich, daß von einer einheitlichen Praxis nicht die Rede sein kann. Dieser Eindruck wird trotz mancher Übereinstimmungen durch den Vergleich mit dem sonstigen Schrifttum weiter bestätigt.
Rechtstexte im eigentlichen Sinn sind uns nur in Einzelzeug-

nissen – aramäischen und griechischen Papyrus-Urkunden – erhalten oder in größerem Umfang aus apokalyptischen Kreisen und aus Qumran. Darunter befinden sich nicht nur Gemeindeordnungen *(Sektenrolle; Damaskusschrift)* und Entwürfe für eine zukünftige heilszeitliche Ordnung *(Gemeinderegel)*, sondern auch die umfangreiche *Tempelrolle*, in der erläuternde und ergänzende Bestimmungen in den *Pentateuch*-Text selbst eingeflochten sind.

10. Die Zeugnisse der Archäologie

Überblick

Die archäologischen Ausgrabungen haben für die Periode des Frühjudentums verhältnismäßig wenig Material erbracht, was nicht zuletzt auf die schweren Zerstörungen durch die beiden großen Aufstände gegen Rom zurückzuführen ist. Architektur, Kunst und Kunsthandwerk (Keramik) dieser Zeit fügen sich zudem voll in das Bild ein, das uns aus der hellenistisch-römischen Umwelt bekannt ist, bedürfen hier also keiner Einzeldarstellung. Dies gilt auch für eine Anzahl von Grabanlagen in und bei Jerusalem, die samt und sonders Formelemente der damals überall in dieser Region gebräuchlichen Baukunst aufweisen, so daß der jüdische Charakter allein durch das Fehlen bildlicher Darstellungen – vor allem Plastiken –, durch Inschriften oder spezielle Symbole erkennbar wird.

Derartige Symbole spielen von nun an allerdings eine zunehmende Rolle in der jüdischen Kunst. Sie haben ihre Funktion offenbar in der Mehrzahl während des *status confessionis* der Makkabäerkämpfe erhalten, als es um den Bestand des Tempels und Tempelkultes sowie um die nationale Existenz ging. Der Tempel insgesamt und eine Reihe von Kultutensilien wie Schaubrottisch, Krüge, Schalen, Etrog und Lulab (vom Herbstfest) sowie der siebenarmige Leuchter – die *Menorah*

– wurden zu Bekenntnissymbolen, die dann auch die Makkabäerherrscher seit Johannes Hyrkan auf ihre Münzen schlagen ließen; dabei traten charakteristischerweise mit der Hinwendung zur Herrschaftsform der hellenistischen Tyrannis auch hellenistische Symbole, wie etwa das Füllhorn, hervor.
Andere Darstellungen, etwa von Palmen, Granatäpfeln oder Reben(laub), konnten in Anknüpfung an bestimmte *Bibel*-Verse zumindest als jüdische Symbole verstanden werden, und wenn im Bar-Kochba-Krieg (132–135 n. Chr.) Münzen mit einem Stern geschlagen wurden, dann im Glauben, daß der »Fürst Israel«, Bar-Kosiba, die messianische Verheißung von *Numeri* 24, 17 erfülle:

»Es geht ein Stern aus Jakob auf,
ein Szepter erhebt sich aus Israel,
und zerschmettert die Schläfen Moabs
und den Scheitel aller Söhne des Seth.«

Der größte Teil der erhaltenen monumentalen Grabanlagen besteht aus Felsgräbern mit mehr oder weniger architektonischer Außengestaltung, teilweise in Form von Aufbauten, gestaltet im römisch-hellenistischen Stil mit gewissen orientalischen Einschlägen. Es handelt sich um Grabdenkmäler vornehmer, zum Teil hellenisierender Familien. Nur ganz selten begegnen Hinweise auf das Judentum, zum Beispiel durch eine eingeritzte Menorah.
Die Mehrzahl der Felsgräber waren Schiebe- und Bankgräber, oft in größeren Familiengrab-Anlagen vereint, wobei sich infolge des laufenden Gebrauchs die Notwendigkeit des Ossilegiums, der Zweitbestattung, ergab. Aber auch aus der Diaspora hat man – in der folgenden Periode noch mehr – die Gebeine Verstorbener ins Heilige Land gebracht und in eigenen Steinossuarien beigesetzt, deren Dekoration zumeist ebenfalls die in der Umwelt geläufigen Muster und nur selten jüdische Symbole aufweist.
Dieser Brauch der Zweitbestattung sagt allerdings wenig über die herrschenden Vorstellungen über Tod und Leben aus, denn

es handelt sich um Konventionen, die jenseits der damaligen religiösen Parteibildungen ihren festen Platz im Denken des Volkes hatten. Die hohe Wertung eines regelrechten Begräbnisses, insbesondere die Praxis des Ossilegiums, sind jedoch insofern bemerkenswert, als sie das Weiterwirken der älteren, biblischen Vorstellungen neben der vordringenden Ansicht von der Unsterblichkeit der Seele bezeugen.

Von den Synagogenbauten, die es zu dieser Zeit im Mutterland wie in der Diaspora nach literarischen Zeugnissen schon in großer Zahl gegeben hat, ist leider so gut wie nichts erhalten. Nur zwei Räume können dafür in Betracht gezogen werden, einer auf Masada und ein anderer im Herodeion, beide also unter Herodes erbaut; es ist aber nicht sicher, wieweit sich dabei das Vorbild bestehender Synagogenbauten ausgewirkt hat.

Eine gewisse Nähe zu den frühen galiläischen Synagogenbauten der folgenden Periode und zu Dura Europos läßt jedoch die Vermutung zu, daß es vor 70 n. Chr. schon einen in groben Zügen vorherrschenden Bautyp für Synagogen gegeben hat, teils nach dem Vorbild der römischen Basilika, teils nach einem im syrischen Raum insgesamt verbreiteten Muster.

Die Anlage von Qumran

Nur eine einzige durch archäologische Ausgrabungen erschlossene größere Siedlungsanlage kann mit ziemlicher Sicherheit einer bestimmten Gruppe des Frühjudentums zugewiesen werden: nämlich der zu den »Essenern« beziehungsweise zur apokalyptisch-militanten Strömung gehörenden Gemeinde, die ihre Schriften bei Ausbruch des Krieges gegen Rom in den Höhlen am Toten Meer in Tonkrügen verwahrt verborgen hat, wo sie seit 1948 wiederentdeckt wurden.

Die auf einer Terrasse über dem Ufer bei 'Ejn Fešḥa gefundene Siedlung paßt durchaus zu dem Eindruck, der sich aus den erhaltenen Gemeindeordnungen unter den Textfunden ergibt. Ein großer Gemeinschaftsraum diente offensichtlich für Versammlungen und Gemeinschaftsmähler, eine Zahl anderer größerer Räume dürfte ebenfalls für Gemeinschaftszwecke bestimmt gewesen sein; einer davon war aufgrund der Einrichtungsreste als Schreibstube zu erkennen.

Mehrere Zisternen mit Stufenanlagen waren vielleicht zum Teil für rituelle Bäder bestimmt, die im Gemeindeleben eine große Rolle spielten. Außer Wohnräumen und vielen Gebrauchsgegenständen wurden auch Hinweise auf handwerkliche Betätigungen — vor allem Töpferei — gefunden.

Die Anlage wurde in den dreißiger Jahren des zweiten Jahrhunderts v. Chr. gegründet, also unter Johannes Hyrkan. Ihre größte Ausdehnung erreichte sie unter Alexander Jannaj. Während der Regierungszeit des Herodes (31 v. Chr.?) hatte sie offenbar stark unter einem Erdbeben zu leiden. Im Krieg gegen Rom wurde sie schließlich zerstört.

Die herodianischen Bauten

Während aus hasmonäischer Zeit nur geringe Reste von Bauwerken (Befestigungsanlagen) ohne Besonderheiten aufgespürt werden konnten, hat die großzügige Bautätigkeit des Herodes bleibende Spuren hinterlassen. Abgesehen von den Städtegründungen und Tempelbauten in nichtjüdischen Gebieten ist dabei an erster Stelle die Umgestaltung Jerusalems zu nennen.

Das gesamte Areal des Tempelberges wurde während einer mehr als vierzigjährigen Bauzeit, die sich über den Tod des Herrschers hinaus erstreckte, von Grund auf neu gestaltet. Gewaltige Stütz- und Umfassungsmauern sowie Aufschüttungen schufen den noch heute sichtbaren Tempelbereich. Säulenhallen und Toranlagen umrandeten und gliederten dieses Areal, in dem man durch den Vorhof der Heiden und den Vorhof der Frauen in den Vorhof der Israeliten gelangte; dieser war durch ein Steingitter vom Priestervorhof mit dem Brandopferaltar abgegrenzt. Das alte Tempelgebäude wurde überbaut, so daß der Kult weitergeführt werden konnte. Da nur Priester den Tempelbereich selbst betreten durften, ließ Herodes eine große Zahl von Priestern als Bauarbeiter ausbilden und beschäftigen.

Schließlich präsentierte sich der neue Tempel mit einer doppelt hohen Vorderfront und ganz im Stil der herrschenden römisch-hellenistischen Architektur jener Zeit. Obwohl der Herrscher bei der Mehrheit des Volkes verhaßt war, hat diese grandiose Ausgestaltung der Tempelanlage in den jüdischen Quellen ein starkes Echo hervorgerufen.

Herodes ließ es sich allerdings nicht nehmen, über einem der Eingänge einen Adler anbringen zu lassen, das Symbol des römischen Reiches. Zwar konnte dieses Symbol auch anders und für jüdisches Empfinden positiv gedeutet werden – spätere Synagogen wurden ebenfalls mit Adlern dekoriert; aber damals erregte es einen Teil der Bevölkerung derart, daß während einer Erkrankung des Königs ein Gerücht über sein Ableben genügte, um radikale Pharisäer zu veranlassen, diesen Adler herunterzureißen.

Zur Überwachung des Tempelareals ließ Herodes an die Nordwestecke angrenzend eine Stadtfestung (die Burg *Antonia*) bauen, ferner einen Palast bei dem heutigen »Davidsturm« am Westrand der Stadt. An zahlreichen Stellen, vor allem am Tempelareal, sind die sorgfältig und nahezu fugenlos aufeinandergefügten Riesenquader der herodianischen Mauern, vor allem am Tempelareal, in Bodennähe noch deutlich zu erkennen.

An jüdischen Sakralbauten ist aus der Zeit des Herodes auch noch die Gestaltung der Patriarchengrabhöhle *(Machpela)* von Hebron zu erwähnen. Auch dabei waren gewaltige Stütz- und Umfassungsmauern nötig; sie sind noch heute gut erhalten.

Herodes ließ aus Sicherheitsgründen aber auch umfangreiche

Festungsanlagen an unzugänglichen Wüstenorten errichten. Am besten bekannt und archäologisch vortrefflich erschlossen sind das Herodeion südlich von Jerusalem und die Bergfeste Masada am Toten Meer. Diese und ähnliche Bauten wurden freilich zu ihrer Zeit schwerlich als Schöpfungen jüdischer Kultur empfunden, eher als Zeichen der Unterdrückung.
Die Aufständischen in den beiden großen Kriegen gegen Rom freilich benützten die nahezu uneinnehmbaren Festungen, von denen Masada erst nach langer Belagerung durch die Römer 73 n. Chr. fiel. Dabei wurde die Bergfestung mit einer Mauer umzogen, die die einzelnen Heerlager verband und schließlich über einen von Kriegsgefangenen mühselig aufgeschütteten, gewaltigen Damm erreicht. Die Verteidiger hatten jedoch vor dem Eindringen der Römer Selbstmord verübt, nach einem Losverfahren einander nach und nach tötend. Die Ausgrabungen ermöglichten nicht nur eine weitgehende Rekonstruktion der herodianischen Anlagen, sondern erbrachten auch Funde aus der Belagerungszeit, unter anderem Fragmente von biblischen Texten und vom Buch *Sirach*.

11. Institutionen

Priester, Leviten, »Israel«

Die steuerlich und überhaupt wirtschaftlich bevorzugte Stellung der Priesterschaft bewirkte ein großes Maß an Berufstreue, so daß die Gesamtzahl der Priester sich in den letzten drei Jahrhunderten des zweiten Tempels etwa verzehnfachte.
Selbstverständlich profitierten nicht alle Mitglieder der Kaste in gleicher Weise von ihren Privilegien: Die vornehmeren und reicheren Priestersippen kontrollierten *de facto* die gesamte Tempelverwaltung und damit auch den Großteil der Landwirtschaft. Vom Hohepriester abgesehen hatten vor allem der

Priestervorsteher, der auch als Stellvertreter des Hohepriesters fungierte, sowie die Häupter der vierundzwanzig Priesterwachen größere Bedeutung; wichtig waren aber auch die zahlreichen Verwaltungsposten im Rahmen der Tempelwirtschaft, die vor allem vornehme Jerusalemer Priesterfamilien innehatten.

Die sozialen Ressentiments, sowohl innerhalb der Priesterschaft wie gegenüber der Hierokratie im allgemeinen, wirkten sich während der Revolte von 66—70 n. Chr. aus, als Zeloten und Sikarier trotz römischer Belagerung einen großen Teil der höheren Priesterschaft einfach ausrotteten.

Die Priesterschaft und die Leviten waren in vierundzwanzig Abteilungen *(mišmārôt)* gegliedert, die – abgesehen von den großen Festen, die einen größeren Personalaufwand erforderten – turnusweise zweimal jährlich den Dienst am Tempel versahen, unter der Aufsicht des Oberhauptes ihrer Abteilung. Die einzelnen Dienstverrichtungen wurden verlost, weil damit je nach den Opferarten auch unterschiedliche Einkünfte verbunden waren.

Die Leviten traten in dieser Periode vor allem als Torwächter und Kultmusikanten in Erscheinung; doch gab es »emanzipatorische« Tendenzen, die auf eine stärkere Beteiligung am Kult abzielten, vor allem gegen Ende der Periode.

Die Laienschaft (»Israel«) war am Tempel durch die ebenfalls turnusmäßig wechselnden *ma^{ca}mādôt* (»Standmannschaften«) vertreten, die sich, sofern am Erscheinen in Jerusalem verhindert, auch an ihren Heimatorten zu speziellen gottesdienstlichen Veranstaltungen trafen.

Priesterliche und weltliche Macht

Die politische Repräsentanz des Volkes lag bis zur Makkabäerzeit in erster Linie bei der Gerusie, die auf den älteren Urkunden dem Hohepriester vorgeordnet erscheint, wenngleich dieser als der Repräsentant des Tempelstaates in Erscheinung trat.

Die Makkabäer hatten 141 v. Chr. unter Simon eine Ämterhäufung erreicht, die das Hohepriesteramt, die militärische und die politische Macht vereinte, was bei den radikalen Frommen Ablehnung, bei den Pharisäern zumindest Bedenken auslöste. Unter Salome Alexandra kam es wieder zur Ämtertrennung, und bis auf Episoden in den letzten Jahren der hasmonäischen Dynastie blieb es dabei, auch unter Herodes.

Unter der direkten römischen Verwaltung rückte der Hohepriester als Vorsitzender des Sanhedrin jedoch wieder in eine politische Funktion ein. Während des ersten Krieges gegen Rom wählten die Zeloten einen Hohepriester ihres Vertrauens, und im zweiten Krieg gegen Rom (132—135 n. Chr.) erscheint auf Münzaufschriften ein Priester Eleazar neben dem »Fürsten Israels« (Simon bar Kosiba). Das heißt, daß die von den Apokalyptikern und Pharisäern gewünschte Ämtertrennung sich durchgesetzt hatte, und zwar nicht zuletzt unter dem Einfluß der Zukunftserwartung dieser Strömungen. Aus den Qumrantexten wird deutlich, daß man für die — nahe geglaubte — Endzeit einen davidischen »Gesalbten aus Israel« und einen priesterlichen »Gesalbten aus Aaron« erwartete.

Die politische Repräsentanz des Volkes war demnach nicht *eo ipso* mit dem Hohepriesteramt verbunden, obwohl sie es *de facto* die meiste Zeit war; sie sollte in der Endzeit vielmehr wieder dem davidischen »Messias« zufallen. Ob die messianischen Prätendenten dieser Zeit nun tatsächlich alle davidischer Abkunft waren, ist zu bezweifeln. Das spielte aber als Faktum offenbar keine besondere Rolle, denn wichtiger waren Anspruch und Erfolg, und dieser Anspruch konnte auch durch genealogische Fiktionen untermauert werden. Auch die urchristliche Gemeinde bemühte sich ja, die davidische Herkunft Jesu durch Stammbäume (*Matthäus* 1; *Lukas* 3) aufzuzeigen und ihn so als den »Messias« auszuweisen, wenigstens für seine erhoffte Wiederkunft.

Gerusie und Sanhedrin

In frühhellenistischer Zeit stand eine Notablenversammlung, die Gerusie, an der Spitze des jüdischen Gemeinwesens, repräsentiert durch den Hohepriester. In der Makkabäerzeit erscheint dafür auf den Münzen neben dem herrschenden Hasmonäer ein *ḥäbär ha-Jehûdîm,* der aber mit der hasmonäischen Königsherrschaft an Bedeutung verlor. Wie immer dessen Zusammensetzung auch gewesen sein mochte, ist doch anzunehmen, daß darin früher oder später die besitzenden Kreise und darunter mehrheitlich wieder die vornehmen priesterlichen Sippenhäupter maßgeblich vertreten waren.
Unter Salome Alexandra (76—67 v. Chr.) dürften die damals dominierenden Pharisäer diese Institution nach ihren Vorstellungen reformiert haben, etwa im Sinn des später in rabbinischen Quellen beschriebenen Sanhedrin. Ein solcher Sanhedrin (griechisch *synhedrion*) amtierte unmittelbar vor der herodianischen Königsherrschaft als oberste Gerichtsinstanz und unter direkter römischer Verwaltung wieder als eine Art von Staatssenat und Legislative. Dabei hatten die Sadduzäer offenbar nicht nur dank des sadduzäischen Hohepriesters einen Vorteil, sondern stellten wohl überhaupt die Mehrheit, wenngleich zeitweilig – so unter Agrippa I. 37—41 v. Chr. und zu Beginn des Krieges gegen Rom – der pharisäische Einfluß beträchtlich gewesen sein dürfte.
Die späteren pharisäisch-rabbinischen Quellen projizieren das Bild des zu ihrer Zeit bestehenden Sanhedrin in die Periode des zweiten Tempels und zum Teil noch weiter zurück und konstruieren eine lückenlose Kette von der »Großen Versammlung« unter Esra und Nehemia bis 70 n. Chr. Möglicherweise hatten die Pharisäer vor 70 n. Chr. tatsächlich für ihre

internen Belange eine oberste Instanz in Analogie zum offiziellen Sanhedrin, wobei personell weitgehend Doppelmitgliedschaft anzunehmen wäre.
Neben dem »Großen Sanhedrin« in Jerusalem existierten auch noch lokale politische und jurisdiktionelle Körperschaften dieses Namens.

Tempel und Tempelkult

Der Kultbetrieb selbst hat im Lauf der Geschichte des zweiten Tempels stetig zugenommen, nicht zuletzt dank der zahlreichen Pilger aus der Diaspora. Die Finanzierung erfolgte durch die Tempelsteuer, den Halbschekel, der von jedem Juden jährlich entrichtet wurde, ferner durch staatliche Zuschüsse für regelmäßige Opfer – im Sinn von Staatsopfern – und durch einzelne Weihegaben, Gelübde usw. Hinzu kam das umfangreiche Abgabenwesen (Zehenten usw.), das vor allem dem Priesterstand zugute kam.
Wie aus den Schriften des Historikers Flavius Josephus, des Philon von Alexandrien, aber auch aus den *Apokryphen* und *Pseudepigraphen* hervorgeht, sah man im Tempelkult allgemein eine unentbehrliche Institution, von deren rechtem Funktionieren geschichtliches wie natürliches Wohlergehen und Gedeihen des Kollektivs abhing. Soweit einzelne Gruppen, wie die Qumrangemeinde, zu der Überzeugung gelangten, daß der Jerusalemer Tempel entweiht sei, lehnten sie zwar den vorhandenen Kult ab, hofften jedoch auf eine endzeitliche Restaurierung des Kultes nach richtigen Kultvorschriften.
Auch die urchristliche Gemeinde hat sich erst nach und nach von der Teilnahme am Tempelkult gelöst, wobei gewisse kultkritische Tendenzen, die sich im Hinblick auf Mißstände schon früher geregt hatten, für eine tatsächliche Spiritualisierung in Anspruch genommen werden konnten. Auch der Gegensatz

zwischen den Sadduzäern und den Pharisäern wirkte sich auf diesem Gebiet aus, ganz abgesehen von Differenzen über bestimmte rituelle Praktiken. Tempel und Tempelkult, die Existenzgrundlage der Priesterschaft, standen für die Sadduzäer eben im Zentrum, während für die Pharisäer der Kult ein Teil der Überlieferungen war wie jeder andere auch.

Die diensttuenden Priester hatten zahlreiche rituelle Vorschriften zu beachten, unter anderem war ihnen Weingenuß und sexueller Umgang verboten. Die Hauptverrichtungen bestanden in der Zubereitung und Durchführung des regelmäßigen Opferkultes am Morgen und am späten Nachmittag (jeweils ein Lamm, dazu Speis- und Trankopfer) sowie in der Besorgung des »inneren Kultes« (im *hekal*). Besonders die Zeit des Räucheropfers wurde in neutestamentlicher Zeit von vielen als Gebetsstunde benützt, weil danach der Priestersegen gesprochen zu werden pflegte. Eine eingehende Beschreibung dieses regelmäßigen Kultes enthält – freilich nach pharisäischer Tradition – der *Mischna*-Traktat *Tamid*.

An Sabbaten und Festtagen wurden die Kultveranstaltungen nicht nur besonders feierlich gestaltet und in der Regel auch vom Hohepriester persönlich zelebriert, sondern durch zusätzliche Opfer *(musaf)*, entsprechend dem Charakter des Anlasses, ergänzt. Das gilt ganz besonders für die drei großen Wallfahrtsfeste, die in der Regel die Kapazität des Kultapparates überforderten.

Ortsgemeinde und Synagogengemeinde

Über die Anfänge der Synagogenorganisation läßt die schlechte Quellenlage nur Vermutungen zu. Sicher ist jedoch, daß im Rahmen jüdischer Militärkolonien auch eine Organisation in religiöser Hinsicht vorgesehen war, wie Josephus, *Antiquitates* 12, 148–153 bezeugt. So fielen zumindest in der Diaspora die jüdischen Ortsgemeinden und die Synagogengemeinden praktisch in eins zusammen. Anders verhielt es sich natürlich in den Städten mit großem jüdischem Bevölkerungsanteil (Alexandrien, Rom); dort waren mehrere Synagogen nötig. In Jerusalem verfügten zudem Gruppen aus bestimmten Diasporagebieten über eigene Synagogen.

Grundsätzlich wird man auch für Palästina die Identität zwischen Orts- und Synagogengemeinden vorauszusetzen haben, jedenfalls entspräche es dem Bild, das die folgende Periode bietet.

Aus den späteren rabbinischen Quellen und aus den griechischen Zeugnissen geht hervor, daß die Synagoge im wesentlichen von den Besitzenden des jeweiligen Orts getragen wurde. Ein *ro'š hak-k^{e}näsät* (»Synagogenvorsteher«, griechisch *archisynagogos*) führte die Aufsicht; daneben war weiteres Personal vorhanden, so ein Vorbeter und ein Synagogendiener.

Ungewiß ist, wie sich — von Ort zu Ort — die jüdische Parteienbildung innerhalb der Synagogengemeinschaften auswirkte. Da die Synagoge im allgemeinen — und insbesondere in der Diaspora — das gesellschaftliche Zentrum der jüdischen Siedlungen darstellte, kann sie eine integrierende und eine Differenzen stimulierende Wirkung zugleich gehabt haben. Die Auftritte des Apostels Paulus während seiner Missionsreisen zeigen, wie leicht es möglich war, sich dieser Einrichtungen für Propagandazwecke zu bedienen, und wahrscheinlich haben auch andere jüdische Richtungen versucht, ihren Einfluß auf diese oder ähnliche Weise geltend zu machen.

Da aber die Sadduzäer, soziologisch gesehen, eine eher begrenzte Gruppe darstellten, blieb für eine entscheidende Rolle in den Synagogengemeinden wohl in erster Linie nur der Pharisäismus übrig. Die radikalen Frommen hatten sich nämlich zum Teil überhaupt isoliert und eigene Gemeinschaften gegründet, und wenn dies für die Diaspora sonst auch nicht bezeugt ist, so stellen doch die »Therapeuten«, die Philon von Alexandrien erwähnt, eine ähnliche Erscheinung dar.

Dissidentengemeinden

Sondergemeinschaften, die sich im Bewußtsein einer speziellen Erwählungs- und Sendungsfunktion von den normalen Orts- und Synagogengemeinden abkapselten, gab es zumindest in Palästina. Die Ansätze zu einer Isolierung Frommer inmitten der übrigen Bevölkerung wurden bereits im Verlauf der frühmakkabäischen Kämpfe sichtbar, weil die im Zug der hellenistischen Reform eingerissene rituelle Laxheit den Zusammenschluß der Strengen im Interesse einer gesetzesgemäßen Lebensweise nötig machte.

Die pharisäische *ḥaburah* ist zum Beispiel eine solche Gemeinschaftsform zum Zweck vor allem rituell *Torah*gemäßer Nahrung, wobei auch die vorschriftsmäßige Verzehntung eine große Rolle spielte. Während aber die Pharisäer es dabei bewenden ließen und weiterhin in den örtlichen Gemeinden ihren Einfluß geltend zu machen versuchten, zogen sich radikalere Gruppen wie die Qumrangemeinde völlig zurück und bildeten folgerichtig auch eigene politisch-ökonomische Gemeinschaften mit eigener Rechtsordnung.

In Qumran beschloß die Versammlung der Vollmitglieder – die *rabbim* – in strenger Rangordnung die wesentlichen Gemeindeangelegenheiten. An ihrer Spitze stand der *paqid ro'š*, ein Vorsteher, während für die ökonomischen Belange ein *m^ebaqqer* (»Aufseher«) eingesetzt war. Inwiefern ein erwähnter Kreis von zwölf Laien und drei Priestern eine mehr als symbolische Funktion hatte – analog den zwölf Stämmen Israels und den drei Priestersippen –, muß offen bleiben. Die Organisationsform der Qumrangemeinde ähnelt in manchem der der hellenistischen Kultgenossenschaften und Vereine; man braucht aber nicht unbedingt einen unmittelbaren Einfluß anzunehmen.

Auch die frühchristlichen Gemeinden prägten in Palästina ihre Organisationsform erst im Verlauf der Ablösung von den jüdischen Gemeinden aus. In Jerusalem kam den zwölf Apo-

steln in Anspielung auf die zwölf Stämme Israels in erster Linie symbolische Bedeutung innerhalb der Gesamtbewegung zu; der Herrenbruder Jakobus dagegen genoß kraft seines Verwandtschaftgrades Autorität.
Die christlichen Diasporagemeinden zeigen, daß man sowohl an die jüdischen Synagogengemeinden wie an hellenistische Vereinsvorbilder anknüpfen konnte. So gab es in manchen Gemeinden ein Gremium von »Ältesten«, während in anderen ein *episkopos* die maßgebende Instanz war.
All dies deutet vielleicht darauf hin, daß sich auch die jüdischen Synagogengemeinden in ihrer Organisationsform von Ort zu Ort unterschieden.

12. Die wirkungsgeschichtliche Bedeutung des Frühjudentums

Kontinuität und Diskontinuität

Die Kontinuität zwischen dem Judentum der biblischen, neutestamentlichen und talmudischen Periode wurde lange Zeit von christlichen Theologen bewußt bestritten. Zumindest wurde der Eindruck erweckt, als hätte vornehmlich eine degenerierte Form des Judentums die Zeit des Neuen Testaments und des Krieges gegen Rom überstanden, während die positiven Linien – meist unmittelbar an die *Bibel* anknüpfend – im Christentum weiterliefen. Diese Sicht war für die Beurteilung des weiteren Schicksals des Judentums verhängnisvoll.
Dabei trifft es zweifellos zu, daß mit dem Krieg von 66–70 n. Chr. ein großer Teil der frühjüdischen Überlieferung untergegangen ist oder nurmehr im christlichen Bereich ein gewisses Fortleben gefunden hat, so das Schrifttum der *Apokryphen* und *Pseudepigraphen*. Auch ist es richtig, daß durch die Diasporaaufstände 115–117 n. Chr. die geistig-kulturelle Leistung des hellenistischen (alexandrinischen) Judentums für

die weitere jüdische Geschichte wirkungsgeschichtlich ausschied, im Christentum aber noch beträchtliche Nachwirkungen zeitigte. Es ist also vor allem die pharisäische Tradition, in der die Kontinuität zwischen Frühjudentum und talmudischem Judentum zu sehen ist, wenngleich man dabei die Grenzen nicht zu eng ziehen darf, da die pharisäische Bewegung selbst keineswegs streng abgegrenzt war.

Das erklärt sich im Grunde von selbst aus der pharisäischen Position der Mitte. Grundsätzlich teilten die Pharisäer das Geschichtsverständnis der Apokalyptiker, suchten aber in ihrer Mehrheit das Risiko der Naherwartung zu vermeiden, weil sie zumeist realistischer urteilten. Auch sie sahen einen kausalen Zusammenhang zwischen Geschichte und *Torah*-Gehorsam und ersuchten, alle Lebensbereiche »halachisch« zu regeln. Aber sie hatten zugleich ein Gespür für das Maß dessen, was dem Durchschnittsmenschen an religiöser Leistung noch zumutbar war, zumal in Anbetracht ihrer Skepsis gegenüber der Naherwartung, die sie mit längeren Zeiträumen rechnen ließ. Sie stemmten sich zwar ebenfalls gegen die Flut der hellenisierenden Assimilationstendenzen, aber ohne sich abzukapseln, blieben also auch in dieser Hinsicht offener. Politisch waren sie unter diesen Voraussetzungen eher zu einem Arrangement mit der herrschenden Weltmacht bereit, obschon auch sie für irgendwann deren Zusammenbruch und deren Ablösung durch die messianische Zeit erhofften, so daß sie während weltpolitischer Umwälzungen gegen messianische Abenteuer nie gefeit waren.

Abgesehen von den schlecht abgrenzbaren Randströmungen des Pharisäismus wirkten unterschwellig aber auch andere Traditionen noch in die folgende Periode hinein, gewisse sadduzäische ebenso wie apokalyptische; dann und wann fanden diese auch literarisch ihren Niederschlag. Allerdings müssen nicht alle späteren analogen Erscheinungen auf solche Traditionszusammenhänge zurückgeführt werden — Sadduzäismus und Apokalyptik waren ja zum Teil auch situationsbedingte Spielarten der jüdischen Religiosität; daher konnten im Fall ähnlicher Situationen auch wieder mehr oder minder ähnliche Tendenzen auftreten.

Die pharisäisch-rabbinische Komponente des Mittelweges erwies sich nicht nur in der Katastrophe von 66—70 n. Chr. als zukunftsbestimmende Leitlinie, sondern sie blieb bis zur Aufklärung im achtzehnten Jahrhundert die Basis, von der aus, je nach der jeweiligen Situation, Neuland betreten wurde und zu der man nach Enttäuschungen wieder zurückzukehren bestrebt war.

Was im tragischen Reduktionsprozeß am Ende der frühjüdischen Periode in die weitere Überlieferung einging, war demnach vor allem die pharisäische Tradition als ein vermittelnder, stabilisierender Faktor. Die Offenheit der pharisäischen Mittelposition gewährleistete zugleich eine Adaptionsfähigkeit der Tradition unter neuen Zeitumständen. Das im Grund nur entschärft apokalyptische Geschichtsbild blieb auch weiterhin die dynamische Quelle immer neuer messianischer Erwartungen und Verwirklichungsversuche — damit aber auch bitterer Enttäuschungen.

Aus dem Parteienstreit des Frühjudentums haben die Pharisäer gewisse bekenntnishafte Anliegen in die neue Periode hinübergenommen. Da man sich im öffentlichen Leben in erster Linie mit den Sadduzäern auseinanderzusetzen hatte, handelte es sich vor allem um antisadduzäische Positionen. So erhielt der Glaube an die Auferstehung der Toten und damit an eine künftige, endgeschichtliche oder jenseitige Vergeltung seinen besonderen Stellenwert, und ebenso die hohe Wertung der »mündlichen Überlieferung« als einer zweiten Sinaioffenbarung.

Die pharisäische Richtung war aber auch die Richtung, die vor 70 n. Chr. offenbar das stärkste Interesse an den Verbindungen zur Diaspora und an einer gewissen missionarischen Wirksamkeit gezeigt hatte. Diese gegenüber den Weltvölkern und damit gegenüber den Kulturen der Umwelt offenere Haltung blieb ebenfalls ein Element der weiteren Tradition, wenngleich natürlich den jeweiligen Bedingungen entsprechend mehr oder minder ausgeprägt. Eine solche Haltung war nur möglich aufgrund eines Menschenbildes, das nicht nur heilsgeschichtlich bestimmt und daher auf Israel konzentriert war, sondern das die Menschheit zugleich schöpfungstheologisch, im Sinn der biblischen Schöpfungsgeschichte, nach Ursprung und Wesen als Einheit sah. Beides stand auch in Zukunft in einer situationsbedingt schwankenden Spannung zueinander.

Neue Impulse im Vergleich zum biblischen Erbe

Verglichen mit dem Bild, das das Judentum am Ende der biblischen, d. h. der alttestamentlichen Periode bot, ergaben sich im Frühjudentum einige bemerkenswerte Verschiebungen.

Der Charakter der Buchreligion prägte sich weiter aus, doch wirkte der damit drohenden Erstarrung vor allem das pharisäische Traditions- und Interpretationsprinzip wieder entgegen, das die »schriftliche« Offenbarung durch eine verbindliche interpretierende Novellierung — die »mündliche« Überlieferung — zu aktualisieren vermochte. Damit wuchs freilich der Gesamtumfang der Überlieferung immer weiter an, und das wiederum brachte im Hinblick auf die Beherrschbarkeit und Praktizierbarkeit neue Probleme mit sich.

Die Radikalisierung der Frömmigkeit durch die kausale Beziehung zwischen Gesetzesgehorsam und Geschichtsverlauf, an die man glaubte, gipfelte in einer Krisensituation, die auch politisch an den Rand des Untergangs führte. In ihr konnte es bis zur Verzweiflung an der Erfüllbarkeit der *Torah* kommen und damit zu antinomistischen Tendenzen, sofern sich die Möglichkeit bot, die *Torah* als Heilsweg zu ersetzen. Im Urchristentum trat in dieser Funktion der »Christus« an die Stelle der *Torah*. In der Gnosis wurde die *Torah* sogar zum Inbegriff des bösen Weltgesetzes.

Der Pharisäismus suchte einen Mittelweg, dem auch sein religiöses Menschenbild entsprach: Der Mensch ist demnach in seiner religiösen Entscheidung frei, kann seiner »guten« oder »bösen« Neigung folgen, wodurch Gebot und Verbot, Lohn und Strafe erst sinnvoll werden. Die Apokalyptik drohte demgegenüber in einen dualistisch angehauchten Determinismus zu verfallen, in dem der einzelne zum Spielball überirdischer — böser oder guter — Mächte wird.

Wie in der gesamten antiken Umwelt erhielt auch im Judentum das Individuum zunehmende Bedeutung. Individualistische und kollektivgebundene Religiosität standen von da an in einer gewissen Spannung zueinander. Wo die individualistische Tendenz überwog, wie zum Teil im frühen Christentum, ergaben sich auch neue kollektive Bindungen. Einzelne Vorstellungen, die das individuelle Schicksal betreffen — wie die Auferstehung der Toten und die Unsterblichkeit der Seele und damit eine endgeschichtliche oder jenseitige Vergeltung — gewannen auch dadurch an Gewicht.

Die Vorstellung von der Unsterblichkeit der Seele zeigt zudem, daß neben der geschichtlich-endgeschichtlichen Heilserwartung die räumliche eine zunehmende Rolle spielte, also die Vorstellung einer überweltlichen Existenzweise nach dem körperlichen Tod und zum Teil auch vor der leiblichen Existenz. Diesem Interesse kamen die in der Kulttheologie und der Apokalyptik vorhandenen kosmologischen Überlieferungen zustatten, also die vorhandenen Beschreibungen der himmlischen Welt. Endgeschichtliche und räumliche Heilserwartung standen von da an ebenfalls in einer je nach Zeit und Ort schwankenden Spannung zueinander.

Mit dem letzten Aspekt kam eine neue Wertung der Welt und des irdischen Daseins auf. Die heilsgeschichtliche Hoffnung richtete sich auf eine Verbesserung der gegenwärtigen Verhältnisse: Man sprach zwar von gegenteilig zu wertenden Äonen, verfiel aber infolge des Schöpfungsglaubens kaum in eine absolut negative Weltbewertung. Die räumliche Heilserwartung war solchen Tendenzen gegenüber anfälliger: Sie legte den Gedanken an eine Weltflucht nahe und förderte eine Sicht, die die Welt und die körperliche Existenz entweder, wie in der Gnosis, radikal negativ bewertete oder — wie auch in der weiteren platonisch-neuplatonischen Strömung — als ein gefährliches Bewährungsstadium, das die Seele bis zur Rückkehr in ihre ursprüngliche himmlische Heimat durchzustehen hat.

Für das Judentum gewann diese Weltsicht trotz der weiterhin vorherrschenden schöpfungstheologischen Weltbejahung deshalb an Bedeutung, weil von nun an die Exilsituation theologisch immer stärker das religiöse Denken bestimmte, eine Wertung der Gegenwart und der irdischen Existenz als Strafe und Bewährungsprobe auch von daher aktueller wurde.

Der Untergang des Tempels bereitete dem sadduzäischen Judentum ein Ende. Der Pharisäismus war infolge seiner distanzierten Haltung gegenüber dem sadduzäisch beherrschten Tempel von diesem Verlust zwar ebenfalls hart betroffen, jedoch wirtschaftlich so gut wie gar nicht und religiös nicht im selben Maß: Man konnte, wenigstens bis zur erhofften Wiedererrichtung des Tempelheiligtums, die Funktion des Kultes durch Akzentuierung anderer Bereiche des Gesetzesgehorsams vorläufig wettmachen. Neben der *Torah*-Frömmigkeit insgesamt wurden vor allem das Gebet und die tätige Nächstenliebe und immer mehr auch das *Torah*-Studium als Kultersatz betrachtet.

Je länger, desto mehr konnte diese Trennung vom konkreten Kult auch spiritualisierende Deutungen fördern, also auch die Bereitschaft zu einer mehr spekulativen Religiosität. Während eine solche in der Zeit des Frühjudentums, von Philon abgesehen, am ehesten im Rahmen der Geschichtsdeutung, also der Apokalyptik, in Erscheinung trat, so äußerte sie sich von nun an vorwiegend in Spekulationen über die himmlische Welt (was zum Teil mit der schon erwähnten räumlichen Heilserwartung zusammenhängt).

Zweites Kapitel

DAS JUDENTUM UNTER RÖMISCH-BYZANTINISCHER HERRSCHAFT

Von 70 n. Chr. bis zur arabischen Eroberung

1. Die Übergangsperiode

Der Aufbau einer neuen Selbstverwaltung in Palästina

Die gemässigten Pharisäer waren nur mit halbem Herzen am Krieg gegen Rom beteiligt gewesen: Sie hatten genug Einsicht in die realen Machtverhältnisse besessen, um die Stärke Roms auf längere Sicht richtig einschätzen zu können, und hatten sich nur zögernd dazu bereit gefunden, alles auf die Karte des Messianismus zu setzen.

Ein charakteristisches Beispiel für diese Haltung stellt der jüdische Befehlshaber Galiläas dar, der spätere Geschichtsschreiber Josephus. Er leistete den anrückenden Römern zwar Widerstand, doch ganz im Sinn konventioneller Kriegführung, und er kapitulierte in dem Augenblick, als weiterer Widerstand sinnlos erschien. In seiner Schilderung des Krieges ließ er keinen Zweifel daran, daß die Kriegsschuld zu Lasten der Zeloten ging, die er als Räuberhorden abqualifizierte.

In einer späteren Darstellung der jüdischen Geschichte entwarf er ein differenzierteres Bild: Er verwies auf die Wechselwirkung zwischen der Willkür mancher römischer Prokuratoren und dem zelotischen Terror und schilderte die Zeloten und Sikarier auch in ihrer Rolle als Verfechter national-religiöser Anliegen. Doch auch jetzt blieb er bei seiner Ansicht, daß der Krieg insgesamt ein unsinniges, von vornherein vergebliches und realpolitisch gesehen verwerfliches Unterfangen war.

Josephus hat sich, in römische Gefangenschaft geraten, alsbald mit der neuen Situation abgefunden und eindeutig die Konzeption der *pax Romana* einer apokalyptisch-zelotischen Zukunftserwartung vorgezogen. Er erfreute sich der Gunst des Kaiserhauses – dem zu Ehren er den Zunamen »Flavius« führte – und suchte mit seiner schriftstellerischen Wirksamkeit Juden wie Nichtjuden über das Debakel des Krieges hinweg zu einem besseren gegenseitigen Verständnis zu führen, nicht nur durch seine – griechisch geschriebenen – historischen Werke (*Peri tu Iudaiku polemu – Über den Jüdischen Krieg* und *Iudaike archaiologia – Jüdische Altertumskunde*, meist lateinisch zitiert als *De bello Iudaico* und *Antiquitates Iudaicae)*, sondern auch durch eine Widerlegung der in der antiken Literatur grassierenden antisemitischen Vorurteile (*Kata Apionos – Gegen Apion*, lateinisch *Contra Apionem*). Gleichwohl wurde er als Überläufer und Günstling Roms heftig angegriffen, so daß er sich genötigt sah, mit einer Autobiographie (*Iosépu bios*, lateinisch *Vita*) an die Öffentlichkeit zu treten, wobei er allerdings – wie auch in den anderen Darstellungen – seine eigene Person allzu positiv darzustellen bemüht war.

In manchem mag Josephus ein Sonderfall gewesen sein, seine grundsätzliche und praktische Haltung im Krieg selbst war aber wohl für viele Pharisäer bezeichnend. Noch während der Belagerung Jerusalems, wo der Terror der Zeloten und Sikarier herrschte, entschloß sich daher ein gemäßigter Flügel der Pharisäer zu einem entscheidenden Schritt. Jochanan ben Zakkaj, der Exponent dieser Gruppe, ließ sich von vertrauten

Schülern in einem Sarg aus der Stadt schmuggeln, stellte sich den Römern und suchte so einen Weg, unter dem erneuerten römischen Joch die Tradition aufrechtzuerhalten.

Die Römer hatten keinerlei Absicht, das Judentum als solches zu vernichten. Es ging ihnen nur darum, den militärisch-politischen Widerstand zu brechen und das Gebiet in ihrem Sinn zu befrieden. Jochanan ben Zakkaj erhielt daher die Erlaubnis, in Jabne im Küstengebiet ein Lehrhaus *(Bet midrasch)* zu eröffnen, wahrscheinlich in Anlehnung an eine bereits innerhalb der dortigen Judengemeinde bestehende Schule.

Die Autorität Jochanans, der schon vor dem Krieg zu den maßgebenden Repräsentanten des Pharisäismus gezählt hatte, brachte es mit sich, daß der neue *Bet midrasch* nach und nach überregionale Bedeutung erlangte und auch mehr und mehr als maßgebende Gerichtsinstanz *(Bet din)* angesehen wurde. Die »Versammlungen« zu Jabne, an denen schließlich auch Gesetzesgelehrte von auswärts teilnahmen, ersetzten so in zunehmendem Maß den einstigen Sanhedrin und wurden zur Grundlage einer neuen zentralen Institution ähnlicher Art.

Die Situation war nun freilich ganz anders geworden. Die Versammlung zu Jabne genoß zunächst keinerlei römische Anerkennung. Sie repräsentierte auch nur die pharisäische Richtung und mußte ihre Autorität im Volk darum erst erwerben. Sie repräsentierte ferner nur den gemäßigten Teil der pharisäischen Bewegung, war also dem Vorwurf der Kollaboration mit dem Feind ausgesetzt – eine Kontroverse, die selbst die alte Jüngerschaft Jochanan ben Zakkajs spaltete.

Erst nach und nach trat dieser Gegensatz in den Hintergrund, und im selben Maß faßten in Jabne auch jene Gruppen und Personen Fuß, die zunächst wegen ihrer romfeindlichen Haltung gezwungen gewesen waren, sich im öffentlichen Leben zurückzuhalten. Dies gilt auch für das Haus Hillels, dessen letzter Repräsentant im Krieg eine führende Rolle gespielt hatte. In den achtziger Jahren zog sich Jochanan – dem die Nachwelt den sonst nur für die folgenden Repräsentanten des Hauses Hillel vorbehaltenen Titel »Rabban« zulegte – zurück, und das Haupt des Hauses Hillel, Rabban Gamaliel, übernahm die Führung der Versammlung von Jabne.

Von der Bar-Kochba-Episode abgesehen, repräsentierte von nun an der Chef des Hauses Hillel als *Naśi'* (»Fürst«) das Judentum im römischen Reich. Zugleich gewann auch die einstige Oberschicht, soweit sie pharisäisch orientiert war – darunter auch priesterliche Kreise –, wieder an Einfluß, und eine Konsolidierung der gesellschaftlichen Struktur setzte ein. Die Römer akzeptierten diese Entwicklung aus Interesse an einem *modus vivendi,* und so wuchs Rabban Gamaliel allmählich in die Rolle eines inoffiziellen Repräsentanten des Judentums hinein. Im Inneren, innerhalb der Diaspora und gegenüber der römischen Obrigkeit festigte er durch unermüdliche Tätigkeit und häufige Reisen das jüdische Selbstbewußtsein und die rechtlich-politische Situation. Auf diese Weise wurde nicht nur die pharisäische Tradition zu einer Art von »normativem Judentum«, auch in der pharisäischen Überlieferung verlagerte sich der Schwerpunkt nun eindeutig auf die hillelitische Tradition, wenngleich die Schammaj-Schule in vielen Bereichen noch wirksam blieb.

Wirtschaftliche und sozialpolitische Probleme

Der in einzelnen Gebieten über vier Jahre dauernde und mit äußerster Erbitterung geführte Krieg hatte dem Land schier unheilbare Wunden geschlagen. Nicht nur die Dezimierung der Bevölkerung war zu beklagen, auch die materiellen Schäden waren enorm.

Die römischen Heere hatten einen riesigen Bedarf an Proviant und Hilfsgütern, der natürlich in erster Linie durch Konfiskationen gedeckt wurde, wobei in einzelnen Bereichen Verwüstungen erfolgten, die noch nach Generationen fortwirkten.

So wurde zum Beispiel der Baumbestand des Landes während der Kriegszeit wegen des riesigen Holzbedarfs der Heere weitgehend vernichtet. Dies traf nicht nur eine der wichtigsten Lebensgrundlagen, soweit es sich um Obst- und Fruchtbäume handelte, es beeinträchtigte auf lange Sicht auch das Klima und die Bodenverhältnisse. Ein Hauptanliegen der neuen zentralen Instanz war daher die Sicherung des Baumbestandes und die Verhütung weiterer Schäden an Baumpflanzungen, zum Beispiel durch Kleinviehherden.

Ein großer Teil des Bodens war zudem enteignet worden und in nichtjüdischen Besitz übergegangen. Die Sicherung des jüdischen Familienbesitzes und damit die Verhinderung einer fortschreitenden Überfremdung des Mutterlandes erforderte daher ebenfalls gesetzgeberische Maßnahmen: Der Verkauf von Grund und Boden sowie wirtschaftlich wichtigen Objekten an Nichtjuden wurde darum eingeschränkt.

So berechtigt derartige Maßnahmen sein mochten, sie waren dennoch nicht unproblematisch. Einmal verfügte die Versammlung zu Jabne über keine exekutive Gewalt; die Befolgung dieser Vorschriften mußte also von Ort zu Ort bei den lokalen Behörden durch Argumentation und durch Appelle an die jüdische Solidarität durchgesetzt werden. Das gelang aber nicht immer, und zwar aus verschiedenen Gründen. Die lokalen Ortsbehörden waren in der Regel identisch mit den eingesessenen besitzenden Honoratiorenfamilien, und deren Häupter unterwarfen sich nicht so ohne weiteres dem Diktat irgendwelcher Gesetzesgelehrter; sie urteilten und handelten statt dessen eher nach Maßgabe der örtlichen Interessenlage. Da die Rabbinen zugleich ihre religiösen Vorstellungen als Normen für die Allgemeinheit durchzusetzen suchten, verbanden sich mit solchen Interessenkonflikten nicht selten auch religiöse Ressentiments.

Dasselbe galt auch für das Rechtswesen: Die lokalen Gerichtshöfe, die sich aus den Ansässigen rekrutierten, waren nicht begeistert darüber, daß nun eine Gelehrtenversammlung sich als

Oberinstanz aufspielte und womöglich ihre eigenen Vertreter auch als lokale Richter installierte. Zwischen lokaler und rabbinischer Rechtsprechung klaffte daher noch lange eine – von Ort zu Ort unterschiedliche – weite Kluft.
Aber auch die ärmeren Schichten konnten sich schwerlich mit den neuen Tendenzen zu rasch befreunden. Gerade die Verarmten waren ja aus purer Not gezwungen, ihren Familienbesitz, der infolge der Verwüstungen vorerst keine Lebensgrundlage mehr bot, zum Verkauf anzubieten, und ebenso traf die Beschränkung der Kleinviehhaltung gerade jene besonders hart, die unmittelbar davon lebten.
Die unterdrückte Wut über das harte Vorgehen der Römer und die demütigenden Erfahrungen während des Krieges waren nicht geeignet, die in Jabne angestrebte Neuregelung des Verhältnisses zu Rom zu fördern. Im Gegenteil, neue Ressentiments wurden geweckt, die in zunehmendem Maß auch von jenen Gesetzesgelehrten geteilt wurden, die entweder von früher her noch der apokalyptisch-zelotischen Richtung näher standen oder sich nun mit den erbitterten Volksschichten solidarisierten.

Die Verallgemeinerung der pharisäischen Lebensordnungen

Nachdem der Pharisäismus infolge der geschilderten Umstände im öffentlichen Leben das Judentum schlechthin repräsentierte, suchte er auch seine Vorstellungen vom Leben unter der *Torah* zum Allgemeingut zu machen. Dabei war er einerseits um die Verbreitung seiner Ansichten und Lebensregeln bemüht und distanzierte sich zugleich von der anders orientierten Bevölkerung als dem *'am ha-'äräṣ*, dem »Landvolk«.
Ein Ansatzpunkt war die Lücke, die für das religiöse Empfinden durch die Zerstörung des Tempels und die Unterbrechung des Kultes eingetreten war. Die Römer hatten Jerusalem als

jüdische Siedlung so gut wie ausgelöscht und an seiner Stelle ein Militärlager errichtet. Die Trümmer des Tempels konnten zwar besichtigt werden; ein Opferkult, der auf einem restaurierten Brandopferaltar ja auch ohne Wiederaufbau des Tempels denkbar gewesen wäre, war jedoch nicht gestattet. Damit hatte die Frömmigkeit einen ihrer zentralen Bezugspunkte verloren, und es bedurfte einer Neuordnung, die den kultlosen Zustand wenigstens überbrücken half.

Die Versammlung zu Jabne hat daher alsbald zwei liturgische Regelungen erlassen, die für die weitere Zukunft bestimmend geblieben sind. Man setzte zwei Pflichtgebete fest, die sowohl der einzelne als auch die synagogale Gottesdienstgemeinde als Hauptbestandteile des täglichen Gebets zu sprechen hatten. Das eine der beiden Gemeindegebete, das sogenannte *Höre Israel* (*Deuteronomium* 6, 4 und einige zusätzliche *Bibel*-Texte), mit entsprechenden Benediktionen davor und danach, stammt offenbar ursprünglich aus der Tempelliturgie; es wurde für morgens und abends als Pflichtgebet festgesetzt. Das sogenannte *Achtzehnbittengebet* dagegen sollte dreimal, nämlich auch bei dem – dem einstigen Nachmittagsopfer entsprechenden – *Minchah*-Gottesdienst am Nachmittag gesprochen werden.

Dieses zweite Gemeindegebet wurde aus mehreren Gruppen von Benediktionen zusammengestellt, die zum Teil bereits aus der Zeit vor 70 n. Chr. bekannt sind. Jetzt wurden diese im Rahmen einer Zahl von achtzehn – später neunzehn – Benediktionen redigiert und zumindest thematisch und in der Reihenfolge festgelegt.

Einige Benediktionen weisen einen gewissen bekenntnishaften Charakter auf. So wird zum Beispiel in der zweiten Benediktion in deutlich antisadduzäischer Absicht die Auferstehung eine Manifestation der göttlichen Macht genannt, und in der zwölften Benediktion werden ausdrücklich Dissidenten *(minim)*, Denunzianten und Judenchristen *(noṣrim)* verflucht; dadurch wurde deren Teilnahme an den synagogalen Versammlungen praktisch unmöglich gemacht. Die neue Ordnung des religiösen Lebens war also auch mit einem Versuch zur Abgrenzung gegenüber unerwünschten Strömungen verbunden.

Unerwünscht waren jetzt zweifellos auch radikal-apokalyptische Tendenzen, die zumindest in römischen Augen — nicht ohne Grund — als revolutionär erscheinen mußten. Die Versammlung zu Jabne begann daher nicht nur, die im Lauf des Krieges entstandenen Verluste an heiligen Schriftrollen wieder zu ersetzen, sondern sie legte auch fest, welche Schriften als verbindliche Heilige Schrift gelten sollten.

Bislang war hier immer noch ein gewisser Spielraum gewesen. Nun aber begrenzte man die Offenbarungsautorität auf die bekannten Bücher des *Alten Testaments*, unter Ausschluß der in der alexandrinisch-griechischen *Bibel*-Übersetzung enthaltenen sogenannten *Apokryphen.* Damit wurde das gesamte apokalyptische Schrifttum deklassiert und offiziell verdrängt.

Das alles ging freilich nicht ohne langwierige Diskussionen ab. Manche Schriften — das Buch *Ezechiel* und das *Hohelied* zum Beispiel — blieben noch lange umstritten. Auch über den genauen Gebetstext sowie über die Gebetszeiten — zweimal oder dreimal — gingen Meinungen und Praktiken noch lange Zeit auseinander.

Ein altes Anliegen der Pharisäer, die Kinderschule, erwies sich gerade jetzt als ein wirksames Mittel zur Verbreitung der pharisäischen Auffassungen. Da aber die lokalen Gemeinden und die Eltern für die Unkosten aufzukommen hatten, stieß auch die Einführung solcher Kinderschulen noch lange weithin auf nachhaltigen Widerstand, vor allem auf dem flachen Land. Dasselbe gilt für die Gerichtsautorität der Gesetzesgelehrten. Je stärker aber das Gewicht des Naśi' wurde, und je mehr ihm die Römer auch eine gewisse Machtentfaltung zugestanden, desto größer wurde der Einfluß der Rabbinen auf diesem Gebiet.

Die Versammlung zu Jabne vereinte eine schwankende Zahl Gelehrter und Schulhäupter von fern und nah im Land. Es war daher selbstverständlich, daß die Teilnahme eine gewisse wirtschaftliche Unabhängigkeit voraussetzte. Dasselbe gilt auch für das pharisäische Bildungsideal, das ja von möglichst jedem ein hohes Maß an Kenntnis der *Halachah*, des verbindlichen Rechts, erhoffte. Die Sorge um den Lebensunterhalt und das Streben nach diesem Bildungsziel traten in eine gewisse Spannung zueinander. Vor allem die Lernenden, die sich einem der bekannten Lehrer anschlossen, waren auf eine finanzielle Grundlage angewiesen. Die wirtschaftliche Situation im Land erlaubte jedoch nicht allzu vielen ein solches Dasein als Gelehrtenjünger. So wurde die Frage einer wirtschaftlichen Sicherung oder Vergütung akut, und zwar um so mehr, als es traditionell verpönt war, für die *Torah*-Lehre einen Lohn anzunehmen. Sofern man nicht von dieser Praxis abkehren und die Rabbinen und Gelehrtenschüler wie die Kinderlehrer bezahlen wollte, bedurfte es einer Ersatzlösung. Diese Lösung fand man, wenigstens im weiteren Verlauf, darin, daß teils der Naśi' aus seinen Einkünften Gelehrte und Schüler unterstützte, teils Gelehrte in einzelnen Orten als bezahlte Richter eingesetzt wurden. Das förderte auch die Unabhängigkeit des Rechtswesens von lokalen Interessenlagen. Jedenfalls zeichnete sich bereits in der Jabne-Periode das Entstehen einer neuen sozialen Schicht ab: der Schicht der Gesetzesgelehrten, der sogenannten Rabbinen.

Pharisäisch-rabbinische Lebensordnung

Obwohl sich die Rabbinen bemühten, möglichst alle Bevölkerungsgruppen für ihre Lebensform zu gewinnen, gab es noch lange in gewissem Maß Differenzen. Die Widerstände kamen aus verschiedenen Richtungen. Sie konnten in einer Abwehr jedweder neuen religiösen – und damit auch wirtschaftlichen

– Belastung begründet sein, zumal ja die Vereinbarkeit von normaler Berufstätigkeit, wie Landwirtschaft oder Handwerk, und pharisäischem Ideal problematisch erscheinen konnte. Oder der Widerstand wurzelte in einer abweichenden und eventuell sogar radikaleren religiösen Haltung, wie sie unter dem Einfluß der apokalyptischen Naherwartung auch jetzt noch immer wieder auftrat.

In der pharisäischen Überlieferung wurden solche Unterscheidungen aber so gut wie kaum gemacht, vielmehr wurde alles von der eigenen Norm Abweichende unter dem Sammelbegriff *'am ha-'aräṣ* subsumiert.

Diesen Kreisen gegenüber organisierte sich die pharisäisch-rabbinische Frömmigkeitspraxis auch weiterhin – wie schon vor 70 n. Chr. – in besonderen losen Gemeinschaftsformen *(ḥaburot)* innerhalb der örtlichen offiziellen Gemeinwesen. Merkmal dieser besonderen Lebensweise war vor allem die Beachtung der einschlägigen rituellen Reinheits- und Speisegebote entsprechend der pharisäisch-rabbinischen *Torah*-Interpretation und der mündlichen Überlieferung.

Die Beachtung der Vorschriften über kultische Abgaben – *Terumah* (Priesterhebe) und Zehent – spielte eine große Rolle. In der Zeit des Tempels gingen diese Abgaben an die Priester, zum Teil auch an die Leviten und an die Armen. Erst nach exakter Absonderung dieser Abgaben galten die betroffenen Nahrungsmittel – in der *Bibel* Korn, Wein und Öl, später fast alle landwirtschaftlichen Produkte, gegen 200 n. Chr. auch Geldeinnahmen – als für den Privatgebrauch erlaubt. Die *ḥaburot* dienten daher nicht zuletzt dem Zweck, innerhalb eines gewissen Kreises ohne Bedenken wegen etwa mangelhafter Beachtung dieser Vorschriften Nahrungsmittel erwerben und austauschen zu können.

Nach der Zerstörung des Tempels wurde auf diese Abgaben im Sinn eines Kultersatzes besonderer Wert gelegt, doch die Frage diskutiert, wer denn nun zum Empfang der Abgaben berechtigt sei. Es ergab sich von selbst, daß man nur pharisäisch orientierte Priester und Leviten in Betracht zog, schließlich priesterliche und levitische Rabbinen bevorzugte und zuletzt, gegen 200 n. Chr., selbst nichtpriesterliche Rabbinen einschloß. Die neue Gelehrtenkaste ersetzte also trotz formalen Weiterbestehens der vererblichen Priester- und Levitenwürde und ihrer Privilegien *de facto* mehr und mehr die Funktion der Tempelpriesterschaft im öffentlich-religiösen Bewußtsein.

Reinheits- und Abgabengebote bildeten den größten Teil der gesetzlichen Überlieferung. Doch das Alltagsleben wurde noch weiter reguliert: zum Beispiel liturgisch durch den Brauch, so gut wie bei jeder Verrichtung, vom Aufstehen am frühen Morgen bis zum Schlafengehen, Benediktionen zu sprechen, nach Rabbi Meir »hundert pro Tag«.

All dies erforderte ein nicht geringes Maß an Gesetzeskenntnis selbst vom gemeinen Mitglied einer *ḥaburah*; man konnte ja nicht bei jeder Gelegenheit einen Gelehrten befragen. Zudem entsprach es eben dem Frömmigkeitsideal, sowohl zu lernen als auch tätig zu sein. Lernen wurde also zu einer wesentlichen Funktion des religiösen Daseins und somit auch zu einem sozial-ökonomisch wirksamen Faktor, denn nicht alle Berufszweige boten in gleichem Maß die Möglichkeit zur Einrichtung ausgedehnter Lernzeiten.

In der Praxis führte das zu einem speziellen Berufstrend innerhalb der Lernwilligen, und es ergab sich die Notwendigkeit einer entsprechenden finanziellen Unterstützung. Das mußte in beiden Fällen zur Bildung einer eigenen sozialen Kaste führen, freilich nicht im strengen Sinn, da ja jeder wirklich Gelehrte aufgrund seiner Gelehrsamkeit Autorität und damit *eo ipso* den Kastenstatus genoß. Dennoch konnte es nicht ausbleiben, daß Gelehrtensöhne mit ihrer von Haus aus guten Ausbildung den Großteil dieser Schicht bildeten, daß also ganze rabbinische Dynastien entstanden.

In diesem Zusammenhang ist ein vergleichender Blick auf die Entwicklung im Christentum lehrreich. Auch dort war es zu einer priesterlichen Bildungselite gekommen, die aber dann in zunehmendem Maß und noch lange Zeit in den Klöstern konzentriert blieb. Eine solche Isolierung vom breiten Volk suchte die Rabbinenkaste jedoch gerade zu vermeiden: Sie war stets bestrebt, alle Juden zu Gesetzesgelehrten zu machen — gewiß ein utopisches Unterfangen, das wegen der sozialen Bedingungen und der menschlichen Natur nur in Grenzen realisiert werden konnte, das sich als Zielvorstellung aber kulturgeschichtlich ungemein fruchtbar erwies.

Der Bar-Kochba-Krieg 132—135 n. Chr.

Während der Diaspora-Aufstände 115—117 n. Chr. war es in Palästina selbst offenbar ruhig geblieben. Die entsetzlichen Folgen jener Tragödie schürten aber auch hier wieder die verzweifelte Hoffnung auf eine baldige Geschichtswende. Eine unglückliche Verkettung von römischen Entscheidungen und von Gerüchten sorgte für weitere Erregung im Volk.

Allem Anschein nach hoffte man gegen 120 n. Chr., die Erlaubnis zum Wiederaufbau des Tempels zu erhalten, und war erbittert, als sich diese Erwartung als trügerisch herausstellte. Als dann Kaiser Hadrian, der 129—132 im Osten des Imperiums weilte, in Jerusalem den Aufbau einer Militärkolonie befahl, empfanden viele Juden dies als unerträglich.

Leider ist über die Vorgänge vor und während des Krieges nur wenig überliefert. Zum Beispiel bleibt unklar, wie sich das Haus Hillel verhielt. Es fällt immerhin auf, daß im Krieg nicht ein Hillelit an der Spitze des Volkes stand, sondern ein seiner Herkunft nach unbekannter Messiasprätendent namens Simon ben Kosiba. Rabbi Akiba, einem der bedeutendsten Gesetzesgelehrten jener Zeit, war es offenbar gelungen, sich gegenüber dem Haus Hillel und dem gemäßigten Flügel durchzusetzen und die allgemeine Anerkennung Simons als »Naśi'« — als messianischen weltlichen Herrscher — zu er-

reichen. Neben Simon amtierte ein Priester namens Eleazar, wie die Münzen aus der Zeit des Aufstandes zeigen.
Der Aufstand selbst brach diesmal nicht spontan aus. Er war gut vorbereitet, und die Kampfhandlungen wurden gezielt erst nach der Abreise Hadrians eröffnet. Auch diesmal waren die vorhandenen römischen Kräfte den Überraschungsangriffen nicht gewachsen, wurden also entweder aufgerieben oder zum Rückzug gezwungen. Die Aufständischen kontrollierten alsbald Juda, Samaria, sowie Teile des Ostjordanlandes, erreichten jedoch nicht die Mittelmeerküste.
Die Römer rückten von Norden und Westen her vor. Sie stießen aber auf erbitterten Widerstand und mußten Ort für Ort mühsam erobern, mit einem Truppenaufwand, der einem großen Kriegsunternehmen gleichkam. Die Verteidiger erwarteten ohne Zweifel die messianische Rettung und datierten ihre Münzen nach den Jahren »der Freiheit Jerusalems«. Im zweiten und dritten Kriegsjahr schmolz das von den Rebellen kontrollierte Gebiet rasch zusammen, Jerusalem fiel erneut in römische Hand und Bar-Kochba wurde unweit davon in der Festung Betar belagert, während sich sonst nur mehr Außenposten in der Wüste Juda hielten. Beim Fall Betars verlor wahrscheinlich auch Bar Kochba das Leben.
Bar Kochbas eigentlicher Name Bar Kosiba wurde durch Originalbriefe bekannt, die man vor einigen Jahren in Höhlen in der Wüste Juda gefunden hat, zusammen mit anderen Dokumenten und Objekten aus der Zeit der Revolte. Aus den Briefen geht hervor, daß Bar Kosiba ein umsichtiger und energischer Rebellenführer war – im Unterschied zu den zahlreichen Messiasprätendenten in der Zeit des ersten Krieges.
Die Folgen des Krieges waren für Juda verheerend. Die Bevölkerung wurde, soweit sie nicht fliehen konnte, zum Großteil ausgerottet oder auf die Sklavenmärkte des Imperiums gebracht. Die Zerstörungen waren schlimmer als im ersten Krieg. Dazu kamen nun auch noch Verfolgungs- und Unterdrückungsmaßnahmen, die zum Teil durch die antike antise-

mitische Literatur animiert waren. Beschneidung, Ordination von Gesetzesgelehrten und Proselytenmacherei wurden streng verboten; jede Form des Widerstandes wurde grausam bestraft.

Ein Teil der überlebenden Gesetzesgelehrten floh ins Ausland. So flüchteten die Schüler des Rabbi Akiba, der selbst in römische Gefangenschaft geriet und schließlich hingerichtet wurde, nach Mesopotamien, ebenso die Schüler des zweiten maßgebenden Gelehrten jener Zeit, des Rabbi Jischmael. Obwohl das Kriegsgeschehen sich auf das Aufstandsgebiet Juda und Samaria beschränkt hatte, wurden auch die Bewohner Galiläas von diesen Religionsverfolgungen betroffen.

Nach drei Jahren änderte der neue römische Kaiser Antoninus Pius die Taktik des Reiches gegenüber den Juden und suchte erneut eine Verständigung mit den gemäßigten Kräften. Erst von da an konnten die in Jabne begonnenen Reformen und Maßnahmen voll zur Wirkung kommen und weitergeführt werden. Der Bar-Kochba-Krieg blieb eine Episode, freilich eine, die als so demütigend empfunden wurde, daß man so gut wie nichts darüber überlieferte.

Die Enttäuschung war zu groß, und der zuvor – nach *Numeri* 24, 16 – als »Sternensohn« (»Bar-Kochba«) gefeierte Simon bar Kosiba wurde nachträglich als »Sohn der Lüge« – ein Wortspiel auf Grund der Wortwurzel *kzb*, lügen – diffamiert. Abgesehen von den Verwüstungen und den Religionsbeschränkungen mußte man nun den völligen Verlust der Heiligen Stadt hinnehmen. Jerusalem wurde eine römische Militärkolonie und blieb samt seiner Umgebung für Juden gesperrt. Das Land von Juda war weitgehend entvölkert oder in nichtjüdische Hände geraten; die neuen jüdischen Zentren befanden sich daher in Galiläa.

2. Das Patriarchat

Die neue Ordnung

Der Aufbau der neuen Selbstverwaltung schritt diesmal weit rascher voran als nach 70 n. Chr., denn man konnte an die vor dem Krieg geschaffenen Voraussetzungen anknüpfen. Dies geschah mit Billigung der Römer, die den hillelitischen Naśi' (Ethnarch, Patriarch) als offiziellen Repräsentanten des Judentums im ganzen römischen Reich anerkannten. Sie duldeten auch, daß in Anlehnung an die einstige Tempelsteuer jeder Jude im Reich eine Jahressteuer an den Patriarchen entrichtete, eine Art *aurum coronarium.* Zudem wurde Palästina nach dem Krieg zu einer konsularischen Provinz erhoben, also nicht mehr von Prokuratoren regiert, die sich in erster Linie selbst zu bereichern trachteten.

Abgesehen von der Rücksicht auf die westliche Diaspora hatte Rom auch die starke jüdische Bevölkerungsgruppe im parthisch beherrschten Orient zu beachten, die über eine weitgehende Selbstverwaltung verfügte. Um die Partherherrschaft nicht zu attraktiv erscheinen zu lassen, mußten die Römer darum auch den palästinensischen Juden wieder ein halbwegs entsprechendes Maß an Autonomie einräumen.

So kam es, daß der hillelitische Ethnarch, der sich auch davidischer Herkunft rühmte, als eine Art Gelehrtenfürst Hof hielt, freilich nicht als Regent über ein Territorium, sondern nur als ein mit staatlichen Vollmachten ausgestatteter Repräsentant seines *ethnos,* des Judentums. Daher war es dem Patriarchen oder Ethnarchen nun auch möglich, die innere Neuordnung in Palästina gegebenenfalls sogar mit Regierungsgewalt durchzusetzen.

Dies bedeutete praktisch, daß die pharisäisch-rabbinische Lebensordnung nun endgültig normativen Charakter erhielt, mochte sich dagegen auf dem Land auch noch da und dort passiver Widerstand regen. Unter Jehuda ha-Naśi' (gestorben etwa 217) erreichte diese neue Ordnung den Höhepunkt ihrer Wirksamkeit.

Abgesehen von seiner politischen Funktion oblag dem Patriarchen als dem Haupt der Gesetzesgelehrten der Vorsitz im Sanhedrin, einem Gremium von siebzig Rabbinen (nicht gerechnet den Vorsitzenden), das als eine Art Akademie *(Bet midrasch)*, als gesetzgebende Körperschaft und als oberster Gerichtshof fungierte. Er »ordinierte« die Rabbinen, nachdem es zunächst Brauch gewesen war, daß jeder Lehrer unabhängig seine Schüler selbst ordinierte; er ernannte die beamteten Richter, setzte den Kalender fest, leitete gewisse öffentliche Gottesdienstveranstaltungen – Buß- und Bittversammlungen für Regen – und unterstützte aus seinen im Lauf der Zeit nicht unerheblichen Einkünften Gelehrte und Gelehrtenschüler. Seine Autorität wurde in der gesamten römischen Diaspora anerkannt, und selbst die babylonischen Juden akzeptierten seine Kalenderfestlegung.

Der Sanhedrin trat nach dem Bar-Kochba-Krieg zunächst in Uscha, dann in Bet Shearim, in Sepphoris und schließlich in Tiberias zusammen. Im Rechtswesen unterschied man diesen »Großen Sanhedrin« der Einundsiebzig von den unteren Gerichtsinstanzen, Dreierkollegien für vor allem vermögens- und zivilrechtliche Fragen sowie Gerichtshöfe mit dreiundzwanzig Mitgliedern für Strafrechtsfälle.

Während die lokalen Gerichtshöfe auch später weiterexistierten, wurde der große Sanhedrin aufgelöst, als um 425 n. Chr. die nunmehr christlich-byzantinische Obrigkeit nach dem Tod Gamaliels VI. keinen neuen Patriarchen mehr anerkannte. Aber schon die letzten hundertfünfzig Jahre zuvor war das Ansehen dieser Zentralinstanzen ständig gesunken, unter anderem als Folge des zunehmenden christlichen Druckes einerseits und der aufstrebenden jüdischen Akademien in Babylonien andrerseits.

Die mündliche Tradition: Das Zeitalter der Tannaiten

Die Regentschaft des Jehuda ha-Naśi' fällt zusammen mit dem Abschluß einer ganzen Periode der pharisäisch-rabbinischen Tradition, dem Zeitalter der sogenannten »Tannaiten«. Als Tannaiten bezeichnet man die Gesetzeslehrer von den ersten namentlich bekannten pharisäischen Gelehrten des zweiten Jahrhunderts v. Chr. an bis auf die Generation des Jehuda ha-Naśi', zum Teil noch die seiner Schüler. Das Wort *tanna'* heißt eigentlich »Tradent«, nach dem Verbum *tnh* oder *šnh* »wiederholen, überliefern«, was bereits darauf hinweist, daß es sich um eine mündliche Lerntradition handelte.

Die Pharisäer hatten es ja vermieden, ihre »väterlichen Überlieferungen« schriftlich niederzulegen, und auch nach den beiden Kriegen gegen Rom blieb man offiziell bei diesem Grundsatz, wenn auch Einzelpersonen Notizen und Niederschriften für den persönlichen Gebrauch anfertigten. In den rabbinischen Gelehrtenschulen wurden jedenfalls *Bibel* und Tradition aus dem Gedächtnis zitiert, was mit der Zeit immer beachtlichere Lernleistungen voraussetzte, da der Umfang der Überlieferung infolge der ständigen interpretierenden Anpassung an die jeweiligen Gegenwartsverhältnisse ja immer mehr zunahm.

Schließlich übernahmen bestimmte Personen das exakte Auswendiglernen ganzer Traditionskomplexe, um in den rabbinischen Gelehrtenschulen auf Abruf gleichsam als lebendiges Buch die geforderten Stoffe zuverlässig zu rezitieren. Solche Spezialisten wurden ebenfalls *tanna' im* – im engeren Sinn, also »Texttradenten« – genannt.

Die Notwendigkeit, große Stoffmengen zu memorieren, brachte eine Reihe charakteristischer mnemotechnisch bedingter Schemata hervor, nach denen der Stoff selbst geordnet und geprägt wurde. Für die Deutung bediente man sich hermeneutischer Regeln – sieben des Hillel, dreizehn des Rabbi Jischmael –, die zum Teil auch aus der antiken Rhetorik bekannt sind. So entstand eine äußerst konzis, ja manchmal telegrammstilartig formulierte Traditionsmasse, die ihrerseits mit ihren Stichwörtern wieder ganze Interpretationsvorgänge ins Gedächtnis rufen konnte.

In den rabbinischen Gelehrtenschulen wurden diese Überlieferungen der »mündlichen *Torah*« mit besonderer Berücksichtigung der eigenen Schultraditionen weiterdiskutiert und interpretiert, so daß eine Fülle von parallelen Überlieferungen im Namen verschiedener Lehrer im Umlauf waren. Durch den Wechsel des Lehrers und vor allem durch die Beteiligung der berühmten Lehrer an den Sanhedrinversammlungen wurden die Einzelschultraditionen miteinander verbunden und nach Möglichkeit eine verbindliche Entscheidung gefällt, abweichende Lehrmeinungen aber meist dennoch namentlich weitergegeben.

Im Lauf der Zeit mußte das zu einer gewissen Unübersichtlichkeit führen, also das Bedürfnis nach einer verbindlichen Sichtung aufkommen. Schon vor dem Bar-Kochba-Krieg hatte die Schule Rabbi Akibas und danach die seines Schülers Rabbi Meir so starken Einfluß auf den Hauptstrom der Überlieferung ausgeübt, daß eine vorherrschende Richtung sichtbar wurde.

Jehuda ha-Naśi' ließ dann – auch aus Rücksicht auf die Klarheit und Kontrollierbarkeit der Rechtsordnung – eine offizielle Auswahl der »mündlichen Überlieferung« vornehmen, die von da an als *Mischna* zur Grundlage der weiteren halachischen Diskussion wurde. Man sah in ihr die fixierte »mündliche *Torah*« der Sinaioffenbarung und achtete sie darum kaum minder als die »schriftliche *Torah*«. Ob man sie bereits offiziell auch schriftlich niederlegte, ist jedoch nicht sicher, denn in den Schulen spielten gerade von nun an die spezialisierten Memorierer, die »Tannaiten«, eine große Rolle.

Die Masse der Tradition mußte in irgendeiner Weise gegliedert und geordnet werden. Zum Teil hatte man einfach die biblischen Gesetzestexte als Aufhänger benützt und den Stoff jeweils dazu tradiert, woraus die literarische Form des halachischen *Midrasch* geworden ist. Da aber die biblischen Gesetze selbst nicht in einer umfassenden Sachordnung vorliegen, erwies sich dies als wenig hilfreich, so daß andere eine sachbezogene Ordnung vorzogen.

Auch die *Mischna* wurde im wesentlichen nach solchen Gesichtspunkten zusammengestellt und in sechs große »Ordnungen« eingeteilt: Die erste Ordnung (*Zera'im,* »Saaten«) enthält im ersten Traktat *(Berakot, Benediktionen)* die Vorschriften über die alltäglichen Gebetspflichten, danach in weiteren zehn Traktaten die Vorschriften für die Nahrungsmittelproduktion und -zubereitung, unter anderem auch in bezug auf die vorgeschriebenen Abgaben *(Terumah, Zehent).*

Die zweite Ordnung (*Mo'ed,* »Festzeit«) enthält die Sabbatgesetze, die Bestimmungen über die Halbschekelsteuer, über die Feste, die Fasttage *(Ta'anit)* und über die »Schriftrolle« *(Megillah),* d. h. die *Ester*-Rolle, die am Purimfest verlesen wurde, ferner Bestimmungen über die Zwischenfeiertage und die großen Wallfahrtsfeste im allgemeinen.

Die dritte Ordnung (*Našim,* »Frauen«) enthält Regeln in bezug auf sogenannte Leviratsehen und andere Ehefragen, auf die Heirats- und Scheidungsurkunden, das Naziräat (eine von der *Bibel* her bekannte Art des Gelübdes), Vorschriften über das Verfahren mit einer ehebrüchigen Frau und über die Eheschließung.

Die vierte Ordnung (*Neziqin,* »Schädigungen«) betrifft das Zivil- und Strafrecht. Nur ein Traktat fällt aus dem Rahmen – auch der ganzen *Mischna*: der Traktat *Abot (Sprüche der Väter),* der nach einer Darstellung der Traditionskette eine Sammlung religiös-moralischer Aussprüche berühmter Tannaiten enthält.

Die fünfte Ordnung (*Qodašim,* »Heilige Objekte«) faßt die Bestimmungen über den Opferkult und die damit zusammenhängenden Verhaltensregeln zusammen, wobei der zehnte und vorletzte Traktat *(Middot)* eine Beschreibung des herodianischen Tempels bietet.

Die sechste und letzte Ordnung (*Toharot,* »Reinheitsfragen«) behandelt die rituellen Reinheitsvorschriften.

Obwohl die *Mischna* nach Jehuda ha-Naši' im gesamten Judentum geradezu kanonisches Ansehen genoß, wurden auch die darin nicht enthaltenen tannaitischen Überlieferungen weiter tradiert und weiter diskutiert, teils mitten im Zusammenhang späterer Traditionen als Einzelzitate *(barajtot)* eingeflochten, teils in einer der *Mischna* ähnlichen und sich mit dieser weithin deckenden Sammlung, der *Tosefta,* zusammengefaßt, oder auch im Rahmen der halachischen *Midraschim,* der exegetischen Traditionen, die allmählich ebenfalls literarische Gestalt annahmen.

Viel Material in der *Mischna* ist an die Existenz des Tempels und damit an den praktizierten Kult gebunden, hatte für die tempellose Zeit also nur theoretische Bedeutung. Die Tatsache, daß man diese Bereiche weiterhin im Rahmen der gültigen *Halachah* berücksichtigte, beruht auf der ungebrochenen Hoffnung auf eine Restauration des Tempelkultes und der national-religiösen Autonomie. Manches gilt auch nur innerhalb der Grenzen des Heiligen Landes – die daher ausdrücklich definiert wurden; die Geltung der *Halachah* in der Diaspora war daher begrenzt.

3. Die politische und wirtschaftliche Situation des palästinensischen Judentums

Zwischen Rom und Partherreich

Wie schon bemerkt, war die Neuordnung des römisch-jüdischen Verhältnisses im Sinn des Patriarchats nicht ohne Rücksicht auf die weltpolitische Konstellation zustande gekommen.

Nun war zwar der Patriarch mit seinem Anhang zur Loyalität gegenüber Rom verpflichtet, und im Interesse seiner Untergebenen tat er auch gut daran, ein möglichst weitgehendes Einvernehmen mit der römischen Macht zu erzielen. Aber die grundsätzliche, heilsgeschichtliche Wertung Roms blieb doch negativ: Es galt nach wie vor als das böse »vierte« Weltreich – beziehungsweise als »Esau« oder »Edom« –, von dessen Zusammenbruch man den Übergang zum messianischen Reich erwartete.

Unter solchen Gesichtspunkten kam den militärischen Aktivitäten der Parther in jüdischen Augen stets mehr als nur tagespolitische Bedeutung zu. Nicht von ungefähr kam es darum auch zur Zeit parthischer Feldzüge gelegentlich zu Unruhen, wenngleich nicht in größerem Ausmaß.

Während des späten zweiten und frühen dritten Jahrhunderts, in der Blütezeit des Patriarchats, war es noch verhältnismäßig leicht, proparthisch-messianische Tendenzen unter Kontrolle zu halten. Mit der wirtschaftlichen Krise des dritten Jahrhunderts aber wuchsen mit den sozialen Spannungen im Land auch die endzeitorientierten Hoffnungen. Noch schwieriger wurde das Verhältnis zu Rom unter der christlich-byzantinischen Herrschaft.

Die Episode der Regierung Kaiser Julians (»Apostata«) und seine Zusage eines neuen Tempelbaues hatte nur geringe Auswirkungen. Die rechtlich-politische Grundlage des Judentums wurde dagegen von der christlichen Obrigkeit Schritt für Schritt ausgehöhlt, wobei die Abschaffung des Patriarchats und des Großen Sanhedrin (um 425) einen entscheidenden Schritt darstellte.

Die Tatsache, daß »die Herrschaft« in die Hände der »Häresie« *(minût)*, also der Christen, geraten war, konnte man als Heimsuchung werten, die auf die letzten großen Prüfungen vor der entscheidenden Heilswende hindeutete. In Palästina selbst gerieten die Juden gegenüber dem vordringenden Christentum auch zahlenmäßig ins Hintertreffen. Gegenüber Übergriffen des christlichen Pöbels waren sie *de facto* schutzlos, da die Kirche immer öfter staatliche Maßnahmen zur Vorbeugung, Wiedergutmachung oder gar Bestrafung offen verurteilte und Kaiser und lokale Machthaber sich dem fügten.

So war es durchaus kein Wunder, daß nach mehreren vergeblichen kleineren messianischen Bewegungen die Juden aktiv Partei ergriffen, als den Parthern zu Anfang des siebten Jahrhunderts ein entscheidender Vorstoß nach Westen glückte, bei dem sie auch Palästina erreichten. Jerusalem kam für drei Jahre (613—617) wieder in jüdische Hand.

Die messianischen Hoffnungen wurden aber wohl zu kühn und somit auch für parthische Interessen untragbar, denn 617 arrangierten sich die Parther mit der mehrheitlich christlichen Bevölkerung. Gegen Ende der zwanziger Jahre eroberte schließlich der byzantinische Kaiser Herakleios die verlorenen Gebiete im Vorderen Orient zurück und rächte sich an den Juden, in deren Überlieferung er als eine Art Antichrist eingegangen ist.

Soziale und ökonomische Verhältnisse

Der wirtschaftliche Aufschwung Palästinas in der zweiten Hälfte des zweiten Jahrhunderts fiel mit dem Aufstieg des Patriarchats zusammen. Zu einem guten Teil waren die Rabbinen — zumal sie in den Lokalgemeinden ja an und für sich keine offiziellen Ämter innehatten, es sei denn als Richter — auch wirtschaftlich vom Patriarchen abhängig. Das bedeutete für viele Rabbinen — bei entsprechend loyaler Haltung — zwar eine weitgehende Sicherung der Existenz, mußte aber mit dem Niedergang des Patriarchats und mit seiner Aufhebung eine Krisensituation nach sich ziehen. Ein weiterer Aspekt dieses Abhängigkeitsverhältnisses war die drohende Entfremdung von den breiten Volksschichten, eine den rabbinischen Zielsetzungen gerade zuwiderlaufende Erscheinung.

Als nun im dritten Jahrhundert das römische Reich von einer schweren wirtschaftlichen Krise erschüttert wurde — die unter anderem an der sinkenden Qualität der Münzen zu verfolgen ist —, war nicht zu vermeiden, daß die ärmeren Bevölkerungsgruppen zuerst und am schlimmsten betroffen wurden, während die Einkünfte des Patriarchen und damit des rabbinischen Gelehrtenstandes zwar auch zurückgingen, aber doch nicht gleich in existenzbedrohendem Ausmaß.

Die wirtschaftliche Struktur des Landes hatte sich im Lauf des dritten Jahrhunderts bis zu einem gewissen Grad gewandelt: Der Anteil der Landwirtschaft war etwas zurückgegangen, und ein spezieller Handels- und Handwerkszweig, der Seidenhandel und die Seidenverarbeitung, hatte sprunghaft an Bedeutung gewonnen. Die Seide wurde aus dem Fernen Osten über parthisches Gebiet nach dem Westen geliefert, wobei der Partherhof den Transithandel geradezu monopolartig unter Kontrolle hielt.

Da die Juden beiderseits der Grenze zahlenmäßig verhältnismäßig stark vertreten waren und daher ohnedies enge Beziehungen zueinander unterhielten, bot sich ihnen eine merkantile Vermittlerrolle geradezu von selbst an, zumal die westliche Diaspora eine große Zahl von Stützpunkten darstellte, zu denen man die bearbeitete Ware exportieren konnte. Zur Zeit des Jehuda ha-Naśi' scheint dieser Wirtschaftszweig seine größte Entfaltung erfahren zu haben. Er bot zahlreichen Rabbinen ein gutes berufliches Auskommen, das sich bequem mit der Gelehrtentätigkeit vereinbaren ließ.

Es versteht sich von selbst, daß unter diesen Umständen palästinensische Geschäftsleute zeitweilig auf parthischem Gebiet lebten und umgekehrt parthische — babylonische — Juden in Palästina. Prominente Beispiele sind Rabbi Chijja und sein Neffe Abba Arika (»Rab«), die am Hof des Jehuda ha-Naśi' lebten, in dessen Schule einen gewichtigen Platz einnahmen und offenbar auch im Sinn jüdisch-parthischer Interessen politisch tätig waren.

Die engen wirtschaftlichen Beziehungen zwischen palästinensischen und babylonischen Juden in Friedenszeiten waren also dazu angetan, das Zusammengehörigkeitsgefühl, die gemeinsame Pflege der Tradition und ähnliche politisch-messianische Aspirationen zu fördern. Die römisch-parthischen Kriege zogen zwar wirtschaftliche Einbußen nach sich, aber alles andere als eine Verminderung der messianischen Erwartungen.

Die römische Wirtschaftskrise des dritten Jahrhunderts traf nun auch den Handel hart, so daß die Steuerlast selbst für die Wohlhabenderen ein Problem wurde. Die einfache Bevölkerung, vor allem die in der Landwirtschaft lebende, konnte schon die Kopfsteuer, das *tributum capitis*, schwer aufbringen; dazu kamen Grundsteuer und Zölle, Fronarbeit, militärische Einquartierungen und Proviantrequirierungen, so daß die Klagen über die Steuereinheber zuweilen die heftigsten Formen annahmen. Konnten die Leistungen nicht erbracht werden, zog das Strafauflagen und Enteignungen nach sich.

Die städtischen Gemeinwesen hatten schließlich eine Pauschalsteuersumme zu erlegen, was zwar intern gewisse soziale Ausgleichsmaßnahmen ermöglichte, aber zugleich den Juden, die in diesem Rahmen nun auch in gemischten Städten öffentliche Ämter bekleiden mußten, weitere Lasten aufbürdete und Anlaß zu Unstimmigkeiten mit der nichtjüdischen Bevölkerung gab.

Für das Judentum bedeutete diese Krise nicht nur eine wirtschaftliche, sondern auch eine religiöse Notlage. Denn unter derartigem ökonomischem Druck war es vielen nicht möglich, das ganze traditionelle System der rituellen Vorschriften, insbesondere in bezug auf die kultischen Abgaben, einzuhalten. Da aber andererseits die Rabbinen von solchen Abgaben weithin abhängig waren, ergab sich eine gewisse Spannung zwischen den »Laien« und den Gelehrten. Unter Jehuda ha-Naśi' gelang es zwar noch, der Schwierigkeiten einigermaßen Herr zu werden, in den folgenden Jahrzehnten aber kam es zeitweilig zu Katastrophensituationen.

Die Rabbinen konnten nicht umhin, die Notlage der Bevölkerung zur Kenntnis zu nehmen, befanden sich aber in einem Interessenkonflikt, da der Patriarch ja den Römern gegenüber für die Ordnung im jüdischen Bereich verantwortlich war, so daß der Eindruck entstehen konnte, daß Loyalität zum Patriarchen gleichbedeutend sei mit einer Kollaboration mit Rom, umgekehrt eine Solidarisierung mit der notleidenden Mehrheit eine revolutionäre Tendenz verrate. So verfiel die innere Autorität des Patriarchats – aber auch des Rabbinats – zu einer Zeit, in der gerade eine verstärkte Solidarität vonnöten gewesen wäre.

Als unter Konstantin dem Großen (reg. 306–337) das Christentum an die Macht gelangte (312 Konversion des Kaisers) und damit auf das Judentum eine grundsätzlich feindlich gesinnte Obrigkeit zukam, befand sich dieses also nicht gerade in einer effektiv abwehrbereiten Verfassung.

Die wirtschaftliche Situation im Reich hatte sich allerdings seit Diokletian schon wieder gebessert, und gerade Palästina erlebte nach der Erhebung des Christentums zur Staatsreligion einen ausgesprochenen »Boom«. Der Handel bekam neuen Aufschwung, Landwirtschaft und Handwerk fanden neue Absatzmöglichkeiten, nicht zuletzt, weil das christliche Interesse an den »heiligen Stätten« zahlreiche Besucher ins Land brachte. Wie die prachtvollen Synagogen aus dieser Zeit beweisen, hatten die jüdischen Gemeinden an diesem Aufschwung ebenfalls ihren Anteil.

Aber gleichzeitig geschah es eben auch, daß die christliche Bevölkerung zahlenmäßig überhandnahm und die Juden in ihrem Mutterland zu einer Minderheit wurden. Unter Kaiser Justinian (527–565) kam es außerdem, im Zusammenhang mit gesetzgeberischen Schritten gegen »Häretiker« allgemein, zu einer erneuten Welle antijüdischer Maßnahmen – ein folgenreicher Vorgang, da so die Existenzberechtigung der Juden zum erstenmal auch rechtlich in Frage gestellt schien.

Aus wirtschaftlicher Sicht verdient vor allem das Verbot Erwähnung, das Juden untersagte, christliche Sklaven zu halten. Da nunmehr fast die gesamte Bevölkerung aus Christen bestand und die Sklavenhaltung für landwirtschaftliche, aber auch andere Betriebe zu den Grundpfeilern des damaligen Wirtschaftslebens gehörte, bedeutete das Verbot für viele Juden den wirtschaftlichen Ruin, auf weitere Sicht eine empfindliche Einengung der beruflichen Möglichkeiten überhaupt.

4. Die Fixierung der Traditionen und die Literatur

Der palästinensische Talmud

Die aufgrund der *Mischna* des Jehuda ha-Naśi' und der übrigen tannaitischen Traditionen weitergeführte halachische Diskussion hatte ihren »Sitz im Leben« für breitere Kreise im Rahmen synagogaler Vorträge oder – und zwar überwiegend – im Rahmen von Erörterungen im *Bet midrasch,* dem Lehrhaus der Rabbinen. Dabei spielten der Sanhedrin und nach dessen Auflösung die eine oder andere größere Schule – vor allem die in Tiberias – eine besonders wichtige Rolle, denn dort wurden die unterschiedlichen Lehrmeinungen vorgebracht, diskutiert und eine verbindliche Lösung gesucht.

Die so entstehende ergänzende Überlieferung zur »mündlichen Tradition« der Tannaiten wurde als *Gemara'* (Ergänzung) bezeichnet. Sie betraf naturgemäß nicht alle Bereiche der *Mischna,* sondern nur oder vorzugsweise jene, deren Erörterung aktuell war; manche Traktate der *Mischna* weisen also überhaupt keine *Gemara* auf.

Die »Amoräer« – wie die Rabbinen aus der Zeit der *Gemara* genannt werden – von Tiberias, Caesarea und Sepphoris waren es in erster Linie, die, unter dem Druck der politischen und wirtschaftlichen Verhältnisse um die Kontinuität der mündlichen Überlieferung und des ordnungsgemäßen Schulbetriebes besorgt, diese *Gemara* ordneten und schriftlich fixier-

ten, woraus der *Talmud des Landes Israel* — der palästinensische *Talmud*, auch *Talmud jerušalmi* — entstand.
Dieser Sichtungs- und Redaktionsprozeß ist im einzelnen kaum mehr sicher rekonstruierbar, dürfte aber im fünften Jahrhundert zum Abschluß gekommen sein. Freilich erfolgte dabei keine durchgehende Bearbeitung und Harmonisierung, sondern eher eine Kompilierung der verschiedenen Schultraditionskomplexe. So stammt zum Beispiel die *Gemara* zur vierten Ordnung *(Neziqin)* offenbar aus Caesarea. Manche Traktate — so gut wie alles von den Ordnungen V und VI — sind außerdem gar nicht erfaßt worden, zumindest blieb nichts erhalten, denn der palästinensische *Talmud* wurde nach der arabischen Eroberung infolge des Übergewichts der babylonischen Schulen in den Hintergrund gedrängt.
Darüber hinaus sind noch sieben »kleine *Talmud*-Traktate« überliefert, die vor allem spezielle Themen (*Torah*-Rollen, Schreibvorschriften, Proselyten, Samaritaner, Sklaven usw.) behandeln und viel altes, tannaitisches Material enthalten.

Bibeltext und Bibelübersetzung

Vor 70 n. Chr. war die Überlieferung und Pflege des Textes der Heiligen Schriften vor allem Sache der Tempelschreiber gewesen; danach mußte auch diese Aufgabe von den Rabbinen weitergeführt werden. Dabei blieb trotz ähnlicher Aktivitäten in Babylonien Palästina führend, und zwar über die Zeit der arabischen Eroberung hinaus, unter anderem wohl, weil es sich zum großen Teil um ausgesprochene Familientraditionen handelte.
Nachdem einmal ein Kanon Heiliger Schriften festgesetzt worden war, galt es auch, den Konsonantentext zu standardisieren. Da die Grundbedeutung der Wörter im Hebräischen wie in den anderen semitischen Sprachen an den Konsonanten hängt, bedurfte man zunächst eigener Vokalzeichen nicht, le-

diglich gewisse Lesehilfen – Vokalbuchstaben: *w* für *o* und *u*, *j* für *i* und langes *e*, *h* für auslautendes *a* – waren mehr oder minder üblich.

Aus den über das Jahr 70 n. Chr. hinaus geretteten Textüberlieferungen wurde nun ein Standardtext hergestellt, nicht zuletzt für die liturgische Verlesung, die außerdem auch Hinweise auf die Art des Vortrages (Kantillation) erforderte. Dabei ergab sich die Notwendigkeit, auch die Aussprachetraditionen zu vereinheitlichen und zu fixieren. Das Hebräische war ja nicht mehr Umgangssprache – dies waren das Aramäische und das Griechische –, es blieb vielmehr auf den literarisch-religiösen Bereich beschränkt, wobei man manchmal Hebräisch und Aramäisch durcheinander gebrauchte. Außerdem hatte sich der Charakter des gebrauchten Hebräisch unter dem Einfluß des Aramäischen gegenüber dem biblischen Hebräisch verändert, so daß beim Lesen eine Angleichung des überlieferten *Bibel*-Hebräisch an das gängige *Mischna*- und *Talmud*-Hebräisch nahelag.

Dem suchte man durch Festlegung der biblischen Aussprache entgegenzuwirken. Gegen Ende der Periode begann man die Konsonantentexte mit Vokalzeichen zu versehen, wobei es nun zunächst zu verschiedenen Systemen kam, unter anderem auch in Babylonien, aber schließlich setzte sich im frühen Mittelalter die Schule der Texttradenten – der sogenannten Masoreten – von Tiberias durch.

Ähnliche Anforderungen ergaben sich für die Überlieferung der traditionellen Übersetzungen des *Bibel*-Textes in die aramäische Umgangssprache, für die *Targume*. Da sie gerade der Verständlichkeit dienen sollten, waren sie einem ständigen Wandel ausgesetzt, zeitlich wie lokal, so daß sich schließlich auch hier ein Bedürfnis nach Festlegung und Standardisierung ergab; dabei konnten ebenfalls die Methoden der Masoreten angewendet werden.

Auf diesem Gebiet, das ja engstens mit der exegetischen und damit zum Teil auch normativ-halachischen Tradition zusam-

menhing, setzte sich die babylonische *Targum*-Rezension durch, das *Targum Onkelos.* Die palästinensischen Rezensionen traten demgegenüber zurück oder gerieten überhaupt in Vergessenheit.
Für die griechischsprechenden Juden ergab sich ein besonderes Problem. Die christliche Kirche hatte die alexandrinisch-griechische *Bibel*-Übersetzung, die sogenannte *Septuaginta,* als Heilige Schrift übernommen. Da man nun diese Übertragung nicht mit der Kirche teilen wollte, suchte man sie zunächst mehr und mehr an den Wortlaut des hebräischen Textes anzugleichen und fertigte schließlich eine ganz neue, wörtlichere Übersetzung an. Sie wird einem gewissen Aquilas zugeschrieben, der nach der Tradition mit Onkelos, dem angeblichen Autor der zuletzt autoritativen aramäischen Übersetzung, identisch sein soll.

Die Midraschim

Während die Ausformung der *Gemara* einen verhältnismäßig umfangreichen Schulbetrieb erforderte und daher unter palästinensischen Verhältnissen – im Vergleich zu Babylonien – unvollkommen ausfiel, konnten Einzelüberlieferungen leichter weitergegeben, ausgebaut und verbunden werden. Dabei handelte es sich zum größten Teil um exegetische Traditionen, die sowohl im Schulbetrieb wie im synagogalen gottesdienstlichen Vortrag angewendet wurden und dabei ihre entsprechende vorliterarische und schließlich literarische Form erhielten.
Die ältesten, noch tannaitischen *Midraschim* sind vorwiegend halachischen Inhalts, gehören also zu den gesetzlichen Teilen der *Torah*, so *Mekilta* (zu *Exodus*), *Sifra* (zu *Leviticus*), *Sifre* (*Numeri* und *Deuteronomium*). Aber eine exakte Trennung zwischen gesetzlichen (halachischen) und anderen (haggadischen) Materialien hat dabei nicht stattgefunden, wie auch nicht in den *Talmuden.*

Der Überlieferungs- und Redaktionsprozeß, teils noch vorliterarischer Art, ist heute nur mehr selten durchschaubar, jedenfalls chronologisch schwer bestimmbar. In der amoräischen Periode, vor allem im vierten bis sechsten Jahrhundert, dürften die älteren »haggadischen« *Midraschim* ihre annähernd letzte Gestalt erhalten haben, zunächst die vor allem tannaitisches Material enthaltenden Werke wie der *Midrasch Genesis rabbah* und andere. Davon sind einige kommentarartige Werke, also laufende Erläuterungen des *Bibel*-Textes, andere nur Kompilationen von Erklärungen zu einzelnen Textstücken, vor allem im Anschluß an den synagogalen Lesezyklus, also so etwas wie Homiliensammlungen.

Der Prozeß der *Midrasch*-Überlieferung und *Midrasch*-Bildung lief aber weiter bis tief ins Mittelalter hinein. Der Großteil der als *Midraschim* bezeichneten Werke hat erst zwischen dem siebten und zwölften Jahrhundert seine endgültige Fassung erhalten.

Dabei kam es auch zu anthologieartigen Zusammenstellungen von *Midrasch*-Einzelüberlieferungen, die trotz später Endredaktion viel altes Material aus Werken, die selbst verloren gegangen sind, enthalten. Die literatur- und überlieferungsgeschichtliche Erschließung dieser recht umfangreichen Literaturmasse ist allerdings noch nicht weit gediehen – bedauerlicherweise, denn diese Texte enthalten auch zahllose Einzelhinweise von kulturgeschichtlichem Interesse.

Bemerkenswert ist, daß diese *Midraschim* zum allergrößten Teil in Palästina entstanden sind oder zumindest weitgehend auf palästinensischen Traditionen fußen. In Anbetracht der großen praktisch-religiösen und seelsorgerlichen Rolle des *Midrasch* mag das zum Teil situationsbedingt sein, denn man brauchte unter den drückenden palästinensischen Umständen eben eine schultechnisch weniger anspruchsvolle, dafür aber mehr in die Breite wirkende Form der Unterweisung. Dabei ging es zwar auch um die halachische Unterweisung, aber noch mehr um die Festigung der religiösen Überzeugung angesichts der christlichen Bedrohung und der Diasporasituation. Es war darum auch die unter christlicher Herrschaft lebende Diaspora, die sich besonders dieser palästinensischen Schöpfungen annahm, also vor allem das Judentum Kleinasiens, Italiens und »Aschkenasiens« (Deutschland und Frankreich). Unter der Bezeichnung *Midrasch* firmierten schließlich nicht nur exegetische und homiletische Werke, sondern ebenso andere Schriften von teils traktatartigem, teils apokalypsenartigem Charakter, aber auch volkstümliche Erzählungsstoffe. Sie wurden später teilweise in Sammlungen – zum Beispiel die *Kleinen Midraschim* – zusammengefaßt überliefert.

Die synagogale Poesie

Noch mehr als die *Midrasch*-Literatur stellte die religiöse Poesie – von der profanen ist so gut wie nichts erhalten – eine spezifisch palästinensische Schöpfung dar. Sie entstand im dritten bis fünften Jahrhundert aufgrund verschiedener Voraussetzungen.
Zum einen boten die synagogalen Gebetsgottesdienste den Vorbetern Gelegenheit zu bewußter Gestaltung, weil der Wortlaut der Gebete lange Zeit hindurch nicht fixiert war. Zum andern wurden zur Auffüllung der Liturgie über die »Stammgebete« – vor allem das *Höre Israel* und seine Benediktionen sowie das *Achtzehngebet* – hinaus weitere Gebete verfaßt, wobei das Vorbild der biblischen Poesie maßgebend war (Parallelismus der Versglieder). Außerdem waren in priesterlichen und levitischen Familien, die zumeist auch die Vorbeter stellten, alte Überlieferungen aus der Tempelliturgie erhalten geblieben, die nun teils unmittelbar in den Gottesdienst der Synagoge, vor allem der Festtage, eingefügt wurden, oder zunächst im Rahmen anderer Schriften Verwendung und Nachahmung fanden und von dort aus wieder auf die Liturgie einwirkten.

Daneben übte für die Entwicklung der literarischen Formen nicht zuletzt die Technik der mündlichen Überlieferung und der durch sie bedingten Formen der Darstellung beträchtlichen Einfluß aus. Mnemotechnisch bedingte, zum Teil auch spielerisch motivierte schematische Stoffgestaltungen – zum Beispiel Reihenbildungen mit konstanten und wechselnden Elementen, teilweise mit geradezu litaneiartigem Charakter – dienten vielfach als Vorbilder für aufkommende poetische Techniken und Gattungen.

Zunächst konzentrierte sich die Kunst der Vorbeter vor allem auf die Variation und Erweiterung der überlieferten Gebete. Als das zu einer völligen Zersplitterung der gemeinsamen Basis des synagogalen Gottesdienstes zu führen drohte, erreichten die Rabbinen eine Fixierung des Wortlautes der Gebete, so daß die Dichtungen fortan als Zusätze und Einschübe erschienen. Dabei kristallisierten sich je nach dem Ort dieser Stücke in der Liturgie ganz bestimmte Gattungen heraus, die wieder in größeren Kompositionen zusammengefaßt wurden.

Gegen Ende der talmudischen Periode standen bereits mehrere solcher Kompositionen mit konventionellem Aufbau fest, vor allem die – zumeist neun Stücke umfassende – *Qerobah,* eine Dichtung zum *Achtzehngebet*, sowie der *Joṣer* für den Morgengottesdienst, anknüpfend an die Benediktionen zum *Höre Israel.* Bemerkenswert sind auch die umfangreichen Dichtungen zum Versöhnungstag, die sogenannten *'Abodah*-Dichtungen.

Der erste namentlich bekannte Dichter ist Jose ben Jose, wahrscheinlich an der Wende vom vierten zum fünften Jahrhundert lebend, der zweite Jannaj (6. Jahrhundert), der dritte schließlich, am Ende der byzantinischen Herrschaft, Eleazar ha-Qalir (Qillir).

Diese synagogale Poesie ist auch abgesehen von literaturwissenschaftlichen Aspekten ein bemerkenswertes Phänomen. Der Übergang von der anonymen Gebetsdichtung zur namentlich

— durch Akrostichon — bezeichneten, individuellen Schöpfung bei Jannaj deutet bei aller Konventionalität auf ein neues Autorenbewußtsein und auf eine bestimmte gesellschaftlich bedingte Funktion des Dichters.

Formen und Kunstmittel zeigen, daß es sich zum Teil um Erscheinungen handelte, die auch in der Umwelt — syrisch-christliche Dichtung, griechische Kunstprosa, griechisch-christliche Dichtung — wirksam waren, wie ja auch die hebräische Bezeichnung für den synagogalen Dichter, *pajṭan,* vom griechischen *poiētēs* abzuleiten ist; das religiöse Gedicht wurde von daher auch *pijjuṭ* genannt. Hier hat eine innerjüdische Nachfrage ein zeitgemäßes Angebot hervorgebracht, das für Jahrhunderte Denken und Fühlen des Judentums entscheidend geprägt hat.

Der *Pijjut* ist nämlich von Palästina aus alsbald auch in Babylonien und in der westlichen Diaspora — in Byzanz und Süditalien — heimisch geworden und hatte bereits im frühen Mittelalter in allen Synagogen der Diaspora seinen festen Platz.

Als variabler Teil der Liturgie unterlag der *Pijjut* freilich einem ständigen Wechsel. Die Vorbeter suchten der Gemeinde immer wieder neue Stücke vorzutragen, eigene oder fremde, und so geriet vieles wieder in Vergessenheit, was einmal als Publikumserfolg gegolten haben mochte.

Die Stellung der Pajtanim und Vorbeter in der jüdischen Gesellschaft war von ganz eigentümlicher Art. Es besteht ein wesentlicher Unterschied zwischen den »Autoren« und Trägern der *Midraschim* und der *Pijjutim* in dieser Hinsicht. Die *Midraschim* waren zwar ebenfalls zu einem guten Teil für ein breiteres Publikum bestimmt und als Mittel zur Festigung des jüdischen Bewußtseins wichtig; aber sie waren unmittelbar mit dem Schaffen der Rabbinen verbunden. Der *Pijjut* hingegen ist demgegenüber Symptom einer gewissen Emanzipationsbestrebung, mit denen die Vorbeter und die Synagogengemeinden sich gegenüber den Rabbinen einen Freiraum zu schaffen bemüht waren.

Inhaltlich schöpfte der *Pijjut* zwar weithin aus dem *Midrasch*-Stoff, und funktional entsprach auch er – sogar vielleicht noch effektiver – der seelsorgerlichen Nachfrage nach Glaubensstärkung; aber er war eben zugleich eine Modeerscheinung, die ästhetischen Ermessensurteilen und der Publikumsgunst unterworfen war. Die Rolle des *Pijjut* im Gottesdienst wurde darum von den Rabbinen nicht selten mit Argwohn betrachtet, ja nicht wenige Rabbinen lehnten ihn rundweg ab, weil sie eine Ablenkung von dem eigentlichen Zweck der gottesdienstlichen Veranstaltung befürchteten. Die Diskussion darüber dauerte bis ins Mittelalter hinein an, aber der *Pijjut* setzte sich dennoch durch.

Damit erwies sich die Gemeinde mit ihren Ansprüchen gegenüber den Rabbinen als stärkerer Teil, eine Erscheinung, die nicht isoliert dasteht, sondern dazu paßt, was später über die Gestaltung und Ausstattung der Synagogengebäude zu sagen sein wird.

Apokalypsen

Nach dem Krieg von 66–70 n. Chr. meldete sich die Apokalyptik noch einmal im *4. Esrabuch* und in der sogenannten syrischen *Baruchapokalypse* zu Wort. Sie verstummte jedoch nach der schweren Enttäuschung des Bar Kochba-Krieges. Nur Einzelmotive begegnen im talmudischen Schrifttum mehr oder minder häufig. Am Ende der Periode, zur Zeit der schweren Krise vor der arabischen Eroberung, wurden aber auch wieder Apokalypsen verfaßt. Ihre inhaltlichen Berührungen mit der synagogalen Poesie beweisen, daß es sich um ein Anliegen handelte, das damals auch von weiteren Kreisen empfunden wurde.

5. Archäologische Denkmäler des palästinensischen Judentums

Die Synagogenbauten

Während für die Zeit vor 70 n. Chr. nur zwei als Synagogen erkennbare, aber unter Umständen nicht von vornherein als solche erbaute Räume – im Herodeion und auf Masada – gefunden wurden, hat die archäologische Forschung aus der Zeit zwischen dem dritten und siebten Jahrhundert eine größere Anzahl von Synagogenresten entdeckt.

Eine erste Periode (zweites bis drittes Jahrhundert), die mit der Blütezeit nach der Überwindung der Kriegsfolgen zusammenfällt, wird vor allem durch die galiläischen Synagogen von Korazin, Kfar Bar'am und Kapernaum (diese wird neuerdings auch später datiert) repräsentiert. Kennzeichnend ist der Basilika-Stil, also ein dreischiffiger Raum mit zwei Säulenreihen und Empore, ferner der Eingang – oder drei Portale – auf der Südseite, nach Jerusalem zu (allerdings gibt es Ausnahmen), sowie die vorwiegend ornamentale Dekoration der Bauelemente, vor allem an der Frontseite. Das Vorbild der römischen Basilika wirkte sicher nicht unmittelbar, vielmehr ist eine im syrischen Raum weithin vorhandene Adaptierung – man denke etwa auch an die Nabatäerheiligtümer – vorauszusetzen.

Da der Eingang oder die drei Portale sich an der Jerusalem zugewandten Seite befanden, die zugleich die Gebetsrichtung darstellte, mußte der *Torah*-Schrein (für die Schriftrollen) mobil gestaltet werden. Unter den Ornamenten dieser Bauten befinden sich außer gängigen Motiven auch spezifisch jüdische Symbole. Im Inneren umgeben an drei Wänden steinerne Sitzreihen den Raum, dessen Boden mit großen Steinplatten ausgelegt ist. Manche dieser Synagogen wurden im Lauf der Zeit überholt und dem späteren Typ angeglichen.

Eine zweite Periode (viertes bis siebtes Jahrhundert) bezeugt den erneuten wirtschaftlichen Aufschwung nach der Krise des dritten Jahrhunderts und den Einfluß der frühbyzantinischen – auch kirchlichen – Architektur und Kunst. In der Regel handelt es sich immer noch um Langbauten, also um den Basilika-Typ, dreischiffig mit zwei Säulenreihen, aber mit einer auffallenden Veränderung: Da für die nördlich von Jerusalem gelegenen Synagogen des älteren galiläischen Typs Front- oder Eingangsseite und Gebetsrichtung zusammenfielen, empfahl sich aus praktischen Gründen eine Verlegung der Eingänge, um die Südwand als ständigen Platz für den *Torah*-Schrein freizubekommen. Die jüngeren Synagogen weisen demgemäß an der gegen Jerusalem gelegenen Wand meist eine Nische für den *Torah*-Schrein auf, so vor allem in Jafia, Husippa, En Gedi und Bet Alfa. Diese *Torah*-Nischenwand wird nun, ähnlich wie früher die äußere Frontseite, ornamental besonders ausgestaltet. Überhaupt spielt nun die Innendekoration eine große Rolle, vor allem in Form von prachtvollen Fußbodenmosaiken.

Von diesem Grundtyp gibt es aber auch Abweichungen, zum Teil bedingt durch örtliche Verhältnisse. So weisen die Synagogen von Hammat-Tiberias und Gaza vier Säulenreihen auf, andere, wie Bet Alfa, Bet Schean und Na'aran, besitzen einen kirchenähnlichen Charakter mit Hauptschiff und zwei Nebenschiffen (also zwei Säulenreihen), apsisartiger *Torah*-Nische und teilweise auch mit Vorhalle und Vorhof, letzterer manchmal von Kolonnaden umrahmt. Andere Ausnahmen weichen stärker ab, so die Synagogen von Eshtemoa, Susiya und Churbet Shema (bei Meron), die keinen Langbau, sondern einen Querbau darstellen.

Unmittelbar dem Synagogenbau angeschlossen oder in seiner Nachbarschaft befanden sich zumeist Nebenräume, in der Regel auch Herbergen.

Wertung und Art des Begräbnisses haben sich auch nach der allgemeinen Verbreitung des Glaubens an eine unsterbliche Seele nicht wesentlich gewandelt. So wurde auch jetzt großer Wert auf eine würdige Bestattung gelegt, wobei die Gestaltung der Grabanlagen natürlich von der jeweiligen Wirtschaftslage abhängig war. Auffallend ist die jetzt zu beobachtende Neigung zur Schaffung größerer Anlagen – Nekropolen und Katakomben – sowie die Verwendung von teilweise ornamental reich ausgestatteten Steinsarkophagen und Ossuarien. Dabei pflegte man die Rangunterschiede zu beachten; man bestattete also zum Beispiel Gelehrte in der Nachbarschaft von Gelehrten.

Das bekannteste und am besten erschlossene Beispiel einer solchen Nekropolis befindet sich in Bet Shearim, wo Jehuda ha-Naśi' residierte und sich zahlreiche Gelehrte und begüterte Juden von auswärts eine Grabstätte sicherten.

Im Jahr 352 wurde die blühende Stadt während eines Aufstandes samt ihrer Synagoge (älterer galiläischer Typ) zerstört. Im Nordosten, Norden und Westen umgibt ein Kranz unterirdischer Grabanlagen den Stadthügel, teils künstlich angelegt, teils unter Ausnützung von Felsspalten, wie sie in diesem Erdbebengebiet nicht selten sind. In die Felsspalten wurden Treppen gehauen, von denen man wie von einem Hof aus – aber auf unterschiedlichem Niveau – die einzelnen Grabanlagen erreichen kann. Schwere Steintüren, deren Ornamentik Holztüren mit Beschlägen nachgestaltet ist, verschließen die Hauptzugänge, deren Türrahmen ebenfalls nach architektonischem Vorbild geformt wurden. Die Grabanlage des Patriarchen, die größte, hat monumentalen Charakter; ihre Frontseite mit drei gleich großen Rundbogenportalen wurde der dahinterliegenden Katakombe vorgesetzt.

Die Größe der einzelnen Anlagen variiert. Es gab Familiengräber und größere, vielräumige öffentliche Grabanlagen. Die

Gräber selbst sind trogartige Vertiefungen innerhalb von Grabnischen, die in die Wände der Kammern eingelassen sind. Die Raumgestaltung folgte den damals üblichen architektonischen Mustern, wobei natürlich die Ausstattung unterschiedlich ausfiel.

Die vornehmeren Anlagen weisen reiche Ornamente auf, darunter spezifisch jüdische Symbole, die in den schlichteren Anlagen entsprechend primitiver ausgeführt erscheinen: so vor allem der siebenarmige Leuchter (die *Menorah*), Kultutensilien (Lulab, Etrog, Räucherpfannen und Schofarhorn) und *Torah*-Schrein-Abbildungen. Letztere repräsentieren unter anderem den Tempel, da man diesen nun vor allem als Haus der Bundeslade betrachtete und in dieser eben den Behälter der *Torah* und somit den Vorläufer des *Torah*-Schreines sah.

Auffällig ist im Vergleich zu früheren Jahrhunderten das Hervortreten bildlicher Darstellungen neben der geometrischen Ornamentik und der traditionellen Symbolik. Dies gilt nicht zuletzt für die zahlreichen Steinsarkophage und Ossuarien. Sogar Sarkophage mit Szenen und Figuren aus der griechischen Mythologie wurden hier gefunden.

Diese enge Beziehung zur Kunst der Umwelt entspricht dem Befund, den die zahlreichen Grabinschriften bieten: Sie sind überwiegend in griechischer Sprache abgefaßt, nur eine kleinere Anzahl in Hebräisch und Aramäisch, einige auch in Palmyrenisch. Viele der Inschriften bezeugen, daß es sich auch um Gräber von Diasporajuden handelt, vor allem aus dem Bereich der arabisch-syrischen Gebiete. Sofern die Bestatteten nicht schon zu Lebzeiten nach Bet Shearim gekommen waren, um hier im heiligen Land zu sterben, wurden ihre Gebeine zur Zweitbestattung (in Ossuarien) dorthin transportiert, manchmal sogar in pulverisierter Form.

Dahinter steht unter anderem der Glaube, daß nur die im heiligen Land Beerdigten überhaupt auferstehen werden oder daß sie dies zeitlich als erste tun; das brachte auch den Brauch mit sich, in der Diaspora etwas Erde aus dem Heiligen Land dem Verstorbenen mit in den Sarg zu geben.

Bildliche Darstellungen und Symbole

Im Vergleich zur Zeit des ersten und zweiten Tempels zeichnet sich die talmudische Periode durch eine tolerante Interpretation des biblischen Bilderverbotes (*Exodus* 20, 4) aus. Sie setzt in der zweiten Hälfte des dritten Jahrhunderts ein, also mit dem Ende der schroffen jüdisch-römischen Konfrontation, und sie erreicht im fünften Jahrhundert ihren Höhepunkt, also zur Zeit der völligen Christianisierung. Man darf daher einen Zusammenhang zwischen der verringerten kultischen Provokation der bildlichen Darstellungen in der Umwelt und der neuen jüdischen Einstellung annehmen.
Unter den Rabbinen blieb die Frage, ob bildliche Darstellungen erlaubt seien oder nicht, zwar umstritten, aber es gab nun eben auch einzelne, die sogar Götterstatuen unter dem Aspekt reiner Dekoration betrachteten, zum Beispiel die übliche Statue der Aphrodite in den öffentlichen Bädern, deren Besuch von manchen Juden als problematisch empfunden wurde. Die Aufstellung von Kaiserstatuen war im römischen Bereich wegen der zu lebendigen Erinnerungen an die Forderung des Kaiserkultes zwar nicht vorstellbar, aber im Partherreich gab es Synagogen, in denen man die Statue des Herrschers, ohne Anstoß zu nehmen, aufstellen ließ.
Zwar blieb die Aversion gegenüber plastischen Kunstwerken weiterhin vorherrschend, aber reliefartige Darstellungen (Friese!) setzten sich in gewissen Bereichen doch durch, und zwar über die Architektur und daher vor allem als architektonische Dekoration — Sarkophage und Ossuarien unter diesem Gesichtspunkt mit einbezogen.
Vereinzelt sind jedoch auch in diesem Rahmen auffallende Neuerungen gegenüber der früheren Periode zu verzeichnen,

zum Beispiel tauchen in galiläischen Synagogen auch einzelne Adlergestalten nahezu als Vollplastiken auf – der herodianische Adler am Tempel hatte noch die Volkswut herausgefordert.

Bau und Ausstattung der Synagogen richtete sich eben nicht so sehr nach dem Urteil der Rabbinen als nach den Wünschen der Gemeinde und der Gemeindegewaltigen, also der Begüterten, von denen ja auch die Mittel aufgebracht wurden. Wie schon in der synagogalen Liturgie die Publikumsnachfrage dem *Pijjut* zum Durchbruch verhalf, so hier der künstlerischen Gestaltung der Bauten.

Während aber die architektonisch bedingten Dekorationen, von den einzelnen spezifisch jüdischen Symbolen abgesehen, weitgehend im Rahmen der Konventionen – mit zum Teil mythologischen Motiven, wie Leda und dem Schwan auf einem Sarkophag in Bet Shearim! – blieb, die auch in der Umwelt herrschten, boten Mosaikdarstellungen und Wandmalereien mehr Möglichkeiten zur Aufnahme jüdisch-religiöser Motive. Da in Palästina Fresken nicht erhalten blieben, kommen als Beispiele für diese Motive vor allem die Mosaikfußböden der Synagogen des vierten bis siebten Jahrhunderts in Frage, die man in beachtlicher Zahl entweder vollständig oder fragmentarisch freilegen konnte.

Die Technik der Mosaikarbeit und die Grundmethoden der Darstellung entsprachen im allgemeinen dem, was in dieser Zeit auch im außerjüdischen Bereich üblich war, vor allem in den byzantinischen christlichen Kirchen: Es war eine Fortführung der älteren antiken Mosaikkunst, die mit ihrer »illusionistischen« Darstellungsweise auch eine räumliche Perspektive erreichte.

Nicht alle Synagogenmosaiken entsprechen aber dieser Linie. Die sicherlich jüdischen Künstler Marinos und Chananjah zum Beispiel, die das Mosaik von Bet Alfa geschaffen und sich auch inschriftlich verewigt haben – eine Parallele zu dem im *Pijjut* aufkommenden Autorenbewußtsein! –, arbeiteten eher nach der altorientalischen Darstellungsweise. Diese betonte die Konturen, setzte in Bildszenen die Größe der Figuren in Relation zu deren Bedeutung, arbeitete vorwiegend mit Profildarstellungen und vermochte die räumliche Perspektive nur durch eine schräge Linienführung in der Figurenfolge anzudeuten. Im Unterschied zur illusionistischen hellenistischen Technik wirken solche Bilder daher flach.

Andere Beispiele verraten aber voll und ganz Stil und Technik der hellenistisch-spätantiken Mosaikkunst. Es kam wohl auch vor, daß solche Arbeiten von nichtjüdischen Künstlern ausgeführt wurden, in bestimmten Fällen weisen aber mit einbezogene hebräische Inschriften darauf hin, daß die Künstler offenbar Hebräisch verstanden, also wohl auch Juden waren: denn bei nichtjüdischen Künstlern fiel die Raumeinteilung der — bekanntlich von rechts nach links laufenden — hebräischen Zeilen meist unvollkommen aus, weil Nichtjuden in gewohnter Weise von links nach rechts arbeiteten.

Die Gesamtgestaltung der Mosaikfußböden war an der Teppichornamentik orientiert. Das heißt, es handelt sich um Flächen, die mit geometrischen und pflanzlichen Mustern umrahmt sind, wobei bildliche Darstellungen — vor allem von Tieren — eingefügt werden konnten. Die umrahmten Flächen wurden entweder ebenfalls wie Teppiche ornamental ausgefüllt — so in Jericho —, oder als geschlossene Szenen komponiert oder aber im Sinn der byzantinischen Medaillontechnik (Bet Schean, Maʿon, Gaza) gestaltet. Bei der Medaillontechnik wurden Einzelbilder — vor allem Tierbilder — durch geometrische Muster oder durch Rankenornamente (von einer Amphora ausgehend) medaillonartig eingefaßt und symmetrisch auf die umrahmten Flächen verteilt.

Interessanter, weil zur Einführung spezifisch jüdischer Motive geeigneter, sind die Darstellungen von Bildszenen. Manchmal wurde die Gesamtbildfläche dreigeteilt — so in Mosaiken von Bet Alfa, Hammat-Tiberias, Gerasa, Naʿaran, Chirbet Susiya —, und zwar nicht nur aufgrund einer künstlerischen

Konvention, sondern bereits in symbolistischer Absicht, nämlich als Hinweis auf die Dreiteilung des Tempels in Allerheiligstes, Langraum und Vorhalle beziehungsweise Altarhof. Ein gut erhaltenes Beispiel dafür ist das Fußbodenmosaik von Bet Alfa.

Betritt man – von Norden her – den Synagogenraum von Bet Alfa, so steht man zunächst vor einer in der jüdischen Überlieferung außerordentlich bedeutsamen biblischen Szene, der Opferung Isaaks. Sie galt als Begründung des Jerusalemer Opferkultes und als heilsgeschichtlich grundlegend für die Erwählung Israels.

Danach folgt der große Zentralteil des Mosaiks, die Darstellung des Tierkreises mit dem Sonnenwagen im Zentrum und mit den vier personifizierten Jahreszeiten in den Ecken. Mosaikdarstellungen des Tierkreises waren damals in Synagogen offensichtlich ziemlich geläufig (Tiberias, Chirbet Susiya, En Gedi, Jafia, Isfia), und man darf annehmen, daß dieses kosmologische Motiv mit dem Kultkalender in Verbindung zu setzen ist, da kosmische und kultische Ordnung einander ja nach damaliger Ansicht entsprechen. Dazu kommt auch hier eine Erwählungssymbolik, denn die zwölf Tierkreiszeichen galten zugleich als Symbole der zwölf Stämme Israels. Bemerkenswert ist die Übernahme des Helios mit dem Sonnenwagen aus der hellenistischen Umgebung, bei dem es sich ja immerhin um eine bekannte antike Gottheit handelt. Die Sonne hatte zwar auch im Jerusalemer Kult eine gewisse Rolle gespielt, und auch die Vorstellung vom Sonnenwagen war bereits in der Königszeit geläufig (*2. Könige* 23, 11); aber die Darstellung des Sonnengottes selbst nach hellenistischen Vorbildern zeigt doch, daß man zu der Zeit den Sonnengott nicht mehr als Gottheit betrachtete, sondern bestenfalls als eine Art Engelgestalt, wenn ihm überhaupt eine religiöse Bedeutung zugemessen wurde. Ein Helioskopf wurde übrigens auch auf einem Sarkophag in Bet Shearim gefunden.

Der dritte Bildabschnitt, zunächst der *Torah*-Nische, also an der Jerusalemer Seite, stellt den Tempel beziehungsweise das Allerheiligste dar, flankiert von Tiergestalten (Wächterdämonen), von siebenarmigen Leuchtern und von den bekannten Kultutensilien, die auch sonst als Symbole auftauchen (Etrog, Lulab).

Alles in allem zeigt das Mosaik von Bet Alfa ein klar durchdachtes und ganz auf die jüdische Religion abgestimmtes Gesamtkonzept, das in abgewandelter Form auch in anderen Synagogen beobachtet werden kann und darum keine vereinzelte Zufallsschöpfung darstellt. Während *Torah*-Schrein- oder Tempeldarstellung sowie Tierkreis zum festen Bestand dieser Konzeption gehören, wechseln die biblischen Szenen. In Gerasa ist es die Arche Noahs, in Na'aran Daniel in der Löwengrube, so auch in Chirbet Susiya, wo allerdings noch eine Jagdszene hinzukommt, in Hammat-Tiberias vertritt eine von zwei Löwen flankierte Weihinschrift die biblische Szene.

Als jüdische Einzelsymbole, die immer wieder auch auf Keramik – etwa Tonlampen – und Glasgeräten begegnen, sind außer *Torah*-Schrein (oder Tempeldarstellung) und Menorah vor allem Etrog und Lulab, Palme, Schofarhorn und Räucherpfanne zu nennen. In Gaza enthält das Mosaik auch eine Darstellung des Königs David, und zwar in Gestalt eines harfespielenden Orpheus – Orpheus begegnet auch in Dura Europos – in byzantinischem Kaiserornat.

Andere Symbole entsprechen zwar außerjüdischen Vorbildern, haben aber offenbar von biblisch-metaphorischen Redeweisen her eine jüdische Symbolik angenommen, wie etwa die Weinrebe. Wie weit diese Umdeutung ursprünglich heidnischer Symbole ging, ist schwer festzustellen. Sie war aber auch nicht unbedingt nötig, da manche Symbole für das Bewußtsein der Synagogenbesucher ihre heidnisch-kultische Bedeutung verloren hatten und als rein dekorative Elemente betrachtet werden konnten.

Diese Einstellung hat sich allerdings gegen Ende des sechsten und mit dem siebten Jahrhundert wieder geändert. Es setzte sich wieder eine strengere Auffassung durch, und darum wurden in manchen Mosaikfußböden bildliche Darstellungen ersetzt oder wenigstens »entschärft«. Mit dem Siegeszug des radikal bilderfeindlichen Islam fand diese Form synagogaler Kunst im mohammedanischen Bereich ein Ende.

Allem Anschein nach hat die synagogale Architektur und Kunst Palästinas auch auf die Diaspora richtungweisend gewirkt, jedenfalls für die westliche. Dura Europos beweist jedoch, daß auch die östliche Diaspora – die ja ebenfalls von der hellenistischen Kultur geprägt war – in diesen Rahmen gehört.

Auf die Frage, welches Gewicht diesen bildlichen Zeugnissen im Verhältnis zu den literarischen einzuräumen sei, wird noch zurückzukommen sein. Im Augenblick genügt der Hinweis auf die Tatsache, daß es zu einzelnen biblischen Szenen und Szenenfolgen Darstellungstraditionen gab, die mancherlei Beziehungen zur exegetischen Tradition aufweisen. Man schließt daraus manchmal auf die Möglichkeit, daß es damals schon eine jüdische Buchmalerei gegeben hat, wofür allerdings noch kein Beweis vorliegt. Sollte es *Bibel*-Illustrationen gegeben haben, dann bestimmt nur in Privatexemplaren, denn für das Schreiben der *Torah*-Rollen gab es bereits feste Vorschriften. Aber auch im Mittelalter waren es ja in der Regel Begüterte, die sich illuminierte *Bibeln* und Gebetbücher herstellen ließen, und so ist nicht von vornhinein auszuschließen, daß reiche Juden im sechsten Jahrhundert, die für die Mosaikausstattung der Synagogen sorgten, für sich auch künstlerisch anspruchsvolle Handschriften anfertigen ließen.

6. Die römisch-byzantinische Diaspora

Die allgemeine Situation nach 117 n. Chr.

Mit dem Untergang der Diasporaschwerpunkte in Ägypten und Nordafrika sowie auf Zypern bei den Aufständen von 115/117 n. Chr. hatte die griechisch-sprachige Diaspora ihr geistig-kulturelles Eigengewicht verloren. In keinem anderen Teil der westlichen Diaspora, auch nicht in der großen jüdischen Gemeinde zu Rom, waren die Voraussetzungen für eine Entwicklung gegeben, die der alexandrinischen vergleichbar gewesen wäre.

Die Rechtslage war nach gewissen Unstimmigkeiten – in Alexandrien vor allem und in Kleinasien – seit den Tagen Caesars und der Kaiser Augustus und Claudius im Prinzip stabil geblieben. Die Juden genossen weitgehende Gemeindeautonomie, waren von allen irgendwie religiös relevanten Pflichten – Kaiserverehrung, Militärdienst – befreit und erhielten im Jahr 212 wie die übrigen Völkerschaften das römische Bürgerrecht.

Die kurze Verfolgungszeit nach dem Bar-Kochba-Krieg in den Jahren 135 bis 138 n. Chr. erschütterte die Diaspora kaum. Auch das nach wie vor bestehende Verbot der Proselytenwerbung wurde in der Praxis wenig beachtet. Vor allem fand nicht selten die Beschneidung von Sklaven statt, zumal diese nach ihrer Freilassung die örtlichen Gemeinden verstärkten. Eine gewisse Last bedeutete der *fiscus Iudaicus*, die seit 70 n. Chr. der Staatskasse zugeführte Tempelsteuer, und selbstverständlich litten die Diasporagemeinden auch unter der schweren Wirtschaftskrise im dritten Jahrhundert.

Die Beziehungen zum Land Israel waren eng, der hillelitische Ethnarch (Patriarch) war offiziell als Haupt der gesamten Juden im Reich anerkannt und hatte einen verbürgten Anspruch auf eine Sondersteuer.

Eine Wende bedeutete der Aufstieg des Christentums zur

Macht im vierten Jahrhundert. Die Diasporagemeinden waren von Anfang an Ansatz- und Ausgangspunkte der christlichen Mission – man vergleiche die Methoden des Paulus auf seinen Missionsreisen – gewesen, und eine Zeitlang suchte das junge Christentum sich auch bewußt im Schutzbereich der jüdischen *religio licita* zu bergen. Dadurch gerieten aber die jüdischen Gemeinden selbst bei den römischen Behörden in ein gewisses Zwielicht; es kam daher zu lokalen Auseinandersetzungen zwischen Juden und Christen, im Jahr 49/50 in Rom in solchem Ausmaß, daß Kaiser Claudius beide Parteien für einige Zeit aus der Stadt verbannte.

Im Verlauf der Christenverfolgungen empfanden die Christen das abwehrende und feindselige Verhalten der jüdischen Gemeinden besonders schlimm. Sie waren auch nicht in der Lage, die jüdischen Reaktionen zu begreifen. Für die Juden waren die Christen eine häretische Strömung, die den religiösen und nicht zuletzt rechtlichen *status quo* gefährdete; für die Christen dagegen waren die Juden das Volk, das in erster Linie zum Empfang der christlichen Heilsbotschaft erwählt war und das diese Erfüllung seiner Heilsgeschichte unbegreiflicherweise hartnäckig abwies. So setzte sich immer mehr die Ansicht durch, es handle sich nicht nur um eine göttlich-heilsgeschichtlich bewirkte Verstockung, wie noch Paulus im *Römerbrief* (9–13) annahm, sondern auch um böswillige Verstocktheit.

Als das Christentum Staatsreligion wurde, war das Verhältnis zur »Synagoge« bereits gründlich vergiftet. Aus der Überzeugung von der heilsgeschichtlichen »Verwerfung« des »Israel nach dem Fleisch« schlossen die kirchlichen Theologen, daß den Juden selbstverständlich auch nur jene Rechte zukommen dürften, die ihrem Unheilsstand entsprachen.

Gleichwohl dachte man nicht daran, sie in gleicher Weise wie die Heiden und Häretiker zu behandeln, die letzten Endes überhaupt nicht mehr geduldet wurden, sondern lediglich als abschreckendes Exempel, als strafwürdige Leugner des Heils, denen immerhin für das Ende der Tage eine Bekehrung zu Christus zugesagt war. Die kirchliche Theologie drängte in den kommenden Jahrhunderten auf eine Angleichung des rechtlichen Status der Juden an diese heilsgeschichtliche Wertung.

So kam es bald zu Einschränkungen der Rechtsbasis, wobei zunächst das Prinzip der religiösen Abgrenzung maßgebend war, also die Sorge, Christen könnten eventuell zum Judentum verführt werden. Daher wurde den Juden die Haltung nichtjüdischer Sklaven verboten, das Proselytenverbot erneuert und ein Mischehenverbot erlassen. Die religiösen Aspekte dieser Erlasse hätten das Judentum schwerlich aufgeregt. Aber die wirtschaftlich-sozialen Folgen – vor allem des Sklavenhaltungsverbots – waren unter den damaligen Umständen von großer Tragweite. Allmählich, vor allem im byzantinischen Bereich und ganz besonders in den Gebieten mit monophysitischer Christologie, wurde aber auch die alte Rechtsbasis selbst ausgehöhlt und der Anspruch auf Rechtsschutz prinzipiell in Frage gestellt.

Über die inneren Verhältnisse der Diasporagemeinden ist aus dieser Zeit nur ganz wenig bekannt. Im wesentlichen sind dieselben Verhältnisse vorauszusetzen wie in Palästina, das heißt die örtlichen Vornehmen stellten die Gemeindeleitung (Presbyter, Archipherekiten). Über die Rolle von Gesetzesgelehrten ist nichts bekannt. Bemerkenswert ist jedoch, daß nunmehr, nachdem das griechisch-jüdische Zentrum in Alexandria vernichtet war, die Diaspora sich auch sprachlich langsam wieder mehr am palästinensischen Mutterland zu orientieren begann, jedenfalls gegen Ende der Periode: Die *Midrasch*-Literatur und der *Pijjut*, diese hervorstechenden Schöpfungen des palästinensischen Judentums in hebräisch-aramäischer Sprache, haben bald ihren Weg in die westliche Diaspora gefunden. Vom byzantinisch beherrschten Süditalien her strahlte dieser palästinensische Einfluß den Handelswegen entlang weiter nach Norden aus in den Bereich, der später »Aschkenasien« genannt wurde.

Ostrom

Im byzantinischen Bereich nahm die christliche Judenpolitik einen konsequenten Verlauf. Zwar suchten einzelne Kaiser das geltende Recht zu wahren, als aber 388 eine von Christen zerstörte Synagoge in Callinicum (Syrien) wiederhergestellt werden sollte, zwang Ambrosius, der Bischof von Mailand, den Kaiser zum Widerruf dieses Befehles. Als 423 in Antiochien die Synagoge zerstört wurde, tadelte der Säulenheilige Simeon den Befehl zum Wiederaufbau heftig. Die Juden Alexandriens wurden 415 durch einen vom Patriarchen Cyrill aufgeputschten Mob vertrieben.

Um 429 wurden das hillelitische Patriarchat und der Sanhedrin abgeschafft und die Juden so ihrer zentralen Instanzen beraubt; die verstreuten Gemeinden waren nun noch mehr auf sich allein gestellt. Im Kodex des Theodosius wurden neue Synagogenbauten untersagt und die Reparatur älterer nur mit Einschränkungen gestattet. Die literarische Polemik der Kirchenväter nahm laufend zu, und tätliche Ausschreitungen wurden immer häufiger.

Um 553 wurden die bisherigen Rechtsmaßnahmen in den *Novellae* Justinians erneut zusammengefaßt und durch Eingriffe in die inneren Angelegenheiten der jüdischen Gemeinden — Beschränkungen für den Gottesdienst — ergänzt. Dies alles ging schließlich in das *Corpus iuris civilis* ein. Kein Wunder also, daß in Syrien und Palästina, wo stärkere jüdische Minderheiten lebten, zu Beginn des siebten Jahrhunderts unter den Juden Unruhen ausbrachen, als die Hoffnung auf die anrückenden Parther dem politischen Willen neuen Auftrieb gab.

Die jüdischen Gemeinden im syrischen Raum unterhielten enge Beziehungen sowohl zu Palästina als auch zum babylonischen Judentum und wurden in der palästinensischen Halacha den Juden im Heiligen Land in einzelnen Punkten gleichgestellt. Eine große Gemeinde bestand in der Großstadt An-

tiochien, wo die Juden von früher her weitgehende Rechte besaßen, was zu ständigen Reibereien mit den übrigen Bürgern der Stadt Anlaß gab.
Eine weitere Konzentration gruppierte sich um das ägäische Meer – die Westküste Kleinasiens und die griechischen Küsten –, ein dritter Schwerpunkt bildete sich in Süditalien in der Südostecke des »Stiefels« heraus. Abgesehen davon bestand so gut wie in jeder größeren Stadt eine jüdische Kolonie, auch in Randgebieten wie an den Schwarzmeerküsten.

Westrom

Auch im Westen begann unter Konstantin dem Großen die christliche Einschränkung der jüdischen Rechte. Aber infolge der Völkerwanderung erreichte sie nicht mehr das oströmische Ausmaß. Die germanischen Herrscher, die zuerst das arianische Christentum übernahmen, beließen es im allgemeinen beim *status quo*, respektierten also auch das Judentum aufgrund seines Status als *religio licita*. Daß die Ereignisse der Völkerwanderung die jüdischen Gemeinden ebenfalls zum Teil hart trafen, versteht sich von selbst. Genaueres ist aber nicht überliefert.
Jüdische Gemeinden gab es auch hier in allen größeren Orten, selbst in den ferneren Gegenden des Reiches. Wahrscheinlich waren es zumeist Handelsniederlassungen; über sonstige Berufszweige läßt sich aus Mangel an Quellen nichts sagen. In bestimmten Gebieten mit stärkerer und lang andauernder jüdischer Kolonisation werden Juden schon früh auch in der Landwirtschaft und im Handwerk Fuß gefaßt haben, zumindest dort, wo sie im Mittelalter früh in derlei Berufen nachzuweisen sind, also in Spanien und Südfrankreich.
Am zahlreichsten vertreten waren die Juden in Italien. Man schätzt, daß hier schon im ersten Jahrhundert rund 50 000 Juden lebten, davon etwa die Hälfte in und um Rom. Abgesehen

vom späteren byzantinischen Teil Süditaliens gab es größere Gemeinden in den Hafenstädten Siziliens, in Neapel, Gaeta und Capua, nördlich von Rom vor allem an der Adriaküste und im Pogebiet, ferner entlang der Heer- und Handelsstraßen in die Alpenländer einströmend; über Aquileia nach Kärnten, über Mailand in die Schweiz und weiter in die römisch-germanischen und gallischen Regionen.

Infolge der Kriege von 66–70 und 132–135 n. Chr. nahm die Zahl der Juden in Italien durch die vielen Kriegsgefangenen rasch zu. Die Gemeinden suchten die Gefangenen so rasch wie möglich freizukaufen, wie sie überhaupt eine ausgeprägte Fürsorgetätigkeit für Arme, Kranke und Gefangene entfalteten.

Für die jüdische Gemeinde Roms war diese karitative Tätigkeit ganz besonders wichtig, denn hier lebte die Mehrheit der Juden in ärmlichen Verhältnissen, was antiken Schriftstellern Anlaß zu vielen tadelnden Bemerkungen gab. Für die römischen Synagogengemeinden – zwölf Synagogen sind bekannt, von denen aber nichts erhalten ist, fehlte eine zentrale Organisation; sie existierten also unabhängig nebeneinander. Dennoch war Rom die einzige jüdische Gemeinde des Westens, die auch archäologische Zeugnisse von größerem Umfang hinterlassen hatte: unterirdische Grabanlagen, die Katakomben. In Ostia, der Hafenstadt Roms, konnte in den letzten Jahren außerdem eine Synagoge ausgegraben werden, die Beachtung verdient.

Im westlichen Mittelmeergebiet dürften in Südfrankreich nach archäologischen Hinweisen schon im ersten Jahrhundert n. Chr. jüdische Siedlungen vorhanden gewesen sein. Deportierte und Kriegsgefangene sowie Handelsniederlassungen verstärkten sie und förderten die Siedlung entlang den Heer- und Handelswegen nach Norden hin. Für das fünfte Jahrhundert ist in ganz Frankreich in jedem größeren Ort eine jüdische Niederlassung bezeugt. Auch von den Alpen und vom Rheingebiet her, wo die jüdischen Kolonien den römischen Gar-

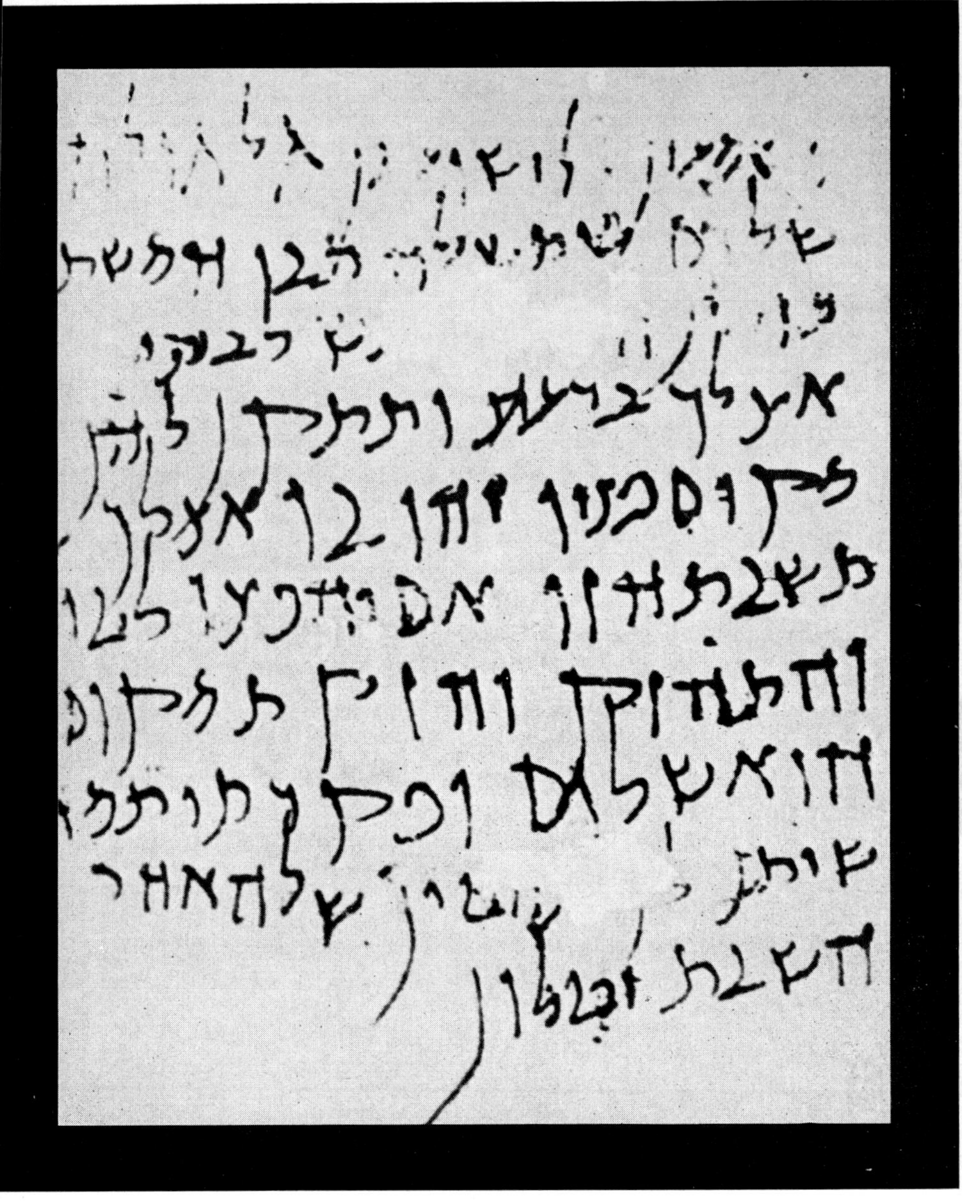

Brief des Simon bar Kosiba (Barkochba), Anführer im jüdischen Aufstand gegen Rom 132—135 n. Chr., an Jeschua ben Galgula über eine Weizenlieferung

Beth Shearim: Steintüre einer Grabkammer, 3./4. Jh. n. Chr.

En Gedi: Mosaikfußboden der neu entdeckten Synagoge, 6. Jh. n. Chr.

Toledo: Santa Maria la Blanca (13. Jh.)

Kapernaum: Reste der antiken Synagoge

nisonen folgten, drang eine Siedlungswelle nach Frankreich vor.
Auf der iberischen Halbinsel müssen um 300 bereits zahlreiche jüdische Gemeinden vorhanden gewesen sein, da die Christen auf der Synode von Elvira es für nötig hielten, eine Separation zwischen Juden und Nichtjuden zu erzwingen. Man darf daraus schließen, daß die Juden hier wirtschaftlich und sozial weitgehend integriert waren und auch in der Landwirtschaft festen Fuß gefaßt hatten.

7. Archäologische Denkmäler der westlichen Diaspora

Katakomben

Im Verlauf der Erforschung der christlichen Katakomben an der Via Appia wurden auch sechs jüdische entdeckt: Monteverde, Vigna Cimarra, Via Labicana, Vigna Randanini, Via Appia Pignatelli, Villa Torlonia. Wie bei den christlichen Katakomben handelt es sich um weitverzweigte Systeme von unterirdischen Gängen und Räumen auf mehreren Ebenen. Von den Hauptgängen zweigen Nebengänge mit ausgehauenen Grabnischen ab. Größere Räume für Versammlungszwecke, wie sie die christlichen Katakomben aufweisen, fehlen.
Die vorhandenen Inschriften bezeugen, daß die Anlagen vom ersten bis zum vierten Jahrhundert n. Chr. in Gebrauch waren. Drei Viertel der Inschriften sind griechisch, nur ganz wenige hebräisch, der Rest ist überwiegend lateinisch. Auch die Eigennamen beweisen einen hohen Grad an Assimilation.
Außerhalb Roms wurden jüdische Katakomben – mit zahlreichen Inschriften, auch einigen hebräischen – in Venosa, bei San Antioco (Sardinien) und auf Sizilien gefunden; allerdings steht beim Fehlen eindeutiger Symbole der jüdische Ursprung nicht immer fest. Hinweise auf ähnliche Grabanlagen im öst-

lichen Mittelmeergebiet und die schon erwähnte Nekropole von Bet Shearim in Palästina beweisen, daß es sich um eine damals in der ganzen römischen Diaspora geläufige Begräbnisart handelte. In manchen Fällen hat man die Gebeine zur Zweitbestattung in Ossuarien nach Palästina überführt.

Bemerkenswert ist, daß in einigen Katakombenräumen außer den üblichen Dekorelementen auch Wandmalereien entdeckt wurden. Zum größten Teil handelt es sich jedoch um recht bescheidene Schöpfungen, vorwiegend auch rein ornamentaler Art, aber zum Teil auch mit bildlichen Darstellungen: hauptsächlich stilisierte Motive aus der Tier- und Pflanzenwelt, doch gibt es auch Figuren aus der heidnischen Mythologie, zum Beispiel die Göttinnen Victoria und Fortuna (Via Appia).

Dieser Befund paßt zu dem Bild, das die jüdischen Sarkophage dieser Region und Zeit bieten. Auch sie zeigen kaum biblische Motive, lediglich da und dort jüdische Symbole unter den in der Umwelt vorherrschenden Mustern. Man muß also annehmen, daß – im Unterschied zum Vorderen Orient – die westliche Diaspora so gut wie keine bildlichen Darstellungen biblischer Szenen hervorgebracht hat.

Dazu stimmt, daß die sehr verbreitete Darstellung der Opferung Isaaks in der zeitgenössischen christlichen Kunst mehr an heidnische Vorbilder – Hinrichtungsszenen – anknüpfte, während in Palästina und in Dura Europos die Opferung Isaaks als Bildszene auch des jüdischen Repertoires nachweisbar ist und dort wohl auch auf die christlichen Darstellungen teilweise eingewirkt hat. Möglicherweise erklärt sich das Fehlen größerer Bildszenen in den Katakomben einfach aus den begrenzten finanziellen Möglichkeiten und – im Zusammenhang damit – aus dem Fehlen begabter Künstler, so daß man mit den in der Umwelt gängigen Mustern vorlieb nehmen mußte.

Die in den Katakomben verwendeten jüdischen Symbole sind die allgemein üblichen, am häufigsten ist die Menorah – der siebenarmige Leuchter –, deren Vorbild im Tempel ja nach 70 n. Chr. als Kriegsbeute nach Rom gekommen war und auf dem Titusbogen abgebildet wurde. Das Original ist seit dem Vandalensturm von 455 verschollen. Weitere Motive sind *Torah*-Schrein-Abbildungen, Lulab und Etrog, das Schofarhorn, Granatäpfel und Palmen(zweige) – also Symbole, die auch auf Tonlampen und Goldgläsern zu finden sind und offenkundig zum festen Bestand der jüdischen Kunst insgesamt gehörten.

Synagogen

Reste antiker Synagogen wurden an vielen Orten entdeckt, vorwiegend aber in Griechenland und Kleinasien. Die frühesten – auf Delos, in Priene und in Milet – entsprechen bereits dem Basilika-Typ und weisen zum Teil eine apsisartige (halbrunde, in Priene eckige) Nische auf. Bei der Anlage der Synagogen in der Diaspora waren nicht selten die örtlichen Gegebenheiten mit entscheidend; es konnte also nicht immer die gewünschte Orientierung und Raumgestaltung erreicht werden. Am besten erhalten und daher am illustrativsten sind die Synagogen von Sardis, Ostia, Hammam Lif und Aegina.

(1) In Sardis (Lydien) bestand wahrscheinlich schon seit der Zeit des Perserreiches eine jüdische Gemeinde, jedenfalls seit der Ansiedlung von jüdischen Militärkolonisten durch den Vizekönig Zeuxis (Josephus, *Antiquitates* 14, 259 ff.) um 213, denen ausdrücklich entsprechende kultische Einrichtungen zugesichert wurden. Aus dem zweiten bis dritten Jahrhundert n. Chr. stammt die 1962 ausgegrabene Synagoge, deren Grundfläche von hundertzwanzig mal zwanzig Meter und deren zentrale Lage an der Hauptstraße allein schon die Bedeutung der lokalen Judengemeinde bezeugen. Marmorausstattung und Mosaikfußböden beweisen zusammen mit den zahlrei-

chen Weihinschriften – fast alle in griechischer Sprache – auch einen gewissen Wohlstand.

Man betrat den Synagogenkomplex durch eine Kolonnadenfront von Osten her und gelangte zunächst in einen quadratischen Peristyl-Vorraum. Dieser war durch drei Pfeilerpaare gegliedert, von denen das erste einen Brunnen aus Marmor in Kraterform flankierte. Von hier aus kam man durch drei Portale in die langgestreckte Synagogenhalle (sechzig mal zwanzig Meter), in der zwei relativ nahe an die Seitenwände gerückte Pfeilerreihen das lange Mittelschiff optisch breiter erscheinen ließen.

In der Mitte zwischen dem letzten Säulenpaar vor der Apsis stand ein großer Marmortisch mit Adlerreliefs auf beiden Seiten, von zwei Löwengestalten flankiert. Die Apsis selbst nahm gut zwei Drittel der westlichen Schmalseite ein und enthielt drei halbkreisförmige Sitzreihen aus Marmor (für die Gemeindeältesten?). Anscheinend war der gesamte Fußboden mit Mosaiken ausgelegt; erhalten blieben nur die Fläche in der Apsis und größere zusammenhängende Reste im Südosten der Halle, vor der Portalwand und zum Teil an der Südwand des Vorraums.

Von der Innenausstattung sind noch Hinweise auf zwei Marmorbühnen an der Innenseite der Portalwand, links und rechts des mittleren Eingangs, erhalten; man vermutet, daß auf einer der *Torah*-Schrein stand, auf der zweiten ein großer siebenarmiger Leuchter aus Marmor, von dem Fragmente aufgefunden wurden. Im Zentrum der Halle dürfte die *bimah* gestanden haben.

Die Sitzreihen waren den Längsseiten entlang angeordnet, so daß sich die Gemeinde zweigeteilt gegenübersaß und sowohl den *Torah*-Schrein im Osten und die *bimah* in der Mitte als auch den Tisch und die Apsis im Westen sehen konnte. An der Portalwand wurde ferner eine große Marmortafel mit Abbildungen eines Schofarhornes, einer Menorah mit zwei Schriftrollen und eines Lulab entdeckt, im weiteren Bereich Reste von zahlreichen Marmor- und Bronzemenorot. Zahlreiche Inschriften in griechischer Sprache zierten die reich mit Marmor ausgeschmückten Wände.

Hinter der Apsis befanden sich zwei kleinere Räume, von denen einer als rituelles Bad diente. Der zum Teil auffällige Grundriß erklärt sich wahrscheinlich aus dem Umstand, daß ein älteres städtisches Gebäude sekundär zu einer Synagoge umgebaut wurde.

(2) Die Synagoge von Ostia, der Hafenstadt Roms, weist manche Berührungspunkte zu der von Sardis auf. Sie stammt im Grundbestand aus dem ersten bis zweiten Jahrhundert und wurde mehrfach umgebaut, am gründlichsten zu Anfang des vierten Jahrhunderts. Der nach Jerusalem, also Südosten, orientierte Bau entspricht dem Basilika-Typ mit drei Frontportalen. Der Raum selbst mißt 24,9 mal 12,5 Meter und wurde durch Marmorsäulen mit schönen korinthischen Kapitellen sowie Steinbalustraden in drei Schiffe unterteilt.

Die Sitzreihen führten den Seitenwänden entlang, der *Torah*-Schrein befand sich – im späteren Baustadium – im linken Seitenschiff und war mit jüdischen Symbolen (Schofarhorn, Lulab, Etrog und Menorah) verziert. Der Fußboden bestand aus Mosaikflächen.

Im Süden lagen angrenzende Räume für rituelle Bäder und für die Zubereitung von Mazzot, dem ungesäuerten Brot zum Passahfest, ferner ein weiterer größerer Raum (Bet Midrasch? Herberge?).

(3) In Hammam Lif (Naro, Nordafrika) wurde der Synagogenraum doppelachsig mit Eingängen im Süden und Westen angelegt. Auch hier gab es eine Apsis mit Sitzreihen für die Honoratioren. Im Unterschied zu den übrigen westlichen Diasporasynagogen weist das Fußbodenmosaik außer ornamentalen Elementen – hier allerdings im Medaillonstil mit Tierbildern – auch zwei Bildszenen auf, die durch eine lateinische Weihinschrift voneinander getrennt werden. Die obere Szene stellt ein Gewässer an der Küste dar, in dem zwei große Fische

und zwei Wasservögel schwimmen. Die untere Szene enthält im Zentrum einen großen Kelch, den, in symmetrischer Anordnung, oben zwei Pfaue, unten zwei andere Vögel und am Rand zwei Palmen flankieren.

(4) Aus dem vierten Jahrhundert stammt die Synagoge auf Aegina. Sie gehört zum reinen Hallentyp ohne Säulen mit tiefer, fast die ganze östliche Schmalseite einnehmender Apsis. Die gesamte Halle ist mit einem ornamentalen Fußbodenmosaik ausgelegt, in das am Eingang zwei Inschriften eingefügt sind.

(5) Von der antiken Synagoge in Korinth wurden zwei Bauelemente gefunden, die anhand der auf ihnen befindlichen Symbole (Menorot, Lulab, Etrog) und einer griechischen Inschrift identifiziert werden konnten.

(6) Möglicherweise handelt es sich auch bei einem 1955 entdeckten und bislang für eine Kirche gehaltenen Gebäude in Mopsuestia um eine Synagoge. Gewisse Hinweise enthält das Fußbodenmosaik: Innerhalb einer breiten ornamentalen Umrandung zeigt eine der Bildszenen die Arche Noahs mit Tieren, und an anderer Stelle – an der Nordseite – finden sich neun Szenen aus der Simsongeschichte.

Der einfache, etwas orientalisierende Stil, der an Bet Alfa erinnert, und die zahlreichen Entsprechungen zu anderen synagogalen Mosaikdarstellungen weisen eher auf eine Synagoge. Trifft dies zu, dann läge hier das bislang früheste Zeugnis für eine jüdische Illustrationstradition vor, die ganze biblische Zyklen so darstellte, wie es später in der Buchmalerei üblich war.

(7) In Apamea (Syrien) wieder weist ein Mosaikfußboden vom Ende des vierten Jahrhunderts nur ornamentale Muster und keine jüdischen Symbole auf.

DRITTES KAPITEL

DIE JUDEN IN MESOPOTAMIEN

1. DIE POLITISCHE UND RECHTLICHE LAGE

Unter den Arsakiden

DAS VERHÄLTNIS zwischen Juden und Parthern, die seit 120 v. Chr. den Euphrat als Westgrenze behaupteten, war von vornhinein positiv. Die Parther respektierten die überkommene Rechtslage und ermöglichten im Rahmen ihrer feudalen Regierungsform eine weitere Ausprägung der ethnischen Autonomie auch des Judentums.

In der Praxis bedeutete dies, daß lokale jüdische Notable über weitgehende Vollmachten verfügten. Ein solcher Notabler namens Zamaris wanderte unter Herodes mit seinen Leuten nach Palästina ein und zwei jüdische Machthaber, Anilai und Asinai, kontrollierten zwischen 20 und 35 n. Chr. ein größeres Gebiet. Das Herrscherhaus von Adiabene, zwischen dem römischen Machtbereich und den Parthern gelegen, konvertierte 40 n. Chr. zum Judentum und entsandte sogar im Krieg von 66–70 n. Chr. ein Truppenkontingent nach Jerusalem, während von einer Unterstützung durch das übrige mesopotamische Judentum nichts bekannt ist.

Als Trajan bei seinem Partherfeldzug um 115 parthische Gebiete besetzte, erhoben sich die Juden dort gegen ihn, etwa gleichzeitig mit den Diasporaaufständen in Ägypten, Nord-

afrika und auf Zypern. Auch später setzten die Juden diesseits wie jenseits der Grenze auf einen parthischen Vorstoß gegen Westen als dem Anzeichen für eine Heilswende.
Im zweiten Jahrhundert n. Chr. erlauben die Zeugnisse bereits einen gewissen Einblick in die Selbstverwaltung der Juden, an deren Spitze nun der Exilarch stand, von dem noch des näheren zu reden sein wird. Der Exilarch vertrat das Judentum bei Hof wie andere Feudalherren ihre Völkerschaften oder wie die christlichen Patriarchen ihre religiöse Anhängerschaft.
In der zweiten Hälfte des zweiten Jahrhunderts – zur Zeit des Patriarchen Jehuda ha-Naśi' in Palästina und danach gewann das babylonische Judentum rasch an Bedeutung. Auf wirtschaftlichem Gebiet resultierte das vor allem aus dem im Rahmen der parthischen Handelspolitik betriebenen Seidenhandel mit Palästina, bei dem Patriarch und Exilarch offenbar eng zusammenarbeiteten und ihre Vertreter austauschten.

Unter den Sassaniden

Das Ende der Arsakidendynastie (224 n. Chr.) brachte eine gewisse Unsicherheit in das Verhältnis der Juden zum Partherreich. Die Einschränkung der Feudalstruktur durch die mehr unmittelbar regierenden Sassaniden und deren zeitweilige Versuche, die zoroastrische Religion auch mit Druckmitteln durchzusetzen, brachte Persien in jenes dämonisch-geschichtstheologische Zwielicht, das ansonsten für die Juden vor allem mit Rom als dem »vierten« und letzten Weltreich verbunden war.
Aber bereits unter Schapur I. (242–272 n. Chr.) wurde wieder eine Regelung erreicht, die neben anderen Minderheiten auch den Juden wieder größere Bewegungsfreiheit brachte. Ebenso wurde der Sieg dieses Königs über das den Juden unliebsame – weil im Handel Konkurrenz machende – Reich von Palmyra dankbar begrüßt.

Rab Samuel, neben Rab (Abba Arika) der maßgebende Gelehrte jener Zeit in Babylonien, prägte die Formel, die in den folgenden Jahrhunderten in der gesamten Diaspora immer wieder zur Definition des Verhältnisses der Juden zum — fremden — Staat herangezogen wurde: *dînā' d^e^malkûtā' dînā'*, »Das Recht des Königreiches ist gültiges Recht«. Wie das weitere Schicksal dieses Grundsatzes zeigte, handelte es sich dabei um eine Formel, die auf jüdischer Seite nicht ohne Vorbehalte angewandt wurde und von der nichtjüdischen Obrigkeit auch nicht immer honoriert wurde.

Die Sassaniden haben in den folgenden Jahrhunderten jedenfalls wiederholt ihre anfängliche intolerante Haltung gegenüber den religiösen Minderheiten erneuert, und im fünften Jahrhundert kam es unter Jezdegerd II. (438—457) zu regelrechten Verfolgungen, ebenso unter seinem Sohn Firuz (459—486), der sogar den Exilarchen Huna Mari hinrichten ließ. Unter Kovad I. (488—531) erhob sich der Exilarch Mar Zutra mit Waffengewalt gegen den König, unterlag aber nach jahrelangem Widerstand 520 in Machoza.

Erst ab 590 n. Chr., unter Chosroes, besserte sich das Verhältnis wieder, und zuletzt verfolgten die Juden im Osten wie im Westen wieder mit hoffnungsvollen Blicken die erneute parthische Aktivität gegenüber Byzanz, die 613 zur Eroberung Jerusalems führte.

Leider enthalten weder jüdische noch außerjüdische Quellen irgendwelche Angaben über die zahlenmäßige Stärke der Juden im parthischen Herrschaftsbereich. Es ist jedoch anzunehmen, daß sie seit dem Bar-Kochba-Krieg und dann wieder infolge der byzantinisch-christlichen Politik auch durch Zuwanderer erheblich zugenommen hat.

Die Umgangs- und Literatursprache der mesopotamischen Juden war Aramäisch, vom Idiom des palästinensischen Mutterlandes nur durch den Einfluß des lokalen Ostaramäischen unterschieden.

Der Exilarch (Reš gālûtā')

Der Tradition nach hatten in Babylonien seit dem Exil im sechsten Jahrhundert v. Chr. die Nachfahren des letzten legitimen judäischen Königs, Jehojachin, die örtlichen Juden repräsentiert. Es ist zwar nicht von der Hand zu weisen, daß die Davididen innerhalb der babylonischen Diaspora immer eine geachtete Stellung einnahmen; ob dies aber auch öffentlich-rechtlich von Belang war, darf man bezweifeln. Jedenfalls gibt es erst aus dem zweiten Jahrhundert n. Chr. in den Quellen Belege für das Amt des davidischen »Exilarchen«, das von 140 n. Chr. bis ins dreizehnte Jahrhundert hinein nachzuweisen ist.

Möglicherweise haben die Arsakiden nach dem jüdisch-römischen Krieg von 66–70 n. Chr. dem babylonischen Judentum einen Ersatz für das verlorene Jerusalemer Zentrum und damit auch einen stärkeren Bezugspunkt innerhalb der eigenen Landesgrenze geben wollen, wobei auch noch der verstärkte Ausbau der Feudalstruktur gegen Ende des ersten Jahrhunderts mitgespielt haben dürfte. Nach dem Bar-Kochba-Krieg erhielt das babylonische Judentum immer größeres Gewicht, und zwar politisch wie geistig-kulturell.

Als in Palästina unter Jehuda ha-Naśi' das Patriarchat seinen Höhepunkt erreichte, residierten in Babylonien Huna I. (170–210) und Mar Ukba (210–240) bereits als mächtige Potentaten über die jüdische Bevölkerung, gestützt auf eine eigene Exekutive. Sogar auf das palästinensische Judentum suchten sie ihren Einfluß auszudehnen, wozu der Austausch von Kaufleuten (für den Seidenhandel), die zum Teil zugleich Gesetzesgelehrte waren, genug Möglichkeiten bot.

Schon gegen Mitte des zweiten Jahrhunderts kam es zwischen dem palästinensischen Patriarchen und Rabbi Nathan, dem in Palästina weilenden Sohn eines hohen babylonischen Würdenträgers (des Exilarchen?), zu einem Konflikt. Rabban Simon ben Gamaliel II. erteilte diesem einen Tadel, aus dem hervor-

geht, daß solche Einflußnahmen aufgrund der heimischen Machtposition bereits damals vorkamen; er sagte nämlich: »Wenn auch die *kamara* (Kopfbekleidung eines hohen parthischen Würdenträgers) deines Vaters dir dazu verholfen hat, Ab Bet Din (Gerichtsvorsitzender) zu werden, sollen wir dich deshalb etwa auch zum Patriarchen machen?« (*Horajot* 13b).
Jehuda ha-Naśi' war dann sogar bereit, seinem babylonischen Partner, Rab Huna, den Ehrenvorrang einzuräumen, weil er selber nur von einer Nebenlinie der davidischen Dynastie abstammte. Auch zu seiner Zeit war der Exilarch in Palästina gut vertreten, nämlich durch Rabbi Chijja und dessen Neffen Rab (Abba Arika), wahrscheinlich Verwandte der Exilarchenfamilie.
Nach einer Krise zu Anfang der sassanidischen Dynastie festigte sich die Position des Exilarchen unter dem König Schapur I. (242—272) wieder, zumal nun ja nach dem Grundsatz des Rab Samuel das staatliche Recht — mit Vorbehalten — auch von den Juden anerkannt wurde. Die wechselhafte sassanidische Religionspolitik brachte manche Exilarchen dennoch in Konflikt mit dem Staat, so Huna V. (465—470), der sogar hingerichtet wurde. Im zweiten Jahrzehnt des sechsten Jahrhunderts versuchte Mar Zutra II. (508—520) sogar, sich von der sassanidischen Oberherrschaft zu lösen.
Am Ende der parthischen Periode amtierte der Exilarch aber wieder in vollem Umfang. Die arabischen Eroberer fanden also ein intaktes System jüdischer Selbstverwaltung vor, das dann im Kalifenreich noch größere Bedeutung erlangen sollte.
Der bemerkenswerteste Unterschied zwischen dem Exilarchen und dem Patriarchen, dem Haupt der westlichen Judenheit, war, daß dieser als Chef des Hauses Hillel einer Gelehrtendynastie vorstand. Das galt jedenfalls voll und ganz noch für Jehuda ha-Naśi'. Später gab es allerdings auch Patriarchen, die es mit den rabbinischen Kapazitäten ihrer Zeit nicht im entferntesten aufnehmen konnten. Erst zu dieser Zeit standen

sich Patriarchat und Rabbinat als zwei Institutionen von immer unterschiedlicheren Interessen gegenüber. In Babylonien hingegen war der Exilarch von vornhinein ein ausgesprochen politischer Funktionär und Feudalherr, mit dem sich die Rabbinen zu arrangieren hatten, obwohl natürlich auch er auf lange Sicht nicht gegen die Mehrheit der Rabbinen amtieren konnte.

Während in Palästina der Patriarch als Vorsitzender des Sanhedrin – oder des mit diesem *de facto* identischen Bet Midrasch – mit dessen Mitgliedern, den Rabbinen, auch die Legislative in der Hand hatte, hatte das Exilarchat eher eine exekutive Funktion, da die Halachah ja von den Rabbinen in den großen Schulen entschieden wurde. Eine andere Frage war freilich, ob sich der Exilarch dann auch an diese Halachah hielt oder sich infolge seiner politischen Stellung halten konnte.

Die Möglichkeiten für Konflikte zwischen Exilarchat und Rabbinat waren also nicht gering, obwohl andererseits die großen Schulen und ihre Rabbinen von den finanziellen Zuwendungen des Exilarchen mit abhängig waren. In diesem Zusammenhang ist bemerkenswert, daß die neugegründete Schule von Pumbeditha sich von solcher Abhängigkeit lange Zeit freihielt. Dann aber unterwarf der Exilarch diese Institution ebenfalls seiner Kontrolle und verlegte sie sogar an seinen Amtssitz in Machoza.

Solche Maßnahmen hatten ihren Grund auch in dem Bestreben der Rabbinen, die Führung des Volkes an sich zu reißen und für ihre Kaste Privilegien anzustreben, die – wie zum Beispiel die Befreiung von Steuern – die Macht des Exilarchen erheblich eingeschränkt hätten.

2. Ökonomische und soziale Verhältnisse

Wirtschaft

In Palästina wurde die jüdische Landwirtschaft im wesentlichen auf kleinen Familienerbteilen betrieben, die ihre Bearbeiter nur mühsam ernährten und kaum die Möglichkeit boten, durch den Absatz überschüssiger Agrarprodukte Bargeld, zum Beispiel für die Steuern, zu erlangen. Im Gegensatz dazu bot die damals dank eines ausgedehnten Bewässerungssystems noch fruchtbare Landschaft Babyloniens unvergleichlich günstigere Voraussetzungen.

Man wird dies als einen entscheidenden Grund dafür ansehen können, daß schon nach dem Kyrosedikt viele Deportierte sich nicht zur Heimkehr entschließen konnten und daß auch später ein ständiger Zustrom palästinensischer Auswanderer zu verzeichnen war. Diese auch infolge der vergleichsweise stabilen politischen Ordnung und Geschichte blühende Landwirtschaft, in der die überwiegende Masse der mesopotamischen Juden tätig war, schuf zugleich günstigere Bedingungen für Handwerk und Handel. So spielte beispielsweise hier die Bierbrauerei eine nicht geringe Rolle.

Von besonderem Gewicht waren diese Umstände, weil sie seit dem dritten Jahrhundert n. Chr. im Rahmen des Exilarchats und der neuen rabbinischen Gelehrsamkeit die wirtschaftliche Basis für Institutionen darstellten, die für Jahrhunderte in der gesamten Diaspora höchstes Ansehen genossen und wirkungsgeschichtlich von weitreichender Bedeutung wurden, nämlich für die großen talmudischen Schulen, die ohne entsprechende Steueraufkommen und Stiftungen nicht möglich gewesen wären.

Neben Landwirtschaft und Handwerk spielte wohl auch der Handel eine beträchtliche Rolle. Wenngleich seine Vertreter zahlenmäßig, im Verhältnis zur Gesamtbevölkerung, nicht so sehr ins Gewicht fielen, war doch ihre ökonomische und soziale

Funktion erheblich. Das gilt insbesondere für die Seidenhändler, die im Auftrag der parthischen Behörden und unter Aufsicht des Exilarchen die Seide aus dem Fernen Osten importierten und nach Syrien und Palästina weiter vermittelten.

Soziale Struktur

Entsprechend der Tatsache, daß Babylonien ein Agrarland war, lebten die Juden in ihrer überwiegenden Mehrheit in dörflichen Siedlungen, aber nicht unbedingt in geschlossenen jüdischen Bezirken. Vor allem größere Ortschaften und Städte zeichneten sich, dem bunten ethnischen Charakter der Region entsprechend, durch eine Vielfalt von Gruppierungen aus.
Das im Partherreich übliche Feudalsystem brachte es mit sich, daß auch unter den Juden eine gewisse Notablenschicht entstand, an ihrer Spitze der Exilarch, und diese war es auch, die in den Lokalgemeinden den Ton angab. Das rabbinische Element kam erst im Lauf der Zeit hinzu und mußte sich seinen Platz in der babylonisch-jüdischen Gesellschaft erst erringen. Dies ist ihm zwischen dem Bar-Kochba-Krieg und dem vierten Jahrhundert in einem verblüffenden Ausmaß gelungen, was man als den bemerkenswertesten Wandel in der jüdischen Gesellschaft Babyloniens zu jener Zeit bezeichnen muß.

3. Das rabbinische Judentum in Babylonien

Die Rabbinen

Welcher Art die babylonischen Überlieferungen vor dem Jahr 70 n. Chr. waren, ist leider nicht mehr festzustellen. Die Tatsache, daß beispielsweise Hillel im ersten Jahrhundert v. Chr. aus Babylonien nach Palästina gekommen war, dürfte neben anderen Hinweisen zu der Annahme berechtigen, daß die Unterschiede zum Mutterland in den wichtigsten Bereichen nicht allzu bedeutend waren.

Zunächst freilich blieb die babylonische Diaspora völlig an Palästina orientiert. Eine Intensivierung des palästinensischen Einflusses bewirkten die vielen Flüchtlinge, vor allem nach dem Bar-Kochba-Krieg. So gründeten Akiba-Schüler ein Lehrhaus in Nisibis und Schüler des Jischmael ein solches in Huzal, woraus dann offenbar die ersten babylonischen Rabbinen nach palästinensischem Vorbild hervorgingen. Da zu dieser Zeit gerade das Exilarchat seinen Aufstieg erlebte, ist anzunehmen, daß beim Aufbau seines Verwaltungsapparates und seines Rechtswesens die palästinensischen Rabbinen mit ihren einschlägigen Erfahrungen wertvolle Dienste leisten konnten und somit in der neuen Umgebung rasch Fuß faßten.

Vollends zum Durchbruch gelangte die palästinensische Gelehrtentradition, als im dritten Jahrhundert Rab (Abba Arika) aus Palästina zurückkehrte, wo er als Seidenhändler und Gelehrter eine längere Zeit am Hof des Patriarchen verbracht hatte. Er gründete die erste große rabbinische Schule *(j^ešibah)* in Sura und führte dabei die *Mischna* des Jehuda ha-Naśi' als verbindliche Fassung der »mündlichen *Torah*« ein, so daß von nun an auch hier die halachische Diskussion von derselben Basis ausging wie im Mutterland. Zusammen mit Samuel, dem Begründer der Schule Nehardea, prägte er das rabbinische Judentum in Babylonien und leitete dessen Aufstieg zum neuen geistig-kulturellen Zentrum des Gesamtjudentums ein.

Das Ziel dieser Rabbinen war kein anderes als das der Gesetzesgelehrten in Palästina seit dem Jahr 70 n. Chr.: die zielbewußte Erziehung des gesamten Volkes zum Gehorsam gegenüber ihrer Interpretation der – schriftlichen und mündlichen – *Torah*. Anders als im Mutterland brauchte dies aber nicht nach einem entsetzlichen Krieg in Angriff genommen zu werden und auf dem Scherbenhaufen eines langen und erbitterten Parteienstreites, sondern es geschah unter wirtschaftlich und politisch günstigen Bedingungen, unter dem Schirm der Macht des Exilarchen.

Da dieses Ziel der Volkserziehung aber immer nur approximativ zu erreichen war, blieb auch eine gewisse Kluft zwischen den Rabbinen und manchen Kreisen im Volk. Denn selbstverständlich waren nicht alle Juden mit dem Regime des Exilarchen zufrieden, und ebenso selbstverständlich zeigten sich nicht alle davon begeistert, sich von den manchmal recht selbstbewußt auftretenden Rabbinen, die vom Regime des Exilarchen profitierten, ihre Lebensweise bis ins einzelne vorschreiben zu lassen. Nimmt man hinzu, daß auch viele apokalyptisch denkende Juden nach den beiden Kriegen gegen Rom aus Palästina nach Mesopotamien gekommen waren, so darf man auch von da her mit antirabbinischen Ressentiments rechnen.

Wie in Palästina der *'am ha-'aräṣ* den rabbinischen Bestrebungen passiven Widerstand entgegensetzte, so sträubte sich auch ein mehr oder minder großer Teil der babylonischen Juden gegen die Bevormundung durch die Gelehrtenkaste. Diese saß aber im vierten Jahrhundert bereits so fest im Sattel, daß sie wenigstens für die Nachwelt den Charakter des babylonischen Judentums ganz und gar bestimmte – ein Eindruck, der darauf beruht, daß die Rabbinen eben nur *ihre* Zeugnisse überlieferten und somit auch nur *ihre* Auffassung wirkungsgeschichtlich zum Zug kam.

Die oppositionellen Strömungen, die dann in islamischer Zeit aufbrachen, zeigen aber, daß die Risse in der Struktur der babylonisch-jüdischen Gesellschaft sich wohl schon in der talmudischen Zeit zu zeigen begannen. Dabei muß man mitbedenken, daß solche Gegensätze sich komplizierten, wenn sie zugleich innerrabbinische Kontroversen auslösten: Manche Rabbinen neigten eher dazu, Standpunkt und Ansprüche der Exilarchen und der lokalen Potentaten zu unterstützen, andere vertraten Interessen der breiteren Volksschichten gegen die eben genannten, wieder andere verfolgten eine mehr auf die Rabbinenkaste bezogene Interessenpolitik.

Funktion und Autorität des Rab

Die Institution des Rabbinats war zunächst an das Land Israel gebunden und die Ordination zum Rabbi — in Babylonien dann: Rab — war zur Blütezeit des Patriarchats dem Patriarchen und dem Sanhedrin (wenigstens zur Bestätigung) vorbehalten, die dieses Recht zunächst auch in bezug auf die Diaspora in Anspruch nahmen. Selbst Rab (Abba Arika) erhielt von Jehuda ha-Naśi' keine vollständige Ordination; anderen wurde sie manchmal nur auf Zeit erteilt.

Schon in Palästina war die ganze Frage recht komplex. Einerseits ging es um eine Bestätigung des abgeschlossenen Studiums und insofern um eine Ordination zum Lehrer durch den Lehrer. So war zunächst — und dann später, nach dem Niedergang des Patriarchats, offenbar wieder — die Ordination Sache des einzelnen Rabbi gewesen. Andererseits hatte der Patriarch als Vorsitzender der höchsten Lehrinstanz, des Sanhedrin, ein berechtigtes Interesse an einer Kontrolle, und dies galt noch mehr für eine eventuelle Berechtigung zur Ausübung des Richteramtes (als *dajjan*). Letzteres war selbstverständlich auch wieder Sache der zentralen Instanz; in Palästina wurde sie durch Ernennung *(minnuj)* erteilt.

Dabei kam es zur ersten Differenz mit Babylonien, denn dort mußte natürlich der Exilarch als offizieller Repräsentant der jüdischen Minderheit die Kontrolle über Ernennung und Praxis der Richter in der Hand behalten. Mit dem Niedergang und mit der Aufhebung des palästinensischen Patriarchats erledigte sich aber die Kompetenzfrage insgesamt von selbst. In Babylonien war nunmehr die Bevöllmächtigung zum Lehr- und Richteramt ein Vorgang, der sowohl die rabbinischen Schulen wie den Exilarchen betraf und nach dem jeweiligen

Verhältnis zwischen diesen Instanzen praktiziert wurde. In Palästina hat es jedoch auch später noch die Tendenz zu einem Festhalten oder zur Wiederbelebung der alten Prärogative gegeben.

Die Autorität eines Rab beruhte auch in Babylonien in erster Linie auf seinem Ansehen als Gelehrter und erst in zweiter Linie auf seiner eventuell ausgeübten öffentlichen Funktion als Richter. Innerhalb der großen rabbinischen Schulen begann sich allerdings gegen Ende der Periode bereits eine Art von familiengebundenem Establishment herauszubilden, aus dem sich in der folgenden Periode die Würdenträger innerhalb der Schule in einer Art Erbfolge rekrutierten. Die feste Institutionalisierung und finanzielle Sicherung im Rahmen solcher Schulen hat also der babylonischen Gesetzesgelehrsamkeit zwar innerhalb des Judentums Weltgeltung verschafft, zugleich aber die ursprüngliche Unabhängigkeit und das Gewicht des einzelnen Rab eingeschränkt.

In den lokalen Gemeinden übten die Rabbinen – sofern sie nicht als Richter eingesetzt waren – *eo ipso* keine offiziellen Funktionen aus. Sie waren also nicht die offiziellen religiösen Leiter und Seelsorger örtlicher Gemeinden. Dennoch konnte da und dort ein Rab aufgrund seines Ansehens in der Bevölkerung zu einer religiösen Leitgestalt werden, zumal dafür in der Umwelt sowohl die christliche Kirche wie die parsische Religion (mit den Magoi) Beispiele lieferte.

So entstand manchmal entgegen der eigentlichen rabbinischen Absicht, das ganze Volk zur rabbinischen Lebensweise zu erziehen, eben der Eindruck, als handle es sich bei den Rabbinen um eine abgegrenzte religiöse Eliteschicht, die in gewissem Sinn auch stellvertretend für die vielen das religiöse Ideal zu verwirklichen bestrebt sei. Auf diese Weise erhielten manche Rabbinen in den Augen des Volkes sogar den Charakter von Heiligen.

Eine weitere Verstärkung des Trends in Richtung auf eine religiöse Führerfunktion ergab sich aus der öffentlichen Vortragstätigkeit im Rahmen der synagogalen gottesdienstlichen Veranstaltungen, die – anders als interne Bet-Midrasch-Veranstaltungen – ja auch das Publikumsinteresse und den Publikumsgeschmack zu berücksichtigen hatten.

Ihren Autoritätsanspruch begründeten die Rabbinen zum Teil aber auch damit, daß sie sich als Nachfolger der Propheten verstanden, für sich also das Recht in Anspruch nahmen, das Volk aufgrund offenbarungsmäßiger Autorität – nun in erster Linie im Sinn der Gesetzesgelehrsamkeit – zurechtzuweisen. Noch wirksamer war jedoch das Bestreben, das Rabbinat als Nachfolgeinstitution des Tempels zu betrachten und die Prärogative der Priesterschaft auf die Rabbinen zu übertragen, denn das implizierte auch wirtschaftliche Privilegien.

Dies gelang weniger in bezug auf den einzelnen Rabbinen, gegen Ende der Periode aber weitgehend in bezug auf die großen rabbinischen Schulen. Damit ist wieder das ständig auftauchende Problem berührt, vor das sich jeder gestellt sah, der sich der rabbinischen Gelehrsamkeit verschreiben wollte, ohne wirtschaftlich aufgrund persönlichen Besitzes unabhängig zu sein: Der nötige Zeitaufwand für das rabbinische Studium schloß eine gleichzeitige volle Berufstätigkeit in vielen Fällen aus; die finanzielle Unterstützung durch die großen Schulen oder durch den Exilarchen wiederum schmälerte die Unabhängigkeit des einzelnen und erschwerte unter Umständen die erstrebte enge Beziehung zum Volk.

Die großen rabbinischen Schulen (Jᵉšibôt)

Wie beim Rabbinat allgemein war auch für die rabbinischen Schulen Babyloniens das palästinensische Vorbild richtungweisend. Es handelt sich dementsprechend um vergleichsweise späte Einrichtungen, zumindest soweit es die maßgebenden Schulen betrifft. So gründete gegen Mitte des dritten Jahrhunderts Rab (Abba Arika) die Schule von Sura und Samuel die Schule von Nehardea.

Die Organisation glich zunächst der in den palästinensischen Schulen, die zum Teil ja schon seit dem Bar-Kochba-Krieg durch die Emigrantenschulen in Nisibis und Huzal bekannt war. An der Spitze der *j^e^šibah* stand ein aus der Mitte der Gelehrten gewählter *ro'š ha-j^e^šibah* (Schulhaupt), dem ein gewisses Hilfspersonal – die *tanna'im* als »lebendige Bücher«, also Memorierer der mündlichen Überlieferung, sowie die *m^e^turgemanim* oder *'amora'im* als Interpretatoren – zur Seite stand.

Das Schulhaupt beschränkte sich auf die fachmännische Behandlung des jeweils zur Debatte stehenden Themas, das zum Teil die *'amora'im* bereits mit den Lernenden vorbereitet hatten, und anschließend diskutierten diese *'amora'im* noch einmal das Ganze mit der Hörerschaft durch. Dabei saß die Hörerschaft in einer festen Rangordnung in Reihen geordnet, in der ersten Reihe die besten Schüler, bei Kallah-Veranstaltungen die zehn *ra'še kallah,* besonders ausgezeichnete Gelehrte, hinter ihnen weitere sechs Reihen von ausgezeichneten Schülern oder anerkannten Gelehrten, dahinter erst die eigentlichen Lernenden.

Eine solche Konzentration von Gelehrten war allerdings nur an den großen Schulen dank ihrer wirtschaftlichen Position möglich, aber selbstverständlich auch nicht das ganze Jahr über. Daher bürgerte sich in Babylonien der Brauch ein, derartige Sitzungen nur zweimal im Jahr durchzuführen, in den sogenannten *kallah*-Monaten Elul und Adar, also August/September und Februar/März, in denen unter der Leitung der *ra'še kallah* jeweils ein *Mischna*-Traktat durchgearbeitet wurde. Daneben gab es Einzelveranstaltungen für breitere Kreise *(pirqa').*

Die Kallah-Veranstaltungen erforderten erhebliche organisatorische und auch finanzielle Aufwendungen, da die Teilnehmer in dieser Zeit ja keinem Broterwerb nachgehen konnten.

Nur im babylonischen Judentum mit seiner soliden wirtschaftlichen Grundlage und seiner straffen Selbstverwaltung waren solche Einrichtungen möglich. Ihr Effekt war dementsprechend groß. Der so bearbeitete Lehrstoff hat sich im babylonischen *Talmud* und in einem Teil der *Midrasch*-Literatur (zum Beispiel die Pirqa-Vorträge) niedergeschlagen und der babylonischen Halachah zur Anerkennung in der gesamten Diaspora verholfen. In der folgenden islamischen Periode erreichte diese Form des rabbinischen Schulwesens seinen Höhepunkt.

Unabhängig davon konnte natürlich jeder Rab Schüler um sich versammeln, die freilich im fortgeschrittenen Stadium eine der großen *j^e^šibôt* aufsuchen mußten, da diese im Zusammenwirken mit dem Exilarchen die Befähigung zum Rab und Richter erteilten.

Sura in Südbabylonien war die erste große rabbinische Schule dieser Art, gegründet von Rab (Abba Arika), der um 219 aus Palästina heimkehrte. Nach seinem Tod (247) übernahm allerdings die zweite Gründung, die Schule des Samuel in Nehardea, die Führungsrolle, bis nach dessen Tod (254) Sura unter Rab Huna wieder den Vorrang erwarb und bis gegen Ende des Jahrhunderts auch behielt.

Eine erneute Blütezeit erlebte die Schule unter dem Schulhaupt Aschi (367–427). Unter ihm pflegte der Exilarch zu einer eigenen Veranstaltung *(šabbeta d^e^rigla')* zu erscheinen, bei der das Schulhaupt einen feierlichen Vortrag *(rigla')* hielt. In seiner langen Amtszeit gewann ein Großteil des im babylonischen *Talmud* enthaltenen Stoffes hier – beziehungsweise im nahegelegenen Mata Mechasja – Gestalt. Danach erlebte Sura erst wieder in islamischer Zeit einen neuen Höhepunkt.

Nehardea, südwestlich des heutigen Baghdad am Euphrat gelegen, war im Unterschied zu Sura bereits vorher ein wichtiges jüdisches Zentrum und zugleich der Sitz des Exilarchen. Die rabbinische Schule gründete hier Samuel, der große Zeitgenosse des Rab. Sie überrundete nach dessen Tod, wie gesagt, für einige Zeit die Schule von Sura, wurde aber 259 durch die Palmyrener zerstört und mußte nach Pumbeditha verlegt werden.

Pumbeditha am Euphrat nordwestlich von Nehardea war ebenfalls eine alte jüdische Siedlung, übernahm 259 die Tradition von Nehardea und blieb lange Zeit – bis zur Zeit des Rab Aschi in Sura – die maßgebende große Schule. Sie hat also ebenfalls den Stoff des babylonischen *Talmud* wesentlich vor- und mitgeprägt. Bemerkenswert ist, daß von hier aus zeitweilig enge Kontakte zur Schule von Tiberias in Palästina gepflegt wurden, und zwar durch einen regelrecht organisierten Gelehrtenaustausch. Dies trug sehr viel zur Vermeidung von größeren Differenzen in der Halachah zwischen den beiden jüdischen Zentren bei. Nach dem Tod des berühmten Gelehrten Abbaje (338) übersiedelte die gesamte Schule für vierzehn Jahre nach Machoza am Tigris südlich von Baghdad, wo der Gelehrte Raba wohnte. 363 n. Chr. wurde die Stadt jedoch durch Julian Apostata zerstört.

Auch Naresch in Südbabylonien beherbergte im vierten Jahrhundert eine größere Schule, gegründet von Rab Papa, einem Schüler Rabas, der sich nach dem Tod seines Lehrers hierher in seine Geburtsstadt zurückzog.

4. Tradition und Literatur des babylonischen Judentums

Der babylonische Talmud

Die unter Rab und Samuel an den großen rabbinischen Schulen eingeleitete Behandlung der halachischen Überlieferung auf der Basis der *Mischna* des Jehuda ha-Naśi' verlief aufgrund der günstigeren Voraussetzungen intensiver und umfassender als im palästinensischen Mutterland, fand auch erst etwa ein Jahrhundert später ihren Abschluß. Nicht nur die Techniken der mündlichen Überlieferung, auch die Methoden der Diskussion konnten hier ungestört angewandt und ausgebaut werden, zum Teil in mannigfacher Spezialisierung, weil die große Zahl der Rabbinen dergleichen eben gestattete.

Gegenüber der palästinensischen Schultradition ergaben sich zum Teil sachliche Unterschiede, die in einem anderen Wortlaut der *Mischna* begründet lagen – ein bis heute nicht völlig geklärtes Problem. Manchmal scheint es, als hätten die selbstbewußten babylonischen Amoräer gelegentlich ihre Methoden und Ansichten sogar dem überlieferten *Mischna*-Text aufgeprägt, wogegen manche Rabbinen, die engere Beziehungen zu den palästinensischen Schulen pflegten und dort auch zum Teil für längere Zeit weilten, Einwände erhoben. Auch in Babylonien wurden nicht alle *Mischna*-Stoffe in gleicher Weise behandelt; daher enthält der babylonische *Talmud* nur zu sechsunddreißig von den dreiundsechzig *Mischna*-Traktaten eine *Gemara*.

Die *Gemara* besteht grundsätzlich in einer intensiven und jedes Wort berücksichtigenden Interpretation der *Mischna* mit Hilfe herangezogener Traditionen. Der hier in Babylonien so ausgeprägt entwickelte Schulbetrieb brachte es nämlich mit sich, daß es sich nicht mehr so sehr um interpretierende Aktualisierung und Adaptierung aus Anlaß konkreter neuer Fragen handelte, sondern auch ab und zu um ein rein theoretisches Interesse, um akademische Diskussionen aus Freude an der Kunst der Gesetzesgelehrsamkeit an sich.

Im Unterschied zu der sehr praxisbezogenen *Mischna* kam es daher nun zu einer gewissen Abstrahierung der Fragen und auch zu einer gewissen Systematisierung. Man suchte über die Erörterung konkreter Fälle hinaus vor allem allgemeingültige Prinzipien abzuleiten, um von ihnen aus die anfallenden Einzelprobleme entscheiden zu können.

In den Sitzungen der großen Schulen, vor allem zur Zeit der

Kallah, wurden ganze Fragenkomplexe oder *Mischna*-Traktate in dieser Weise behandelt und die Diskussion und die Ergebnisse für die gültige Halachah in eine der mündlichen Überlieferung angemessene Form gebracht: in eine *Sugja*. Zu einem gewissen Teil geschah dergleichen auch in den übrigen Lehrveranstaltungen wie *rigla'* und *pirqa'*.

Die Ausformung einer solchen *Sugja* erfolgte natürlich nicht ein für alle Mal; sie war unter Umständen ein langer Prozeß, bei dem sich mehrere Faktoren in recht unterschiedlicher Weise auswirken konnten. Zunächst forderten die bewährten Methoden der mündlichen Tradition eine knappe und leicht memorierbare Fassung, so daß bei ihrer Wiederholung stichwortartig alle anhängigen Fragen angedeutet erschienen. Bei häufigerer Behandlung änderte sich die Gestalt der *Sugja* selbstverständlich.

Nun wurden die *Mischna*-Stoffe aber an mehreren Schulen behandelt, so daß auch die Notwendigkeit einer Harmonisierung der Schultraditionen eintreten konnte, also eine bereits redaktionelle Tätigkeit. Soweit Einzel-*Sugjot* miteinander zu größeren Kontexten verbunden werden sollten, bedurfte es ebenfalls nicht selten redaktioneller Eingriffe. Die Hauptmasse des Stoffes wurde in dieser Weise unter Rab Aschi (gestorben 427) und unter Rabina (gegen Ende des fünften Jahrhunderts) geformt. Doch der Prozeß lief weiter, nun unter dem Zeichen literarischer Redaktion und Fixierung.

Der Umfang der literarischen Tätigkeit der »Saboräer«, der *Talmud*-Gelehrten des sechsten Jahrhunderts, die letztlich den babylonischen *Talmud* endgültig »herausgaben«, ist schwer abzugrenzen und wird daher von den Fachleuten recht unterschiedlich veranschlagt. Man wird jedoch annehmen dürfen, daß mit dem Übergang von der mündlichen zur schriftlichen Tradition des Stoffes auch neue Gesichtspunkte und Methoden notwendig wurden, wobei freilich die Fülle des Stoffes und die Ungunst der Zeit – der Abschluß des babylonischen *Talmuds* fällt ja gerade mit einer Periode intoleranter sassa-

nidischer Religionspolitik zusammen — keine durchgreifende und umfassende literarische Gestaltung gestattete.
Anders als der palästinensische *Talmud* enthält der babylonische auch eine Fülle von Haggadah — dafür hat Babylonien in jener Zeit so gut wie nichts auf dem Sektor der *Midrasch*-Literatur hervorgebracht. Dadurch verlor der *Talmud babli* im Endeffekt viel von der Übersichtlichkeit, die man von einer verbindlichen gesetzlichen Grundlage erwarten konnte.
Der umfassende Sammel- und Sichtungsprozeß, der mit den beiden *Talmuden* zum Abschluß kam, lieferte somit der Nachwelt zwar eine Fülle von Material, aber keine handliche Zusammenfassung der verbindlichen Halachah. Dies blieb als Aufgabe der folgenden Periode vorbehalten.
Auch dem babylonischen *Talmud* wurden später ergänzend einige *Kleine Talmudtraktate* hinzugefügt.

Weitere Texte

Die Babylonier hatten ebenfalls ihre Überlieferung des *Bibel*-Textes und dafür eigene Vokalisationsmethoden entwickelt, die dann auch auf andere Texte — *Mischna*, Gebete, *Pijjutim* — angewendet wurden. Da sich aber diesbezüglich die palästinensisch-tiberiensische Schule durchsetzte, blieben davon nur Reste erhalten. Lediglich im Jemen, wo die Juden zunächst mehr an Babylonien orientiert waren, hielt sich die babylonische Überlieferung länger.
An weiteren literarischen Schöpfungen ist für das babylonische Judentum kaum mehr etwas zu nennen. Sowohl *Midraschim* wie *Pijjut* haben hier erst von Palästina her Fuß gefaßt. Dies gilt auch für die *Targum*-Überlieferung, von der eine palästinensische Fassung jedoch schon früh in Babylonien umgeformt worden ist, nämlich zum *Targum Onkelos*, das dann wieder die palästinensischen *Targume* verdrängte.
Alles in allem erweist sich also der babylonische *Talmud* als

das literarische Denkmal dieser Region und Periode. Dieser einzigartigen Stellung entspricht auch seine Nachwirkung: denn er setzte sich gegenüber dem palästinensischen *Talmud* überall durch und wurde zum *»Talmud«* schlechthin. Das hängt allerdings auch mit der politischen Entwicklung in der folgenden Periode zusammen.

5. Die Synagoge von Dura Europos

Lage und Bedeutung

Dura am Euphrat war eine alte Siedlung, von wo aus die auf dem Wasserweg herangeführten Fernhandelswaren durch Karawanen nach Palmyra und weiter in den Westen transportiert wurden. Über ihre jüdische Bevölkerung ist nicht viel bekannt; es wird wohl eine ausgesprochene Handelsniederlassung gewesen sein, die sich als solche ganz in die überwiegend nichtjüdische und ethnisch offenbar recht bunt gemischte Stadtsiedlung einfügte. Die erhaltenen Inschriften sind zu etwa gleichen Teilen griechisch und aramäisch, der Zweisprachigkeit dieser Grenzgemeinde entsprechend.

Die Geschichte der Stadt war reich an Wechselfällen. Sie unterstand von 140 v. Chr. an dem Partherreich, wurde aber zuweilen von den Römern erobert, so unter Trajan und dann wieder für längere Zeit 165 n. Chr. Im Jahr 256 n. Chr. nahmen erneut die Parther die Stadt ein, wobei sie weitgehend zerstört wurde.

Dura lag also an einem Schnittpunkt zwischen der römischen und parthischen Welt und zwischen den großen jüdischen Zentren in Syrien/Palästina im Westen und Babylonien. Dem entspricht auch der archäologische Befund im allgemeinen: Orientalische Züge heben sich mehr oder minder deutlich von einem lokal gefärbten hellenistischen Hintergrund ab; außerdem hat die römische Kultur noch ihre Spuren hinterlassen.

Da uns aus dem Bereich des mesopotamischen Judentums ansonsten vorerst keine archäologischen Zeugnisse bekannt sind, kommt den Ausgrabungen von Dura ganz besondere Bedeutung zu.

Der Synagogenbau

Wie das Datum der Zerstörung (256 n. Chr.) andeutet, handelt es sich bei der Synagoge um einen Bau, der zeitlich mit den frühesten galiläischen Beispielen vergleichbar ist. Ein glücklicher Umstand bewahrte in diesem Fall weit mehr von der Bausubstanz, als es sonst der Fall ist: Die Römer haben nämlich den Synagogenraum, der unmittelbar an der Stadtmauer lag, mit Sand aufgefüllt, um so die Widerstandskraft der Mauer zu verstärken. So blieben im Sand ungewöhnlich hohe Mauerreste erhalten und auf ihnen Fresken von einer ungeahnten Fülle.

Der Bau selbst wurde über einer kleineren, älteren Synagoge (10,85 mal 4,60 Meter) angelegt und nach einer Inschrift im Jahr 244 n. Chr. fertiggestellt. Ursprünglich hatte es sich um ein Privathaus inmitten eines größeren Gebäudekomplexes gehandelt, das erst später zu einer Synagoge umgebaut worden war, wobei man sich anscheinend an dem Vorbild der in der Stadt befindlichen heidnischen Tempel orientierte.

Da aber auch im Herodeion und auf Masada ähnlich geartete Räume gefunden wurden, könnte sehr wohl ein schon älterer und allgemein üblicher syrischer Typus des Sakralbaues Pate gestanden haben; eine direkte Orientierung an den lokalen heidnischen Tempeln wäre dann nicht nötig gewesen. Darauf weisen auch die an den Wänden wie in anderen Synagogen dieser Zeit üblichen Steinbankreihen und die *Torah*-Schrein-Nische an der langen Westwand (in Richtung Jerusalem).

Von außen war der Raum völlig abgeschirmt und von der Straße her nur durch Korridore zugänglich, die zunächst in einen Hof führten, den, von der Eingangswand abgesehen, Säulengänge umrahmten. Der Synagogenraum selbst maß 13,65 mal 7,68 Meter und hatte an der Westseite einen in einen torbogenartigen Vorbau eingelassene, halbrunde *Torah*-Schrein-Nische von verhältnismäßig kleinem Radius. Rechts davon befand sich eine über Stufen erreichbare *bimah.*

Die Fresken

Zur Überraschung der Ausgräber fand man an den erhaltenen Wänden der Synagoge eine Fülle gut erhaltener Fresken, über einem am Boden rundum verlaufenden Dekor-Fries in verschieden großen, ornamental umrahmten Rechtecken ungefähr symmetrisch auf den einzelnen Wänden angeordnet. Soweit erkennbar, handelt es sich meist um Darstellungen biblischer Szenen, dazwischen aber auch um geläufige nichtjüdische Symbole und um Motive aus der heidnischen Mythologie; man konnte daher zunächst Zweifel am wirklich jüdischen Charakter der Synagoge hegen.

Die archäologischen Entdeckungen in Palästina und in der westlichen Diaspora, wo die römischen Katakomben ein – freilich bescheideneres – Gegenstück an Freskenmalerei aufweisen, haben jedoch gezeigt, daß man für die damalige Zeit nicht die strenge Auslegung des biblischen Bilderverbotes als allein maßgebend betrachten darf. Selbst die Anwendung heidnischer Symbole galt unter bestimmten Umständen als unanstößig, da man sie offenbar unter dem Aspekt der Dekoration wertete. Dies gilt in Dura vor allem für den am Boden verlaufenden Dekorfries und für die zum Teil erhaltenen Deckenfragmente, die beispielsweise Symbole aufweisen, die sonst im Zusammenhang mit dem Dionysos- und Kybelekult geläufig waren.

Die – wegen der kultischen Orientierung – bedeutsamsten Darstellungen schmücken die Westwand. Sie enthält – von links oben nach rechts verlaufend – drei Szenenreihen, von denen einige allerdings nicht oder nicht sicher zu identifizieren sind:

Erste Reihe: Die erste bis vierte Szene sind nicht zu erkennen. (5) Mose am brennenden Dornbusch. (6) Der Auszug aus Ägypten.

Zweite Reihe: (1) Mose läßt mit dem Stab zwölf Wasserströme aus einem Brunnen zu den zwölf Zelten Israels fließen. Darüber eine Menorah. (2) Aaron als Hohepriester mit Kultpersonal am Tempel, mit Bundeslade, Menorah und Opfertieren, im Zentrum unten drei geschlossene Portale. (3) Nicht identifizierte Figur (Mose?). (4) Der Jakobssegen. (5) Eine Figur, die aus einer *Torah*-Rolle liest. (6) Eine Tempeldarstellung. (7) Der Abtransport der Bundeslade aus dem Dagontempel von Asdod.

Dritte Reihe: (1) Elia erweckt den Sohn der Witwe von Sarepta (*1. Könige* 17, 17 ff.). (2) Purim- und Esther-Szenen. (3) Eine *Torah*-Nische. Im Feld über dem Bogen im Zentrum eine Tempeldarstellung, links davon eine Menorah, Lulab und Etrog, rechts Darstellung der Opferung Isaaks (vgl. Bet Alfa!). (4) Samuel salbt David zum König. (5) Szenen aus dem Leben des jungen Mose: Rechts befiehlt der thronende Pharao die Tötung der hebräischen Knaben, die Mitte zeigt den Fund des Mosekindes durch die Tochter des Pharao und deren Begleitung (mit Nymphen und einer Aphrodite-Figur!), links das Mosekind mit Mutter und Schwester.

Von der gegenüberliegenden Ostseite mit dem Eingang ist weit weniger erhalten, nämlich nur der größere Teil der unteren beiden Reihen. Davon ist die linke Szene nicht identifiziert, die rechte zeigt David in der Wüste mit dem schlafenden Saul (*1. Samuel* 26, 6 ff.).

Auf der südlichen Schmalseite ist von der oberen von zwei erhaltenen Szenenreihen nur rechts ein unidentifiziertes Stück zu sehen (die Überführung der Lade *2. Samuel* 6?). In der unteren Reihe sind die ersten beiden Szenen nur fragmentarisch erhalten; die beiden anderen rechts stellen das Opfer auf dem Karmel dar (*1. Könige* 18), die erste das Opfer der Baalpriester, die zweite das Opfer des Elias.

Die Nordwand zeigt links oben noch ein Stück von der ersten Szene der obersten Reihe, und zwar den Traum Jakobs (*Genesis* 28, 10 ff., vgl. die römische Katakombe Via Latina; die römische Kleidung wurde zu persischer übermalt). In der zweiten Reihe ist links eine Darstellung der Schlacht von Eben-Ezer (*1. Samuel* 4) erhalten, rechts nur ein unidentifiziertes Teilstück. Ganz unten befindet sich eine einzige breite Darstellung der Vision Ezechiel (*Ezechiel* 37: die Wiederbelebung der Gebeine).

Das Feld über der *Torah*-Nische wurde öfters übermalt. Ursprünglich zeigte das Bild einen großen Rebenbaum, der aus einem Krater wächst. Dann wurde darüber ein Thron mit Thronwächtern gemalt, darauf eine Figur in persischem Königsornat. Etwa in der Mitte des Rebenbaumes wurde ferner der harfenspielende Orpheus, ein Adler und ein Löwe hinzugefügt. Der untere Teil wurde noch einmal übermalt, und zwar mit den beiden Szenen des Jakobssegens. Dies weist auf eine gewisse Tendenz zur Verdeutlichung der jüdischen Symbolik. Der harfenspielende Orpheus sollte wohl König David — man denke an das Mosaik von Gaza — repräsentieren.

An den Fresken arbeiteten hauptsächlich zwei Künstler, einer stärker an römischer, der andere mehr an parthischer Zivilisation orientiert, wie insbesondere die Wahl der Kleidung zeigt. Im großen und ganzen dominiert aber der hellenistische Stil.

Die biblischen Szenen wurden keineswegs nur nach freier künstlerischer Phantasie geschaffen, denn zum einen weisen die Entsprechungen zu bildlichen Darstellungen in Palästina und im Westen auf bereits feste Konventionen der Motivgestaltung, und zum anderen sind manche Details nur anhand der haggadisch-exegetischen Überlieferung, d. h. der *Midrasch*- und *Targum*-Literatur, erklärbar. Dies zeigt, daß die darstellende Kunst auch im Judentum schon in der ersten Hälfte des dritten Jahrhunderts im Dienst der religiösen Vorstellungswelt und Symbolistik stehen konnte.

6. Das Verhältnis zur Kultur der Umwelt

Die bunte ethnische Struktur der mesopotamischen Bevölkerung, die von den früheren Weltreichen des Orients zum Teil gezielt durch Deportationen herbeigeführt wurde – man denke an die »babylonische Gefangenschaft«, enthob die jüdische Minorität der Notwendigkeit, sich einer erdrückend gleichförmigen Umgebung assimilieren zu müssen, um sich behaupten zu können.

Auch die sprachlichen Verhältnisse wirkten sich in dieser Hinsicht günstig aus. Das im Perserreich einst als Staats- und Verkehrssprache eingeführte und in variierenden Idiomen im ganzen Vorderen Orient verbreitete Aramäisch ermöglichte gleicherweise den ungebrochenen Kontakt mit dem palästinensischen Mutterland wie die Verständigung mit der nichtjüdischen Umwelt. Auch als unter den hellenistischen Herrschern das Griechische als Reichssprache das Aramäische ersetzte, blieb dieses doch Alltags- und Umgangssprache.

Dennoch hat die hellenistische Zivilisation auch diesem Gebiet seinen Stempel aufgedrückt. Allerdings ergab sich im Unterschied zu Palästina hier keine Kulturkampfsituation. Dafür fehlten hier zum einen die in Palästina bestimmenden politischen Faktoren, zum anderen begann zur Zeit der Krisen in Palästina, also der Makkabäeraufstände, im Osten schon der Vormarsch der Parther.

Unter ihrer Herrschaft behielten zwar die verschiedenen Völkerschaften und auch die hellenistischen Polis-Gründungen ihren bisherigen Charakter, der Hellenismus verlor aber seine für das Seleukidenreich so wichtige innenpolitische Funktion als reichsintegrierende Kraft und wurde damit für weniger assimilationswillige Minoritäten wie die Juden unproblematischer. So blieb auch das mesopotamische Judentum in vielerlei Hinsicht von der hellenistischen Zivilisation geprägt, wie allein schon der Wortschatz des babylonischen *Talmuds* verrät.

In den Dingen des täglichen Lebens, etwa den an die örtlichen Verhältnisse gebundenen Techniken der Landwirtschaft, richteten die Juden sich selbstverständlich nach den lokalen Gepflogenheiten, die sie freilich ihren rituellen Vorschriften entsprechend modifizierten.

Da das Partherreich ein verhältnismäßig hohes Maß an Selbstverwaltung einräumte, hatte auch die parsische Herrenschicht mit dem königlichen Hof und damit die parsische Religion nur begrenzten Einfluß auf die Minoritäten. Bei den Juden ergaben sich assimilatorische Tendenzen allerdings in den Kreisen, die im Rahmen des feudalen Herrschaftssystems mit der fremden Obrigkeit und Religion in unmittelbare Berührung kamen. Solche Personen nahmen nicht selten parthische Namen, Kleidersitten und Verhaltensweisen an. Doch gibt es kaum Hinweise auf eine stärkere religiös-geistige Assimilation.

Auch die Rabbinen, die sich in der Sassanidenzeit dann und wann wohl oder übel mit der Religion der Herrenschicht auseinandersetzen mußten, assimilierten sich erstaunlich selten und dann in einer Weise, die einen breiteren parsischen Einfluß auf die jüdische Volksgruppe ausschloß. So blieb das babylonische Judentum trotz jahrhundertelanger parthischer Oberherrschaft im Grund nicht anders als das palästinensische Judentum ein Produkt der Synthese zwischen althergebrachter eigener Kultur und Tradition und der orientalischen Ausprägung des Hellenismus.

Dies war insofern wirkungsgeschichtlich von Bedeutung, als es in der folgenden Periode die Durchsetzung der babylonischen Tradition im westlichen Judentum aufgrund dieser gemeinsamen Grundlage ermöglichte.

VIERTES KAPITEL

DIE ÖSTLICHE DIASPORA AUSSERHALB MESOPOTAMIENS

1. DAS AUSSTRAHLUNGSGEBIET IM NORDEN UND OSTEN

BERÜCKSICHTIGT MAN die Deportation der nordisraelitischen Oberschicht durch die Assyrer im Jahr 722 v. Chr., so kann für den Nordosten von Syrien und für die Gebiete des heutigen Irak von früh an eine jüdische Diaspora angenommen werden. Diese verstärkte sich im Lauf der Jahrhunderte sowohl von Palästina-Syrien wie von den Zentren der mesopotamischen Diaspora aus stetig.

Die Tatsache, daß im ersten Jahrhundert n. Chr. das Herrscherhaus von Adiabene zum Judentum übertrat, läßt wohl auf einen nicht geringen Einfluß lokaler Judengemeinden schließen, zu deren Ausbreitung als Handelsniederlassungen auch die armenische Machtentfaltung im ersten Jahrhundert v. Chr. beigetragen haben dürfte. Zwischen 360 und 370 n. Chr. soll aus armenischen Gebieten außer Armeniern auch eine große Zahl von Juden durch den Sassanidenkönig Schapur I. in den Iran deportiert worden sein, offenbar zur Auflösung einer politisch an dieser Stelle unerwünschten Verdichtung jüdischer Kolonien.

Wahrscheinlich erreichten zu jener Zeit jüdische Niederlassungen auch schon die Gebiete nördlich des Kaukasus. Dort entstand in der folgenden Periode das Chazarenreich, dessen

Oberschicht gegen Mitte des achten Jahrhunderts zum Judentum übertrat.

Eine stärkere jüdische Minderheit lebte auch östlich des Tigris, zum geringeren Teil im Süden in und um die Perserhauptstadt Susa und am Charun, in größerer Zahl im Gebiet zwischen Hamadan und Isfahan im Norden. Von beiden Zentren aus folgten jüdische Niederlassungen den Handelswegen – im Süden den persischen Golf entlang, im Norden ins iranische Hochland – nach Osten.

Ganz im Norden erreichten die Siedlungsausläufer vereinzelt zentralasiatische Regionen östlich des Kaspischen Meeres. Daß einzelne Juden zeitweilig darüber hinaus indische und fernöstliche Gebiete erreichten, ist in Anbetracht der Handelsverbindungen anzunehmen. Doch kann über ständige Niederlassungen nichts gesagt werden.

2. Nordwestarabien

Der Nordwesten der arabischen Halbinsel (Hidschaz) lag von früh an im Einflußbereich des palästinensischen Judentums. Nicht nur die Handelswege – im Süden entlang der Küste des Roten Meeres, im Norden nach Babylonien – bedingten dies, auch nomadisch-halbnomadische jüdische Sippen scheinen hier schon früh gelebt zu haben.

Jüdische Siedler oder Militärkolonisten haben auch von Babylonien aus an einzelnen strategisch wichtigen Stützpunkten – so in Tajma – Fuß gefaßt, und zwar bereits unter dem babylonischen Herrscher Nabonid (555–539 v. Chr.), wie 1956 entdeckte Inschriften beweisen und das in Qumran gefundene *Gebet des Nabonid* andeutet. Weitere Hinweise finden sich allerdings erst in Zeugnissen aus und nach dem ersten Jahrhundert v. Chr., vor allem in nabatäischen, lihyanischen und aramäischen Inschriften.

Im vierten Jahrhundert n. Chr. war die jüdische Volksgruppe

hier schon so stark, daß sie ihren Einfluß auf Südarabien geltend machen konnte, und als Mohammed zu seinem Aufstieg ansetzte, spielten jüdische Stämme und befestigte jüdische Siedlungen bereits eine erhebliche Rolle. Dabei wird deutlich, daß sie sprachlich und kulturell weitgehend assimiliert waren.

3. Südarabien

Eine Sonderstellung nimmt der südliche Teil der arabischen Halbinsel, das heutige Jemen, ein. In Anknüpfung an die sagenhafte Königin von Saba, die nach *1. Könige* 10 König Salomo in Jerusalem besuchte, und an die Handelsunternehmungen zur Zeit Salomos (ebenda V. 11 ff.), spricht die *Haggada* von einer überaus frühen jüdischen Besiedlung Südarabiens. Doch läßt sich eine Besiedlung erst für das erste Jahrhundert v. Chr. vermutungsweise belegen, nämlich durch die Teilnahme herodianischer Truppen am Feldzug des Aelius Gallus (25 v. Chr.), bei dem es auch zu Kontakten mit jüdischen Sippen in Nordarabien gekommen sein soll.
In der Nekropolis von Bet Shearim wurden mehrere Grabinschriften gefunden, die auf Leute aus Himjar (Südarabien) hinweisen. Daraus ist für das dritte bis vierte nachchristliche Jahrhundert eine stärkere jüdische Kolonie zu erschließen. Im vierten Jahrhundert kam es zu einer scharfen Konkurrenz zwischen christlicher und jüdischer Mission. Der König Abkarib bekannte sich etwa Anfang des fünften Jahrhunderts zum Judentum, ebenso der letzte Himjarenherrscher Dhu Nuwas. Dieser unterlag aber 525 n. Chr. im Krieg gegen Äthiopien, wodurch sich der christliche Einfluß verstärkte.
Die Eroberung durch die Parther 575 n. Chr. bedeutete zwar eine Wende. Doch nach dem Jahr 628 n. Chr. scheint der Islam die jüdische Minderheit so gut wie aufgesogen zu haben.

Fünftes Kapitel

DAS VERMÄCHTNIS DES TALMUDISCHEN JUDENTUMS

1. Konzentration und Fixierung der Überlieferungen

Mit dem Abschluss der beiden *Talmude* und der – noch länger andauernden – redigierenden Sammlung der *Midrasch*-Stoffe wurde ein großer Teil der Tradition fixiert und der Nachwelt erhalten. Von nun an galt die talmudische Behandlung der »mündlichen *Torah*« als autoritative Interpretation und als Grundlage für weitere halachische Erörterungen.

2. Rabbinisches Ideal und Volksfrömmigkeit

Die Vorstellungen der Rabbinen konnten sich erst nach und nach in den breiteren Volksschichten durchsetzen. In der Volksfrömmigkeit blieben darum immer Erscheinungen lebendig, denen viele Rabbinen ablehnend oder kritisch gegenüberstanden. Das gilt insbesondere für den weiten Bereich des »Aberglaubens«, wo es auf Schritt und Tritt Überschneidungen mit dem Volksglauben der nichtjüdischen Umwelt gab. Da aber die rabbinische Vorstellungswelt selbst keine kompakte Einheit bildete, blieben die Grenzen auch hier fließend. Außerdem fehlten noch systematisch-religiöse Gesamtkonzepte, die als Maßstäbe hätten wirksam werden können.

Zum Teil deckte sich die rabbinische Frömmigkeit also mit der Volksfrömmigkeit. Aber die literarischen Quellen spiegeln diesen Sachverhalt nur teilweise und nebenbei. Die archäologische Erforschung der synagogalen Kunst und die Entdeckung von bildlichen Darstellungen und von Symbolen, die deutliche Bezüge zur haggadischen Tradition aufweisen, ergänzt das Bild der talmudischen Wirklichkeit. Man braucht also nicht, wie E. R. Goodenough, diese archäologischen Zeugnisse als Schöpfungen einer Volksfrömmigkeit zu deuten, die im Gegensatz zur rabbinischen Frömmigkeit gestanden habe.

Tatsache ist jedoch, daß die kritischeren Stimmen unter den Rabbinen in der literarischen Überlieferung und in der späteren Wertung stärker zum Zug kamen und so ein einseitiges Bild der talmudischen Frömmigkeit bewirkten. Was die überlieferte Literatur der Rabbinen der Nachwelt zeigte, war also eher ein rabbinisches Ideal als die talmudische Wirklichkeit, und dieses idealisierte Bild ist wirkungsgeschichtlich ungemein bedeutsam geworden: Man sah die Juden der talmudischen Periode vorwiegend als rabbinische Gelehrte, und diesem Vorbild eiferte das spätere Judentum nach, was sowohl für die Bildung wie für die Berufswahl Folgen zeitigte.

3. Vielfalt und Einheit

In der Überlieferung kam es infolge der politischen Trennung und der lokalen Sonderentwicklungen zwar zu Differenzierungen in Halachah und Brauchtum, im ganzen aber doch auf ein und derselben Basis, der »mündlichen *Torah*«, also der alten palästinensischen Tradition. Das Eigengewicht dieser Tradition und der Mechanismus von Überlieferung und Interpretation waren am Ende der Periode schon so wirksam, daß es nicht mehr unbedingt zentraler Instanzen bedurfte. Das Judentum war von nun an imstande, auch in unabhängig nebeneinander existierenden Einzelgemeinden seine grundsätzliche Einheit zu erhalten.

Der religiösen Vorstellungswelt blieb dank der Fülle und Vielfalt der talmudischen Überlieferung ein weiter Spielraum. Es kam auch nie zu einer verbindlichen Fixierung der Glaubensinhalte im Sinn einer christlichen Dogmatik. Gleichwohl blieb auch hier die grundlegende Einheit gewahrt, denn die Gedankenfreiheit fand ihre Grenze jeweils dort, wo das monotheistische Bekenntnis oder die Geltung der *Torah* in Frage gestellt schien.

Theologisch-spekulative Tendenzen begegnen in talmudischer Zeit noch selten, doch ist dies zum Teil überlieferungsbedingt. In der Esoterik – der *Merkabah-* und *Hekalot*-Mystik, den Buchstaben- und Zahlenspekulationen in Verbindung mit der Wertung des Hebräischen als der »Sprache der Schöpfung«, den kosmologischen Spekulationen – begegnet nämlich eine spekulativ vertiefte Deutung der traditionellen religiösen Vorstellungen, die als Grundstock für die mittelalterliche Spekulation im aschkenasischen Chasidismus und in der Kabbalah anzusehen ist.

Kulturell blieb das antike Judentum im großen und ganzen dank der einigenden Kraft der Tradition und der hebräisch-aramäischen Sprache eine Einheit, nicht zuletzt auch infolge der Prägung durch die hellenistische Kultur. So ging das Judentum als eine der wenigen antiken Gemeinschaften ungebrochen in das Mittelalter über und konnte die neuen Aufgaben von einer festen ererbten Basis aus zu meistern versuchen.

Soziale Unterschiede wurden in den meist kleineren Gemeinden der Diaspora infolge des starken Solidaritätsbewußtseins praktisch in erträglichen Grenzen gehalten. Anders lag es offenbar in Babylonien, wo das Regime des Exilarchen mit seiner feudalen Note und die damit verflochtene Vorherrschaft der Rabbinen mit ihren Schulen zu einem verbreiteten Mißbehagen teils sozialer, teils religiöser Natur geführt hatte.

Hier brach dann auch in der folgenden Periode ein entsprechend ernster Konflikt auf (Karäer).
Außerdem fehlte es in der Regel in größeren Gemeinden oder Siedlungseinheiten nicht an innerrabbinischen Rivalitäten. Oppositionelle und zentrifugale Tendenzen zeigten sich also vorwiegend dort, wo die beherrschende Ordnung zentralistische Züge aufwies.

Dritter Teil

DAS JUDENTUM IM MITTELALTER

Von der arabischen Eroberung bis zur Vertreibung aus Spanien (um 638–1492)

Erstes Kapitel

POLITISCHE UMWELT UND INNERE ORGANISATION

1. Der politische Wandel und seine Folgen

Die neuen Machtverhältnisse und ihre Wertung

Jahrhundertelang hatten die Juden den Untergang »Edoms«, des römischen Weltreiches, herbeigesehnt, in der Hoffnung, daß danach die messianische Heilswende eintreten werde. Nun brach die verhaßte Weltmacht zusammen, im Westen unter den Germanenstürmen, im Osten – wenigstens im Vorderen Orient – einige Zeit später infolge der arabischen Eroberungswelle. Es hat in jenen Jahrhunderten des Umbruchs nicht an messianischen Hoffnungen und Bewegungen gefehlt, aber die weltpolitischen Vorgänge waren doch nicht so plötzlich abgelaufen, daß die Juden insgesamt zu einer neuerlichen aktiven Politik im Sinn der messianischen Befreiung gefunden hätten.

Als die Machtverhältnisse sich wieder stabilisierten, sah man sich nur zum Teil einer neuen Situation gegenüber. Im christlichen Herrschaftsbereich blieb zunächst Byzanz nach wie vor als Hauptmacht erhalten, und als im Westen die Karolinger ihr Reich errichteten und schließlich Karl der Große das Römische Reich erneuerte, ergab sich für jüdisches Empfinden einfach eine Fortsetzung des alten Rom (»Edom«), dessen Prototyp man in »Esau« sah und das man in dem – aus *Psalm* 80, 14 stammenden – Bild vom »Wildschwein« veranschaulichte. Das vierte und letzte Weltreich war somit bestehen geblieben.

In den arabisch eroberten Gebieten sah die Weltgeschichte etwas anders aus. Zwar konnte man auch hier weiterhin Rom (Byzanz) als letzte und vierte Weltmacht betrachten und mit den arabischen Eroberern insofern in gewissen Grenzen sympathisieren. Auf längere Sicht hingegen konnte man nicht umhin, die Existenz einer neuen, den ganzen Orient und das ganze südliche Mittelmeergebiet umfassenden Weltmacht zur Kenntnis zu nehmen. So wurde hier häufig »Ismael«, der »Sohn der ägyptischen Magd« (*Genesis* 16) zum Repräsentanten des vierten und letzten Weltreiches, versinnbildlicht als »Wildesel« (nach *Genesis* 16, 12), während man in der Zählung der früheren Reiche Korrekturen vornahm.

Das Bewußtsein, daß diese neuen Reiche nur vorläufige, im Grund illegitime, weil das Erstgeburtsrecht »Jakobs« oder »Isaaks« usurpierende Mächte seien, durchzog das ganze Mittelalter und verblaßte selbst in relativ günstigen Abschnitten der jüdischen Geschichte – wie in den Jahrhunderten des »Goldenen Zeitalters« im maurischen Spanien – nicht. Messianische Terminbestimmungen durch Spekulationen oder prophetische Ankündigungen, messianische Bewegungen enthusiastischer oder – wie im islamischen Herrschaftsbereich – manchmal auch militärischer Art begleiten die gesamte Geschichte des jüdischen Mittelalters, wie ja auch das Bewußtsein, in der *golah,* der Verbannung, zu leben, das ganze Diasporajudentum beherrschte. Daher blieb auch der Bezug zum Land Israel und zu seinen Gemeinden immer von einem besonderen Rang, ungeachtet der zeitweilig geringen praktischen Bedeutung der dortigen Gemeinden und Schulen.

Die mittelalterlichen jüdischen Historiographen haben darum die Geschichte des Judentums auch vorwiegend nach zwei Gesichtspunkten geschrieben: als Geschichte der jüdischen Tradition und als Geschichte des jüdischen Leidensweges. Dem Martyrium, der »Heiligung des Namens (Gottes)«, konnte man indes auch eine positive Funktion zusprechen: einmal als Erfüllung der jüdischen Erwählungsaufgabe, Gott unter den Völkern zu bekennen und zu »heiligen«, sodann im Sinn einer Buße für die Sünden der Väter und somit als einen aktiven Beitrag zur Herbeiführung der Heilswende.

Im Bestreben, das Exil bewußt auf sich zu nehmen und sich in der Buß- und Strafsituation zu bewähren, lag ein gewisses Gegengewicht zu der oft auftretenden Ungeduld der messianischen Erlösungshoffnung, deren Manifestation in abenteuerlichen messianischen Bewegungen leicht zu Konflikten mit der herrschenden Macht und damit zu schweren Belastungen führten.

Ein Symptom neuen Geschichts- und Selbstbewußtseins ist auch das Aufkommen einer eigenen Zeitrechnung. Von der Antike her war man gewohnt, die Jahre nach der Seleukidenära zu zählen (311/12 v. Chr.); nur die Makkabäerzeit und die kurzen Aufstandsperioden 66–70 und 132–135 n. Chr. boten Anlaß zu eigener Zählung. Gelegentlich zählte man auch die Jahre nach der Tempelzerstörung, die man auf 68/69 n. Chr. ansetzte (380 der Seleukidenära). Vom neunten Jahrhundert an verbreitete sich aber in Europa der – auf biblischen Zahlenangaben beruhende – Brauch, die Jahre von der »Schöpfung der Welt« an zu zählen, wobei seit dem zwölften Jahrhundert 3761 v. Chr. als Schöpfungsjahr festgelegt ist.

Diese Rechnung bot neue Ansätze zu messianischen Spekulationen, weil man für die vollen Jahrtausende eine Heilswende erwartete und die Weltdauer insgesamt – älteren Überlieferungen folgend – nach den Tagen der Schöpfung auf 6000 Jahre veranschlagte. So konnte man, je nach der angenommenen Dauer der Heilszeit, zu verschiedenen »messianischen« Terminen gelangen.

Judentum und nichtjüdische Obrigkeit

Ungeachtet der erwähnten Geschichtsdeutungen und Wertungen war man gezwungen, mit den herrschenden Mächten zu leben, einen Weg zu finden, der ein Interesse der nichtjüdischen Obrigkeit an der Duldung der Juden begründete und zugleich den Juden ein Maximum an innerer Autonomie für die möglichst weitgehende Erfüllung der *Torah* garantierte. Derartige Regelungen waren natürlich am wirksamsten, wenn sie von einer starken Zentralgewalt ausgingen. Daher bestand von vornherein auf jüdischer Seite eine besondere Beziehung zu solchen Zentralgewalten. Diese wieder waren ihrerseits aus ökonomischen Gründen an einer Regelung des Status der Juden interessiert; doch geschah dies im Orient und im Okzident auf unterschiedliche Weise.

Im islamischen Bereich stellte der sogenannte *Omar-Bund* die Juden mit den Christen auf eine neue rechtliche Grundlage, wenigstens grundsätzlich, denn die Praxis wich zumeist erheblich davon ab. Im christlichen Westen kam es zuerst zu einer Auszehrung und schließlich Aufhebung der alten, hellenistisch-römischen Rechtsposition als *religio licita,* dann zu vereinzelten Privilegierungen durch die neuen Herrscher und erst verhältnismäßig spät, gegen die Mitte des dreizehnten Jahrhunderts, zu einer allgemeinen Regelung im Sinn der *Kammerknechtschaft.*

Danach, als die kaiserliche Gewalt verfiel, suchten die lokalen Potentaten und die Städte das Judenrecht zu bestimmen. Außerdem wirkte hier die kirchlich-theologische Einschätzung des Judentums in starkem Maß auf die rechtlichen Regelungen ein. In der Regel erwies sich für die Juden eine starke, zentralistisch organisierte Machtkonzentration als günstiger denn eine politisch-rechtliche Zersplitterung. Denn bei Übergriffen lokaler Autoritäten blieb so immer noch der Weg einer Appellation an die Zentralgewalt offen.

Dabei kam es natürlich jeweils darauf an, wie diese ihre Rolle verstand. Denn die ökonomischen und später auch immer mehr fiskalischen Gesichtspunkte wogen oft weit schwerer als theologische oder rechtliche Rücksichten, und daraus konnten sich von Fall zu Fall für die betroffene Minderheit sowohl positive wie negative Folgen ergeben. Der Herrscher konnte sich aufgrund theologischer Erwägungen oder unter kirchlichem Einfluß gegen seine ökonomischen und rechtlichen Gesichtspunkte entscheiden und umgekehrt.

In jedem Fall war es für das Judentum vorteilhaft, bei der nichtjüdischen Obrigkeit gut vertreten zu sein. Aber das hing mit der jeweiligen innerjüdischen Organisationsform zusammen. Im islamischen Bereich ergab sich aufgrund der Übernahme des Exilarchats aus der parthischen Zeit eine zentralistische Lösung, die dann in einzelnen islamischen Staaten durch die Einführung eines die Juden repräsentierenden *Nagid* fortgesetzt wurde. In den christlichen Ländern hingegen blieb wegen der Zersplitterung in autonome Einzelgemeinden die Vertretung mangelhaft, und nur ansatzweise kam es zu institutionell begründeten Interessenvertretungen, etwa Landesjudenschaften.

Staatsmacht und Minoritäten

Der Islam bot Juden und Christen unter bestimmten Einschränkungen eine rechtlich gesicherte Existenzmöglichkeit. Viele Herrscher bedienten sich – trotz der Bestimmung des sogenannten Omar-Vertrages, die Ungläubige vom Staatsdienst ausschloß – der Dienste von begabten Mitgliedern der Minoritäten für hohe staatliche Funktionen. Dies geschah unter anderem auch deshalb, weil die Minoritäten in besonderer Weise auf den Schutz durch den Herrscher angewiesen waren, selbst keine Aspirationen auf eine Machtübernahme hegen konnten und somit ihr Loyalitätsgrad oft höher war als der ehrgeiziger mohammedanischer Würdenträger. Im Fall der

Fatimiden stammte außerdem die herrschende Schicht selbst aus einer religiösen Minorität – der islamischen Sekte der Ismaeliten – und war darum in besonderer Weise auf die Unterstützung durch die übrigen Minderheiten angewiesen.
Weniger günstig lagen die Dinge im christlichen Europa, wo im Grund nur die Juden als religiöse Minderheit geduldet wurden, die zugleich einer weit aggressiveren religiösen Gegenpropaganda ausgesetzt war als im Islam. Die Bekleidung höherer Funktionen oder einflußreicher Stellen durch Juden, im christlichen Bereich ohnedies vorwiegend finanzpolitisch motiviert, erregte darum mehr Aufsehen und Ärgernis.

Innerjüdische Autorität und Zentralgewalt

Wie schon erwähnt, bestand ein gewisser Zusammenhang zwischen der innerjüdischen Organisation und der jüdischen Repräsentanz gegenüber der herrschenden Macht. Im Orient übernahmen die Moslems einfach die Institution des jüdischen Exilarchen und stuften sie am Kalifenhof sogar noch vor dem nestorianischen Katholikos ein.
Damit weitete sich die Autorität des Exilarchen formal gewaltig aus. Doch davon profitierten in erster Linie die Gaonen (Schulhäupter) und deren hohe Schulen in Sura und Pumbeditha: Sie waren nun einige Jahrhunderte lang im ganzen islamischen Herrschaftsbereich und sogar darüber hinaus die anerkannten geistig-religiösen Autoritäten des Judentums. Mit dem Zerfall des Kalifats sank allerdings auch der Stern des Exilarchats und schließlich der babylonischen Gaonen.
Im fatimidischen Ägypten und in den maurischen Fürstentümern Spaniens vertrat zeitweilig ein Nagid – oder ein »Haupt der Juden« – die Juden gegenüber der Obrigkeit.
Die zentralen Instanzen – Exilarchen und Schulhäupter – übten auch auf die Einzelgemeinden zum Teil beträchtlichen Einfluß aus und bestätigten deren Amtsträger.

Anders war es im christlichen Europa: Hier lebten die jüdischen Gemeinden in der Regel autonom nebeneinander her. Die Vertretungen bei der Obrigkeit oder der Zentralgewalt hatten keine rechte innerjüdische Basis; sie waren darum mehr persönlichkeitsgebunden und weniger institutionell abgesichert.

Das Interesse der nichtjüdischen Obrigkeit an einer autorisierten jüdischen Vertretung beruhte in erster Linie auf finanziell-fiskalischen Erwägungen: Auf diese Weise war das Steueraufkommen der Minorität für den Staat am einfachsten einzubringen. Außerdem war es nötig, für — insbesondere rechtliche — Fragen, die sowohl Juden wie Nichtjuden betrafen, eine angemessene Instanz zur Verfügung zu haben. In diesem Sinn wurde zu Zeiten in Spanien (Kastilien) ein *Rab de la corte* und in gewissen Bereichen Deutschlands — vom dreizehnten Jahrhundert an — ein jüdischer *Hochmeister* ernannt.

Nicht selten übten *de facto* aber reiche und bei Hof einflußreiche jüdische Privatpersonen inoffiziell derartige Repräsentationsfunktionen aus — eine zum Teil fragwürdige Lösung, da sich dabei öffentliche und private Interessen nicht immer deckten.

Politischer Großraum und jüdische Existenzmöglichkeiten

Schon während der Antike hatte sich die Ausbildung stabiler politischer Großreiche — wie Roms und des Partherreiches — günstig auf die wirtschaftliche Situation des Judentums ausgewirkt. Von zeitweiligen Wirtschaftskrisen allgemeiner Art und von Kriegszeiten abgesehen, boten solche Großräume die besten Voraussetzungen für einen ungestörten internationalen und internen Handel, wovon auch Produzenten und Gewerbetreibende in sonst absatzarmen Gebieten profitieren konnten. Ein Beispiel dafür ist die Bedeutung des Seidenhandels in talmudischer Zeit.

Innerhalb des neuen islamischen Weltreiches erschlossen sich der kommerziellen Aktivität auch Gebiete, die bislang unter römischer Herrschaft gestanden hatten: nämlich ganz Nordafrika und im achten Jahrhundert auch die iberische Halbinsel. Dieser Umstand sowie die jüdische Diaspora boten für den Ausbau des jüdischen Mittelmeerhandels auch über die Grenzen der islamischen Macht hinaus günstige Voraussetzungen, denn überall konnte der jüdische Kaufmann mit relativ zuverlässigen Partnern rechnen.

Im christlichen Bereich füllte der jüdische Fernhandel zunächst eine Lücke, die mit dem Ausfall der christlichen Syrer im Mittelmeerhandel spürbar geworden war. So kam es zunächst fast zu einem jüdischen Handelsmonopol, dessen Bedeutung zum Beispiel die karolingischen Herrscher sehr wohl zu schätzen wußten. Bald übernahmen aber die italienischen Städte den Handel mit der islamischen Welt: die Dokumente aus der »Kairoer Geniza« zeigen, daß die europäischen Geschäftspartner der jüdischen Kaufleute des Fatimidenreiches nicht mehr in erster Linie Juden waren und daß die Juden Europas auf den innereuropäischen und osteuropäischen Fernhandel angewiesen waren, bis sie auch dort verdrängt wurden.

Politisch-kultureller Großraum und jüdische Kultur

Die hellenistisch-römische Antike hatte trotz aller Abgrenzungen, Konflikte und Animositäten auch das Judentum entscheidend geformt. In einer weniger konfliktreichen und daher auch rascheren Weise geschah dies nun auch im islamischen Herrschaftsbereich, wo sich das Arabische bald als Verkehrs- und Literatursprache durchgesetzt hatte und somit ein weitreichend wirksames Bildungsmedium darstellte.

Als äußerst fruchtbar erwies sich dabei, daß die so geschaffene Einheit eine Vielfalt alter kultureller und zivilisatorischer Überlieferungen aufnahm – unter anderem eben auch antike Überlieferungen –, weil die aus der Wüste kommende arabische Erobererschicht auf sie angewiesen war. Binnen kurzem kam es daher im islamischen Raum zu einer kulturellen Synthese, mit der sich auch die überlieferten Religionen auseinanderzusetzen hatten, was wieder deren theologischen Horizont erheblich erweiterte.

So entstand ein geistig-kulturelles Klima, in dem sich auch die ethnisch-religiösen Minderheiten verhältnismäßig frei entfalten konnten, da die Vielfalt und Weite des kulturellen Spektrums und die damit gegebenen Vergleichsmöglichkeiten einer großzügigen Haltung gegenüber den Minoritäten Vorschub leisteten. In dieser Situation konnten die Juden trotz des beträchtlichen Assimilationssoges ihre Eigenart behaupten, weil sie durch die Teilnahme an der Kultur der Umwelt und durch deren Anwendung für die eigene Bildung und Überlieferung profitieren konnten und eine eindeutige Überlegenheit gegenüber anderen Teilen der Diaspora erreichten.

Der christliche Großraum hingegen ermangelte einer vergleichbaren integrierenden Kraft. Eine solche bestand zwar im kirchlichen Bereich, aber dieser blieb – wie auch das Lateinische – soziologisch gesehen abgegrenzt. Die antike Tradition mußte hier nach längerer Zeit und gegen erhebliche christliche Bedenken wiederentdeckt werden, und die Einzelkulturen befanden sich im Vergleich zum Orient und zum Mittelmeergebiet auf einer noch recht dürftigen Stufe.

Diese Umgebung förderte daher von vornhinein die kulturelle Separation der Juden und gab viel weniger Anstöße zu geistig-kulturellen Neuerungen. Im Vergleich zum Judentum der islamischen Länder erschien das aschkenasische Judentum demgemäß zunächst als konservativer Zweig.

Innerjüdische Differenzierungen

Während im islamischen Herrschaftsbereich die babylonische Überlieferung mit der Zeit ganz das Übergewicht bekam, blieben die Gemeinden der christlichen Länder weiterhin auch durch die palästinensische Tradition bestimmt, von der sie in römisch-byzantinischer Zeit geformt worden waren. Das gilt insbesondere für die Liturgie, während in der Halachah der babylonische Einfluß auch hier den Vorrang erlangte und der babylonische *Talmud* zum *Talmud* schlechthin wurde.

So bildeten sich zwei Zweige des Judentums heraus, die später als »sefardisches« und »aschkenasisches« Judentum bezeichnet wurden: »Sefarad« (Spanien) wurde wegen der Bedeutung des maurisch-spanischen Judentums zu dieser Bezeichnung herangezogen, während »Aschkenasien« in erster Linie Zentraleuropa, manchmal inklusive Osteuropa, bedeutete.

Zugleich machte sich eine sprachliche Differenzierung bemerkbar. Die Juden unter islamischer Herrschaft pflegten unter dem Einfluß des Arabischen eine Aussprache des Hebräischen, die dem semitischen Lautbestand angemessener war – und daher auch heute wieder anerkannt ist –, während die »aschkenasischen« Juden abweichende Aussprachegewohnheiten entwickelten. In den christlichen Ländern, wo die einzige internationale Verkehrssprache, das Latein, zumeist ein Privileg christlicher und insbesondere klösterlicher Bildung blieb, waren die Juden auf das Hebräische auch deshalb angewiesen, weil sie im Alltag die lokalen Idiome verwendeten, die erst langsam zu Literatursprachen heranreiften.

Aufs ganze gesehen, blieb also das Hebräische das einigende sprachliche Band, vor allem im religiösen Leben und Schrifttum. Zwar setzte sich im islamischen Bereich das Arabische auch als Umgangssprache der Juden und zum Teil sogar als konkurrierende Literatursprache durch. Aber zugleich erlebte das Hebräische in Analogie zur wissenschaftlichen und literarischen Pflege des Arabischen eine neue Blüte.

Abgesehen von dieser großen Zweiteilung kam es mit der Ausweitung der Diaspora natürlich auch zu zahllosen lokalen Sonderformen in Liturgie und Brauchtum. Im islamischen Bereich haben die Gaonen dank ihrer übergreifenden Autorität mit weitreichendem Erfolg dieser Zersplitterung entgegengewirkt und so eine einheitliche Grundlage bewahrt, die auch noch auf die Gemeinden der christlichen Länder einwirkte. Überhaupt waren vor allem im Früh- und Hochmittelalter die Kontakte innerhalb der jüdischen Gesamtdiaspora dank der internationalen Handelsverbindungen und der Rolle der Juden im Handel weit reger, als man es sich zunächst vorstellt.

Die neue Herausforderung durch die monotheistischen Religionen der Umwelt

Eine völlig neue Situation ergab sich für das Judentum, nachdem der größte Teil der bekannten Welt entweder christlich oder mohammedanisch, also monotheistisch geworden war. Die traditionelle Zweiteilung in »erwähltes Volk« und »Weltvölker« hielt sich zwar noch lange, aber das Bewußtsein der Unzulänglichkeit dieser Unterscheidung wuchs, da man Bestimmungen über die »Götzendiener« – im Sinn der heidnischen Antike – nicht mehr ohne weiteres auf Christen oder Moslems übertragen konnte.

Dringlicher als diese Neubestimmung des Verhältnisses zur Umwelt war jedoch die Auseinandersetzung mit dem Anspruch der beiden Tochterreligionen, die jede für sich das Judentum als überholte Offenbarungsstufe wertete und einen Absolutheitsanspruch erhob. Abgesehen von der Frage der Toleranz überhaupt, war damit die Geltung der *Torah* zur Diskussion gestellt und somit die Grundlage der jüdischen Existenz betroffen. Die Abwehr des christlichen und islamischen Anspruchs und eine dementsprechende Angleichung an

deren theologische Argumentationsweisen waren daher Aufgaben, die sich der geistigen Führungsschicht immer dringlicher stellten und die im Zug der Zeit zu bedeutsamen religiöstheologischen und literarischen Neuerungen führten.
Dabei zeigt sich ein beachtenswerter Unterschied: Während diese Auseinandersetzungen im islamischen Herrschaftsbereich schon früh und vor allem als Diskussion mit dem im Islam und bald auch im Judentum wirksam gewordenen philosophischen Denken erfolgte und nur zum Teil in direkter Kontroverse mit dem Anspruch der islamischen Religion, setzte die Konfrontation mit der kirchlichen Theologie erst im zwölften Jahrhundert in stärkerem Maß ein, und zwar mit vorwiegend theologischem und apologetisch-abschirmendem Charakter. Der Bezug zur innerjüdischen Bildung war hier also schwächer, und wo er vorhanden war, fußte er weithin auf den Schöpfungen des Judentums der islamischen Welt.

Die Juden als Kulturmittler

Die grundlegenden Werke der jüdischen Literatur im islamischen Bereich waren zumeist in arabischer Sprache – wenngleich in der Regel in hebräischer Schrift – abgefaßt worden und insofern zunächst in ihrer Wirkung begrenzt. Vor allem in Südfrankreich und im christlichen Spanien wurde aber eine Anzahl solcher Werke alsbald ins Hebräische übersetzt, so daß im zwölften bis dreizehnten Jahrhundert eine Fülle neuer Impulse auf das Judentum der christlichen Welt einwirkte; Moritz Steinschneider hat in seinem umfangreichen Werk *Die hebräischen Übersetzungen des Mittelalters und die Juden als Dolmetscher* (1893) die damals vorhandenen Zeugnisse über die Übersetzungen ins Hebräische gesammelt.
Dabei wurde im Lauf der Zeit natürlich nicht nur aus dem Arabischen, sondern auch aus dem Lateinischen übersetzt. Nicht wenige antike Autoren sind im Abendland erst durch

die Vermittlung jüdischer Übersetzungen aus dem Arabischen ganz oder teilweise wiederentdeckt worden, da die Juden, vor allem in Italien, auch aus dem Hebräischen ins Lateinische übersetzten.
Zusätzlich zu den ohnedies bestehenden internationalen Kontakten innerhalb der jüdischen Diaspora ergab sich so ein intensiver geistig-kultureller Austausch zwischen der islamischen und christlichen Welt, dem christlicherseits durch die Erweiterungen des Horizonts infolge der Kreuzzüge ein gesteigertes Interesse entgegengebracht wurde, am intensivsten unter Kaiser Friedrich II. (1194–1250), dessen Hof auf Sizilien an einem Schnittpunkt der Weltkulturen und Weltreligionen lag. Die Juden in ihrer Diaspora und mit ihrem engen inneren Zusammenhalt stellten daher einen integrierenden Faktor in der gesamten Kulturgeschichte des Mittelalters dar.

2. Die jüdische Selbstverwaltung

Zentrale Instanzen

Eine Institution, die *ex officio* einen gesamtjüdischen Autoritätsanspruch erheben konnte, hat es seit der Aufhebung des Sanhedrin nicht mehr gegeben. Doch erlangten die gaonäischen Schulen Babyloniens zeitweilig ein so hohes Ansehen in der gesamten Diaspora, daß sie *de facto* als zentrale Instanz wirkten. Davon abgesehen gab es zentrale Einrichtungen nur in territorial begrenztem Sinn, so das Exilarchat und Gaonat in Babylonien, das Gaonat und die Institution des *Nagid* (Vorsteher, »Fürst«) in Palästina und Ägypten sowie die Einführung von *Negidim* im maurischen Spanien. Der *Rab de la corte* in Kastilien und der *Hochmeister* in Deutschland gehen in erster Linie auf nichtjüdisches Interesse zurück.
Im aschkenasischen Raum kam es gelegentlich zu überge-

meindlichen Zusammenschlüssen loser Art, deren Synodenbeschlüsse *(taqqanot)* aber der Ratifizierung durch die autonomen Einzelgemeinden bedurften und insofern nur beschränkt als zentrale Institution anzusprechen sind. Ihre Einrichtung war nötig, weil man vermeiden wollte, daß Entscheidungen einer Gemeinde mit solchen anderer Gemeinden kollidierten und Möglichkeiten der Manipulation eröffneten, oder daß das Urteil eines lokalen Gerichts von einem anderen aufgehoben wurde. Gegen die letztgenannte Gefahr wurde in Nordfrankreich im zwölften Jahrhundert der *ḥäräm bêt din,* der »Gerichtsbann«, anerkannt, demzufolge kein Gericht das Urteil eines anderen aufzuheben berechtigt war.
Wenn man diese Nachteile der grundsätzlichen Gemeindeautonomie bedenkt sowie die Tatsache, daß jeder rabbinische Gelehrte in voller Autorität halachische Weisungen erteilen konnte, so wird die integrierende und tragende Kraft der Tradition und das Maß der Solidarität innerhalb der jüdischen Diaspora deutlich.

Die Ortsgemeinde

Die Grundstruktur der jüdischen Ortsgemeinde blieb im wesentlichen die gleiche wie in der talmudischen Zeit. Dank der einschlägigen Quellen – vor allem aus der Kairoer Geniza und den vielen Responsen – ergibt sich für das Mittelalter aber ein klareres und differenzierteres Bild.
Im Unterschied zur christlichen Kirchengemeinde stellte die jüdische Ortsgemeinde nicht bloß eine religiöse, sondern auch eine politisch-kommunale Größe dar. Ihre Repräsentation und Leitung lag daher auch in den Händen jener Personen und Schichten, die im sozialen und öffentlichen Leben dominierten. Aus ihnen rekrutierte sich die Gemeindeleitung, meist ein Kollegium (»Älteste«, *parnassim, ṭobim*) von zehn Personen, je nach Größe der Gemeinden mehr oder weniger.

Einflußreiche Persönlichkeiten spielten aber oft auch dann eine bedeutende Rolle, wenn sie nicht den »Ältesten« angehörten. Sie erhielten zum Teil besondere Ehrentitel zuerkannt, wofür neben dem sozialen Prestige die Gelehrsamkeit das ausschlaggebende Kriterium war.

An der Spitze der Gemeinde stand ein »Haupt«, das dort, wo es zentrale jüdische Instanzen gab, der Bestätigung durch diese und meist auch durch die nichtjüdische Obrigkeit bedurfte. Seine Vollmachten waren begrenzt, da die wichtigsten Fragen in der Regel durch Gemeindeversammlungen entschieden wurden. Es konnte aber nicht ausbleiben, daß in zahlenmäßig starken Gemeinden dieser »demokratische« Zug etwas in den Hintergrund trat.

Überhaupt gilt, daß der gern verwendete Begriff »demokratisch« in solchem Zusammenhang nur mit Einschränkungen zutrifft, da keineswegs jeder Jude in der Gemeinde Stimmrecht hatte. Gerade im aschkenasischen Bereich war das Stimmrecht weithin an das von der nichtjüdischen Obrigkeit gewährte Niederlassungsrecht gebunden, so daß manchmal eine Minderheit von gutsituierten und rechtlich privilegierten Familienhäuptern die Geschicke von Gemeinden bestimmten, in denen sich eine größere Zahl von Juden eigenmächtig oder in einem bestimmten Abhängigkeitsverhältnis zu den Privilegierten um die juristisch etablierte Gemeinde ansammelte.

Im islamischen Bereich hingegen, wo das Judentum als religiös-ethnische Minorität eine feste Rechtsbasis besaß, lagen die Verhältnisse in dieser Hinsicht einfacher.

Gegenüber den »Ältesten« wurden die aktiven Gemeindeglieder gern »die Jungen« genannt. Gemeindeversammlung und Älteste konnten Gemeindeordnungen und -verordnungen *(taqqanot)* beschließen. Die Verordnungen wurden zum Teil – etwa im Rahmen der erwähnten regionalen Synoden Aschkenasiens – von anderen Gemeinden oder Gemeindeverbänden übernommen.

In der Regel fielen Orts- und Synagogengemeinde in eins zusammen. Bei größerer Bevölkerungszahl mußten allerdings zwei oder mehr Synagogen eingerichtet werden. In Gebieten des Vorderen Orients und in Nordafrika ergab sich lange Zeit hindurch auch eine Doppelheit aufgrund der unterschiedlichen Traditionen Palästinas und Babyloniens.

Infolge der starken Wanderbewegungen innerhalb der Diaspora bildeten sich fast überall Anhänger sowohl der babylonischen wie der palästinensischen Überlieferung, und beide hatten dann auch ihre eigenen Synagogen mit eigener Organisation – eine Erscheinung, die konkurrierende Bestrebungen mit einschloß, im allgemeinen aber die Kooperation innerhalb der Gesamtgemeinde nicht beeinträchtigte.

Bemerkenswert ist, daß die Gemeinde selbst nicht als Rechtsperson galt, sondern nur ihre Repräsentanz. So gab es auch keine formale Gemeindemitgliedschaft, wenn man von den Kriterien absieht, die das Stimmrecht bedingten. Demgemäß war es nicht leicht, die Autorität der Gemeindeleitung gegenüber widerspenstigen Einzelpersonen durchzusetzen. Die üblichen Maßregelungen von Ermahnungen und Strafen bis zum Bann waren nur dann wirksam, wenn sie von den Gemeindegliedern und speziell von den Betroffenen anerkannt wurden.

In der Regel blieb freilich keine andere Möglichkeit, solange ein Missetäter Jude bleiben wollte. Denn ein völliger Ausschluß war praktisch identisch mit dem Entzug der Existenzgrundlage und zwang im Grund zum Übertritt zur herrschenden Umweltreligion.

Aber es gab immerhin viele Fragen, vor allem auf dem Gebiet des Rechts, wo der einzelne eine innerjüdische Entscheidung vermeiden konnte, indem er ein nichtjüdisches Gericht anrief. Hier lag ein Moment der Rechtsunsicherheit, das nur im Fall klarer Abgrenzung der Instanzen und der Zuständigkeiten für Mischfälle – Streitfälle zwischen Juden und Nichtjuden – zu vermeiden war. Da das meist nicht möglich war, kam der innerjüdischen Solidarität und Loyalität um so größere Bedeutung zu.

Die Effektivität dieser innerjüdischen Solidarität im Blick auf das Funktionieren der inneren Ordnung wäre aber undenkbar gewesen, wenn die Gemeinden ihrerseits nicht ein besonderes Maß an gesamtjüdischem Verantwortungsbewußtsein bewiesen hätten. Daher entfaltete die offizielle Gemeinde auch eine vergleichsweise ausgeprägt soziale Tätigkeit. Nicht nur die Bedürftigen und Kranken innerhalb der Ortsgemeinde wurden in der Regel versorgt, auch der reisende Jude konnte damit rechnen, in den Gemeinden gastfreundlich aufgenommen zu werden. Daher schloß der Synagogenkomplex meist auch eine Herberge ein. Viele Tätigkeiten und Ämter wurden ohnedies von Personen ausgeübt, die eine Art Wanderleben führten und manchmal erstaunliche Karrieren durchmachten.

Während solche Dinge kaum problematisch erschienen, bestanden gelegentlich recht erhebliche Bedenken gegen die Niederlassung von neu zuziehenden Juden. Dabei spielten ökonomische Interessen die Hauptrolle, also die Furcht vor Konkurrenz. Aus solchen Erwägungen wurde in Aschkenasien weithin der *ḥäräm ha-jiššub*, der »Niederlassungsbann«, eingeführt, der die Niederlassung von der Zustimmung der Ortsgemeinde abhängig machte. Dagegen erhob sich jedoch vielfach Widerspruch, weil viele als Kriterien für die Verweigerung der Niederlassung nur moralische, nicht soziale Gesichtspunkte gelten lassen wollten. Ein gewichtiges Argument für dieses Recht der Gemeinde war jedoch die Tatsache, daß sie ja gegenüber der nichtjüdischen Obrigkeit für ihre Mitglieder verantwortlich war und insofern auch eine Kontrollmöglichkeit besitzen mußte.

Nicht immer waren Rücksichten auf die nichtjüdischen Instanzen mit der Forderung nach innerjüdischer Solidarität auf einen Nenner zu bringen. Oft genug gerieten die Gemeindeleitungen in schwere Interessen- und Gewissenskonflikte. Wenn man sich vor Augen hält, daß die Gemeinden von den besitzenden Familien geführt wurden und daß dadurch auch das Risiko persönlicher Verluste und die Versuchung des persönlichen Vorteils eine Rolle spielten, muß man der Tatsache Respekt zollen, wie selten es in dieser Periode im großen und ganzen zu egoistischen oder gar korruptionsbedingten Entscheidungen kam.

Die Amtsträger in der Gemeinde

Im islamischen Bereich repräsentierte die Ortsgemeinde ein *muqaddam* (Gemeindehaupt), der, von jüdischer und nichtjüdischer Oberinstanz anerkannt, manchmal auch mehrere Gemeinden vertreten konnte. Seine Geltung in der Einzelgemeinde und eventuell darüber hinaus hing von seinem persönlichen Einfluß und nicht zuletzt von seinen Qualitäten als rabbinischer Gelehrter ab. Gemeindehäupter erhielten oft den hebräischen Ehrentitel *ro'š ha-qahal* (Haupt der Gemeinde). Der *muqaddam* führte an der Spitze der »Ältesten« die laufenden Geschäfte.

In Aschkenasien war dies die Aufgabe des *parnas ha-ḥodäš*, eine Funktion, die im monatlichen Turnus unter den Mitgliedern der Gemeinderäte, der *parnassim*, wechselte. Für die Beziehungen zur nichtjüdischen Obrigkeit hatte hier meist ein eigener Funktionär, ein *štadlan*, zu sorgen.

Größere Gemeinden erforderten auch innerhalb der Gemeindeleitung noch eine weitere Arbeitsteilung, vor allem in Hinblick auf die Finanzverwaltung, die ja zumeist mit dem Steuerwesen zusammenhing. Im islamischen Bereich führten die Bezeichnung *parnassim* nur subalterne Gemeindefunktionäre im Verwaltungs- und Sozialdienst; hingegen genoß hier der *nä'ᵃman (bêt din)* der »(Gerichts-)Vertrauensmann«, großes Ansehen, sein Amt war also ein ausgesprochener Vertrauensposten.

Eine Fülle von Aufgaben ergab sich aus den religiös-rituellen Anordnungen. So war ein ritueller Schlachter – der Schächter, hebräisch *šohet* – erforderlich, damit das strenge Verbot des Blutgenusses und die übrigen Bestimmungen in Hinblick auf die Tauglichkeit von Fleisch beachtet wurden. Aufseher waren für den weiten Bereich der landwirtschaftlichen Produktion und der Nahrungsmittelzubereitung verantwortlich, wo es eine Fülle von Vorschriften über Rein und Unrein zu beachten galt. Auf diesem Gebiet wirkte sich das religiöse Recht am einschneidendsten auf die ökonomische und soziale Sphäre aus; nicht zuletzt setzte es den Kontakten mit der Umwelt feste Schranken.

Wichtig waren ferner die Funktion des Schreibers oder Kopisten, der oft nebenberuflich von Kinderlehrern ausgeübt wurde, sowie jene Ämter, die speziell mit der Synagoge verbunden waren. Der Synagogendiener *(šammaš)* hatte regional unterschiedliche Aufgaben. Im islamischen Bereich galt er zugleich als Respektsperson, Gemeindefaktotum und Gerichtsbote. In Aschkenasien hingegen rangierte er vor allem in der Spätzeit dem sozialen Prestige nach weit unten.

Eine Sonderstellung nahm allerorten der Vorbeter oder Kantor *(ḥazzan)* ein, und zwar infolge der Bedeutung der synagogalen Poesie für die Gestaltung des Gottesdienstes. Die Kantoren waren Künstler, zum Teil ausgesprochene Stars, die ihr Engagement je nach den Angeboten wechselten und nicht selten entsprechende Allüren an den Tag legten. Auch dabei war natürlich ein enormer Unterschied zwischen kleinen, d. h. armen und reichen Gemeinden, obgleich privates Mäzenatentum manchmal einen gewissen Ausgleich herstellte, zum Beispiel ein reicher Jude in einer armen Gemeinde.

Die Anforderungen an die Kantoren waren recht hoch. Man erwartete von ihnen nicht nur, daß sie die liturgischen Texte einschließlich der Kantillation – der liturgisch-gesangsartigen Lesung – der *Bibel*-Lesungen beherrschten. Sie sollten auch über ein reiches Repertoire poetischer Texte und dazu passender Melodien verfügen und möglichst auch selbst dichten und Melodien erfinden können.

Ein gewisses Gegengewicht in bezug auf die Publikumswirksamkeit bot die Predigt. Die Geltung des Predigers *(daršan)* hing ebenfalls teils von seinen persönlichen rhetorischen Fähigkeiten und seiner Gelehrsamkeit, teils vom wechselnden Publikumsgeschmack ab.
Im islamischen Bereich, wo die hebräische Dichtkunst des Mittelalters die vielfältigsten und anspruchsvollsten Formen und Vorbilder hervorbrachte, dominierte der *ḥazzan* in der Gunst des Publikums. Als sich im Spätmittelalter die einzelnen Riten samt ihrem Bestand an religiöser Poesie allmählich verfestigt hatten und der schöpferische Spielraum des *ḥazzan* sich verengte, gewann der Prediger – auch Wanderprediger gab es – jedoch an Gewicht, vor allem im aschkenasischen Raum.
Bereits erwähnt wurde der *rab*, der erst vom Hochmittelalter an in der Lokalgemeinde allmählich eine feste Funktion gewann und gegen Ende der Periode ein bezahltes Gemeindeamt bekleidete. Seine Aufgabe war in erster Linie das Richteramt, und zwar im engeren juristischen Sinn – als *dajjan* – wie im rituellen Sinn – als *moräh*; ferner hatte er die Funktion eines Lehrers der Gemeinde und einer moralischen Autorität. Die Tatsache seiner Besoldung und damit seiner Abhängigkeit von den Gemeindegewaltigen führte freilich nicht selten zu Konfliktsituationen, was mit zum häufigen Wechsel der Rabbinerstellen beitrug. Aber auch das Bestreben der Gemeinden und vor allem reicher Gemeinden, möglichst gelehrte Kapazitäten als Rabbiner zu gewinnen, führte dazu, daß dieser Beruf ebenfalls einen häufigen Ortswechsel mit sich brachte.

Gemeindeaufgaben

Im Zentrum des Gemeindelebens stand die Synagoge als der Ort der gottesdienstlichen und nichtgottesdienstlichen Versammlungen und in der Regel auch des »Lernens«.

Der Gottesdienst, der zwei- bis dreimal täglich stattfand und insbesondere an Sabbat- und Festtagen beträchtliche Zeit in Anspruch nahm, gehörte zu den Faktoren, die das Denken und Leben am wirksamsten prägten. Außer dem gottesdienstlichen Aspekt im engeren Sinn bot der Gottesdienst damals mit der synagogalen Poesie außerdem eine Möglichkeit gehobener musischer Unterhaltung mit allen Vorzügen und Nachteilen, denn selbstverständlich unterlag die Beurteilung des Gebotenen den Modeströmungen des Publikumsgeschmacks, womit auch die Wanderprediger und Prediger rechnen mußten.

Diese dynamische Komponente im gottesdienstlichen Leben wurde ergänzt durch die Diskussionen im *bet midrasch*, also beim »Lernen«, das jeder, der etwas auf sich hielt, so viel als möglich betrieb. Dabei spielte freilich auch die unterschiedliche Berührung und Auseinandersetzung mit der Kultur der Umwelt eine nicht geringe Rolle. Im islamischen Bereich waren solche Kontakte gang und gäbe, vor allem zwischen den Repräsentanten und Funktionären der einzelnen Religionsgemeinschaften, und dementsprechend kräftig war auch das Echo in der innerjüdischen Diskussion.

Diese Seite des Gemeindelebens setzte entsprechende Bildungseinrichtungen voraus, also den Unterhalt von Schulen. Für die Kinderschule waren die Gemeinden im Grund nur soweit zuständig, als die Väter nicht in der Lage waren, für einen angemessenen Unterricht zu sorgen. Die Kinderlehrer waren daher nur insofern Gemeindefunktionäre, als sie öffentliche Zuschüsse als Ersatz für nicht aufzubringendes privates Unterrichtsgeld empfingen. Viele Gemeinden unterhielten jedoch eine *j^{e}šibah*, eine weiterführende Schule, ungeachtet dessen, daß jeder rabbinische Gelehrte berechtigt war, eine eigene Schule zu unterhalten. Gegen Ende der Periode wurde es in Aschkenasien eine der Aufgaben des Gemeinde-*rab*, die örtliche *j^{e}šibah* zu leiten.

Breiten Raum nahm im Gemeindegebahren die soziale Fürsorge ein. Für sie bestanden besondere Fonds, deren Verwendung im einzelnen durch Dokumente aus der Kairoer Geniza verfolgt werden kann. Diese von den Gemeinden freiwillig übernommenen Leistungen gingen grundsätzlich zu Lasten aller Gemeindeglieder, jedoch abgestuft nach Einkommen. Sie wurden aber auch zu einem beachtlichen Teil aus Stiftungen und Spenden bestritten.

Viele Gemeinden verfügten über feste karitative Einrichtungen mit eigenen Häusern. Nutznießer waren nicht nur die Bedürftigen der eigenen Gemeinde, sondern auch fremde Juden, die aus irgendwelchen Gründen an einem Ort hängen blieben und Not litten oder Gefangene und Sklaven in nichtjüdischer Hand, die man immer so rasch wie möglich loszukaufen suchte.

Rechtswesen

Die Juden ordneten, so weit es irgend ging, ihre rechtlichen Angelegenheiten vor eigenen Gerichten, und die Gemeinden sorgten daher für rabbinisch gelehrte Richter *(dajjanim)* und für Richterkollegien. Im Unterschied zum islamischen *kaḍi* besaß der jüdische *dajjan* nämlich weit weniger Vollmachten. Vor allem auf die kollegiale Gerichtsbarkeit, also auf Beisitzer, wurde viel Wert gelegt.

Wo es zentrale jüdische Instanzen gab, bedurfte der örtliche *dajjan* einer offiziellen Anerkennung durch diese, in der Regel auch durch die nichtjüdische Obrigkeit. Letzte richterliche Instanz war, sofern es keine zentrale Autorität gab, die Gemeinde. Daher bürgerte sich der Usus ein, daß jeder, der sich durch ein Gericht ungerecht behandelt fühlte, das Recht hatte, den Gemeindegottesdienst zu unterbrechen und an die versammelte Gemeinde zu appellieren – zweifellos ein wirksames Mittel, um die Richter zu größter Sorgfalt zu veranlassen.

Zweites Kapitel

SCHWERPUNKTE UND SONDERENTWICKLUNGEN IN DER MITTELALTERLICHEN DIASPORA

1. Unter der Herrschaft »Ismaels« — in der islamischen Welt

Nach der arabischen Eroberung war das Christentum in den unterworfenen Gebieten bald zu einer Minorität zusammengeschrumpft und befand sich damit in einer dem Judentum vergleichbaren Situation. Die Moslems respektierten Juden und Christen als Vertreter der Offenbarung (*ahl al-kitāb,* »Leute des Buches«) und gestanden ihnen einen rechtlich verbürgten Schutz durch den Staat zu.
Im sogenannten Omar-Vertrag wurden — angeblich schon unter Omar I. (634—644), tatsächlich wohl später, unter Omar ibn al-Aziz (717—720) — Rechte und Pflichten der Minoritätsangehörigen festgesetzt. Der Islam wertete Judentum und Christentum allerdings als seit Mohammed überholte Offenbarungsstufen und gewährte darum nur eine begrenzte, nach dem strengen Wortlaut des Omar-Vertrages sogar recht beschränkte Duldung. So durften die Minoritätsangehörigen keine neuen Gotteshäuser mehr errichten, ihre Religion nur unauffällig praktizieren, Moslems nicht als Sklaven halten, nicht auf Pferden reiten, ihre Häuser nicht höher bauen als ihre mohammedanischen Nachbarn, nicht in den Staatsdienst treten und einiges mehr.

Dazu kamen strenge Kleidervorschriften zur deutlichen Unterscheidung von den »Gläubigen« und vor allem Steuern: eine Grundsteuer und eine Kopfsteuer. Dafür versprach der Vertrag den Minoritäten als *ahl adh-dhimma,* »Vertragsschützlingen«, Sicherheit der Person und des persönlichen Besitzes sowie weitgehende innere Autonomie auf der Basis ihrer überlieferten Gesetze und Bräuche.

Die Bestimmungen des Omar-Vertrages wurden freilich nur selten voll angewandt. Aber auch seine Schutzwirkung schwankte mit dem Maß der politischen Stabilität und erwies sich im Fall fanatischer religiöser Bewegungen im Islam oder bei Übergriffen lokaler Potentaten häufig genug als recht beschränkt.

Unter dem Kalifat kam es zu einem sozialen Wandel von großer Tragweite, von dem die Juden in besonderem Maß betroffen waren: Die Städte spielten nunmehr eine immer größere Rolle und wuchsen zum Teil binnen kurzer Zeit zu Großstädten heran. Die damit verbundene Landfluchtbewegung wirkte sich unter den Minoritäten wegen der ihnen speziell auferlegten Grundsteuer noch schärfer aus.

So erfolgte im nahezu gesamten islamischen Bereich eine soziale Umschichtung unter den Juden, die bisher noch zum großen Teil in der Landwirtschaft tätig gewesen waren, sich jedoch nun ausgesprochen städtischen Erwerbszweigen – Handwerk und Handel – zuwandten.

Aber auch in großräumigen Dimensionen kam es zu einer neuen Mobilität. Die unterworfenen Gebiete in Nordafrika und auf der iberischen Halbinsel boten in vieler Hinsicht bessere Existenzmöglichkeiten, und darum zogen in den ersten Jahrhunderten auch viele Juden aus dem mesopotamischen Ballungsgebiet nach Westen. Im elften Jahrhundert setzte wieder eine Gegenbewegung ein, wodurch Ägypten und Palästina erneut Zuzug erhielten.

Der politische Verfall und der dadurch bedingte wirtschaftliche Niedergang im dreizehnten und vierzehnten Jahrhundert traf die Minoritäten besonders hart, weil sie bei gleichzeitig wachsender Rechtsunsicherheit immer öfter zur Zielscheibe der unzufriedenen Majorität wurden. Erst die aufstrebende ottomanische Herrschaft im fünfzehnten Jahrhundert brachte eine Besserung, und der Orient wurde zur Zuflucht vieler aus den christlichen Ländern vertriebener Juden.

Das mesopotamische Zentrum

Das Kalifenreich brachte den Juden Mesopotamiens nach den unsicheren letzten hundertfünfzig Jahren der Partherherrschaft wieder eine Periode der Stabilität und des Wohlstands. Die Funktionen des Exilarchen wurden bereits von Omar I. (634–644) anerkannt und im Rang sogar aufgewertet, und die großen Schulen in Sura und Pumbeditha – im elften Jahrhundert in Baghdad – genossen unter ihren Schulhäuptern *(Geonim)* im gesamten islamischen Bereich und *de facto* auch darüber hinaus Anerkennung als zentrale, rechtlich-religiöse Autoritäten des Judentums.
Hier erfolgten die ersten systematischen Sichtungen der Tradition, begann unter Saadja Gaon (gestorben 942) eine zielbewußte Aufnahme philosophisch-theologischer Argumente aus der Umwelt, und hier ergaben sich die ersten Ansätze zu einer sprachwissenschaftlich begründeten Exegese. Selbst die synagogale Poesie erhielt durch die Schule Saadjas eine neue Richtung.
Dies alles geschah zu einem guten Teil in Auseinandersetzung mit den oppositionellen Karäern, die von Babylonien aus im zehnten und elften Jahrhundert ihre stärkste Wirkung erzielten. Auf diese Weise erlangte der babylonische *Talmud* und darüber hinaus die babylonische Tradition insgesamt auch im Westen neben und bald gegenüber der palästinensischen Überlieferung den Vorrang, sogar bis in die Diaspora der christlichen Länder.

Die politische Lage schwankte zwar je nach den vorherrschenden Strömungen im Kalifat, doch im großen und ganzen blieb die Rechtslage stabil. Mit dem Verfall des Kalifats und der damit verbundenen Unsicherheit und wirtschaftlichen Verarmung geriet die hauptsächlich in den großen Städten lebende jüdische Minorität allerdings in wachsende Schwierigkeiten.
In Damaskus lebten gegen Ende des zwölften Jahrhunderts etwa dreitausend Juden, in Baghdad wahrscheinlich sogar mehr als zwanzigtausend. Absatz- und Versorgungsschwierigkeiten infolge von Kriegen und Unruhen wirkten sich in derart großen Städten ungemein hart aus, und die Minoritäten waren allemal die ersten Opfer allgemeiner Unzufriedenheit. Wie häufig in vergleichbaren Situationen, kam es auch hier zu messianischen Hoffnungen und Bewegungen. Aber diese Erwartungen trogen: Denn das dreizehnte bis vierzehnte Jahrhundert brachte nur den Mongolensturm (1258) und weitere Eroberungswellen.
Die großen Schulen mußten aufgegeben werden, und schließlich sank dieser so lange führende Zweig der Diaspora zur Bedeutungslosigkeit herab.

Palästina

Nach den Verfolgungen der byzantinischen Zeit wurde die arabische Eroberung – Jerusalem fiel 638 – von den Juden als Befreiung gefeiert. In der Tat folgte etwa ein halbes Jahrhundert lang eine neue Blütezeit, und auch in Jerusalem ließen sich wieder Juden nieder, darunter im achten bis neunten Jahrhundert eine asketisch orientierte Karäergemeinde.
Das geistige Zentrum blieb noch für einige Zeit Tiberias, dessen Masoretenschule für die Vokalisation des überlieferten *Bibel*-Textes bestimmend wurde. Aber trotz aller Bemühungen, der palästinensischen Schule und ihrem Gaonat wieder überregionale Bedeutung zu verschaffen, konnte sich das palä-

stinensische Judentum gegenüber dem drückenden Übergewicht des babylonischen Ballungsraumes nicht durchsetzen.
Mit dem Verfall des Kalifats wuchs nämlich gerade hier die politische Unsicherheit und damit die wirtschaftliche Not besonders rasch. Das Land wurde wieder einmal zum Zankapfel zwischen rivalisierenden Machthabern, und selbst als es voll unter die Herrschaft des fatimidischen Ägypten kam, blieb es dauernd den Einfällen der räuberischen Nomadenscharen aus der Wüste ausgesetzt.
Die Schule von Tiberias mußte verlegt werden. Zeitweilig befand sie sich in Jerusalem, von 1071 an in Tyrus. Zuletzt wurde sie gar mit der Schule von Kairo fusioniert.
Durch die Kreuzzüge verminderte sich der jüdische Bevölkerungsanteil auf einen dürftigen Rest. Viele Juden fanden bei der Eroberung der Städte den Tod, weil sie sich an der Verteidigung beteiligt hatten; andere flohen in benachbarte Gebiete. Unter der Herrschaft der christlichen Könige von Jerusalem blieben dennoch einige Gemeinden erhalten, vor allem in Akko und in Tyrus.
Die Eroberung durch Saladin (1187) zog zwar wieder eine jüdische Zuwanderung nach sich, aber die wirtschaftlichen Möglichkeiten blieben spärlich, und Akko behauptete gegenüber Jerusalem lange Zeit eine führende Rolle unter den Gemeinden des Landes.
In der zweiten Hälfte des dreizehnten Jahrhunderts und unter der Mamlukkenherrschaft (1291–1516) erhielt aber auch die Heilige Stadt neuen Zuzug, vor allem aus dem Westen, von der iberischen Halbinsel und von Nordafrika her; aber auch aus Europa zogen immer wieder einzelne Fromme zu.
Die wirtschaftliche Basis blieb allerdings immer prekär, und die Gemeinden waren zu einem guten Teil auf Unterstützungen aus der Diaspora angewiesen. Sie entsandten von Zeit zu Zeit eigene Emissäre, die in der Diaspora über die Lage der Gemeinden des Heiligen Landes berichteten und Spenden sammelten. Daß dies möglich war, beweist die zentrale Be-

deutung des Heiligen Landes im Bewußtsein der Juden, auch in Zeiten, in denen die dortigen Gemeinden zahlenmäßig kaum ins Gewicht fielen.

Ägypten und das östliche Nordafrika

Ägypten erhielt als Umschlagplatz des Handels zwischen den östlichen und westlichen Gebieten des Islam und mit dem christlichen Europa auch für die Verbindungen innerhalb der jüdischen Diaspora eine besondere Bedeutung. Für die Zeit zwischen dem zehnten und vierzehnten Jahrhundert ist aus der Kairoer Geniza eine Fülle von Dokumenten über die Verhältnisse innerhalb des ägyptischen Judentums und über dessen Verbindungen nach außen hin erhalten.
In den ersten Jahrhunderten des Islam sah es allerdings noch so aus, als sollte Nordafrika mit dem Zentrum Kairuan der Schwerpunkt in diesem Teil der Diaspora werden. Aber nachdem die Fatimidendynastie 973 Ägypten erobert und die Residenz nach Kairo verlegt hatte, gewann dieser Ort rasch an Bedeutung. Im elften und zwölften Jahrhundert leiteten im westlichen Nordafrika und im islamischen Spanien fanatische Berber eine Periode intoleranter Religionspolitik ein, durch die zahlreiche Juden wieder nach Osten auszuweichen gezwungen waren, so daß man dort für das zwölfte Jahrhundert mit etwa zwanzigtausend Juden rechnen kann.
Die Fatimiden waren als Anhänger der Ismaelitensekte selbst Vertreter einer religiösen Minderheit in diesem Raum und daher — im Gegensatz zur sonst ziemlich intoleranten Haltung des schiitischen Islam gegenüber den andersgläubigen Minoritäten — recht duldsam. Sie nahmen auch häufig die Dienste von Juden und Christen für die Staatsverwaltung in Anspruch. Nur al-Hakim (996—1021) bildete für einige Zeit eine Ausnahme und verfolgte Christen und Juden grausam.
Unter Saladin (ab 1181/82) kam aber der sunnitische Islam

der Mehrheit wieder zur Geltung. Damit wurden – wie unter den folgenden Ajjubiden – die Bestimmungen des Omar-Vertrages wieder ernster genommen.

Die Juden des Reiches wurden durch das »Haupt der Juden«, das meist den Titel *Nagid* (»Fürst«, »Vorsteher«) führte, vertreten. Der Großteil lebte vom Handwerk, die soziale Oberschicht vom Fernhandel. In Kairo entstand auch eine hohe rabbinische Schule unter einem »Gaon«, die zuweilen von überregionalem Einfluß war und zuletzt die Nachfolge der palästinensischen Schule antrat.

Einen raschen Niedergang brachte die Herrschaft der Mamlukken (ab 1250) mit sich. Sie verkannten die Bedeutung des Mittelmeerhandels völlig, so daß diese wichtige Einkommensquelle des Landes allmählich versiegte. Zugleich verschlechterte sich durch die Konfrontation mit den Kreuzrittern die allgemeine Einstellung zu den Minderheiten überhaupt. Im vierzehnten und fünfzehnten Jahrhundert verringerte sich daher die jüdische Bevölkerung auf einen geringen Restbestand.

Das maurische Spanien und das westliche Nordafrika

Die islamische Eroberung der iberischen Halbinsel von 711 an setzte den visigothischen Judenverfolgungen ein Ende und ermöglichte den Zwangsgetauften die Rückkehr zum alten Glauben. Die Zahl der Juden in diesem Raum war zwar nicht sonderlich groß, aber ihre Kooperation mit den islamischen Eroberern sicherte hier für einige Jahrhunderte so günstige Lebensbedingungen, daß der »Westen« alsbald das Ziel vieler Zuwanderer aus dem Orient wurde und unter dem Kalifat von Cordoba (755–1013) sogar zum kulturell fruchtbarsten Zweig des Diasporajudentums heranreifte.

Im geistig aufgeschlossenen und weithin säkularisierten Klima des maurischen Spanien boten sich den Juden nicht nur wirtschaftlich normale Möglichkeiten, sie hatten auch ihren Anteil am politischen und kulturellen Leben. Das gilt jedenfalls für eine – ihrem Umfang nach schwer zu bestimmende – Oberschicht, die mit dem Kalifenhof und später mit den Höfen der Nachfolgestaaten in Verbindung stand und deren Vertreter das Judentum des Landes offiziell repräsentierten.

Obwohl diese Oberschicht gewisse Assimilationserscheinungen aufwies, blieb ihr jüdisches Selbstbewußtsein weitgehend intakt. Daher wirkte sich ihre Beteiligung an der arabischen Kultur auch zum Vorteil des jüdischen Kulturlebens aus, indem man den arabischen Vorbildern in den jüdischen Kreisen nacheiferte und sie mit den eigenen Traditionen verknüpfte. Neben der – von der babylonischen Tradition geprägten – traditionellen rabbinischen Gelehrsamkeit wurden daher hier auch andere Disziplinen gepflegt: Naturwissenschaften, Philosophie, Sprachwissenschaft und nicht zuletzt die Dichtkunst.

Dementsprechend spielte auch die philosophisch orientierte Theologie hier eine größere Rolle. Während die wissenschaftlichen und theologisch-philosophischen Werke durchweg in arabischer Sprache abgefaßt wurden, führte die nach arabischem Vorbild entstandene hebraistische Sprachwissenschaft zu einer an der *Bibel* orientierten Renaissance des Hebräischen.

Zeugnis dafür ist vor allem die verblüffend reiche und vielfältige Dichtung in hebräischer Sprache, für die ebenfalls das arabische Vorbild maßgebende Impulse vermittelte, nicht nur, was die Kunstmittel – Metrum und Reim – und die Gattungen betrifft, sondern auch in Hinblick auf die Inhalte. Zum erstenmal seit dem biblischen *Hohenlied* gab es wieder eine profane Liebesdichtung in hebräischer Sprache. Freundschafts- und Weinlieder entstanden, eine neue Sicht der Natur und des Menschen kam auf – Erscheinungen, die auch nach strengen islamischen Maßstäben für allzu »weltlich« gehalten wurden, aber in den höfischen Kreisen des maurischen Spanien nun einmal die Atmosphäre bestimmten.

Chanukkah — Leuchter aus Bronze, 18. Jh. Marokko

Sie waren daher auch im Judentum für »höfische« Kreise kennzeichnend, denn die maßgebenden Vertreter der jüdischen Oberschicht versammelten nach dem Vorbild der maurischen Großen einen Kreis von Gelehrten und Dichtern um sich und betätigten sich so als Mäzene. Das gilt insbesondere für Persönlichkeiten, die auch im politischen Leben eine Rolle spielten, etwa den Arzt und Diplomaten Chasdaj ibn Schaprut (um 915–970) oder Samuel ha-Nagid (993–1053), den Wezir und Feldherren von Granada, der ein bedeutender rabbinischer Gelehrter und einer der größten hebräischen Dichter des Mittelalters war.

Selbstverständlich kamen da und dort auch in diesem »Goldenen Zeitalter« Ressentiments der religiösen Mehrheit zum Ausbruch. Eine wirklich ernste Gefährdung brachte aber erst die ab 1086 wachsende Rolle der fanatischen nordafrikanischen Berberherrscher mit sich, die man gegen die fortschreitende Reconquista zu Hilfe gerufen hatte.

Im zwölften Jahrhundert wurden Verfolgungen und Zwangsbekehrungen so zahlreich, daß eine Fluchtbewegung in die christlichen Gebiete und in den Orient das islamische Restspanien für die Geschichte der jüdischen Diaspora bedeutungslos machte. Das kulturgeschichtliche Erbe pflegten aber die Juden im christlichen Spanien und die Flüchtlinge im Orient weiter, und über das christliche Spanien und über Südfrankreich wirkte es auch auf die Juden Italiens und selbst des übrigen Europa noch nachhaltig ein.

Die weitere Diaspora

Im Zusammenhang mit dem Indien- und dem Fernosthandel waren auch in entfernteren Gebieten jüdische Niederlassungen entstanden, so im Bereich des heutigen Persien, in Zentralasien und selbst im Fernen Osten.

Eine gewisse Bedeutung erlangte das südarabische Judentum,

das im Grundbestand vielleicht auf die Himjarenherrschaft zurückreicht und vom zehnten Jahrhundert an wegen der Handelsroute von Ägypten nach Indien durch das Rote Meer auch in Dokumenten aus der Kairoer Geniza eine Rolle spielte. Der Niedergang des Handels isolierte diesen Teil der Diaspora aber von den Zentren in Ägypten und Palästina sowie in Mesopotamien, und im Land selbst setzte der intolerante schiitische Islam eine schroffe soziale Diskriminierung der kleinen Minderheit durch.

2. Unter der Herrschaft »Edoms« — in der christlichen Welt

Im Unterschied zum islamischen Bereich bestand in der christlichen Welt zunächst keine allgemeinverbindliche Rechtsbasis für die Minoritäten. Nur in Byzanz war die spätantike Aushöhlung und Umformung der alten römischen Rechtsbasis im Sinn der judenfeindlichen Einstellung der Kirche konsequent weitergeführt und schließlich gesetzgeberisch festgeschrieben worden. Im Westen hatte die Völkerwanderung eine analoge Entwicklung verhindert.
Eine grundsätzliche Regelung erstrebte also vor allem die Kirche, die sich durch die bekehrungsunwillige »Synagoge« herausgefordert fühlte. Sie betrachtete das Judentum als überholte heilsgeschichtliche Stufe und als einen Zustand der Verblendung, Verstockung und Verwerfung, als Beispiel der Unerlöstheit und daher der Verknechtung durch »Sünde«, »Irdisches« und »Fleischliches«.
Dieses Postulat einer Knechtschaft im Sinn des heilsgeschichtlichen Status zog bald die Forderung nach sich, auch den rechtlich-sozialen Status entsprechend zu bestimmen. Als Knechte sollten die Juden kraft Autorität der geistlichen christlichen Gewalt Eigentum der christlichen Herrscher sein (Viertes Laterankonzil 1215).

Dazu trat das Bedürfnis, die religiöse Minderheit von den »Gläubigen« abzugrenzen, ein Anliegen, das zwar die Autoritäten aller Religionen teilten; von der Mehrheitsreligion wurde es aber diskriminierend praktiziert.

Ein weiterer Gesichtspunkt in der Behandlung der Minoritäten war die Überzeugung von der Heiligkeit des eigenen Lebensbereiches. Sie galt es vor Verletzungen durch die Anwesenheit und das Auftreten einer »ungläubigen« Minderheit zu bewahren. Im Fall der Juden, die christlicherseits als »Gottesmörder« angesehen wurden, erhielt dieser Aspekt eine besonders scharfe Note. Er zielte über eine allmähliche Verdrängung der Minderheit aus Wirtschaft und Gesellschaft auf einen völligen Ausschluß, auf die Vertreibung oder Vernichtung der Minorität ab.

Zugleich verbanden sich mit dieser Tendenz abergläubische Vorstellungen, von Hostienschändungen und Ritualmorden etwa, und diese Vorstellungen verursachten vom zwölften Jahrhundert an immer wieder lokale Ausbrüche der aus abergläubischer Furcht und aus Fanatismus genährten Volkswut.

Wenn die Juden dennoch als einzige Minorität im christlichen Raum mehr oder weniger toleriert blieben, dann infolge realer Zwänge – aus wirtschaftlich-fiskalischem Interesse – und aufgrund bestimmter theologischer Konzeptionen.

Eine dieser Konzeptionen besagte, daß die Juden in ihrem gedemütigten, rechtlich-sozialen Status, der ihrem unerlösten, heilsgeschichtlichen Status entsprach, als »negative Zeugen« der christlichen Wahrheit dienen sollten. Nach einer zweiten wurde die positive Bedeutung des »Alten Bundes« und die neutestamentliche Verheißung einer endgeschichtlichen Bekehrung der »Synagoge« als Argumente für eine begrenzte Duldung angeführt. Vor allem Papst Gregor I. (590 bis 604) griff diese Meinung auf und schuf damit eine Leitlinie, die viele Jahrhunderte lang die Haltung der hohen kirchlichen Autoritäten bestimmte und die Wirkung der erwähnten radikaleren Tendenzen milderte.

Die genannten kirchlich-theologischen Auffassungen deckten sich jedoch nur teilweise mit den staatlichen Interessen und mit der Haltung der Bevölkerung. Sie mußten sich also im Lauf des Mittelalters erst durchsetzen.

Im visigothischen Spanien und Südfrankreich hatte eine christliche weltliche Obrigkeit sich die radikalen kirchlichen Tendenzen zu eigen gemacht und die Juden derart hart verfolgt, daß selbst der Papst Bedenken äußerte.

In den »unterentwickelten« Gebieten West- und Mitteleuropas und später auch Osteuropas hingegen waren die Juden als Pioniere des städtischen Handels und vor allem des Fernhandels willkommen und erhielten Privilegien eingeräumt, die den kirchlichen Vorstellungen nur teilweise entsprachen. Doch diese Privilegien stellten keine allgemeinverbindliche Minderheitenregelung dar, und so blieb eine gewisse Rechtsunsicherheit bestehen.

Die weitere Entwicklung war durch die Auseinandersetzungen zwischen geistlicher und weltlicher Gewalt und durch die unter anderem damit zusammenhängende Entmachtung und Dezentralisierung der weltlichen Gewalt bestimmt. Aber auch durch die sich wandelnden Voraussetzungen der erwähnten Sonderrechte ergaben sich Veränderungen in der Haltung zum Judentum: Denn von dem Augenblick an, in dem die Pionierfunktion der Juden erfüllt war und die christliche Konkurrenz ihre Aufgaben übernehmen konnte, hatten die Herrscher meist nur noch *ein* Interesse an den Juden: ein fiskalisches.

Die Überzeugung, daß die Juden Eigentum des Herrschers seien, wurde im Unterschied zur kirchlichen Meinung »historisch« begründet: Durch den verlorenen Krieg von 66–70 n. Chr. seien alle Juden Sklaven der römischen Kaiser geworden, als deren Nachfolger sich die Herrscher des Heiligen Römischen Reiches verstanden. In diesem Sinn und als ein Kompromiß mit der kirchlichen Haltung wurde 1237 die »Kammerknechtschaft« festgelegt. Die Effektivität dieser Konzeption war aber beschränkt.

Die selbständigen christlichen Herrscher nahmen für sich dasselbe Recht in Anspruch, und selbst innerhalb der Grenzen des Heiligen Römischen Reiches trachteten regionale und städtische Mächte danach, immer mehr Verfügungsgewalt über die Juden ihres Bereiches zu erlangen. Auch sie waren dabei jeweils den genannten kirchlichen Tendenzen in unterschiedlichem und wechselndem Ausmaß unterworfen.

Drei Wendemarken: Kreuzzüge – Schwarze Pest – Vertreibungen

Drei Erscheinungen haben darüber hinaus das Schicksal des Judentums im christlichen Abendland entscheidend bestimmt: die Kreuzzüge, die Pestepidemie von 1348/50, und die Praxis der Judenvertreibungen.

Die Kreuzzüge leiteten in nahezu ganz Europa eine Wende in der Geschichte des Judentums ein. Die tatsächlich geübte, christlicherseits aber übertrieben dargestellte Kooperation zwischen Juden und Moslems hat gemeinsam mit den erwähnten kirchlichen Verhaltensweisen eine aggressive Stimmung ausgelöst, die sich zunächst gegen die auf dem Weg der Kreuzfahrerheere liegenden jüdischen Gemeinden entlud. Fanatische Kreuzzugsprediger schürten die bestehenden Aversionen, und die Beutegier der Kriegsleute und Abenteurer trug das Ihre dazu bei.

Im ersten Kreuzzug (1095–1099) hatten nach anfänglichen Übergriffen in Frankreich 1096 vor allem die rheinischen Gemeinden – Speyer, Worms, Mainz, Köln – furchtbar zu leiden, danach auch Regensburg und andere Orte bis in den böhmisch-ungarischen Raum, wo die schlimmste dieser Meuten schließlich eine vernichtende Niederlage durch die Ungarn einstecken mußte.

Kaiser und Fürsten einschließlich der geistlichen Fürsten und das gehobene Bürgertum der Städte mißbilligten diese Massaker und Zwangsbekehrungen. Doch gelang es ihnen nur vereinzelt, die Mord- und Raublust der Angreifer zu zügeln. Auch bei der Eroberung Jerusalems 1099 richteten die Kreuzritter ein fürchterliches Blutbad unter den Juden der Stadt an, weil diese sich an der Verteidigung beteiligt hatten.

Der zweite Kreuzzug (1146—1147) stand von vornherein im Zeichen von Versprechungen judenfeindlicher Art: Den Teilnehmern wurde, soweit sie jüdischen Geldverleihern etwas schuldeten, Schuldenaufschub oder gar Schuldenerlaß zugesagt. Obwohl Bernhard von Clairvaux vor Gewalttaten warnte, kam es wieder zu Übergriffen. Doch nun schritten die regionalen Obrigkeiten wirksamer ein und verhinderten mancherorts ein größeres Unglück. Der vergleichsweise glimpfliche Ausgang war allerdings auch beträchtlichen Bestechungssummen zu verdanken, die jüdische Gemeinden ihren »Beschützern« entrichten mußten.

Der dritte Kreuzzug (1190) traf viele der Gemeinden Englands vernichtend. Einzelne Greuel ereigneten sich auch bei den späteren Kreuzzügen, so 1236 und besonders 1320 in Frankreich.

Der Eindruck dieser Erfahrungen war bei den Juden tiefgreifend. Sie sahen ihre traditionelle Einschätzung des feindseligen »Edom« vollauf bestätigt und wandten sich mehr und mehr einer asketisch gefärbten, spekulativen Religiosität zu, die sich bewußt von der Kultur der Umwelt abkapselte. Wirtschaftlich betrachtet, war schon der erste Kreuzzug ein Wendepunkt: Die alte Stellung der Juden im Fernhandel ging verloren, und die kirchlich erzwungenen Berufseinschränkungen der Folgezeit ließen so gut wie nur den Klein- und Wanderhandel und das Geldgeschäft als mögliche Erwerbszweige übrig.

Der »Schwarze Tod«, die Pestepidemie, die zwischen 1348 und 1350 Europa heimsuchte und etwa ein Drittel der Bevölkerung das Leben kostete, hatte für die Juden besonders grausame Folgen. Einmal verursachte die Epidemie unter der christlichen Bevölkerung ohnedies eine religiöse Fanatisierung und eine dementsprechend feindselige und mißtrauische Haltung gegenüber der Minderheit, zum andern verbreitete sich mit Windeseile das Gerücht, die Seuche sei auf Brunnenvergiftungen durch Juden zurückzuführen.

So gut wie überall brachen daraufhin Judenverfolgungen aus, ohne daß die weltliche und geistliche Obrigkeit wirksam dagegen einschreiten konnte. Die Städte und lokalen Potentaten hingegen benützten diese Gelegenheiten oft genug zur Konfiszierung des jüdischen Besitzes.

Wenn in diesem Zusammenhang von Vergiftung zu sprechen ist, dann von einer verhängnisvollen Vergiftung der volkstümlichen christlichen Vorstellung von den Juden. Diese selbst verarmten in dieser Zeit noch mehr, und da der fiskalische Druck der Obrigkeit nach wie vor anhielt, waren sie um so mehr auf das Geldgeschäft mit seinen großen Verdienstspannen angewiesen. Dies wiederum motivierte häufig erneut lokale Vertreibungen.

Vertreibungen von Juden — in islamischen Ländern eine Ausnahmeerscheinung — fanden im christlichen Abendland bis in die Neuzeit hinein in mehr oder minder großem Umfang statt. Aus England wurden die Juden 1290 vertrieben und blieben es bis 1650, aus Frankreich 1306/1311 und dann wieder 1394 (bis 1789), aus Spanien 1492, aus Portugal 1497, aus der Provence 1501, aus den russisch unterworfenen Gebieten Litauens Ende des fünfzehnten Jahrhunderts. Für kürzere Zeit erfolgten zahlreiche Vertreibungen nach den Pestjahren von 1348—1350, vor allem in den Ländern und Städten des Heiligen Römischen Reiches.

Die Wirkung dieser Maßnahmen auf die Betroffenen war wirtschaftlich wie psychisch ruinös. Die Ursachen waren durch die christliche Judenpolitik selbst geschaffen worden. Vordergründig spielte der jüdische »Wucher« eine große Rolle, doch die Polemik gegen diesen war, zu einem Teil wenigstens, reine Heuchelei: zum einen, weil es ja die christlich verfügten Berufsbeschränkungen waren, die nach dem Niedergang des Fernhandels die Juden ins Geldgeschäft getrieben hatten; sodann, weil die Kirche durch ihr Zinsverbot den Juden bewußt dieses in ihren Augen schandbare Geschäft als Monopol aufzwang und nur auf diese zwiespältige Weise den wirtschaftlichen Interessen ihrer eigenen Mitglieder und der Nachfrage nach barem Geld Rechnung trug; schließlich, weil die staatliche Obrigkeit das gewinnträchtige Geldgeschäft der Juden gar nicht so ungern sah, denn es entsprach einem tatsächlichen wirtschaftlichen Bedürfnis und brachte außerdem enorme Steuereinnahmen.

Gerade dieser fiskalische Druck zwang die Betroffenen aber wieder zu entsprechendem Gewinnstreben, und dieses erbitterte die betroffene christliche Bevölkerung. Vertreibungen und Verfolgungen waren darum häufig mit demonstrativer Schuldscheinvernichtung verbunden.

Hinzu kamen religiöse Motive, genährt aus der antijüdischen Polemik der Theologen und vor allem aus dem volkstümlichen Aberglauben über die Juden, der von weiten Kreisen des niederen Klerus voll geteilt wurde. Sehr häufig wurden lokale Vertreibungen nur vorübergehend angeordnet, zur unrechtmäßigen Entledigung einer Schuldenlast, etwa der Stadtmagistrate. Da das Geldgeschäft jedoch nicht zu entbehren war, folgte oft genug rasch die Wiederzulassung.

Alles in allem handelt es sich hier um eines der traurigsten Kapitel der europäischen Geschichte.

Die iberische Halbinsel und die spanisch beherrschten Gebiete

Seit Beginn der karolingischen Zeit und während der Hauptperiode der Reconquista suchten die christlichen Herrscher in der Regel die Sympathien der jüdischen Minderheit für sich zu gewinnen. Obwohl das christliche Spanien in den Augen der im islamischen Teil lebenden Juden als unkultiviert galt, mußten vom Ende des elften Jahrhunderts an viele dort Zuflucht suchen, weil die intoleranten Berber den Süden nach und nach unter ihre Kontrolle brachten.

Erleichtert wurde dieser Übergang durch die günstigen Ansiedlungsbedingungen, die den Zuwanderern geboten wurden. Auch in den jeweils neu von den Christen eroberten Gebieten blieben die Juden meist ungeschoren. Das alles ermöglichte die Entwicklung einer gesunden innerjüdischen Sozialstruktur: Neben Gartenbau und Landwirtschaft hatten hier auch Handwerk und Gewerbe einen festen Platz.

Der dadurch gewährleistete wirtschaftliche Wohlstand provozierte allerdings mehr und mehr den Neid der christlichen Durchschnittsbevölkerung, die den Juden kulturell durchweg unterlegen war und infolge der kirchlichen Propaganda zu der Ansicht kommen mußte, gegenüber einer anmaßenden Minderheit benachteiligt zu werden. Verstärkt wurde dieser Eindruck durch die große Rolle, die fähige Juden im Dienst der Herrscher spielten, zumindest im finanziell-fiskalischen Bereich, also gerade auf einem Gebiet, das wiederum geeignet war, Ressentiments in der Mehrheit hervorzurufen.

Da auch der Adel jüdische Dienste in Anspruch nahm, gerieten die Juden zu einem Teil in eine bedenkliche Position zwischen christlicher Volksmasse und christlicher Herrenschicht, zum Teil auch zwischen der Herrenschicht und den Königen.

Seit dem späten dreizehnten Jahrhundert machte sich eine immer judenfeindlichere Stimmung breit, geschürt vor allem durch die Dominikaner. Im vierzehnten Jahrhundert kam es zu ersten schwerwiegenderen Zwangsmaßnahmen und Verfolgungen, während im Judentum selbst die Kabbalah nach dem Erscheinen des Buches *Zohar* (nach 1280) einen geistig-kulturellen Wandlungsprozeß einleitete: Eine traditionalistische und spekulative Introversion im Bildungsideal und im Weltbild, mit schroffer Ablehnung der Philosophie und der profanen Wissenschaften gewann zunehmend Sympathien.

Zur selben Zeit ging die Kirche mit Hilfe getaufter Juden zu einer aggressiven Missionstätigkeit über, die die Möglichkeiten der Staatsgewalt voll ausnutzte. So mußten sich Juden immer häufiger unter unfairen Bedingungen Religionsdisputationen stellen – etwa 1413 in Tortosa –, wobei von vornhinein feststand, daß die christliche Seite nicht unterliegen durfte.

Die Zwangsbekehrungen, die nach den Verfolgungen von 1391 eine hohe Zahl erreichten, brachten ein neues schweres Problem mit sich: Viele der »neuen Christen« waren nicht willens, sich mit der Zwangstaufe abzufinden und praktizierten insgeheim ihre alte Religion weiter. Ihnen drohte die auf den Abfall vom Christentum stehende Todesstrafe. Die Folge war ein von Fanatismus, Mißtrauen, Angst und Gehässigkeiten erfülltes Lebensklima, in dem die jüdischen Gemeinden in eine Zwickmühle zwischen der Beachtung der christlichen Gesetze und der gebotenen Solidarität mit den Zwangsbekehrten gerieten.

Im fünfzehnten Jahrhundert erreichte die antijüdische Stimmung ihren Höhepunkt. Mit der Vereinigung der beiden Königreiche Kastilien und Aragon 1469 setzte sich die judenfeindlichere Politik Kastiliens allgemein durch, und 1480 begann die Inquisition gegen die Scheinchristen vorzugehen. Aber selbst mehr als zwölftausend Hinrichtungen vermochten den geheimen Widerstand nicht zu brechen und das Mißtrauen gegenüber den Neuchristen nicht zu beseitigen.

Am 2. Januar 1492 wurde die Reconquista mit der Eroberung Granadas vollendet: Die ganze Halbinsel war wieder christlich geworden. Durch die Vertreibung der Juden sollte diese neue Einheit bestätigt und den Scheinchristen der Rückhalt in den bisher vorhandenen jüdischen Gemeinden genommen werden.

Etwa hunderttausend von insgesamt zweihundertfünfzigtausend Juden verließen Spanien. Manche wandten sich zunächst nach Portugal, das aber 1497 ebenfalls die Vertreibung be-

schloß. Andere suchten in Italien Zuflucht, die meisten aber im ottomanischen Reich.
Nicht einmal die Hälfte der spanischen Juden war also in der Lage, die Kosten und Strapazen einer Auswanderung auf sich zu nehmen. Die so zustande kommenden Taufen wurden daher zu einem guten Teil wieder als Zwangstaufen empfunden, und viele dieser Neuchristen lebten insgeheim als Juden – als sogenannte Marranen – weiter, bis sich ihnen eine günstige Auswanderungsmöglichkeit in ein Land bot, wo die Rückkehr zum Judentum nicht verfolgt wurde.
Der Eindruck, den die Zerstörung des westlichen Schwerpunkts auf die jüdische Diaspora machte, war verheerend. Man empfand die Vertreibung aus Spanien als die dritte große Katastrophe nach der Zerstörung des ersten und des zweiten Tempels. Man verstand sie als endzeitliches Zeichen und verband sie mit eschatologischen Spekulationen, die zu jener Zeit bereits mit kabbalistischen Vorstellungen verquickt waren. Eine kabbalistisch durchtränkte Volksbußbewegung erfaßte das Judentum, so daß diese Vertreibung tatsächlich eine neue Epoche der jüdischen Geistes- und Kulturgeschichte einleitete.
Die Vertreibung galt auch für die spanisch beherrschten Gebiete außerhalb der iberischen Halbinsel, für Sardinien und Sizilien, und wurde 1510 auch für das Königreich Neapel verfügt.

Südfrankreich

In der sogenannten Provence – zwischen Rhône, Durance und Var und in mittelalterlichen Texten auch in einem Teil des Languedoc – und zwischen unterem Rhônetal und den Pyrenäen bestanden seit der Antike jüdische Gemeinden. In karolingischer Zeit – nach den visigothischen Verfolgungen – erlebten sie durch den Mittelmeerhandel einen raschen

Aufschwung und wurden auch zu einem kulturellen Umschlagplatz.

Die Beziehungen zum spanischen Judentum waren immer sehr eng, und so ergab sich von selbst eine Umsetzung arabisch-jüdischer Kultur und Zivilisation in den hebräisch-europäischen Raum Italiens und West- und Mitteleuropas. In bezug auf die hebräische Dichtung gehörte Südfrankreich ohnehin zur »spanischen Schule«.

Das politisch-rechtliche Schicksal der Juden dieser Gebiete war unterschiedlich. Aus der englisch beherrschten Gascogne wurden sie 1290 vertrieben, aus den Gebieten der französischen Krone 1306 und 1311 sowie 1394. Lokale und regionale Gewaltsamkeiten ereigneten sich hier auch schon vor den Kreuzzügen (1063); diese selber richteten zwar nur vereinzelt Schaden an, doch litten die Gemeinden hart unter den Albingenserkriegen zu Anfang des dreizehnten Jahrhunderts und unter den folgenden langwierigen Fehden um die Herrschaft über diese Territorien.

Mit der Pestepidemie von 1348 verschärfte sich die Situation weiter, und im fünfzehnten Jahrhundert blieb nur mehr die Provence als jüdischer Zufluchtsort innerhalb der Grenzen des späteren Frankreich. 1481 wurde sie aber dem Königreich angegliedert, und 1501 waren die Juden auch von dort vertrieben.

Italien

Entsprechend der politischen Zersplitterung der Halbinsel verlief auch die Geschichte ihrer Juden sehr unterschiedlich.

Während die germanisch-arianischen Herrscher im allgemeinen den rechtlichen *status quo* wahrten, gerieten die Juden weiter Gebiete Süditaliens, wo sich die meisten Gemeinden befanden, für längere Zeit unter byzantinische Herrschaft. Sie unterlagen den judenfeindlichen byzantinischen Gesetzen, und hatten im neunten bis zehnten Jahrhundert zwei schwere Verfolgungen zu erleiden (873/4 und 932/6). Da zur selben Zeit das Frankenreich günstige Kolonisationsbedingungen zu bieten begann, setzte eine Wanderbewegung nach Norden ein, in der Regel in Form von Handelsniederlassungen.

Die Sarazenenherrschaft über Sizilien erwies sich als vergleichsweise tolerant und attraktiv. Nur die Gemeinden in den von Fehden heimgesuchten Grenzgebieten litten des öfteren. Unter der Regierung Friedrichs II. (1212–1250) erfüllte der Süden sogar eine Zeitlang eine einzigartige kulturvermittelnde Funktion, und die jüdische Minorität erlangte aufgrund von Handel, Gartenbau (Maulbeerfeigen) und bestimmten Gewerben (Seidenraupenzucht, Seidenweberei, Färberei) einen soliden Wohlstand. Gegen Ende des Jahrhunderts änderte sich dies jedoch rasch: Fast die Hälfte der Juden wurden zwangsgetauft, und die übrigen suchten zu einem großen Teil in benachbarten Gebieten Zuflucht.

Mit dem zwölften und dreizehnten Jahrhundert erstarkten die Gemeinden in Rom und in Mittel- und Norditalien. Doch zugleich machten sich die kirchlich durchgesetzten Berufsbeschränkungen bemerkbar, und so stellte im vierzehnten Jahrhundert das Geldgeschäft und das Pfandleihwesen die Hauptlebensbasis dar. In den italienischen Handelsstädten und Fürstentümern – einschließlich des Kirchenstaates – wußte man aber diese Funktion im Wirtschaftsleben in der Regel wohl zu schätzen. Die gesellschaftliche Diskriminierung war daher geringer als etwa in Mitteleuropa, und so wirkte auch die Renaissancekultur auf die besser situierten Juden Italiens recht intensiv ein.

Die Folge war, daß wie in Spanien auch hier profane Wissenschaften und Künste einschließlich einer weltlichen hebräischen Dichtung gepflegt wurden, sogar länger als in Spanien, dessen Vertriebene zum Teil vorübergehend oder für immer in Italien Zuflucht fanden und das vorhandene schöpferische Potential noch vermehrten.

In der zweiten Hälfte des fünfzehnten Jahrhunderts entstand jedoch ein judenfeindliches Klima, das durch christlich-abergläubische Vorstellungen – so den Ritualmordprozeß von Trient (1475) – und durch Ressentiments wegen des jüdischen Geldhandels mitbestimmt war. Man suchte durch die Gründung uneigennütziger christlicher Pfandleihanstalten *(Montes pietatis)* den jüdischen »Wucher« einzudämmen. Als wirklich gefährlich erwiesen sich indessen schon damals die christlichen Bankiers, deren Zahl ständig zunahm. Dazu kam die Exulantenwoge aus Spanien, die für die Gemeinden mancherlei Probleme nach sich zog.

Die Zahl der Juden verdoppelte sich auf der Halbinsel zwischen 1300 und 1500 immerhin – auf etwa hundertzwanzigtausend –, und das rief zuweilen auch in der christlichen Umwelt eine gewisse Beunruhigung hervor. Im großen und ganzen blieben die Juden Italiens aber von so schweren Katastrophen, wie sie die Gemeinden Mitteleuropas über sich ergehen lassen mußten, verschont.

Byzanz

Die jüdischen Gemeinden, die es in allen größeren Städten des Reiches – zu dem lange auch Teile Süditaliens gehörten – gab, unterlagen den strengen einschränkenden Bestimmungen, die seit dem Beginn der christlichen Herrschaft in der Antike konsequent die alte römische Rechtsbasis nach und nach außer Kraft gesetzt hatten.

In diesem Rahmen blieb der Status der Juden allerdings vergleichsweise ungestört, nur unter Basileios I. (873/874) und wiederum unter Romanos I. (943) kam es zu Verfolgungen. Weitere Unruhen entstanden unter der Herrschaft der lateinischen Kaiser und zur Zeit der Kreuzzüge. Diese Wirren weckten in manchen Juden messianische Hoffnungen, die dann beim Fall Konstantinopels 1453 neuen Auftrieb erhielten.

Bemerkenswert ist auch die Entstehung einer starken karäischen Kolonie in und um Konstantinopel in den letzten Jahrhunderten dieser Periode und der Einfluß, den rabbinische wie karäische Juden auf das südliche Osteuropa ausübten.

Nordwest- und Mitteleuropa

Bis zum Ersten Kreuzzug (1096) bestanden die jüdischen Gemeinden dieses Gebietes vorwiegend aus wohlhabenden, aber kleinen Handelsniederlassungen mit dem Schwergewicht auf dem Fernhandel. Das Zentrum bildete der rheinisch-nordostfranzösische Raum, dessen Besiedlung in erster Linie von Italien her über die Handelswege erfolgt war.

Daher waren die Gemeinden vorwiegend durch die palästinensisch-italienische Tradition bestimmt. Dazu kam von Südfrankreich her, ebenfalls den Handelswegen entlang, ein andersgearteter Einfluß, der im französischen Gebiet mit der Zeit noch zunahm.

Die Greuel der Kreuzzugszeit und der gleichzeitige Niedergang des Fernhandels führten zusammen mit den kirchlicherseits forcierten Berufsbeschränkungen zu einer einseitigen sozialen Entwicklung, zumal noch das Feudalsystem die Möglichkeit des Grundbesitzes so gut wie ausschloß. Von gewissen Chancen abgesehen, die sich in Osteuropa und durch den Handel mit Osteuropa ergaben, blieb insbesondere nach den Jahren des »Schwarzen Todes« nur das Geldgeschäft und der Wanderhandel als Haupterwerbszweig übrig.

Im Königreich Frankreich verlief die Geschichte der Juden besonders dramatisch. Judenfeindliche Aktionen hatte es schon im elften Jahrhundert da und dort gegeben. Im dreizehnten Jahrhundert wurden sie aber zu einer fast ständigen Erscheinung, ebenso mehr oder minder lang geltende Vertreibungen (1182 Paris, 1249 Poitou, 1289/90 Anjou und die englische Gascogne).

Nach einer den Juden 1240 in Paris aufgezwungenen Religionsdisputation wurde dort 1242 der *Talmud* öffentlich verbrannt. In den Jahren 1306 und 1311 waren fast alle Juden des Reiches von Vertreibungen betroffen – wahrscheinlich rund hunderttausend Menschen. Die Verfolgungen während der Pestepidemie 1348–1349 leiteten die letzte Periode ein.

Zwischen 1380 und 1394 kam es zur völligen Vertreibung. 1501 auch in der – seit 1481 angegliederten – Provence. Nur einige Restgruppen blieben, nicht zuletzt in Territorien unter fremder Oberherrschaft wie im päpstlichen Avignon, insgesamt etwa zwanzigtausend.

In den Grenzen des Heiligen Römischen Reiches erholten sich die Gemeinden zwar rasch von den schweren Verlusten zur Zeit des Ersten Kreuzzugs, aber ihre wirtschaftliche und allgemeine Situation verschlechterte sich im dreizehnten Jahrhundert mehr und mehr. Die Einführung der Reichskammerknechtschaft (1237) war nur wenig geeignet, den Juden zeitgerecht und wirksam Schutz vor lokalen Übergriffen und Vertreibungen zu bieten. Das erwies sich deutlich während der Verfolgungen zur Zeit der Pestepidemie 1348–1350.

Die Juden waren nun hauptsächlich auf den »Wucher« angewiesen und wurden von lokalen wie zentralen Gewalten fortgesetzt erpreßt, ausgeraubt und vertrieben, wieder zugelassen und erneut geschröpft. Die abergläubische Judenfurcht führte zu Anschuldigungen wegen Hostienschändungen und Ritualmorden, die wieder zu lokalen Verfolgungen Anlaß boten.

So verringerte sich die Zahl der Juden im Reichsgebiet von etwa hunderttausend im Jahr 1300 auf ungefähr achtzigtausend am Ende des fünfzehnten Jahrhunderts. Ausweichmöglichkeiten bot hier vor allem Osteuropa.

England

Eigentümlich verlief die Geschichte der Juden in England, wohin sie offenbar seit der normannischen Eroberung gelangt waren, also ab 1066. Hier dominierte von vornherein das Geldgeschäft, und dementsprechend kam es auch früh zu Reaktionen, die im übrigen Europa erst später einsetzten.

Erste Angriffe – auch Mordbeschuldigungen – setzten schon im zwölften Jahrhundert ein. Aber noch schützte die Krone die für die Wirtschaft und für die Staatsfinanzen so wichtige Minorität. Die Ausbeutung durch den königlichen Hof erreichte mit der Einführung des *Presbyter Judaeorum* eine außergewöhnliche Perfektion, sowohl organisatorisch wie umfangmäßig, was letzten Endes nicht nur zu Lasten der betroffenen Juden, sondern eben auch aller ihrer christlichen Schuldner ging. Diese sahen freilich in den jüdischen Geldverleihern die Ursache ihres Unglücks, und so entstand eine explosive Atmosphäre von besonderer Intensität.

Unter Richard I. brachen spontane Unruhen aus, begleitet von demonstrativen Schuldscheinvernichtungen, unter Heinrich III. (ab 1232) verschlimmerten sich die Verhältnisse fortlaufend, und im Zusammenhang mit den Bürgerkriegen nach 1263 verarmten die Gemeinden noch mehr, denn ihre finanzielle Funktion übernahmen nun christliche Kreditgeber.

Eine Umstellung auf andere Erwerbszweige war aber nicht möglich: Die bestehenden Berufseinschränkungen und die kirchlicherseits angeheizte feindselige Stimmung im Volk verbauten jeden Ausweg. So kam es immer öfter zu Konflikten mit den geltenden Gesetzen und schließlich 1290 zur radikalen Vertreibung aller Juden von der Insel. Nur vereinzelt konnten Juden aufgrund von Sondergenehmigungen – zum Beispiel Ärzte – noch für kürzere oder längere Zeit in England leben.

Osteuropa

Gegen Ende des Mittelalters begann sich im polnisch-litauischen Gebiet ein neuer Schwerpunkt der jüdischen Diaspora zu bilden. Die Zuwanderung erfolgte zu jener Zeit vor allem aus dem Westen und verlief zeitlich wie in den Rechtsformen parallel zur deutschen Ostsiedlung.

Es handelte sich zunächst also um eine ausgesprochen städtische Kolonisation, doch in Konkurrenz zu den deutschen christlichen Ansiedlern. Dem konnten die Juden zum Teil ausweichen, indem sie königliche oder adelseigene Ländereien zur Weiterverpachtung an die einheimischen Kleinpächter übernahmen oder gegen Entrichtung einer Pauschalsumme bestimmte Konzessionen übertragen erhielten.

Dieses *Arenda*-System, das in ähnlicher Weise auch im christlichen Spanien geübt wurde, brachte die Juden auch hier nach und nach in eine gefährliche Position zwischen feudaler Herrenschicht und dem einheimischen Volk.

In das südliche Osteuropa bis nach Kiew reichten aber auch Einflüsse des byzantinischen Judentums hinein. Außerdem führte durch diesen Raum der Handelsweg nach Zentralasien, der vor dem Tartarensturm, zur Zeit des Chazarenreiches also, vor allem von jüdischen Fernkaufleuten benutzt worden war.

In Ungarn bestand bereits im elften Jahrhundert eine rege jüdische Minorität, so daß die Kirche sich um eine deutlichere Abgrenzung bemühte. Aber noch schien die wirtschaftliche Funktion der Juden so wichtig, daß die weltliche Obrigkeit sie vor den Übergriffen der Kreuzfahrer schützte. Im Jahr 1222 mußte sogar noch verboten werden, daß Juden hohe Ämter und Adelstitel erhalten, und erst gegen Ende des dreizehnten Jahrhunderts wurde der Rechtsstatus der Praxis in den übrigen europäischen Ländern angeglichen.

Eine Wende bedeutete auch hier der »Schwarze Tod«: 1349 und 1360 wurden – vorübergehend – alle Juden des Landes verwiesen. Nach einer gewissen Stabilisierung setzte am Ende des fünfzehnten Jahrhunderts mit Mordbeschuldigungen und zahlreichen lokalen Übergriffen eine erneute Verfolgungsperiode ein.

Im Königreich Böhmen existierten infolge seiner Lage schon früh jüdische Handelsniederlassungen. Viele davon litten zwar 1096 unter den Kreuzfahrerhorden, doch blieb die wirtschaftliche und rechtliche Lage danach wieder stabil, bis 1241 der Tartarensturm das Land verwüstete.

In den Jahren darauf wurde der Status der Juden nach dem Vorbild der Kammerknechtschaft neu geregelt, und mit dem Ende des dreizehnten Jahrhunderts begann auch hier die Periode der Verfolgungen und Vertreibungen, die in der Zeit der Hussitenkriege noch schärfere Formen annahmen, weil die Kirche ihre Dissidenten judaisierender Tendenzen beschuldigte.

3. Eine vergebliche Hoffnung: das Chazarenreich

Zwischen Kaspischer See und Schwarzem Meer entstand in der späten Antike eine gewisse Machtkonzentration teils nomadischer, teils seßhafter Turk-Stämme: das Reich der Chazaren.

Im siebten Jahrhundert schien es eine dritte Kraft zwischen den beiden sich bekämpfenden Großmächten Byzanz und Islam zu bilden, und im Bestreben, von keiner der beiden rivalisierenden Religionen und Mächte abhängig zu werden, trat die chazarische Oberschicht um die Mitte des achten Jahrhunderts zum Judentum über, das in diesen Regionen durch Handelsniederlassungen wohlbekannt war, befanden sich doch im benachbarten Armenien seit der Antike zahlreiche jüdische Gemeinden.

In der jüdischen Diaspora wurde dieser Schritt mit Enthusiasmus begrüßt. Messianische Hoffnungen regten sich, weil man die Chazaren mit den Zehn Stämmen Israels in Verbindung brachte, deren Wiederauftauchen in der Tradition als Anzeichen der beginnenden Erlösung galt. Im zehnten Jahrhundert suchte der spanisch-jüdische Notable und Diplomat Chasdaj ibn Schaprut brieflichen Kontakt mit dem Chazarenkönig, und Jehuda Hallevi (gestorben 1141) schrieb sein theologisches Werk über den Vorzug des jüdischen Glaubens in Form von Dialogen, die er dem zum Judentum übergetretenen Chazarenkönig und seinem christlichen, islamischen und philosophischen Gesprächspartner in den Mund legte.

Aber schon in der zweiten Hälfte des zehnten Jahrhunderts begann der Stern der »dritten Kraft« zu sinken. Von Norden her wuchs der russische Druck, und von Osten und Nordosten drangen Nomadenstämme in den Raum ein und etablierten sich, bis der Mongolensturm im dreizehnten Jahrhundert überhaupt völlig neue Verhältnisse schuf.

Allem Anschein nach konnte das Judentum unter den Chazaren nur oberflächlich Fuß fassen, wenngleich es an Spekulationen über weitreichende Zusammenhänge mit dem osteuropäischen und ungarischen Judentum nicht gefehlt hat.

Drittes Kapitel

BILDUNG, LITERATUR UND GEISTESLEBEN

1. Erziehung und Bildung

Elementarbildung

Die grundsätzliche Basis der Bildung und Erziehung war auch im Mittelalter weithin die gleiche wie in der talmudischen Zeit geblieben. Das heißt, daß der Vater in erster Linie verpflichtet war, seinen Söhnen eine angemessene berufliche Ausbildung und vor allem eine ausreichende religiöse Unterweisung zu erteilen, und daß diese Aufgabe aus praktischen Gründen von Kinderlehrern übernommen wurde, deren Unterhalt teilweise auch durch Gemeindezuschüsse bestritten wurde.

Methoden und Inhalte des Elementarunterrichtes blieben im wesentlichen die alten. Auch Haus und Synagogengottesdienst wirkten weiterhin als erzieherische Faktoren. Ziel der Kinderschule – die vom fünften Lebensjahr an besucht wurde – war die Vorbereitung für die Teilnahme am synagogalen Gottesdienst und für die Erfüllung der notwendigen halachischen Vorschriften.

Zunächst ging es also darum, das Lesen entsprechender Texte zu lernen, zuerst an Hand von Übungstexten. Die *Bibel (Torah)* stand an erster Stelle, wobei man die Wochenabschnitte der synagogalen Schriftlesung vorzog; außerdem nahm man Gebetstexte mit auf. Profane Wissensstoffe – zum Beispiel

Grammatik – wurden nur ganz beschränkt da und dort im Bereich der islamischen Kultur berücksichtigt. In einem zweiten Stadium wurden auch *Mischna, Talmud* und *Midrasch* gelernt, und zwar beträchtlich mehr als die *Bibel*. Immer handelte es sich darum, den Text laut auswendig zu lernen und mit der traditionellen Auslegung zu memorieren.

Aus Dokumenten der Kairoer Geniza geht hervor, daß in größeren Gemeinden mit vielen Kinderschulen die freiberuflich wirkenden Kinderlehrer regelrecht miteinander konkurrierten, was natürlich auch die Qualität des Lehrangebotes steigerte. Kleinere Gemeinden mußten hingegen mit den Lehrern vorlieb nehmen, die gerade vorhanden waren.

In Aschkenasien (Mittel- und Osteuropa) wurde von vornhinein das Ziel der Elementarerziehung eng auf die religiösen Gesichtspunkte begrenzt. Der Unterricht in der Kinderschule *(ḥädär)* war hier weniger methodisch als in den islamischen Ländern und in dem davon beeinflußten Südfrankreich. Dazu kam, daß die mittel- und osteuropäischen Gemeinden oft recht klein waren und gute Kinderlehrer nicht immer zur Verfügung standen, nicht zuletzt, weil deren soziales Prestige in der Regel gering war.

Nicht wenige dieser Kinderlehrer waren Ortsfremde, also Wanderlehrer. Begüterte Eltern hielten für ihre Kinder zumeist eigene, bewährte Kinderlehrer, und viele berühmte Gesetzesgelehrte haben ihre gesamte Bildung von klein auf durch ihre eigenen Väter erhalten. Gerade in kleinen, unzureichenden Gemeindeverhältnissen kam der familiären Bildungstradition größte Bedeutung zu.

Das alles galt selbstverständlich nur für die Knaben. Mädchen wurden nur selten in Schulen unterrichtet und wenn, dann natürlich in begrenztem Umfang, d. h. vor allem im Lesen der Gebete. In der Regel blieb es den Eltern anheimgestellt, wie viel Bildung sie ihren Töchtern vermitteln wollten. Daher waren dann in »besseren« Familien nicht selten auch Frauen von vergleichsweise hohem Bildungsniveau anzutreffen.

Aufs ganze gesehen gilt, was schon für die talmudische Zeit festzustellen war: Die jüdische Erziehung erstrebte eine Breitenwirkung, die in jener Zeit im islamischen und christlichen Bereich als Ziel nicht bekannt war. Der durchschnittliche Bildungsgrad eines Juden lag daher zumeist höher als der seiner nichtjüdischen Umgebung.

Allerdings mußte die Art dieser Bildung nicht unbedingt einen sachlichen Vorteil bedeuten, da es ja vor allem um die Kenntnis jüdischer Tradition ging. Aber die Tatsache einer solchen Schulung an sich förderte zweifellos die Lernfähigkeit allgemein und stimulierte zu weiteren Bildungsbestrebungen. Schon die Tatsache, daß die Juden zumeist außer der Umgangssprache noch mit dem Hebräischen oder Aramäischen eine zweite Sprache mehr oder weniger beherrschten, dürfte das Erlernen weiterer Sprachen erleichtert haben.

Berufsausbildung

Die berufliche Ausbildung erfolgte nicht in Schulen – wenn man die Schreiberausbildung in islamischen Ländern ausnimmt –, sondern im Elternhaus oder beim Lehrmeister. In vielen Fällen blieb die Ausübung bestimmter Berufe über Generationen hinweg in einzelnen Familien Tradition, nicht nur was handwerkliche Berufe betrifft, sondern auch bei Berufen im Gemeindedienst.

Die weiterführende Schulbildung

Entsprechend dem Ideal des rabbinischen Gelehrten, wie es die talmudische Literatur vermittelte, ließ möglichst jeder Jude seine Söhne nach der Kinderschule noch eine *j^e^šibah* besuchen oder bei einem Gelehrten in die Schule gehen. Die Qualität solcher *j^e^šibot* war freilich recht unterschiedlich.

In Babylonien und Palästina und von dort aus auch in den übrigen islamischen Ländern brauchte ja nur die ererbte Schultradition weitergeführt zu werden. So genossen auch die alten Schulen Babyloniens in der gesamten Diaspora das höchste Ansehen, bis sie im Zug des Verfalls im zwölften Jahrhundert ihre Bedeutung verloren. In Palästina suchten zeitweilig einige Schulen eine ähnliche Stellung zu erringen, aber die Dezentralisierung war unvermeidlich.
In Nordafrika – in Kairuan zum Beispiel – und in Spanien entwickelte sich alsbald ein gediegenes Schulwesen. In Spanien entwarf man sogar Lehrpläne, die neben einer pädagogisch-didaktisch durchdachten Methodik auch noch den Einfluß profaner Bildung verraten. Bemerkenswert ist, daß man hier aus dem aschkenasischen Bereich die *Bibel-* und *Talmud*-Kommentare des Salomo ben Isaak (»Raschi«) in den Unterricht aufnahm; dadurch wurde das Lernen dieser Kommentare zum Text ein fester Bestandteil der traditionellen jüdischen Schulausbildung.

Die gaonäischen hohen Schulen

Umfang und Autorität der großen Schulen Babyloniens rechtfertigen ihre gesonderte Erwähnung, nicht zuletzt auch wegen des Umstandes, daß diese Schulen zugleich als eine Art Legislative und als oberstes Gericht fungierten. Die normale höhere Schulausbildung war nur eine der Funktionen dieser Schulen, deren bedeutendste sich in islamischer Zeit in Sura und Pumbeditha (später Baghdad) befanden.
In Palästina – und zeitweilig in dem zur Fatimidenzeit damit politisch vereinigten Ägypten – wurde zwar auch die talmudische Schultradition im Sinn einer Fortsetzung der wesentlichen Sanhedrin-Funktionen weitergepflegt und dem Schulhaupt ebenfalls die Bezeichnung *Gaon* verliehen. Aber die materiellen Mittel und der soziologische Hintergrund wa-

ren hier zu schwach, um auf Dauer einen vergleichbaren Schulbetrieb sicherzustellen.

»Lernen« als Lebensaufgabe

Die »Bildung« endete für den Juden nicht mit dem Abschluß der Schule, und sie wurde auch nicht nur als Vorbildung für den Status eines Gelehrten betrachtet, sondern als Lebensaufgabe des Frommen überhaupt. Das rührte nicht nur daher, weil ein intensives Studium der Traditionen eine bessere Erfüllung des Gotteswillens ermöglichte; sondern das Lernen galt auch als religiöser Wert an sich.

Das Lernen, die Beschäftigung mit der *Torah* im weitesten Sinn schloß eine meditativ-kontemplative Seite mit ein, bedingt durch die Vorstellung, daß die *Torah* alle nur denkbare Weisheit enthält, da sie ja Gottes Weisheit selbst ist, sein Weltenplan und seine Schöpfungsordnung. Dazu kam noch die Symbolik des Hebräischen als der Sprache der Schöpfung, so daß man geneigt war, in jedem Buchstaben der *Torah* eine geheimnisvolle schöpferische Kraft zu sehen – ein Gedanke, der ja auch die minuziöse Überlieferung des *Bibel*-Textes mit motiviert hat.

Daß ein solches Bildungsideal auch seine Schattenseiten hatte, kann man nicht übersehen. Der Trend, möglichst viel Zeit für das Lernen auszusparen, führte nach und nach zwangsläufig zu einer Bevorzugung jener Berufe, die eine entsprechende Zeiteinteilung erlaubten. Die Ansicht, die *Torah* enthalte alle Weisheit und Wissenschaft, konnte ferner die Ablehnung aller außerjüdischer Wissenschaft nach sich ziehen. Während im islamischen Bereich der Horizont in dieser Hinsicht zunächst recht weit war, erwies sich das aschkenasische Judentum überwiegend als traditionsbegrenzt. In Südfrankreich und Italien blieb diese Einschränkung weniger wirksam, vor allem in Italien unter dem Einfluß der Renaissance.

Solange der Lebenshorizont infolge der beruflichen Tätigkeit – dem Fernhandel – und der intensiven Kontakte mit Gemeinden der ferneren Diaspora weit genug blieb, konnte die traditionelle Bildung leicht erweitert werden. Mit der Einengung der Erwerbsmöglichkeiten und mit der gesellschaftlichen Isolierung im Verlauf des christlichen Mittelalters mußte sich diese Beschränkung in der Schulbildung aber nachteiliger auswirken.

Allerdings gilt in diesem Fall, daß eine erweiterte Schulbildung die Berufschancen wegen der herrschenden sozialen Isolierung ohnehin nicht verbessert hätte; diese Begrenzung der Bildung stellte also zugleich eine Konzentration auf jene Werte dar, die man für die jüdische Existenz als unerläßlich betrachtete.

»Gelernt« wurde nicht nur zu Hause, sondern sehr häufig auch in Gemeinschaft, in speziellen Räumen, nicht selten in der Synagoge selbst oder in einem ihrer Nebenräume.

Insgesamt und vergleichend betrachtet, erweist sich das jüdische Bildungssystem als ein Mittelding zwischen der sehr auf individuelle Lehrer ausgerichteten altislamischen Erziehung und dem institutionell festgefügten, soziologisch gesehen aber begrenzten christlichen Schulwesen.

Die rabbinischen Gelehrten

Wie in talmudischer Zeit galt es auch im frühen Mittelalter noch als verpönt, die Gelehrsamkeit zum Broterwerb einzusetzen. Gelehrte, die über kein anderes Einkommen verfügten, wurden daher mit entsprechenden Gemeindeämtern versehen, vor allem als Richter; im Orient hatten sie ihr Auskommen auch zum Teil im Rahmen der großen gaonäischen Schulen.

Nicht selten verdankten diese Männer ihr Gelehrtendasein öffentlichem oder privatem Mäzenatentum. Nach Dokumenten der Kairoer Geniza unterhielten manche Gemeinden *baṭla-nîm*, Gelehrte, die man freihielt, damit sie studieren konnten — aber nicht etwa in dem Sinn, daß man sie dafür bezahlte, vielmehr entschädigte man sie nur für die durch das Studium versäumte Arbeitszeit, also für den anzunehmenden Verdienstausfall.

In den islamischen Ländern hielten auch viele reiche und einflußreiche Juden nach dem Vorbild mohammedanischer Fürsten — bei denen sie selber oft im Dienst standen — eine Art Hof und versammelten Gelehrte und Dichter um sich. Derartige Abhängigkeiten gaben freilich manchmal Anlaß zu privatem Verdruß.

Ein berufliches Rabbinat entstand erst im Lauf des Mittelalters. Zu einem Teil wurde es durch den Wunsch nichtjüdischer Obrigkeiten nach einem festen Repräsentanten der Synagogengemeinde oder ganzer territorialer Judenschaften gefördert. Zum Teil wirkten sich ältere Vorbilder aus, die einen hauptberuflichen Ortsgelehrten, der zugleich als Richter *(dajjan)* fungieren konnte, nahelegten. In Südfrankreich und Aschkenasien setzte sich vom vierzehnten Jahrhundert an die Konzeption eines örtlichen und schließlich besoldeten *rab* allmählich voll durch.

Die Anerkennung als rabbinischer Gelehrter und damit die Befähigung zum Richteramt und später zum Rabbineramt erfolgte nicht einheitlich. Wo, wie in Babylonien und Palästina, Schulen mit überregionalem Anspruch bestanden, bestätigten sie durch eine Art Ordination ihren Absolventen diese Fähigkeit. Wegen der Bedeutung des Richteramtes bedurfte es gleichwohl noch der Bestätigung durch eine eventuell vorhandene jüdische Oberbehörde (Exilarch, *nagid*) und durch die nichtjüdische Obrigkeit.

Anders war es natürlich in Gebieten, wo keine zentralen Institutionen bestanden. Hier »ordinierte« jeder *rab* seine Schüler selbst. Die gängige Bezeichnung eines »ordinierten« Absolventen war *ḥaber*, »Kollege«, oder *moräh*, »Lehrer«. Seine

Autorität beruhte weitgehend auf dem Grad seiner Gelehrsamkeit. So mußte auch im Spätmittelalter jeder besoldete *rab* es hinnehmen, daß Privatgelehrte in der Umgebung höhere halachische Autorität genossen und auch eigene Schüler in privaten *j^e^šibot* um sich versammelten.

Die Frage des besoldeten Rabbinats ergab sich im Lauf der Zeit auch von selbst mit der zahlenmäßigen Zunahme mancher Gemeinden und der dadurch notwendigen Arbeitsteilung. In den kleinen Gemeinden des Rheinlandes vor dem Ersten Kreuzzug hingegen, wo so gut wie jedes Familienoberhaupt ein Gelehrter war, bestand kein Bedarf nach einem solchen Amt.

Die Ausbildung der rabbinischen Gelehrten hat nach dem Verfall der gaonäischen Schulen keine vergleichbare Organisation und Effizienz mehr erreicht. Dies blieb so bis zur Gründung der Rabbinerseminare im Zeitalter der Emanzipation.

2. Die literarischen Quellen

Literatur und Buchwesen

Das jüdische Schrifttum des Mittelalters kann in diesem Rahmen nur in seinen wichtigsten kulturgeschichtlichen Aspekten behandelt werden. Während nämlich die Literatur der talmudischen Zeit noch in einem kleineren Bücherregal Platz findet, füllen die mittelalterlichen Quellen einen stattlichen Bibliotheksraum, und dies trotz der vielen Verluste im Lauf der Jahrhunderte.

Diese enorme Zunahme in quantitativer Hinsicht hatte verschiedene Ursachen. Grundlegend war das am rabbinischen Gelehrten der talmudischen Zeit orientierte Bildungsideal, dem die meisten Juden nachzueifern suchten. Da nun aber mit dem Abschluß der *Talmude* und der Niederschrift der *Midraschim* die klassische Ära der mündlichen Überlieferung zu Ende gegangen war und nur in Aschkenasien noch bis zum Ersten Kreuzzug vorherrschte, wuchs die literarische Produktion sprunghaft an, nicht zuletzt auch infolge der Möglichkeit, durch literarische Werke über die Grenzen einer Schule hinaus und in die Zukunft hinein wirken zu können.

Was über die Rolle des »Lernens« im Leben des Juden zu sagen war, gilt nun im Grund auch für das Schreiben und Lesen – es wurde eine charakteristische Lebensäußerung der Religiosität: Aus der Buchreligion wurde eine Religion der Bücher. Die biblischen Schriften oder Schriftrollen galten zwar weiterhin als kostbarster Besitz. Aber darüber hinaus bildete sich in vergleichsweise breiten Schichten ein bis heute wirksames, existentielles Verhältnis zum Buch überhaupt.

Weitere Anstöße zu literarischer Produktivität ergaben sich aus den neuen Beziehungen zur Umwelt. Die Konfrontation mit der entwickelten Theologie der beiden monotheistischen Tochterreligionen erforderte eine systematische Überprüfung und Sichtung der eigenen religiösen Vorstellungswelt sowie angemessene Darstellungen zur Abwehr der gegnerischen Ansprüche und zur Festigung des jüdischen Selbstbewußtseins.

Darüber hinaus kam es zu einer Auseinandersetzung mit jenen Tendenzen, die sich – von den traditionellen Religionen mehr oder weniger abgehoben – als »Philosophie« und »Wissenschaft« präsentierten und die Offenbarungsreligion überhaupt vor neue Probleme stellten, wobei das Maß der jeweils möglichen kulturellen Beziehungen zur Umwelt natürlich mit ausschlaggebend war.

Im islamischen Bereich waren diese Beziehungen zur Umwelt in der Regel intensiver. Dementsprechend entstanden dort auch die ersten maßgebenden Werke dieser Art. Darüber hinaus wirkte sich die arabische Literatur, die den Juden in den islamischen Ländern sprachlich ja unmittelbar zugänglich war, auf die jüdischen Autoren aus, auch wenn sie nicht arabisch, sondern hebräisch schrieben.

Zu Zeiten, in denen die politisch-soziale Lage der Juden und ihr Verhältnis zur Umwelt eine relativ unbefangene Teilnahme an der Kultur der Umwelt ermöglichten, erweiterte sich nach den arabischen Vorbildern der Horizont der literarischen Produktion auch auf profane Gattungen, so vor allem in der Dichtung während der maurisch-spanischen Periode.

Während in Südfrankreich und Italien ebenfalls weithin die Öffnung gegenüber den Bereichen der profanen Literatur und Bildung sichtbar wird, konzentrierte sich das literarische Schaffen der aschkenasischen Juden auf das existentiell Wesentliche: die Pflege und Ausarbeitung der Tradition. Nur im volkstümlichen Bereich – und hier erst mit dem Ende des Mittelalters in literarischem Sinn – entstanden auch unterhaltende Werke, teils Reproduktionen von Stoffen, die in der Umwelt geläufig waren, wie Ritterromanzen, teils Nachbildungen solcher Formen anhand biblischer Stoffe, so das *Schmuelbuch* und die *Akedat Jizchaq (Die Opferung Isaaks).* Geschrieben waren diese volkstümlichen Bücher in der jüdisch-deutschen Umgangssprache.

Auch die jüdischen Schreiber waren mittlerweile von der Buchrolle abgekommen. Nur die zur synagogalen Lesung bestimmten Heiligen Schriften wurden weiterhin nach den nun feststehenden Vorschriften (Traktat *Sof^erim*; *Sefär Torah*) auf Lederrollen geschrieben, die man nach einiger Zeit infolge der Abnützungserscheinungen ersetzen mußte und nach Aufbewahrung in einer *geniza* rituell bestattete.

Für den privaten Gebrauch und für sonstige Bücher setzte sich die Kodexform und die Verwendung von Papier durch. Für Luxusanfertigungen verwendete man freilich auch wertvolleres Material, zum Beispiel Pergament; auch die künstlerische Ausstattung erfolgte in erster Linie für begüterte Auftraggeber.

Bücher waren aber nicht nur wegen des Materials, sondern auch wegen der mühevollen Kopiermethode recht teuer. Aus der Kairoer Geniza sind Bücherlisten überliefert, die zum Teil auch Preisangaben enthalten und so nicht nur einen Überblick

über den Bestand der damaligen Bibliotheken und Buchhandlungen bieten, sondern auch Vergleiche mit den Kosten für andere Handelsobjekte ermöglichen.
Buchherstellung und Buchhandel spielten, der Bedeutung des Buches im Judentum entsprechend, eine beträchtliche Rolle im jüdischen Wirtschaftsleben. Dabei ergab sich zum Teil selbstverständlich auch eine Erweiterung über das innerjüdische Schrifttum hinaus. Eine revolutionierende Entwicklung leitete am Ende dieser Periode die Erfindung des Buchdruckes ein, die mit zu den bestimmenden Merkmalen der beginnenden Neuzeit gehört.
Der Aufschwung des Buchwesens hatte auch eine vielfältige Ausformung von Schrifttypen zur Folge. Aus der talmudischen Zeit sind ja so gut wie nur inschriftliche Originaltexte erhalten, so daß zwischen den Texten der Bar-Kochba-Zeit aus der Wüste Juda und den frühesten mittelalterlichen Beispielen – einem Palimpsest in München aus dem achten Jahrhundert – eine große Lücke klafft.
Die sogenannte Quadratschrift hat sich vorzugsweise in den Kopien biblischer Texte für *mezuzot* und *tefillin* sowie für liturgische Texte gehalten, dabei aber mehr als ein Dutzend verschiedene, auf die einzelnen Hauptgebiete der Diaspora verteilte Typen hervorgebracht. Im übrigen setzten sich kursive Schrifttypen durch. Kleinere Dokumente und Briefe wurden naturgemäß weniger sorgfältig und stärker individuell gefärbt geschrieben, während für Bücher künstlerisch konventionalisierte Kursivtypen entwickelt wurden, die von Gebiet zu Gebiet beträchtlich variierten.

Die Kairoer Geniza

Wie viel trotz der erhaltenen Fülle an literarischen Quellen im Lauf der Jahrhunderte – nicht zuletzt durch Verfolgungen – verlorengegangen ist, kann man anhand eines der verblüffendsten Handschriftenfunde der Wissenschaftsgeschichte ermessen.

Um die Jahrhundertwende wurden im Bodenraum einer Synagoge in Altkairo und zum Teil auf einem nahegelegenen Friedhof etwa zweihunderttausend Handschriften und Handschriftenfragmente entdeckt, die vor allem aus der Zeit zwischen dem zehnten und dem dreizehnten Jahrhundert stammen. Es handelt sich um eine *Geniza* von einzigartigem Umfang. Schriften, die man wegen Erwähnung des Gottesnamens nicht einfach vernichten wollte, wurden von alters her in einer *geniza* gesammelt und von Zeit zu Zeit rituell bestattet.

In Alt-Kairo blieb aus unbekannten Ursachen eine solche Geniza besonders lange in Gebrauch, und nur ein Teil des Materials wanderte auf den Friedhof. Schließlich vergaß man infolge von Umbauten den Handschriftenschatz im Bodenraum fast völlig, bis er gegen Ende des vorigen Jahrhunderts das Interesse der Wissenschaftler und Antiquare auf sich zog.

Das Material wurde damals zur Hälfte in alle Welt zerstreut. Die andere Hälfte konnte durch Solomon Schechter nach Cambrigde gebracht werden. Die Sichtung und Bearbeitung der Texte wird sicher noch Generationen beschäftigen, wenngleich die interessantesten Dokumente von einzelnen Fachgelehrten bereits herausgesucht wurden.

Diese Geniza enthielt Texte aller Literatursparten und bereichert insofern alle Gebiete der Erforschung des mittelalterlichen Judentums. Kulturgeschichtlich besonders wertvoll sind die vielen historischen und juristischen Texte, die ansonsten schwerlich aufbewahrt worden wären und einen recht guten Einblick in die rechtlichen, sozialen und wirtschaftlichen Verhältnisse vor allem des Judentums der Fatimidenzeit erlauben.

Da Altkairo ein Postumschlagplatz zwischen dem Osten und dem Westen war und die ägyptischen Häfen auch für die Beziehungen zu Europa eine große Bedeutung hatten, finden sich in der Geniza zugleich zahlreiche Hinweise auf die weitere jüdische Diaspora und auf die Verbindungen der ägyptisch-palästinensischen Juden zu fernen Ländern. Auf diese Weise ergibt sich heute weithin eine neue Sicht des damaligen Mittelmeerraumes.

Sprachwissenschaft

Bereits in dem Abschnitt über die politisch bedingten innerjüdischen Differenzierungen wurde auf die erneute Bedeutung des Hebräischen im mittelalterlichen Judentum hingewiesen. Im islamischen Bereich setzte sich zwar das Arabische als Umgangssprache und weithin auch als Literatursprache durch. Aber zugleich wurde das Hebräische in einer bislang nicht gekannten Weise zum Gegenstand systematischer Betrachtung und — in der Poesie — zum literarischen Medium.

Anlaß zur sprachwissenschaftlichen Beschäftigung mit dem Hebräischen gab zunächst — wie schon bisher — die Überlieferung des biblischen Konsonantentextes und die Aussprachetradition, die wieder mit der synagogalen *Bibel*-Lesung zusammenhing. Der Übergang zur arabischen Umgangssprache machte das Hebräische hier mehr als bisher zur Gottesdienst- und Literatursprache. Daher wuchs die Nachfrage nach einer standardisierten Festlegung der Aussprachetraditionen mit Hilfe von Vokalzeichen. Dabei setzte sich die Methode der Schule von Tiberias gegenüber älteren palästinensischen und babylonischen Systemen durch.

Eine eigene gelehrte Disziplin beschäftigte sich auch weiterhin mit der *Masorah*, der Pflege des *Bibel*-Textes, teils zur Exegese hinüberleitend, teils auch zu Spekulationen hinführend, die auf der Annahme basierten, daß das Hebräische die Sprache der Schöpfung und die *Torah* die Schöpfungsordnung sei.

Neben dieser vorwiegend palästinensisch bestimmten Sparte der Sprach- und Textpflege entstand in Analogie zur aufkommenden arabischen Grammatik auch eine hebräische Sprachwissenschaft. Eine Vorstufe hierzu bildete die notwendig gewordene Beschäftigung mit Übersetzungsfragen, da man nun auch arabische Übertragungen der *Bibel* brauchte und zugleich der Streit mit den Karäern — von denen noch zu reden sein wird — die Deutung der Texte aktualisierte.

Auf diesem Gebiet hat Saadja Gaon (882—942) zukunftsbestimmende Grundlagen gelegt, nicht nur mit seiner arabischen Bibelübersetzung *(tafsir)* und den dazugehörigen Erläuterungen, sondern ebenso mit seinen Bemühungen auf dem Gebiet der Lexikographie (auch vergleichend mit Aramäisch und Arabisch), was wiederum eng mit seinem dichterischen Schaffen in hebräischer Sprache verbunden war. Bald darauf entstanden in Nordafrika und in Spanien mehrere hebraistische Werke auf der von der Masora und von Saadja begonnenen Linie.

Eine neue Epoche und den Beginn der eigentlichen hebräischen Grammatik leitete dann Jehuda Hajjuğ ein, der um 1000 n. Chr. nach arabischen Vorbildern den Triliterismus der Wortwurzeln vertrat; sein System wurde verbessert von seinem Nachfolger Jona ibn Ğanah.

In den eineinhalb Jahrhunderten danach entstand — vor allem in Spanien — unter teilweise erregten Kontroversen das Bild der hebräischen Grammatik, das in den Grundzügen bis heute gültig geblieben ist. Von den späteren Grammatikern haben dann insbesondere David Kimchi (1160—1235) in Narbonne und der Aschkenase Elias Levita (1469—1549) in Italien bestimmend gewirkt. Sie haben zugleich die neue Sprachwissenschaft endgültig durchgesetzt.

Wie auch in anderen Bereichen war die Vermittlung der Sprachpflege über die Juden im christlichen Spanien und in der Provence erfolgt und hatte sich von dort aus in erster Linie auf Italien ausgewirkt.

Damit hatte auch das aschkenasische Judentum die Kriterien der neuen Grammatik übernommen. Wenngleich es nicht mehr in der Lage war, hebräische Literatur auf einem entsprechenden Niveau hervorzubringen, spielte hier das Hebräische wahrscheinlich für die unteren Volksschichten doch eine größere Rolle als unter den arabisch sprechenden Juden des maurischen Spanien.

Die neue Sprachwissenschaft wurde hier freilich so gut wie ausschließlich als exegetisches Hilfsmittel verstanden und als solches in die alte italienisch-aschkenasische Auslegungstradition einbezogen, die mit dem talmudischen Wörterbuch *(ʿAruk)* des Natan ben Jechiel von Rom (zweite Hälfte des zwölften Jahrhunderts) und in den Kommentaren Raschis ebenfalls eine gewisse philologische Komponente aufwies.

Sprachpflege um ihrer selbst willen oder mit dem Ziel, »schöne Literatur« zu schaffen und eine entsprechende literarische Ästhetik zu entwickeln, war in Aschkenasien, wo es kein »höfisches« Publikum und keine Dichterzirkel gab, jedoch nicht gefragt.

Interpretationen und Kommentar

Der größte Teil des mittelalterlichen jüdischen Schrifttums ist Auslegung oder interpretierende Anwendung der Tradition, und zwar nicht nur auf dem Gebiet der gesetzlichen Überlieferungen, sondern auch darüber hinaus. Nicht nur der eigentliche Kommentar, die fortlaufende Erklärung eines Textes oder von Textfolgen aus *Bibel*, *Mischna*, talmudischen Traktaten oder *Midraschim*, sondern auch viele andere Werke fußen wenigstens teilweise und in der grundsätzlichen Tendenz auf der Absicht, zu interpretieren.

So leitete zum Beispiel Moses Maimonides (1135–1204) sein theologisch-philosophisches Hauptwerk *Moreh N^ebukim (Führer der Verwirrten)* mit einem großen Abschnitt über das rechte Verständnis der biblischen Aussagen über Gott ein. Das Buch *Zohar (Lichtglanz)*, das Hauptwerk der Kabbalah, wurde als Auslegung der *Torah* präsentiert.

Von den vielen Kommentaren im strengen Sinn sind einige »Klassiker« geworden. Die Kommentare zu *Bibel* und *Talmud* des Salomo ben Isaak (genannt »Raschi«; 1040–1105) zum Beispiel wurden alsbald mit den Texten zusammen auch in den Schulen gelernt – und später gedruckt; sie bestimmten also das Textverständnis der folgenden Jahrhunderte. Andere genossen ebenfalls so große Wertschätzung, daß sie später mit den Raschi-Kommentaren in die gedruckten *Bibel*-Ausgaben aufgenommen wurden: so die Bibelkommentare des Abraham ibn Ezra (1089–1164), der Mose ben Nachman (um 1194–1270) und des David Kimchi. Solche – aber auch zahlreiche andere – Kommentare wurden dann im Lauf der Zeit selbst wieder Gegenstand von Erläuterungen, von »Superkommentaren«.

Aber auch die umfangreiche Responsenliteratur war grundsätzlich Auslegung. Sogenannte »Responsen« wurden von den gaonäischen Schulhäuptern oder bekannten rabbinischen Autoritäten auf konkrete Anfragen hin erteilt, meist in Form kurzer Briefe, gelegentlich aber auch im Umfang von Büchern, so der *Brief des Scherira Gaon* über die Geschichte der mündlichen Tradition aus dem Anfang des zehnten Jahrhunderts, oder der *Sedär Rab Amram Gaon* über die Regeln der Liturgie (nach 858). Sie zeigen, wie das Prinzip der Interpretation im Einzelfall für die novellierende Adaptierung der Überlieferung angewendet werden konnte, und sie enthalten, weil es ja um aktuelle Fragen des jüdischen Lebens ging, immer wieder Hinweise auf kultur- und rechtsgeschichtliche Details sowie historisch-biographische Daten.

Solche Responsen wurden nicht nur von den Absendern und Empfängern gesammelt, sondern oft auch kopiert und verbreitet: Sie stellten ja halachische Präzedenzfälle dar.

Kodifizierung des Rechts

Um die verbindliche *Halachah* aus den oft recht breit angelegten Diskussionen der talmudischen Schriften herausheben zu können, bedurfte es einer guten und entsprechend zeitraubenden Kenntnis dieser Texte. Unter den Lernenden – und auch in der Praxis des Durchschnittsrichters – ergab sich daher die Nachfrage nach übersichtlichen Zusammenfassungen der gültigen talmudischen *Halachah.*

Da zur selben Zeit sowohl im Islam wie in Byzanz die systematische Bearbeitung der Rechtsmaterie eine große Rolle spielte, verwundert es nicht, daß auch im Judentum eine vergleichbare Aktivität einsetzte. Von den zahlreichen Versuchen dieser Art sind drei zu klassischen Werken des jüdischen Rechts und daher selbst wieder zum Gegenstand unzähliger Kommentare geworden.

Das erste Werk, *Sefär ha-H^{a}lakot (Buch der Gesetzesregeln),* stammt von Isaak Alfasi (1013–1103) in Nordafrika. Es faßte auf der Basis der *Halachah,* der talmudischen Traktate auch die Ergebnisse der Rechtsentwicklung in den nachtalmudischen (gaonäischen) Jahrhunderten zusammen; für viele Benützer auch insofern bedeutsam, weil ein guter Teil der gaonäischen Literatur ja arabisch abgefaßt war und damit einem Teil der Diaspora unzugänglich blieb.

Im Sinn einer juristischen Systematik erschien diese Form der Stoffanordnung jedoch als unzulänglich. So schuf Moses Maimonides (1135–1204) in Ägypten den ersten richtigen Gesetzeskodex nach einer Sachordnung, die nur noch ungefähr der des *Talmud* folgte. Außerdem erfaßte Maimonides die gesamte *Halachah,* nicht nur die praktizierbare, also zum Beispiel auch die auf den Tempelkult bezogene.

So nützlich sich diese Neuschöpfung auch erweisen sollte, sie gab doch Anlaß zu Einwänden. Viele bedauerten, daß weder die Namen der halachischen Autoritäten noch die Quellen angegeben waren, und nicht wenige befürchteten, daß die bloße

Darstellung der verbindlichen Ergebnisse die traditionelle Lernmethode, die ja zugleich der Weg zur Rechtsfindung war – nämlich die Diskussion –, beeinträchtigen könnte. So entstand im Lauf der Jahrhunderte eine Flut von Literatur für und gegen dieses Werk, das der Autor selbst *Mišneh Torah (Zweites Gesetz)*, später auch *Jad ha-ḥ^a^zaqah (Die starke Hand)*, genannt hatte.

Die Kritik hatte aber auch – mehr oder weniger unbewußte – handfestere Ursachen: Der *Mišneh Torah* konnte als Kodex im strengen Sinn den praktizierenden Richtern unter Umständen ein stärkeres Unabhängigkeitsgefühl gegenüber der rabbinischen Gelehrsamkeit vermitteln und das Prestige der religiös wie sozial als Ideal geltenden Expertenkaste mindern.

Von den übrigen recht zahlreichen Kodifizierungen des Mittelalters hat ferner das Werk *'Arba'ah Ṭurim (Vier Reihen)* des Jakob ben Ascher (um 1270 bis um 1340) von Toledo bleibende Maßstäbe gesetzt, indem es auch eine feste Rangfolge der Autoritäten festlegte. Jakob entschied, wo die alte Tradition dazu Raum ließ, nach Alfasi; sofern Maimonides oder andere berühmte Halachisten davon abwichen, folgte er der Meinung seines ebenfalls berühmten Vaters Ascher ben Jechiel (gestorben 1327). Dabei beschränkte er sich auf das praktizierbare Recht und verteilte dieses auf vier *ṭurim*, von denen der erste *('Oraḥ Ḥajjim)* die *Halachah* des Alltaglebens aufführt, der zweite *(Joreh De'ah)* die rituellen Vorschriften und Speisevorschriften sowie Sonderfälle des menschlichen Daseins (Trauerbräuche usw.) und einen Teil des Zivilrechts behandelt, während der dritte *('Äbän ha-'Äzär)* das Familienrecht und der vierte Teil *(Ḥošen Mišpaṭ)* die restlichen Sparten des Zivilrechts und das Strafrecht zum Inhalt hat.

Diese neue Einteilung entsprach einem sachlichen wie praktischen Bedürfnis und hat dementsprechend beispielhaft gewirkt. Auch dieses Werk wurde insgesamt wie in seinen einzelnen *ṭurim* immer wieder kommentiert.

Diese halachische Produktion richtete sich im späteren Mittelalter nicht mehr nur nach den praktischen Anforderungen, sondern wurde mehr und mehr auch zum Selbstzweck, zur Selbstdarstellung der Gelehrsamkeit und des juristischen Scharfsinnes, der »Pilpulistik«. Die dadurch bedingte Fülle der Fachliteratur brachte es neben den sich wandelnden Anforderungen mit sich, daß auch weiterhin neue Kodifizierungen, also praktikable Nachschlagewerke, gefragt blieben.

Dichtung

Auf die Bedeutung der mittelalterlichen synagogalen Poesie wurde bereits im Zusammenhang mit der Rolle der Kantoren *(ḥazzanim)* im Abschnitt über die Gemeindeämter hingewiesen. Über die Fülle der trotz vieler Verluste immer noch erhaltenen und laufend aus Handschriften – insbesondere Geniza-Texten – neu publizierten Gedichte macht sich der Nichtfachmann kaum eine auch nur annähernd richtige Vorstellung. Israel Davidson hat bis 1938 in seinem *Thesaurus of Medieval Hebrew Poetry* für die Zeit bis zur Aufklärung mehr als sechsunddreißigtausend Gedichte erfaßt, und inzwischen sind wahrscheinlich noch einmal so viele bekannt geworden.
Jenseits seiner literatur- und religionsgeschichtlichen Bedeutung weist dieses Quellenmaterial nicht zuletzt auf die gesellschaftliche Funktion dieser Literaturgattung, die man etwa mit jener des evangelischen Kirchenliedes in den Jahrhunderten nach der Reformation vergleichen könnte.
Auch auf diesem Gebiet zeigen sich deutliche Unterschiede zwischen dem islamischen und dem christlichen Bereich. Während die aschkenasische synagogale Dichtung im wesentlichen den alten palästinensischen Vorbildern folgte und im Spätmittelalter infolge der sich verschlechternden Lebensverhältnisse sichtlich an Qualität verlor, erlebte im islamischen Bereich die Dichtung mehrere Blüteperioden.

Zunächst verbreitete sich von Palästina aus der *pijjuṭ* (die religiöse Lyrik) nach den dortigen Vorbildern und Gattungen. In der ersten Hälfte des zehnten Jahrhunderts begründete dann der Gaon Saadja (882–942) in Babylonien mit einer kritischen Sichtung der liturgischen Ordnung *(Siddur Rab Sa'adjah Ga'on)* eine neue Dichterschule, der aber alsbald in Spanien eine erfolgreiche Konkurrenz erstand.

Die spanische Schule adaptierte die Metrik der arabischen Poesie an das Hebräische und kopierte die arabischen Gattungen, zunächst – insofern auch Neues schaffend – vor allem im Bereich profaner Dichtung, bald aber auch im Dienst der religiösen Lyrik.

Diese Entwicklung hatte allerdings auch bestimmte soziale Hintergründe, nämlich in der Existenz einer Art höfischer Gesellschaft im Umkreis einflußreicher Juden. Solche jüdische »Fürsten« hielten sich gern einen Kreis von Gelehrten und Dichtern; dadurch erhielt die Person und Funktion des Poeten hier eine zusätzliche gesellschaftliche Relevanz. Die spanische Schule hat binnen kurzer Zeit auch im islamischen Raum Nachahmer gefunden; sie bestimmte die hebräische Dichtung Südfrankreichs und wirkte auf Italien ein, gelegentlich auch noch auf aschkenasische Dichter.

Die beherrschende Rolle der religiösen Dichtung im Gottesdienst war für viele Rabbinen schon Anlaß genug, sich kritisch zur Poesie insgesamt zu äußern und ihre mehr oder minder weitgehende Einschränkung zu fordern. Das hatte seinen Grund nicht nur darin, daß ihrer Meinung nach das Publikum vom eigentlichen Inhalt des Gottesdienstes abgelenkt zu werden drohte, sondern auch in der Sorge um die Einheitlichkeit der synagogalen Liturgie; denn der *pijjuṭ*, der einem ständigen Modewandel unterworfen war, machte einen beträchtlichen Teil der Liturgie aus und drängte so die konstanten, einheitlichen Elemente in den Hintergrund.

Die profane Dichtung stand als eindeutige Assimilationserscheinung von Anfang an im Kreuzfeuer der frommen Kritik.

Schwärmerische Naturschilderungen, Liebes- und Weinlieder paßten nach Ansicht vieler eben nicht zur Situation des Volkes im Exil. Da die Dichter weithin völlig unbefangen die biblische Sprache samt ihren Redewendungen und Bildern, ja mehr oder minder vollständigen Schriftstellen für ihre weltlichen Gedichte verwerteten, mußte bei strengen Frommen der Eindruck eines leichtfertigen Umgangs mit der Heiligen Schrift und der heiligen Sprache entstehen.

In der Liebesdichtung ergab sich sogar eine zum guten Teil schwer zu ziehende Grenze zur religiösen Poesie, da diese – der traditionellen allegorischen Auslegung des *Hohenliedes* folgend – das Verhältnis zwischen Gott und Israel oft mit Worten des *Hohenliedes* als Liebesbeziehung beschrieb und da auch die weltlichen Liebeslyriker Motive des *Hohenliedes* aufgriffen.

Manche Dichter haben, zumindest in jüngeren Jahren, derartige Profanierungen »heiliger« Motive mit einer gewissen Kühnheit betrieben, wahrscheinlich mit Rücksicht auf das positive Echo aus ihrem unmittelbaren Publikum, das man in den gehobeneren, »höfisch« lebenden Kreisen vermuten darf, die den Lebensstil der maurischen Fürstenhöfe nachahmten. Als ganz besonders anstößig wurden Gedichte empfunden, die nach arabischen Vorbildern die Schönheit weinkredenzender Knaben verherrlichten; denn die Päderastie galt in der jüdischen Überlieferung als etwas zutiefst Verabscheuungswürdiges.

Reiseberichte

Kontakte innerhalb der gesamten Diaspora, die insbesondere auch mit den Handelsbeziehungen zusammenhingen, waren von der Antike her gang und gäbe gewesen. Nun aber führten ein neues geographisches Raumbewußtsein und die neue Rolle der Literatur auch zur Niederschrift von Reiseberichten.

Nur mit Einschränkungen können dazu die legendenhaften Erzählungen gerechnet werden, die in den letzten Jahrzehnten des neunten Jahrhunderts durch den sagenumwobenen Eldad ha-Dani verbreitet wurden. Er behauptete, von den verschollenen zehn Stämmen – die 722 v. Chr. durch die Assyrer deportiert worden waren – herzukommen, und gab sich als Angehöriger des Stammes Dan aus, der zusammen mit den Stämmen Gad, Ascher und Naftali im biblischen Goldland Havilah (*Genesis* 2, 11) ein Königreich errichtet habe, das in schwere Kriege verwickelt sei. Andere, die »Söhne Moses«, seien durch den Märchenstrom *Sambation* von der Außenwelt abgeschnitten, denn der sei unüberschreitbar, stehe jedoch am Sabbat still.

Die Beschreibung der Lebensumstände, vor allem aber der rituellen Vorschriften bei den zehn Stämmen, hat unter den rabbinischen Gelehrten lang anhaltende Kontroversen ausgelöst, da sie erheblich von den rabbinischen Normen abwichen. Wieweit die Erzählungen Eldads reiner Phantasie entsprangen und wie weit sie durch tatsächliche Reminiszenzen und Beobachtungen bei jüdischen Randgruppen in Arabien und Afrika bestimmt waren, ist schwer zu entscheiden. Fest steht, daß Eldad aus dem Orient kam und nach Nordafrika – vielleicht auch nach Spanien – gelangte und daß die Gerüchte und Nachrichten über ihn fast die gesamte Diaspora erregten, da man das Auftauchen der verschollenen zehn Stämme traditionellerweise für ein Anzeichen der messianischen Zeit hielt. Dementsprechend sind seine Berichte auch in verschiedenen Versionen überliefert.

Von diaspora- und kulturgeschichtlich größerem Quellenwert ist der Reisebericht des Kaufmanns Benjamin von Tudela in Spanien (zweite Hälfte des zwölften Jahrhunderts), *Sefär ha-Massa'ot.* Er umfaßt eine Zeitspanne von sechs bis vierzehn Jahren in den sechziger und siebziger Jahren des zwölften Jahrhunderts und führt über Südfrankreich, Italien, Griechenland, die kleinasiatischen Küstenstädte und Zypern in das

Heilige Land – wo zu jener Zeit die Kreuzfahrer herrschten –, dann weiter durch Syrien und das Zweistromland bis an den persischen Golf. Unsicher ist, ob Benjamin von hier wieder auf dem Landweg nach Palästina zurückkehrte und von dort nach Ägypten gelangte, oder mit dem Schiff die arabische Halbinsel umrundete.

Benjamins Notizen zu den einzelnen besuchten Gemeinden geben Aufschluß über die Lebensverhältnisse und über die lokalen Autoritäten und Gelehrten, manchmal ausführlicher, manchmal knapp, wohl je nach den Reiseumständen. Es finden sich aber auch Erzählungen über weiter entfernte jüdische Gemeinschaften in Indien und China.

Eine Ergänzung zu Benjamins Berichten bieten die Reisebeschreibungen seines Zeitgenossen Petachja von Regensburg, der um 1175 über Osteuropa auf die Krim reiste, danach die Tatarengebiete und das Chazarenreich besuchte und über Armenien und Kurdistan ebenfalls den Mittleren Orient und schließlich das Heilige Land erreichte. Die Berichte stammen jedoch nicht unmittelbar von Petachja und beschreiben leider die osteuropäischen und zentralasiatischen Stationen so gut wie nicht, sondern konzentrieren sich auf das babylonische Judentum und die dort und in Palästina befindlichen »heiligen Stätten«.

Allem Anschein nach war Petachja im Unterschied zu dem Kaufmann Benjamin als Pilger unterwegs gewesen. Während Benjamin in gewissem Sinn etwas von der Mentalität der späteren Entdeckungsreisenden verrät, gehört Petachjas Bericht in den Rahmen der Pilgerreiseberichte, die vom zwölften Jahrhundert an auch im christlichen Raum üblich waren.

Memorbücher

In Aschkenasien haben die Gemeinden nach den Kreuzzügen Gedenkbücher zur liturgischen Rezitation eingeführt. Sie enthalten nach einem einleitenden Gebetsteil ein Verzeichnis bekannter Persönlichkeiten der Vergangenheit, vor allem der Gemeinde, und schließlich eine Liste der Märtyrer. Den ältesten erhaltenen und beispielhaften Typ repräsentieren die Memorbücher von Mainz (ab 1291) und Nürnberg. Da Memorbücher auch über das Mittelalter hinaus noch ergänzt wurden und bis ins neunzehnte Jahrhundert in Gebrauch blieben, stellen sie wertvolle historische und biographische Quellen dar.

Übersetzungsliteratur

Im zwölften Jahrhundert kam es im christlichen Spanien und in der benachbarten Provençe zu einer intensiven Übersetzungstätigkeit, dank der die bedeutendsten theologischen Werke der jüdisch-arabischen Literatur ins Hebräische übertragen wurden. Da diese Werke auch mehr oder weniger eingehende Angaben über das damals geltende Weltbild enthielten, ergab sich von selbst auch eine Nachfrage nach Übersetzungen der maßgebenden antiken – auf Arabisch vorliegenden – Werke aus den Gebieten der Philosophie, Mathematik, Geometrie, Astronomie und nicht zuletzt der Medizin.

Unter den zahlreichen Flüchtlingen, die im zwölften Jahrhundert aus dem von den Almohaden beherrschten islamischen Spanien in die benachbarten christlichen Gebiete kamen, befanden sich viele Gebildete, die zu solchen Übersetzungen imstande waren. Übersetzt wurde nicht nach einem systematischen Plan, sondern vorwiegend aufgrund einzelner Aufträge. Manche der guten Übersetzer konnten aufgrund ihres Renommees ihre Tätigkeit hauptberuflich ausüben und sogar als Familientradition betreiben, wie etwa die Familie ibn Tibbon.

Unter den philosophischen Schriften nahmen die Übersetzungen der Aristotelischen Werke und ihrer bekanntesten arabischen Interpretatoren Al-Farabi und Averroes den ersten

Rang ein. Von den übrigen Wissenschaften folgen Astronomie und Mathematik (Geometrie), in großem Umfang auch die Medizin. Die hebräischen Grammatiker und Lexikographen hatten ebenfalls meist in Arabisch geschrieben; daher mußten auch ihre Werke erst einmal ins Hebräische übertragen werden. In all diesen Bereichen war es nötig, brauchbare hebräische Fachausdrücke zu prägen, ein Vorgang, der nicht ohne Schwierigkeiten und recht uneinheitlich verlief und daher heute noch die Lektüre früher Übersetzungen ohne Original äußerst erschwert.

Weit geringer war die Zahl der Übersetzungen unterhaltender Literatur. Beliebt und verbreitet waren die aus Indien stammenden Erzählungen *Kalilah w*ᵉ*Dimnah* sowie *Barlaam und Josaphat*, ferner der *Alexanderroman*, die *Fabeln des Äsop*, sowie Stoffe aus *Tausendundeiner Nacht*, eine Fülle von *Spruchliteratur* und nicht zuletzt *Makamen*, die Abenteuerliteratur jener Zeit. Auch hebräische Dichter der spanischen Schule griffen nicht selten arabische Vorbilder mehr oder weniger wortgetreu auf.

Ein Teil dieser Übersetzungsliteratur aus dem Arabischen wurde seit dem dreizehnten Jahrhundert auch ins Lateinische – seltener in die Volkssprachen – übertragen. Dafür bestand zunächst einmal eine gewisse theologisch-philosophisch motivierte Nachfrage. So ist zum Beispiel der *Führer der Verwirrten* des Maimonides, im Original knapp vor 1200 vollendet und bald danach in der Provence in zwei hebräischen Übersetzungen verbreitet, schon vor 1240 auch lateinisch erschienen und so den maßgebenden christlichen Scholastikern bekannt geworden; sie bezogen aus ihm – wie die Philosophen der folgenden Jahrhunderte – ihre Kenntnis des *Kalam*, d. h. der islamischen Theologie.

Ein Teil der lateinischen Übersetzungen hebräischer und arabischer Werke aus der Theologie und Exegese wurde allerdings auch von konvertierten Juden im Dienst der kirchlichen Mission besorgt. Abgesehen davon bestand aber ebenso ein sachliches Interesse an Übersetzungen wissenschaftlicher und insbesondere medizinischer Werke, vor allem seit dem dreizehnten Jahrhundert, nicht zuletzt mit der zunehmenden Zahl der Universitätsgründungen.

3. Wissenschaften

Weltbild und Wissenschaften

Im Judentum des Mittelalters wirkten weithin noch die vielfältigen unausgeglichenen kosmologischen Vorstellungen aus *Bibel*, *Talmud* und *Midrasch* weiter. Im großen und ganzen dachte man im Dreistufenschema, nahm also eine Unterwelt, eine Menschenwelt und eine – in sich gegliederte – himmlische Welt an und betrachtete die von Menschen bewohnte Erde als Zentrum der Schöpfung. Daneben verbreiteten sich im Lauf des Mittelalters die aus der antiken Überlieferung stammenden Weltanschauungen, vor allem des Neuplatonismus und Aristotelismus, freilich meist in kombinierter Gestalt und durch das ptolemäische Weltbild modifiziert.
Die Neuplatoniker nahmen eine Folge von Seinsstufen an, die im Sinn einer Emanation von der – streng jenseitigen – Gottheit zu unserer Welt überleitet, von der Einheit zur Vielheit, vom Geistigen zum Materiellen. Diese Stufung stellte zugleich eine Wertskala dar. Der Mensch in seiner Körperlichkeit gehört demnach zwar der materiellen, sinnlichen Seinsstufe an, seine Seele – und damit sein eigentliches Selbst – aber stammt mit ihren verschiedenen Seelenkräften aus den höheren Seinsstufen und hat sich daher in der Verkörperung für die Heimkehr zu bewähren, ein Gedanke, der sich leicht mit der traditionellen jüdischen Frömmigkeit verbinden ließ und dem Neuplatonismus eine gewisse Popularität sicherte.
Im Aristotelismus wird die Welt der neun Sphären über der Mondsphäre – die Planetensphären mit Mond und Sonne

und die alles bewegende Sphäre – auf eine spezielle Substanz *(quinta essentia)* zurückgeführt, während die sublunare Natur – unsere Erde – auf Mischungen aus den vier Elementen Feuer, Wasser, Erde und Luft beruht, gebildet aus Form und Materie, was auch Neuplatoniker wie Isaak Israeli und Ibn Gabirol aufgriffen und sogar für die höheren Sphären behaupteten. Der ganze Kosmos stellt ein in sich sinnvoll und zielgerichtet funktionierendes Ganzes dar, im sublunaren Bereich vom aktiven Intellekt geleitet, darüber von den einzelnen Sphärengeistern, letzten Endes zurückgeführt auf die allererste Ursache, den selbst unbewegten Beweger, die Gottheit.

Beide Konzeptionen boten einen gewissen Anreiz zur Beschäftigung mit der Natur: im Aristotelismus, weil die Annahme einer in sich sinnvoll funktionierenden Naturordnung zur Aufspürung ihrer Gesetze animieren mußte, wobei man auf die »Physik« des Aristoteles selbst aufbauen konnte; im Neuplatonismus, weil die angenommene Analogie zwischen unteren und oberen Seinsstufen zur Erforschung der unteren Welt reizte, da auf diese Weise Aufschlüsse über die höheren Stufen zu erlangen sein mußten.

Dazu kam hier noch die verbreitete Vorstellung vom menschlichen Leib als einem Mikrokosmos, so daß auch die Erforschung des menschlichen Organismus sowie der eigenen Seele als eine Methode der Welt- und Gotteserkenntnis gelten konnte.

Seit dem neunten Jahrhundert – vom elften Jahrhundert an sogar so gut wie durchweg – findet sich in jüdischen Schriften auch das durch arabische Übersetzungen und Werke verbreitete ptolemäische Weltbild, zuerst in Spanien, danach in der Provence und in Italien. Abraham bar Chijja (gestorben 1143), der hebräisch schrieb und selbst viel wissenschaftliche Fachliteratur übersetzte, beeinflußte durch sein Werk *Ṣurat ha-'Aräṣ* auch das Weltbild der aschkenasischen Juden in diesem Sinn. Die Annahme, daß die Erde kugelförmig und zwischen der kalten Nord- und der heißen Südregion in sieben bewohnbare Zonen einzuteilen sei, begegnet daher von da an neben den althergebrachten, für damalige Maßstäbe »vorwissenschaftlichen« Vorstellungen aus der rabbinischen Überlieferung.

Mathematik, Geometrie, Astronomie

Das Interesse an Mathematik, Kosmographie und Astronomie war auf jüdischer Seite zum einen theologisch begründet — wegen der Beziehung zur Metaphysik — zum andern praktisch, aus dem Bezug zum Kalenderwesen. Daher nahmen jüdische Gelehrte auch auf diesem Gebiet schon im achten und neunten Jahrhundert die neuen Anstöße wahr, die sich aus den arabischen Übersetzungen der antiken Werke ergaben. An erster Stelle ist hier der *Almagest* des Ptolemaios zu nennen, der 1231/1235 durch Jakob Anatoli ins Hebräische übertragen wurde und dann auch in europäischen Nationalsprachen erschien.

Da Astronomie ein Gebiet war, mit dem sich jeder philosophisch Gebildete zu befassen hatte, enthalten die meisten jüdisch-theologischen Klassiker dieser Zeit einschlägige Partien. Über Zusammenfassungen des Bekannten hinaus hat dabei Levi ben Gerson (1288—1344) auch schöpferische Beiträge zur Geschichte der Astronomie geleistet *(baculus Jacobi, camera obscura)*, während Abraham bar Chijja und Abraham ibn Ezra vor allem als Multiplikatoren von Bedeutung waren, nicht zuletzt in Hinblick auf Europa, das einen guten Teil der Anfänge seiner Wissenschaften jüdischer Vermittlung verdankt.

Medizin

Das Interesse für die Medizin war auf jüdischer Seite schon dadurch vorgegeben, daß bestimmte Bereiche der rituellen Vorschriften gewisse anatomische, physiologische und pathologische Kenntnisse voraussetzten. Schon im sechsten bis siebten Jahrhundert vereinte der im Orient lebende Asaph ha-Rofe' jüdische, antike und persisch-indische Überlieferungen in seinen medizinischen Schriften, den ältesten medizinischen Fachschriften in hebräischer Sprache. In Süditalien gründete im neunten Jahrhundert Sabbetaj Donnolo die Schule von Salerno, weitgehend auf den Lehren des genannten Asaph fußend.

Einen rapiden Aufschwung nahm diese Wissenschaft jedoch, als durch die arabischen Übersetzungen die antiken Klassiker der Medizin – Galen, Hippokrates und Dioskorides vor allem – wieder zugänglich wurden. Im spanisch-nordafrikanischen Bereich wurde der Arzt zu einem der häufigsten Berufe innerhalb der jüdischen Intelligenz.

Isaak Israeli, der Neuplatoniker des neunten bis zehnten Jahrhunderts, galt für die Nachwelt als einer der bedeutendsten Ärzte überhaupt, seine einschlägigen Schriften wurden auch ins Lateinische übersetzt. Der Dichter und Theologe Jehuda Hallevi war Arzt, und Mose ben Maimon (Maimonides), der bedeutendste Theologe und große Gesetzesgelehrte des späten zwölften Jahrhunderts, verdiente in Kairo seinen Lebensunterhalt als Arzt und verfaßte zehn medizinische Schriften, die wegen der übersichtlichen und präzisen Darstellung so geschätzt waren, daß die meisten alsbald ins Hebräische und ins Lateinische übertragen wurden.

Jüdische Hofärzte waren nicht nur im islamischen Bereich eine häufige Erscheinung. Im christlichen Spanien, in Südfrankreich und darüber hinaus waren jüdische Ärzte sehr willkommen, da sie dank ihrer Ausbildung im Sinn der Medizin des islamischen Bereichs hier so gut wie konkurrenzlos dastanden.

Südfrankreich spielte zudem für diesen Zweig der Wissenschaft nicht nur als Entstehungsort zahlreicher Übersetzungen aus dem Arabischen eine große Rolle, sondern auch die bis in die Neuzeit blühende medizinische Schule von Montpellier wäre ohne ihre jüdischen Mitglieder undenkbar.

Die besondere Stellung der Ärzte im Judentum war, abgesehen von den schon erwähnten halachisch-rituellen Gesichtspunkten, auch theologisch begründet. Die traditionelle jüdische Frömmigkeit hatte in der Regel sowohl eine radikale Askese und Weltflucht wie eine libertinistische Sinnenfreudigkeit verurteilt und eine Ethik des Mittelweges vertreten. Auch der jüdische Neuplatonismus, der von seinem Weltbild her stärker zu einer asketischen Ethik neigte, wurde so vor extremen Forderungen bewahrt, während die aristotelische Lehre vom Mittelweg sich mit der traditionellen jüdischen Ethik ohnedies deckte.

Die Überzeugung, daß die Vollendung der Seele und des Intellekts als Lebensziel des Menschen auch eine angemessene körperliche Verfassung voraussetze, verlieh der Forschung und Tätigkeit des Arztes einen beachtlichen religiösen Aspekt über alle sozialen Erwägungen hinaus. Dementsprechend ausgeprägt war denn auch die medizinische Ethik in der jüdischen Überlieferung, und die Kombination von Medizin, Theologie und Gesetzesgelehrsamkeit war nicht nur häufig anzutreffen, sondern in manchen Familien geradezu Tradition.

4. Theologie und Philosophie

Die neue Bildungselite

Schon das antike Judentum war, wo es das Griechische als Umgangs- und Literatursprache übernommen hatte, zur Auseinandersetzung mit den systematischen Versuchen der Umwelt zur Welt- und Daseinserklärung gezwungen gewesen.

Der Untergang des hellenistisch-ägyptischen Judentums in den Jahren 115–117 n. Chr. hatte diesen Prozeß abgewürgt. Als aber im frühen Mittelalter sowohl die christlichen wie die islamischen Theologen in zunehmendem Maß wieder die größtenteils durch die christlichen Syrer vermittelte antike Philosophie aufzugreifen begannen, entstand – zunächst im islamischen Bereich – eine dem hellenistischen Judentum vergleichbare Situation.

Sobald die antiken Autoren in wachsender Zahl in arabischen Übersetzungen vorlagen, waren sie nicht nur den Juden der islamischen Länder wieder zugänglich, sie prägten vielmehr eine gewisse Schicht Gebildeter aller drei Religionen alsbald in solchem Maß, daß es zu einer kritischen Distanz gegenüber der eigenen traditionellen Religion kam. Gefördert wurde dieser Trend zur Relativierung der überkommenen Vorstellungen auch durch die unter dem Kalifat vereinte Fülle von Kulturen, deren Überlegenheit gegenüber der arabischen Erobererschicht offenkundig war, und durch die Möglichkeiten zum Vergleich, die sich infolge der im neuen Großraum herrschenden internationalen Verbindungen sowie durch die nicht geringe Bevölkerungsfluktuation im Zug der Eroberungen und Neuordnungen einstellte.

So entstand eine gebildete Oberschicht, die aus politischen Gründen zwar nicht in der Lage oder auch nicht willens war, die traditionelle Religion preiszugeben, ihr jedoch distanziert gegenüberstand, eine Schicht, die mit fast aufklärerischem Überlegenheitsbewußtsein und interessierter Toleranz andere Meinungen und Überlieferungen zur Kenntnis nahm und beurteilte.

Die Autoritäten der traditionellen religiösen Weltanschauung wurden aber nicht nur relativiert, sie wurden auch eingeschränkt, weil die kritische Vernunft und all das, was nunmehr als »Philosophie« und »Wissenschaft« galt, Kriterien enthielt, denen auch die Tradition unterworfen wurde, und zwar um so mehr, als mit dem zwölften Jahrhundert der Aristotelismus zur »Philosophie« schlechthin wurde und auch die Wissenschaften bestimmte.

Manche gaben nun der »Philosophie« gegenüber der ererbten Religion entschieden den Vorzug und übten eine aggressive Religionskritik. Aber diese radikalen Tendenzen mußten der politischen Bedeutung der herrschenden Religion meist doch soweit Rechnung tragen, daß sie sich nur als esoterische Lehre, also getarnt, verbreiteten. Die Überlieferungen über solch radikale Kreise ist dementsprechend dürftig, auch für den jüdischen Bereich, weil hier — abgesehen vom politisch-gesellschaftlichen Bruch — später auch kein Überlieferungsinteresse bestand.

Die philosophierende Theologie im islamischen Raum

Gegenüber der genannten Säkularisierung und Kritik hatte sich die offizielle Religion zu verteidigen. Wo dies wirkungsvoll, also nicht durch bloße Polemik und Anfeindung, geschehen sollte, mußte man sich auf dieselbe Ebene begeben, also das Verhältnis zwischen Tradition (Offenbarungsinhalt) und Vernunfterkenntnis beziehungsweise Wissenschaft klären und darlegen.

Die allgemeine Tendenz verlief dabei von der Behauptung einer völligen Identität zwischen Vernunfterkenntnis und Offenbarungsinhalt über den Nachweis der Widerspruchslosigkeit zwischen beiden zu einer ergänzenden Zuordnung, nach der die Offenbarung einerseits die Vernunfterkenntnis pädagogisch-korrigierend führt und andererseits schließlich überhöht, also Bereiche erschließt, die jenseits der Grenzen des menschlichen Erkenntnisvermögens liegen. Schwierigkeiten, die sich dabei aus dem Wortlaut der Offenbarung ergaben, wurden mit exegetischen Mitteln — allegorischer Auslegung — ausgeräumt.

Dieser Linie folgen auch die erhaltenen Werke der jüdischen religiösen Denker, die sich untereinander je nach der vorherrschenden Schulrichtung unterschieden. Stand zum Beispiel Saadja (882—942) noch stark unter dem Eindruck der muʿtazilitischen islamischen Theologie, so war sein Zeitgenosse Isaak Israeli in Nordafrika im Bann des Neuplatonismus, der auch die frühen spanisch-jüdischen Denker Salomo ibn Gabirol (1021/22 — ca. 1058) und den daneben durch die islamische Mystik geprägten Bachja ibn Paquda (zweite Hälfte des elften Jahrhunderts) bestimmte.
Im späten zwölften Jahrhundert setzte sich der von neuplatonischen Elementen inzwischen weitgehend gereinigte Aristotelismus mehr und mehr durch, so bei Abraham ibn Daud (um 1110—1180) und bei Moses Maimonides (1135—1204) in Ägypten (Maimonides stammte aber aus Spanien). Dieser begrenzte die Geltung der aristotelischen »Physik«, die er für unbestreitbare Wissenschaft hielt, auf die sublunare Welt und reservierte damit der Offenbarung eine der Vernunfterkenntnis mindestens gleichwertige Autorität für den Bereich der Metaphysik, wobei er im Zweifelsfall der Tradition (Offenbarung) den Vorrang einräumte, so etwa im Streit über die Anfangslosigkeit der Welt und die Schöpfung in der Zeit.
All diese Werke wurden in arabischer Sprache abgefaßt, einmal, weil sie sich an jene arabisch gebildete Schicht wandten, die, wie der Titel des Maimonidischen Werkes *Dalalat al-Ḥa'irin* besagt, »verwirrt« erschien und einer Anleitung zur Versöhnung von Tradition und Philosophie bedurfte, zum andern, weil das Hebräische noch nicht über eine entsprechende Terminologie verfügte.

Die Umsetzung und Fortführung im christlichen Raum

Im zwölften Jahrhundert setzte in Spanien und Südfrankreich eine intensive Übersetzertätigkeit ein, in deren Verlauf die wichtigsten arabischen Werke ins Hebräische übertragen und so auch den Juden in den christlichen Ländern zugänglich gemacht wurden. Gleichwohl waren, den anderen Bedingungen entsprechend, die Wirkungen hier ganz anders.

Was ursprünglich, wie der *Führer der Verwirrten* des Maimonides, für eine Bildungselite bestimmt war, die es für ein wissenschaftlich-philosophisch modifiziertes Verständnis der Tradition zu gewinnen oder zu erhalten galt, wurde nun zur Lektüre breiterer jüdischer Schichten. Sie sahen in solchen Werken einen ersten Zugang zur »Wissenschaft« und so etwas wie Lernbücher der Philosophie. Es kam daher zu heftigen Kontroversen zwischen jenen, die darin einen Vorzug erblickten, und anderen, die dadurch die Tradition in Frage gestellt wähnten.

Die Jahrhunderte nach der Übertragung des Maimonidischen *Führers der Verwirrten* ins Hebräische *(Moreh N^e^bukim)* waren darum vor allem in Südfrankreich und Spanien von erbitterten Streitigkeiten erfüllt. Dennoch war es den philosophisch einigermaßen gebildeten Theologen auch hier nicht mehr möglich, hinter die maimonidische Position zurückzugehen. Es konnte nur versucht werden, durch eine mehr oder minder eingehende Aristoteleskritik die maimonidische Position wieder der Tradition anzunähern und im Hinblick auf den mit der fortschreitenden christlichen Eroberung Spaniens auch wachsenden christlich-theologischen Druck umzuformen.

In diesem Sinn wirkten insbesondere die beiden einflußreichen spätmittelalterlichen Theologen des Judentums in Spanien, Chasdaj Crescas (1340–1410) und Joseph Albo (um 1360 bis um 1444), denen dank der inzwischen geschaffenen hebräischen Übersetzungen aus dem Arabischen bereits eine hebräische Fachterminologie zur Verfügung stand.

Kabbalah und aschkenasischer Chasidismus

Der Konflikt zwischen Philosophie und Tradition im Judentum der christlichen Welt hatte noch einen weiteren Grund: nämlich die Existenz einer zur selben Zeit sich ausbildenden spekulativen Strömung im spanisch-provençalischen Raum. Diese *qabbalah* (wörtlich »Tradition«) galt bei ihren Vertretern als der eigentliche Inhalt der jüdischen Überlieferung. Sie beruhte zu einem guten Teil auf überkommenen Spekulationen über die himmlische Welt und die Erscheinung des thronenden Gottes, auf kosmologischen Vorstellungen und auf der spekulativen Wertung des Hebräischen als der Sprache der Schöpfung.

Dies alles wurde im Lauf des zwölften Jahrhunderts in ein neuplatonisch gefärbtes Weltbild eingebaut und mit theosophischen Akzenten ausgestaltet. Das irdische Geschehen wurde ebenso wie der Inhalt der *Bibel* als sinnenfällige Erscheinung von Vorgängen verstanden, die sich in der Welt der zehn göttlichen Kräfte *(Sefirot)* abspielen, und zwar im Sinn einer gegenseitigen Abhängigkeit zwischen »Oberem« und »Unterem«. Für die Frömmigkeit und den Alltag bedeutete dies, daß es auf die Beobachtung jeder religiösen Einzelvorschrift ankam, da alles in diesem irdisch-überirdischem Prozeß seine bestimmte Funktion und seine Folgen hat.

Im Ausstrahlungsbereich der Kabbalah, die gegen Ende des Mittelalters bereits so gut wie die gesamte Diaspora erfaßt hatte, kam es demgemäß zu einer strengen *Torah*-Frömmigkeit, die den Außenstehenden als formalistische Kleinkrämerei erscheinen mochte, für die Kabbalisten selbst aber nur die sichtbare Seite einer spekulativ tief begründeten Religiosität darstellte.

Für die Kabbalisten enthielt die *Torah* alle nur mögliche Erkenntnis. Sie verachteten daher Philosophie und Wissenschaften der nichtjüdischen Umwelt, ohne freilich zu merken, wie stark sie selbst neuplatonischen Vorstellungen verhaftet waren. Den philosophierenden Juden gegenüber äußerten sie sich polemisch-brüsk, zumal sich in der Wertung praktisch-religiöser Einzelheiten erhebliche Unterschiede ergaben.

Verstärkt wurde die Wirkung der Kabbalah durch eine zweite, parallel entstandene spekulative Frömmigkeitsrichtung: den aschkenasischen Chasidismus, der nach dem Ersten Kreuzzug in Aschkenasien verbreitet war und seit dem dreizehnten Jahrhundert mehr und mehr mit der Kabbalah verschmolz. Während jene aber zunächst nur in esoterischen Gelehrtenzirkeln gepflegt wurde, war der aschkenasische Chasidismus eine ausgesprochen volkstümliche Bewegung.

Die Verbindung beider Tendenzen und das im Spätmittelalter zugleich damit anwachsende Interesse an Endzeitspekulationen und messianischen Erwartungen verhalf der Kabbalah gegen Ende der Periode zu einer geradezu beherrschenden Stellung im jüdischen Denken und letztlich zu einer Popularisierung, die einer Volksbußbewegung gleichkam.

Philosophie, Kabbalah und Wissenschaft

Es hat nicht an Versuchen gefehlt, die philosophische Theologie in die Kabbalah einzubauen oder die maßgebenden Vertreter jener Richtung, allen voran Maimonides, zu Kabbalisten umzudeuten. Aber aufs ganze gesehen, handelte es sich doch um konkurrierende Strömungen aus unterschiedlichen Ausgangspositionen.

Die philosophierende Theologie war zweifellos bis zu einem gewissen Grad eine assimilatorische Bewegung und bot insofern ja auch Berührungspunkte zur islamischen und christlichen Theologie, soweit diese ebenfalls vor der Aufgabe stand, Glauben und Wissen miteinander zu verbinden, und soweit sie dies auf der Basis der antiken Philosophie tat. Die spätmittelalterliche jüdische Religionsphilosophie schrieb zwar Hebräisch und erfüllte eine neue Aufgabe, war aber stark antichristlich-apologetisch bestimmt und damit durch die Positionen der christlichen Theologie mitgeprägt.

Die Kabbalah hingegen erwuchs aus der vergleichsweise stärkeren kulturellen Isoliertheit im christlichen Raum, in der Provence und in Nordspanien, wo die Impulse aus dem Orient und aus dem maurischen Spanien zwar einwirkten und wo es ja auch im christlichen Bereich zu religiösen Gärungen kam – man denke an Katharer und Albingenser –, aber mehr im Sinn einer philosophisch ungeschulten und somit eher phantasie- und traditionsbestimmten Spekulation.

Als hier durch die hebräischen Übersetzungen aus dem Arabischen die Philosophie wirksam wurde, waren die Weichen für eine unterschiedliche und gegensätzliche Entwicklung bereits gestellt. Dazu kamen wahrscheinlich auch soziale Differenzen. Das Interesse an der antiken Philosophie und an deren islamischer und jüdischer Anwendung war offenbar auch im christlichen Spanien und in Südfrankreich auf bestimmte Gruppen beschränkt, die aus beruflichen Gründen zu solchen Kontakten neigten, also Fernhändler und vor allem Gelehrte, die sich den Naturwissenschaften oder der Medizin verschrieben hatten und dafür gerade in der islamischen Welt ihre Vorbilder fanden.

Manche von ihnen waren ohnedies aus den islamischen Teilen Spaniens zugewandert. Sie konnten selbstverständlich mit der selbstgenügsamen Erkenntnislehre der Kabbalisten, die alles auf die *Torah* und deren geheime Bedeutungen zurückführen wollten, nichts anfangen und sahen sich durch das positive Interesse, das die nichtjüdische Umwelt ihrer wissenschaftlichen Tätigkeit entgegenbrachte, bestätigt.

Umgekehrt war eben dies in den Augen eines Kabbalisten nicht unbedingt eine Empfehlung, so daß man von zwei im

Ansatz und in der Zielsetzung unterschiedlichen Einstellungen zur Kultur der Umwelt sprechen kann. Je stärker die Kabbalah im Verlauf des späten Mittelalters zur Geltung kam, desto größer wurde auch die Neigung zur geistig-kulturellen Abgrenzung, eine Tendenz, die mit der wachsenden Feindseligkeit in der Umwelt zusammentraf und sich so in der Wirkung potenzierte.

Das in gewissen Bereichen der Renaissance und des Humanismus zu beobachtende nichtjüdische Interesse an der Kabbalah und die Entstehung einer christlich-kabbalistischen Theosophie beeinflußte diese Entwicklung kaum.

5. Das karäische Schisma

Die feste zentralistische Ordnung, die für das orientalische Judentum der spättalmudischen und frühislamischen Zeit so kennzeichnend war, provozierte eine Reihe von mehr oder minder offen zutage tretenden zentrifugalen Tendenzen, die zunächst nach Motivation und Zielsetzung völlig verschieden waren.

Grundlegend war zweifellos ein in breiten Volksschichten vorherrschendes Ressentiment gegenüber der rabbinischen Gelehrtenkaste und deren sozialer Privilegierung durch das Regime des Exilarchen. Es wäre aber verfehlt, dies auf ärmere Kreise beschränken zu wollen. Allem Anschein nach fühlte sich auch ein Teil der Besitzenden durch das rabbinische Regiment in seiner Handlungsfreiheit eingeschränkt.

Andere hatten religiöse Gründe zur Opposition. Sie waren von einer radikaleren Form der Frömmigkeit geprägt, die möglicherweise gewisse Traditionen der alten Apokalyptik weiterführte, also grundsätzlich einen endzeitlichen Wandel der Verhältnisse herbeisehnte. Mögen dafür auch da und dort soziale Spannungen bestimmend gewesen sein, so doch nicht ausschließlich, denn das vorherrschende Motiv war das Bewußtsein des Exils. Man konnte sich in diesen Kreisen nicht dazu entschließen, angesichts des zerstörten Tempels und der Zerstreuung des Volkes »normal« zu leben. Man wollte vielmehr durch bußfertige Gesinnung und ernste Frömmigkeit die Umkehr des Volkes und damit die Heilswende in die Wege leiten.

Das Regime des Exilarchen und der Gaonen in seiner festen gesellschaftlich-wirtschaftlichen Verflechtung erschien solchen Frommen als Symptom einer gewissen Zeit- und Weltverfallenheit. Gerade in der gaonäischen Blütezeit entstanden daher Bußbewegungen, die sich demonstrativ und mit asketischer Entschlossenheit nach Jerusalem orientierten, die Zerstörung des Heiligtums beklagten und auf das nahe Ende der Tage hofften. Manchmal zogen solche Gemeinschaften sogar ins Heilige Land, um an Ort und Stelle ihre Frömmigkeit zu pflegen.

Von ganz anderer Art waren dagegen die traditionskritischen Tendenzen, die durch die philosophisch bestimmte Bildung hervorgerufen wurden. Deren Ausstrahlung war zwar in der Bevölkerung gewiß nicht stark, aber sie bereitete eine geistige Elite vor, die gegebenenfalls den oppositionellen Strömungen als Führungsschicht dienen konnte. Die »mündliche« Überlieferung, auf der das rabbinische Establishment ruhte, konnte nun mit den Mitteln der für damalige Begriffe ausgesprochen rational eingestellten mu'tazilitischen Philosophie und Theologie in Frage gestellt werden. Es waren nicht zuletzt solche Tendenzen, die auch das rabbinische Establishment dazu zwangen, seine Position mit denselben Mitteln zu verteidigen, also eine philosophisch orientierte Theologie zu entwickeln.

Schließlich spielten auch innerrabbinische und innenpolitische Rivalitäten eine nicht geringe Rolle, besonders ein Erbfolgestreit innerhalb der Dynastie des Exilarchen, in dem sich der unterlegene Prätendent Anan (8. Jahrhundert) zum Wortführer einer breiten Front unzufriedener Gruppen machte. Diese Gruppen bezeichnete man zunächst als »Ananiten«, später rückblickend auch als »Karäer« (»Schriftleute«, »Biblizisten«), so daß Anan als Begründer der karäischen Bewegung und als »Häresiarch« erschien.

Dies trifft insofern zu, als Anan die erste rabbinisch geschulte Persönlichkeit war, die offen und auch literarisch Anliegen der antirabbinischen Bewegungen vertrat. Hauptangriffspunkt war die Autorität der »mündlichen *Torah*« der Rabbinen, denn auf sie gründete sich das gesamte Regime. Anan und die späteren Karäer räumten daher der »schriftlichen *Torah*« den Vorrang ein und ließen spätere Überlieferungen nur gelten, sofern sie den dreizehn hermeneutischen Regeln Jischmaels entsprechend oder nach dem Prinzip der Analogie – wie es in der islamischen Jurisprudenz und in der Philosophie bekannt war – aus der Heiligen Schrift ableitbar waren.

So ergab sich nach und nach neben einem gewissen gemeinjüdischen Substrat bald eine lokal recht variierende Zahl von Abweichungen gegenüber der herrschenden rabbinischen Halachah und Praxis.

Der Ausbruch der offenen und literarischen Diskussion für und wider die Tradition führte also zunächst zu einer mannigfaltigen Entwicklung unter der oppositionellen Bewegung. Zwischen dem neunten und dem zwölften Jahrhundert aber formierte sich unter der Ägide ausgezeichneter Gelehrter – wie Benjamin von Nahawend in Persien, Daniel Al-Qumisi in Jerusalem, Abu Jusuf Al-Qirqisani und anderer – eine karäische Elite, die im Vorderen Orient und insbesondere im Heiligen Land das Judentum weithin für sich gewann. Es kam zur Gründung eigener Gemeinden in nahezu allen Orten und sogar zur staatlichen Anerkennung als eigene Minoritätsgemeinschaft.

Der Erste Kreuzzug (1096) vernichtete die karäischen Zentren im Heiligen Land, und im Zug des allgemein einsetzenden Niederganges im Orient verlor die Bewegung hier rapide an Bedeutung, zumal das rabbinische Judentum inzwischen durchaus in der Lage war, die Angriffe zu parieren, während die Karäer selbst im dreizehnten Jahrhundert kaum mehr schöpferische Kräfte aufzuweisen hatten. In Ägypten, wo sie noch länger stark vertreten blieben, erwuchs ihnen in Moses Maimonides ein ebenso gelehrter wie zielbewußter Gegner, und so verlagerte sich das Schwergewicht der karäischen Bewegung in das byzantinisch-christliche Gebiet: nach Kleinasien und in das benachbarte europäische Küstenland um Konstantinopel.

Hier erlebte die Bewegung im dreizehnten und vierzehnten Jahrhundert noch einmal eine gewisse Renaissance, die aber nur literarisch, nicht mehr in einem quantitativen Wachstum zum Ausdruck kam. Daher verlor gegen Ende dieser Periode die Auseinandersetzung zwischen den beiden Richtungen ihre Schärfe, und es kam zu einer gewissen Kooperation, vor allem auf dem Gebiet der Gelehrsamkeit.

So verpuffte schließlich die anfangs so kraftvoll ausgebrochene Bewegung wieder, nicht zuletzt, weil sie keine einheitliche und überzeugende Alternative zum rabbinischen Judentum bieten konnte. Als Sammelbewegung war sie dazu nicht in der Lage, umfaßte sie doch zugleich asketisch-apokalyptische und radikal-gesetzesstrenge Strömungen ebenso wie philosophisch orientierte Vertreter der Bildungselite, also Richtungen, die aus völlig unterschiedlichen Motiven und Zielsetzungen Kritik am rabbinischen Judentum übten.

Der geistes- und kulturgeschichtliche Beitrag der Karäer ist dennoch beträchtlich, nicht nur im engeren Sinn, sondern noch mehr als Anstoß zu bedeutsamen Entwicklungen im rabbinischen Judentum: so insbesondere auf dem Gebiet der Pflege und Auslegung des *Bibel*-Textes, der philosophisch untermauerten Theologie und einer erneuerten, intensiven Beschäftigung mit der Tradition.

Viertes Kapitel

ARCHITEKTUR UND KUNST

1. Synagogen

Die Synagogenbauten der römisch-byzantinischen Zeit haben den Arabersturm nur selten überdauert, und auch aus den darauffolgenden Jahrhunderten ist aus den großen jüdischen Zentren im Orient so gut wie nichts erhalten geblieben. So beschränken sich die erhaltenen Beispiele auf Spanien, wo es zahlenmäßig stärkere jüdische Gemeinden und daher auch größere Synagogenbauten gab, sowie auf die italienischen und aschkenasischen Gebiete, die jedoch fast durchwegs nur kleine Gemeinden aufwiesen.

Sieht man von Italien ab, wo vielleicht eine gewisse Kontinuität von der Antike her bestand – man vergleiche die antike Synagoge von Ostia –, so gilt, daß die architektonisch-stilistische Gestaltung sich nach den jeweils in der Umwelt herrschenden Tendenzen richtete und daher kein einheitlicher und kein spezifisch jüdischer Baustil entwickelt werden konnte.

Dazu kamen im christlichen wie islamischen Bereich einschränkende Bestimmungen in bezug auf die äußere Gestaltung: Man mußte auf Unauffälligkeit bedacht sein. Nur der Innenraum konnte eine reichere Entfaltung erfahren, wobei auch die spezifischen Funktionen und Einrichtungen der Synagoge zum Zug kamen, so daß sich – wie schon in der Antike – zwei Brennpunkte ergaben: *Torah*-Schrein und *bimah*.

Der *Torah*-Schrein *('aron ha-qodäš)* blieb in der Regel an oder in der Jerusalem zugelegenen Wand und gab schon dadurch Anlaß zu künstlerischer Gestaltung. Diese variierte je nach Zeit und Ort, zu einem Teil auch beeinflußt vom Vorbild der jeweiligen christlichen Altarbauten.

Die *bimah* (Podium) oder der Almemor (vom arabischen *al-minbar*), von wo aus die liturgische Lesung und meist auch die Leitung der Liturgie durch den *ḥazzan* erfolgte, stand während des Gottesdienstes im Zentrum des Geschehens, sofern nicht gerade die heiligen Schriftrollen aus dem Schrein genommen oder in ihn zurückgestellt wurden. Darum wurde die *bimah* – wie schon nach einigen antiken Beispielen – auch vorwiegend im Zentrum des Raumes aufgestellt und manchmal so betont gestaltet, daß sie den Gesamtraum beherrschte.

Nur in Spanien rückte man sie näher an die Westwand, eine Tendenz, die dann vom Mittelalter an in Italien zur bewußten Gegenüberstellung von *Torah*-Schrein und *bimah* an den beiden gegenüberliegenden Wänden geführt hat. Dadurch wurde ein Ausgleich zwischen den beiden Bezugspunkten des Gemeindeinteresses gefunden und zugleich eine praktische Raumgestaltung erreicht.

Der Frauenteil stellt zu dieser Zeit eine ausgesprochene Nebensache dar. Meist war er als Einzelempore oder als Anbau ausgeführt und vom Synagogenraum selbst deutlich abgegrenzt, oft lediglich durch Maueröffnungen mit diesem verbunden.

Synagogen in Spanien

Synagogenbauten aus der Zeit der maurischen Herrschaft selbst sind zwar nicht erhalten, aber auch unter den christlichen Herrschern orientierten sich die Juden an der maurischen Architektur, deren bekanntestes Beispiel, die Alhambra von

Granada, in zahlreichen Details als Musterbeispiel auch für synagogale Architektur- und Dekorelemente dienen kann.

Leider haben nur ganz wenige dieser Synagogen die Zeit der Almohadenherrschaft und die gegen Ende der Reconquista zunehmende christliche Unterdrückung sowie schließlich die Vertreibung (1492) überdauert, meist nur infolge ihrer Umwandlung in Kirchen. Drei gut erhaltene Bauten vermitteln aber noch einen beredten Eindruck von dem architektonisch-künstlerischen Niveau der spanischen Synagogen.

Die älteste von den dreien, eine der ursprünglich zehn Synagogen Toledos, stammt im architektonischen Grundbestand aus der Wende vom zwölften zum dreizehnten Jahrhundert, dürfte aber erst im Lauf des dreizehnten Jahrhunderts endgültig gestaltet worden sein. Sie wurde 1411 in eine Kirche umgewandelt, dabei teilweise umgebaut und *Santa Maria la Blanca* genannt. Der unregelmäßig viereckige Raum (Länge 26 beziehungsweise 28 Meter, Breite 19 beziehungsweise 23 Meter) wird durch vier Säulenreihen in fünf Schiffe unterteilt, von denen eines durch die schräge Außenwand allerdings fast diagonal abgeschnitten wird. Der Eingang führt ins überhöhte Mittelschiff, das bis zur flachen Holzdecke unter dem Satteldach 12,5 Meter hoch ist, während die Seitenschiffe an Höhe stufenweise abnehmen (10 und 7 Meter). Achteckige, basislose, aber am Boden plattenumkleidete Pfeiler tragen über dekorreichen Kapitellen hufeisenförmig geschweifte Arkadenbogen. Darüber liegen zwei farblich mit den Kapitellen abgestimmte Stukkatur-Ornamentstreifen, von denen der untere zwickelförmig über die einzelnen Pfeiler herabreicht. Darüber wieder liegt jeweils eine Reihe von Rundbogenfenstern, also ein basilikaartiger Obergaden. Runde Fenster an der Westwand deuten noch auf den ursprünglich hier anschließenden Frauenteil. *Torah*-Schrein und *bimah* wurden bei der Umwandlung in eine Kirche entfernt, wahrscheinlich befand sich der Schrein im Mittelschiff gegenüber dem Eingang, die *bimah* mehr oder weniger im Zentrum.

Aus dem frühen vierzehnten Jahrhundert – die Bauinschrift nennt als Datum 1315 – stammt eine nach der Vertreibung als Hospital verwendete, 1885 unter Denkmalschutz gestellte und renovierte Synagoge in dem 1236 wieder christlich gewordenen Cordoba. Auch sie weist den charakteristischen maurisch-spanischen Dekor-Mischstil (Mudejar) auf, doch in viel reicherer Anwendung. Über einer heute dekorlosen, gut mannshohen Bodenzone sind die Wände mit Stuckornamentik und nach islamischem Vorbild mit zahlreichen Inschriften versehen, und zwar aus den *Psalmen,* an der Ostwand (mit der *Torah*-Schrein-Nische) auch mit zwei nichtbiblischen Inschriften, von denen aber nur eine, eine Bauinschrift, einigermaßen erhalten geblieben ist.

Der Bau selbst unterscheidet sich beträchtlich von der genannten Synagoge in Toledo. Von einem Vorhof im Süden aus betritt man zunächst ein trapezförmiges Atrium, von da den 6,37 mal 6,96 Meter großen und 6,16 Meter hohen, ungegliederten Hauptraum. Die Ostwand enthält die *Torah*-Schrein-Nische, ihr gegenüber, an der Westwand, ist eine flachere Nische, die möglicherweise früher mit der *bimah* zusammenhing. Die Südwand wird über dem Eingang durch drei große Öffnungen mit der Empore über dem Atrium (Frauenteil?) verbunden, die übrigen Wände enthalten auf dieser Höhe entsprechende fensterartige Paneele. Erst darüber befinden sich die eigentlichen Fenster (Rundbogenfenster).

Aus dem späten dreizehnten Jahrhundert stammt die stattlichste der erhaltenen Bauten, nämlich eine Synagoge in Toledo, seit 1496 in christlicher Hand und *El Transito, Mariä Himmelfahrt,* genannt. Auch sie wurde im vorigen Jahrhundert unter Denkmalschutz gestellt und restauriert.

Vom Süden her betritt man zunächst einen Vorraum, über dem sich die Frauenempore befindet, und gelangt nahe der westlichen Schmalseite in einen großen Langraum (23,12 auf 9,51 Meter, Höhe 7,85 Meter). Die Ostwand enthält die *Torah*-Schrein-Nische, durch drei Arkadenbogen markiert, und

weist darum die reichste Stukkaturornamentik auf. An der Südwand verbinden den Raum drei rechteckige Fenster mit der Frauenempore über dem Vorraum. Über einem rundum verlaufenden Ornamentstreifen befinden sich die Fenster, die mit Blendarkaden im maurischen Stil abwechseln.
Die Westwand enthält unterhalb des Ornamentstreifens und in diesen hineinragend drei spitzbogige, von Inschriftbändern umrahmte Fenster. Inschriften — an der Ostseite auch Bauinschriften — finden sich auch sonst überall im Dekor.

Aschkenasische Synagogen

In Mitteleuropa richteten sich die Juden selbstverständlich nach den hier herrschenden Baustilen, also Romanik und Gotik, doch in der Regel weniger nach den Kirchen als nach den gewölbten Saalbauten. Dies fiel um so leichter, als die kleinen Gemeinden ja keine großen Gebäude benötigten, so daß höchstens ein doppelschiffiger, mehr oder weniger quadratischer Raum in Frage kam. Von den erhaltenen mittelalterlichen Synagogen haben nur wenige die Zeit der nationalsozialistischen Herrschaft überstanden.
Die älteste unter ihnen — ein verhältnismäßig großes Beispiel —, die Synagoge von Worms, wurde 1938 ebenfalls schwer demoliert, jedoch 1961 restauriert. Sie stammt aus der zweiten Hälfte des zwölften Jahrhunderts und entspricht im Baustil bis in Details den damals in der Stadt entstandenen romanischen Bauten (Dom). Im Grundriß ein etwas unregelmäßiges Rechteck von rund 15 mal 20 Meter, besteht der Raum aus zwei Schiffen zu drei Jochen, also aus sechs Kreuzgratgewölben, getragen von zwei Säulen mit reich dekorierten, spätromanischen Kapitellen. An der Ostwand, an der das Gewölbe mit einem Wandvorsprung herabgreift, befinden sich der *Torah*-Schrein und zwei Spitzbogenfenster — im vierzehnten Jahrhundert eingefügt —, an der Westseite ein rundes

Fenster und das schöne romanische Eingangsportal, außen reich gegliedert, die Kämpfer voll ornamentiert. Süd- und Nordwand enthalten je drei hoch angebrachte, im dicken Mauerwerk klein wirkende Rundbogenfenster. Die *bimah* befand sich im Zentrum an der dem *Torah*-Schrein gegenüberstehenden Säule auf einer recht niedrigen, quadratischen Plattform.

1213 wurde im Norden die Frauensynagoge angebaut und durch eine Tür und kleine Fenster mit der Männersynagoge verbunden (seit 1842 und heute durch zwei große spitzbogige Öffnungen). Auch dieser Raum ist zweischiffig, doch hier stützt nur eine Säule mit spätromanischem Würfelkapitell die vier Kreuzgratgewölbe.

Während für den Bautyp der Frauensynagoge von Worms nur wenige Beispiele bekannt sind (Eger in Nordungarn), repräsentiert die Männersynagoge den am meisten verbreiteten aschkenasischen Synagogentyp, wobei allerdings die Lage des Eingangs wechselt. Ihm entspricht auch die im vierzehnten Jahrhundert und somit in gotischem Stil errichtete »Altneuschul-Synagoge« in Prag, die wegen ihrer ausnehmend ansprechenden Außenansicht berühmt geworden ist. In die Kreuzrippengewölbe ist hier eine fünfte Rippe eingezogen worden (um die Kreuzform zu vermeiden?).

Größere Anlagen waren selten. In Regensburg gab es nach Radierungen aus dem sechzehnten Jahrhundert einen zweischiffigen romanisch-gotischen Bau von beträchtlicher Höhe und mit drei Säulen, wobei die *bimah* an der mittleren Säule in diesem Langraum unbefriedigend wirkt, wie überhaupt die Säulen in der Raummitte nicht gut zum Konzept der zentralen *bimah* passen.

Andere Synagogen wurden daher ohne Stützen gebaut, zum Teil wie die Prager Pinkas-Synagoge aus dem dreizehnten Jahrhundert mit ihrem – in diesem Fall gotischen – Gewölbe. Hier kamen sowohl *Torah*-Schrein als auch *bimah* besser ins Blickfeld, was wahrscheinlich zu ihrer immer aufwendiger werdenden Gestaltung beigetragen hat. Bekannte Beispiele für diesen Typ, der eine gewisse Tendenz zur Verlängerung der Längsachse aufweist, standen bis 1938 auch in Bamberg und Miltenberg.

Über die architektonische Gestaltung im Sinn der herrschenden Baustile hinaus ist vom künstlerischen Schmuck der alten Synagogen kaum etwas bekannt. Es gibt aber literarische Hinweise, so etwa über eine Auseinandersetzung um die Farbglasfenster der Mainzer Synagoge, deren Entwurf im zwölften Jahrhundert Eljaqim ben Josef in Auftrag gab. In der Meißener Synagoge gab es nach dem Zeugnis des Isaak von Wien Malereien mit bildlichen Darstellungen, wahrscheinlich Pflanzen- und Tiermotive, die einige für erlaubt hielten, während andere sich dagegen aussprachen. Aber schon Raschi (geboren um 1040) hatte in seinem *Talmud*-Kommentar zum Traktat *Šabbat* 149a, wo das Betrachten von Bildern – allgemein und speziell am Sabbat – mit Götzendienst in Verbindung gebracht wird, bemerkt: »Wie Leute, die seltsame Tiere an die Wand malen oder Bilder von Menschen und von Geschichten wie den Kampf Davids gegen Goliath, und darunter schreiben: Dies ist die Gestalt des Tieres XY und dies ist das Bild von XY«, wobei freilich offen bleibt, ob auch an Synagogenmalereien zu denken ist.

Daß es Wandmalereien und Glasmalereien bei den Juden im christlichen Raum gab, dürfte jedoch feststehen und ist im Hinblick auf die Buchillustration mitzubedenken. Die Existenz jüdischer Maler ist auch durch einschränkende Bestimmungen christlicher Obrigkeiten bezeugt, die es für unziemlich hielten, daß Christus- und Mariendarstellungen von Ungläubigen angefertigt wurden.

Von den vielen und zum Teil recht großen Synagogenbauten der zahlenmäßig ja lange Zeit starken Gemeinden des Orients ist verhältnismäßig wenig erhalten geblieben. Aber man wird annehmen dürfen, daß die spanischen Synagogen mit ihrer weitgehenden Anlehnung an die islamische Baukunst zu einem gewissen Grad auch für diesen Bereich Hinweise vermitteln können. Dies betrifft nicht zuletzt die rein ornamentale Dekoration – ohne bildliche Darstellungen – und die Vorliebe für Zierinschriften.
Zwei Synagogenräume aus dem Mittelalter sind in Jerusalem bis zur Zerstörung der Altstadt 1948 erhalten geblieben: die sogenannte Ramban-Synagoge, eine zweischiffige Halle mit vier Säulen, und eine Karäersynagoge mit zwei Säulen. Das Verhältnis zu dem zweischiffigen aschkenasischen Synagogentyp ist umstritten. Es ist jedoch eher anzunchmen, daß diesen Synagogen europäische Vorbilder zugrunde liegen als umgekehrt.

2. Die rituelle Badeanlage

Die talmudischen Vorschriften über die rituellen Waschungen (Traktat *Miqwa'ot*) erforderten vielerorts die Anlage geeigneter Bäder *(miqwäh)* mit Becken von mindestens vierzig *se'ah (250 bis 1000 Liter) mit »lebendigem«, d. h. nicht geschöpftem Wasser.* Die Art der Anlagen schwankt je nach den natürlichen und lokalen Bedingungen, die mit den recht komplizierten rituellen Vorschriften in Einklang zu bringen waren.
Grundsätzlich genügte ein entsprechend großes, in Fels gehauenes oder gemauertes wasserdichtes Becken mit vorgeschriebener Wasserversorgung, an einer Seite oft mit Stufen versehen. Doch es bedurfte zumeist zusätzlicher Wasserreser-

voires und auch besonderer Becken für die rituelle Waschung von Geräten (Geschirr). Es lag nahe, diese rituelle Badeanlage in Synagogennähe zu errichten, wie bereits antike Zeugnisse — so in Hulda, Maon und Sardis — zeigen.
Im Mittelalter entstanden vor allem in Europa im Zusammenhang mit romanisch-gotischen Synagogenbauten auch massive und tiefangelegte rituelle Bäder mit entsprechenden Stilmerkmalen.
Von den erhaltenen oder wiederentdeckten Anlagen dieser Art befindet sich die älteste in Köln (1170), die bekannteste in Worms (1186), weitere in Speyer (um 1200), Friedberg in Hessen (1260) und Andernach (vierzehntes Jahrhundert). Sie alle bestehen im wesentlichen aus einem kleinen Vorraum oder Umkleideraum, von dem aus dann ein Treppenschacht bis zum Grundwasserspiegel hinabführt, wo das Becken angelegt ist, um die vorgeschriebene Menge an »lebendigem Wasser« sicherzustellen.
Für normale Badezwecke benützten die Juden wie schon in der Antike die üblichen Bäder. Nur dort, wo ihnen der Zutritt verwehrt war, mußten sie eigene Anlagen errichten oder die rituellen Anlagen auch hierfür benutzen.

3. Buchmalerei

Orient

Die ältesten erhaltenen illuminierten hebräischen Handschriften stammen aus dem neunten bis zehnten Jahrhundert, insbesondere aus Ägypten. Es handelt sich um *Bibel*-Handschriften und um *Bibel*-Textteile für didaktische Zwecke.
Stil und Technik entsprechen der islamischen Illumination. Es dominieren also »teppichartige« Dekors mit geometrischen und stilisierten pflanzlichen Mustern mit reicher Anwendung von Mikrographie.

Der *Bibel*-Text wurde meist in drei Kolumnen eingeteilt, wobei ornamentale Muster und Symbole die Einteilung der Bücher und des Textes (Kapitel, Verse) markieren. Dem eigentlichen Textteil wurden oft volldekorierte Blätter vorgesetzt.

Von diesem konventionellen, allgemein-orientalischen Hintergrund heben sich spezifisch jüdische Symbole ab, die fast alle zum Komplex des Tempelkultes gehören. Eine dreifache Arkade (das alte Tormotiv?) repräsentiert offenbar das Heiligtum selbst. Menorah, Räucherpfanne, Schaubrottisch, Krüge und Schalen, der Stab des Mose, der Aaronstab, der Manna-Krug und die Bundeslade sind die häufigsten Motive.

Mit dem dreizehnten Jahrhundert verlor die orientalische Buchmalerei rasch an Bedeutung. Nur im Jemen wurde sie im fünfzehnten Jahrhundert noch einmal intensiv betrieben.

Spanisch-provançalische Schulen

Die Ornamentik folgt hier den orientalischen Vorbildern, wird aber dem maurischen Mudejar-Stil entsprechend, der auch den Wanddekor der spanischen Synagogen kennzeichnet, abgewandelt. Auch die Tempelkultsymbole wurden übernommen. Leider ist aus dem eigentlichen maurisch beherrschten Spanien nichts überliefert; nur aus dem christlichen Bereich und erst aus der zweiten Hälfte des dreizehnten Jahrhunderts sind Beispiele erhalten.

Einflüsse aus den Schulen Frankreichs und Italiens haben neben dem günstigen wirtschaftlichen und kulturellen Niveau des spanischen Judentums dazu geführt, daß hier die reichhaltigsten und kunstvollsten Illuminationen entstanden sind. Zur orientalisch-maurischen Ornamentik tritt hier die Illustration, und die Zahl der den Texten vorgesetzten voll illuminierten Seiten ist oft beträchtlich. Außer dekorativen Pflanzen- und Tiermotiven begegnen allerdings verhältnismäßig wenig bildliche Darstellungen, wenn man von den *Passah-Haggadot* absieht. Eine Besonderheit ist die Darstellung des Ölberges, auf dem nach der Überlieferung die Auferstehung stattfinden soll.

Illuminiert wurden zunächst einmal *Bibel*-Handschriften – zum Beispiel der *Damaskus-Ketär* oder die *Farchi-Bibel* –, denen gern komparative Tafeln der Masora und ein Kalenderblatt beigefügt wurden. Stil und Motive weisen enge Beziehungen zur zeitgenössischen christlichen Bibelillustration Spaniens auf *(Alba-Bibel)*.

Hervorragende Werke befinden sich auch unter den Passah-Haggadot. Sie enthalten hier zumeist einen Teil mit vollilluminierten Seiten, die, wie ähnlich die christlichen *Psalter*, ganze Bilderzyklen – am häufigsten von der Schöpfung bis zum Exodus – enthalten, einen sparsam illuminierten Textteil, ferner *pijjuṭim* für die Passahwoche mit gelegentlichem Dekor. Die berühmtesten Beispiele – die *Sarajewo-Haggadah*, die *Kaufmann-Haggadah* und die *Goldene Haggadah* – sind heute in Faksimileausgaben zugänglich.

Ferner wurden berühmte literarische und wissenschaftliche Werke illuminiert, zum Beispiel der Kodex *(Mišneh Torah)* und das theologisch-philosophische Werk *Führer der Verwirrten* des Moses Maimonides oder die *Kriege des Herrn* von Levi ben Gerson. Aber auch der *Almagest* des Ptolemaios, der von den Astronomen und Kosmographen sehr geschätzt wurde, und medizinische Werke sind darunter, wie es der offenen Haltung der spanisch-provençalischen Juden entsprach.

Während in Spanien selbst, Sevilla ausgenommen, im fünfzehnten Jahrhundert infolge der wachsenden Unterdrückung dieser Kunstzweig verfiel, erlebte er in Portugal – in der Schule von Lissabon – und in der Provence noch einmal eine Zeit der Blüte. Bei den Vertreibungen am Ende des fünfzehnten Jahrhunderts verbreitete sich die spanische Schule über Italien und den Balkan auch in den Orient und fand dort noch ein kurzes Nachleben.

Vogelkopf — Haggadah (Deutschland 13./14. Jh.): Vorbereiten und Backen der Mazzot

Vogelkopf — Haggadah: Vorbeter

Ostia: Reste der antiken Synagoge

Worms am Rhein: Frauensynagoge (1212/13)

Bucheinband (1468), angefertigt von Meir Jaffe

Die ältesten erhaltenen Beispiele stammen aus der ersten Hälfte des dreizehnten Jahrhunderts und entsprechen in Technik und Stil der christlichen Buchmalerei dieses Raumes. Am meisten ist aus dem süddeutschen Raum und aus dem Rheinland erhalten, etliches auch aus Nordfrankreich (mit sparsamerer Illustration).

Auffällig ist in den älteren Beispielen das Vermeiden der Darstellung des menschlichen Gesichts, offenbar aufgrund von Bedenken, wie sie im babylonischen Talmud, *'Abodah zarah* 42b und 43a, formuliert sind. Sehr häufig wurden die Gesichter auch durch Tier- und vor allem Vogelköpfe ersetzt. Charakteristisch ist ferner die Tendenz zur Umrahmung des Textes unter Einbeziehung von Illustrationen. »Teppich«-Muster wie im Orient oder in Spanien kommen nicht vor, auch kaum Tempelkult-Symbole, dafür viel pflanzliche und tierische, auch groteske Motive.

Da im Hebräischen Initialen fehlen, wurden die Anfangswörter ausführlich illuminiert. Auch die Mikrographie spielt eine gewisse Rolle, vor allem für die Masora am Rand der Bibelhandschriften. Illuminiert wurden *Bibel*-Handschriften, vollständige in großem Format und mit großer Schrift sowie *Pentateuche* (mit Targum, den fünf *Megillot* und den *Haftarot*). Sie enthalten zum Teil ganze Bilderzyklen – so die *Schocken-Bibel* –, aber auch speziell eschatologische Motive wie das messianische Mahl.

Passah-Haggadot wurden voll dekoriert, das heißt der Text umrahmt und Illustrationen einbezogen. Spätere Exemplare enthalten auch biblische Bilderzyklen ohne Bezug zum Haggadah-Text.

Eine aschkenasische Spezialität war die Illumination von *Machzorim*, Gebetsordnungen für den Festzyklus, die hier im dreizehnten bis vierzehnten Jahrhundert in großem Format und mit vielen *pijjuṭim* für die *ḥazzanim* angefertigt wurden.

Im fünfzehnten Jahrhundert setzten sich dafür kleinere Buchformate durch, und die Illumination verlor an Bedeutung.
Gelegentlich wurden auch Gesetzeskodices – vor allem des Maimonides – illuminiert, ganz selten profane Schriften.

Italien

In Italien entstand zwischen dem dreizehnten und dem sechzehnten Jahrhundert eine große Zahl von Schulen, die sowohl von Aschkenasien als auch von Spanien und der Provence her Impulse aufnahmen. Die ältesten Beispiele, aus dem dreizehnten Jahrhundert, stammen aus Rom und Mittelitalien. Im vierzehnten Jahrhundert kamen neue Schulen hinzu, etwa in Bologna und in Norditalien, und im fünfzehnten bis sechzehnten Jahrhundert erreichte diese Kunstrichtung – nicht zuletzt unter dem stimulierenden Einfluß der Renaissance und des mit ihr verbundenen Mäzenatentums – ihren Höhepunkt.
Neben *Bibel*-Texten wurden hier auch viele literarische und wissenschaftliche Werke illuminiert, zum Beispiel der berühmte *Kanon des Avicenna,* ein Klassiker der damaligen Medizin, und vieles andere mehr. In Norditalien wurden im fünfzehnten Jahrhundert unter aschkenasischem Einfluß auch *Machzorim* und *Passah-Haggadot* illuminiert.

Die Ikonographie und ihr Verhältnis zur christlichen Buchmalerei

Trotz der offenkundigen Übereinstimmung in Technik und Stil mit den regionalen »Schulen« der Buchmalerei in der Umwelt heben sich in jüdischen Werken doch bestimmte ikonographische Merkmale als kennzeichnend ab.
An erster Stelle steht der Symbolkomplex im Zusammenhang

mit dem Tempelkult. Bestimmte zeitbedingte Hinweise betreffen die Kleidung – etwa den Judenhut – und das Brauchtum. Auch die Ersetzung der Dekalogtafeln durch *Torah*-Rollen gehört hierher; dabei dürfte ein Interesse zur Unterscheidung von christlicher Darstellung mitgespielt haben. Dieses Interesse tritt auch in der Vermeidung der anthropomorphen Darstellung der Gottheit zutage. Man deutete diese lediglich an, teils durch die – schon in der talmudischen Kunst übliche – Gotteshand, teils durch Lichtstrahlen (die aus der Theophanie-Vorstellung stammen).

Die biblischen Illustrationen, die manchmal ganze Zyklen bilden, weisen des öfteren Details auf, die der haggadisch-exegetischen Überlieferung entsprechen.

Geläufige biblische Szenen sind: Adam und Eva, die Opferung Isaaks *(Aqedah)*, Mose-Szenen, Samson und der Löwe, David als Harfenspieler – wie schon in der Antike –, David und Goliath, das Salomonische Urteil, Szenen aus *Esther*, der leidende Hiob, Daniel in der Löwengrube und anderes.

Darüber hinaus begegnen zahlreiche sonst nur aus der Haggadah bekannte Szenen in Ergänzung der biblischen Darstellung.

Spezielle Textillustrationen finden sich in *Machzorim* und *Passah-Haggadot*, desgleichen Darstellungen aus dem jüdischen Brauchtum, zum Beispiel das Schofarhornblasen zum Neujahrsfest, das Familienmahl in der Laubhütte zu Sukkot, das Passahlamm und das Backen ungesäuerter Brote *(Mazzot)* zum Passah, das Anzünden des Chanukkah- oder Sabbatleuchters, die Beschneidung, das rituelle Tauchbad, Trauer- und Hochzeitsszenen. Dabei ergeben sich viele Hinweise auf Kleidung und Lebensumstände, selbst bei biblischen Szenen, da man ja Gestalten der Vergangenheit, wie in der Kunst der Umwelt, nicht historisch darstellte, sondern nach zeitgenössischen Modellen: So erscheinen zum Beispiel die verfolgenden Ägypter beim Exodus als Ritter, die Israeliten mit mittelalterlichen Judenhüten.

Da schon die ältesten erhaltenen christlichen illuminierten Handschriften – *Cotton Genesis, Wiener Genesis, Josua-Rolle* – auch Motive enthalten, die exegetisch-haggadischen Überlieferungen des Judentums entsprechen, stellt sich die Frage, ob nicht überhaupt (verlorene) jüdische Prototypen für die christliche Handschriftenillumination anzunehmen sind. Diese These, die sich wachsender Beliebtheit erfreut, kann durch den Hinweis auf die antike jüdische Kunst gestützt werden, leidet jedoch unter der Tatsache, daß die ältesten erhaltenen jüdischen Handschriften mit Illuminationen aus dem neunten bis zehnten Jahrhundert und noch dazu aus dem Orient stammen, wo außer den Tempelkult-Symbolen infolge der Übereinstimmung mit der bilderfeindlichen islamischen Illumination keine Vergleichsmöglichkeiten bestehen. So muß man jüdische Prototypen für den byzantinisch-italienischen Raum annehmen, aus dem jüdische Beispiele erst aus noch späterer Zeit erhalten sind (dreizehntes Jahrhundert).

Manche Forscher (J. Gutmann) meinen daher, daß die gemeinsamen exegetischen Motive auch auf die – nachweisbare – christliche Kenntnis der jüdischen Haggadah zurückgeführt werden kann. Dazu kommt, daß Juden mit ihrer Konversion zum Christentum solche Traditionen – gerade von religiösem Symbolgehalt – mit in die Kirche gebracht haben. Schließlich kannten die Künstlerschulen – schon der talmudischen Zeit – nachweislich zu einem guten Teil keine religiöse Diskriminierung, so daß Juden wie Christen oder Moslems diese Kunst auf weitgehend gleicher Basis in Kooperation betrieben, auch Aufträge anderer Religionsangehöriger ausführend.

Es ist also anzunehmen, daß von früh an über Technik und Stil hinaus ein gewisser gemeinsamer Bestand an Mustern überliefert wurde, der dann je nach Bedarf konfessionell akzentuiert oder ergänzt werden konnte, daß also die Frage der Abhängigkeit oder Ableitung in dieser einfachen Form gar nicht gestellt werden kann.

Bestimmte Objekte von Symbolwert (Tempelkultgeräte) dürften in einer bildlichen Darstellungstradition aus der Antike in das jüdische Mittelalter übergegangen sein, unter Umständen sogar bestimmte einzelne biblische (biblisch-haggadische) Szenen von besonderem religiösem Interesse, wie sie etwa die antiken Fresken von Dura Europos – eventuell auch die Mosaik-Zyklen von Mopsuestia – zeigen. Die talmudischen Vorschriften über die synagogalen Schriftrollen mit ihrer Ablehnung von Luxusausführungen lassen vermuten, daß es eine Tradition privater Buchkunst dieser Art gegeben hat. Sicherheit ist für diese Punkte vorläufig freilich nicht zu erreichen.

Funktion und Verbreitung

Da im Mittelalter schon gewöhnliche Handschriften und Bücher verhältnismäßig teuer waren, versteht es sich von selbst, daß illuminierte Bücher Luxusgegenstände darstellten, also in erster Linie von Reichen für private Zwecke in Auftrag gegeben wurden. Auch die im Orient erhalten gebliebenen illuminierten Übungstexte waren sicher nur für Kinder reicher Eltern bestimmt.

Für Gemeinden kamen illuminierte *Bibel*-Handschriften für liturgische Zwecke sowieso nicht in Frage, da die einschlägigen Schreibvorschriften jede Verzierung untersagten. Anders verhielt es sich mit den *Machzorim* Aschkenasiens, die offenbar von den Gemeinden für ihre *ḥazzanim* angeschafft wurden.

Die *Passah-Haggadot* wieder gehören in den familiären Bereich, und der besondere Charakter der Seder-Feier brachte es wohl mit sich, daß man, wenn irgend möglich, verzierte Ausführungen der Haggadah zu erlangen suchte. Daher reicht die Skala der Haggadah-Illuminationen auch von primitiven bis zu höchsten Ansprüchen.

Aufs ganze gesehen, bezeugt auch die vergleichsweise beachtlich große Zahl illuminierter hebräischer Handschriften die im

Judentum herrschende Liebe zum Buch. Mit dem Buchdruck am Ausgang des Mittelalters kamen dann auch neue Möglichkeiten und Bedürfnisse auf, so daß die Buchmalerei ihre frühere Bedeutung verlor.

4. Kunsthandwerk

Kultusgeräte

Im Lauf des Mittelalters legte man immer mehr Wert auf eine künstlerische Gestaltung der zu den rituellen und liturgischen Verrichtungen gehörigen Gerätschaften. Dies erfolgte nicht immer durch jüdische Kunsthandwerker, wie ja auch Juden manchmal christliche Kultgeräte und Devotionalien herstellten. Erhalten blieben freilich nur einige Stücke aus dem späten Mittelalter.

Dabei handelt es sich vor allem um die Ausstattung der *Torah*-Rolle, um Weinkelche, Leuchter für Sabbat und Chanukka, Riechbüchsen für die *habdalah* (Zeremonie zur Scheidung von Ruhetag und beginnendem Werktag), Beschneidungsmesser und Sederteller. Da dieser Zweig des Kunsthandwerkes erst nach dem Mittelalter zur vollen Entfaltung kam, sei auf die Behandlung im vierten Teil dieses Bandes verwiesen.

Buchbindekunst

Gebunden wurden Bücher seit dem Ausgang der Antike, in ornamentaler Weise allerdings erst unter dem Einfluß der Buchbindekunst der islamischen Welt. Abgesehen von der dekorativen Bearbeitung des Einbandmaterials (Leder, Pergament) setzt sich mehr und mehr die Ausschmückung mit Edelmetallarbeit durch, eine Technik, in der ebenfalls, wie Genizatexte beweisen, der islamische Bereich führend blieb und den euro-

päischen Markt zum Teil durch den Handel mit vorgefertigten Einbänden versorgte.
Abgesehen von vermögenden Buchbesitzern waren es vor allem die Gemeinden, die auf eine würdige Ausstattung ihrer synagogalen Gebetsbücher *(machzor)* und ihres Memorbuches Wert legten. Insofern bestand also auch abgesehen von der besonders ausgeprägten jüdischen Beziehung zum Buch eine gewisse Nachfrage. In Avignon besorgten jüdische Buchbinder sogar Arbeiten für den päpstlichen Hof. Auch weltliche Höfe erteilten Aufträge an jüdische Buchbinder, die im vierzehnten und fünfzehnten Jahrhundert allgemein die besten Experten auf diesem Gebiet waren, wie etwa Meir Jaffe aus Ulm.

5. Musik

Geschichte und Zusammenhänge der synagogalen Musik sind für diese Periode ähnlich undurchsichtig wie im Fall der frühen Handschriftenillumination. Frühe Aufzeichnungen synagogaler Musik fehlen. Erst dank der Geniza-Funde ergaben sich die ältesten Niederschriften, angelegt von einem zum Judentum übergetretenen italienisch-normannischen Kleriker namens Obadja ha-Ger um die Wende vom elften zum zwölften Jahrhundert.
Hinweise auf Musik finden sich aber schon in der älteren jüdischen Literatur in großer Zahl: so bereits in der *Bibel,* die vor allem Andeutungen auf die levitische Tempelmusik enthält, dann in der Literatur der talmudischen Zeit, und schließlich in dem umfangreichen mittelalterlichen Schrifttum, in dem das theoretische Interesse noch hinzukommt, das sich aus der philosophisch-naturwissenschaftlichen Bildung und aus der religiösen Spekulation (Kabbalah) ergab.
Die Zerstörung des Tempels im Jahr 70 n. Chr. bedeutete freilich insofern einen Bruch, als die levitische Instrumentalmusik damals ihr Ende fand. Es ist jedoch nicht anzunehmen,

daß alle Traditionsfäden abrissen, denn die Leviten pflegten schon im Hinblick auf die erhoffte Restaurierung des Tempelkultes ihr Berufswissen sicher weiter. Dabei stellten sich dann zwangsläufig Adaptierungen an die neuen Erfordernisse sowie regional unterschiedliche Modifizierungen unter dem Einfluß der Musik der Umwelt ein.

Die Vorbeter oder Vorsänger *(ḥazzanim)* im Synagogengottesdienst stammten zu einem guten Teil aus priesterlichen und levitischen Kreisen. So ist anzunehmen, daß eine gewisse Kontinuität zwischen Tempelmusik und synagogalem Gesang beziehungsweise Kantillation besteht.

Dafür sprechen auch zahlreiche Parallelen zur christlichen Kirchenmusik, die schwerlich im Sinn direkter jüdischer Einflüsse auf die Kirche zu erklären sind, sondern zum größten Teil wohl auf derselben ererbten Tradition fußen. Das ermöglichte auch späterhin einen gewissen Austausch von Motiven.

In spättalmudischer und gaonäischer Zeit gewann die synagogale Musik durch die religiöse Poesie *(Pijjut)* eine beherrschende Stellung im synagogalen und kulturellen Leben. Wie der *Pijjut* selbst Modeströmungen unterworfen war, so auch die für ihn verwendeten Melodien. Zu dieser Zeit und in diesem Bereich bot sich – neben den traditionellen Melodien für die üblichen Gebete und für die Kantillation der biblischen Texte – die Möglichkeit freier Gestaltung und auch der Übernahme aus der Umwelt, sowohl aus den volkstümlichen Melodien wie aus der Kunstmusik.

Die Folge davon war zum einen, daß im zehnten bis zwölften Jahrhundert auch die synagogale Psalmodie und Kantillation anspruchsvoller ausgebaut wurde, wozu die zur selben Zeit erfolgte Festlegung der masoretischen Akzente im *Bibel*-Text gehört. Zum anderen begann die Musik überhaupt eine größere Rolle zu spielen, indem sie auch im außersynagogalen Bereich Eingang fand – selbstverständlich in der Form der jeweiligen Musik der Umwelt –, mochte ausgesprochene Unterhaltungs- und Volksmusik von vielen Frommen auch nach wie vor für Israel im Exil als unziemlich verurteilt worden sein.

Vor allem im maurischen Spanien war infolge der profanen Poesie – Liebes- und Trinklieder – diese Beziehung ausgeprägt, nicht nur im Sinn übernommener Folklore, sondern in den »höfischen« Kreisen des jüdischen Spaniens auch bewußt gepflegt. Darüber hinaus gab es im Judentum wie in der islamischen und christlichen Welt Volkssänger und Spielmänner, eine Institution, die dann in Osteuropa noch bis weit in die Neuzeit hinein lebendig geblieben ist.

In der synagogalen Musik bewirkte diese Entwicklung, daß vom vierzehnten Jahrhundert an nicht nur zwischen den großen jüdischen Kulturkreisen, sondern auch zwischen kleineren regionalen Einheiten und sogar einzelnen Gemeinden mehr oder weniger erhebliche Unterschiede in der musikalischen Gestaltung des Gottesdienstes entstanden. Wenn dennoch im aschkenasischen Bereich, im sefardisch-europäischen Bereich und im Orient gewisse Charakteristika bestehen blieben, die diese großen Gruppen kennzeichnen, dann infolge der besonderen Situation seit dem Spätmittelalter.

Die europäischen Sefardim wie die osteuropäischen Aschkenasim gerieten in eine völlig andere kulturelle Umwelt, in der sie ihre alten Traditionen mehr oder weniger isoliert weiterpflegten. Die orientalischen Sefardim wiederum lebten in einer Umwelt, die ihrem maurischen Erbe nahestand und daher die orientalischen Züge auch in der Musik eher zu verstärken geeignet war.

Fünftes Kapitel

BRAUCHTUM UND LEBENSWEISE

1. Selbstabgrenzung und Isolierung

Viele der jüdischen Bräuche stellten ursprünglich keine Besonderheiten des Judentums dar, sondern wurden es infolge besonderer Bedingungen im Lauf der Zeit. Ausschlaggebend war dafür die existenzbedrohende Auseinandersetzung mit der Umwelt – zunächst mit der kanaanäischen und hellenistischen – und dann der Zwang zur Selbsterhaltung in der Zerstreuung.

Zahlreiche Bräuche – Beschneidung, Sabbatheiligung, Verbot des Schweinefleisches zum Beispiel – hatten in Verfolgungszeiten eine Bekenntnisfunktion erhalten und dienten seither um so wirkungsvoller zusammen mit dem übrigen Brauchtum der Selbstabgrenzung gegenüber dem Sog der Umweltreligionen und Umweltkulturen: Sie verboten den sozialen Kontakt mit den Nichtjuden in vielen Bereichen entweder ganz oder schränkten ihn doch zumindest ein.

Die Abschirmung gegenüber der andersgläubigen – nach damaliger Auffassung »ungläubigen« – Umwelt war damals selbstverständliches Anliegen aller Religionsgemeinschaften, also auch des Islam und des Christentums. Was das Judentum davon unterscheidet, ist nicht nur der Umfang des Brauchtums, sondern auch dessen Motivierung. Sie hängt mit der theologischen Wertung der *Torah* als Weltgesetz, als Schöpfungsordnung und somit als einzig richtiger Lebensordnung zusammen. In der mittelalterlichen Theologie, vor allem in der Kabbalah, erfuhr dieser Gedanke eine intensive spekulative Ausweitung.

Mit dem Abschluß der talmudischen Diskussionen, durch die Sichtung der Überlieferungen in Gesetzes-Kodices und unter dem Eindruck des rabbinischen Idealbildes vom jüdischen Leben hatte sich schließlich ein so großes Maß an allgemein verbindlichen Bräuchen und Lebensregeln durchgesetzt, daß bis zum neunzehnten Jahrhundert aller Zerstreuung zum Trotz und über alle regionalen, folkloristischen Ausprägungen hinaus eine breite, einheitliche Basis bestehen blieb. Im folgenden sollen nur jene Grundzüge dieser Lebensordnung aufgezeigt werden, die sich sozial- und kulturgeschichtlich bestimmend ausgewirkt haben.

Der Grad der Bedeutsamkeit und der tatsächlichen Praktizierung in den breiteren Volksschichten wechselte allerdings nach den jeweils herrschenden Bedingungen und war nicht zuletzt von den Beziehungen zur Umwelt abhängig. Wo die Juden die Möglichkeit hatten, in das soziale Gefüge und in die Kultur eines Landes organisch hineinzuwachsen, wie etwa im maurischen Spanien, da verlor das Brauchtum viel von seiner abschirmenden Wirkung; denn die sozialen Kontakte und die damit verbundenen persönlichen und materiellen Interessen begünstigten eine gewisse Assimilation. Solche Entwicklungen waren jedoch in der Regel nicht im Sinn der religiös maßgebenden Kreise und provozierten daher früher oder später verschärfte Maßstäbe in der eigenen Religionsgemeinschaft wie in den Umweltreligionen.

Derartige Reaktionen wurden aber ganz unterschiedlich bewertet. Der Minderheit wurden sie verübelt: Sie wurden als Symptom böswilligen Außenseitertums gedeutet und riefen in verstärktem Maß die immer und überall wirksamen Abwehrgefühle gegenüber allem Fremden auf den Plan. Im islamischen Bereich, wo neben den Juden auch die Christen und zum

Teil noch andere Gruppen als Minoritäten vorhanden waren, wirkte sich dieser Teufelskreis nicht so stark aus wie im christlichen Europa, wo eigentlich nur das Judentum als Minderheitsreligion geduldet wurde und in der Regel nur kleine und weit verstreute Gemeinden bestanden.

Hier in Europa äußerte sich der Fremdenhaß daher zumeist als Judenhaß und die übliche Scheu und Angst vor »Ungläubigen« erhielt infolge der spezifischen christlich-jüdischen Konfrontation eine zusätzliche Note, denn als »Gottesmörder« erschienen die Juden besonders unheimlich. Das jüdische Brauchtum, das den Moslems infolge mancher Parallelen nicht so absonderlich erschien, provozierte das christliche Empfinden auch als demonstrative Leugnung des Anspruchs, daß Christus das »Gesetz« des Mose aufgehoben habe.

Es bestand daher in der Kirche ein unverhältnismäßig starkes Interesse an einschränkenden Bestimmungen, deren Zweck es war, die gegnerische Religion zu demütigen und so ihre mindere Stellung zu demonstrieren. Dies geschah zum Teil auch aus Sorge um innerchristliche Vorgänge; denn bis zu einem gewissen Grad war die Polemik in beiden Religionen ja auch ein Mittel gegen die religiöse Gleichgültigkeit oder gegen abweichende Tendenzen in den eigenen Reihen.

Wechselseitige Isolierung lag also durchaus im Interesse aller religiösen Gruppen und wurde grundsätzlich von allen gutgeheißen. Sofern jedoch die herrschende Mehrheitsreligion ihre Maßnahmen mit Machtmitteln durchsetzte, übte sie damit eine einseitige Diskriminierung aus. Die Minderheit konnte darauf nur mit intensiveren Bemühungen um die Selbsterhaltung reagieren. Dadurch erhielt das Brauchtum noch größeres Gewicht, und so potenzierte sich der Isolierungseffekt, vor allem dann, wenn durch Auswanderung oder Vertreibung die Umwelt wechselte und keine gewachsenen Beziehungen zur neuen Umgebung bestanden, wie in Osteuropa.

Eine besondere Rolle spielte in allen drei Religionen die Vorstellung von »heiligen« Bereichen, von denen man Andersgläubige fernzuhalten wünschte. Im Islam waren es »heilige« Städte, wie zum Beispiel Mekka, Medina und zeitweilig Kairuan. Im Christentum wurde grundsätzlich die christliche Welt überhaupt im Sinn der Corpus-Christi- und Reich-Gottes-Lehre als ein sakraler Bereich aufgefaßt, und im Spätmittelalter begründete man Judenvertreibungen auch konkret mit dem Hinweis auf die besondere Heiligkeit einer bestimmten Stadt – so in Köln 1423/1424 wegen seiner zahlreichen Heiligen- und Märtyrergräber.

Im Judentum gab es diese Auffassung auch: In der Vergangenheit entsprach ihr das Verbot für Nichtjuden, den Jerusalemer Tempel zu betreten; später wirkte sie im Bereich der rituellen Reinheitsvorstellungen nach. Der Unterschied lag also mehr in der Möglichkeit und Methode, solche Vorstellungen mit Machtmitteln gegenüber Minderheiten durchzusetzen, wobei es selbstverständlich selten nur um religiöse Motive ging, sondern meist auch um recht handfeste wirtschaftliche Interessen.

Sofern Macht dazu angetan ist, Religiosität zu korrumpieren, waren die Mehrheitsreligionen ernsthafter gefährdet, zumal das religiöse Gemeindeleben unter Minderheiten immer intensiver zu sein pflegt. Aber auch Not kann Religiosität korrumpieren, und die im Spätmittelalter anwachsende Unterdrükkung und Verfolgung der Juden im christlichen Bereich wurde jahrhundertelang eine ernste Belastungs- und Zerreißprobe für jene Gruppen im Judentum, die unter dem äußeren Druck nicht mehr in der Lage waren, den überkommenen religiösen Normen zu entsprechen.

Die Mehrheitsreligion begrüßte einen solchen Verfall als Bestätigung ihrer negativen Vorurteile und hielt diesen Zustand für angemessen. Wenn das Judentum dennoch diese schwere Zeit überstand, dann vor allem dank der bewahrenden und formenden Kraft des religiösen Brauchtums, das nicht zuletzt deshalb von den Polemikern der Mehrheitsreligion so sehr aufs Korn genommen wurde.

2. Rein und Unrein

Aus der biblischen und talmudischen Zeit blieben infolge der skizzierten Bedingungen auch – teilweise uralte – Tabu-Vorstellungen und Bräuche lebendig, die als Teil des offenbarten Gotteswillens verstanden, deren Übung also als Mittel zur Erfüllung des Erwählungsauftrages aufgefaßt wurde. Dementsprechend suchte man diese Vorschriften auch für alle denkbaren Situationen genau festzulegen.

Die Ansicht, daß rituelle Unreinheit ein objektiv vorhandener und unheilvoller Zustand sei, der nur durch die entsprechenden rituellen Verrichtungen aufgehoben werden könne, blieb in diesem Rahmen der *Torah*-Frömmigkeit als ein Mittel zur »Heiligung des Lebens« erhalten, wenn auch im einzelnen neu und unterschiedlich motiviert.

Rituelle Reinheit entspricht im wesentlichen der kultischen Auffassung von »Heiligkeit«, die in erster Linie einen mit der Gottheit verbundenen Bereich kennzeichnet. Analog dazu wurde rituelle Unreinheit in erster Linie mit fremden Kulten (»Götzendienst«) verbunden. Folglich ist Gott selbst der Inbegriff der Heiligkeit, sein Tempel das Zentrum der kultisch-rituellen Heiligkeit, die sich von da aus stufenweise über die »heilige Stadt« und das »heilige Land« erstreckt. »Heilig« ist die ganze damit verbundene Lebensordnung, so daß eine Trennung zwischen rituellen und ethischen Geboten schon von daher nicht möglich ist.

Damit ist für damaliges Bewußtsein untrennbar die Vorstellung von der Erwählungsheiligkeit verbunden, die das von Gott erwählte und zum Gehorsam auf diese Lebensordnung verpflichtete Volk Israel kennzeichnet und zur »Heiligung des Namens (Gottes)« unter den Völkern verpflichtet. So konnte dieser Ausdruck sogar zur Bezeichnung des Martyriums werden.

In diesem kultisch-heilsgeschichtlichen Rahmen sind die einzelnen Riten zu begreifen. Nichtjuden kannten diesen Rahmen entweder nicht oder bestritten aus theologischen Gründen seine Berechtigung und urteilten darum über das Judentum anhand einzelner, unverständlich erscheinender Bräuche.

Aber auch im Judentum selbst schwankte selbstverständlich der Grad des Bewußtseins vom Gesamtzusammenhang, und so gab es immer auch Fälle von mechanisch-äußerlicher oder nachlässiger Praxis. Gutgeheißen wurden derartige Erscheinungen, die von der christlichen Polemik gern verabsolutiert wurden, von den jüdischen Autoritäten jedoch nie, wenngleich auch eine bloß formalistische Beibehaltung der Bräuche in Verfolgungszeiten für die Wahrung der Kontinuität und damit zur Ermöglichung einer künftig besseren Frömmigkeit nicht gering zu werten ist.

Als »unrein« galt also grundsätzlich alles, was »fremd« war, sofern es im Verdacht stand, mit einem fremden Kult oder mit rituell verbotenen Substanzen oder Praktiken verbunden zu sein. In der Umwelt wurde – ungeachtet der Tatsache, daß dort dieselbe Grundauffassung herrschte – diese Ansicht häufig als beleidigend empfunden, nicht etwa, weil man ein Prinzip der Toleranz verletzt wähnte, denn ein solches in dieser Zeit vorauszusetzen wäre ein Anachronismus, sondern weil man den eigenen Absolutheitsanspruch in Frage gestellt sah.

Außerdem waren mit den Vorstellungen über Rein und Unrein zumindest im Volksglauben weithin auch dämonologische und mehr oder weniger magische Ansichten verquickt. Etwas »Unreines« war also durchaus dazu angetan, Gefühle der Scheu und teilweise auch Abscheu hervorzurufen. Das Verhältnis zwischen den Religionen wurde bis zur Aufklärung in hohem Maß durch solche Emotionen mitbestimmt.

Rituelle Waschungen

Nach den einschlägigen biblischen Texten (*Leviticus* 11–19; *Numeri* 19) wurden drei Grundformen der rituellen Unreinheit unterschieden: Totenunreinheit, Aussatz und Unreinheit durch Sekretionen der Sexualorgane. Da ein Teil der dafür vorgeschriebenen Reinigungsriten nach der Zerstörung des Tempels nicht mehr durchgeführt werden konnte, gilt seither jedermann grundsätzlich als unrein nach der ersten Art. Übrig blieben für die Praxis so gut wie nur die sexuell bedingten Fälle und der Bereich der Speisegebote.

Als unrein gilt vor allem eine Frau während der Menstruation und nach einer Geburt sowie jede Person, die mit anormaler Sekretion behaftet ist. In den islamischen Ländern galt dies – in Analogie zur Praxis der Umwelt – auch für den Fall nächtlicher Pollution sowie für den Geschlechtsverkehr. In all diesen Fällen ist ein rituelles Tauchbad vorgesehen, wofür die Gemeinden in der Regel eigene Anlagen einrichteten. Nach der Vorschrift genügt einmaliges volles Untertauchen in nichtgeschöpftem – »lebendigem« – Wasser, aber dreimaliges Untertauchen wurde die Regel.

Viele Fromme nahmen auch zur Vorbereitung für Fest- und Fasttage ein rituelles Tauchbad, und Proselyten – jedenfalls Frauen – sind bis heute bei ihrer Konversion dazu verpflichtet.

Auch aus nichtjüdischer Hand erworbene Geräte und solche, die rituell untauglich geworden sind, müssen dem Ritus des Untertauchens unterzogen werden.

In der talmudischen Zeit setzte sich auch das rituelle Eintauchen oder Begießen der Hände durch, das in frühjüdischer Zeit aus der Priesterpraxis übernommen worden war. Es wurde nicht nur vor dem Essen – speziell von Brot – geübt, sondern auch nach dem Essen vor dem Dankgebet, am Morgen nach dem Aufstehen, nach dem Verlassen eines Aborts und eines Friedhofs, nach Nägelschneiden und Kämmen, nach dem

Berühren der Schuhe oder eines normalerweise bedeckten Körperteils und nach Geschlechtsverkehr. Priester, die im Gottesdienst den Priestersegen sprechen sollten, ließen an sich zuvor von Leviten diesen Ritus vornehmen.
All dies ist als rituelle Verrichtung – ohne hygienische Motivierung – zu verstehen. Daher wird die vorangehende körperliche Reinigung oft ausdrücklich als Voraussetzung für das rituelle Tauchbad gefordert.

Speisevorschriften

Damit Nahrungsmittel als für den Genuß tauglich (*kašer*, jüdisch-deutsch: *koscher*) galten, waren zahlreiche Vorschriften zu beachten, die zu einem guten Teil mit den Vorstellungen über Rein und Unrein zusammenhängen.
Fleisch darf nur von »reinen« Tieren genossen werden. Das sind Wiederkäuer, die ganz zweigespaltene Klauen haben (*Deuteronomium* 14, 3 ff.). Erlaubt sind ferner einundzwanzig – dies die biblische Zahl – oder vierundzwanzig – so nach rabbinischer Auslegung – Vogelarten (*Leviticus* 11, 13 bis 19; *Deuteronomium* 14, 12–18; *Talmud*-Traktat *Chullin* 63a/b), deren Identifizierung zum Teil variierte; keinesfalls sind jedoch Greifvögel erlaubt, ebensowenig wie die Eier »unreiner« Vögel. Erlaubt sind auch alle Fische, die Flossen und Schuppen aufweisen (*Leviticus* 11, 9–12), wobei aber die exakte Abgrenzung ebenfalls schwankte. Schließlich sind noch bestimmte Heuschreckenarten erlaubt (*Leviticus* 11, 21 f.; mehr in *Chullin* 65a/b).
Eine Grundregel ist die strikte Vermeidung jedes Genusses von Blut. Die Tiere müssen mit einem einwandfrei schartenlos geschliffenen Messer so geschlachtet (»geschächtet«) werden, daß sie völlig ausbluten, und das Fleisch wird zusätzlich noch durch Salzen und Wässern behandelt. Verendete Tiere und von Raubtieren gerissene Tiere sind untauglich.

Das geschächtete Tier muß ferner auf eine Reihe von Mängeln untersucht werden, die ganz oder teilweise den Genuß ausschließen. Bestimmte Teile, der *nervus ischiadicus* (*Genesis* 32, 32) und die einst beim Opfer verbrannten Fetteile – Bauchfett und Fettschwanz – sind zu entfernen. Der rituelle Schlachter *(Schochet)* erfüllte demgemäß eine wichtige Funktion in den Gemeinden.

»Fleischig« und »milchig« sind strikt zu trennen. Das heißt, Fleisch und Fleischprodukte dürfen mit Milch oder Milchprodukten zusammen weder aufbewahrt, noch zubereitet, noch gegessen – zwei bis sechs Stunden Intervall! –, noch irgendwie gewinnbringend veräußert werden. So lautet die in talmudischer Zeit durchgesetzte Regel, die man auf *Exodus* 23, 19; 34, 26 und *Deuteronomium* 14, 21 zurückführte (*Chullin* 115b). Praktisch bedeutet dies völlig getrenntes Geschirr für beide Sorten von Nahrungsmitteln.

Fisch gilt nicht als »fleischig«, wird aber traditionell nicht mit Fleisch zusammen gegessen.

Milch und Milchprodukte können nur von »reinen« Tieren und, streng genommen, nur aus jüdischer Produktion als unzweifelhaft erlaubt betrachtet werden, weil die Gefahr besteht, daß Milch unreiner Tiere beigefügt oder »unreine« Gefäße verwendet wurden. Besondere Flüssigkeiten – Wasser, Tau, Wein, Öl, Milch, Blut, Honig – gelten ohnedies als besonders verunreinigungsfähig und erfordern somit besondere Vorsichtsmaßnahmen.

Wein aus nichtjüdischer Produktion stellte wegen seiner kultischen Verwendung in der Antike (Gußopfer) ein gewisses Problem dar, weil er nach talmudischer Halachah als verboten galt, aber dennoch in manchen Gebieten für den jüdischen Handel unvermeidlich war. Man behalf sich zum Teil mit dem Argument, daß die Christen ja nicht mehr Götzendiener im Sinn der heidnischen Antike seien. Dennoch blieb der Streit für und wider den Wein bis in die Neuzeit lebendig.

Einen Sonderfall stellt das Passahfest dar, für das alles »Ge-

säuerte« aus dem Haus zu entfernen (*Exodus* 12, 39) und zu vermeiden ist. Der Umfang dessen, was darunter zu verstehen ist, schwankte zwischen »Sefardim« und »Aschkenasim«. Praktisch fällt so gut wie jedes nicht unter strikter Vermeidung von Fermentierung oder fermentierenden Beigaben hergestellte Nahrungsmittel unter diese Kategorie. Dementsprechend ist auch alles Geschirr vor dem Passah-Fest rituell zu reinigen.
Alles in allem verhinderten diese Vorschriften *de facto* jede Teilnahme an Mahlzeiten von Nichtjuden – ausgenommen Früchte und Gemüse. Denn bei strenger Beachtung der Regeln gilt ja schon das Geschirr als nicht *kašer*.

3. Kleidung

Im Altertum unterschieden sich die Juden in der Kleidung offenbar kaum von ihrer Umgebung. Gewisse Einzelheiten, die später kennzeichnend wurden, haben aber ihren Ursprung in bestimmten innerjüdischen Sonderbräuchen der frühjüdisch-talmudischen Zeit – so die Gebetsriemen und die Kleiderquasten. Für die Stoffwahl bestand allerdings die biblische Einschränkung, Flachs und Wolle nicht gemeinsam zu verweben (*Leviticus* 19, 19; *Deuteronomium* 22, 11), wovon zur Zeit des Tempels nur die priesterliche Dienstkleidung ausgenommen war.
Auch später haben sich die Juden der Kleidung ihrer Umgebung angepaßt. Abweichungen ergaben sich entweder durch Verordnungen der nichtjüdischen Obrigkeit, durch innerjüdische Abgrenzungsbestrebungen aus Sorge vor assimilatorischen Tendenzen, sowie infolge von Wanderungen, bei denen mitgebrachte Gewohnheiten in der neuen Umgebung konserviert blieben.
Obwohl die obrigkeitlich verhängten Vorschriften zu einem guten Teil diffamierenden und diskriminierenden Charakter

hatten, konnten sie von den Juden selbst aufgrund des eigenen Interesses an Abgrenzung zu einem guten Teil positiv gewertet werden – zum Beispiel der Judenhut –, so daß auf diesem Gebiet manchmal aus der Not eine Tugend gemacht wurde.

Tefillin (Gebetsriemen; Phylakterien)

Aus der in *Exodus* 13, 1–10, 11–16; *Deuteronomium* 6, 4 bis 9 und 11, 13–21 vorkommenden Redensart: »Es soll dir wie ein Zeichen an der Hand oder wie ein Denkzeichen an der Stirn sein, damit das Gesetz des Herrn in deinem Mund bleibe« ergab sich der Brauch, tatsächlich Denkzeichen für Hand und Stirn anzufertigen, weil in *Deuteronomium* 6, 8 und 11, 18 im selben Zusammenhang von »binden« die Rede ist.

Der älteste Beleg dafür stammt aus frühjüdischer Zeit *(Aristeasbrief)*. Aus Qumran und aus der Bar-Kochba-Zeit sind sogar mehrere Exemplare bei Ausgrabungen gefunden worden, wovon die letzteren bereits der späteren Halachah entsprechen. In talmudischer Zeit setzte sich unter den Rabbinen das Tragen der *Tefillin* mehr und mehr durch, und zwar – nur für Männer – vom dreizehnten Lebensjahr an, ausgenommen am Sabbat, an den Festtagen und zum Teil auch an Fasttagen.

Im Mittelalter wurde der Brauch im Sinn des rabbinischen Ideals verallgemeinert, wenngleich viele die *Tefillin* nicht den ganzen Tag über, sondern nur zu den Gebeten trugen. Die Kabbalisten unterlegten ihnen eine besondere Symbolik, und unter ihrem Einfluß trat der apotropäische Aspekt stärker in den Vordergrund, während sonst die bekenntnishaft-demonstrative Bedeutung vorherrschte.

Tefillin bestehen aus kleinen, würfelförmigen Behältern aus schwarzem Leder von einem »reinen« Tier – zum Teil auch künstlerisch gestaltet – und aus Riemen zum Befestigen an

Kopf und linkem Arm. Die Behälter enthalten die oben genannten vier *Bibel*-Stellen, nach den Vorschriften für die *Torah*-Rolle geschrieben, für die Hand-*Tefillin* auf einem einzelnen Stück Pergament, für die Kopf-*Tefillin* auf vier.
Die Kopf-*Tefillin* werden mit dem Behälter über der Stirn mittels zweier Riemen befestigt, die vom Knoten im Nacken lose herabhängen. Der Arm-*Tefillin*-Behälter wird am linken unteren Oberarm befestigt und der Riemen – bei Aschkenasim und Sefardim in unterschiedlicher Richtung – um Unterarm, Hand sowie Mittel- und Ringfinger gewickelt, nach einem festgelegten Verfahren, und zwar anschließend an das Anlegen des Gebetmantels *(ṭallit)*.

Kleiderquasten (ṣiṣit)

Aus biblischer Zeit (*Numeri* 15, 37–41; *Deuteronomium* 22, 12) stammt der – ursprünglich nicht nur jüdische – Brauch, tagsüber an den vier Ecken eines bestimmten Männergewandes Quasten mit einem längeren blauen Faden zu tragen, und zwar ebenfalls als *Torah*-Denkzeichen sowie als Bekenntnissymbol, das im Lauf der Zeit auch spekulativ motiviert wurde. In römischer Zeit trug man sie – zum Teil auch die Christen – am Pallium.
Mit dem Wandel der Kleidung wurden diese Quasten am Gebetsumhang und später an einem eigenen rechteckigen kurzen Kleidungsstück mit Kopfloch (Kleiner *ṭallit*) getragen, auch schon von kleinen Knaben. Den ersten Beleg dafür enthält der Kodex des Jakob ben Ascher (um 1350).

Gebetsumhang (ṭallit)

Als Sabbat- und Synagogenkleidung blieben nach dem Ende der talmudischen Zeit gewisse antike Kleidungsstücke weiterhin im Gebrauch, die eine zeitlang als Tracht der Gelehrten und Beamten gedient und allmählich Symbolwert angenommen hatten. So wurde wahrscheinlich aus dem alten Pallium *(himátion)* ein Gebets-Schal (man vergleiche Pallium und Stola im christlichen Klerikerornat).

Dieser *ṭallit* wurde gewöhnlich aus Leinen oder Wolle gefertigt. Er war weiß, mit schwarzen – später blauen – Streifen am Rand und mit einem Ornamententeil aus Silberfäden am Nackenrand. Im vierzehnten Jahrhundert setzte sich für den Alltag der »Kleine *ṭallit*«, auch *'arba' kanfot*, »vier Zipfel«, genannt, als Träger der vorgeschriebenen Kleiderquasten durch.

Getragen wurde der *ṭallit* in der Regel während des Morgengebetes (nur am 9. Ab nachmittags). Darüber hinaus wechselten die Bräuche nach Ort und Zeit beträchtlich. Allgemein pflegte – und pflegt – man vor dem Anlegen während einer Benediktion damit das Haupt zu verhüllen.

Kopfbedeckung

Im allgemeinen trug in der Antike der jüdische Mann im Gegensatz zur – verheirateten – Frau keine Kopfbedeckung (vgl. *1. Korintherbrief* 11, 4–7 und die bildlichen Darstellungen der talmudischen Zeit). Das entsprach der üblichen Gewohnheit im hellenistisch-römischen Kulturkreis. Im Partherreich hingegen waren verschiedene Kopfbedeckungen geläufige Würdezeichen. Als solche kamen sie auch bei jüdischen Würdenträgern und bei Rabbinen in Gebrauch und erhielten so allmählich religiöse Bedeutung, so daß man es schließlich gegen Ende der talmudischen Periode weithin für ungeziemend hielt, ohne Kopfbedeckung zu beten.

Im Westen hingegen betete man zum Teil noch lange auch barhaupt, und erst unter babylonischem Einfluß setzte sich die – ständige – Kopfbedeckung als religiöser Brauch, zum Teil

bewußt im Gegensatz zum barhäuptigen christlichen Gebet, nach und nach durch. Das blieb aber bis zu einem gewissen Grad noch in der Neuzeit Gegenstand von Diskussionen.
Bei all dem spielte die allgemeine Entwicklung der Kopfbedeckung eine entscheidende Rolle. Nach der arabischen Eroberung setzte sich allmählich der Turban als Kennzeichen für die Moslems durch, und der kegelförmige persische Hut wurde zum Merkmal der religiösen Minderheiten, Christen und Juden, und zwar in bestimmten Farben – für Juden meist gelb – oder mit zwei verschiedenfarbigen Knöpfen.
Über Byzanz und Spanien kam diese Huttracht auch zu den Juden Europas, wo sie – in Variationen – bis etwa 1200 fast allgemein als »Judenhut« getragen und von vielen vornehmen Juden auch im Siegel geführt wurde. Nach 1200 blieb dieser Hut aber nur in Aschkenasien in Gebrauch, von der nichtjüdischen Obrigkeit oft ausdrücklich als jüdisches Kennzeichen vorgeschrieben.
Frauen hingegen waren – von Jungfrauen abgesehen – von der Antike her verpflichtet, ihr Haupt zu verschleiern oder zumindest ihr Haar zu bedecken, zum Teil als apotropäische Maßnahme (vgl. *1. Korintherbrief* 11, 10), vorwiegend aber als Zeichen des Anstands, wie im Christentum auch.

Weitere »jüdische« Kleidung

Weite Verbreitung fand neben dem persischen Hut auch der Kaftan beziehungsweise ein langer Mantel mit *Kordel*-Gürtel. Auch Pelzwerk oder Pelzbesatz wurde oft als jüdisches Charakteristikum angesehen. Was jeweils an einzelnen Orten und zu den verschiedenen Zeiten als »jüdisch« galt, variiert beträchtlich. Jedoch war man auch jüdischerseits zunehmend daran interessiert, eine völlige Angleichung an die Umwelt zu vermeiden oder nur jenen Personen zuzugestehen, die unvermeidlicherweise mit nichtjüdischen Instanzen verkehren mußten. Verbote, »nichtjüdische« Trachten und Sitten nachzuahmen, finden sich darum nicht selten in einschlägigen mittelalterlichen Texten.

Von der Umwelt verhängte Kleidervorschriften

Dem Interesse an der Abgrenzung und Kennzeichnung der eigenen Religionsangehörigen entsprach das Bedürfnis, auch die Angehörigen von Fremdreligionen erkennbar zu machen, um unerwünschte Beziehungen, missionarische Einflüsse, rituelle Verstöße und schwierige Rechtsfolgen zu vermeiden. Die Mehrheitsreligion zwang solche Vorschriften kraft ihrer Herrschaftsposition auch den Minderheiten auf.

Zunächst geschah dies im islamischen Bereich aufgrund des sogenannten Omarvertrages im neunten Jahrhundert gegenüber Christen und Juden. Der Vertrag verpflichtete die Minderheiten zum Tragen der persischen Tracht – Mantel, Gürtel, kegelförmiger Hut –, und zwar in bestimmten Farben, für Juden meist gelb, oder wenigstens zur Anbringung von gelben Knöpfen an Hut oder Turban, wenig später (853) zum Tragen von zwei gelben Stoff-Flecken. Im vierzehnten Jahrhundert setzten die Mamluken Gelb für die Juden, Blau für die Christen und Rot für die Samaritaner fest, für die Frauen verschiedenfarbige Schuhe. In der Praxis sah es allerdings oft anders aus. Doch von Zeit zu Zeit griff man da und dort die strengen Bestimmungen wieder auf und setzte sie mit Gewalt durch.

Im christlichen Bereich forderte 1215 das Laterankonzil (Kanon 68) die Provinzsynoden auf, für klare Unterscheidungsmerkmale zwischen Christen, Juden und Mauren zu sorgen. Die Einzelvorschriften waren daher regional verschieden. Während in Aschkenasien der »Judenhut« neben dem langen Mantel bis gegen 1500 vorherrschendes Kennzeichen blieb, führte man in anderen Gebieten, wo dieser Hut abgekommen war, nach islamischem Vorbild den – meist gelben – Fleck ein, in England 1218 in Form der beiden Gebotstafeln, 1435 in Schaffhausen in Form des Judenhuts, in anderen Ländern (Kastilien 1219, Provence 1234, Kirchenstaat 1257) meist als Ring, zu tragen an der Brust (so überwiegend), an Schulter, Rücken oder Hut. Im fünfzehnten Jahrhundert wurde er so gut wie in ganz Europa vorgeschrieben, wenn auch zum Teil in abweichender Form, so zum Beispiel in Portugal 1391 als roter Stern.

Darüber hinaus bestand man wiederholt auf langen Gewändern oder Mänteln. Lange Mäntel mit Kapuzenhauben erwiesen sich dann aber zum Teil als den christlichen Ordensgewändern so ähnlich, daß man sie wieder verbieten mußte. Für Frauen wurden zumeist lange Kleider und Schleier – mit zwei blauen Streifen – vorgeschrieben.

Ein Ärgernis war es natürlich für die herrschende Religion, ob Islam oder Christentum, wenn Angehörige der Minderheiten luxuriöse Kleider und Schmuck trugen. Detaillierte Vorschriften zur Beschränkung solcher Erscheinungen traf man zum Beispiel 1404 in Köln. Aber Luxus galt ja auch vom strengeren jüdischen Standpunkt aus als verpönt und als der Exilssituation unangemessen, und so wurden derartige Vorschriften im allgemeinen weniger hart empfunden.

Vom dreizehnten Jahrhundert an entwickelten sich also teils infolge nichtjüdischer Vorschriften, teils infolge absichtlicher Beibehaltung älterer Kleidermoden – vor allem auch als Synagogenkleidung – regional unterschiedliche »Judentrachten«. Nicht immer und überall wurden dabei die Vorschriften strikt befolgt. Denn wie in anderen Fragen, so spielte auch dabei das jeweilige gute oder schlechte Verhältnis zur unmittelbaren Umwelt eine entscheidende Rolle. Die von strengen Vertretern der eigenen und noch mehr der Mehrheitsreligion verurteilte Neigung zu weitgehender Angleichung an die Umwelt war im Mittelalter jedenfalls noch weit stärker als in den folgenden Jahrhunderten bis zur Aufklärung.

4. Haar- und Barttracht

Schläfenlocken (pe'ot) und Bart

Aus biblischer Zeit (*Leviticus* 19, 27) stammt die – einst nicht nur jüdische – Sitte, das Haar an den Schläfen und über den Ohren mehr oder minder lang zu tragen. Im Mittelalter bestand über die Länge zwar keine einheitliche Auffassung, doch wurden Schläfenlocken als jüdisches Kennzeichen betrachtet und daher manchmal auch von nichtjüdischen Obrigkeiten vorgeschrieben.

Entsprechend orientalischem und entgegen römischem Brauch pflegten sich die Juden der talmudischen Zeit nicht zu rasieren, es sei denn in Fällen weitgehender Assimilation oder aus Rücksicht auf notwendigen gesellschaftlichen Umgang mit Römern. Im allgemeinen galt der Bart als Würdezeichen und als gottgeschaffenes Unterscheidungsmerkmal gegenüber der Frau. Im Fußbodenmosaik von Bet Alfa zum Beispiel ist bei Abraham ein Bart angedeutet – bei den Knechten nicht! –, und auf den Fresken von Dura Europos tragen die jüdischen Gestalten mit den Schläfenlocken zusammenhängende (vgl. *Leviticus* 19, 27 und 21, 5) kurze Backen-Kinnbärte und Lippenbärte, die allerdings nur bei den wichtigsten Gestalten etwas ausgeprägter dargestellt sind.

Im Mittelalter war es unter den Juden fast allgemein üblich, Vollbärte zu tragen, in den islamischen Ländern in der Regel lang, in Europa mehr oder weniger zugestutzt. Das Abschneiden des Bartes galt als eine ehrenrührige Strafe oder als Zeichen der Trauer. Mit der Kabbalah gewann der Bart einen weiteren Symbolwert und wurde darum in den folgenden Jahrhunderten vor allem in Osteuropa bewußt ganz lang getragen. Wie die Schläfenlocken wurde der lange Vollbart daher als jüdisches Kennzeichen betrachtet, und nichtjüdische Obrigkeiten verboten darum manchmal ausdrücklich das Abschneiden der Haare und des Bartes.

Haartracht der Frauen

Während unbedeckt – und zur Hochzeit offen – getragenes Haar für Jungfrauen zugelassen war, galt es für Frauen als unschicklich, das Haar und den Kopf unbedeckt zu lassen. Der Brauch, bei der Heirat das Haar abzuschneiden und eine Perücke zu tragen, hat sich jedoch erst in der Neuzeit in Osteuropa eingebürgert. Perücken waren allerdings auch früher bekannt, jedoch fast nur als Luxusartikel.

5. Judenviertel und Judenstrassen

Religiös-ethnische Minderheiten neigen dazu, in engeren Gemeinschaften zusammenzuleben. Für die Juden bestand dazu aufgrund des besonderen Brauchtums auch ein gewisser Sachzwang. Die jüdischen Siedlungen in der Diaspora stellten also von alters her etwas wie eigene Gemeinschaften dar, denen in der Regel weitgehende innere Selbstverwaltung zugestanden wurde.

Im islamischen Bereich ist es, von schiitisch beherrschten Gebieten, wie Jemen und Persien, und vom neuzeitlichen Marokko abgesehen, nie zu einer strengen Begrenzung des jüdischen Siedlungsteiles gekommen. Anders in Europa, wo auf jüdischer Seite von früh an eine feste Abgrenzung erstrebt und etwa in Speyer 1084 auch als Privileg zugesichert wurde. So wurden im christlichen Bereich die Judenviertel in der Regel durch Mauern als Stadt in der Stadt abgeteilt.

Zwar konnten einzelne auch außerhalb wohnen, aber diese riskierten eine größere Gefährdung und gewisse rituell bedingte Nachteile. Mit der Einführung der Ghettos im sechzehnten Jahrhundert wurde durch die christliche Obrigkeit weithin eine völlige und diskriminierende Abschnürung von der Umwelt vollzogen.

Im jüdischen Haus

Bauweise und Einrichtung der Häuser entsprachen weitgehend der jeweiligen Umgebung. Ein jüdisches Merkmal begegnete aber bereits am Eingang, nämlich die *Mezuzah* am rechten Türpfosten (auch der Wohnräume). Sie besteht aus einem Pergamentstreifen mit den biblischen Texten von *Deuteronomium* 6, 4–9 und 11, 13–21 in meist zweiundzwanzig Zeilen und mit dem hebräischen Wort *ŠDJ* – einer biblischen Gottesbezeichnung, aber auch Abkürzung für »Hüter der Tore Israels« – auf der Rückseite. Das Schriftstück wird in einen länglichen und oft kunstvoll gestalteten Behälter so hineingesteckt, daß diese drei Buchstaben durch eine kleine Öffnung zu sehen sind.

Mezuzot sollen regelmäßig – mindestens zweimal in sieben Jahren – überprüft werden, denn die Schrift soll leserlich bleiben. In frommen Kreisen pflegt man noch heute beim Vorbeigehen die *Mezuzah* zu berühren und die Finger zu küssen oder die *Mezuzah* selbst zu küssen.

Die ältesten Belege für diesen Brauch stammen aus frühjüdischer Zeit. Doch die in Qumran gefundene *Mezuzah* entspricht, wie die Qumran-*Tefillin*, nicht den späteren rabbinischen Vorschriften. Obwohl ebenfalls ein Denkzeichen und Bekenntnissymbol, kam der *Mezuzah* im Volksglauben immer auch apotropäische, in der kabbalistischen Frömmigkeit spekulativ überhöhte Bedeutung zu.

Bestimmte Gegenstände waren für ein jüdisches Hauswesen zur Beachtung der vorgeschriebenen Bräuche unerläßlich. Material und Gestaltung wechselte indes selbstverständlich je nach der wirtschaftlichen Lage der Haushalte.

Abgesehen von einem Gefäß für die rituelle Händewaschung sollte getrenntes Geschirr für »Milchiges« und »Fleischiges« vorhanden sein.

In späterer Zeit setzte sich der Brauch durch, die Gebetsrichtung im Hauptwohnraum mit einer dekorierten Tafel an der

Ostwand *(mizraḥ)* zu kennzeichnen. Für die Sabbat- und Festmahlzeiten war ein besonders schönes Gedeck üblich, dazu gehörte ein besonderer Weinpokal für die Benediktion *(qidduš)*. Für die Sabbatlichter dienten bei ganz Armen Eierschalen, während Reiche mehr oder weniger verzierte, oft sternförmige Ölhängelampen — erst in der Neuzeit Kerzenständer und Kandelaber — verwendeten. Zur *Habdalah* (Zeremonie zur Scheidung von Ruhetag und beginnendem Werktag) gehören, abgesehen vom Weinkelch, ein zweifacher Leuchter und eine Riechkräuterbüchse *(Hadas)*.

Für das Passah-Fest war streng genommen eigenes Geschirr nötig, jedenfalls aber ein Sederteller für das Mahl am Passah-Abend, und für dessen Liturgie (Seder) eine *Passah-Haggadah*, dazu Weinkelche und der meist kostbarer ausgeführte, symbolische Becher für den Propheten Elias.

Für das Chanukkah-Fest brauchte man einen achtflammigen Leuchter mit einer zusätzlichen Flamme zum Anzünden, entweder aufgereiht — in Spanien und später auch anderswo mit einer Rückwand — oder kandelaberartig beziehungsweise der *Menorah* nachgebildet. Ihr Ort war in der Regel gegenüber der *Mezuzah* des Außenraumes, *de facto* aber öfter des Innenraumes.

Innendekoration mit jüdischen Symbolen und hebräischen Texten war in besseren Häusern offenbar üblich und für Nichtjuden sicher auffällig. Nicht zuletzt sind jedoch die Bücher, die im Unterschied zu dem damaligen nichtjüdischen Durchschnittshaushalt so ziemlich jedes jüdische Haus besaß — und seien es nur die wichtigsten religiösen Texte —, zu erwähnen. Sie galten weithin als der wertvollste Besitz jeder Familie.

Die Synagoge

Zentrum des religiösen und gesellschaftlichen Lebens war der Synagogenkomplex mit Lehrhaus, Schule, Herberge und einer rituellen Badeanlage. Die Synagoge war in der Regel Gemeindeeigentum. Aber auch eventuellen Stiftern stand ein gewisses Mitverfügungsrecht zu. Man nannte sie »kleiner Tempel«, aber bei aller Reverenz gegenüber den heiligen Schriftrollen fehlte der sakral-kultische Aspekt, der die christliche Kirche kennzeichnete. Sie war mehr das Haus der »heiligen Gemeinde« als »Gotteshaus«.

Die Einrichtung entsprach dieser Funktion. Erforderlich war eine würdige Unterbringung der heiligen Schriftrollen. Dazu diente der *Torah*-Schrein, in Europa durch einen Vorhang abgedeckt. Die Schriftrollen selbst, nach festen Vorschriften angefertigt und rituell »heilig«, wurden im Orient in festen hölzernen oder silbernen Behältern geborgen, in Europa in einem *Torah*-Mantel, befestigt mit *Torah*-Wimpel und geschmückt mit dem *Torah*-Schild sowie mit *rimmonim* oder Kronen.

Die *Esther*-Rolle – auf nur einem Stab – galt nicht als in diesem rituellen Sinn heilig, weil der Text den Gottesnamen *(JHWH)* nicht enthält. Man fertigte für sie einen zylinderförmigen Behälter an, und es war erlaubt, die Rolle zu illuminieren.

Eine *bimah*, ein Podium, diente der Lesung und dem synagogalen Vortrag. Um eine Berührung der heiligen Schriftrollen beim Lesen zu vermeiden, benützte man einen Zeigestab *(jad)*.

Vor dem *Torah*-Schrein wurde das »Ewige Licht« *(ner tamid)* aufgehängt, jedenfalls seit dem siebzehnten Jahrhundert. Gespeist wurde sie mit Olivenöl, das Gemeindeglieder zu spenden pflegten. In älterer Zeit war ihr Platz in einer Nische der Westwand in Analogie zur *Menorah* im Tempel.

Wegen der häufig anwesenden Gäste, die auf Durchreise waren, hat sich im aschkenasischen Ritus der Brauch durchgesetzt,

den *qidduš*, die »Heiligung«, für Sabbat und Fasttag auch in der Synagoge zu sprechen, weshalb ein entsprechender Weinkelch nötig war.
Für die Beschneidungszeremonie hatte man einen besonderen Sitz, den »Stuhl des Elias«, und selbstverständlich ein spezielles Beschneidungsmesser.
Für bestimmte Anlässe, wie Neujahrsfest und Versöhnungstag, brauchte man ein Widderhorn *(Schofar)* zum Blasen.

Lehrhaus (Bet Midraš) und Schulen

Sofern nicht in der Synagoge selbst »gelernt« wurde, versammelten sich die Männer und größeren Schüler in einem speziellen Raum zu nicht selten ausgedehnten Sitzungen. Mitunter schliefen sie auch an Ort und Stelle. Hier sammelte die Gemeinde zugleich ihre Bibliothek, und durchreisende Gelehrte und Wanderprediger hielten, sofern sie nicht im Synagogengottesdienst sprachen, hier ihre Vorträge.
Auch die Kinderschulen und die höhere rabbinische Schule *(j^{e}šibah)* hatte ihren Ort meist in oder bei der Synagoge. Die *j^{e}šibah* war nicht selten mit dem *bet midraš* identisch.

Hospitäler

Krankenhäuser im eigentlichen Sinn erübrigten sich in den damals meist kleinen Gemeinden, da der feste Familienzusammenhalt eine entsprechende Versorgung gewährleistete. Die Gemeinde nahm jedoch regen Anteil. Krankenbesuch galt als fromme Übung und wurde oft regelrecht organisiert.
Für Durchreisende, vor allem mittellose, mußte aber im Krankheitsfall eine Versorgung getroffen werden, und so entstanden offenbar recht früh von der Gemeinde getragene Häuser und Hospitäler – wie viele Einzelbelege aus der Kai-

roer Geniza zeigen –, denen gegen Ende der Periode mit dem Wachsen der Gemeinden immer größere Bedeutung zukam und für deren Erhaltung eigene Stiftungen *(heqdäš)* sorgten. Krankenhäuser mit ärztlicher Versorgung entstanden – wie in der Umwelt – erst im späten achtzehnten Jahrhundert.

Badeanlagen und Tanzhäuser

Außer der rituellen Badeanlage *(miqwäh)* mußten auch allgemeine Badehäuser eingerichtet werden, nachdem den Juden die Benützung der öffentlichen Bäder an vielen Orten untersagt worden war.
Viele Gemeinden verfügten auch über ein Tanzhaus für Hochzeitsfeiern, Sabbatveranstaltungen und dergleichen.

Friedhöfe

Grabstätten galten seit biblischer Zeit als rituell unrein. Dieser Umstand sowie dämonologische Vorstellungen und praktische Gesichtspunkte führten dazu, daß statt der früher meist üblichen verstreuten Familiengrabstätten im Lauf der talmudischen Zeit und danach in einer gewissen Distanz von den Siedlungen Friedhöfe angelegt wurden, in der Regel verbunden mit einem Raum für die Bestattungsvorbereitungen. Das Friedhofsareal war oft sehr begrenzt, so daß die Grabstätten äußerst gedrängt und auch in Lagen übereinander angelegt werden mußten.
Friedhof und Gräber wurden bis ins sechzehnte Jahrhundert bewußt schmucklos gehalten, besonders im islamischen Bereich. Hier setzte man liegende Grabsteine, in Aschkenasien stehende, viereckige, die außer der Inschrift auch manchmal mit Symbolen der einstigen Würde oder Profession des Toten versehen waren.

Die Grabinschriften, in der Spätantike noch meist griechisch und lateinisch, sind im Mittelalter überwiegend hebräisch. Sie enthalten zum Teil nicht mehr als den Namen, meist auch den Vaternamen, das Todesdatum, das Alter sowie bestimmte, meist abgekürzte Formeln, wie am Schluß »Seine (oder: ihre) Seele sei eingebunden im Bündel des Lebens« (*1. Samuel* 25, 29). Manche Inschriften sind umfangreicher, und im spanisch-südfranzösischen Bereich waren auch poetisch gehaltene Inschriften üblich.

6. Der Alltag

Die »Heiligung«

Die Überzeugung, zur Erfüllung der *Torah* erwählt – und verpflichtet – zu sein, führte praktisch dazu, das ganze Dasein *Torah*gemäß auszurichten. Diese »Heiligung« erfolgt nicht bloß durch die äußerliche Beachtung der rituellen Vorschriften, sie besteht auch darin, daß sich jeder seine Abhängigkeit vom Schöpfer und seine Verpflichtung gegenüber dem erwählenden Gott Israel immer wieder vergegenwärtigt. Dazu dienen die vorgeschriebenen Gebete, vor allem die Benediktionen, wobei zu beachten ist, daß das gesprochene Wort in der »Sprache der Schöpfung« ja als wirkende Kraft verstanden wurde.
Benediktionen *(Berakot)* hatte es schon in talmudischer Zeit zu fast jeder Gelegenheit gegeben, und seither hatte sich eine feststehende Form durchgesetzt. Auf die Einleitung »Gepriesen seist du, Herr, unser Gott, König der Welt« folgt der eigentliche Inhalt (»der . . .«) und zuletzt eine verkürzte Wiederholung der Einleitungsformel und eine knappe Zusammenfassung des Inhalts. In Serien oder im Gebetskontext ist eine kürzere, dem Abschluß der langen Benediktion entsprechende Fassung üblich.

Man unterscheidet drei Anwendungsbereiche: (1) Benediktionen vor dem Beginn oder dem Genuß einer Sache, (2) Benediktionen zur Erfüllung religiöser Pflichten – mit der Erweiterung »der uns durch seine Gebote geheiligt und uns befohlen hat ...« und (3) die Danksagungen. Viele Benediktionen gelten auch nicht regelmäßigen Vorfällen des Alltags; zum Beispiel soll man beim Hören einer guten Nachricht Gott preisen, »... der gut ist und Gutes tut«.

Mit den regelmäßigen Pflichtgebeten des einzelnen und der Gemeinde ergab dies insgesamt ein Pensum an religiösen Pflichten, das erhebliche Zeit in Anspruch nahm, das in der Regel aber durch zusätzliche persönliche Gebete und Übungen – gerade auch durch »Lernen« – noch beträchtlich überboten wurde.

Alle diese Übungen hatten auch protektiven und apotropäischen Sinn. Ihre Erfüllung sollte das Leben im Sinn der Schöpfungsordnung, der *Torah*, regulieren und so vor Unheil bewahren, das eine Verletzung der göttlichen Welt- und Lebensordnung bewirkt. Dabei galten wie in anderen Religionen die Übergänge im Lebens- und Naturzyklus als besonders kritische Phasen, sie waren daher Kristallisationspunkte des Brauchtums.

Gebetszeiten und Pflichtgebete

Die Gebetszeiten für Pflichtgebete sind der Morgen (ab Sonnenaufgang), der Nachmittag und der Abend (nach Sonnenuntergang), jeweils mit einem gewissen Spielraum, also ohne formalistische Festsetzung auf die Stunde. Dennoch sollte jeder die vorgeschriebenen Gebete immer möglichst früh sprechen, um ein Versäumnis der Pflicht zu vermeiden. In der Regel war aber ohnedies die Teilnahme am synagogalen Gottesdienst üblich, bei dem mindestens zehn männliche Personen über dreizehn Jahren *(minjan)* anwesend sein müssen.

Tägliche Pflichtgebete sind – von den Benediktionen abgesehen – das *Höre Israel* mit den dazugehörigen Benediktionen, zwei davor, eine (abends zwei) danach, sowie das *Achtzehngebet*, eine Serie von neunzehn – ursprünglich achtzehn – Benediktionen. Das *Höre Israel* wird morgens und abends gesprochen, das *Achtzehngebet* – auch *'Amidah (Stehen)* genannt, weil man sich dazu erhebt – zu allen drei Gebetszeiten.
Zu diesen Stammgebeten waren im Lauf der Zeit noch zahlreiche andere Elemente – Benediktionen, biblische Texte, vor allem *Psalmen* und Hymnen – hinzugekommen, teils für das private Gebet allein, teils im Zusammenhang mit dem synagogalen Gottesdienst, der im Frühmittelalter eine weitgehend festgelegte Grundgestalt erhielt.
Als dritter Gebetskomplex kam werktags nach dem *Höre Israel* und dem *Achtzehngebet* der *Taḥanun*, das »Flehen«, der unter anderem Sündenbekenntnisse und Bitten um Erbarmen und Vergebung enthält, weshalb man sich während seiner Rezitation niederzuwerfen pflegte (Prostration – *n^{e}filat 'appajim*). Am Abend wurde der *Taḥanun* allerdings schon im Mittelalter weithin nicht mehr gesprochen.

Der Tagesbeginn und die Nacht

Nach jüdischer Zeitrechnung beginnt der Tag mit Sonnenuntergang, mit einer gewissen, weder recht zum Tag noch zur Nacht zu rechnenden Übergangszeit, der Dämmerung. Als Grenze gilt das deutliche Erscheinen dreier Sterne von mittlerer Größe. Der ganze Tag wurde zwar schon seit der talmudischen Periode in vierundzwanzig Stunden zu je sechzig Minuten eingeteilt, die helle Tageshälfte also in zwölf Teile, aber die uralte Einteilung in Morgengrauen, Tag, Abenddämmerung und Nacht hielt sich daneben weiter.
Das *Abendgebet ('Arbit)* ist daher eigentlich das erste Pflicht-

gebet des vollen Tages – der am Abend beginnt – oder der erste synagogale Gottesdienst. Es enthält als zweite Benediktion nach dem *Höre Israel* das *Haškibenu*-Gebet, eigentlich ein ausgesprochenes Nachtgebet (»Laß uns in Frieden schlafen gehen . . .«); aber es hatte sich der Brauch eingebürgert, auch zu Hause vor dem Zubettgehen noch einmal das *Höre Israel* mit einigen Zusätzen zu rezitieren.

Man ging in der Regel früh zu Bett. Die Nacht galt ja als unheimliche und von Dämonen erfüllte Zeit, in der man sich der gottbefohlenen Ruhe widmen soll. Nächtliches *Torah*-Studium und Meditation wurden jedoch als religiöse Übung hoch geschätzt.

Der Morgen

Frühes Aufstehen war selbstverständlich. Wenn auch nach der Zeitrechnung der volle Tag mit dem vorangehenden Abend beginnt, so beginnt doch der Tag als Zeiteinheit der Gebotserfüllung mit dem Morgengrauen oder Sonnenaufgang. Die ersten Gebete heißen daher auch *Birkot ha-šaḥar (Benediktionen für die Zeit der Morgenröte).* Sie gehörten eigentlich zu den einzelnen Verrichtungen am Morgen, aber schon im Mittelalter sprach man sie mit erheblichen Erweiterungen auch in der Synagoge vor dem eigentlichen Morgengottesdienst, für den man *Tefillin* und *Ṭallit* anlegte.

Montags und donnerstags fand nach dem *Taḥanun* die Lesung der wöchentlichen *Torah*-Perikope *(Parašah)* und der dazugehörigen Prophetenlektion *(Hafṭarah)* statt. Die Gemeinde erhob sich beim Öffnen des *Torah*-Schreins, die Schriftrollen wurden feierlich enthüllt, auf der *bimah* am vorgesehenen Ort aufgelegt und nach der Lesung ebenso feierlich wieder zurückgestellt. Die *Torah*-Lesung wurde von jeweils dazu aufgerufenen Gottesdienstteilnehmern vorgenommen. Der Aufruf wurde als besondere Auszeichnung empfunden und mußte daher wohlüberlegt sein, um Eifersucht und Mißstimmungen zu vermeiden.

Mittag und Nachmittag

Mittags wurde die reguläre Hauptmahlzeit eingenommen. Mit der rituellen Händewaschung und den üblichen Benediktionen stellte sie eine häusliche gottesdienstliche Veranstaltung dar, weil der *Tischsegen (Birkat ha-Mazon)* mehrere feierliche Benediktionen umfaßt.
Das *Nachmittagsgebet* wurde für den synagogalen Gottesdienst aus praktischen Gründen meist so an das Abendgebet herangerückt, daß beides eine Einheit bilden konnte.

Essen und Trinken

Wenn sich die Ernährungsweise im wesentlichen auch nach den jeweiligen regionalen Bedingungen richtete, ergaben doch allein schon die rituellen Speisegebote eine deutliche Unterscheidung von der Umwelt. Die Versorgung mit rituell zulässigem – jüdisch-deutsch: »koscherem« – Fleisch war zum Beispiel nicht immer und überall gewährleistet. Damit ergab sich von selbst ein stärkerer Anteil an Fischspeisen – da Fische nicht unter die rituellen Schlachtvorschriften fallen –, Milchprodukten und Gemüsen sowie Früchten.
Gegenüber der weithin einseitigeren Ernährungsweise in der europäischen Umwelt – Fleisch- und Mehlspeisen sowie Brot – dürften sich unter normalen Umständen von daher gewisse gesundheitliche Vorteile ergeben haben. Dazu trug wohl auch der Grundsatz des gesunden Mittelmaßes bei, der im Regelfall sowohl übermäßiges Fasten ebenso wie Völlerei verhinderte.
Die Neigung zu üppigen Gelagen war dennoch zuzeiten in ge-

wissen Kreisen so stark, daß einzelne Gemeinden Beschränkungen für die Zahl der Teilnehmer und der Gänge verordneten. Derartige Festmähler fanden allerdings nur zu bestimmten Gelegenheiten statt, wie überhaupt die Besonderheiten der in der Neuzeit sich ausbildenden »jüdischen Küche« mit solchen Mahlzeiten zusammenhängen.

Für eine Reihe von Anlässen sind Festmahlzeiten vorgeschrieben, und zwar für Hochzeit oder Verlobung, Beschneidung, Sabbatabend, -mittag und -nachmittag, für die Festtage, für den Passahabend (Seder), zum Abschluß der Lektüre eines gelernten *Talmud*-Traktates, für den *Bar Miṣwah* — den dreizehnten Geburtstag —, zur Hausweihe, nach einem Begräbnis und für einige andere Anlässe. Gegen Ende dieser Periode und in der Neuzeit spielten auch die Jahresmähler der verschiedenen Vereinigungen *(ḥäbrah qaddišah)* eine große Rolle.

Für das Essen galt natürlich auch eine gewisse Etikette, von der einige Details, über die religiös vorgeschriebenen und örtlich bedingten Bräuche hinaus, talmudischer Überlieferung entstammen. So soll man nicht hastig trinken und essen, beim Kauen nicht reden, Speisen, insbesondere Brot, mit Ehrfurcht behandeln.

Alkoholische Getränke wurden in der Regel nur mäßig genossen. Trunkenheit galt als schändlich, wenn auch in bestimmten Zirkeln des spanischen Judentums von der maurischen Zeit her Trinkgelage nicht unbekannt waren. Anläßlich des Purimfestes wurde aber auch sonst gelegentlich über die Stränge geschlagen. Die relativ geringe Rolle der Trunksucht wird unter anderem damit erklärt, daß ein mäßiger Weingenuß zum Ritus der Sabbat- und Festtagsmähler gehörte und so von klein auf eine feste Trinkdisziplin angewöhnt wurde.

Im großen und ganzen blieben auch im Mittelalter und weiter bis ins neunzehnte Jahrhundert die in biblisch-talmudischer Zeit entstandenen Grundsätze der Sexualmoral wirksam.
Die Sexualität wird als Teil des geschöpflichen Daseins mit dem Gebot der Fortpflanzung (*Genesis* 1, 28) verbunden. Ihre Legitimität ist demgemäß auf Ehe und Familie begrenzt. Heirat und Fortpflanzung gelten demnach als Selbstverständlichkeit, Homosexualität, Empfängnisverhütung und Onanie dagegen als schöpfungswidrig.
Die polemische Haltung gegenüber der Verbindung zwischen »Unzucht« und Fremdkulten – sakraler Prostitution, Fruchtbarkeitsriten, orgiastischen Kulten – in der Antike wirkte in der schroffen Verurteilung von »Unzucht« nach.
Soweit Sexualität zu Leidenschaft, Gebotsübertretungen und unziemlichem Benehmen verleitet, wird sie dem »Bösen Trieb« zugeschrieben, den der Mensch mit Hilfe des »Guten Triebes« überwinden soll.
Die rituellen Reinheitsvorschriften erzwingen ein hohes Maß an kontrolliertem Sexualverhalten und damit eine weitgehend wirksame Einschränkung auf die institutionalisierte Ehe.
In dem so gesteckten Rahmen wurde dem Geschlechtstrieb als einer geschöpflichen Tatsache durch verhältnismäßig frühe Eheschließung – mit achtzehn bis zwanzig Jahren bei den Männern, bei Mädchen auch früher – Rechnung getragen. Dem entspricht, daß von der Braut Jungfräulichkeit erwartet wurde, auch wenn man die im Christentum aufkommende Verherrlichung der Jungfräulichkeit nicht teilte.
Wie schon in der talmudischen Literatur, wird oft betont, daß der Mann im Umgang mit der Frau auf deren Bedürfnisse Rücksicht nehmen und so auch ihr Befriedigung vermitteln soll. In streng frommen Kreisen sah man allerdings die sexuelle Lust überhaupt als unziemlich an. Doch erreichten solche Tendenzen bei weitem nicht das im christlichen Bereich zu

beobachtende Ausmaß, nicht zuletzt, weil die jüdische Mystik, die Kabbalah, auch den ehelichen Geschlechtsverkehr mit einer spekulativen und positiven Symbolik versah, die dem asketischen Trend entgegenwirkte.
Das Ergebnis war im großen und ganzen auch auf diesem Gebiet eine Moral des Mittelweges.
In der Regel galt es allerdings als unschicklich, sich mit Frauen oder Mädchen zu unterhalten oder auch nur mehr, als nötig zu sprechen, einmal wegen der möglichen Verleitung zu Übertretungen, zum andern, um nicht vom *Torah*-Studium abgehalten zu werden.

Sexuelle Vergehen und Verstöße

Vergehen gegen die Inzestgesetze der *Bibel* (*Exodus* 18) galten weiterhin als Kapitalverbrechen, wenn auch die Bestrafung je nach den Bedingungen der Autonomie geändert oder gemildert werden mußte. In der talmudischen Zeit wurden ergänzende einschlägige Vorschriften erlassen, deren Mißachtung — wie jede unzüchtige Annäherung — mit Auspeitschung geahndet wurde. Praktisch galt dies auch meist für die biblischen Vergehen, da ein Todesurteil nur im Fall mißachteter vorheriger Verwarnung und bei entsprechenden Zeugenaussagen verhängt werden konnte.
Dies traf auch für den Ehebruch — der Frau — zu. Er hatte jedoch daneben zur Folge, daß die Ehebrüchige sowohl für ihren Geliebten wie für ihren Mann für immer rituell verboten blieb. Eine Vergewaltigung wurde der Frau jedoch nicht in diesem Sinn angerechnet.
Homosexueller Verkehr und Sodomie, im biblischen Recht Kapitalverbrechen, blieben weiterhin verpönt, ebenso der Verkehr mit einer Menstruierenden.
Die Strafe der Auspeitschung zog sich zu, wer einen nichtjüdischen Partner unter falschen Eheversprechungen zu sexu-

ellem Umgang überredete, einen *mamzer* – ein Kind aus einer unerlaubten Verbindung – oder eine Person mit mangelhaft entwickelten oder verstümmelten Geschlechtsorganen heiratete, oder sich Personen näherte, mit denen sexueller Verkehr unter Todesstrafe untersagt war.

Angehörige der Priesterkaste dürfen keine Geschiedenen, keine Dirnen und keine Frauen aus illegitimer Verbindung heiraten.

Geschiedene Frauen und Witwen sollten zur Sicherstellung einer eventuellen Vaterschaft erst nach neunzig Tagen wieder heiraten, Schwangere und Stillende aus Rücksicht auf das Kind erst ein Jahr nach der Entbindung.

Öffentliche Schelte riskierte, wer mit einer nichtjüdischen Person sexuellen Umgang pflegte, sich mit Worten oder Gesten unzüchtig benahm oder mit einer Frau – die engsten Blutsverwandten ausgenommen – in einem Raum allein blieb.

Monogamie und Polygamie

Das biblisch-talmudische Recht kennt keine Verpflichtung des Mannes zur Einehe. In der Praxis hatte zwar ein Mann selten mehr als eine Frau, aber im islamischen Bereich waren in Analogie zur Umweltpraxis Fälle von Bigamie häufiger.

In Aschkenasien wurde die Einehe im dreizehnten Jahrhundert durch Verordnungen der Gemeinden für verbindlich erklärt; das wurde später Gerschom ben Jehudah zugeschrieben, der an der Wende vom zehnten zum elften Jahrhundert in Mainz lebte. Unter den sefardischen und orientalischen Juden blieb aber bis zum Bigamieverbot des Staates Israel im Jahr 1951 die Regel bestehen, nach der mit Zustimmung der ersten Frau eine zweite hinzugenommen werden durfte.

Konkubinen wurden offenbar selten gehalten. Sie wurden in der öffentlichen Meinung zu sehr mit Prostitution und ritueller Unreinheit in Verbindung gebracht.

Ideal und Wirklichkeit

Die einschlägigen Regeln und Gesetze wurden natürlich auch im Judentum nicht immer von allen strikt eingehalten. Der Verkehr mit nichtjüdischen Personen zum Beispiel war zu Zeiten gar nicht so ungewöhnlich; er galt ja rechtlich auch nicht als Verbrechen, wurde aber von den Autoritäten aller Religionsgemeinschaften als ungehörig empfunden. Die verhängten Kleidervorschriften sollten nicht zuletzt derartige Kontakte von vornherein erschweren.

Homosexualität spielte im Judentum offenbar keine besondere Rolle. Im maurischen Spanien und auch später in islamischen Gebieten galt jedoch die Knabenliebe in gewissen Zirkeln nicht als so abscheulich, wie sie traditionell gewertet wurde.

Die Prostitution konnte in kleinen Gemeinden kaum Fuß fassen. Wo größere Gemeinden bestanden oder entstanden, stellte sie sich jedoch ein, vor allem in Spanien, Italien und Nordafrika. Die rabbinischen Gelehrten mißbilligten das mit unterschiedlichem Erfolg.

Auch die meist mißbilligte Beschäftigung mit Erotik wurde nicht immer und überall abgelehnt. Die profane Liebeslyrik der spanischen Schule und ihre Ausläufer in Südfrankreich und in Italien sprechen aber eine zu deutliche Sprache, um noch in den Rahmen der traditionellen und sonst vorherrschenden Sexualmoral zu passen. Sie entsprechen dem besonderen Lebensklima, das im maurischen Spanien und zum Teil auch im Italien der Renaissancezeit bestimmte Kreise des Judentums mit erfaßte und der vorherrschenden Exils- und Bußstimmung entgegenwirkte.

Aber selbst Immanuel von Rom (etwa 1261–1328), Verfasser von gewagten erotischen Gedichten, siedelte in seiner – Dantes *Divina Commedia* nachgebildeten – Beschreibung der Hölle dort auch alle Übertreter der traditionellen strengen Sexualmoral an.

8. Spiel und Unterhaltung

Spielerischer Zeitvertreib galt für den jüdischen Frommen als grundsätzlich fragwürdig, zum einen mit Rücksicht auf die Exilsituation, die als Strafe und Bußanlaß gewertet wurde, zum andern wegen des rabbinischen Ideals der *Torah*-Gelehrsamkeit, demzufolge möglichst jede freie Minute dem Studium gewidmet werden sollte. Bis zu einem gewissen Grad trug allerdings der Betrieb im *bet midraš* selbst eine spielerische Note, sei es durch schematische Anordnung und Wiedergabe des Stoffes, durch rätselartige Fragestellungen, die Anwendung mnemotechnischer Methoden und hermeneutischer Kunstgriffe – bis hin zur Pilpulistik – oder durch die Diskussion überhaupt.

Sabbat und Festtage boten mit den ihnen eigentümlichen Bräuchen und Gesängen gelockerte Formen der Unterhaltung, und in vielen Häusern waren – von den Kinderspielen abgesehen – auch profane Unterhaltungen üblich.

Nuß-Spiele, Würfelspiel, Domino, Kartenspiele und vom zehnten bis elften Jahrhundert an das durch die Araber vermittelte und auch von Juden hochgeschätzte Schachspiel waren offenbar gar nicht so selten. Freilich, gern gesehen wurden solche Dinge nicht, wenigstens sofern es sich um Glücksspiele handelte. Gelegentliche Teilnahme an Glücksspielen ohne primäre Absicht auf Geldgewinn war zwar selbst im Synagogenbereich da und dort üblich. Gegen Spieler aus Profession und Leidenschaft gingen die Gemeinden aber in der Regel mit scharfen Strafen vor. Sie galten als gesellschaftliche Außenseiter, und ihre häufig unguten Beziehungen zur Umwelt stellten ein spezielles Problem dar. Ihre Zahl vermehrte sich dennoch mit der zunehmenden Verschlechterung der Lebensbedingungen gegen Ende des Mittelalters und in der Neuzeit mehr und mehr.

Hochzeiten waren ein beliebter Anlaß zu unterhaltenden Veranstaltungen, zum Teil bestritten durch professionelle Spaßmacher und Spielleute, darüber hinaus natürlich das Purimfest, das mit Maskeraden und Aufzügen, Purimspiel-Aufführungen und Gelagen verbunden war. Da und dort galt dies auch für das Chanukkah- und das *Torah*-Freude-Fest.

9. Der Lebenszyklus

Geburt

Die Gefahren der Schwangerschaft und der Geburt haben auch im Judentum zu zahlreichen apotropäischen Bräuchen Anlaß gegeben. Vor allem gegen die Kindbett-Dämonin Lilith waren spezielle Amulette in Gebrauch. Gebete, Rezitation biblischer Texte, eine Nachtwache nach dem Tag der Geburt und anderes sollten die gefährliche Zeit überbrücken helfen.
Dem erstgeborenen Sohn kam seit früher biblischer Zeit besondere Bedeutung zu. Der nichtpriesterliche und nichtlevitische Erstgeborene hatte besondere Rechte — so den doppelten und nicht annullierbaren Erbanteil — und mußte zur Zeit des Tempels kultisch ausgelöst werden (vgl. *Exodus* 13, 2. 13). Daher blieb auch späterhin am 31. Tag nach der Geburt eine analoge Zeremonie vor einem Priester üblich.

Beschneidung

Ein Vater ist verpflichtet, dafür zu sorgen, daß sein Sohn beschnitten wird. Das geschah in der Regel am achten Tag durch einen professionalen Spezialisten *(mohel)*, obwohl jeder Jude dazu berechtigt ist. Gewöhnlich wurde die Zeremonie in der Synagoge — erst nach dem Mittelalter in der Regel zu Hause — während des Gottesdienstes vollzogen, auch am Sabbat.
Die Gevatterin brachte das Kind bis zur Tür der Synagoge, wo es der Gevatter entgegennahm, während die Gemeinde die

Grußformel »Gesegnet, der da kommt« sprach. Der *mohel* setzte das Kind kurz auf den »Stuhl des Elia«, dann hielt es der *sandaq*, der »Gevatter«, auf seinem Schoß fest, der *mohel* faßte die Vorhaut, schob eine geschlitzte Schutzscheibe vor die Eichel, trennte die Vorhaut mit dem Beschneidungsmesser ab und saugte das Blut ab. Der Vater sprach die Benediktion: »Gepriesen sei der Herr, unser Gott, der König der Welt, der uns durch seine Gebote geheiligt und uns wegen der Beschneidung befohlen hat.«

Nach Versorgung der Wunde erhielt der Vater das Kind, der *mohel* nahm einen Weinkelch, sprach die Weinbenediktion und einige Gebete, wobei auch die Namengebung erfolgte. Als Symbol der Bundeszugehörigkeit erhielt auch das beschnittene Kind oft ein paar Tropfen Wein aus dem Becher.

Das Festmahl am Beschneidungstag ist religiöse Pflicht. Es zeichnete sich durch spezielle Benediktionen und Gesänge und vielfältige folkloristische Bräuche aus.

Schulalter

Bis zu sechs Jahren standen Knaben wie Mädchen in der Obhut der Mutter. Nach dem sechsten Lebensjahr übernahm der Vater die Erziehung des Sohnes. Praktisch bedeutete das zugleich den Eintritt in eine Kinderschule.

Geschlechtsreife und Bar-Miṣwah-Feier

Mädchen galten vom zwölften Jahr an als geschlechtsreif und zur Beachtung der religiösen Vorschriften verpflichtet, Knaben vom dreizehnten Jahr an. Beim Mädchen wird anschließend noch eine Zeit von sechs Monaten unterschieden, in der sie als *na^{ca}rah* – eine Bezeichnung für »Mädchen« – gilt, später als *bogärät*, »Heranwachsende«.

Da aber für Frauen nur ein kleinerer Teil der Gebote in Frage kommt, wurde der Eintritt in den neuen Zustand nur bei Knaben — und auch das erst im Lauf des Mittelalters — besonders hervorgehoben.

Eine regelrechte Feier für den *Bar Miṣwah* (wörtlich: Sohn des Gebotes) wurde erst später eingeführt. Mit ihr verbunden war der erste Aufruf zur *Torah*-Lesung im Gottesdienst und oft auch eine *d^erašah*, ein »Vortrag«. Volle rechtliche Verantwortlichkeit im Sinn der Volljährigkeit war damit allerdings noch nicht verbunden.

Heirat

Eheschließungen wurden seit dem dreizehnten Jahrhundert in zunehmendem Maße durch den Heiratsvermittler *(šadkan)* vorbereitet, der die Bedingungen aushandelte. Wie in der Umwelt war die Gattenwahl eine Sache der Eltern. Das Heiratsalter lag für den Mann beim achtzehnten Lebensjahr, da man mit diesem Alter das Gebot der Fortpflanzung verband. Mädchen konnten von ihrem Vater grundsätzlich bereits mit Eintritt der Geschlechtsreife, also mit zwölf Jahren, verlobt werden, wenn auch die Hochzeit erst dann erfolgte, wenn das Kind ausgewachsen war.

Auf diese Weise wurden viele Halbwüchsige bereits früh rechtlich so gebunden, daß sie nur durch eine formelle Weigerung vor einem Gerichtshof oder durch eine regelrechte Scheidung wieder frei werden konnten.

Die Eheschließung geschah nach talmudischem Brauch in zwei Stufen: (1) Die rechtlich verbindliche Verlobung *(qiddušin, 'erusin)* wurde vollzogen, indem der Bräutigam oder sein Bevollmächtigter in Gegenwart zweier Zeugen der Braut ein Geschenk von einem gewissen Mindestwert — meist einen Ring — übergab und dabei sagte: »Siehe, mit diesem ... (Ring, Münze) bist du mir geheiligt nach dem Gesetz Moses und Israels.« Dazu sprach er eine Benediktion über Wein sowie eine zweite anlaßbezogene. Von da an galt die Verlobte rechtlich als Frau; der Verkehr mit dem Verlobten blieb jedoch untersagt. (2) In der Regel ein Jahr später – so bei einer Jungfrau – erfolgte die Hochzeit, *niśśu'in* oder *ḥuppah* (»Baldachin«) genannt. Der Baldachin versinnbildlicht offenbar das Haus des Bräutigams oder das Brautgemach. Mit vollzogener Kohabitation war die Eheschließung voll gültig.

Die Hochzeit war Anlaß zu frohen Feiern. Bei einer Jungfrau dauerte sie sieben Tage lang und war mit einem religiösen Festmahl verbunden.

Vom zwölften Jahrhundert an hat man die beiden Stufen in der Regel zeitlich nicht mehr getrennt und zu einer einzigen, nun liturgisch umfangreicheren, *Sieben Benediktionen* genannte Zeremonie vereinigt.

Zahlreiche nach Ort und Zeit wechselnde folkloristische Bräuche haben sich im Lauf der Zeit eingebürgert. Am bekanntesten ist das Zerbrechen eines Glases unter dem Zuduf: *Mazzal ṭob* »Guter Stern«, das heißt »Gut Glück«, in Aschkenasien, ferner das Vorrecht des Bräutigams, als erster zur *Torah*-Lesung aufgerufen zu werden. Auch die Anwesenheit eines Rabbiners und die Notwendigkeit eines *minjan* – zehn männliche Anwesende über dreizehn Jahre – wurde später üblich.

Rechtliche Formen der Eheschließung sind nach der Tradition: (1) *käsäf* (Geld, Kauf), (2) *šeṭar* (Vertrag) und (3) *bi'ah* (Kohabitation). Davon war praktisch fast nur der – symbolische – Kauf eine Realität. Besondere bindende Bedeutung wurde der *qiddušin*-Formel (»... nach dem Gesetz des Mose und Israel«) zugemessen, während für die rechtlich-soziale Stellung der Ehefrau der Ehevertrag *(ketubbah)* entscheidend ist, der die zwischen den Parteien ausgehandelten Bedingungen enthält.

Eine gegen Ende des Mittelalters und später weithin übliche Bedingung bestand im Recht des Bräutigams, noch bis zwei

Jahre nach der Hochzeit im Haus der Brauteltern leben zu dürfen, um sich dem *Torah*-Studium zu widmen.

Tod und Begräbnis

Sterbenden soll man Beistand leisten und ihren letzten Willen unbedingt respektieren. Zum Beistandleisten gehört mit die Ermunterung zum Sündenbekenntnis. Im Sterbezimmer wurden Lichter angezündet – offenbar als Symbol für die »flakkernde« Seele –, Gefäße mit Wasser aufgestellt und Gebete gesprochen. Nach dem Aussetzen von Atem, Puls und Herzschlag sprachen die Anwesenden »Gepriesen sei der wahrhafte Richter«. Der nächste Anverwandte schloß die Augen des Hingeschiedenen, der dann – mit den Füßen zur Tür und mit einem Leintuch bedeckt – auf dem Boden aufgebahrt wurde.

Vorhandene Spiegel wurden verhüllt oder umgedreht, die aufgestellten Wasserschüsseln vor dem Haus als stumme Mitteilung über den Tod ausgeleert. Dann begannen die – meist professionellen – Klageweiber ihre Tätigkeit. Der Tote durfte nicht alleingelassen werden; auch nachtsüber kamen Bekannte zur Totenwache, bei der man *Psalmen* rezitierte. Für die Verwandten begann die Trauerzeit, die nur durch Sabbate und Feste aufgehoben wird.

Vom Tod bis zum Begräbnis dauert die erste Trauerperiode *('aninut)*, in der die Trauernden von vielen Pflichten befreit sind und weder Fleisch noch Alkohol zu sich nehmen sollen.

Das Begräbnis gehört eigentlich zu den Pflichten der Erben. Aber schon in talmudischer Zeit nahm sich die Gemeinde dieser Aufgaben an, um den Trauernden beizustehen, und im Mittelalter bildete sich in fast jeder Gemeinde eine Begräbnisgesellschaft *(ḥäbraḥ qaddišah)*, die für diese Aufgabe auch die nötigen Geräte und am Friedhof einen speziellen Raum zur Verfügung hatte.

Die Vorbereitung für das – bis ins neunzehnte Jahrhundert möglichst bald vorgenommene – Begräbnis bestand vor allem aus der *ṭoharah,* der »Reinigung«. Der Leichnam wurde auf einen besonderen Tisch unter genau vorgeschriebenem Zeremoniell und unter Rezitationen entkleidet und gewaschen, zuletzt mit einer größeren Wassermenge überschüttet, wieder bekleidet und ordentlich hergerichtet. Bei Gesetzesgelehrten waren umfangreichere Zeremonien üblich.

Während in der Antike auch noch Steinsarkophage üblich waren, verwendete man im Mittelalter schlichte Holzsärge, in gewissen Gebieten (Frankreich) aus dem Tisch des Verstorbenen – als Zeugnis seiner Gastfreundschaft – oder in Osteuropa bei Gelehrten aus deren Studiertisch gemacht.

In Spanien war kein Sarg üblich, vom sechzehnten Jahrhundert an auch anderswo nicht, weil die Kabbalisten Wert auf die Symbolik des Wortes aus *Genesis* 3, 29 legten (»Staub bist du, und zum Staub wirst du wieder zurückkehren«).

Als in späterer Zeit Särge vorgeschrieben wurden, bohrte man daher Löcher in den Boden, um den Kontakt herzustellen, oder man gab – vor allem bei Priestern und Erstgeborenen – etwas Erde aus dem Heiligen Land mit ins Grab, unter anderem weil man glaubte, die in der Erde des HeiligenLandes Begrabenen würden zuerst auferstehen.

Die Erdbestattung galt als religiöses Gebot – aus *Deuteronomium* 21, 23 begründet. Daher wird die Einäscherung in traditionsverbundenen Kreisen bis heute nicht erlaubt, unter anderem, weil man im Verwesungsprozeß einen Teil der Strafe oder Buße für die Sünden des Verstorbenen sah. Die Begräbniszeremonien selbst waren regional und zeitlich recht verschieden.

Nach der Bestattung fand ein religiöses Pflichtmahl statt, das die Bekannten und weiteren Verwandten für die Trauernden veranstalteten.

Damit begann die zweite, siebentägige Trauerperiode *(šib'ah).* Man blieb tunlichst im Haus, besorgte keine Geschäfte, badete und salbte sich nicht, ließ Haar und Bart wachsen, trug keine Lederschuhe und keine gewaschenen Kleidungsstücke, vermied Geschlechtsverkehr und grüßte nicht. Die Sitzgelegenheiten wurden umgestülpt, die Häupter verhüllt. *Torah*-Studium war verboten, da es ja Freude bereitet, nur Klagetexte wie *Hiob*, *Klagelieder* und gewisse *Jeremia*-Stücke konnten gelesen werden. Bekannte kamen in der Regel ins Trauerhaus, um dort ihre Pflichtgebete zu sprechen. Dabei waren in der Liturgie zahlreiche Änderungen zu beachten, und der nächste Anverwandte, also in der Regel der erstgeborene Sohn, hatte das Kaddischgebet zu sprechen.

Die dritte Trauerperiode dauerte bis zum dreißigsten Tag nach dem Begräbnis. Während ihr sollte man sich die Haare nicht schneiden, keine Festlichkeiten besuchen, sich schwarz kleiden, keine Geschäftsreisen unternehmen und nicht zu Versammlungen gehen. Die schwarze Kleidung wurde später als »unjüdischer Brauch« abgeschafft.

Am Jahrestag des Todes versammeln sich die fünf nächsten Verwandten zur »Jahrzeit«, bei der zumindest das Kaddischgebet zu sprechen war und den ganzen Tag über – vierundzwanzig Stunden – ein Licht brennen sollte und bei der wenn möglich auch das Grab aufgesucht wurde.

10. Der Jahres- und Festzyklus

Das jüdische Jahr

In biblisch-frühjüdischer Zeit hatte der Kalender – oder besser: Kultkalender – einige Male gewechselt, und in den frühjüdischen Parteienkämpfen war er Gegenstand heftiger Auseinandersetzungen gewesen. Nach dem Jahr 70 n. Chr. setzte sich auch auf diesem Gebiet die pharisäische Tradition durch: Das Jahr wurde nach der Sonne, die Monate nach dem Mond berechnet; die daraus entstehenden Differenzen und Verschiebungen wurden durch komplizierte Interkalationen ausgeglichen, die zunächst Vorrecht des palästinensischen Patriarchen waren.

Im vierten Jahrhundert und schließlich vollends im zehnten bis elften Jahrhundert wurden die Bestimmungs- und Interkalationsmethoden ausgebaut und festgelegt, so daß Berechnung die frühere autoritative Regelung ersetzen konnte. Heute ist es möglich, mit Hilfe von Tabellen jedes jüdische Datum in den Gregorianischen Kalender unserer Zeit umzusetzen. An diesem traditionellen Kultkalender hält das Judentum mit Rücksicht auf die religiöse und folkloristische Tradition — neben dem Gebrauch des bürgerlichen Kalenders — auch heute noch fest.

Das jüdische Jahr wird durch einen Zyklus von Fest- und Fasttagen gegliedert, der hier nur in seinen allgemeinsten Aspekten dargestellt werden kann, weil ihn begreiflicherweise ein buntes folkloristisches Kolorit auszeichnet.

Die Einteilung des Jahres erfolgt nach vier Perioden (*t^{e}qufot*) sowie nach Monaten, und zwar: (1) *Tišri* (September/Oktober, 30 Tage), (2) *Marḥ^{e}šwan* (Oktober/November, 29 oder 30 Tage), (3) *Kislew* (November/Dezember, 30 oder 29 Tage), (4) *Tebet* (Dezember/Januar, 29 Tage), (5) *Š^{e}baṭ* (Januar/Februar, 30 Tage), (6) *'Adar* (Februar/März, 29 Tage), (6a) im Schaltjahr: *'Adar* II (30 Tage), (7) *Nisan* (März/April, 30 Tage), (8) *'Ijjar* (April/Mai, 29 Tage), (9) *Siwan* (Mai/Juni, 30 Tage), (10) *Tammuz* (Juni/Juli, 29 Tage), (11) *'Ab* (Juli/August, 30 Tage) und (12) *'Elul* (August/September, 29 Tage).

Festtag und Feiertag

Als Feiertage und Festtage gelten der Sabbat, die drei Wallfahrtsfeste aus der Zeit des Tempels — nämlich das Passah- oder Mazzot-Fest, das Wochenfest und das Laubhüttenfest –, das Neujahrsfest, das Neumondfest und der Große Versöhnungstag. Dazu kommen die nicht in der *Torah* gebotenen Feiertage Purim, Chanukkah und Lag ba-ʿOmer. Als hohe Feiertage gelten der Sabbat, die drei Wallfahrtsfeste, Neujahr und der Versöhnungstag.

Abgesehen vom Großen Versöhnungstag und vom 9. Ab, die Fasttage sind, handelt es sich um Festtage mit vorgeschriebenen Festmählern, die auch eine Trauerperiode aufheben.

Die Festtage werden in der synagogalen Liturgie gegenüber dem Alltagsgottesdienst besonders hervorgehoben:

(1) durch zusätzliche Texte, vor allem durch in den einzelnen Riten variierende Einfügungen synagogaler Dichtungen;

(2) durch die Ersetzung der mittleren Benediktionen des *Achtzehngebetes* durch – in der Regel sieben – feiertagsbezogene Stücke und durch die folgenden *Hallelpsalmen* (nicht an Neujahr und Versöhnungstag);

(3) durch eine *Torah*-Lesung aus zwei Rollen – die erste Lesung betrifft den Feiertag, die zweite stammt aus den Opfertexten *Numeri* 28–29;

(4) durch den *Musaf*-Gottesdienst in Analogie zum Festtags-*Musaf*-Opfer im Tempel.

Der *Musaf*-Gottesdienst wird an den hohen Feiertagen nach der Schriftlesung an den Morgengottesdienst angeschlossen; ansonsten kann das *Musaf*-Gebet innerhalb von sieben Stunden danach gesprochen werden. Die *Musaf*-Liturgie besteht im wesentlichen aus dem Halb-*Kaddisch*, dem *Achtzehngebet* mit entsprechendem Ersatz der mittleren Benediktionen, und aus der *Qᵉduššat ha-Jom (Heiligung des Tages)*. Dazu treten von Fest zu Fest variierende Erweiterungen.

Im häuslichen Ritus entzündet die Hausfrau zu Beginn des Feiertages zwei Lichter mit einer entsprechenden Segensformel, abgesehen vom Sabbat auch mit der Benediktion ». . . der uns am Leben erhalten hat und uns diese Zeit erreichen ließ«. Der Hausvater eröffnet und beschließt den Feiertag mit *Qidduš* und *Habdalah*.

Der *Qidduš* (»Heiligung«) besteht in einer vom Hausvater gesprochenen anlaßbezogenen speziellen Benediktion und einer Benediktion über den Wein vor dem Festmahl; durch ihn wird der Feiertag von dem »profanen« Tag abgegrenzt und geheiligt. Im aschkenasischen Ritus erfolgt der *Qidduš* auch im synagogalen Gottesdienst. Ein schöner Weinkelch gehört daher zur Ausstattung des jüdischen Haushalts.
Zum Abschluß des Feiertages wird in Analogie zum *Qidduš* die *Habdalah* (»Unterscheidung«), eine mehrteilige Trennungs- und Danksagungszeremonie, durchgeführt. Dazu gehört nach Anzünden eines Leuchters – mit dazugehöriger Benediktion – die Benediktion über den Wein und eine weitere für »alle Arten von Wohlgerüchen«, wozu man an einem Gewürzbehälter *(hadas)* schnuppert, der ebenfalls ein kunsthandwerkliches Prunkstück des Haushaltes darstellte.
Der Feiertag *(Jom Ṭob)* – als ein »einfacher Festtag« – wird wie der Sabbat durch gebotene Arbeitsruhe von den sonstigen Festtagen unterschieden. So dauern manche Feste – Passah-Mazzot, Sukkot – zwar etwa eine Woche, aber nur der erste und letzte Tag gelten als Feiertag. Der in der Diaspora meist übliche zweite Feiertag wurde nicht immer als Vollfeiertag betrachtet. An den dazwischenliegenden Tagen des Festes soll nur die notwendige Arbeit verrichtet werden; sie gelten grundsätzlich auch als festliche Tage von eigenem Gewicht, daher soll an ihnen auch keine Hochzeit stattfinden, um diesen Eigencharakter nicht durch »Mischung der Freuden« zu beeinträchtigen. Sabbate, die auf solche Tage fallen, gehören zu den dreizehn »besonderen Sabbaten«.

Fasttage

Außer den großen Fasttagen – dem Großen Versöhnungstag und dem 9. Ab –, an denen voll gefastet wird, ist eine Anzahl kleinerer Fasttage üblich, meist in Verbindung mit histo-

rischen Reminiszenzen oder mit rituell-liturgischen Anlässen. An solchen wird nicht durchgefastet und auch auf die trauerartigen Nebenbräuche — keine Körperpflege — verzichtet.
Außer den im folgenden im Jahreszyklus aufgeführten Fasttagen gab es regional oder auch nur auf eine Gemeinde beschränkte Fasttage, und selbstverständlich Fast- und Bußtage bei unvorhergesehenen unheilvollen Anlässen, sei es, um sie abzuwenden oder um sie zu beklagen.
Die Liturgie der Fasttage unterschied sich vom Alltagsgottesdienst durch die *Torah*-Lesung, eine erweiterte *'Amidah*, durch litaneiartige Bittgebete und Sündenbekenntnisse sowie nicht zuletzt durch eigens dafür bestimmte religiöse Dichtungen, die *Selichot*. Gelegentlich wurde im Mittelalter auch das Schofar-Horn geblasen.
Darüber hinaus stand es jedermann frei, außerhalb der Sabbate und Festtage zu fasten, so oft er wollte. Zu intensives und anhaltendes Fasten mit einem Risiko für die Gesundheit und damit für die sozialen Aufgaben wurde allerdings nicht gern gesehen und war nur in Zirkeln extremer Frommer und während messianischer Bußbewegungen da und dort der Brauch.

Der Sabbat

Die Sabbatfeier war in frühjüdischer Zeit zu einer der wichtigsten Bekenntnishandlungen und religiösen Übungen geworden. Der siebte Wochentag gilt nach *Genesis* 2, 2—3 dem Gedächtnis an die Vollendung der Schöpfung, als Symbol des Schöpfungsfriedens und als ein in der Schöpfungsordnung verankerter Pflichtruhetag, an dem nur die unbedingt notwendigen Verrichtungen und die Abwendung von Lebensgefahr gestattet sind. Dieser Grundsatz war in der Praxis mit einer Unzahl von offenen Fragen verbunden, die seit dem *Mischna*- und *Talmud*-Traktat *Šabbat* die *Halachah* bis zu kleinsten Details beschäftigten.

Das Ruhegebot betrifft auch die Bewegungsfreiheit, die durch die Sabbatgrenze – zweitausend Ellen – beschränkt wird. Doch ergab sich eine Lockerung durch die Möglichkeit des *'Erub*, der Verbindung zweier Orte durch Deponierung von Nahrungsmitteln für mindestens zwei Mahlzeiten, eine Konzession aufgrund wirtschaftlicher und gesellschaftlicher Sachzwänge.

Die aus ähnlichen Motiven oft geübte List, verbotene Arbeiten durch einen Nichtjuden – einen Sabbat-Goj – verrichten zu lassen, fand allerdings nicht die Billigung der Autoritäten.

Der Sabbat gilt als Freudentag, an ihm darf weder gefastet noch getrauert werden, und drei Mahlzeiten – abends, mittags und nachmittags – sowie festtägliche Kleidung gelten als religiöse Pflicht.

Der Sabbat beginnt am Freitagabend. In der Regel befindet sich der Fromme zu dieser Zeit bereits in der Synagoge, wo der Nachmittagsgottesdienst des sechsten Tages ja unmittelbar dem Sabbatabend-Gottesdienst vorangeht, während die Hausfrau daheim die Vorbereitungen für das Sabbatmahl trifft und bei Einbruch der Dunkelheit unter Rezitation einer vorgeschriebenen Benediktion die beiden Sabbatlichter anzündet.

Der Gottesdienst enthält außer den übrigen Änderungen – Ersetzung der mittleren Benediktionen des *Achtzehngebetes* durch sabbatbezogene Benediktionen – und Erweiterungen aus den *Psalmen* und aus der religiösen Dichtung im aschkenasischen Ritus auch den *Qidduš*, die feierliche »Heiligung« des Tages mit Bezug auf *Genesis* 1, 31 und 2, 1–3, samt der Benediktion über den Wein.

Im sechzehnten Jahrhundert wurde unter dem Einfluß der Kabbalisten die noch heute rudimentär geübte *Qabbalat Šabbat* eingeführt, der »Empfang der Sabbat-Braut«. Ursprünglich handelte es sich tatsächlich um ein feierliches »Einholen« dieser Symbolgestalt, weshalb man sich noch heute während des Liedes *Lekah dodi* (»Gehe, Geliebter, der Braut entgegen«) von Salomo Alqabeṣ (16. Jahrhundert) dem Eingang zuwendet.

Nach dem Abendgottesdienst mit Schriftlesung findet im Haus das Sabbatmahl statt, wenn möglich mit besonderem Gedeck und stets mit zwei – bedeckten – Broten auf dem Tisch. Nach einer Segnung der Kinder spricht der Hausvater den *Qidduš*, und das Mahl, an dem auch Gäste immer willkommen sind, beginnt. Spezielle Gesänge erhöhen den festlichen Charakter des Mahles, das – je nach der Einstellung der Feiernden – zu mehr oder weniger religiös gefärbter Unterhaltung überleitet.

Der Morgengottesdienst wird durch eine Lesung der *Torah*-Wochenperikope und durch den *Musaf*-Gottesdienst ergänzt. Die freie Zeit des Tages soll erbaulich-unterhaltender Lektüre und Unterhaltung gewidmet werden. Dabei war weithin auch profane Unterhaltung üblich. Den Sabbatausgang markiert die *Habdalah*-Zeremonie.

Im Jahreslauf werden dreizehn Sabbate als »besondere Sabbate«, die mit bestimmten historischen oder religiösen Daten in Verbindung stehen, liturgisch hervorgehoben.

Neumond

(1) *Das Neumondfest (Ro'š Ḥodäš)*

Aufgrund von *Numeri* 10, 10; 28, 11–15 wurde der Monatserste als Fest mit dem *Musaf*-Gottesdienst und einigen liturgischen Besonderheiten, aber ohne verbindliche Feiertagsruhe gefeiert. Bis in die talmudische Zeit hinein wurde der Eintritt des Neumonds am Dreißigsten des Monats anhand von formellen Zeugenaussagen durch den Sanhedrin proklamiert. Falls keine Zeugen vorhanden waren oder der neue Mond nicht zu sehen war, wurde das Fest für den folgenden Tag festgesetzt. Mit den festen Berechnungsmethoden erübrigt sich dieses Verfahren, und die Proklamation erfolgt seit gaonäischer Zeit am letzten Sabbat vor Neumond nach der Prophetenlesung.

(2) *Der Kleine Versöhnungstag (Jom Kippur Qaṭan)*

Von der Mitte des fünfzehnten Jahrhunderts an verbreitete sich von Aschkenasien aus der kabbalistische Brauch, den Tag vor *Ro'š Ḥodäš* als Buß- und Fasttag zu begehen. Im sechzehnten Jahrhundert entstanden dafür unter dem Einfluß der Kabbalisten von Zefat unterschiedliche Liturgien.

(3) *»Segnung des Neumonds« (Birkat ha-Lᵉbanah)*

Ein alter Brauch war, vom dritten bis zum fünfzehnten Tag bei deutlich sichtbarem Mond eine bestimmte Benediktion zu sprechen, und zwar möglichst im Freien. Dies galt nicht vor dem 9. Ab, nicht für die Trauernden während der ersten sieben Tage, nicht zur Hauptregenzeit und nicht an Sabbat- und Festabenden.

Neujahr (Ro'š ha-Šanah)

Das jüdische Jahr beginnt mit dem Monat *Tišri* (September/Oktober) und wird durch einen Festtag – in der Diaspora durch zwei Festtage – eingeleitet. Mit diesem schicksalsträchtigen Übergangstermin verbindet sich die Vorstellung vom göttlichen Gericht, weshalb zum Beispiel auf die Rezitation des *Hallel* verzichtet wird. Der Neujahrsgottesdienst wird durch umfangreiche Einschaltungen ausgezeichnet, vor allem im *Musaf*-Gottesdienst, ferner durch das Blasen des Schofarhornes.

Im Spätmittelalter entstand der im sechzehnten Jahrhundert allgemein verbreitete Brauch, am ersten Festtag – sofern dieser ein Sabbat war, am zweiten – an ein fließendes Gewässer zu treten, bestimmte biblische (*Micha* 7, 18–20; *Psalm* 118) und manchmal auch kabbalistische Texte zu rezitieren und die Kleidertaschen über dem Wasser auszubeuteln. Gemeinhin verstand man diese Zeremonie – genannt *tašlik*, »Wegwerfen« – als Ausbeuteln und Wegwerfen der Sünden.
Zum neuen Jahr pflegte man sich mit dem Wunsch zu grüßen, »zu einem guten Jahr eingeschrieben« zu werden, was mit der alten Vorstellung vom göttlichen Gericht und von den himmlischen Büchern zusammenhängt.

Die zehn Bußtage (Jamim nora'im)

Vom Neujahrsfest an wird zehn Tage lang in der dritten *'Amidah*-Benediktion *ha-mäläk ha-qadoš* (»der heilige König«) statt »der heilige Gott« gesagt. Vor dem Schluß der ersten, zweiten und achtzehnten Benediktion werden Bitten um Eintragung ins »Buch des Lebens« eingefügt, das *'Abinu Malkenu* (»Unser Vater, unser König«) gesprochen und vor dem Morgengottesdienst *Selichot* (Bußgebete) rezitiert.

Gedalja-Fasten

Am dritten Tišri findet ein besonderes Fasten zum Gedächtnis an die Ermordung Gedaljas statt (*Jeremia* 41, 1–2; *2. Könige* 25, 25).

Der (Große) Versöhnungstag (Jom Kippur)

Am Ende der zehn Bußtage steht der bedeutendste Buß- und Bettag des Judentums, dessen biblisches Ritual in *Leviticus* 16 beschrieben ist.

Am *Jom Kippur* wird voll gefastet. Waschen, Körperpflege — in talmudischen Texten: Salben —, Lederschuhe und Geschlechtsverkehr sind zu unterlassen. Die Gottesdienste am Abend, Morgen (mit *Musaf*) und Nachmittag sind mit ihren vielen Bußgebeten und Sündenbekenntnissen außerordentlich umfangreich, und so verbringen die Frommen praktisch den ganzen Tag in der Synagoge, zumal ein Abendgottesdienst noch hinzukommt — nach dem Schließen der Tore *(N^{e}ʿilat š^{e}ʿarim)* zur Zeit des Tempels *N^{e}ʿilah* genannt —, so daß an diesem Tag insgesamt fünfmal das *Achtzehngebet* gesprochen wird.

Der Abendgottesdienst enthält das *Kol Nidre* (»Alle Gelübde«), das seiner feierlichen Melodie wegen zu einem emotionalen Brennpunkt des jüdischen Lebens geworden ist. Die praktische Bedeutung dieses im frühen Mittelalter eingeführten Gebetes ist umstritten. Offenbar handelte es sich um eine feierliche Lossprechung von möglicherweise unerfüllbaren Gelübden. Dagegen erhoben freilich viele rabbinische Autoritäten Einspruch, um nicht eine leichtfertige Gelübdepraxis einreißen zu lassen. In der christlichen Polemik und in der antisemitischen Propaganda wurde behauptet, das *Kol nidre* hebe von vornherein alle juristischen Eide auf, was im neunzehnten Jahrhundert — und da und dort bis heute — zu kuriosen gerichtlichen Vorfällen und zu wiederholten gutachtlichen Äußerungen geführt hat.

Die umfangreichste liturgische Komposition im Rahmen der *Jom-Kippur*-Liturgie ist die *ʿAbodah,* eine Dichtung, die den Lauf der Heilsgeschichte von der Schöpfung bis zum Sinai beschreibt und in der Schilderung des Tempelrituals dieses Tages gipfelt.

Auch die Schriftlesung im Morgen- und Nachmittagsgottesdienst ist im Vergleich zur gewöhnlichen erheblich erweitert. Die Prophetenlesung besteht aus dem Buch *Jona* sowie aus *Micha* 7, 18–20.

Die Bedeutung des Tages spiegelt sich auch in der großen Zahl örtlich und zeitlich wechselnder Bräuche. Allgemein durchgesetzt haben sich seit gaonäischer Zeit das Blasen des Schofarhornes zur Beendigung des Fasttages und eine feierliche Mahlzeit am Vorabend und am Abend darauf. Vor allem dem Mahl am Vorabend nach einem rituellen Tauchbad am Nachmittag wurde große Bedeutung zugemessen, wobei bestimmte Speisen Brauch wurden.

Obschon mit der Tempelzerstörung auch der Opferkult ein Ende gefunden hatte, lebten im Brauchtum gewisse Reste von Opferriten weiter. So war es weithin üblich, am Vorabend des Versöhnungstages eine Art von Ersatzsühneopfer zu schlachten *(kapparot)*. Unter kabbalistischem Einfluß bürgerte sich der Brauch ein, dafür einen Hahn oder ein Huhn zu verwenden, meist von weißer Farbe. Viele rabbinische Autoritäten verurteilten den Brauch, aber er lebte dennoch modifiziert weiter, indem man bei der Zeremonie anstatt des Hahnes eine Münze verwendete.

Das Laubhüttenfest (Sukkot)

Nach *Leviticus* 23, 42 sollten die Israeliten zur Erinnerung an die Wüstenwanderung am Herbstfest sieben Tage lang in Hütten *(sukkot)* wohnen. Ursprünglich handelt es sich jedoch um ein agrarisches Fest, dessen Kult und Ritus mit der einsetzenden Regenzeit zusammenhing, also für das Gedeihen im neuen Jahr von Bedeutung war. Im synagogalen Ritus wurde und wird das Fest vom fünfzehnten *Tišri* an sieben Tagen begangen; der erste – in der Diaspora auch der zweite – und der achte Tag gelten als Feiertag.

Seit talmudischer Zeit sind die Bestimmungen für den Bau der Hütte, der *sukkah,* fest reguliert. Die Familien – jedenfalls ihre über dreizehn Jahre alten männlichen Mitglieder – sollen in der *sukkah* ihre Mahlzeiten einnehmen und sich möglichst viel dort aufhalten. Die Möglichkeit, eine *sukkah* aufstellen zu können, und sei es auch nur auf einem Balkon, ist daher für jedes traditionelle jüdische Hauswesen wichtig.

Eine weitere Besonderheit des Laubhüttenfestes ist der nach *Leviticus* 23, 40 angeordnete Feststrauß, der täglich beim Rezitieren des *Hallel* in der rechten Hand gehalten und – bei *Psalm* 118, 25 – geschwungen werden soll, während die Linke den *Etrog (Citrus medica)* hält. Der Feststrauß heißt nach seinem längsten Bestandteil, einem Palmzweig, *Lulab*; diesem werden drei Myrtenzweige und drei Weidenzweige beigebunden. Lulab und Etrog sind seit frühjüdischer Zeit traditionelle Symbole in der jüdischen religiösen Kunst.

Zur Zeit des Tempels wurden Lulab und Etrog an jedem Tag des Festes und am siebenten Tag siebenmal um den Altar getragen. In den Synagogen wurde dieser Brauch in Form von Prozessionen um die Synagoge oder – wie heute – in ihr um die *bimah* weitergepflegt.

Fällt ein Sabbat in die Zeit der Halbfeiertage des Festes, so gehört er als *Šabbat Ḥol ha-Moʿed* zu den dreizehn besonderen Sabbaten. An ihm wird das Buch *Kohelet* verlesen.

Am siebten Tag, der nach der in seiner Liturgie häufig verwendeten litaneiartigen Gebetsgattung *(Hošaʿnot) Hošaʿnah rabbah* (»Großes Hosannah«) benannt ist, werden Lulab und Etrog siebenmal um die *bimah* in der Synagoge herumgetragen. Der zukunftsweisende, auf Gedeihen ausgerichtete ursprüngliche Sinn des Festes wirkt in der Folklore nach.

Der achte Tag der Festversammlung *(ʿaṣärät)* wird auch als eigenes Fest namens *Šemini ʿAṣärät* gewertet. In seinem *Musaf*-Gottesdienst wird ein spezielles Gebet um Regen gesprochen. Sofern nicht ein Sabbat in die Zwischenfesttage fällt, wird das Buch *Kohelet* verlesen.

Der Abschluß des *Sukkot*-Festes insgesamt, in Israel mit *Šᵉmini ʿAṣärät* zusammenfallend, ist *Śimhaṭ Torah*, das »Fest der *Torah*-Freude«, Abschluß des jährlichen *Torah*-Perikopenzyklus. Dieses Fest kam erst im frühen Mittelalter auf, wurde aber sehr populär. Die letzte *Torah*-Perikope wird vom *ḥatan torah*, dem »*Torah*-Bräutigam«, gelesen, der neue Zyklus durch den *ḥatan bᵉrešit* — *bᵉrešit* ist das erste Wort der *Bibel* — begonnen. Umzüge mit den *Torah*-Rollen, Tänze und Gesänge geben diesem Tag seinen eigentümlichen volksfestartigen Charakter.

Das Tempelweihfest (Ḥanukkah)

Vom fünfundzwanzigsten Kislev bis zum zweiten Tebet (erste Dezemberhälfte) wird acht Tage lang die legendenumwobene Wiedereinweihung des Tempels unter Judas Makkabäus im Jahr 164 v. Chr. gefeiert. Zum Teil haben aber auch die acht *Sukkot*-Festtage analogiebildend eingewirkt.

In talmudischer Zeit kam der Brauch auf, an jedem Abend dieser acht Festtage am Hauseingang ein Licht anzuzünden, wofür sich der achtflammige *Chanukkah*-Leuchter eingebürgert hat, der an die Tempel-*Menorah* erinnert.

Zugrunde liegt aber ein zur Zeit des Tempels am achten Tag gepflegter Brauch, Lichter anzuzünden und Wasser zu schöpfen — ein Regenritus —, weshalb auch die Bezeichnung »Fest der Lichter« aufkam.

Im dreizehnten Jahrhundert wurde der Hymnus *Maʿoz ṣur jᵉšuʿati* (»Mächtiger Fels meiner Hilfe«) verfaßt, der seither im aschkenasischen Ritus gern nach dem Anzünden der Lichter gesungen wird, während die Sefardim *Psalm* 30 rezitieren. An jedem der acht Tage werden die *Hallel-Psalmen* und als *Torah*-Lesung einschlägige Kulttexte rezitiert. Der *Taḥanun* fällt aus.

Chanukkah als Lichterfest wurde allmählich ein folklorereiches Kinderfest, an dem Geschenke ausgeteilt werden. Es weist insofern gewisse Entsprechungen zum christlichen Weihnachtsfest der Neuzeit auf.

Der zehnte Tebet

Dieser Tag ist ein Fasttag zur Erinnerung an die Belagerung Jerusalems durch Nebukadnezar (*2. Könige, 25, 1 f.*).

Der fünfzehnte (Ṭu) bi-Šᵉbaṭ

Dieser Tag ist ein Halbfeiertag aus Anlaß des »Neujahrs der Bäume« zum Ende der Hauptregenzeit und als Beginn der Absonderung der Baumerstlingsfrüchte. In Aschkenasien wurden an diesem Tag fünfzehn Fruchtsorten gegessen, die im Heiligen Land wachsen, *Psalm* 104 und die »Stufenpsalmen« (120 bis 134) rezitiert, während im sefardischen Bereich unter dem Einfluß der Kabbalah von Zefat im sechzehnten und siebzehnten Jahrhundert verschiedene umfangreiche Liturgien entstanden. Im heutigen Israel erhielt das Fest wieder eine agrarische und zusätzlich nationale Symbolik.

Der siebente Adar

Der Todestag des Mose wurde vor allem von Mitgliedern der *Ḥäbrah qaddišah*, der »Begräbnisgesellschaft«, als Fasttag am Abend vor dem Jahreswechsel gehalten.

Das Purimfest

Der dreizehnte Adar, der Tag vor dem Purimfest, war Fasttag mit Bezug auf *Ester* 4, 16 *(Ta'anit Ester).*
Der vierzehnte und fünfzehnte *(Šušan Purim)* Adar feiert die im *Esterbuch* erzählte Errettung der Juden aus einer Verfolgung. Spezielle *Purim*-Termine waren indes nicht selten. Das Fest gilt nicht als Feiertag im strengen Sinn, war aber stets populär und ist neben *Chanukkah* das zweite Fest, an dem Geschenke gemacht werden. Es hatte und hat in vielen Gebieten — vor allem in Italien — karnevalistischen und volksfestartigen Charakter. Seit dem Mittelalter setzten sich *Purim*-Spiele und *Purim*-Parodien als beliebte Unterhaltung durch. Ansonsten zeichnet sich das Fest vor allem durch die — kantillierende — Lesung der *Esterrolle* aus.

Das Päsaḥ-Maṣṣot-Fest

Vom fünfzehnten Nisan an wird sieben Tage lang das *Passah-Mazzot*-Fest begangen, davon der erste und letzte als Feiertag (in der Diaspora kommt jeweils ein zweiter dazu). Dabei hatten sich schon in biblischer Zeit die Züge eines alten Hirtenfestes, eines Agrarfestes und die Erinnerung an den Auszug aus Ägypten miteinander verbunden. Der Auszug (Exodus) als Beispiel göttlicher Errettung in Vergangenheit und Zukunft stellte jedoch das beherrschende Thema dar.
Für das »Fest der ungesäuerten Brote« *(Maṣṣot)* ist unter strenger Beachtung der einschlägigen rituellen Vorschriften alles Fermentierende *(ḥameṣ)* aus dem Haushalt zu entfernen und zu verbrennen oder durch einen symbolischen Verkauf vorübergehend fortzugeben. Auch das Geschirr wird darum einer rituellen Reinigung unter rabbinischer Aufsicht unterzogen. Anstatt des normalen Brotes werden *maṣṣot*, ungesäuerte Brotfladen, gegessen, deren Herstellung ebenfalls

streng überwacht wird, um eine unerlaubte Fermentierung des Teiges zu verhüten.
Das Passahmahl am Vorabend, dem *Sedär*-Abend, gehört zu den emotional wirksamsten Bräuchen des Judentums. Es handelt sich um ein rituelles Familien-Festmahl mit eigener Liturgie, zum Gedächtnis an den Exodus aus Ägypten und mit eschatologischen Ausblicken auf die künftige, endgültige Rettung Israels. Aus der Antike hat sich dabei der Brauch, beim Gelage zu liegen, rudimentär in der Vorschrift erhalten, sich beim Mahl seitlich lehnend aufzustützen.
Für den Seder ist ein besonderes Gedeck nötig. Drei Mazzot werden vom Hausvater bedeckt übereinandergelegt, meist in speziellen Taschen. Zu jedem Gedeck gehört ein Weinbecher, da während des Mahles vier Becher getrunken werden sollen, ferner ein Ei und ein angebratener Fleischknochen zur Erinnerung an das Passah-Lamm zur Zeit des Tempels. Ferner werden eine Schale mit Salzwasser – Symbol der Tränen während der ägyptischen Knechtschaft –, *maror* (Bitterkraut) und *ḥarosät* – eine Paste aus Wein, Mandeln und Äpfeln als Symbol des Lehms, aus dem die Israeliten nach *Exodus* 1, 14 Ziegeln machen mußten – vorbereitet. Ein gesonderter Becher – manchmal ein ganzes Gedeck – wird für den Propheten Elia bereitgestellt, der als Vorbote der Heilszeit erwartet und für dessen Ankunft gegen Ende der Zeremonie die Türe geöffnet wird.
Der Ritus ist in der sogenannten *Passah-Haggadah* festgelegt, die im frühen Mittelalter ihre heutige Grundgestalt erhalten hat, in den Kernstücken aber bis in vorchristliche Zeit zurückreicht und daher schon für die Ausbildung des christlichen Abendmahls maßgebend war. Sie wurde gern kostbar ausgestattet und wenn möglich illuminiert.
Nach dem *Qidduš* und der rituellen Händewaschung wird *karpas* (Petersilie) in das Salzwasser getaucht. Der Hausvater bricht die mittlere der drei Mazzot entzwei und verbirgt die eine Hälfte als *'afiqoman* (»Nachspeise«) für den letzten Teil

des Mahles. Danach beginnt die Rezitation der eigentlichen *Haggadah*, wobei durch bestimmte Fragen auch die Kinder beteiligt werden. Vor dem Beginn des Mahles erfolgt wieder eine Händewaschung und die Benediktion zum Essen. Zunächst werden Teile der obersten und der halben mittleren *Mazzah* gegessen. Das Bitterkraut *(maror)* wird in den *ḥarosät*-Brei getaucht und verspeist. Darauf werden Stücke der untersten *Mazzah* mit diesen Beigaben belegt, *sandwich*-artig zusammengelegt und verzehrt. Erst dann beginnt das eigentliche Festmahl, nach dem die versteckte halbe *Mazzah* — die oft von den Kindern gesucht werden muß — als *'afiqoman* (Nachspeise) genossen wird.

Mit der Benediktion nach dem Mahl und mit dem *Hallel* (*Psalm* 115—118) schließt dieser liturgisch festgelegte Teil. Doch pflegt man danach noch länger aufzubleiben, spezielle Lieder zu singen und über Fragen der *Torah*-Gelehrsamkeit zu diskutieren.

In der Diaspora wurde der Seder in der zweiten Nacht wiederholt.

Der erste Feiertag zeichnet sich liturgisch durch die besonderen Gebete um Tau und durch das *Hallel* aus, der letzte, siebente Tag durch die *Hazkarat N^{e}šamot*, eine Erinnerung an die Märtyrer und großen Verstorbenen.

Zum Sabbat innerhalb der Festtage wird das *Hohelied* gelesen. Im übrigen weist auch dieses Fest eine reiche und vielfältige Folklore auf.

'Omer-Zählung und Lag ba-'Omer

Mit dem zweiten Tag des Passahfestes beginnt die »Zählung der Tage«, da das Wochenfest (*Pentekoste*, Pfingsten) fünfzig Tage, d. h. sieben Wochen danach stattfindet. Dafür waren nach dem Mittelalter meist eigene, mehr oder weniger ornamentierte *'Omerkalender* in Gebrauch. Die Bezeichnung

'omer (»Garbe«) geht auf die *Leviticus* 23, 9–16 vorgeschriebene Darbringung der Erstlingsgarbe zurück. Später interpretierte man *'omer* als ein Getreidemaß.
Die Zählung der Tage ist mit bestimmten Benediktionen verbunden und erfolgt nach dem Abendgottesdienst. Seit der spättalmudischen Periode wurden die Tage der 'Omer-Zählung *(s^e^firah)* weithin als eine Art Trauerzeit begangen.
Mit dem Aufkommen des Trauerzeitcharakters hängt auch die seit dem dreizehnten Jahrhundert belegte Feier am dreiunddreißigsten Tag – *Lag* (der 33.) *ba-'Omer* – zusammen. Sie bezieht sich auf Rabbi Simon bar Jochaj (zweites Jahrhundert n. Chr.), der sich nach dem Bar-Kochba-Krieg lange Zeit in einer Höhle bei Meron in Galiläa vor den Römern versteckt gehalten haben und dort begraben sein soll. Daher konzentrierte sich dieses Fest zunächst auf diesen Ort. Erst unter dem Einfluß der Kabbalah von Zefat im sechzehnten bis siebzehnten Jahrhundert und durch den osteuropäischen Chasidismus erlangte es größere Bedeutung und ist seither mit allerlei folkloristischen und volksfestartigen Details verknüpft.

Šabu'ot, das Wochenfest (Pfingsten)

Mit dem am fünfzigsten Tag der '*Omer*-Zählung – in der Diaspora kommt noch ein zweiter Tag hinzu – stattfindenden Wochenfest, ursprünglich einem Erntefest, verbindet sich das Gedächtnis an die Sinaioffenbarung. Daher hört man in der Synagoge am ersten Tag stehend den Dekalog an; als Prophetenlesung dienen am ersten Tag *Ezechiel* 1–2 und am zweiten Tag *Habakuk* 3, beides Theophanieschilderungen.
Aufgrund der symbolistischen Deutung von *Hohelied* 4, 11 – Milch als Bild für die *Torah* – wurden zum Fest besonders Milchprodukte und Milchspeisen üblich; dreieckiges Gebäck sollte die biblische Offenbarung – *Torah*, Propheten, Hagiographen – andeuten. Die Kabbalisten pflegten in der ersten

Nacht wach zu bleiben und Texte zu rezitieren, zum Teil auch in der zweiten Nacht. Sie führten ferner den Gedanken der »heiligen Hochzeit«, der Verbindung zwischen oberen und unteren göttlichen Kräften *(Sefirot)*, in die Festsymbolik ein und schufen dafür im sechzehnten Jahrhundert einen eigenen Ritus.

Der siebzehnte Tammuz

Dieser Tag ist ein Fasttag zum Gedenken an den Fall der Mauern Jerusalems beim Untergang des Königreiches Juda (vgl. *Jeremia* 39, 2) und bei der Eroberung durch die Römer 70 n. Chr.

Vom siebzehnten Tammuz bis zum neunten Ab wurde aus Trauer über die Zerstörungen von Jerusalem ebenfalls häufig gefastet.

Der neunte Ab

Nach dem Großen Versöhnungstag ist der Trauertag zum traditionellen Datum der Zerstörung des ersten und zweiten Tempels der bedeutsamste Fast- und Bußtag. Er wird wie ein regelrechter Trauertag anläßlich eines Todesfalls begangen. Zum Teil schlief man nachts mit einem Stein unter dem Kopf auf dem bloßen Boden.

In der Synagoge werden nur verdunkelte – oder gar keine – Lichter angezündet; die angezündeten werden im Lauf des Gottesdienstes dann gelöscht. Der *Torah*-Vorhang wird entfernt und manchmal der *Torah*-Schrein schwarz drapiert; da und dort wurde die *Torah*-Rolle auf den Boden gelegt und mit Asche bestreut. Der Vorbeter liest die gewöhnlichen Werktagsgebete mit monotoner Stimme, während die Gemeinde auf niederen Bänken oder auf dem Fußboden sitzt.

Im Abendgottesdienst werden die *Klagelieder des Jeremia* und zahlreiche *Qinot* – Klagelieder aus der religiösen Lyrik – rezitiert. Das litaneiartige *'Anenu* (»Erhöre uns«) wird nach der siebten und abends – in der stillen *'Amidah* – nach der sechzehnten Benediktion eingefügt. Im Morgengottesdienst erfolgen wie im Nachmittagsgottesdienst bestimmte *Torah*-Lesungen. Dazu kamen je nach Ort und Zeit wechselnde Bräuche; zum Beispiel wurde beim letzten Mahl vor diesem Trauertag ein Ei als Symbol der Trauer gegessen.

Sechstes Kapitel

DIE SOZIALE ORDNUNG

1. Grundmerkmale

Die unvergleichliche Fülle des religiös gebotenen und des darüber hinaus praktizierten Brauchtums stand in einem engen Wechselverhältnis zur sozialen Ordnung: Es begründete und erhielt diese, während umgekehrt das Brauchtum nur im Rahmen der ihm entsprechenden sozialen Ordnung in wirksamer Weise geübt werden konnte. Beides galt als Teil der göttlichen Schöpfungsordnung, ein entsprechendes Leben als spezieller Erwählungsauftrag Israels und insofern als grundsätzlich unverzichtbare Daseinsform.

Im Bemühen, diese Lebensweise so weit wie möglich zu praktizieren, kamen zugleich ungemein dynamische, intensive und konservierende Faktoren zur Wirkung. Die Intensität ergab sich dabei nicht zuletzt aus der Verflechtung des Brauchtums mit dem häuslichen Dasein und dem familiären Zusammenhalt, der dynamische Faktor in besonderer Weise aus der Notwendigkeit, aufgrund der sich ändernden sozialen Bedingungen immer effektivere Formen der *Torah*-Verwirklichung zu suchen.

2. Der Status der Geschlechter

Die Wertung von Mann und Frau wurde im Judentum durch drei verschiedene Aspekte bestimmt.

Im Rahmen der Schöpfung wird nach *Genesis* 1, 27 (»Als Mann und als Frau schuf er sie«) – sofern man den Vers nicht auf einen androgynen Urmenschen bezieht – die Frau neben dem Mann voll als Mensch anerkannt.

Im überlieferten Recht erscheint demgemäß die Frau grundsätzlich auch als verantwortliche und rechtsfähige Person, jedoch mit Einschränkungen, die sich aus der Beziehung zum Vater und zum Ehemann, die Züge eines Besitzverhältnisses aufweist, ergeben.

Eine deutlich tiefere Einstufung der Frau gegenüber dem Mann resultiert dagegen aus den Vorstellungen und Vorschriften des speziell religiösen Rechts. Nur ein Teil der positiven Gebote gilt auch für Frauen als verbindlich. Obschon die Führung eines Haushalts und einer Ehe von der Frau praktisch die Kenntnis und Beobachtung der meisten rituellen Vorschriften erfordert, gilt letzten Endes der Hausvater – und jedes männliche Familienmitglied über dreizehn Jahre – als eigentlich dafür verantwortlich.

Ein wesentlicher Grund für diese Wertung liegt in der rituellen Beurteilung besonderer weiblicher Körperfunktionen, die vor allem vom alten Blut-Tabu geprägt ist. Sieben Tage nach der Menstruation und sieben Tage nach einer Geburt gilt die Frau als rituell unrein; innerhalb von dreiunddreißig Tagen nach der Geburt durfte sie nichts »Heiliges« berühren, handelte es sich um die Geburt eines Mädchens, dann doppelt so lang.

Die Frau galt also nur in sehr beschränktem Sinn als kultfähig und spielt demgemäß im jüdischen Gottesdienst nur eine Zuschauer- und Außenseiterrolle: Sie ist von den Männern in der Synagoge deutlich abgetrennt, und bis auf wenige Ausnahmen galten Frauen auch als nicht würdig, die *Torah* zu lernen. Damit fehlte ihnen die dem Mann zur Verfügung stehende Möglichkeit, einen Mangel an Sozialprestige durch *Torah*-Gelehrsamkeit wettzumachen.

Kulte in der altorientalisch-antiken Welt dürften zu dieser Haltung mit beigetragen haben, die sich auch in der Vorstellung ausdrückt, daß die Frau dem »schlechten Trieb« leichter erliegt und man sich daher möglichst wenig mit Frauen unterhalten soll.

Die tatsächliche Stellung der Frau in der jüdischen Gesellschaft war dennoch keineswegs einförmig. Je nach dem Sozialprestige der Familien – das heißt der Brautväter – und der ökonomischen Position der Frau konnte selbst im Rahmen des traditionellen Status durch das Mittel des Heiratsvertrages und die Praxis des Familienlebens ein hoher Rang erreicht werden, so zum Beispiel in Aschkenasien vor dem Ersten und Zweiten Kreuzzug; dort begann sich ja auch das Prinzip der Einehe durchzusetzen.

Andererseits stellten die Frauen – jedenfalls im islamischen Herrschaftsbereich – die Hauptarbeitskräfte dar. Die Tendenz, einen großen Teil der Erwerbstätigkeit den Frauen aufzubürden, damit die Männer für das rabbinische »Lernen« Zeit hatten, verstärkte sich über die zeitbedingte – und insofern nicht nur im Judentum geübte – Praxis hinaus aufgrund des rabbinischen Bildungsideals gegen Ende des Mittelalters und erreichte dann in der Neuzeit ihren Höhepunkt.

3. Die Familie

Die Ehe als Institution

Wie die Beschreibung der Heirat im fünften Kapitel gezeigt hat, erwirbt der Mann die Braut – auch wenn dabei der Brautpreis weithin symbolische Bedeutung hat – durch die *qiddušin*. Die damit erworbenen Rechte sind jedoch mit

Leopold Pilichowski, Gemälde: »Eröffnung der Hebräischen Universität Jerusalem« 1925. Auf der Rednertribüne Lord Balfour.

Verpflichtungen verbunden und korrespondieren festgelegten Pflichten und Rechten der Frau. Der vertragliche Charakter der Ehe wird ergänzt durch die Möglichkeit, im vorgeschriebenen Ehevertrag *(k^{e}tubbah)* weitere Einzelheiten festzulegen. So konnte die Stellung der Frau in der Ehe im Einzelfall beträchtlich modifiziert werden.
Sakralen Charakter trägt die Ehe als Institution nicht, wohl aber gewinnt sie religiöse Relevanz durch die Bezüge zur Halachah, dem religiös-autoritativen Recht, und durch ihre Bestimmung, d. h. das Gebot der Fortpflanzung. Von daher ergibt sich auch die Möglichkeit der Scheidung für den Fall, daß derartige Aspekte verletzt oder unerfüllt erscheinen; unter Umständen kommt sogar eine Ungültigkeitserklärung in Frage.
Die große Bedeutung, die einer halachisch korrekten Eheschließung zugemessen wird, hat in Verbindung mit den herrschenden Maßstäben für das Sozialprestige dazu geführt, daß man bei der Gattenwahl in den besseren Kreisen sehr umsichtig zu Werke ging. Der *jiḥus*, die gute Verwandtschaft, und die *ṭoharat ha-mišpahah*, die »Reinheit der Familie«, wurden mit Stolz gepflegt. Deshalb spielten auch die Genealogien im Judentum oft eine ebenso große Rolle wie anderwärts bei Adelsfamilien.

Rechte und Pflichten der Ehepartner

Dem Mann gebührt die Nutznießung der Arbeit und des Besitzes der Frau; er hat daher auch das Recht, sie zu beerben. Dafür obliegen ihm als Pflichten die Sorge für Unterhalt, Wohnung und Bekleidung der Frau, die Kohabitation, die Ausstellung und Erfüllung des Ehevertrags, die Versorgung der Frau im Krankheitsfall, der Loskauf aus Gefangenschaft, ein würdiges Begräbnis, die Vorsorge für den eigenen Todesfall und für die Verheiratung der Töchter der Frau sowie die

Sicherung des Erbrechts der Söhne der Frau im Rahmen der im Heiratsvertrag festgelegten Summen.

Die Frau hat dem Mann an seinen Wohnort zu folgen und ist zur Kohabitation verpflichtet. Außer der Besorgung des Haushalts obliegt ihr die Versorgung und Erziehung der Kinder unter sechs Jahren, der Mädchen auch darüber hinaus. Ein Anspruch auf das Erbe ihres Mannes steht ihr nicht zu.

Eine Verletzung der ehelichen Treue ihrerseits gilt als Kapitalverbrechen, eine solche von seiten des Mannes nur, falls es sich bei seiner Partnerin um eine verheiratete Frau handelt. Der Grund hierfür liegt in der Sorge um die Sicherung der legitimen Nachkommenschaft. Hauptzweck der Ehe und damit Hauptpflicht der Frau ist daher auch die Fortpflanzung.

Der Heiratsvertrag (k^{e}tubbah)

Heiratsverträge zur Regelung der vermögensrechtlichen Fragen sind schon aus frühjüdischer Zeit bekannt. In und seit der talmudischen Zeit wurden sie in einer festen Form zum verbindlichen Bestandteil der Eheschließung: Sie waren der Braut nach den *Qiddušin*-Benediktionen und vor den *Niśśu'in*-Benediktionen zu übergeben.

Der Heiratsvertrag stellt in erster Linie einen Schutz der Frau gegenüber der grundsätzlich überlegenen Rechtsposition des Ehemannes dar. Er garantiert Geschiedenen und Verwitweten eine gewisse Mindestsumme und erlaubt die Regelung aller Vermögensfragen.

Die gesetzliche Mindestsumme für den Fall der Scheidung wurde nach »lokalem Usus« festgelegt. Sehr häufig wurde der Minimalbetrag aber überschritten, in den aschkenasischen Gemeinden des elften Jahrhunderts sogar außerordentlich. Obwohl dies aufgrund freier Verbindung geschah, galt das Festgesetzte als bindend.

Zusätzlich enthält der Heiratsvertrag eine Summe, die der

Ehemann im Fall der Scheidung als Gegenwert für die Mitgift der Frau auszuzahlen hat *(n^e dunjah)*. Auch dabei wurde es üblich, den eigentlichen Wert durch Zulagen zu erhöhen.
Beide Hauptbestimmungen des Ehevertrages erschweren, sofern entsprechende Beträge von den Parteien ausgehandelt worden sind, eine Scheidung und sichern der Frau ein unter Umständen beträchtliches Prestige innerhalb der Familie.
Die Mitgift, die der Brautvater stellt, ersetzt den mit der Heirat der Tochter verwirkten Erbanspruch gegenüber ihrem Vater. Auch dafür war ein Mindestbetrag festgesetzt, der in der Regel überschritten wurde. Da es sich um eine festgeschriebene Bedingung für die Heirat handelte, ergaben sich für mittellose Väter oft erhebliche Schwierigkeiten, ihre Töchter »unter die Haube« zu bringen. Dasselbe Problem ergab sich bei Waisenkindern. Daher galten Spenden zur Ausstattung armer Bräute als besonders verdienstlich, und schließlich wurden für diesen Zweck *(haknasat kallah)* eigens wohltätige Vereine gegründet.
Die Mitgiftbestimmungen galten jedoch nicht im islamischen Bereich, wo die alte Einrichtung des Brautpreises *(mohar)* beibehalten wurde. Die Kaufsumme wurde vom Brautvater aber meist zur Ausstattung seiner Tochter verwendet und erfüllte so eine der Mitgift vergleichbare Funktion.
Diese Werte sind jedoch nicht unbedingt mit dem Vermögen der Frau identisch. Sie sind vielmehr nur der durch den Heiratsvertrag gesetzlich bestimmte Vermögensteil, der dem Ehemann zur Verwaltung und Nutznießung anvertraut ist. Darüber hinaus kann jeder Heiratsvertrag zusätzliche vermögensrechtliche Bestimmungen über Sondervermögen und eigene Verfügungsgewalt der Ehefrau enthalten. Man unterscheidet daher zwischen jenem Besitz der Ehefrau, der dem Mann aufgrund der Ehe allgemein zur Nutznießung zusteht *(melog)*, und anderem Besitz, über den er nicht verfügen kann.

Die Leviratsehe

Stirbt ein Mann kinderlos, so ist nach biblischem Recht (*Deuteronomium* 25, 5–10) der nächstälteste Bruder – ungeachtet des Eheverbots *Leviticus* 18, 16 – dazu verpflichtet, die Witwe als seine Frau zu betrachten und für einen Nachkommen zu sorgen, der dann als Erbe des Verstorbenen gilt. Wollte er das nicht, so mußte er seine Weigerung vor Zeugen aussprechen, worauf die Verschmähte ihm einen Schuh ausziehen und ins Gesicht spucken mußte.
Im talmudischen und nachtalmudischen Recht rief diese Frage viele Diskussionen und unterschiedliche Urteile hervor. In tannaitischer Zeit wurde die ursprünglich als schändlich geltende Weigerung und die dazugehörige Zeremonie *(ḥ^{a}liṣah)* bevorzugt; doch in spättalmudischer Zeit setzte sich die alte Ansicht wieder stärker durch, und im islamischen Bereich blieb es dabei. Die aschkenasischen Autoritäten hingegen haben im Einklang mit ihrer Verordnung der Einehe der *ḥ^{a}liṣah* den Vorzug gegeben.

Die Scheidung

Wie die Heirat, so ist auch die Scheidung grundsätzlich ein Akt des Mannes (*Deuteronomium* 24, 1–4). Er muß der Frau eine Scheidungsurkunde *(geṭ piṭṭurin)* übergeben, die nach festen Vorschriften von einem Schreiber abgefaßt wird. Über die Berechtigung der Scheidungsgründe entscheidet jedoch ein Gerichtshof. Darüber hinaus ist in Aschkenasien seit dem zwölften bis dreizehnten Jahrhundert die freie Zustimmung beider Ehepartner notwendig, sofern nicht ein Ehevergehen vorliegt.
Im Normalfall erhält die geschiedene Frau die ihr im Heiratsvertrag zugesicherten Summen und ihr Sondervermögen, es sei denn, sie hätte durch eine Eheverfehlung das Recht auf

die *k^{e}tubbah* verwirkt. Aber auch eine Frau kann von ihrem Mann die Scheidungsurkunde fordern und bei Gericht einklagen, falls er seinen ehelichen Verpflichtungen nicht nachkommt oder ein untragbares Verhalten an den Tag legt.
Ein schwieriges Problem ergab sich, wenn ein Mann seine Frau verließ, ohne ihr eine Scheidungsurkunde zu hinterlassen oder wenn ein Mann vermißt blieb. Da für eine Todeserklärung zwei Zeugen erforderlich sind, blieben die »Verlassenen« *('agunot)* von Rechts wegen verheiratet. Dabei führten die üblicherweise frühen Verlobungen zu besonderen Härten.

Die Kinder

Kinder haben bis zum sechsten Lebensjahr gesetzlichen Anspruch auf Unterhalt durch den Vater. Später ist der Vater im Sinn der *ṣ^{e}daqah*, des rechten Sozialverhaltens, das die Gemeinde fordern kann, zum Unterhalt verpflichtet. Ferner obliegt dem Vater die Erziehung der Söhne und die Sorge für eine angemessene Berufsausbildung sowie für die Mitgift und Verheiratung der Töchter. Diese weitergehenden Pflichten begründen gewisse Rechtsansprüche des Vaters gegenüber dem abhängigen Sohn und gegenüber der Tochter, Ansprüche, die die Mutter nicht geltend machen kann.
Der erstgeborene Sohn hat einige besondere Vorrechte, so den Anspruch auf einen doppelten Erbanteil.
Ganz besonderes Gewicht wird dem biblischen Gebot der Ehrfurcht vor den Eltern zugemessen (*Exodus* 20, 12). Dazu gehört, daß die Kinder den Eltern nicht widersprechen und in Auseinandersetzungen nicht Partei gegen ihre Eltern ergreifen. Sie sollen auch nicht die üblichen Sitzplätze der Eltern einnehmen. In Notfällen sollen sie die Eltern unterstützen, im Todesfall für ein würdiges Begräbnis sorgen und die üblichen Trauerbräuche einhalten.
Das aus einer illegitimen Verbindung stammende Kind heißt

mamzer (»Bastard«) und unterliegt ebenso wie seine Nachkommen erheblichen eherechtlichen Einschränkungen: Ein *mamzer* kann nur wieder mit einem *mamzer* oder mit einem Proselyten eine gültige Ehe eingehen.

Das Familienleben

Der besondere Charakter des jüdischen Familienlebens ist weit mehr noch als durch die rechtlichen Voraussetzungen durch ein traditionelles Ethos geprägt, das gewisse Züge des Verhältnisses zwischen Gott und dem Menschen spiegelt. Wie man sich den gerechten Gott nicht als strengen, unerbittlichen Richter und Herrn vorstellt, sondern als Vatergestalt, die die Schwächen und das Bedürfnis des Menschen nach Rücksicht kennt und daher liebevolle Solidarität *(ḥäsäd)* und Erbarmen *(raḥ^{a}mim)* übt, so soll auch im zwischenmenschlichen Verhältnis – im Sinn einer *imitatio Dei* – gehandelt werden.

Bei aller Strenge des Gesetzes und bei aller Fülle des verpflichtenden Brauchtums zeichnete sich daher das jüdische Familienleben im Durchschnitt durch ein hohes Maß von »Nestwärme« und Solidarität aus. Sofern allerdings innerhalb der Familie Grundlagen des Judentums verletzt wurden, übte man unerbittliche Strenge.

Dem entspricht die hohe Wertschätzung des häuslichen Friedens *(šalom bajit)*, als dessen Symbol das Anzünden der Sabbatlichter durch die Hausfrau gilt. Selbst vor dem Gebot der Ehrung der Eltern hat die Wahrung des Familienfriedens Vorrang. Dies war insofern von besonderer Bedeutung, als es sich ja in der Regel nicht um Kleinfamilien handelte, sondern um größere Familieneinheiten von ausgeprägt patriarchalischer Struktur.

4. Witwen und Waisen

Seit biblischer Zeit galten Witwen und Waisen als schutz- und unterstützungsbedürftig. Da die Frau keinen rechtlichen Anspruch auf das Erbe ihres verstorbenen Mannes hat, ist sie auf die in dem Heiratsvertrag festgelegten Summen und auf ihr eigenes Vermögen angewiesen. Im übrigen steht der Witwe von Gesetz wegen das Recht zu, im Haus des verstorbenen Mannes zu leben und von den Erben auch ihren Unterhalt zu bekommen. Diese Rechte erlöschen, falls bestimmte Ehevergehen vorliegen und bei einer Wiederverheiratung.

Problematischer wurde der Status einer Witwe, falls umständehalber die Voraussetzungen nicht gegeben waren; dann war die Gemeinde um eine Unterstützung bemüht.

Die Rechte der Kinder in bezug auf ihr Erbe zu schützen und besitzlose Waisen aufzunehmen und großzuziehen galt von altersher als religiöse Pflicht der Gemeinschaft, und zwar in ganz besonderem Maß, wenn es sich um Waisenmädchen handelte, deren Mitgift aufzubringen war. Die Gemeinden richteten daher zu diesem Zweck eigene Fonds ein; oft nahmen sich auch besondere Gesellschaften innerhalb der Gemeinde der Sache an.

5. Die Alten

In Anbetracht der damals ja allgemein geringeren Lebenserwartung kam den Älteren als den Erfahreneren von selbst eine führende Rolle zu. Im Judentum kam dazu noch der Umstand, daß die Alten in der Regel auch die Gelehrten waren. Alter und Weisheit galten insofern als identisch. Auch die offizielle Gemeindeführung bestand aus »Ältesten«, was jedoch mehr die Autorität als das wirkliche Alter ihrer Mitglieder kennzeichnete. Andererseits galt ein junger Gelehrter selbstverständlich mehr als ein ungelehrter Alter.

Dennoch fehlte keineswegs der Blick für die realen Schattenseiten des Alters. Dem Bedürfnis nach Fürsorge wurde im allgemeinen zwar im Rahmen der Familien entsprochen; doch schon unter normalen Umständen konnte es vorkommen, daß ein alter Mensch keine Verwandten mehr hatte, in Notzeiten — bei Seuchen, Verfolgungen, Kriegen — natürlich noch viel öfter. So ergab sich für die Gemeinde die Notwendigkeit der Fürsorge. Zur Einrichtung regelrechter Altersheime kam es aber erst von der Mitte des achtzehnten Jahrhunderts an, vor allem dann in der ersten Hälfte des neunzehnten Jahrhunderts.

6. Die Armen

Über die bereits erwähnten Sozialfälle hinaus kam es nicht selten vor, daß einzelne Juden verarmten. Ihre Unterstützung, ihre Versorgung bei Krankheit und ihr Begräbnis galten ebenfalls seit biblischen Zeiten als religiöse Pflicht, nicht zuletzt auch der Gemeinden. Sie unterhielten eigene Fonds und Suppenküchen oder schrieben — so in Aschkenasien und Osteuropa — den einzelnen Familien eine gewisse Anzahl von Mahlzeiten für Bedürftige vor, die aufgrund von Gutscheinen (»Pletten«) eingelöst wurden. In den größeren Gemeinden übernahmen auch besondere Gesellschaften diese Aufgaben.

Auf diese Weise wurde ein Zwang zum Betteln weitgehend vermieden. Dennoch auftretende Wanderbettler standen außerhalb der sozialen Ordnung und hatten im Grund keinen Anspruch auf Unterstützung.

7. Die Abhängigen

Bedienstete

Wer irgend konnte, vermied es, in unmittelbare soziale Abhängigkeit zu geraten – vom Gemeindedienst abgesehen –, jedenfalls gegenüber Nichtjuden. Der Grund dafür lag im Streben nach möglichst freier Zeiteinteilung zur Erfüllung der religiösen Pflichten, insbesondere zum »Lernen«.
Die Dokumente der Kairoer Geniza, die einen recht genauen Einblick in die soziale Ordnung eines in mancher Hinsicht repräsentativen Teils des mittelalterlichen Judentums erlauben, enthalten jedenfalls wenig Hinweise auf abhängige Lohnarbeiter. Geläufiger war die Partnerschaft, die Beteiligung an einem gewerblichen oder kaufmännischen Unternehmen. Selbst gewisse Ämter der jüdischen Gemeinde litten in ihrem Prestige teilweise darunter, daß ihre Inhaber als unmittelbar von Bezahlung abhängige Bedienstete galten.

Sklaven

Sklaverei und Sklavenhandel war im Mittelalter allgemein verbreitet und selbstverständlich. Im Judentum waren aber aufgrund der schon in der Bibel enthaltenen Sklavengesetze in talmudischer Zeit jüdische Sklaven recht selten geworden, so daß sie innerhalb der eigenen sozialen Ordnung kaum eine Rolle spielten.
Aber auch das Halten nichtjüdischer und nicht der Mehrheitsreligion zugehöriger Sklaven war mit Problemen belastet. Konvertierte ein solcher Sklave zum Judentum, so war er nach den Gesetzen für jüdische Sklaven zu behandeln und folglich in absehbarer Zeit ein freier Mann. Konvertierte er zur herrschenden Religion, so mußte er ohnedies freigelassen werden. Solche Konversionen bildeten daher auch eine der

ständigen Streitfragen zwischen den Religionen. Jüdische Eigner mußten schon deshalb mit ihren Sklaven so umgehen, daß diese gern im Haus blieben.
Da nun, wie gesagt, Juden es möglichst vermieden, in ein unmittelbares Dienstverhältnis zu treten, kam es nicht selten vor, daß Sklaven im Dienst größerer Handelsunternehmungen und Gewerbebetriebe leitende Positionen einnahmen. Belege hierfür bietet wiederum die Kairoer Geniza.
Im allgemeinen gab es mehr weibliche als männliche Sklaven. Im Unterschied zum Islam war allerdings nach jüdischem Recht der sexuelle Verkehr mit Sklavinnen nicht gestattet.

8. Sozialprestige

Das soziale Prestige des einzelnen wurde durch seine Funktion im Gemeinwesen bestimmt.
Eines der Kriterien war der Besitz. Die Existenz der Gemeinde hing schließlich von der Aufbringung der vorgeschriebenen Steuersumme ab. So ergab sich selbstverständlich eine entsprechend gewichtige Rolle der hauptsächlichen Steuerzahler in den Gemeinden, denn die besitzenden Gemeindeglieder ermöglichten zugleich ja auch die Erfüllung der internen Gemeindeaufgaben, zumal der sozialen.
Die besondere jüdische Lebensweise erforderte eine weitgehende Unabhängigkeit. Armut konnte daher nicht als Ideal gelten. Reichtum wiederum mußte als soziale Verpflichtung verstanden werden, nicht als Ideal an sich. Der Reiche, der sich von der Gemeinschaft absonderte *(poreš min ha-ṣibbur)* und sich seinen sozialen Verpflichtungen entzog oder nicht nach den religiösen Vorschriften lebte, wurde scharf getadelt. Der Freiraum für Interessenkonflikte war dennoch beträchtlich, wenn auch das Prinzip der sozialen Verantwortung des Besitzenden bis ins siebzehnte Jahrhundert in erstaunlicher Weise wirksam blieb.

Die Berufe unterlagen je nach Zeit und Ort unterschiedlichen Wertschätzungen. Davon wird noch zu reden sein.
Ein weiteres Kriterium – manchmal ein echtes Korrektiv zum Kriterium des Besitzes – war die rabbinische Gelehrsamkeit. Im Regelfall war es freilich so, daß wirtschaftliche Unabhängigkeit die Voraussetzung für das *Torah*-Studium war und daß auch ein Gemeinde-Rab mit eigenem Vermögen sich besser durchzusetzen vermochte als einer, der ganz auf die Besoldung durch die Gemeinde angewiesen war. Aber die Chancen, als armer Schüler gefördert zu werden und schließlich in eine vornehme Familie einheiraten zu können, waren nicht gering. Die Gemeinden sahen es zudem als ihre Aufgabe an, minderbemittelte Schüler ihrer *j^{e}šibah* zu unterstützen und wandernde Schüler zu versorgen.
Schließlich galt aufgrund der Vorstellungen von der »guten Verwandtschaft« *(jiḥus)* und von der »Reinheit der Familie« *(ṭoharat ha-mišpahah)* auch die Abstammung als ein Kriterium des sozialen Ansehens.
Darüber hinaus war der durch Frömmigkeit und Rechtschaffenheit erworbene Ruf, unabhängig vom wirtschaftlichen Status, ein bedeutender Faktor. Gelegentlich konnte dies sogar dazu führen, daß jemand wie ein Heiliger verehrt wurde. In Aschkenasien hat der sogenannte aschkenasische Chasidismus derartige Heiligengestalten hervorgebracht, und auch in Südfrankreich und Spanien kam es im Rahmen der aufkommenden Kabbalah zu ähnlichen Erscheinungen.

9. Die Gemeinde

Die Organisation und die Aufgaben der Gemeinde wurden bereits im ersten Kapitel im Rahmen der jüdischen Selbstverwaltung dargestellt. Hier sei nur auf die Gemeinde als familienartige, von sozialem Verantwortungsbewußtsein und von Solidarität bestimmte Gemeinschaft hingewiesen, die dem jüdischen Menschen Geborgenheit im Alltag und Hilfe in der Not gewährte. Das gilt im besonderen für die sozial Schwachen. Gerade diese unersetzliche Funktion verlieh den Gemeinden auch jenes Maß an Autorität, das zur Aufrechterhaltung der inneren Disziplin in der meist schwierigen Diasporasituation erforderlich war.

10. Die Gesamtheit Israels *(k^{e}lal Jiśra'el, k^{e}näsät Jiśra'el)*

Die Aufgaben der Einzelgemeinden konnten durchaus im Sinn eines partikularistischen Egoismus erfüllt werden. Dann und wann hat es solche Tendenzen auch tatsächlich gegeben. Im großen und ganzen aber stellten die Gemeinden ihre engeren Interessen zurück, wenn es um den Gesamtzusammenhang des Judentums ging.

So bedeutete nicht nur die Heimatgemeinde für den einzelnen eine Zuflucht, sondern im Bedarfsfall ebenso jede andere Gemeinde. In diesen Zusammenhang gehört auch die Praktizierung der Gastfreundschaft, sowohl durch die Gemeinde als ganze wie durch die einzelnen Familien in ihr.

Aus beruflichen Gründen, manchmal auch im Auftrag jüdischer Gemeinden waren viele Juden oft über längere Zeiträume hinweg unterwegs und auf diese Gastfreundschaft angewiesen. Die Gemeinden blieben dadurch zugleich in Kontakt miteinander und waren meist über Ereignisse selbst in fernen Gebieten der Diaspora verhältnismäßig gut informiert.

Darüber hinaus waren diese Kontakte aus rechtlich-religiösen Gründen lebenswichtig: Beschlüsse allgemeinverbindlicher Art mußten bekannt werden, zumal man sich als Kollektiv zur Verwirklichung des *Torah*-Gehorsams erwählt glaubte. Die »Gemeinschaft Israels« wurde daher auch theologisch-spekulativ entsprechend gewertet, vor allem in der Kabbalah.

SIEBTES KAPITEL

DAS ERWERBSLEBEN

1. NEIGUNGEN, MÖGLICHKEITEN, ZWÄNGE

DIE VIELUMSTRITTENE ROLLE der Juden im mittelalterlichen Erwerbsleben wird mit Bedacht im abschließenden Kapitel behandelt. Für ein halbwegs sachliches und differenziertes Urteil sind dabei nämlich alle mitwirkenden Faktoren und Umstände zu berücksichtigen, gerade auch die zeitlich und regional bedingten. Zwar ist es möglich, aus der Religion und aus dem in ihr begründeten Bildungsideal gewisse allgemeingültige Tendenzen abzuleiten, doch wie weit diese tatsächlich zur Geltung kamen, hing von den oft völlig unterschiedlichen Umwelts- und Lebensbedingungen ab.

Eine entscheidende Bedeutung kommt dabei der jeweiligen jüdischen Siedlungsdichte zu. In einer Diaspora von kleinen und weitverstreuten Gemeinden herrschten von vornherein andere Bedingungen als in Ballungsgebieten. Während in diesen bei den Juden alle Berufszweige vertreten sein mußten, weil das Gemeinwesen es normalerweise so erforderte, übten die Juden in der extremen Diasporasituation meist bestimmte Spezialfunktionen aus und folgten damit einer Nachfrage in ihrer Umwelt.

Daß gerade Juden dieser Nachfrage entsprachen, lag nicht an besonderen »jüdischen« Eigenschaften, sondern an der eigentümlichen Situation des Judentums zu Beginn des Mittelalters.

Die zunehmende Übervölkerung des Heiligen Landes hatte schon in der Antike eine stetige Auswanderung veranlaßt, die durch die Exilierungen und Deportationen noch verstärkt wurde. Der Großteil des Volkes lebte daher alsbald im »Exil«, war aber doch mit dem Mutterland durch die Hoffnung auf eine Heimkehr in der messianischen Zeit und daher auch durch ständige Kontakte mit den palästinensischen Gemeinden verbunden: Man lebte also grundsätzlich »auf Abruf«, ohne völlig heimisch werden zu wollen. Daraus ergab sich eine größere Bereitschaft zur Mobilität, mitbedingt auch durch den vergleichsweise weiten Horizont, der sich aus dem Zusammenhalt innerhalb der Diaspora für den Juden ergab.

Als am Ende der antiken Periode sich neue Gebiete der nachwirkenden hellenistisch-römischen Zivilisation erschlossen und neue Staaten entstanden, deren innere – vor allem wirtschaftliche – Struktur noch hinter ihrem politischen Anspruch zurückblieb, ergab sich fast selbstverständlich eine gewisse Nachfrage nach etwas wie »Entwicklungshelfern«, nach Pionieren und Kolonisatoren im Sinn städtischer Zivilisation. Die Juden waren im Bereich der Spätantike das einzige verstreut lebende, kultivierte Volk, das mit voller innerer und äußerer Kontinuität und damit als funktionierende Einheit in der Zerstreuung den Übergang zum Mittelalter erlebte. Sie kamen daher für eine solche kolonisatorische Aufgabe am ehesten in Frage.

In dem Augenblick, als diese Aufgabe so weit erfüllt war, daß einheimische Konkurrenz die Lebensbasis der jüdischen Kolonisten einengte, wäre unter normalen Umständen eine Angleichung an die neuen Bedingungen und eine differenzierte Integration in die sozialökonomische Ordnung der Umwelt erfolgt. Aber normale Umstände gab es fast nirgendwo, weil die Juden gleichzeitig als religiöse Minorität mehr oder minder einschneidenden Beschränkungen und einseitigen Vorschriften unterworfen waren.

Daher blieb von einem bestimmten Punkt an nicht mehr viel

Spielraum für freie Entscheidungen. Der Kampf um die blanke Existenz verband sich mit der Sorge um die Wahrung der Religionspraxis, und diese Sorge um die Kontinuität der jüdischen *Torah*-Erfüllung hatte aufgrund der Überzeugung von der heilsgeschichtlichen Aufgabe Israels zumeist Vorrang vor den Neigungen.

Zugleich blieben die Juden – im Orient neben den Christen – Objekt der wirtschaftlichen und fiskalischen Interessen ihrer Beherrscher, in den christlichen Staaten darüber hinaus auch das Werkzeug solcher Interessen. So gerieten sie in eine unheilvolle Position zwischen Herrscherschicht und Untertanen.

Im übrigen herrschte auch im Judentum die Überzeugung, daß die soziale Ordnung dem Willen Gottes entspricht. Sie wurde daher in der Regel akzeptiert, was ein gewisses Klassenbewußtsein und eine Tendenz zur familiären Vererbung der Berufe mit sich brachte, ohne daß es deshalb freilich zu festen Kastenbildungen kam.

Jüdische Berufe im eigentlichen Sinn

Bestimmte Berufe waren unmittelbar durch die jüdische Religionspraxis und Selbstverwaltung bedingt und sind zum größten Teil mit den schon im ersten Kapitel geschilderten Gemeindeämtern identisch. Es handelt sich vor allem um die Stellung der Gemeinde-Rabbinen, des *dajjan* (Richters), des *ḥazzan* (Kantors), des Kinderlehrers, des Schreibers, des Synagogendieners und gegebenenfalls noch anderer. Für all diese Berufe war trotz des unterschiedlichen Sozialprestiges die Neigung zur Vererbung des Berufs als Familientradition kennzeichnend, zum Teil auch eine außerordentliche Mobilität, also ein häufiger Ortswechsel.

Eine gewisse Sonderstellung nahm der rituelle Schlachter (*šoḥeṭ*) ein, der zugleich dem Gewerbestand angehörte und

dabei natürlich auch mit dem Viehhandel zu tun hatte. Da manche Tiere und ein Teil des Fleisches wegen ritueller Vorschriften in der jüdischen Gemeinde nicht verwendet werden durften, verkaufte man diese »unreine« Ware da und dort zu günstigen Bedingungen an Nichtjuden. Das verursachte nicht nur Erbitterung bei den christlichen Fleischhauern, sondern auch Empörung bei jenen, die »rituell unrein« mit qualitativer Minderwertigkeit gleichsetzten und daher meinten, die jüdischen Fleischhauer verkauften an Christen Ware, die sie für den eigenen Genuß als unbrauchbar betrachteten.
Die Herstellung von religiösen Gebrauchsgegenständen wurde nur selten als ausschließliches Gewerbe oder Kunstgewerbe betrieben. Selbst bei Andersgläubigen wurden solche Arbeiten in Auftrag gegeben, wie umgekehrt Juden oft genug auch christliche Devotionalien herstellten.

Ritualgesetzlich bedingte Erwerbszweige

Manche Produkte durften nur verwendet werden, wenn die Herstellung nach bestimmten rituellen Vorschriften erfolgte. So bedurfte es eben des schon genannten jüdischen Fleischhauers *(šoḥeṭ)*. In islamischen Ländern – etwa in Ägypten – betrieben Juden auch die Milchverarbeitung in größerem Umfang, weil sie selber in der Landwirtschaft kaum noch vertreten waren.
Das biblische Verbot, Wolle und Flachs zu vermengen, hat die große Rolle des jüdischen Textilgewerbes und Textilhandels mitbedingt. Das Verbot, »nichtjüdischen« Wein zu verwenden, verlieh dem Weinbau und Weinhandel besondere Bedeutung.

Grundsätzlich bevorzugte Berufe

Das rabbinische Bildungsideal konnte am ehesten in einer wirtschaftlich unabhängigen Position verwirklicht werden. Daher dominierten die selbständigen Berufe. Auf andere angewiesen zu sein galt eben nicht bloß als ungeziemend, es beeinträchtigte die erstrebte Lebensgestaltung im Sinn dieses Ideals.
Überspitzt wirkte sich diese Tendenz schließlich so aus, daß sich Wohlhabendere überhaupt ganz der Gelehrsamkeit und den – ehrenamtlichen – Gemeindeämtern widmeten. Da aber nur wenige es so weit brachten, boten sich als Ausweg solche Erwerbstätigkeiten an, die in der Hauptsache durch Frauenarbeit erledigt werden konnten.
Von diesen Voraussetzungen einmal abgesehen, lagen natürlich Berufe nahe, deren Berufswissen ohnedies in irgendeinem Zusammenhang mit den jüdischen Bildungsinhalten stand. Ein solider rabbinischer Gelehrter mußte schon einiges über naturwissenschaftliche und medizinische Sachverhalte wissen. Die rituellen Speisegesetze und die Vorschriften über taugliches und untaugliches Fleisch setzten das ebenso voraus wie die Fragen der rituellen Reinheit etwa der Frau. Für die traditionelle Kalenderbestimmung bedurfte es bestimmter Kenntnisse in Astronomie und Mathematik.
Aufs ganze gesehen, forderte die jüdische Religionspraxis und das jüdische Bildungsideal also mehr zu geistig-wissenschaftlicher Beschäftigung heraus als etwa die damalige christliche Religion, deren Bildungswesen ja stark auf den klösterlichen Bereich beschränkt war. Darum ist es nicht verwunderlich, wenn im Mittelalter jüdische Ärzte eine so große Rolle spielten und wenn jüdische Kaufleute und Gewerbetreibende neben ihrem Broterwerb noch als Schriftsteller in der einen oder anderen Disziplin in Erscheinung traten, manchmal sogar mit größerem Erfolg als die hauptamtlichen rabbinischen Gelehrten.

Situationsbedingte Erwerbszweige

Selbstverständlich waren für die tatsächliche Berufswahl die jeweiligen Möglichkeiten ausschlaggebend. Die Tatsache, daß die Juden in Mitteleuropa zunächst vor allem als Kaufleute in Erscheinung traten, erklärt sich weniger aus einem besonderen Hang zu dieser Betätigung als aus der schon erwähnten Tatsache, daß die Juden am Ende der Antike als einziges Volk – wenngleich zerstreut – in ungebrochener kulturell-zivilisatorischer, organisatorischer Einheit und Kontinuität existierten und darum in besonderem Maß als Träger einer städtisch-zivilisatorischen Kolonisation in Frage kamen, zumal sie von der antiken Diaspora her schon über eine einschlägige Tradition im Handel verfügten.

Im islamischen Bereich dagegen folgten die Juden einer ganz anderen Nachfrage. Da die meisten handwerklichen Tätigkeiten – insbesondere das Schmiedegewerbe und die Lederbearbeitung – in traditioneller arabischer Sicht verachtete Berufe darstellten, lag es nahe, daß die Minoritäten sich solchen konkurrenzlosen Mangelberufen zuwandten.

Änderte sich eine ursprünglich günstige wirtschaftliche Konstellation, mußten die Juden wohl oder übel auf Betätigungen umsatteln, die sich ihnen gerade boten. Als zum Beispiel im Hochmittelalter die italienischen Hafenstädte den Mittelmeerhandel übernahmen und später in Mitteleuropa die Fugger und Welser den binnenländischen Fernhandel zu beherrschen begannen, wichen die jüdischen Kaufleute auf den Lokal- und Kleinhandel und auf das Geldgeschäft aus – nicht aus Neigung, sondern situationsbedingt und, wie sich im folgenden noch zeigen wird, auch gezwungenermaßen.

Ein anderes Beispiel stellt die Landwirtschaft dar. Im islamischen Bereich sank sie infolge der Minoritäten-Grundsteuer und der allgemeinen Landflucht zur Bedeutungslosigkeit herab, nachdem sie gegen Ende der Antike noch eine große Rolle gespielt hatte. Im maurischen Spanien hingegen, wo die Juden unter günstigeren Bedingungen lebten, florierte der jüdische Acker- und Gartenbau, und auch im christlichen Spanien blieb dies so, weil die aragonischen und kastilischen Herrscher auch jüdischen Ansiedlern vorteilhafte Bedingungen boten. Im übrigen Europa ermöglichte das Feudalsystem im allgemeinen keinen jüdischen Grundbesitz, so daß sich nur im Rahmen des Pachtwesens, der *Arenda,* ein umfangreiches Betätigungsfeld ergab.

Obrigkeitlich erwünschte Tätigkeiten

Die Erlaubnis zur Niederlassung in neuen Gebieten wurde den Juden in der Regel aus bestimmten wirtschaftspolitischen Erwartungen erteilt: Sie waren erwünschte Kolonisatoren und als solche privilegiert.

Darüber hinaus bestand auch ein fiskalisches Interesse. In den islamischen Gebieten war das der ausschlaggebende allgemeine Gesichtspunkt, in den christlichen Gebieten gewann er eine zugespitzte Bedeutung. Da die Juden als Eigentum des Herrschers galten, lag ein einkommensintensives und darum steuerlich leistungsfähiges jüdisches Erwerbsleben im unmittelbaren Interesse dieser Herrscher.

Sobald die Juden irgendwo in ihrer kolonisatorischen Pionierfunktion mehr oder weniger überflüssig geworden waren, blieben sie daher gleichwohl als Steuerzahler interessant. In solchen Situationen wurden die Grenzen zwischen situationsbedingten und aufgezwungenen Erwerbszweigen fließend.

In Einzelfällen kam es daneben auch immer wieder zu speziellen Aufträgen an geeignete Angehörige der Minderheit. Im islamischen Bereich galt das für Juden wie Christen, im christlichen Bereich betraf es in Ermangelung anderer Minderheiten nur das Judentum, das dort daher im Volk pauschal mit solchen Einzelerscheinungen identifiziert wurde.

Aufgezwungene Erwerbszweige

Sobald ein Herrscher von »seinen« Juden übermäßige Abgaben zu fordern begann, schränkte er ihre Berufswahl bereits drastisch ein, weil nur äußerst gewinnträchtige Tätigkeiten derartige Belastungen verkraften konnten. Es blieb vor allem den »christlichen« Herrschern vorbehalten, sich auf diese Weise an ihrer Minorität zu bereichern und diese so in eine höchst bedenkliche Situation zwischen obrigkeitlich verfügtem Einkommens- und Steuerzwang einerseits und – oft kirchlich geschürter – christlicher Volkswut andrerseits hineinzumanövrieren.

Als weiterer Zwangsfaktor wirkte das nach und nach immer erfolgreichere Bestreben der Kirche, die Juden aus den christlichen Lebensbereichen möglichst weitgehend auszusondern und sozial zu isolieren. Diese Entwicklung machte in der Kreuzzugszeit und in Spanien gegen Ende der Reconquista solche Fortschritte, daß von freier Berufswahl nicht mehr die Rede sein konnte.

In diesem Zusammenhang ist auch das kirchliche Zinsverbot zu erwähnen, durch das für lange Zeit das Geldgeschäft *de facto* zum jüdischen Monopol und damit zu einem weiteren der Diffamierung dienenden Merkmal der »Synagoge« wurde.

2. Landwirtschaft und Gartenbau

Unmittelbare Bewirtschaftung

In Mesopotamien und Palästina, wo in der spättalmudischen Zeit trotz eines allmählichen Rückgangs der Anteil der Agrarwirtschaft im Erwerbsleben noch dominierte, sank er unter islamischer Herrschaft genauso wie in den übrigen islamisch beherrschten Gebieten – außer in Spanien – auf ein bedeutungsloses Maß herab. Eine Ausnahme bildete nur der Gartenbau in kleinerem Maßstab.

Die Ursache dafür lag zum Teil in der mit der neuen Stadtkultur verbundenen Landfluchtbewegung und in der Vernachlässigung der alten Bewässerungssysteme durch die neuen Machthaber. Zum Teil war auch die fünfundzwanzigprozentige Grundsteuer für die Minoritäten daran schuld, die – zusätzlich zur Kopfsteuer – unerträglich hoch war.

Im maurischen Spanien herrschten hingegen aufgrund der Kooperation zwischen Juden und Moslems bei der Eroberung des Landes günstigere Bedingungen, und so blieb die iberische Halbinsel im Mittelalter das einzige Gebiet, wo in größerem Ausmaß Juden in der Landwirtschaft tätig waren.

Im gesamten mediterranen Bereich betrieben die Juden auch Gartenbau, speziell Wein- und Olivenanbau sowie – vor allem in Süditalien – Maulbeerfeigenkultur für die Seidenraupenzucht.

Verpachtung und Arenda

In Spanien und Südfrankreich, wo jüdischer Grundbesitz möglich war, zogen es viele Besitzer vor, die unmittelbare Bearbeitung und Nutzung Pächtern zu überlassen. In Gebieten, in denen das Verbot der Beschäftigung christlicher Arbeiter wirksam war, blieb oft keine andere Möglichkeit der Bewirtschaftung größerer Areale.

Infolge des Feudalsystems war in den meisten europäischen Ländern eine jüdische Landwirtschaft von vornherein kaum möglich. In gewissen Gebieten übernahmen aber – vor allem gegen Ende der Periode in Osteuropa – Juden immer häufiger die Organisation und Auswertung der Adelsgüter.

Aufgrund dieses *Arenda*-Systems entstand zwischen den adligen Grundbesitzern und den einheimischen Kleinpächtern eine jüdische Agentenschicht, die sich auch um den Absatz der landwirtschaftlichen Produkte, also um den Lebensmittelhandel, kümmerte. Dieses für die Grundeigentümer bequeme und für die beteiligten jüdischen *Arenda*-Inhaber bei guter Organisation recht profitable System barg allerdings von Anfang an den Keim zu starken Spannungen in sich.

Verarbeitung landwirtschaftlicher Produkte

In größerem Ausmaß und über die — oft ritualgesetzlich bedingte — Versorgung der eigenen Religionsangehörigen hinaus betrieben die Juden in Ägypten, Dokumenten der Kairoer Geniza zufolge, auch die Verbreitung gewisser Agrarprodukte: Hier gab es zahlreiche jüdische Molkereien und Zuckererzeugungsbetriebe.

3. Handwerk und Gewerbe

Die christlichen Zünfte verhinderten in Europa weitgehend die Entfaltung des jüdischen Handwerks; doch spielte es in West- und Mitteleuropa ohnedies von Anfang an nur eine geringe Rolle. Im mediterranen Bereich hingegen lebte der größte Teil der Juden von diesen Erwerbszweigen, und es war zum Teil — so in Byzanz, Süditalien und vor allem in Spanien — auch in Zünften organisiert. Im fünfzehnten Jahrhundert wurde in Spanien und Süditalien allerdings durch einschränkende Verordnungen der christliche Kundenkreis mehr und mehr vermindert.
In Osteuropa spielte das Handwerk eine immer größere Rolle. Das soziale Prestige war allerdings gering: Handwerkliche Berufe entsprachen nicht dem rabbinischen Bildungsideal und blieben vor allem Lernunwilligen und Lernunfähigen vorbehalten.
Unter islamischer Herrschaft bildeten Handwerk und Gewer-

be die hauptsächliche Lebensbasis für die Juden. Das soziale Prestige dieser Berufe war in der Umwelt zwar gering, im Judentum jedoch höher, wenngleich weit geringer als etwa beim Kaufmannsstand.

Metallbearbeitung

Da das Schmiedehandwerk in arabischer Sicht als verächtlich galt, wurde es zum Monopol von Minoritätsangehörigen. Besondere Bedeutung erlangten die jüdischen Kupfer- und Kunstschmiede. Nach Dokumenten der Kairoer Geniza waren auch jüdische Gold- und Silberschmiede verhältnismäßig zahlreich.

Das wirkte sich auch noch auf die näherliegenden christlichen Gebiete aus, also besonders auf das christliche Spanien und auf Sizilien sowie Süditalien. Papst Benedikt XIII. sah sich zum Beispiel 1415 sogar genötigt, die Herstellung von christlichen Devotionalien durch Juden zu verbieten.

In Spanien und Portugal betrieben Juden in größerem Ausmaß die Waffenschmiedekunst, was Ende des fünfzehnten Jahrhunderts als ein Argument gegen ihre Vertreibung vorgebracht wurde.

Glas

Glasverarbeitung gehörte seit der Antike zu den traditionellen jüdischen Gewerben. Dokumente der Kairoer Geniza beweisen, daß diese Tradition im islamischen Bereich weiterlebte, und zwar vor allem in Tyrus und Antiochien.

Gerberei

Die Gerberei genoß zwar auch innerhalb des Judentums ein äußerst geringes Sozialprestige, war aber schon in talmudischer Zeit sehr verbreitet. Unter islamischer Herrschaft wurde sie ein jüdisches Monopol, da sie zu den verachteten Gewerben zählte.

Das gleiche gilt für die meisten christlichen Gebiete: Spanien exportierte feine Lederwaren aus jüdischer Erzeugung, in Süditalien, auf Sizilien und in Südfrankreich übten fast nur Juden dieses Handwerk aus, und mit Beginn der Neuzeit wurde es in Osteuropa zu einem »typisch jüdischen« Beruf, verbunden mit dem Handel von Fellen, Leder und Pelzen.

Textilien, Färberei, Schneiderei

Die biblischen Vorschriften, Wolle und Flachs nicht miteinander zu verweben, erforderte eine jüdische Textilproduktion, stimuliert durch die außerordentlich günstige Entwicklung des Textilhandels, der in der Neuzeit noch weiter zunahm. An erster Stelle stand dabei Spanien mit seiner Wollverarbeitung und seiner Seidenindustrie.

In Palästina gehörte die Färberei zu den wichtigsten Gewerbezweigen der talmudischen Zeit. Im Mittelalter wurde sie im islamischen Bereich – nicht aber im Judentum – recht gering geschätzt und so fast zu einem jüdischen Monopol. Auch in den christlichen Ländern ergab sich ein ähnliches Bild, doch wirkte hier neben dem Textilhandel auch der Altwarenhandel noch fördernd ein.

Im Zusammenhang mit den beiden letztgenannten Gewerben gewann auch die Schneiderei eine gewisse Bedeutung. Im christlichen Europa verhinderten freilich die christlichen Zünfte weithin eine entsprechende Entwicklung. Nur Spanien und Osteuropa stellten eine Ausnahme dar.

4. Handel

Der negative Beigeschmack, den der Begriff »Handel« im neunzehnten Jahrhundert unter bestimmten Voraussetzungen erhalten hat und der auch die – vor allem antisemitischen – Erörterungen des jüdischen Berufslebens vielfach beherrschte, war dem Mittelalter fremd. Der Kaufmannsstand galt vielmehr als äußerst prestigeträchtig, wenngleich selbstverständlich Unterschiede zwischen großen und kleinen Kaufleuten und zwischen bestimmten Spezialbranchen bestanden.
Im islamischen und im weiteren mediterranen Bereich bestanden zwischen den jüdischen Kolonien von der Antike her Handelsbeziehungen; dafür bot gerade die Diasporasituation die besten Voraussetzungen. Handelsbeziehungen beruhten ja in besonderem Maß auf vertrauenswürdigen Partnern in fernen Ländern, und solche Partner fanden sich für einen jüdischen Kaufmann so gut wie überall in der Diaspora. Bestimmte Branchen des Handels waren auch durch ritualgesetzliche Vorschriften mitbedingt: Die Versorgung mit rituell zulässigen Produkten gehörte zu den Notwendigkeiten des Diaspora-Lebens.
In den west- und mitteleuropäischen Gebieten waren die Juden im frühen Mittelalter häufig durch die Herrscher zur städtisch-kaufmännischen Kolonisation ermuntert worden. In diesen meist recht kleinen Gemeinden war der Handel daher von vornherein der Haupterwerbszweig.

Fernhandel

Die günstigen Voraussetzungen, die sich allein aus der Tatsache der jüdischen Diaspora für den Fernhandel ergaben, wurden im frühen Mittelalter in dem Augenblick voll nutzbar, als die bis dahin im Mittelmeerhandel führenden christlichen Syrer infolge der arabischen Eroberung nicht mehr konkurrenzfähig waren. Aus Berichten arabischer Geographen geht hervor, daß im neunten Jahrhundert von Spanien und Südfrankreich aus jüdische Kaufleute (Radaniten), die sich durch die Kenntnis vieler Sprachen auszeichneten, einen regen Mittelmeerhandel, ja sogar schon einen Fernosthandel betrieben.

Die Handelsrouten verliefen vom westlichen Mittelmeergebiet in den Vorderen Orient, entweder auf dem Seeweg oder über Nordafrika. Von den syrischen Häfen (Antiochia) führten Karawanenwege zum Persischen Golf, von den ägyptischen zum Roten Meer. Auf dem Seeweg wurden dann Indien und selbst Länder des Fernen Ostens angesteuert.

Ein anderer Handelsweg lief über das südliche Osteuropa nach Zentralasien, wo zu jener Zeit das Chazarenreich, dessen Oberschicht zum Judentum übergetreten war, Stützpunkte bot. Von dort aus bestanden wieder Verbindungen sowohl zum Mittleren Orient wie zum Fernen Osten.

Für den Fernost- und Mittelmeerhandel im elften und zwölften Jahrhundert enthält die Kairoer Geniza zahlreiche Dokumente. Während der islamischen Seeherrschaft im elften Jahrhundert dominierten im Mittelmeerhandel noch jüdische Fernhändler, im zwölften Jahrhundert aber gewannen die italienischen Städte die Oberhand, und die jüdischen Kaufleute konzentrierten sich auf den Indienhandel.

Die Geniza-Quellen erlauben einen detaillierten Einblick in die Geschäftsmethoden. Man unterschied Großkaufleute – von denen es nur wenige gab –, die reicheren Kaufleute sowie die – erstaunlich spezialisierten – kleineren Händler. Unter den Großkaufleuten arbeiteten manche als ausgesprochene Spekulanten, das heißt, sie horteten die günstig eingekaufte Ware und verkauften nur bei guter Preisentwicklung; andere waren ganz auf das Export-Import-Geschäft eingestellt. Schließlich gab es auch regelrechte Reederei-Unternehmen.

Agenten und Makler waren weniger hochgeschätzt als richtige Kaufleute. Bargeldloser Verkehr durch Gutschriften und vor allem Partnerschaften bezeugen ein ungemein reges, vielfältiges und hochentwickeltes kaufmännisches Leben. Mit der Mamlukkenherrschaft (um 1250) verlor dieser blühende Erwerbszweig seine Bedeutung. Die neuen Herrscher hatten für den Mittelmeerhandel kein Interesse, und so fiel der Staat als Hauptauftraggeber und mit ihm auch der Garant der Verkehrssicherheit aus.

Im christlichen West- und Mitteleuropa bedeuteten das Aufkommen der italienischen Konkurrenz im Mittelmeerhandel und der Aufstieg der Fugger und Welser im Binnenhandel das Ende des im großen Stil betriebenen jüdischen Handels. Die Unsicherheit, die seit dem Ersten Kreuzzug hier das Judentum bedrückte, wirkte sich ohnehin negativ auf solche Handelsunternehmungen aus. Nur in Osteuropa ergaben sich noch gewisse Möglichkeiten, nicht zuletzt im Zusammenhang mit dem *Arenda*-System.

Jüdische Kaufleute gehörten auch im ganzen Mittelalter zu den regelmäßigen Teilnehmern der »Messen« und Märkte, in Lyon schon Anfang des neunten Jahrhunderts, in Treves und Köln ebenso wie auf kleineren Märkten, selbst dort noch, wo die Juden vertrieben waren: Man ließ jüdische Teilnehmer eigens zur Dämpfung der Preise einreisen.

Wander- und Kleinhandel

Im Gegensatz zum reisenden Kaufmann großen Stils war der kleine jüdische Krämer und vor allem der Wanderhändler eine weit häufigere Erscheinung. Gerade gegen Ende des Mittelalters und späterhin nahmen die Wanderhändler infolge der Vertreibungen aus den Städten stetig an Zahl zu, in Osteuropa im Zusammenhang mit dem *Arenda*-System und dem Vertrieb agrarischer Produkte.

Im islamischen Bereich waren Wander- und Kleinhandel meist unmittelbar mit den vielfältig spezialisierten Handwerks-

und Gewerbezweigen verbunden, jedoch keine beherrschende Erscheinung.

Dominierende Branchen

Im mediterranen Handel machten Gewürze, gedörrte Südfrüchte, Wein und Öl, Zucker, pharmazeutische Produkte sowie Seide einen beachtlichen Teil der Handelsware aus, während umgekehrt aus Europa vor allem Holz, Textilien, Käse und Felle exportiert wurden.

Im jüdischen Handel hatten Textilien und Wein eine besondere Bedeutung, weil dafür eine ritualgesetzlich bedingte innerjüdische Nachfrage bestand, was auch für den Viehhandel zutraf.

In Osteuropa war der Textilien- und Rohstoffhandel mit dem dortigen *Arenda*-Wesen verquickt. Daneben dominierten dort der Fell- und Pelzhandel, da Polen und Rußland die Hauptwarenlieferanten waren. Im vierzehnten und fünfzehnten Jahrhundert gab es in Polen sogar eigene jüdische Pelzhändlergilden.

Bücher waren, wie Geniza-Dokumente bezeugen, im ganzen Mittelmeerraum — dem besonderen jüdischen Bildungsideal entsprechend — eine wichtige Handelsware. Sie wurden im begrenzteren territorialen Rahmen auch von Wanderhändlern vertrieben.

Im Edelstein- und Perlenhandel waren jüdische Spezialisten führend, wie Belege aus der Geniza zeigen. Ihre Waren bezogen sie vor allem aus Indien.

Sklaven wurden in größerem Umfang vor allem vor den Kreuzzügen im Rahmen des europäisch-mediterranen Fernhandels von Osteuropa nach dem maurischen Spanien und von dort weiter verkauft. Später entdeckten die Araber jedoch Schwarzafrika als schier unerschöpfliches Reservoir für diese »Ware«. Unter den Dokumenten aus der Kairoer Geniza beziehen sich nur noch verhältnismäßig wenige auf diesen Handelszweig.

Altwarenhandel wurde in Italien und in West- und Mitteleuropa immer mehr üblich, weil der Fernhandel und der Spezialhandel nun weithin Christen vorbehalten war. So wurde neben dem reinen Geldverleih auch das Pfandleihgeschäft immer mehr zu einer Haupterwerbsquelle.

Im großen und ganzen ergab sich also gegen Ende des Mittelalters fast in der gesamten Diaspora ein Niedergang des jüdischen Handelsniveaus, in den christlichen Gebieten bedingt durch einschränkende Maßnahmen und übermächtige christliche Konkurrenz, im islamischen Bereich durch den allgemeinen politisch-wirtschaftlichen Verfall.

5. Finanzwesen

Im Rahmen der jüdischen Autonomie

Die jüdischen Gemeinden erhoben von ihren Mitgliedern für einen dreifachen Zweck Abgaben: Zum einen waren die Aufwendungen für die internen Gemeindeaufgaben zu bestreiten, sodann mußten die Summen aufgebracht werden, die der nichtjüdischen Obrigkeit zustanden, und schließlich bedurfte es zusätzlicher Mittel bei unvorhergesehenen, außerordentlichen Forderungen der nichtjüdischen Obrigkeiten. Auf jeden Fall erforderte die Minoritätensituation eine besonders umsichtige Finanzgebarung und nicht zuletzt das persönliche Engagement und Risiko jener Gemeindeglieder, die dank ihrer wirtschaftlichen Position in der Lage waren, die Hauptlast dieser Aufgaben zu tragen und gegebenenfalls die nötigen Summen in barer Münze vorzustrecken.

Banken und internationaler Geldverkehr

Im Rahmen der islamischen Stadtkultur und des umfangreichen Fern- und Großhandels zur Zeit des Kalifats in Baghdad, der Mauren in Spanien (Cordova) und unter der Fatimidenherrschaft in Ägypten entstanden regelrechte Bankhäuser, darunter auch jüdische, wie zum Beispiel die *B^{e}ne Netira.* Die Herrscher waren sich der Bedeutung dieser Unternehmen wohl bewußt und hüteten sich — von Ausnahmen abgesehen —, durch willkürliche Eingriffe die Sicherheit der Bankguthaben und Depositen zu gefährden.
Mit dem Niedergang des Handels und mit der schwindenden politischen Sicherheit verlor auch das Bankwesen viel von seiner Bedeutung, wenngleich die Staatsführungen immer in gewissem Maß auf derartige Unternehmungen angewiesen blieben, um nötige Gelder rasch aufbringen zu können.
Im christlichen Europa wirkte sich in mittelmeernahen Gebieten und im Rahmen des Fern- und Edelmetallhandels das mediterran-orientalische Vorbild aus, also die bank-technisch durchgeführte Finanzierung durch bargeldlose Gutschrift (Schuldscheine, Wechsel) und durch Partnerschaften formeller und informeller Art. Unternehmen im Sinn von Banken entstanden hier jedoch erst später, und zwar mit der Einschränkung der jüdischen Erwerbszweige und der Konzentration auf den Geldhandel, vor allem in Italien und Südfrankreich, in den Niederlanden und in England. Im dreizehnten Jahrhundert machte sich aber in Italien auch auf diesem Gebiet schon die christliche Konkurrenz der lombardischen Banken bemerkbar.

Das Zinsverbot als innerjüdisches Problem

Nach der *Bibel* (*Exodus* 22, 24; *Leviticus* 25, 35—37; *Deuteronomium* 23, 19 f.) ist es verboten, einem Angehörigen der eigenen Religions- und Volksgemeinschaft Geld auf Zinsen zu leihen. Diese Bestimmungen hatten aber wohl mehr programmatisch-postulativen Charakter, wurden jedenfalls nach biblischen Hinweisen nicht immer und überall anerkannt (*2. Könige* 4, 1; *Ezechiel* 22, 12; *Nehemia* 5, 7; *Elephantine-Papyri*). Sie galten in nachbiblischer Zeit allerdings – ob realitätsgerecht oder nicht – als göttliches Gesetz.

In der talmudischen Periode wurde daher das Zinsverbot entsprechend ernst genommen und in seiner Geltung sogar auf partnerschaftliche Profite ausgeweitet. Aber mit dem fortschreitenden Übergang von der Agrarwirtschaft zur städtischen Zivilisation erwiesen sich solche Regelungen als lebensfremd, und es kamen mancherlei Prozeduren zur Umgehung des Zinsverbotes auf. Dies gilt noch mehr für die frühe islamische Zeit mit ihrer gewaltigen Geldnachfrage auf der einen Seite und mit dem auch im Islam streng formulierten Zinsverbot gegenüber Religionsgenossen auf der anderen Seite.

Eine Möglichkeit zur Umgehung bestand in der Partnerschaft, bei der statt Zinsen formell ein Arbeitslohn gezahlt wurde. Solche Verträge – im Beisein von zwei Zeugen geschlossen – wurden mit der Zeit immer üblicher und gegen Ende der Periode fast schon zu einer Formalität *(hettär 'isqa')*, vollends dann im Verlauf der Neuzeit.

»Wucher«

Vom Nichtjuden durften (*Deuteronomium* 23, 20) Zinsen genommen werden, da er ja nicht unter das biblische und gruppenbezogene Recht fiel, wie selbstverständlich auch andere Rechtsgemeinschaften – Islam und Christentum – ähnliche Bestimmungen exklusiv für ihre Mitglieder getroffen haben. Die diesbezüglichen Vorwürfe in der antijüdisch-polemischen und antisemitischen Literatur sind daher unsinnig und unfair.

Im frühen Mittelalter spielte das Geldleihgeschäft mit Nichtjuden nur eine Nebenrolle, wenn man von einzelnen großen Transaktionen mit dem Staat absieht. Geändert hat sich das in Europa nach den Kreuzzügen und durch die weitgehende Verdrängung der Juden aus den übrigen Erwerbszweigen. Denn nun blieben neben dem Klein- und Wanderhandel nur das Pfandleihwesen und der damit verbundene Altwarenhandel sowie das reine Geldgeschäft als Hauptberufsfeld übrig, nicht zuletzt, weil die Kirche 1179 das christliche Zinsverbot autoritativ festgelegt und so den Geldverleih zu einem jüdischen Monopol gemacht hatte.

Gleichzeitig hielt das Interesse der lokalen Obrigkeiten und Herrscher an den Juden als fiskalisch einträglichen Objekten an. Das hatte die besonders verhängnisvolle Folge, daß das Geldgeschäft, im fünfzehnten Jahrhundert in manchen Gebieten das vorherrschende jüdische Gewerbe, einerseits obrigkeitlich gewünscht, andererseits allgemein verhaßt war, zumal der Zinsfuß zwischen $43^{1}/_{2}$ und 100 Prozent betrug.

Je nach Bedarf und politischem Nutzen war es den Obrigkeiten möglich, entsprechende Abgaben zu kassieren oder auch einmal auf Kosten der jüdischen Gläubiger einen Schuldenerlaß zu verkünden, oder auch die Juden einer Stadt oder eines Landes einfach zu vertreiben, um eventuell gleich danach selber wieder Finanzierungshilfe von Juden anzunehmen. Die Möglichkeit, auf diese Weise aus den Untertanen Gelder herauszuschlagen und die Schuld daran den bösen »Judas-Söhnen« anzuhängen, war allzu verlockend. Die demoralisierenden Folgen dieser schon im Ansatz fragwürdigen Politik waren für Täter wie Opfer verheerend und gehören mit zu den Voraussetzungen der Greuel des zwanzigsten Jahrhunderts.

6. Juden im Dienst der nichtjüdischen Obrigkeit

Für die nichtjüdische Obrigkeit lag es nahe, sich auch selbst der Dienste jüdischer Finanzleute zu bedienen, die im innerjüdischen Bereich Erfolg und Geschick bewiesen hatten. Prekär waren indes solche Positionen von vornherein; sie wurden noch viel riskanter, wenn außer dem Herrscher untergeordnete, aber ehrgeizige Potentaten oder Adlige sich ebenfalls dieses Verfahren zunutze machten: Auf diese Weise wurden einzelne Juden auch in die innenpolitischen Auseinandersetzungen und Machtkämpfe verwickelt.

Das alles betraf zwar nur eine ganz schmale jüdische Oberschicht unmittelbar. Aber ihr Schicksal war eben doch oft eng mit dem der Gemeinde verbunden, jedenfalls richtete sich der Volkszorn stets gegen »die Juden« insgesamt.

Herrscher waren sehr häufig in akuter Geldnot und verfügten damals selten über einen effektiven Verwaltungsapparat, der imstande gewesen wäre, fällige Steuern und Abgaben auf Abruf rasch einzutreiben. Daher war es weithin üblich, die Steuerschuld oder den Ertrag ganzer Gebiete, Ländereien oder auch einzelne Konzessionen gegen eine Pauschalsumme einfach zu verpfänden – man vergleiche in Osteuropa die *Arenda* – und die Gläubiger mit entsprechenden Vollmachten zur Schuldeintreibung auszustatten. Vielfach war das auch die einzige Wertgarantie, die Herrscher und adelige Grundherren ihren Gläubigern zu bieten hatten.

Als Kreditgeber dieser Zeit kamen in erster Linie die großen Handelsherren in Betracht, unter denen sich im Frühmittelalter verhältnismäßig viele Juden befanden. Sie verfügten über die meisten flüssigen Mittel, über Möglichkeiten der raschen Kreditbeschaffung auf partnerschaftlicher Vertrauensbasis und sie waren zum Teil durch den Kupfer- und Edelmetallhandel ohnedies schon irgendwie mit dem Münzwesen verbunden.

Eine speziell jüdische Erscheinung war das weder im islamischen Bereich, wo christliche Finanzleute in derselben Weise tätig waren, noch in Europa, wo zum Beispiel die Fugger und Welser zu ihrer Zeit ebenfalls manchen Herrschern auf ähnlicher Basis erhebliche Darlehen gewährten. Angehörige von Minoritäten eigneten sich freilich – jenseits personaler und sachlicher Gesichtspunkte – schon aufgrund politisch-religiösen Kalküls besonders für eine solche Inanspruchnahme.

Auch die islamischen Herrscher wußten es zu nutzen, daß ihnen der Wunsch nach einer »Anleihe« von Angehörigen der Minoritäten schwer abgeschlagen werden konnte und daß sich der Zorn der rechtgläubigen Untertanen zunächst auf die »Machenschaften« ungläubiger Geschäftsleute richten konnte. Im christlichen Bereich erhielten diese Bedingungen ein besonderes Kolorit, da hier die kirchliche Tendenz – den Kirchenstaat selbst weitgehend ausgenommen! – jedwede bedeutendere Rolle von Minoritätsangehörigen verurteilte, im Volk also entsprechende Aversionen nährte und die Herrscher in einen Zwiespalt zwischen religionspolitischem und real- oder finanzpolitischem Kalkül stürzte.

Andererseits bot gerade eine gelegentliche Rücksichtnahme auf die kirchliche und volkstümlich-religiöse Tendenz gegen »die« Juden oft die Möglichkeit, sich durch entsprechende »populäre« Maßnahmen gegen Juden kurzfristig zu bereichern und dem Volkszorn ein Ventil zu öffnen.

Ein anderer Grund in der Bevorzugung von Minoritätsangehörigen wurde bereits in anderem Zusammenhang erwähnt: nämlich die Tatsache, daß von ihrer Seite keine machtpolitische Konkurrenz für den Herrscher zu erwarten war.

Im islamischen Bereich

Die Erscheinungen, die in der Neuzeit im Hoffaktorentum eine noch extremere Ausprägung gefunden haben, waren in den islamischen Staaten, im christlichen Spanien und in gewissen italienischen Gebieten ziemlich geläufig. Im islamischen Bereich waren solche Karrieren reicher Juden – und Christen – manchmal derart mit politischer Macht befrachtet, daß die

Konversion zur herrschenden Religion von einem gewissen Punkt an fast unausweichlich wurde.
Beispiele dafür gibt es aus der Mongolenzeit im dreizehnten Jahrhundert. Sa'd ad-Daula zum Beispiel hatte sich sogar als Wesir noch halten können, ohne Moslem zu werden, aber nach seinem Tod brach in Baghdad und anderen Städten eine regelrechte Judenverfolgung aus. Sein mohammedanischer Nachfolger ruinierte die Staatsfinanzen, weil er Papiergeld einführte, und so wurde vom il-Khan Jajkhatu (1291–1295) wieder ein Jude, Rašid ad-Daula, mit der Sorge um die Staatswirtschaft betraut. Er wurde der Lage nicht Herr, obwohl er dabei sein eigenes Vermögen opferte, und mußte fliehen. Sein Nachfolger Ghazan (1295–1304) hatte eine glücklichere Hand – und wurde Moslem.
Unter den Fatimiden in Nordafrika und in Ägypten war es schon im zehnten Jahrhundert zu ähnlichen Karrieren gekommen. Der erste Jude dieser Art, Ja'qub ibn Killis in Ägypten, konvertierte vor seiner Ernennung zum Wesir, mußte infolge von Hofintrigen fliehen, machte aber am Fatimidenhof in Nordafrika noch einmal Karriere und kehrte mit al-Mu'izz, der Ägypten eroberte und die Residenz 973 nach Kairo verlegte, zurück. Seine Finanzreform – er gab eigene al-Mu'izz-Münzen für die Steuern heraus – sanierte die Staatskasse. 977 wurde er Wesir und reformierte die gesamte Verwaltung. Nach vorübergehender Inhaftierung rehabilitiert, starb er 991.
Um 1036 errang der Hoflieferant Abu Sa'd in Ägypten die höchsten Ämter. Er hatte einst dem Herrscher eine Sklavin verkauft, die nun als Mutter des minderjährigen al-Mustanṣir die Regentschaft führte. Im Jahr 1047 fiel er einem Attentat türkischer Söldner zum Opfer. Sein Sohn Abu 'Ali Hassan wurde um 1064 Wesir.
Im maurischen Spanien war der erste bekannte Jude im Staatsdienst der Arzt und Vertreter der spanisch-maurischen Judenschaft Ḥasdaj ibn Schaprut (um 915–970), der wieder-

holt an diplomatischen Verhandlungen mit christlichen Mächten beteiligt war. Samuel ha-Nagid (993–1055) wirkte als Wesir und Feldherr der Fürsten von Granada, sein Sohn Jehosef folgte ihm im Amt, fiel jedoch einem Volksaufstand zum Opfer.

In christlichen Ländern

Im christlichen Bereich waren derartige politische Karrieren von Juden nicht möglich. Gewisse Ansätze dazu gab es jedoch in karolingischer Zeit, als etwa Karl der Große seiner Gesandtschaft an den Kalifen einen Juden beigab, sowie in Ungarn. Ansonsten dominierte die fiskalisch-merkantile Funktion. In Spanien spielten auch Heereslieferanten eine gewisse Rolle.

Wie begehrt gute Finanzfachleute waren, zeigt das Beispiel der Familie Abrabanel. Jehudah war Ende des dreizehnten und Anfang des vierzehnten Jahrhunderts Steuerorganisator in Kastilien. Sein Sohn Samuel stand gegen Ende des vierzehnten Jahrhunderts in kastilischen Diensten, wurde 1391 zwangsweise Christ, wich nach Portugal aus, wo er zum Judentum zurückkehrte und wieder Regierungsdienste ausübte. Dessen Sohn Jehuda (gestorben 1471) lieh dem portugiesischen Thronfolger riesige Summen. Von seinen Söhnen folgte ihm der berühmte Theologe und Exeget Isaak (1437–1508) im portugiesischen Dienst, wurde aber in Auseinandersetzungen zwischen Adel und König verstrickt und mußte fliehen. 1484 stand er schon wieder im Dienst Kastiliens und übernahm Steuerpachtdistrikte. Bei der Vertreibung 1492 verließ auch er Spanien, doch nahm ihn alsbald (1493) der König von Neapel in Dienst. Nach der Eroberung Neapels durch die Franzosen 1494 übersiedelte er 1495 nach Korfu, 1503 nach Venedig, nun in Handelsunternehmungen engagiert.

Münzwesen

Der jüdische Metallhandel und die Möglichkeit, große Summen vorfinanzieren zu können — und zu müssen! —, brachten es auch mit sich, daß manche Herrscher die Münzprägung, häufiger noch den Münzvertrieb, jüdischen Unternehmern anvertrauten. So geschah es in islamischen Gebieten schon recht früh, auch aus der Kairoer Geniza sind Belege dafür erhalten, ferner in Europa im sechsten Jahrhundert im Frankenreich und im zehnten in Böhmen, im elften Jahrhundert in Ungarn, im zwölften in Lusitanien und im zwölften bis dreizehnten in Österreich. In Polen nahm dies sogar einen solchen Umfang an, daß auf manchen Münzen bis zum vierzehnten Jahrhundert der Königs- und Münzmeistername in hebräischen Buchstaben erscheint; da und dort kam dies auch in deutschen Ländern vor. Auch im christlichen Spanien waren Juden seit dem elften Jahrhundert im Münzwesen tätig.

Vierter Teil

DIE JUDEN IN DER NEUZEIT

ERSTES KAPITEL

ZWISCHEN MITTELALTER UND AUFKLÄRUNG

1. KONTINUITÄT UND WANDEL

Die Umschichtung in der Diaspora

IN DEN ZENTRALISTISCH regierten christlichen Staaten – England, Frankreich, Spanien, Portugal – hatte man die Juden zu einer Zeit vertrieben, als ihre ökonomische Rolle ersetzbar schien. Im Heiligen Römischen Reich mit seinen stark zentrifugalen Tendenzen, die schließlich zu Einzelstaaten führten, kam es zwar zu lokalen und regionalen Vertreibungen, doch meist nur vorübergehend; dasselbe gilt für das politisch zersplitterte Italien.

Immerhin war in den beiden Jahrhunderten vor und nach Beginn der Neuzeit etwa die Hälfte aller Juden von solchen Maßnahmen betroffen. Dementsprechend kam es zu erheblichen Schwerpunktverlagerungen innerhalb der Diaspora: Die sefardischen Juden haben – von einer Anzahl von Siedlungen in Westeuropa und Übersee abgesehen – vor allem zum Aufschwung der jüdischen Bevölkerung des ottomanischen Reiches beigetragen, während sich im aschkenasischen Bereich in Osteuropa das größte Ballungsgebiet der Diaspora überhaupt herauszubilden begann. Italien behielt trotz mancher Schwierigkeiten eine kontinuierliche jüdische Minorität. Westeuropa dagegen gewann erst im Lauf der Neuzeit regional wieder an Bedeutung, nicht zuletzt durch den Zuzug von Juden in die Niederlande.

Diese Neuverteilung stand zugleich im Zeichen einer immer stärkeren Zunahme der jüdischen Bevölkerung. Rechnet man in Europa um 1300 mit ungefähr vierhundertfünfzigtausend Juden und um 1500 mit etwa sechshunderttausend, so sind 1820 etwa zwei Millionen siebenhunderttausend anzunehmen; auf der gesamten Welt waren es ungefähr noch sechshunderttausend mehr. Allerdings fehlen für das ottomanische Reich und den weiteren Orient verläßliche Anhaltspunkte für derartige Schätzungen.

Dieses starke Wachstum ging zwar im großen und ganzen nicht schneller vor sich als die allgemeine Bevölkerungszunahme, es hatte aber infolge der Minoritätssituation weiterreichende Folgen. In Italien und zum Teil auch in Mitteleuropa wurden die jüdischen Niederlassungen gesetzlich auf ein bestimmtes Stadtviertel beschränkt, das nach dem venezianischen Beispiel von 1516 den Namen »Ghetto« erhalten hat.

Schon gegen Ende des Mittelalters war durch das natürliche Wachstum der Gemeinden und durch den Zuzug infolge von Vertreibungen in den traditionellen Judenvierteln eine Überbevölkerung eingetreten. Aber nun, im Rahmen der begrenzten Ghettos, wurde die Lage immer drückender: Die Wohnverhältnisse und die hygienischen Zustände verschlechterten sich fast überall.

In der Umwelt entstand dadurch der Eindruck, als vermehre sich das Judentum ganz unverhältnismäßig stark. Teilweise nahmen diese Vorstellungen phantastische Formen an — Vorboten einer Hysterie, die dann im neunzehnten und zwanzigsten Jahrhundert in den Klagen über die »Judenfrage« voll zum Ausbruch kam. Dieser falsche Eindruck dürfte auch durch die unheilvolle Konzentration der Juden auf ganz wenige Berufssparten mitbedingt gewesen sein, die ihrerseits zur Abwanderung in Gebiete mit besseren Existenzmöglichkeiten anregte.

Die Ostwanderung der frühen Neuzeit wurde im achtzehnten und neunzehnten Jahrhundert durch eine gegenläufige Tendenz abgelöst, obgleich die Grundbedingungen in Mitteleuropa nur wenig besser geworden waren. Die Ursache dafür liegt in der unglücklichen Geschichte des osteuropäischen Judentums, das durch die Verfolgungen von 1648–1650 in eine Dauerkrise geraten war, während zur selben Zeit das Judentum im ottomanischen Reich unter dem Verfall der politischen Ordnung und der Wirtschaft des Reiches zu leiden begann.

Die neue kabbalistisch-messianische Volksfrömmigkeit und ihre Krise

Die Kabbalah, die schon im ausgehenden Mittelalter immer volkstümlicher geworden war und Züge einer Volksbußbewegung angenommen hatte, wurde durch die aus Spanien vertriebenen Juden in der gesamten Diaspora verbreitet. Im Verlauf des sechzehnten Jahrhunderts wurde sie zur beherrschenden jüdischen Geistesströmung, selbst in Italien, wo die Philosophie in bestimmten Zirkeln noch weitergepflegt wurde. In Mittel- und Osteuropa konnte die Kabbalah zum Teil auf den Traditionen des »aschkenasischen Chasidismus« weiterbauen, zum Teil wirkte sie auch unmittelbar – vor allem von Italien her – ein.

Das Zentrum der spekulativen Kabbalah wurde nun die Stadt Zefat im Heiligen Land. Ausschlaggebend war jedoch das starke Echo in den breiteren Schichten des Volkes, in denen die herkömmlichen Vorstellungen des Volksglaubens mit der kabbalistischen Weltanschauung und Frömmigkeit verschmolzen.

Diese Verallgemeinerung der Kabbalah wirkte folgenschwer auf Geschichtsdenken und Sozialverhalten der Juden ein. Die Fixierung auf die Ereignisse in der überirdischen Welt als den eigentlich wesentlichen Vorgängen, die sich in den irdischen

Begebenheiten nur chiffrenhaft andeuten, bewirkte einen fortschreitenden Verlust des Realitätssinns, eine Neigung zu phantastischen Zukunftshoffnungen und zu übertriebenen religiösen Praktiken.

Durch die Katastrophe der polnischen Juden in den Kosakenaufständen von 1648 wurde diese Tendenz noch verstärkt. Die messianischen Erwartungen konzentrierten sich schließlich auf einen gewissen Sabbetaj Zbi, der sich in Palästina als Messias ausgab und das Jahr 1666 als das Erlösungsjahr verkündigte. Auf dem Weg nach Konstantinopel wurde der »Messias« jedoch von den türkischen Behörden verhaftet und trat sogar im messianischen Jahr zum Islam über, um seinen Kopf zu retten.

Ein Teil der Juden versuchte dennoch, am Glauben an seine Messianität festzuhalten. So entstand eine besondere Sekte, die Sabbatianer. Sie bekannten sich in den Gemeinden mehr oder minder offen – je länger, je mehr aber nur insgeheim – auch noch nach dem Tod des Sabbetaj Zbi zu ihm.

Eine osteuropäische Gruppe unter einem gewissen Jakob Frank versuchte eine Zeitlang, im Judentum offen für den Glauben der Sekte zu werben. Der erhoffte Erfolg trat jedoch nicht ein. Schließlich bekehrte sich Frank mit seinem Anhang unter bestimmten Vorbehalten zur römisch-katholischen Kirche, hielt dabei aber noch länger heimlich an einem phantastisch anmutenden häretischen Judentum fest.

Die kabbalistisch-sabbatianische Begeisterung und Enttäuschung stürzte das gesamte Judentum in eine schwere Krise. Während in Osteuropa der aufkommende osteuropäische Chasidismus die so entstandene Frömmigkeit auffing und in harmloserer Form innerhalb des Judentums weiterführte, erschien die Kabbalah weitgehend diskreditiert, und da gerade sie in den vergangenen Jahrhunderten die jüdische Religiosität so intensiv geprägt hatte, drohte jetzt weithin eine Sinnentleerung in bezug auf die zahlreichen religiösen Praktiken.

Dies war um so bedeutsamer, als die Kabbalah dem religiösen Brauchtum in all seinen Einzelheiten eine derart hohe Bedeutung verliehen hatte, daß die Gesetzesfrömmigkeit im Fieber der messianischen Erwartung radikale und sogar asketisch-strenge Formen annahm. Es war für die Mehrheit der Juden daher ein besonderer Schock, als der schließlich zum Islam abgefallene Pseudomessias und seine unentwegten Anhänger daran gingen, bestimmte Vorschriften der *Torah* und gewisse Bräuche außer Kraft zu setzen, zu verändern und schließlich gar in ihr Gegenteil zu verdrehen.
Die Reaktion der rabbinischen Gelehrten war verständlicherweise ein betontes Beharren auf der korrekten Religionspraxis. Da aber zur selben Zeit die – kabbalistische – Motivierung dieser Praxis fragwürdig wurde, entstand in weiten Kreisen eine formalistische Frömmigkeitspraxis, die gegenüber den neuen geistigen Einflüssen aus der Umwelt keine ausreichende Widerstandskraft und keine Fähigkeit zu assimilierender Aneignung auf der eigenen, überlieferten Basis mehr gewährleistete.

Soziale und wirtschaftliche Tendenzen

Die rasche Bevölkerungszunahme stellte die Gemeinden vor schwierige Probleme, zu deren Lösung sie ihrer Struktur nach nicht mehr in der Lage waren. Die offizielle, rechtlich definierte Gemeinde bildete ja nur eine Kerngemeinde von Honoratioren innerhalb einer wachsenden Mehrheit, deren soziale Misere im Lauf der Zeit selbstverständlich auch zu immer häufigeren Konflikten mit den geltenden – jüdischen wie nichtjüdischen – Gesetzen führen mußte.
Mit den sozialen Spannungen wuchs also auch die Gefährdung der inneren Ordnung und der rechtlichen Existenzbasis, da die Gemeinden ja offiziell im Rahmen ihrer Autonomie für die Juden in ihrem Bereich verantwortlich gemacht wurden. In

manchen Gebieten wurden von der nichtjüdischen Obrigkeit nur einer kleinen Zahl von Juden – »Schutzjuden« – Niederlassungsrechte gewährt, und in habsburgischen Territorien wurde lange Zeit nur dem jeweils erstgeborenen Sohn die Gründung eines Haushalts gestattet.

Die große Mehrheit der Juden lebte indes in Polen-Litauen, wo zum Teil ausgesprochene Großgemeinden entstanden. Bis 1648 waren diese noch in der Lage, ihrer Aufgaben halbwegs Herr zu werden; aber danach folgte, beschleunigt durch die sabbatianische Krise, ein rascher Verfall. Die herkömmliche Struktur der jüdischen Honoratiorengemeinde stimmte nicht mehr mit den tatsächlichen soziologischen Gegebenheiten überein. Reformen waren jedoch unmöglich, weil diese Gemeindestruktur mit dem Rechtsstatus der Juden verbunden und insofern rechtlich durch den Staat und dessen zunächst noch rein fiskalische Interessen am Judentum festgeschrieben war.

Sieht man vom ottomanischen Reich und von den neuen Diasporagebieten – Niederlande, England, Übersee – ab, so verbanden sich überall mit den erwähnten Krisenerscheinungen auch wachsende wirtschaftliche Schwierigkeiten. In Mittel- und Osteuropa waren die Erwerbsmöglichkeiten seit dem Ende des Mittelalters nicht besser geworden; es fanden nur gewisse Verlagerungen statt.

In Mitteleuropa und Böhmen trat der jüdische Wanderhandel, das sogenannte »Dorfgehertum«, stark in den Vordergrund. Eine kleine jüdische Minderheit kam im Dienst absolutistischer Fürsten als Hoffinanziers und Hof- oder Heereslieferanten zu Einfluß und Reichtum, wenn auch manchmal nur vorübergehend. Beide Phänomene waren freilich nicht geeignet, das Verhältnis zur Umwelt zu verbessern.

Im Osteuropa war vor 1648 ein beträchtlicher Teil der Juden in der Verpachtung von Ländereien tätig gewesen und dadurch in eine gefährliche – bei den Kosakenaufständen offen aufbrechende – Spannung gegenüber den einheimischen

Pächtern geraten. Später bewirtschafteten die Gutsbesitzer ihre Güter selber, und die Juden konzentrierten sich auf den Erwerb von Konzessionen, vor allem Alkoholkonzessionen, was indes früher oder später zu neuen Schwierigkeiten führen mußte.

Diese einseitige Entwicklung wurde auch durch die kabbalistische Frömmigkeit mitverursacht, deren Hochschätzung des »Lernens« im Sinn meditativer religiöser Übung innerhalb der ohnehin schon begrenzten Möglichkeiten die Tendenz zu Tätigkeiten verstärkte, die weitgehend von Frauen ausgeübt werden konnten. Die Diskrepanz zwischen diesem überspitzten rabbinischen Gelehrtenideal und den tatsächlichen Möglichkeiten schürte wiederum ein tiefreichendes religiöses Unbehagen und erzeugte so die Bereitschaft, aus den überkommenen Ordnungen und Denkweisen auszubrechen.

Anders lagen die Verhältnisse in der sefardischen Diaspora. Im ottomanischen Reich bestanden zunächst gute Erwerbsmöglichkeiten. Doch setzte im siebzehnten Jahrhundert ein allgemeiner Verfall der politischen Ordnung und des wirtschaftlichen Lebens ein, der auch die Existenzmöglichkeiten der Juden einengte. Hingegen entwickelten sich die sefardischen Niederlassungen in den Niederlanden, an der unteren Elbe, in England und in Übersee gut. Die hervorragenden Fähigkeiten der spanisch-portugiesischen Exulanten in Handel und Handwerk sicherten ihnen ausreichende Existenzgrundlagen.

Die Gesamtentwicklung verlief also keineswegs einheitlich. Für die Zukunft wurde freilich vorwiegend der mittel- und osteuropäische Krisenherd von Bedeutung – verständlicherweise, denn in Osteuropa wuchs die jüdische Bevölkerung von etwa fünfunddreißigtausend Menschen um das Jahr 1500 auf mehr als zwei Millionen um 1820 an.

Hoffinanziers und Hoflieferanten

Als außerordentlich geschichtsträchtig hat sich die Tätigkeit einer kleinen jüdischen Minderheit erwiesen, die aufgrund ihres Reichtums und ihrer Fähigkeiten wesentlich zum Aufkommen des modernen Kapitalismus und der modernen Staatsverwaltung beigetragen hat. Abgesehen hiervon hatte das Wirken dieser jüdischen Unternehmer im Dienst absolutistischer Herrscher zur Folge, daß sie wegen ihrer exponierten Funktionen für die breite Öffentlichkeit automatisch mit »den Juden« gleichgesetzt wurden, obwohl zur selben Zeit die überwältigende Mehrheit des jüdischen Volkes eine eher kümmerliche Existenz fristete.

Während in der westlichen sefardischen Diaspora und im ottomanischen Reich die Tätigkeit reicher jüdischer Unternehmer kaum derartige negative Reaktionen hervorrief, entstand in Mittel- und Osteuropa auf diese Weise ein seltsam verzerrtes Bild vom »Juden«. Diese schon im Mittelalter da und dort zu beobachtende Erscheinung trat im sechzehnten bis achtzehnten Jahrhundert im Zeichen des Absolutismus stärker in den Vordergrund und fiel nun auch deshalb mehr auf, weil diese »Hoffaktoren«, »Hofagenten«, »Generalproveditteure«, oder wie immer man sie nannte, in der Regel ein üppiges Dasein im Stil ihrer Umwelt führten und ihre Macht zum Ärger der christlichen Untertanen nicht selten offen demonstrierten.

Die jüdischen Gemeinden sahen das mit höchst gemischten Gefühlen. Grundsätzlich war man jedoch froh und stolz, wenn ein Jude Macht und Ehre zu erlangen vermochte. Gelegentlich konnte ein solcher Hofjude auch für die eine oder andere Gemeinde beim Fürsten einen Gefallen erwirken oder Unheil abwenden. Aber solche Emporkömmlinge fielen nur allzuleicht wieder in Ungnade und rissen dabei oft auch die Gemeinden ihres Landes mit ins Unglück, und sie provozierten auf jeden Fall den »christlichen« Volkszorn gegen »die Juden« ins-

gesamt. Außerdem entsprachen Lebensstil und Moral dieser Elite weithin nicht mehr den herkömmlichen jüdischen Normen.
Hier vollzog sich also ein Wandel, der unter den übrigen Juden erst nach der Aufklärung einsetzte, wie ja auch tatsächlich solche jüdischen Unternehmer Bahnbrecher der kommenden Emanzipation und Assimilation geworden sind.
Auf alle Fälle sollte es sich als verhängnisvoll erweisen, daß in dem Raum, in dem die Mehrheit des Judentums lebte, durch diese Hoffaktoren usw. das jüdische Unternehmertum, das so viel zur Entwicklung der modernen Wirtschaft beigetragen hat, mit dem Odium politisch und moralisch zweifelhafter Machenschaften belastet wurde. Wie immer es sich im Einzelfall auch verhalten haben mag: die Volksmeinung hierüber ist es gewesen, die das weitere Schicksal des europäischen Judentums entscheidend vorbestimmt hat.

Lebensweise und Brauchtum

Die im Mittelalter ausgeprägten Formen der Lebensweise und des Brauchtums haben in den Jahrhunderten bis zur Aufklärung nur dort Wandlungen erfahren, wo regionale und soziale Bedingungen dazu drängten. Die Basis blieb dabei immer erhalten; nur in den sabbatianisch-häretischen Bewegungen gab man die vorhandenen Ordnungen zum Teil bewußt auf oder pervertierte sie sogar. Mit dieser Einschränkung und unter Berücksichtigung der immer vielfältiger werdenden folkloristisch-regionalen Anreicherung kann man sagen, daß das Mittelalter für das Judentum bis zur Zeit der Aufklärung und der Emanzipation heraufreichte.
Zu dieser Verfestigung der Formen hat nicht zuletzt die Bevölkerungsumschichtung in der Diaspora beigetragen. Sowohl die Sefardim im ottomanischen Bereich, in Westeuropa und Übersee, als auch die Aschkenasim in Osteuropa gerieten in

eine kulturell fremde Umgebung und pflegten dort ihre herkömmliche Lebensart weiter, ja sogar ihre Umgangssprache, und blieben daher von der Umweltkultur mehr oder weniger isoliert.

So kam es zur Konservierung von Äußerlichkeiten, die je länger, desto mehr als spezifisch jüdisch angesehen wurden und damit ein Gewicht erhielten, das ihnen zuvor gar nicht zugekommen war. Diese Verfestigung der Lebensweise und des Brauchtums gehört also mit zu dem Krisensyndrom, das einen großen Teil des Judentums im achtzehnten und neunzehnten Jahrhundert kennzeichnete.

Charakteristisch dafür ist das Beispiel der Kleidung. Die Sefardim der westlichen Diaspora glichen sich in der Kleidermode und in der Haar- und Barttracht ungehindert weitgehend ihrer Umgebung an; ihr Rabbinerhabit etwa richtete sich nach dem Gelehrtentalar, der ja auch Vorbild für die Amtstracht der protestantischen Geistlichen wurde. In den kleinen aschkenasischen Gemeinden West- und Mitteleuropas machte sich zwar ebenfalls eine Tendenz zur Ablegung der herkömmlichen jüdischen Kleidung bemerkbar, doch wirkten hier sowohl jüdische wie nichtjüdische Autoritäten mit mehr oder minder großem Erfolg dagegen, so daß die regional wechselnden Judentrachten – vor allem der *sarbal*, ein Mantel, im sechzehnten Jahrhundert auch der »Judenkragen« – noch lange in Gebrauch blieben, ebenso die obrigkeitlich verordneten Unterscheidungsmerkmale.

In Italien pflegten jüdische Gelehrte – zum Teil mit ausdrücklicher obrigkeitlicher Genehmigung – die Gelehrtentracht ihrer Umwelt zu tragen und sich zu rasieren.

In Osteuropa ergab sich hingegen ein anderes Bild. Nachdem Polens Ober- und Mittelschichten selber westliche Kleidung angenommen hatten, behielten die Juden die alte polnische Tracht als jüdische Kleidung bei, also vor allem den Kaftan und die meist pelzbesetzten Kappen und Hüte, in Galizien für die Synagoge einen flachen Hut mit pelzbesetzter Krempe, den sogenannten Streimel. Diese Grundelemente wurden schließlich als so charakteristisch jüdisch empfunden, daß sie im neunzehnten Jahrhundert in konservativen Kreisen als Bekenntnissymbol und unverzichtbare jüdische Eigenart gewertet werden konnten.

Buchdruck

Zu den bedeutendsten Wandlungen am Ausgang des Mittelalters zählt die Erfindung des Buchdrucks. Die Juden waren aufgrund ihres besonderen Verhältnisses zu literarischer Überlieferung und infolge ihres traditionellen Bildungsideals nicht nur unter den ersten, die im Buchdruck selbst für eigene Zwecke tätig waren, sie machten auch in einer für die Umwelt ungewöhnlichen Breite und Intensität von der neuen Errungenschaft Gebrauch.

War es bisher für viele Juden unmöglich, die hohen Kosten für Handschriften aufzubringen, so ermöglichte der Buchdruck eine vergleichsweise billige Massenproduktion. Wenn im Judentum trotz des allgemeinen Niedergangs des Schulwesens in der Zeit vor der Aufklärung ein so verblüffendes Maß an traditioneller Bildung erhalten blieb, dann nicht zuletzt dank der nun möglich gewordenen Verbreitung maßgebender Texte wie Gebetbücher, Gesetzescodices, Anleitungen für die religiöse Praxis, aber auch der großen theologisch-ethischen Werke des Mittelalters.

Für die literarische Produktion ergab sich aus der Möglichkeit des Druckes ebenfalls ein enormer Anreiz. So gut wie jeder rabbinische Gelehrte versuchte, seine Niederschriften auch gedruckt herauszubringen, wobei freilich ein im Vergleich zu früher ungünstigeres Verhältnis zwischen Quantität und Qualität nicht zu vermeiden war, eben wegen des allgemeinen kulturellen Niedergangs in den Hauptgebieten der Diaspora.

Die Buchdruckerkunst wurde als »heiliges Handwerk« hoch geachtet, weil man in ihr vorzüglich ein Mittel zur Verbreitung der *Torah* (in weitestem Sinne) sah. Die ersten Zeugnisse, die wir besitzen, reden von jüdischen Druckern in Avignon; die frühesten erhaltenen Drucke selbst stammen aus dem Jahr 1475, also noch aus der Zeit der Inkunabeln (Wiegendrucke).

Zwischen 1500 und 1550 erlebte die hebräische Druckkunst eine rasche Ausbreitung und Entfaltung. Der Gebrauch beweglicher Lettern erleichterte die Produktion, und die Drucke verloren den Charakter von Handschriften-Imitationen. Seiten- und Folio-Numerierung, Druckerzeichen und vor allem dekorativ gestaltete Titelblätter kamen in Mode. Die Titelblätter waren zuerst in der Regel schlicht gehalten; dann aber bürgerten sich kunstvolle Umrahmungen ein, mit deren Anfertigungen die neuen Techniken der Buchillustration – Holzschnitte und Stiche – ihren Einzug hielten.

Zunächst dominierte Italien als Land hebräischer Drucke, zum Teil aufgrund fester Familientradition – man denke an die Soncino oder die Bomberg –, wobei wie in anderen Sparten des Kunsthandwerks die Religionszugehörigkeit nicht schlechterdings ausschlaggebend war, das heißt, auch Christen druckten hebräische Bücher. Aber auch in Konstantinopel und Saloniki, in Augsburg, Prag, Krakau und Lublin wurden bald hebräische Drucke hergestellt, vor allem nachdem 1553 durch päpstliche Maßnahmen gegen den *Talmud* mehrere italienische Druckorte (außer Venedig) ausfielen. Zu den schon genannten älteren wichtigen Druckorten traten nun auch Hanau und Basel, Adrianopel, Kairo und Zefat.

Im siebzehnten und achtzehnten Jahrhundert errang Amsterdam (ab 1604), wo 1626 Manasse ben Israel eine große Werkstatt einrichtete, eine führende Rolle, während in Mittel- und Osteuropa die Druckorte weiter an Zahl zunahmen, zunächst an Prag, dann auch an Amsterdam orientiert: so Sulzbach, Wilhermsdorf, Fürth, Altona-Hamburg-Wandsbeck, Offenbach, Frankfurt am Main und Frankfurt an der Oder, Halle, Dessau und Berlin. In Italien dominierten nun neben Venedig Leghorn (Livorno) und Verona. In der Türkei dagegen ist zwischen 1585 bis 1638 ein eigenartiger Rückgang der Drucke zu verzeichnen.

Bildung und Erziehung

Die bereits erwähnten kabbalistischen und sozialen Voraussetzungen bestimmten nicht zuletzt auch das Bildungsideal und das Erziehungswesen.

Für das Schulwesen brachte die Neuzeit gegenüber dem Mittelalter nichts wesentlich Neues. Die Schwierigkeiten in den übervölkerten aschkenasischen Gemeinden führten aber zu einem fortschreitenden Niedergang selbst der traditionellen Schulbildung, die im Unterschied zur sefardischen Unterrichtsgestaltung ohnedies weniger systematisch und didaktisch weniger effektiv war. Dazu kam, wie gesagt, die durch die kabbalistische Frömmigkeit verstärkte Abneigung gegen alle profanen Disziplinen. Sogar die hebräische Grammatik und damit die Pflege des Hebräischen als Literatursprache wurde vernachlässigt.

Offener – doch ebenfalls von gewissen Hemmungen und Bedenken geprägt – war das Bildungswesen der sefardischen Gemeinden des Westens und des italienischen Judentums. Beide hatten aus dem Mittelalter gewisse Traditionen der profanen Bildung weitergeführt, und diese wirkten sich trotz fortschreitender Ghettoisierung nach wie vor aus. Daher ergaben sich auch nur unter den Sefardim und den italienischen Juden Ansätze zu einer profanen Literatur, während das aschkenasische Judentum dergleichen nur in anspruchsloser, volkstümlicher Form und in der jiddischen Umgangssprache hervorbrachte.

All das hatte zur Folge, daß in Aschkenasien zwar die traditionelle Schulbildung schlecht und recht weitergepflegt wurde, für die praktische Bewältigung des Lebens dabei aber so gut wie nichts herauskam, ein Umstand, der angesichts der wachsenden bevölkerungspolitischen und sozialen Probleme immer größere Nachteile zeitigen mußte.

Eine Ausnahme bildete, wie erwähnt, Italien, wo profane Wissenschaften wie Astronomie, Geographie und nicht zuletzt Medizin in der jüdischen Oberschicht gut vertreten waren. Daher suchten jene wenigen mittel- und osteuropäischen Juden, die sich zu Ärzten ausbilden lassen wollten, auch italienische Lehrstätten auf, vor allem Padua. Freilich erwarben sie dort meist mehr als nur medizinische Kenntnisse und sie fühlten sich daher nach der Rückkehr in ihre Heimat oft ziemlich isoliert oder wurden gar wegen ihrer abweichenden Auffassungen angefeindet.

Sieht man von diesen zählbaren Ausnahmen ab, so bleibt festzustellen, daß die Mehrheit des Judentums gerade in jenen Jahrhunderten am wirksamsten von der Kultur ihrer Umwelt isoliert war, in denen in Europa bereits die Aufklärung ihre ersten Erfolge errang. Der dadurch eintretende Rückstand war für die Geschichte wie für das Selbstbewußtsein des Judentums der folgenden Ära von großer Tragweite.

Literatur

Von einer gewissen Konkurrenz seitens des Spanischen und Portugiesischen im Bereich der westlichen sefardischen Diaspora abgesehen, blieb weiterhin das Hebräische die jüdische Literatursprache.

Gegenüber dem Mittelalter zeichnet sich eine auffällige Konzentration auf die engere rabbinische Gelehrsamkeit ab, vor allem auf die Kommentierung des halachischen (gesetzlichen) Schrifttums, also von *Mischna*, *Talmud* und mittelalterlichen Codices, vor allem des Maimonides und des Jakob ben Ascher.

Das sechzehnte Jahrhundert brachte darüber hinaus einen neuen Gesetzeskodex hervor, der im gesamten Judentum Anerkennung fand: den *Šulḥan 'Aruk (Der gedeckte Tisch)* des Josef Karo (1488–1575).
Josef Karo, ein Sefarde spanischen Ursprungs, hatte zunächst in Saloniki und schließlich in Zefat (Galiläa) gewirkt und ist auch als kabbalistischer Mystiker bekannt geworden. Sein Kodex wurde in Osteuropa durch Moses Isserle aus Krakau (um 1525–1572) kommentiert und dadurch für den Gebrauch im aschkenasischen Bereich adaptiert. Auch in den folgenden Jahrhunderten wurde er bis zum heutigen Tag immer wieder neu kommentiert und ergänzt.
Ebenfalls ziemlich umfangreich ist die erbauliche, exegetische und homilienartige Literatur. Manche *daršanim* (Prediger) brachten ihre Predigten in literarischer Gestalt, also in Buchform, heraus und überlieferten der Nachwelt auf diese Weise eine Fülle interessanter Zeugnisse über religiöse und kulturgeschichtliche Fragen ihrer Zeit.
Theologisch-religiöse Werke dieser Periode tragen, soweit sie eine größere Breitenwirkung erzielten, fast durchwegs kabbalistischen Charakter, zum Teil mit sabbatianisch-häretischer Färbung und mit starken Einschlägen aus dem Volksglauben, in dem die abergläubischen Elemente eine immer größere Rolle spielten.

Synagogenarchitektur

Wie in manchen anderen kulturell-zivilisatorischen Belangen haben die Sefardim im Westen auch für ihre – meist prachtvollen – Synagogen den Baustil, speziell den Kirchenbaustil, ihrer neuen Umgebung übernommen. Ein bekanntes und monumentales Beispiel dafür ist die 1675 vollendete große Amsterdamer Synagoge. Die Innengestaltung mußte allerdings den speziellen synagogalen Bedürfnissen entsprechen; sie betrafen hier vor allem die Frauenemporen an den Langseiten, die für andere Bauten vorbildlich geworden sind, und die *bimah*, die weit zurückgesetzt ist. Die Sitzreihen sind an den Längsseiten angeordnet, so daß die Gemeinde sich zweigeteilt gegenübersitzt und *Torah*-Schrein und *bimah* in ihrem Blickfeld hat.

Eine neue Art der Raumgestaltung zeigt sich in den italienischen Synagogen dieser Zeit. Die sefardische Tendenz, die *bimah* aus dem Zentrum näher an die dem *Torah*-Schrein gegenüberliegende Wand heranzurücken, wurde hier konsequent weiterentwickelt. Die *bimah* erscheint nun ganz an die Wand gerückt, so daß die beiden funktionalen Brennpunkte des synagonalen Raumes einander gegenüberliegen. Architektur und Ornamentik entsprechen hingegen auch hier den in der Umwelt gebräuchlichen Formen, also vor allem Barock und Rokoko.

Architektonisch eigentümliche Schöpfungen hat das osteuropäische Judentum hervorgebracht. Während die älteren Synagogen noch den aschkenasischen Typen des ausgehenden Mittelalters folgen und sich nur durch die größeren Ausmaße unterscheiden, wurden im galizisch-böhmischen Bereich aus der Umwelt gewölbte Renaissance- und Barockbauten von quadratischem Grundriß übernommen und die Gestaltung des *Torah*-Schreins an den barocken Altarbauten der Kirche orientiert.

Anders ist die Lage in Polen, wo die Identifizierung mit der Kultur der Umwelt weitgehend vermieden wurde und daher große Synagogenbauten eigenen Charakters entstanden, sowohl gemauerte als auch gezimmerte. Für die gemauerten Synagogen ist ein ungefähr quadratisch angelegter gewölbter Raum mit vier architektonisch mehr oder minder kombinierten Mittelstützen kennzeichnend, zwischen denen sich die *bimah* befindet. Manche dieser Synagogen machen außen einen festungsartigen Eindruck – sie lagen ja oft in Vororten und waren daher besonders häufig Angriffen ausgesetzt. Weit häufiger waren jedoch Holzsynagogen, manchmal von beachtlichen Ausmaßen. Bezeichnend für sie ist das pagodenartig in mehreren Absätzen aufgetürmte Dach, das, im Inneren ausgetäfelt, gelegentlich kuppelartige Raumwirkung erzielen konnte und mit Malereien versehen war. Andere Decken wurden tonnenförmig oder als Flachdecken gestaltet – eine bunte Vielfalt mehr oder weniger volkstümlicher Schöpfungen, von denen so gut wie nichts die Verwüstungen des Zweiten Weltkriegs überdauert hat.

Die Sitzreihen waren in Osteuropa zum *Torah*-Schrein hin orientiert. Die Sitzordnung ergab zugleich eine Art Rang- und Prestigefolge: Die Vornehmen saßen dem *Torah*-Schrein zunächst, die Bettler standen hinten an der Westwand.

Kunst und Kunsthandwerk

Aus der Zeit nach 1600 ist eine Fülle von jüdischen Ritualobjekten erhalten, zum großen Teil Arbeiten der Gold- und Silberschmiedekunst. Zwar ist ein guter Teil davon das Werk nichtjüdischer Meister, aber in gewissen aschkenasischen Gebieten – Böhmen, Mähren, Schlesien –, unter den Sefardim und selbstverständlich nach wie vor im Orient lebte auch die jüdische kunstgewerbliche Tradition weiter.

Wenn Mitteleuropa mit relativ vielen Schöpfungen auf diesem Gebiet vertreten ist, so infolge der besonderen sozialen Struktur der dortigen Gemeinden: Hier gaben vielfach die sogenannten »Hofjuden« und vergleichbare jüdische Unternehmer solche Arbeiten für sich und für ihre Gemeinden in Auftrag. Die Gemeinden selbst – vor allem die osteuropäischen – verfügten selten über derartige Mittel und mußten mit volkstümlichen Erzeugnissen aus billigen Materialien vorlieb nehmen.

Im häuslichen und privat-persönlichen Bereich bürgerten sich nun die schon im Mittelalter da und dort bekannten sternförmigen Sabbat-Hängelampen ein, die dann im achtzehnten Jahrhundert nach und nach durch Kandelaber und Kerzen verdrängt wurden. Qidduš-Becher für die Segnung von Sabbat und Festtagen wurden – je nach dem Vermögen der Auftraggeber – aus den verschiedensten Materialien und in vielen Varianten hergestellt. Die wertvolleren Stücke aus Gold und Silber erinnern nicht selten an christliche Meß- und Abendmahlskelche. Auch Riechkräuterbehälter *(ḥadas)*, die in den unterschiedlichsten Formen angefertigt wurden, weisen manchmal Bezüge zu christlichen Sakralgegenständen auf, zum Beispiel zu Monstranzen oder zu Reliquiaren, vor allem Turmreliquiaren.

Für die Chanukkah-Leuchter boten sich solche Verbindungen nicht an; unter ihren ebenfalls vielfältigen Typen dominieren nun die Reihenleuchter mit mehr oder minder dekorativ gearbeiteter Rückwand (zum Aufhängen an der Wand). In den Synagogen verwendete man *menorah*-artige Leuchter, die im Lauf der Zeit auch in den Häusern immer beliebter wurden.

Ebenfalls reich an Varianten sind die *Mezuzot* und die Gedecke für Sederabend und Sabbatmahl. Dabei hatten auch Näh- und Stickereiarbeiten ihren Platz, denn das Tuch zum Bedecken der Sabbat-Brote und die Taschen oder Decken für die *Mazzot* des Sedermahls wurden gern auf diese Weise verziert, ebenso die *Tefillin*-Beutel und die Behälter für Lulab und Etrog.

Textil- und Teppichkunst spielten natürlich im islamischen Bereich nach wie vor eine dominierende Rolle. Die erhaltenen Stücke dieses Genres weisen oft jüdische Symbole und hebräische Inschriften auf.

Beschneidungsgeräte – Messer, Sandteller, Stuhl des Elias – und Hochzeitsringe gehören im Grund bereits zur synagogalen Ausstattung, obschon sie familiären Anlässen dienen. Der Schmuck der Braut – Hochzeitsgürtel, im Bereich des Islam die Brautkrone – spielte natürlich eine große Rolle, aber auch die Geräte der Beerdigungsgesellschaften – Becher, Krüge,

Teller – wurden meist mit traditionellen Symbolen, Inschriften und bildlichen Darstellungen verziert.
In einer Fülle von Formen ungemein verbreitet waren in dieser Periode Amulette, vor allem solche gegen das Kindbettfieber und gegen den »bösen Blick«, oft mit kabbalistischen Zeichen und Formeln versehen.
Vornehmere Juden verwendeten nach dem Usus der Umwelt auch persönliche Wappen vor allem im sefardischen und italienischen Bereich. In gewissem Sinn damit verwandt sind die Druckerzeichen; geläufig waren Löwe (Symbol des Stammes Juda), Adler, Hirsch, Dekalogtafeln, Tempelgeräte oder – für Priesterfamilien – zwei zum Segen erhobene Hände. Ein Kuriosum stellt das Motiv der gedrehten Säulen dar, die auch auf Buchtitelblättern häufig vorkommen, da es offenbar zuerst in Rom, und zwar nach dem Vorbild in der Peterskirche, aufgegriffen wurde.
In den Synagogen konzentrierte sich die künstlerische Gestaltung nach wie vor auf den *Torah*-Schrein und sein Zubehör. Die Form der Schreine wechselte stark, von schlicht gefertigten bis zu reich geschnitzten Holzschreinen und von einfachen Portaltypen bis zu barocken Aufbauten in Analogie zu den kirchlichen Altären jener Zeit.
Die Schriftrollen selbst wurden im Orient in reich verzierten, zylinderförmigen Behältern aufbewahrt, die meist aus Holz, gelegentlich auch aus Metall gefertigt und manchmal mit Edelmetall und Edelsteinen ornamentiert waren. In Europa hingegen wurde – vom *Esterbuch* abgesehen – die Rolle in einer Stoffhülle geborgen, dem sogenannten *Torah*-Mantel, der wie der *Torah*-Vorhang vor dem *Torah*-Schrein Gelegenheit zu kunstvoller textiler Gestaltung in Form von Web- und Stickarbeiten bot. Dabei zeigt sich ein fester Symbolbestand, fast immer mit dem Portalmotiv, wobei der Überhang *(kapporät)* über dem eigentlichen Vorhang meist Abbildungen von Tempelgeräten zeigt. Die Inschriften bestehen aus biblischen Versen und aus Angaben über die Stifter beziehungsweise die

Spenderinnen, die solche Arbeiten als fromme religiöse Übung ausführten.

Über den *Torah*-Mantel hängte man in Europa seit dem sechzehnten Jahrhundert noch den *Torah*-Schild *(tas)*, der ursprünglich Hinweise auf die Bestimmung der verschiedenen Rollen enthielt, dann aber mehr und mehr mit dem Brustschild des biblischen Hohepriesters in Verbindung gebracht und darum gern mit zwölf Edelsteinen geschmückt wurde.

An den beiden Holzstäben, mit denen die Schriftrolle selbst auf- und zugerollt wird, brachte man Aufsätze an, sogenannte *rimmonim*, teils auf jedem der beiden Stäbe, teils nur über beiden Stäben zusammen oder aber mit einem dritten Aufsatz über den zwei Einzel-*Rimmonim.* Derartige Aufsätze wurden gern mit Glöckchen versehen und immer häufiger kronenartig gestaltet.

Der Brauch, die *Torah*-Rolle zu »krönen«, ist seit dem zehnten Jahrhundert bezeugt und verbreitet sich in der Neuzeit fast in der gesamten Diaspora. Im sefardischen Bereich hielt man sich für die *Torah*-Kronen an Königskronen als Vorbilder, während in den aschkenasischen Gebieten mehr oder weniger komplizierte, manchmal recht umfangreiche Abwandlungen der Kronenform auftreten. In Italien pflegte man auch *rimmonim* (mit Glöckchen) und Kronen zu einem Aufsatz zu vereinigen. Das Material wechselte selbstverständlich je nach der Vermögenslage der Spender beziehungsweise der Gemeinden. Kunstgeschichtlich interessantere Exemplare sind in der Regel Silberarbeiten.

Äußerst vielfältig ist auch die Form des »Lesezeigers« *(jad)*, der in der Regel die Gestalt eines Stabs hat und in eine Hand mit ausgestrecktem Zeigefinger ausläuft.

Daneben waren Wasserbehälter für die rituelle Waschung der Hände, das in den Synagogen seit dem frühen sechzehnten Jahrhundert übliche »Ewige Licht«, das Schofarhorn und die Almosenbüchse oft Gegenstand kunsthandwerklicher Gestaltung.

Einen beträchtlichen Umfang erreichte mit der Verbreitung des Buchdruckes die Buchkunst. Vom Druck selbst (Satzbild, Typenwahl) abgesehen, handelt es sich dabei um die ornamentale Gestaltung der Titelblätter (im Lauf des sechzehnten Jahrhunderts), der Zierrahmen und der Druckerzeichen sowie um den Bucheinband. Der Einband wurde speziell bei Gebetbüchern auch mit Edelmetallarbeit verziert. Die Buchillustration mit den neuen, drucktechnisch bedingten Methoden des Holzschnitts sowie des Kupfer- und Stahlstichs verdrängte nun weithin die alte Handschriftenillumination. Gebetbücher, Brauchtumsanleitungen, vor allem aber *Passah-Haggadot*, enthalten vielerlei Illustrationen, vorwiegend Szenen aus dem jüdischen Leben, wie nun überhaupt auch durch nichtjüdische Künstler – zumal der Niederlande – immer häufiger derartige Szenen in Gemälden und Stichen festgehalten wurden.

Regelrechte Buchmalerei und Handschriftenillumination wurden nun seltener. Im achtzehnten Jahrhundert kamen sie allerdings in Mitteleuropa noch einmal in Mode, und zwar nicht nur in Privatkreisen: Auch Gemeindeprotokollbücher aus dieser Zeit sind häufig illuminiert.

Schließlich sei noch einmal auf die in Ost- und Mitteleuropa vor allem in Holzsynagogen übliche Wandmalerei verwiesen, deren Zeugnisse freilich im letzten Weltkrieg zum größten Teil vernichtet worden sind.

Ein neues Gebiet künstlerischer Gestaltung im sefardisch-europäischen und aschkenasischen Bereich stellten nun auch die Grabsteine von wohlhabenderen Juden dar. Sie wiesen außer architektonischen Merkmalen vor allem umfangreiche ornamentale Inschriften auf, ferner Symbole und Wappen. Im westlich-sefardischen Bereich war auch die reliefartige Bearbeitung der Steine üblich.

Während des achtzehnten Jahrhunderts beginnen die Grenzen zwischen »jüdischer« und allgemeiner Kunst zu verschwimmen: Immer mehr Juden gaben als Künstler ihrer Arbeit keine besondere jüdische Zielsetzung mehr und sind insofern eigentlich im Rahmen der allgemeinen Kunstgeschichte zu behandeln. Soweit sie sich aber noch als Juden bekannten, ist ihr Schaffen als jüdischer Beitrag zur Kultur ihrer Umwelt zu würdigen und in Anbetracht des besonderen engen Wechselverhältnisses zwischen Judentum und Umwelt eben doch wieder als spezifisch jüdische Kulturleistung. Eine Darstellung dieses schwer abgrenzbaren Bereichs, die für das neunzehnte und zwanzigste Jahrhundert noch problematischer wird, kann indes in diesem Rahmen nicht gegeben werden.

2. Die Sefardim

Die sefardische Diaspora

Aus der iberischen Halbinsel *(s^e^farad)*, drängten seit dem späten fünfzehnten Jahrhundert mehrere Exulantenwellen in die weitere Diaspora. Die erste erreichte ihren Höhepunkt 1492 durch die große Vertreibung aus Spanien, der die Vertreibungen aus Portugal und aus der Provence folgten. Der Großteil der Betroffenen wandte sich nach Nordafrika und in die Gebiete des ottomanischen Reiches, vor allem in die Küstenstädte der Ägäis und in die Gegend von Konstantinopel, aber auch ins Heilige Land. Ein anderer Teil blieb – mehr oder weniger lang – in Italien.

Die folgenden Jahrhunderte sind durch eine anhaltende Auswanderung zwangsbekehrter Juden, sogenannter Marranen, gekennzeichnet. Auch sie suchten vor allem im ottomanischen Reich Zuflucht, gründeten aber auch, wo dies möglich war, in Europa Niederlassungen, und zwar meist unter vergleichsweise günstigen Bedingungen, da ihre kommerziellen Fähigkeiten durchaus Anerkennung fanden. So entstanden sefardische Gemeinden in Bordeaux (1550), in den Niederlanden (1597), in Hamburg (1612), in Kopenhagen (1622) und in England

(1656). Die Sefardim zogen also gerade die wirtschaftlich hochentwickelten Gebiete vor. Dazu kam eine Anzahl von Auswanderern nach Übersee.

Der größte Teil der Exulanten sprach eine spezifische Form des Spanischen, das Judeo-Espagnol oder Ladino; die gebildeteren Kreise beherrschten selbstverständlich auch das literarische Spanisch und Portugiesisch. So entstand eine der Umgangssprache gemäße Volksliteratur in Ladino neben einem anspruchsvolleren spanisch-portugiesischen Schrifttum, letzteres vor allem in westlichen Diasporazentren wie in den Niederlanden. Das Hebräische blieb daneben nichtsdestoweniger die Literatursprache der rabbinischen Gelehrten, obwohl sich Portugiesisch und Spanisch bis zu einem gewissen Grad auch auf diesem Gebiet konkurrierend bemerkbar machten.

Im Gegensatz zum ottomanischen Reich, wo die Sefardim bis ins neunzehnte Jahrhundert verhältnismäßig abgeschlossen lebten, zeigten die westlichen Zentren eine ambivalente Haltung zur Kultur der Umwelt. Durch den hohen Prozentsatz ehemaliger Zwangschristen standen sie in einer engeren Beziehung zum Denken der christlichen Umwelt, die — zumindest in den Niederlanden — noch dazu gegenüber den Juden eine ungewohnte Toleranz walten ließ. Diese Gemeinden waren dadurch in stärkerem Maß der Assimilation ausgesetzt. Wie immer wirkte dem im Interesse der Selbsterhaltung eine gegenläufige Tendenz entgegen, so daß es hier schon früh zu Frontstellungen kam, die im allgemeinen erst später — in der Zeit der jüdischen Aufklärung — zu beobachten sind.

Zwei niederländische Beispiele dafür sind besonders bekannt geworden. Das eine ist Uriel da Costa (1585—1640), der wegen mehr oder minder offen geäußerter »häretischer« Meinungen zweimal den Bann der Amsterdamer Gemeinde auf sich zog und nach einer endgültigen Unterwerfung Selbstmord beging. Von größerer Bedeutung war Baruch Spinoza (1632 bis 1677), der in mancher Hinsicht die Tendenzen da Costas fortführte, jedoch konsequenter; er lebte schließlich, nachdem er

1656 von der Gemeinde mit dem Bann belegt worden war, als freier Schriftsteller und Philosoph in christlicher Umgebung. So fand sein Wirken zunächst auch nur im außerjüdischen Bereich ein Echo, vor allem im Rahmen der Philosophie. Abei auch für die spätere *Bibel*-Kritik hat er bereits gewisse Grundlagen gelegt: Er widerlegte zum Beispiel die bis dahin so gut wie unbetrittene Verfasserschaft des Mose für den *Pentateuch* und führte eine historische, die Entstehungsgeschichte der einzelnen Schriften aufspürende Betrachtungsweise ein. Wenn auch die innerjüdische Wirkung solcher Grenzgestalten noch gering blieb, so beweist doch allein schon deren Auftreten die sich abzeichnende Spannung zwischen Tradition und neuem, von der Umwelt geprägtem Denken. Die Bereitschaft, aus den alten Formen auszubrechen, zeigte sich auch während der sabbatianischen Bewegung. Gerade die sefardischen Gemeinden erwiesen sich gegenüber der neuen Botschaft von dem Messias aus Smyrna als besonders anfällig – Symptom für ein überdurchschnittliches Bedürfnis nach Änderungen, das hier nicht durch politisch-ökonomischen Druck bedingt war, sondern aus einer spezifischen geistig-kulturellen Situation erwuchs.

Sefardim und Aschkenasim

Bildeten die Sefardim am Ausgang des Mittelalters noch die Mehrheit des Gesamtjudentums, so gerieten sie im achtzehnten Jahrhundert gegenüber den Aschkenasim rasch ins Hintertreffen. Zwar florierten die sefardischen Siedlungen wenigstens im Wesen weiterhin, doch die Zahl der Juden im ottomanischen Reich entwickelte sich teilweise sogar rückläufig, und die Geburtenrate der wohlhabenderen westlichen Sefardim lag weit unter der der armen jüdischen Massen Mittel- und Osteuropas. Im zwanzigsten Jahrhundert stellten die Sefardim daher nur noch zehn Prozent des Gesamtjudentums.

Das Verhältnis zu den aschkenasischen Gemeinden war nicht selten über die liturgischen, sprachlichen und kulturellen Unterschiede hinaus durch rechtliche, statusbedingte Faktoren bestimmt. In den Niederlanden und ganz besonders in Bordeaux grenzten sich die wohlhabenden Sefardim deutlich gegenüber den Aschkenasim ab, nicht nur aus Stolz auf die eigene Tradition, sondern auch zur Wahrung ihrer günstigeren rechtlich-gesellschaftlichen Position.

Von dem ganz verschiedenen kulturell-zivilisatorischen Hintergrund abgesehen, ergaben sich auch Unterschiede auf dem Gebiet der synagogalen Liturgie, des Brauchtums sowie in der Aussprache des Hebräischen: Die Aussprache der Sefardim wahrte den semitischen Lautbestand in höherem Maß und wurde deshalb für das moderne Hebräisch richtungweisend.

3. Italien

Die relativ günstige Situation der Juden Italiens im fünfzehnten Jahrhundert hielt im sechzehnten Jahrhundert nicht an. Die innerkirchlichen Auseinandersetzungen in Zusammenhang mit Reformation und Gegenreformation verschärften die ablehnende Haltung gegenüber religiösen Minoritäten.

Im Kirchenstaat setzte um die Mitte des Jahrhunderts vorübergehend eine schroff judenfeindliche Politik ein. Papst Julius III. ließ 1553 Exemplare des *Talmud* beschlagnahmen und verbrennen, und Paul IV. ordnete 1555 die Konzentration aller Juden in festumrissenen Wohnvierteln an, die nach dem venezianischen Vorbild »Ghetto« genannt wurden. Zugleich wurden die Berufsmöglichkeiten noch weiter eingeschränkt. Die Problematik der Geheimjuden, also der heimlich jüdisch gebliebenen Zwangsgetauften, verschärfte diese Tendenz zur Unduldsamkeit, so daß schließlich nur noch in Rom und Ancona Gemeinden von einem gewissen Gewicht existieren konnten.

Anders stand es in den nichtpäpstlichen Territorien. Die Medici in Florenz und die Herrscher der norditalienischen Gebiete tolerierten die Juden in der Regel, und eine nicht geringe Zahl von jüdischen Wissenschaftlern, die auch unter Nichtjuden Anerkennung genossen, beweist, daß die Beziehungen zur Umwelt in den gehobeneren jüdischen Zirkeln nach wie vor im Sinn der Renaissancekultur weiterbestanden.
Die Institution des Ghettos verbreitete sich allerdings im siebzehnten Jahrhundert über ganz Italien. Infolgedessen kam es zu einer gewissen Verarmung und Verengung auch auf kulturellem Gebiet.

Hauptzentren, Wirtschaft und Kultur

Größere Gemeinden existierten in Rom — wo die Zahl der Juden zwischen 1500 und 1700 von rund zweitausend auf zwölftausend anstieg, danach bis 1800 wieder auf drei- bis viertausend zurückging —, in Venedig mit circa fünftausend Juden um 1650, und in Livorno, wo die Gemeinde Anfang des siebzehnten Jahrhunderts nur rund hundert Juden zählte, 1642 schon elfhundertfünfundsiebzig, 1738 mehr als dreitausendvierhundert und 1806 gar 4697.
Um 1638 dürften in ganz Italien etwa fünfundzwanzigtausend Juden gelebt haben. Diese Zahl hat sich in der folgenden Zeit der Ghettos nur unwesentlich vergrößert. Selbst 1939 zählte man in Italien nur fünfunddreißigtausend Juden.
Die wirtschaftliche Lage verbesserte sich seit der frühen Neuzeit nur dort, wo sefardische Kaufleute durch den Mittelmeer- und Überseehandel da und dort einen gewissen Wohlstand erwarben. Die Mehrheit in den Ghettos fristete ein eher kümmerliches Dasein. Dementsprechend kraß waren die sozialen Unterschiede in den Gemeinden, die — gerade im Fall plötzlichen Wachstums wie in Livorno — diese Probleme nur notdürftig zu lösen vermochten.

Das kulturelle Leben war in den oberen Schichten zunächst durch die Renaissancekultur der Umwelt mitgeprägt. Jüdische Ärzte und Wissenschaftler, etwa der Geograph Abraham Farissol (1451–1525) und der dem Renaissanceplatonismus verpflichtete Leone Ebreo (1460–1521) sind dafür kennzeichnende Beispiele.
In der Periode der Ghettoisierung freilich gewann auch in Italien die Kabbalah und zeitweilig sogar der Sabbatianismus die Oberhand; doch blieben gewisse Traditionen auch danach noch lebendig. Vor allem ist das Fortleben der – auch säkularen – hebräischen Literatur hervorzuheben, deren bedeutendster Vertreter, Mose Chajjim Luzzatto (1707–1746), weit über die Grenzen Italiens hinaus, nicht zuletzt auch in Osteuropa, bekannt geworden ist und von dem einzelne Werke bis heute immer wieder nachgedruckt werden. Die italienischen Druckorte – vor allem Venedig – hatten auch lange Zeit überregionale Bedeutung für die gesamte Diaspora.
Die vergleichsweise freiere Atmosphäre wirkte sich auch in einem gewissen Konflikt mit der Tradition aus, ähnlich wie in den sefardischen Gemeinden der Niederlande, allerdings weniger radikal. Diese gemäßigt kritische Überlieferung hat später nicht wenig zur relativ unproblematischen Einbeziehung der Aufklärung in das geistige Leben des italienischen Judentums beigetragen.

4. West- und Mitteleuropa

In den Staaten des Heiligen Römischen Reiches

In Mitteleuropa wechselte die Rechtslage und das allgemeine Los der Juden entsprechend der zunehmenden politischen Verselbständigung der Staaten im Heiligen Römischen Reich. Vertreibungen und Wiederzulassungen, vor allem aber die Praxis, nur einer beschränkten Zahl von »Schutzjuden« die

Niederlassung zu erlauben, waren weithin üblich. Das geschah selbstverständlich nur nach materiell-fiskalischen Gesichtspunkten, die auch für die Organisation von »Landjudenschaften« und für die Einsetzung von »Landrabbinern« maßgebend waren. Dazu kamen die bereits erwähnten »Hofjuden«, mit deren Aktivitäten die wirtschaftliche Tätigkeit der Schutzjuden meist eng verbunden war.

Alles in allem war sowohl die soziale und rechtliche wie die innere Situation der Gemeinden äußerst unbefriedigend, in noch zunehmendem Maß vor allem nach 1648, als von Osten her in immer größerer Zahl arme Juden in den Westen zurückdrängten. Hier fristeten sie dann meist nur mühsam ihre Existenz, vor allem als Wanderhändler, Kleinkrämer und Altwarenhändler, zum Großteil in ländlichen Gebieten, wie überhaupt nun die jüdische Bevölkerung auf den Dörfern stetig zunahm.

Große städtische Gemeinden waren in diesem Raum jetzt selten. Im Norden gewannen die sefardischen Gründungen in Hamburg und Altona rasch an Bedeutung. Der Kolonialhandel, das Bankgeschäft und der Schiffbau garantierte den Sefardim hier einen beträchtlichen Wohlstand, der sich über den Binnenhandel auch noch auf weitere jüdische Gemeinden auswirkte. Als die Stadt Hamburg 1697 die Steuer für die Juden drastisch erhöhte, übersiedelten allerdings einige der tüchtigsten Unternehmer in das damals dänische Altona und nach Amsterdam.

In Wandsbeck und Altona bestanden aber auch aschkenasische Niederlassungen, die nach 1648 einen starken Zuzug durch polnische Flüchtlinge erhielten. Im Jahr 1671 schlossen sich die aschkenasischen Gemeinden Altona, Hamburg und Wandsbeck zur »Dreigemeinde« *(AHW)* zusammen, die um 1820 fast sechstausenddreihundert Mitglieder zählte.

In Elsaß-Lothringen waren infolge des wechselnden politischen Schicksals dieser Gebiete noch ursprünglich mittelalterliche jüdische Gemeinden erhalten geblieben. Ihr Zentrum war

Metz, mit etwa dreitausend Juden gegen Ende des achtzehnten Jahrhunderts. Die rabbinische Schule von Metz zeichnete sich durch eine dem sefardischen Bildungssystem entsprechende Methode aus und brachte in der Zeit des sonst herrschenden Niedergangs der Bildung eine Reihe von rabbinischen Kapazitäten hervor.
Frankfurt am Main entwickelte sich im Lauf der Neuzeit zum Hauptort des Judentums in Deutschland. Zu Beginn des sechzehnten Jahrhunderts ein paar hundert Juden zählend, wuchs die Gemeinde bis zum Jahr 1600 auf zweitausendzweihundert an und erreichte im achtzehnten Jahrhundert über dreitausend Einwohner in ihrem viel zu engen Ghetto.
In Prag bestand die mit Abstand größte städtische Gemeinde Mitteleuropas: Sie zählte um 1729 10 507 Mitglieder und bildete zugleich den bedeutendsten Knotenpunkt zwischen italienischem, mitteleuropäischem und osteuropäischem Judentum. Die Enge der Verhältnisse war indes auch hier bedrückend und die politisch-rechtliche Lage unbefriedigend, vor allem seit die habsburgischen Herrscher in ihren Gebieten aufgrund der »Familiantengesetze« nur noch eine begrenzte Anzahl von Familiengründungen zuließen, um den Zustrom jüdischer Einwanderer aus den armen osteuropäischen Gebieten abzuwehren. Im übrigen Böhmen und Mähren lebten die Juden vor allem als Dorfjuden und Dorfgeher auf dem flachen Land.

In den Niederlanden

Während des sechzehnten Jahrhunderts suchten viele Marranen aus Spanien und Portugal in den Niederlanden Zuflucht. Zunächst mußten sie auch hier ihren alten Glauben heimlich weiterpflegen. Aber seit Beginn des siebzehnten Jahrhunderts wurde die Rückkehr zum Judentum in manchen Orten nicht mehr geahndet, weil die einzelnen Provinzen und Städte in diesen Fragen weitgehend selbständig entscheiden konnten. In

der Folge strömten sowohl weitere Sefardim beziehungsweise Marranen, aber auch Aschkenasim aus dem Osten in das Land, das um 1820 rund vierzigtausend Juden beherbergte.
Die große Rolle, die der Handel, besonders der Überseehandel für die Niederlande spielte, war auch für die wirtschaftliche Tätigkeit der jüdischen Minderheit entscheidend, zumindest für die Sefardim, die hier Wohlstand und bürgerliches Ansehen errangen, und zwar nicht nur im Handel selbst, sondern auch in der mehr oder minder industrieartigen Verarbeitung der Handelsgüter (Zucker, Seide, Tabak, Diamanten, Pelze), seit der Mitte des siebzehnten Jahrhunderts auch im Börsengeschäft. Der größte Teil lebte in Amsterdam, ein geringerer Teil in Den Haag sowie in Maarssen.
Die Sefardim, die hier ihre spanisch-portugiesische Tradition und Literatur weiterpflegten, dominierten sowohl wirtschaftlich wie kulturell, obwohl der aschkenasische Anteil schließlich überwog. Dieser Umstand sowie die höhere Bereitschaft der Sefardim zu kultureller Assimilation führte zu einer gewissen Distanz zwischen den beiden Gruppen, deren Umgangssprache ja auch völlig verschieden war, denn die Aschkenasim sprachen natürlich jiddisch.

In England

England duldete nach der Vertreibung von 1290 auf seinem Gebiet nur noch eine ganz kleine Zahl von Juden, im sechzehnten Jahrhundert auch eine kleine Marranen-Gemeinde. Erst um die Mitte des siebzehnten Jahrhunderts änderte sich unter puritanischem Einfluß die Einstellung gegenüber dem Judentum zum Positiven, und Oliver Cromwell erlaubte schließlich die Niederlassung.
Die Beweggründe hierfür waren zum einen politisch-wirtschaftlicher Art, denn es galt, die spanisch-niederländische Handelskonkurrenz zu überwinden, zum andern religiöser

Natur, denn man achtete die Juden als Volk des von den Puritanern besonders hochgeschätzten Alten Bundes. Auch die kuriose Meinung, die Briten seien die verlorenen Zehn Stämme Israels, war seither verbreitet.

Auf jüdischer Seite war ebenfalls ein religiös-messianisches Interesse mit im Spiel: Der Amsterdamer Drucker und Gelehrte Manasse ben Israel hatte sich mit der Bitte um Wiederzulassung der Juden an Cromwell gewandt, weil er der Ansicht war, daß erst, wenn das Volk Israel wirklich in *alle* Länder der Welt zerstreut sei, die Zeit des Exils ein Ende finden und die messianische Zeit beginnen könne.

Freilich waren erst gegen Ende des siebzehnten Jahrhunderts die rechtlichen Grundlagen in England soweit gesichert, daß die neuen Gemeinden sich entfalten konnten. Die Hauptgemeinde wurde London, wo die Sefardim 1701 in Bevis Marks eine prächtige Synagoge einweihten, wie die Amsterdamer portugiesische Synagoge ein Zeugnis des Wohlstands und der Sicherheit dieser Minorität. Mit dem achtzehnten Jahrhundert nahmen auch die aschkenasischen Niederlassungen allmählich zu, und um 1820 lebten in Großbritannien insgesamt wieder fast zwanzigtausend Juden.

5. Osteuropa

Die rasche Zunahme der jüdischen Niederlassungen in den polnisch-litauischen Gebieten durch stete Zuwanderungen aus Mitteleuropa und durch eine hohe Geburtenrate hatte das seltsame Phänomen zur Folge, daß sich hier binnen eines Jahrhunderts zahlenmäßig der Schwerpunkt der jüdischen Diaspora bildete.

Dies hatte freilich noch einen besonderen Grund: Es kam nämlich nicht zu einer Integration der Zuwanderer in die polnisch-litauische Umgebung, weil die Juden sich — in Parallele zu den christlichen deutschen Ostsiedlern — als Kolonisten verstanden und in ihren immer größer werdenden Gemeinden in weitgehender Eigenständigkeit leben konnten. Außerdem sprachen sie hier weiterhin ihr mitgebrachtes Jüdisch-Deutsch, das sich allmählich zu einer eigenen Sprache, dem Jiddischen, fortentwickelte. So waren hier Voraussetzungen für eine mehr oder weniger isolierte kulturelle Eigenentwicklung auf der alten aschkenasischen Basis gegeben.

Die wachsende Zahl der Juden stellte zunächst in den Augen der polnisch-litauischen Herrscher kein Problem dar. Bei der Entwicklung des Handels spielten die Juden neben den deutschen Ostsiedlern eine wichtige Rolle im Rahmen der städtischen Kolonisation, und darüber hinaus vermittelten Juden zwischen der adligen Grundbesitzerschicht, die sich zu jener Zeit nicht selbst um die Bewirtschaftung ihrer Güter kümmerte, und den bodenständigen Kleinpächtern.

Die zentrale Selbstverwaltung

Die Juden sorgten also mehr oder weniger direkt auch für eine wirtschaftliche und letztlich fiskalische Verwertung der verpachteten Ländereien. Schwierig war für die Krone eine effektive Kontrolle der Minderheit. Rechte und Pflichten der Juden waren ja an die autonomen Gemeinden gebunden, was im Lauf der Zeit und mit der wachsenden Zahl von Gemeindegliedern eine gewisse Unübersichtlichkeit mit sich brachte. Die Krone forderte daher eine verantwortliche jüdische Repräsentanz und suchte eine solche auch dann und wann selbst zu bestimmen, etwa durch die Ernennung königlicher Rabbiner.

Die Gemeinden sahen das aber als Eingriff in ihre Autonomie an und bemühten sich daher seit der Mitte des sechzehnten Jahrhunderts um eine selbstgewählte Repräsentanz im Rahmen der polnisch-litauischen Provinzen. So entstand der *wa'ad 'arba' ha-'araṣot*, der »Vierländerausschuß«, für die vier Provinzen Polens und der *wa'ad m'dinat Lita'*, der »Ausschuß des Landes Litauen«, für das litauische Großherzogtum. Diese obersten Gremien vertraten die einzelnen Provinz- und Kreisausschüsse *(wa'ad ha-galil)*, ein Verhältnis, das etwa dem des polnischen Sejm (Nationalrat) zu den Sejmiks (Kreisräten) entsprach.

Die Ausschüsse handelten im Auftrag der autonomen Gemeinden und hatten zwei Hauptaufgabenbereiche, deren Betreuung durch zwei verschiedene Instanzen erfolgte, wenngleich diese personell weithin identisch waren. Die erste Aufgabe galt den Beziehungen zur nichtjüdischen Obrigkeit, also insbesondere dem Steuerwesen: Die Steuersumme wurde von der Krone pauschal verordnet, und es war Aufgabe der Ausschüsse, die Verteilung auf die einzelnen Gemeinden vorzunehmen. Die zweite Hauptaufgabe bestand in der Erledigung überregionaler Rechtsfragen, also in der Funktion eines obersten jüdischen Gerichtshofes.

Eine feste Organisation waren diese Ausschüsse allerdings nur in eingeschränktem Sinn. Der Ausdruck »Vierländer-Ausschuß« traf auch nur zeitweilig zu, manchmal waren mehr Provinzen vorhanden und vertreten, zeitweilig nahm auch der litauische Ausschuß an den Tagungen teil. Einen ständigen Amtssitz gab es nicht; die Treffen fanden an den großen Marktorten während der Märkte statt, vor allem in Lublin und Jaroslaw, seltener in Krakau, Leczna und Brody. In Litauen vertraten der Hauptort Brest-Litowsk, später Wilna, ferner Pinsk, Grodno und Slutzk die kleineren Gemeinden der weiteren Umgebung. In Polen gab es gegen zwanzig Großgemeinden dieser Art.

Die Zahl der Delegierten schwankte in Polen zwischen dreißig bis fünfzig, in Litauen um fünfzehn. An ihrer Spitze stand der »*Parnas* (Vorsteher) des Hauses Israel«, der aus den Honoratioren der Gemeindevertretungen gewählt wurde und im wesentlichen für die politisch-fiskalischen Angelegenheiten verantwortlich war.

Der zweite Funktionär war der »*Nä'äman* (Vertrauensmann) des Hauses Israel«, der Geschäftsführer und Schatzmeister, eine besoldete Position wie die des *štadlan* (Mittelsmann), der die Interessen des Ausschusses bei Hof zu vertreten hatte. Dazu kamen noch Schreiber und Beisitzer.
Über die Verhandlungen, Beschlüsse und Verordnungen wurde ein Protokollbuch *(pinqas)* geführt, das für Litauen zu einem guten Teil (1623–1764) erhalten ist, für Polen dagegen nur fragmentarisch.
Die Krone nahm die überregionale Selbstverwaltung der Juden zur Kenntnis, ohne ihr formal einen rechtlichen Status zu verleihen. Die innerjüdische Autorität war insofern begrenzt, als die Gemeinden grundsätzlich autonom blieben und darum in allen wichtigen Fragen Einstimmigkeit erforderlich war, angesichts der unterschiedlichen Interessen in einem so weiten Gebiet keine leichte Bedingung. Zumindest zwischen Polen und Litauen gab es immer wieder mehr oder minder ernste Meinungsverschiedenheiten, da der litauische Ausschuß, der alten unabhängigen Position Litauens entsprechend, auch nach der politischen Vereinigung mit der polnischen Krone einen Sonderstatus behauptete und ab 1624 nicht mehr an den gemeinsamen Sitzungen teilnahm.
Spannungen resultierten auch aus der oligarchischen Struktur der Ausschüsse, in denen wie in den Gemeinden selbst natürlich die Besitzenden als die Hauptsteuerzahler den Ton angaben. Urteile der Ausschüsse oder die Verhängung eines Bannes oder einer Strafe fanden daher nicht immer die Zustimmung aller rabbinischen Autoritäten.
Auch vorsorgliche Vorschriften zur Vermeidung von Konflikten mit nichtjüdischen Instanzen waren mitunter nicht leicht durchzusetzen. So wollte der Vierländerausschuß gern gewisse *Arenda*-Branchen, die auch von polnischen Adeligen übernommen wurden, für Juden verbieten, allerdings vergeblich, denn bei der stetigen Bevölkerungszunahme machten die Leute selbstverständlich von allen Verdienstmöglichkeiten Ge-

brauch. Auch die »große *Arenda*«, die Übernahme von Aufträgen außerordentlichen Umfangs, vor allem für den Hof, wurde ungern gesehen, denn sie führte im Konfliktfall immer wieder zu Nachteilen für die gesamte Judenschaft. Zur Vermeidung unfairer innerjüdischer Konkurrenz – durch Überbieten der Pachtsummen – wurden Bestimmungen erlassen, die dem einzelnen *Arenda*-Inhaber für bestimmte Zeit einen Ausschließlichkeitsanspruch sicherten.

Auch die Verläßlichkeit des Kreditwesens beschäftigte die Ausschüsse immer wieder. Viel Raum nahmen Verordnungen und Einrichtungen sozialer Art ein, weil in Sonderfällen oder bei größeren Schwierigkeiten ein Ausgleich unter den sehr unterschiedlich vermögenden Gemeinden hergestellt werden mußte.

Schließlich war man auch bemüht, die *Torah*-Gelehrsamkeit zu fördern – die Ausbildung von Lehrern und Rabbinen und den Druck von Büchern –, wobei zugleich eine gewisse Kontrolle ausgeübt werden konnte, und zwar nicht ohne Berechtigung, da die »Gelehrten« steuerfrei waren und dafür natürlich eine offizielle Anerkennung ihres Status brauchten.

1764 beschloß der polnische Sejm für das folgende Jahr eine neue Methode der Besteuerung und löste zugleich die Länderausschüsse auf. Für das osteuropäische Judentum war dies ein schwerer Schlag, da die Ausschüsse natürlich intern eine weit größere Bedeutung hatten, als es das rein fiskalische Interesse des Hofes erkennen ließ: Nun konnten – gerade in einer immer schwieriger werdenden Situation – keine zentralen Instanzen mehr für angemessene Maßnahmen sorgen. Die autonome Gemeinde *(qahal)*, die noch bis ins neunzehnte Jahrhundert hinein in der alten Weise weiterexistierte, war jedenfalls nicht mehr in der Lage, die immer akuter werdenden Existenzprobleme zu lösen.

Die Verfolgungen von 1648 und der Niedergang

Die Mittelposition der Juden zwischen polnisch-katholischem Adel und orthodoxer-ukrainischer Pächterschaft erwies sich in dem Augenblick als verhängnisvoll, als die Unterschicht sich mit den Kosaken verband, um die polnische Herrschaft abzuschütteln. Die Kosakenorganisation war als Landwehr gegen die immer wieder eindringenden Tataren begründet worden und entwickelte im Lauf der Zeit eigene politische Ziele. Bogdan Chmielnicky (1595—1657) entfesselte 1648 im Bund mit den Tataren einen erfolgreichen Aufstand gegen Polen und suchte die Hilfe des moskowitischen Rußland, das dann in der weiteren Folge auch tatsächlich die Ost-Ukraine 1667 annektierte.

Für die Juden hatte dieser Aufstand verheerende Folgen. Neben den katholischen Polen galten sie als die Agenten der polnischen Herrschaft, und dieser politisch-soziale Gegensatz wurde durch den religiösen noch um eine entsprechend fanatische Note bereichert. Wer nicht rechtzeitig fliehen konnte, wurde entweder niedergemetzelt oder über die Tatarengebiete in die Sklaverei verkauft. In vielen Gemeinden flüchteten die Juden in ihre Synagogen, die Katholiken in ihre Kirchen, und dort wurden sie von den Kosakenhorden rücksichtslos niedergemacht.

Nach jüdischen Quellen sind über dreihundert Gemeinden verwüstet und etwa hunderttausend Juden umgebracht worden. Mag diese Zahl auch übertrieben sein — zusammen mit der Flüchtlingswelle wurde diese Katastrophe zu einem Wendepunkt in der Geschichte des osteuropäischen Judentums. Denn auch in den folgenden Jahren litten die Gemeinden immer wieder unter den zahlreichen Feldzügen und Kriegen zwischen Polen, Schweden und Russen, so daß insgesamt eine fortschreitende Verarmung eintrat.

Die großen Gemeinden, die schon vor 1648 teilweise finanziell

schwer belastet waren, weil die Zahl der Unterstützungsbedürftigen in ihren Bereichen immer weiter angestiegen war, konnten nunmehr ihren Aufgaben nur noch bedingt nachkommen. Die Großstadtgemeinden glichen bald Elendsquartieren, und es setzte eine kontinuierliche Abwanderung in kleinstädtisch-dörfliche Siedlungen ein.
Dies war durch den Umstand mit bedingt, daß die Adligen allmählich die alte Pachtwirtschaft aufgaben und ihre Güter direkt bewirtschafteten, sich der Juden nun als Mittelsmänner für den Absatz ihrer Agrarprodukte bedienten und noch großzügiger als früher mit Alkoholkonzessionen ausstatteten. Auf diese Weise entstand eine besondere jüdische Siedlungsform, das »Städtl«, vor allem auf Ländereien des Adels. In diesem »Städtl« entwickelte sich jene folkloristisch reiche, aber sozial bedenkliche Form des osteuropäischen Judentums, die im neunzehnten Jahrhundert dann infolge ihrer verfestigten Strukturen zu so ernsten Problemen führen sollte.
Die polnischen Teilungen gegen Ende des achtzehnten Jahrhunderts stellten weitere Weichen in dieser krisenhaften Entwicklung. Die politische Zersplitterung zementierte die althergebrachten Ordnungen und Lebensweisen, weil sie als das Bleibende im Wandel der Verhältnisse angesehen und deshalb außerordentlich hoch geschätzt wurden.
In dieser Zeit nach 1648 begann eine neue Wanderbewegung im Judentum. Suchten früher die mitteleuropäischen Juden in Osteuropa neue und bessere Existenzmöglichkeiten, so drängten sie nun infolge der Notlage im Osten immer mehr nach Mittel- und Westeuropa zurück, obgleich die rechtlichen Verhältnisse dort nicht besser geworden waren.

Geistig-kulturelle Tendenzen

Die kabbalistisch-messianische Frömmigkeit hat in Osteuropa tiefere Wurzeln geschlagen als anderswo. Die Katastrophe von 1648 – einem Jahr, für das damals viele die Ankunft des Messias erwarteten – steigerte diese Züge noch bis zu extremen Erscheinungen. Auch die Enttäuschung über die Konversion des Pseudomessias Sabbetaj Zbi führte nicht zu einer Abwendung von den Formen der Frömmigkeit dieser Bewegung.

Asketisch-messianische Zirkel, Konventikelbildungen und weitausgreifende Bußbewegungen kennzeichneten vor allem das jüdische Leben armer Gebiete wie Podolien. Die Rabbiner suchten diese Erscheinungen zwar unter Kontrolle zu bekommen, doch vergeblich.

Ein Teil artete zu sabbatianischen Häresien (Frankismus) aus, führte mit der Zeit zu mehr oder minder ernstgemeinten Konversionen zum Katholizismus und schließlich zur Assimilation. Der Großteil fand jedoch in der chasidischen Bewegung eine Möglichkeit, die mystisch-enthusiastische Frömmigkeit der sabbatianischen Ära mit der Tradition zu verbinden, wobei es zu heftigen Auseinandersetzungen zwischen traditionalistischen Rabbinen *(mitnagg^{e}dim)* und Chasidim kam.

Das Niveau der rabbinischen Gelehrsamkeit sank nach 1648 rasch ab. Die Anforderungen in der Ausbildung für Lehrer und Rabbinen wurden niedriger, Geld spielte im Lehrer-Schüler-Verhältnis eine zunehmende Rolle, und in den vielen kleinen Lehrhäusern – Stübl, Klaus, oder Schul genannt – entfaltete sich eine zum Skurrilen neigende volkstümliche Form der Beschäftigung mit der Tradition. Je länger, desto mehr verdrängte diese die solide Gelehrsamkeit und begann sogar weithin als die eigentlich jüdische »Weisheit« zu gelten, eine Bastion gegen die vom Westen her eindringenden aufklärerischen und wissenschaftlichen Tendenzen.

Zu dieser Entwicklung trug auch die im sechzehnten Jahrhundert aufkommende Pilpulistik bei. Ursprünglich bezeichnete *pilpul* die scharfsinnige und umsichtige Erörterung einer gesetzlichen Frage. Nun wurde dies aber mehr und mehr zum Selbstzweck und zum Mittel rabbinisch-gelehrter Eitelkeit:

Rein theoretische Fragen und konstruierte Probleme wurden ohne Bezug zur Praxis des langen und breiten abgehandelt, auch von den Predigern *(daršanim)*. Dies und die kabbalistisch-messianische Frömmigkeit vertieften die ohnehin vorhandene Kluft zwischen den realen Erfordernissen und dem mangelnden Realitätssinn noch weiter.

6. Im ottomanischen Reich

Schon seit den Anfängen ihrer Herrschaft in Bursa hatten die Osmanen ein positives Verhältnis zur jüdischen Minorität. Zwar gab es weiterhin die Verpflichtung der Juden zur Zahlung einer Kopfsteuer, und zeitweilig wurden auch Kleidervorschriften erlassen; aber weitergehende Einschränkungen auf sozialem und ökonomischem Gebiet gab es kaum.
So beobachteten die Juden – vor allem unter byzantinischer Herrschaft – nicht nur wohlwollend die türkischen Eroberungen der folgenden Jahrhunderte, sondern sie wanderten während des fünfzehnten und sechzehnten Jahrhunderts auch in großer Zahl in die ottomanisch beherrschten Gebiete ein und entwickelten dort neue wirtschaftliche und geistige Zentren. Ein solches Zentrum war vor allem Konstantinopel, dessen jüdischer Bevölkerungsanteil von manchen Sultanen bewußt gefördert wurde und um 1550 etwa fünfzigtausend betrug.
Die jüdische Zuwanderung erfolgte sowohl vom Westen her wie über den Balkan, also auch aus dem aschkenasischen Bereich. Durch die umfassenden Vertreibungen am Ende des Mittelalters schwoll allerdings der sefardische Anteil beträchtlich an, von den Türken besonders begrüßt, da es sich bei den Exulanten um tüchtige Kaufleute und Handwerker handelte, zudem auch nicht um die Ärmsten, so daß ihre Niederlassung einer wirtschaftlichen Entwicklungshilfe gleichzusetzen war.
Konstantinopel, Adrianopel und Saloniki wuchsen mit der

Zeit zu Großgemeinden heran, und das gesamte ägäische Küsten- und Inselgebiet war mit jüdischen Siedlungen übersät, von denen etwa zwanzig ebenfalls als große Gemeinden gelten können.

Ein zweites Ballungszentrum entstand im Heiligen Land, in den Küstenstädten, in Hebron und Jerusalem, vor allem aber in Galiläa mit dem Hauptort Zefat, das im späten sechzehnten Jahrhundert nahezu zwanzigtausend Einwohner zählte und zum theologischen Zentrum des Judentums überhaupt wurde, nachdem die Kabbalah des Isaak Luria (gestorben 1572) mit mehr oder minder starken Abwandlungen sich in der gesamten Diaspora durchsetzte. Weitere größere Gemeinden bestanden in Ägypten (Kairo, Alexandrien) und in Nordafrika.

Wirtschaftliche Blüte und Verfall

Von Handel und Handwerk abgesehen, bildete die Textilindustrie einen wichtigen Teil der jüdischen Wirtschaft. Die spanischen Exulanten hatten die Technik der Merino-Wollverarbeitung mitgebracht, und so entstanden zunächst in Griechenland, vor allem in Saloniki, viele Spinnereien, Webereien, Walkereien und Färbereien, die Wolle aus den Gebieten des Balkan vor allem aus Makedonien, verarbeiteten. Zum Teil geschah dies in partnerschaftlich-genossenschaftlicher Kooperation und Arbeitsteilung, also bereits mit einem gewissen industriellen Einschlag.

In Galiläa, vor allem in und um Zefat, wo es fließendes Wasser gab und somit die Möglichkeit bestand, die Wasserkraft zu nutzen, bildete sich ein zweites Zentrum dieser Art. Die Wolle mußte zwar vom Balkan importiert werden, doch das lohnte sich durchaus, solange der Markt in der weiteren Umgebung unmittelbar Absatzmöglichkeiten bot und zudem der Mittelmeerhandel günstige Verbindungen sicherte. Auch hier erfolgte eine Kombination von Heimarbeit und industrieartiger Organisation, getragen vor allem durch Frauenarbeit.

Im siebzehnten Jahrhundert verlor dieser Wirtschaftszweig aber rasch an Bedeutung, und damit begannen auch die Gemeinden wieder zu schrumpfen. Die billigen Textilimporte aus Frankreich und besonders aus England erwiesen sich als ruinierende Konkurrenz, und so machte 1661 der letzte Textilfabrikant in Zefat bankrott. Zugleich begann im ottomanischen Reich der Verfall der politischen Zentralgewalt und in der Folge auch der Wirtschaft.

Dennoch blieben die Gemeinden des Heiligen Landes für einige Zeit noch das Ziel von Zuwanderern, nach 1648 vor allem aus Osteuropa, teils infolge der dort herrschenden miserablen Lage, teils aufgrund kabbalistisch-messianischer Überzeugungen. Das heißt: wirtschaftliche Erwägungen traten gegenüber den religiösen in den Hintergrund, und die Gemeinden waren mehr denn je auf die Unterstützung durch die Diaspora angewiesen. Im siebzehnten und achtzehnten, ja noch im neunzehnten Jahrhundert waren darum die *šeliḥim,* die sammelnden Emissäre des Heiligen Landes und der »Heiligen Städte« Jerusalem und Zefat, ständige Erscheinungen in Europa.

ZWEITES KAPITEL

AUFKLÄRUNG – EMANZIPATION – ASSIMILATION – REFORM

1. VORAUSSETZUNGEN

Aufklärung und Judentum

DAS JUDENTUM steht zur Aufklärung in einem eigentümlich zwiespältigen Verhältnis. Einerseits gingen vom Judentum seit der Antike rational akzentuierte, »aufklärerische« Impulse aus, sofern die jüdische religiöse Polemik sich gegen den antiken Polytheismus oder gegen die traditionelle christliche Trinitätslehre wandte. Andererseits blieb es von den dadurch ausgelösten religionskritischen Bewegungen selber weitgehend unberührt, wirkte also eher in der Art eines Katalysators, Prozesse auslösend, ohne sich selbst zu verändern.
Die frühen – vor allem französischen – Aufklärer haben für ihren Kampf gegen das traditionelle Christentum Argumente der jüdischen Religionspolemik aufgegriffen, die selbst keineswegs eine »aufklärerische« Absicht gehabt hatte. Im Gegenteil: sie sollte das traditionelle Judentum in seinem Glauben bestärken, und dieser Glaube selbst war im großen und ganzen keineswegs »aufgeklärter« als der der zeitgenössischen Durchschnittschristen – dennoch prägten, bis auf wenige Ausnahmen, talmudisch-rabbinische Tradition und kabbalistisches Weltbild den größten Teil der Juden.

Obwohl also vom Judentum gewisse aufklärerische Impulse auf die Umwelt eingewirkt haben, setzte dort die Aufklärung später ein und zeitigte dementsprechend Folgen einer verspäteten Entwicklung. Dazu gehörte auch ein teilweise an Übereifer grenzendes Nachholbedürfnis. Da diese Vorgänge zugleich an die Beziehungen zur Umwelt und deren Bild vom Judentum gebunden waren, ergab sich nur selten ein ruhiger, organischer Aufklärungsprozeß, es kam vielmehr zu heftigen Kontroversen, im Inneren wie nach außen hin.

Die Tatsache, daß die rational-aufklärerische Komponente der jüdischen Religionspolemik in der Umwelt den Eindruck erweckt hatte, das Judentum sei im wesentlichen eine rationalistisch bestimmte Religion, hat diese zwiespältige Wertung der Aufklärung noch verstärkt. Jene Juden, die dem Geist der neuen Zeit folgten, machten sich dieses Urteil zu eigen, während die traditionsgebundenen Juden jene rationalen Argumente weiterhin nur als apologetische Mittel anwandten und die jüdischen Aufklärer als Abtrünnige werteten.

Ganz unberührt von dem Wandel in der Umwelt konnten aber auch die streng traditionalistischen Kreise nicht bleiben. Denn mit dem Aufkommen der modernen Technik änderten sich auch die Lebensumstände – selbst bei weitgehender Isolation – immer mehr. Schon im siebzehnten und achtzehnten Jahrhundert war deshalb im Judentum ein gewisses Bedürfnis nach besserer Welt- und Naturkenntnis aufgekommen, das zunächst durch Neudrucke oder Bearbeitungen einschlägiger hebräischer Schriften des Mittelalters befriedigt wurde. Bis zu einem gewissen Grad war das auch für die Anpassung des Religionsgesetzes an neue Bedingungen erforderlich. Sehr häufig war dies im achtzehnten und neunzehnten Jahrhundert aber nur der erste Schritt, um profane Kenntnisse auch aus nichtjüdischen Quellen und mit weniger religionsgebundener Zielsetzung zu erwerben.

Soweit unter den Juden selbst ein Interesse an »Aufklärung« und an einer Änderung des Rechtsstatus vorhanden war, beschränkte es sich auf jene schmale Schicht, die bereits geschäftlich und gesellschaftlich in engeren Beziehungen zur Umwelt stand. Sie empfand die herkömmliche Minoritätsregelung als drückende Diskriminierung, wenn sie auch bislang davon schon teilweise durch obrigkeitliche Ausnahmegenehmigungen befreit war.

Derartige Empfindungen und Bedürfnisse entstanden bereits relativ früh unter Heeres- und Hoflieferanten und ähnlichen Unternehmern. Sie suchten daher, den Geist der Zeit nützend, eine rechtliche Neuordnung für die jüdische Minderheit zu erreichen, in Analogie zu anderen religiösen Minoritäten, die damals nach und nach »geduldet« wurden. Um eine solche rechtliche Neuordnung zu erlangen, waren entsprechende innerjüdische Veränderungen unabdingbar, und zwar in erster Linie in Erziehung und Selbstverwaltung.

Darüber hinaus war es in den betreffenden Kreisen schon relativ früh zu mehr oder minder weitgehender Assimilierung an die nichtjüdische Umwelt gekommen. Geschäft und gesellschaftlicher Verkehr erforderten das eben, und die jüdische Mehrheit ließ solche Erscheinungen als situationsbedingte Ausnahmen gelten. Jetzt aber, als die Assimilierten ihre Situation nicht mehr als notbedingte Ausnahme, sondern als zukünftige Regel für alle Juden anzusehen begannen, wurde die Frage der Lebensweise und damit der traditionellen Religiosität überhaupt akut.

In den westlichen sefardischen Gemeinden stellte sich dieses spezielle Problem weniger schroff, da hier die zivilisatorische Assimilation – vor allem in ehemaligen Marranenkreisen – schon früh vollzogen worden war. Im aschkenasischen Judentum aber wurde es als schicksalsschwere Frage empfunden, am stärksten in Osteuropa. Aufklärung und Emanzipation wurden also zu einem gewissen Teil von einzelnen Juden auch zur grundsätzlichen und nachträglichen Rechtfertigung praktisch bereits vollzogener Änderungen der traditionellen Lebensweise erstrebt.

Was eben als Interesse einer schmalen Oberschicht beschrieben wurde, entsprach indes auch sachlichen Notwendigkeiten. Die rasche Bevölkerungszunahme im aschkenasischen Bereich, die schon die Jahrhunderte vor der Aufklärung kennzeichnete, hielt weiter an und wurde im neunzehnten Jahrhundert immer akuter. Um 1820 lebten insgesamt etwa dreieinviertel Millionen Juden in der Welt, im Jahr 1900 bereits rund zehneinhalb Millionen.

Dieser Zuwachs fand vor allem in Osteuropa statt, wo um 1820 etwa zweieinviertel Millionen lebten, 1900 aber bereits siebeneinhalb Millionen. Dabei ist noch zu berücksichtigen, daß in den letzten Jahrzehnten des Jahrhunderts eine starke Auswanderung nach Übersee erfolgt war und daher in den USA die Zahl der Juden im selben Zeitraum (1820–1900) von achttausend auf eine Million anstieg. Ungefähr verdoppelt hat sich die Zahl der Juden in dieser Frist auch in Deutschland – trotz der Abwanderungen nach Übersee – auf mehr als eine halbe Million, in Frankreich auf einhundertfünfzigtausend und in den Niederlanden auf einhundertviertausend. In Nordafrika erhöhte sich die Zahl der Juden in der selben Zeit von zwanzigtausend auf dreihunderttausend. Diese Angaben sollen nur die schwierige Situation illustrieren, der die Gemeinden entgegengingen, ohne mit ihren auf mittelalterliche Kleingemeinden bezogenen Strukturen diesem Wandel gewachsen zu sein.

Eine Reform war angesichts dieser Bevölkerungsexplosion aber nicht nur in bezug auf die herkömmliche autonome Ordnung nötig, noch brennender war die Frage der beruflichen Möglichkeiten. Selbst für den Fall voller rechtlicher Gleichstellung durch die Regierungen der Gastländer konnte das sich laufend verschärfende soziale Problem nur gemildert werden, wenn die alte Lebensweise einschließlich der teils erzwungenen, teils aber für traditionell-jüdisch gehaltenen Erwerbsmöglichkeiten geändert wurde. Dazu bedurfte es aber einer radikalen Neuorientierung der Schulbildung.

Zwar trifft es zu, daß dank der traditionellen jüdischen Schule die meisten Juden lesen und schreiben, zumindest aber lesen konnten, doch das gilt nur für das Hebräische und für die in hebräischen Buchstaben geschriebenen und gedruckten Umgangssprachen, also Jiddisch und Ladino. Solange das Erwerbsleben sich vorwiegend zwischen Juden allein abspielte, was vor allem in Osteuropa weithin möglich war, mochte diese Art der Bildung zur Führung von Geschäften ausreichen, einer Integration in die weitere wirtschaftliche Umwelt stand sie hingegen als Hindernis im Weg. Dies erforderte die Beherrschung der Sprache des Gastlandes und bestimmter allgemeiner Grundkenntnisse im Sinn des aufkommenden säkularen Schulwesens der Umwelt.

Für die breite Masse galt darüber hinaus, daß eine grundsätzliche Wende im Bildungsideal erstrebenswert war. Nicht mehr die rabbinische Gelehrsamkeit konnte das zukünftige Leitbild sein, denn nur eine lebens- und praxisbezogene Schule und Berufsausbildung konnten den breiten Schichten unter den neuen Umständen eine menschenwürdige Existenz sichern. Das Erziehungs- und Bildungsproblem war darum die Hauptsorge der jüdischen Aufklärung und engstens mit Fortschritt und Scheitern der Emanzipation verknüpft.

Dem Judentum blieb, von daher gesehen, keine Wahl: Früher oder später mußte es — so schwer das auch fallen mochte — von einem Großteil der traditionellen Lebensordnungen Abschied nehmen.

Der aufgeklärte Absolutismus und die Emanzipation der Juden

Hatte sich zur Zeit des fürstlichen Absolutismus das positive Interesse der Herrscher an religiösen Minoritäten, speziell aber an den Juden auf die fiskalisch-merkantilistische Seite und auf eine dünne Unternehmerschicht — die »Hofjuden« —

beschränkt, so trat mit dem aufgeklärten Absolutismus und seiner aufklärerischen Komponente zum ersten Mal der Jude als Mensch und als Staatsbürger ins Blickfeld. Die neuen Auffassungen vom Staat und Staatsbürger gingen davon aus, daß jedermann einen angemessenen Beitrag im Rahmen des alle umfassenden Gemeinwesens leistet und sich insofern als »nützlich« erweist. Erziehung und Bildung sollten nicht zuletzt hierzu befähigen.

Das traditionelle Judentum entsprach dem in zwei Hauptpunkten überhaupt nicht. Zum einen bildeten die vom Mittelalter her autonom ihre inneren Angelegenheiten regelnden Gemeinden eigene Gemeinwesen innerhalb ihrer Umgebung – also einen »Staat im Staat« – und paßten insofern nicht mehr zur neuen Staatsauffassung, die auf ein einheitliches Recht für alle Bürger abzielte. Eine solche Gleichberechtigung hatte demnach einerseits den Verzicht auf die traditionelle jüdische Autonomie zur Voraussetzung und andererseits eine Reform des Bildungswesens im Sinn des neuen aufgeklärt-staatlichen Nützlichkeitsbegriffes.

Über kurz oder lang waren in den letzten Jahrzehnten des achtzehnten Jahrhunderts die meisten Regierungen grundsätzlich geneigt, die Juden ihrer Länder in diesem Sinn zu integrieren, ihre bürgerlich-kulturelle Situation zu »verbessern«. Aber diese Absicht stieß auf einen ganzen Komplex von Widerständen und Schwierigkeiten.

2. Widerstände in der Umwelt

Abwehrhaltungen des Christentums

Das Bemühen der Kirche, ihre Mitglieder von Andersgläubigen möglichst zu isolieren, stand in unversöhnlichem Widerspruch zu den Integrationszielen des aufgeklärten Absolutismus. Die Tatsache, daß mit der bürgerlichen Gleichberechtigung und der kulturellen und bildungsmäßigen Assimilation auch die Juden auf vielen Gebieten wirksam werden konnten, die bisher allein Christen vorbehalten waren, erbitterte natürlich konservativ eingestellte Kirchenmitglieder, ja, manche sahen in Aufklärung und Liberalismus nichts anderes als christentumsfeindliche Bewegungen im Dienst jüdischer Interessen.

Dabei meinte man konkret freilich weniger das traditionelle Judentum, sondern die assimilierten Juden, die, für volle Gleichberechtigung ringend, selbstverständlich jene politischen Strömungen unterstützten, die entsprechende Ziele verfolgten und die nicht selten gegenüber den Kirchen recht aggressiv argumentierten. Dieses moderne Judentum erschien konservativen Christen als Speerspitze einer Säkularisierungswelle, und sofern die Juden traditionell ohnehin als Feinde des Christentums schlechthin galten, sah man in jeder aufklärerisch-liberalen Bewegung eine »jüdische« Machenschaft.

Dies schloß eine gewisse – vordergründige Sympathie mit traditionalistischen Juden und deren Kampf gegen dieselben Erscheinungen nicht aus. Aufs ganze gesehen, gerieten die etablierten Kirchen mit Ausnahme der Niederlande und des angelsächsischen Bereichs in einen unheilvollen Gegensatz zum Geist der Zeit und dem damit – nur zu einem geringen Teil mit Recht – gleichgesetzten »Judentum«.

Die Aufklärung hatte zwar in Frankreich zum Teil vehement religionskritische Formen angenommen, ansonsten aber keineswegs eine Abschaffung etwa des Christentums intendiert. Im Gegenteil: gerade ein aufgeklärtes Christentum wurde für die höchste Stufe des angenommenen kulturell-moralischen Fortschritts der Menschheit angesehen. Andere Religionen wurden soweit toleriert, als sie den aufklärerischen Forderungen Rechnung trugen; nur selten wurden sie im Sinn einer grundsätzlichen Gleichbehandlung der Religionen bewertet.

Abendländische Kultur und Christlichkeit – im neuen Sinn

Die Frankfurter Judengasse nach einer Zeichnung des Matthias Merian 1628. Die eng verbauten Hinterhöfe zeigen die Überbevölkerung des Ghettos

לחמא עניא די א
אכלו אבהתנא ב
בארעא דמצרים
כל דכפין ייתי ויכול
כל דצריך ייתי ו
ויפסח השתא הכא
לשנה הבאה בארע

Haggadah, Prag 1529

Druckerzeichen des A. Bragadini, 2. Hälfte des 16. Jh.
Druckerzeichen des Tobia Foa (Sabbioneta 1559)
Druckerzeichen des Gerschon Katz (Prag 1530/1)

Frankfurter Judentracht um 1700

Polnische Judentracht um 1700

– blieben daher weiterhin für die meisten »modernen« Menschen ein und dasselbe, und wie man zuvor den Übertritt zum Christentum als eigentlich zu erwartende und zu erstrebende Bekehrung begrüßte, so hielt man auch jetzt die Taufe assimilierter Juden für ein Symptom des Fortschritts. Dabei merkten konservative Christen sehr wohl, daß diese Taufen zu einem guten Teil mehr durch die Situation als durch Überzeugung bedingt waren und daß sie daher eine Verstärkung säkularer und liberaler Tendenzen in den Kirchen bedeuteten.
Das Unbehagen an den damals viel diskutierten »Judentaufen« vermischte sich mit traditionellen und neuen Vorurteilen und bereitete jene Mentalität mit vor, die auch die Getauften nicht mehr voll integrieren wollte und daher selbst für pseudonaturwissenschaftliche Argumente wie Rassentheorien im Rahmen einer Theologie »natürlicher« Ordnungen beziehungsweise »Schöpfungsordnungen« empfänglich war.

Das Judentum: »Religion oder Volkstum?«

Die Integration der Juden in den neuen Staat setzte eine Entscheidung darüber voraus, ob es sich bei den Juden um eine bloß religiöse oder auch eine nationale Minderheit handelte. Diese Frage beschäftigte die damalige Zeit ungewöhnlich stark und wurde außerhalb wie innerhalb des Judentums unterschiedlich beantwortet.
Die traditionelle christliche Ansicht setzte jüdische Religions- und Volkszugehörigkeit miteinander gleich und hielt daher den getauften Juden nicht mehr für einen Angehörigen des jüdischen Volkes. Das entsprach etwa der jüdischen Tradition, wonach das Bekenntnis zur jüdischen Religion mit der Zugehörigkeit zum jüdischen Volk identisch ist. Auch für den zum Judentum übertretenden Proselyten galt diese Annahme: Als Regel galt und gilt noch heute, daß Jude ist, wer von einer jü-

dischen Mutter abstammt oder *rite* zum Judentum übergetreten ist. Diese abstammungsmäßige Bindung sprach mit dem traditionellen — literarischen — Gebrauch des Hebräischen für die Annahme eines eigenen jüdischen Volkstums, oder wie man im neunzehnten Jahrhundert zu sagen begann: für eine gesonderte jüdische Nationalität.

Andererseits stellten sich in dieser Frage aber auch Zweifel ein, weil man für eine Nation eine territoriale Basis für konstitutiv hielt und die traditionelle Bindung an das Heilige Land (Palästina) nur bedingt als solche gelten konnte. Manche nichtjüdische Autoren waren in der Zeit um 1800 schon dafür, den Juden die Heimkehr ins Heilige Land und die Errichtung eines eigenen Staates zu ermöglichen, teils aus religiösen, teils aus theoretisch-politischen Erwägungen, in jedem Fall aber aufgrund der Annahme, daß die Juden in der Diaspora Fremde seien und daher nicht voll in ihre Umgebung integriert werden sollten oder könnten. Die Frage, ob die Juden überhaupt assimilierbar seien, spielte daher eine große Rolle im Meinungsstreit des neunzehnten und noch des zwanzigsten Jahrhunderts.

Aber auch das Judentum als Religion geriet in ein ähnliches Zwielicht, sofern man vom Religionsbegriff der Aufklärung, des deutschen Idealismus und von der mangelhaften Kenntnis der aus apologetischen Rücksichten einseitigen Selbstdarstellung des Judentums ausging. Während nämlich nun Vernünftigkeit und Sittlichkeit als die wesentlichen Komponenten wahrer Religion angesehen wurden, schien sich das Judentum zunächst als bloße Zeremonialreligion, als Beobachtung mehr oder weniger äußerlichen Brauchtums, zu präsentieren.

So kam es, daß in der aufgeklärten Umwelt das Judentum weder als Nation noch als Religion unbestritten ernst genommen wurde und dadurch trotz mehr oder weniger durchgesetzter Gleichberechtigung erneut in die Zwangslage geriet, seine Existenzberechtigung grundsätzlich verteidigen zu müssen. Diese Verteidigung nahm darum im neunzehnten und zwanzigsten Jahrhundert in Form einer ausgesprochenen Apologetik auch einen beträchtlichen Teil des jüdischen Geistesschaffens in Anspruch.

Der moderne Nationalstaat und die Juden

Ihre volle Schärfe gewann die Alternative »Religion — Nation« im Gefolge der neuen Tendenz zum nationalen Einheitsstaat. Zwar kam sie nicht überall im selben Maß zum Ausdruck, aber wo es der Fall war, da erwartete man von den Juden ein klares Bekenntnis zu ihrer Nationalität, sei es zu einer eigenen — also die Selbstdefinition als nationale Minderheit mit allen Konsequenzen —, sei es zu der der bisherigen »Gastnation« — also die Preisgabe des traditionellen Selbstverständnisses.

Die Juden waren aber, wie im folgenden noch zu zeigen sein wird, selten in der Lage, geschlossen und einhellig ein solches Bekenntnis abzulegen. So entstand bei vielen mißtrauischen nationalistischen Nichtjuden, denen zudem die innerjüdische Diskussion nicht oder nur mangelhaft vertraut war, der Eindruck eines »national unzuverlässigen« Elementes. Wurde dem Judentum von der religiösen und aufklärerischen Seite her sein »Partikularismus« angekreidet, so von nationalistischen Kreisen sein »Internationalismus«.

In dieser Konfliktsituation verschärfte sich die innerjüdische Diskussion teilweise derart, daß die Judengegner auch wahllos Argumente der gegnerischen jüdischen Gruppen aufgreifen und verfremdet gegen »das Judentum« überhaupt ins Feld führen konnten.

Die Forderung nach nationaler Assimilation erwies sich naturgemäß in jenen Ländern als ungemein problematisch, in denen eine »Nationalreligion« herrschte, wie etwa in Polen der römische Katholizismus und in Rußland die russisch-orthodoxe Kirche. Hier blieb selbst zwischen assimilationswilligsten Juden und »christlichen« Nationalisten eine Kluft bestehen, weil sich mit den nationalistischen Ressentiments noch die althergebrachten religiösen Vorurteile ungebrochen verbinden konnten.

Die voluntaristische und die romantische Variante des Begriffs »Nation«

Nationalität im Sinn einer geschichtlichen und jeweils neu aktualisierten Willensbekundung fordert zwar die Einheit, nicht aber die Einheitlichkeit der Angehörigen einer Nation. Daher konnten die assimilationswilligen Juden in der Regel diesen – gern als »französisch« bezeichneten – Typ des Begriffs »Nation« leichter bejahen. Schwieriger war das in Gebieten, in denen die romantische Vorstellung von einer »Volksindividualität«, vom »Volkscharakter« und vom eigentümlichen »Wesen« jedes einzelnen Volkes vorherrschte. Hier erschienen die Juden von vornhinein als Wesensfremde, und ihre Assimilationsfähigkeit wurde heftig bestritten.

Darüber hinaus war der Schritt von der Rede über das besondere »Wesen« eines Volkes bis zur Annahme eines besonderen »Blutes« leicht getan; damit war der Boden eines mehr oder minder klar formulierten Rassendenkens erreicht. Diese verhängnisvolle Tendenz kam im Rahmen der deutschen Einheitsbewegung verhältnismäßig stark zum Zug, weil sie im politisch wie konfessionell zerteilten Deutschland bis zu einem gewissen Grad die fehlende Nationalreligion ersetzte. Obwohl sich diese völkische Ideologie christlich gebärdete und – Christentum und Deutschtum identifizierend – sogar als das »wahre« Christentum ausgab, stellte sie im Grunde nur eine romantisch-phantastische Germanenschwärmerei dar, die sich schließlich gegen das Christentum selbst wenden mußte, sofern dieses nicht bereit war, seine biblisch-jüdische Basis und damit sich selbst preiszugeben.

Dem Judentum erstand auf diese Weise die verhängnisvollste feindliche Bewegung in der Moderne. Sie wurde in der Regel in ihrer Gefährlichkeit bis zuletzt unterschätzt, weil der rassistische Antisemitismus alle Argumente der traditionellen Judenfeindschaft aufzugreifen pflegte, weil also das eigentlich Neue in ihm für viele nicht erkennbar wurde.
Das rassistische Neuheidentum erschien freilich auch so absurd, daß man es bestenfalls mit dem Teufels- und Hexenwahn des Spätmittelalters vergleichen konnte und als politische Kraft nicht ernst genug nahm. Der unglückliche Verlauf der deutschen Geschichte ergab jedoch eine Konstellation, in der sich ideologischer Rassenwahn und nationale Bewegung verquickten und einen politischen Machtfaktor von ungeahnter Sprengkraft bildeten. Die Katastrophe des Judentums unter der nationalsozialistischen Herrschaft veränderte die bisherigen innerjüdischen Gruppierungen denn auch radikal und brachte die Diskussion um Sinn oder Verhängnis der Assimilation in ein ganz neues Stadium.

3. Innere Probleme

»Religion oder Volkstum?« als jüdisches Thema

Aufgrund der beschriebenen Entwicklung der Begriffe »Religion« — oder »Volkstum« — in der Umwelt und wegen deren Bedeutung für die neuen rechtlichen Regelungen sahen sich die Juden genötigt, die bisherige selbstverständliche Einheit von Volks- und Religionszugehörigkeit als Alternative zu begreifen oder sich mit dem Risiko weitreichender Konsequenzen von jeder modernen Entwicklung auszuschließen.
Dies geschah je nach Zeit und Ort auf qualitativ und quantitativ unterschiedliche Weise, doch stets unter dem Zeichen grundsätzlicher, allgemeinjüdischer Auseinandersetzungen.

Diese wurden in Anbetracht der existenzbedrohenden Frage oft mit äußerster Schärfe ausgetragen, denn es handelte sich dabei ja um die Aufhebung und Änderung von Lebensordnungen, die traditionell mit dem heilsgeschichtlichen Erwählungsauftrag Israels in eins gesetzt worden waren, also um den Sinn der jüdischen Existenz und Geschichte – nicht zuletzt der jüdischen Leidensgeschichte – überhaupt.

Dabei ergaben sich vier Haupttendenzen:

(1) Eine radikal traditionalistische Tendenz – die »Orthodoxie« – wollte nach Möglichkeit nichts von der Überlieferung preisgeben und setzte weiterhin Religions- und Volkszugehörigkeit in eins.

(2) Im Gegensatz dazu stand eine radikal assimilatorische Tendenz, die zunehmend zur Preisgabe des Judentums und zur Annahme der Taufe überging.

(3) Eine liberale Reformbewegung strebte in Analogie zur christlichen Reformation des sechzehnten Jahrhunderts eine Erneuerung des Judentums unter Berücksichtigung der modernen Begriffe »Religion« und »Nation« an. Sie verstand das Judentum folgerichtig nur mehr im Sinn einer Religionsgemeinschaft und bekannte sich entschlossen zu den bisherigen Gastnationen. Die eigene Geschichte beurteilte sie im Sinn der modernen »historischen« Betrachtung, also im Sinn eines kulturell-moralischen Fortschrittsprozesses der Menschheit.

(4) Eine konservativ-liberale Anschauung suchte unter Anwendung des Entwicklungsgedankens und unter der Prämisse eines bleibenden Wesensgehaltes im geschichtlichen Wandel so viel wie möglich von der Überlieferung zu bewahren, ohne auf die »Errungenschaften« der Aufklärung und der modernen Zivilisation zu verzichten. Dabei bemühte man sich durch die Rede von einem »geistigen« Volkstum auch in der kritischen »nationalen« Frage um einen Kompromiß und suchte so der strengen Alternative »Religion oder Volkstum (Nation)« zu entgehen.

Während in Mittel- und Westeuropa sowie in Amerika die

Abfallbewegung, das Reformjudentum und der konservative Mittelweg dominierten, behielt in Osteuropa die »Orthodoxie« mit den Chasidim noch lange die Oberhand.

Säkularisierung und Religionskrise

Wie in der Umwelt, so verlor auch für viele Juden die Religion ihre bisherige beherrschende Rolle für das Welt- und Lebensverständnis. Für viele büßte sie überhaupt jede Bedeutung ein, auch wenn die formelle Zugehörigkeit erhalten blieb. Für manche erschöpfte sie sich vorwiegend in der Folklore, der man unter romantischem Einfluß wieder mehr Gewicht beimaß als unter rationalistisch-idealistischen Vorzeichen.
Diese Relativierung der traditionellen Religion(en) erleichterte den Übertritt zur Mehrheitsreligion, was nach wie vor Vorteile einbrachte, weil im neunzehnten Jahrhundert die Kirchen durch die neue Konzeption des »christlichen Staates« in manchen Ländern wieder an Einfluß gewannen. Die Krise der Religion insgesamt traf also das Judentum vergleichsweise härter und schien zu dessen Auflösung zu führen, sei es unter dem mehr oder minder offenen Druck der modernen »christlichen« Gesellschaft, wie in vielen Ländern Mitteleuropas, sei es gerade infolge des Fehlens derartigen Druckes, also auf dem Weg ungehemmter Assimilation, wie vor allem in den USA.
Soweit Juden zwar nicht die Religion wechselten, sich aber auch nicht mehr religiös gebunden betrachteten, stellte sich in besonderer Schärfe die Frage, wie der Begriff »Jude« zu verstehen sei. Zunächst ergaben sich dabei nur unterschiedliche neue Selbstdefinitionen.
Die traditionelle Religiosität wurde infolge der Emanzipation in einschneidender Weise eingeschränkt. Die auf der *Torah* fußende und auf *Torah*-Praxis ausgerichtete Gemeinde-Autonomie wurde durch staatliche Gesetze und kirchenordnungsähnliche Regelungen — »Kultusgemeinden« — ersetzt, so daß der

noch gültige Rest der *Torah* in erster Linie im »Zeremonialgesetz«, d. h. den rituellen Vorschriften, bestand. Diese hatten aber infolge der Aufklärung ihre traditionelle und insbesondere mystisch-kabbalistische Sinngebung verloren und erschienen vielen Juden und Nichtjuden seither als bloßes tradiertes Brauchtum ohne eigentlichen »religiösen« Wert, »religiös« im Sinn des neuen Religionsbegriffes verstanden.

Der Bezug auf das Heilige Land und die damit verbundene Hoffnung auf eine messianische Restauration Israels mußte sowohl dem »Universalismus« wie der nationalen Assimilation geopfert werden. So sehr sich jüdische Autoren bemühten, die Gedanken der Aufklärung – und teilweise auch des deutschen Idealismus – als den eigentlichen Inhalt der biblisch-prophetischen Offenbarung aufzuzeigen und das Judentum als ursprünglichen Träger der Vernunft- und Menschheitsreligion schlechthin auszuweisen, so wenig konnte dies darüber hinwegtäuschen, daß ein grundlegender Wandel begonnen hatte, dessen Ausgang noch nicht abzusehen war. Diese Unsicherheit lähmte freilich auch so manches anfangs radikal gestartetes Reformvorhaben und hielt so die zentrifugalen Kräfte etwas in Grenzen.

Das galt freilich nur für jene Kreise, die noch bereit waren, ihr Judentum in irgendeiner Form bewußt zu bekennen. Eine immer größere Zahl von Juden warf jedoch die Tradition völlig über Bord und befand sich weltanschaulich und religiös in einer Art Niemandsland. Als »Entwurzelte« waren sie sowohl vielen ihrer ehemaligen Religionsgenossen als auch den religiös-konservativen und nationalistisch-restaurativen Kräften in der Umwelt ein Ärgernis und daher Ziel heftiger Angriffe, die von ihrer Seite nicht unerwidert blieben. Solche Kontroversen vergifteten die Atmosphäre in wachsendem Ausmaß und schürten verallgemeinernde, antisemitische Emotionen.

Die vielbeschworene »Entwurzelung« mit all ihren Begleiterscheinungen war zu einem guten Teil ein Aspekt der unvermeidlichen Säkularisation und Assimilation, in deren Folge das traditionelle Geschichts- und Selbstverständnis auch relativ konservativer Kreise verändert wurde. Die herkömmliche Ansicht, im »Exil« *(galut)*, in der Fremde unter Fremden zu leben, wurde mehr und mehr ersetzt durch die Identifizierung mit der Gastnation. Die Fremde wurde zur Heimat, das Selbstverständnis als erwähltes Volk bedurfte einer neuen Definition — und das alles unter Schwierigkeiten und Widerständen im Inneren wie von außen her.

»Partikularismus« und »Universalismus«

Tiefen Eindruck machte auf das Judentum des neunzehnten und zwanzigsten Jahrhunderts die Abwandlung eines traditionell-christlichen Urteils: Die christliche Polemik bezeichnete das volksgebundene Judentum als »partikularistisch«, während es sich selbst als »universalistische« Weltreligion verstand. Der Religionsbegriff der Zeit während und nach der Aufklärung setzte dieses Klischee ebenfalls voraus, so daß die aufklärungswilligen Juden sich genötigt sahen, ihre Religion auch als »Weltreligion« universalistischer Prägung darzustellen.

Dafür bediente man sich mit Vorliebe der Vorstellung, daß dem Judentum als Mutterreligion die Aufgabe zufiel, die offenbarte biblische Wahrheit durch Absonderung von den Heiden rein zu bewahren, während die christliche Tochterreligion — den Islam schätzte man in Europa nicht hoch ein — die Wahrheit des Judentums den übrigen Völkern vermittelt.

Viel Echo fand dieser Gedanke außerhalb des Judentums indes nicht, schon gar nicht dort, wo das hegelianische Geschichtsdenken das biblische Judentum wieder als überholte Stufe in der Geschichte des Geistes bezeichnete und im modernen Judentum ein fossiles Relikt einer vergangenen Epoche sah. Dieses Urteil traf begreiflicherweise gerade die reformwilligen, aufgeklärten Juden hart und verursachte erneut eine weit um sich greifende Unsicherheit über den Sinn des Judentums überhaupt und eine entsprechend angestrengte Apologetik.

Verständlicherweise bemühte man sich dabei vor allem um den Nachweis jüdischer Beiträge zur allgemeinen Geistes- und Kulturgeschichte, um so den »universalistischen« Charakter des Judentums aufzudecken. Gleichzeitig wuchs das Bestreben, sich in der Umwelt durch überdurchschnittliche Leistungen Achtung zu verschaffen, was sich jedoch in gewissem Maß gerade gegenteilig auswirkte. Die assimilierten und mehr oder minder emanzipierten Juden, von jeher das Lernen gewohnt und als Minderheit besonders leistungsorientiert, erwarben sich vergleichsweise rasch und in großer Zahl die moderne Bildung und brachten tatsächlich überdurchschnittliche Leistungen hervor. Diese wurden aber von der nichtjüdischen Umgebung nicht immer und überall unvoreingenommen anerkannt, im Gegenteil: man empfand das gerade als jüdisches Streben nach Macht und Einfluß, als »partikularistischen« Egoismus.

Der moderne jüdische Pluralismus

Die Spannweite der innerjüdischen Gruppierungen reichte nach der Assimilation und Säkularisierung von areligiösen oder gar religionsfeindlichen Schichten auf der einen extremen Seite bis zu traditionalistisch-orthodoxen auf der anderen. Die gemeinsame Vergangenheit allein hätte schwerlich ausgereicht, diese auseinanderstrebenden Flügel im Bewußtsein der Juden wenigstens noch einigermaßen zusammenzuhalten; aber die antisemitische Feindschaft, die alle »Juden« traf, forderte eine neue, wenn auch vage definierte Solidarität und provozierte ein neues Geschichtsbewußtsein.

Dieser Prozeß vollzog sich selbstverständlich nicht ohne interne Auseinandersetzungen und ist in gewissen Bereichen bis heute noch im Gang, wobei die aufkommende nationale Bewegung – der Zionismus – eine weitgehende Integration der Gegensätze erreichte. Bis zur Vorherrschaft der zionistischen Bewegung ist es eigentlich gar nicht angebracht, von »*dem* Judentum« zu reden, da die Definitionen des Judentums in den einzelnen Richtungen zu sehr differieren.

Dies gilt ganz besonders für die Beurteilung der Assimilation. Im Bann des kulturell-moralischen Fortschrittsglaubens meinten viele, dieser Fortschritt der Menschheit mache das Wesen der jüdischen Heilshoffnung aus. Sie kamen daher zu einer heute naiv anmutenden optimistischen Einschätzung ihrer Zukunftsaussichten und damit zu einer völligen Verkennung der wirklichen Situation. Verhängnisvoll war auch, daß jede jüdische Gruppe bemüht war, »das Judentum« allgemein zu repräsentieren und so den realen jüdischen Pluralismus auf ihre Weise negierte, wie es auch die Antisemiten in ihrer Art taten.

Ein enormer Aufwand an apologetischem Bemühen verpuffte so ins Leere, und selbst die großen Leistungen der »Wissenschaft des Judentums« fanden nur wenig Resonanz.

Eine »jüdische« Kultur?

Unter den genannten Voraussetzungen konnte von einer »jüdischen Kultur« nur noch in eingeschränktem Sinn die Rede sein, nämlich in bezug auf die »partikularistische« Vergangenheit und auf die religiös bezogenen Bereiche der Gegenwart. Im übrigen konzentrierte sich das aufgeklärte und reformierte Judentum darauf, seine Bedeutung für die Weltkultur und für die einzelnen Nationalkulturen darzustellen sowie den Standort des Judentums in Auseinandersetzung mit den herrschenden geschichts- und kulturphilosophischen Strömungen zu beschreiben.

Da aber sowohl in weiten Bereichen der Aufklärung und dann besonders im deutschen Idealismus das Christentum – freilich nicht das traditionelle – als höchste Stufe des kulturell-moralischen Fortschritts der Menschheit angesehen wurde, suchte man jüdischerseits möglichst geradlinig die Linie zwischen Aufklärung, rational betonter jüdischer Philosophie des Mittelalters und biblischer (prophetischer) Offenbarung zu ziehen, um so das Judentum als den ursprünglichen und noch immer authentischeren Träger der »Wahrheit« auszuweisen. Salomo Formstecher (1808–1889) versuchte dies, indem er das Judentum als »Religion des Geistes« bezeichnete, die im Unterschied zum bestenfalls »physischen Monotheismus« der Naturreligion – mit dem Primat der Ästhetik – den »ethischen Monotheismus« vertrete und bewahre. In ähnlicher Weise, aber stärker an Hegel anknüpfend, bestimmte Samuel Hirsch (1815–1889), später ein führender Reformrabbiner in den USA, die Rolle des Judentums: Er stellte die Freiheit des Geistes, die das jüdische Ethos begründe, dem Zwang des Naturgesetzes gegenüber, dem die übrigen Religionen und zum Teil auch das Christentum – nämlich mit der Erbsündenlehre – unterworfen seien.

Für alle Autoren dieser Richtung war die Zerstreuung der Juden im Gegensatz zur traditionellen Auffassung von positivem Wert: Sie bot die Möglichkeit – mit Hilfe der christlichen Tochterreligion –, der Welt die Religion des Geistes und der Sittlichkeit mitzuteilen.

Demgegenüber meinten konservativere Vertreter der Aufklärung, daß man sehr wohl etwas spezifisch Jüdisches vom Geist der Zeit unterscheiden sollte und könnte und das jüdische Brauchtum dazu in Relation sehen und werten müßte. Dazu gehörten zum Beispiel in Norditalien S. D. Luzzatto (1800 bis 1865) und I. S. Reggio (1784–1855) oder in Osteuropa (Galizien) Nachman Krochmal (1785–1840).

Luzzatto sah im »Abrahamismus« mit seinem suprarationalistischen Akzent auf dem Ethos die Alternative zum »Attizismus« (Hellenismus) und dessen rationalistischen und ästhetizistischen Zielsetzungen. Der Unterschied zu Formstecher und Hirsch ist deutlich: Während es diesen um den – ersten – Platz des Judentums im Anspruch auf die Vertretung des Zeitgeistes ging, behauptete Luzzatto für das Judentum einen Eigenbereich, in dem auch eine besondere jüdische Kultur weiterhin ihren Grund hat. Die aufkommende nationale Bewegung in der zweiten Hälfte des neunzehnten Jahrhunderts hat in gewissen Grenzen auch an diese und ähnliche Voraussetzungen anknüpfen können.

Die fragwürdige Sozialstruktur

Die schwerste Hypothek, mit der das Judentum in die Krise der Emanzipationszeit ging, war die im Mittelalter entstandene ungünstige Konzentration auf einige wenige Erwerbszweige. Sie wurde von den aufgeklärt-liberalen Regierungen als Problem betrachtet, das im Zusammenwirken mit der innerjüdischen Aufklärungsbewegung zu lösen sei. Diese bemühte sich daher vor allem in Osteuropa um eine Gesundung der sozialen Strukturen, geriet aber wegen der engen Zusammenarbeit mit der nichtjüdischen Regierung und wegen ihrer ohnehin umstrittenen assimilatorischen Tendenz bei der traditionsverbundenen jüdischen Mehrheit in ein äußerst ungünstiges Licht. So blieben im Hauptkrisenherd des neuzeitlichen Judentums, in Polen und Rußland, infolge des passiven Widerstandes der Mehrheit die alten Lebensordnungen und Sozialstrukturen länger erhalten als anderswo.

Dazu trug auch der Wandel des politischen Klimas bei. Die liberalen Ansätze in der Behandlung der Minderheit wichen teilweise alsbald wieder einer kirchlich-nationalistischen Reaktion, deren traditionelle Judenfeindschaft wiederum die Vorurteile auf jüdischer Seite bestätigte. Auf der anderen Seite sahen die Nichtjuden im beharrlichen Festhalten der Juden an der herkömmlichen Lebens- und Erwerbsweise einen Beweis für ein vorsätzliches Außenseitertum, das auf das Wohl des Gemeinwesens keinerlei Rücksicht zu nehmen gewillt sei und parasitäre Züge trage. Soweit die Wirkung der retardierenden Kräfte im Judentum.

Die fortschrittlichen Gruppen hatten indes nicht selten einen ähnlich bedenklichen »Erfolg«. Soweit Juden sich assimilierten und von den mehr oder minder weitreichenden emanzipatorischen Errungenschaften Gebrauch machten, drängten sie begreiflicherweise in Berufe, die ihnen nach Bildungsideal und Chancenlage nahestanden. Die Säkularisation der jüdischen Lern-Tradition setzte ein recht enormes intellektuelles Potential frei und führte dazu, daß sich Juden mehr noch als andere Minoritäten den Bildungsberufen zuwandten.

Dieser überproportionale Anteil weckte unter vielen – ohnehin mißtrauischen – Nichtjuden die Befürchtung, allmählich von assimilierten Juden beherrscht zu werden. Zusammen mit übertriebenen Vorstellungen über die zahlenmäßige Zunahme der Juden und ihrer kollektiven Solidarität insgesamt erregte dies psychosenartige, aggressive Bewegungen. In manchen Ländern – zum Beispiel in Rußland – kam es zu einer inkonsequenten Zickzack-Politik der Regierungen: Hatten sie zunächst Assimilation und profane Schulbildung unter den Juden gefördert, so suchten sie danach die entstehende starke jüdische Bildungsschicht durch restriktive Verordnungen – *numerus clausus* für höhere Schulen in Rußland – wieder einzudämmen.

Das Problem der ungesunden Sozialstruktur als unheilvolles Erbe des Mittelalters wurde durch die jüdische Aufklärung also nicht gelöst, sondern nur teilweise modifiziert und wirkte sich nun in beiderlei Gestalt in der Umwelt aus. Die große jüdische Mehrheit Osteuropas, arm, beruflich eingeschränkt und zunächst traditionsgebunden, stellte ein immenses soziales Problem dar.

Dieses Problem verlagerte sich in dem Maß auch nach Mitteleuropa, als »Ostjuden« nach dem Westen drängten. Die bereits assimilierten und besser situierten »Westjuden« sahen das mit Sorge, da der Zuzug nicht nur den örtlichen jüdischen Organisationen neue Aufgaben aufbürdete, sondern auch geeignet war, antisemitische Ressentiments zu nähren. Trotz umfangreicher sozialer Maßnahmen ergaben sich daher gewisse Spannungen zwischen »Westjuden« und »Ostjuden«.

4. Die jüdische Aufklärungsbewegung *(haśkalah)*

Die Berliner Aufklärung

Weder das Interesse des Staates noch die assimilatorischen Tendenzen einzelner, geschäftlich und gesellschaftlich arrivierter Juden wären allein imstande gewesen, eine jüdische Aufklärungsbewegung auszulösen. Dazu bedurfte es auch einer ideologischen Triebkraft, die stark genug war, sich in größerem Ausmaß gegen die traditionalistischen Widerstände durchzusetzen. Aufklärerisch-assimilatorische Tendenzen unter den Sefardim der Niederlande und unter den Juden Norditaliens hat es zwar bereits in der ersten Hälfte des achtzehnten Jahrhunderts gegeben, aber sie wirkten sich kaum überregional aus.

Eine neue Situation ergab sich seit Mitte des achtzehnten Jahrhunderts in Berlin. In vornehmeren und höfischen Kreisen hatte die Aufklärung über das politisch-merkantilistische Interesse hinaus den Boden für eine optimistische Beurteilung der Möglichkeit einer »Verbesserung« der Juden vorbereitet. Unter den Berliner »Schutzjuden« war außerdem der Assimilationsprozeß bereits verhältnismäßig weit gediehen und somit die Bereitschaft und das Bedürfnis nach einer umfassenderen und grundsätzlichen Neuorientierung vorhanden.

Dazu kam das persönliche Beispiel von Moses Mendelssohn (1729–1786). Als Vierzehnjähriger war er, seinem rabbini-

schen Lehrer folgend, von Dessau nach Berlin gekommen und hatte sich dort nach und nach unter schwierigen Umständen auch die profane Bildung der Zeit angeeignet. Durch Gotthold Ephraim Lessing gefördert und in die kulturell tonangebenden Kreise eingeführt, erregte der äußerlich eher unansehnliche, aber geistreiche Mendelssohn die Aufmerksamkeit der geistigen Elite Deutschlands und der gebildeten Damen der Gesellschaft. Was, abgesehen von seinen Leistungen, die aufgeklärten Nichtjuden so beeindruckte, war die Bestätigung ihrer Theorien: Mendelssohn bewies ihnen – verbreitete Zweifel widerlegend –, wozu ein Jude fähig war, sofern er sich die Bildung und Kultur des »Abendlandes« aneignete.
Beispielhafte Wirkung hatte Mendelssohns Erfolg bei den assimilationswilligen Juden. Die Anerkennung, die er unter den nichtjüdischen Großen seiner Zeit fand, war für viele, die nach ähnlichen Zielen strebten, wie eine Verheißung. So wurde er zum Symbol der jüdischen Aufklärung und alsbald auch zum Idol des assimilierten deutschen Judentums, das in ihm rückblickend seinen »Reformator« sah.
In Wirklichkeit hat sich Mendelssohn selbst zwar mehrmals für die Verteidigung des Judentums engagiert, sich an den Aktivitäten der jüdischen Aufklärer aber nur zurückhaltend beteiligt. Sofern er sich grundsätzlich zur Frage des Judentums äußerte, geschah es aufgrund von Herausforderungen und in deutscher Sprache. So entgegnete er 1769/70 der Aufforderung des Zürcher Theologen Johann Kaspar Lavater, aus seiner abendländisch-philosophischen Bildung die letzte Konsequenz zu ziehen und zum Christentum überzutreten, und in einem Vorwort zu seiner deutschen Übersetzung einer Schrift des Manasse ben Israel nahm er zu Vorschlägen des Juristen Christian Friedrich Dohm Stellung, der in seinem Werk *Über die bürgerliche Verbesserung der Juden* von 1781 in Analogie zu den Kirchen eine mit Lehrzucht und Disziplinargewalt ausgestattete neue jüdische Gemeindeorganisation vorgeschlagen hatte. Ausführlicher und provoziert durch Vor-

haltungen des Wiener Konvertiten Josef von Sonnenfels legte er seine Bedenken in dem 1783 erschienenen Buch *Jerusalem, oder: Über religiöse Macht und Judentum* dar.
Mendelssohn befürchtete, daß die Meinungsfreiheit des einzelnen Juden durch eine derartige Reform in einer bislang nicht festgelegten Weise den rabbinischen Autoritäten unterworfen würde. Seine Sicht des »Judentums« schloß jeden dogmatischen Aspekt aus. Als geoffenbart und verbindlich ließ er nur das Religionsgesetz gelten, von dem er überdies die politisch-sozialen Inhalte als zeitgebunden und durch die modernen staatlichen Gesetze überholt erachtete, so daß für ihn auch die Wiedererrichtung eines eigenen jüdischen Staates nicht aktuell war. Den Sinn des verbleibenden Zeremonialgesetzes zu begründen bereitete ihm gewisse Schwierigkeiten. Neben dem Gedanken des Offenbarungscharakters des Religionsgesetzes, spielte für ihn auch schon die romantische Konzeption eines der Volksindividualität angemessenen Brauchtums eine Rolle. In seinem Schülerkreis, der mit der Förderung der nationalen Assimilation konfrontiert wurde, mußte dieser Gesichtspunkt allerdings wieder zurücktreten.
So stellte das Judentum nach Mendelssohn in erster Linie eine zeremonielle, brauchtumsbezogene Tradition dar, die volle Gedankenfreiheit gewährt und daher eher als das dogmatisch verfestigte Christentum die Entwicklung einer aufgeklärten Vernunftreligion ermöglicht. Dabei kommt noch hinzu, daß diese Vernunftreligion nach Mendelssohns Meinung ohnehin den eigentlichen Inhalt der biblisch-prophetischen Botschaft und somit das Wesen des rechtverstandenen Judentums ausmachte. Daher sollte es, nach Mendelssohn, möglich sein, die äußeren Pflichten und Riten der Tradition festzuhalten und gleichzeitig voll an Kultur und Geistesleben der Umwelt teilzunehmen.
Für dieses Ziel war die volle Beherrschung der Literatursprache der Umwelt wie auch der eigenen traditionellen Literatursprache (also des Hebräischen) erforderlich. Mendelssohn und

sein Kreis suchten daher die jüdisch-deutsche Umgangssprache durch Schriftdeutsch zu ersetzen und das Hebräische, am biblischen – als dem klassischen – Hebräisch orientiert, wieder sprachwissenschaftlich und literarisch zu pflegen. Dem sollte die in hebräischen Lettern gedruckte deutsche Bibel-Übersetzung mit einem Kommentar in hebräischer Sprache dienen. Dieses epochemachende Werk, das Mendelssohn mit mehreren Mitarbeitern schuf, hat indes nur die eine Hälfte seiner Bestimmung erfüllt. Infolge der fortschreitenden nationalen Assimilation und der besonderen Bedeutung der deutschen Sprache als Kultur-Medium für die Ostjuden diente die Übersetzung vorwiegend zum Erlernen des Deutschen.
Die Kenntnis des Hebräischen ging zur selben Zeit in Deutschland und in der übrigen westlichen Diaspora rapide zurück. Alle Bemühungen der Berliner Aufklärer, durch hebräische Jahrbücher beziehungsweise Zeitschriften und Publikationen eine Renaissance des Hebräischen auszulösen, schienen vergeblich, denn nicht einmal in Osteuropa fand sich eine ausreichende Zahl von Interessenten für die hebräische Zeitschrift *Ha-Meʾassef (Der Sammler)*, die von Mendelssohn-Schülern zwischen 1783 und 1812 herausgegeben wurde.
Der eigentliche Schrittmacher der Berliner Aufklärungsbewegung war Naftali Herz Wessely (1725–1805), ein enger literarischer Mitarbeiter und eifriger Anhänger Mendelssohns. Er entfachte 1782 mit seinen in Briefform publizierten Schriften *Dibre Šalom wä-ʿämät (Worte des Friedens und der Wahrheit)*, in denen er die Toleranzedikte Josefs II. in Österreich begrüßte und verteidigte, eine heftige Auseinandersetzung. Dabei ging es in erster Linie um die Frage der profanen Bildung, der Wessely neben der herkömmlichen rabbinischen wieder einen legitimen Platz innerhalb des jüdischen Bildungsideals zuweisen wollte, während die Traditionalisten sich dagegen sträubten. Sie sahen in den einschlägigen Reformforderungen Josefs II. einen Eingriff in ihre geheiligten Überlieferungen.

Die Verquickung zwischen Toleranz- beziehungsweise Emanzipationsbedingungen und innerjüdischer Aufklärungsbewegung wurde damit zum erstenmal in aller Schärfe deutlich, und zugleich auch das Dilemma, das darin bestand, eine staatlich-rechtliche Regelung für *alle* Juden zu erreichen, während die Juden unter sich völlig uneins waren.

Italienische Aufklärung

Anders als in Deutschland, wo die Berliner Aufklärer für die Einführung profaner Bildungsinhalte und säkularer Literatur kämpfen mußten, hatte sich das Judentum Italiens vom Mittelalter her gewisse Neigungen zur Überschreitung und Ergänzung der engeren jüdischen Tradition bewahrt. Auch die hebräische Literatur lebte hier in größerer Vielfalt weiter. Neben der weitergeführten religiösen Lyrik entstanden nach wie vor auch profane Dichtungen, und das hebräische Schauspiel wurde gerade hier in der Zeit vor und während der Aufklärung zu einem zukunftweisenden Literaturzweig.

Profane Wissenschaften wie Medizin konnten – vor allem in Padua – auch von Juden studiert werden. Auf dieser Basis fanden die gebildeten Juden Norditaliens verhältnismäßig reibungslos den Anschluß an die staatlicherseits geforderten Reformen sowie an gewisse Tendenzen der deutschen jüdischen Aufklärer.

Für die josefinische Toleranzpolitik im Habsburgerreich bedeutet dieses italienische Judentum eine gewisse Rückendeckung. Es war kein Zufall, daß der Forderung nach akademischer Ausbildung der Rabbiner durch die Gründung des ersten wissenschaftlichen Rabbinerseminars Europas, des *Istituto Convitto Rabbinico,* in Padua 1829 entsprochen wurde und daß der Beitrag italienischer Juden zur »Wissenschaft des Judentums« beträchtlich war.

So wirkte die italienische jüdische Aufklärung in den Grenzen des Habsburgerreiches auf die starken jüdischen Minderheiten Böhmens, Mährens und Galiziens ein, milderte dabei die radikalen Tendenzen der Berliner Aufklärung und bereitete so den Weg für eine auch in Osteuropa erfolgreiche, gemäßigte Aufklärungsbewegung vor.

Die Aufklärung im Habsburgischen Machtbereich

Mit den Toleranzedikten Kaiser Josefs II. – für Böhmen und Mähren 1781 und 1782, für Ungarn 1783, für Galizien 1789 – sahen sich die Juden unter Habsburgischer Krone genötigt, der staatlichen Forderung nach Einführung profaner Fächer in den Schulen nachzukommen, entsprechende »Normal-Schulen« neu einzurichten oder die Kinder in die allgemeinen Schulen zu schicken. Das entsprach den Interessen jener jüdischen Minderheit, die ihren Kindern zwar noch eine jüdische Erziehung, aber auch eine weiterführende normale Schulbildung vermitteln wollten.
Diese Chance erschien der Mehrheit freilich zunächst uninteressant, ja sogar als Versuchung zum Abfall, und so wurde die Schulreform lange Zeit durch passiven Widerstand wirkungsvoll hinausgezögert. Der Staat, der sich nur auf eine dünne Schicht aufgeklärter jüdischer Lehrer stützen konnte, verordnete Zwangsmaßnahmen: Man koppelte zum Beispiel die Heiratserlaubnis an den absolvierten Schulbesuch. Die an Aufklärung und Gleichberechtigung interessierten Juden fürchteten mit Recht, daß der Widerstand der traditionalistischen Mehrheit ihre Position verschlechtern könnte und engagierten sich daher zum Teil in fanatischer Weise für Reformen.
Naphtali Herz Homberg (1749–1841) zum Beispiel, dem 1787 von Staats wegen die Inspektion der jüdischen Schulen in Galizien übertragen worden war, erregte mit seiner an der

Berliner Aufklärung orientierten Linie mehr Widerstand als Fortschrittswillen. Erst mit der Zeit gewannen die neuen Schulen dank der vermittelnden Rolle gemäßigter Konservativer an Boden und erreichten höhere Absolventenzahlen. So schwenkte der als Halachist berühmte Prager Rabbiner Ezechiel Landau (1713–1793), zuerst ein heftiger Gegner der Toleranzedikte und Wesselys, langsam auf eine Kompromißlinie ein.

Entscheidend für den weiteren Verlauf der Bewegung wurde ein fundamentaler Unterschied zur Berliner *haśkalah*: Während in Deutschland schon in napoleonischer Zeit die Forderung nach nationaler Assimilation voll akut wurde und das Hebräische seine Bedeutung verlor, kam es im habsburgischen Vielvölkerreich auf eine Nation mehr oder weniger nicht an und das Hebräische behielt, bei aller Attraktivität der deutschen Sprache als der Mode-Kultursprache schlechthin, ihre alte Funktion als Verständigungsmittel und Literatursprache unter den so unterschiedlichen jüdischen Gruppen im Reich.

So wirkte sich die gemäßigte Aufklärung des norditalienischen Judentums mit ihren hebräischen Werken vermittelnd und integrierend auf die übrigen Gebiete aus, und in Böhmen entstand eine gemäßigte Aufklärungsbewegung, die alsbald auch auf Galizien übergriff, getragen von hebräischen Publikationen.

In Prag wirkten in diesem Sinne zunächst die Mitglieder der Familie Jeitteles, die sich nach einer ersten an Berlin orientierten Phase die italienische Aufklärung zum Vorbild nahmen, sowie Israel Landau. Nach 1800 kristallisierte sich die eigene Linie der böhmischen Aufklärung immer deutlicher heraus, ihre Anhänger nahmen rasch an Zahl zu, und von 1820 an begann mit der in Wien erscheinenden Zeitschrift *Bikkure ha-ʿIttim (Erstlinge der Zeiten)* eine expansive Phase mit nachhaltiger Einwirkung auf das polnisch-russische Judentum.

Die haśkalah in Osteuropa

Gegen Ende des achtzehnten Jahrhunderts gab es auch unter den jüdischen Massen Osteuropas da und dort einzelne oder ganze Familien, die infolge von Reiseerfahrungen oder Geschäftsverbindungen von der im Westen bereits fortgeschrittenen Aufklärung beeindruckt waren. Aber sie stellten eine so verschwindende Minderheit dar, daß sie es kaum wagen konnten, ihre Ansichten offen zu vertreten.
Symptomatisch für diese Vorstufe der *haśkalah* war ein immer stärker werdendes Interesse an naturwissenschaftlichen und allgemeinbildenden Publikationen, die zunächst noch als Hilfsmittel zum besseren Verständnis der *Torah* ausgegeben werden konnten. Mit der Zeit trat aber eine Entwicklung ein, die der in den habsburgischen Ländern entsprach.
Zunächst dominierte der Einfluß der Berliner Aufklärer, der im nördlichen Osteuropa lange bestimmend blieb. Einen Zirkel solcher Aufklärer sammelte Ende des achtzehnten Jahrhunderts der Unternehmer Josua Zeitlin in Schklow um sich; auch bei St. Petersburg entstand eine weitere Gruppe. Die aufklärungswilligen Kreise – vor allem Kaufleute und Ärzte – versuchten dann im Einklang mit den nach dem Vorbild der josefinischen Toleranzpolitik vorgehenden staatlichen Verbesserungsbestrebungen das Schulwesen zu reformieren, was überwiegend auf noch massiveren Widerstand als einst im Habsburgerreich stieß.
Die Polarisation erreichte bald unerträgliche Formen, so daß so mancher emanzipierte Aufklärer verzagte, zum Christentum übertrat oder nach dem Westen auswich. Erst nach 1820 setzte eine erfolgreichere Aufklärungsbewegung ein, diesmal unter galizischem Einfluß und damit teils auf der gemäßigteren Basis, die sich bereits im habsburgischen Raum bewährt hatte. Wilna, das weiterhin wirtschaftlich wie kulturell stark deutschorientiert blieb, und Odessa – ein weiteres Wirtschaftszentrum – wurden nun zu Brennpunkten der Bewegung.

Das Hebräische wurde das tragende Medium der Aufklärung und zugleich wieder zur Sprache einer profanen Literatur, deren Wirkung oft weitreichender war als die der pädagogisch-propagandistischen Aufklärungsbemühungen. Aufklärer- und Schriftstellervereinigungen entstanden, und durch das neue Massenmedium der Presse ergaben sich bislang unerschlossene Leserschichten. Der grimmige Widerstand der Orthodoxen und Chasidim dauerte zwar an, verlor aber unter dem Eindruck der nunmehr für lange Perioden judenfeindlichen russischen Politik etwas von seiner Aggressivität.

Unglücklicherweise wurden 1841 durch die Ernennung von Max Lilienthal (1815–1882) zum Beauftragten für die Schulreform die Emotionen neu entfacht. Er suchte ein vom russischen Unterrichtsminister Uwarow befürwortetes Schulreformprogramm durchzusetzen und erregte mit seinem betont westlich-deutsch assimilierten Stil und Auftreten erbitterten Widerstand. Zwischen innerjüdischer Opposition, aufklärerischer Ungeduld und wechselhafter russischer Kulturpolitik zermürbt, verließ Lilienthal 1844 Rußland. Immerhin hinterließ er ein bereits weitgespanntes Netz modernisierter Grundschulen und die Ansätze für eine Lehrerausbildung.

Von der Mitte des Jahrhunderts an stieg die Zahl der Absolventen stetig an, und in der Folge stellten sich auch immer mehr jüdische Schüler in den weiterführenden Schulen ein. Nun aber begann auch in Polen und Rußland die Frage der nationalen Assimilation akut zu werden, und die hebräische *haśkalah* schien — wie einst in Berlin — zur Wegbereiterin einer riesigen Abfalls- und Assimilationswelle zu werden.

Der gleichzeitig zunehmende Antisemitismus desillusionierte aber sowohl die regierungsfromm-optimistischen Aufklärer wie die Assimilanten, und die ungelösten sozialen Probleme forderten endlich eine entschiedenere Neubesinnung. In den siebziger Jahren geriet die *haśkalah* in eine ausweglose Krise, und ihr Erbe traten zwei neue jüdische Strömungen an: die sozialistische und die nationale.

Das Bildungsideal der maśkilim und seine Krise

Die Hauptbemühungen der jüdischen Aufklärer *(maśkilim)* galten dem Erwerb von Allgemeinwissen, weil man hier im Vergleich zur Bildungsvorstellung der aufgeklärten Umwelt ein dringendes Nachholbedürfnis verspürte. Das traf in gewissen Grenzen durchaus zu, aber die Bedeutung der Allgemeinbildung wurde von den *maśkilim* doch überschätzt. Sie gingen zu sehr vom Bildungsprestige aus und übersahen, daß die Verbreitung solcher Kenntnisse, auch wenn es sich zum guten Teil um popularisierte Naturwissenschaften handelte, den sozialen Notstand in Osteuropa nicht milderte. Manche *maśkilim* haben dies zwar früh erkannt und in ihre Reformvorderungen auch soziale Umschichtungsprozesse einbezogen, da und dort sogar landwirtschaftliche Siedlungsbewegungen in Gang gebracht, aber die schulische Ausbildung entsprach diesen Bedürfnissen zu wenig.
Demgegenüber muß allerdings betont werden, daß der Wille zu einer beruflichen Umschichtung in den breiten Schichten äußerst gering war, während der Drang nach einer Erweiterung des Bildungshorizonts sich viel eher bemerkbar machte. So wuchs allmählich eine Schicht aufklärerisch-westlich erzogener junger Juden heran, die aufgrund ihrer einseitigen Bildung und infolge der zunehmend feindseligen Haltung der nichtjüdischen Umwelt so etwas wie ein intellektuelles Proletariat darstellten.
Diese jüdische Schicht aufgeklärter Intellektueller war nicht nur in besonderem Maß dem Druck der völligen Assimilation, also der Versuchung zum Religionswechsel, ausgesetzt, sie blieb auch von der großen Mehrheit des Judentums in Osteuropa isoliert.
Der Gebrauch des Neuhebräischen war zwar die einzige Möglichkeit, die Aufklärung in Osteuropa mit Hilfe einer unter Juden einigermaßen verständlichen »klassischen« Kulturspra-

che zu verbreiten; gerade die unteren Schichten waren aber nicht in der Lage, das anspruchsvolle, biblizistische Neuhebräisch der Aufklärer zu verstehen, und sie mißbilligten weithin auch den Mißbrauch der »heiligen Sprache« zu profanen Zwecken. Um eine gewisse Breitenwirkung zu erreichen, verwendeten daher die *maśkilim* auch in zunehmendem Ausmaß das von ihnen verachtete Jiddisch, zunächst widerwillig und in einer dem Schriftdeutschen angenäherten Form; aber auch das schlug fehl, denn die meisten Leute lasen das verdeutschte Jiddisch nicht. Und als die Aufklärer das Jiddische als eigene Sprache respektierten und verwendeten, entwickelte es alsbald eine Eigengesetzlichkeit und wurde zur Konkurrenz für das Hebräische.

Wie die Verbreitung des Neuhebräischen der aufkommenden nationalen Bewegung zugute kam, so die Verwendung des Jiddischen anderen Richtungen: dem Sozialismus, der sich der Sprache aus Propagandagründen bediente, und dem jiddischen Autonomismus, der eine besondere Ideologie der »Jiddischkeit« entwickelte.

5. Auf dem Weg zur Emanzipation

Unter lebhaften Diskussionen über Sinn und Zweck einer »bürgerlichen Verbesserung« der Juden begannen die Staaten Europas in unterschiedlicher Folge von sich aus die herkömmliche Rechtsstellung der bisher autonomen jüdischen Gemeinden und ihrer Mitglieder zu ändern.

Die ersten Maßnahmen dieser Art zielten jedoch nicht auf Gleichberechtigung ab. Josef II. gewährte unter Wahrung des grundsätzlichen Vorrangs der herrschenden Religion den »Akatholiken« (Protestanten) und Juden – 1781 in Böhmen, 1782 in Mähren, 1783 in Ungarn, 1789 in Galizien – nur eine begrenzte Duldung. Die Vorteile einer erweiterten wirtschaftlichen und gesellschaftlichen Bewegungsfreiheit kamen

auch zunächst nur einer schmalen Oberschicht zugute, während die überwiegende jüdische Mehrheit den Neuerungen ablehnend gegenüberstand.
Im Vergleich zu Europa nahm die nordamerikanische Entwicklung ein gutes halbes Jahrhundert vorweg. 1791 waren die jüdischen Forderungen von 1784 und 1787 nach voller bürgerlicher und religiöser Gleichstellung weitgehend erfüllt; nur in einigen wenigen Bundesstaaten dauerte es länger: bis 1826 in Maryland, bis 1868 in North Carolina und bis 1877 in New Hampshire.

Französische Revolution und Napoleon I.

In der Überzeugung, daß die herkömmliche Minoritätenbehandlung eine menschenwürdige und gedeihliche Lebensgestaltung verhindere, beseitigten die staatlichen Behörden während der Französischen Revolution im Sinn der Menschenrechtsdeklaration von 1789 die alten diskriminierenden Gesetze. Die etwa vierzigtausend Juden Frankreichs wurden – nicht ohne heftige Diskussionen – zu französischen Bürgern erklärt, die aschkenasische Mehrheit in Elsaß-Lothringen übrigens mehr als ein Jahr später (27. September 1791) als die mehr assimilierten sefardischen und südfranzösischen Juden (28. Jänner 1790).
Unter Napoleon I. wurden die Juden wie die übrigen Religionsgemeinschaften angehalten, eine zentrale Organisation zu bilden und überdies eine Erklärung über ihre Nationalität abzugeben. Eine vom Kaiser 1806 einberufene Versammlung jüdischer Delegierter hatte in zwölf Punkten deutlich zu machen, daß man gewillt war, mit den übrigen französischen Bürgern gleiches staatliches Recht und Nationalität zu teilen. Danach wurde 1807 als oberste jüdische Autorität Frankreichs der *Grand Sanhedrin* – fünfundvierzig Rabbiner und sechsundzwanzig Laien – eingesetzt, der in diesem Sinn eine Art

von jüdischem Kirchenrecht als Grundlage für eine konsistoriale Organisation entwickeln mußte.
Im Zuge der napoleonischen Eroberungen fand der *Code Napoleon* und mit ihm die französische Form der Gleichberechtigung der Juden auch in vielen anderen Ländern Anwendung oder Nachahmung, meist gegen den erklärten Willen der jüdischen Mehrheit. Im Königreich Westfalen verband sich damit sogar eine jüdische religiöse Reform, die spätere Entwicklungen vorwegnahm.

Die nachnapoleonische Ära

Die Verbindung zwischen napoleonischer Herrschaft und Judenemanzipation in den unterworfenen Ländern hatte verhängnisvolle Folgen; denn die antinapoleonischen Ressentiments und die Reaktionen gegen Geist und Ziele der Französischen Revolution richteten sich nun auch gegen die Bestrebungen zur Gleichberechtigung der Juden. Zwar empfahl der Wiener Kongreß 1815 eine positive Erledigung der Frage, aber es blieb den einzelnen Staaten überlassen, sie nach Maßgabe der jeweiligen Umstände zu regeln.
Diese vage Empfehlung wog angesichts der in den »Freiheitskriegen« aufgeflammten nationalen Emotionen und gegenüber den traditionellen Widerständen gegen jedwede Gleichberechtigung nicht viel. So trat eine Phase der Rückschritte und der Stagnation ein, bis in den zwanziger Jahren die Diskussion neu auflebte, getragen von energischen jüdischen Interessenten und von demokratisch orientierten Gruppierungen. Das wiederum hatte zur Folge, daß die konservativen politischen Kräfte von vornherein in einer emanzipationsfeindlichen Stellung verharrten.
In dieser Zeit kam auch das aus der Diskussion um die Gleichberechtigung der Iren in England übernommene Wort »Emanzipation« in Gebrauch.

Die bürgerlich-demokratischen Revolutionen von 1848 und 1849 brachten den Juden der betroffenen Gebiete wenigstens vorübergehend die Gleichberechtigung. In den folgenden Jahren ergab sich zunächst wieder eine rückläufige Tendenz, aber in den sechziger und siebziger Jahren erlangten neben anderen Minderheiten auch die Juden in vielen Staaten eine weitgehende Gleichstellung.

Formalrechtlich gesehen, schien damit das Ringen um die Emanzipation positiv entschieden zu sein, wenngleich die volle Gleichberechtigung in manchen Ländern erst nach dem Ersten Weltkrieg oder noch später erreicht werden konnte.

6. Neues Recht und neue Pflichten

Neue Organisationsformen

Was im späteren Rückblick in der Regel als Ringen der Juden um Gleichberechtigung dargestellt wurde, war in Wirklichkeit zunächst nur das Anliegen einer jüdischen Minderheit. Die Mehrheit fügte sich nur widerstrebend und langsam den neuen Ordnungen und »Verbesserungen«. Die Aufhebung der bisherigen Gemeindeautonomie wurde von allen Traditionsverbundenen als tiefer Einschnitt in das jüdische Leben empfunden.

In Rußland wurde an der herkömmlichen Gemeindeorganisation *(qahal)* selbst nach ihrer staatlich verordneten Aufhebung (1844) an vielen Orten inoffiziell festgehalten, denn die teilweise Ersetzung der alten, auf der *Torah* begründeten Ordnung durch das neue staatliche Recht konnte bei bestem Willen nicht als Fortschritt gelten, eher als Anschlag auf die *Torah*-Erfüllung und somit als unheilvoll.

Mit der Zeit blieb allerdings keine andere Wahl, als die Gemeinden auf der neuen Rechtsgrundlage neu zu konstituieren. Je nach dem Stand der Minoritätenbehandlung und der Religionspolitik in den einzelnen Ländern erhielten die Gemeinden in der Regel einen Status, der dem jener Religionsgemeinschaften entsprach, die ebenfalls nicht als Staatsreligionen galten.

In Westeuropa blieb im wesentlichen der unter Napoleon geschaffene konsistoriale Gemeindetyp bestehen. In Mitteleuropa und im Habsburgerreich sowie nach und nach auch in Osteuropa entstanden — entsprechend den unterschiedlichen politischen und »kirchenpolitischen« Tendenzen in diesen Ländern — variierende Gemeindeordnungen, wobei vielfach die Stellung des Rabbiners der der christlichen Geistlichen als der Repräsentanten ihrer Gemeinden etwas angeglichen wurde.

In Staaten mit »anerkannten« Religionsgemeinschaften bedeutete das neben dem öffentlich-rechtlichen Status der Gemeinde und bestimmten staatlichen Verpflichtungen allerdings auch eine gewisse staatliche Kontrolle, zum Beispiel ein Mitspracherecht bei der Ernennung von Rabbinern, wie bei Geistlichen christlicher Konfessionen.

Im großen und ganzen glich die Struktur der jüdischen Synagogalgemeinde, in der schon zuvor die Laien den Ton angegeben hatten, der der protestantischen Kirchen. Sie implizierte auch eine durch Wahlen erweiterte Mitbestimmung der bisher in dem Honoratioren-*qahal* nur begrenzt mitspracheberechtigten einfachen Gemeindeglieder.

Dies alles gilt auch für regionale Gemeindeverbände, die zur Vertretung der jüdischen Interessen in einer politischen Einheit erforderlich waren und vielfach auch vom Staat — wie schon von Napoleon in Frankreich — gefordert wurden. Das zentralistische französische Modell des *Grand Sanhedrin* hat aber nicht viel Anklang gefunden. Die vorherrschende Tendenz war eher »kongregationalistisch«, und so kam es denn auch in England zu funktionsmäßig und in den USA zu konfessionsartig unterschiedlichen Zusammenschlüssen *(Orthodoxe, Conservative, Reformed)* auf Landesebene.

All das würde eher in eine religionsgeschichtliche Darstellung dieser Zeit gehören, hätten diese Gemeinden und Gemeindeverbände nicht *de facto* eine mehr als nur religiöse Funktion erfüllen müssen. Seit im Sinn des modernen Religions- und Nationenbegriffs und der davon ausgehenden neuen Gemeindeordnungen Religions- und Volkszugehörigkeit weithin auseinanderdividiert worden waren, hatten die Juden offiziell gar keine andere Vertretung mehr als ihre synagogalen Gemeinden, die »Kultusgemeinden«.

Da nun selbst im Reformjudentum trotz aller prinzipiellen Offenheit die jüdische Religionsgemeinschaft eine in erster Linie abstammungsmäßig bestimmte Gruppe blieb und keine missionierende Religion wurde, lastete auf den Synagogengemeinden praktisch auch die Sorge für nicht unmittelbar religiöse Belange. Alten- und Krankenfürsorge, Armenunterstützung und Erziehungswesen waren Lasten, die im Lauf der Zeit und mit der Bevölkerungszunahme stetig wuchsen.

Diese die Kraft und Struktur der Gemeinden oft überfordernden Lasten wurden, wie teilweise schon zuvor, zu einem Teil auch von freien Vereinigungen und von Vereinen getragen. Auch für die Vertretung jüdischer Interessen und Anliegen verschiedenster Art entstanden nun solche Organisationen auf Gemeinde- und Landesebene.

Auf internationaler Ebene kamen jüdische Vereinigungen erst verhältnismäßig spät zustande, nicht zuletzt infolge der nationalen Assimilation und wegen des gegen sie unter Nichtjuden verbreiteten Mißtrauens. Es war zu einem guten Teil erst die Reaktion auf den Antisemitismus, die zur Gründung weltweiter jüdischer Vereinigungen führte. Die erste war die *Alliance Israélite Universelle* (AIU), 1860 in Paris gegründet, und zwar unter dem nachwirkenden Eindruck der »Damaskus-Affäre« von 1840, in der die alte Ritualmordanklage wieder hervorgeholt wurde und Christen wie Moslems zu Ausschreitungen gegen Juden veranlaßte, ferner aufgrund der Entführung eines sechsjährigen jüdischen Kindes, Edgaro Mortara, durch die päpstliche Polizei im Jahr 1858.

In zahlreichen Fällen intervenierte die AIU bei Regierungen – 1878 auch auf dem Berliner Kongreß – zugunsten bedrängter jüdischer Minderheiten. Sie errichtete und unterhielt Schulen in zurückgebliebenen Diasporagebieten und kümmerte sich um das Schicksal jüdischer Emigranten, deren Zahl vor allem von Osteuropa aus immer mehr zunahm. Sie verstand sich jedoch nicht als eine jüdisch-nationale Vereinigung und verfocht darum weder regionale Bestrebungen nach einem nationalen Minderheitsstatus noch die spätere zionistische Bewegung.

Dieser Wandel brachte auch weithin neue Selbstbezeichnungen mit sich. Statt »jüdisch« bürgerten sich in vielen Bereichen die Bezeichnungen »israelitisch«, »hebräisch« oder »mosaisch« ein. So nannten sich in Deutschland assimilierte Juden zum Beispiel »Deutsche Staatsbürger mosaischer Confession«.

Im Vergleich zu derartigen Nachteilen erschien die Aufhebung mancher oder auch aller diskriminierenden Vorschriften und Steuern in den Augen der Traditionalisten als geringer Trost. Man war es seit Jahrhunderten gewohnt, für die Möglichkeit, *Torah* gemäß leben zu dürfen, einen hohen Preis zu entrichten. »Privilegien« und Diskriminierungen waren daher für viele zwei Seiten ein und derselben Sache.

Die Umstellung auf das Prinzip »Gleiche Rechte – gleiche Pflichten« fiel nicht zuletzt darum so schwer, weil in vielen Gebieten die staatlichen Funktionsträger selber nicht im Geist des neuen Rechtes dachten und verfuhren und so das Verhältnis zwischen Juden und Behörden weiterhin korrupte Züge aufwies, was Antisemiten einseitig den Juden zur Last legten.

Da die Emanzipation mit ihren Begleiterscheinungen und Reaktionen nicht nur von Land zu Land zeitlich und qualitativ unterschiedlich verlief, sondern auch in den einzelnen Bevölkerungsschichten jedes Landes verschieden aufgenommen wurde, konnte der von beiden Seiten geforderte Lernprozeß nicht störungsfrei und einheitlich verlaufen und zu keinem befriedigenden Abschluß gelangen.

Die Frage der Staatsloyalität

Argwöhnisch wachte die nichtjüdische Öffentlichkeit über die Einstellung der Juden zum Staat, der nun auch ihr Staat sein sollte, und zwar meistens in Ländern, die es den Juden am schwersten machten, loyal zu sein. Vor allem in Osteuropa und da wieder in Rußland war die staatliche Politik gegenüber der jüdischen Minorität eher dazu angetan, unter den Juden Mißtrauen zu erregen als Loyalität und Vaterlandsliebe.

Schwierig war die Loyalitätsfrage überall, wo gesetzlich garantierte Rechte in der Praxis vorenthalten oder unterlaufen wurden, so daß sich selbst emanzipationsbegeisterte Juden vor den Kopf gestoßen fühlten. Die oft genug als selbstverständlich geltende Vorstellung vom »christlichen Staat« ließ darüber hinaus alle staatlichen Maßnahmen als verkappte Missionsversuche erscheinen. All diese Befürchtungen und Beschwerden auf jüdischer Seite, so unterschiedlich und gegensätzlich sie auch waren, dienten den Judengegnern als Beweise für die mangelhafte Loyalität der Juden überhaupt.

Militärdienst

Zu den wichtigsten Folgen der Gleichberechtigung gehörte in vielen Ländern auch die Militärdienstpflicht, die der moderne Staat seinen Bürgern abverlangte. Die Juden waren davon jeweils in dem Maß betroffen, wie ihre Gleichberechtigung voranschritt. Für assimilationswillige, emanzipationsbegeisterte Juden war der Militärdienst ein erstrebenswertes Ziel, sei es als Gelegenheit zur Demonstration ihrer Gesinnung und so als Mittel zur Erringung voller Gleichberechtigung, sei es als Krönung ihrer Bemühungen. Was solchen Juden als höchste »Ehre« erschien, war für andere eine furchtbare Last, nicht zuletzt wenn sie die rituelle Lebensweise nicht opfern wollten.

Dies gilt vor allem für Staaten, die ohnedies eine unglückliche Emanzipationspolitik betrieben, zum Beispiel für Rußland. Dort waren Juden bis 1827 gegen Zahlung einer Sondersteuer vom Militärdienst befreit; danach wurden aber auch sie eingezogen, und zwar je zehn pro tausend männliche Juden zwischen zwölf und fünfundzwanzig Jahren. Die Dienstzeit betrug fünfundzwanzig Jahre; die Minderjährigen wurden in eigenen Anstalten für ihren Dienst herangezogen (»Kantonisten«). Erst unter Alexander II. (1855–1881) besserte sich die Lage, und 1874 wurde die allgemeine Wehrpflicht für alle einundzwanzigjährigen Bürger festgelegt. Die Vorbehalte der jüdischen Mehrheit gegenüber dem Kriegsdienst waren jedoch nicht mehr ganz auszuräumen, zumal die Beförderung von Juden zu Offizieren auch weiterhin seltene Ausnahmen blieben.

Relativ früh wurde den Juden im Habsburger Reich der Militärdienst gestattet, zunächst (1782) graduell, bald allgemein, und seit den napoleonischen Kriegen dienten zahlreiche bekennende Juden auch als Offiziere – freilich kaum im Generalstab –, darunter sogar Generäle und ein Admiral, obwohl die antisemitischen Tendenzen im übrigen gegen Ende des Jahrhunderts sprunghaft anwuchsen.

In den deutschen Staaten dienten Juden erstmals regulär in den napoleonisch beherrschten Territorien. In den »Freiheitskriegen« und später wurden Juden nach und nach zum Dienst zugelassen, aber selbst im Kaiserreich war es – speziell nach 1888 – für Juden bis zum Ersten Weltkrieg kaum möglich, Offizier zu werden, es sei denn, sie konvertierten zum Christentum. Von den überwiegend assimilationsbegeisterten deutschen Juden wurde diese Diskriminierung als besonders schmerzlich empfunden.

In Frankreich brachte die Gleichberechtigung durch die Französische Revolution den Juden auch den Militärdienst ein. Unter Napoleon und später dienten Juden auch als höhere Chargen und als Generäle, nicht immer unbehindert und manchmal auch von Antisemiten schroff diffamiert, wie es beispielsweise in der Affäre Dreyfus 1894–1895 zum Ausdruck kam.

In den Niederlanden, den USA und in England entsprach die Zulassung und Verpflichtung zum Militärdienst dem so gut wie problemlosen Verlauf der Emanzipation.

In Italien war sie, von der Zeit Napoleons abgesehen, mit der nationalstaatlichen Einigung verbunden und insofern verspätet, aber sehr effektiv eingetreten.

Im ottomanischen Reich mit seiner vergleichsweise toleranten Tradition in der Behandlung der Minoritäten dienten Juden im neunzehnten Jahrhundert ebenfalls zum Teil in hohen Rängen.

Die Licht- und Schattenseite der Emanzipation dürfte vielleicht am ehesten an diesem zweifelhaften »Recht« der Juden zu ermessen sein, sich nun – in der Identifikation mit ihren bisherigen Gastnationen – im Kriegsdienst feindlich gegenübertreten zu »dürfen« und zu müssen. Man hat dies teils mit Begeisterung, teils mit Resignation getan, je nach der grundsätzlichen Einstellung zu den neuen Rechten und Pflichten. Welche Skrupel und welche Gewissenskonflikte damit für viele traditionstreue Juden, die zugleich auch ihren bürgerlichen Pflichten nachkommen wollten, verbunden waren, ist nur schwer nachzuempfinden und wurde in den Diskussionen über diese Fragen selten auch nur einigermaßen verständnisvoll gewürdigt.

Die Reform des Erziehungswesens

Ohne jeden Zweifel begründet waren die Forderungen nach einer grundlegenden Änderung in der jüdischen Schulbildung. Die überwältigende Mehrheit der Juden sträubte sich zunächst zwar nach Kräften dagegen, aber in diesem Fall zu einem guten Teil aus mangelhafter Einsicht in die eigene Problematik, allerdings oft genug von ungeduldigen Reformern verstört und auf einen Justament-Standpunkt gedrängt.

Tatsächlich war das beinahe ausweglose soziale Problem insbesondere des osteuropäischen Judentums – und zwar nicht zuletzt auch im Hinblick auf die weibliche Bevölkerung – nur durch eine den veränderten Lebensverhältnissen angepaßte schulische und berufliche Ausbildung zu lösen. Dergleichen erforderte aber die Arbeit von Jahrzehnten. Der Zwang der Verhältnisse hat denn auch in Osteuropa wenigstens von der Mitte des neunzehnten Jahrhunderts an der neuen Erziehung langsam zum Durchbruch verholfen, während sie im Westen viel rascher Wurzeln fassen konnte.

Zunächst ging es um die Einführung von Grundschulen mit einem staatlich vorgeschriebenen Minimum an profanen Lehrfächern. Je nach dem Assimilationsgrad der einzelnen jüdischen Richtungen entstand danach eine Vielfalt jüdischer Schulen. Auf der einen Seite blieb in manchen Gebieten Osteuropas der traditionelle *ḥedär*, die Kinderschule, noch lange erhalten. Im Westen und im Osten – meist nach westlichem Vorbild – entstanden traditionsverbundene *Talmud-Torah*-Schulen, die herkömmliches Lernen und profane Bildung verbanden. Aber mehr und mehr setzten sich daneben Schultypen durch, die sich nur in wenigen Punkten vom Lehrprogramm nichtjüdischer Anstalten unterschieden.

Ein großer Teil der jüdischen Kinder besuchte im Westen gegen Ende des Jahrhunderts die allgemeinen Volksschulen, da die Zahl der jüdischen Anstalten zu gering und das Interesse der assimilierten Juden an solchen zu schwach war. Die Bemühungen um eine jüdische Erziehung konzentrierten sich daher auf den jüdischen Religionsunterricht, für den zahllose Handbücher und Hilfsmittel mehr oder weniger konservativer oder »reformierter« Art entstanden, sowie auf die Ausbildung der Lehrer.

Gegen Ende des neunzehnten Jahrhunderts gingen von Osteuropa neue Impulse aus. Für eine Neubelebung der traditionellen Erziehung sorgten die *Musar*-Bewegung Israel Salanters und die chasidische *CHaBaD*-Richtung. Die aufkommende nationale Bewegung trat das Erbe der aufklärerischen Schulreformer an und pflegte deren Neuhebräisch als Unterrichtssprache weiter.

Auch übergreifende jüdische Vereinigungen begannen sich um die Verbesserung des Schulwesens, insbesondere in schwierigen Diasporagebieten, zu kümmern, als erste die *Alliance Israélite Universelle,* 1860 in Paris gegründet. Sie errichtete und betreute zahlreiche Schulen in den Balkanländern und im Orient.

Erziehung und Bildung wurden so — mit gutem Grund — zu einem der meistdiskutierten Themen im Judentum des neunzehnten Jahrhunderts.

Die Rabbinerausbildung

Davon konnte auch die Ausbildung der Rabbiner nicht unberührt bleiben, im Westen sowieso nicht, da die staatlichen Behörden eine »akademische« Ausbildung forderten, die zur Gründung eigener Rabbinerseminare führte: So entstand das *Istituto Convitto Rabbinico* in Padua 1829 (später *Collegio Rabbinico Italiano* in Florenz und Rom), die *École Rabbinique* in Metz 1830 (ab 1859 als *Seminaire Israëlite de France* in Paris), das *Jüdisch-theologische Seminar Fraenkelscher Stiftung* in Breslau 1854, das *Jews College* in London 1855, die *Israelitisch-theologische Lehranstalt* in Wien 1862, die *Jüdische Hochschule* in Berlin 1872 (ab 1883 *Lehranstalt für die Wissenschaft des Judentums,* 1920 *Hochschule für die Wissenschaft des Judentums)* und als Gegenstück dazu das *Rabbiner-Seminar für das Orthodoxe Judenthum* 1883. In Budapest wurde 1877 nach anhaltenden orthodoxen Bedenken ein Landes-Rabbinerseminar errichtet. In den USA gründeten die einzelnen jüdischen Richtungen — die dort geradezu gesonnenderte Konfessionen bildeten – eigene Anstalten, die *Reformed* 1897 das *Hebrew Union College* in Cincinnati, die *Conservatives* 1886 das *Jewish Theological Seminary* in New York, und die *Orthodoxen* 1897 die *Yeshiva University* (und 1922 das *Talmudical College* in Chicago).

In Osteuropa setzte sich dieser Typ des Rabbinerseminars trotz Versuchen in Warschau (1826), Schitomir und Wilna (1847) nicht durch. Hier beherrschten weiterhin die *J^eš^ibot* das Feld, bestärkt durch die Renaissance des traditionellen jüdischen Lernens, durch den nachwirkenden Einfluß des Wilnaer Gaons und durch die *Musar*-Bewegung.

Lebensweise und Brauchtum

Die – schon im Abschnitt über das mittelalterliche Judentum umrissene – traditionelle Lebensweise wurde im Westen mit der fortschreitenden Assimilation mehr und mehr aufgegeben. Ein gewisser Grundbestand blieb dennoch erhalten, denn auch die religiöse Reformbewegung merkte bald, daß ein Mindestmaß an festen Bräuchen und Ordnungen für die Erhaltung eines Gemeinde- und Selbstbewußtseins unerläßlich war. Über die Begrenzung dieses Mindestmaßes gingen die Meinungen allerdings auseinander, und demgemäß schwankte auch die Praxis. Gewisse Probleme ergaben sich durch die Emanzipation und deren Begleiterscheinungen.

In der öffentlichen Meinung gerieten manche Elemente des jüdischen Brauchtums aufgrund der neuen aufklärerischen Wertvorstellungen in ein ungünstiges Licht. Die konservativen und orthodoxen Juden sahen sich genötigt, viele Einzelheiten des »Zeremonialgesetzes« und der Lebensweise gegenüber den »modernen« Werturteilen in Schutz zu nehmen, so daß – wie einst in der Zeit des Hellenismus und im philosophisch bestimmten mittelalterlichen Judentum – die Apologetik eine große Rolle zu spielen begann.

Die jüdischen Reformer waren in einer noch schlimmeren Zwangslage, sofern sie alte Traditionen beibehielten, denn sie teilten ja die aufklärerischen Wertmaßstäbe und mußten für die Traditionen angemessene Gründe finden. Konservative und Orthodoxe übernahmen dann solche Begründungen vielfach für ihre Apologetik. So wurde es zum Beispiel allgemein üblich, für viele rituelle Vorschriften medizinisch-diätetische und hygienische Gründe anzugeben.

Eine Zeitlang trat auch die Beschneidung, die schon in der Antike Ziel nichtjüdischer Kritik gewesen war, wieder in den Brennpunkt des Interesses. Eine Gruppe von Reformern war bereit, den Brauch aufzugeben, konnte sich jedoch nicht durchsetzen.

Viel schwerwiegender waren Fälle, die zu Konflikten mit modernen staatlichen Vorschriften führten. Die in der Aufklärungsperiode in manchen Staaten erlassene Bestimmung, Verstorbene aus Rücksicht auf die Möglichkeit eines Scheintodes erst am dritten Tag zu bestatten, erregte einige Zeit weite Kreise im Judentum, wo es üblich war, Tote so bald als möglich zu beerdigen. Auch die Vorschrift, einen Sarg zu verwenden, wurde in vielen Gegenden nur widerstrebend befolgt. Bis heute verurteilt die jüdische Orthodoxie auch entschieden jede Verletzung eines Leichnams, also die medizinische Leichenöffnung.

Sehr häufig und in scharfer Form wurde immer wieder die rituelle Schlachtmethode, das Schächten, angegriffen. In manchen Ländern wurde sie untersagt, so daß die jüdische Minderheit praktisch gezwungen war – und ist –, auf Fleisch zu verzichten oder koscheres, d. h. rituell zulässiges Fleisch teuer zu importieren. In der antisemitischen Hetze wurde die Schächtfrage mit der wieder aufgegriffenen mittelalterlichen Ritualmordanklage verknüpft und erhielt dadurch eine ausgesprochen makabre Note.

In Rußland erhielten entsprechend der dort eingetretenen Polarisierung zwischen staatlich geförderter Assimilation und jüdischem Traditionalismus selbst bestimmte Kleidungsstücke konfessionellen Symbolwert. Zeitweise versuchte die Regierung, das Tragen der traditionellen jüdischen Kleidung zu untersagen beziehungsweise durch Sondersteuern zu verleiden. Noch heute halten darum ultra-orthodoxe und chasidische Juden aus Osteuropa im Westen, in Übersee oder in Israel ohne Rücksicht auf Mode oder klimatische Bedingungen an der alten »jüdischen« Kleidung fest.

Diese Beispiele zeigen, in welchem Ausmaß die Emanzipation mit ihren rechtlichen und weltanschaulichen Folgen die religionsgesetzliche und brauchtumsmäßige Überlieferung bestimmte. Auch Konservative und Orthodoxe waren von nun an gezwungen, die herkömmlichen Vorschriften und Ordnungen neu zu sichten und in Hinblick auf die veränderten Lebensumstände und die ständig zahlreicher werdenden technisch-zivilisatorischen Neuerungen laufend zu ergänzen oder interpretierend anzupassen.

Es versteht sich von selbst, daß damit das Leben als Jude nach traditionellen Grundsätzen schwieriger wurde. Innerhalb einer weithin säkularisierten Umwelt und gegenüber einem wachsenden assimilierten, gar säkularisierten oder zumindest reformierten jüdischen Bevölkerungsanteil erschien der traditionalistische Jude mehr denn je als Außenseiter und nun überdies als »rückständig«.

In Osteuropa blieb diese Wertung allerdings noch lange Zeit von wesentlich geringerer Wirkung als im Westen. Während dort gerade die Berliner Aufklärung einsetzte, wirkte in Litauen der »Gaon von Wilna«, Elia ben Salomo Salman (1720 bis 1797), dessen Ruf als Heiliger und dessen rabbinische Gelehrsamkeit das Selbstbewußtsein der Traditionstreuen nachhaltig stärkte. Als die osteuropäischen Aufklärer mit ihrer westlichen Orientierung die jüdischen Massen zu gewinnen trachteten, stand ihnen eine solide Mehrheit von rabbinisch-traditionsgebundenen Frommen gegenüber.

In dieser Abwehrhaltung standen neben ihnen die ebenfalls

strikt traditionalistischen Chasidim, die in Fragen des Religionsgesetzes und des Brauchtums zum Teil noch schärfer urteilten. Die Geringschätzung, mit der »Westjuden« aus ihrer Sicht nicht selten die »rückständigen Ostjuden« behandelten, wurde daher von diesen in dem Bewußtsein, allein die wahren Träger von »Jüdischkeit« zu sein, oft erwidert.

Diesem Urteil entgingen selbst jene westlichen Orthodoxen nicht immer, die der von Samson Raphael Hirsch (1808 bis 1888) begründeten und von Esriel Hildesheimer (1820 bis 1899) weitergeführten »Neo-Orthodoxie« folgten. Sie wollten die traditionelle Lebensweise so weit wie möglich beibehalten und doch gleichzeitig Aufklärung, Emanzipation, kulturelle und zum Teil sogar nationale Assimilation mitvollziehen. Die Spannweite zwischen diesen beiden Zielpunkten, die Hirsch mit dem Schlagwort *»Torah* und *däräk 'äräṣ«* (»Brauch des Landes«) umriß, war indes gewaltig und erforderte Anstrengungen bei der Durchführung und Rechtfertigung des Programms, die von vielen als verkrampft empfunden wurden.

Für eine Minderheit, die im Ideal des »Israelmenschen« zugleich die Verkörperung eines humanistisch geprägten Menschenbildes sahen, erschien dieser Weg aber durchaus gangbar. Von der Mitte des Jahrhunderts an – und vollends nach dem preußischen Austrittsgesetz von 1876 – organisierten sie sich sogar in separaten Gemeinden und gründeten eigene Schultypen, 1873 in Berlin auch ein orthodoxes Rabbinerseminar.

7. Entstehung und Einfluss der jüdischen Presse

Die Anfänge

Seit dem Dreißigjährigen Krieg war in Europa die Nachfrage nach aktuellen Berichten immer stärker geworden. Auch im

Judentum zeigten sich entsprechende Tendenzen, insbesondere im Verlauf der sabbatianischen Bewegung, aber auch aus näherliegenden Gründen, wie etwa in der Geschäftswelt des sefardischen Judentums. Die ersten jüdischen Periodica erschienen denn auch in Amsterdam, 1675 in Ladino (Judeo-Espagnol), 1686/87 auch in Jüdisch-Deutsch und 1728 in Hebräisch. Einem ähnlichen Bedürfnis entsprach die 1771-1772 erschienene jüdisch-deutsche *Dyhernfurther Privilegierte Zeitung.*

Die jüdischen Aufklärer stellten von früh an Periodica in den Dienst ihrer Volksbildung. Dem Bildungsideal dieser Kreise entsprechend, kamen dabei in erster Linie zwei Sprachen in Betracht: ein nach »klassischem«, d. h. biblischem Muster erneuertes Hebräisch und die in der jeweiligen Umwelt vorherrschende Kultursprache, vor allem das Schriftdeutsche.

Inhaltlich entsprachen diese Wochen-, Monats- und Vierteljahresschriften oder Jahrbücher freilich nur begrenzt der Nachfrage, die sonst den Aufstieg der Presse bedingte. Neben mehr oder minder gelungenen und ansprechenden Versuchen, eine neuhebräische Literatur zu schaffen und zu verbreiten, nahmen Übersetzungen von deutschsprachigen Werken, tendenziöse Abhandlungen über jüdische Zeitfragen, populäre naturwissenschaftliche Beiträge und immer mehr auch Artikel aus der aufstrebenden »Wissenschaft des Judentums« den meisten Raum ein.

Der erste Versuch in dieser Richtung, der kurzlebige *Kohelet Musar (Sittenprediger)*, 1750 von Moses Mendelssohn zusammen mit T. Bock begründet, richtete sich nach dem Vorbild der moralischen Wochenschriften, die in England in Mode gekommen waren. Die Mendelssohn-Anhänger, die ab 1783 die Vierteljahresschrift *Ha-Me'assef (Der Sammler)* herausgaben, trachteten nach breiterem Einfluß, doch vergeblich, denn im Westen verstanden bald nur noch wenige Hebräisch, und im Osten stieß die Tendenz auf Ablehnung. Für einige Zeit schien es keine Chance für hebräische Zeitschriften mehr zu geben.

Mehr Erfolg hatte infolge der assimilatorischen Entwicklung

die im selben aufklärerischen Geist 1806 begründete deutschsprachige Monatsschrift *Sulamith*. Ihr folgten weitere Neugründungen in den zwanziger und dreißiger Jahren, von denen die *Allgemeine Zeitung des Judenthums* (ab 1837) die stärkste Verbreitung fand, während andere mehr auf die Interessen einzelner jüdischer Richtungen oder auf Publikationen der »Wissenschaft des Judenthums« eingestellt waren. Letztere war vor allem durch die zwischen 1851/52 und 1939 erschienene *Monatsschrift für die Wissenschaft des Judenthums* vertreten, die mit dem Breslauer Seminar verbunden war.

Auch in den übrigen westlichen Ländern erschienen alsbald Periodica in der jeweiligen Landessprache. So in Frankreich seit 1840 die *Archives Israélites*, in England nach mehreren mißglückten Ansätzen 1841 bis 1848 *The Voice of Jacob* und von 1841 an die berühmte Zeitung *The Jewish Chronicle*.

Das Jüdisch-Deutsche wurde von den Aufklärern als Jargon verachtet und demgemäß nur widerwillig und in einer stark dem Schriftdeutschen angenäherten Form verwendet, um jene Kreise zu erreichen, die weder genug Hebräisch konnten noch eine lebende »Kultursprache« beherrschten. Alle Periodica dieser Richtung scheiterten jedoch innerhalb kurzer Zeit daran, daß die potentielle Leserschaft auf das germanisierte Jiddisch nicht ansprach.

Von 1844 an erschienen in Smyrna, Gibraltar (1843), Konstantinopel (1853) und Wien (1855) auch neue Zeitschriften in Ladino, die im Unterschied zu den Organen der europäischen Aufklärer in erster Linie der Nachrichtenvermittlung dienten. Dieser nüchterne, stark auf Handelsinteressen abgestimmte Zeitungstyp wurde seit der Mitte des Jahrhunderts durch zahlreiche Neugründungen vermehrt. Bis 1945 erschienen mehr als hundertsiebzig Periodica in dieser Sprache, davon viele freilich nur kurze Zeit. Gegen Ende des Jahrhunderts standen die Zeitschriften auch im Dienst der verschiedenen innerjüdischen Strömungen.

Im übrigen sah es gegen 1820 so aus, als sollte es jüdische Zeitschriften nur mehr in den jeweiligen Landessprachen geben. Die Zahl solcher Organe stieg gegen die Mitte des Jahrhunderts und danach sprunghaft an, wenngleich sich ein guter Teil davon nur für kurze Zeit halten konnte.

Der Aufschwung der hebräischen Presse

Im Verbreitungsgebiet der böhmisch-österreichisch-galizischen Aufklärung kam es 1821 zur Gründung neuer hebräischer Zeitschriften literarischen und jüdisch-wissenschaftlichen Charakters, so etwa die *Bikkure ha-ʿIttim (Erstlinge der Zeiten)*. In den dreißiger und vierziger Jahren folgte gut ein halbes Dutzend weiterer Organe dieser Art, schließlich auch wieder in anderen Regionen. Dadurch blieb das von den Aufklärern begründete Neuhebräische weiterhin in Gebrauch und wurde mehr und mehr auch für die Behandlung aktueller profaner Themen verwendungsfähig.

Nach den Revolutionen von 1848, während der Balkankrisen, vor allem aber zur Zeit des Krimkrieges wuchs auch unter den Juden Osteuropas das Bedürfnis nach Nachrichten. Dank des allmählich sich erweiternden Eisenbahnnetzes und der seit 1855 und vollends 1865 erfolgten — vorübergehenden — Milderung und Aufhebung der russischen Zensur waren die Voraussetzungen für eine entsprechend rasche und rentable Verbreitung von Zeitschriften gegeben, denn die jüdischen Leser Rußlands bildeten nun einmal den maßgeblichen Kundenkreis.

Noch vor der Aufhebung der strengen russischen Zensur erschien ab 1856 in Lyck an der ostpreußisch-russischen Grenze die Wochenzeitung *Ha-Maggid (Der Künder)*. In Odessa folgte 1860 *Ha-Meliṣ (Der Mittler)*, ebenfalls 1860 in Wilna *Ha-Karmel (Der Karmel)* und 1862 in Warschau *Ha-Zᵉfirah (Die Morgenröte)*, die besonders viel populär-wissenschaftliche Artikel brachte. Der Druck der russischen Zensur und die Rücksicht auf die traditionalistische Mehrheit der Leser erzwangen eine äußerst zurückhaltende Gestaltung des Inhalts.

Eine Ausnahme bildete die Monatsschrift *Ha-Šaḥar (Das Morgenrot)*, die Perez Smolenskin 1868 bis 1884 in Wien herausgab. Mit lebhaftem, journalistischem Stil und Engagement vertrat er eine zugleich antiassimilatorische, antireformjüdische und antiorthodoxe Linie, Vorläufer eines säkularen Nationalbewußtseins und Pionier einer modernisierten hebräischen Sprache. Wenig Echo fand hingegen der reformerisch gesinnte und die Wissenschaft des Judentums vertretende Josua Heschel Schorr (1818–1895) mit seinem *Hä-Ḥaluṣ (Der Pionier)*, der von 1852 bis 1889 in Lemberg und anderen Orten erschien.

Alle diese Zeitschriften dienten nicht zuletzt den neuhebräisch schreibenden jüdischen Schriftstellern als Publikationsorgane und sind daher engstens mit der Geschichte der neuhebräischen Literatur und Sprache verbunden. Sie bereiteten damit, überwiegend ungewollt, die Grundlage für ein neues jüdisches Selbstbewußtsein, das die Abkehr von den assimilatorischen und emanzipatorischen Tendenzen der Aufklärer einleitete. In den siebziger und achtziger Jahren schwenkten fast alle hebräischen Blätter – darunter nun auch schon Tageszeitungen – auf die neue nationaljüdische Linie ein, und das Hebräische wurde zur Sprache dieser schließlich »zionistischen« Bewegung.

Im Westen hingegen erschienen zu dieser Zeit hebräische Blätter fast nur für die orthodoxe Minderheit.

Das Wiedererscheinen jiddischer Blätter

Zur Zeit der Revolution von 1848 und danach waren auch wieder einige jiddische Nachrichtenblätter erschienen, so die

Zeitung und *Die jüdische Post* in Galizien. Dies entsprach einer tatsächlichen Nachfrage unter den breiteren Schichten, die mit dem Neuhebräischen nicht zurechtkamen, zu wenig Deutsch konnten und – ein damals noch weit verbreiteter Mangel – weder Polnisch noch etwa gar Russisch zu lesen verstanden. Selbst in jüdischen Aufklärerkreisen blieb die Kenntnis des Russischen noch lange eine Seltenheit, denn in Osteuropa setzte erst in den achtziger Jahren der Trend zur nationalen Assimilation ein.

Unter diesen Umständen rangen sich auch die Herausgeber einiger hebräischer Blätter zu Beilagen in jiddischer Sprache durch, und schließlich kamen auch rein jiddische Zeitschriften wieder auf den Markt. Zwischen 1868 und 1872 erschien ein Wochenblatt mit dem hebräischen Titel *Qol M^{e}baśśer (Stimme des Verkünders)*, ab 1863 auch die galizische *Zeitung* wieder, die dann mit dem *Wiener Israelit* fusionierte. 1867 kam die *Warschauer jüdische Zeitung* heraus und ab 1876 in Königsberg *Qol la-ʿAm (Die Volks-Stimme)*.

In diesem Fall verrechneten sich die Aufklärer gründlich. Das Jiddische wurde von den Lesern keineswegs als Behelfssprache für den Übergang zu Hebräisch oder Deutsch gewertet, sondern als ihre Sprache schlechthin, und in den folgenden Jahrzehnten erlebte das Jiddische in Presse und Literatur den Aufstieg zur Schriftsprache.

8. Jüdische Literatur und Wissenschaft

Die Sonderstellung des Deutschen

Mehr als ein volles Jahrhundert nahmen die deutsche Sprache und Literatur, aber auch die deutschsprachige Kultur insgesamt für das Bewußtsein der jüdischen Mehrheit eine Sonderstellung ein. Ein Grund dafür liegt in der schlichten Tatsache, daß die jüdische Aufklärungsbewegung eben zunächst von

Deutschland ausging und daß sich daher neben dem »klassischen« Hebräisch eben das Deutsche als nächstliegende »Kultursprache« zu erlernen empfahl.
An und für sich hätte das der deutschen Sprache bei den Juden aber nicht viel mehr Bedeutung verschafft als dem Französischen, Englischen, Italienischen oder Niederländischen – Sprachen, die sich die Juden in den betreffenden Ländern nicht minder frühzeitig, aber weniger programmatisch und daher ohne viel Aufhebens angeeignet hatten. Entscheidend für die unterschiedliche Wertung wurde das osteuropäische Judentum. Es war seit dem späten Mittelalter parallel zur deutschen Ostsiedlung im Sinn einer Kolonisationsbewegung in die slawischen Gebiete eingewandert und hatte dort nur verhältnismäßig schwache Beziehungen zu den slawischen Sprachen und Kulturen entwickelt. Es behielt die alte jüdisch-deutsche Umgangssprache bei, die weiterhin den unmittelbaren Zusammenhalt mit den mitteleuropäischen Aschkenasim garantierte. Obwohl sich dieser Dialekt mehr und mehr als eigene Sprache profilierte, ermöglichte er im Alltag eine ausreichende Verständigung mit Deutschsprachigen, während Polnisch- oder Russischkenntnisse selten waren. Außerdem diente Deutsch in vielen gemischtsprachigen Gebieten Osteuropas und innerhalb der Habsburger Monarchie ohnedies als eine Art *lingua franca*.
Diese Umstände und ein gewisses aus der Kolonisationszeit überkommenes Überlegenheitsgefühl gegenüber der slawischen Umwelt ließ das Deutsche von vornhinein als die nächstliegende Kultursprache schlechthin erscheinen.
Die osteuropäische jüdische Aufklärung war daher folgerichtig auf Neuhebräisch und Schriftdeutsch als die beiden Hauptsprachen eingeschworen. Assimilationsfreudige Ostjuden lernten zu jener Zeit eben nicht Polnisch oder Russisch, sondern Deutsch und fanden ihre Fortbildung und ihr weiteres berufliches Fortkommen vor allem im Westen, so daß sich das intellektuelle Potential des deutschsprachigen Judentums durch

einen steten Zustrom ostjüdischer Elite vervielfachen konnte. Auf diese Weise und außerdem durch die Abwanderung deutschsprachiger Juden nach Westen und Übersee im Lauf des neunzehnten Jahrhunderts wurde Deutsch beinahe zur Weltsprache des Judentums. Gefördert wurde dieser Trend durch die deutschsprachige »Wissenschaft des Judentums«, die einen beträchtlichen Teil der bis heute maßgebenden Pionier- und Standardwerke zur Erforschung der jüdischen Geschichte, Literatur, Religion und Kultur überhaupt hervorgebracht hat. Es ist eine Ironie der Geschichte, daß in derselben Zeit der aufkommende deutsche Nationalismus mit seiner völkisch-rassistischen Exklusivität die Weichen für eine gegenläufige Entwicklung stellte und der deutschen Sprache einen nicht geringen Teil ihrer damaligen Universalität als Kultur- und Weltsprache wieder nahm.

Die »Wissenschaft des Judentums« in Mittel- und Westeuropa

Als in Deutschland die kulturelle und nationale Assimilation als Folge der Aufklärung und der ersten Emanzipationsmaßnahmen Formen annahm, die praktisch einer Übertrittsbewegung zum Christentum gleichkamen, und zugleich der moderne Antisemitismus seine ersten Auswüchse zeitigte, suchten gebildete Juden das jüdische Selbstbewußtsein durch den Aufweis der historisch-weltanschaulichen Leistungen und Werte des Judentums zu erneuern, ohne die positiven Errungenschaften der Aufklärungszeit preiszugeben. Daher übernahmen sie auch die Methoden der damaligen deutschen Zweige der historischen und philologischen Wissenschaften.

Nach einem programmatischen Aufsatz von Leopold Zunz im Jahr 1818 *(Etwas über die rabbinische Literatur)* fand sich 1819 ein Kreis von Gleichgesinnten im *Verein für Cultur und Wissenschaft des Judentums* zusammen, für den 1822/23 Zunz die *Zeitschrift für die Wissenschaft des Judentums* herausgab. Es ging dabei also nicht um bloße Forschung und Publikation, nicht nur um die Wissenschaft *vom* Judentum, sondern um die »Wissenschaft *des* Judentums«, ausgehend von einer ganz bestimmten weltanschaulichen Sicht und mit entsprechender innerjüdischer Zielsetzung, zunächst – und auch zum Teil später – nicht speziell auf die Ausbildung der Rabbiner bezogen.

Man versprach sich – im Bann des herrschenden Fortschrittsglaubens – von der »Wissenschaft« geradezu Wunder. Noch 1852, als bereits jede innerjüdische Gruppierung die neue Wissenschaft sich zunutze machte, schrieb Wolf Landau im ersten Band der – konservativen! – *Monatsschrift für die Wissenschaft des Judentums*, daß die Unwissenheit über das Judentum das schlimmste Übel unter den Juden und daher »die Wissenschaft das einzige Regenerationsmittel des Judenthums« sei, ja sogar »die einzige Berechtigung für das Dasein des Judenthums als Volk« vermittle. »Was die Griechen für die Kunst, die Römer für den Staat waren, das waren und sollen die Juden sein für die ideale Erhebung aus dem Irdischen zum Geist, aus der Schöpfung zum Schöpfer, aus dem Concreten zum Abstracten.«

Abgesehen von der Wissenschaftsgläubigkeit und dem gemeinsamen apologetischen Anliegen war jedoch von einer einheitlichen Ideologie keine Rede mehr.

Leopold Zunz (1794–1886), der zunächst als Prediger und mit seinem bahnbrechenden Werk *Die gottesdienstlichen Vorträge der Juden* von 1823 noch die aufkeimende Reformbewegung unterstützt hatte, hätte später die Disziplin lieber an einer Universität und frei von parteilichen Bindungen oder Rabbinatserfordernissen gesehen; er nahm auch keine Stelle an einer der neuen Rabbinerausbildungsstätten an, obschon er für seinen Lebensunterhalt auf wechselnde Tätigkeiten angewiesen war. Seine Forschungen auf den Gebieten der synagogalen Liturgiegeschichte und der hebräischen Poesie eröffne-

ten nicht nur neue Einsichten, sondern erschlossen durch Sichtung, Sammlung und Auswertung handschriftlichen Materials zukunftweisende Arbeitsgebiete und Methoden.
Die Bibliographie der handschriftlichen und gedruckten Quellen wurde dann auch zu einem der wichtigsten Zweige der Disziplin, meisterhaft und mit ungeheurem Fleiß vertreten durch Moritz Steinschneider (1816—1907), der sich an gar keine innerjüdische Strömung binden mochte.
Abraham Geiger (1810—1874) hingegen sah in seiner wissenschaftlichen Tätigkeit eine Komponente seiner Bemühungen um eine weitreichende religiöse Reform. Textkritische Forschung und der Aufweis historischer Entwicklungsprozesse und Bedingungen sollten nicht zuletzt die von seiner Reformbewegung ausgehenden Änderungen rechtfertigen.
Der Begründer des Breslauer Seminars, Zacharias Frankel (1801—1875), verfolgte von 1845 an eine von Geiger abweichende konservativ-liberale Linie. Die Wissenschaft des Judentums sollte für ihn nicht zuletzt dem Nachweis des im Wandel der Zeiten bleibenden Substrats des Judentums dienen und die innere und oft eben unverzichtbare Funktion vieler »äußerlich« und historisch bedingt erscheinender Traditionen für die Erhaltung dieses Substrats zeigen. Minuziöse Einzelforschungen, vor allem aber die Darstellung der Geschichte der Tradition auf einer festen theologisch-weltanschaulichen Basis kennzeichnen seine Arbeit. Um seine Analyse der Mischna, *Darke ha-Mišnah (Wege der Mischna)* entbrannte eine heftige Kontroverse zwischen Konservativen und Orthodoxen.
Neben der Bibliographie und der auf ihr aufbauenden literaturgeschichtlichen Arbeit dominiert in der »Wissenschaft des Judentums« die Geschichtsschreibung. Nach den ersten größeren Versuchen durch Isaak Marcus Jost (1793—1860) schuf Heinrich Graetz (1817—1891), ein Parteigänger Zacharias Frankels, mit der ab 1853 erschienenen elfbändigen *Geschichte der Juden* das für lange Zeit maßgebende Standardwerk.

Erklärt sich der Vorrang der Geschichtsschreibung zum Teil auch als Reaktion auf die gängige Behauptung von der angeblichen »Geschichtslosigkeit« des Judentums, so das Interesse an philosophiegeschichtlichen jüdischen Themen aus dem Bemühen, die rational-philosophische Komponente an der jüdischen Religions- und Geistesgeschichte als die ihrem »Wesen« am nächsten stehende aufzuweisen. Die außerordentliche Hochschätzung für das religionsphilosophische Werk *Führer der Verwirrten* des Maimonides (gestorben 1204), die mit der Aufklärung einsetzte, kennzeichnet das westliche Judentum dieser Zeit fast insgesamt – in Osteuropa freilich nur die Aufklärer, stellte die Lektüre dieses Werkes doch für manchen rabbinischen Schüler den ersten Schritt zu weitergehendem profanem Bildungsstreben dar.

Der Pionier auf dem Gebiet philosophiegeschichtlicher Erforschung des Judentums war der aus Schlesien stammende, aber an der Pariser *Bibliothèque National* arbeitende und französisch schreibende Salomo Munk (1803–1867). Er publizierte 1856 bis 1866 in drei Bänden *(Le Guide des Égarés)* den arabischen Text des *Führers der Verwirrten* von Maimonides mit französischer Übersetzung und Kommentar und identifizierte den sagenhaften »Scholastiker« Avicebron mit Salomo ibn Gabirol (*Mélanges de philosophie juive et arabe*, 1857 bis 1859).

Aus einer sefardischen Familie stammte Joseph Salvador (1796–1873), ein Arzt, der sich der Erforschung des Judentums zur Zeit Jesu annahm und dabei die Kirchengeschichte nach aufklärerischen Gesichtspunkten so kritisch darstellte, daß man in Rom zwei seiner Werke auf den Index der verbotenen Bücher setzte (*Jésus-Christ et sa doctrine*, 1838; *Paris, Rome, Jérusalem*, 1859).

Joseph Naphtali Derenbourg (1811–1895) hat sich insbesondere als Orientalist einen Namen gemacht und in dieser Eigenschaft auch zahlreiche Beiträge zur Erforschung des mittelalterlichen Judentums geleistet.

Jüdische Wissenschaft in Italien und Osteuropa

Dominierte in der eben beschriebenen »Wissenschaft des Judentums« die deutsche Sprache, so unter osteuropäischen Erforschern des Judentums das Hebräische. Vereinzelt hat man zwar auch in Deutschland noch hebräische Schriften verfaßt — Frankel etwa tat dies und selbst Abraham Geiger gelegentlich —, und die Beziehungen zwischen den Gelehrten der verschiedenen Regionen waren allen Unterschieden zum Trotz recht rege.

Auf diese Weise wirkten auch die italienisch-jüdischen Forscher mit ihren hebräischen Werken auf die Kollegen in Deutschland und Osteuropa ein, vor allem Samuel David Luzzatto (1800—1865), der sich als Bibelwissenschaftler, Handschriftenforscher und, wie Zunz, als Spezialist für Liturgiegeschichte und hebräische Dichtung bleibenden Nachruhm erworben hat.

Die Verbindung zu den Gelehrten Böhmens und Galiziens war durch den politischen Rahmen der Habsburger Monarchie und durch die ideologische Nähe zwischen den Aufklärungsbewegungen dieser Gebiete besonders lebhaft. Man distanzierte sich von den radikalen Reformbestrebungen und von den allzu kritisch-wissenschaftlichen Methoden im deutschen Judentum und suchte einen die Extreme vermeidenden Mittelweg, was zu engen Beziehungen zur konservativen Richtung Frankels (Breslauer Seminar) geführt hat.

Die frühesten Autoren aus Galizien gehören zu den ersten Vertretern einer wissenschaftlichen Erforschung des Judentums überhaupt. Zunz zum Beispiel stand bereits unter dem Einfluß von Salomo Jehuda Rapoport (1790—1867, zuletzt in Prag), der sich — auch deutsch publizierend — in der Erforschung der talmudisch-rabbinischen Literatur verdient gemacht hat und einige grundlegende biographische Studien schrieb, sowie den ersten Band einer hebräischen Enzyklopädie (*ʿAräk millim*) erstellte.

Demgegenüber enthält die von Nachman Krochmal (1785 bis 1840) ab 1830 verfaßte, aber erst 1851 erschienene Schriftensammlung *Moreh N^{e}buke ha-Z^{e}man (Führer der Verwirrten der Zeit)* außer Studien über die Geschichte der literarischen Traditionen vor allem theologisch-philosophische Abhandlungen. Sie trugen dennoch nicht wenig zur Einführung der gemäßigten Aufklärung und Wissenschaft vom Judentum im übrigen Osteuropa bei. Aber der wissenschaftliche Ertrag war dort zunächst weit geringer als der Wille zu tendenziöser Schriftstellerei. Isaak Baer Levinsohn (1788–1860) schrieb unter dem Einfluß der galizischen Aufklärung mehrere größere Werke von ausgesprochen apologetischem Charakter.
Mit der Tätigkeit dieser und weiterer Autoren ist der genannte Aufschwung der hebräischen Zeitschriften, die Weiterentwicklung der neuhebräischen Sprache und insofern auch der neuhebräischen Literatur eng verbunden.

Die frühe neuhebräische Belletristik

Mit der jüdischen Aufklärung und ihren Bemühungen um eine hebräische Sprache nach »klassischem«, biblischem Vorbild entstanden auch die ersten Zeugnisse der neuhebräischen Schönen Literatur. Sie erschienen zu einem guten Teil zuerst in den eben genannten Zeitschriften.
Der erste Schriftsteller dieser Art war der Aufklärer Naphtali Herz Wessely (1725–1805). Seine ab 1789 erschienenen *Širê tif'ärät (Gesänge der Herrlichkeit)*, eine langatmige epische Dichtung in Alexandrinern über das Leben des Mose, hat ihn in den Augen der nächsten Generation zum großen Klassiker der neuhebräischen Poesie gestempelt und zahlreiche Nachahmer gefunden.
Abgesehen von poetisch-epischen Bearbeitungen biblischer Themen dominierte in der ersten Zeit die Vorliebe für Epigramme, Spruchgut und Fabeln, die oft auch nur gesammelt

und übersetzt wurden und zum Teil aus der hebräischen Literatur des Mittelalters geschöpft waren. Daneben nahmen Übersetzungen aus anderen Sprachen breiten Raum ein.

Anders als die gekünstelt klingenden Schöpfungen der jüdischen Aufklärer Deutschlands verraten die Werke der hebräischen Autoren Italiens die Kontinuität der dortigen literarischen Tradition und insofern größere Gewandtheit und Lebensnähe. Der Übergang von der Periode Mose Chajjim Luzzattos zu den Schriftstellern des neunzehnten Jahrhunderts ist fließend, da sein Vorbild weiterwirkte, auch über Italien hinaus.

Im böhmisch-österreichisch-galizischen Raum haben wie in der Aufklärungsbewegung die aus Deutschland und Italien kommenden Impulse zu neuen Ansätzen geführt. Hier entwickelte Mendel Lefin (auch Levin, 1749–1826) einen Prosastil, der die strenge Orientierung am biblischen Hebräisch verließ und so den Weg zu einer lebendigeren Sprache freimachte. In Wien wirkte Schalom Cohen (1772–1845) als Herausgeber der Zeitschrift *Bikkure ha-ʿIttim* und als Autor.

Neue Wege beschritt in Galizien Josef Perl (1773–1839) mit seinen Werken *Megalleh Ṭᵉmirin* (*Offenbarer von Verborgenem,* 1819) und *Boḥen Ṣaddiq* (*Des »Gerechten« Prüfung,* 1825). Sie persiflieren Sprache, Gewohnheiten und Glauben der Chasidim und zeichnen insbesondere ein polemisch-satirisches Bild vom chasidischen *ṣaddiq* (»Gerechten«), zugleich die ostjüdische Szene insgesamt in dieser Weise aufs Korn nehmend. Damit war zum erstenmal die soziale und religiöse Problematik des Ostjudentums zum Gegenstand der neuen Literatur geworden.

Ihm folgte unter anderen thematisch – freilich nicht sprachlich und stilistisch – Isaak Erter (1791–1851), Exponent eines wieder rein biblizistischen, feierlichen Hebräisch. Seine fünf Satiren aus der Zeit zwischen 1823 und 1851 erschienen gesammelt 1858 unter dem Titel *Ha-Ṣofäh lᵉBet Jiśraʾel* (*Der Wächter Israels*).

Eine stärkere Gruppe früher Autoren wirkte in Litauen und Rußland. Adam Lebensohn (1794—1878) folgte noch weitgehend der didaktisch-moralischen Linie der Berliner Aufklärung und ihrem gekünstelten biblizistischen Stil und fand wenig Echo. Anders sein jung verstorbener Sohn Micha Joseph Lebensohn (1828—1852). In Deutschland gebildet und unter romantischem Einfluß stehend, wurde er der erste neuhebräische Lyriker von Format.

Wieder aktuellen Problemen zugewandt schrieb Jehudah Lejb Gordon (1831—1892), ein Pionier der hebräischen Presse und einer »realistischen« Aufklärung sowie einer der vielseitigsten Autoren des Jahrhunderts in Osteuropa. Zur selben Zeit löste Abraham Mapu (1808—1867) mit seinen Romanen über biblische Schicksale und Lebensumstände eine scheinbar romantische Welle aus (*'Ah^{a}bat Ṣijjon — Zionsliebe*, 1853; *'Ašmat Šomron — Samarias Schuld*, 1865). Tatsächlich wirkten sie aber revolutionierend, denn seine Beschreibung eines »normalen« menschlichen Daseins in biblischer — und somit vorbildlicher — Zeit stand in grellem Gegensatz zu den ostjüdischen Lebensformen und deren religiös-traditionalistischer Verbrämung. Folgerichtig bekämpften Orthodoxe und Chasidim seine Werke mit Ingrimm. Nicht in dem Maß gelungen und erfolgreich war *ʿAjiṭ ṣabu^{ac}* (*Der bunte Geier*, 1857 bis 1864), ein unmittelbar zeitkritischer Roman, dessen Realismus aber Nacheiferer fand.

Der engagierte Journalist Perez Smolenskin (1840—1885), Herausgeber der Monatsschrift *Ha-Šaḥar (Das Morgenrot)*, schuf 1868 bis 1870 den zweiten großen Roman dieser Art *Ha-Toʿäh b^{e}darke-Ḥajjim (Irrender auf Lebenswegen)*. Der Roman handelt vom Schicksal eines russischen Juden, dessen Lebensweg durch die ostjüdische Welt in den Westen führt; die aufklärerische Tendenz des Werkes kommt in langatmigen Ausführungen und Überlegungen grundsätzlicher Art stark zur Geltung, was den Lauf der Handlung nicht selten stört.

Alles in allem stand diese Literatur zu Beginn der achtziger

Jahre vor demselben Dilemma wie die osteuropäische *haś-kalah*: Ihre Ziele wurden nur teilweise erreicht, ihr Leserpublikum blieb beschränkt, weil die jiddisch-sprechende Masse das Hebräische nicht las, und die optimistische Ideologie der Aufklärung, von der die Werke dieser Zeit erfüllt waren, zerbrach an der Realität der antisemitischen Ausschreitungen von 1881/82. Diese Krise traf indes nur noch Tendenz und Darstellungsart; das Neuhebräische als Literatursprache hingegen war nicht mehr ernsthaft gefährdet.

Drittes Kapitel

VON DEN POGROMEN ZUR KATASTROPHE (1880 bis 1945/48)

1. Unter dem Eindruck des modernen Antisemitismus

Nachdem begreiflicherweise liberale, demokratische Bewegungen das Anliegen der assimilations- und emanzipationswilligen Juden jeweils mit vertraten, konnte jede Krise des demokratischen Systems auch eine Gefährdung der Gleichberechtigung nach sich ziehen.

Nun richtete sich eine solche Gegenbewegung selten bloß gegen jene innerjüdische Gruppe, die tatsächlich auf der politischen Gegenseite stand, sondern zumeist gegen »die Juden« insgesamt. Jede der vielen innerjüdischen Strömungen stieß in irgendwelchen Belangen auch auf Widerstände und Interessen in der Umwelt, die ihrerseits unterschiedlich motiviert waren, von alten religiösen Vorurteilen über konkrete soziale Interessen bis zu abstrusen Blut- und Rassenspekulationen.

Für alles und jedes konnte so ein jüdischer Sündenbock gefunden werden, und Probleme und Konflikte gab es ja tatsächlich zur Genüge, vor allem in Osteuropa. Aber sie wurden nicht in ihren Bedingungen und Ursachen erforscht und durchschaut; nur die Symptome wurden eifrig und übertrieben registriert und mit emotional grell gefärbten Aussagen »den Juden« allgemein angelastet, wobei das ganze Arsenal der traditionellen antijüdischen Polemik zum Zug kam.

Einzelbeobachtungen wurden auf die selbstverständlichste Weise verallgemeinert, wobei die wenigsten merkten, wie unsinnig es war, dem Judentum schlechthin zugleich die widersprüchlichsten Dinge vorzuwerfen: den hartnäckigen Traditionalismus der streng orthodoxen Juden und die aufklärerisch-liberale Haltung des Reformjudentums, die Unwissenschaftlichkeit der Traditionalisten und die kritische Behandlung jüdischer und christlicher Überlieferungen durch moderne jüdische Forscher, die Beteiligung von Juden an bürgerlichen, demokratisch-liberalen Bewegungen, an radikalen politischen Gruppierungen, und beides zugleich mit dem Vorwurf gegen die Orthodoxie, weiterhin einen »Staat im Staat« bilden zu wollen; den Reichtum erfolgreicher jüdischer Unternehmer und zugleich die Armut der ostjüdischen Massen, Kapitalismus und Bolschewismus, Nationalismus und Internationalismus; paradox war es auch, die angebliche Unfähigkeit zu manchen Berufszweigen zu behaupten und gleichzeitig jüdische Leistungen auf jedem Gebiet zu beneiden.

Aber da man nun einmal gewohnt war, vom heilsgeschichtlichen Denken des Christentums her das Judentum als verworfenes Gottesvolk zu betrachten und alles Unglück, das den Juden begegnete, als wohlverdiente göttliche Züchtigung zu verstehen, fehlte den meisten Nichtjuden jedes Gefühl dafür, mit solchen Urteilen etwas Verrücktes oder gar Verbrecherisches zu vollziehen. Es war nicht zuletzt dieser moralische Freiraum im christlichen Gewissen, der die verhängnisvolle Wirkung des modernen Antisemitismus ermöglichen sollte, denn die jüdische Minderheit bot sich als ein Sündenbock an, den man ohne Gewissensbisse für alles und jedes verantwortlich machen konnte.

Seit den achtziger Jahren des vorigen Jahrhunderts wurde die Wirksamkeit dieses Umstandes für politische Propaganda und für innenpolitische Ablenkungsmanöver immer häufiger wahrgenommen und ausgenützt und damit eine Atmosphäre geschaffen, die einen grundlegenden Wandel innerhalb des Ju-

dentums einleitete. Dieser konnte allerdings nicht mehr verhindern, daß etwa ein Drittel der Juden während der nationalsozialistischen Herrschaft zugrunde ging.
Der moderne Antisemitismus hat demnach auch die demographische Situation des Judentums entscheidend verändert, teils durch die ausgelösten Wanderbewegungen, teils durch geplante Ausrottung in ganzen Regionen.

Die russischen Pogrome

Nach der Ermordung des Zaren Alexander II. am 13. März 1881 verbreitete sich das Gerücht, es habe sich um einen jüdischen Anschlag gehandelt. Daher wurden auch die revolutionären Aktionen in diesem Zusammenhang in der öffentlichen Meinung »den Juden« angelastet. Den staatlichen Behörden war diese Ablenkung von den eigentlichen innenpolitischen und sozialen Miseren nur recht, und so konnten judenfeindliche Pöbelhaufen ungehindert an mehreren Orten gewaltsame Ausschreitungen gegen Juden begehen.
Solche »Pogrome« wiederholten sich in den folgenden Jahrzehnten wellenweise, vor allem um 1905 und dann noch einmal während der Revolutionswirren 1917 bis 1921. Von 1882 an suchte die russische Regierung außerdem die frühere Assimilationspolitik rückgängig zu machen und Juden aus den mittlerweile erreichten Positionen zu verdrängen; damit stieß man die bisher mit der Regierung kooperierende jüdische Aufklärungsbewegung brüsk vor den Kopf.

Antisemitische Politik in Mitteleuropa

Mit der Wirtschaftskrise der siebziger Jahre im Deutschen Reich und mit dem Aufflackern des Nationalitätenstreites in der Habsburger Monarchie entstanden politische Gruppierungen, die mehr oder weniger programmatisch antisemitische Parolen vertraten und die Ergebnisse der Assimilation und Emanzipation aufzuheben versprachen. In beiden Reichen boten soziale Mißstände gewisse Anknüpfungspunkte, die mit dem Andrang ostjüdischer Zuwanderer noch größere Bedeutung erhielten, vor allem nach 1880, als viele Juden wegen der Pogrome aus Rußland in den Westen zogen, wenn auch meist nur vorübergehend auf dem Weg nach Übersee.

Die eigentliche, zunächst kaum erkannte Gefahr kam aber von jenen Gruppen, die aufgrund romantischer und vulgärdarwinistischer Vorstellungen mit der kleindeutschen Lösung nicht einverstanden waren, sondern eine »germanische« Nation postulierten. Es war vorerst nicht so sehr das politische Gewicht dieser Kreise als vielmehr eben ihre Ideologie der »Nation«, die unmittelbare Wirkungen zeitigte, da mit ihr alle Juden, ob assimiliert oder nicht, ob orthodox oder gar getauft, als rassischer Fremdkörper betrachtet wurden.

Politisch akut wurden diese völkischen Ansichten nach dem Ersten Weltkrieg durch den Aufstieg der nationalsozialistischen Bewegung, und mit den Nürnberger Rassengesetzen erhielten sie auch rechtliche Bedeutung. Verhängnisvoll war, daß die Gefahren aus dieser Richtung weithin unterschätzt wurden, weil teilweise eine seltsame Zwiespältigkeit herrschte. Im Deutschen Reich gab es vor dem Ersten Weltkrieg noch relativ viele Benachteiligungen von Juden im öffentlichen Dienst, aber bei weitem nicht so viel ideologische Abstrusitäten wie unter den Deutschnationalen in Österreich, wo andererseits die Monarchie und die Zweite Republik – selbst noch das autoritäre Dollfuß-Schuschnigg-Regime – die Emanzipationspolitik konsequent weiterverfolgten. In dieser Hinsicht bestand also eine gewisse Spannung zwischen offizieller staatlicher Haltung und Volksstimmung.

Es lag demnach nahe, in Deutschland die ideologische Auswirkung des Antisemitismus zu unterschätzen und in Österreich die Schutzfunktion des ohnehin krisenreichen Staates zu überschätzen. Die rechtlichen Konsequenzen kamen allerdings in Deutschland eher zur Sprache, weil mit der Bismarckschen Reichsgründung die Definition des deutschen Reichsbürgers notwendig wurde und mit dem romantisch-rassistischen Begriff von der Nation zu kollidieren begann. Das deutsche Judentum sah sich daher genötigt, sein Deutschtum ganz besonders auszuweisen, während im Habsburger Reich eher eine überdurchschnittliche Orientierung an der Krone zu beobachten ist, die durchaus auch mit gewissen nationaljüdischen Tendenzen vereinbar war.

Aufgrund dieser Voraussetzungen blieben gerade die Juden in Deutschland gegenüber der national-jüdischen Bewegung vergleichsweise reserviert und gegenüber der nationalsozialistischen Gefahr viel zu vertrauensselig. Die Bemühungen jüdischer Vereine, der antisemitischen Propaganda durch Aufklärung über das Judentum entgegenzuwirken, hatten nur begrenzte Erfolge, unter anderem auch wegen der widersprüchlichen innerjüdischen Tendenzen. Erst die konkrete Bedrohung unter der NS-Herrschaft überzeugte viele davon, daß die bisherigen Wege nicht zum erhofften Ziel geführt hatten.

Die Dreyfus-Affäre und ihre Folgen

Auch in Frankreich brandete nach 1871 eine antiliberale Woge auf, die zugleich Assimilation und Emanzipation der Juden bedrohte. Während zunächst vor allem die Freimaurer in das Zielfeld der Angriffe gerieten und mit angeblichen jüdischen Weltherrschaftsplänen in Verbindung gebracht wurden, konzentrierten sich die Animositäten auf eine Personalaffäre der Armee.

Hauptmann Alfred Dreyfus (1859–1935) vom Generalstab wurde 1884 zu Unrecht beschuldigt, in einen Spionagefall verwickelt zu sein, und verurteilt. Der Prozeß und der langwierige Kampf um die Rehabilitierung brachte eine solche Fülle hartnäckiger judenfeindlicher Vorurteile und Verhaltensweisen zutage, daß die Affäre für das jüdische Bewußtsein ungefähr ähnliche Wirkungen hatte wie die Pogrome von 1881 und 1882 im russischen Judentum.

Bekanntlich faßte Theodor Herzl, als Berichterstatter beim Dreyfus-Prozeß anwesend, damals den Entschluß, für einen eigenen Judenstaat einzutreten. Damit begann im Westen der nationaljüdische Gedanke, der in Osteuropa bereits Fuß gefaßt hatte, ebenfalls ernstgenommen zu werden.

Die neuen Formen und Ausbrüche der Judenfeindschaft haben in den achtziger Jahren in Osteuropa und mehr und mehr auch in Westeuropa die Frage aufgeworfen, ob man sich durch Assimilation tatsächlich von der bisherigen Außenseiterrolle in Gesellschaft und Recht befreien könne und ob die Emanzipation durch die Regierung wirklich zu einer endgültigen Gleichberechtigung führen werde. Unter dem Eindruck der Pogrome und des Dreyfus-Prozesses verneinten immer mehr Juden diese Fragen.

Die unmittelbaren Folgen waren unterschiedlich. In Rußland und Polen wurde nun auch die Forderung nach nationaler Assimilation gestellt und diese im Grunde erst dann als vollständig angesehen, wenn auch der Übertritt zur herrschenden Religion vollzogen war. Manche Juden gingen diesen Weg. Im Westen begann aber der völkisch-rassistische Antisemitismus diese Möglichkeit bereits auszuschließen. Andere verließen einfach ihre Heimat und wanderten aus, vor allem nach Übersee.

Unter ihnen wie unter den Zurückgebliebenen gab es einige, die sowohl in der eigenen herkömmlichen Ordnung wie in der herrschenden staatlich-gesellschaftlichen Ordnung ein unüberwindbares Hindernis für jede gründliche Lösung der »Judenfrage« sahen. Sie suchten bei sozialistischen und anarchistischen Bewegungen eine bessere Zukunft.

Und schließlich gab es immer mehr solche, die in der bisherigen Assimilationsbewegung eine unwürdige Selbstpreisgabe und Anbiederung erblickten, eine Neubesinnung auf die jüdische Eigenart forderten und die Emanzipation nicht einfach mehr dem mehr oder weniger guten Willen nichtjüdischer Regierungen und Behörden überlassen wollten. Jahrhundertelang war das Judentum im christlichen Raum politisch fast paralysiert gewesen; nun begann sich ein neues, zum Teil auch trotzig-stolzes Selbstbewußtsein auszubilden, das indes in seinen tatsächlichen Wirkungen und Ausprägungen durch eine Vielzahl von Faktoren aus innerjüdischen wie außerjüdischen Bereichen bestimmt und umgeformt worden ist.

2. Bevölkerungsbewegung und Sozialstruktur

Gesamtzahl der Juden in der Welt

1820/25	1900	1939	1948	1967
3 281 000	10 602 000	16 724 000	11 373 000	13 837 000

Die Zahlen in der obigen Tabelle zeigen außer den schweren Verlusten in der Zeit der NS-Herrschaft zwei Perioden mit besonders kräftigem Wachstum, nämlich zwischen 1900 und 1939 und dann wieder nach der Gründung des Staates Israel. Aber die Zunahme in dieser letzten Periode ist vergleichsweise gering; sie entspricht etwa dem Bevölkerungswachstum in der Tschechoslowakei. Das rapide Wachstum des Ostjudentums hat sich also unter den neuen Lebensbedingungen in Amerika und Israel nicht fortgesetzt, die Geburtenrate sank mit der »Normalisierung« der Verhältnisse im Sinn westlicher Zivilisation.

Neue Schwerpunkte

	1820/25	1880	1900	1914	1939	1948	1967
Osteuropa	2 248		7 526		8 170	2 700	2 800
USA	8	250	1 000	3 000	4 975	5 000	5 870
Palästina/Israel	45		78		475	750	2 463
Frankreich	50		115		260	235	535
Großbritannien	20		200		300	345	410
Niederlande	45		104		112	28	30
Deutschland	223		520		(1933) 504	ca. 153	30
Nordafrika	20		300		530	590	63
Argentinien			30		ca. 280	360	500
Süd-Afrika			40		90	100	115

* Nach: »Encyclopaedia Judaica«, Bd. 13, Jerusalem 1971, S. 889 bis 896; Zahlen in Tausend.

Während Osteuropas Judentum zwischen 1900 und 1939 vergleichsweise wenig anwuchs, weil die Abwanderung so umfangreich war, stieg die Zahl der Juden in den USA durch Einwanderungen sprunghaft an, wovon zu einem Teil auch England – als Sprungbrett nach Übersee – in gewissen Grenzen betroffen war. Prozentual noch viel höher liegt die Einwanderungsrate in Palästina. Die Zahlen für Deutschland trügen etwas, da 1933 im Vergleich zu 1900 gewisse Gebiete wegfallen; doch hatte sich in den zwanziger Jahren auch schon die Abwanderung bemerkbar gemacht. Die Zahl für 1948 enthält auch die osteuropäischen *displaced persons*.

Im großen und ganzen heben sich deutlich die drei erstgenannten Gebiete als Hauptzentren ab, doch mit bemerkenswerten Unterschieden. Die USA und die Sowjetunion sind im Vergleich zu Palästina/Israel weite Diasporagebiete, aber die Sowjetführung hat gerade auch ihre Juden energisch von der Außenwelt abgeschnürt, so daß sie keinen aktiven Anteil an der gesamtjüdischen Entwicklung nehmen konnten. So ergaben sich die USA und Palästina/Israel als die beiden entscheidenden Brennpunkte.

Soziale Grundstrukturen

Die soziale Struktur des Judentums variierte selbstverständlich je nach den Voraussetzungen in den einzelnen Ländern. Im großen und ganzen blieb auch jetzt noch die vom alten Bildungsideal her geprägte, aber säkular modifizierte Tendenz zur geistigen Bildung vorherrschend; das heißt, daß Juden verhältnismäßig gern eine akademisch-wissenschaftliche Ausbildung anstrebten, sehr häufig immer noch autodidaktisch und unter großen Opfern. Die berufliche Verwertbarkeit war allerdings beschränkt, da die Emanzipation offiziell oder inoffiziell bei weitem noch keine Gleichberechtigung garantierte.

Die Folge war eine stärkere Konzentration auf freie akademische Berufe, etwa den Beruf als Arzt oder Rechtsanwalt. Im ganzen handelte es sich dabei zwar um einen vergleichsweise hohen prozentualen Anteil, aber praktisch um eine gar nicht so zahlreiche Oberschicht. Stärker ins Gewicht fiel die jüdische Unternehmerschaft in Handel, Industrie und Gewerbe. Dabei geht es weniger um die großen jüdischen Bankhäuser, denn sie können keineswegs als jüdisches Merkmal gelten, sondern um die Schicht mittlerer und kleiner Unternehmer, die in manchen Branchen tatsächlich konzentriert auftrat. Nach wie vor dominierte der Handel, und dabei wiederum insbesondere der Textilienhandel, der eng mit der Textilindustrie verbunden war, und in Osteuropa auch der Handel mit Agrarprodukten.

Ein gewisser Teil der breiten jüdischen Bevölkerungsschichten fand im Rahmen solcher jüdischen Unternehmen sein Auskommen, doch bei weitem nicht alle Juden. Eine ziemlich breite Schicht in den großen Diasporaregionen – Osteuropa und USA – war auf nichtjüdische Arbeitgeber angewiesen und erreichte nicht den allgemeinen Lebensstandard. Die neuen, selbstbewußten jüdischen Richtungen und Organisationen, die seit 1880 eine Behebung dieser Mißstände anstrebten, sorgten

denn auch durch den Aufbau eines entsprechend berufsgerechten Ausbildungswesens für eine langsame Änderung. Dieser Prozeß wurde in Osteuropa zunächst 1917 durch die russische Revolution und in Polen durch die nationalsozialistischen Verfolgungen abgebrochen, in den USA durch die dortige Entwicklung zur Mittelstandsklasse weithin überholt.
Unter dem Eindruck des Antisemitismus erreichte die zionistische Bewegung in intensiven Bemühungen eine teilweise Umstrukturierung, und zwar vor allem in Palästina/Israel selbst, wobei freilich die Not der Stunde nicht unwesentlich nachhalf: Man hatte oft gar keine andere Wahl, als die Beschäftigung anzunehmen, die sich gerade bot oder erforderlich war.
Daraus geht hervor, daß die soziale Problematik zweifacher Natur, ja widersprüchlich war: Einerseits gab es Länder, in denen die Juden vorwiegend der geistigen und wirtschaftlichen Mittel- und Oberschicht angehörten, wie etwa in Westeuropa und im Vorkriegsdeutschland, andererseits gab es in anderen Ländern, etwa in Polen, ein riesiges jüdisches Proletariat ohne ausreichende berufliche Schulung und ohne genügende Bereitschaft zur Umstellung, letzteres übrigens nicht nur aufgrund festgewachsener Berufstraditionen, sondern auch infolge antisemitischer Behinderungen.
Beide Seiten der Problematik dienten den Antisemiten als Beweis für die Behauptung, daß die Juden insgesamt zur manuellen Arbeit – insbesondere zur Landwirtschaft – unfähig seien und »parasitäre« Berufe vorzögen. Dies zu widerlegen war darum ebenso wie der Nachweis, daß Juden tapfere Soldaten sein können, ein auch für das Prestige und für das Selbstgefühl wichtiges Anliegen der aufkommenden nationaljüdischen Bewegung.

3. Jüdischer Sozialismus

Die Bedeutung säkularisierter jüdisch-messianischer Hoffnungen, insbesondere der Erwartung einer endgültigen Verwirklichung von Recht und — sozialer — Gerechtigkeit, sollte für die Entstehung des Sozialismus nicht zu hoch veranschlagt werden. Ähnliche Erwartungen waren auch durch das Christentum allgemein bekannt geworden, und die verhältnismäßig große Zahl von frühen Sozialisten jüdischer Herkunft ist in der Regel eher auf die Umstände zurückzuführen, unter denen assimilierte Juden damals leben mußten.

Eine Ausnahme war Moses Hess (1812—1875) gewesen, der von einer orthodox-jüdischen Erziehung herkam und schließlich wieder zur Tradition zurückfand. Er studierte Philosophie, wirkte dann bei der *Rheinischen Zeitung* mit und gab 1845/46 die Monatsschrift *Der Gesellschaftsspiegel* heraus. Sein Buch *Rom und Jerusalem. Die letzte Nationalitätenfrage* (1862) wurde später als ein proto-zionistischer Meilenstein angesehen, fand aber seinerzeit kein positives Echo, da Karl Marx in der »Judenfrage« ganz anders urteilte und außerdem der von M. Hess vertretene ethische Sozialismus sich nicht durchzusetzen vermochte. Moses Hess hat zunächst also keine jüdisch-sozialistische Bewegung hervorgebracht, seine Gedanken wurden erst in den achtziger Jahren wieder aktuell.

Bis dahin kann streng genommen nur von einzelnen Sozialisten jüdischer Herkunft gesprochen werden, von denen die allermeisten gar keine Juden mehr sein wollten. Ihre relativ hohe Anzahl ist nicht verwunderlich. Assimilierte Juden, die ihre Hoffnungen auf die Emanzipation gesetzt hatten und davon bitter enttäuscht wurden, konnten feststellen, daß es vor allem religiös-konservative und nationalistische Parteien waren, die einer emanzipatorischen Lösung der »Judenfrage« widerstrebten, und daß die Misere des Judentums nicht zuletzt durch jahrhundertelange gesellschaftlich-wirtschaftliche Mechanismen in der herrschenden politisch-wirtschaftlichen Ordnung bedingt war. Der Gedanke, daß nur eine radikale Änderung dieser Ordnung und eine Überwindung ihrer religiös und nationalistisch begründeten Mentalität den Weg für eine wirkliche Lösung freilegen könnte, lag so fern nicht, wenn man sich einmal von der eigenen religiösen Bindung gelöst und die traditionalistische Seite der jüdischen Religion in ihren negativen Wirkungen zu sehen gewohnt war. Die Attraktivität des Sozialismus und Anarchismus war denn auch in den einzelnen Diasporagebieten unterschiedlich.

Außerdem zeigte sich bald eine gewisse Verlegenheit gegenüber der Beurteilung des Judentums. Karl Marx war weithin von einem vordergründigen Bild des Judentums ausgegangen, wie es auch für Antisemiten charakteristisch war, und forderte, wie ein großerTeil der späteren Sozialisten, die völlige Assimilation der Juden, weil er überzeugt war, daß ihre — von ihm negativ gewertete — Besonderheit mit der Beseitigung der sie bedingenden gesellschaftlich-ökonomischen Umstände ebenfalls aufgehoben werde. Andere bejahten hingegen die Existenz einer eigenen jüdischen Nationalität und kamen von da aus zu zwei Lösungsvorschlägen: entweder zum Plan einer jüdischen Autonomie im Sinn nationaler Minderheitenregelungen oder zu einer Bejahung des zionistischen Zieles, in Palästina als dem angestammten Land der Juden einen selbständigen jüdisch-sozialistischen Staat zu errichten.

Alle drei Richtungen kamen mit dem Judentum nicht zurecht, weil sie von ihrer materialistischen und antireligiösen Grundhaltung her nicht begriffen, welche Rolle der Religion für die menschliche Existenz über die gesellschaftlich-ökonomischen Bedingungen hinaus zukommt und daß angesichts des Pluralismus im modernen Judentum generelle Definitionen und Lösungen allemal fragwürdig waren.

An diesem Unvermögen zur Einschätzung des Religiösen — gerade in bezug auf die jüdische Nationalität — scheiterte dann auch der radikal-sozialistische Versuch zur Lösung der

»Judenfrage«. Noch heute, nach mehr als einem halben Jahrhundert kommunistischer Herrschaft und Religionsunterdrükkung, sind unter den Juden in der Sowjetunion so starke religiöse Restbestände wirksam, daß die Regierung widerwillig und irritiert die bisher kaum gestattete Auswanderung zugestehen muß, während die übrigen Ostblockländer ihre Juden, soweit sie die NS-Zeit noch überlebten, bereits zum größten Teil ziehen ließen oder hießen.
Dabei spielten unterschwellig oder offen auch althergebrachte antisemitische Aversionen eine gewisse Rolle, wenngleich man offiziell dergleichen niemals zugeben würde, da man Antisemitismus ja als ein Symptom der »bürgerlichen Gesellschaft« auszugeben gewohnt ist.

Früher jüdischer Sozialismus

War Moses Hess noch eine vereinzelte Erscheinung gewesen, so entstanden in den siebziger Jahren in Osteuropa die ersten innerjüdischen sozialistischen und anarchistischen Gruppen. Dies geschah zwangsläufig, denn das jüdische Proletariat konnte dort zu jener Zeit nur Jiddisch und mußte daher auch von jenen Agitatoren, die eine totale Assimilation der Juden anstrebten, in Jiddisch angesprochen werden. Zudem sahen manche Sozialisten eben die Judenfrage auch als nationale Frage.
Von Osteuropa aus verbreiteten sich derartige Aktivitäten in jiddischer Sprache dann mit den Auswanderern auch nach England und Amerika, wo auf diese Weise die ersten jiddischen Zeitungen entstanden, vielfach von Persönlichkeiten geleitet, die Osteuropa aus politischen Gründen hatten verlassen müssen. Da aber die Juden in ihrer neuen Heimat in verhältnismäßig kurzer Zeit aus der Unterschicht in die Mittelschicht aufrückten, verlor die Bewegung an Boden, während sie in Osteuropa unter dem Druck der Verhältnisse und unter der

Politik des Zarenreiches immer mehr Überzeugungskraft gewann.

Allerdings verlief manches nicht so, wie es viele Sozialisten erhofft hatten. Aaron Samuel Liebermann (1845–1880), der sich später in den USA Arthur Freedman nannte, war einer der ersten jüdischen Revolutionäre gewesen und hatte 1877 auch eine kurzlebige Zeitung in hebräischer Sprache, *Ha-'Ämät (Die Wahrheit)*, herausgebracht. Sie sollte freilich nicht der Stärkung des jüdischen Nationalbewußtseins dienen, sondern ganz im Gegenteil als Mittel zur Verbreitung revolutionärer Gedanken unter der hebräischen Leserschaft. Da aber Hebräisch in den untersten Schichten kaum verstanden wurde, war die sozialistische und anarchistische Propaganda und Presse letztlich völlig auf das Jiddische angewiesen.

Zur selben Zeit profilierte sich das Jiddische jedoch als Literatursprache; die sozialistische Anwendung dieser Sprache wirkte daher zum Teil alles andere als assimilatorisch, sie stärkte vielmehr das Bewußtsein einer eigenständigen jiddischen Kultur. Die Pogromwelle in Rußland zwischen 1903 und 1906 desillusionierte außerdem viele, die vorher noch an eine assimilatorische Lösung geglaubt hatten.

Über kurz oder lang sahen sich die meisten jüdisch-sozialistischen Gruppen daher gezwungen, sich für eine der beiden national orientierten Möglichkeiten zu entschieden: für eine regional-autonomistische Diasporalösung oder für die zionistische Staatsgründung. In beiden Fällen stellte sich erneut die Frage nach dem Verhältnis zur Tradition, da eine Definition dessen, was jüdische Kultur oder jüdische Nationalität sei, eben nicht aus dem luftleeren Raum unter Absehung von der jüdischen Geschichte erfolgen konnte. Eine einhellige Beantwortung ist zwar bis heute nicht gefunden worden, aber das ist vielleicht kein Nachteil, da die fragliche nationale Profilierung zu einem Teil auf dem engeren gesellschaftlichen Sektor wettgemacht wurde, durch neue Modelle für Lebensgemeinschaften auf freiwilliger und demokratischer Basis.

Das in weiten Kreisen jüdischer Sozialisten anfangs aufgrund der gemeinsamen Notsituation in Rußland vorherrschende Gefühl der Solidarität mit der kommunistischen Richtung und insbesondere mit der Sowjetunion wurde auch durch diese innere Entwicklung abgebaut, nicht nur als Folge der meist zionismusfeindlichen Haltung der kommunistischen Partei.

Aus der besonderen Notlage vieler Juden in Osteuropa hat sich also eine verhältnismäßig starke Beziehung zu sozialistischen Gedanken ergeben, so wie sich im Westen unter den dortigen Bedingungen eine besonders enge Beziehung zu aufklärerisch-liberalen Gedanken ergeben hatte. In beiden Bereichen wirkten sich die Hindernisse gegen Assimilation und Emanzipation dahin aus, daß man die neuen Ideale mehr oder weniger deutlich als wesentlich jüdisches Anliegen betrachtete und die jüdische Tradition – vor allem die »Propheten« – von daher interpretierte.

In beiden Bereichen ergab sich also eine vergleichbare Transformation des alten Erwählungsbewußtseins im Sinn der Verpflichtung zur Verwirklichung eines zukünftigen idealen Zustandes. Im Westen verstanden sich daher viele Juden als Erben und Träger einer den humanistischen Menschheitsgedanken und den moralisch-kulturellen Fortschritt begründenden und vorantreibenden Sendung, während unter ostjüdischen Sozialisten, mehr oder minder offen formuliert, die Überzeugung herrschte, zu einer vorbildhaften Planung und Realisierung sozialistischer Existenzformen berufen zu sein.

Möglicherweise hätten sich beide Tendenzen völlig voneinander entfernt, wären sie nicht unter dem Druck der antisemitischen Bedrohung im Rahmen der zionistischen Bewegung aufeinander angewiesen gewesen. In diesem neuen – zunächst durch Not aufgezwungenen – Rahmen ergab sich im Lauf der Zeit von selbst und unvermeidlich eine Auseinandersetzung mit den unterschiedlichen innerjüdischen Positionen und deren traditionsbedingten Voraussetzungen, mitbedingt durch die Betroffenheit angesichts der europäischen Katastrophe.

Die jüdischen Sozialisten sahen sich also letztlich erneut und intensiver als in ihrer einstigen religionsfeindlichen Frontstellung mit dem Phänomen »Judentum« konfrontiert. Andererseits bot ihr praktisches Beispiel im Aufbau des Landes Israel den übrigen jüdischen Gruppen Anlaß zu einer neuen Wertung mancher sozialistischer Zielsetzungen und Verwirklichungsmodelle, wie das Beispiel der Kibbutzim, der Gemeinschaftssiedlungen, beweist.

Der »Bund«

Im Jahr 1897 vereinigten sich einige Gruppen zum *Bund*, der im Gegensatz zur Assimilationstheorie der meisten radikalen Sozialisten, insbesondere auch Lenins, und nach 1903 auch entschieden gegenüber dem Zionismus für eine nationalautonomistische Diaspora-Lösung der Judenfrage eintrat, ein Projekt, das zu der Zeit auch in der Habsburger Monarchie diskutiert wurde.

In Rußland geriet der *Bund* durch die Oktoberrevolution aber in eine tödliche Krise. Über die Stellung zur kommunistischen Diktatur in sich zersplittert, vermochte er sich nicht mehr gegen die von Lenin befürwortete assimilatorische Lösung durchzusetzen und wurde 1921 aufgelöst. Gewisse autonomistische Reste wirkten dennoch weiter, solange aus sprachlichen Gründen immer noch besondere jiddische Publikationen und Organisationen nötig waren. Ein eigentümlicher, aber letztlich versandeter Ausläufer der Autonomiebestrebungen war der Versuch – von dem gleich zu sprechen sein wird –, in Birobidschan eine autonome jüdische Region aufzubauen.

In Polen hingegen erreichte der *Bund* zwischen den beiden Weltkriegen eine beherrschende Stellung innerhalb der jüdischen Arbeiterbewegung. Mit dem Ausbruch des Zweiten Weltkriegs war sein Schicksal jedoch besiegelt, denn nach den erschütternden Erfahrungen der Katastrophe waren nur noch wenige bereit, wie einst an eine Diaspora-Lösung der Judenfrage zu glauben.

Birobidschan

Am Ende der zwanziger Jahre begann die Sowjetunion im abgelegenen Gebiet zwischen dem Amur und der mandschurisch-chinesischen Grenze mit dem Versuch, eine autonome jüdische Region aufzubauen, die 1934 auch offiziell als solche bezeichnet wurde. Dieser Plan, der von der im übrigen verfolgten assimilatorischen Judenpolitik der Partei abwich, ging offenbar mehr auf taktische Erwägungen als auf eine grundsätzliche Neuorientierung zurück und wurde sowohl von den Behörden wie von der Mehrheit der jüdischen Bevölkerung Rußlands mit Skepsis betrachtet.

Attraktiv war die Ansiedlung im unzulänglich erschlossenen Gebiet ohnedies nicht, denn für einen assimilationswilligen Juden boten sich überall in der Sowjetunion bessere berufliche Chancen als in Birobidschan, außerdem war die tatsächliche Haltung der Behörden zwiespältig. Der innenpolitische Terror, der Mitte der dreißiger Jahre einsetzte, traf auch die jüdischen Siedler recht hart, und so konnte alsbald von einer jüdischen Region keine Rede mehr sein.

Nach dem Zweiten Weltkrieg ergab sich zwar für kurze Zeit ein begrenzter Aufschwung, aber der neu einsetzende stalinistische Terror nach 1948 und die erneut schroff antizionistische Haltung der Partei erstickten nicht nur die politisch-autonomistischen, sondern auch die jiddisch-kulturellen Bemühungen. 1961 bestand die Bevölkerung der Region aus hundertundneunundsiebzigtausend Personen, davon nur 8,8 Prozent Juden, und von diesen lebten wieder die meisten in den Städten. Sofern das Experiment als Alternative oder Konkurrenz zur Palästinasiedlung gedacht war, ist es mißlungen.

Die zionistisch-sozialistische Arbeiterbewegung

Im Unterschied zu den Bundisten waren die zionistischen Sozialisten überzeugt, daß die Vereinigung des jüdischen Proletariats innerhalb eines eigenen Territoriums und Staates Voraussetzung für eine sozialistische Lösung der Judenfrage sei. Freilich, dieser Staat sollte nicht ein Nationalstaat wie jeder andere sein, sondern gesellschaftspolitischen Modellcharakter tragen; dadurch kam man – weithin wider Willen –, wie oben schon bemerkt, zu einer neuen Begegnung mit der jüdischen Tradition.

Charakteristisch für diese Entwicklung war die von marxistischen Grundsätzen her durch nichts gerechtfertigte Festlegung auf Palästina, die auch der maßgebendste sozialistisch-jüdische Theoretiker, Ber Borochov (1881–1917), vollzog und die unvermeidlicherweise zu einem Arrangement mit nicht-sozialistisch orientierten Palästinasiedlern führen mußte.

All das unterwarf den jüdischen Sozialismus häufigen Belastungsproben und führte zu einer weitgehenden Zersplitterung. Eine große Rolle spielte dabei auch die unterschiedliche Einstellung zur russischen Oktoberrevolution und zur folgenden kommunistischen Diktatur, die ihrerseits eine assimilatorische Lösung der Judenfrage favorisierte. Drei größere Gruppierungen entstanden damals: die *Poᶜᵃle Ṣijjon (Arbeiter Zions)*, eine entschieden marxistisch orientierte Gruppe sowie die *Zionistisch-sozialistische Arbeiterpartei.*

Die *Poᶜᵃle Ṣijjon* teilten sich schon 1920 wieder wegen der Frage, ob man der kommunistischen Komintern beitreten solle. Der abgespaltene linke Flügel konnte diesen Schritt dann doch nicht vollziehen, weil die *Kommunistische Partei* die Palästina-Lösung nicht befürwortete, und geriet so in eine Art Niemandsland, während der rechte Flügel mit der *ʼAḥdut ha-ᶜAbodah (Arbeitereinheit)* rasch an Boden gewann und zur führenden zionistischen Kraft heranwuchs.

Dabei unterlag sie unvermeidlicherweise den Zwängen der Realpolitik und verlor dadurch an ideologischem Profil. Dies vollzog sich freilich nicht ohne Gegenbewegungen im Inneren.

Die praktischen Erfordernisse der Palästina-Siedlung bestimmten einige Zeit auch die sozialistischen Jugendbewegungen, die junge Einwanderer für die Ansiedlung in Palästina vorbereiteten, das Siedlungswerk weitgehend durchführten und auch absicherten, so etwa die *Ṣᵉᶜire Ṣijjon (Die Jungen von Zion)*, die um 1903 in Rußland aufkamen, sich 1917 als Partei konstituierten und 1920 in die linke *Zionistisch-Sozialistische Partei* und in die gemäßigte *Hitaḥdut (Vereinigung)* aufteilten. Die letztere vereinigte sich zugleich mit dem *Poᶜel ha-Ṣaᶜir (Der junge Arbeiter).*

Die zweite große Jugendbewegung, *Ha-Šomer ha-Ṣaᶜir (Der junge Wächter)*, machte hingegen eine einheitliche ideologische Profilierung durch und gründete 1927 die dem marxistischen Denken verpflichtete Kibbutz-Organisation *Ha-Qibbuṣ ha-'arṣi (Der Landes-Kibbutz)*. Zu einem Teil handelt es sich dabei um das Bestreben, angesichts der unerwartet rasch voranschreitenden Entwicklung der Palästina-Siedlung gegenüber den pragmatischen Mehrheitspolitikern die gesellschaftspolitischen Leitlinien wieder deutlich zu machen und an Modellen zu exemplifizieren.

Unter den größeren Gruppen hatten sich die *'Aḥdut ha-ᶜAbodah (Arbeitereinheit)* unter Berl Katznelson (1887—1944) und der *Poᶜel ha-Ṣaᶜir (Der junge Arbeiter)* unter Chaim Arlosoroff (1899—1933) zur *MAPAJ* zusammengeschlossen, zur *Miflägät Poᶜᵃle 'Äräṣ-Jiśra'el (Arbeiterpartei des Landes Israel)*, die seit 1931 die stärkste politische Kraft in Palästina und selbst in der zionistischen Weltorganisation geblieben ist. Auf dem zionistischen Weltkongreß von 1933 stellte sie hundertachtunddreißig von dreihundertachtzehn Delegierten, und von ihren vier Vertretern im Exekutivkomitee der *Jewish Agency* wurden Moshe Sharett und David Ben Gurion

entscheidende politische Schlüsselfiguren in der gesamtzionistischen Bewegung und in Palästina.
Die *MAPAJ* kontrollierte in Palästina weite Bereiche des jüdischen Lebens, die mächtige Gewerkschaftsbewegung *(Histaddrut)*, einen großen Teil der Kibbutzim, die Selbstverteidigungsorganisation *Haganah (Verteidigung)* und die Vertretung gegenüber den englischen Mandatsbehörden. All dies erforderte pragmatisches und kompromißbereites Taktieren auch in Fragen, die man grundsätzlich ganz anders zu lösen wünschte. Infolgedessen wurde die Partei von mehreren Fraktionsbildungen – die 1942 zwar untersagt wurden – und Abspaltungen heimgesucht, vor allem 1937 wegen der Teilungsvorschläge der Peel-Kommission, und 1944, als sich ein linker Flügel lossagte und, gestützt auf einen Teil der Kibbutz-Bewegung, eine neue *Aḥdut ha-ʿAbodah* begründete.

4. Autonomismus und Territorialismus

In Rußland, Polen und Österreich-Ungarn, wo größere jüdische Minderheiten lebten, wurde in jüdischen und nichtjüdischen Kreisen auch die Möglichkeit einer jüdischen Autonomie im Sinn eines nationalen Minderheitenstatus diskutiert. Das Ergebnis war allerdings schließlich negativ, weil eine solche Autonomie ohne territoriale Grundlage erhebliche Schwierigkeiten implizierte und überdies jüdischerseits recht unterschiedliche Vorstellungen vom Charakter einer solchen Organisation vorhanden waren.
Da waren etwa die sozialistischen *Bundisten* und die Siedler in Birobidschan, die bereits im vorigen Kapitel erwähnt wurden und die vorwiegend gesellschaftspolitische Zielsetzungen hatten, während andere mehr an der kulturellen Seite interessiert waren: so die Jiddischisten, die überzeugt waren, daß das Ostjudentum der eigentliche Träger des Judentums schlechthin sei und das Jiddische die Sprache des Weltjudentums werden sol-

le. Nach einem grundlegenden Kongreß in Tschernowitz 1908 wurde zur Förderung dieses Gedankens 1925 in Berlin die Gründung des *Jiddischen wissenschaftlichen Instituts* beschlossen, das dann in mehreren Zweigen (Wilna, Warschau, New York) wirkte, bis nach dem Zweiten Weltkrieg New York als Zentrum übrigblieb. Die Bibliotheksbestände der europäischen Zweige konnten erfreulicherweise nach dem Krieg wiedergefunden werden.

Einer der bekanntesten Vertreter dieser jiddischistischen Autonomiebestrebungen war Simon Dubnow (1860–1941), der nach Heinrich Graetz die zweite große Darstellung der Geschichte des Judentums – *Die Weltgeschichte des jüdischen Volkes* in zehn Bänden (1925–1929) verfaßte. Die politische Zielsetzung konnte zwar nicht erreicht werden, aber als Treuhänder eines reichen kulturellen und folkloristischen Erbes und als Träger der weiterlebenden jiddischen Sprache und Literatur in Amerika und Israel hat die Organisation auch nach dem Zweiten Weltkrieg eine wichtige Funktion zu erfüllen. Der einstige Gegensatz zum hebräisch-sprachigen Zionismus hat mittlerweile, nachdem das Hebräische eindeutig den ersten Platz erringen konnte, nachgelassen.

Im Unterschied zu den auf osteuropäische Verhältnisse abgestimmten autonomistischen Bestrebungen entstanden zur Zeit der zionistischen Bewegung Vereinigungen, die schon früh erkannten, daß die Aufnahmekapazität Palästinas begrenzt ist und somit eine volle nationalstaatliche Lösung der »Judenfrage« dort sowieso nicht zu erreichen sein wird. Sie suchten daher nach Chancen zur Ansiedlung in anderen Gebieten, ohne die Palästinasiedlung zu verurteilen, gerieten aber dennoch ins Zielfeld heftiger zionistischer Angriffe.

Für die Zionisten war jede andere Siedlungsaktion ein Verlust an Potential sowohl wirtschaftlicher wie sicherheitsmäßiger Art. Die erste »territorialistische« Organisation entstand in Zusammenhang mit dem siebenten Zionistenkongreß in Basel 1905 unter der Führung von Israel Zangwill (1864–1926) und bestand bis 1925 unter der Bezeichnung *Jewish Territorial Organisation;* zuletzt arbeitete sie wieder immer enger mit der zionistischen Weltorganisation zusammen, nachdem alle Bemühungen, geeignete Siedlungsgebiete zu erhalten, gescheitert waren.

Eine fast gleichzeitige Abspaltung von der zionistischen Bewegung organisierte 1908 Alfred Nossig (1864–1943): die *Allgemeine Jüdische Kolonisations-Organisation.* Diese versuchte, eine jüdische Ansiedlung im Vorderen Orient durchzusetzen, die sich nicht auf Palästina allein konzentrieren sollte, um durch diese Streuung eine massive politische Konfrontation zu vermeiden. Auch Nossig scheiterte, nicht zuletzt weil die Balfour-Erklärung viele seiner Anhänger wieder zur zionistischen Generallinie zurückführte. Die Organisation wurde 1920 aufgelöst, aber Nossig versuchte auch später noch, Pläne zur Diskussion zu stellen. Während des Zweiten Weltkrieges suchte er von den deutschen Behörden die Zustimmung zu Auswanderungsplänen für osteuropäische Juden zu erreichen. Dies und die Mitgliedschaft im Warschauer *Judenrat* brachte ihm den Ruf der Kollaboration ein, und so wurde er am 22. Februar 1943 von Angehörigen einer jüdischen Untergrundorganisation erschossen.

Die offene Frage der Aufnahmekapazität Palästinas und die Notwendigkeit, jüdische Flüchtlinge aus den nationalsozialistisch beherrschten Gebieten unterzubringen, hielt gleichwohl die territorialistische Idee lebendig. Im Juli 1935 wurde darum in London die *Freiland-Bewegung (Freeland Movement. A League for Territorial Organization)* gegründet, die, der Situation entsprechend, mehr die Ansiedlung als die Erlangung politischer Autonomie zum Ziel hatte, denn die Einwanderungskontingente für Palästina waren nun einmal begrenzt. Aber kein Staat in der Welt war im Grund bereit, eine größere Einwanderung zu gestatten, deren Endziel eine mehr oder minder weitgehende Autonomie war. So blieb die Bewegung trotz ihrer gemäßigten Zielsetzung ohne Erfolg.

Dasselbe gilt für eine Konzentration aller außerpalästinensischen Siedlungsprojekte unter einer Weltorganisation, die 1938 in London als *International Jewish Colonization Society* versucht wurde. Der Lauf der Dinge bestätigte die zionistische Ansicht, daß nur ein zielstrebiger Aufbau in Palästina zur Bildung eines selbständigen jüdischen Gemeinwesens führen könne.

5. Der Zionismus

Traditionelle Voraussetzungen

Seit der pseudomessianischen Bewegung des Sabbetaj Zbi um 1666 hielt man zwar an der traditionellen Hoffnung auf eine messianische Wiederherstellung Israels im Land der Väter fest, doch meist mit einem quietistisch gefärbten Unterton. Wie schon gelegentlich in der Vergangenheit wurde die religiöse Verwirklichung durch *Torah*-Gehorsam in den Vordergrund gerückt und die politisch-soziale Komponente als alleinige Sache des von Gott in einer unberechenbaren Zukunft gesandten Davidmessias angesehen. Das geringe Echo, das nichtjüdische Judenstaatspläne vor und um 1800 im Judentum selbst fanden, war ein deutliches Symptom für diese Einstellung.

Im Lauf des neunzehnten Jahrhunderts änderte sich aber für einen Teil der Orthodoxie unmerklich die Relation zwischen Volk und Religion. Bisher war man der Ansicht gewesen, daß Israel als Volk zum *Torah*-Gehorsam erwählt worden sei und folgerichtig den Sinn des Überlebens als Volk die Wahrung der *Torah*-Erfüllung als einer den Kosmos tragenden und das Weltheil garantierenden Funktion sei. Nun, unter dem unbewußten Einfluß des romantischen Volks- und Nationsbegriffs, konnte auch die *Torah*-Frömmigkeit als Mittel zur Erhaltung des Volkes in der Diaspora gesehen werden. Die

Volks- und National-Existenz an sich erhielt einen gewissen Eigenwert, wenn auch noch immer auf die *Torah* bezogen.
Damit war der Weg frei für Aktivitäten im nationalen Interesse, und da man — wie damals so üblich — an eine Bestimmung der einzelnen Nationen glaubte, setzte man das eigene nationale Interesse mit der traditionellen messianischen Hoffnung in Beziehung, als Erfüllung der nationalen Sendung innerhalb der Völkergeschichte.
In bestimmten Kreisen der Orthodoxie und des konservativen Judentums ergab sich dadurch eine aktivistischere Einstellung gegenüber der Verwirklichung der erhofften Zukunftsordnung, die man sich freilich nur im Land der Väter, im Land Israel, und als *Torah* gemäße Ordnung vorstellen konnte. Die Einwanderung orthodoxer — und chasidischer — Juden nach Palästina war daher schon eine regelmäßige Erscheinung, bevor die zionistische Ansiedlung begann.
Der Rechtsstatus der so entstandenen Gemeinde präjudizierte religionspolitische Verhältnisse, die noch heute von Bedeutung sind: Die Orthodoxie — mit dem Chasidismus — genoß in Palästina seit damals ein religionsgesetzliches Monopol, das bei der üblichen inneren Autonomie religiös-ethnischer Gruppen im türkischen Reich zugleich ein Monopol über weite Gebiete des Rechtslebens überhaupt bedeutete.
Die späteren zionistischen Gruppen hatten sich auch grundsätzlich ständig mit der Orthodoxie und deren Anspruch auseinanderzusetzen. Für diese fielen nämlich Religionszugehörigkeit und Nationalität immer noch in eins zusammen, und so bildeten sie ein Bindeglied zwischen jenen Juden, die sich nur der Religion, aber nicht der Nationalität nach zum Judentum zählten, und den anderen, die sich als Angehörige der jüdischen Nation im säkularen Sinn — mit oft antireligiöser Note — ausgaben.
Sofern die zionistische Bewegung nicht den Bruch mit den nichtzionistischen — oder noch nicht zionistischen — Juden provozieren wollte, mußte sie aus gesamtjüdischen Rücksich-

ten die zionismusfreundliche Orthodoxie irgendwie bei der Stange halten. Auf diese Weise erhielt diese eine ihre zahlenmäßige Stärke weit übersteigende Schlüsselfunktion.

»Zionsliebe« und »Zionsfreunde«

Unter dem Einfluß der neuen Richtung innerhalb der Orthodoxie entstanden in Osteuropa von 1860 an Zirkel, die für eine Ansiedlung in Palästina eintraten, initiiert durch den orthodoxen Rabbiner Zbi Hirsch Kalischer (1795–1874) und unterstützt durch den Journalisten David Gordon (1831 bis 1886) mit seiner hebräischen Zeitung *Ha-Maggid*.
Als nach den Pogromen von 1881 und 1882 viele ostjüdische Aufklärer ihre bisherige Hoffnung auf eine assimilatorisch-emanzipatorische Lösung der Judenfrage aufgaben, nahmen nicht wenige – zum Beispiel Moses Lejb Lilienblum (1843 bis 1910) die Gedanken dieser Gruppen auf und ergänzten sie um die Forderung nach einem eigenen jüdischen Staat auf dem »historischen« Boden des Heiligen Landes.
Großen Eindruck machte zur selben Zeit die 1882 erschienene Schrift *Autoemanzipation* von Leon Pinsker (1821 bis 1891), der mit aufrüttelnden Worten die Vergeblichkeit aller Assimilationsbemühungen am Beispiel der Pogrome aufzeigte und die Unzuverlässigkeit der staatlichen Emanzipationspolitik geißelte. Die Selbstverleugnung der Juden als Nation in einer nationalistisch eingestellten Umgebung würde den Juden eher Verachtung als Rechte einbringen, daher sollte man nun die Emanzipation als Nation anstreben, mit der dem einzelnen Juden auch die individuelle Gleichberechtigung in einem Gemeinwesen ermöglicht werde, mit dem er sich voll und mit Stolz identifizieren kann. Pinsker schloß sich bald danach ebenfalls der *Ḥibbat-Ṣijjon*-Bewegung an.
Im Westen fanden diese *Zionsfreunde (Ḥobᵉbê Ṣijjon)* allerdings nur wenig Unterstützung, und so empfahl man den

vielen osteuropäisch-russischen Auswanderern nach 1882 die Niederlassung in Übersee. Aber kleinere Gruppen von Pionieren begannen unmittelbar nach 1882 mit der Propaganda und Vorbereitung für die Einwanderung nach Palästina unter dem Motto von *Jesaja* 2,5: *Bet Ja^{ca}qob l^{e}ku w^{e}nel^{e}kah* (»Haus Jakobs, geht, laßt uns ziehen!«) – abgekürzt *BILU*. Charkow und Odessa wurden Zentren dieser Bewegung, von denen aus innerhalb kurzer Zeit beinahe überall lokale Vereinigungen gegründet wurden. Wie später im Herzlschen Zionismus ergab sich eine stärker an diplomatisch-politischen Vorarbeiten orientierte Richtung und ein unmittelbar praktisch-aktivistischer Siedlerflügel.

Im Juli 1882 traf trotz ablehnender Haltung der türkischen Regierung die erste Gruppe in Palästina ein. Sie fand zunächst Aufnahme in der landwirtschaftlichen Schule und Siedlung *Miqweh Jiśrael*, die von der *Alliance Israelite Universelle* 1870 gegründet worden war. Nach dem Tod des *BILU*-freundlichen Leiters dieser Siedlung zog die Gruppe unter der Führung des orthodoxen hebräischen Schriftstellers Jechiel Pines (1843–1913) nach Jerusalem und suchte dort handwerklich Fuß zu fassen; doch dies gelang nicht. Im November 1882 errichteten einige von ihnen die Siedlungen Ri'šon l^{e}Ṣijjon (»Erster für Zion«) und Gedera, eine rumänische Gruppe gründete Ro'š Pinnah und Zikron Ja^{ca}qob.

Wie die noch später eintreffenden Gruppen litten sie unter höchst unzulänglichen wirtschaftlichen Voraussetzungen und der viel zu schwachen materiellen Starthilfe von Osteuropa her. Ein Scheitern der Unternehmungen verhinderte jedoch Baron de Rothschild, der zugleich die Siedlungen einer festen Verwaltung unterwarf. Mittlerweile hatten in Kattowitz (1884) und in Druskieniki (1887) Gesamtkonferenzen der europäischen Gruppen stattgefunden, die sich ab 1890 auch in Rußland offiziell konstituieren durften. Dort erhielten sie dann auch den meisten Zulauf, und neue Siedlungen konnten gegründet werden.

Die türkischen Behörden suchten diesen Zuzug einzuschränken. Aber auch unter den Juden selbst wurde die Frage aufgeworfen, ob der eingeschlagene Weg erfolgversprechend sei, da Palästina doch nicht einmal die Mehrheit, geschweige denn alle Juden aufnehmen könnte. Der Schriftsteller Achad ha-Am (1856–1927) trat darum dafür ein, in Palästina nur die Gründung eines geistig-kulturellen Zentrums anzustreben, an dem sich die Diaspora orientieren sollte.
Der weitere Verlauf des Siedlungswerkes wurde von dieser – später im »Kulturzionismus« fortgeführten – Initiative allerdings kaum berührt, aber der Gedanke des geistig-kulturellen Zentrums machte Eindruck und wurde dann eines der zionistischen Ziele überhaupt. Von ihm gingen Impulse zu publizistischen, wissenschaftlichen und volksbildnerischen Unternehmen aus, die nicht nur das – immer mehr hebräischsprachige – Kulturleben der Juden Palästinas bestimmten, sondern auch in die Diaspora hinauswirkten, da gerade im westlichen Judentum die kulturzionistischen Anliegen in der Regel auf mehr Sympathien stießen als die politisch-wirtschaftlichen.
Die wirtschaftlichen Aspekte dieser frühen Siedlungsperiode waren in der Tat wenig ermutigend. Die Einwanderer waren zu wenig auf die neue Situation vorbereitet und arbeiteten lieber mit billigen arabischen Arbeitskräften. Für die spätere kulturelle Entwicklung legten sie aber eine der wichtigsten Grundlagen: sie verwandelten das Neuhebräische aus einer Literatur- und Zeitungssprache in eine gesprochene Alltagssprache.

Die zionistische Bewegung bis zur Balfour-Deklaration

Im Westen hatten die protozionistischen Bemühungen anfangs nur wenig Aufmerksamkeit gefunden. Unter dem Eindruck des immer stärker agitierenden politischen Antisemitismus kamen aber da und dort Zweifel an der bisherigen Assimilationstheorie auf. Auch der österreichische Journalist und Schriftsteller Theodor Herzl (1860–1904) machte diesen – schmerzlichen – Wandel durch und kam während der Dreyfus-Affäre in Paris endgültig zur Überzeugung, daß wirkliche Gleichberechtigung und Anerkennung am ehesten im Rahmen einer nationalstaatlichen Lösung der »Judenfrage« zu erreichen wären. Seine 1896 erschienene Schrift *Der Judenstaat* brachte auch im Westen die Diskussion über diese Möglichkeit in Gang und wurde zum Klassiker des Zionismus.

Herzl selbst arbeitete von da an rastlos für seine Idee. Er organisierte 1897 den Ersten Zionistenkongreß in Basel, der weltweit Aufsehen erregte und zur Gründung einer Organisation und zur Verabschiedung eines Programms führte.

Die politische Situation ließ allerdings eine unverhüllte Formulierung der Zielsetzung – die Gründung eines Judenstaates – nicht zu. Außerdem bestanden von Anfang an unterschiedliche Auffassungen über den Charakter eines solchen Staates. Man sprach daher von einem *Jüdischen Nationalheim in Palästina*. Die Bewegung selbst wurde mit dem 1890 von Nathan Birnbaum aufgebrachten Begriff *Zionismus* bezeichnet und als publizistisches Organ eine eigene Zeitung, *Die Welt (Ha-ʿOlam)*, begründet.

Aber die neue Bewegung war zum Teil bereits eine alte: denn durch die Beteiligung der osteuropäischen *Ḥobᵉbe Ṣijjon* wurde Herzls Zionismus von vornherein mit der bereits bestehenden Palästinabewegung konfrontiert und somit auch im voraus festgelegt. Herzl selbst war der Meinung, daß man sich zunächst um die politisch-diplomatische Absicherung der Pläne kümmern sollte, weshalb man seine Richtung als »politischen Zionismus« bezeichnete, während andere vor allem die tatkräftige und zielbewußte Unterstützung der Palästinasiedlung forderten und einen »praktischen Zionismus« befürworteten, dabei nicht zu Unrecht von der Annahme ausgingen, daß vollendete Tatsachen ohnehin auch politisch-rechtliche Konsequenzen nach sich ziehen.

Gegenüber diesen beiden Richtungen versuchte der »Kulturzionismus«, den der Schriftsteller Achad ha-Am (Ascher Ginzberg, 1856—1927) aus der Diskussion in der osteuropäisch-palästinensischen Siedlungsbewegung in den Zionismus einbrachte, die Idee des kulturell-geistigen Zentrums in den Vordergrund zu rücken, wofür unter anderen auch Martin Buber (1878—1965) eintrat.

Theodor Herzls diplomatische Bemühungen blieben ohne Erfolg; nur das Siedlungswerk selbst machte Fortschritte. Auf dem Zweiten Zionistenkongreß in Basel 1898 wurde die — 1899 durchgeführte — Gründung der *Jüdischen Colonial Bank* beschlossen und am Fünften Zionistenkongreß (Basel 1901) der *Jüdische Nationalfonds (Ha-Qärän ha-qajjämät l^e Jiśra'el)* zum Erwerb von Grund und Boden als unveräußerliches Eigentum des jüdischen Volkes in Palästina eingerichtet.

Diese neuen Organe kamen gerade zur rechten Zeit, um die starke Einwandererwelle zu bewältigen, die von 1903 an infolge der neuerlichen Pogrome in Rußland nach Palästina drängte. Aber Palästina war zu jener Zeit aufgrund türkischer Vorbehalte und praktischer Umstände nur ein unzulängliches Aufnahmegebiet; die Zahl der Auswanderer und Flüchtlinge aus Rußland dagegen wuchs sprunghaft, und so trat das Bemühen um eine rasche Notlösung gegenüber dem politischen Endziel zunächst in den Vordergrund.

Herzl hatte von der britischen Regierung das Angebot erwirkt, einen Teil der Auswanderer in Uganda anzusiedeln und unterbreitete — schweren Herzens — dem Sechsten Zionistenkongreß (Basel 1903) diesen Plan, der nach erregten Diskussionen von der Mehrheit der Delegierten gebilligt wurde. Die Minderheit — vor allem Vertreter der bedrängten osteuropäischen Juden — gab sich jedoch nicht geschlagen, ein

Sturm der Entrüstung über die vermeintliche Preisgabe der palästinensischen Zielsetzung richtete sich gegen Herzl, der 1904 erschöpft und enttäuscht verstarb.

Der Siebente Kongreß in Basel (1905) unter dem neuen Präsidenten Max Nordau (1849–1923) lehnte den Uganda-Plan mit überwältigender Mehrheit ab. Damit war die zionistische Bewegung endgültig auf Palästina fixiert. Nur eine kleine Minderheit, die sogenannten »Territorialisten«, von denen schon die Rede war, erklärte sich damit nicht einverstanden.

In der zionistischen Bewegung übernahmen neue Männer die Führung. David Wolffsohn (1856–1914) fungierte bis 1911 als Präsident, Nachum Sokolow (1860–1937) 1906 bis 1909 als Generalsekretär und außerdem als Herausgeber der Zeitung *Die Welt*; Otto Warburg (1859–1938) war von 1911 bis 1920 Präsident. Zunehmende Bedeutung erlangte der Exponent der »demokratisch-zionistischen Fraktion«, Chaim Weizmann (1874–1952), der den praktischen und kulturellen Aspekten den Vorrang vor den politischen Zielsetzungen geben wollte.

Die Auseinandersetzungen um den richtigen Weg hielten also an; doch die »praktischen« Zionisten unter Menachem Ussischkin (1863–1941) hatten das Gesetz des Handelns in ihrer Hand. Seit der Einrichtung des *Palästina-Büros* in Jaffa im Jahr 1908 machte die dortige Aufbauarbeit unter der Leitung von Arthur Ruppin (1876–1943) rasche Fortschritte, und mit dem Zehnten und Elften Zionistenkongreß in Basel (1911) und Wien (1913) gewann die Linie Chaim Weizmanns die Oberhand.

Inzwischen hatte die Bewegung organisatorisch feste Gestalt gewonnen. Wer den jährlichen Mitgliedsbeitrag *(Schekel)* bezahlte, war zur Wahl der Delegierten für den zionistischen Kongreß berechtigt, der nach Herzls Tod in der Regel alle zwei Jahre stattfand. Die Wahl der Delegierten erfolgte zunächst nach rein territorialen Gliederungen, aber bald verlangten bestimmte Gruppen, mit zusätzlichen Delegierten vertreten zu sein, so zuerst die orthodoxen Zionisten, die sich 1902 zum *Mizrachi* zusammenschlossen, und die Arbeiterpartei ***Po*^ca^*le Ṣijjon* 1907.**

Die Delegierten wählten den Präsidenten, einen jährlich mindestens einmal zusammentretenden Generalrat und eine »Exekutive«, die mit den wachsenden Aufgabenbereichen immer mehr Mitglieder zählte und gewissermaßen die »Regierung« darstellte. Daneben wurden Schieds- und Kontrollinstanzen geschaffen und im Lauf der Zeit Unterorganisationen speziell für die Jugend- und Frauenarbeit gegründet, so daß die Weltorganisation alsbald überall durch eine intensive Erziehungs- und Propagandatätigkeit für ihre Ziele werben konnte. Als Ergänzung zum *Jüdischen Nationalfonds (Qärän qajjämät)* wurde 1920 der *Qärän ha-J^e^sod (Grundfonds)* ins Leben gerufen, eine zentrale Institution zur Finanzierung von Ansiedlungsprojekten.

Mit dem Ersten Weltkrieg ergab sich endlich die von den »politischen Zionisten« so lang vergeblich erstrebte Chance eines diplomatischen Schrittes. Die britische Regierung hatte verschiedene Gründe dafür, sich positiv zur zionistischen Zielsetzung zu äußern. Einmal waren die osteuropäischen Juden — auch noch ein guter Teil der nach dem Westen und nach Übersee ausgewanderten — vorwiegend deutschorientiert, und gewisse Anzeichen deuteten auf deutsche Anstrengungen, von der verbündeten Türkei Zugeständnisse in bezug auf die jüdische Einwanderung nach Palästina zu erreichen. Außerdem sah sich England, dessen Truppen von Ägypten aus gegen Palästina vorrückten, ganz konkret mit der Palästinafrage konfrontiert und war daran interessiert, dort Sympathien zu gewinnen.

In dieser Lage entschloß sich die britische Regierung nach langwierigen Vorverhandlungen, die jüdischerseits vor allem von Sokolow und Weizmann geführt worden waren, zu einer offiziösen Erklärung. In einem Schreiben des Außenministers Arthur James Balfour an Lord Rothschild, der die jüdische

Gemeinde in England repräsentierte, wurde dieser gebeten, der zionistischen Organisation eine Erklärung zu übermitteln. Sie besagte, daß »die Regierung Ihrer Majestät die Errichtung eines Nationalheimes für das jüdische Volk in Palästina mit Sympathie betrachtet und sich nach besten Kräften bemühen werde, die Verwirklichung dieses Vorhabens zu erleichtern«. Doch unmittelbar darauf folgt, daß »selbstverständlich nichts unternommen werden soll, was die bürgerlichen und religiösen Rechte existenter nichtjüdischer Gemeinschaften in Palästina oder die Rechte und den politischen Status, wie sie Juden in irgendeinem anderen Land innehaben, präjudiziert«.

Für die Zionisten war dieser Brief ein wichtiger Erfolg, vor allem ein Prestigeerfolg, und daher wurde von ihnen in der Regel auch mehr die erste Hälfte der Erklärung betont. Aber mit der zweiten Hälfte zusammen verspricht diese berühmt gewordene *Balfour Declaration* eigentlich die Quadratur des Zirkels: Denn wie sollten in einem Land, in das Einwanderer mit dem mehr oder minder erklärten Fernziel einer Staatsgründung einströmen, Rechte und Status der ansässigen Bevölkerungsgruppen unberührt bleiben? Nicht ohne Grund hatte man im ersten Teil des Briefes die Formel »national home for the Jewish People« aus dem Basler Programm (»Nationalheim für das jüdische Volk«) aufgegriffen, die staatsrechtlich im Grund nichts bedeutete. Aber die weltpolitischen Ereignisse sollten diesem Papier bald eine verbindlichere Bedeutung zukommen lassen und ihre britischen Autoren vor das Dilemma der selbstformulierten widersprüchlichen Aufgabe stellen.

Von der Balfour-Deklaration zur Staatsgründung

Der Erste Weltkrieg hatte die zionistische Bewegung in die große Weltpolitik verstrickt. Die Achsenmächte genossen zwar unter den Juden weithin große Sympathien, aber die Balfour-Erklärung, der Kriegsverlauf im Vorderen Orient und schließlich der Ausgang des Weltkrieges machten deutlich, daß die Zukunft des Zionismus von nun an in hohem Maß von Großbritannien abhängen werde. Die jüdische Bevölkerung Palästinas – hebräisch *Jiššub* genannt – unterstützte und begrüßte den britischen Vormarsch, während zugleich nicht wenige Zionisten als Soldaten der Achsenmächte den »Heldentod« starben.

Es ist begreiflich, daß nach diesen Verwirrungen die Ziele und die Methoden des Zionismus nach dem Ersten Weltkrieg erneut Anlaß zu ernsten innerjüdischen Auseinandersetzungen gaben.

Durch die Zustimmung der Alliierten in San Remo 1920 und durch die Aufnahme in die Regelungen des Völkerbundmandates für Palästina 1922 hatte inzwischen aber die Balfour-Erklärung völkerrechtliche Bedeutung erhalten. Ihr zweideutiger Inhalt ließ unterschiedliche Interpretationen zu, sogar durch die wechselnden britischen Regierungen und selbstverständlich auch unter den Zionisten selbst.

Die britische Mandatsbehörde hatte die vertrackte Aufgabe, einerseits das zionistische Aufbauwerk zu fördern und andererseits den Status der palästinensischen Araber zu wahren. Nur hatte sich inzwischen die Sachlage noch weiter kompliziert, weil Großbritannien während des Krieges bestimmten arabischen Herrschern politische Versprechungen gemacht hatte, deren Erfüllung sich zum Teil mit dem Inhalt der Balfour-Deklaration nicht vereinbaren ließ und überdies aus strategisch-kolonialpolitischen Rücksichten nur in gewissen Grenzen erwünscht war.

Die Palästinafrage war nun mit zwei weltpolitisch brisanten Aspekten belastet: einerseits mit der in Mitteleuropa durch den Nationalsozialismus akut gewordenen »Judenfrage« und andererseits durch die weitere Nahostproblematik, die mit Ausbruch des Zweiten Weltkrieges selbstverständlich noch mehr strategisch-politisches Gewicht erhielten. Die zionistischen Politiker schätzten ihre Möglichkeiten angesichts der Weltlage unterschiedlich ein, wobei der alte Zwiespalt zwischen »praktischen« und »politischen« Zionisten in modifizierter Form weiterlebte.

Chaim Weizmann, 1920 bis 1929 und 1935 bis 1946 Präsident, trat für eine gemäßigte politische Zielsetzung bei engster Zusammenarbeit mit der britischen Mandatsverwaltung ein. Das Organ dafür, die nach der Errichtung der Mandatsverwaltung eingerichtete *Jewish Agency*, war bis 1929 mit der zionistischen Führung identisch, wurde aber dann auf Drängen Weizmanns durch Vertreter nichtzionistischer Organisationen erweitert, um für die nicht unmittelbar politischen Aktivitäten — Kulturarbeit, Sozial- und Bildungswesen — eine möglichst breite gesamtjüdische Unterstützung zu erreichen, nicht zuletzt auch durch die religiösen Organisationen.

Gestützt wurde Weizmann vor allem durch die Stimmen der bürgerlich-liberalen Delegierten aus dem Westen und aus Übersee, insbesondere die bürgerlichen *Allgemeinen Zionisten*. Dabei kam es allerdings zu einem Konflikt mit der finanzstarken amerikanischen Organisation, die mehr Selbständigkeit und mehr Einfluß verlangte, aber mit ihrer Forderung nicht durchdrang. Ihr Repräsentant, Louis D. Brandeis (1856 bis 1941), zog sich darum aus der zionistischen Führung zurück.

Ganz anderer Meinung waren die *Revisionisten* unter Wladimir Jabotinsky (1880—1940), die seit 1923 eine eigene Fraktion bildeten und sich zwischen 1935 und 1946 sogar von der Weltorganisation trennten. Sie wollten die britische Mandatsverwaltung ganz und gar als Vorstufe zur Gründung eines jüdischen Staates in den biblischen Grenzen Israels betrachten und benützten und waren bereit, dies auch mit Gewalt durchzusetzen, sowohl gegen britische Behörden wie gegen arabische Widerstände.

Der Revisionismus wies gewisse Parallelerscheinungen zum Faschismus auf und kämpfte darum zugleich gegen die sozialistischen Zionisten, die in Palästina dominierten. Als nationalistisch-chauvinistische Minderheit militanten Charakters blieben sie für lange Zeit ein unberechenbares, für die Mandatsverwaltung wie für die *Jewish Agency* höchst problematisches Element der Palästinapolitik. Sie bildeten auch das Pendant zu den arabischen Terroristengruppen, die jüdische Siedlungen überfielen, indem sie ihren Gegenterror bewußt so inszenierten, daß es zu einer immer schärferen Konfrontation kommen mußte.

Als die britischen Behörden während der NS-Zeit die Einwanderungsquoten aus Rücksicht auf die Araber und auf die strategische Bedeutung des Vorderen Orients unvermindert drosselten, gingen revisionistische Terrorgruppen auch gegen sie vor. Es handelte sich vor allem um die beiden 1939 entstandenen Gruppen *Etzel ('Irgun ṣ^{e}ba'i l^{e}'ummi – Nationale militärische Organisation)* und *Lechi (Loḥ^{a}me Ḥerut Jiśra'el – Freiheitskämpfer Israels)*. Sie brachten die *Jewish Agency* und die offizielle jüdische Verteidigungsorganisation *Haganah* oft genug in prekäre Situationen, waren dann und wann allerdings auch von Vorteil, weil sie als illegale und auch von der *Jewish Agency* mißbilligte Organisationen Aktionen durchführen konnten, zu denen die offiziellen zionistischen Institutionen aus diesen oder jenen Rücksichten nicht in der Lage waren. So ergab sich über viele Jahre ein von punktuellen Kooperationen unterbrochener, erbitterter Streit.

Die dritte große Kraft im Zionismus stellten die sozialistischen Parteien dar, die unter den Siedlern in Palästina die Mehrheit hatten und somit eine Schlüsselstellung im Gesamtzionismus einnahmen, vor allem seit dem Ende der zwanziger Jahre, als es gelang, den Vertretern des *Jiššub*, der jüdischen Bevölkerung Palästinas, mehr Einfluß in der *Jewish Agency* zu sichern – was den amerikanischen Zionisten gerade nicht gelang.

Die zentrale Gestalt im *Jiššub* wurde David Ben Gurion (geboren 1886), der wie die meisten maßgebenden Politiker Israels mit der großen ostjüdischen Einwandererwelle vor dem Ersten Weltkrieg ins Land gekommen war und seit 1920 im Partei- und Gewerkschaftsleben eine führende Rolle spielte. Ihm ging es darum, rasch und möglichst ohne schwere Konflikte mit der Mandatsmacht den *Jiššub* und seine jüdischen Institutionen so auszubauen, daß für den Fall eines bewaffneten Konflikts oder einer durch die Weltmächte herbeigeführten politischen Lösung eine Entscheidung zugunsten des Zionismus möglich würde.

Wie schon bisher rechnete man dabei auch damit, daß vollendete Tatsachen letztlich entscheidende politische Faktoren darstellen. Man suchte daher mit und ohne Einwanderungsgenehmigungen die Zahl der Juden im Land laufend zu vermehren, wobei es an Zuzug nicht fehlte, weil die Flüchtlinge und Auswanderer aus Europa ohnedies oft nicht wußten, wohin sie sich wenden sollten. Solange der Zweite Weltkrieg andauerte, war es allerdings nötig, zugleich alle Kräfte für den Kampf gegen Hitler-Deutschland zu mobilisieren, an dem auch eine jüdische Legion teilnahm; aber mit Kriegsende war der offene Konflikt unausweichlich geworden. Die Mandatsmacht resignierte, aber das Kernproblem, die Araberfrage, war damit nicht gelöst.

Die Araberfrage war in der zionistischen Bewegung von vornherein unterschätzt worden. Man hatte zunächst – ganz im Geist des damaligen an den Kolonialmächten orientierten Europa – dem arabischen Bevölkerungsteil nur geringe Bedeutung beigemessen und sogar das Schlagwort von einem »Land ohne Volk für ein Volk ohne Land« geprägt. Gewiß dachte man an die arabischen Bewohner als Individuen und sah es als selbstverständlich an, daß sie vom zionistischen Aufbau mitprofitieren würden. Aber zwei Gesichtspunkte wurden kaum beachtet: erstens die Tatsache, daß eines Tages auch die arabischen Palästinenser für sich das nationale Selbstbestimmungsrecht verlangen und sich mit einer jüdischen Bevormundung genausowenig abfinden könnten, wie sich der *Jiššub* mit der britischen Mandatsverwaltung befreunden konnte; zweitens die bevölkerungspolitische Entwicklung, also die rasche Zunahme des arabischen Bevölkerungsteils, die in Konkurrenz mit der jüdischen Zuwanderung die Frage des Landbesitzes zu einer bis dahin nicht empfundenen Existenzfrage verschärfte.

Schließlich kam ein weiterer Gesichtspunkt hinzu. Die frühen jüdischen Siedlungen, die großen Citrusplantagen und die Baufirmen beschäftigten sehr viele arabische Arbeiter, und das entsprach keineswegs dem zionistischen Bemühen, die soziale Struktur des jüdischen Volkes zu reformieren. Man startete also eine langwährende Kampagne gegen die Beschäftigung arabischer Arbeiter und schuf eine Ideologie der »hebräischen Arbeit«; das führte bei allem vorhandenen jüdisch-arabischen Kooperationswillen zu einer sozialen und ökonomischen Spannung, die mit dem Aufleben des arabischen Nationalismus zusammenfiel. Von da an gab es letztlich nur mehr den Wettlauf um die Macht.

Zwei Wege schieden dabei von vornherein als unrealistisch aus; der revisionistische Weg und die Idee eines binationalen Staates. Die revisionistische Methode der offenen Gewalt kam in Anbetracht der Kräfteverhältnisse nicht in Frage, sie war höchstens dazu angetan, das Erreichte zu gefährden und den Zionismus in der Weltöffentlichkeit zu diskreditieren.

Der Gedanke eines binationalen Staates war zu schön, um realisierbar zu sein. Ihn vertraten linkssozialistische Gruppen, vor allem der *Šomer ha-ṣaʿir (Der junge Wächter)*, dessen gesellschaftspolitische Vorstellungen ohnedies unter dem Zwang der Verhältnisse nur in beschränkten Bereichen verwirklicht werden konnten und dessen innenpolitisches Gewicht zu gering war, um maßgebend zu sein. Die potentiellen Partner auf der arabischen Seite hatten innerhalb ihrer Gesellschaft einen noch viel schwächeren Stand.

Auch in gebildeten Kreisen, insbesondere der »kulturzionistischen« Richtung, wurde der Plan eines binationalen Staates vertreten. Judah L. Magnes (1877–1948), der langjährige Präsident der Hebräischen Universität Jerusalem, und Martin Buber (1878–1965) zählten zu den prominentesten seiner Verfechter, die 1925 bis 1940 durch die Vereinigung *Bᵉrit Šalom (Friedens-Bund)* Einfluß zu gewinnen versuchten. Aber zu dieser Zeit bestimmten eigentlich schon die radikalen Kräfte und das durch die NS-Herrschaft in Europa geschaffene Flüchtlingsproblem den Gang der Ereignisse – ganz abgesehen davon, daß ein binationaler Staat von beiden Partnern eine politische Reife voraussetzte, die man selbst heute in Gebieten mit langer demokratischer Tradition nicht immer vorfindet. Das Ziel war also viel zu hoch gesteckt, Produkt einer schmalen jüdischen und arabischen Bildungselite ohne Anhang im breiten Volk.

Der Weg Ben Gurions war aber auch aus einem anderen Grund der nächstliegende. Die arabische Bevölkerung Palästinas präsentierte sich zu jener Zeit in keiner Hinsicht als möglicher Verhandlungspartner, sie war weder politisch noch der sozialen Struktur nach noch von den religiösen Interessen aus eine Einheit.

Die feudalistisch anmutende Gesellschaftsstruktur teilte das Volk: Eine schmale Schicht von Landbesitzern, die oft gar nicht mehr auf dem Land lebten, sondern in den Städten oder überhaupt außerhalb Palästinas, stand einer Mehrheit von kleinen Pächtern, Bauern und Handwerkern gegenüber. Die Großgrundbesitzer verkauften Ländereien an die zionistische Organisation, ohne sich um die Folgen zu kümmern. In den Städten existierte ein westlich orientiertes Bürgertum, das die soziale Gesamtsituation nicht einzuschätzen vermochte, zumal sie von dem wirtschaftlichen Aufschwung, den die zionistische

Besiedlung mit sich brachte, tatsächlich profitierte. Die große Masse der Araber aber fühlte sich durch die mit westlichem *know-how* ausgestattete jüdische Landwirtschaft und Industrie einfach an die Wand gespielt, denn auch wenn arabische Arbeitskräfte teilweise dort ihren Unterhalt verdienten, erfuhren sie ständig, daß die Zugezogenen allemal die Überlegenen waren. Wo sich eine Konkurrenzsituation einstellte und die Aktion »hebräische Arbeit« zu Spannungen führte, zogen die Araber immer den kürzeren. Sie verfügten aber über keine Vertretung und über keine Organisation, die den jüdischen Instanzen gegenüber eine klare und verbindliche Stellungnahme hätte abgeben können. So trieben die Ereignisse mit einer eigentümlichen Gesetzmäßigkeit der Krise entgegen.

Man hat das auch im Ausland sehr wohl gesehen und durch Teilungpläne eine Abgrenzung der Interessen zu erreichen versucht. Sie scheiterten aus den verschiedensten Gründen, nicht zuletzt an zwei: einmal an der erwähnten mangelhaften Repräsentation der Araber, die daher zu einer verbindlichen Meinungsbildung gar nicht fähig waren, und dann auch am hinhaltenden Widerstand der zionistischen Politik, vor allem Ben Gurions. Ihr kam es natürlich darauf an, derartige Beschlüsse soweit wie möglich hinauszuschieben, weil sich mit der Zeit das Verhältnis ja ständig zugunsten der jüdischen Position veränderte. Ziel Ben Gurions war es darum, zwei unerwünschte Fälle zu vermeiden: eine vorzeitige Teilung, die das zionistische Aufbauwerk auf einige kleine Gebiete eingegrenzt hätte, und einem vorzeitigen bewaffneten Konflikt, dem der *Jiššub* zahlen- und ausrüstungsmäßig noch nicht gewachsen war.

Ben Gurion steuerte mit kalkuliertem Risiko und gegen gewichtige innerzionistische Widerstände – etwa durch Chaim Weizmann – auf den Punkt zu, an dem die Mandatsmacht resignierte und das Kräfteverhältnis zwischen Juden und Arabern eine Kraftprobe erlaubte. Er hat damit zwar den anhaltenden militärischen Konflikt mit der arabischen Welt in Kauf genommen, doch offenbar in der Erkenntnis der erwähnten Zwangsläufigkeit der Ereignisse: Bis heute jedenfalls konnte noch keine wirklich gangbare Alternative zu seiner damaligen Politik aufgewiesen werden. Sie war eine Notlösung mit schwerwiegenden Folgen, aber auch der Weg zu einer ungeahnt raschen Verwirklichung der wichtigsten zionistischen Zielsetzungen.

Die politische Bedeutung des Zionismus im Gesamtjudentum

Das Aufkommen des Zionismus hat unter den Juden jener Länder, in denen die Emanzipation zur Selbstverständlichkeit geworden war oder noch immer als erstrebenswerte Lösung der »Judenfrage« galt, heftige Reaktionen ausgelöst. Die Propagierung einer jüdischen Nationalität mit dem Ziel einer territorial-nationalstaatlichen Lösung der »Judenfrage« drohte nach Ansicht vieler durch ihre Umkehrung der traditionellen Begründung für die Gleichberechtigungsforderung den mühsam errungenen Rechtsstatus der Juden in manchen Ländern in Frage zu stellen und den Verdacht der doppelten Loyalität, der von Antisemiten ohnehin lautstark geäußert wurde, zu erhärten.

In der Tat brachte der Zionismus für Länder, deren innere Ordnung sich im Verlauf des Ersten Weltkriegs und danach änderte, auch eine neue Sicht der »Judenfrage« mit sich. Während der Pariser Friedensverhandlungen bemühten sich die Zionisten, für die Juden in den betroffenen Staaten Regelungen und Garantien im Sinn eines nationalen Minderheitenstatus zu erlangen, wobei sich eine gewisse Interessengemeinschaft mit den nicht palästina-orientierten *Bundisten* ergab.

Die Vertreter der alten Assimilations- und Emanzipationslinie gerieten dadurch in einen schweren Loyalitätskonflikt, und nur der immer stärker werdende Antisemitismus der zwanziger und dreißiger Jahre bewahrte das Judentum vor einer dauernden Zweiteilung unversöhnlichen Ausmaßes. Andererseits waren die Zionisten fest davon überzeugt, auf dem richtigen, allein Erfolg versprechenden Weg zu sein, und die radikaleren von ihnen scheuten sich nicht, Zionismus und Judentum überhaupt in eins zu setzen und die Gegner des Zionismus einem heftigen propagandistischen, politischen und moralischen Druck auszusetzen.

Der anwachsende Antisemitismus kam diesem Bestreben nicht so ungelegen, denn ihm gegenüber war das assimilatorisch orientierte Judentum tatsächlich hilflos, während die Zionisten immerhin darauf verweisen konnten, in Palästina eine – wenn auch umständebedingt unzureichende – Zufluchtsstätte geschaffen zu haben, wo Juden unter Juden ohne Furcht und Diskriminierung leben konnten. Je überzeugender überdies die Aufbauleistung in Palästina ausfiel, desto stärker wurde auch der zionistische Sog unter den Nichtzionisten, denn die Pioniere und die Mitglieder der jüdischen Selbstverteidigungsorganisation *(Haganah)* widerlegten die üblichen Klischees vom arbeitsscheuen und feigen Juden so offenkundig, daß von selbst auch in der Diaspora ein starkes Verlangen nach Identifikation mit den Pionieren aufkam, jedenfalls in der jüngeren Generation.

Unter dem Eindruck der nationalsozialistischen Verbrechen fiel die Entscheidung vollends zugunsten des Zionismus, und danach lag die Identifizierung der zionistischen Ziele mit der Erfüllung der jüdischen Geschichte überhaupt natürlich noch näher. Sie wurde gefördert durch den traditionsgebundenen Sektor unter den Zionisten, also jene religiösen Zionisten orthodoxer, konservativer und mehr und mehr auch reformjüdischer Richtung, die in unmittelbarer Weiterführung oder in Umdeutung der alten messianischen Hoffnung das palästinensische Siedlungswerk als »Einsammeln der Exilierten«, »Erlösung des Bodens« und als Erfüllung prophetisch-messianischer Weissagungen bezeichneten. Das war ein Verfahren, das

auch nichtreligiöse Zionisten gern anwandten, wenn es galt, unter religiösen Juden oder unter Christen Interesse für die zionistische Sache zu wecken.
Auf diese Weise wuchs der moralische Druck auf die Nicht- und Antizionisten natürlich noch mehr, wenn es auch an vereinzelten Stimmen nicht fehlte, die vor einem pseudomessianischen Risiko warnten, die geistig-kulturellen Anliegen des Zionismus stärker hervorzuheben und mit den »universalistischeren« Traditionen des westlichen Diasporajudentums in ein fruchtbares und ausgewogenes Verhältnis zu bringen suchten. Aber der Zwang der Verhältnisse, die Bedrohung des europäischen Judentums im Zweiten Weltkrieg, die Notwendigkeit der Aufnahme der Flüchtlinge und Überlebenden, sowie die wachsende Konfrontation mit den Arabern begünstigte eher eine straffere Linie.
Im Jahr 1942 vertraten auch die Mehrheitszionisten im *Biltmore Programm* im wesentlichen Forderungen, die bislang nur von den Revisionisten erhoben worden waren, und 1946 kehrten diese auch wieder in die Gesamtorganisation zurück. Man war sich in bezug auf das Ziel weitgehend einig geworden, hinsichtlich der Methoden allerdings nach wie vor unterschiedlicher Meinung.
Die Vorteile des Zionismus im Ringen mit den Antizionisten bestanden nicht selten gerade in seinen Schwächen. Die große Spannweite von den Orthodoxen bis zu den *Reformed* und den areligiösen oder antireligiösen Liberalen oder Sozialisten, von den nationalistischen Chauvinisten bis zu den Vertretern einer binationalen Lösung – ein Facettenreichtum, der oft genug intern lähmend wirkte – bot zugleich viele einzelne Berührungsflächen mit nichtzionistischen Vereinigungen. Die Zusammenarbeit auf diesen Teilgebieten kam in irgendeiner Weise stets auch dem Gesamtzionismus zugute.
Dasselbe gilt für die Aufmachung der zionistischen Propaganda nach außen hin. Man konnte nationalistische Töne anschlagen, aber zugleich doch auch die universalistisch-humani-

stische Akzentuierung des westlichen Diasporajudentums mit ins Feld führen, und zwar gar nicht unbedingt in listiger Absicht, denn man war ja weithin überzeugt, einen Nationalismus und Sozialismus und einen Staat *sui generis* zu vertreten, ein Zukunftsmodell beispielhaften Charakters, wobei die Anliegen der Kulturzionisten, deren politische Thesen man intern nicht ernst nahm, eine nicht geringe Rolle spielten.
Aufs ganze gesehen, gab es also keine einheitliche zionistische Ideologie. Die Ereignisse liefen der ideologischen Klärung einfach voraus und schufen — wie der »praktische Zionismus« selbst — vollendete Tatsachen, mit denen sich Umwelt wie zionistische Ideologen eben abfinden mußten.

6. Weitere Gruppierungen und Organisationen

Nichtzionisten und Antizionisten

Für den Erfolg des Zionismus war entscheidend, daß er auf keine organisatorisch und ideologisch vergleichbar wirksame Gegenpartei traf. Die meisten Juden im Westen verhielten sich anfangs zwar derartig reserviert bis feindselig gegenüber den politischen Zielen des Zionismus, daß der Erste Zionistenkongreß (1897) nicht, wie geplant, in Deutschland, sondern in Basel stattfinden mußte: Die jüdischen Gemeinden in Deutschland hatten sich dagegen ausgesprochen.
Aber die rasche Ausweitung der zionistischen Tätigkeiten im Bildungswesen und die philanthropischen und religiösen Aspekte der Flüchtlingsfrage sowie der Palästinasiedlung veranlaßten immer mehr Nichtzionisten, wenigstens in diesen Bereichen mit den zionistischen Organisationen zusammenzuarbeiten. Mit der Zeit verhielt sich die Mehrheit des Judentums zum Zionismus mehr oder minder wohlwollend neutral, und nur eine Minderheit organisierte sich speziell aus antizionistischen Beweggründen.

Eine solche Vereinigung entstand 1942 in den USA aus Kreisen assimilatorisch orientierter Reformrabbiner, nachdem die »Central Conference of American Rabbis« angesichts der Lage in Palästina den Ausbau der jüdischen Selbstverteidigungsorganisation befürwortet hatte. Mit dem Argument, das Judentum sei eine universalistische Religionsgemeinschaft und keine Nation, wandte sich die neue Gruppe, das »American Council of Judaism«, gegen die zionistische Palästinapolitik, gegen deren Unterstützung durch amerikanische Spenden und nicht zuletzt gegen die intensive zionistische Erziehungs- und Propagandatätigkeit in der Diaspora. Der Erfolg war gering; sogar nach eigenen Angaben erreichte die Organisation nie mehr als etwa zwanzigtausend Mitglieder.
Die Ursache für das Scheitern war doppelter Natur: Auf der einen Seite erstrebten die meisten Antizionisten ja die völlige Assimilation und hatten darum wenig Interesse daran, sich – und sei es selbst antizionistisch – als Juden zu profilieren, auf der anderen Seite wirkte der Eindruck mangelnder Solidarität mit den bedrängten Juden in Europa und Palästina abschreckend. Die Bewegung erhielt zur Zeit der Gründung des Staates Israel noch einmal eine gewisse Aktualität, verlor dann aber rasch an Bedeutung.

Orthodoxe und Chasidim

Orthodoxe und Chasidim waren – wie die Assimilanten auf der Gegenseite – durch den Zionismus in ihrer Wertung des »Exils« in Frage gestellt. Die meisten meinten, daß bis zur Ankunft des Messias jeder Versuch einer Aufhebung der Exilsituation zum Scheitern verurteilt sei, zumindest sofern ein derartiger Versuch nicht voll und ganz auf dem Boden der traditionellen *Torah*-Frömmigkeit erfolgte. Ein Teil der Orthodoxie war jedoch bereit, unter dem Vorbehalt einer wenigstens weitgehenden und in Zukunft vollständigen Durchsetzung seiner religionsgesetzlichen Vorstellungen am palästinensischen Aufbau mitzuarbeiten und bildete so, wie schon erwähnt, von vornherein eine zahlenmäßig zwar schwache, aber wirkungsgeschichtlich bedeutsame Komponente der zionistischen Bewegung.

Nachdem sich die zionismusfreundlichen Orthodoxen 1902 zum *Mizrachi* zusammengeschlossen hatten, gründeten die Gegner 1912 die *'Aguddat Jiśra'el (Israel-Vereinigung).* Die Ablehnung des Zionismus war allerdings nicht ihr Hauptanliegen; der Kampf gegen Säkularisierung, gegen *Conservatives* und *Reformed* war ihnen nicht minder wichtig, wobei man zum prozionistischen *Mizrachi* eine Fülle von Querverbindungen pflegte. Im Erziehungswesen, in der Rabbinerausbildung und nicht zuletzt im orthodoxen Monopolbereich des palästinensischen Rabbinats hatte man in besonderem Maß zur Kooperation Anlaß.

Andersgeartete Berührungspunkte ergaben sich im Rahmen der Arbeiterbewegung. Seit 1922 – seit 1925 auch in Palästina – existierte eine orthodoxe Arbeiterpartei, die *Po^{ca}le 'Aguddat Jiśra'el (Arbeiter der Israel-Vereinigung),* die sich schon 1937 positiv zum Gedanken einer jüdischen Staatsgründung äußerte, ohne die Beziehungen zur orthodoxen Mutterorganisation aufzugeben. Diese verhielt sich schließlich ebenfalls kooperationsbereit, zumindest in bestimmten Bereichen; solchermaßen wollte sie den geschaffenen Realitäten Rechnung tragen, allerdings in der Hoffnung und Absicht, die Entwicklung im eigenen Sinn lenken zu können.

Demgegenüber grenzte sich eine ultraorthodoxe Minderheit und ein Teil der Chasidim schroff gegen den Zionismus ab. Am bekanntesten wurde die Jerusalemer Gruppe der *N^{e}ṭure Qarta' (Wächter der Stadt),* die sich 1935 von der *'Aguddat Jiśra'el* – zunächst unter der Bezeichnung *Ḥäbrat ha-Ḥajjim – Gesellschaft des Lebens* – löste und alle Verbindungen zur jüdischen Selbstverwaltung in Palästina vermied. Am alten Brauchtum und selbst an der alten Kleidung des osteuropäischen Judentums festhaltend, lebten sie inmitten des jüdischen Palästina als hartnäckige Vertreter der Ghettoexistenz und der traditionellen Exilsideologie weiter.

Konservatives Judentum (Conservatives)

Jene religiöse Richtung, die sich in Europa von der Reformbewegung Abraham Geigers abgegrenzt hatte, ohne sich der kulturellen Assimilation und der Emanzipation verschließen zu wollen, hat im amerikanischen Judentum eine eigene organisatorische Verfestigung erfahren, und zwar ebenfalls im Lauf einer Abgrenzung von den *Reformed.*
Unter der Ägide des Rabbiners Isaac Leeser (1806–1868) entstand ein konservativer Flügel, der sich 1885 in aller Form von den *Reformed* löste und 1887 mit dem *Jewish Theological Seminary* in New York eine eigene Rabbinerausbildungsstätte schuf. Viele Lehrer dieser Institution haben im Judentum über die Grenzen ihrer *denomination* hinaus bestimmend und nachhaltig gewirkt, etwa Solomon Schechter (1848 bis 1915), der Erforscher der Kairoer Geniza, Louis Ginzberg (1873–1953), Alexander Marx (1878–1953), Israel Friedländer (1876–1920), Cyrus Adler (1863–1940), Saul Liebermann (geboren 1896) und Abraham J. Heschel (geb. 1907). Die Skala der weltanschaulichen Orientierung von reformnahen bis orthodoxiefreundlichen und chasidismus-orientierten *Conservatives* wurde durch das Aufkommen des Zionismus und des *Reconstructionism* noch erheblich erweitert. Grundlegend blieb jedoch das Bemühen, auch rein äußerlich einen möglichst großen Teil der halachischen, d. h. religionsgesetzlichen Regeln zu bewahren, ein gewisser demonstrativer Zug also, wie er auch durch das Tragen einer zumindest symbolischen Kopfbedeckung zum Ausdruck kommt, ein traditionell-orthodoxer Brauch, der von den *Conservatives* jedenfalls für den Synagogenbesuch streng beibehalten wurde.

Für die Gesamtentwicklung im Judentum hat ihre aufgeschlossene Orientierung an den theologischen Überlieferungen der Vergangenheit und Hand in Hand damit ihre zunehmende Bejahung des Zionismus eine starke Wirkung gezeitigt. Die *Conservatives* haben entscheidend zu einem den religiösen Bereich überschreitenden, neuen jüdischen Kulturbewußtsein beigetragen.

Reformjudentum

Die jüdische Reformbewegung, die im frühen neunzehnten Jahrhundert von Deutschland ausgegangen war, hatte in Europa nur vereinzelt zur Gründung von Sondergemeinden geführt, in den USA dagegen zu einer organisierten Denomination. Ein extrem assimilatorisch orientierter Flügel unter David Einhorn (1809—1879) setzte sich 1885 mit der *Pittsburgh Platform* gegenüber den Gemäßigten unter Isaac M. Wise (1819—1900) durch, worauf sich die *Conservatives* als eigene Gruppe konstituierten.

Das Judentum wurde von den *Reformed* als universalistische Weltreligion mit rationalistisch-humanistischer Grundhaltung dargestellt, deren äußerliche Traditionen nur soweit beizubehalten sind, als sie der Förderung und Wahrung sittlicher Prinzipien dienen. Folglich blieb es weitgehend dem Urteil des einzelnen überlassen, was er von der traditionellen Lebensweise noch beibehalten wollte.

Unter dem Eindruck der europäischen Judenverfolgungen und der Entwicklung in Palästina verminderte sich aber der assimilatorisch-emanzipatorische Optimismus der *Reformed* langsam, und zugleich verebbte die emotional-negative Einstellung zu weiten Bereichen der Tradition. Bei diesem Wandel, der sich 1937 in der *Columbus Platform* niederschlug, spielte auch der wachsende Einfluß des Zionismus und der *Reconstructionists* eine Rolle.

Die Einstellung zum Zionismus war anfangs überwiegend negativ gewesen, wenn auch offiziell keine Festlegung erfolgte, um die Einheit der Reformbewegung nicht zu gefährden. Während nämlich in den USA Isaac M. Wise für die zionistische Sache eintrat, war zum Beispiel der Repräsentant der englischen Reformbewegung, Claude J. G. Montefiore (1858 bis 1938), ein entschiedener Gegner des Zionismus und einer der heftigsten Kritiker der *Balfour Declaration,* weil er die Selbstdefinition als Nation als ein Unglück für alle übrigen Juden ansah.

Das Reformjudentum organisierte sich 1926 weltweit als *World Union for Progressive Judaism.* Maßgebend blieben aber die zahlenmäßig dominierenden amerikanischen *Reformed,* die 1875 für ihre Rabbinerausbildung das *Hebrew Union College* in Cincinnati gründeten und seit 1889 die *Central Conference of American Rabbis* einrichteten. Angesichts der rapiden Assimilation, die zu einer steigenden Zahl von Übertritten zum Christentum, zu anwachsender religiöser Gleichgültigkeit und zu alarmierend vielen Mischehen führte, sahen sich die *Reformed* allerdings genötigt, ihre Grundsätze neu zu überdenken, ein Prozeß, der zur Zeit noch anhält.

Reconstructionism

Der starke Assimilationssog in dem von Antisemitismus wenig berührten Nordamerika und die Aufspaltung des Judentums in drei Denominationen – Orthodoxe, *Conservatives* und *Reformed* – veranlaßte Mordecai M. Kaplan (geboren 1881), seit 1922 zu einer Sammelbewegung aufzurufen. Er selbst kam aus den Reihen der *Conservatives* und suchte eine gemeinsame Basis für alle drei Denominationen. Dafür prägte er den Begriff *Jewish Civilization,* wobei er die Religion als einen zwar wesentlichen, aber keineswegs als einzigen maßgebenden Faktor betrachtete, sondern eher im Sinn des modernen Nationalismus als eine völkische Lebensäußerung und als Mittel zur Selbsterhaltung des Volkstums einschätzte. Geschichte, Sprache, Literatur, soziale Ordnungen und Einrichtungen, sie alle konstituieren mit der Religion die »Zivilisation«, wobei als Sprache in erster Linie das Hebräische gemeint ist. Die von Kaplan ausgehende Bewegung des *Reconstructionism* wollte den assimilierten und konfessionell zersplitterten Juden diese Faktoren wieder zu Bewußtsein bringen und damit eine kulturell-ethnische Abgrenzung von der Umwelt erreichen.

Während Kaplans religiöse Gedanken teilweise in der Bewegung selbst auf Kritik stießen, etwa bei Milton Steinberg (1903–1950), hat sein kulturpolitisches Programm, das in manchem dem des Kulturzionismus nahekommt, großen Widerhall gefunden und rege pädagogische und volksbildnerische Bemühungen ausgelöst, von denen nicht zuletzt der Zionismus mitprofitierte.

Die integrierende Wirkung auf religiösem Gebiet wurde hingegen nicht in dem Maß erreicht, zuletzt bildeten sich sogar eigene *Reconstructionists*-Gemeinden und somit etwas wie eine vierte jüdische Denomination in den USA. Auch in der übrigen Diaspora erwies sich die Bewegung als eine attraktive Selbstpräsentation des Judentums und fand besonders unter der jüngeren Generation Anklang.

B'nai B'rith (Söhne des Bundes)

Die zahlenmäßig stärkste und finanzkräftigste internationale Vereinigung im Judentum – die *B'nai B'rith* –, die soziale, kulturelle und philanthropische Zielsetzungen verfolgt, verbreitete sich seit ihrer Gründung in den USA im Jahr 1843 über die ganze Diaspora, in Europa ab 1882, in Palästina seit 1888. Der Erfolg und das ständige Wachstum des »Ordens« waren symptomatisch für die neue Selbstbejahung der jüdischen Identität und für die zunehmende Einsicht in die Notwendigkeit einer der antisemitischen Bedrohung angemessenen innerjüdischen Solidarität.

Die vielfältige Arbeit des *B'nai B'rith* hatte wirkungsvolle integrierende Bedeutung und kann somit als eine der wichtigsten Kräfte im neueren jüdischen Kulturleben angesehen werden.

Der »Jüdische Weltkongreß«

Das bekannte antisemitische Schlagwort vom »organisierten Weltjudentum« hatte bis zur Gründung der zionistischen Weltorganisation *(World Jewish Congress)* überhaupt keine reale Grundlage, und auch danach repräsentierte die zionistische Organisation noch lange nicht die Mehrheit des Judentums. Erst während der nationalsozialistischen Herrschaft vollzog sich eine entscheidende Wende zu ihren Gunsten.

So kam von selbst die Frage auf, ob nicht eine gesamtjüdische Repräsentation zu wünschen wäre, wie es auch die Erfahrungen bei der Pariser Friedenskonferenz nach dem Ersten Weltkrieg nahelegten, für die 1919 ein *Comité des Délégations Juives* gegründet worden war. Aber erst 1936 trat der erste *Jüdische Weltkongreß* mit zweihundertachtzig Vertretern der meisten bedeutenden jüdischen Organisationen aus zweiunddreißig Ländern in Genf zusammen. Seine Bewährungsprobe stand zu dieser Zeit unmittelbar bevor: die europäische Katastrophe des Judentums. Politische Interventionen, die Koordination von Hilfsmaßnahmen und nach dem Krieg die Versorgung und Unterbringung der Überlebenden waren Aufgaben ungeheuren Ausmaßes. Schließlich vertrat der Weltkongreß auch die Reparationsforderungen der Opfer und Geschädigten.

Präsident der Organisation war bis 1949 Stephen S. Wise (1874—1949), einer der führenden amerikanischen Zionisten, nach ihm Nachum Goldmann (geboren 1894), einer der maßgebenden Publizisten und Zionisten dieser Periode, der nach dem Krieg die Wiedergutmachungsabkommen mit der Bundesrepublik Deutschland in die Wege leitete und dafür 1951 die *Conference on Jewish Material Claims against Germany* (sogenannte *Claims Conference)* ins Leben rief. Zur selben Zeit stellten sich im kommunistisch beherrschten Osteuropa und im islamischen Bereich durch den Palästinakonflikt neue, prekäre Aufgaben.

7. Jüdische Schriftsteller über jüdische Themen in der Weltliteratur

Eine neue Qualität des Begriffs »jüdisch«

Wer ist als »jüdischer« Schriftsteller, Künstler oder Wissenschaftler zu bezeichnen? Die Beantwortung dieser Frage hängt nicht nur von feststellbaren Sachverhalten und vom Selbstverständnis der Betroffenen ab, sondern auch von der Absicht des Fragestellers.

Für einen assimilierten Juden im Westen war es in der Regel nach der Aufklärung zur Selbstverständlichkeit geworden, sich nur noch konfessionell als Jude zu verstehen. Die Bezeichnung »jüdisch« wäre dann vergleichbar mit »römisch-katholisch«, »protestantisch« oder dergleichen. Wie man von einem »katholischen« Kulturschaffenden nur spricht, falls es sich um jemanden handelt, der bewußt aus seiner religiösen Überzeugung für seine Glaubensgenossen wirkt – es sei denn, man wendet chauvinistische Maßstäbe an –, so wäre aus dieser Sicht auch die Bezeichnung »jüdisch« anzuwenden.

Daß dies nicht ausreicht, zeigt ein frühes Beispiel, das bis heute aktuell geblieben ist: War Heinrich Heine (1797–1856) ein jüdischer Schriftsteller? Wer die Frage positiv beantwortet, muß das begründen. Von Heines Selbstverständnis und von seinem Werk her gesehen wäre es – trotz bestehender Bezüge zum Judentum – schwierig, und die meisten Nichtdeutschen würden wohl meinen, es handle sich um einen deutschen Dichter und Schriftsteller. Zugleich bleibt aber eine gewisse Unsicherheit, weil man weiß, daß Heine trotz seiner Taufe von vielen Deutschen nicht oder nur mit Vorbehalt als Deutscher akzeptiert worden ist und daß er gegen Ende seines Lebens die Vergeblichkeit seiner Abwendung vom Judentum eingestanden hat. Es war also nicht so sehr Heines eigene Haltung und sein Werk, das Anlaß gibt, ihn unter dem Aspekt des »jüdischen Schriftstellers« zu betrachten, als vielmehr die Haltung und Wertung in der Umwelt, kurz jene antisemitische Tendenz, die »Deutschtum« und »Judentum« aus pseudo-religiösen und rassistischen Gründen für grundsätzlich unvereinbar hielt.

Französisch oder englisch schreibende Autoren jüdischer Herkunft hatten es in ihrer Umgebung diesbezüglich leichter, obwohl in Nordamerika auf dem dortigen zahlenmäßig stärkeren jüdischen Hintergrund weit mehr speziell jüdische Themen behandelt wurden und tatsächlich manche Schriftsteller *de facto* vorwiegend für ein jüdisches Publikum schrieben.

Folgerichtig kam es gerade im deutschsprachigen Bereich zu einer neuen Auseinandersetzung mit der Etikettierung »jüdisch«, die teils gegen den Willen der Betroffenen und in diffamierender Absicht erfolgte, teils aber auch wieder öfter als Selbstbezeichnung auftauchte, nachdenklich oder mit Stolz und Trotz aufgegriffen und bejaht.

Die so eingetretene Wende sei an einem weiteren Beispiel illustriert, an dem österreichischen Schriftsteller Richard Beer-Hofmann (1866–1945); dabei kann auch die rassistisch-antisemitische Urteilsweise verdeutlicht werden. Für deutschnationale Antisemiten war und ist Beer-Hofmann selbstverständlich kein »deutscher« Schriftsteller, da für sie »deutsch« in diesem Zusammenhang ja mehr als nur »deutschsprachig« bedeutet. Ohne diese ideologische Brille betrachtet handelt es sich selbstverständlich um einen deutschsprachigen österreichischen Autor, wobei der österreichischen Komponente eine entscheidende Bedeutung zukommt. Aber damit ist nicht alles gesagt, denn Beer-Hofmanns Werk ist durch und durch geprägt von einer intensiven Auseinandersetzung mit jüdischer Überlieferung und Thematik, er ist zweifellos — anders als Heinrich Heine — auch ein jüdischer Schriftsteller gewesen.

Noch einfacher steht es im Fall zionistisch orientierter Autoren. Max Brod (1884—1968) aus dem »Prager Kreis« schrieb in deutscher und hebräischer Sprache und war ein namhafter Vertreter des Zionismus. Die Frage, ob er ein »deutscher« oder »jüdischer« Schriftsteller sei, ist als Alternative absurd, Produkt des rassistischen Antisemitismus. Nüchtern gesehen war er ein (auch) deutschsprachiger Autor tschechoslowakischer — und später israelischer — Staatsangehörigkeit und zugleich ein engagierter Jude mit zionistischer, also nationaljüdischer Orientierung. Er gehört selbstverständlich in die Geschichte der deutschsprachigen Literatur und hat zugleich seinen Platz in der Kulturgeschichte des Judentums; aber nicht alles, was er schuf, ist für beide Gesichtspunkte zugleich oder in gleicher Weise relevant.

Dies zeigt, daß die assimilatorische Idee eines bloß »konfessionellen« Judentums nur begrenzt zur Geltung kam. In der Umwelt wurde sie aus rassistischen Gründen in Frage gestellt, weil man mit »Jüdisch« — und in Analogie dazu mit »Deutsch« — eine rassisch-kulturgeschichtliche Feststellung verband. Im Judentum selbst hat sie sich gegen die traditionelle Auffassung von der Einheit zwischen Volks- und Religionszugehörigkeit nie ganz durchgesetzt, und in der Umwelt stieß sie auf die erwähnte antisemitische Wertung des »Jüdischen«.

Es versteht sich von selbst, daß mit dem Aufkommen der nationaljüdischen Bewegung aus innerjüdischen Motiven und als Reaktion auf den Antisemitismus ein erneuertes jüdisches Selbstbewußtsein Platz griff, eine verstärkte Hinwendung zu jüdischen Fragestellungen und Themen und auch immer häufiger der ausdrückliche Wunsch, als Jude vor allem für Juden wirken zu können.

Dies alles gilt nicht nur für Schriftsteller. Denn das antisemitische Urteil traf alle Kulturschaffenden, ob es sich nun um den Maler Max Liebermann (1847–1935), um den Begründer der Psychoanalyse, Sigmund Freud (1856–1939), oder um den Physiker Albert Einstein (1879–1955) handelte und um viele andere mehr. Man wollte sie nicht mehr haben und verdrängte und verjagte sie – um den passenden Jargon zu benutzen – »ohne Rücksicht auf Verluste«, und wer nicht rechtzeitig entkam, wurde schließlich ein Opfer der »Endlösung«.

Gewiß ist diese Entwicklung für viele Juden erst nach der Katastrophe im Hinblick auf ihr jüdisches Selbstbewußtsein voll zur Wirkung gekommen, doch das Nachdenken und die Neubesinnung begann schon in den letzten Jahrzehnten des vorigen Jahrhunderts in unübersehbarer Weise.

Die Wende im jüdischen Selbstbewußtsein seit dem Aufkommen des modernen politischen Antisemitismus spiegelt sich auch im Bereich der religiösen Philosophie. Jüdische Persönlichkeiten, die zunächst eher der liberal-assimilatorischen Richtung angehörten, suchten ihr religiöses Selbstverständnis neu zu bestimmen, in der Regel unter bewußter Aufnahme von Ansätzen in der Tradition.

Der Neukantianer Hermann Cohen (1842–1918) vollzog eine solche Wende mit seinem Alterswerk *Die Religion der Vernunft aus den Quellen des Judentums* (1919). Martin Buber (1878–1965) trachtete nach einer Neubelebung der Religiosität von bestimmten Aspekten des Chasidismus her, den er – in dieser Deutung – im Westen über die Grenzen des Judentums hinaus bekannt machte, und suchte vom Prinzip der »Dialogik« aus grundlegende Merkmale des Judentums aufzuzeigen. In dieser Hinsicht war er eng mit Franz Rosenzweig (1886–1929) verbunden, der jedoch eine stärkere Hinwendung zur traditionellen religiösen Motivschicht vollzog (*Der Stern der Erlösung*, 1921). Beide zusammen begannen eine neue deutsche *Bibel*-Übersetzung, die, am Hebräischen als Vorbild orientiert, sprachschöpferische Qualität aufweist und zugleich eine spezifisch jüdische Leistung sein sollte.

Martin Buber und Ernst Simon (geboren 1899) arbeiteten ferner während der zwanziger und dreißiger Jahre am Aufbau einer jüdischen Erwachsenenbildung, der in den nationalsozialistisch bedrohten Gebieten eine ganz außerordentliche Bedeutung zukam.

Nach all dem genügt das eigentlich entscheidende Kriterium des Selbstverständnisses nicht immer, um die Bedeutung einer Persönlichkeit jüdischer Herkunft für jüdisches Selbstbewußtsein allgemein aufzeigen zu können. Heinrich Heine, um das Beispiel noch einmal aufzugreifen, hat infolge antisemitischer Vorurteile im Bewußtsein der Deutschen nie den Platz erhalten, der ihm aufgrund seiner literaturgeschichtlichen Bedeutung zukäme. Gerade dieser Umstand hat ihn vielen Juden wieder als Juden erscheinen lassen und ihm nachträglich einen jüdischen Symbol- und Prestigewert verliehen, der bei reibungsloser Assimilation nicht zustande gekommen wäre.

Aus all dem läßt sich aber für das Judentum insgesamt noch keine einheitliche oder gar verbindliche Definition des »Jüdischen« erheben, auch wenn es in der innerjüdischen Diskussion an Absolutheitsansprüchen für bestimmte Auffassungen nicht fehlt. Das schließliche Vorherrschen der zionistischen Orientierung ist eine Tatsache, aber sie ist keine Norm, die andere Spielarten jüdischen Selbstverständnisses als illegitim erscheinen lassen kann.

Auch die assimilatorisch-emanzipatorische Selbstdefinition, die Darstellung des Judentums als bloßer Konfession, ist nicht einfach untergegangen. Selbst in den Bereichen der europäischen Katastrophe fanden sich nach 1945 wieder Juden, die bewußt diese Linie erneut aufnahmen, in der Hoffnung, das Erbe der dortigen, zum größten Teil vernichteten »Judentü-

mer« weiterpflegen und aus den Schrecken der Vergangenheit zu einer besseren Zukunft hinführen zu können.
Aus zionistischer Sicht wird diese Einstellung zwar manchmal bedauert, aber da eine vollständige nationalstaatliche Sammlung des Judentums in Palästina doch nicht möglich ist, bleibt der Diaspora auch weiterhin der Raum und die Aufgabe, das Verhältnis zwischen Judentum und Umwelt je und je neu zu gestalten. Es versteht sich allerdings von selbst, daß dies nicht mehr im Geist des moralischen Fortschrittsglaubens des neunzehnten Jahrhunderts geschehen kann und allemal eine schwerwiegende individuelle Entscheidung darstellt.
Der folgende Abriß erhebt keinerlei Anspruch auf Vollständigkeit, er soll nur die kulturgeschichtlich bedeutsamsten Tendenzen anhand einiger repräsentativer Beispiele aufzeigen.

Werke in englischer Sprache

In englischer Sprache hat in dieser Zeit vor allem Israel Zangwill (1864–1926) mit seinen Romanen aus dem Milieu der ostjüdischen Einwanderer in England und Amerika bleibenden Erfolg erzielt, insbesondere mit dem Roman *Children of the Ghetto* (1892), der auch autobiographische und familiäre Reminiszenzen enthält. In *Dreamers of the Ghetto* (1898) schilderte er eine Reihe jüdischer Gestalten in der Grenzsituation zwischen Ghetto und Umwelt, darunter auch seinen eigenen Vater. Eine Reihe kleinerer Erzählungen beziehungsweise Novellen, aber auch Theaterstücke behandeln ebenfalls jüdische Stoffe. Kennzeichnend ist fast immer die Betonung des Zwiespalts zwischen modernem Leben und darauf ausgerichtetem Assimilationsstreben einerseits und der traditionellen Ghetto-Existenz andererseits, die selbst unter den nach Übersee ausgewanderten Ostjuden ihre prägende Kraft nicht völlig verlor und in abgewandelter Form neue Bedeutung gewann, wenn der Ausbruch in die Umwelt nicht glückte.

Zangwill stellte diesen Zwiespalt ohne Beschönigung in all seinen kuriosen und tragischen Aspekten dar. Darüber hinaus war er einer der frühesten Mitarbeiter Theodor Herzls in der zionistischen Bewegung, von der er sich allerdings 1905 mit der Gründung der *Jewish Territorial Organization* für die Zeit bis nach dem Ersten Weltkrieg trennte. Er schrieb zahlreiche Essays über jüdische Zeitfragen, übersetzte hebräische Gebete und Dichtungen ins Englische und war ein beliebter Vortragsredner.

Probleme der jüdischen Assimilation dominieren auch in den Werken anderer Schriftsteller, vor allem die für England und Amerika so häufige Erscheinung der Mischehe und die damit verbundenen Spannungen. Louis Golding (1895–1958) zum Beispiel, hat in seiner Erzählung *Magnolia Street* (1931) unter Verwertung autobiographischer Elemente solche Fragen beleuchtet, während seine späteren Arbeiten bereits vorwiegend die Problematik jüdischer Existenz im Mitteleuropa der Zwischenkriegszeit spiegeln.

Das amerikanische Judentum hat zu der Zeit noch keinen namhaften englischsprachigen Autor hervorgebracht.

Französische Autoren

In der französischen Literatur nahm die Zahl der jüdischen Autoren im späten neunzehnten Jahrhundert zwar sprunghaft zu, vor allem die der Verfasser von Theaterstücken, aber speziell jüdische Themen spielen erst seit der Dreyfus-Affäre eine erwähnenswerte Rolle. Bezeichnend für diese Wende ist Henri-Leon Bernstein (1876–1953) mit seinem Stück *Israël* (1908), der auch später des öfteren die Auseinandersetzung mit dem Nationalsozialismus aufnahm. Diese Thematik beherrscht in der ersten Hälfte unseres Jahrhunderts das Interesse der meisten jüdischen Autoren.

André Spire (1868–1966), ein leidenschaftlicher Zionist,

E. M. Lilien, »Nach unseren Jahren«

Heinrich Brody (1868—1932), Erforscher der hebräischen Poesie des Mittelalters. Lithographie von Hermann Struck (1876—1944)

Achad Ha-Am (Ascher Ginzberg, 1856—1927), hebräischer Schriftsteller und Begründer des »Kulturzionismus«; Osteuropa, seit 1922 in Palästina.

Theodor Herzl (1860—1904), der Begründer der zionistischen Bewegung.

David Ben Gurion (1886—1973), der Gründer des Staates Israel

Parade am Unabhängigkeitstag 1961 in Jerusalem

führte in seinen *Poèmes juifs* (1919) die Vergeblichkeit der Assimilation vor Augen und schilderte in *Quelques Juifs et demi-Juifs* (1928) in teilweise scharfer Form Schattenseiten der assimilatorischen Haltung.

Edmond Fleg (1874–1963), ursprünglich ebenfalls aus assimilatorischem Milieu, zeichnete sich mit seinem Zyklus *Ecoute Israël* – zwischen 1913 und 1948 entstanden – als religiöser Lyriker aus, eine intensive Verarbeitung der Geschichte und religiösen Tradition des Judentums bezeugend. Eine Reihe seiner Schriften galt Gestalten der jüdischen Vergangenheit, wobei die Grenze zwischen dichterischer Gestaltung und anthologischer Quellenverwertung verschwimmt; unter anderem schrieb er ein Jesus-Buch *(Jésus, raconté par le Juif érrant,* 1933). Die eigene Wiederentdeckung des Judentums schildern die autobiographischen Werke *L'enfant prophète* (1926) und *Pourquoi je suis Juif* (1928). Seine letzten Schriften galten in zunehmendem Maß dem Aufbauwerk des Zionismus in Palästina.

Dem Zionismus wandte sich in den zwanziger Jahren auch der bekannte Symbolist Gustave Kahn (1859–1936) zu (*Contes Juifs*, 1926; *Terre d'Israël*, 1933).

In eine ganz andere Richtung wies Jean-Richard Bloch (1884 bis 1947), ebenfalls aus assimilatorischem Milieu und durch die Dreyfus-Affäre geprägt (*Lévy*, 1912). Während seine Erzählung *... et compagnie* (1918) noch dem Problem der jüdischen Identität im Zeitalter der Emanzipation galt, vertreten spätere Schriften in zunehmendem Maß radikal-sozialistische und schließlich kommunistische Tendenzen.

Von anderen Voraussetzungen kam Albert Cohen her (geboren 1895), der in Korfu geboren wurde und eine durch lyrisches Talent (*Paroles juives*, 1921) verstärkte Neigung zu liebevollen Detailschilderungen des östlich-mediterranen Judentums bewahrte, während er zugleich mit satirischem Scharfblick Vorgänge und Begleiterscheinungen des Übergangs von der traditionellen zur assimilierten Lebensweise zu zeichnen verstand (*Solal*, 1930; *Mangeclous*, 1938; *Belle du Seigneur*, 1968; *Les valeureux*, 1969). Cohen sucht die jüdische Identität in einer mystisch anmutenden, durch die Erfahrungen der NS-Zeit bestimmten, schicksalhaften Sendung des jüdischen Volkes, was ihn auch zur aktiven Mitarbeit im Zionismus veranlaßte.

Außer diesen prominenten Vertretern der französischen Literatur wäre noch eine stattliche Reihe von Autoren zu nennen, deren Publikationen mehr oder weniger völlig auf jüdische Themen beschränkt waren oder zumindest manchmal solche behandelten. Unter ihnen sind nicht wenige »Halbjuden«, die infolge der nationalsozialistischen Rassenpolitik zur Auseinandersetzung mit der jüdischen Komponente ihrer Herkunft veranlaßt wurden, unter anderen kein geringerer als der aus Rumänien stammende Eugène Ionesco (geboren 1912).

Deutschsprachige Literatur

Deutschsprachige Autoren jüdischer Herkunft haben im neunzehnten Jahrhundert auf dem Gebiet der schönen Literatur verhältnismäßig wenig zur Erörterung jüdischer Probleme beigetragen. Die meisten waren um die Assimilation bemüht.

Einer der frühesten bewußt jüdischen Schriftsteller war neben dem Begründer des Zionismus, Theodor Herzl (*Altneuland*, 1912), der bereits erwähnte Österreicher Richard Beer-Hofmann (1866–1945), der mit Herzls Zionismus sympathisierte, ohne allerdings die politische Lösung als entscheidende Aufgabe zu sehen; er hielt an dem Gedanken der Erwählung fest – was er auch auf seine Berufung als Dichter bezog – und schrieb dem Judentum eine bleibende und damit zugleich das Judentum erhaltende Sendung innerhalb der Menschheitsgeschichte zu. Dies suchte er nach *Ja'akobs Traum* (1918) vor allem an der Gestalt des Königs David deutlich zu machen

(*Der junge David*, 1933). Die frühe Novelle *Der Tod Georgs* (1900) befaßte sich hingegen mit dem damals verbreiteten Thema der Konfrontation eines völlig Assimilierten mit seinem Judentum infolge der Auseinandersetzungen über die Emanzipation.

Beer-Hofmanns Freund Arthur Schnitzler (1862–1931) kann in dem hier vorausgesetzten, eingeschränkten Sinn zwar schwerlich als jüdischer Schriftsteller bezeichnet werden, hat aber mehrfach in der ihm eigenen feinsinnigen und scharfsichtigen Weise jüdische Probleme zur Sprache gebracht: so in *Professor Bernhardi* (1912) die Frage des Antisemitismus, die er schon in *Der Weg ins Freie* (1908) als eine Folge der besonderen jüdischen Minoritätssituation erklärt hatte, deren komplexe Problematik mit politischen oder gesellschaftspolitischen Mitteln allein nicht zu lösen sei. Von daher beurteilte er sowohl die zionistischen als auch die sozialistischen Lösungsvorschläge zur »Judenfrage« ebenso aus kritischer Distanz wie auf der anderen Seite die krampfhaften Assimilationsbestrebungen.

Ein weiterer guter Bekannter Beer-Hofmanns rechnete sich wie eine Reihe anderer deutschsprachiger Juden im österreichischen Raum bewußt zum »*deutschen* Judentum« und fand auch dort seinen Wirkungskreis, nämlich Martin Buber (1878 bis 1965). Er hat im Zusammenhang mit seinen Bemühungen um eine religiöse Erneuerung des Judentums mit sprachlicher Meisterschaft nicht nur die zusammen mit Franz Rosenzweig begonnene *Bibel*-Übersetzung zu Ende geführt, sondern auch den osteuropäischen Chasidismus in bestimmten Aspekten mit nachhaltigem Erfolg in die deutschsprachige Literatur eingeführt und als Herausgeber und Verlagslektor eine Fülle von Anregungen und Vermittlungen bewirkt.

Aus den überwiegend deutschsprachigen Kreisen des gebildeten böhmisch-mährischen Judentums kamen mehrere bedeutende Schriftsteller. Von ihnen ist hier in erster Linie Max Brod (1884–1968) zu nennen (*Jüdinnen*, 1911; *Arnold Beer.*

Das Schicksal eines Juden, 1912; *Reubeni, Fürst der Juden*, 1925, ein historischer Roman), der auch als journalistischer Publizist und als Zionist einen beträchtlichen Einfluß ausübte. Seine autobiographischen Werke *Streitbares Leben* (1960) und *Der Prager Kreis* (1967) enthalten eine Fülle von Hinweisen über Autoren jüdischer Herkunft, nicht zuletzt über Franz Kafka (1883–1924), der indes trotz seiner Berühmtheit hier nur zu erwähnen ist, weil man von seinem jüdischen Hintergrund her Interpretationshilfen zu finden trachtet.

Auch der österreichische Erzähler Hermann Broch (1886 bis 1951) ist höchstens in diesem Sinn hier anzuführen, während Franz Werfel (1890–1945) mit seiner Neigung zu einem mystischen Katholizismus – übrigens eine gar nicht so seltene Reaktion auf die rationalistisch akzentuierte Assimilationsbewegung – ein Judentum im religiösen Grenzgebiet verkörpert, heftig geschmäht etwa von dem Satiriker Karl Kraus (1874–1936), der übrigens ebensowenig wie sein deutsches Gegenstück Kurt Tucholsky (1890–1935) als »jüdischer« Schriftsteller bezeichnet werden sollte, zumal beide auch formell dem Judentum den Rücken gekehrt haben.

Noch weniger gehören hierher Autoren jüdischer Herkunft, die sich demagogisch judenfeindlich betätigt haben – Symptome einer Grenzsituation.

In Deutschland traten namhaftere Autoren meist erst nach dem Ersten Weltkrieg mit jüdischen Themen in Erscheinung. Jakob Wassermann (1873–1933) suchte einen Weg zwischen der Alternative Assimilation oder Nationalismus (Zionismus), einerseits ein Bekenntnis zum Deutschtum ablegend, andererseits eine jüdische Sendung – nicht: Erwählung – postulierend (*Mein Weg als Deutscher und Jude*, 1921), deren Konzeption, nicht unbeeinflußt von seinen Wiener Bekannten Beer-Hofmann und Arthur Schnitzler, aber infolge der illusionistischen Einschätzung des Deutschtums nicht überzeugend wirkte und durch den Gang der Ereignisse überholt wurde (*Selbstbetrachtungen*, 1933).

In einen ähnlichen Zwiespalt geriet durch den aufkommenden Nationalsozialismus der dem George-Kreis nahestehende Karl Wolfskehl (1869–1948), der sich wie viele andere deutsch-jüdische Schriftsteller erst im Exil mehr der Behandlung jüdischer Probleme zuwandte.

Der Zusammenbruch der assimilatorischen Illusionen von einer deutsch-jüdischen Symbiose hatte in der Regel Resignation zur Folge. Alfred Döblin (1878–1957) zum Beispiel konvertierte zum Katholizismus. Und als nach 1945 einige Exilschriftsteller in Deutschland wieder Fuß zu fassen versuchten, mußten sie die Erfahrung machen, daß sie inzwischen unbekannt waren und daß die Interessen der neuen Zeit anderen Fragen galten. Alfred Döblin ist ein Beispiel dafür, Arnold Zweig (1887–1968) ein anderes.

Zweig hatte schon vor dem Ersten Weltkrieg jüdische Stoffe bearbeitet (*Abigail und Nabal*, 1913; *Ritualmord in Ungarn*, 1914, beziehungsweise *Die Sendung Semaels*, 1918), sich dem Zionismus angeschlossen und in den zwanziger und dreißiger Jahren wiederholt jüdische Fragen behandelt (*Das ostjüdische Antlitz*, 1920; *Caliban*, 1927; *Die Umkehr*, 1925; *De Vriendt kehrt heim*, 1932). 1948 kehrte er aber aus Israel nach Deutschland zurück, allerdings in die DDR, von Illusionen über den Kommunismus geleitet und alsbald in einer Art »goldenem Käfig« Gefangener dieses seines Entschlusses.

Joseph Roth (1894–1939) hat in mehreren Werken die tristen Zustände in seiner galizischen Heimat beschrieben, so in *Hiob* (1930) und in *Juden auf Wanderschaft* (1927). Er sah in der Habsburger Monarchie wie viele Juden mehr und Besseres als einen Nationalstaat und hat ihren Untergang und das Aufkommen des Nationalsozialismus in Deutschland 1933 nicht verwinden können. Nach einer unglücklichen Odyssee beging er 1939 in Paris Selbstmord (*Die Legende vom heiligen Trinker*, 1939; *Briefe 1911–1939*, herausgegeben von H. Kesten, 1970).

Lion Feuchtwanger (1884–1958) hingegen, der vor dem

Zweiten Weltkrieg mit einigen eindrucksvollen historischen Romanen bekannt geworden war (*Jud Süss*, 1925; *Die Geschwister Oppenheimer*, 1933; die Josephus-Trilogie: *Der jüdische Krieg*, 1932; *Die Söhne*, 1935; *Der Tag wird kommen*, 1941), hat in Nordamerika ein neues Publikum und eine neue Heimat gefunden.

Ludwig Strauss (1892–1953), einer der sprachlich begabtesten Lyriker, der sich auch als Übersetzer hebräischer und jiddischer Literatur einen Namen machte, veröffentlichte 1935 unter dem Eindruck einer Palästina-Reise den Gedichtband *Land Israel*, wanderte dann dorthin aus und erwarb sich einen angesehenen Platz in der neuhebräischen Literatur und Literaturwissenschaft.

Else Lasker-Schüler (1876–1945) dagegen, eine eigenwillige, zum Mystisch-Rätselhaften neigende Autorin und vor allem Lyrikerin, ertrug die Exilssituation nicht und verlor sich vereinsamt in einer imaginären Welt.

Nach 1945 haben deutsche Verleger manche Werke der erwähnten, aber auch vieler anderer Schriftsteller jüdischer Abstammung erneut publiziert, teils aus einem gewissen moralischen Pflichtgefühl heraus, teils im Bestreben, wenigstens einen Teil des durch die Verfolgung verlorenen Reichtums wieder zu Bewußtsein zu bringen.

Italien

Das gebildete Judentum Italiens war schon seit dem achtzehnten Jahrhundert von einer kräftigen Neigung zur harmonischen Verbindung zwischen Tradition und moderner italienischer Kultur beherrscht. Hier war ja auch die hebräische Literatur ohne erkennbaren Bruch in die neuhebräische des neunzehnten Jahrhunderts übergegangen. Charakteristisch dafür waren Salomone Fiorentino (1743–1815) und Samuel Romanelli (1757–1817).

Die italienische nationale Einigungsbewegung und der gleichzeitig dominierende Liberalismus im italienischen Geistesleben wirkte sich allerdings zuungunsten des jüdischen Identitätsbewußtseins aus. Es war hier fast nur der zionistisch orientierte Giuseppe Morpurgo (1887–1967), der in seinen Werken (*Yom ha-Kippurim*, 1925; *Beati misericordes*, 1930) das Assimilationsproblem aufgriff.

Rußland und Polen

In den slawischen Literaturen war der Beitrag der Juden im Verhältnis zur Zahl der Ostjuden verhältnismäßig gering. Die Umgangssprache der Juden war ja Jiddisch, und als Literatursprache der gebildeten Schichten überwog noch bis nach dem Ersten Weltkrieg das Deutsche. Die Welle der nationalen Assimilation, die gegen Ende des neunzehnten Jahrhunderts einsetzte und zur Aneignung des Polnischen und Russischen geführt hat, war der Behandlung speziell jüdischer Stoffe und Anliegen ebenfalls nicht förderlich. Nach dem Ersten Weltkrieg schied außerdem das Judentum der Sowjetunion in dieser Hinsicht weitgehend aus; nur im wiederhergestellten Polen blieb ein Spielraum, doch Jüdisches stand dabei nur selten im Vordergrund.

In der Sowjetunion wurde zwar die Frage der jüdischen Identität erneut akut, aber eine literarische Erörterung war nur beschränkt möglich.

Isaak Babel (1894 bis um 1941), einer der wenigen Autoren, die sich jüdischer Themen annahmen, fiel um 1941 dem Regime zum Opfer. Ilja Ehrenburg (1891–1967), der 1927 noch in einer Novelle (*Das stürmische Leben des Lazik Rojtschwantz*) ein jüdisches Schicksal gezeichnet hatte, wußte sich hingegen sehr wohl zu arrangieren, und erst nach Stalins Tod meldete er sich wieder als – nach wie vor sowjettreuer und antizionistischer – Jude zu Wort.

Spanische und portugiesische Literaturen

In Spanien und Portugal selbst beschränkte sich der jüdische Anteil an der Literatur seit den Vertreibungen auf *conversos* und Marranen (Geheimjuden). Nur in der sefardischen Diaspora des Westens, vor allem der Niederlande, kann von einer wirklich jüdischen Literatur in diesen Sprachen die Rede sein.

Auch in den mittel- und südamerikanischen Ländern blieb der jüdische Beitrag lange Zeit äußerst bescheiden. Erst mit dem Anwachsen der Gemeinden durch Zuzug aus dem aschkenasischen Bereich im Lauf dieses Jahrhunderts kam es zu nennenswerten Ansätzen, geprägt von zionistischen Einflüssen und von den Ereignissen in Europa.

Literaturen kleinerer Sprachgruppen

Auch in kleineren Sprachgruppen haben Juden teilweise unverhältnismäßig viel zur literarischen Produktion beigetragen und dabei auch jüdische Fragen behandelt. Das gilt insbesondere für die rumänische Literatur, in etwas geringerem Maß für das Ungarische und nicht zuletzt für das Niederländische, weil das sefardische Element ja schon ziemlich früh die sprachlich-kulturelle Assimilation vorweggenommen hatte, ohne damit die jüdische Identität preiszugeben.

In der Tschechoslowakei und in Jugoslawien ergab sich die sprachlich-nationale Assimilation in vollem Umfang erst nach dem Ersten Weltkrieg, weil vorher das Deutsche in den gebildeten jüdischen Kreisen dominierte.

In den islamischen Ländern waren die Lebensverhältnisse allgemein einer kulturellen Entfaltung wenig zuträglich, aber auch das sprachliche Medium fehlte. Erst im Lauf des neunzehnten Jahrhunderts setzte sich über die verschiedenen arabischen Dialekte hinaus eine arabische Literatursprache durch, die aber für Juden nicht so interessant war, weil die einzelnen jüdischen Gruppen vom Mittelalter her in besonderen, regionalen Dialekttraditionen standen oder Ladino sprachen und für die Verständigung innerhalb der weiteren Diaspora ja das Hebräische zur Hand hatten.

8. Jüdische Literatur in jüdischen Sprachen

Ladino

Zu der volkstümlichen Gattung der *Romanceros*, die von der spanischen Vergangenheit her in der sefardischen Diaspora des Mittelmeerraumes lebendig geblieben war, kamen im neunzehnten Jahrhundert nach und nach neue Formen profaner Literatur, angeregt durch europäische Einflüsse und publik gemacht durch das moderne Medium der Presse.
Ein Teil davon war zunächst Übersetzungsliteratur, doch ab 1900 nimmt auch die Zahl der originalen Ladino-Schöpfungen wieder zu, doch nur vorübergehend. Die zionistische Bewegung inspirierte zwar zu einer verstärkten Beschäftigung mit jüdischen Lebensfragen und Verhaltensweisen und befruchtete insofern zunächst auch die Literatur in Ladino, aber mit dem Vordringen des Hebräischen und mit der zunehmenden Abwanderung nach Palästina wurde dieser Sprache und Literatur zugleich der Boden entzogen. Selbst als gesprochene Alltagssprache geriet Ladino auf diese Weise in die Gefahr des Aussterbens. Man bemüht sich daher heute, diese Sprache und das in ihr erhaltene volkstümliche Lied- und Überlieferungsgut in den Restbeständen dokumentarisch festzuhalten.

Jiddische Sprache und Literatur

Während die ostjüdischen Aufklärer und Sozialisten das Jiddische notgedrungen als Mittel zur Verbreitung ihrer Gedanken benutzten, erwies diese im Volk fest verwurzelte Alltagssprache ihre Lebenskraft, indem sie der neuen jiddischen Literatur eine Unmittelbarkeit und Überzeugungskraft verlieh, die mit dem neuhebräischen Medium zu jener Zeit noch nicht zu erreichen war. Binnen kurzem erstand daher der hebräischen Literatur eine ernsthafte jiddische Konkurrenz. Ihre Wirkung wurde durch die aufkommende jiddischistische Ideologie noch verstärkt und durch die rasch zunehmende Zahl jiddischer Zeitschriften und Tageszeitungen gefördert.

Drei größere Dialektbereiche hoben sich voneinander ab: das Nordostjiddische (Litauen), das Südostjiddische (Galizien) und das zentralpolnische Jiddisch. Dazu kamen infolge der ostjüdischen Auswanderungen stärkere jiddische Sprachgruppen in Nordamerika und in Palästina, die unter dem Einfluß ihrer neuen Umwelt gewisse Eigenheiten entwickelten.

In Palästina geriet das Jiddische in eine schwierige Situation, weil das Neuhebräische als gesprochene Alltagssprache die Oberhand gewann. Die Auseinandersetzungen um diese Sprachenfrage waren vor allem in der Zwischenkriegszeit ungemein heftig und hatten für einige Zeit eine regelrechte Ächtung des Jiddischen zur Folge, bis es nach der Gründung des Staates Israel als Nebensprache – unter anderen – wieder mit einer gewissen Selbstverständlichkeit und schließlich sogar Sympathie geduldet wurde.

Den Wendepunkt zur Literatursprache markiert der zuerst hebräisch schreibende Erzähler Mendele Moker Sefarim (eigentlich Schalom Jakob Abramowitsch, 1835–1917), der von 1870 an immer mehr in jiddischer Sprache schrieb, weil er merkte, daß die von ihm geforderte Lebensnähe und Aktualität der Literatur bei der Anwendung des Neuhebräischen insofern wirkungslos blieb, als gerade die breiten Volksschichten nur Jiddisch verstanden. Da er zugleich das Hebräische nicht aufgab, liegt ein Teil seiner Werke in beiden Sprachen vor – die Gesamtedition von 1909–1913 ergab drei hebräische und sechzehn jiddische Bände –, und die einzelnen Werke haben zum Teil eine komplizierte Entstehungs- und Überarbeitungsgeschichte hinter sich. Mendele suchte das traditionelle, ghettohafte Leben in realistischen, aber auch satirisch-ironischen Schilderungen festzuhalten, im Bewußtsein, daß dieses überwunden werden müsse, aber nicht vergessen werden sollte.

Für die weitere Geschichte der jiddischen Literatur war von Bedeutung, daß Mendele in einer ungemein geschickten und selbstverständlichen Weise Elemente der großen ostjiddischen Dialektgruppen harmonisierend aufzugreifen verstand und damit bei aller Nähe zum Volkstümlichen eine regionale Dialektgebundenheit vermeiden konnte.

Neue Impulse, die im Vergleich zur frühen neuhebräischen Literatur die Entfaltung der jiddischen beschleunigten, kamen aus den Literaturen der Umwelt, die man zu dieser Zeit bereits besser kannte, aber auch schon von amerikanisch-jiddischen Autoren her, die bis zum Ersten Weltkrieg zwar vorwiegend durch soziale und sozialistische Themen bestimmt waren, aber bereits eine moderne jiddische Lyrik schufen.

Als jiddische »Klassiker« hingegen erwarben sich zwei osteuropäische Schriftsteller Nachruhm: Scholem Alechem (eigentlich Schalom Rabinowitz, 1859–1916) und Isaak Lejb Peretz (1852–1915), beide bahnbrechend für die Geltung des Jiddischen als einer vollwertigen Literatursprache, repräsentiert durch die 1888 von Scholem Alechem begründete *Yidishe Folksbibliotek*.

Peretz, der auch polnisch und hebräisch schrieb und in der Weltliteratur gut bewandert war, bereicherte das Jiddische mit einer Fülle neuer Formen und Gattungen. Am wirksamsten waren seine Kurzgeschichten und seine in den letzten Lebensjahren geschriebenen Dramen, bedeutsam aber auch das

Aufgreifen chasidischer Themen, vor allem der chasidischen Erzählung, nachdem bereits Mendele die bislang übliche Polemik gegen die Chasidim aufgegeben hatte. Damit war ein nicht unwesentlicher Bereich ostjüdischen Lebens der literarischen Behandlung zugänglich geworden.

Populärer wurde – jedenfalls auch durch Übersetzungen in nichtjüdischen Kreisen – Scholem Alechem, dessen Erzählungen Gestalten des ostjüdischen Milieus treffsicher und lebendig vor Augen führen, ohne in Vulgarismen zu verfallen, wie es ansonsten damals nicht selten der Fall war. Auf diese Weise mag zwar vieles dezenter sein, als es für die ostjüdische Realität zutraf, aber auf der anderen Seite wurde die Lektüre jiddischer Literatur auch in Kreisen gesellschaftsfähig, die zuvor darüber nur die Nase gerümpft hatten.

Mit dem Jiddischisten-Kongreß in Tschernowitz 1908 trat das Jiddische dem Hebräischen als bewußt konkurrierende Größe gegenüber. Zwei Zeitschriften, *Literarische Monatsschriften* in Wilna und *Di Junge* in New York, entstanden unter dem Eindruck dieser jiddischistischen Welle, und die Einheit der jiddischen und neuhebräischen Literatur, wie sie in Mendele, Peretz und auch Scholem Alechem noch verkörpert war, ging verloren.

Nach dem Ersten Weltkrieg verstärkte sich diese Auseinanderentwicklung weiter durch den Gegensatz zwischen Sozialismus und Zionismus und durch den gleichzeitigen Sprachenstreit in Palästina. Die zumeist sozialistisch orientierten jiddischen Schriftsteller wurden jedoch durch die Unterdrückung der jüdischen Kultur in der Sowjetunion empfindlich enttäuscht, nur am Anfang der zwanziger Jahre und während und unmittelbar nach der Zeit des Zweiten Weltkrieges konnten jiddische Autoren einigermaßen ungehindert publizieren – selbstverständlich auch nur in den durch die ideologische Dogmatik gesteckten Grenzen.

So wurde Polen zum neuen Zentrum der jiddischen Literatur der Zwischenkriegszeit, vertreten durch eine große Zahl

von Autoren, daneben Nordamerika, vor allem das riesige »Ghetto« des New Yorker Judentums.
Die europäische Katastrophe und deren Folgen für Osteuropa haben dem amerikanischen Zentrum ganz die Führungsrolle zugewiesen, von ihm abgesehen blieb in Palästina/Israel noch eine größere Basis erhalten. Beide Bereiche standen in den dreißiger und vierziger Jahren unter dem starken Einfluß ostjüdischer Zuwanderer. Aber die grundverschiedenen Voraussetzungen und Lebensumstände haben ebenso wie die unterschiedliche sprachlich-literarische Umgebung zu einer ungemeinen Vielfalt geführt, die hier nicht einmal in ihren Grundzügen nachgezeichnet werden kann. Durch das Zurücktreten jiddischistischer und sozialistischer ideologischer Tendenzen verstärkte sich der Trend zu individualistischem Schaffen noch weiter, denn eine pro-zionistische Agitation in literarischer Gestalt schien in Jiddisch nicht mehr sinnvoll. So dominierten schließlich Lyrik, Kurzgeschichten aus dem jeweiligen Milieu und Schöpfungen in Anlehnung an Vorbilder aus den Literaturen der Umwelt. Durch die Umstände bedingt, nimmt daneben die Memoirenliteratur großen Raum ein, die zumeist das alte Leben in Osteuropa der Vorkriegszeit und die Schrekken der Kriegszeit zum Gegenstand hat.
Manche der späteren jiddischen Autoren haben durch Übersetzungen in europäische Sprachen auch in nichtjüdischen Kreisen Leser gefunden, etwa Schalom Asch (1880–1957), Itzik Manger (1901–1969), Isaac Bashevis Singer (geboren 1904) und dessen Bruder Israel Jehoshua Singer (1893 bis 1944).

Neuhebräisch und neuhebräische Literatur

Die Krise der *haśkalah*, der osteuropäischen Aufklärung, brachte eine Neuorientierung auch in der neuhebräischen Literatur Osteuropas mit sich. Die großen Begründer der modernen jiddischen Literatur, Mendele Moker Sefarim und Isaak Lejb Peretz, haben auch dafür Bahnbrechendes geleistet und das jüdische Leben im »Städtl« sowie die Probleme des Übergangs zur Moderne ins Zentrum der immer virtuoser gestalteten hebräischen Darstellungen gerückt.

Eine Gruppe von Autoren orientierte sich stärker an polnischen Vorbildern romantisch-impressionistischer Richtung, so Peretz selbst, dann der vielseitige Micha Josef Berdyczewski (Bin Gorion, 1865–1921) und David Frischmann (1864 bis 1922).

Achad ha-Am (Ascher Ginzberg, 1856–1927) wieder stellte sein literarisches Werk in den Dienst der nationaljüdischen Bewegung, und zwar im Sinn des humanistisch-jüdisch ausgerichteten Kulturzionismus. Seine scharfe Kritik am festgefahrenen Traditionalismus und seine literaturkritischen Aussagen, die einen um 1880 einsetzenden Trend zur Literaturkritik weiterführten, haben lang anhaltende Kontroversen ausgelöst und viele Gegner – und Nachahmer – gefunden.

Die nächsten bestimmenden Gestalten der neuhebräischen Literaturgeschichte stehen bereits an jener entscheidenden Wende, die dem palästinensischen Judentum den absoluten Vorrang auf diesem Gebiet bringen sollte, nämlich am Übergang des Neuhebräischen von der bloßen Literatursprache zur Alltagssprache. Dies vollzog sich in den Kreisen der palästinensischen Siedler, aber von früh an begleitet durch systematische Bemühungen um Sprachregenerierung und um angemessene Erweiterung des Wortschatzes nach den modernen Erfordernissen, unter gezielter Ausnützung aller sprachlichen Zeugnisse der Vergangenheit.

Diese Aufgabe erfüllte und erfüllt heute noch die *Akademie für hebräische Sprache* in Jerusalem, deren Vorläufer, der *Wa'ad ha-Lašon ha-'ibrit (Komitee für die hebräische Sprache)*, auf die Gruppe *Śafah b^{e}rurah (Reine Sprache)* zurückgeht, die sich 1889 auf Initiative von Eliezer Ben-Jehuda

(1858—1922) zur Gründung des Komitees versammelte. Dieses Komitee setzte die sefardische Aussprache des Hebräischen durch und förderte gezielt die Verbreitung der Sprache innerhalb der zionistischen Bewegung. Bei Beginn der Mandatszeit wurde Hebräisch bereits als offizielle Sprache des jüdischen Bevölkerungsteils anerkannt, obschon im Alltag das Jiddische noch keineswegs aus dem Feld geschlagen war.
Von da an gewann die neuhebräische Literatur sehr rasch eine neue Qualität und verlor den gekünstelten, papierenen Charakter, der sie bis dahin oft gekennzeichnet hatte. Sie holte damit auch den plötzlichen Vorsprung des Jiddischen in bezug auf die Realitätsbezogenheit wieder auf und gewann neuen Zugang zur langen Tradition der hebräischen Literatur zwischen *Bibel* und Moderne.
Zur selben Zeit brachte das russische Judentum einige neuhebräische Schriftsteller von Rang hervor, die nach Palästina auswanderten und damit dem Prestige der dortigen Literatur zugute kamen. Zu ihnen gehörte vor allem Chajjim Nachman Bialik (1873—1934, seit 1924 in Palästina). Sein Werk, zum größten Teil noch in Osteuropa entstanden, wurde und wird als »klassisch« betrachtet, als »Nationaldichtung« und galt insofern lange Zeit als unerreichbares und verpflichtendes Vorbild zugleich. Bialiks Werk ist nicht sonderlich umfangreich, aber er verstand es, in knappen Dichtungen und Erzählungen Beobachtungen und Gedanken darzulegen, die in Verbindung mit seiner meisterhaften Beherrschung der gesamten hebräischen Sprachtradition verblüffend wirkten, zumal seine Aussagen umsichtiger und nachdenklicher waren als die seiner Vorgänger, die noch weithin Tendenzliteratur produziert hatten. Dementsprechend beurteilte Bialik auch die extremen Erscheinungen jüdischer Frömmigkeit und Aufklärung milder, mit dem Blick auf die Gesamtheit des jüdischen Schicksals; dabei bewies er eine integrierende Fähigkeit, die der ihm zuteil gewordenen Wertung als »Nationaldichter« zweifellos mit den Weg bereitet hat.

Neben Bialik repräsentiert Saul Tschernikowski (1875 bis 1943, ab 1931 in Palästina) diese Übergangsgeneration. Seine Lyrik übertrifft vielleicht noch die Bialiks, wurde aber nie im selben Maß populär, da er weit stärker an europäischen Vorbildern orientiert war und gegenüber dem nationalistisch oder sozialistisch-kollektivistischen Pioniergeist Individualismus und allgemeinmenschliche Themen in den Vordergrund rückte.

Ein dritter, Josef Chajjim Brenner (1881–1921, seit 1909 in Palästina) wurde zum literarischen Mentor der palästinensisch-jüdischen Arbeiterbewegung, doch erreichte er weder sprachlich noch geistig die Wirkung Bialiks. Seine kulturkritische Einstellung in der Nachfolge europäischer Autoren wie Tolstoi, Dostojewski und Nietzsche, ergänzt durch sozialkritische Vorbilder wie Gerhart Hauptmann, wurde aufgewogen durch die positive Forderung nach einem unprätentiösen und nüchternen Lebensstil im Rahmen einer sozialen Arbeitswelt. In der Erfahrung der Arbeit sah er darum die entscheidende Kraft zur Neugestaltung des jüdischen Volkes, zur Überwindung der alten, nutzlosen Ghettoexistenz und zur Gewinnung einer neuen, gerechten und produktiven Lebensordnung.

Andere Wege ging Zalman Shneur (Zalkind, 1887–1959), der erst 1951 nach Israel einwanderte. Ebenfalls ostjüdischer Herkunft, verbrachte er lange Zeit in Frankreich, Deutschland und in den USA und schrieb zeitlebens auch in Jiddisch.

In der Zwischenkriegszeit, als die jüdische Siedlerschaft Palästinas sich zu einer festgefügten Gesellschaft ausformte und sich als Wegbereiter der jüdischen Zukunft und einer neuen vorbildlichen Gesellschaftsordnung schlechthin empfand, wimmelte es von hebräisch schreibenden Autoren. Wer irgend konnte schrieb, insbesondere in den Kibbutzim, den Gemeinschaftssiedlungen, wo das Schreiben nicht selten die Enge der Verhältnisse und die Beschränkung der Mitteilungs- und Kommunikationsmöglichkeiten lindern half.

Manches davon folgte europäischen Vorbildern, vieles dem Beispiel der großen hebräischen Schriftsteller, vor allem natürlich Bialik, und nur sporadisch tauchten aus der Flut des Gedruckten originelle Schöpfungen auf. Nationalistische und sozialistische Ideologie überwucherte nicht selten den literarischen Ausdruck, noch dazu in einer Sprache, die jetzt, mit dem Aufbau einer immer mehr industrialisierten und mechanisierten Gesellschaft, sich von Tag zu Tag änderte und im Mund der immer zahlreicher werdenden Einwanderer neue Formen annahm. Die Fixierung auf das alte Osteuropa, auf Bialik und die übrigen »Klassiker« wurde fragwürdig, nicht minder die Jedermannsschriftstellerei unter den Siedlern. Eine Gruppe neueingewanderter, jüngerer Autoren rebellierte daher energisch dagegen und suchte neue Wege.

Abraham Shlonsky (geboren 1900, seit 1921 in Palästina) repräsentiert zusammen mit Nathan Alterman (1910–1970, seit 1925 in Palästina) und Lea Goldberg (1911–1970, seit 1935 in Palästina) eine Richtung, die entschlossen war, Probleme der Gegenwart mit modernen literarischen Mitteln zur Sprache zu bringen, was sich nicht zuletzt in einer Verbesserung des Niveaus der Lyrik auswirkte.

Nicht alle waren über diese Wendung glücklich, denn die Öffnung zur modernen Weltliteratur, der in der Regel eine humanistisch-sozialdemokratische Orientierung entsprach, befriedigte nicht das teilweise vorhandene Bedürfnis nach etwas spezifisch Jüdischem, also den religiös gefärbten Nationalismus bestimmter Kreise. Diesem entsprach in extremer Weise der auch auf politischem Gebiet die radikalen Revisionisten und Terroristen unterstützende Uri Zbi Greenberg (geboren 1894, seit 1924 in Palästina) mit einer wieder weithin aus der Tradition schöpfenden, aber packenden Darstellungsweise.

Anders Shin Shalom (eigentlich Shalom Joseph Shapira, geboren 1904; seit 1922 in Palästina), den die nationale Wiedergeburt ebenfalls intensiv beschäftigte. Aus einer bekannten chasidischen Familie stammend und philosophisch gebildet, suchte er eine umfassendere, spekulativere Grundlage, die ihn der kulturzionistischen Haltung nahebrachte und eine enge Zusammenarbeit mit Max Brod (1884—1968) ermöglichte.

Eine ganz andere Form nationaler Selbstfindung mit säkularistischer Tendenz wandte sich schließlich gegen das Allgemein-Jüdische und insbesondere gegen das Diaspora-Jüdische selbst. Die »Kanaanäer«, junge, meist schon im Land geborene Verfechter einer entschlossenen Eigenständigkeit gegenüber allem, was ihrer Meinung nach infolge von Diaspora und Fremdherrschaft die jüdische Religion und Kultur ausmacht, erstrebten eine unmittelbar landesgebundene Kultur im Rahmen des Vorderen Orients, etwa analog jener, die nach ihrer Ansicht zur Zeit des alten Israel, in Kanaan, vor der Ausprägung des Judentums geherrscht hatte.

Als literarisch begabter Exponent dieser Tendenz profilierte sich Jonathan Ratosh (Uriel Halperin, geboren 1908, in Palästina seit 1921), der ganz bewußt literarische Kunstmittel und Formen der altorientalischen Literatur – etwa der Texte von Ugarit – aufgriff. Er ist einer der ganz wenigen, die den Ersatz des hebräischen Alphabets durch lateinische Buchstaben forderten, was natürlich jeder ablehnen muß, der den Zugang zur langen und reichhaltigen Überlieferung des Judentums offenhalten möchte.

All diesen neueren Erscheinungen zum Trotz erwies sich das Vorbild der »Klassiker« auch weiterhin als wirksam. Ihr bevorzugtes Thema, das Ostjudentum, fand in Samuel Josef Agnon (ursprünglich Czaczkes, 1888—1970, in Palästina seit 1907, mit zeitweiligem Aufenthalt in Deutschland) einen liebevoll zeichnenden Darsteller, der seine sprachlich-stilistischen Mittel bewußt in der Erzählungsüberlieferung gestaltete, die seit den *Midraschim* der talmudischen Zeit die Jahrhunderte durchzog. Sie hatte zu einem guten Teil auch Syntax und Redeweise des Jiddischen beeinflußt, und darum gewann Agnons Hebräisch eine einzigartige Affinität zum Gegenstand seiner Darstellung. Nach dem Untergang des Ostjudentums, also nach 1945, erhielt sein Werk eine zusätzliche Attraktivität und eine gewisse monumentale Bedeutung, die auch für die Verleihung des Nobelpreises für Literatur im Jahr 1966 mit ausschlaggebend war.

Die Fixierung auf das osteuropäische Judentum war von der zahlenmäßigen Bedeutung und vom geschichtlichen Schicksal her begreiflich, aber es gab auch andere jüdische Gruppen, die vom Lauf der Geschichte überrollt worden sind, wie zum Beispiel das sefardische und arabischsprachige Judentum. Zwei Autoren ist das Verdienst zuzuschreiben, diese Seite der jüdischen Kultur durch ihr literarisches Schaffen der Nachwelt bewußt und bekannt gemacht zu haben.

Jehuda Burla (1886–1969), selbst aus einer alten sefardischen Familie Jerusalems stammend, schilderte, durch die osteuropäischen Klassiker angeregt, vorwiegend Leben und Treiben des sefardisch-orientalischen Judentums in der Übergangszeit von der Tradition zur Moderne. Obwohl das sefardisch-sprachliche Element des öfteren mit einbezogen wird, vermied Burla eine sprachlich-stilistische Sonderentwicklung, wie sie Agnon bewußt auf sich genommen hatte, sondern folgte im wesentlichen westlichen Mustern. Bei aller Konzentration auf sein Sujet war er vor allem Erzähler, nicht so sehr Pädagoge, Sozialreformer oder Tendenzschriftsteller.

Das Leben und Schicksal der jemenitischen Juden, die bis zu ihrer Einwanderung weitgehend in sozialer und kultureller Isolation gelebt hatten und in Palästina ziemlich unvermittelt mit der Moderne konfrontiert wurden, beschrieb in mehreren seiner Werke Chajjim Hazaz (geboren 1898). Er selber stammte aber aus Osteuropa und kam erst 1931 nach Palästina. Sein Gesamtwerk besteht zum größeren Teil aus Schriften über Themen der osteuropäischen und europäischen Diasporageschichte und greift manchmal bis weit in die Frühgeschichte Israels zurück; es ist also vielfältiger und abwechslungsreicher als das Agnons. Sprachlich versuchte auch Hazaz, sich dem jeweils geschilderten Milieu anzupassen, was sein Hebräisch ebenfalls von der gewohnten Sprache abhebt, wozu außerdem noch seine intensive Verwertung des historischen hebräischen Sprachschatzes beiträgt.

Dieser Überblick ist selbstverständlich unvollständig; er läßt aber erkennen, wie nach der Wiedergewinnung des Hebräischen als einer selbstverständlich gesprochenen und daher auch im vollen Sinn literarisch verwendeten Sprache neue Fragen auftauchten. Während auf der einen Seite allgemeinmenschliche Problemstellungen und moderne literarische Vorbilder wirksam wurden, forderte die alte Frage nach dem eigentlich »Jüdischen« neue Antworten und Formulierungen, wobei die Tradition sprachlich und inhaltlich das Schaffen der Autoren wieder in ihren Bann zog.

Gemessen an den großen Weltliteraturen mögen aus der Fülle der damaligen hebräischen Publikationen nur wenige zur Spitzenklasse zählen. Aber für die Ausformung des jüdischen Selbstbewußtseins waren alle mehr oder minder bedeutsam und führen nahtlos hinüber zur neuesten Periode der hebräischen Literaturgeschichte, der Zeit nach der Staatsgründung.

9. Jüdische Wissenschaft

Die zu Beginn des vorigen Abschnittes beschriebene Tendenz zur Stärkung des jüdischen Selbstbewußtseins im Zusammenhang mit der nationalen Bewegung und dem Antisemitismus sprengte die »konfessionalistische« Einengung des Begriffs »jüdische Wissenschaft«. Mehr als zuvor verstand man darunter nicht mehr bloß die Rabbinerausbildung, denn die Möglichkeit einer säkular begründeten jüdischen Nationalität oder Kultur erlaubte auch einen völlig profanen Wissenschaftsbetrieb im Dienst des Judentums.

Ein Symptom dafür war schon die *Hochschule für die Wissenschaft des Judentums* in Berlin (1872), die über die Rabbinerausbildung hinaus Forschung und Lehre betrieb, ebenso die

Gründung der *Akademie für die Wissenschaft des Judentums* in Berlin 1919. In Gebieten mit starken jüdischen Minderheiten – etwa in den USA, wo das Schulwesen noch dazu weithin nicht staatlich organisiert war – ergab sich von selbst eine Nachfrage nach Ausbildungsstätten für die Lehrer der jüdischen Schulen. Dort mußten selbstverständlich auch allgemeinbildende Fächer vertreten sein, so daß sich schon von den praktischen Bedürfnissen her eine Ausweitung des Begriffs der »jüdischen« Wissenschaft ergab.

Das *Gratz College* in Philadelphia, 1897 eröffnet und stiftungsgemäß dem Bemühen um die religiöse Erziehung gewidmet, ist ein Beispiel dafür. Die Tendenz zu grundsätzlich nicht religiös gebundener Ausbildung war so stark, daß in Philadelphia 1909 noch das *Dropsie College for Jewish and Cognate Learning* eröffnet wurde, dessen Entwicklung bis zur Umwandlung in eine Universität (1969) hinführte. Eine noch umfangreichere, auch Naturwissenschaften einschließende Institution stellt die 1948 gegründete *Brandeis University* in Waltham bei Boston dar.

Mit dem praktischen Bedürfnis korrespondierte die durch den Antisemitismus in Europa provozierte Neigung vieler jüdischer Wissenschaftler, möglichst an jüdischen Institutionen für Juden zu lehren.

In Palästina bestanden dafür die besten Möglichkeiten. Dort war eine kompakte jüdische Gesellschaft im Entstehen begriffen, in der alle Zweige der Wissenschaft gepflegt werden mußten. Die kulturelle Idee des Zionismus, in Palästina ein geistiges Zentrum für das gesamte Judentum aufzubauen, fiel insofern auf fruchtbaren Boden. Der seit etwa 1880 immer wieder erörterte Plan, eine *Hebräische Universität Jerusalem* zu gründen, wurde nach dem Ersten Weltkrieg verwirklicht, nachdem schon 1913 in Haifa eine *Technische Hochschule (Technion)* gegründet worden war, die ihre Arbeit freilich erst 1925 aufnehmen konnte. Im Jahr 1918 erfolgte auf dem Skopusberg die Grundsteinlegung, 1925 die Eröffnung.

Die Wissenschaft vom Judentum

Die »Wissenschaft des Judentums« erlebte in dem hier behandelten Zeitraum eine derartige Ausweitung, daß in vorliegendem Rahmen nur die wichtigsten Tendenzen aufgezeigt werden können. Allein die geographische Ausdehnung ist kennzeichnend: Das *Breslauer Seminar* und die Berliner *Hochschule für die Wissenschaft des Judentums* stellten zwar nach wie vor Hochburgen dar, aber die angelsächsischen Bildungsstätten – das *Jews College* in London, das *Hebrew Union College* in Cincinnati, das *Jewish Theological Seminary* in New York, das *Dropsie College* in Philadelphia und andere – gewannen immer mehr an Bedeutung.

Dies läßt sich auch an der rapiden Zunahme englischsprachiger Publikationen ablesen, allein schon an den Fachzeitschriften. Neben die alte *Monatsschrift für Geschichte und Wissenschaft des Judentums* in Deutschland traten *The Jewish Quarterly Review*, die 1889 bis 1910 in London erschien und – als *New Series* – ab 1910 vom *Dropsie College* aus neu begründet wurde, und in Frankreich die *Revue des Études Juives* (1880). Vor und nach dem Zweiten Weltkrieg erschienen weitere Zeitschriften mehr oder minder vergleichbarer Art, zum Teil schon auf bestimmte Fachbereiche spezialisiert. Die deutschsprachige »Wissenschaft des Judentums« trat ihre Führungsrolle an die englischsprachigen »Jewish Studies« ab.

Zur selben Zeit bildete sich aber mit dem Aufbau der *Hebräischen Universität Jerusalem* ein neuer, hebräischsprachiger Schwerpunkt heraus, der zunehmend an Gewicht gewann, nicht zuletzt durch die zahlreichen Einwanderer und Flüchtlinge aus Europa. Die bibliographische Zeitschrift der Jerusalemer Universitäts- und Nationalbibliothek, *Kirjath Sepher* (ab 1924), und speziell judaistische Periodica wie *Tarbiz* (ab 1930) oder *Zion* (ab 1935) haben – von anderen abgesehen – weltweit Anerkennung erlangt und bis heute behalten.

Eine weitere Schwerpunktbildung, wenn auch auf begrenzterem Gebiet, stellten die *YIVO-Institute* in Wilna, Warschau und New York dar, die 1925 ins Leben gerufen wurden, um speziell Fragen und Themen des jiddischsprachigen Judentums zu bearbeiten. Diesem Anliegen dienten die Publikationsorgane und Serien *Yedies fun YIVO* (ab 1929), *YIVO-Bleter* (ab 1931), *Yidishe Shprakh* (ab 1941) und *YIVO Annual of Jewish Social Science* (ab 1946).

Die Fülle des mittlerweile wissenschaftlich Erarbeiteten war bald nicht mehr zu übersehen; daher begann man mit der Publikation großer enzyklopädischer Nachschlagewerke. Ein Meisterwerk dieser Art war bereits die *Jewish Encyclopedia*, die 1901 bis 1906 in zwölf Bänden in New York erschien. Eine hebräische Enzyklopädie in zehn Bänden, *'Oṣar Jiśra'el (Thesaurus Israels)* folgte in New York zwischen 1906 und 1913 und repräsentierte eine mehr traditionsgebundene Richtung. Die russische *Yevreyskaya Enzyklopediya* in sechzehn Bänden (St. Petersburg 1906–1913) brachte gerade für das im allgemeinen eher stiefmütterlich berücksichtigte osteuropäische Judentum reiches Informationsmaterial; aber sie kam aus sprachlichen Gründen wenig zur Wirkung. In deutscher Sprache kamen zwei Nachschlagewerke heraus: das etwas volkstümlicher gehaltene *Jüdische Lexikon* (fünf Bände, 1927–1930) und die großangelegte *Encyclopaedia Judaica*, von der zwischen 1928 und 1934 zehn Bände (bis »Lyra«) erschienen. In New York wurde 1939–1943 die *Universal Jewish Encyclopedia* herausgegeben, die zwar teilweise neues Material brachte, aber die alte *Jewish Encyclopedia* nicht zu ersetzen vermochte. Dies gilt auch für die zehnbändige *Enciclopedia Judaica Castellana* (Mexiko 1948–1951) in spanischer Sprache, die sich durch eine spezielle Berücksichtigung des sefardischen und südamerikanischen Judentums auszeichnet.

Neue Anstöße ergaben sich durch die Notwendigkeit, allgemeine Enzyklopädien in neuhebräischer Sprache für Palästina/Israel herauszubringen, zum Beispiel die große *'Enṣiqlopedijah ha-ʿibrit*, die seit 1949 erscheint. Die Bemühungen, ein allgemein anerkanntes neues Nachschlagewerk über das Judentum zu erstellen, kamen 1971 mit der englischsprachigen *Encyclopaedia Judaica* (16 Bände, Jerusalem) zum Ziel.

Für die thematischen Schwerpunkte waren die inzwischen fortgeschrittene bibliographische Sichtung der großen Handschriftensammlungen und die Entdeckung der »Kairoer Geniza« bestimmend. Nach wie vor stand die Geschichtsschreibung im Vordergrund des Interesses. Die zehnbändige *Weltgeschichte des jüdischen Volkes* (1925–1929) von Simon Dubnow ist dabei an erster Stelle zu nennen; im Hinblick auf gelehrte Details konnte sie allerdings das alte Standardwerk von Heinrich Graetz nicht übertreffen. Erst ab 1937 begann eine neue Gesamtdarstellung zu erscheinen, *A Social and Religious History of the Jews*, verfaßt von Salo W. Baron; von diesem Werk liegen heute fünfzehn Bände vor.

Die Zahl der Einzeldarstellungen zur Geschichte der Juden in den verschiedenen Ländern stieg in demselben Zeitraum ebenfalls erheblich. Musterbeispiele für Arbeiten mit gründlicher Quellenverwertung publizierten Fritz (Jiṣhaq) Baer (geboren 1888) über die Juden im christlichen Spanien und Jakob Mann (1888–1940) über die Juden in Ägypten und Palästina zur Fatimidenzeit. Zur gleichen Zeit richtete sich der Blick mehr denn je auf die Erforschung sozialer Gegebenheiten.

Die Fachleute für hebräische Literaturgeschichte sahen sich durch die »Kairoer Geniza« mit einer Flut neuer Zeugnisse konfrontiert. Solomon Schechter (1848–1915) erhoffte sich eine baldige Publikation und Auswertung des Materials, doch die »Geniza« ist auch heute trotz vieler Publikationen noch keineswegs erschöpft. Das gilt nicht zuletzt für die hebräische Poesie des Mittelalters, für dessen Erforschung in den dreißiger Jahren in Berlin das *Schocken-Institut* unter Leitung von Heinrich Brody (1868–1942) eingerichtet wurde, das dann später nach Jerusalem ausweichen mußte.

Auf dem engeren Gebiet der Liturgiegeschichte schuf Ismar Elbogen (1874–1943), ein sehr vielseitiger Gelehrter, ein bis heute noch nicht ersetztes Standardwerk.

Die Vorliebe des neunzehnten Jahrhunderts für die »Religionsphilosophie« blieb erhalten und brachte zahlreiche Einzeluntersuchungen und Gesamtdarstellungen hervor. Jakob Guttmann (1845–1919) und sein Sohn Julius Guttmann (1880–1950) seien stellvertretend für viele genannt. Doch daneben richtete sich seit der Jahrhundertwende das Interesse zunehmend auch auf die seit der Aufklärung verachtete mystisch-spekulative Tradition des Judentums, also vor allem auf die Kabbalah. Gerhard Scholem (geboren 1897) stellte die Erforschung dieses Gebietes durch kritisch-historische Quellenstudien auf eine kontrollierbare Basis. Er erreichte mit seiner Schule nicht nur eine intensive wissenschaftliche Beschäftigung mit diesem Gegenstand, sondern allgemein auch ein tieferes Verständnis und Interesse innerhalb geistig und religiös engagierter Kreise, während gleichzeitig Martin Buber durch seine Darstellung des Chasidismus unmittelbar eine Aktualisierung der mystischen Überlieferung anstrebte.

Sehr viel wurde auch auf dem engeren Gebiet der Rabbinica geleistet, insbesondere auf dem Gebiet der Textedition, der Textinterpretation sowie der Rechtsgeschichte.

Die Bibelwissenschaft war nie eine besondere Stärke der »Wissenschaft des Judentums« gewesen. In dieser Periode kam dazu die Konfrontation mit der historisch-kritischen Methode der protestantischen Bibelwissenschaft, insbesondere mit der Wellhausenschen Schule. Benno Jacob (1862–1945) trat in diesem Zusammenhang mit wichtigen Veröffentlichungen hervor, vor allem aber Yechezkel Kaufmann (1889–1964), der jahrzehntelang mit einer weltanschaulich festgefügten Gegenposition die Jerusalemer Bibelwissenschaft beherrschte.

Durch die Besiedlung Palästinas kam ein neuer und rasch aufblühender Zweig zu den bisherigen Disziplinen hinzu: die Archäologie. Maßgebend dafür war die Tätigkeit von Eliezer Lipa Sukenik (1889–1953), der die Erforschung der antiken Synagogenreste weiter vorantrieb und 1947 eine wichtige Rolle bei der Auffindung und Sicherstellung der Qumran-Texte gespielt hat.

Trotz dieses – hier nur punktuell angedeuteten – Reichtums an gelehrten Arbeiten blieben wichtige Anliegen ungelöst: So kam es zum Beispiel zu keiner wissenschaftlichen Gesamtdarstellung der jüdischen Religionsgeschichte und auch zu keiner befriedigenden Gesamtdarstellung der jüdischen Literaturgeschichte.

Aufs ganze gesehen, ergibt sich ein ähnliches Bild wie für die neuhebräische Belletristik: Einerseits vollzog sich eine deutliche Verstärkung der zentripetalen Kräfte, die eine »jüdische« Wissenschaft im engeren Sinn und als zentrale Lebensfunktion des Judentums anstrebten, andererseits machte sich der Sog und Mechanismus des säkularisierten Wissenschaftsbetriebs bemerkbar. Versuche, die üblichen, in Europa übernommenen Methoden der historisch-kritischen Forschung nicht nur zu adaptieren und zu verbessern, sondern grundsätzlich durch »jüdische« Methoden zu ersetzen, hat es zwar gegeben, sie führten aber zu keinen ernstzunehmenden Ergebnissen. Die wissenschaftliche Arbeitsweise ist nun einmal nicht religiös oder national gebunden. Der Prozeß der Aufklärung, der seit der Zeit Mendelssohns zum Durchbruch kam, kann auch in einem autonomen jüdischen Gemeinwesen nicht einfach rückgängig gemacht werden; schon der hohe Anteil des Judentums an der modernen Bildung machte das unmöglich.

10. Jüdische Kunst

Die Problematik der Abgrenzung dessen, was als »jüdisch« anzusprechen ist, stellt sich natürlich auch für die Kunst und die Architektur. Die langen Listen von Künstlern jüdischer

Herkunft, die in manchen Nachschlagewerken und Einzeldarstellungen zu finden sind, vermitteln zwar ein eindrucksvolles Bild von dem Beitrag, den Personen jüdischer Herkunft für die allgemeine oder spezielle Geschichte dieser oder jener Disziplin geleistet haben, lassen aber selten erkennen, wie weit die Genannten tatsächlich als jüdische Künstler wirken wollten. Außerdem gilt auch für die Moderne, daß jüdische Aufträge nicht nur durch jüdische Architekten und Künstler ausgeführt wurden, daß also die Religions- oder Volkszugehörigkeit des Künstlers nicht so hoch zu veranschlagen ist, wie es in antisemitischen oder auch chauvinistisch-jüdischen Publikationen manchmal geschieht. Allerdings gilt der schon mehrfach hervorgehobene Vorbehalt, daß die antisemitische Etikettierung von Personen jüdischer Herkunft als »jüdisch« diesen tatsächlich eine jüdische Relevanz verschafft hat, auch wenn sie sich selber nicht mehr als Juden verstanden haben.
Der Eindruck der europäischen Katastrophe zwischen 1933 und 1945 hat selbstverständlich in vielen künstlerischen Schöpfungen seinen Niederschlag gefunden und der Frage nach dem »Jüdischen« neue Bedeutung verliehen. Die allmähliche zionistische Verwirklichung eines jüdischen Staates in Palästina schien eine Zeitlang die Frage einer Lösung näherzubringen, aber die Beziehung zur allgemeinen modernen Kunst war über die nach wie vor bedeutsame Diaspora so eng, daß ein spezifisch »jüdischer« Stil, wie ihn manche erstrebten, weder erreichbar war noch zu begrüßen gewesen wäre.
Der Zwiespalt zwischen der durch die Aufklärung und Säkularisierung erfolgten Befreiung aus den Beschränkungen des Ghettodaseins und der national und religiös motivierten Suche nach spezifisch Jüdischem prägt die gesamte Geschichte der modernen jüdischen Kunst, hat sich jedoch im ganzen als außerordentlich fruchtbar erwiesen. Im folgenden soll kein kunstgeschichtlicher Überblick angestrebt werden, sondern nur auf Personen und Tendenzen hingewiesen werden, die speziell jüdische Themen betreffen.

Architektur

Die Möglichkeiten einer jüdischen Architektur blieben auch nach der Aufklärung noch lange Zeit auf den Bereich der Synagogenbauten beschränkt. Toleranz und Gleichberechtigung haben allerdings die Errichtung einer großen Zahl von Synagogen nach sich gezogen; nur fehlten zunächst jüdische Architekten und Künstler, und über Stil und Ausstattung der neuen Gebäude herrschte unter den ohnedies durch Aufklärung und Assimilation verwirrten Gemeinden meist keine feste Vorstellung. Die Folge war eine ungeheure Vielfalt der Bauformen, meist in historisierender Nachahmung vergangener Baustile oder deren eklektizistisch vermischter Anwendung, wie es zur selben Zeit sowohl in der sakralen wie in der profanen Architektur der Umwelt ebenfalls üblich war.

Im großen und ganzen orientierte man sich nach wie vor am Basilika-Typ. Eine der wenigen frühen Ausnahmen war die im Empire-Stil errichtete Synagoge in der Wiener Seitenstettengasse mit ihrem ovalen Grundriß (1824). In Nordamerika wurden die bescheidenen, der dort gängigen Kirchbauweise entsprechenden Synagogen des späten achtzehnten Jahrhunderts allmählich durch pompöse Bauten abgelöst. Dem Vorbild griechischer Tempelbauten folgte der Entwurf der Synagoge von Charleston (erbaut 1841), wie überhaupt klassizistische Elemente bis ins zwanzigste Jahrhundert hinein weit verbreitet blieben. Bald vorüber ging die ägyptisierende Mode, das Aufgreifen altägyptischer Bauformen, angeregt durch die aufsehenerregenden archäologischen Entdeckungen nach Napoleons Orientfeldzug. Die *Mikve-Israel*-Synagoge von Philadelphia (1825) ist ein Beispiel dafür.

Der aus Europa eingewanderte Leopold Eidlitz (1823–1908) baute in New York die alte *Emanu-El*-Synagoge als kirchenartiges, neugotisches Gebäude, das im Dekor allerdings zahlreiche maurisch-orientalische Motive aufweist. In Europa setzte sich um die Mitte des Jahrhunderts dieser Trend zum

maurisch-orientalischen Vorbild weithin durch, meist in Verbindung mit Zentral- und Kuppelbauten nach byzantinischem Muster, was eine gewisse Distanzierung vom gängigen Kirchenbau ermöglichte. Die – inzwischen wiederaufgebaute – Kölner Synagoge in der Roonstraße, die Synagoge in der Berliner Oranienburgerstraße, die gewaltige Wiener Tempelgassensynagoge, die Synagoge von Pest und die neue Synagoge von Florenz sind repräsentative Beispiele dieser Tendenz.
Neugotische Bauten waren im übrigen selten; nur in Wien, wo Barock- und Rokokokirchen dominierten, favorisierte Max Fleischer (1841–1905) diesen Stil. Neuromanische, kirchenartige Synagogen wurden häufiger errichtet, in Breslau und Straßburg zum Beispiel oder in der Pariser Rue de la Victoire, hier durch den bekannten Architekten Alfred Philibert Aldrophe (1834–1895).
Mit dem zwanzigsten Jahrhundert setzte sich allmählich eine nüchterne, funktionsbezogene Sicht durch, und einfachere Linien traten an die Stelle historisierender und eklektizistischer Stilformen. Eine der größten Synagogenbauten der Übergangszeit wurde 1912 in der Berliner Fasanenstraße errichtet, ein neuromanisch geprägtes, mächtiges Gebäude aus drei hintereinandergeschalteten Kuppelbauten. Schon stärker den Übergang zur Moderne verrät die mit dem hufeisenförmigen Halbrund des Innenraumes einen neuen Typ repräsentierende Essener Synagoge von 1913.
Der Kuppelbau beherrschte immer noch weithin die Szene, auch in Nordamerika, aber die neuen Baustoffe Eisen und Beton beschleunigten die Befreiung von den alten Stilmustern, und in den dreißiger Jahren entstand eine Anzahl schon ausgesprochen moderner Synagogen. Über ihren ästhetischen Wert kann man streiten, auch vermochte man noch nicht alle Möglichkeiten der neuen Baumaterialien auszuschöpfen, aber wie im Kirchenbau ergaben sich die unterschiedlichsten Raumlösungen.
Nach dem Zweiten Weltkrieg erreichte auch die architekto-

nische Formgebung eine den Baustoffen angemessene Vielfalt und Ausdruckskraft, zunächst in Nordamerika und danach vor allem in Israel. In Europa, wo in der Kristallnacht (9. November 1938) und während des Zweiten Weltkrieges der Großteil der Synagogen zerstört worden war, sind seither manche wiedererrichtet worden, zum Teil als Rekonstruktionen wie die Kölner Synagoge, zum Teil als moderne Neubauten. Insgesamt dürften heute in der Welt über dreizehntausend Synagogen existieren.

Die Innengestaltung ließ je nach der religiösen Richtung allerlei Variationen zu. Der bedeutenderen Rolle des Rabbiners seit der Aufklärungszeit und seiner in den Vordergrund gerückten Funktion als Prediger wurde oft mit einer Kanzel Rechnung getragen, die zum Teil auch für den Vorbeter bestimmt war. *Bimah (Almemor)*, also das Podium für die Schriftlesung, und der *Torah*-Schrein wurden häufig kombiniert. Der Synagogenraum wurde nun auch nach akustischen Gesichtspunkten gestaltet, und in Reformgemeinden wurde sogar die Orgel eingeführt und die Abtrennung zwischen Männer- und Frauenteil aufgehoben.

In den größeren Diasporazentren, vor allem in Nordamerika, waren über die eigentlichen Synagogengebäude hinaus ganze Baukomplexe erforderlich, die Räumlichkeiten für das Gemeindeleben, für gesellschaftliche Veranstaltungen, Schulen und Volksbildungsinstitutionen umfassen. Der bekannte Architekt Erich Mendelsohn (1887–1953) schuf zum Beispiel 1949 in St. Louis ein solches Gemeindezentrum, und seither sind vergleichbare Projekte wiederholt realisiert worden. Dabei ist weniger die Frage bedeutsam, ob derartige Gebäude eine spezifisch »jüdische« Architektur aufweisen, als vielmehr die Tatsache, daß sich jüdischen Architekten zunehmend die Möglichkeit bot, speziell für jüdische Institutionen zu planen und zu bauen.

Das gilt in einem noch viel größeren Ausmaß für Palästina. Hier setzte Alexander Baerwald (1878–1930) mit dem

Technion in Haifa – wo er dann selber Architektur lehrte – erste Maßstäbe und Beispiele. Neben der Berücksichtigung der damals gängigen europäischen Baustile suchte er einen Kompromiß mit der bodenständigen und klimabezogenen arabischen Stilform und übte damit einen nachhaltigen Einfluß aus. Die Anwendung des Steinbaus nach arabischem Muster – zumindest als eines dekorativen Elements – in Verbindung mit modern-funktionalen Grundzügen gehört zu den reizvollsten Eigenarten der architektonischen Schöpfungen in Israel.

In den zwanziger und dreißiger Jahren entstand der repräsentative Komplex der *Hebräischen Universität* auf dem Skopusberg bei Jerusalem, der sich hervorragend in die Landschaft einfügte, und am gleichen Ort auch die alte *Hadassahklinik* von Erich Mendelsohn. Maßgebende Architekten der Aufbauzeit waren ferner Josef Klarwein (1893–1970) und der langjährige Professor für Architektur am *Technion* in Haifa Jochanan Ratner (1891–1965), außerdem Heinz Rau (1896–1965), Arjeh Sharon (geboren 1900), Zeev Rechter (1899–1960), Ariel Kahane (geboren 1901), Werner Wittkower (geboren 1903) und David Anatol Brutzkus (geboren 1910). Richard Kaufmann (1877–1958) hat sich darunter als Planer einer ganzen Siedlung (Nahalal) einen besonderen Ruf erworben.

Sie alle haben nach der Staatsgründung ihre Erfahrungen an einer Fülle von neuen Planungen und Bauprojekten anwenden können, die auch den jüngeren Architekten einzigartige Chancen boten, etwa Aba Elchanani (geboren 1918), Jakob Rechter (geboren 1924), Simon Powsner (geboren 1919) und anderen mehr. Regierungsbauten, die neue *Hebräische Universität* und vor allem Planungen im Rahmen der sich ungemein rasch entwickelnden städtischen Siedlungen sowie die regionale und nationale Gesamtplanung boten und bieten Gelegenheit zu neuen Wegen und zu schöpferischer Phantasie wie selten irgendwo sonst. Es ist daher begreiflich, daß inzwischen einzelne jüngere israelische Architekten auch außerhalb ihrer Heimat erfolgreich Fuß fassen konnten.

Malerei und Graphik

Die Darstellung der früheren Epochen der jüdischen Kulturgeschichte hat zwar gezeigt, daß das Judentum in bestimmten Grenzen die bildliche Darstellung tolerierte und schätzte, die religiösen Vorbehalte aber doch eine volle und freie Entfaltung behinderten. Emanzipation und Assimilation wirkten in dieser Hinsicht wie ein Dammbruch, durch den eine Fülle von aufgestauten Talenten zur künstlerischen Selbstverwirklichung gelangte.

Dies geschah freilich nicht sprunghaft, es brauchte etwa ein bis eineinhalb Generationen, bis darstellende und bildende Künstler jüdischer Herkunft in größerer Zahl führend in Erscheinung traten. Aber gegen Ende des neunzehnten und in der ersten Hälfte des zwanzigsten Jahrhunderts erreichte der Beitrag jüdischer Künstler in allen Kunstsparten und allen modernen Kunstrichtungen einen verblüffenden Umfang. Viele von ihnen arbeiteten freilich nicht als Juden, und manche nahmen sich nur gelegentlich jüdischer Themen an; aber eine gar nicht so geringe Zahl war um die Darstellung jüdischer Motive und um den Ausdruck spezifisch jüdischer Anliegen bemüht und wurde auch in ihrem sonstigen Schaffen vom jüdischen Hintergrund geprägt. Im folgenden kann nur eine Auswahl genannt werden, aber sie allein schon vermittelt einen Eindruck von der schöpferischen Kraft und Beweglichkeit, welche die moderne jüdische Kunst kennzeichnet.

Die frühe Emanzipationszeit hat zwar eine ganze Reihe mehr oder weniger bekannt gewordener jüdischer Maler aufzuweisen, doch als speziell jüdische Kunst kann deren Werk kaum angesprochen werden. Das gilt für Eduard Magnus (1799 bis 1872) und Julius Muhr (1819–1865) wie auch für den »Nazarener« Philipp Veit (1793–1877), dessen Freskenzyklus zur Josephsgeschichte als biblisches Thema nicht aus dem Rahmen der allgemein üblichen Thematik fiel, was auch für Eduard Bendemann (1811–1889) zutrifft. Gelegentlich jüdische Motive wählten der erfolgreiche Salomon Alexander Hart (1806–1881) und Simeon Salomon (1840–1905).

Um die Mitte des neunzehnten Jahrhunderts wurden jedoch immer häufiger Themen aus dem jüdischen Leben dargestellt, und jüdische Mäzene und Kunstsammler förderten gezielt diese Tendenz. Solche Genrebilder schufen bereits relativ früh Jeskel Salomon (1821–1902) und Moritz Oppenheim (1799 bis 1882), der auch als Porträtist bekannt wurde. Auf demselben Gebiet arbeitete in Wien und vor allem in Warschau Leopold Horowitz (1838–1917). Zwei jüngere, Isidor Kaufmann (1853–1921) und Moritz Gottlieb (1856–1879), haben von ihrem osteuropäischen Hintergrund her dem jüdischen Genrebild eine neue Qualität verliehen, nämlich größere Lebensnähe und stärkere Ausdruckskraft.

Von den Impressionisten ist Camille Pissarro (1830–1903) zwar Jude gewesen, aber speziell jüdische Motive interessierten ihn nicht so sehr, wenngleich er – wie sein Sohn Lucien Pissarro (1863–1944) – auch gelegentlich jüdische Aufträge ausführte. Edouard Brandon (1831–1897) bevorzugte biblische Themen und Motive aus der Vergangenheit des Judentums, während Henri Caro-Delwai (1878–1928) wieder zeitbezogener arbeitete und eine Reihe von Personendarstellungen und Genrebildern hinterließ.

In England schufen thematisch vergleichbare Werke Joseph Solomon (1860–1921), William Rothenstein (1872–1945), Joseph Mordecai (1851–1940), John Henry Amshewitz (1882–1942), Alfred Wolmark (1877–1961) und David Bomberg (1890–1957), die sich auch des spezifisch englisch-jüdischen Milieus annahmen.

Die eindrucksvollsten Darstellungen jüdischer Motive schuf in dieser Zeit aber wohl der Holländer Josef Israels (1828 bis

1911), einer der wenigen Künstler mit einer wirklich tiefen und das künstlerische Schaffen durch und durch prägenden Bindung zum Judentum. Zahlreiche seiner jüdischen Schüler haben in seiner Art des Realismus und der an Rembrandt orientierten Licht-Schatten-Technik weitergearbeitet und dabei vor allem das Leben der Amsterdamer Juden dargestellt.

Deutschlands berühmtester jüdischer Impressionist, Max Liebermann (1847–1935), bearbeitete gelegentlich jüdische Sujets, Lesser Ury (1861–1931) mit einer gewissen Vorliebe biblische Themen.

Den beherrschenden Themenkomplex stellte in dieser Periode aber das Ostjudentum, nicht nur für Künstler in den osteuropäischen Ländern, sondern auch für die vielen, die vorübergehend oder ganz in den Westen zogen, dort studierten und wirkten, oder überhaupt nach Übersee und nach Palästina auswanderten. Maßgebende Darsteller jüdischer Motive waren etwa Leonid Pasternak (1862–1945), Jehuda Epstein (1870 bis 1945), der sich wie Samuel Hirszenberg (1865–1908) auch für historische jüdische Themen interessierte, ferner Mauricy Trebacz (1861–1941) und Lazar Krestin (1868 bis 1938).

Leopold Pilichowski (1869–1933) ließ sich in England nieder und schuf ein dokumentarisches Gemälde von der Eröffnung der *Hebräischen Universität Jerusalem* (1925) sowie zahlreiche Porträts führender jüdischer Persönlichkeiten. Auch Lasar Segall (1891–1957), der zunächst in Deutschland und ab 1923 in Brasilien wirkte, blieb durch seine osteuropäische Vergangenheit geprägt, nicht weniger Leopold Gottlieb (1883 bis 1924), der in Paris zu Erfolg gelangte. Jankel Adler (1895 bis 1949) suchte Zeit seines Lebens in Anlehnung an ostjüdische Volkskunst und Folklore einen spezifisch »jüdischen Stil«, wie überhaupt folkloristisches Milieu verschiedene Maler und Graphiker der Zeit zwischen den beiden Weltkriegen beschäftigte, zum Beispiel Zygmunt Menkes (geboren 1896) in Polen und Imre Amos (1907–1945) in Ungarn, die beide ein ausgeprägtes Interesse am Chasidismus bekundeten.

In der Sowjetunion blieb zur selben Zeit nicht viel Raum für speziell jüdische Thematik. Nur in den zwanziger Jahren behandelten Elizer Lissitzky (1890–1941) und Issachar Ryback (1897–1935) dergleichen, und Nathan Altmann (geboren 1881) tat sich als Bühnenbildner für das jiddische Theater hervor.

Die Ausstrahlungskraft der ostjüdischen Thematik war enorm. In Deutschland wirkte Rachel Schalit *(Szalit)* – Markus (1894–1942), die aus Litauen kam und deren Lithographien Ausgaben zahlreicher jüdischer Schriftsteller zieren. Hermann Struck (1876–1944) aus Berlin, der 1923 nach Palästina auswanderte, ein Meister der Graphik, widmete einen guten Teil seiner Arbeit ostjüdischen Motiven, ebenso sein Schüler Josef Budko (1888–1941), 1935 Direktor der von Boris Schatz (1867–1932) aus Sofia 1906 begründeten Jerusalemer *Bezalel-Kunsthochschule*, der ebenfalls um einen spezifisch »jüdischen Stil« bemüht war, teilweise unter ornamentaler Verwendung hebräischer Buchstabenmuster. Selbst der einzige namhafte jüdische Vertreter des Jugendstils, Ephraim Moses Lilien (1874–1925), der aus Galizien über Wien nach Deutschland kam, hat seine ostjüdische Vergangenheit nie vergessen.

Die Werke all dieser Künstler haben seit dem Untergang des Ostjudentums über ihre kunstgeschichtliche Bedeutung hinaus besonderen dokumentarischen Wert erhalten. Ungemein nachhaltig war der ostjüdische Einfluß auch auf zwei weitere Bereiche: auf die amerikanisch-jüdische Kunst und auf die »Pariser Schule«.

In Amerika hat erst die »Pariser Schule« im Zusammenwirken mit diesem ostjüdischen Faktor den Aufschwung der jüdischen darstellenden Kunst eingeleitet. Die meisten ihrer Vertreter stammten auch selbst noch aus Osteuropa, so Max Weber (1881–1961) und Benjamin Kopman (1887–1966), die beiden religiös engagierten Maler Todros Geller (1889 bis 1949) und David Bekker (geboren 1897), dieser – wie der viel jüngere David Aronson (geboren 1923) – stark durch Chasidismus und Kabbalah inspiriert. Ferner wären zu nennen Isaak Lichtenstein (geboren 1889), Lionel Reiss (geboren 1894) und Ilya Schor (1904–1961). Im Unterschied zu ihnen suchte Hyman Bloom (geboren 1913) einen »amerikanischen« Weg einzuschlagen. Von den Jüngeren haben sich nur noch wenige für spezifisch jüdische Themen interessiert – ein Symptom der fortschreitenden friedlichen Assimilation. Erst während und nach dem Zweiten Weltkrieg setzte wieder eine gegenläufige Bewegung ein.

Eine beherrschende Rolle spielte in der neueren jüdischen Kunst die »Pariser Schule«, deren jüdische Künstler freilich ganz unterschiedlicher Herkunft waren. So stammte Amadeo Modigliani (1884–1920) aus Italien, der vielgereiste Jules Pascin (Pincas; 1885–1930) aus Bulgarien, Chaim Soutine (1893–1943) und Mané Katz (1894–1962) aus Rußland, wie auch der heute am meisten gefeierte von ihnen allen, Marc Chagall (geboren 1887). Sein Werk ist in hohem Maß von Leben und Geist, Folklore und Volksglauben des ostjüdischen Milieus und von der *Bibel* geprägt. Chagall überschattet in seiner überragenden Bedeutung bis heute die große Zahl der anderen jüdischen Maler und Künstler, die Paris an sich gezogen hat, darunter wiederum viele ostjüdischer Abstammung, deren Arbeit teilweise ebenfalls von diesem Milieu geprägt wurde, zum Beispiel Jesekiel David Kirszenbaum (1900 bis 1954), Arthur Kolnik (geboren 1890) und Simon Segal (geboren 1898).

Im Gegensatz zu ihnen traten bei den jüngeren Malern jüdischer Herkunft die speziell jüdischen Themen in den Hintergrund, was zum Teil aber auch einfach durch die abstrakten modernen Stilrichtungen bedingt ist.

Eine Gruppe für sich bilden in Paris – den Vertretern der osteuropäischen Genre-Kunst vergleichbar – jüdische Maler aus Nordafrika, die das dortige jüdische Leben zeichneten, zum Beispiel Jules Lelusch (geboren 1903).

Für Palästina war lange Zeit der Einfluß von Boris Schatz maßgebend geblieben, der 1906 die *Bezalel-Akademie* gegründet hatte und eine ganze Generation darstellender und bildender Künstler geprägt hat. In den zwanziger Jahren geriet seine Konzeption der »jüdischen Kunst« jedoch zusammen mit dem gesamten *Bezalel*-Unternehmen in eine schwere Krise, und die jüngere Generation suchte bei aller Bindung an das »Land Israel« doch wieder mehr den Anschluß an die weltweiten Kunstrichtungen.

Auch in diesem Fall übte Paris einen beherrschenden Einfluß aus, nicht zuletzt, weil es ohnedies für die meisten der noch aus Osteuropa stammenden Künstler die entscheidende Zwischenstation vor der Einwanderung nach Palästina gewesen war und deshalb auch danach der wichtigste Bezugspunkt blieb. Reuben Rubin (geboren 1893), Nachum Gutmann (geboren 1898), Menachem Shemi (1897–1951) und Pinchas Litvinowsky (geboren 1894) sind einige der bekanntesten, für diesen Zusammenhang bedeutenden Maler, die den alten *Bezalel*-Rahmen sprengten.

Neue Impulse kamen zur selben Zeit von Einwanderern aus Deutschland und Österreich, darunter von den bereits erwähnten Hermann Struck und Josef Budko, ferner auch Jakob Steinhardt (1887–1968). Alle drei waren thematisch vom Ostjudentum bestimmt, während Leopold Krakauer (1890–1954) aus Wien, ein Architekt, sich der palästinensischen Landschaft zuwandte.

Unter den Jüngeren setzten sich zwei – einander zum Teil überschneidende – Tendenzen durch: die Konzentration auf die Landschaft und das Pionierleben Palästinas auf der einen Seite und das Bemühen um den Anschluß an die internationalen, modernen und abstrakten Kunstrichtungen auf der anderen Seite, wobei für letztere Paris der wichtigste Orientierungspunkt blieb.

Die speziell jüdische Komponente trat demgegenüber in den Hintergrund. Abraham Goldberg (geboren 1903 in Polen) suchte sie noch zum Ausdruck zu bringen, auch Moshe Eleazar Castel (geboren 1909) tat es, und zwar unter dem Einfluß Marc Chagalls; der 1949 eingewanderte Zbi Grundmann (geboren 1917), der aus einer polnisch-jüdischen Künstlerfamilie stammt, kam vom ostjüdisch-chasidischen Hintergrund her.

Die Schrecken der NS-Zeit und die Staatsgründung mit den folgenden großen Einwandererwellen haben die nationale und jüdische Thematik noch einmal in den Vordergrund gerückt. Aber gerade die Verwirklichung der nationalen Zielsetzung und die damit verbundene »Normalisierung« leistet wieder den modern-international orientierten Tendenzen Vorschub. Die speziell israelischen Sujets gerieten zwar zur selben Zeit in den Sog der Nachfrage, die der Touristenstrom ins Land brachte, was die quantitative Produktion gewaltig förderte, die Qualität aber naturgemäß nur beschränkt.

Plastik und Kunsthandwerk

Im Unterschied zu der eingeschränkt toleranten Einstellung des traditionellen Judentums gegenüber bildlichen Darstellungen blieben die Plastiken viel nachhaltiger vom Bann des Bilderverbots betroffen. Graveure und Medailleure, die im achtzehnten Jahrhundert aus bestimmten jüdischen Familien mit Beziehung zum Münzwesen stammten, stellen zwar einen Übergang dar, aber ihre Arbeit wurde wohl noch nicht so eindeutig als plastische Kunst empfunden. Die Zahl der frühen jüdischen Plastiken des neunzehnten Jahrhunderts ist darum noch recht gering, doch noch geringer ihr Beitrag zu einer speziell jüdischen Kulturgeschichte.

Mit dem zwanzigsten Jahrhundert setzten sich allenthalben begabte jüdische Künstler durch, die im innerjüdischen Bereich freilich nur begrenzte Wirkungsmöglichkeiten vorfanden. Dazu gehörte eine moderne Formgebung für Ritualobjekte und synagogale Ausstattungen, im Zusammenhang mit der Entwicklung der modernen Synagogenarchitektur die künstlerische Gestaltung ganzer Mauerflächen, und mehr und mehr ein breites Feld profaner, künstlerischer und kunsthandwerklicher Arbeitsmöglichkeiten im Rahmen des palästinensischen Aufbaus. Mit der Gründung des Staates Israel vervielfachten sich diese Möglichkeiten, unter anderem auch dank einer recht stark ausgeprägten Nachfrage nach Denkmälern.

Von den bekannteren Bildhauern, die sich in ihrer Arbeit auch von ihrem jüdischen Hintergrund bestimmen ließen, steht zeitlich an erster Stelle der noch ganz traditionalistisch-ostjüdisch erzogene Mark Antokolski (1843–1902). Ihm wurde, als er bereits Weltruhm genoß, von russischen nationalistischen Antisemiten so erbittert das Recht bestritten, die »heiligen« Motive der christlichen und russischen Geschichte und Welt darzustellen, daß er nach Paris übersiedelte. Er blieb zeitlebens ein bewußter Jude und kümmerte sich tatkräftig um die innerjüdische Förderung der Künste.

Vom aufkommenden Zionismus wurde der Österreicher Samuel Friedrich Beer (1846–1912) zur Gestaltung jüdischer Themen angeregt, zu einer Zeit, als die erste Generation einer größeren Anzahl bewußt jüdischer Bildhauer gerade geboren wurde. Sie stammten zum größten Teil aus Osteuropa, wirkten aber meist im Westen und insbesondere in Nordamerika, wo William Zorach (1887–1966) eine ganze Schule von Bildhauern heranzog, darunter zahlreiche jüdische. Hier wirkten so bekannte Persönlichkeiten wie Enrico Glicenstein (1879–1942) und nach Beginn der nationalsozialistischen Herrschaft weitere Künstler von Rang, etwa Jacques Lipschitz (geboren 1891), die an jüdischen Themen interessierten Künstlerinnen Berta Margoulies (geboren 1907), Thea Tewi (geboren 1912) und die später wieder in Paris arbeitende Mina Harkavy (geboren 1900). Milton Horn (geboren 1906) und Herbert Faerber (geboren 1906) haben sich ebenfalls jüdischer Themen angenommen.

Jacob Epstein (1880–1959), Benno Schotz (geboren 1891) und Benno Elkan (1877–1960) haben in England auf diesem Gebiet neue Maßstäbe gesetzt; Elkan schuf unter anderem die sehr bekannt gewordene große Bronze-*Menorah* beim israelischen Parlament in Jerusalem. Aus Rumänien stammte der in Prag und Paris bekannt gewordene Bernard Reder (1897 bis 1963), aus Wilna der Pariser Leopold Bernstein-Sinaieff (1867 bis 1944), der in einem Konzentrationslager umkam, aus Polen Nathan Rapaport (geboren 1911), der Schöpfer des Warschauer Ghettoaufstand-Denkmals, der 1948 nach Israel einwanderte. In Skandinavien wirkten Kurt Harald Isenstein (geboren 1898) und Siegfried Wagner (1878–1952). Eine starke Gruppe jüdischer Bildhauer lebte in Südafrika, so Moses Kottler (geboren 1895), Herbert Vladimir Meyerowitz (1900 bis 1945) und Hermann Wald (1906–1970), die aus Osteuropa stammen, sowie Israel Lipo Lipschitz (geboren 1903).

In Palästina dominierte zunächst auch auf diesem Gebiet der Begründer der *Bezalel*-Schule, Boris Schatz, noch ein Schüler von Mark Antokolski. Ihm folgte Zeev Ben-Zvi (1904 bis 1952), neben dem sich aber schon andere einen Namen machten, etwa Dov Feigin (geboren 1907) und Moshe Sternschuß (geboren 1903). Eine größere Anzahl jüngerer Künstler begann sich im Ausland wieder an modernen Vorbildern zu orientieren.

Die *Bezalel*-Schule hat sich auch um die Förderung und Sammlung folkloristischer und angewandter Kunst verdient gemacht; das Bemühen um eine spezifisch jüdische Kunst in der Gegenwart brachte jedoch qualitativ wenig ein. Die Erkenntnis, daß lebendige Kunst sich nur in sehr begrenztem Maß organisieren läßt und die Forcierung einer Nationalkunst rasch ins allzu Gewollte und Provinzielle führt, war für die Vertreter der *Bezalel*-Unternehmungen nicht leicht, aber unausweichlich. Eine überzeugende Repräsentation der gewünschten Synthese zwischen der jüdischen Tradition — in ihrer Vielfalt! —, dem aufkommenden palästinensisch-israelischen Selbstbewußtsein und einem international anerkannten Qualitätsniveau war in dieser Breite wohl auch ein zu hoch gestecktes, utopisches Ziel.

Musik

Drei große Überlieferungskomplexe jüdischer Musik reichen aus der Zeit vor der Assimilation in das neunzehnte und zwanzigste Jahrhundert hinein; erstens die Vielfalt der regionalen Ausprägungen des synagogalen Gesangs, zweitens die Volksmusik der Sefardim, drittens die Volksmusik der Ostjuden. Dazu kämen noch, als Sonderfall, die Melodien des osteuropäischen Chasidismus als vierter Komplex.

Im neunzehnten Jahrhundert wurde in Mittel- und Westeuropa sowie in Übersee der traditionelle Synagogengesang in verschiedener Weise im Sinn europäischer Kunstmusik und Kirchenlieder überarbeitet. In Reformsynagogen wurde immer öfter die Orgel eingeführt, und selbst die Instrumentalmusik, die seit den Tagen des Tempels so gut wie überhaupt keinen Platz mehr im religiösen Leben gespielt hatte, kam da und dort wieder in Brauch.

Besonderes Gewicht maß man bei der Reform dem Chorgesang zu, sei es, daß man alte Melodien überarbeitete, sei es, daß man neue in Anlehnung an christliche Vorbilder oder gar in Anlehnung an gängige Opern schuf. Dementsprechend trat der Kantor als Solist im Vergleich zu früher etwas zurück. Ein Meister solcher Adaptierung war Salomon Sulzer (1804 bis 1890) in Wien, dessen Melodien sich — im Unterschied zu den radikaleren Neuerungen in Deutschland — weithin als vorbildlich durchsetzten.

Die Folge waren erhöhte musikalische Ansprüche an die Kantoren, deren Ausbildung allerdings wieder eine vertiefte

Kenntnis der synagogalen Traditionen erforderte, so daß diese nicht einfach vergessen wurden. Im Gegenteil: gerade gegen Ende des neunzehnten Jahrhunderts erwachte ein erneutes Interesse an den verschiedenen Überlieferungen und Riten. Beschreibungen und Aufzeichnungen wurden angefertigt, und seit 1909 begann im Auftrag der Wiener Akademie der Wissenschaften Abraham Zvi Idelsohn (1882–1938) mit seinen umfassenden Sammlungen zu seinem zehnbändigen Thesaurus *Hebräisch-orientalischer Melodienschatz* (1914–1932).

Der drohende Bruch mit der Tradition war damit grundsätzlich vermieden. Im zwanzigsten Jahrhundert kehrte man daher wieder mehr zu den traditionellen Melodien zurück.

In Osteuropa hingegen wurden die alten Formen weitergeführt, und auch der *ḥazzan* (Kantor) behielt hier seine herkömmliche Stellung. Nicht ästhetische, sondern emotionale Gesichtspunkte entschieden über seine Qualität. Aber die Reformen Sulzers wirkten sich auch hier – zumindest – indirekt aus, nämlich auf das musikalische Bewußtsein der Kantoren, und dort, wo Chöre der Sulzerschen Art eingeführt wurden, auch auf die Gemeinden. Die Folge war eine immer virtuosere Gestaltung des synagogalen Gesangsvortrags.

Nicht zufällig begannen einige der eindrucksvollsten Opernsänger des frühen zwanzigsten Jahrhunderts ihre musikalische Laufbahn als Kantoren, wie zum Beispiel der Tenor Joseph Schmidt (1904–1942) aus der Bukowina.

Das Interesse an Sammlungen und Aufzeichnungen beschränkte sich nicht nur auf die synagogalen Gesänge, auch die jüdische Volksmusik wurde nun mit anderen Augen betrachtet, nachdem man sie wenigstens im »aufgeklärten« Westen einige Zeit nur abschätzig beurteilt hatte. Man erkannte, wie weit ihre Überlieferungen zurückreichten und wie stark die Beziehungen zu manchen Teilen der synagogalen Musik waren. Der lebendigen Überlieferung drohte mit der rasch voranschreitenden Assimilation allerdings akute Gefahr, aber die aufkommende nationale Bewegung hat auch auf diesem Ge-

biet eine gewisse Rückbesinnung und Traditionspflege bewirkt.
Unter den Palästinasiedlern lebten so manche Traditionen weiter, verbanden sich zu neuen volksliedhaften Schöpfungen, Ostjüdisches, Chasidisches, Sefardisches und Orientalisches harmonisierend. Mit der zionistischen Jugendarbeit verbreiteten sich dann solche Lieder und Weisen innerhalb der ganzen Diaspora.
Neben den Bemühungen um die Reform der synagogalen Musik, die begreiflicherweise nicht alle glücklich verliefen, entstand im neunzehnten Jahrhundert auch eine große Zahl von mehr oder minder an jüdischen Themen orientierten Kompositionen. Der Großteil davon ist heute vergessen, nur wenige Komponisten erreichten Anerkennung und Nachruhm. Das auf Grund dessen verbreitete Urteil, Juden wären zur schöpferischen Komposition unfähig, geht allerdings an den Tatsachen vorbei. Es bedurfte wie in den anderen Kunstzweigen eben einer gewissen Zeitspanne, bis die durch die Assimilation freigesetzten Talente die angemessene Schulungs- und Entwicklungsmöglichkeit wahrnehmen konnten.
Giacomo Meyerbeer (1791–1864), Jacques Offenbach (1819 bis 1880), Emil Waldteufel (1837–1915) und der als Kind getaufte Felix Mendelssohn-Bartholdy (1809–1847) haben das Manko der mangelnden Kontinuität aufgrund der Umstände früh überwinden können. Andere hatten es schwerer, die wirklichen Begabungen allerdings auch zum Teil insofern leichter, als der Aufbruch zu neuen, avantgardistischen Schöpfungen weniger schwerfiel. Die Zahl berühmter Musiker jüdischer Herkunft ist auch für das zwanzigste Jahrhundert unverhältnismäßig hoch und beweist, mit welcher Intensität und mit welchem Einfühlungsvermögen das kulturell assimilierte Judentum sich die musikalische Bildung der Umwelt zu eigen gemacht und weitergepflegt hat. Das gilt nicht zuletzt auch für die »leichte Muse«.
In Amerika, wo eine musikalische Tradition in europäischem

Sinn ebenfalls erst begründet werden mußte und wo das Kulturleben weithin völlig durch private Initiativen bestimmt wird, ergab sich für jüdische Künstler oft die Gelegenheit, vor einem mehr oder minder geschlossenen jüdischen Publikum aufzutreten.

Noch mehr Möglichkeiten boten sich in Palästina, vollends nach der Staatsgründung. 1936 wurde ein philharmonisches Orchester, Vorläufer des späteren *Israel Philharmonic Orchestra,* gegründet, dem 1950 in Haifa ein zweites großes Symphonieorchester folgte, und kleinere Orchestervereinigungen bildeten sich nach und nach in allen größeren Städten. Die Bemühungen um eine Oper reichen ebenfalls bis 1923 zurück, konnten allerdings erst nach der Staatsgründung mit der *Israel National Opera* institutionalisiert werden.

Im übrigen bewirkte auch in dieser Hinsicht die endlich erreichte Staatsgründung eher eine neue Öffnung nach außen als eine nationalistische Introversion. Zuvor hatte es in Palästina nicht an mehr oder weniger überzeugenden Versuchen gefehlt, etwas wie eine Nationalmusik in Anlehnung an historisch-heroische Stoffe zu schaffen; doch noch rascher als in der Literatur wurde diese Tendenz durch die internationale Kunst überholt, und wie überall, so ging man auch hier zu modernen Kompositionstechniken und zu Experimenten über.

Dazu kommt, daß auf dem Gebiet der Musik die Wechselbeziehungen zur jüdischen Diaspora enger sind als in jedem anderen Kunstzweig. Die große Zahl jüdischer Persönlichkeiten unter den weltbekannten Dirigenten und Solisten garantiert den Kontakt mit der Elite des Musiklebens und setzt somit auch ein qualitatives Maß für die Musik in Israel, dessen philharmonisches Orchester inzwischen zu den ersten der Welt zählt.

Damit ist freilich nicht einmal der engere Bereich jüdischer Musik, der sich auf jüdische Themen beschränkt, einigermaßen umrissen. Angesichts der Tatsache, daß diese musikalischen Schöpfungen jedoch nicht in dem Maß wie etwa literarische bewußtseinsbildend gewirkt haben, kann hier auf eine detaillierte Darstellung verzichtet werden.

Theater

Wenn man von Ausnahmen in Italien absieht, hat es im Judentum der Neuzeit bis ins späte neunzehnte Jahrhundert kein regelrechtes Theater gegeben. Volkstümliche Traditionen, vor allem im Zusammenhang mit dem Purimfest (Purimspiele), waren allerdings vorhanden.

In Osteuropa ergab sich dann gleichzeitig mit dem Aufstieg des Jiddischen zur Schriftsprache eine neue, der Einführung fester Theaterinstitutionen günstige Situation. Abraham Goldfaden (1840—1908) wagte den ersten Versuch dieser Art 1876 in Jassy, und seinem Vorbild folgten innerhalb der nächsten Jahrzehnte zahlreiche andere, auch in den USA, wo Goldfaden selber von 1882 an wirkte. Zentrum des amerikanischen jiddischen Theaters wurde New York. Aber seit dem Ende des Ersten Weltkriegs vermindert sich hier das jiddischsprechende Publikum laufend.

In Osteuropa kristallisierten sich mehrere Schwerpunkte heraus; zunächst in Wilna, in den zwanziger Jahren dann in Leningrad das *Jiddische Kammer-Theater*, das ab 1929 als *Moskauer Jiddisches Staatstheater* weitergeführt wurde, sowie in Warschau, wo Abraham Isaak Kaminski (1867—1918) eine ganze jiddische Schauspielerdynastie begründete. Ihre Tradition wurde von 1950 an durch das *Jüdische Staatstheater* unter Ida Kaminski (geboren 1900) fortgeführt, aber bald mehr von Auslandstourneen als vom Echo unter den wenigen übriggebliebenen Juden Polens getragen.

Jiddische Theater entstanden um die Jahrhundertwende auch in England, Frankreich und in den übrigen osteuropäischen Ländern, sogar in Argentinien und in Südafrika. Das einzige Land, das sich als wirklich zukunftsträchtig erwies, war indes

Palästina, genauer: Israel. Nachdem dort das Jiddische nicht mehr unter der Ächtung infolge des Sprachenstreits litt und das Ostjudentum langsam weitere Kreise zu interessieren begann, erhielten jiddische Aufführungen einen verblüffenden Zulauf. Das neue Interesse, das übrigens nicht nur auf Israel und auf jüdische Kreise beschränkt ist, entspringt der Distanz des Publikums von eben jener ostjüdischen Wirklichkeit, aus der einst das jiddische Theater gelebt hat und die es heute – in einer gewissen Verklärung und mit einer exotischen Wirkung – vergegenwärtigt.

Das hebräischsprachige Theater hatte es vergleichsweise schwer, den Weg zu den breiteren Massen zu finden. Eine lose Theatervereinigung gab es vor dem Ersten Weltkrieg in Jaffa, eine regelrechte Truppe aber erst 1916 in Moskau: die *Habimah (Die Bühne)*, die 1926 in die USA auswich und 1928 in Palästina (Tel Aviv) ihre Heimat fand. Dort, wo das Hebräische wieder Alltagssprache wurde, lagen auch die einzigen Zukunftschancen, und dementsprechend entstanden im Lauf der Jahre, vor allem natürlich seit der Staatsgründung, zahlreiche kleinere und größere Theater. Die *Habimah* blieb allerdings führend und wurde 1965 zum Nationaltheater erklärt.

Die innerjüdische Theatergeschichte wird überschattet durch den immensen Beitrag, den Schauspieler und Regisseure jüdischer Herkunft für Bühnen und Filmkunst fast aller Länder geleistet haben. Zwar gab es sehr viele Querverbindungen, aber der größte Teil der Begabtesten stand nicht auf jüdischen Bühnen. Auf dieses seltsame Phänomen sei hier verwiesen, weil man meist übersieht, welche Wandlungen sich innerhalb relativ kurzer Zeit auch in diesem Punkt ergeben haben: Ein kleines Volk, das vor anderthalb Jahrhunderten noch beinahe geschlossen derartige Veranstaltungen entrüstet abgelehnt hätte, brachte einen beachtlichen Teil der besten Bühnenkünstler der Welt hervor.

11. Mensch und Gesellschaft im Wandel

Das neue Leitbild vom Juden

Wie es für die traditionalistischen Juden selbstverständlich war, die alte Vorstellung vom Leben im Exil und von der rabbinischen Gelehrsamkeit als Ideal beizubehalten, so strebten die Assimilanten des neunzehnten und zwanzigsten Jahrhunderts danach, so zu sein wie alle anderen Menschen auch. Die Antisemiten bestritten freilich, daß sie es je werden könnten, und dieser Vorwurf traf nicht nur die Assimilationswilligen zutiefst, sondern darüber hinaus aufgrund seiner kränkenden Unterstellungen – Arbeitsscheu, Feigheit, Geldgier, Geilheit – alle Juden.

Nachdem es offensichtlich nicht viel nützte, diese Vorurteile als Assimilierte zu widerlegen, mußte früher oder später die Überzeugung Raum gewinnen, daß nur Leistungen zählen, die bewußt und klar als jüdische Leistungen deklariert werden, also nicht darauf angelegt sind, als Feigenblatt für das Judentum der Leistenden zu dienen, damit sie als Deutsche, Franzosen, Russen und so weiter anerkannt würden.

Die nationale jüdische Bewegung befreite den einzelnen Juden von diesem Zwang, sich persönlich durch Höchstleistungen akzeptabel machen zu müssen, hob aber nicht den Leistungszwang selbst auf. Denn nun galt es, sich selbst und vor aller Welt zu zeigen, was Juden als Juden zu leisten imstande sind, und zwar gerade auch in Bereichen, die nach herrschender Ansicht ganz und gar unjüdisch waren, wie etwa die manuelle Arbeit, vor allem die Landwirtschaft, und das Militär. Dabei wird ein gewisser Zwiespalt deutlich: nämlich einerseits das Bestreben, als Juden so zu werden und gleiches zu leisten wie alle anderen Menschen, andererseits der Drang nach höheren Leistungen und so wieder nach etwas speziell Jüdischem.

Ein weiterer Impuls zu elitärem Streben kam aus der sozialistischen Ideologie, die in der jüdischen Arbeiterbewegung, wie bereits gesagt, eine eigentümliche Richtung genommen hat. Sie ergab sich aus der Spannung zwischen nationaljüdisch-zionistischer Zielsetzung und radikal-sozialistisch-kommunistischer Assimilationstheorie, die zur Suche nach einem eigenen und wenn möglich eben vorbildhaften Weg zum Sozialismus zwang.

Der Pionier in Palästina wurde aufgrund dieser Voraussetzungen zur Leitgestalt, zum Inbegriff des neuen jüdischen Menschen. In den zionistischen Jugendorganisationen und in den zionistisch beeinflußten Schulen wurde dieser neue Typ des Juden der jungen Generation als nachahmenswertes Vorbild hingestellt. Erziehung und Ausbildung wurden zielbewußt auf das Endziel der Einwanderung und der persönlichen Verwirklichung des Ideals ausgerichtet. In Europa wurde diese Tendenz unterstützt durch den Einfluß der Jugendbewegung, die damals weite Kreise der Jüngeren in ihren Bann schlug und innerhalb des Judentums ebenfalls zu »bündischen« Zusammenschlüssen stimulierte, die dann zum Teil in Gruppeneinwanderungen nach Palästina und in der Gründung von Gemeinschaftssiedlungen ausmündeten.

Wie nicht anders zu erwarten, nahm in der national-jüdischen Jugendarbeit auch der Sport einen besonderen Platz ein. Von ihm erhoffte man sich eine rasche Behebung jener Körperhaltung und Mentalität, die infolge der traditionellen Erziehung und Berufsbeschränkung viele Juden so kennzeichnete, daß sie weithin als schlechterdings jüdisch galt. Nicht mehr der Tag und Nacht studierende rabbinische Gelehrte, sondern der Held der Makkabäerzeit wurde zum jüdischen Ideal, und die seit dem Ende des neunzehnten Jahrhunderts überall aufkommenden jüdischen Turnvereine nannten sich auch gern martialisch *Makkabi, Bar Kochba, Ha-Ko*ᵃ*ḥ (Die Kraft)* und ähnlich. Seit 1929 organisierte man nach dem Vorbild der Olympiade – jeweils ein Jahr danach – gesamtjüdische Sportwettspiele, die »Makkabiade«.

Darüber hinaus stellten einzelne Juden natürlich auch im

Rahmen nichtjüdischer Vereinigungen und Veranstaltungen ihre Leistungsfähigkeit unter Beweis, ein Teil davon freilich weiterhin ganz im assimilatorischen Sinn, andere immer häufiger unter betonter Hervorkehrung ihres Judentums, wie es seit dem Aufkommen des Zionismus eben in allen Bereichen der Fall war.

Die Staatsgründung ermöglichte auch auf diesem Gebiet das Auftreten als Nation im internationalen Sport. Für das Selbstgefühl der Betroffenen war dies von großer Bedeutung, wie immer man im übrigen Sinn und Unsinn solcher Erscheinungen beurteilen mag; hier war ein Nachholbedürfnis vorhanden, das erst in jüngster Zeit seine Wirkung zu verlieren beginnt.

Das neue Idealbild vom Juden geriet von selbst in einen zum Teil recht ausgeprägten Gegensatz zu jener Meinung, nach der die Juden einen vorwiegend geistig-kulturschaffenden Menschentyp repräsentieren. Die ältere Generation im Westen, die von der bürgerlichen Kultur Europas bestimmt war und tatsächlich vorwiegend den Bildungsberufen angehörte, sah im Pionierideal einen Rückschritt, die Orthodoxen einen Abfall zu einem heidnischen Naturkult. In Palästina-Israel selbst wieder machte sich eine gewisse Abneigung gegen »den« Diasporajuden breit, dessen Merkmale man – in Grenzen natürlich – oft nicht viel günstiger beurteilte, als durchschnittliche Antisemiten es taten.

Radikal israelbezogene Kreise, die »Kanaanäer«, wollten überhaupt die Bindungen zum Diasporajudentum abbrechen und sich nicht mehr als Angehörige der jüdischen, sondern der israelischen Nationalität begreifen. Diese Extreme konnten sich indes nicht durchsetzen; im großen und ganzen balancierten sich die Tendenzen aus. Die Diasporajuden orientierten sich in zunehmendem Maß am selbstbewußten Pionier, die Kibbutzniks wiederum versanken keineswegs in Bildungslosigkeit, im Gegenteil, sie blieben durchaus ein Teil des »Volks der Bücher«.

Zur Verblüffung vieler Juden und Nichtjuden, die mehr oder minder in den gängigen Rassenvorstellungen dachten, änderte sich mit den Lebensumständen und mit dem neuen Selbstbewußtsein tatsächlich auch der äußere Habitus in ungeahnter Weise. Die neue, in Palästina und Israel aufgewachsene Generation war allein schon dem äußeren Eindruck nach so verwandelt, daß die Herkunft von ostjüdischen Großeltern, die noch ganz vom traditionalistischen Ghettodasein geprägt waren, kaum glaubhaft erschien. Für die Zukunft der Siedlergemeinschaft und des jungen Staates war das nicht unwichtig, denn die Integration der aus aller Welt ins Land strömenden, so unterschiedlichen Einwanderer wäre nicht möglich gewesen, hätte sich ein einziges traditionelles, aus einer bestimmten Region — etwa aus Osteuropa — stammendes Bild vom Judentum als Leitbild des jüdischen Menschen durchgesetzt.

Die Krönung dieses Wandlungsprozesses war das Bewußtsein, in einem eigenen Staat nach eigenem Willen frei und ohne apologetischen Zwang als Juden leben zu können. Erst jetzt gelang im großen Ausmaß jene »Verbesserung« des jüdischen Menschen, die einst die alten Aufklärer im Rahmen der Einzelstaaten erstrebt hatten, die aber an der Ungunst der Verhältnisse und an der besonderen Minoritätssituation des Judentums weithin gescheitert war.

Das Modell der Gemeinschaftssiedlung

Der Verwirklichung eines eigenen, jüdischen Sozialismus waren bis zur Staatsgründung allein schon politisch Grenzen gesetzt. In den Anfängen der Pionierzeit, als es noch keinen Rückhalt in einer größeren jüdischen Bevölkerungsgruppe gab und übergreifende Organisationen fehlten, konnten die Versuche selbstverständlich nur punktuell und sporadisch angepackt werden. Ihre Form war sowohl von ideologischen wie von praktisch- umständebedingten Faktoren bestimmt und ergab die Form der landwirtschaftlichen Gemeinschaftssiedlung, die als »Kibbutz« (hebräisch *qibbuṣ* oder *q^ebuṣah*, »Vereinigung«) bekannt geworden ist und die seit den zwanziger Jahren vereinzelt und seit der Staatsgründung immer mehr auch industrielle Betriebe mit einschließt.

Der erste Kibbutz wurde 1908 am Südufer des Sees Genezareth unter dem Namen *Deganjah* gegründet, und von ihm aus dann der 1913 verselbständigte Kibbutz *Kinnereth* (»See Genezareth«). Bei Ausbruch des Ersten Weltkrieges gab es bereits elf solcher Siedlungen und nach seinem Ende schon dreißig, zur Zeit der Staatsgründung etwa einhundertundfünfzig und Ende 1968 zweihundertunddreißig.

Die Ansiedlung erfolgte auf Liegenschaften, die vom *Jüdischen Nationalfonds* erworben wurden. Sie war nach dem Prinzip der Kollektivität organisiert, also unter mehr oder minder strikt durchgeführter Aufhebung des Begriffs »Privateigentum«. Je nach der Radikalität des Ansatzes verzichtete man völlig oder weitgehend auf die traditionellen Muster der sozialen Gemeinschaft, also insbesondere auf die Familie und die Institutionalisierung der Ehe. Die Kindererziehung wurde als Gemeinschaftsaufgabe in eigenen, nach Altersstufen eingeteilten Kinderhäusern und Schulen organisiert. Die ideologische und praktische Leitung liegt grundsätzlich in der Hand der Mitgliederversammlung, die praktische Geschäftsführung allerdings bei entsprechenden Funktionären, die durch jährliche Wahl bestellt werden. Der Eintritt erfordert eine einjährige Probezeit, der Austritt berechtigt zu einer der geleisteten Arbeitszeit entsprechenden Abfindung.

Überregionale Zusammenschlüsse, die im Lauf der Zeit entstanden, ermöglichen ein System gegenseitiger Unterstützung, da die wirtschaftliche Situation der Siedlungen selbstverständlich recht unterschiedlich sein kann. Heute bestehen vier solcher Zusammenschlüsse, die auf politische und religiöse Orientierungen zurückgehen. Diesen entsprechend hat sich Ideologie und Organisation in manchen Punkten gewandelt.

(1) *Ha-Qibbuṣ ha-m^{e}'uḥad (Der vereinte Kibbutz)*, 1927 gegründet, stand lange der sozialistischen Mehrheitspartei (MAPAI) nahe und hatte ihren ideologischen Sprecher in Jiṣḥaq Tabenkin (1887—1971), der dann die *'Aḥdut ha-ʿAbodah* führte. Aus den Kibbutzim dieser Vereinigung stammen viele der maßgebenden politischen und militärischen Persönlichkeiten Israels. Ab 1944 ergaben sich infolge der Teilung der Partei zunehmende Spannungen, und 1951 kam es zu einer regelrechten Spaltung. 1968 umfaßte die Vereinigung achtundfünfzig Siedlungen mit zirka fünfundzwanzigtausend Menschen.

(2) *Ha-Qibbuṣ ha-'arṣi (Der Landes-Kibbutz)* umfaßt seit 1927 die linkssozialistischen Siedlungen, die vor allem durch Angehörige des *Šomer ha-ṣaʿir* gegründet worden waren und den Kibbutz konsequent als eine in sich geschlossene Verwirklichung der sozialistischen Gesellschaft betrachteten. Dementsprechend erhielten sich hier auch auf dem Gebiet der Erziehung noch weitgehend die alten Zielsetzungen und Methoden. Die erste Gründung dieser Art war *Bet Alfa* in der Jezreel-Ebene (1922). 1969 zählte die Gemeinschaft dreiundsiebzig Siedlungen.

(3) *Ha-Qibbuṣ ha-dati (Der religiöse Kibbutz)*, 1935 durch zionistisch-orthodoxe Pioniere gegründet, griff die zunächst ganz sozialistisch geprägte Siedlungsform auf und erreichte bis 1967 elf Siedlungen mit rund viertausend Mitgliedern. Die religiösen Kibbutzim setzen der marxistischen Ideologie ihrer Konkurrenten den religiösen »Sozialismus« der jüdischen Überlieferung entgegen und sehen in der Siedlungsform selbst eine Möglichkeit, praktische Arbeit mit traditioneller *Torah*-Frömmigkeit zu verbinden. Dank ihrer Arbeit gelang es der Orthodoxie — in Israel wie in der Diaspora —, unter der Jugend den Eindruck zu vermindern, als sei das berühmte Kibbutz-Modell ein Monopol sozialistischer Richtungen.

(4) *'Iḥud ha-Q^{e}buṣot w^{e}ha-Qibbuṣim (Vereinigung der Kebutzot und der Kibbutzim)* nannten sich die Gruppen von

Siedlungen, die 1951 nach der Trennung vom *Qibbuṣ ha-M^{e}'uḥad* zusammenfanden und 1969 einundachtzig Siedlungen repräsentierten. Sie stehen der Regierungspartei MAPAI nahe und lockerten vielfach die strengen Regeln der alten Kibbutzgemeinschaft aus Rücksicht auf die mittlerweile veränderten Bedingungen*.

Die radikale Preisgabe der traditionellen Familienstruktur hat sich allerdings nirgends bewährt. Eheähnliche Beziehungen waren ja von vornherein in einer Weise wirksam, die familiäre Strukturen unvermeidbar machte, und so setzten sich gegen die ideologische Erziehungstheorie die natürlichen Bindungen doch wieder durch. Die Familien treffen sich zumindest nach Feierabend im eigenen Kreis, und in bestimmten Kibbutzim schlafen die Kinder nicht mehr im Kinderhaus, sondern bei den Eltern. Dem hohen Ideologisierungsgrad entsprechend, hat man die Kibbutzerziehung oft genug für das *non plus ultra* der angewandten Pädagogik gehalten, aber bei Kritik und Lob des Systems meist vergessen, was hier die Hauptrolle spielte: nämlich nicht die Organisation, sondern die Lehrer und die sie tragende Gemeinschaft, die sich intensiv den Erziehungsaufgaben widmeten und damit zum Teil die nachteiligen Faktoren solcher Kollektiverziehung wettmachten.

Der »Kibbutznik« galt lange als die eigentliche Verkörperung des Pionierideals, der neuen jüdischen Leitvorstellung. In der Tat haben Mitglieder solcher Siedlungen auf allen Gebieten einen prozentual überragenden Beitrag zum Aufbau des Landes und des Staates geleistet und innerhalb der Selbstverteidigungsorganisation *(Haganah)* und des israelischen Heeres die Elite gestellt. An der Schwelle der Staatsgründung konnte es noch den Anschein haben, als würden sie tatsächlich das Gesicht des kommenden Judenstaates entscheidend bestimmen und eine neue Gesellschaftsordnung nach dem Kibbutzmodell prägen können. Aber schon damals machte sich der Wandel in der Bevölkerungsstruktur bemerkbar, der diese Zu-

* Angaben nach *Encyclopaedia Judaica* 10, 1971, S. 963–973.

kunftsaussichten rasch in weite Ferne rückte; nämlich die Entstehung der großen städtischen Siedlungen, mit denen sich ein Lebensstil durchsetzte, der sich vom — nach wie vor bewunderten — Pionierideal *de facto* immer weiter entfernte.

Das Modell der Genossenschaftssiedlung

Das Prinzip der Kollektiv-Siedlung, also des Kibbutz, war, wie sich bald herausstellte, nicht jedermanns Sache, und außerdem entsprach es gar nicht der so ausgeprägt familienbezogenen Tradition des Judentums. Nach längerem Tauziehen und einer programmatischen Publikation *(Jissud Mošab' Obdim — Die Gründung von Arbeiter-Niederlassungen)* von Eliezer Joffe (1882—1944) im Jahr 1918/19 wurden 1921 die ersten Siedlungen auf genossenschaftlicher Basis gegründet: Nahalal, das wegen seiner von dem Architekten Richard Kaufmann entworfenen kreisrunden Anlage bekannt geworden ist, und Kefar Yechezkel. Heute bestehen etwa dreihundertundfünfzig Siedlungen dieser Art, zum größten Teil — rund zweihundertzwanzig — zusammengeschlossen in der *T^enu-'at ha-Mošabim (Bewegung der Moschabim)* sowie in einigen kleineren, religiös oder politisch profilierten Organisationen.

Der *mošab* besteht aus Familienbetrieben, die wie die Kibbutzim auf nationalem Grundbesitz errichtet werden. Bei weitgehend genossenschaftlich-kooperativer Arbeitsweise bleiben Familienleben und Privatinitiative gewahrt, weshalb sich diese Siedlungsform nicht nur im Land als Alternative zum Kibbutz durchsetzte, sondern auch im Ausland als Modell landwirtschaftlicher Dorfgemeinschaften Beachtung fand.

Einige seit den dreißiger Jahren entstandene *mošabim* glichen sich auf dem Sektor der Produktion dem kollektiven Kibbutz-Prinzip an und bildeten den Typ des sogenannten Kollektiv-*mošab (mošab šittufi)*.

Landwirtschaft

Das Vorurteil, daß Juden als Bauern nichts taugen, haben jüdische Siedler seit der Aufklärung in zahlreichen Siedlungsbewegungen und Experimenten – vor allem in Argentinien, Brasilien und Rußland – zu widerlegen versucht, anfangs lange ohne rechten Erfolg, denn auch auf diesem Gebiet bedurfte es einer Übergangszeit, der Erfahrung und der Schulung. Im Sinn des romantischen Bauernideals, das in Europa weithin bis heute die Modernisierung der Landwirtschaft behindert, war allerdings kein sinnvoller Neuanfang möglich.
Die frühen palästinensischen Siedlungen gediehen denn auch nur langsam. Einen wirklichen Fortschritt brachten erst drei Umstände mit sich: das Prinzip des nationalen Bodenerwerbs durch den *Jüdischen Nationalfond (Qärän qajjämät)* mit der weitgehend zentralisierten Planung und Förderung der Ansiedlung – was hier nicht zuletzt wegen des schwierigen Bewässerungsproblems unerläßlich ist –, das Modell der Kollektiv-Siedlung (Kibbutz) und dessen Gegenstück, die kooperative Genossenschaftssiedlung, der *mošab.* Auf diese Weise konnte eine wirklich gezielte Planung nach sachlichen Gesichtspunkten und eine effektive Anwendung moderner Methoden und Technik erreicht werden, viel rascher als bei uns, wo Eigenbrötelei, Einzelinteressen und kleinkarierte Schollenromantik die notwendigen Flurbereinigungen und den effektiven Einsatz moderner Maschinen bis heute noch erschweren.
Zugleich konnte das andere Extrem, die kollektivistische Zwangskolchose kommunistischen Musters, vermieden werden. Die israelische Landwirtschaft – speziell der Gemüse- und Obstbau – hat heute Weltruf, ein Beispiel mehr dafür, wie ein Mangel an Tradition sich fortschrittsfördernd auswirken kann und wie gründlich gängige Vorurteile durch die Realität *ad absurdum* geführt werden.
Eine gewisse Romantik der Scholle hat es freilich auch unter

den jüdischen Siedlern gegeben, doch nicht im Sinn des konservativen, christlich oder völkisch verbrämten individualistischen Bauerntums, sondern im Rahmen des Strebens nach einer nationalen und sozialen Regeneration, dessen Wurzeln in der jüdischen Aufklärung des neunzehnten Jahrhunderts liegen. Dieses Streben hat sich allerdings auf das »Land Israel« konzentriert und wurde somit von vornherein mehr oder minder deutlich mit biblischen und messianischen Motiven durchsetzt. Nicht der individuelle Besitz der »eigenen Scholle« war demgemäß das romantische Bezugszentrum, sondern die »Erlösung des Bodens« als Verwirklichung der nationalen Bestimmung und der gesellschaftspolitischen Zielvorstellungen, die ebenfalls zum Teil offen oder unterschwellig von der messianischen Hoffnung durchtönt wurden.

Im Lauf der Zeit hat sich diese Komponente etwas abgeschliffen. Die immer größere Rolle industrieller Betriebe und der Städte sowie die »Normalisierung« im allgemeinen haben das Klima versachlicht.

Das Ideal der sozialen Arbeitswelt

Die betont positive Wertung der manuellen, produktiven Arbeit, die in der jüdischen Aufklärungsbewegung im Gegensatz zum antisemitischen Vorwurf der Arbeitsscheu und zum traditionellen rabbinischen Bildungsideal aufkam, hat in den nationalen und sozialistischen Bewegungen des Judentums eine Übersteigerung erfahren und das Pionierideal hervorgebracht. Man erhoffte sich von der Rückführung des Volkes in eine fortschrittliche und sozial ausgewogene Arbeitswelt nicht weniger als die Lösung der Judenfrage und der jüdischen Frage, also zugleich der Beziehungen zur Umwelt und der inneren Konflikte. Neben dem Schriftsteller Josef Chajjim Brenner (1881–1921) hat dieser Ideologie der Arbeit vor allem Aaron David Gordon (1856–1922) Ausdruck verliehen.

In der Praxis spielte – von den in diesem Sinn als Elite geltenden landwirtschaftlichen Siedlungsmodellen (Kibbutz, Moschab) abgesehen – die gewerkschaftliche Organisation von früh an eine besondere Rolle im Leben des jüdischen Bevölkerungsteiles in Palästina. Sie wurde 1920 als *Histadd*^{e}*rut klalit šäl ha-ʿobdim ha-ʿibrijjim b*^{e}*ʾÄräṣ Jiśraʾel (Organisation der hebräischen Arbeiter im Land Israel)* gegründet und wird seither allgemein als *Histadd*^{e}*rut* (meist: *Histadrut*) schlechthin bezeichnet. Sie wurde bald der wichtigste wirtschaftliche und politische Faktor im jüdischen Palästina und beherrscht mit ihren großen gewerkschaftseigenen Unternehmungen noch heute einen beträchtlichen Teil der Gesamtwirtschaft, in manchen Bereichen sogar monopolartig, so etwa durch die Baufirma *Solel-Boneh*, die Industriegesellschaft *KOOR*, die Lebensmittelfirma *T*^{e}*nubah*, die kooperative Verkaufsorganisation *Ha-Mašbir ha-Merkazi* und andere.

Gewerkschaftliche, unternehmerische, volksbildende und kulturfördernde Aktivitäten wurden ganz bewußt zusammen und in einem möglichst weiten Rahmen betrieben. Auf diese Weise strebte man ein gesellschaftspolitisches Ziel an, nämlich eben jene soziale, egalitäre und doch zugleich den individuellen Bedürfnissen Rechnung tragende Gesellschaftsordnung, von der die Pioniergeneration geträumt und für deren Vorbereitung sie viele Opfer und Entbehrungen auf sich genommen hatte.

Aber die Macht der *Histadrut* fand ihre Grenzen. Einmal erwies sich bald der Apparat an sich als ein Gebilde mit einer gewissen Eigengesetzlichkeit, wie sie sich überall entwickelt, wo Bürokratie und Funktionärsgeist fest etabliert sind; darüber hinaus entglitt die Entwicklung der Sozialstruktur der Kontrolle durch die Gewerkschaft, weil die starke Einwanderung, die Abhängigkeit von der Diasporahilfe und die steigenden öffentlichen Aufgaben eine planvolle und konsequente Anwendung der ursprünglichen gesellschaftspolitischen Leitlinien unmöglich machten. Man mußte sich daher behelfen und eine

Entwicklung in Kauf nehmen, die eine zunehmende Angleichung der Verhältnisse an die in anderen westlichen Ländern zur Folge hatte.

Die Lehre aus der Katastrophe in Europa

Wie die antisemitischen Ausschreitungen im Zarenreich den entscheidenden Anstoß zur nationalen Selbstbesinnung unter den Juden Osteuropas gegeben hatten, so wirkte auch die unvergleichlich schrecklichere Verfolgung unter der nationalsozialistischen Herrschaft bewußtseinsverändernd. Arglose Deutschfreundlichkeit und Gutgläubigkeit hatte viele Juden das Leben gekostet; andere, insbesondere in den eroberten osteuropäischen Gebieten, gerieten unversehens und kaum vorbereitet in die Verschleppungs- und Vernichtungsmaschinerie, deren erklärtes Ziel eine gewaltsame »Endlösung« der Judenfrage war.

Was in dieser Zeit unter entwürdigenden Umständen an innerjüdischen Bemühungen um soziale, pädagogische und volksbildnerische Arbeit geleistet wurde und welche Anstrengungen zur Rettung der Bedrohten gemacht wurden, ist eines der eindrucksvollsten Kapitel der jüdischen Geschichte. Aber nicht dieser Aspekt hat auf die Jüngeren am meisten Eindruck gemacht, sondern die im großen und ganzen bewiesene Wehrlosigkeit und Hilflosigkeit der betroffenen Juden gegenüber ihren Verfolgern, die in extremen Fällen teilweise sogar eine Kooperation und Kollaboration nach sich zog. Gewiß, es gab den Aufstand im Warschauer Ghetto und jüdische Partisanen, schließlich auch jüdische Einheiten im Rahmen der alliierten Streitkräfte; der Gesamteindruck war aber vor allem für die selbstbewußte Jugend Palästinas deprimierend.

Auch die zionistische Führung mußte, nachdem das volle Ausmaß der Katastrophe feststand, eine traurige Bilanz ziehen: Es war nur zu einem geringen Teil gelungen, das Schlimmste zu verhindern, und überdies zeigte sich, daß die Alliierten nicht zu bewegen gewesen waren, rechtzeitig und wirkungsvoll zu handeln, als es galt, Flüchtlinge und Überlebende aufzunehmen. Besonders die aus Rücksicht auf die Araber von britischer Seite durchgeführte Begrenzung der Einwanderung nach Palästina hinterließ einen bitteren Nachgeschmack und wurde als Beweis dafür gewertet, daß die Judenfrage nur zu lösen sei, wenn die Juden selbst das Gesetz des Handelns an sich rissen.

Die Erfahrung der Schutz- und Hilflosigkeit zur Zeit größter Gefährdung ergänzte das alte Pionierideal um einen weiteren markanten Zug: um die Entschlossenheit, in Zukunft mit allen Mitteln die eigene Existenz zu verteidigen. Das hieß damals konkret: mit allen verfügbaren Mitteln um die Möglichkeit einer vollen Selbstbestimmung zu kämpfen.

Die immer effektivere Verteidigung der Siedlungen gegenüber Überfällen arabischer Terroristen und der nach dem Ende des Weltkriegs immer offener geführte Kampf gegen die britische Mandatsmacht waren Symptome dieser neuen Haltung, aus der heraus die Wehrlosigkeit der KZ-Generation vielen Jüngeren bald als rätselhaft, in jedem Fall aber als Folge der alten Diasporasituation erscheinen mußte. Verblüfft sah die Welt, die weithin das Vorurteil vom unsoldatischen Judentum teilte, wie in Palästina eine der schlagkräftigsten Armeen entstand. Gewiß, sie entstand unter dem Zwang der Ereignisse, aber abgesehen davon war auch auf diesem Gebiet für jüdisches Bewußtsein ein Nachholbedürfnis zu befriedigen, ein Nachweis der Ebenbürtigkeit und wenn möglich sogar der Überlegenheit, nicht zuletzt, um die Balance im Selbstbewußtsein beziehungsweise in der Selbstachtung zu gewinnen.

Mit all dem wird eines unmißverständlich deutlich: Die Staatsgründung war nicht bloß ein politischer Akt mit militärischen Folgen, sondern ein unvermeidlicher Schritt innerhalb eines Prozesses, der auf politischer und kulturgeschichtlicher Ebene abrollte und zugleich auch aufs engste mit der Selbstfindung des Judentums, also mit gewichtigen psychologischen Faktoren, verknüpft war.

VIERTES KAPITEL

ZENTRUM UND PERIPHERIE? DAS JUDENTUM SEIT DER GRÜNDUNG DES STAATES ISRAEL

1. STAATSGRÜNDUNG UND SELBSTBEHAUPTUNG

Außenpolitische und militärische Aspekte

ALS DIE BRITISCHE MANDATSMACHT resignierte und den Auftrag des Völkerbunds den mittlerweilen gegründeten Vereinten Nationen überantwortete, stand das Schicksal der jüdischen Siedlung in Palästina auf des Messers Schneide. Es war die Sowjetunion, die im Mai 1947 mit ihrem Votum für eine jüdische Staatsgründung den Teilungsplan ermöglichte, der am 29. November 1947 durch die UNO-Vollversammlung verabschiedet wurde.

Die Araber waren entschlossen, die Teilung nicht anzuerkennen, und versuchten, sich militärisch durchzusetzen. Die Führung der *Jewish Agency* unter David Ben Gurion stand vor einer heiklen Entscheidung. Endlich war das langersehnte Ziel einer Staatsgründung erreichbar. Aber der UNO-Teilungsplan sah ein dreigeteiltes jüdisches Staatsgebiet vor, hätte also nicht nur den Verzicht auf zahlreiche jüdische Siedlungen nach sich gezogen, sondern auch eine militärisch, wirtschafts- und verkehrspolitisch höchst ungünstige Situation.

Das Scheitern des UNO-Planes war in Anbetracht der feindseligen arabisch-jüdischen Beziehungen aber vorherzusehen.

Die USA traten daher im März 1948 dafür ein, in Palästina bis zu einer realisierbaren arabisch-jüdischen Einigung eine UNO-Verwaltung einzusetzen. Nur mit knapper Mehrheit setzten sich daraufhin die Befürworter der Staatsgründung innerhalb der *Jewish Agency* durch.

Zwei Umstände rechtfertigten diese von David Ben Gurion verfochtene Linie. Das schwierigste Problem, die Versorgung der *Haganah*, der Verteidigungsorganisation, mit Waffen und Munition, konnte einigermaßen gelöst werden. Die *Jewish Agency* verfügte über ein weltweites Netz von teils offiziellen, teils geheimen Organisationen, die während des Zweiten Weltkriegs und danach zur Bewältigung des Flüchtlingsproblems geschaffen worden waren und die legale und illegale Einwanderung nach Palästina betrieben. Sie konnten nun bei der Beschaffung und beim Transport von Waffen – vor allem aus der Tschechoslowakei – wertvolle Dienste leisten. Das entscheidende grundsätzliche Problem, die Annahme oder Ablehnung des UNO-Teilungsplans, erledigte sich von selbst durch den Beginn der arabisch-jüdischen Kämpfe und durch deren Verlauf: Die gut geführte *Haganah* konnte sich nämlich weitgehend durchsetzen und vollendete Tatsachen schaffen.

Am 14. Mai 1948, einen Tag vor dem Auslaufen des britischen Mandats, wurde in Tel Aviv mit der Unabhängigkeitserklärung der Staat Israel proklamiert. Die arabischen Nachbarstaaten griffen daraufhin in die Kämpfe ein, mußten aber einen Waffenstillstand hinnehmen, dessen Linien im Vergleich zu den Grenzen des geplanten UNO-Staates den Israelis erhebliche territoriale und strategische Vorteile, auf jeden Fall ein geschlossenes Staatsgebiet, einbrachten, unter anderem auch die – ohnedies jüdisch besiedelte – Jerusalemer Neustadt, genau besehen aber noch viel mehr, denn nahezu achthunderttausend Araber waren aus den israelischen Gebieten geflohen. Nur die *Arabische Legion* in Jordanien vermochte Teile des Westjordanlandes – mit der Jerusalemer Altstadt – zu halten, die daraufhin Jordanien einverleibt wurden.

Die Einwanderungswelle, die der Staatsgründung folgte, sowie handfeste strategische Überlegungen haben die Politiker Israels dazu bestimmt, das Eroberte zu halten und Kompromißvorschläge möglichst abzuwehren. Auch die Araber waren nicht zu einem Einlenken bereit. Weder die in Israel gebliebenen noch die geflohenen Palästinenser verfügten über eine anerkannte Repräsentation, die zu effektiven Verhandlungen in der Lage gewesen wäre, und die miteinander konkurrierenden Interessen der einzelnen arabischen Staaten wirkten sich lähmend auf jede einheitliche Aktion aus.

Der Aufbau des Staates Israel machte außerdem derartig rasche Fortschritte, daß die aus der *Haganah* hervorgegangene israelische Armee, *ṢH"L (Ṣ^e^ba' Haganah l^e^Jiśra'el — Verteidigungsstreitmacht Israels)*, den Armeen der arabischen Nachbarstaaten bald haushoch überlegen war. Die ägyptischen Versuche im Herbst und Winter 1948/49, noch einmal militärisch eine Wende herbeizuführen, waren vergeblich. Verletzungen der 1949 geschlossenen Waffenstillstandsabkommen waren in den folgenden Jahren allerdings gang und gäbe, vor allem von den syrischen Golanhöhen und vom ägyptischen Gazastreifen aus.

Wie stark jedoch die israelische Armee geworden war, erfuhr Ägypten im November 1956 während der Suezkrise, als die Israelis die unter Präsident Nasser mit hohen Kosten aufgerüsteten ägyptischen Streitkräfte auf der Sinaihalbinsel überrannten. Der militärische Überraschungssieg war politisch allerdings unergiebig, da er mit dem unglücklichen Eingreifen Frankreichs und Englands verbunden war, das zu einer ernsten Verstimmung mit den USA führte und schließlich mit dem völligen Rückzug auch der israelischen Truppen aus dem eroberten Gebiet endete.

Die UNO-Truppenkontingente, die zur Sicherung des Waffenstillstandes an der israelisch-ägyptischen Grenze postiert wurden, waren nicht in der Lage, die immer häufigeren Unternehmungen palästinensischer Kampforganisationen zu verhindern, ebensowenig die UNO-Beobachter an den übrigen Waffenstillstandslinien. Im Mai 1967 beschwor der ägyptische Präsident Nasser eine Situation herauf, die Israel zu einer umfassenden Präventivoperation Anlaß gab. Der durch Ägypten erzwungene Abzug der UNO-Truppen aus dem Gaza-Streifen, die angekündigte Sperrung der Meerenge von Tiran für israelische Schiffe und die beginnende Beschießung West-Jerusalems durch jordanische Artillerie erweckten in aller Welt den Eindruck einer unmittelbaren und beispiellosen Gefährdung der Existenz Israels.

Im folgenden »Sechstagekrieg« verlor Ägypten die Sinaihalbinsel bis an den Suezkanal, Jordanien alle westjordanischen Gebiete und Syrien die Golanhöhen. Militärisch und sicherheitspolitisch waren beinahe ideale Grenzen erreicht. Das politische Pokerspiel, das einst aus den Waffenstillstandslinien von 1948/49 Grenzen gemacht hatte, begann von neuem, ermöglicht durch die Unfähigkeit der arabischen Seite, zu einer einheitlichen und realistischen Einschätzung der Lage zu gelangen. Die arabische Einheit bestand nur in negativer Hinsicht und in der Blockierung jeder bilateralen Regelung zwischen friedenswilligen arabischen Staaten und Israel.

Je länger dieser heute noch bestehende *status quo* anhält, desto geringer werden die Chancen für eine Verwirklichung der UNO-Resolutionen, die eine möglichst baldige Räumung der besetzten Gebiete und die Vermeidung territorialer Annexionen forderten. Immer mehr vollendete Tatsachen werden in Zukunft gegen die Rückgabe der eroberten Gebiete sprechen. In der Vergangenheit hat diese Politik — trotz teilweise beträchtlicher innerjüdischer Kritik — überzeugende Erfolge gezeitigt. Ob das auch für die Zukunft gilt, ist freilich eine offene Frage, die in Israel selbst zu erregten Diskussionen Anlaß gibt.

Aber das Gesetz des Handelns liegt nicht mehr allein bei den unmittelbar betroffenen Regierungen. Innerisraelische wie innerarabische politische Konstellationen erschweren eine konstruktive Friedenspolitik ebenso wie der Umstand, daß sich der Konflikt in einem Schnittpunkt ost-westlicher Machtsphären abspielt. Dabei befindet sich die Sowjetunion in der politisch günstigen Lage, dank der Existenz des von ihr mitbegründeten Staates Israel in den arabischen Staaten Einfluß zu gewinnen und die Israelis als Werkzeuge des amerikanischen Imperialismus hinstellen zu können.

Der Staatsapparat

Unterstützt durch die zionistische Weltorganisation, nahm eine provisorische Regierung unter David Ben Gurion nach der Unabhängigkeitserklärung ihre Tätigkeit auf, zugleich eine provisorische Volksvertretung von siebenunddreißig Delegierten. Zuerst kam es zu Kompetenzschwierigkeiten mit der *Jewish Agency*, die teilweise mit der neuen Regierung identisch war, insgesamt aber infolge des starken amerikanischen Einflusses die Staatsgründung noch nicht bejahte. Erst im Lauf der Zeit wurde eine verbindliche Arbeitsteilung erreicht und damit die lebensnotwendige Unterstützung des Staates durch das amerikanische Judentum voll gesichert.
Mit den ersten Wahlen vom 25. Januar 1949 entschied sich die bis heute weitgehend gleich gebliebene innenpolitische und verfassungsmäßige Struktur des neuen Staates. Das Parlament, *K^{e}näsät Jiśra'el (Versammlung Israels,* meist nur *K^{e}näsät)* genannt, zählt einhundertzwanzig Abgeordnete, die — von wenigen Vertretern der Minoritäten abgesehen — nach dem Verhältniswahlrecht gewählt werden, so daß bei der großen Zahl von Parteien bisher immer nur Koalitionsregierungen möglich waren. Die notwendige Mehrheit für eine Verfassung war wegen der zu unterschiedlichen Auffassungen über den Charakter eines jüdischen Staates überhaupt nicht zu erreichen, und so mußte man sich mit einer Reihe von vorläufigen Grundgesetzen begnügen.

Den Staat repräsentiert ein Staatspräsident mit sehr begrenzten Kompetenzen und fünfjähriger Amtsdauer. Als erster konnte der langjährige Zionistenführer Chaim Weizmann, ein renommierter Naturwissenschaftler, gewonnen werden. Auch seine Nachfolger waren durchwegs verdiente Wissenschaftler (Jiṣhaq Ben Zvi, 1952 bis 1963; Salman Schazar, 1963–1973 und derzeit Ephraim Katchalsky-Katzir), so daß bereits von einer festen Tradition gesprochen werden kann.

Eine äußerst starke Position nimmt der *Mᵉbaqqer ha-Mᵉdinah*, der »Staatskontrolleur« *(State Comptroller)* ein, den der Staatspräsident jeweils für fünf Jahre ernennt.

Die richterliche Gewalt ist geteilt. Religiöse Gerichtshöfe *(batte din)*, die vom – orthodoxen – Rabbinat gebildet werden, sind auch für das Personenstandsrecht zuständig, die staatlichen Gerichte *(batte mišpaṭ)* können also zum Beispiel Ehe- und Scheidungsfälle nicht verhandeln. Selbst der oberste Gerichtshof des Staates kann einem religiösen Gericht nur die Anweisung geben, einen konkreten Fall zu behandeln, nicht aber selbst entscheiden.

Durch die Umstände bedingt, nahm und nimmt die Verteidigungspolitik und damit das Militär eine vorrangige Stellung ein. Die Armee war 1948/49 aus den alten Verteidigungsorganisationen der Mandatszeit gebildet worden, hauptsächlich aus der offiziellen *Haganah*. Deren Kampfeinheiten, *PaLMaḤ (Pᵉluge Maḥaṣ)* genannt, die zu einem guten Teil aus der Kibbutz-Elite bestanden, versuchten zunächst, eine gewisse Eigenständigkeit zu bewahren, und noch heftiger widersetzten sich die revisionistischen Terrorgruppen *ETZEL* und *LECHI* der Integration in die neue Armee.

Den zähen und unbeugsamen Bemühungen Ben Gurions gelang es aber, diese Widerstände zu überwinden und eine einheitliche militärische Organisation zu erreichen. Sie kennzeichnete sich durch weitgehenden Verzicht auf unnützes Beiwerk und durch ein hohes Maß an Effektivität und individueller Initiative aus. Ihre Dynamik wird auch am rasch rotierenden

System im Oberkommando deutlich: Generäle und Generalstabschefs verlassen früh – mit vierzig bis fünfzig Jahren – den aktiven Dienst und übernehmen leitende Funktionen in Staat und Wirtschaft.
Ganz anders stand es mit der politischen Führung. Die Vertreter der osteuropäischen Einwanderungswelle – der sogenannten »Zweiten *'Alijjah*« – vor dem Ersten Weltkrieg hatten das politische Leben in der Mandatszeit bestimmt und blieben auch im Staat bis 1973 die maßgebende Schicht. Selbst die zweite Politikergeneration, die auf ihre Stunde wartete, wie der frühere Verteidigungsminister Mosche Dajjan, der 1915 im Kibbutz *Deganjah* auf die Welt gekommen ist, hatte inzwischen beinahe die Altersgrenze erreicht.
Die Gründergeneration dominierte nicht zufällig: Sie war im Bewußtsein der Bürger der Garant der Kontinuität und genoß daher ein politisches Prestige eigener Art. Die Jüngeren haben sich den schwierigen Sachfragen des politischen Alltags ohne diesen Nimbus zu stellen und sie sind weit stärker den berechtigten und unberechtigten Vorwürfen oppositioneller Gruppierungen ausgesetzt.

Die Parteien

Eine Aufstellung möge zunächst die Gewichtsverteilung und die Entwicklung der israelischen Parteien im einzelnen aufschlüsseln:

Parteien	*Wahljahr und Zahl der Parlamentssitze*						
	1949	*1951*	*1955*	*1959*	*1961*	*1965*	*1969*
1) Kommunisten (*MAKI*)	4	5	6	3	5	4	4
2) *MAPAM*	19	15	9	9	9	8	
3) *'Aḥdut ha-ʿAbodah*			10	7	8	—	
4) *MAPAI*	46	45	40	47	42	45	56
5) *RAFI*	—	—	—	—	—	10	
6) *Mizrachi Ha-Poʿel ha-M.*		7	5	—	—	—	—
7) Nationalreligiöse	—	—	—	12	12	11	12
8) *'Aguddat Jiśra'el*	16	3	6	(6)	4	4	4
9) *Po^{ʿa}le 'Aguddat Jiśra'el*		5	6	6	2	2	2
10) Allgemeine Zionisten	7	23	13	8	—	—	—
11) Progressive	5	4	5	6	—	—	—
12) Liberale	—	—	—	—	17	—	—
13) Unabhängige Liberale	—	—	—	—	—	5	4
14) Nationalliberale	—	—	—	—	—		
15) *Ḥerut*	14	8	15	17	17		
16) *GaḤaL*	—	—	—	—	—	26	26
17) Sonstige	9	5	5	5	4	4	12

Erläuterungen:

Schraffiert: Jeweilige Koalitionsparteien
(1) MAKI — *Miflägät Qommunisṭe Jiśra'el (Partei der Kommunisten Israels).* — (2) MAPAM — *Miflägät Po^{ʿa}lim M^{e}'uḥädät (Vereinigte Arbeiterpartei).* — (3) *Einheit der Arbeit.* — (4) MAPAI — *Miflägät Po^{ʿa}le 'Äräṣ-Jiśra'el (Partei der Arbeiter des Landes Israel).* — (5)

Die Tabelle, in der die jeweiligen Koalitionsparteien schraffiert erscheinen, zeigt vier größere politische Lager:

(1) Die sozialistischen Parteien (2—5), die sich für die Wahl 1969 zum erstenmal vereinigten, damit aber keinen weiteren Erfolg erzielten, ja gegenüber 1965 sogar sieben Sitze einbüßten. Ihr tragendes Zentrum ist die gemäßigte MAPAI, die stärkste Partei Israels überhaupt, die darum bisher immer den Regierungschef gestellt hat: 1948 bis 1953 David Ben Gurion, 1953 bis 1955 Moshe Sharett, 1955 bis 1963 wieder David Ben Gurion, 1963 bis 1969 Levi Eshkol und seit 1969 Golda Meir. Häufige Schwierigkeiten gab es wegen Differenzen mit der ideologisch »strammen« MAPAM und der 1965 nach Ben Gurions Trennung von der MAPAI entstandenen RAFI-Fraktion mit Moshe Dajjan.

(2) Die religiös-orthodoxen Parteien (6—9), die teils miteinander kooperieren, teils konkurrieren und die in der Einstellung zum gegenwärtigen, ihrer Meinung nach zu säkularen Staat differieren; sie haben zumindest in Teilen (*Mizrachi*, Nationalreligiöse) fast ununterbrochen mit der MAPAI zusammen die Regierung gebildet, sehr zum Vorteil ihrer Zielsetzungen. Sie konnten die Zahl ihrer Parlamentssitze insgesamt sogar leicht vermehren.

(3) Unglücklich verlief die Geschichte der *bürgerlich-liberalen* Gruppierungen (10—13): Sie erreichten 1951 einen Höhepunkt, fielen dann zurück und konnten sich erst 1961 nach ih-

RAFI — *R^{e}šimat Po^{ca}le Jiśra'el (Liste der Arbeiter Israels).* — (6) Die zionistische Orthodoxie: *Mizrachi:* Abkürzung aus *Märkaz ruḥani (Geistiges Zentrum); Ha-Po'el . . . (Der Arbeiter . . .)*, orthodoxe Arbeiterpartei. — (7) MAFDAL: *Miflagah Datit-L^{e}'ummit (Nationalreligiöse Partei)*, 1956 aus *Mizrachi, Ha-Po'el ha-Mizrachi* und anderen religiösen Gruppen gebildet. — (8/9) *Vereinigung Israels und Arbeiter der Vereinigung Israels:* Orthodoxe mit begrenzt kooperationsbereiter Haltung gegenüber dem (jetzigen) Staat. — (15) *Ḥerut (Freiheit)* beziehungsweise *T^{e}nu'at ha-Ḥerut* (Freiheitsbewegung). — (16) *GaḤaL — Guš T^{e}nu'at ha-Ḥerut — ha-Miflagah ha-Liberalit (Block Freiheitsbewegung — Liberale Partei).* — (17) Sonstige: Splittergruppen und Vertreter der Minoritäten, das heißt islamische und christliche Araber sowie Drusen; diese votieren in der Regel mit den ihnen jeweils nahestehenden Parteien, vor allem mit MAPAM und MAPAI.

rer Vereinigung zur *Liberalen Partei* erholen. Der nationalliberale Flügel entschloß sich aber zur Bildung eines Wahlblocks mit der Rechtspartei *Ḥerut.*

(4) Die Folge war das fast völlige Verschwinden des bürgerlich-liberalen Lagers und der Aufstieg der Rechtspartei zur zweitstärksten politischen Kraft im Staat. Noch mehr: 1967 bildete Levi Eshkol im Zusammenhang mit dem Sechstagekrieg eine Regierung der nationalen Einheit, wodurch Menachem Begin, der einstige Terroristenführer, politisch salonfähig wurde. Jüngere Mitglieder der Partei wie der einstige General Ezer Weizmann sorgen für eine beachtliche Attraktivität dieser Gruppierung, die sich bei einem weiter fortschreitenden Verschleiß der Regierungspartei für diese noch zu einer ernsthaften Konkurrenz auswachsen könnte. Sie unterstützt offen die Meinung, man solle nichts von den 1967 besetzten Gebieten preisgeben, sondern ein Großisrael anstreben, was ihr auch bei den Religiösen und sogar noch in der MAPAI selbst Sympathisanten einbringt. Im August 1970 schied sie aus der Koalition aus, weil die Regierungsmehrheit sich nicht auf eine Annexion der besetzten Gebiete festlegen wollte. Die Zukunft Israels und des Nahen Ostens insgesamt wird möglicherweise entscheidend von der weiteren Entwicklung dieser Partei abhängen.

An der Tabelle ist auch die bewegte innenpolitische Landschaft Israels zu erkennen. Zusammenschlüsse und Auflösungen, Ausscheiden aus Koalitionen (halb schraffierte Felder), häufige Affären und Regierungskrisen bezeugen eine reich differenzierte und sehr profilierte politische Willensbildung, und das unter sicherheitspolitischen Umständen, die eine Einschränkung des politischen Spielraums durchaus gerechtfertigt hätten. Daß dies nur in geringem Umfang geschah, verdient besonders hervorgehoben zu werden.

Die Araberfrage und die Bevölkerungspolitik

Im Verlauf der Kämpfe von 1948/49 hatten rund achthunderttausend arabische Palästinenser in den Nachbarländern Zuflucht gesucht, in der Hoffnung, nach einem arabischen Sieg wieder zurückkehren zu können. Von Extremistengruppen wie ETZEL und LECHI abgesehen, hat zwar israelischerseits keine Vertreibungsabsicht vorgelegen, doch unglücklich war man über diese Massenflucht keineswegs: Einmal wurde sie durch eine Fluchtbewegung von Juden aus arabischen Ländern zu etwa zwei Dritteln wettgemacht, und zweitens konnte man den so freigewordenen Grund und Boden gut brauchen.

Die verlassenen Besitzungen wurden zwar einer Treuhandverwaltung unterstellt, aber praktisch doch in die übergreifenden Siedlungsprojekte einbezogen. Die leeren Häuser und Dörfer wurden aus Sicherheitsgründen gesprengt und allmählich zum größten Teil dem Erdboden gleichgemacht. Eine Rückkehr der Geflohenen war bald nicht mehr ernsthaft diskutabel.

Nur rund einhundertundsechzigtausend Nichtjuden waren 1949 im israelischen Staatsgebiet übriggeblieben. Aber bis zum Sechstagekrieg 1967 hatte sich ihre Zahl verdoppelt, durch die Annexion der Jerusalemer Altstadt 1967 wurde sie um sechsundsechzigtausend vermehrt und hat heute rund eine halbe Million erreicht. In den besetzten Gebieten lebt zusätzlich noch einmal eine Million Araber, so daß derzeit im israelisch kontrollierten Gebiet insgesamt etwa eineinhalb Millionen Araber zweieinhalb Millionen Juden gegenüberstehen.

Schon allein die zwei- bis dreimal höhere Geburtenrate der arabischen Staatsbürger Israels wirkt auf manche israelischen Politiker alarmierend. Eine kleinere arabische Minderheit konnte man durchaus verkraften, sie war in mancher Hinsicht sogar von Vorteil, denn man konnte an ihr in deutlichem Gegensatz zur Behandlung jüdischer Minoritäten in arabischen Staaten Toleranz und Fortschritt demonstrieren. Dennoch war es unumgänglich, aus Sicherheitsgründen die Araber für lange Zeit einer Militärverwaltung zu unterstellen und von vielen Bereichen des beruflichen Lebens auszuschließen.

Im großen und ganzen geht es den Arabern zweifellos besser als den Durchschnittsbewohnern arabischer Staaten, aber auf lange Sicht erscheint die Lage problematisch. Je höher der Lebensstandard und das Bildungsniveau der israelischen Araber steigt, desto mehr empfinden sie ihre soziale und politische Benachteiligung. Das gilt selbstverständlich auch für die Bevölkerung der besetzten Gebiete, die mittlerweile von der Dynamik der israelischen Wirtschaft profitiert und teilweise sogar in Israel selbst Arbeit findet. Wie lange werden die Araber damit zufrieden sein, innerhalb der Gesamtbevölkerung das soziale Schlußlicht zu sein und die Schicht der Hilfsarbeiter zu stellen? Und wie lange werden sie um der vorläufig noch hochbewerteten wirtschaftlichen Vorteile willen auf angemessene politische Ansprüche verzichten wollen? Das sind schwerwiegende Fragen, die zur Zeit auch von der israelischen Öffentlichkeit und Führung noch nicht zufriedenstellend beantwortet werden können.

Um so schärfer tritt das Anliegen in den Vordergrund, die jüdische Majorität im Staat auf alle Fälle zu wahren. Vor 1948 waren manche Teilungspläne für die jüdische Seite einfach schon deshalb unannehmbar gewesen, weil die jüdische Bevölkerung noch eine Minderheit darstellte. Nach der Staatsgründung schien das Problem vorläufig gelöst. Die im Land gebliebenen Nichtjuden hoffte man verkraften zu können, stieg doch infolge der einsetzenden Einwanderungswelle die jüdische Bevölkerung sprunghaft an, wie die folgenden Tabellen belegen (aus: *Tatsachen über Israel*, 1972).

BEVÖLKERUNG[1] UND JÜDISCHE EINWANDERUNG[2]

Jahr	*Einwanderer*	*Bevölkerung am Jahresende*		
		Juden	*Nichtjuden*	*Insgesamt*
1948	101 828[3]	758 702	120 000	879 000[4]
1949	239 576	1 013 871	160 000	1 173 871
1950	170 249	1 202 992	167 101	1 370 094
1951	175 095	1 404 392	173 433	1 577 825
1952	24 369	1 450 217	179 302	1 629 519
1953	11 326	1 483 641	185 776	1 669 417
1954	18 370	1 526 009	191 805	1 717 814
1955	37 478	1 590 519	189 556	1 789 075
1956	56 234	1 667 455	204 935	1 872 390
1957	71 224	1 762 741	213 213	1 975 954
1958	27 082	1 810 148	221 524	2 031 072
1959	23 895	1 858 841	229 344	2 088 685
1960	24 510	1 911 200	239 200	2 150 400
1961	47 638	1 981 700	252 500	2 234 200
1962	61 328	2 068 900	262 900	2 331 800
1963	64 364	2 155 500	274 600	2 430 100
1964	54 716	2 239 000	286 400	2 525 600
1965	30 736	2 299 100	299 300	2 598 400
1966	15 730	2 344 900	312 500	2 657 400
1967	14 327	2 282 600	390 300	2 773 900
1968	20 544	2 434 800	406 300	2 841 100
1969	32 679	2 498 000	422 800	2 919 200
1970	36 928	2 561 400	440 000	3 001 400

[1] Bis 1960: Anwesende Bevölkerung; 1961—1968: ständige Bevölkerung, zum nächsten Tausend auf- oder abgerundet, ohne die verwalteten Gebiete [2] Einschließlich Touristen, die sich ständig niedergelassen haben [3] 15. Mai bis 31. Dezember [4] Laut Schätzung

BEVÖLKERUNGSSTATISTIK (per 1000)

	Geburten	*Sterbefälle*	*Säuglingssterblichkeit*[1]	*Eheschließungen*	*Scheidungen*
1955	29,2	6,1	37,3	8,5	1,2
1959	26,7	5,9	30,7	7,8	1,0
1963	25,0	6,1	27,5	7,7	0,9
1970	27,3	7,2	24,4	9,2	0,8

[1] Per 1000 Lebendgeburten

JÜDISCHE BEVÖLKERUNG NACH GEBURTSLÄNDERN (%)

	1948	1952	1956	1960	1964	1968	1970
In Israel geboren	35,4	25,2	32,1	37,4	39,4	44,0	46,2
Im Ausland geboren:							
Asien	8,1	20,6	18,4	15,7	13,8	12,8	12,4
Afrika	1,7	7,0	9,6	11,2	14,9	14,4	13,9
Europa und Amerika	54,8	47,2	39,9	35,0	31,9	28,8	27,5

BEVÖLKERUNG GRÖSSERER STÄDTE AM 1. JANUAR 1971

Akko	33 900
Afula	16 900
Aschdod	37 600
Aschkelon	40 100
Bat Jam	83 500
Beeršeba	77 400
Beit Schean (Beisan)	11 900
Bnei Brak	72 100
Dimona	22 500
Eilat	14 600
Givatajim	46 000
Hadera	30 700
Haifa	217 100
Herzlia	38 500
Hod Hascharon	12 700
Holon	38 500
Jerusalem	291 700
Kfar Sava	22 400
Kirjat Ata	25 600
Kirjat Bialik	14 600
Kirjat Gat	18 000
Kirjat Jam	17 200
Kirjat Motzkin	15 900
Kirjat Ono	14 900
Kirjat Schmona	15 100
Lod (Lydda)	29 300
Naharia	21 900
Nazareth	34 000
Ober-Nazareth	15 000
Ness Ziona	12 100
Netania	65 400
Petach Tikwa	83 200
Raanana	12 700
Ramat Gan	115 500
Ramat Hascharon	17 600
Ramla	30 800
Rechowot	36 600
Rischon Le-Zion	46 500
Safed	13 100
Tel Aviv-Jaffa	384 000
Tiberias	23 900
Tirat Hakarmel	13 300
Städte in den unter israelischer Verwaltung stehenden Gebieten[1]	
Bethlehem	31 900
Dir el Balach	18 100
El Arisch	30 000
Gaza	118 300
Hebron	38 350
Jenin	13 400
Jericho	6 800
Chan Junis	53 000
Nablus	44 200
Rafah	49 800
Ramallah & Bira	25 200
Tulkarm	15 300

[1] Laut Volkszählung vom Jahr 1967

JÜDISCHE EINWANDERER NACH HERKUNFTSKONTINENTEN

	Amerika, Europa und Ozeanien	%	*Asien und Afrika*	%	*Nicht angegeben*	*Insgesamt*
1919—14. 5. 48	385 006	89,6	44 809	10,4	53 042	482 857
15. 5. 48—1951	334 971	50,3	330 456	49,7	18 774	684 201
1952—1954	11 187	21,9	39 978	78,1	28	51 193
1955—1957	49 630	30,9	110 714	69,1	617	160 961
1958—1960	46 460	64,8	25 926	38,8	7	72 393
1961—1964	86 748	39,4	133 567	60,6	14	220 323
1965—1968	31 301	43,3	40 969	56,7	6	72 276
15. 5. 48—1968[1]	17 414	60,2	11 491	39,8	367	29 272
1969—1970[2]	44 154	59,7	29 978	40,3	600	74 372
15. 4. 48—1970[2]	621 865	46,3	723 073	53,7	20 413	1 365 351

[1] Ständigen Wohnsitz nehmende Touristen
[2] Zeitweilige Einwohner inbegriffen

BEVÖLKERUNG NACH ALTERSGRUPPEN
Stand vom 1. Januar 1971 (%)

Alter	*Juden*	*Mohammedaner*	*Christen*	*Drusen*	*Andere*	*Insgesamt*
0—14	30,2	52,7	37,2	48,9	49,7	33,0
15—29	26,7	23,9	25,7	24,1	24,2	26,4
30—44	16,2	12,5	18,1	13,7	13,6	15,8
45—64	19,7	7,5	13,1	9,3	8,6	18,0
65 u. aufwärts	7,2	3,4	5,9	4,0	3,9	6,8

Inzwischen hat sich die Situation etwas geändert. Die Aufnahmefähigkeit des Landes ist nicht unermeßlich, und außerdem wird auch für Israel die Frage des Umweltschutzes infolge zunehmender Bevölkerungsdichte und Industrialisierung sehr aktuell, wobei die ohnedies schwierige Wasserversorgung einen ganz besonders heiklen Punkt darstellt. In einer solchen Situation durch forcierte Einwanderung und durch Anhebung der Geburtenrate einen Wettlauf mit dem arabischen Bevölkerungswachstum einzugehen, hat beängstigende Aspekte.

Was ist ein »jüdischer« Staat?

Die Erhaltung der jüdischen Majorität allein liefert noch keine Antwort auf die Frage, worin sich ein jüdischer Staat von einem beliebigen anderen zu unterscheiden habe. Die Antworten der verschiedenen jüdischen Gruppen hierauf sind kaum miteinander zu vereinbaren.

Die Orthodoxie erstrebt, soweit sie sich positiv zu Zionismus und Staat stellt, unumwunden die volle Unterwerfung des öffentlichen und privaten Lebens unter die Normen des überlieferten Religionsgesetzes. Dank ihres noch aus der türkischen Zeit stammenden Monopols in Religionsangelegenheiten, ihres starken finanziellen Rückhalts in der Diaspora und einer für sie günstigen innenpolitischen Kräfteverteilung war es ihr möglich, einen gewissen Teil der orthodoxen Forderungen von Staats wegen durchzusetzen. Das Zivilstandsrecht – vor allem das Ehe- und Scheidungsrecht – und damit nicht zuletzt die Entscheidung darüber, wer als Jude gelten kann, liegt in der Hand des orthodoxen Rabbinats. Die Beachtung der rituellen Speisegesetze auf dem Lebensmittelsektor, jedenfalls im öffentlichen Bereich, ist wie die Einhaltung der Feiertags- und Sabbatruhe gesetzlich verbürgt, wenn auch der einzelne privat nicht gezwungen ist, sich daran zu halten. Die Geltung der *Torah* macht nach orthodoxer Ansicht das Wesen des jüdischen Staates aus, der in dem Maß, in dem sie gilt und verwirklicht wird, der verheißenen messianischen Gottesherrschaft näherrückt.

Die Mehrheit der Israelis ist anderer Meinung. Viele wollen einfach endlich einen eigenen Staat, aber keinen besonderen. Religiös überwiegend desinteressiert, suchen sie im jüdischen Staat nicht mehr und nicht weniger als die Möglichkeit, als Juden ohne Diskriminierung und ohne »Erwählung« so leben zu können wie normale Menschen. Die »Normalisierung« war ja schon eines der Grundanliegen der Aufklärung und der nationalen und sozialistischen Bewegungen im Judentum gewesen; folgerichtig möchten viele einen Staat nach dem Muster einer liberalen westlichen Demokratie mit sozialer Akzentuierung.

Aber nicht alle säkularisierten Zionisten und nicht alle zionistischen Sozialisten wollten und wollen einen solchen »normalen« Staat. Sie erstrebten einen Musterstaat, ein Modell für eine neue staatliche und gesellschaftliche Ordnung.

Ein mehr oder minder damit verwandtes Anliegen vertreten jene, die unter der Nachwirkung der im neunzehnten Jahrhundert ausgeformten Auffassung vom Judentum als einer vorzugsweise ethisch bestimmten Religion stehen. Sie trugen an den jungen Staat moralische Erwartungen und Maßstäbe heran, die über kurz oder lang mit den Notwendigkeiten der Realpolitik in Konflikt geraten mußten. Ihr Urteil ist deshalb so bedeutsam, weil ein guter Teil des westlichen Diasporajudentums immer noch diese ethische Interpretation des Judentums teilt, und dies galt und gilt auch von einem nicht geringen Teil der christlichen Welt. Viele Christen äußern Israel gegenüber Erwartungen und Urteile, die sie keinem anderen Staat gegenüber aussprechen würden. Bis zu einem gewissen Grad wurde also der neue Judenstaat zum Gefangenen der eigenen Minoritätsmoral, die ja immer radikaler ausfällt als die einer Mehrheit, die mehr politischen und gesellschaftlichen Zwängen unterliegt.

Eine solche Mehrheit wurden aber die Juden in Israel auch. Die politisch-militärischen Gegebenheiten, das durch die Erfahrungen in der europäischen Katastrophe gesteigerte und in entschlossene Verteidigungsbereitschaft umgeschlagene Sicherheitsbedürfnis und die Eigengesetzlichkeiten der sozialen und ökonomischen Entwicklung bestimmten den Kurs der israelischen Regierung bald mehr als irgendwelche Ideale aus der Vergangenheit.

Man hat das sehr wohl bemerkt und vielfach bedauert, aber ebenso viele Bürger Israels sehen darin nichts Absonderliches: Sie erwarten von ihrer Regierung eine kluge Politik, nicht eine spezifisch »jüdische«. So zeigt sich ein weites und in sich vielfältiges Spannungsfeld zwischen den beiden Polen »Normalisierung« und »Erwählungsglauben« — oder säkularisiertem »Sendungsbewußtsein« —, eine Spannung, die aufs engste mit dem Verhältnis Israels zur jüdischen Diaspora verbunden ist.

Eine wichtige Rolle spielt dabei die umstrittene Frage, wer als »Jude« gelten kann. Offiziell gilt die überlieferte Norm immer noch, nach der Jude ist, wer von einer jüdischen Mutter geboren wurde oder *rite* zur jüdischen Religion übergetreten ist. Damit ist im Gegensatz zur Tatsache der weitreichenden Säkularisierung und in einer anachronistisch anmutenden Weise Religionszugehörigkeit und Nationalität *pro forma* von Gesetz wegen aneinander gebunden.

Diesen unbefriedigenden Zustand suchte inzwischen der Oberste Gerichtshof Israels zwar in einigen Einzelfällen zu mildern, aber die religiös-nationale Koalitionspartei widersetzt sich entschieden einer grundsätzlichen Neuregelung. In der Tat hätte sie unübersehbare Folgen, gerade auch in bezug auf die Diaspora, deren Beziehung zum Staat ja nach wie vor zu einem guten Teil religiös motiviert ist.

Im Inneren ermöglicht die alte Formel eine eindeutige Abgrenzung zwischen Juden und Nichtjuden, also zwischen Staatsbürgern jüdischer Nationalität und Staatsbürgern sonstiger Art, was bevölkerungs- und sicherheitspolitisch von Bedeutung ist. Würde das bloße Bekenntnis zur jüdischen Nation oder gar zu einer israelischen Nation die alte Formel ersetzen, könnten Grenzen verschwimmen, die man nach den vielen Jahrhunderten der Selbstbehauptung und der Hoffnung auf einen eigenen jüdischen Staat nicht mehr so leicht preiszugeben gewillt ist.

Das Schulwesen

In der Mandatszeit haben manche der jüdischen Organisationen, entsprechend ihrer religiösen oder politisch-ideologischen Profilierung, ein eigenes Schul- und Bildungswesen aufgebaut. Nach der Staatsgründung mußte diese bunte Vielfalt früher oder später reduziert werden, um eine wirkungsvolle und überparteilichere Bildungspolitik zu ermöglichen.

Kern der Neuordnung war das unter zionistischer Ägide seit 1914 ausgebaute Schulwesen, das nach 1932 unter der Leitung eines *Nationalen Erziehungsrates (Waʿad Lᵉʾummi)* stand und drei Hauptrichtungen aufwies: eine sozialistische, eine religiöse *(Mizrachi)* und eine stärkere, bürgerlich-liberale (*Allgemeine Zionisten)*. Ein Drittel der Erziehungseinrichtungen stand außerhalb dieser Organisation und umfaßte vor allem die nichtzionistisch-orthodoxen Schulen der *ʾAguddat Jiśraʾel.* Diese führten das traditionelle jüdische Schulmuster weiter (*Ḥeder*, *Talmud-Torah)*, während die zionistischen Orthodoxen *(Mizrachi)* sich mehr der profanen Ausbildung öffneten und die übrigen, nicht religiös gebundenen Schulen an europäischen Vorbildern orientiert waren, später auch an amerikanischen.

Das Pflichtschulgesetz von 1949 ebnete den Weg für eine weitere Integration unter staatlicher Aufsicht und für den nötigen Ausbau angesichts der enormen Einwandererwelle. Mit dem *Staats-Erziehungs-Gesetz* von 1953 war dieser Übergang abgeschlossen. Übrig blieben im staatlich kontrollierten und finanzierten Bereich zwei Kindergarten- und Schultypen, der staatlich-allgemeine und der staatlich-religiöse, während die Schulen der orthodoxen *ʾAguddat Jiśraʾel* weiterhin unabhängig blieben, aber doch staatlich anerkannt sind, was für eine kleine Gruppe ganz traditionalistischer Kinderschulen — 1969/70 etwa hundertfünfundzwanzig mit etwa fünftausend Kindern — nicht zutrifft.

Dieses Grundschulsystem erforderte einen raschen Ausbau des

zunächst recht schwachen weiterführenden Schulwesens für die Vierzehn- bis Achtzehnjährigen. Seit 1968 ist eine Schulreform in Gang, die auf eine Verlängerung der Pflichtschulzeit um zwei Jahre und auf die Einführung einer Übergangsstufe von drei Jahren zwischen Grundstufe (sechs Jahre) und weiterführenden Schulen (drei Jahre) hinausläuft.

SCHÜLERZAHLEN

	1949/50	*1959/60*	*1969/70*	*1970/71*
Schüler insgesamt jüdische (nichtjüdische)	 127 470 (7417)	 508 972 (36 982)	 644 449 (82 745)	 736 243 (116 733)
Kindergarten	25 470	75 699	82 745	107 574
Grundstufe	91 133	364 857	388 536	405 772
Sekundarstufe (mit weiterführenden Berufsschulen) jüdische (nichtjüdische)	 10 218 (14)	 55 142 1029	 129 436 (5092)	 131 706 (8374)
Lehrerausbildung jüdische (nichtjüdische)	 713 	 3077 (121)	 5083 (370)	 5091 (358)
Gesamtbevölkerung jüdische (nichtjüdische)	 1 000 000 (170 000)	 2 000 000 (230 000)	 2 500 000 (425 000)	 2 561 400 (440 000)

(Zahlen nach *Encyclopaedia Judaica* 9, 1971; *Tatsachen über Israel*, 1972)

Die Tabelle zeigt den gewaltigen Anstieg der Schülerzahlen in den Haupteinwanderungsjahren nach 1948 und den starken Ausbau des weiterführenden Schulwesens seit 1960. Die Zahlen der arabischen Schüler in Klammern zeigen, wie sich 1949 bis 1960 die Schulpflicht durchgesetzt hat und daß die arabischen Schülerzahlen prozentual im Verhältnis zur Bevölkerung auf der Grundstufe die jüdischen weit übertreffen, im sekundären und höheren Bildungsbereich aber noch erheblich

zurückbleiben. Aber auch innerjüdisch ergibt sich ein kleinerer Anteil der Schüler »orientalischer« Herkunft am weiterführenden Schulwesen: 1969/70 waren es auf der Grundstufe 61,2 Prozent, auf der Sekundarstufe 42,6 Prozent.
Die Zahl der unqualifizierten Lehrer war anfangs naturgemäß sehr groß, konnte aber bis 1971 auf etwa fünfzehn Prozent reduziert werden, im arabischen Bereich auf etwa die Hälfte. Aufbau und Erhaltung des Schulwesens konnten und können freilich nur zum Teil aus staatlichen Mitteln finanziert werden; der Großteil der Lasten wird durch Beiträge aus der Diaspora bestritten.

Weitere Bildungseinrichtungen

Über das reguläre Schulwesen hinaus kommt in Israel wegen der speziellen Einwandererproblematik den zusätzlichen Bildungseinrichtungen eine viel größere Bedeutung zu als bei uns. Das beginnt bei den Jugendorganisationen der religiösen und politischen Gruppen, umfaßt die gewerkschaftlichen, kommunalen und privaten Einrichtungen der Erwachsenenbildung (Volkshochschulen) und die speziellen Institutionen für die Vorbereitung der Neueinwanderer, vor allem Übergangslager *(ma'abarot)*, Sprachschulen *('ulpanim)* und berufliche Schulungs- und Umschulungskurse.
Einen beträchtlichen Teil dieser zusätzlichen Bildungsarbeit leistet die Armee. Männer zwischen achtzehn und fünfundfünfzig und Frauen zwischen achtzehn und achtunddreißig Jahren sind militärdienstpflichtig. Die Präsenzdienstzeit beträgt für die jüngeren Wehrpflichtigen sechsunddreißig Monate bei Männern und vierundzwanzig – *de facto* freilich meist nur zwanzig – Monate für ledige, kinderlose Frauen. Diese dienen zum Teil auch in ersatzdienstähnlichen Funktionen, als Lehrerinnen, Jugendbetreuerinnen und so weiter. Frauen können zwar aus religiösen Gründen den Wehrdienst

ablehnen, und auch die Schüler der orthodoxen höheren Schulen sind befreit; davon abgesehen, prägen aber Präsenzdienst und Reserveübungen zu einem nicht geringen Teil das Leben der Jüngeren im Land.
Über die in einer modernen Armee heute nötige Ausbildung hinaus wird besonderes Gewicht auf eine angemessene Rücksichtnahme auf diejenigen Dienstpflichtigen erstrebt, die durch Herkunft und Vorbildung Gefahr laufen, benachteiligt zu werden. Das trifft vor allem für Soldaten aus jüdisch-orientalischen Familien zu. Die Armee leistet hier eine wichtige Integrationsarbeit und sorgt damit auch für einen besseren beruflichen Start im Zivilleben.

Hochschulen

Die Zeit seit der Staatsgründung war nicht zuletzt durch eine explosionsartige Ausweitung des Hochschulwesens gekennzeichnet. Die *Hebräische Universität* auf dem Skopusberg bei Jerusalem war seit dem Waffenstillstand als israelische Enklave im jordanischen Gebiet so gut wie unzugänglich geworden, und so mußte im Westen der Neustadt ein modernes Universitätscampus aufgebaut werden.
Trotz großzügiger Planung und Ausführung ergab sich in vielen Fächern bald ein ernstes Kapazitätsproblem. 1959/60 mußten Zweigstellen in Tel Aviv eingerichtet werden, aus denen dann 1960/61 die selbständige Universität Tel Aviv hervorging; auch am *Technion* in Haifa wurden mancherlei Ergänzungsfächer eingeführt. Damit verlor Jerusalem seine Monopolstellung im Sinn der alten Idee vom geistigen Zentrum.
Die Orthodoxen eröffneten 1956/57 in Ramat Gan bei Tel Aviv eine eigene, religiöse Hochschule, die *Bar-Ilan-Universität.* Aus dem *Haifa College,* das seit 1966/67 arbeitet, entstand in jüngster Zeit ebenfalls eine Universität, und in der-

selben Zeit wurde mit dem Aufbau der *Negev-Universität* in Beeršeba begonnen.

Das naturwissenschaftliche Forschungs- und Lehrzentrum in Rehovot, das *Weizmann Institute of Science* – 1949 in Anknüpfung an das seit 1934 bestehende *Daniel Shieff Research Institute* gegründet –, hat innerhalb weniger Jahre eine internationale Spitzenposition errungen; dasselbe gilt von mehreren Fachbereichen des *Technions* in Haifa. Das große Reservoir jüdischer Wissenschaftler und Technologen in der Diaspora, die stimulierende Wirkung der Tatsache, in einem eigenen Staat, aus der Minoritätssituation befreit, arbeiten zu können, und die notwendigen Bemühungen im Dienst der Sicherheitspolitik ermöglichten diesen raschen Leistungsanstieg.

Die Geldmittel für Aufbau und Unterhalt dieser Institutionen konnten und können genauso wie die für das übrige Schul- und Bildungswesen nur zu einem Teil im Rahmen des Staatsbudgets aufgebracht werden. Während bei den laufenden Budgets bis 1967 der staatliche Anteil ständig stieg und teilweise über sechzig Prozent erreichte, weil die Zuwendungen von privater Seite oder von jüdischen Organisationen aus der Diaspora mit der raschen Entwicklung nicht Schritt hielten, hat der Solidarisierungseffekt des Sechstagekrieges eine gewisse Wende nach sich gezogen: Die *Jewish Agency* übernahm einen Anteil von durchschnittlich fünfundsechzigeinhalb Prozent der Kosten, was ungefähr auch dem bisherigen Privatanteil an Neuinvestitionen entspricht.

Während zuvor die Mittel von privater Seite ziemlich mühselig zusammengebracht werden mußten und allzusehr von den Konjunkturschwankungen in den USA abhängig waren, ist nun eine größere Kontinuität in der Finanzierung gewährleistet. Die Abhängigkeit von der Wirtschaftslage vor allem der USA bleibt allerdings ein mehr oder minder akutes Problem. Sie wirkte sich auch in einer weitgehenden Anpassung an amerikanische Formen der akademischen Organisation und Studiengestaltung aus.

Neben den akademischen Einrichtungen bestehen noch zahlreiche mehr oder minder mit der öffentlichen Hand verbundene Forschungseinrichtungen. Sie sind zu einem großen Teil unter dem *Nationalen Forschungs- und Entwicklungsrat* zusammengefaßt. Seit 1961 existiert auch eine *Israel Academy of Science and Humanities* mit eigenen wissenschaftlichen Programmen und Publikationen sowie der Aufgabe, die Kontaktpflege mit ausländischen wissenschaftlichen Einrichtungen zu koordinieren.

Für die jüdische Wissenschaft im ganzen ergab sich aus all dem eine eindeutige Schwerpunktverlagerung. Ins Zentrum gerade auch der internationalen Aufmerksamkeit rückten naturwissenschaftliche und technologische Disziplinen und Institutionen. Die »Wissenschaft vom Judentum« konnte zwar mit der Ausweitung des Schulwesens allein im Rahmen der Lehrerausbildung eine erheblich breitere Anwendung erfahren, doch der eigentliche Sog auf den begabten wissenschaftlichen Nachwuchs ging jetzt begreiflicherweise von den Naturwissenschaften und von der Technik aus.

Zur selben Zeit wuchs außerdem auf dem engeren Gebiet der »Wissenschaft vom Judentum« die ausländische Konkurrenz ständig an, vor allem in den USA. In dieser Hinsicht ist Jerusalem nicht in dem ursprünglich erhofften Maß zum geistigen Zentrum des Judentums schlechthin geworden. Die israelische Wissenschaft vom Judentum bleibt dennoch auf vielen Gebieten führend, nicht zuletzt wegen zahlreicher einzigartiger Institutionen und Sammlungen. Das gilt zum Beispiel für die *Universitäts- und Nationalbibliothek* in Jerusalem und für die zahlreichen Archive, wie das *Zionistische Zentralarchiv*, die *Jewish Historical Archives*, das *Yad wa-Shem-Archiv*, das *Institute of Hebrew Manuscripts* (mit Mikrofilmen fast aller hebräischen Handschriftenbestände in der Welt) und andere.

Die *Akademie für Hebräische Sprache* mit ihrem großangelegten Projekt eines *Historischen Wörterbuchs der hebräischen*

Sprache und die systematische Sichtung und thesaurusartige Edition der historischen Dokumente und der poetischen Texte aus der »Kairoer Geniza«, eine Anzahl großer Editions- und Forschungsunternehmen und dergleichen mehr sind weitere Eckpfeiler dieser Vorrangstellung.

VERHÄLTNIS STUDENTEN : HOCHSCHULLEHRER (PROFESSOREN UND *LECTURERS)*

Hochschule	1960/1	1966/7	1968/9
Hebräische Universität Jerusalem	7020: 338	11 458:706	12 731: 990
Technion Haifa	2380:195	4943: 406	5659: 460
Weizmann-Institute Rehovot		281:105	334:112
Bar-Ilan-Universität Ramat Gan	611: 35	2485: 230	3641:112
Universität Tel Aviv	825: 55	4825: 384	7102: 706
Universität Beerševa		264: 38	719:120
Haifa College/Universität Haifa		1267: 62	2203: 85
Insgesamt	10 836: 623	25 541:1931	32 389: 2814

(Nach: *Encyclopaedia Judaica* 9, 1971)

Diese Aufstellung der Studentenzahlen enthält auch die ausländischen – zum größten Teil jüdischen – Studierenden, von denen die meisten aus Amerika kommen. An der Hebräischen Universität ist etwa ein Fünftel der Studenten Ausländer.

Integration und »Normalisierung«

Gegen Ende der Mandatszeit und bis in die fünfziger Jahre hinein konnte das Ziel der sozialistischen Gruppierungen, eine möglichst egalitäre Gesellschaftsordnung aufzubauen, noch als erreichbar gelten. Die öffentliche Hand und die mächtige Gewerkschaft kontrollierten weit mehr als die Hälfte des Wirtschaftslebens, und die harten Bedingungen der Aufbaujahre verliehen dem alten Pionierideal neue Aktualität. Dies änderte sich nach der entscheidenden Aufbauphase aus mannigfaltigen Gründen.

Zunächst war eine ungeheure Einwandererwelle zu bewältigen. Sie erreichte in den Jahren 1949 bis 1951 Spitzenwerte – 1949 fast zweihundertvierzigtausend Menschen – und war völlig heterogener Natur. Für die Jahre 1948 bis 1970 ergeben sich im Durchschnitt folgende prozentuale Anteile nach Herkunft (*Encyclopaedia Judaica* 9, 1971, S. 541):

Osteuropa	*Westeuropa*	*Asien*	*Afrika*	*Amerika*
36,3	5,5	23	28	5,5

Über die Hälfte der Einwanderer kam also aus afro-asiatischen Gebieten, zum Großteil aus arabischen Ländern. Ihre Eingliederung war und ist die schwierigste Aufgabe, denn sie lebten in ihrer ehemaligen Heimat zum größten Teil noch ganz in den alten Familien- und Sozialstrukturen und fast ohne Beziehung zur europäischen Zivilisation.

Als Träger alter und eigentümlich ausgeprägter jüdischer Kulturüberlieferungen sind sie keineswegs gering einzustufen, nur europäische Dünkelhaftigkeit pflegt dies zu mißachten. Aber die Umstellung auf die moderne Gesellschaft und Arbeitswelt war zumindest in der alten Generation kaum mehr möglich. Den Jüngeren gelang es eigentlich verhältnismäßig rasch, nicht zuletzt dank der ausgezeichneten Bemühungen der zuständigen Stellen, aber doch nicht ohne krisenhafte Begleiterscheinungen. Die Kluft zwischen den Altersgruppen trat innerhalb des noch immer festgefügten patriarchalischen Familienverbandes ganz besonders drastisch zutage und verursachte schwere Entwurzelungssymptome und selbstverständlich auch Nachteile für die Schulleistungen. Das gilt vor allem für jene Jugendlichen, die den Sprung in die Moderne soweit vollzogen haben, daß ihnen ungemein viel an der vollen Angleichung liegt, ohne daß sie – aufgrund ihrer noch mangelhaften Ausbildung und da und dort auch infolge von Vorurteilen in der Umwelt – wirklich gleiche Chancen haben.

Diese heute in der Publizistik etwas aufgebauschten Übergangsprobleme waren unvermeidlich, denn auch die europäische Pioniergeneration ist nicht plötzlich wohlhabend geworden, sondern hatte, von den schweren äußeren Bedingungen abgesehen, einen langen Lernprozeß auf vielen Gebieten durchzustehen. Die moderne Konsumgesellschaft weckt aber in den Kreisen, die infolge ihrer Herkunft unvermeidlicherweise bildungsmäßig und sozial nachhinken, oft Ansprüche, die in keinem Verhältnis zur eigenen Leistungsfähigkeit stehen, vor allem aber weckt sie Ungeduld, und diese verfällt allzu leicht politischer Demagogie.

Vorurteile und verfestigte soziale Strukturen gibt es allerdings allen Integrationsbemühungen zum Trotz. Die einstige Überheblichkeit der »Westjuden« gegenüber den »Ostjuden« hat in der Einstellung der europäisch-amerikanischen Juden zu den orientalischen und sefardischen eine Fortsetzung gefunden, und in gewissen Bereichen des öffentlichen Lebens herrschen ganz bestimmte Gruppen monopolartig: in der großen Politik etwa sind es immer noch die Vertreter der alten osteuropäischen Einwanderung, im Bildungswesen und in der Bürokratie die mittel- und westeuropäischen Juden. Letztere pflegen in ihren Familien die bürgerliche Kultur des Vorkriegseuropa noch in einem Maß, wie es in Europa kaum mehr der Fall ist.

Der Bildungsvorsprung der Kinder aus diesen Kreisen ist

enorm, trägt wesentlich zum internationalen Ruf der israelischen Kultur bei und entspricht auch dem noch immer vorherrschenden Bildungsideal des westlichen Diasporajudentums. Die Jugend orientalisch-jüdischer Herkunft versucht zwar zum kleineren Teil, diesem Beispiel nachzueifern, und zwar mit beachtlichem Erfolg, aber die Mehrheit wird doch stärker vom Sog der amerikanisierten Konsumgesellschaft erfaßt. Daher befürchten manche, daß diese – bereits die Mehrheit der israelischen Bevölkerung darstellenden – Gruppen einen unvermeidlichen Bruch mit dem entgegentreiben, was man bislang nach europäischen Maßstäben als wichtigstes Erbe der jüdischen Kultur betrachtet hat: Viele sehen eine »Levantinisierung«, vermischt mit einem kräftigen Schuß *American way of life*, heraufziehen.

Das ganze Problem trat außerdem deshalb noch schärfer zutage, weil zugleich insgesamt ein sozialer Wandel vor sich ging, der die Integrationsbemühungen erheblich störte. Die sehr unterschiedliche Leistungsfähigkeit aufgrund der verschiedenartigen bildungsmäßigen und sozialen Voraussetzungen war allein schon dem Ziel einer egalitären Sozialstruktur abträglich. Solange die öffentliche Hand die Gesamtentwicklung noch überwiegend in der Hand hattte, konnte vieles ausgeglichen werden. Die Entschädigungsleistungen der Bundesrepublik Deutschland hatten, soweit sie pauschal an den Staat gingen, in dieser Hinsicht einen positiven Effekt, soweit sie an geschädigte Einzelpersonen geleistet wurden, veränderten sie jedoch schlagartig die Einkommensrelationen.

Als die deutschen Pauschalentschädigungen erfüllt waren, ergab dies für den Staatshaushalt und damit für die ausgleichende Funktion der öffentlichen Hand erhebliche Rückschläge. Sie konnten nicht mehr durch eine verstärkte Werbung um Unterstützung in der jüdischen Diaspora allein wettgemacht werden, sondern erforderten auch die Förderung privater Investitionen aus dem Ausland, was die marktwirtschaftliche Seite der Gesamtwirtschaft zu Lasten der gemeinwirtschaft-

lichen schwächte und unterschiedliche Einkommensentwicklungen begünstigte.
In derselben Zeit überholte die städtische Bevölkerung die ländliche bei weitem, die Industrie wurde immer bedeutender, und dadurch wandelte sich der vorherrschende Lebensstil und die weltanschauliche Grundeinstellung rapid im Sinn der westlichen Industriegesellschaft.
Die Normalisierung nach diesem Vorbild wurde zu einer bedrückenden Erscheinung für jene, die mehr oder minder ihr ganzes Leben im harten Ringen um eine Synthese zwischen bester jüdischer Tradition – in welchem Sinn auch immer – und einer gerechten, mustergültigen Gesellschaftsordnung zugebracht haben. War die eventuell bevorstehende, amerikanisch getünchte »Levantinisierung« all die Mühen und Opfer wert? War diese »Normalisierung« nicht auch in der Diaspora durch entschlossene Assimilation und Selbstverleugnung in den meisten Ländern zu erreichen?
Die Pessimisten unterschätzen wahrscheinlich die Lebenskraft der jüdischen Kultur insgesamt bei weitem. Einen gewissen Preis wird die Normalisierung freilich auch weiterhin noch fordern, denn es ist unmöglich, Ideale und Dynamik einer meist extremen Belastungen ausgesetzten Diaspora-Minorität unter »normalen« Verhältnissen voll zu erhalten. Die in absehbarer Zeit schwerlich nachlassende militärische Konfrontation, die erheblichen inneren Aufgaben – allein schon auf dem Sektor der Wasser- und Energieversorgung – und andere Schwierigkeiten werden aber auch in Zukunft einfach Leistungen herausfordern und die Normalisierungsgefahren dämpfen. Dazu kommen die Impulse aus der Diapora, wo die Juden nach wie vor aus ihrer Minoritätssituation heraus zu überdurchschnittlichen Leistungen angespornt werden.
Das Ganze hat aber doch noch einen anderen, enger kulturgeschichtlichen Aspekt: Integration und Normalisierung ebnen unweigerlich die reiche Vielfalt der lebendigen Überlieferungen in den einzelnen jüdischen Einwanderergruppen ein, ins-

besondere innerhalb der orientalisch-sefardischen Gemeinschaften. Man bemüht sich daher auch darum, durch Traditionspflege, Förderung der Folklore und durch umfassende Dokumentationen möglichst viel von diesen Eigentümlichkeiten lebendig zu erhalten oder zumindest dokumentarisch festzuhalten.

Die wirtschaftliche Entwicklung

Der Bevölkerungsexplosion entsprach ein ebenso rasches wirtschaftliches Wachstum, im ersten Jahrzehnt um etwa zehn Prozent pro Jahr, seither etwas weniger. Zur selben Zeit verlagerte sich das Schwergewicht von der Landwirtschaft auf die Industrie und die öffentlichen Dienstleistungen.

Bei all dem ist zu bedenken, daß die Voraussetzungen für eine rentable Wirtschaft in vielen Bereichen ungünstiger waren als anderswo. In der Landwirtschaft etwa erforderte die Erschließung neuer Anbauflächen mühevolle und kostspielige Vorarbeiten; in den Niederungen des Küstenlandes, der Jezreel-Ebene und des Jordantals war es die Trockenlegung weiter Sumpfgebiete, im Hügel- und Bergland die mühselige Entsteinung, in der Negev-Wüste der Kampf gegen Treibsand und Trockenheit, und überall der Mangel an Wasser.

Der Ausbau einer das gesamte Staatsgebiet umfassenden Wasserversorgung war daher eines der zentralen Anliegen des Aufbauwerks. Aber auch jetzt, nachdem ein solches System weitgehend verwirklicht ist, bleibt die verfügbare Menge des Wassers begrenzt, weil der Grundwasserspiegel insgesamt in einer bedrohlichen Weise sinkt. Trockenperioden, wie sie in den vergangenen Jahren eintraten, können durch die natürlichen Niederschlagsmengen folgender Jahre kaum mehr wettgemacht werden. Die zusätzliche Gewinnung von Wasser, etwa die Aufbereitung von Meerwasser zu Süßwasser, ist deshalb eine der dringendsten Zielsetzungen.

INDUSTRIEERZEUGUNG
In Millionen Israelische Pfund (Preisniveau: 1970)

	1967	*1968*	*1969*	*1970*
Bergbau und Steinbrüche	182	216	227	270
Nahrungsmittel und Getränke	1831	2088	2255	2380
Textilien und Bekleidung	985	1257	1538	1825
Holz und Holzerzeugnisse	477	675	728	768
Papier und Pappe	150	180	190	205
Buchdruck und Verlagswesen	198	225	260	285
Leder und Lederwaren	206	253	273	290
Gummi- und Kunststoffwaren	211	305	365	420
Chemikalien und Mineralölerzeugnisse	690	880	976	1135
Nichtmetallische Mineralien	282	357	400	452
Diamanten	575	700	728	707
Grundmetalle	191	278	345	338
Metallerzeugnisse	383	525	630	680
Maschinen	420	592	705	835
Elektrische und elektronische Ausrüstung	299	510	755	810
Beförderungsmittel	511	722	925	1185
Verschiedenes	109	147	185	200
Insgesamt	7700	9910	11 485	12 785

DAS BRUTTOSOZIALPRODUKT
in Millionen Israelische Pfund zu den im Jahr 1970 gültigen Preisen

	1950	*1960*	*1970*
Bruttosozialprodukt	3275	8358	19 175
Einfuhr	1165	2432	9440
Insgesamt	4440	10 790	28 615
Privatverbrauch	2090	5387	11 680
Öffentlicher Verbrauch	745	1836	7155
Brutto-Kapitalsanlagen	1450	2314	4685
Ausfuhr	155	1253	5095
Insgesamt	4440	10 790	28 615
Privatverbrauch pro Kopf	1895	2860	3920
Sozialprodukt pro Beschäftigten	7700	11 905	19 870*

* Aus: *Tatsachen über Israel*, 1972

LANDWIRTSCHAFTLICHE PRODUKTION
(in Tonnen, außer wenn anders angegeben)

	1948/49	1958/59	1969/70
Zitrusfrüchte	272 700	587 600	1 261 900
Weintrauben	17 800	57 800	60 700
Oliven	10 700	8000	6600
Bananen	3500	31 600	61 150
Anderes Obst	7200	42 000	162 800
Weizen	21 200	73 700	125 000
Hafer und Gerste	20 900	66 000	13 600
Sorghum	3000	40 700	10 900
Heu	40 600	123 100	137 300
Grünfutter	372 800	1 534 300	1 479 100
Erdnüsse	300	15 300	18 700
Baumwolle	—	7300	35 300
Baumwollsaat	—	12 250	55 000
Tabak	600	2400	1600
Zuckerrüben	—	122 100	237 000
Gemüse, Kartoffeln u. Melonen	111 900	441 300	740 900
Geflügel	5040	40 650	101 700
Vieh	2010	18 900	35 600
Fische	3500	13 200	21 800
Milch (Millionen Liter)	86	301	488
Eier (Millionen)	242	1027	1320

Die gesamtwirtschaftliche Entwicklung war und ist zu einem beträchtlichen Teil von den finanziellen Zuwendungen aus der Diaspora abhängig. Ein hoher Prozentsatz des Bildungswesens und die Kosten für die Ansiedlung der Einwanderer werden ohnedies durch internationale jüdische Organisationen und über die *Jewish Agency* bestritten.
Der offizielle Staatshaushalt läßt nicht den gesamten Umfang der wirklichen Investitionen und Aufwendungen erkennen; daher darf auch das Bruttosozialprodukt nicht unkritisch in Relation zur Eigenleistung des Staates gesetzt werden. Ein beträchtlicher Teil privaten Kapitals schlägt sich in der Bautätigkeit nieder. Wer im Land reist, wird auf Schritt und Tritt Bauten vorfinden, an denen auf Gedenktafeln die Namen der Spender zu lesen sind, in großen öffentlichen Gebäuden manchmal sogar noch in Einzelräumen.

Der kräftige Kapitalzustrom von außen hat allerdings im Inneren nicht nur die Produktion, sondern auch den Konsum gefördert. Israel leidet demgemäß an einem chronischen Handelsdefizit, obwohl Exportwerte und Produktionsziffern steigen. Eine Einschränkung des Imports ist aber angesichts der ohnehin haarsträubend hohen Zölle und Steuern der auf Normalisierung ausgerichteten Bevölkerung schwer zuzumuten, auf jeden Fall wäre sie eine höchst unpopuläre Maßnahme. Die öffentliche Hand kann kaum etwas einsparen, solange rund ein Drittel des Budgets oder gar mehr für die Sicherheit aufgewendet werden muß. Damit fällt ein bedeutsames konjunkturpolitisches Instrument zur Eindämmung der hohen Inflationsrate fort.

Die Inflation zehrt die ohnedies meist niedrigen, aber hoch besteuerten Durchschnittseinkommen fortlaufend aus. Die Gewerkschaft, die selber einen großen Teil der Wirtschaft kontrolliert, kann Lohnerhöhungen nur begrenzt durchkämpfen, wenn sie die prekäre Situation nicht noch verschärfen will. Das Land wird daher nicht selten von mehr oder minder disziplinierten Streiks heimgesucht, wobei die Beamten und Angestellten des öffentlichen Dienstes als Stiefkinder der Entwicklung besonderen Grund zur Unzufriedenheit haben.

Wirtschaftliche Unabhängigkeit und Stabilität liegen also für den Staat noch in einiger Ferne. Die Gegenwart ist vor allem durch die Situation in den USA mitbestimmt und je länger je mehr auch durch die Randposition gegenüber der vorwiegend marktwirtschaftlich orientierten Europäischen Gemeinschaft als dem wichtigsten Handelspartner.

ZUSAMMENFASSUNG DER STAATLICHEN EINNAHMEN UND AUSGABEN

Einnahmen	*1970/71* Millionen isr. Pfund	Prozent	*1971/72* Millionen isr. Pfund	Prozent
A. *Ordentliche Einnahmen*				
Besitz- und Einkommensteuer	2593	23,1	3174	21,4
Verbrauchssteuern	2163	19,3	2922	19,7
Gebühren und Konzessionen	401	3,6	417	2,8
Andere Inlandseinnahmen	920	8,2	1872	12,6
Zwangsanleihungen	840	7,5	1132	7,6
Staatsbankanleihen	650	5,8	650	4,4
Insgesamt	7567	67,5	10 167	68,5
B. *Einnahmen für den Entwicklungshaushalt*				
Inlandsanleihen, Vermögen usw.	2608	23,3	2134	14,4
Auslandsanleihen und Überweisungen	1025	9,2	2520	17,1
Insgesamt	3633	32,5	4654	31,5
Gesamte Einnahmen	11 200	100,0	14 821	100,0

Ausgaben (Ordentlicher und Entwicklungshaushalt)

A. *Für wirtschaftliche Zwecke*				
Landwirtschaft und Bewässerung	154	1,4	159	1,0
Industrie	221	2,0	275	1,8
Verkehr	325	2,9	445	3,0
Fremdenverkehr	31	0,3	43	0,4
Subventionen	568	5,1	1100	7,4
Andere Zwecke	164	1,5	385	2,6
Insgesamt	1463	13,2	2407	16,2
B. *Für soziale Dienstleistungen*				
Wohnungsbau	632	5,7	804	5,4
Unterricht	628	5,7	770	5,2
Gesundheitswesen	235	2,0	254	1,7
Sozialhilfe, usw.	212	1,9	225	1,5
Städtische Dienste	122	1,3	361	2,4
Andere soziale Dienstleistungen	159	1,4	172	1,2
Insgesamt	2088	18,0	2586	17,4

C. *Für Verteidigung und Verwaltung*				
Allgemeine Verwaltung	146	1,4	194	1,3
Justiz und Polizei	161	1,5	212	1,4
Verteidigung	5339	47,8	6184	41,7
Insgesamt	5646	50,7	6590	44,4
Schuldendienst, etc.	2003	18,0	3238	22,0
Gesamte Ausgaben	11 200	100,0	14 821	100,0*

* (Aus: *Tatsachen über Israel*, 1972)

2. Israel und die Diaspora

Die wichtigsten Diasporagebiete

Nicht nur die nationalsozialistischen Verfolgungen haben das Bild des europäischen Judentums völlig verändert, auch die folgende politische Entwicklung in Osteuropa und in der arabischen Welt zog erhebliche Wandlungen nach sich. Von der Sowjetunion abgesehen, die erst seit einiger Zeit in gewissem Ausmaß eine Auswanderung gestattet, haben die Ostblockländer von 1948 bis 1967 durch Abwanderung fast drei Viertel ihrer jüdischen Bürger verloren.

Aus den islamischen Gebieten Nordafrikas und des Nahen und Mittleren Orients wanderten in derselben Zeit von rund dreiviertel Millionen Juden über sechshunderttausend aus, aus Nordafrika viele auch nach Frankreich, das nunmehr in Europa nach England den stärksten jüdischen Bevölkerungsanteil aufweist. Hier befinden sich heute die größten jüdischen Ballungszentren Europas: Paris mit über dreihunderttausend, London mit rund zweihundertneunzigtausend und Marseille mit etwa siebzigtausend.

Außerhalb Europas leben in Argentinien noch rund eine halbe Million Juden, ansonsten dominiert insgesamt das nordamerikanische Judentum mit derzeit sechs Millionen und mit über hunderttausend Juden Bevölkerungsanteil in mindestens zehn

Großstädten. Allein in New York leben mehr als zweieinhalb Millionen Juden – also sogar etwas mehr als im Staat Israel –, in Los Angeles über eine halbe Million.
Diese Zahlen werden in ihrer Bedeutung für die USA teils überschätzt, teils unterschätzt. Überschätzt wird der Einfluß der jüdischen Wählerstimmen, weil man übersieht, daß der Großteil der jüdischen Wähler ziemlich fest auf eine der beiden großen Parteien festgelegt ist und daß der jüdische Bevölkerungsanteil prozentual ja doch nur drei Prozent beträgt. Im Verhältnis dazu ist der faktische Einfluß über Personen und Organisationen allerdings nicht gering. Die Misere, die um die Jahrhundertwende die ostjüdischen Einwanderer kennzeichnete, ist längst überwunden. Heute ist der größte Teil der Juden in Nordamerika dem Mittelstand zuzurechnen, etwa dreißig Prozent der mittleren und gehobenen Unternehmerschicht; darüber hinaus sind Juden im akademischen Bereich und in der Administration ganz überdurchschnittlich stark vertreten (Hand in Hand damit erfolgte eine Abwanderung aus den alten, ghettoartigen jüdischen Großstadtvierteln in die besseren Vororte). Daher ist das nordamerikanische Judentum auch wirtschaftlich eindeutig die dominierende jüdische Gruppe in der Welt.
Das dynamische und dramatische Geschehen in Palästina-Israel, die weltpolitischen Verwicklungen des Staates Israel und die dortige Bedrohung durch die arabische Umwelt haben in den letzten beiden Jahrzehnten den Blick für diese Tatsache manchmal etwas verstellt. Allerdings ist das amerikanische Judentum heute selbst in einem hohen Maß auf Israel hin ausgerichtet. Spätestens mit dem Sechstagekrieg 1967 hatte sich die positive oder zumindest wohlwollend-neutrale Einstellung zum Zionismus fast völlig durchgesetzt. Die Zahl der jungen jüdischen Amerikaner, die Neuhebräisch lernen und einige Zeit in Israel verbringen, steigt von Jahr zu Jahr. Dementsprechend hoch sind die Spenden und Investitionen, die für Israel aufgebracht werden.

Der Staat und die zionistische Bewegung

Nach der Staatsgründung geriet der Zionismus in eine bemerkenswerte Krise. Zunächst mußte der neue Staat unter David Ben Gurion darauf bedacht sein, seine Souveränität abzusichern, um im Rahmen der internationalen Politik handlungsfähig zu sein und um Mißverständnisse über den politisch-rechtlichen Status der Juden in der Diaspora zu vermeiden. Für viele Zionisten in der Diaspora, vor allem in Amerika, war das eine schwere Enttäuschung, schien es doch so, als sollte die Weltorganisation auf eine Geldgeberrolle und Hilfsdienstfunktion eingeschränkt und die nichtzionistische Diaspora vernachlässigt werden. Abba Hillel Silver (1893 bis 1963), einer der verdienstvollsten amerikanisch-jüdischen Wegbereiter der Staatsgründung, resignierte als Repräsentant der amerikanischen Gruppe in der *Jewish Agency*.

In diesem Zusammenhang spielten noch andere Faktoren eine entscheidende Rolle, so etwa der Gegensatz in der Zielvorstellung. Silver vertrat jenes durch die bürgerlich-westliche Kultur geprägte Diaspora-Judentum, das vom neunzehnten Jahrhundert her ethische und liberal-demokratische Ideale als Kern der jüdischen Überlieferung betrachtete, während Ben Gurion als sozialistischer Arbeiterführer selbstverständlich andere Ansichten über den Staat hatte und überdies als Mann der palästinensisch-israelischen Politik auch einmal taktisch-pragmatische Erwägungen über grundsätzliche stellte. Dabei war der bereits mehrfach angedeutete Konflikt zwischen »ethischem Judentum« und Realpolitik nicht zu vermeiden.

Handfeste Gründe gab es für die Regierung auch in Hinblick auf die unerläßliche Unterstützung von außen. Zur Zeit der Staatsgründung war vielleicht ungefähr die Hälfte der — bewußten — Juden eindeutig für den zionistischen Staat, mit dem Judentum im Land Israel waren aber viel mehr Menschen durch die verschiedensten Beziehungen verbunden und daher bereit, für bestimmte Bereiche wie Erziehung, Sozialar-

beit und Kultur finanzielle Beiträge zu leisten. Das Judentum in Israel sollte für solche Juden nicht nur als zionistische Größe erscheinen, sondern nach Möglichkeit eine gesamtjüdische Solidarisierung für Israel erwirken.
Von den Diaspora-Zionisten selbst erwartete Ben Gurion nicht weniger als die möglichst rasche Einwanderung nach Israel. Die zionistischen Weltkongresse von 1951, 1956, 1961 und 1968 in Jerusalem waren von Kontroversen über diese Grundfragen überschattet. Nahum Goldmann (geboren 1894), von 1956 bis 1968 Präsident der Weltorganisation, war der bedeutendste Gegenspieler Ben Gurions. Der Kongreß von 1951 hatte das alte *Basler Programm* durch das *Jerusalemer Programm* ersetzt und dabei einen Kompromiß erreicht, dessen Interpretation aber umstritten war.
In der Praxis mußte die zionistische Organisation sich allerdings bald einer Kompetenzenteilung fügen, also weithin die Linie Ben Gurions hinnehmen. Goldmann versuchte zusammen mit anderen, der Organisation eine politische Verantwortlichkeit für das Gesamtjudentum zu erhalten, doch 1968 war das Tauziehen zu seinen Ungunsten entschieden. Er konnte aber sein Anliegen über den *Jüdischen Weltkongreß* weiter vertreten.

Israel und das Weltjudentum

Bei aller Unterstützung für den jüdischen Staat hatte Nahum Goldmann immer die realen Verhältnisse im Auge behalten, also die Tatsache, daß jetzt und auch in Zukunft die Mehrheit des Judentums in der Diaspora leben muß, daß weite Bereiche des Judentums durch freiwillige Assimilation abzubröckeln drohen und andere große Diasporagruppen – etwa in der Sowjetunion – sich in einer schwierigen Lage befinden, die durch die Politik des Staates Israel – ob vermeidbar oder nicht – noch prekärer wird.

Der Staat Israel und die mit ihm eng verbundene zionistische Organisation sind ohnehin nur begrenzt in der Lage, auf zwischenstaatlichem Weg für jüdische Minoritäten einzutreten, ohne den Vorwurf der Einmischung in innere Angelegenheiten anderer Staaten auf sich zu ziehen und ohne auf die eigene Minoritätenpolitik angesprochen zu werden. Die israelische und die neue zionistische Führung hatten aber durch den großangelegten Propagandafeldzug im Zusammenhang mit dem Sechstagekrieg einen derartigen Solidarisierungseffekt im Gesamtjudentum erzielt, daß sogar Goldmanns Standort noch in den Augen mancher in den Verdacht mangelnder Solidarität geriet.

Goldmanns Sorge, man könnte mit einer so ausschließlich auf Israel fixierten Einstellung auf längere Sicht gewisse Bereiche des Weltjudentums als *quantité negligeable* beiseite schieben oder gar ihre Existenz aufs Spiel setzen, war keineswegs an den Haaren herbeigezogen. Noch ist die Zukunft des Staates trotz derzeit haushoher militärisch-technologischer Überlegenheit auf lange Sicht keineswegs gesichert. Eine heikle Frage ist auch, wie weit man die Auseinandersetzung mit der Sowjetunion wegen der Auswanderungserlaubnis im zionistischen Interesse treiben kann, ohne das Schicksal jener dort lebenden Juden zu beeinträchtigen, die nicht auswandern möchten.

Der Sieg von 1967 und seine Kehrseite

Mit dem Sechstagekrieg hat Israel militärisch-sicherheitspolitisch einen enormen Erfolg erzielt und innerjüdisch eine überwältigende Entscheidung für die Sache des Zionismus erwirkt. Es hat sich aber auch erhebliche Nachteile eingehandelt. Viele Freunde Israels waren sogar bestürzt. Als Gründe wurden in der Regel genannt:

(1) Man habe in der zionistischen Propaganda 1967 zielbewußt die Gefährdung des Staates hochgespielt, während die

militärische Überlegenheit bereits voll zur Geltung kam. (2) Man habe wie selbstverständlich mehr als sechzigtausend Araber durch die Annexion der Jerusalemer Altstadt ungefragt mit der israelischen Staatsbürgerschaft beglückt und die »Wiedervereinigung« gefeiert, obwohl aufgrund der leidvollen Vergangenheit in eigener Sache durchaus eine tiefe Abneigung dagegen besteht, ungefragt politisches Objekt zu sein. (3) Die Regierung lehne aus dieser Erfahrung der Diaspora-Vergangenheit heraus selbst heftig jede Bevormundung durch UNO oder die Großmächte ab, wenn es darum geht, nach Lösungen des Nahostproblems zu suchen, setze aber Himmel und Hölle in Bewegung, um für die eigenen Anliegen die Unterstützung der Weltöffentlichkeit zu erhalten. (4) Die Regierung habe sich im Zusammenhang mit dem Abschuß der libyschen Zivilverkehrsmaschine über der Sinaihalbinsel sehr irritierend verhalten. (5) Die Politik der vollendeten Tatsachen greife mit einem gewissen Automatismus nun auch auf die besetzten Gebiete über. (6) In der Außenpolitik verfahre man mit zumindest scheinbarer Arroganz in der UNO und darüber hinaus fast nach dem fatalen Prinzip »Viel Feind, viel Ehr«. (7) Schließlich wurde noch die Frage laut, wo die Grenze zwischen berechtigter Hartnäckigkeit und dem vielleicht tragischen Altersstarrsinn einer bestimmten Generation liege.

Solche Feststellungen und Fragen in Kreisen, die mit dem Zionismus sympathisieren, wiegen nicht leicht, denn es schien so, als wollte nun der Staat Israel über den Zionismus sich mit dem Judentum schlechthin identifizieren und das jüdische Geschick insgesamt ganz entschieden auf eine einzige – nämlich seine eigene – Karte setzen, in der hartnäckigen Annahme, daß »nicht sein kann, was nicht sein darf«, daß also die eingeschlagene Politik auf alle Fälle zum Ziel führen werde. Mit mehr oder weniger religiös-eschatologischen Begleitstimmen versehen, präsentierte sich der Zionismus so in der Art einer messianischen Bewegung und drohte insofern das Risiko eines pseudomessianischen Abenteuers einzugehen.

Darüber hinaus wirkt sich die innerjüdische Spannung zwischen Anspruch und Realität mehr denn je auf die öffentliche Meinung in der Welt aus. Man war es gewohnt, Israel unter zwei widersprüchlichen Aspekten zu betrachten, von denen jeder für sich bestimmte Sympathisantenkreise positiv angesprochen hat. Einerseits wurde die Normalisierung und das Recht der Juden auf ein Leben im Rahmen eines eigenen, normalen Staates gefordert und als plausibles Anliegen auch anerkannt, andererseits beriefen sich Zionisten zugleich in den verschiedensten Nuancierungen auf den traditionellen Erwählungsglauben, auf die biblischen Verheißungen, auf eine weltgeschichtlich-heilsgeschichtliche Sendung oder zumindest auf die Rolle des Judentums als Träger und Realisator des prophetisch-humanistisch-aufklärerisch-liberalen Menschheitsgedankens.

Allmählich wirkten sich die so geweckten Erwartungen und Ansichten aber als Maßstäbe gegenüber der israelischen Wirklichkeit aus. Den einen war dieser Staat nicht »normal« genug, sondern zu theokratisch und zu sehr ideologisch belastet, den andern war er zu normal, zu säkularisiert oder wenigstens nicht so ideal, wie man es erhofft hatte. Ein und dieselbe Tatsache konnte somit selbst unter Sympathisanten ganz gegensätzlich bewertet werden, und aus sachlichen Diskussionen wurden Glaubensfragen. Man erwartet daher von diesem Staat in der Regel zu viel und fordert daher zuviel von ihm.

Selten wird dabei bedacht, in welchem Ausmaß in Wirklichkeit Mechanismen im Spiel sind. Man übersieht, wie lange der arabisch-israelische Konflikt schon vorgezeichnet war und welche Rolle der europäische Antisemitismus bei seiner Ausweitung gespielt hat. Man vergißt zu leicht die Schatten der Vergangenheit, die Erfahrungen einstiger Hilflosigkeit, vor allem die Erfahrung, daß im Katastrophenfall Hilfe von außen so gut wie nie, jedenfalls nicht rechtzeitig eintrifft und es darum in erster Linie auf Selbsthilfe ankommt.

Wie viele der mehr oder minder wohlmeinenden Kritiker Israels begreifen das unheimliche Gefühl, das Menschen dort beschleicht, wenn ihnen zu einem Sicherheitsrisiko geraten wird, das *de facto* durch keine wirksame Garantie abgesichert ist? Zumal wenn solche Ratschläge eventuell ausgerechnet aus Ländern kommen, in denen Hunderttausende von Juden, darunter nächste Verwandte, einmal ums Leben kamen, weil sie ein solches Risiko auf sich genommen haben? Gerade von den jüngeren Kritikern wird dies zu wenig bedacht.

Die moralische Entrüstung, mit der die Nahostdiskussionen heute geführt werden, ist fehl am Platz, denn es geht weit mehr um Sachzwänge als um persönliche Entscheidungen. Kein arabischer Staatsmann ist heute in der Lage, öffentlich konstruktiv für eine Friedenslösung einzutreten, nicht aus bösem Willen, sondern aus Rücksicht auf das herrschende politische Klima und wegen der innerarabischen Differenzen und Konkurrenten. Ebenso irrig ist wohl die Meinung, Israels Regierung könnte das Problem durch ein großzügiges Nachgeben lösen, ohne dabei erhebliche Risiken einzugehen und ohne innenpolitisch die schwersten Konflikte heraufzubeschwören. Kaum eine Regierung könnte dergleichen verantworten, noch dazu, wenn sie sich in entscheidenden Fragen auf keine eindeutige Mehrheit stützen kann, wie es heute in der Frage der Behandlung der besetzten Gebiete der Fall ist.

Der Oktoberkrieg 1973 – Eine Bewußtseinswende

Der Oktoberkrieg von 1973 hat in Israel die frühere Selbstsicherheit zerstört. Man weiß nun, wohin der Weg schlimmstenfalls führen kann, doch viele sehen keinen eindeutig erkennbaren Ausweg. Um so entschiedener bieten die Rechtsparteien ihre der Losung »Alles oder Nichts« nahekommende Politik der Stärke und des »ganzen Landes Israel« an, unter Einschluß des letzten Risikos – auch für alle anderen. Es wird nicht zuletzt von der Haltung der westlichen Demokratien abhängen, ob in Israel und in seinen feindlichen Nachbarländern die politische Vernunft über die Extreme siegt.

Am Scheideweg

Die grundlegende Bedeutung der Existenz des Staates Israel für die Juden in der Diaspora in bezug auf Selbstbewußtsein und kulturgeschichtliche Orientierung ist heute evident. Aber Israel lebt andererseits zu einem guten Teil von dieser Diaspora, bleibt dank ihr auch vor provinzieller Abschnürung und vor der manchmal befürchteten »Levantinisierung« bewahrt, weil es aus dem Bildungsjudentum der Diaspora wesentliche Impulse empfängt und dort für seine eigenen Kulturschaffenden hervorragende Wirkungsmöglichkeiten in aller Welt findet. Wenn es gelingt, ein ausgewogenes Verhältnis des Gebens und Nehmens auf der Basis eines möglichst breiten jüdischen Konsensus zu erhalten, wird die Geschichte der jüdischen Kultur dank dieser außerordentlich günstigen Voraussetzungen wahrscheinlich einer ihrer fruchtbarsten Perioden entgegengehen.

Sollte sich aber die chauvinistische Richtung der *Ḥerut*-Partei noch mehr durchsetzen, wird auch der Rückhalt in der Diaspora gefährdet sein. Die bisherigen Regierungen Israels konnten noch eine Politik der Stärke anwenden und begründen. Eine Regierung unter dem Einfluß der *Ḥerut*-Partei wäre aber zu einer Politik der Stärke verurteilt, allerdings in *splendid isolation.* Denn wie viele Freunde Israels möchten dann damit noch etwas zu tun haben? Die bevorstehenden und zukünftigen Wahlen zum israelischen Parlament werden darum mehr als nur innerisraelische Bedeutung haben, sie werden für die Zukunft des Judentums insgesamt wegweisend sein.

Nach wie vor: das Volk des Buches

Das traditionell enge Verhältnis der Juden zur schriftlichen Überlieferung und die Hochschätzung des Buches hat vor der Zeit der Aufklärung eine im Verhältnis zur Zahl der Juden fast unglaublich reiche Buchproduktion bewirkt. Mit der Aufklärung und der durch sie erfolgten Erschließung der verschiedensten Wissensgebiete für den interessierten Juden schwoll diese Produktion noch weiter an, obgleich die Assimilation gleichzeitig einen beträchtlichen Teil des intellektuellen und kulturellen Potentials in den Kulturen der Umwelt aufgehen ließ.

Die »kopflastige« Sozialstruktur des westlichen Diasporajudentums im neunzehnten und zwanzigsten Jahrhundert erklärt diese Entwicklung nur zum Teil. Denn zur selben Zeit wurden auch in Osteuropa im Rahmen der Bemühungen um die Aufklärung der dortigen jüdischen Massen und später im Rahmen der sozialistischen und nationalen Bewegungen schier unübersehbare Publikationsziffern erreicht.

Die zionistisch-sozialistischen Bemühungen um eine Gesundung der Sozialstruktur, die Ideologie der Arbeit und das Ideal des Pioniers haben keineswegs zu einem Rückgang der literarischen Produktion und der Nachfrage geführt. Allein in Israel erschienen im letzten Jahr dreizehn hebräische und acht anderssprachige Tageszeitungen (in Englisch, Französisch, Deutsch, Rumänisch, Bulgarisch, Ungarisch, Polnisch und Jiddisch). Alles in allem kamen rund vierhundert Periodica auf den Markt, davon etwa dreihundert in Hebräisch. In der jüdischen Diaspora sind es sogar über sechshundert Periodica, davon die Hälfte in Englisch. Sie verteilen sich grob auf folgende Gebiete:

USA und Kanada	*Mittel- und Südamerika*	*Europa*	*Australien Neuseeland*	*Afrika*
275	82	180	20	30

Tel Aviv und Jerusalem wurden zu Zentren jüdischer Verlagsunternehmen. Im Jahr 1969 gab es in Israel etwa neunhundert Druckereien beziehungsweise Verlagsunternehmen mit fast zehntausend Beschäftigten. Dazu kommt eine große

Zahl ganz oder teilweise auf jüdische Bücher spezialisierter Verlage in der Diaspora, vor allem in New York, Philadelphia und London.
Die Auflagen selbst speziellerer Werke sind unvergleichlich hoch, weil der Interessentenkreis meist weit über die fachlich-beruflich Angesprochenen hinausgeht. Bücher sind eben bis heute für die meisten Juden ein selbstverständliches Requisit im Haus. Die zunehmende Verbreitung der Hebräischkenntnisse in der Diaspora durch die Bildungsarbeit der zionistisch orientierten Institutionen leitete außerdem eine Konzentration des jüdischen publizierenden Potentials im engeren jüdischen Raum ein; dies war einer der kulturgeschichtlich relevantesten Faktoren in der letzten Periode, nicht nur für das Judentum selbst, das so wiederum ein einheitliches Medium der Selbstdarstellung gewann, sondern auch in Hinblick auf die Rolle in der Weltkultur: Das Diasporajudentum wurde nämlich so in die Lage versetzt, sowohl selbst unmittelbar zur neuen jüdischen Kultur israelischer Orientierung beizutragen als auch gleichzeitig eine Vermittlerfunktion auf weltweiter Basis auszuüben.
Zur Zeit stehen freilich mehr die politischen Fragestellungen im Vordergrund. Sollten diese aber, wie zu hoffen ist, einmal an Brisanz verlieren, so wird im Rückblick den zuletzt gestreiften Aspekten vielleicht der Vorrang einzuräumen sein.

Nachwort

Die Darstellung des Judentums im Rahmen eines Bandes erfordert eine Beschränkung auf die eigentümlichen Merkmale jeder einzelnen Periode. Nicht alle Aspekte konnten daher in den vier Teilen des Buches gleichmäßig behandelt werden. Die traditionelle, religionsbedingte Lebensweise des Judentums ist aus diesen Gründen im Rahmen des Mittelalters beschrieben worden, obwohl ihre Voraussetzungen bereits weithin in den früheren Perioden vorhanden waren und obwohl sie teilweise über die Aufklärungszeit hinaus bis heute nachwirkt. In den beiden ersten Teilen werden die Ursachen und Umstände skizziert, die zur Ausbildung dieser religiösen Lebensordnungen geführt haben, im vierten Teil vor allem die Spannungen, die sich durch die Konfrontation mit Geist und Zivilisation der Moderne ergeben haben, sowie das Identitätsproblem (Was ist Judentum? Wer ist Jude?).

Die verhältnismäßig rasche Fertigstellung des Bandes wurde vor allem durch das Engagement des Kindler Verlages und insbesondere durch das intensive und hilfreiche Interesse des Herausgebers Egidius Schmalzriedt ermöglicht. Wie stets schulde ich auch diesmal meiner lieben Frau Dank für die unermüdliche Hilfe bei der Herstellung des Manuskripts und beim Lesen der Korrekturen. Für Hilfe bei der Vorbereitung der Illustration habe ich vor allem Frau Dr. Hannelore Künzl und Herrn Johannes Wachten vom Institut für Judaistik der Universität Köln zu danken, ferner Frau I. Lewitt vom Israel Museum Jerusalem, Frau R. Burns vom Department for Information der Hebräischen Universität Jerusalem und Frau A. Haran von den Central Zionist Archives Jerusalem.

Köln, im Juli 1973 JOHANN MAIER

Bibliographie

Aus der fast unübersehbaren Fülle der Literatur über das Judentum konnte in diesem Rahmen nur eine Auswahl der wichtigsten Werke getroffen werden, Zeitschriftenaufsätze und Beiträge in Sammelschriften mußten fast völlig unberücksichtigt bleiben. Die Bibliographie gliedert sich in drei Hauptteile:

A. Judentum insgesamt, mit einer systematischen Unterteilung,
B. Regionalbibliographie (Gesamtdarstellungen),
C. Literaturangaben zu den einzelnen Kapiteln dieses Buches.

Aus Raumgründen wurde auf die Wiederholung bereits einmal angeführter Titel verzichtet.

A. LITERATUR ÜBER JUDENTUM ALLGEMEIN

I. HILFSMITTEL UND GESAMTDARSTELLUNGEN

1. Bibliographie:
S. Shunami, *Bibliography of Jewish Bibliographies,* Jerusalem [3]1969. — *Kirjath Sepher,* Jerusalem 1924 ff. (Bibliographische Zeitschrift der Jerusalemer Universitäts- und Nationalbibliothek). — *Jewish Book Annual,* New York 1942 ff. — Ch. Berlin, *Index to Festschriften in Jewish Studies,* Cambridge/Mass. 1971. — M. Schwab, *Index of articles relating to Jewish History and Literature, published in periodicals, from 1665—1900,* New York 1971.

2. Zeitrechnung:
E. Mahler, *Handbuch der jüdischen Chronologie,* Frankfurt a. M. 1916 (Nachdruck Hildesheim 1967).

3. Nachschlagewerke:
The Jewish Encyclopedia, New York 1901—1906, 12 Bde. — *Yevreyskaya Enzyklopediya,* St. Petersburg 1906—1913, 16 Bde. — S. Wininger, *Große jüdische National-Biographie,* Czernowitz 1925—1936, 7 Bde. — *Jüdisches Lexikon,* Berlin 1927—1935, 5 Bde. — *The Universal Jewish Encyclopedia,* New York 1942, 10 Bde. — *Enciclopedia Judaica Castellana,* Mexico 1948—1951, 11 Bde. — *'Enṣiqlopedijah talmudit (Talmudic Encyclopedia),* Jerusalem 1946/47 (Bd. 14: 1973). — *The Encyclope-*

dia of the Jewish Religion, Jerusalem/Tel Aviv 1966. – *The New Jewish Standard Encyclopedia,* Garden City [4]1970. – *Encyclopaedia Judaica,* Jerusalem 1971, 16 Bde.

4. Periodica (Auswahl):

ARIEL. Eine Vierteljahrsschrift für Kunst und Wissenschaft in Israel, Jerusalem, seit 1966. – *American Jewish Yearbook,* Philadelphia, seit 1899. – *Atiqot,* Jerusalem 1946–1969 (hebr., Archäologie). – *Biblical Archaeologist,* New Haven, seit 1938. – *Bet Mikra,* Jerusalem, seit 1956 (hebr., Bibelwissenschaft). – *Bitzaron,* New York, seit 1939 (hebr.). – *Bulletin of the American Schools for Oriental Research,* Baltimore, seit 1919 (Archäologie). – *Commentary,* New York, seit 1945. – *Conservative Judaism,* New York, seit 1944. – *Dine Israel,* Jerusalem, seit 1969 (engl.-hebr.; Rechtsgeschichte). – *Dispersion and Unity,* Jerusalem, seit 1960 (Diaspora). – *Eretz-Israel,* Jerusalem 1951–1969 (hebr.; Archäologie). – *Hä-ʿAbar,* Tel Aviv, seit 1952 (hebr.; osteuropäisches Judentum). – *Hebrew Union College Annual,* Cincinnati, seit 1924. – *Historia Judaica,* New York 1938–1961. – *Israel Exploration Journal,* Jerusalem, seit 1950 (Archäologie). – *Jahrbuch der Jüdisch-Literarischen Gesellschaft,* Frankfurt a. M. 1903–1932. – *Jahrbücher für jüdische Geschichte und Literatur,* Frankfurt a. M. 1874–1890. – *Jewish Book Annual,* New York, seit 1942. – *Jewish Journal of Sociology,* London, seit 1958. – *Jewish Quarterly Review* (Old series), London 1889–1908. – *Jewish Quarterly Review* (New series), Philadelphia, seit 1910. – *Jewish Social Studies,* New York, seit 1945. – *Jewish Year-Book,* London, seit 1896. – *Journal of Jewish Studies,* London, seit 1949. – *Journal of the Palestine Oriental Society,* Jerusalem 1920–1966. – *Journal for the Study of Judaism,* Leiden, seit 1970. – *Judaica,* Zürich, seit 1944. *Judaica Bohemiae,* Prag, seit 1965. – *Judaism,* New York, seit 1951. – *Le Monde Juif,* Paris, seit 1946 (zeitgeschichtlich). *Leo Baeck Institute. Bulletin,* Tel Aviv, seit 1956. – *Leo Baeck Institute. Year Book,* New York, seit 1956. – *Leshonenu,* Jerusalem, seit 1928 (hebr.; hebraistisch). – *Mélanges de Philosophie et de Littérature Juive,* Paris, seit 1956/57. *Miscelanea de Estudios Arabes y Hebraicos,* Granada, seit 1951. – *Mitteilungen zur jüdischen Volkskunde,* Hamburg, Berlin, Leipzig, Wien 1898 bis 1922; dann *Jahrbuch für jüdische Volkskunde* (bis 1925). – *Monatsschrift für Geschichte und Wissenschaft des Judentums,* Breslau 1851 bis 1939. – *'Oṣar J^ehude S^efarad,* Jerusalem, seit 1959 (hebr.). *Proceedings of the American Academy for Jewish Research,* New York, seit 1930. – *Publications of the American Jewish Historical Society,* New York, seit 1893 (ab Band 50: *American Jewish Historical Society Quarterly*). – *Qadmoniot,* Jerusalem, seit 1969 (hebr.; Archäologie). – *Qirjat Sefär (Kirjath Sepher),* Jerusalem, seit 1924 (hebr.). – *Revue des Études Juives,* Paris, seit 1880 (ab 1960 vereinigt mit *Historia Judaica*). – *Revue d'Histoire de la Médicine Hébraique,* Paris, seit 1947. – *Revue de la Pensée Juive,* Paris, seit 1949. – *Scripta Hierosolymitana,* Jerusalem, seit 1954. –

Sefarad, Madrid, seit 1941. — *Sefunot*, Jerusalem, seit 1956/7 (hebr.; Orientalisches Judentum). — *Sinai*, Jerusalem, seit 1937 (hebr.). — *Studia Rosenthaliana*, Assen, seit 1967. — *Studies in Bibliography and Booklore*, Cincinnati, seit 1953. — *Sura*, Jerusalem — New York, seit 1954 (hebr.). — *Talpioth*, New York 1943—1963 (hebr.). — *Tarbiz*, Jerusalem, seit 1930 (hebr.). — *Tradition*, New York, seit 1958. — *Transactions of the Jewish Historical Society of England*, London, seit 1893/94. — *Yad wa-Shem Bulletin*, Jerusalem, seit 1957 (seit 1969: *Yad wa-Shem News*; zeitgeschichtlich). — *Yavneh Review*, New York, seit 1961. — *YIVO — Annual of Jewish Social Science*, New York, seit 1946. — *YIVO - Bleter*, Wilna/New York, seit 1931. — *Zeitschrift für die alttestamentliche Wissenschaft*, Gießen, Berlin, seit 1881. — *Zeitschrift für Demographie und Statistik der Juden*, Berlin 1904—1919. 1924—1927. — *Zeitschrift des Deutschen Palästinavereins*, Leipzig, Wiesbaden, seit 1878. — *Zeitschrift für die Geschichte der Juden*, Tel Aviv, seit 1964. — *Zeitschrift für die Geschichte der Juden in Deutschland*, Braunschweig, 1887—1892. 1929 bis 1938. — *Zeitschrift für hebräische Bibliographie*, Berlin 1896—1920. — *Zion*, Jerusalem, seit 1936 (hebr.).

5. Gesamtdarstellungen:

B. J. Bamberger, *The story of Judaism*, New York 1964. — S. W. Baron, *A Social and Religious History of the Jews;* New York, Philadelphia ²1952 ff., 14. Band 1969 (bis 1650). — H. H. Ben-Sasson (Hg.), *Tolᵉdot ʿAm Jiśra'el* (Geschichte des Volkes Israel), Tel Aviv 1969, 3 Bde. — H. H. Ben-Sasson — S. Ettinger (Hg.), *Jewish Society through the Ages*, London, New York 1971. — F. Böhm — W. Dirks (Hg.), *Judentum*, Wiesbaden 1965, 2 Bde. — B.-Z. Dinur, *Jiśra'el ba-Golah* (Israel im Exil), Bd. I, 1—4: ²1961, Bd. II, 1—6: 1965—1972 (bis 1350). — S. Dubnow, *Weltgeschichte des jüdischen Volkes*, Berlin 1925—1929, 10 Bde. — J. Eisenberg, *Une histoire des Juifs*, Paris 1970. — I. Epstein, *Judaism*, Baltimore 1959. — L. Finkelstein (Hg.), *The Jews. Their history, culture, and religion*, New York ³1961, 2 Bde., 4. Auflage in 3 Bdn. erscheint seit 1970. — H. Graetz, *Geschichte der Juden von den ältesten Zeiten bis auf die Gegenwart*, Leipzig ⁵1902/09, 11 Bde. (hebr. Übersetzung von S. P. Rabinowitz mit wichtigen Nachträgen: *Dibre Jᵉme Jiśra'el*, Warschau 1890—1902, 8 Bde.). — S. Grayzel, *A History of the Jews*, New York ²1968. — J. Höxter, *Quellenbuch zur jüdischen Geschichte und Literatur*, Frankfurt a. M. 1927—1930, 5 Bde. — Z. Jawitz, *Tolᵉdot Jiśra'el* (Geschichte Israels), Tel Aviv ²1955—1962. — *The Jewish People — Past and Present*, New York 1946—1955, 4 Bde. — H. Margolies — A. Marx, *History of the Jewish People*, Philadelphia ¹⁰1956. — B. Mazar — M. Davies, *Illustrated History of the Jews*, Jerusalem/New York 1963. — B. Narkiss u. a. (Hg.), *Geschichte der jüdischen Kultur in Bildern*, Zürich 1973. — E. Rivkin, *The Shaping of Jewish History*, New York 1971. — C. Roth, *Geschichte der Juden*, Köln ²1964, aus dem Engl. übersetzt von B. Blaukopf; *A Short History of the Jews*, London ²1969. — C. Roth,

The Jewish Book of Days. A day by day Almanac of events from the settlement of the Jews in Europe to the Balfour declaration, New York ²1966. — A. L. Sachar, *A History of the Jews*, New York ⁴1953. — K. Schubert — W. P. Eckert, *Die Kultur der Juden;* I. K. Schubert, *Israel im Altertum*, Frankfurt a. M. 1970 (Handbuch der Kulturgeschichte). — M. Gilbert, *Jewish History Atlas*, London 1969.

II. EINZELASPEKTE

1. Soziologie, Demographie, Diaspora:

M. Buch, *Ha-Däräk bat 'alpajim* (Der zweitausendjährige Weg), Tel Aviv 1962. — M. Marenof, *The Migration of the Jewish People*, Newton Centre 1955.

2. Sozial- und Wirtschaftsgeschichte:

S. W. Baron, *Economic History*, in: *Encyclopaedia Judaica*, Bd. 16, 1971, Sp. 1266—1324. — G. Caro, *Sozial- und Wirtschaftsgeschichte der Juden im Mittelalter und in der Neuzeit*, Leipzig 1909/20 (Nachdruck Hildesheim 1962), 2 Bde. — M. A. Cook, *Studies in the Economic History of the Middle East*, London 1970. — I. Schiper, *Tolᵉdot ha-kalkalah ha-jᵉhudit* (Jüdische Wirtschaftsgeschichte), Warschau 1935/36, 2 Bde. — W. Sombart, *Die Juden und das Wirtschaftsleben*, Leipzig 1911. — R. Straus, *Die Juden in Wirtschaft und Gesellschaft*, Frankfurt a. M. 1964. — L. Herzfeld, *Handelsgeschichte der Juden des Altertums*, Braunschweig ²1894. — M. Grünwald, *Juden als Reeder und Seefahrer*, Berlin 1902. — M. Hendel, *Mal'akah uba'ᵃle mal'akah bᵉ'Am Jiśra'el* (Handwerk und Handwerker im Volk Israel), Tel Aviv 1955. — M. Wischnitzer, *A History of Jewish Crafts and Guilds*, New York 1965/66.

3. Selbstverwaltung (Gemeinde):

S. W. Baron, *The Jewish Community*, Philadelphia ³1948, 3 Bde. — K. Wilhelm, *Von jüdischer Gemeinde und Gemeinschaft*, Berlin 1938.

Recht(swesen): B. Cohen, *Law and Ethics*, New York 1957. — B. Cohen, *Law and Tradition in Judaism*, New York 1969. — B. de Vries, *Hoofdlijnen en motieven in de ontwikkeling der Halachah*, Haarlem 1959. — J. Newman, *Halachic Sources from the beginning to the ninth century*, Leiden 1969. — A. H. Rabinowitz, *Taryag*, Jerusalem 1967; Ch. Tchernowitz, *Tolᵉdot ha-halakah* (Geschichte der H.), New York 1934/50, 4 Bde. — Ders., *Tolᵉdot ha-Posqim*, New York 1946/7, 3 Bde. — M. Lewittes, *The nature and history of Jewish Law*, New York 1966. — I. Herzog, *The main institutions of Jewish Law*, London ²1965/67, 2 Bde. — M. Silberg, *Law and Morals in Jewish Jurisprudence*, Cambridge/Mass. 1961. — L. Landman, *Jewish Law in the Diaspora*, Philadelphia 1968.

Erziehung und Bildung: A. Berman, *Tolᵉdot ha-ḥinnuk bᵉJiśra'el uba-'ammim* (Geschichte der Erziehung in Israel und bei den Völkern), Tel

Aviv ²1968. — M. Güdemann, *Geschichte des Erziehungswesens und der Cultur der abendländischen Juden,* Wien 1880—88, 3 Bde. (Neudruck Amsterdam 1965). — Ders., *Quellenschriften zur Geschichte des Unterrichts und der Erziehung bei den deutschen Juden,* Berlin 1891 (Neudruck Amsterdam 1965). — H. M. Leipziger, *Education of the Jews,* New York 1890. — N. Morris, *The Jewish School,* London 1937. — N. Morris, *A History of Jewish Education* (hebr.), Bd. 1—2, Tel Aviv 1960, 1964. — *Sefär Sharfstein,* Tel Aviv 1970. — Z. Sharfstein, *Gᵉdole ḥinnuk bᵃʿammenu* (Große Erzieher in unserem Volk), Jerusalem 1964.

Fürsorge: J. Bergman, *Ha-ṣᵉdaqah bᵉJiśra'el* (Die Wohltätigkeit in Israel), Jerusalem 1944. — B. D. Bogen, *Jewish Philanthropy,* New York 1917. — E. Fritsch, *A historical survey of Jewish philanthropy,* New York 1924. — A. Vorspan — E. J. Lipman, *Justice and Judaism,* New York 1956.

4. Jüdische Sprachen:
H. Loewe, *Die Sprachen der Juden,* Köln 1911.

Hebräische Sprache: W. Chomski, *Hebrew: The Eternal Language,* Philadelphia 1957. — S. Spiegel, *Hebrew Reborn,* Cleveland, New York, Philadelphia ²1962. — *ARIEL.* Sonderausgabe: *Die Wiederbelebung der hebräischen Sprache,* Nr. 10, Jerusalem 1970. — G. Bergsträsser, *Einführung in die semitischen Sprachen,* München 1928, 36—59. — S. Federbusch, *Ha-lašon ha-ʿibrit bᵉJiśra'el uba-ʿammim* (Die hebr. Sprache in Israel und unter den Völkern), Jerusalem 1967. — H. Yalon, *Studies in the Hebrew Language* (hebr.), Jerusalem 1971.

Lexica des gesamten hebräischen Wortschatzes: E. Ben-Jehuda, *Thesaurus totius hebraitatis,* New York ²1960, 8 Bde. — J. Kanaani, *'Oṣar ha-lašon ha-ʿibrit* (Thesaurus der hebräischen Sprache). Tel Aviv 1962 ff. — A. Eben-Shoshan, *Ha-millon hä-ḥadaš,* Jerusalem 1966—70, 7 Bde.

Aramäisch: F. Rosenthal, *Die aramaistische Forschung,* Leiden 1939 (Bibl.!). — F. Rosenthal u. a., *An Aramaic Handbook,* Wiesbaden 1967, 2(4) Teile.

Jiddische Sprache: U. & B. Weinreich, *Yiddish Language and Folklore: A selective bibliography,* New York 1959. — Y. Mark — J. A. Joffe, *Groyser Verterbukh fun der yidisher Shprakh,* New York 1961/66, 2 Bde. — M. I. Herzog — W. Rawid — U. Weinreich, *The Field of Yiddish,* Den Haag 1965/1969. — U. Weinreich, *College Yiddish,* New York ⁴1965. — M. Weinreich, *Geshikhte fun der yidisher Shprakh,* New York 1968, 2 Bde. — F. J. Beranek, *Westjiddischer Sprachatlas,* Marburg 1965. — A. Bergman, *Students Dictionary English-Yiddish, Yiddish-English,* New York 1968. — S. A. Birnbaum, *Grammatik der jiddischen Sprache,* Hamburg ²1966. — H. L. Strack, *Jüdisches Wörterbuch,* Leipzig 1916. — S. A. Wolf, *Jiddisches Wörterbuch,* Mannheim 1962.

Ladino (Judeo-Espagnol): K. Levy, *Historisch-geographische Untersu-*

chungen zum Judenspanischen, Hamburg 1929. — R. Renard, *Sepharad,* Mons 1967.

5. JÜDISCHE LITERATUR:

Jüdische und hebräische Literatur:
I. Abrahams, *Short History of Jewish Literature,* London 1906. — A. Belli, *Storia della letteratura ebraica,* Mailand ³1961. — U. Cassuto, *Storia della letteratura ebraica postbiblica,* Florenz 1938. — S. Chajes, *Thesaurus Pseudonymorum,* Nachdruck (1933) Hildesheim 1967. — L.-I. Feuer — A. Eisenberg, *Jewish Literature since the Bible,* New York, Band I: ⁹1963, Band II: ⁶1963. — D. Gonzalo Maeso, *Manual de Historia de la Literatura Hebrea,* Madrid 1960. — B. Halper, *Postbiblical Hebrew Literature,* Philadelphia 1921. — G. Karpeles, *Geschichte der jüdischen Literatur,* Nachdruck der 3. Auflage (1920/22) Graz 1963, 2 Bde. — C. Leviant, *Masterpieces of Hebrew Literature,* New York 1969. — F. Michelini-Tocci, *La letteratura ebraica,* Florenz 1970. — M. Steinschneider, *Jewish Literature,* New York ²1965. — M. Waxman, *A History of Jewish Literature,* New York ²1960, 5 Bde. — J. Winter — A. Wünsche, *Die jüdische Literatur seit Abschluß des Kanons,* Nachdruck (1894/96) Hildesheim 1964, 3 Bde. — J. Zinberg, *Tolᵉdot sifrut Jiśra'el* (Geschichte der Literatur Israels), Tel Aviv 1959/60 und 1971, 7 Bde. (Ergänzte hebr. Ausgabe des jiddischen Originals *Di Geshichte fun der Literatur bei Idn,* 1929—43, 5 Bde.).

Poesie: A. M. Habermann, *Tolᵉdot ha-Pijjuṭ wᵉha-širah (A History of Hebrew Liturgical and Secular Poetry),* Ramat Gan 1970/72, 2 Bde. — I. Davidson, *Thesaurus of Mediaeval Hebrew Poetry,* New York 1924/33, 4 Bde. (Neudruck 1970). — N. M. Ausubel, *A Treasury of Hebrew Poetry,* New York 1957 (engl. Übers.). — H. Brody — M. Wiener, *Anthologia Hebraica,* Leipzig 1922 *(Mibḥar ha-širah ha-ʿibrit),* 2. Bd., hg. von A. M. Habermann, Jerusalem 1965. — J. Schirmann, *Anthologie der hebräischen Dichtung in Italien,* Berlin 1934. — S. Bernstein, *Mi-šire Jiśra'el bᵉ'Iṭaljah,* Jerusalem 1939 (Neudruck 1970). — A. Mirski, *Jalquṭ ha-Pijjutim,* Jerusalem/Tel Aviv 1948. — Ch. Toren, *Šire 'ahᵃbah bᵉJiśra'el* (Liebesgedichte in Israel), Jerusalem 1955. — A. Z. Idelsohn — H. Torczyner, *Diwan of Hebrew and Arabic Poetry of the Yemenite Jews,* Cincinnati 1930.

Drama und Theater: A. Yaari, *Ha-maḥᵃzäh ha-ʿibri,* Jerusalem 1956 (Bibliographie). — E. Lahad, *Ha-maḥᵃzäh ha-ʿibri,* Jerusalem 1970 (Bibliographie).

Satire und Parodie: I. Davidson, *Parody in Jewish Literature,* New York 1907. — H. Gross, *Die Satire in der jüdischen Literatur,* Augsburg 1908.

Literarische Testamente: I. Abrahams, *Hebrew Ethical Wills,* Philadelphia 1926, 2 Bde.

Spruchgut: M. Wachsman, *Mišle Jiśra'el,* Jerusalem, New York 1933. — I. Bernstein, *Jüdische Sprichwörter und Redensarten,* Warschau ^{2}1908.

Geschichtsschreibung: M. Steinschneider, *Die Geschichtsliteratur der Juden,* Frankfurt a. M. 1905. — A. Kaminka, *Sifrut ha-hisṭorjah ha-jiśr^{e}'elit,* Warschau 1922/23, 2 Bde. (Neudruck Jerusalem 1969).

Weiteres: F. Kobler, *A Treasury of Jewish Letters,* Philadelphia 1954, 2 Bde. — S. B. Freehof, *The Responsa Literature,* Philadelphia ^{2}1959. — H. Bach, *Jüdische Memoiren aus drei Jahrtausenden,* Berlin 1936. — Ch. R. Rabinowitz, *Dijoqna'ot šäl Daršanim* (Bilder von Predigern), Jerusalem 1966/67. — J. D. Eisenstein, *'Oṣar ha-d^{e}rašot,* Neudruck Tel Aviv 1969/70. — Ders., *'Oṣar ha-massa'ot (A compendium of Jewish Travels),* Neudruck Tel Aviv 1969. — E. N. Adler, *Jewish Travellers,* New York 1966 (Neudruck).

Jiddische Literatur: U. & B. Weinreich, *Yiddish Language and Folklore. A selective bibliography,* New York 1959. — M. Pines, *Histoire de la littérature judéo-allemande,* Paris 1911 (deutsch: *Die Geschichte der jüdisch-deutschen Literatur,* Leipzig 1913). — A. A. Roback, *The story of Yiddish literature,* New York 1940. — M. Steinschneider, *Jüdisch-Deutsche Literatur,* Jerusalem ^{2}1961. — W. Staerk — A. Leitzmann, *Die jüdisch-deutschen Bibelübersetzungen von den Anfängen bis zum Ausgang des 18. Jahrhunderts,* Frankfurt a. M. 1923.

Jüdisch-arabische Literatur: M. Steinschneider, *Die arabische Literatur der Juden,* Frankfurt a. M. 1902 (Neudruck Hildesheim 1964).

Buchwesen: J. Fraenkel, *Guide to the Jewish Libraries of the World,* London 1959. — A. M. Habermann, *Ha-sefär ha-'ibri b^{e}hitpatt^{e}ḥuto* (Entwicklung des hebräischen Buches), Jerusalem 1968 (Bibl.). — L. Blau, *Studien zum altjüdischen Buchwesen,* Budapest 1902. — Ph. Goodman, *Illustrated Essays on Jewish Bookplates,* New York 1971. — A. Habermann, *Ša 'are s^{e}farim 'ibrijim* (Hebräische Buchtitelseiten), Safed 1969. — F. Homeyer, *Deutsche Juden als Bibliophilen und Antiquare,* Tübingen ^{2}1966. — A. Jaari, *Mäḥq^{e}re sefär* (Buch-Forschungen), Jerusalem 1958. — L. Löw, *Graphische Requisiten und Erzeugnisse bei den Juden,* Leipzig 1870/71. — W. Popper, *The Censorship of Hebrew Books,* New York 1899. — S. Shunami, *'Al sifrijjot w^{e}safranut* (Über Büchereien und Buchwesen), Jerusalem 1968/69. — M. Steinschneider — D. Cassel, *Jüdische Typographie und jüdischer Buchhandel,* Berlin ^{2}1938.

Handschriften und Schrift: S. A. Birnbaum, *The Hebrew Scripts,* London 1954/57, 2 Bde. — C. Bernheimer, *Paläographia Ebraica,* Florenz 1924. — M. Steinschneider, *Vorlesungen über die Kunde hebräischer Handschriften,* Neudruck Amsterdam 1966. — Die vielen *Kataloge* der Sammlungen können hier nicht aufgeführt werden, doch siehe: N. Alloni — E. Kuper — D. S. Löwinger, *List of Photocopies of Hebrew Manuscripts in the Institute for Hebrew Manuscripts of the State of Israel,* Ministry of Education and Culture, Jerusalem; Bd. I 1957 (Österreich-Deutschland);

Bd. II. 1964 (Belgien, Dänemark, Niederlande, Spanien, Schweiz); Bd. III. 1968 (Vatican).

6. Sefardische Diaspora und Kultur:
J. Meijer, *Encyclopaedia Sefardica Neerlandica*, Bd. 1—2, Amsterdam 1949/50. — M. Kayserling, *Biblioteca espanola-portugueza-judaica*, Strasbourg 1890 (Neudruck Nieuwskoop 1961). — R. Barnett, *The Sefardic Heritage*, London 1971. — S. G. Armistead — J. H. Silverman, *Folk Literature of the Sephardic Jews*, Bd. 1 Berkely 1971. — M. J. Benardete, *Hispanic Culture and Character of the Sephardic Jew*, New York 1953. — J. M. Estrugo, *Los Sefardies*, La Habana 1958.— R. Renard, *Sepharad*, Mons 1967. — M. Kayserling, *Sephardim. Romanische Poesien der Juden in Spanien*, Leipzig 1859. — M. Molho, *Litteratura Sefardita de Oriente*, Madrid 1960. — M. Attias, *Romancero sefaradi*, Jerusalem 1956.

7. Philosophie, Religion, Brauchtum:
J. Maier, *Geschichte der jüdischen Religion*, Berlin 1972 (Bibl.). — J. B. Agus, *The Evolution of Jewish Thought*, London 1959. — Ders., *The Meaning of Jewish History*, London 1963, 2 Bde. — R. Brasch, *The Unknown Sanctuary*, Sydney 1969. — S. S. Cohon, *Jewish Theology*, Assen 1971. — M. Friedländer, *Die jüdische Religion*, Frankfurt a. M. ^{3}1936; (Neudruck Basel 1971). — N. N. Glatzer, *Sendung und Schicksal*, Köln 1969. — L. Jacobs, *Principles of the Jewish Faith*, London 1964. — L. Trepp, *Eternal Faith, Eternal People*, Englewood Cliffs 1962.

Ethik: S. S. Cohen, *Judaism. A Way of Life*, Cincinnati 1948. — D. J. Silver, *Judaism and Ethics*, New York 1970. — M. Lazarus, *Die Ethik des Judentums*, Frankfurt a. M. 1898, 1911, 2 Bde. — J. B. Agus, *The Vision and the Way*, New York 1966. — H. E. Goldin, *The Jew and his Duties*, New York 1953.

Zur Geschichte der jüdischen Philosophie: J. Guttmann, *Die Philosophie des Judentums*, München 1933; engl.: *Philosophies of Judaism*, Introduction by R. J. Z. Werblowsky, translated by D. W. Silverman, London 1964 (mit Ergänzungen, auch in Lit.!).

Zur jüdischen Mystik: G. Scholem, *Die jüdische Mystik in ihren Hauptströmungen*, Zürich 1957/Frankfurt a. M. 1967.

Zur synagogalen Liturgie: I. Elbogen, *Der jüdische Gottesdienst in seiner geschichtlichen Entwicklung*, Nachdruck der 3. Auflage (1931) Hildesheim 1967. — A. Z. Idelsohn, *Jewish Liturgy*, Neuausgabe New York 1967.

Sonstiges: R. Kaufmann, *Great Sects and Schisms in Judaism*, New York 1967. — A. H. Silver, *A history of messianic Speculation in Israel*, New York ^{2}1959.

Brauchtum, Sitte, Volksglaube: Siehe Dritter Teil, Kap. 5. — J. Trachtenberg, *Jewish Magic and Superstition*, New York ²1961. — T. Schrire, *Hebrew Amulets*, London 1966. — H. J. Zimmels, *Magicians, Theologians and Doctors*, London 1952.

8. KUNST UND WISSENSCHAFT:

Kunst: L. A. Mayer, *Bibliography of Jewish Art*, Jerusalem 1967. — E. Cohn-Wiener, *Die jüdische Kunst*, Berlin 1929. — J. Gutmann, *Jewish Ceremonial Art*, New York 1964. — Ders., *No graven image*, New York 1971. — R. Krüger, *Die Kunst der Synagoge*, Leipzig ²1968. — F. Landsberger, *A. History of Jewish Art*, Cincinnati 1946. — C. Roth, *Die Kunst der Juden*, Frankfurt a. M. 1963/64, 2 Bde. — A. Kanof, *Jewish Ceremonial Art and Religious Observance*, New York 1970. — G. Wigoder, *Jewish Art and Civilization*, Fribourg 1972, 2 Bde. — A. Eisenberg, *Jewish Historical Treasures*, New York 1968. — S. Raskin, *Aron ha-kodesh: Jewish Life and Lore*, New York 1955. — K. Schwarz, *Die Juden in der Kunst*, Berlin 1928.

Musik: A. Weisser, *Bibliography of Publications and other Resources in Jewish Music*, New York 1969. — *Journal of Synagogue Music*, New York 1967 ff. — *Yuval. Studies of the Jewish Music Research Centre*, Jerusalem 1968 ff. — A. Z. Idelsohn, *Jewish Music in its historical development*, New York 1929 (Neudruck 1967; Bibl.). — E. Gerson-Kiwi, *The Legacy of Jewish Music through the Ages*, Jerusalem 1963. — A. M. Rothmüller, *Die Musik der Juden*, Zürich 1951. — A. Sendrey, *The Music of the Jews in the Diaspora*, New York 1970. — E. Werner, *From Generation to Generation*, New York 1969. — Ders., *The Sacred Bridge*, New York 1959.

Naturwissenschaften, Mathematik: Y. R. Ebied, *Bibliography of Mediaeval Arabic and Jewish Medicine and Allied Sciences*, London 1971. — L. Gershenfeld, *The Jew in Science*, Philadelphia 1934. — M. Steinschneider, *Mathematik bei den Juden*, Neudruck Hildesheim 1964 (Berlin 1893, Leipzig 1899). — S. Gandz, *Studies in Hebrew Mathematics and Astronomy*, in: *Proceedings of the American Academy for Jewish Research* 9, 1938/39, 5—50. — W. M. Feldman, *Rabbinical Mathematics and Astronomy*, London 1931. — G. Sarfatti, *Munaḥe ha-Matematiqah ba-sifrut ha-ʿibrit ha-maddaʿit bime ha- benajim* (Mathematische termini technici in der hebräischen wissenschaftlichen Literatur des Mittelalters), Jerusalem 1968 (Bibl.).

Medizin: H. Friedenwald, *The Jews and medicine*, New York 1944 (Neudruck 1967), 2 Bde. — M. Grunwald, *Die Hygiene der Juden*, Dresden 1911. — J. Jacobovits, *Jewish Medical Ethics*, New York ²1962. — S. R. Kagan, *Jewish Medicine*, Boston 1952. — S. Krauss, *Geschichte der jüdischen Ärzte*, Wien 1930. — K. Preuss, *Biblisch-talmudische Medizin*, Berlin 1911 (³1923).

9. Judentum und Umwelt:

Judentum und Weltkulturen: J. Jacobs, *Jewish Contributions to Civilization,* Philadelphia 1919 (Nachdruck 1945). — H. Newman, *The Real Jew. Some aspects of the Jewish contribution to Civilisation,* London 1925. — Ch. Lehrman, *L'élément juive dans la pensée européenne,* Paris 1948. — F. Muckle, *Der Geist der jüdischen Kultur und das Abendland,* Wien 1923. — C. Roth, *The Jewish Contribution to Civilization,* London 1938 (3. Auflage Cincinnati 1956). — A. Sackheim, *Das jüdische Element in der Weltliteratur,* Hamburg 1924. — D. D. Runes, *Hebrew Impact on Western Civilization,* New York 1951. — E. R. Bevan — C. Singer, *The Legacy of Israel,* Oxford 1927. — H. Köhler, *Die Wirkung des Judentums auf das abendländische Geistesleben,* Berlin 1952.

Judentum und Umwelt: D. M. Eichhorn, *Conversion to Judaism,* New York 1965. — J. Katz, *Exclusiveness and Tolerance,* London 1961. — O. Sh. Rankin, *Jewish Religious Polemic,* Edinburgh 1956. — H.-J. Schoeps, *Jüdisch-christliches Religionsgespräch in 19 Jahrhunderten,* Berlin 1937 (engl.: *The Jewish-Christian Argument,* New York 1963). — B. Z. Bokser, *Judaism and the Christian Predicament,* New York 1967. — W. P. Eckert — E. L. Ehrlich, *Judenhaß — Schuld der Christen?,* Essen 1964. — M. V. Hay, *Europe and the Jews,* Boston 1960. — F. Lovsky, *L'antisémitisme chrétien,* Paris 1970. — W. D. Marsch — K. Thieme, *Christen und Juden,* Mainz/Göttingen 1961. — K. H. Rengstorf — S. v. Kortzfleisch, *Kirche und Synagoge,* Stuttgart 1968/70, 2 Bde. — M. Klesse, *Vom alten zum neuen Israel,* Frankfurt a. M. 1965. — J. W. Parkes, *Antisemitismus,* München 1964 (engl. Original). Chicago ^{2}1969. — K. S. Pinson (Hg.), *Essays on Antisemitism,* New York 1946.

B. JUDENTUM IN EINZELNEN REGIONEN

(Gesamtdarstellungen und Arbeiten, die mehrere Perioden betreffen)

I. ORIENT UND ARABISCHE LÄNDER

J. Ben-Zvi, *The Exiled and the Redeemed,* Philadelphia 1963. — A. Fattal, *Le statut légal des non-musulmans en pays d'Islam,* Beyrouth 1958. — S. D. Goitein, *Jews and Arabs,* New York 1955.

1. Palästina: S. Assaf — L. A. Meir, *Sefär ha-Jiššub* (Das Buch der Siedlung), Tel Aviv 1939/44, 2 Bde. — M. Avi-Yonah, *Geschichte des Heiligen Landes,* Frankfurt a. M. 1971. — A. Jaari, *'Iggarot 'Äräṣ-Jiśra'el* (Briefe aus dem Lande Israel), Tel Aviv 1952/53. — Ders., *Š^{e}luḥe 'Äräṣ-Jiśra'el* (Gesandte des Landes Israel), Jerusalem 1950/51. — J. Parkes, *Whose Land? A History of the Peoples of Palestine,* Harmondsworth 1971. — J. Shezipanski, *'Äräṣ-Jiśra'el b^{e}sifrut ha-t^{e}šubot* (Das Land Israel in der Responsenliteratur), Bd. 1, Jerusalem 1965/66.

2. Syrien: B.-Z. Luria, *Ha-J^{e}hudim b^{e}Surjah* (Die Juden in Syrien), Jerusalem 1956.

3. Mittlerer Orient (Irak, Iran): A. Ben-Jacob, *J^{e}hude Babel mi-sof t^{e}qufat ha-G^{e}'onim ad jamenu* (Die Juden Babyloniens vom Ende der gaonäischen Zeit bis auf heute), Jerusalem 1965. — Ders., *Q^{e}hillot J^{e}hude Qurdisṭa'n* (Die Gemeinden der Juden Kurdistans), Jerusalem 1960/61. — Ch. Mizrachi, *Tol^{e}dot J^{e}hude P^{e}ras um^{e}šor^{e}rehäm* (Geschichte der Juden Persiens und ihrer Dichter), Jerusalem 1966. — D. S. Sassoon, *A History of the Jews in Baghdad,* Letchworth 1949.

4. Arabische Halbinsel: J. W. Hirschberg, *Jiśra'el ba- Arab* (Israel in Arabien), Jerusalem ^{2}1957. — J. Ratzhavi, *»Bo'i Teman«,* Tel Aviv 1966/67. — M. Zadok, *J^{e}hude Teman* (Die Juden Jemens), Tel Aviv 1967. — J. Kafeh, *H^{a}likot Teman* (Bräuche Jemens), Jerusalem 1961.

5. Nordafrika: R. Attal, Les juifs d'Afrique du Nord. Bibliographie, Jerusalem 1973. — H. Z. Hirschberg, *A History of the Jews in North Africa* (hebr.), Jerusalem 1965, 2 Bde., (engl. Ausgabe erscheint in Leiden).

II. KLEINASIEN UND BALKANLÄNDER

1. Kleinasien, Ägäis: I. S. Emmanuel, *Histoire des Israélites de Salonique,* Bd. 1, Paris 1936. — Ders., *Maṣṣebot Šaloniqi,* Jerusalem 1962/63, 1967/68, 2 Bde. — A. Galante, *Turcs et Juifs,* Stamboul 1932. — Ders., *Histoire des Juifs de Rhodes, Chios, Cos etc.,* Istanbul 1935. — Ders., *Histoire des Juifs d'Anatolie,* Istanbul 1937—39, 2 Bde. — Ders., *Histoire des Juifs d'Istanbul,* Istanbul 1941/42, 2 Bde. — J. Nehama, *Histoire des Israélites de Salonique,* Saloniki 1959. — S. Rosanes, *Qorot ha-J^{e}hudim b^{e}Turkijah* (Geschichte der Juden in der Türkei), Sofia 1934—1944, 5 Bde.; Bd. 6 Jerusalem 1945. — B. D. Mazur, *Studies on Jewry in Greece,* Athen 1935, 2 Bde. — Ph. P. Argenti, *The Religious Minorities of Chios,* Cambridge 1970.

2. Ungarn: R. L. Braham, *Hungarian-Jewish Studies,* New York 1966/69, 2 Bde. — J. J. Grünwald, *Ha-J^{e}hudim b^{e}Hungarja,* Bd. 1, Jerusalem 1968/69. — L. Venetianer, *A magyar zsidóság története,* Budapest 1922 (Lit!). — A. Scheiber, *Corpus Inscriptionum Hungariae Judaicarum,* Budapest 1960.

3. Übrige Balkanländer: Z. Y. Abraham, *L^{e}qorot ha-J^{e}hudim b^{e}Transylvanijah* (Zur Geschichte der Juden in T.), Tel Aviv 1951. — H. Kechales, *Qorot J^{e}hude Bulgarijah,* Tel Aviv 1971/72, 2 Bde. — T. Labi — A. Broshi, *Romanijah,* Jerusalem 1969. — *'Enṣyqlopedijah šäl galujot X: Bulgarjah,* Jerusalem 1966/67. — S. Mézan, *Les juifs espagnols en Bulgarie,* Sofia 1925.

III. IBERISCHE HALBINSEL

R. D. Barnett, *The Sephardic Heritage*, London 1971. — M. J. Benardete, *Hispanic Culture and Character of the Sephardic Jew*, New York 1953. — P. Borchsenius, *The Three Rings*, London 1963. — F. Cantera Burgos — J. M. Millàs Vallicrosa, *Las inscripciones hebraicas de España*, Madrid 1956. — A. L. Isaacs, *The Jews of Majorca*, London 1936. — M. Kayserling, *Geschichte der Juden in Spanien und Portugal*, Berlin 1861, Leipzig 1867, 2 Bde. — A. Neumann, *The Jews in Spain*, Philadelphia 1942, 2 Bde. — F. Steinhaus, *Ebraismo sefardita*, Bologna 1969. — J. Weis, *Tarbut ḥaṣranit w^{e}širah ḥaṣranit* (Höfische Kultur und höfische Dichtung), Jerusalem 1948. — B. (C.) Roth, *Tol^{e}dot ha-'^{a}nusim* (Geschichte der Zwangsbekehrten), Tel Aviv 1952. — H. J. Zimmels, *Die Marranen in der rabbinischen Literatur*, Berlin 1932.

IV. SÜD-, MITTEL-, WEST- UND NORDEUROPA

1. ITALIEN: A. Milano, *Bibliotheca historica italo-judaica*, Florenz 1954 (Bibl.). — C. Roth, *The History of the Jews in Italy*, Philadelphia 1946 (Neudruck Farnborough 1969). — Ders., *Venice*, Philadelphia 1930. — H. Vogelstein — P. Rieger, *Geschichte der Juden in Rom*, Berlin 1895/96, 2 Bde. — I. Barzillay, *Between Reason and Faith*, Den Haag 1967. — A. Milano, *Storia degli Ebrei in Italia*, Turin 1963. — S. Simonson, *Tol^{e}dot ha-J^{e}hudim b^{e}Duksut Manṭobah* (Geschichte der Juden im Herzogtum Mantua), Jerusalem 1964/65, 2 Bde.

2. SCHWEIZ: Th. Nordemann, *Zur Geschichte der Juden in Basel*, Basel 1955. — A. Weldler, *Geschichte der Juden in der Schweiz*, Bd. 1, Zürich 1966.

3. ÖSTERREICH: J. Fraenkel, *The Jews of Austria*, London 1967 (Bibl.). — H. Gold, *Geschichte der Juden in Wien*, Tel Aviv 1966. — Ders., *Gedenkbuch der untergegangenen Judengemeinden des Burgenlandes*, Tel Aviv 1970. — M. Grunwald, *History of the Jews in Vienna*, Philadelphia 1936.

4. BÖHMEN UND MÄHREN (TSCHECHOSLOWAKEI): V. Benda, *Die Prager jüdischen Sehenswürdigkeiten*, Prag 1968. — G. Bondy — F. Dworsky, *Zur Geschichte der Juden in Böhmen, Mähren und Schlesien von 906 bis 1620*, Prag 1906, 2 Bde. — H. Gold, *Die Juden und Judengemeinden Böhmens*, Prag 1934, 3 Bde. — Ders., *Die Juden und Judengemeinden Mährens*, Brünn/Prag 1929. — Ders., *Die Juden und die Judengemeinde Bratislava*, Brünn 1932. — G. Kisch, *Die Prager Universität und die Juden*, Amsterdam ^{2}1969. — O. Muneles, *Bibliograficky prehled židovske Prahy*, Prag 1952. — O. Muneles — O. und M. Vilinkova, *Stary zidovsky hrbitov v Praze*, Prag 1955.

5. Deutschland: E. L. Ehrlich, *Kleine Geschichte der Juden in Deutschland*, ^{3}1960. — I. Elbogen, *Geschichte der Juden in Deutschland*, Berlin 1935 (Neubearb. Ausgabe von E. Sterling, Frankfurt a. M. 1966). — W. Kampmann, *Deutsche und Juden*, Heidelberg 1963. — S. Katznelson, *Juden im deutschen Kulturbereich*, Berlin ^{3}1962. — *Monumenta Judaica*, Hg. K. Schilling, ^{3}1964, 3 Bde. — Wichtige und neuere Lokalgeschichten und Regionalgeschichten: H. Arnold, *Von den Juden in der Pfalz*, Speyer 1967. — P. Arnsberg, *Die jüdischen Gemeinden in Hessen*, Frankfurt a. M. 1972, 2 Bde. — Z. Asaria (Hg.), *Die Juden in Köln*, Köln 1959. — A. Freimann — F. Krakauer, *Frankfurt*, Philadelphia 1929. — F. Hundsnurcher — G. Taddey, *Die jüdischen Gemeinden in Baden*, Stuttgart 1968. — I. Kracauer, *Geschichte der Juden in Frankfurt am Main*, Frankfurt a. M. 1925/27, 2 Bde. — H. Lamm (Hg.), *Von Juden in München*, München 1958. — A. Müller, *Geschichte der Juden in Nürnberg*, Nürnberg 1968. — B. Rosenthal, *Heimatgeschichte der badischen Juden*, Bühl 1927. — S. Stern, *Der preußische Staat und die Juden*, Tübingen 1962, 4 Bde. — R. Strauss, *History of the Jews in Regensburg and Augsburg*, Philadelphia 1939.

6. Frankreich: B. Blumenkranz, *Bibliographie des Juifs en France*, Paris 1963. — R. Anchel, *Les Juifs en France*, Paris 1946. — L. Berman, *Histoire des Juifs de France*, Paris 1937. — B. Blumenkranz, *Histoire des Juifs en France*, Toulouse 1972 (Bibl).

7. Niederlande (Belgien und Holland): H. Brugmans — A. Frank, *Geschiedenis der Joden in Nederland*, Amsterdam 1940. — J. S. de Silva Rosa, *Geschiedenis der portugeesche Joden te Amsterdam*, Amsterdam 1925. — C. Rejnders, *Van »joodsche natien« tot joodse Nederlanders*, Amsterdam 1969. — E. Schmidt, *Geschiedenis van de Joden in Antwerpen*, Antwerpen 1963. — S. Ullmann, *Histoire des Juifs en Belgique*, Antwerpen 1934.

8. England: C. Roth, *Magna Bibliotheca Anglo-Judaica*, London 1937. — R. P. Lehmann, *Nova Bibliotheca Anglo-Judaica*, London 1961. — B. - Z. Abrahams, *The Jews in England*, London 1969. — A. Levy, *History of the Sunderland Jewish Community*, London 1956. — V. D. Lipman, *Three Centuries of Anglo-Jewish History*, Cambridge 1961. — J. Picciotto, *Sketches of Anglo-Jewish History*, London 1956. — C. Roth, *The Great Synagogue, 1690—1940*, London 1950. — Ders., *A History of the Jews in England*, Oxford ^{2}1949. — Ders., *Essays and Portraits in Anglo-Jewish History*, Philadelphia 1962.

9. Skandinavien: M. Hartvig, *Jøderne i Danmark i tiden 1600—1800*, Kopenhagen 1951. — H. M. Koritzinsky, *Jødernes historie i Norge*, Kirchhain 1927. — H. Valentin, *Judarnas historia i Sverige*, Stockholm 1924.

V. OSTEUROPA

S. Dubnow, *History of the Jews in Russia and Poland*, Philadelphia 1916—20, 3 Bde. — I. Friedländer, *The Jews of Russia and Poland*, New York, London 1915. — J. Heilperin, *J^{e}hudim w^{e}Jah^{a}dut b^{e}Mizraḥ-'Eropah*, Jerusalem 1968. — J. Meisl, *Geschichte der Juden in Polen und Rußland*, Berlin 1921/25, 3 Bde. — M. A. Shulvass, *Between the Rhine and the Bosporus*, Chicago 1964. — Serien über einzelne Gebiete und Gemeinden erscheinen seit 1953 im Rahmen des Unternehmens *'Enṣiqlopedijah šäl Galujot (Encyclopedia of the Jewish Diaspora/Memorial Library of Jewish Communities)*, Jerusalem, Tel Aviv: *Warsow Volume*, 1953; *Brest-Litowsk Volume*, 1954; *Tarnopol Volume*, 1955; *Lwów Volume* I, 1956; *Lublin Volume*, 1957; *First Ghetto to Revolt: Lachwa*, 1957; *Suchovola*, 1957; *Jezierzany*, 1959; *Bursztyn*, 1960; *Ostrov Mazowiecka*, 1965/6; *Ostrog*, 1965/6; *Jadow*, 1966; *Ozorkow*, 1966/7; *Tschenstochau*, 1967 und 1968; *Sokolka*, 1968; *Zolkiew*, 1969; *Grodno*, 1973; *Bessarabia*, 1971; *Bulgaria*, 1967; *Karpatorus*, 1959. — Wichtige lokalgeschichtliche Arbeiten sind auch im folgenden unter den Länderabschnitten angeführt, wobei die Zuordnung nicht nach den heutigen politischen Grenzen erfolgte.

1. POLEN: M. Aschkewitz, *Geschichte der Juden in Westpreußen*, Marburg 1967. — M. Balaban, *Historja Żydów w Krakowie*, Krakau ^{2}1931. — M. M. Borwicz, *1000 ans de vie juive en Pologne*, Paris 1957. — E. N. Frank, *Ha-'Ironim w^{e}ha-J^{e}hudim b^{e}Polin* (Die Bürger und die Juden in Polen), Jerusalem ^{2}1969. — J. Heilperin, *Bet Jiśra'el b^{e}Polin* (Israel in Polen. Sammelband), Jerusalem 1948/53, 2 Bde. (Standardwerk!). — M. Jaari-Wald, *Q^{e}hillat Reša'* (Gemeinde Rzeszów), Tel Aviv 1967. — T. Jeske-Choinski, *Historja żydów w Polsce*, Warschau 1919. — B. Karu etc., *Sefär Q^{e}hillat Zloszow* (Buch der Gemeinde ...), Tel Aviv 1967. — A. Levinsohn, *Tol^{e}dot Jah^{a}dut Waršah* (Geschichte der Juden Warschaus), Tel Aviv 1953. — L. Lewin, *Geschichte der Juden in Lissa*, Pinne 1904. — R. Mahler, *Tol^{e}dot ha-J^{e}hudim b^{e}Polin* (Geschichte der Juden in Polen), Merhavja 1946. — S. B. Nissenbaum, *L^{e}qorot ha-J^{e}hudim b^{e}Lublin* (Zur Geschichte der Juden in Lublin), Jerusalem ^{2}1968. — J. Shatzky, *Di Geshichte fun Idn in Warsche*, New York 1947/53, 3 Bde. — I. Schiper — A. Tartakower, *Żydzi w Polsce odrodzonej*, Warschau 1932/33, 2 Bde. — Ders., *Kulturgeshikhte fun di Idn in Polen*, Warschau 1926. — Ders., *Żydzi Królestwa Polskiego w dobie powstania listopadowego*, Warschau 1932. — Ders., *Dzieje handlu żydówskiego na ziemiach polskich*, Warschau 1937. — Ders., *K^{e}tabim nibḥarim* (Ausgewählte Schriften), New York 1967. — *Sefär Kalisch*, Tel Aviv 1964/67, 2 Bde.

2. GALIZIEN UND BUKOWINA: A. J. Brawer, *Galiṣijah wIhudäha* (Galizien und seine Juden), Jerusalem 1965. — C. N. Dembitzer, *K^{e}lilath Yofi. Biography of Rabbis and Leaders of Lvov*, New York ^{2}1960, 2 Bde. — H. Gold, *Geschichte der Juden in der Bukowina*, Tel Aviv 1958, 2 Bde.

3. BALTIKUM: *Jah^{a}dut Lita'* (Das Judentum Litauens), Tel Aviv, Bd. 1: 1960, Bd. 3: 1967, Bd. 2: 1972. — *The Jews in Latvia,* Tel Aviv 1971. — B. Awsinsky, *Tol^{e}dot j^{e}šibot ha-J^{e}hudim b^{e}Kurland,* Wilna 1912. — I. Cohen, *History of the Jews in Vilna,* Philadelphia 1943. — I. Klausner, *Tol^{e}dot ha-q^{e}hillah ha- ibrit b^{e}Wilna* (Geschichte der hebräischen Gemeinde in W.), Neudruck Jerusalem 1969. — D. M. Lipmann, *L^{e}tol^{e}dot ha-J^{e}hudim b^{e}Qobnah w^{e}Slobodkah* (Zur Geschichte der Juden in Kowna/Kauna und Slobodka), Bd. 1, Jerusalem 1968. — H. N. Maggid (Steinschneider), *'Ir Wilna,* Neudruck Jerusalem 1968/9 (Wilna 1930).

4. RUSSLAND: S. W. Baron, *The Russian Jews under Tsars and Soviets,* New York/London 1964. — *Sefär 'edut w^{e}zikkaron liqhillat Pinsk* (Gedächtnisbuch für die Gemeinde P.), Jerusalem/Tel Aviv 1966/73, 2 Bde.

VI. AMERIKA

1. USA: M. Davies, *Bet Jiśra'el ba-'Ameriqah* (Israel in Amerika), Jerusalem 1969/70. — I. M. Fein, *The Making of an American Jewish Community. The history of Baltimore Jewry,* Philadelphia 1971. — L. Ginsberg, *Chapters on the Jews of Virginia,* Petersburg 1969. — N. Glazer, *American Judaism,* Chicago 1957. — T. N. Levitan, *Jews in American Life,* New York 1969 (Biographien). — J. R. Marcus, *An index of scientific articles on American Jewish history,* New York 1971. — Ders., *Studies in American Jewish History,* Cincinnati 1969. — M. U. Schappes, *A documentary history of the Jews in the United States,* New York 1950. — M. Silverman, *Hartford Jews,* Hartford 1970. — N. B. Stern, *California's Jewish History,* Glendale 1967. — M. Vorspan — L. P. Gartner, *History of the Jews of Los Angeles,* S. Marino 1970. — P. Wiernik, *History of the Jews in America,* New York 1972.

2. KANADA: St. E. Rosenberg, *The Jewish Community in Canada,* Toronto 1970/71, 2 Bde. — B. G. Sack, *History of the Jews in Canada,* Bd. 1, Montreal ^{2}1965.

3. MITTEL- UND SÜDAMERIKA: A. Bab, *Los Judios en la America,* o. O. 1933. — M. J. Bebardete, *Hispanic culture and character of the Sephardic Jews,* New York 1953. — S. B. Liebman, *Los Judios en Mexico y America Central,* Mexico 1971. — S. J. Liebermann, *Judios en la Argentina,* Buenos Aires 1966 (Bibl.). — M. A. Cohen, *The Jewish Experience in Latin America,* New York 1971.

VII. AFRIKA (außer Nordafrika/Ägypten)

1. SÜDAFRIKA: L. Herrmann, *A history of the Jews in South Africa,* Johannesburg 1935. — G. Saron — L. Holtz, *The Jews in South Africa,* Kapstadt 1955. — L. Feldberg, *South African Jewry,* Johannesburg ^{2}1968.

2. Äthiopien: A. Z. Aescoly, *Sefär ha-Falašim*, Jerusalem 1943. — Ders., *Recueil des textes Falashas*, Paris 1951. — W. Leslau, *Falasha Anthology*, New Haven 1961 (Bibl). — *Kirjath Sepher* 12—13, 1934/36: Bibliographie.

VIII. FERNER OSTEN

W. J. Fischel, *Ha-J^ehudim b^e Hoddu* (Die Juden in Indien), Jerusalem 1960. — Ders., *Cochin in Jewish History*, in: *Proceedings of the American Academy for Jewish Research* 30, 1962, 37—59. — H. S. Kehimkar, *The History of the Bene-Israel of India*, Tel Aviv 1937. — H. Kublin, *Jews in Old China*, New York 1971. — W. Ch. White, *The Chinese Jews*, Toronto 1942, 3 Bde. (Neudruck New York 1966).

C. BIBLIOGRAPHIE ZU DEN EINZELNEN KAPITELN DIESES BUCHES

ERSTER TEIL: DIE JUDEN IM RAHMEN DES ALTEN ORIENTS

Nachschlagewerke: *'Enṣiqlopedijah Miqra'it (Encyclopaedia Biblica)*, Jerusalem 1964—1971, 6 Bde. — *Biblisch-Historisches Handwörterbuch*, Göttingen 1962—1966, 3 Bde. — *Biblisches Reallexikon*, Hg. K. Galling, Tübingen 1937. — G. Cornfeld — G. J. Botterweck, *Die Bibel und ihre Welt*, Münster 1972, 6 Bde.

Chronologie: J. Finegan, *Handbook of Biblical Chronology*, Princeton 1964. — K. Steuring, *The Enclosed Garden*, Stockholm 1965.

Forschungsgeschichte: H.-J. Krauss, *Geschichte der historisch-kritischen Erforschung des Alten Testaments*, Neukirchen-Vluyn ²1969. — M. Haran, *Heqär ha-miqra' ba-lašon ha-'ibrit* (Bibelforschung in hebräischer Sprache), Jerusalem 1971.

Umwelt: I. E. S. Edwards — C. J. Gadd (Hg.), *The Cambridge Ancient History*, Neuausgabe Cambridge 1961 ff. (Lieferung 71: 1971). — S. Moscati, *Die Kulturen des Alten Orients*, München 1962. — H. Schmökel, *Kulturgeschichte des Alten Orients*, Stuttgart 1961. — K.-H. Bernhardt, *Die Umwelt des Alten Testaments*, I. Die Quellen und ihre Erforschung, Berlin 1967. — M. Noth, *Die Welt des Alten Testaments*, Berlin ⁴1962. — H. Gressmann, *Altorientalische Texte zum Alten Testament*, Berlin, Leipzig ²1926. — Ders., *Altorientalische Bilder zum Alten Testament*, Berlin, Leipzig ²1927. — J. B. Pritchard, *Ancient Near Eastern Texts Relating to the Old Testament*, New York ³1969. — Ders., *The Ancient Near East in Pictures Relating to the Old Testament*, New York ²1969. — O. Keel, *Die Welt der altorientalischen Bildsymbolik und das Alte Testament*, Einsiedeln, Neukirchen 1972.

Geographie: Y. Aharoni, *The Land of the Bible. A historical geography*, London 1966. — Y. Aharoni — M. Avi-Yonah, *The Macmillan Bible Atlas*, London ³1970. — D. Baly, *Geographical Compagnon to the Bible*, London 1963. — L. H. Grollenberg, *Bildatlas zur Bibel*, Gütersloh

[4]1962. — J. Simons, *The geographical and topographical texts of the Old Testament,* Leiden 1959. — H. G. May — R. W. Hamilton — G. N. S. Hunt, *Oxford Bible Atlas,* London 1962. — G. E. Wright — F. V. Filson, *Kleiner historischer Bibelatlas,* Stuttgart 1963 (d. i. *The Westminster Historical Atlas to the Bible,* Philadelphia 1945). — *Atlas of Jerusalem,* Berlin 1973.

Geschichte Israels: J. Bright, *A History of Israel,* Philadelphia [2]1972 (Bibl.!), deutsch: *Geschichte Israels,* Düsseldorf 1966. — A. H. J. Gunneweg, *Geschichte Israels bis Barkochba,* Stuttgart 1972. — M. Noth, *Geschichte Israels,* Göttingen [5]1963.

Archäologie: W. F. Albright, *Archäologie in Palästina,* Einsiedeln, Zürich, Köln 1962. — R. Amiram, *Ancient Pottery of the Holy Land,* New Brunswick 1970. — H. J. Franken — C. A. Franken-Battershill, *A Primer of Old Testament Archaeology,* Leiden 1962. — J. Gray, *Archaeology and the Old Testament World,* Edinburgh 1962. — G. L. Harding, *Auf biblischem Boden. Die Altertümer in Jordanien,* Wiesbaden 1961. — K. M. Kenyon, *Archäologie im Heiligen Land,* Neukirchen-Vluyn 1967 (*Archaeology in the Holy Land,* London 1960). — J. M. Lindsay, *Silent Cities, Sacred Stones,* London 1972. — A. Negev — J. Rehork, *Archäologisches Lexikon zur Bibel,* München 1972. — G. E. Wright, *Biblische Archäologie,* Göttingen 1958 (*Biblical Archaeology,* Philadelphia 1957).

Paläographie, Epigraphik: D. Diringer, *The Alphabet,* London 1968, 2 Bde. — H. Donner — W. Röllig, *Kanaanäische und aramäische Inschriften,* Wiesbaden 1962—1964, 3 Bde.

Einzelnes:

J. M. Kelso, *The Excavation of Bethel (1934—1960),* Cambridge/Mass. 1968. — F. James, *The Iron Age of Beth Shean,* Philadelphia 1966. — O. R. Sellers etc., *The 1957 Excavation at Beth — Zur,* Cambridge/Mass. 1968. — B. Mazar etc., *'Ein Gedi,* Jerusalem 1963. — J. Blenkonsopp, *Gibeon and Israel,* London 1972. — Y. Yadin, *Hazor,* London 1972. — Ders., *Megiddo of the Kings of Israel,* in: *Biblical Archaeologist* 33, 1970, 66—96. — Y. Aharoni — A. Ciasca etc., *Excavations at Ramat Rahel,* Rom 1962. — A. Parrot, *Samaria,* Zürich-Zollikon 1957. — G. E. Wright, *Shechem,* New York 1965.

Zu Jerusalem:

E. Kenyon, *Excavations in Jerusalem,* in: *Palestine Exploration Quarterly* 96, 1964, 7—18; 97, 1965, 9—20; 98, 1966, 73—88; 99, 1967, 66—71; 100, 1968, 97—109. — B. Mazar, *The Excavations in the Old City of Jerusalem,* Jerusalem 1968. — Ders., *The Excavations South and West of the Temple Mount in Jerusalem,* in: *Biblical Archaeologist* 33, 1970, 47—60. Ferner die Beiträge und Überblicke in *Qadmoniot* 5, 1972, Nr. 3—4.

Spezielle Kulturgeschichte: A. Bertholet, *Kulturgeschichte Israels,* Göttingen 1919. — A. Chouraqui, *La vie quotidienne des hébreux au temps de la Bible,* Paris 1971. — J. Pedersen, *Israel: Its Life and Culture,* Kopenhagen 1940, 3 Bde. — R. de Vaux, *Das Alte Testament und seine*

Lebensordnungen, Freiburg i. Br., Basel, Wien 1960/62, 2 Bde. *(Les institutions de l'Ancien Testament,* Paris ^{2}1967).

SOZIAL- UND WIRTSCHAFTSGESCHICHTE:

E. Ginzberg, *Studies in the Economics of the Bible,* Philadelphia 1932. — I. Mendelsohn, *Slavery in the Ancient Near East,* New York 1949.

RELIGION:

P. J. Cools, *Geschichte und Religion des Alten Testaments,* Olten 1968. — W. Eichrodt, *Religionsgeschichte Israels,* Bern/München 1969. — G. Fohrer, *Geschichte der israelitischen Religion,* Berlin 1969 (Bibl.). — J. D. W. Watts, *Basic Patterns in Old Testament Religion,* New York 1971. — H. Ringgren, *Israelitische Religion,* Stuttgart 1963.

KULT:

H.-J. Kraus, *Gottesdienst in Israel,* München ^{2}1962. — H. H. Rowley, *Worship in Ancient Israel,* London 1967.

LITERATURGESCHICHTE:

L. Alonso-Schökel, *Das Alte Testament als literarisches Kunstwerk,* Köln 1971. — O. Eissfeldt, *Einleitung in das Alte Testament,* Tübingen ^{3}1964 (Bibl.!). — G. Fohrer (E. Sellin — G. Fohrer), *Einleitung in das Alte Testament,* Heidelberg 1969 (Bibl.!). — O. Kaiser, *Einleitung in das Alte Testament,* Gütersloh 1969. — W. Richter, *Exegese als Literaturwissenschaft,* Göttingen 1971. — A. Robert — A. Feuillet, *Einleitung in die Heilige Schrift,* Band 1, Freiburg i. Br. 1963 *(Introduction à la Bible,* Paris 1957).

SPRACHE: R. Degen, *Zur neueren hebraistischen Forschung,* in: *Die Welt des Orients* 6/1, 1971, 47—79. — K. Beyer, *Althebräische Grammatik,* Göttingen 1969. — J. Blau, *Hebräische Grammatik,* Wiesbaden (in Vorbereitung). — R. Meyer, *Hebräische Grammatik,* Berlin ^{3}1966—1972, 4 Bde. — A. Sperber, *A Historical Grammar of Biblical Hebrew,* Leiden 1966. — R. Degen, *Altaramäische Grammatik,* Wiesbaden 1969. — F. Rosenthal, *A Grammar of Biblical Aramaic,* Wiesbaden ^{3}1968. — J. J. Koopmans, *Arameese Grammatica,* Leiden ^{2}1957.

LEXIKA: W. Gesenius — F. Buhl, *Hebräisches und Aramäisches Handwörterbuch über das Alte Testament,* Nachdruck der 17. Auflage 1915, Berlin, Göttingen, Heidelberg 1962. — L. Koehler — W. Baumgartner, *Lexicon in Veteris Testamenti libros,* ^{2}1958. — E. Vogt, *Lexikon Aramaicum Veteris Testamenti,* Rom 1971. — G. Fohrer, *Hebräisches und aramäisches Wörterbuch zum Alten Testament,* Berlin 1971. — Ch.-F. Jean — J. Hoftijzer, *Dictionnaire des Inscriptions sémitiques de l'ouest,* Leiden 1965. — F. Zorell, *Lexicon Hebraicum et Aramaicum Veteri Testamenti,* Rom 1960 ff.

KONKORDANZEN ZUM ALTEN TESTAMENT:

G. Lisowsky, *Konkordanz zum hebräischen Alten Testament,* Stuttgart 1958. — S. Mandelkern, *Veteris Testamenti Concordantiae,* Neudruck Graz 1955, 2 Bde. (öfters auch in Israel nachgedruckt).

BIBELTEXT:

Biblia Hebraica, ed. R. Kittel, 7. (16.) Auflage Stuttgart 1971. — Chr.

D. Ginsburg, *The Old Testament*, London ²1927. — Zuvor galt als Standardtext die große Rabbinerbibel, die 1524/25 Daniel Bomberg in Venedig druckte, deren Anlage (mit Targum und Kommentaren zum Text) für traditionelle Ausgaben bis heute nachwirkt: *Biblia Rabbinica*, Faksimile — Neuausgabe Jerusalem 1972, 4 Bde.

TEXTGESCHICHTE UND ÜBERLIEFERUNG, ÜBERSETZUNGEN:

O. Paret, *Die Überlieferung des Alten Testaments*, Stuttgart 1963. — E. Würthwein, *Der Text des Alten Testaments*, Stuttgart ²1963. — B. J. Roberts, *The Old Testament Text and Versions*, Cardiff 1951. — P. Kahle, *Der hebräische Bibeltext seit Franz Delitzsch*, Stuttgart 1961. — Ders., *Die Kairoer Genisa*, Berlin 1962. — F. F. Bruce, *The Book and the Parchments*, London 1950. — E. Dotan, *Masorah*, in: *Encyclopaedia Judaica*, Bd. 16, 1971, 1401—1482 (Bibl.). — G. E. Weil, *Massorah Gedolah*, Bd. 1, Rom 1971 (geplant 4 Bde.).

GESCHICHTLICHE WIRKUNG DER BIBEL:

N. Benari, *'Äškolot*, Tel Aviv 1955 (in der jüd. Literatur). — G. Bertram, *Das Alte Testament im Abendland*, in: *Die Bibel in der Welt* 13, 1971, 15 bis 34. — M. B. Crook, *The Bible and its Literary Associations*, New York 1937. — L. Diestel, *Geschichte des Alten Testaments in der christlichen Kirche*, neubearb. von H. Donner, Berlin 1970/71, 2 Bde. — R. Grant, *A short history of the interpretation of the Bible*, New York ²1963. — S. L. Greenslade (Hg.), *The Cambridge History of the Bible*, Cambridge 1963, 2 Bde. — J. Leveen, *The Hebrew Bible in Art*, London 1944. — B. Smalley, *The Study of the Bible in the Middle Ages*, London 1952. — G. MacGregor, *A Literary History of the Bible*, New York 1968.

I. DAS LAND DER BIBEL AM VORABEND DER GESCHICHTE ISRAELS

1. ZUR FRÜHGESCHICHTE: E. Anati, *Palestine before the Hebrews*, London 1963. — B. Netanyahu, *At the Dawn of Civilization (The World History of the Jewish People* I/1), Jerusalem 1964 (Bibl.).

2. DIE BENACHBARTEN KULTUREN: P. Montet, *L'Égypte et la Bible*, Neuchâtel 1959. — Ch. F. Pfeiffer, *Tell el Amarna and the Bible*, Grand Rapids 1963. — A. Parrot, *Babylon and the Old Testament*, New York 1958. — C. H. Gordon, *Before the Bible*, New York 1962 (Orient und Mittelmeerraum). — G. Dossin u. a., *L'antica società beduina*, Rom 1959.

3. DIE KANAANÄISCH-PHÖNIZISCHE UMWELT:

S. Moscati, *Die Phöniker*, Zürich 1966 (Kindlers Kulturgeschichte). — J. Gray, *The Legacy of Canaan*, Leiden ²1965. — O. Eissfeldt, *Kanaanäisch-ugaritische Religion*, in: *Handbuch der Orientalistik* I, 8 Leiden 1964, 76—91 (Bibl.). — C. H. Gordon, *Ugaritic Textbook*, Rom 1963. — J. Jirku, *Kanaanäische Mythen und Epen aus Ras-Shamra-Ugarit*, Gütersloh 1962. — Ders., *Der Mythus der Kanaanäer*, Bonn 1966. — A. S. Kapelrud, *The Ras Shamra Discoveries and the Old Testament*, London 1963. — W. F. Albright, *Yahwe and the Gods of Canaan*, London 1968. — U. Oldenburg, *The Conflict between El and Baal in Canaanite Religion*, Leiden 1969. — P. J. von Zijl, *Baal*, Kevelaer 1972. — G. Oestborn, *Yahweh and Baal*, Lund 1956. — M. J. Mulder, *Baal in het Oude Testament*, Den Haag 1962. — *Die Kulte:* W. J. Harrelson, *From Fertility Cult to Worship*, Garden City 1969.

4. »Amoriter«, »Patriarchen« und Habirus:

K. M. Kenyon, *Amorites and Canaanites*, London 1966. — A. Haldar, *Who were the Amorites?*, Leiden 1971. — J. van Seters, *The Hyksos*, New Haven ²1967. — *Patriarchen:* B. Mazar, *Patriarchs (The World History of the Jewish People* I/2) Tel Aviv 1970 (Bibl.). — J. Weidmann, *Die Patriarchen und ihre Religion im Licht der Forschung seit Julius Wellhausen*, Göttingen 1968. — *Habiru:* M. Greenberg, *The Hab/piru*, New Haven 1955 (Bibl.).

II. DER ÜBERGANG VON DER SPÄTBRONZEZEIT ZUR EISENZEIT

R. de Vaux, *Histoire ancienne d'Israel*, Paris 1971.

1. Exodus, Wüstenwanderung und Landnahme:

S. Herrmann, *Israels Aufenthalt in Ägypten*, Stuttgart 1970. — D. Daube, *The Exodus Pattern in the Bible*, London 1963. — H. Schmid, *Mose*, Berlin 1968. — *Nachwirkung: Moses in Schrift und Überlieferung*, Düsseldorf 1963. — *Dekalog:* J. J. Stamm, *Der Dekalog im Lichte der neuesten Forschung*, Bern ²1962. — Ders. & M. E. Andrew, *The Ten Commandments in Recent Research*, London 1967. — E. Nielsen, *Die Zehn Gebote*, Kopenhagen 1965. — *Landnahme:* S. Yeivin, *The Israelite Conquest of Canaan*, Istanbul 1971. — M. Weippert, *Die Landnahme der israelitischen Stämme in der neueren wissenschaftlichen Diskussion*, Göttingen 1967.

2. Die Philisterkämpfe und die Krise der alten Sippen- und Stammesgesellschaft:

B. Mazar, *Judges (The World History of the Jewish People* I/3), Tel Aviv 1971 (Bibl.). — C. H. de Gens, *De stammen van Israel*, Groningen 1972. — F. Stolz, *Jahwes und Israels Kriege*, Zürich 1972.

III. GLANZ UND VERFALL DES DAVIDISCH-SALOMONISCHEN REICHES

Königszeit insgesamt: H. Donner, *Herrschergestalten in Israel*, Berlin 1970. — E. W. Heaton, *The Hebrew Kings*, London 1968. — J. A. Soggin, *Das Königtum in Israel*, Berlin 1967. — K. M. Kenyon, *Royal Cities of the Old Testament*, London 1971.

Nachbarvölker: B. Mazar, *The Philistines and the Rise of Israel*, Jerusalem 1964. — A. H. van Zyl, *The Moabites*, Leiden 1960. — A. Dupont-Sommer, *Les Araméens*, Paris 1949. — J. Hoftijzer, *Religio Aramaica*, Leiden 1968.

1. Von der Stammesgesellschaft zum Staatsvolk: J. Steinmann, *David, roi d'Israel*, Paris 1948. — *Zu Jerusalem:* J. Gray, *A History of Jerusalem*, London 1969 (bis zur Gegenwart). — J. Schreiner, *Sion-Jerusalem, Jahwes Königssitz*, München 1963. — *Zum Staatskult:* F. Stolz, *Strukturen und Figuren im Kult von Jerusalem*, Berlin 1970.

2. Salomo: T. N. D. Mettinger, *Salomonic State Officials*, Lund 1971.

3. Der Palast- und Tempelbau: T. A. Busink, *Der Tempel von Jerusalem*, Leiden 1969.

4. Kult und Kultsymbolik: H.-J. Kraus, *Gottesdienst in Israel*, München ²1962. — R. Rendtorff, *Studien zur Geschichte des Opfers im alten Israel*, Neukirchen-Vluyn 1967. — A. J. H. Gunneweg, *Leviten und Priester*, Göttingen 1965. — R. E. Clements, *God and Temple*, Oxford 1965. — R. J. Clifford, *The Cosmic Mountain in Canaan and the Old Testament*, New Haven 1972. — J. Maier, *Vom Kultus zur Gnosis*, Salzburg 1964. — J. A. Soggin, *Das Königtum in Israel*, Berlin 1968 (Bibl.). — *Sonstige Kultstätten:* Y. Aharoni, *Israelite Temples in the Period of the Monarchy*, in: *Proceedings of the Vth World Congress of Jewish Studies (1969)*, Jerusalem 1971, 69—74.

5. Anfänge der hebräischen Literatur: H. Schulte, *Die Entstehung der Geschichtsschreibung im Alten Israel*, Berlin 1972. — B. Albrektson, *History and the Gods*, Lund 1967. — H. Cancik, *Mythische und historische Wahrheit*, Stuttgart 1970. — S. Gevirtz, *Patterns in the early poetry of Israel*, Chicago 1963. — W. Whallon, *Formula, character and context*, Washington 1969. — (Weiteres s. zu Kap. IV, Abschn. 4).

6. Krisen und Konflikte: J. Liver, *Hisṭorjah ṣᵉba'it šäl 'Äräṣ Jiśra'el bime ha-Miqra'* (Militärgeschichte des Landes Israel zur Zeit der Bibel), Tel Aviv 1964.

7. Ideal und Wirklichkeit: L. Schmidt, *Menschlicher Erfolg und Jahwes Initiative*, Neukirchen 1970. — C. J. Labuschagne, *The Incomparability of Yahweh in the O. T.*, Leiden 1966. — *Prophetie:* N. K. Gottwald, *All the Kingdoms of the World*, New York 1964. — R. E. Clements, *The Conscience of the Nation*, London 1967. — H. Donner, *Israel unter den Völkern*, Leiden 1964. — V. McDermot, *The Cult of the Seer in the Ancient Middle East*, Berkely 1971. — F. Ellermeier, *Prophetie in Mari und Israel*, Herzberg 1968. — *Kult:* R. J. Thompson, *Penitence and Sacrifice in Early Israel Outside the Levitical Law*, Leiden 1963. — J. Ph. Hyatt,

The Prophetic Criticism of Israelite Worship, Cincinnati 1963. — K. Roubos, *Profetie en cultus in Israel*, Wageningen 1962. — A. Kruyswijk, »*Geen gesneeden beeld ...*«, Leiden 1962. — *Recht:* Z. Falk, *Hebrew Law in Biblical Times*, Jerusalem 1964. — A. Phillips, *Ancient Israel's Criminal Law*, Oxford 1970. — H. Schulz, *Das Todesrecht im Alten Testament*, Berlin 1964. — J. M. P. Smith, *The origin and history of Hebrew Law*, Chicago 1960; *Authority and Law in the Ancient Orient*, in: *Journal of the American Oriental Society*, Suppl., 17, 1954. — H. H. Schmid, *Gerechtigkeit als Weltordnung*, Tübingen 1968. — J. Hempel, *Das Ethos des Alten Testaments*, Berlin ²1964. — A. Gelin, *Die Armen — Sein Volk*, Mainz 1957. — D. Jacobson, *The Social Background of the Old Testament*, Cincinnati 1942. — G. van Leevwen, *Le développement du sens social en Israel*, Assen 1955. — W. Richter, *Recht und Ethos*, München 1966. — W. Zimmerli, *Das Gesetz und die Propheten*, Göttingen 1963. — *Land und Staat:* W. P. Eckert u. a., *Jüdisches Volk — Gelobtes Land*, München 1970. — P. Diepold, *Israels Land*, Stuttgart 1972. — G. von Rad, *Gesammelte Studien zum Alten Testament*, München 1958, 87—101 (*Verheißenes Land und Jahwes Land*). — R. A. Carlson, *David, the Chosen King*, Stockholm 1964. — J. R. Porter, *Moses and Monarchy*, Oxford 1963. — S. Mowinckel, *He That Cometh*, Oxford 1956. — J. Klausner, *The messianic Idea in Israel*, New York 1955. — J. Coppens, *Le messianisme royal*, Paris 1968. — M. Rehm, *Der königliche Messias*, Kevelaer 1968.

IV. DIE KÖNIGREICHE ISRAEL UND JUDA

Zu 1—3 (Israel und Juda): A. Jepsen — R. Hanhart, *Untersuchungen zur Israelitisch-Jüdischen Chronologie*, Berlin 1964. — P. Welten, *Die Königsstempel. Ein Beitrag zur Militärpolitik Judas unter Hiskia und Josia*, Wiesbaden 1969. — T. H. Robinson, *The Decline and Fall of the Hebrew Kingdom*, Oxford 1955. — D. Ussishkin, *The art of ivory carving in Canaan*, in: *Qadmoniot* 2, 1969, 2—13.

4. Strömungen und Überlieferungen:
Pentateuchquellen: O. Eissfeldt, *Hexateuch-Synopse*, Darmstadt ²1962. — R. M. Montgomery, *An introduction to source analysis of the Pentateuch*, Nashville 1971. — R. J. Thompson, *Moses and the Law in a century of Criticism since Graf*, Leiden 1970. — M. Weinfeld, *Deuteronomy and the Deuteronomic School*, London 1972. — J. N. M. Wijngaards, *The Dramatization of Salvific History in the Deuteronomic School*, Leiden 1969. — J. G. Vink, *The Date and Origin of the Priestly Code*, Leiden 1969 (Oudtestamentische Studien XV). — *Psalmen:* A. Arens, *Die Psalmen im Gottesdienst des Alten Bundes*, Trier ²1968. — O. Keel, *Feinde und Gottesleugner*, Stuttgart 1969. — S. Mowinckel, *The Psalms in Israel's Worship*, Oxford 1962. — H. Ringgren, *Psalmen*, Stuttgart 1971. — L. Sabourin, *The Psalms*, New York 1969, 2 Bde. — A. Szörenyi, *Psalmen und Kult im Alten Testament*, Budapest 1961. — H. Zirker, *Die kultische Vergegen-*

wärtigung der Vergangenheit in den Psalmen, Bonn 1964. — *Propheten:* Außer bereits erwähnten Werken s. A. J. Heschel, *The Prophets,* New York 1962. — J. L. Crenshaw, *Prophetic Conflict,* Berlin 1971. — S. Herrmann, *Die prophetischen Heilserwartungen im Alten Testament,* Stuttgart 1965. — J. M. Schmidt, *Probleme der Prophetenforschung,* in: *Verkündigung und Forschung* 17, 1972, 39—81. — *Weisheit:* G. v. Rad, *Weisheit in Israel,* Neukirchen-Vluyn 1970. — H. H. Schmid, *Wesen und Geschichte der Weisheit,* Berlin 1966. — R. B. Y. Scott, *The Way of Wisdom in the Old Testament,* New York 1971.

V. DIE BABYLONISCHE GEFANGENSCHAFT

C. F. Whitley, *The Exilic Age,* London 1957. — E. Janssen, *Juda in der Exilszeit,* Göttingen 1956.

VI. UNTER PERSISCHER OBERHERRSCHAFT

Gesamtdarstellungen des Frühjudentums (Zeit des Zweiten Tempels) s. Zweiter Teil, Anfang. — S. S. Weinberg, *Postexilic Palestine. An archaeological report,* Jerusalem 1969. — A. Causse, *Du groupe ethnique à la communauté religieuse,* Paris 1937. — P. R. Ackroyd, *Israel under Babylon and Persia,* London 1970. — K. Galling, *Studien zur Geschichte Israels im persischen Zeitalter,* Tübingen 1964.

Zu Abschnitt 1 und 2: C. F. Pfeiffer, *Exile and Return,* Grand Rapids 1962. — R. S. Foster, *The Restauration of Israel,* London 1970. — K.-M. Beyse, *Serubbabel und die Königserwartungen der Propheten Haggai und Sacharja,* Stuttgart, Berlin 1972.

3. Die Reform des Esra und Nehemia:
H. C. M. Vogt, *Studie zur nachexilischen Gemeinde in Esra-Nehemia,* Werl 1966. — H. H. Schaeder, *Esra der Schreiber,* Tübingen 1930. — M. Munk, *Esra ha-Sofer,* Frankfurt 1933.

4. Das letzte Jahrhundert:
B. Porter, *Archives from Elephantine,* Berkely 1968. — A. Vincent, *La religion des Judéo-Araméens de l'Eléphantine,* Paris 1937. — A. Schalit, *Ein Kapitel in der Geschichte des Parteienkampfes in Jerusalem am Ende des 5. und am Anfang des 4. Jahrhunderts,* (hebr.), in: *Sefär Zikkaron (Gedenkschrift) l*[e] *Joḥanan Lewy,* Jerusalem 1949, 252—272. — H. G. Kippenberg, *Garizim und Synagoge,* Berlin 1971 (Bibl.). — G. v. Rad, *Das Geschichtsbild des chronistischen Werkes,* Stuttgart 1930.

5. Der Einfluss des Parsismus:
D. Winston, *The Iranian Component in the Bible, Apocrypha, and Qumran: A review of the evidence,* in: *History of Religion* 5, 1965/66, 183 bis

216. — P. D. Hanson, *Jewish Apocalyptic Against its Near Eastern Environment*, in: *Revue Biblique* 78, 1971, 31—58.

VII. DAS BIBLISCHE ERBE

1. Der Übergang zur Buchreligion:

J. A. Sanders, *Torah and Canon*, Philadelphia 1972. — R. Bloch, *Écriture et tradition dans la Judaisme*, Cahiers Sioniens 8, 1954, 9—35. — G. Scholem, *Tradition und Kommentar als religiöse Kategorien im Judentum*, in: *Eranos-Jahrbuch* 31, 1962, 19—48 (*Offenbarung und ...*, in: Ders., *Über einige Grundbegriffe des Judentums*, Frankfurt a. M. 1970, 90—120). — A. G. Wright, *The Literary Genre Midrash*, Staten Island 1967. — G. Vermes, *Scripture and Tradition in Judaism*, Leiden 1961. — M. Smith, *Palestinian Parties and Politics that Shaped the Old Testament*, New York 1971. — F. F. Bruce — E. G. Rupp, *Holy Book and Holy Tradition*, Manchester 1968. — *Torah und Interpretation:* Z. Falk, *Mabo' l^edine Jisra'el bime ha-bajit ha-šeni* (Einführung in das Recht Israels zur Zeit des Zweiten Tempels), Tel Aviv 1969/71, 2 Bde. — A. Guttmann, *Rabbinic Judaism in the Making*, Detroit 1970. — I. F. Baer, *The historical foundations of the Halacha* (hebr.), in: *Zion* 17, 1952/3, 1—55. — *Prophetie und Interpretation:* H.-P. Müller, *Ursprünge und Strukturen alttestamentlicher Eschatologie*, Berlin 1969. — L. Hartmann, *Prophecy Interpreted*, Lund 1966. — J. Schreiner, *Alttestamentlich-jüdische Apokalyptik*, München 1969. — P. van der Osten-Sacken, *Die Apokalyptik in ihrem Verhältnis zur Prophetie und Weisheit*, München 1969. — O. H. Steck, *Israel und das gewaltsame Geschick der Propheten*, Neukirchen-Vluyn 1967. — H. D. Preuss, *Jahweglaube und Zukunftserwartung*, Stuttgart 1968. — *Gesetz und Geschichte:* B. Noack, *Spätjudentum und Heilsgeschichte*, Stuttgart 1971. — M. Limbeck, *Die Ordnung des Heils*, Düsseldorf 1971. — E. Janssen, *Das Gottesvolk und seine Geschichte*, Neukirchen-Vluyn 1971. — J. Debus, *Die Sünde Jerobeams*, Göttingen 1967.

2. Das Welt- und Menschenbild

F. O. James, *Creation and Cosmology*, Leiden 1969. — L. I. J. Stadelmann, *The Hebrew Conception of the World*, Rom 1970. — H.-F. Weiss, *Untersuchungen zur Kosmologie des hellenistischen und palästinensischen Judentums*, Berlin 1966. — E. Langton, *Essentials of Demonology*, London 1949. — R. Patai, *'Adam wa-'adamah* (Mensch und Erde), Jerusalem 1942/3. — R. C. Thompson, *Semitic Magic*, New York 1971. — L. Köhler, *Der hebräische Mensch*, Tübingen 1953. — J. de Fraine, *Adam und seine Nachkommen*, Köln 1962. — O. Loretz, *Die Gottebenbildlichkeit des Menschen*, München 1967. — A. R. Johnson, *The Vitality of the Individual in the Thought of Ancient Israel*, Cardiff 1949. — L. Wächter, *Der Tod im Alten Testament*, Stuttgart 1967. — N. J. Tromp, *Primitive Conceptions of the Death and the Nether World in the Old Testament*, Rom 1969. — J. Jervell, *Imago Dei*, Göttingen 1960. — G. W. E. Nikolsburg,

Resurrection, Immortality, and Eternal Life in Intertestamental Judaism, New Haven 1967. — E. M. Meyers, *The Theological Implications of an Ancient Jewish Burial Custom*, in: *Jewish Quarterly Review* 62, 1971/2, 95—119. — W. G. Cole, *Sex and Love in the Bible*, New York 1959. — J. Fürstauer, *Eros im alten Orient*, Stuttgart 1965. — H. Gaubert, *La vie familiale en Israel*, Paris 1971. — E. Deen, *Family Living in the Bible*, New York 1963. — J. R. Porter, *The Extended Family in the Old Testament*, London 1967. — I. Epstein, *Marriage Laws in Bible and Talmud*, Cambridge/Mass. 1942. — *Erwählung:* H. H. Rowley, *The Biblical Doctrine of Election*, London 1950. — L. Rost, *Die Vorstufen von Kirche und Synagoge im Alten Testament*, Stuttgart 1938. — O. Plöger, *Theokratie und Eschatologie*, Neukirchen 1959. — M. Weinfeld, *Universalism and Particularism in the Period of Exile and Restauration* (hebr.), in: *Tarbiz* 33, 1963/4, 228—242. — G. Schmitt, *Du sollst keinen Frieden schließen mit den Bewohnern des Landes*, Stuttgart 1970.

ZWEITER TEIL: IN DER HELLENISTISCH-RÖMISCHEN WELT

Geographie (Palästinas): F. M. Abel, *Géographie de la Palestine*, Paris 1933/38, 2 Bde. — M. Avi-Yonah, *The Holy Land from the Persian to the Arab Conquest*, Grand Rapids 1966. — Ders., — S. Safrai, *Carta Atlas of the Period of the Second Temple, the Mishnah, and the Talmud*, Jerusalem 1966.

Wirtschaft: L. Herzfeld, *Handelsgeschichte der Juden des Altertums*, Braunschweig ²1894. — W. Ravnig, *Weihrauch und Myrrhe*, München 1971. — G. Dalman, *Arbeit und Sitte in Palästina*, Neudruck Hildesheim 1964, 7 Bde. — R. J. Forbes, *Studies in Ancient Technology*, Leiden 1955/63, 7 Bde.

Geschichte und Religion: G. Allon, *Mähqarim bᵉtolᵉdot Jiśra'el* (Forschungen zur Geschichte Israels), Tel Aviv 1957/58, 2 Bde. — H. Zucker, *Studien zur jüdischen Selbstverwaltung im Altertum*, Berlin 1936. — F. M. Abel, *Histoire de la Palestine*, Paris 1952, 2 Bde.

Archäologie und Kunst:
E. R. Goodenough, *Jewish Symbols in the Greco-Roman Period*, New York 1953—1968, 13 Bde. — J.-B. Frey, *Corpus Inscriptionum Judaicarum*, Rom 1936—1952, 2. Bde. — V. Sussman, *Ornamented Jewish Oil Lamps* (hebr.), Jerusalem 1972.

I. BIS ZUR ZERSTÖRUNG DES ZWEITEN TEMPELS

Umwelt: M. Hadas, *Hellenistische Kultur*, Stuttgart 1963. — E. S. Kennedy, *The King is Dead*, Lincoln Univ. Press 1961. — W. W. Tarn, *Hellenistic Civilisation*, London ³1953.

Allgemein: E. Bickerman, *From Ezra to the Last of the Maccabees*, New York 1962. — I. Baer, *Jiśra'el ba-'Ammim* (Israel unter den Völkern), Jerusalem 1954/55. — J. Jeremias, *Jerusalem zur Zeit Jesu*, 2 Bde., Berlin

³1963. — J. Maier — J. Schreiner, *Literatur und Religion des Frühjudentums,* Würzburg—Gütersloh 1973 (Bibl.). — J. Klausner, *Historja šäl habajit ha-šeni* (Geschichte des 2. Tempels), Jerusalem ⁶1962, 5 Bde. — B. Reicke, *Neutestamentliche Zeitgeschichte,* Berlin 1964. — D. S. Russel, *The Jews from Alexander to Herod,* London 1967. — E. Schürer, *Geschichte des jüdischen Volkes im Zeitalter Jesu Christi,* Nachdruck Göttingen 1963, 3 Bde. — A. Schalit u. a., *The Hellenistic Age* (The World History of the Jewish People I/6), Jerusalem 1972 (Bibl.). — S. Zeitlin, *The Rise and Fall of the Judaean State,* Philadelphia 1962—1967, 2 Bde.

SOZIAL- UND WIRTSCHAFTSGESCHICHTE: M. Rostovtzeff, *Gesellschafts- und Wirtschaftsgeschichte der hellenistischen Welt,* Nachdruck der Ausgabe von 1955; Darmstadt 1962, 3 Bde. (*The Social and Economic History of the Hellenistic World,* Oxford 1941). — I. Baer, *Social Ideals of the Second Jewish Commonwealth,* in: *Journal of World History* 11, 1968, 69—91.

1. FRÜHHELLENISTISCHE PERIODE: *Griechentum und Judentum:* T. Boman, *Das hebräische Denken im Vergleich mit dem Griechischen,* Göttingen ⁵1968. — M. Hengel, *Judentum und Hellenismus,* Tübingen ²1973 (Bibl.!). — W. O. E. Oesterley, *Jews and Judaism in the Greek Period,* London/New York ²1970. — M. Stein, *The Relationship between Jewish, Greek and Roman Culture* (hebr.), Jerusalem 1970. — V. Tcherikover, *Hellenistic Civilization and the Jews,* New York ²1970. — Th. Reinach, *Textes d'auteurs Grecs et Romains relatifs au Judaisme,* Neudruck Hildesheim 1963. — *Ptolemäische Zeit:* W. Peremaus — E. van't Dack, *Prosographia Ptolemaica,* Leiden 1950. — C. C. Edgar, *The Zeonon Papyri,* Kairo 1925 bis 1940, 5 Bde. — C. Préaux, *L'économie royale des Lagides,* Brüssel 1939.

2. ZUR ZEIT DES HERRSCHAFTSWECHSELS: B. Maisler, *The Tobiads,* in: *Israel Expl. Journal* 7, 1957, 137—145, 229—238. — O. Plöger, *Hyrkan im Ostjordanland,* in: *Zeitschrift des Deutschen Palästinavereins* 71, 1955, 70—81.

3. SELEUKIDISCHE HERRSCHAFT: E. Bickermann, *Les institutions des Séleucides,* Paris 1938. — I. Heinemann, *Antisemitismus,* in: Pauly-Wissowa, *Real-Encyclopaedie der class. Altertumswissenschaft,* Suppl. V, Stuttgart 1931, 3—43. — L. H. Davies, *Attitudes and Policies toward Gentiles during the Maccabean Period,* in: *Yavneh Review* 4, 1965, 5—20. — W. A. Shotwell, *The Problem of the Syrian Akra,* in: *Bulletin of the American Schools for Oriental Research* 176, 1964, 10—19. — *Der makkabäische Aufstand:* E. Bickermann, *Der Gott der Makkabäer,* Berlin 1937. — E. Abishar, *Milḥ^{a}mot J^{e}hudah ha-Makkabi* (Die Kriege des Makkabäers Judah), Tel Aviv ²1968. — M. Stern, *Ha-t^{e} 'udot l^{e}märäd Ha-Ḥašmona'im* (Die Urkunden zum makkabäischen Aufstand), Tel Aviv 1965. — F. M. Abel, *Les Livres des Maccabées,* Paris 1949. — O. Plöger, *Das Buch Daniel,* Gütersloh 1965 (Bibl.). — M. Delcor, *Le Livre de Daniel,* Paris 1971. — S. Zeitlin — S. Tedesche, *The First Book of Maccabees,* New York 1950. —

M. Stern, *The Hasmonean Revolt and its Place in the History of Jewish Society and Religion*, in: *Journal of World History* 11, 1968, 92—106.

4. Der Makkabäerstaat: S. Zeitlin — S. Tedesche, *The Second Book of Maccabees*, New York 1954. — V. Rappaport, *La Judée et Rome pendant le règne d'Alexandre Jannée*, in: *Revue des Études Juives* 127, 1968, 329 bis 345. — A. Schalit, *Die Eroberungen des Alexander Jannäus in Moab*, in: *Theokratia* 1, 1967/9, 3—50. — B.-Z. Luria, *Jannaj ha-Mäläk* (Der König Jannaj), Jerusalem 1960. — V. Aptowitzer, *Parteipolitik der Hasmonäerzeit im rabbinischen und pseudepigraphischen Schrifttum*, Wien 1927.

5. Die religiös-politischen Gruppierungen:
L. Bronner, *Sects and Separatism During the Second Jewish Commonwealth*, New York 1968. — K. Schubert, *Die jüdischen Religionsparteien im neutestamentlichen Zeitalter*, Stuttgart 1970. — W. Bousset — H. Gressmann, *Die Religion des Judentums im späthellenistischen Zeitalter*, Tübingen [3]1926 (Neudruck 1966). — P. Volz, *Die Eschatologie der jüdischen Gemeinde im neutestamentlichen Zeitalter*, Tübingen [2]1934 (Neudruck 1966). — Siehe ferner oben: Erster Teil, Kap. VII. — *Pharisäer:* J. Neusner, *The Rabbinic Traditions About the Pharisees*, Leiden 1972, 3 Bde. — R. Meyer, *Tradition und Neuschöpfung im antiken Judentum*, zus. mit: H.-F. Weiss, *Der Pharisäismus im Lichte der Überlieferung des Neuen Testaments*, Berlin 1965. — L. Finkelstein, *The Pharisees*, Philadelphia [3]1962, 2 Bde. — *Eschatologisch orientierte Strömungen:* H. H. Rowley, *Apokalyptik*, Einsiedeln 1965. — J. M. Schmidt, *Die jüdische Apokalyptik*, Neukirchen 1969 (Forschungsgeschichte). — Siehe ferner oben: Erster Teil, Kap. VII, Abschn. 2. — *Zeloten:* M. Hengel, *Die Zeloten*, Leiden 1961. — M. Smith, *Zealots and Sicarii*, in: *Harvard Theological Review* 64, 1971, 1—19. — G. Baumbach, *Zeloten und Sikarier*, in: *Theologische Literaturzeitung* 90, 1965, 727—740. — S. Applebaum, *The Zealots*, in: *Journal of Roman Studies* 61, 1971, 155—170. — *Qumrangemeinde:* J. Maier — K. Schubert, *Die Qumran-Essener. Texte der Schriftrollen und Lebensbild der Gemeinde*, München/Basel 1973. — B. Jongeling, *A classified bibliography of the finds in the desert of Judah*, 1958—1969, Leiden 1971. — F. M. Cross, *Die antike Bibliothek von Qumran und die moderne Wissenschaft*, Neukirchen 1967. — *Das Urchristentum:* W. D. Davies, *Christian Origins and Judaism*, London 1961. — M. Hengel, *War Jesus Revolutionär?*, Stuttgart 1970. — J. Jeremias, *Neutestamentliche Theologie I: Die Verkündigung Jesu*, Göttingen 1971. — K. Berger, *Die Gesetzesauslegung Jesu*, Neukirchen 1972. — H.-J. Schoeps, *Theologie und Geschichte des Judenchristentums*, Tübingen 1949. — Ders., *Das Judenchristentum*, Bern 1964. — M. Simon, *Aspects du Judéo-Christianisme*, Paris 1965. — M. Simon, *Verus Israel*, Paris [2]1964. — S. Sandmel, *The First Christian Century in Judaism and Christianity*, New York 1969. — H. van der Kwaak, *Het Proces van Jezuz*, Assen

1969. — Ch. Cohen, *Mišpaṭo umoto šäl Ješu ha-Noṣri* (Prozeß und Tod des Jesus von Nazareth) Tel Aviv 1968.

6 Die römische Herrschaft:

A. Schalit, *Ha-mištar ha-roma'i b^e'Äräṣ Jiśra'el* (Die römische Verwaltung in Palästina), Jerusalem 1937. — G. C. Brauer, *Judaea Weeping*, New York 1970. — M. Rostovtzeff, *The Social and Economical History of the Roman Empire*, Oxford ³1963. — *Rom und das Judentum:* J. Lebram, *Die Weltreiche in der jüdischen Apokalyptik*, in: *Zeitschrift f. atl. Wissenschaft* 76, 1964, 328—331. — H. Fuchs, *Der geistige Widerstand gegen Rom*, Berlin 1938. — K. M. Kenyon, *Some aspects of the impact of Rome on Palestine*, in: *Journal of the Royal Asiatic Society* 1970, 181—191. — *Herodes:* M. Grant, *Herod the Great*, London 1971. — A. Schalit, *König Herodes*, Berlin 1969. — S. Sandmel, *Herodes*, Stuttgart 1968. — *Herodianer:* F. O. Busch, *The Five Herods*, London 1958. — E. Mireaux, *La reigne Bérénice*, Paris 1951. — St. Perowne, *The Later Herods*, London 1958. — A. H. M. Jones, *Herods of Judaea*, London ²1967. — *Die letzten Prokuratoren und der Krieg:* M. Aberbach, *The Roman-Jewish War (66 bis 70 A. D.)*, London 1966. — J. Baer, *J^eručalajim bime ha-märäd ha-gadol* (J. zur Zeit des großen Aufstandes), in: *Zion* 36, 1970/1, 127—190. — P. Prigent, *La fin de Jerusalem*, Neuchâtel 1969. — C. Thoma, *Auswirkungen des jüdischen Krieges gegen Rom (66—70/73 n. Chr.) auf das rabbinische Judentum*, in: *Biblische Zeitschrift* 12, 1968, 186—210. — Y. Yadin, *Masada*, Hamburg 1967. — H. Kreissig, *Die sozialen Zusammenhänge des jüdischen Krieges*, Berlin 1970.

7. Die Diaspora:

J. Juster, *Les Juifs dans l'Empire Romain*, Paris 1914 (Nachdruck 1965), 2 Bde. — M. Radin, *The Jews Among the Greeks and Romans*, Philadelphia 1915. — R. B. Neher, *Le Judaisme dans le monde Romain. Textes commentées*, Paris 1959. — A. Schalit, *Roman Policy in the Orient from Nero to Trajan* (hebr.), in: *Tarbiz* 7, 1936, 159—180. — V. Tcherikover, *The Jews in the Graeco-Roman World*, Tel Aviv 1961. — *Ägypten:* V. Tcherikover — A. Fuks, *Corpus Papyrorum Judaicarum*, Cambridge/Mass. 1957—1964, 3 Bde. — I. A. Ghali, *L'Egypte et les Juifs dans l'antiquité*, Paris 1969. — A. Bernand, *Alexandria la Grande*, Paris 1966. — H. I. Bell, *Jews and Christians in Egypt*, London 1924. — H. Braunert, *Die Binnenwanderung*, Bonn 1964. — S. Davies, *Race-Relations in Ancient Egypt*, London 1951. — R. M. Frazer, *Ptolemaic Alexandria*, London 1969. — E. R. Goodenough, *The jurisprudence of the Jewish Courts in Egypt*, Amsterdam ²1968. — V. Tcherikover, *Ha-J^ehudim b^eMiṣrajim* (Die Juden in Ägypten), Jerusalem ²1963. — Ders., *The Decline of the Jewish Diaspora in Egypt in the Roman Period*, in: *Journal of Jewish Studies* 14, 1963, 1—32. — W. G. Waddell, *Manetho (Aegyptiaca)*, Cambridge, London ²1956. — *Nordafrika:* J. Gray, *The Jewish Inscriptions in Greek and Hebrew at Tocra, Cyrene and Barce*, Manchester 1956. — A. Applebaum, *J^ehudim wIwanim b^eQyrene ha-q^edumah* (Juden und Griechen im antiken Kyrene), Jerusalem 1969. — *Hellenistisch-jüdische Kultur:* E. R. Goodenough, *By Light, Light,* New Haven 1935. — I. Heinemann, *Philons griechische und jüdische Bildung,* Breslau 1936 (Hildesheim ²1962). — G. E. Howard, *The Letter of Aristeas and Diaspora Judaism,* in: *Journal of Theological Studies* 22, 1971, 337—368. — V. Tcherikover, *Jewish apologetic literature reconsidered,* in: *Eos* 48, 1956, 169—193. — N. Walter, *Untersuchungen zu den Fragmenten des Thoraauslegers Aristobulos,* Berlin 1963. — I. Christiansen, *Die Technik der allegorischen Auslegung bei Philon von Alexandrien,* Tübingen 1969. — I. Heinemann, *Ṭa^{ca}me ha-miṣwot b^esifrut Jiśra'el* (Die Begründungen der Gebote in der Literatur Israels) I, Jerusalem ⁵1966, S. 36 ff. — *Philo: Philonis Alexandrini Opera quae supersunt,* Neudruck der Ausgabe 1896—1930; Berlin 1962/63, 7 Bde. — *Philo with an English Translation,* London, Cambridge/Mass. 1929—1962, 10 Bde. (Loeb Classical Library). — *Philo von Alexandrien. Die Werke in deutscher Übersetzung,* Berlin ²1962/64, 6 Bde., 7. Band ibd. 1964. — *Les œuvres de Philon d'Alexandrie,* Paris 1961 ff. — L. H. Feldman, *Scholarship on Philo and Josephus (1937—1962),* New York 1963. — E. R. Goodenough, *The Politics of Philo Judaeus,* New Haven 1938 (mit Bibl.!). — Ders., *Introduction to Philo Judaeus,* New Haven ²1962. — U. Früchtel, *Die kosmologischen Vorstellungen bei Philo von Alexandrien,* Leiden 1968. — K. Otte, *Das Sprachverständnis des Philo von Alexandrien,* Tübingen 1968. — R. Williamson, *Philo and the Epistle to the Hebrews,* Leiden 1970. — *Wirkung auf die Umwelt:* C. H. Dodd, *The Bible and the Greeks,* ²1954. — M. P. Nilson, *Die Religion in den griechischen Zauberpapyri,* Lund 1948. — M. Guttmann, *Das Judentum und seine Umwelt,* Berlin 1930. — K. G. Kuhn — H. Stegemann, *Proselyt,* in: Pauly-Wissowa, *Realencyclopaedie der class. Altertumswissenschaften,* Suppl. IX, 1248—83. — B. Lifshitz, *De nouveau sur les »sympathisants«,* in: *Journal for the Study of Judaism* 1, 1970, 65 bis 76. — A. N. Shervin-White, *Racial prejudice in imperial Rome,* Cambridge 1967. — T. R. Glover, *The Conflict of Religion in the Early Roman Empire,* New York 1960. — J. G. Gager, *Mose in Greco-Roman Paganism,* Nashville 1972. — A. N. Bianchi, *Le problème des origines du Gnosticisme et l'histoire des religions,* in: *Numen* 12, 1965, 161—178. — H.-M. Schenke, *Das Problem der Beziehung zwischen Judentum und Gnosis,* in: *Kairos* 7, 1965, 124—133. — H.-F. Weiss, *Einige Randbemerkungen zum Verhältnis von »Judentum« und »Gnosis«,* in: *Oriental. Literaturzeitung* 64, 1969, 540—551. — U. Bianchi u. a., *The Origins of Gnosticism,* Leiden 1967.

9. LITERATUR: *Bibliographie:* G. Delling, *Bibliographie zur jüdisch-hellenistischen und intertestamentarischen Literatur,* 1900—1965, Berlin 1969. — *Sprachen:* Ausführliche Bibliographie mit Forschungsüberblick bei R. Degen, *Sprachen und Sprachprobleme,* in J. Maier — J. Schreiner, *Literatur und Religion des Frühjudentums,* Würzburg-Gütersloh 1973,

107—116. 443—447. — *Apokryphen (Deuterokanonische Bücher) und Pseudepigraphen:* E. Kautzsch, *Die Apokryphen und Pseudepigraphen des Alten Testaments,* Neudruck Darmstadt 1962, 2 Bde. — R. H. Charles, *The Apocrypha and Pseudepigrapha of the Old Testament,* Oxford ²1963, 2 Bde. — A. Kahana, *Ha-sᵉfarim ha-ḥiṣonijim,* Jerusalem ²1970. — P. Riessler, *Altjüdisches Schrifttum außerhalb der Bibel,* Heidelberg ²1966. — A. M. Denis — M. de Jonge etc., *Pseudepigrapha Veteris Testamenti Graece,* Leiden 1964 ff. — *Die Apokryphen nach der deutschen Übersetzung Martin Luthers* (Rev. Text 1970), Stuttgart 1971. — *The Revised Standard Version of the Apocrypha,* London 1958. — *Einzelausgaben und Sekundärliteratur bei:* L. Rost, *Einleitung in die alttestamentlichen Apokryphen und Pseudepigraphen,* Heidelberg 1971. — A.-M. Denis, *Introduction aux pseudépigraphes grecs d'Ancien Testament,* Leiden 1970. — *Qumran:* B. Lohse, *Die Texte aus Qumran. Hebräisch und deutsch,* Darmstadt 1964. — Chr. Burchard, *Bibliographie zu den Handschriften vom Toten Meer,* Berlin 1959/65, 2 Bde. — J. Maier, *Die Texte vom Toten Meer,* München/Basel 1960, 2 Bde. (Übersetzung; Anmerkungen). — Siehe auch dieses Kap., Abschn. 5. — *Griechische Bibel;* Text: A. Rahlfs, *Septuaginta,* Stuttgart ⁵1952, 2 Bde. — *Septuaginta,* Göttingen 1931 ff. (Große kritische Ausgabe). — *Konkordanz:* E. Hatch — H. Redpath, *A Concordance to the Septuagint and the Other Greek Versions of the Old Testament,* Neudruck der Ausgabe 1897, Graz 1954, 2 Bde. — D. Barthélemy, *Les devanciers d'Aquila,* Leiden 1963. — Weiteres dazu siehe Abschn. 7. — *Targume:* siehe Kap. II, Abschn. 4; für hier speziell: J. A. Fitzmyer, *The Genesis Apocryphon of Qumran Cave I,* Rom 1966. — J. van der Ploeg, A. S. van der Woude, *La Targum de Job de la Grotte XI de Qumran,* Leiden 1971. — M. Black, *An Aramaic Approach to the Gospels and Acts,* Oxford ³1966. — R. Le Déaut, *Liturgie juive et Nouveau Testament: Le témoignage des versions araméens,* Rom 1965. — M. McNamara, *The New Testament and the Palestinian Targum to the Pentateuch,* Rom 1966. — Ders., *Targum and Testament,* Shannon 1972. — *Bibelinterpretation:* siehe Erster Teil, Kap. VII, Abschn. 1. — *Erzählungsliteratur:* K. Kerenyi, *Die griechisch-orientalische Romanliteratur in religionsgeschichtlicher Beleuchtung,* Darmstadt ²1962. — *Testamentenliteratur:* J. Becker, *Untersuchungen zur Entstehungsgeschichte der Testamente der zwölf Patriarchen,* Leiden 1970. — *Weisheit:* J. Marböck, *Weisheit im Wandel,* Bonn 1971. — M. Hadas, *The 3rd and 4th Book of Maccabees,* New York 1953. — *Poesie:* H. L. Jansen, *Die spätjüdische Psalmendichtung,* Oslo 1937. — J. T. Sanders, *The New Testament Christological Hymns,* Cambridge 1971. — J. A. Sanders, *The Psalm Scroll of Qumran Cave 11,* Oxford 1965. — M. Delcor, *Les hymnes de Qumran,* Paris 1970. — *Gesetzliche Überlieferungen:* siehe Erster Teil, Kap. VII.

10. Archäologie (siehe auch Erster Teil): Übersicht und Bibl. bei H. Künzl, *Die archäologischen Funde des Frühjudentums* in: J. Maier — J.

Schreiner, *Literatur und Religion des Frühjudentums,* Würzburg, Gütersloh 1973. 414—437; 461—465. — L.-H. Vincent — M.-A. Steve, *Jérusalem de l'Ancien Testament,* Paris 1954, Teil II. — Zahlreiche Beiträge über Jerusalem: *Qadmoniot* 1, 1969 (Nr. 1); 3, 1970 und 5, 1972 (Nr. 3—4). — S. Watzinger, *Denkmäler Palästinas,* Leipzig 1933/35, 2 Bde. — G. R. Wright, *The Archaeological Remains at El Mird in the Wilderness of Judaea,* in: *Biblica* 42, 1961, 1—27. — M. Gichon, *Excavations at 'En-Boqeq,* in: *Qadmoniot* 3, 1970, 138—141. — V. C. Corbo, *The Excavations at Herodium,* in: *Qadmoniot* 1, 1968, 132—136. — Y. Yadin, *Masada,* Hamburg 1967. — S. S. Weinberg, *Excavations at Tel Anafa,* in: *Qadmoniot* 3, 1970, 135—138. — P. E. Lapp, *Palestinian Ceramic Chronology 200 B. C. — A. D. 70,* New Haven 1961. — *Qumran:* R. de Vaux, *L'archéologie et les manuscripts de la mer morte,* London 1961. — *Symbolik:* E. R. Goodenough, *Jewish Symbols in the Greco-Roman Period,* New York 1953—1968, 13 Bde. — *Münzen:* B. Kanael, *Altjüdische Münzen,* in: *Jahrbuch für Numismatik und Geldgeschichte* 17, 1967, 159 bis 298 (Bibl.). — L. A. Mayer, *Bibliography of Jewish Numismatics,* Jerusalem 1966. — A. Ben-David, *Jerusalem und Tyrus,* Tübingen 1969. — A. Muehsam, *Coin and Temple,* Leiden 1966. — L. Kadman — A. Kindler, *Coins in Palestine through the Ages* (hebr.) Tel Aviv 1963. — B. Kanael, *Ancient Jewish Coins and their Historical Importance* in: *Biblical Archaeologist* 26, 1963, 38—62. — J. Meshorer, *Jewish Coins of the Second Temple,* Tel Aviv 1967. — D. Sperber, *Palestinian Currency Systems During the Second Commonwealth,* in: *Jewish Quarterly Review* 56, 1965/6, 273—301. — *Grabanlagen:* N. Avigad, *Jewish Rock-cut tombs in Jerusalem and in the Judaean hill-country,* in: *Eretz Israel* 8, 1966/7, 119—142 (hebr.). — Ders., *The Burial-Vault of a Nazirite Family on Mount Scopus,* in: *Israel Expl. Journal* 21, 1971, 185—200. — E. M. Meyers, *Jewish Ossuaries — Reburial and Rebirth,* Rom 1971. — V. Tzaferis, *Jewish Tombs at and Near Giv'at ha-Mivtar, Jerusalem,* in: *Israel Expl. Journal* 20, 1970, 18—23. — M. Kon, *The Tombs of the Kings,* Jerusalem 1947. — J. Jeremias, *Heiligengräber in Jesu Umwelt,* Göttingen 1958. — L. Y. Rahmani, *Jewish Rock-cut tombs in Jerusalem,* in: *Atiqot* 3, 1961, 93—120. — Ders., *Jasons Tomb,* in: *Atiqot* 4, 1964, 1—31.
11. INSTITUTIONEN: *Priestertum:* J. Liver, *P^{e}raqim b^{e}tol^{e}dot ha-k^{e}hunnah w^{e}ha-L^{e}wijah* (Kapitel zur Geschichte des Priestertums und Levitentums), Jerusalem 1968/69. — A. Büchler, *Die Priester und der Cultus im letzten Jahrzehnt des Jerusalemer Tempels,* Wien 1895. — Siehe auch Erster Teil. — *Gerusie und Sanhedrin:* S. B. Hoenig, *The Great Sanhedrin,* Philadelphia 1953. — *Kult* (siehe auch Erster Teil, Kap. III, Abschn. 4): R. K. Yerkes, *Sacrifice in Greek and Roman Religions and Early Judaism,* London 1953. — A. Büchler, s. o., A. Brody, *Der Mischnatraktat Tamid,* Uppsala 1936. — W. Paschen, *Rein und Unrein,* München 1970. — G. Klinzing, *Die Umdeutung des Kultus in der Qumrangemeinde und im Neuen Testament,* Göttingen 1971. — *Feste:* Th. Maertens, *C'est fete en honneur de Yahvé,* Bruges 1961. — N. H. Snaith, *The Jewish New Year Festival,*

London 1947. — J. C. de Moor, *New Year with Canaanites and Israelites*, Kampen 1972, 2 Teile. — P. Laaf, *Die Pascha-Feier Israels*, Bonn 1970. — N. Flüglister, *Die Heilsbedeutung des Pascha*, München 1963. — R. Le Deaut, *La nuit pascale*, Rom 1963. — *Gemeinde:* K. Hruby, *Die Synagoge*, Zürich 1971. — H. G. Kippenberg, *Garizim und Synagoge*, Berlin 1971. 145 ff. — J. Neusner, *The Fellowship (ḥaburah) in the Second Jewish Commonwealth*, in: *Harvard Theological Review* 53, 1960, 125—142. — M. Hengel, *Proseuche und Synagoge*, in: *Tradition und Glaube, Festgabe für K. G. Kuhn*, Göttingen 1972, 157—184.

II. DAS JUDENTUM UNTER RÖMISCH-BYZANTINISCHER HERRSCHAFT

LITERATUR ZUM TALMUDISCHEN JUDENTUM ALLGEMEIN:
GESCHICHTE: N. N. Glatzer, *Geschichte der talmudischen Zeit*, Berlin 1937. — J. Juster, *Les Juifs dans l'empire romain*, Paris 1914 (Neudruck 1965), 2 Bde. — S. Krauss, *Talmudische Archaeologie*, Leipzig 1910/12 (Neudruck Hildesheim 1966), 3 Bde.
RELIGION/WELTBILD: M. Kadushin, *The Rabbinic Mind*, New York ²1965. — E. E. Urbach, *ḤaZa"L (The Sages)*, Jerusalem ²1971. — R. Stewart, *Rabbinic Theology*, Edinburgh 1961. — W. Hirsch, *Rabbinic Psychology*, London 1947. — B. J. Bamberger, *Proselytism in the Talmudic Period*, New York ²1968. — W. B. Braude, *Jewish Proselytizing in the First Five Centuries*, Providence 1940.

SPRACHEN: *Hebräisch:* A. Ben-David, *Lašon ha-Miqra' weלašon ḥakamim* (Biblische und talmudische Sprache), Tel Aviv, Bd. 1: ²1967, Bd. 2: 1971. — J. L. Kutscher, *Mišnisches Hebräisch*, in: *Rosznik Orient.* 28, 1964, 35 bis 48. — A. Porat, *Lešon ḥakamim*, Jerusalem 1938. — M. H. Segal, *A Grammar of Mishnaic Hebrew*, Neudruck Oxford 1958. — Ch. Yalon, *Lešon ha-Mišnah*, in: *Tarbiz* 37, 1967/8, 133—144. — E. Bronnö, *Die Aussprache der hebräischen Laryngale nach Zeugnissen des Hieronymus*, Aarhus 1970. — A. Murtonen, *Materials for a Non-Masoretic Hebrew Grammar*, Helsinki 1958. — Z. Ben-Hayyim, *The literary and oral tradition of Hebrew and Aramaic among the Samaritans*, Jerusalem 1957/67, 3 Bde. — E. J. Revell, *Hebrew Texts with Palestinian Vocalization*, Toronto 1970. — *Aramäisch:* G. Dalman, *Grammatik des jüdisch-palästinensischen Aramäisch und Aramäische Dialektproben*, Neudruck Darmstadt 1960. — P. Kahle, *Die Kairoer Genisa*, Berlin 1962, 213 ff. — W. B. Stevenson, *Grammar of Palestinian Jewish Aramaic*, Oxford ²1962. — Y. Kutscher, *Mäḥqarim ba-'Arammit ha-gelilit* (Untersuchungen zum galiläischen Aramäisch), Jerusalem 1952 (aus *Tarbiz* 21—23). — C. Levias, *Grammar of the Aramaic Idiom contained in the Babylonian Talmud*, Cincinnati 1900. — M. L. Margolis, *Lehrbuch der aramäischen Sprache des babylonischen Talmuds*, München 1910. — J. N. Epstein, *A Grammar of Babylonian Ara-*

maic (hebr.), Jerusalem 1960. — S. Morag, *On the Yemenite tradition of Babylonian Aramaic* (hebr.) in: *Tarbiz* 30, 1960/1, 120—129. — Ders., *Notes on the vowel system of Babylonian Aramaic as preserved in the Yemenite tradition,* in: *Phonetica* 7, 1961, 217—239. — M. Schlesinger, *Satzlehre der aramäischen Sprache des babylonischen Talmud,* Leipzig 1928. — S. Telegdi, *Essai sur la phonétique des emprints iraniens en Araméen Talmudique,* in: *Journal Asiatique* 226, 1935, 177—257. — *Zum Griechischen (und Lateinischen):* S. Liebermann, *Greek in Jewish Palestine,* New York 1942. — Ders., *Hellenism in Jewish Palestine,* New York 1950. — B. Lifshitz, *L'hellenisation des Juifs de Palestine,* in: *Revue Biblique* 72, 1965, 520—538. — M. Schwab — B. Lifshitz, *Beth Shearim II,* Tel Aviv 1967. — S. Krauss, *Griechische und lateinische Lehnwörter in Talmud, Midrasch und Targum,* Neudruck der Ausgabe Berlin 1898/99, Hildesheim 1963, 2 Bde. — *Wörterbücher:* J. Levy, *Wörterbuch über die Talmudim und Midraschim,* Neudruck der 2. Auflage 1924, Darmstadt 1963, 4 Bde. — M. Jastrow, *Dictionary of the Targumim, the Talmud Babli and Yerushalmi, and the Midrashic Literature,* New York 1950, 2 Bde. — G. Dalman, *Aramäisch-neuhebräisches Handwörterbuch zu Targum, Talmud und Midrasch,* Nachdruck der Ausgabe Göttingen 1938, Hildesheim 1967. — A. Kohut, *Aruch completum,* 2. Ausgabe New York 1955, 8 Bde., und *Additamenta ad Librum Aruch completum* von S. Krauss (Band 9).

LITERATUR: J. Bowker, *The Targum and Rabbinic Literature,* London 1969. — M. Mielziner, *Introduction to the Talmud,* New York ^{4}1968. — Ch. Albeck, *Introduction to the Talmud* (hebr.), Tel Aviv 1969. — H. L. Strack, *Einleitung in Talmud und Midrasch,* München ^{5}1930 (Neudruck 1960). — J. Neusner, *Types and Forms in Ancient Jewish Literature,* in: *History of Religions* 11, 1972, 354—390. — I. N. Epstein, *Introduction to Tannaitic Literature* (hebr.), Jerusalem 1957. — Ders., *Introduction to Amoraic Literature,* Jerusalem 1962. — A. Weiss, *'Al ha-j^{e}ṣirah ha-sifrutit šäl ha-'Amora'im* (Über das literarische Werk der Amoräer), New York 1962. — B. de Vries, *Mäḥqarim b^{e}sifrut ha-Talmud* (Untersuchungen zur Literatur des Talmud), Jerusalem 1969. — Ch. Z. Hirsch, *The Student's Guide through the Talmud,* New York ^{2}1962. — I. Unterman, *The Talmud,* New York 1965. — M. L. Rodkinson, *The History of the Talmud,* London 1908. — M. Gaster, *The Exempla of the Rabbis,* New York 1968. — A. Cohen, *The Minor Tractates of the Talmud,* London 1965, 2 Bde. (engl. Übers.).

GROSSE MODERNE SAMMELWERKE: L. Ginzberg, *The Legends of the Jews,* Philadelphia 1954—1959, 7 Bde. — D. Gross, *'Oṣar ha-Aggadah* (Thesaurus der A.), Jerusalem ^{5}1971, 3 Bde. — Z. Lerinman, *'Oṣar 'Imre 'Abot,* Jerusalem 1959—1969, 5 Bde.

TRADITION, INTERPRETATION, METHODOLOGIE: B. Gerhardson, *Memory and Manuscript,* Lund 1961. — S. Katz, *Die mündliche Lehre und ihr Dogma,* Leipzig 1922, Berlin 1923, 2 Bde. — L. Löw, *Gesammelte Schriften*

I, Szegedin 1889, 241—317 *(Die Tradition)*. — W. Bacher, *Tradition und Tradenten*, Leipzig 1914 (Neudruck Berlin 1966). — J. Jeremias — K. Adolph, *Verzeichnis der Schriftgelehrten* (Strack—Billerbeck, *Kommentar zum N. T. aus Talmud und Midrasch*, VI), München 1961. — A. Hyman, *Tol^{e}dot ha-Tanna'im w^{e}ha-'Amora'im* (Geschichte der T. und A.), Neudruck Jerusalem 1964, 3 Bde. — W. Bacher, *Die exegetische Terminologie der jüdischen Traditionsliteratur*, Leipzig 1899/1905, 2 Teile (Nachdruck in 1 Band Darmstadt 1965). — J. W. Doeve, *Jewish Hermeneutics and the Gospels*, Assen 1954. — J. Heinemann, *Darke ha-'Aggadah* (Methoden der A.), Jerusalem ^{2}1954. — L. Jacobs, *Studies in Talmudic Logics and Methodology*, London 1961. — S. Rosenblatt, *The Interpretation of the Bible in the Mishnah*, Baltimore 1935. — A. Hyman, *Sefär Torah ha-k^{e}tubah w^{e}ha-m^{e}surah* (Das Buch der geschriebenen und überlieferten Torah), Neudruck Tel Aviv 1965, 3 Bde.

SCHULE: M. Aberbach, *Educational institutions and problems in the Talmudic Age*, in: *Hebrew Union College Annual* 37, 1966, 107—120. — E. Ebner, *Elementary Education in Ancient Israel During the Tannaitic Period*, New York 1956. — B. Gerhardson, *Memory and Manuscript*, Lund 1961. — H. Gollancz, *Pedagogics of the Talmud*, Oxford 1924. — T. Perlow, *L'éducation et l'enseignement chez les Juifs à l'époque talmudique*, Paris 1931. — S. Safrai, *Elementary education, its religious and social significance in the Talmudic period*, in: *Journal of World History* 11, 1968. — N. Drazin, *History of Jewish Education*, Baltimore 1940.

RECHTSWESEN: M. Bloch, *Kleine Schriften*, Hildesheim (in Vorbereitung). — B. Cohen, *Jewish and Roman Law*, New York 1966, 2 Bde. — A. Gulak, *J^{e}sodot ha-mišpaṭ ha-'ibri* (Grundlagen des hebräischen Rechts), Berlin 1922/3, 4 Bde. — Ders., *History of Jewish Law. I. Law of obligation and its guarantees*, Leiden 1939. — S. Katz, *Die Strafe im Talmud*, Berlin 1936. — R. Yaron, *Gifts in Contemplation of Death*, Oxford 1960. — S. Zuri, *Mišpaṭ ha-Talmud* (Das Recht des T.), Warschau 1921, 2 Bde. — Ders., *Jewish Civil Law* (hebr.), *Theory of Claims*, London 1934; *Pleas*, ibd. 1935; *Tort of Negligence*, ibd. 1937. — B. de Vries, *Tol^{e}dot ha-h^{a}lakah ha-talmudit* (Geschichte der talmudischen Halakah), Tel Aviv 1962. — A. Weiss, *Court Procedure Studies in Talmudic Law*, New York 1957.

PALÄSTINA: M. Avi-Yonah, *Geschichte der Juden im Zeitalter des Talmuds*, Berlin 1962. — G. Allon, *Tol^{e}dot ha-J^{e}hudim be' Äräṣ Jiśra'el bitqufat ha-Mišnah w^{e}ha-Talmud* (Geschichte der Juden im Land Israel in der Periode der Mischna und des Talmuds), 1. Band, Tel Aviv ^{3}1958; 2. Band 1955. — S. Klein, *'Äräṣ ha-Galil* (Das Land Galiläa), Jerusalem 1946. — G. F. Moore, *Judaism in the First Centuries of the Christian Era*, New York ^{3}1971, 3 Bde.

1. DIE ÜBERGANGSPERIODE: H. Schreckenberg, *Bibliographie zu Flavius Josephus*, Leiden 1968. — B. Niese, *Flavii Josephi Opera*, Berlin ^{2}1955,

7 Bde. — *Josephus*, with an English Translation, London, Cambridge/Mass. 1926—1965, 9 Bde. — R. Laqueur, *Der jüdische Historiker Flavius Josephus*, Darmstadt ²1970. — A. Schalit, *Zur Josephus-Forschung*, Darmstadt 1968. — Ders., *Namenwörterbuch zu Flavius Josephus*, Leiden 1968. — J. Neusner, *A Life of Rabban Johanan Ben Zakkai*, Leiden 1962. — Ders., *Development of a Legend*, Leiden 1970. — B. Z. Bokser, *Pharisaic Judaism in Transition*, New York 1935. — A. Büchler, *The Economic Conditions of Judaea after the Destruction of the Second Temple*, London 1912. — G. F. Moore, *The Rise of Normative Judaism*, in: *Harvard Theological Review* 17, 1924, 307—373; 18, 1925, 1—38. — J. Neusner, *Studies on the Taqqanot of Yavneh*, ibd. 63, 1970, 183 bis 198. — A. Büchler, *Der galiläische Am-Haarez des zweiten Jahrhunderts*, Wien 1906. — *Die Verallgemeinerung der pharisäischen Lebensordnungen:* P. Schäfer, *Der synagogale Gottesdienst*, in: J. Maier — J. Schreiner, *Literatur und Religion des Frühjudentums*, Würzburg, Gütersloh 1973, 391—413. 459—461 (Bibl.). — J. Heinemann, *Prayer in the Period of the Tanna'im and Amora'im* (hebr.), Jerusalem 1964. — Kanon: Siehe die Einleitungen ins Alte Testament. — A. Büchler, *Types of Palestinian Piety*, London 1922. — P. Billerbeck, *Die Abgaben von den Bodenerzeugnissen*, in: *Kommentar zum Neuen Testament aus Talmud und Midrasch* IV, München 1928, 640—697. — F. J. Simons, *Eat not this flesh*, Madison 1961. — S. Zucrow, *Women, slaves and the ignorant in Rabbinic Literature*, Boston 1932. — E. E. Urbach, *The Talmudic Sage*, in: H. H. Ben Sasson, *Jewish Society through the Ages*, London 1971, 116—147. — *Der Bar Kochba-Krieg:* Y. Yadin, *Bar Kochba*, Hamburg 1971. — P. Benoit — J. T. Milik — R. de Vaux, *Discoveries in the Judaean Desert II: Les Grottes de Murabba'at*, Oxford 1961. — Ders., *Judaean Desert Studies, from the Bar-Kochba-Period in the »Cave of Letters«* (hebr.), Jerusalem 1963. — P. Bar-Adon, *The Cave of the Treasure* (hebr.), Jerusalem 1971. — *The Expedition to the Judaean Desert*, in: *Israel Exploration Journal* 12, 1962, 169—262. — H. Mantel, *The causes of the Bar Kokba Revolt*, in: *Jewish Quarterly Review*, 58, 1967/8, 274—296. — St. Perowne, *Hadrian*, London 1960. — *Akiba:* L. Finkelstein, *Akiba*, New York 1936.

2. DAS PATRIARCHAT:

A. Orenstein, *Ha-nᵉśi'ut bᵉJiśra'el* (Das Amt des Naśi' in I.), Tel Aviv 1955/6. — E. E. Urbach, *Status and Leadership in the World of the Palestinian Sages*, Jerusalem 1966. — H. Mantel, *Studies in the History of the Sanhedrin*, Cambridge/Mass. 1961. — A. Büchler, *The political and the social leadership of the Jewish Community of Sepphoris in the Second and Third Centuries*, London o. J. — J. Zuri, *Šilṭon ha-nᵉśi'ut wᵉha-wa'ad* (Die Herrschaft des Patriarchats und des Sanhedrin), 1. Bd. Paris 1921; 2. Bd. Berlin 1931; 3.—4. Bd. London 1933/34. — *Jehuda ha-Naśi':* A. Guttmann, *The Patriarch Judah I., his Birth and Death*, in: *Hebrew Union College Annual* 25, 1954, 239—261. — A. Goldberg, *Darko šäl Jᵉhudah*

ha-Naśi' b^{e}siddur ha-Mišnah (Die Methode des J. bei der Ordnung der M.), in: *Tarbiz* 28, 1958/9, 260—269.
Die Mischna: Text: Eine kritische Gesamtausgabe fehlt, traditionelle Ausgaben gibt es mit und ohne Kommentare. Empfohlen: Ch. Albeck, *Šiššah sidre ha-Mišnah,* Jerusalem, Tel Aviv 1957/58, 6 Bde. — *Mischnajot, übersetzt und erklärt* von A. Sammter u. a., Neudruck Basel 1968, 6 Bde. (hebr.-dtsch.). — P. Blackman, *Mishnayoth,* London 1951/63, 6 Bde. (hebr.-engl.). — *Die Mischna. Text, Übersetzung und ausführliche Erklärung,* hg. von K. H. Rengstorf und L. Rost, Berlin 1960 ff. (unvollständig). — Engl. Übersetzung in 1 Band: H. Danby, *The Mishnah,* Nachdruck der 2. Auflage (1938) London 1967. — Konkordanz: Ch. J. Kasovsky, *Thesaurus Mishnae,* Neudruck Jerusalem 1956, 4 Bde. — Geniza-Fragmente: A. I. Katsh, *Ginze Mishnah,* Jerusalem 1970. — Einführung: Ch. Albeck, *Einführung in die Mischna,* Berlin 1971. — J. N. Epstein, *Mabo'l^{e}nosaḥ ha-Mišnah* (Einführung in den Text der M.), Jerusalem 1948, 2 Bde. — J. Fishman, *Gateway to the Mishna,* London 1955. — Ch. Yalon, *Mabo'l^{e}niqqud ha-Mišnah* (Einleitung in die Vokalisierung der M.), Jerusalem 1964. — E. Z. Melamed, *Ha-jaḥas šä-ben Midr^{e}še-h^{a}lakah la Mišnah w^{e}la-Tosefta'* (Das Verhältnis zwischen halakischen Midraschim, Mischna und Tosefta), Jerusalem 1967. — Palästinensische Textüberlieferung: A. Shechter, *Ha-Mišnah ba-Babli uba-J^{e}rušalmi,* Jerusalem 1959.
Tosefta: Text: M. S. Zuckermandel, *Tosephta,* 3. Ausgabe Jerusalem 1963. Im Erscheinen begriffen: S. Liebermann, *Tosefta'* (mit Kommentar: *Ha-Tosefta' kifšuṭah*), New York 1955 ff. — *Die Tosefta,* herausgegeben von K. H. Rengstorf, Stuttgart 1956 ff. — Konkordanz: Ch. J. Kasovsky (Kassowsky), *Thesaurus Tosephtae,* Jerusalem 1932—1961, 6 Bde. — *Barajta:* M. Higger, *'Oṣar ha-Barajtot* (Thesaurus der B.), New York 1937 bis 1943, 6 Bde.

3. Politische und wirtschaftliche Situation:
Zwischen Rom und Partherreich:

D. Daube, *Collaboration with Tyranny in Rabbinic Law,* Oxford 1965. — S. Krauss, *P^{e}ras w^{e}romi ba-Talmud uba-Midrašim* (Persien und Rom in T. und M.), Jerusalem 1948. — M. D. Herr, *Roman Rule in Tannaitic Literature,* Diss. Jerusalem 1970. — Ders., *The historical significance of the dialogues between Jewish sages and Roman dignitaries,* in: *Scripta Hierosolymitana* 22, 1971, 123—150. — S. Liebermann, *Palestine in the Third and Fourth Centuries,* in: *Jewish Quarterly Review* 36, 1946/7, 329—370; 37, 1947/8, 31—54. — Ders., *Hellenism in Jewish Palestine,* New York 1950. — K.-L. Noethlichs, *Die gesetzgeberischen Maßnahmen der christlichen Kaiser des 4. Jahrhunderts gegen Häretiker, Heiden und Juden,* Diss. Köln 1971. — R. M. Seyberlich, *Die Judenpolitik Kaiser Justinian I.,* in: *Byzantinische Beiträge* 1, 1964, 73—80. — H. Peeters, *La prise de Jérusalem par les Perses:* in: *Subsidia Hagiographica* (Brüssel) 27, 1951, 78—116. — J. Eben-Shmuel, *Midr^{e}še G^e'ullah,* Jerusalem, Tel Aviv ^{2}1954, 56—88. — *Soziale und ökonomische Verhältnis-*

se: T. Frank, *An economic survey of Ancient Rome,* IV: *The eastern provinces,* Baltimore 1940. — A. ben David, *Talmudische Ökonomie,* Hildesheim 1964. — J. Feliks, *Agriculture in Palestine in the Period of the Mishna an Talmud,* Jerusalem 1963. — E. E. Urbach, *The laws regarding slavery as a source for social history of the period of the Second Temple, the Mishna and Talmud,* in: *Papers of the Institute of Jewish Studies London,* 1, 1964, 1—94. — A. Ovadia, *The Synagogue of Gaza,* in: *Qadmoniot* 1, 1968, 124—127, und: *Excavations in the area of the ancient synagogue of Gaza,* in: *Israel Expl. Journal* 19, 1969, 193—198 (Ausgrabung eines Färbereikomplexes).

4. Die Fixierung der Traditionen und die Literatur (siehe z. T. schon dieses Kap., Abschn. 2):
Der palästinensische Talmud:
Meist zitiert nach der Ausgabe Krotoschin 1866 (oft nachgedruckt, 1 Band). Neueste große Ausgabe mit Kommentaren: *Talmud J^{e}rušalmi,* Jerusalem 1960, 8 Bde. Französ. Gesamtübersetzung: M. Schwab, *Le Talmud de Jérusalem,* Paris ^{2}1960, 6 Bde. — L. Ginzberg, *A Commentary on the Palestinian Talmud* (hebr.), New York 1941/61, 4 Bde. — S. Liebermann, *Talmudah šäl Qajsarin,* Jerusalem 1931. — Ders., *Ha-J^{e}rušalmi kifšuṭo,* Jerusalem 1935. — *Kleine Traktate:* M. Higger, *Seven Minor Treatises,* New York 1930.
Bibel-Text und Übersetzung: siehe Erster und Zweiter Teil, Anfang. — A. E. Silverstone, *Aquila and Onkelos,* Manchester 1931 (Neudruck Israel 1970). — J. Reider — N. Turner, *An index to Aquila,* Leiden 1966. — *Targume* (Aramäische Bibelübersetzung): Lit. siehe z. T. oben in Teil Zwei. Text: Traditionelle Ausgaben in den »Rabbinerbibeln«. Moderne Ausgaben: A. Sperber, *The Bible in Aramaic,* Leiden 1959/67, 4 Bde. — A. Díez-Macho, *Biblia Polyglotta Matritensia,* Madrid 1965 ff. — A. Díez-Macho, *Neophyti 1. Targum Palestinense,* Madrid 1968 ff. — R. Le Déaut — J. Robert, *Targum des Chroniques,* Rom 1971. — C. J. Kassowski, *Thesaurus Aquilae Versionis,* Jerusalem 1940 (Targum-Onkelos-Konkordanz). — Ferner: B. Großfeld, *A Bibliography of Targum Literature,* Cincinnati 1971. — A. Díez-Macho, *El Targum,* Barcelona 1972. — R. Le Déaut, *Introduction à la littérature targoumique,* Rom 1966. — Ders., *Les études targoumiques,* in: *Ephemerides Theologicae Lovanienses* 44, 1968, 5—34. — G. J. Kuyper, *The Pseudo-Jonathan Targum and its Relation to the Targum Onkelos,* Rom 1972. — *Die synagogale Poesie:* A. Mirski, *Re'šit ha-Pijjuṭ* (Anfänge des P.), Jerusalem 1965. — *Apokalypsen:* H. Harnisch, *Verhängnis und Verheißung der Geschichte,* Göttingen 1969. — J. Eben-Shmuel, *Midr^{e}še G^{e}'ullah,* Jerusalem ^{2}1954 (Nachdruck 1968).

5. Archäologische Denkmäler: M. Avi-Yonah, *Oriental Art in Roman Palestine,* Rom 1961. — E. R. Goodenough, *Jewish Symbols . . .* (s. o.). — B. Goldman, *The Sacred Portal,* Detroit 1966. — A. Grabar, *L'art de la fin de l'Antiquité et du Moyen Age,* Paris 1968, 3 Bde. (2. Bd., S. 687 bis

794). — B. Kanael, *Die Kunst der antiken Synagoge*, München 1961. — A. Reifenberg, *Ancient Hebrew Arts*, New York 1950. — R. T. Rice, *The Beginning of Christian Art*, London 1957. — H. Strauss, *Jüdische Quellen frühchristlicher Kunst: Optische oder literarische Anregung?*, in: *Zeitschrift f. ntl. Wissenschaft* 57, 1966, 114—136. — E. E. Urbach, *Rabbinical Laws of Idololatry in the Second and Third Centuries in the Light of Archaeological and Historical Facts*, in: *Israel Exploration Journal* 9, 1959, 149—165. 229—245. Ferner: J. Gutmann, *The »Second Commandment« and the Image in Judaism*, in: *Hebrew Union College Annual* 32, 1961, 161—174. — B. Cohen, *Art in Jewish Law*, in: *Judaism* 3, 1954, 165 bis 176. — S. Krauss, *Synagogale Altertümer*, Wien 1922, Neudruck Hildesheim 1966. — Umfangreichste Grabungen für diese Periode: Beth Shearim. Siehe die Berichte von A. Avigad in *Israel Exploration Journal* 4, 1954, 88—107; 5, 1955, 205—239; 7, 1957, 73—92. 239—255; 9, 1959, 205 bis 220. — *Eretz Israel* 5, 1958, 61—67. 117—188. — *Revue Biblique* 67, 1960, 382—385. Ferner: B. Mazar, *Beth Shearim I*, Jerusalem [2]1957. — M. Schwab — B. Lifshitz, *Beth Shearim II* (The Greek Inscriptions), Tel Aviv 1967. — N. Avigad, *Beth Shearim III*, Jerusalem 1971.

Synagogenbauten: Überblick: S. J. Saller, *A Revised Catalogue of the Ancient Synagogues in the Holy Land*, Jerusalem 1969. — M. Avigad, *Various Synagogal Remains*, in: *Bulletin of the Dep. of Antiquities* 3, 1960, 57—61. — Ders., *Mäḥqar batte ha-k[e]näsät ha-ʿattiqim ba-ʾAräṣ* (Die Erforschung der antiken Synagogen im Lande), Jerusalem 1963. — Ders., *Ancient Synagogues in Galilee*, ARIEL 19, 1967, 25—40. — G. Foerster, *Ancient Synagogues in Eretz-Israel* (hebr.), in: *Qadmoniot* 5, 1972, 38—42 (Übersicht). — Ders., *Les synagogues de Galilée*, in: *Bible et Terre Sainte* 130, 1971, 1.8—15. — E. R. Goodenough, *Jewish Symbols* (s. o.), I, 178 bis 267. XII, 40 ff. — H. G. Kippenberg, *Garizim und Synagoge*, Berlin 1971, 145 ff. (samaritan.). — R. Kohl — W. Watzinger, *Antike Synagogen in Galiläa*, Leipzig 1916 (Neudruck Osnabrück 1968) — unüberholtes Standardwerk. — R. Krautheimer, *Early Christian and Byzantine Architecture*, Harmondsworth 1965. — F. Landsberger, *The Sacred direction in Synagogue and Church*, in: *Hebrew Union College Annual* 28, 1957, 181 bis 204. — B. Lifshitz, *Donateurs et Fondateurs dans les synagogues Juives*, Paris 1967. — S. Safrai, *Was there a Women's Gallery in the Synagogues of Antiquity?* (hebr.), in: *Tarbiz* 32, 1962/3, 329—338. — I. Sonne, *Dijjunim ʿal signone ha-b[e]nijah šäl batte-k[e]nesijot ʿattiqim* (Überlegungen zu den Baustilen antiker Synagogen), in: *Bitzaron* 24/5, 1959/60, 6—17. — E. L. Sukenik, *Ancient Synagogues in Palestine and Greece*, London 1934. — *Wichtige neuere Publikationen zu einzelnen Orten:* E. L. Sukenik, *The Ancient Synagogue of Beth Alpha*, Jerusalem 1932. — R. Wischnitzer, *The Beth-Alpha-Mosaic, a new interpretation*, in: *Jewish Social Studies* 17, 1955, 133—144. — B. Goldman, *The Sacred Portal*, Detroit 1966. — N. Tzori, *Bet ha-k[e]näsät ha-ʿattiq b[e]Bet Š[e]ʾan* (Die antike Synagoge in B.-Sh.), in: *Eretz-Israel* 8, 1966/7, 149—167. — Ders., *Bronze Utensils from*

Byzantine Beth Shean, in: *Qadmoniot* 3, 1970, 67—68. — D. Bahat, *The Synagogue at Beth Shean — Preliminary Report,* in: *Qadmoniot* 5, 1972, 55—58. — M. Avi-Yonah, *The Synagogue of Caesarea,* in: *Bulletin of the Department of Archaeology* (Hebrew University) 3, 1960, 44—48. — E. M. Meyers, *Archaeology and Rabbinic Tradition at Chirbet Shema,* in: *Biblical Archaeologist* 35, 1972, 1—31. — Ders., *Ḥurvat Shema — The Settlement and the Synagogue* (hebr.), in: *Qadmoniot* 5, 1972, 58—61. — S. Gutman etc., *Excavation in the Synagogue at Khirbet Susiya,* ibd. 47—52. — D. Barag — Y. Porat, *The Synagogue at En Gedi,* ibd. 3, 1970, 97 bis 100. — Dies. und E. Netzer, *The Second Season of Excavations in the Synagogue of En Gedi,* ibd. 5, 1972, 52—54. — Z. Yeivin, *The Synagogue at Eshtemoa,* ibd. 43—45. — M. Avi-Yonah, *Taglit bet-k*^{e}*näsät ʿattiq b*^{eʿ}*Azzah* (Entdeckung einer antiken Synagoge zu Gaza), in: *Jediot* 30, 1966/7, 221—223. — A. Ovadiah, *Excavations in the area of the ancient synagogue of Gaza,* in: *Israel Expl. Journal* 19, 1969, 193—198. — E. L. Sukenik, *The Ancient Synagogue of Yafa,* in: *Bulletin for the Exploration of Ancient Synagogues* 2, 1951, 6—24. — G. Sperber, *L*^{e}*psifase bet-hak*^{e}*näsät b*^{e}*Jafia* (Zu den Mosaiken in der Synagoge von J.), in: *Jediot* 31, 1966/7, 218—224. — V. C. Corbo, *Nuovi scavi archeologici nella sinagoga di Cafarnao,* in: *Studi Biblici Franc. Liber Annuus* 20, 1970, 7—52. — G. Foerster, *The recent excavations at Capernaum,* in: *Qadmoniot* 4, 1971, 126—131. — S. Levy etc., *The Ancient Synagogue of Maʿon,* in: *Bulletin for the Exploration of Ancient Synagogues* 3, 1960, 6—40. — E. L. Sukenik, *The Ancient Synagogue of El-Hammeh* (hebr.), Jerusalem 1935. M. Dothan, *The Synagogue at Hammath-Tiberias,* in: *Qadmoniot* 1, 1968, 116—123. — *Grabanlagen:* S. oben zu Beth Shearim (Mazar, N. Avigad, Beth Shearim I und II). — B. Lifshitz, *La necropole juive de Césarée,* in: *Revue Biblique* 71, 1964, 384—387. — E. M. Meyers, *Jewish Ossuaries,* Rom 1971. — *Bildliche Darstellungen und Symbole:* S. oben zu Anfang des Abschnitts. Zu Mosaiken speziell: *Israel Ancient Mosaic.* UNESCO World Series, Paris 1960. — E. Kitzinger, *Byzantinische Mosaiken in Israel,* München 1965 (*Israeli Mosaics,* New York 1965). — Ferner s. oben zu den Synagogen von En Gedi, Gaza, Bet Alpha; Jafia, Tiberias (El-Hammeh) u. a. — Zur Menorah: E. R. Goodenough, *Jewish Symbols ... XII,* 79 ff. — J. Gutmann, *A note on the Temple Menorah,* in: *Zeitschrift f. ntl. Wissenschaft* 60, 1969, 289—291. — A. Negev, *A chronology of the seven-branched Menorah,* in: *Eretz-Israel* 8, 1966/7, 193—210 (hebr.). — D. Sperber, *The History of the Menorah,* in: *Journal of Jewish Studies* 16, 1965, 135—159. — N. Tzori, *Bronze Utensils from Byzantine Beth Shean,* in: *Qadmoniot* 3, 1970, 67—68. — Z. Yeivin, *Carved Menorahs at Chorazin,* in: *Qadmoniot* 2, 1969, 98 f. — L. Yarden, *The Tree of Life,* London 1971.

6. Die römisch-byzantinische Diaspora: *Ostrom:*

L. A. Ghali, *L'orient chrétien et les Juifs,* Paris 1970. — Siehe auch dieses Kap., Abschn. 3. — R. L. Wilken, *Judaism and the Early Christian Mind,*

New Haven 1971. — M. Simon — A. Benoit, *Le Judaisme et le christianisme antique*, Paris 1968. — R. F. Herford, *Christianity in Talmud and Midrash*, London 1904 (Neudruck Clifton 1966). — C. Giordano — I. Kahn, *Gli ebrei in Pompei*, in *Ercolaneo e nelle città della Campania Felix*, Sicignano 1966. — J. H. Leon, *The Jews of Ancient Rome*, Philadelphia 1960. — B. Blumenkranz, *Juifs et Chrétiens dans le monde occidental*, Paris 1960. — J. E. Seaver, *Persecutions of the Jews in the Roman Empire*, Lawrance 1952.

7. Archäologische Denkmäler der westlichen Diaspora: *Katakomben in Rom:* Siehe H. J. Leon, *The Jews in Ancient Rome*, Philadelphia 1960. Seither: A. Ferrua, *Le pitture delle nuova Catacomba di Via Latina*, Rom (Città del Vaticano) 1960. — M. Simon, *Remarques sur la catacombe de la Via Latina*, Mullus (Festschrift Theodor Klauser), Münster 1964, 327—335. — *Synagogen:* E. R. Goodenough, *Jewish Symbols . . .* II, 70—100. — E. L. Sukenik, *Ancient Synagogues in Palestine and Greece*, Oxford 1934. — *Neuere wichtige Einzelpublikationen:* G. Foerster, *Traces of the Synagogue at Corinth*, in: *Qadmoniot* 3, 1970, 104. — Ch. Z. Hirschberg, *Ha-dagim b^{e}psifase bet-k^{e}näsät šäl Naro* (Die Fische im Mosaik der Synagoge von N.), in: *Eretz-Israel* 8, 1966/7, 305—311. — M. F. Sqarciapino, *The Synagogue at Ostia*, in: *Archaeology* 16, 1963, 194—203. — M. A. Hanfmann, *The Fifth Campaign at Sardis*, in: *Bulletin of the American Schools for Oriental Research* 170, 1963, 1 bis 65. — Ders., *The Ninth Campaign at Sardis*, ibd. 187, 1967, 9—62. — Ders. und R. S. Thomas, *The Thirteenth Campaign at Sardis*, ibd. 203, 1971, 5—22. — A. Ramage, *The Fourteenth Campaign at Sardis*, ibd. 206, 1972, 9—39. — D. J. Metton, *The Ancient Synagogue of Sardis*, New York 1965. — Y. Shiloh, *Torah scrolls and the Menorah plaque from Sardis*, in: *Israel Expl. Journal* 18, 1968, 54—57. — A. T. Kraabel, *»Hypsistos« and the Synagogue at Sardis*, in: *Greek, Roman and Byzantine Studies* 10, 1969, 81—93. — M. Hengel, *Die Synagogeninschrift von Stobi*, in: *Zeitschr. f. ntl. Wissenschaft* 57, 1966, 145—183. — M. Avi-Yonah, *The Mosaics of Mopsuestia — Church or Synagogue?* in: *Qadmoniot* 5, 1972, 62—63.

III. DIE JUDEN IN MESOPOTAMIEN

S. Funk, *Die Juden in Babylonien*, Berlin 1902/08, 2 Bde. — Jacob Neusner, *A History of the Jews in Babylonia*, Leiden 1965/70, 5 Bde. (Bibl.). — J. Obermeyer, *Die Landschaft Babylonien im Zeitalter des Talmuds und Gaonats*, Breslau 1938.

1. Politische und rechtliche Lage: M. Beer, *The Babylonian Exilarchate in the Arsacid and Sassanian Periods* (hebr.), Tel Aviv 1970. — S. Ben-Dor, *»Dina' d^{e}malkuta' Dina«*, in: *Talpiot* 9, 1964, 230—237. — E. Spicehandler, *Dina deMagista and BeDavar: Notes on Gentile Courts in*

Talmudic Babylonia, in: *Hebrew Union College Annual* 26, 1955, 333 bis 354.

2. Ökonomische und soziale Verhältnisse:
L. Jacobs, *The economical conditions of the Jews in Babylonia in Talmudic times compared with Palestine*, in: *Journal of Semitic Studies* 2, 1957, 349—359. — J. Newman, *The Agricultural Life of the Jews in Babylonia*, Oxford 1952. — Ders., *The Commercial Life of the Jews in Babylonia*, Oxford 1957. — L. Boulnois, *Le route de la sois*, Paris 1963 (*The Silk Road*, New York 1966). — M. Beer, *Ma*^{ca}*madam ha-kalkali w*^{e}*ha-ḥäbrati šäl 'Amora'e Babel* (Der wirtschaftliche und gesellschaftliche Status der babylonischen Amoräer), Diss. Jerusalem 1962. — Ders., *Liš'elat šiḥruram šäl 'Amora'e Babel mi-tašlum missim* (Zur Frage der Befreiung der babylonischen Amoräer von Steuern), in: *Tarbiz* 33, 1963/4, 248—258. — F. Altheim — R. Stiehl, *Ein asiatischer Staat. Feudalismus unter den Sassaniden und ihren Nachbarn*, Wiesbaden 1954.

3. Das rabbinische Judentum in Babylonien:
M. Beer, *Talmud Torah w*^{e}*däräk 'äräṣ* (Gelehrsamkeit und Erwerbsleben), in: *Bar Ilan Annual* 2, 1964, 134—162. — J. Neusner, *Rabbis and Community in Third Century Babylonia*, in: *Religions in Antiquity* (*In Memory of E. R. Goodenough*), Leiden 1968, 438—462. — J. Neusner, *Rabbi and Magus in Third-Century Sasanian Babylonia*, in: *History of Religion* 6, 1966, 169—178. — J. Newman, *Semikhah* (Ordination), Manchester 1950. — *Die rabbinischen Schulen (J*^{e}*šibot):* M. L. Clarke, *Higher Education in the Ancient World*, London 1971. — S. A. Mirski, *Types of Lectures in the Babylonian Academies*, in: *Essays on Jewish Life and Thought in Honor of S. W. Baron*, New York 1959, 375—402. — M. Kossovsky, *The Order of Sitting in the Talmudic Academies*, in: *S. K. Mirski Jubilee Volume*, New York 1958, 314—330.

4. Tradition und Literatur: *Der babylonische Talmud:* Die traditionellen Ausgaben mit Kommentaren enthalten keinen kritisch edierten Text, eine wirklich befriedigende Ausgabe existiert noch nicht. — Empfehlenswert: L. Goldschmidt, *Der Babylonische Talmud mit Einschluß der vollständigen Misna herausgegeben nach der ersten zensurfreien Bombergischen Ausgabe (Venedig 1520—23) nebst Varianten der späteren ... und der Münchner Talmudhandschrift*, Berlin 1897—1933, mit deutscher Übersetzung, 9 Bde. (8.—9. Bd. Haag 1935). Die deutsche Übersetzung allein: *Der Babylonische Talmud*, Berlin 1929/36, 12 Bde. (Neudruck Basel 1970) ... — Englisch: I. Epstein (ed.), *The Babylonian Talmud*, London 1935/52, 34 Bde. (1959: 18 Bde.). — M. Simon — I. Epstein (ed.), *The Talmud Hebrew-English*, London 1960 ff. — Konkordanz: H. J. Kassovsky, *Thesaurus Talmudis Concordantiae Verborum*, Jerusalem 1954 ff.
Zum babyl. Talmud:
E. N. Adler, *Talmud manuscripts and editions*, in: *Essays in Honor of J.*

H. Hertz, London 1944, 5—17. — J. Neusner (Hg.), *The Formation of the Babylonian Talmud*, Leiden 1970 (Forschungsgeschichte!). — E. Schachter, *Ha-Mišnah ba-Babli uba-Jerušalmi*, Jerusalem 1959. — T. H. Stern, *The Composition of the Talmud. A complete analysis of the relationship between the Babylonian and the Talmud Yerushalmi*, New York 1959. — A. Weiss, *Leḥeqär ha-Talmud*, New York 1955. — A. Weiss, *Ha-jeṣirah šäl ha-Sabora'im* (Das Werk der S.), Jerusalem 1953.

Kleine Traktate (neuere Einzelausgaben):

J. Goldin, *The Fathers according to Rabbi Nathan*, New Haven ²1956 (engl. Übers.). — D. Zlotnick — E. Y. Kutscher, *Massekhet Semaḥot*, New Haven 1966.

5. Dura Europos-Synagoge:

E. G. Kraeling, *The Synagogue*, New Haven 1956. — E. J. Bickerman, *»Symbolism in the Dura Synagogue« (by E. R. Goodenough)*, in: *Harvard Theological Review* 58, 1965, 127—151. — E. R. Goodenough, *Jewish Symbols* ... XII, 158 ff. — A. Grabar, *Le thème religieux des fresques de la synagogue de Doura*, in: *Revue d'Hist. des Religions* 123, 1941, 143—192. 124, 1942, 5—35. — G. D. Kilpatrick, *Dura-Europos*, in: *Greek, Roman and Byzantine Studies* 5, 1964, 215—225. — G. Millet — Comte Mesnil du Buisson, *Les peintures de la synagogue de Doura-Europos*, Rom 1939. — J. Neusner, *Judaism at Dura-Europos*, in: *History of Religion* 4, 1964, 81—102. — R. Wischnitzer, *The »Closed Temple« Panel in the Synagogue of Dura Europos*, in: *Journal of the American Oriental Society* 91, 1971, 367—378. — H. Stern, *Die Synagoge von Dura Europos*, in: *Theologische Literaturzeitung* 83, 1958, 249 bis 254. — R. Wischnitzer, *The Samuel Cycle in the Wall Decoration of the Synagogue at Dura-Europos*, in: *Proceedings of the American Academy for Jewish Research* 11, 1941, 85—103. — Ders., *The Messianic Theme in the Paintings of the Dura Synagogue*, Chicago 1948. — M. I. Rostovtzeff, *Dura Europos and its Art*, New Haven 1938. — I. Sonne, *The Paintings of the Dura Synagogue*, in: *Hebrew Union College Annual* 20, 1947, 255 bis 362.

IV. DIE ÖSTLICHE DIASPORA

1. Norden und Osten:

J. B. Segal, *The Jews of Northern Mesopotamia before the Rise of Islam*, in: *Sefär Segal*, Jerusalem 1965, 32—63. — J. Neusner, *The Jews in Pagan Armenia*, in: *Journal of the American Oriental Society* 84, 1964, 230—240. — J. Neusner, *The Conversion of Adiabene to Judaism*, in: *Journal of Biblical Literature* 83, 1964, 60—66.

2. Südarabien:

J. Ryckmans, *La persécution des Chrétiens himyarites au VIe siècle*, Leiden 1956.

V. DAS VERMÄCHTNIS

Esoterik: G. Scholem, *Jewish Gnosticism, Merkabah Mysticism, and Talmudic Tradition,* New York ^{2}1965.

DRITTER TEIL: DAS JUDENTUM IM MITTELALTER

Allgemeine Literatur: *The Cambridge Medieval History,* Cambridge 1957/66, 8 Bde. (Band VII, 937—947. — C. Roth, *The Jews in the Middle Ages,* Bibl.). — I. Abrahams, *Jewish Life in the Middle Ages,* Neudruck der 2. Auflage (Philadelphia 1932), New York 1969. — S. Assaf, *B$^{e'}$oh^{o}le Ja^{ca}qob* (In den Zelten Jakobs), Jerusalem 1966. — Ch. H. Ben-Sasson, *P^{e}raqim b^{e}tol^{e}dot Jiśra'el bime ha-benajim* (On Jewish History in the Middle Ages), Tel Aviv ^{3}1968/69. — N. Glatzer, *Faith and Knowledge, The Jew in the Medieval World,* Boston 1963. — M. Güdemann, *Jüdische Kulturgeschichte im Mittelalter,* Berlin 1922. — J. Mann, *Texts and Studies,* 1. Band Cincinnati 1931, 2. Band Philadelphia 1935 *(Karaitica).* — R. Marcus, *The Jew in the Medieval World. A Source Book,* Cincinnati 1938 (Neudruck New York 1960). — J. Parkes, *The Jew in the Mediaeval Community,* London 1938. — M. Shulvass, *Between the Rhine and the Bosporus,* Chicago 1964. — A. Altmann, ed., *Jewish Medieval and Renaissance Studies,* Cambridge/Mass. 1967.

I. POLITISCHE UMWELT UND INNERE ORGANISATION

1. Der politische Wandel und seine Folgen:

C. D. Cohen, *Esau as Symbol in Early Medieval Thought,* in: A. Altmann (s. oben), 19—48. — J. F. Baer, *Galut,* Berlin 1936. — A. Neubauer, *Mediaeval Jewish Chronicles,* Oxford 1895, 2 Bde. — J. Eben-Shmuel, *Midr^{e}še G$^{e'}$ullah,* Jerusalem ^{2}1954. — A. Z. Aeschly, *Jewish Messianic Movements* (hebr.), Jerusalem 1956. — G. Kisch, *Research in Medieval Legal History,* in: *Proceedings of the American Academy for Jewish Research* 6, 1934/5, 229—276. — Ders., *Jüdisches Recht und Judenrecht,* in: *Festschrift J. Freimann,* Berlin 1937, 94—105. — Westen: L. Dasberg, *Untersuchungen über die Entwertung des Judenstatus im 11. Jahrhundert,* Paris 1965. — Islam: A. Fattal, *Le statut légal des non-musulmanes en pays d'Islam,* Beyrouth 1958. Im übrigen siehe unten, Kap. II. — *Innerjüdische Differenzierungen:* H.-J. Zimmels, *Aschkenazim und Sephardim,* London 1958. — *Zum Hebräischen:* I. Garbell, *The Pronounciation of Hebrew in Medieval Spain,* in: *Homenaje à Millàs Vallicrosa,* Bd. 1, Barcelona 1954, 647—696. — A. S. Halkin, *The medieval Jewish attitude towards Hebrew,* in: A. Altmann, *Studies and Texts* I, Cambridge/Mass. 1963, 233—250. — B. Klar, *Mäḥqarim w^{ec}ijjunim ba-lašon, baširah uba-sifrut* (Forschungen und Untersuchungen zur Sprache, Poesie und Literatur), Tel Aviv 1954. — *Jüdisch-Arabisch:* J. Blau, *The Emergence and Linguistic Background of Judaeo-Arabic,* London 1965. — Ders., *A Grammar of Mediaeval Ju-*

daeo-Arabic (hebr.), Jerusalem 1961. — *Liturgie:* L. Zunz, *Der Ritus des synagogalen Gottesdienstes,* Berlin 1859. — *Die neue Herausforderung durch die monotheistischen Religionen:* H. Pflaum, *Die religiöse Disputation in der europäischen Dichtung des Mittelalters,* Genf, Florenz 1935. — B. Blumenkranz, *Juifs et Chrétiens dans le monde occidental,* Paris 1960. — B. Blumenkranz, *Juden und Judentum in der mittelalterlichen Kunst,* Stuttgart 1965. — S. Grayzel, *The Church and the Jews in the 13th Century,* New York ²1965. — Ch. Merchavia, *The Church versus Talmudic and Midrashic Literature* (hebr.), Jerusalem 1960. — W. Seifert, *Kirche und Synagoge im Mittelalter,* München 1964. — J. Trachtenberg, *The Devil and the Jews,* New York ²1966. — A. L. Williams, *Adversus Judaeos,* London 1935. — J. Katz, *Exclusiveness and Tolerance,* London 1961. — O. S. Rankin, *Jewish Religious Polemics,* Edinburgh 1956. — M. Perlman, *Samual al-Maghribi, Ifḥām al-Yahud. Silencing the Jews,* in: *Proceedings of the American Academy for Jewish Research* 33, 1964, 1—104. — M. Steinschneider, *Polemische und apologetische Literatur in arabischer Sprache, zwischen Muslimen, Christen und Juden,* Leipzig 1877. — *Die Juden als Kulturmittler:* M. Steinschneider, *Die hebräischen Übersetzungen des Mittelalters und die Juden als Dolmetscher,* Nachdruck d. Ausgabe 1893, Graz 1956. — P. Wilpert — W. P. Eckert (Hg.), *Judentum im Mittelalter,* in: *Miscellanea Mediaevalia* 4, Berlin 1966. — I. Twersky, *Aspects of the Social and Cultural History of Provençal Jewry,* in: H. H. Ben-Sasson — S. Ettinger, *Jewish Society through the Ages,* London 1971, 185—207. — A. Bomilla y San Martin, *Historia de la Filosofia Espagnola,* Bd. 2, Madrid 1911. — J. L. Teicher, *The Latin-Hebrew School of Translation in Spain in the Twelfth Century,* in: *Homenaje a Millàs Vallicrosa,* Bd. 2, Barcelona 1954, 416—422.

2. DIE JÜDISCHE SELBSTVERWALTUNG: Siehe im einzelnen unten, Kap. II. Ferner: L. Finkelstein, *Jewish Selfgovernment in the Middle Ages,* New York 1924. — S. D. Goitein, *A Mediterranean Society II,* Berkeley 1971. — I. A. Agus, *Ha-šilṭon ha-ʿaṣmaʾi šäl ha-qᵉhillah ha-jᵉhudit bime ha-benajim* (Die Selbstverwaltung der jüd. Gemeinde im Mittelalter), in: *Talpiot* 5, 1951/2, 637—648; 6, 1952/3, 305—320. — J. Baer, *The Origin of the Organisation of the Jewish Community of the Middle Ages* (hebr.), in: *Zion* 15, 1949/50, 1—41. — M. Frank, *Lᵉtolᵉdot mibneh ha-qahal bᵉʾAškᵉnaz* (Zur Geschichte der Gemeindeorganisation in A.), in: *Zion* 1, 1935/6, 327—355. — S. D. Goitein, a. a. O. (s. o.), mit Bibl. — M. P. Golding, *The Juridical Basis of Communal Associations in Mediaeval Rabbinical Legal Thought,* in: *Jewish Social Studies* 28, 1966, 67—78. — E. Zimmer, *Harmony and Discord,* New York 1971. — J. Katz, *Lᵉtolᵉdot ha-Rabbanut bᵉʾämṣaʿ jᵉme ha-benajim* (Zur Geschichte des Rabbinats um die Mitte des MA), in: *B. de Vries Memorial Volume,* Jerusalem 1968/9, 281 bis 294. — B. Rosenzweig, *The Emergence of the Professional Rabbi in Ashkenazic Jewry,* in: *Tradition* 11, 3, 1970, 22—30. — S. Schwarzfuchs, *Études sur l'origine et le développement du rabbinat au Moyen Age,*

Paris 1957. — S. Spitzer, *Ha-Rabbanut weha-Rabbanim bidrom Germanjah we'Austrijah bere'šit ha-me'ah ha-15*, in: *Bar Ilan* 7—8, 1969/70, 261—279. — L. Landman, *The Cantor*, New York 1973. — *Rechtswesen:* S. Assaf, *Batte-din wesidrehäm 'ahare hatimat ha-Talmud* (Gerichte und deren Verfahrensweisen nach Abschluß des T.), Jerusalem 1924. — Ders., *Ha-'onašim 'ahare hatimat ha-Talmud* (Die Strafen ...), Jerusalem 1922. — M. Frank, *Qehillot 'Aškenaz ubatte dinehän* (Die aschkenasischen Gemeinden und ihre Gerichtshöfe), Tel Aviv 1937/8. — G. Kisch, *Relations between Jewish and Christian courts in the Middle Ages*, in: *Historia Judaica* 21, 1959, 81—108. — D. M. Shoshet, *The Jewish Court in the Middle Ages*, New York 1931.

II. SCHWERPUNKTE IN DER DIASPORA

1. In der islamischen Welt: S. Abramson, *Ba-märkazim uba-tefuṣot* (in Zentren und in der Zerstreuung), Jerusalem 1965. — E. Ashtor, *Prolegomena to the medieval history of oriental Jewry*, in: *Jewish Quarterly Review* 50, 1959/60, 55—68, 147—166. — W. J. Fischel, *Jews in the Economic and Political Life of Mediaeval Islam*, London 1937 (Neudr. 1968). — S. D. Goitein, *A Mediterranean Society*, Berkeley 1967/71, 2 Bde. — Ders., *Studies in Islamic History and Institutions*, Leiden 1966. — P. M. Holt etc., *The Cambridge History of Islam*, Cambridge 1970, 2 Bde. — J. Mann, *The Responsa of the Babylonian Geonim as a Source of Jewish History*, Tel Aviv 1970. — A. Miquel, *Der Islam*, München 1970 (Kindlers Kulturgeschichte). — A. S. Tritton, *The Caliphs and their non-Muslim Subjects*, London 1930 (Neudruck 1970). — Für die zahllosen Publikationen auf Grund der *Kairoer Geniza* s. unten, Drittes Kap., 2; für hier sind unmittelbar folgende Übersichten von Bedeutung: A. Marx, *The Importance of the Genizah for Jewish History*, in: *Proceedings of the American Academy for Jewish Research* 16, 1947, 183—204. — S. D. Goitein, *What would Jewish and general history benefit by a systematic publication of the documentary Geniza papers?*, 23, 1954, 29—39. — N. Golb, *Sixty Years of Geniza Research*, in: *Judaism* 6, 1957, 3—16. — S. Shaked, *A Tentative Bibliography of Geniza Documents*, Paris 1964. — *Das mesopotamische Zentrum:* A. D. Goode, *The Exilarchate in the Eastern Caliphate*, in: *Jewish Quarterly Review* 31, 1940/1, 149—169. — J. Mann, *The Office of the Exilarch in Babylonia*, in: *Livre d'Hommage S. Poznanski*, Warschau 1927, 18—32. — F. Lazarus, *Neue Beiträge zur Geschichte des Exilarchats*, in: *Monatsschrift f. Geschichte und Wissenschaft des Judentums* 78, 1934, 279—288. — S. Poznanski, *Babylonische Geonim im nachgaonäischen Zeitalter*, Berlin 1914. — S. Assaf, *Tequfat ha-Ge'onim wesifrutah* (Die gaonäische Periode und ihre Literatur), Jerusalem 1959. — *Palästina — Syrien und Ägypten — östl. Nordafrika:* J. Mann, *The Jews in Egypt and in Palestine under the Fatimid Caliphs*, Oxford 1920/22 (Neudruck 1969), 2 Bde. — E. Strauß (Ashtor), *Toledot ha-Jehudim beMiṣrajim ubeSurjah taḥat šilṭon ha-Mamlukkim* (Geschichte

der Juden in Ägypten und Syrien unter der Herrschaft der Mamlukken), Jerusalem 1944—1970, 3 Bde. — Ders., *Saladin and the Jews,* in: *Hebrew Union College Annual* 27, 1956, 305—326. — E. Ashtor, *Qawwim lidmutah šäl ha-q^ehillah ha-j^ehudit b^eMiṣrajim bime ha-benajim* (Zur Gestalt der jüdischen Gemeinde in Äg. im MA), in: *Zion* 30, 1964/5, 61—78, 128—157. — Ders., *The Number of Jews in Medieval Egypt,* in: *Journal of Jewish Studies* 18, 1967, 9—42; 19, 1968, 1—22. — S. D. Goitein, *The local Jewish community in the light of the Cairo Geniza records,* ibd. 12, 1961, 133—158. — Ders., *The Title and Office of the Nagid,* in: *Jewish Quarterly Review* 53, 1962, 93—119. — N. Golb, *The Topography of the Jews of Mediaeval Egypt,* in: *Journal of Near Eastern Studies* 24, 1965, 251—270. — J. Prawer, *The Jews in the Latin Kingdom of Jerusalem* (hebr.), in: *Zion* 11, 1945/6, 38—82. — Ders., *Jewish Resettlement in Crusader Jerusalem,* in: *ARIEL* 19, 1967, 60—66. — *Spanien/Maghreb:* E. Ashtor, *Qorot ha-J^ehudim biSfarad ha-muslamit,* Jerusalem, 1. Band: ²1966, 2. Band: 1966. — I. D. Abbou, *Musulmans andalous et judéo-espagnols,* Casablanca 1953. — S. Albeck, *»Dina' d^emalkuta' dina'« biqhillot S^efarad,* in: *Abraham Weiss Jubilee Volume,* New York 1964, 109—125. — E. Ashtor, *The number of Jews in Moslem Spain* (hebr.), in: *Zion* 28, 1962/3, 34—56. — F. Burckhardt, *Die maurische Kultur in Spanien,* München 1970. — I. Epstein, *Studies in the Communal Life of the Jews of Spain,* New York ²1970, 2 Bde.

2. In der christlichen Welt: Siehe oben, Kap. I, Abschn. 1. — C. Roth, *The Dark Ages (The World History of the Jewish People* II/2), Tel Aviv 1966. — *Kreuzzüge:* H. E. Mayer, *Geschichte der Kreuzzüge,* Stuttgart 1965. — N. — H. H. Birnbaum, *Edom,* Berlin 1919. — N. Golb, *New Light on the Persecutions of French Jews at the Time of the First Crusade,* in: *Proceedings of the American Academy for Jewish Research* 34, 1966, 1—63. — A. M. Haberman, *Sefär g^ezerot 'Ašk^enaz w^eṢarfat,* Jerusalem 1945 (2. Auflage 1971). — A. Neubauer — M. Stern, *Hebräische Berichte über die Judenverfolgungen während der Kreuzzüge,* Berlin 1892. — S. Spiegel, *The Last Trial,* New York 1957. — *Schwarze Pest:* Ph. Ziegler, *The Black Death,* London 1969. — *Iberische Halbinsel und Südfrankreich:* S. Katz, *The Jews in the Visigothic and Frankish Kingdom of Spain and Gaul,* Cambridge/Mass. 1937. — E. A. Thompson, *The Goths in Spain,* Oxford 1969, 51 ff. — S. Assaf, *Safran šäl ri'šonim,* Jerusalem 1934/35. — F. Baer, *Die Juden im christlichen Spanien,* Berlin 1929/36, 2 Bde. — Ders. (Y. Baer), *A History of the Jews in Christian Spain,* Philadelphia 1961/66, 2 Bde. — E. Camau, *La Provence à travers les siècles,* Paris 1928, 249 ff. (Les Juifs en Provence). — F. Cantera y Burgos, *Judaizantes del arzobispado de Toledo,* Madrid 1969. — I. Epstein, *The »Responsa« of Rabbi Solomon Ben Adret of Barcelona (1235—1310) as a Source for the History of Spain,* London 1925. — R. W. Emery, *The Jews of Perpignan in the Thirteenth Century,* New York 1959. — A. MacKay, *Popular movements and po-*

groms in 15th century Castile, in: *Past and Present* 55, 1972, 33—64. — N. Lopez Martinez, *Los judaizentes castellanos y la Inquisición en tiempo de Isabel la Catolica,* Burgos 1954. — F. Menkes, *Une communauté juive en Provence (Trets) au 14e siècle,* Le Moyen Age 77, 1971, 277—303. 417—450. — J. S. Minkin, *Abarbanel and the Expulsion of the Jews from Spain,* New York 1938. — A. Mossé, *Histoire des Juifs d'Avignon et du Comtat Venaissin,* Paris 1934. — F. Steinhaus *Ebraismo sefardita,* Bologna 1969. — G. Saige, *Les Juifs de Languedoc,* Paris 1881 (Neudruck Farnborough 1970). — A. Schreiber, *T^e^šubot ḥakme Probinṣijah,* Jerusalem 1967. — J. Valdéon Baruque, *Los judíos de Castilla y la revolución Trastàmara,* Valladolid 1968. — *Italien:* D. Carpi, *Ha-J^e^hudim b^e^Padova bitqufat ha-Renaissance,* Diss. Jerusalem 1967. — U. Cassuto, *Gli Ebrei a Firenze nell'età di Rinascimento,* Florenz 1918. — C. Roth, *The Jews in the Renaissance,* Philad. 1959. — M. Shulvass, *Hajje ha-J^e^hudim b^e^'Italjah bitqufat ha-Renaissance* (Das Leben der Juden in I. zur Zeit der R.), New York 1955. — R. Straus, *Die Juden im Königreich Sizilien,* Heidelberg 1910. — *Byzanz:* A. Sharf, *Byzantine Jewry from Justinian to the Fourth Crusade,* London 1971. — J. Starr, *The Jews in the Byzantine Empire, 641—1204,* Athen 1939 (Neudruck Farnborough 1969). — A. Galante, *Les Juifs de Constantinople sous Bycanze,* Istanbul 1940. — Z. Ankori, *Karaites in Byzantium,* New York/Jerusalem 1959. — *Nordwest- und Mitteleuropa: Germania Judaica.* Bd. I: *Von den ältesten Zeiten bis 1238,* Hg. I. Elbogen u. a., Tübingen ²1963, Bd. II/1: *Von 1238 bis zur Mitte des 14. Jahrhunderts,* Hg. Z. Avneri, Tübingen 1968. — H. Gross, *Gallia Judaica* (mit Supplement von S. Schwarzfuchs), Amsterdam ²1969. — I. A. Agus, *Urban Civilization and the Jews,* Leiden 1965, 2 Bde. — Ders., *The Heroic Age of Franco-German Jewry,* New York 1969. — Ders., *Rabbi Meir of Rothenburg,* Philadelphia 1947, 2 Bde. — B. Altmann, *Studies in Medieval German Jewish History,* in: *Proceedings of the American Academy for Jewish Research* 10, 1940, 5 bis 98. — K. Bauer, *Judenrecht in Köln bis zum Jahre 1424,* Köln 1964. — A. Berliner, *Aus dem Leben der deutschen Juden im Mittelalter,* Berlin 1900. — B. Brilling — H. Richtering, *Westfalia Judaica,* Bd. 1, Stuttgart 1967. — R. Chazon, *Jewish Settlement in Northern France 1096 bis 1306,* in: *Revue des Études Juives* 128, 1969, 41—65. — E. Dreyfus — L. Marx, *Autour des Juifs de Lyon et alentour,* Lyon 1958. — H. Fischer, *Die verfassungsrechtliche Stellung der Juden in den deutschen Städten während des 13. Jahrhunderts,* Breslau 1931 (Neudruck Aalen 1969). — F. L. Ganshof, *Het statuut van de Vreemdeling in het Frankische Rijk,* Brüssel 1956. — W. Grau, *Antisemitismus im späten Mittelalter. Das Ende der Regensburger Judengemeinde,* Berlin ²1939. — D. Herzog, *Quellen und Forschungen zur Geschichte der Juden in der Steiermark,* Graz 1934/37, 2 Bde. — C. Haase (Hg.), *Die Stadt des Mittelalters,* Bd. 1, Darmstadt 1969. — G. Kisch, *Jewry-Law in Medieval Germany,* New York 1949. — Ders., *The Jews in Medieval Germany,* New York ²1970. — Ders., *Forschungen zur Rechts- und Sozialgeschichte der Juden in Deutsch-*

land während des Mittelalters, Stuttgart 1955. — A. Kober, *Jewish Monuments of the Middle Ages in Germany*, in: *Proceedings of the American Academy for Jewish Research* 14, 1944, 149—220; 15, 1945, 1—91. — M. Lifshitz-Golden, *Les Juifs dans la littérature Française du moyen age*, New York 1935. — J. S. Menczel, *Beiträge zur Geschichte der Juden von Mainz im XV. Jahrhundert*, Berlin 1933. — L. Rabinowitz, *The Social Life of the Jews of Northern France in the XII—XVI Centuries*, London 1938 (Neudruck New York 1972). — J. E. Scherer, *Die Rechtsverhältnisse der Juden in den deutsch-österreichischen Ländern*, Leipzig 1901. — O. Stobbe, *Die Juden in Deutschland während des Mittelalters*, ²1902. — H. Veitshaus, *Die Judensiedlungen der schwäbischen Reichsstädte und der württembergischen Landstädte im Mittelalter*, Stuttgart 1970. — H. J. Zimmels, *Beiträge zur Geschichte der Juden in Deutschland im 13. Jahrhundert*, Wien 1926. —*England:* M. Adler, *Jews of Medieval England*, London 1939. — C. Roth, *The Intellectual Activities of Medieval English Jewry*, London 1948. — Ders., *The Jews of Medieval Oxford*, Oxford 1951. —

3. DAS CHAZARENREICH: N. Artomonow, *Istoriya Khazar*, Leningrad 1962. — D. M. Dunlop, *The History of the Jewish Khazars*, Princeton 1954 (Bibl.). — S. Pines, *A Moslem Text Concerning the Conversion of the Khazars to Judaism*, in: *Journal of Jewish Studies* 13, 1962, 45 bis 55. — A. N. Poliak, *Kazarjah*, Tel Aviv ³1951. — S. Szyszman, *Les Khazares. Problèmes et controverses*, in: *Revue d'Historie des Religions* 152, 1957, 174—221. — S. P. Tolstow, *Auf den Spuren der Altchoresmischen Kultur*, Berlin 1953 (14. Beiheft zu *Sowjetwissenschaft*). — B. D. Weinryb, *The Khazars. An annotated bibliography*, in: *Studies in Bibliography and Booklore* 6, 1963, 11—129. — A. Yarmolinsky, *The Khazars. A. Bibliography*, New York 1939.

III. BILDUNG, LITERATUR, GEISTESLEBEN

1. ERZIEHUNG UND BILDUNG:

S. Assaf, *Mᵉqorot lᵉtolᵉdot ha-ḥinnuk bᵉJiśra'el* (Quellen zur Geschichte der Erziehung in Israel), Jerusalem 1925—48, 4 Bde. — S. M. Blumenfeld, *Master of Troyes: A Study of Rashi, the Educator*, New York 1946. — M. Breuer, *Ha-Jᵉšibah ha-'aškᵉnazit* (Die aschkenasische Jeschibah), Diss. Jerusalem 1966/67. — S. D. Goitein, *Jewish Education in Muslim Countries* (hebr.), Jerusalem 1962. — Ders., *A Mediterranean Society II*, Berkeley 1971, 171 ff.

2. LITERATUR:

J. W. Thompson, *The Medieval Library*, Chicago 1939 (S. 338 ff.). — A. Diez-Macho, *La novelistica hebraica medieval*, Barcelona 1951. — M. Gaster, *Studies and Texts*, London 1925/28, 3 Bde. — M. M. Kasher — J. D. Mandelbaum, *Śare ha-'äläf*, New York 1959 (Bio-bibliographie). — Z.

Malachi, *Sugijot ba-sifrut ha-ʿibrit šäl jeme ha-benajim* (Abhandlungen zur hebr. Literatur des MA), Tel Aviv 1971. — J. M. Millàs-Vallicrosa, *Literatura hebraica-espanola*, Barcelona 1967. — A. E. Millgrom, *An Anthology of Medieval Hebrew Literature*, London ²1961. — M. Steinschneider, *Allgemeine Einleitung in die jüdische Literatur des Mittelalters*, Jerusalem ³1964. — *Volksliteratur in Jüdisch-Deutsch:* J. Meitlis, *Das Maʿassebuch*, Berlin 1933. — F. Freimann, *Die Fabeln des Kuhbuches*, Berlin 1926. — F. Falk, *Eine deutsch-jüdische Fassung des Wilhelmus von Nassouwe*, s'Gravenhage 1940. — L. Fuks, *The Oldest Known Literary Documents of Yiddish Literature*, Leiden 1957. — P. Matenko — S. Sloan, *Two Studies in Yiddish Culture: I. The Aqedath Jiṣḥaq, II. Job and Faust*, Leiden 1968. — F. Falk — L. Fuks, *Das Schemuelbuch des Mosche Esrim Wearba*, Amsterdam 1961, 2 Bde. — Ders., *Das altjiddische Epos Melokim-Buk*, Amsterdam 1965, 2 Bde. — W. O. Dreessen, *Akedas Jizhak*, Hamburg 1971. — J. Maitlis, *The Maʿaseh in Yiddish Ethical Literature*, London 1958. — *Volksliteratur in Hebräisch:* C. Leviant, *King Artus*, New York 1969. — *Erbauungsliteratur (Musar):* I. Tishby — J. Dan, *Mibḥar sifrut ha-musar*, Jerusalem 1970. — *Kairoer Geniza:* Siehe oben, Kap. II, Abschn. 1. — Ferner: A. M. Habermann, *Ha-Genizah weha-genizot*, Jerusalem 1971. — J. Maier, *Bedeutung und Erforschung der Kairoer »Geniza«*, in: *Jahrbuch f. Antike und Christentum* 13, 1970, 48—61 (mit Bibl.). — *Sprachwissenschaft:* H. Hirschfeld, *Literary History of Hebrew Grammarians and Lexicographers*, London 1926 (Neudruck Israel 1970). — S. L. Skoss, *Saadia Gaon, The Earliest Hebrew Grammarian*, in: *Proceedings of the American Academy for Jewish Research* 21, 1952, 75—100; 23, 1954, 59—73. — P. Wechter, *Ibn Barun's works on Hebrew grammar and lexicography*, Philadelphia 1964. — H. Malter, *Saadia Gaon*, New York 1926 (Neudruck 1969). — N. Allony, *Ha'Egron by Rav Seʿadya Ga'on* (hebr.), Jerusalem 1969. — S. Federbusch, *Rashi*, New York 1958. — H. Hailperin, *Rashi and the Christian Scholars*, Pittsburgh 1963. — G. E. Weil, *Élie Lévita*, Leiden 1963. — *Interpretation:* B. M. Caspar, *An Introduction to Jewish Bible Commentaries*, New York 1961. — *Dichtung:* M. Zulay, *The Liturgical Poetry of Saʿadya Gaon and his School*, Jerusalem 1964. — H. Brody — K. Albrecht, *Die neuhebräische Dichterschule der spanisch-arabischen Epoche*, Leipzig 1905. — A. M. Habermann, *Studies in Medieval Secular and Liturgical Poetry* (hebr.), Jerusalem 1972. — B. Hrushovski, *Prosody*, in: *Encyclopaedia Judaica*, Bd. 13, 1971, 1195—1240 (bibl.). — S. J. Kaempf, *Nichtandalusische Poesie andalusischer Dichter*, Prag 1858, 2 Bde. — J. M. Millàs-Vallicrosa, *La poesia sagrada hebraico — espanola*, Madrid ³1967. — J. Schirmann, *Ha-širah ha-ʿibrit biSfarad ubeProvence*, Jerusalem/Tel Aviv ²1960, 3 (4) Bde. (bio-bibl. Angaben!). — Ders., *New Hebrew Poems from the Genizah* (hebr.), Jerusalem 1965 (Bibl.). — D. Yellin, *Torat ha-šir ha-sefaraddit*, Jerusalem 1940. — *Reiseberichte:* M. N. Adler, *The intinerary of Benjamin of Tudela*, London 1907 (Neudruck New York o. J.). — L. Grünhut, *Die Rundreise des R. Petachjah*, Frankfurt a. M. 1904/05 (Neudruck Jerusalem 1966/7). — *Memorbücher:* S. Salfeld, *Das Martyrologium des Nürnberger Memorbuches*, Berlin 1898. — M. Weinberg, *Die Memorbücher der jüdischen Gemeinden in Bayern*, Frankfurt a. M. 1937/8. — *Übersetzungsliteratur:* Siehe oben, Kap. I, Abschn. 1 *(Die Juden als Kulturmittler)*.

3. WISSENSCHAFTEN:
A. Mielie, *La science Arabe*, Leiden ²1966. — Y. R. Ebied, *Bibliography of Mediaeval Arabic and Jewish Medicine and Related Sciences*, London 1971. — F. Vera, *Los judíos spanolas y su contribución a las ciencias exactas*, Buenos Aires 1948. — L. Gershenfeld, *The Jew in Science*, Philadelphia 1934. — J. Millàs-Vallicrosa, *Estudios sobre historia de la ciencia espanola*, Barcelona 1949. — J. Ashkenasi, *Contribution des Juifs à la fondation des écoles de médicine en France au moyen age*, Paris 1937. — S. D. Goitein, *The Medical Profession in the Light of the Cairo Geniza Documents*, in: *Hebrew Union College Annual* 34, 1963, 177 bis 194.

4. THEOLOGIE UND PHILOSOPHIE:
Bibl. bei J. Maier, *Geschichte der jüdischen Religion*, Berlin 1972. — *Spezialwörterbuch:* J. Klatzkin, *Thesaurus Philosophicus*, Neudruck New York 1968, 4 (in 2 Bd.). — Zu Maimonides speziell: *Moses Ben Maimon, Führer der Unschlüssigen*, Übersetzung und Kommentar von Adolf Weiß. Mit einer Einleitung von J. Maier, Neuauflage Hamburg 1972, 2 Bde. (Maimonides-Bibliographie Bd. I, S. LXIII—CIV).

5. KARÄER:
Z. Cahn, *The Rise of the Karaite Sect*, Philadelphia 1937. — Z. Ankori, *Karaites in Byzantium*, New York 1959. — Th. Birnbaum (Hg.), *Karaite Studies*, New York 1971. — J. Mann, *Texts and Studies II*, Philadelphia 1935 (Neudruck 1970). — L. Nemoy, *Karaite Anthology*, New Haven 1952.

IV. ARCHITEKTUR UND KUNST

1. SYNAGOGEN:
R. Krautheimer, *Mittelalterliche Synagogen*, Berlin 1927. — R. Wischnitzer, *The Architecture of the European Synagogue*, Philadelphia 1964. — V. Stassof — D. Günzburg, *L'ornament hébreu*, Berlin 1905. — F. Cantera, *Sinagogas espagnolas*, Madrid 1955. — D. A. Halperin, *The Ancient Synagogues of the Iberian Peninsula*, Gainesville 1969. — E. Roth, *Die alte Synagoge zu Worms*, Frankfurt 1961. — A. Grotte, *Synagogenspuren in schlesischen Kirchen*, Breslau 1937. — V. Benda, *Die Prager jüdischen Sehenswürdigkeiten*, Prag 1968. — J. Pinkerfeld, *Batte ha-kᵉnesijjot bᵉʾÄräṣ Jiśraʾel mi-sof tᵉqufat ha-Gᵉʾonim ʿad ʿᵃlijjat ha-Ḥᵃsidim* (Die Synagogen des Landes Israel vom Ende der gaonäischen Zeit bis zur Einwanderung der Chasidim), Jerusalem 1946.

3. Buchmalerei:
P. d'Ancona — E. Aeschlimann, *Die Kunst der Buchmalerei,* Darmstadt 1969. — H. Buchthal, *The Miniatures of the Paris Psalter,* London 1938 (Neudruck Nendeln 1968). — H. Gerstinger, *Die Wiener Genesis,* Wien 1931. — A. Grabar, *Christian Iconography. A study of its origins,* Princeton 1968. — J. Gutmann, *Images of the Jewish Past. An Introduction to Mediaeval Hebrew Miniatures,* New York 1965. — A. M. Habermann, *Ha-Haggadah ha-m^{e}ṣujjärät,* Jerusalem 1963. — R. L. Kozodoy, *The Origin of Early Christian Book Illumination. The state of the question,* in: *Gesta* 10, 2, 1971, 33—40. — T. Metzger, *Les objets du culte ...,* in: *Bulletin of the John Rylands Library* 52, 1970, 397—436. — M. Metzger, *La Haggada illuminée,* Leiden 1968. — B. Narkiss, *Hebrew Illuminated Manuscripts,* Jerusalem 1969. — C. O. Nordström, *The Duke of Alba's Castilian Bible,* Uppsala 1967. — E. Rosenthal, *The Illumination of the Vergilius Romanus,* Zürich 1972. — A. Scheiber, *Hebräische Kodexüberreste,* Budapest 1969. — G. Sed-Rajna, *Manuscripts hébreux de Lisbonne,* Paris 1971. — *The Kaufmann Haggadah.* Facsimile edition. Budapest 1957. — *The Sarajewo Haggadah,* Hg. C. Roth, London 1963. — *The Birds Head Haggadah,* Jerusalem 1965, 2 Bde. — *The Golden Haggadah,* London 1971. — *Pessach-Haggadah Codes orientalis 8,* Hessische Landes- und Hochschulbibliothek Darmstadt, Leipzig 1928 (Neuausgabe 1972). — *Maḥzor Lipsiae,* Leipzig, Hanau 1964.

4. Kunsthandwerk:
Siehe unten, Vierter Teil. — S. D. Goitein, *K^{e}le käsäf ubadde p^{e}'ar b^{e}batte ha-k^{e}näsät šäl Fusṭaṭ* (Silbergeräte und Ziertextilien in der Synagoge von F.), in: *Tarbiz* 38, 1968/9, 397. — M. J. Husing, *Über den sogenannten »Jüdischen Lederschnitt«,* in: *Soncino-Blätter* 1, 1—2, 1925, 29—43.

V. BRAUCHTUM UND LEBENSWEISE

Allgemeines: G. Friedländer, *Laws and Customs,* London 1921. S. M. Lehrman, *Jewish Customs and Folklore,* London 1949. — S. Müller, *Von jüdischen Bräuchen und jüdischem Gottesdienst,* Frankfurt a. M. ²1934. — H. Pollak, *Jewish Folkways in Germanic Lands (1648—1806),* Cambridge/Mass. 1971. — J. Soetendorp, *Symbolik der jüdischen Religion,* Gütersloh 1963. — A. H. Sperling, *Reasons for Jewish Customs and Traditions* New York 1968. — S. Ph. de Vries, *Joodsche Riten en Symbolen,* Zutphen 1929/32, 2 Bde.

1. Selbstabgrenzung und Isolierung: J. Katz, *Exklusiveness and Tolerance,* London 1961. — J. J. Berman, *Shehitah: A study in the cultural and social life of the Jewish People,* New York 1941.

2. Rein und Unrein: M. Douglas, *Purity and Danger,* London 1966. — W. Paschen, *Rein und Unrein,* München 1970. — J. Preuss, *Biblisch-talmu-*

dische Medizin, Berlin ^{3}1923. — M. Grunwald, *Die Hygiene der Juden,* Dresden 1911. — *Speisegebote:* J. J. Berman (siehe dieses Kap., Abschn. 1). — S. E. Freedman, *Book of Kashrut,* New York 1970. — M. Kosover, *Yidishe Ma'akholim,* New York 1958. — I. Grunfeld, *The Jewish Dietary Laws,* New York, London, Jerusalem 1973 (?). — Y. J. Grunwald, *Ha-šoḥeṭ w^{e}ha-š^{e}ḥiṭah ba-sifrut ha-rabbanit* (Schochet und Schechitah im rabbin. Schrifttum), New York 1956. — S. I. Levin — E. A. Boyden, *The Kosher Code of the Orthodox Jew,* New York ^{2}1968.

3. Kleidung:
A. Rubens, *A History of Jewish Costumes,* London 1967. — *Bibel:* H. W. Hönig, *Die Bekleidung der Hebräer,* Diss. Zürich 1957. — E. Haulotte, *Symbolique du vêtement selon la Bible,* Paris 1966. — A. Jirku, *Die magische Bedeutung der Kleidung in Israel,* Rostock 1914. — H. F. Lutz, *Textiles and Costumes among the Peoples of the Ancient Near East,* Leipzig 1908. — *Hellenistisch-talmudische Zeit:* S. Schemel, *Die Kleidung der Juden im Zeitalter der Mischnah,* Berlin 1912 (Diss.). — E. R. Goodenough, *The Greek garments on Jewish heroes in the Dura Synagogue.* — A. Altmann, *Biblical Motifs,* Cambridge/Mass. 221—237. — Y. Yadin, *Barkochba,* Hamburg 1971, 66 ff. — *Mittelalter:* B. Blumenkranz, *Juden und Judentum in der mittelalterlichen Kunst,* Stuttgart 1965. — *Tefillin:* I. Heinemann, *Philons griechische und jüdische Bildung,* Hildesheim ^{2}1962, 166 ff. — Y. Yadin, *Tefillin from Qumran,* Jerusalem 1969. — P. Billerbeck, in: Strack-Billerbeck, *Kommentar zum Neuen Testament aus Talmud und Midrasch,* IV, München 1928, 250—276. — *Kleiderquasten:* P. Billerbeck, *Die Çiçijjoth,* a. a. O. 277—292. — *Kopfbedeckung:* S. Krauss, *The Jewish Rite of Covering the Head,* in: *Hebrew Union College Annual* 19, 1945/6, 121—168. — *Verhängte Kleidervorschriften:* L. Poliakov, *L'Étoile jaune,* Paris 1949. — F. Singermann, *Die Kennzeichnung der Juden im Mittelalter,* Berlin 1915. — Ders., *Über Judenabzeichen,* Berlin 1915. — T. Jakobowitz, *Die Judenabzeichen in Böhmen,* Prag 1931.

5. Judenviertel:
W. Eckert, *Das Ghetto,* in: *Germania Judaica,* N. F. 16—17, Köln 1966. — J. B. Sermoneta, *'Al m^{e}qorah šäl ha-milah »Ghetto«* (Über den Ursprung des Wortes »G«), in *Tarbiz* 32, 1963/4, 195—206. — M. Gil, *Maintenance, Building Operations and Repairs of the Houses of the Qodesh in Fustat,* in: *Journal of the Economic and Social History of the Orient* 14, 1971, 136—195. — F. Gregorovius, *The Ghetto and the Jews of Rome,* New York 1948. — B. Blumenkranz, *Quartiers juifs en France,* in: *Mélanges de Philosophie et de Littérature Juive* 3—5 1958/62, 77—86. — F. Cantera Burgos, *Los juderias medievales en el Pais Vasca,* in: *Sefarad* 31, 1971, 265—317. (Über andere Orte s. ders., in *Sefarad* 12, 1952, 59—104; 26, 1966, 305—322; 27, 1967, 39—63. — M. A. Ladero, ibd. 31, 1971, 249—264 u. a. m.). — D. Jacoby, *Les quartiers juifs de Constantino-*

ple à l'époque Byzantine, in: *Byzantion* 37, 1967, 167—227. — A. Pinthus, *Studien über die bauliche Entwicklung der Judengassen in den deutschen Städten*, in: *Zeitschrift f. d. Geschichte der Juden in Deutschland* 2, 1930, 101—130. 197—217. 287—300. — K. Hinkel, *Judenviertel Europas. Die Juden zwischen Ostsee und Schwarzem Meer*, Berlin 1939. — O. Muneles — J. Heřman, *Prague Ghetto in the Renaissance Period*, Prag 1965. — F. Roubik, *Vierzehn Pläne zu »die Judensiedlungen in Böhmen auf den Ortsplänen vom Jahre 1727«*, Prag o. J. — M. Balaban, *Die Judenstadt von Lublin*, Berlin 1919. — I. Kracauer, *Die Geschichte der Judengasse in Frankfurt am Main*, in: *Festschrift zur Jahrhundertfeier der Realschule der Israelitischen Gemeinde (Philanthropin) zu Frankfurt am Main*, II, Frankfurt 1904, 303—464. — A. Kober, *Das Grundbuch des Kölner Judenviertels 1135—1425*, Bonn 1920. — I. Schwarz, *Das Wiener Ghetto*, Wien, Leipzig 1909. — *Synagoge:* I. Levy, *The Synagogue*, London 1964. — S. D. Goitein, *A. Mediterranean Society II*, Berkely 1971, 143 ff.

7. Sexualmoral:
L. M. Epstein, *Sex Laws and Customs in Judaism*, New York 1948. — A. Edwards, *Erotica Judaica*, New York 1967. — Ch. Bloch, *Blut und Eros im jüdischen Schrifttum und Leben*, Wien 1935.

9. Der Lebenszyklus:
H. Schauss, *The Lifetime of a Jew*, Cincinnati 1950. — T. H. Gaster, *The Holy and the Profane*, New York 1955. — E. Gugenheim, *Le judaisme dans la vie quotidienne*, Paris ²1970. — L. Levi, *Jewish Chrononomy*, New York 1967 (Zeitrechnung bzw. -einteilung). — *Geburt und Beschneidung:* N. Gottlieb, *A Jewish Child is Born*, New York 1960. — *Heirat:* Siehe unten, Kap. VI, Abschn. 3. — J. Katz, *Marriage and Sexual Life among the Jews at the Close of the Middle Ages* (hebr.), in: *Zion* 10, 1944/45, 21—54. — *Tod und Begräbnis:* M. Lamm, *The Jewish Way in Death and Mourning*, New York 1969. — J. D. Spiro, *A Time to Mourn*, New York 1968.

10. Jahres- und Festzyklus:
A. Ben Ezra, *Minhage Ḥaggim* (Festbräuche), Jerusalem 1963. — B. M. Edidin, *Jewish Holydays and Festivals*, New York 1940. — T. H. Gaster, *Festivals of the Jewish Year*, New York 1956. — D. Kirschenbaum, *Feast Days and Fast Days*, New York 1968. — Ch. Leshem, *Šabbat umoʿade Jiśra'el* (Sabbat und Feste Israels), Tel Aviv 1965, 2 Bde. — H. Schauss, *The Jewish Festivals from their Beginning to Our Days*, New York ¹⁰1965. — *Sefär ha-Moʿadim* (Buch der Festzeiten), Tel Aviv ⁷1966/67, 8 Bde. — F. Thieberger — E. Rabin, *Jüdisches Fest — jüdischer Brauch*, Berlin 1936. — M. Zobel, *Das Jahr der Juden in Brauch und Liturgie*, Berlin 1936. — *Fasttage:* G. E. Zuriff, *The History of Fasting in Judaism*, in: *Yavneh Review* 4, 1965, 62—79. — H. L. Strack — P. Billerbeck, *Kommentar zum Neuen Testament aus Talmud und Midrasch*,

IV, München 1928, 77—114. — *Der Sabbat:* M. Tsevat, *The Basic Meaning of the Biblical Sabbath,* in: *Zeitschrift f. atl. Wissenschaft* 84, 1972, 447 bis 459. — M. D. Herr, *The Problem of War on the Sabbath in the Second Temple and the Talmudic Periods,* in: *Tarbiz* 30, 1960/1, 242—256. 341 bis 356. — M. Zobel, *Der Sabbat,* Berlin 1935. — *Sefär ha-Šabbat* (Das Sabbat-Buch), Tel Aviv ^{12}1967. — *Neumond:* A. Arbeles, *Der kleine Versöhnungstag,* Wien 1911. — *Neujahr:* H. Kieval, *The High Holy Days, I: Rosh Hashanah,* New York 1959. — D. Goldschmidt, *Maḥzor l^{e}jamim nora'im I: Ro'š ha-šanah,* Jerusalem 1970. — *Versöhnungstag:* D. Goldschmidt, *Maḥzor l^{e}jamim nora'im II, Jom Kippur,* Jerusalem 1970. — *Sukkot/Laubhüttenfest — Torahfreudefest:* A. Yaary, *Tol^{e}dot ḥag Simḥat Torah* (Geschichte des Torahfreudefestes), Jerusalem 1964. — *Tempelweihfest — Chanukkah:* O. S. Rankin, *The Festival of Hanukkah,* London 1935. — *Purim:* P. Goodman, *Purim Anthology,* New York 1960. — I. Davidson, *Parody in Jewish Literature,* New York 1907. — *Päsaḥ-Maṣṣot:* H.-L. Strack — P. Billerbeck, *Kommentar zum Neuen Testament aus Talmud und Midrasch,* IV, München 1928, 41—76. — M. Lehmann, *Haggadah schel Pessach mit Erläuterungen,* Frankfurt 1920. — D. Goldschmidt, The Passover Haggadah, Its sources and history (hebr.), Jerusalem 1960. — *'Omer-Zählung:* L. H. Silberman, *The Sefirah Season,* in: *Hebrew Union College Annual* 22, 1949, 221—237. — *Wochenfest:* J. Potin, *La fête juive de la Pentecôte,* Paris 1971.

VI. DIE SOZIALE ORDNUNG

2. Der Status der Geschlechter: P. E. Hyman, *The Other Half,* in: *Conservative Judaism* 26, 1971/2, 14—21. — L. Jung, *The Jewish Woman,* New York 1934. — J. Harari, *'Iššah wa-'Em b^{e}Jiśra'el* (Frau und Mutter in I.), Tel Aviv 1959. — N. R. Lazarus, *Das jüdische Weib,* Berlin 1922. — B. Wachstein, *Literatur über die jüdische Frau,* Wien 1931. — E. Weill, *La femme juive. La condition légale d'après la Bible et le Talmud,* Paris 1874. — S. Weissenberg, *Beiträge zur Frauenbiologie* (Die jüdischen Sexualvorschriften), Bonn 1927. — Siehe auch Kap. V, Abschn. 7.

3. Die Familie:

B. Schlesinger, *The Jewish Family,* Toronto 1971 (Bibliographie). — *Ṭoh^{o}rat ha-Mišpaḥah* (Reinheit der Familie), Jerusalem (Religionsministerium) 1959 u. ö. — B. Kaplan, *The Jew and his Family,* Baton Rouge 1967. — H. Gaubert, *La vie familiale en Israël,* Paris 1971. — *Eherecht:* L. Dünner, *Das jüdische Scheidungsrecht,* Köln 1927. — L. M. Epstein, *The Jewish Marriage Contract,* New York 1927. — Z. W. Falk, *Jewish Matrimonial Law in the Middle Ages,* London 1966. — M. Gaster, *The Ketubah,* Berlin, London 1923. — K. Kahana, *The Theory of Marriage in Jewish Law,* Leiden 1966. — I. Epstein, *Marriage Laws in Bible and*

Talmud, Cambridge/Mass. 1942. — *Levirat:* S. Belkin, *Levirate and Agnate Marriage in Rabbinic and Cognate Literature,* in: *Jewish Quarterly Review* 60, 1969/70, 275—329.

4.—6. Witwen, Waisen, Arme (Fürsorge):
S. D. Goitein, *The social services of the Jewish community as reflected in the Cairo Geniza records,* in: *Jewish Social Studies* 26, 1964, 3—22, 67 bis 86. — J. R. Marcus, *Communal Sick-care in the German Getto,* Cincinnati 1947.

7. Abhängige:
S. Assaf, *'Abadim us^{e}ḥar $^{'a}$badim bime ha-benajim* (Sklaven und Sklavenhandel im Mittelalter), in: *Zion* 5, 1939/40, 271—280. — S. D. Goitein, *A Mediterranean Society,* I, Berkely 1967, 130 ff. — B.-Z. Wacholder, *The Halachah and the Proselytizing of Slaves during the Gaonic Period,* in: *Historia Judaica* 18, 1956, 89—106.

VII. ERWERBSLEBEN

Allgemeines: G. Caro, *Sozial- und Wirtschaftsgeschichte der Juden im Mittelalter und in der Neuzeit,* Neudruck Hildesheim 1962, 2 Bde. — *Europa:* I. A. Agus, *The standard Ketubbah of the German Jews and its economic implications,* IQR 42, 1951/2, 225—232. — A. Dopsch, *Die Wirtschaftsentwicklung der Karolingerzeit,* Wien 1920/21, 2 Bde. — N. A. B. Hahn, *Die wirtschaftliche Tätigkeit der Juden im fränkischen und deutschen Reich bis zum 2. Kreuzzug,* Leipzig 1911. — R. Latouche, *Les origines de l'économie occidentale,* Paris 1957. — R. Lopez, *An Aristocracy of Money in the Early Middle Ages,* in: *Speculum* 28, 1953, 1—43. — L. Poliakov, *Les banchieri juifs et le Saint-Siège du XIIIe au XVIIe siècle,* Paris 1967. — L. Rabinowitz, *The Social Life of the Jews of Northern France,* New York ^{2}1972. — L. Rabinowitz, *The Herem Hayyishub: A Contribution to the Medieval Economic History of the Jews,* London 1945. — H. Pirenne, *Histoire économique et sociale du Moyen Age,* Paris ^{2}1963. — F. Schipper, *Anfänge des Kapitalismus bei den abendländischen Juden,* Wien, Leipzig 1907. — *Orient und Spanien:* E. Ashtor, *Historie des prix et des salaires dans l'Orient médiéval,* Paris 1969. — A. Ben Shemesh, *Taxation in Islam,* Leiden 1967. — C. Cahen, *Douanes et commerce dans les ports méditerranéens de l'Egypte médiévale,* Leiden 1965. — C. Cohen, *Die wirtschaftliche Stellung der Juden in Baghdad im 10. Jahrhundert,* in: *Monatsschrift f. Geschichte und Wissenschaft des Judentums* 79, 1935, 361 bis 381. — D. C. Dennet, *Conversion and Poll Tax in Early Islam,* Cambridge 1950. — W. Fischel, *Jews in the Economic and Political Life of Medieval Islam,* London 1937. — S. D. Goitein, *The Exchange Rate of Gold and Silver Money in Fatimide and Ayyubide Times,* in: *Journal for the Economic and Social History of the Orient* 8, 1965, 1—46. — H. Kellenbenz, *Die wirtschaftliche Bedeutung und soziale Stellung der sephardischen Juden im späten mittelalterlichen Spanien*, in: *Miscellanea Medievalia* 4, 1966, 99—127. — A. M. Murad, *The Archives of Nehoray Ben Nissim* (hebr.), Diss. Jerusalem 1966/67, 2 Bde. — A. L. Udovitch, *Partnership and Profit in Medieval Islam*, Princeton 1970.

3. Handwerk und Gewerbe:

S. D. Goitein, *The main industries of the Mediterranean area as reflected in the reports of the Cairo Geniza*, in: *Journal of the Economic and Social History of the Orient* 4, 1961, 168—197. — Ders., *A Mediterranean Society*, I, Berkely 1967, 75 ff.

4. Handel:

J. B. Agus, *Control of roads by Jews in pre-crusade Europe*, in: *Jewish Quarterly Review* 48, 1957/8, 93—98. — A. Birkenmaier, *Die Krämer in Freiburg i. Br. und Zürich im Mittelalter*, Emmendingen 1913. — B. Cohen, *The So-called Jüdisches Hehlerrecht in the Light of Jewish Law*, in: *Historia Judaica* 4, 1942, 145—153. — G. Kisch, *The Jewish Law of Concealment*, ibd. 1, 1939, 3—30. — G. B. Depping, *Die Juden im Mittelalter*, Stuttgart 1834. — L. Rabinowitz, *Jewish Merchant Adventurers*, London 1948; L. Shneidman, *The state and trade in 13th century Aragon*, in: *Hispania* 19, 76, 1959, 366—377. — E. Täubler, *Zur Handelsbedeutung der Juden in Deutschland vor Beginn des Städtewesens*, in: *Festschrift M. Philippson*, Leipzig 1926, 370—392. — A. O. Citarella, *A puzzling question concerning the relations between the Jewish communities of Christian Europe and those represented in the Geniza documents*, in: *Journal of the American Oriental Society* 91, 1971, 390—397. — A. M. Fahmy, *Muslim Sea-Power in the Eastern Mediterranean from the 7th to the 10th century*, Kairo 1966. — S. D. Goitein, *From the Mediterranean to India*, in: *Speculum* 29, 1954, 181—197. — Ders., *New light on the beginnings of the Karim merchants*, in: *Journal of the Economic and Social History of the Orient* 1, 1958, 175—184. — Ders., *The commercial mail service in medieval Islam*, in: *Journal of the American Oriental Society* 84, 1964, 118—123. — Ders., *A Mediterranean Society* I, Berkely 1967, 148 ff. — Ders., *Mediterranean trade preceeding the crusades*, in: *Diogenes* 59, 1967, 47—62. — Ders., *Misḥar ha-J^e^hudim ba-Jam ha-Tikon* (Der Handel der Juden im Mittelmeer Anfang des 11. Jh.), in: *Tarbiz* 36, 1966/7, 366—395; 37, 1967/8, 48—77, 158—190. — S. Y. Labib, *Handelsgeschichte Ägyptens im späten Mittelalter*, Wiesbaden 1965. — A. R. Lewis, *Naval Power and Trade in the Mediterranean A. D. 500—1100*, Princeton 1951. — R. S. Lopez, *Medieval Trade in the Mediterranean World*, New York 1955.

5. Finanzwesen:

M. Ciardini, *I bancieri Ebrei in Firenze del secolo XV e il Monte di Pietà*, Borgo S. Lorenzo 1907. — S. D. Goitein, *A Mediterranean Society*,

I, Berkely 1967, 229 ff. — M. Hoffmann, *Der Geldhandel der deutschen Juden im Mittelalter bis zum Jahre 1350*, Leipzig 1910. — L. Poliakov (s. oben, Anfang des Kap.). — *Zinsfrage (»Wucher«):* B. Cohen, *Jewish and Roman Law*, New York 1966, II, 433 ff. — R. P. Maloney, *Usury in Greek, Roman and Rabbinic Thought*, in: *Traditio* 27, 1971, 79—109. — G. Nahon, *Le crédit et les Juifs dans la France du XIIIe siècle*, in: *Annales* 24/25, 1969, 1121—1148. — B. N. Nelson, *The Idea of Usury*, Princeton 1949. — E. Neufeld, *The prohibitions against loans at interest in ancient Hebrew laws*, in: *Hebrew Union College Annual* 26, 1955, 355—412. — J. Rosenthal, *Ribbit min ha-nokri* (Zins vom Fremden), in: *Talpiot* 6, 1952/3, 130—152. — R. Salomon, *Le Prêt à interêt en la législation juive*, Paris 1932. — S. Stein, *The development of the Jewish law on interest from the biblical period to the expulsion of the Jews from England*, in: *Historia Judaica* 17, 1955, 3—40. — S. G. Rosenthal, ed. Jechiel von Pisa, *Ma'^amar ḥajje ʿolam ʿal ha-ribbit*, New York 1962. — E. Rothoff, *Prosbul*, in: *Encyclopaedia Judaica*, Bd. 13, 1971, 1181 f.

6. Juden im Dienst der nichtjüdischen Obrigkeit:
W. Fischel (s. oben). — W. Laurent, *Aspects économiques dans la Gaule franque, Marchands du palais et Marchands d'abbayes*, in: *Revue Historique* 183, 1938, 280—297. — J. Vernet, *Un ambajador judío de Jaime II.*, in: *Sefarad* 12, 1952, 125—154. — J. L. Shneidman, *Jews as royal bailiffs in thirteenth century Aragon*, in: *Historia Judaica* 19, 1957, 55—66. — Ders., *Jews in the royal administration of Aragon*, ibd., 21, 1959, 37—52. — *Münzwesen:* M. Gumowski, *Hebräische Münzen im mittelalterlichen Polen*, Graz 1971.

VIERTER TEIL: DIE JUDEN IN DER NEUZEIT

B.-Z. Dinur, *B^emifneh ha-dorot* (An der Wende der Zeiten), Jerusalem 1955. — H. H. Sachar, *The Course of Modern Jewish History*, London 1958. — J. L. Teller, *Scapegoat of Revolution*, New York 1954. — *Religion:* Bibl. bei J. Maier, *Geschichte der jüdischen Religion*, Berlin 1972. — *Soziale und wirtschaftliche Tendenzen:* W. Sombart, *Die Juden und das Wirtschaftsleben*, Leipzig 1911. — M. Hoffmann, *Juden und Kapitalismus*, Berlin 1912 (zu Sombart).

I. ZWISCHEN MITTELALTER UND NEUZEIT

1. Kontinuität und Wandel:
B.-Z. Katz, *Rabbanut, Ḥ^asidut, Haśkalah*, Tel Aviv 1956, 2 Bde. — J. Katz, *Tradition and Crisis*, London 1961. — A. M. Shulvass, *From East to West. The westward migration of the Jews from Eastern Europe during the seventeenth and eighteenth centuries*, Detroit 1971. — R. Neher-Bernstein, *Histoire juive de la Renaissance à nos jours*, I, Paris 1963.

Soziale und wirtschaftliche Tendenzen: E. E. Rich — H. Wilson, *The Cambridge Economic History of Europe*, Bd. 4, Cambridge 1967. — B. Altmann, *Jews and the Rise of Capitalism*, in: *Jewish Social Studies* 5, 1943, 163—186. — H. I. Bloom, *The Economic Activity of the Jews of Amsterdam in the Seventeenth and Eighteenth Centuries*, Williamsport 1937. — J. Heřman, *Die wirtschaftliche Betätigung und die Berufe der Prager Juden vor ihrer Austreibung im Jahre 1541*, in: *Judaica Bohemiae* 4, 1968, 20—63. — H. Kellenbenz, *Sephardim an der unteren Elbe*, Wiesbaden 1958. — R. Kestenberg-Gladstein, *The economic history of the Jews in non-metropolitan Bohemia in the 17th and 18th century* (hebr.), in: *Zion* 12, 1946/7, 49—65, 160—189. — S. Stern, *The Jews in the economic policy of Frederick the Great*, in: *Jewish Social Studies* 11, 1949, 129—152. — R. Strauss, *The Jews in the economical evolution of Central Europe*, in: *Journal of Semitic Studies* 3, 1958, 15—40. — Z. Szajkowsky, *The economic status of the Jews in Alsace, Metz, and Lorraine, 1648* bis *1789*, New York 1954. — J. Taglicht, *Nachlässe der Wiener Juden im 17. und 18. Jahrhundert*, Wien 1917. — M. Breger, *Zur Handelsgeschichte der Juden in Polen im 17. Jahrhundert*, Diss. Breslau 1932. — M. Freudenthal, *Leipziger Messegäste ... 1675—1764*, Frankfurt a. M. 1928. — G. Netta, *Die Handelsbeziehungen zwischen Leipzig und Ost- und Südosteuropa bis zum Verfall der Warenmessen*, Diss. Zürich 1920. — Z. Szajkoswky, *Trade relations of Marranos in France with the Iberian peninsula in the 16th and 17th centuries*, in: *Jewish Quarterly Review* 50, 1960/1, 69—78. — H. Waetjen, *Das Judentum und die Anfänge der modernen Kolonisation*, Berlin, Stuttgart, Leipzig 1914 (Zu Sombart). — A. Wiznitzer, *The Jews in Colonial Brazil*, New York 1960. — T. Jakobowitz, *Die jüdischen Zünfte in Prag*, Prag 1936. — M. Kremer, *Jewish artisans and guilds in former Poland, 16th—18th centuries*, in: *YIVO Annual of Jewish Social Sciences* 11, 1956/7, 211—242. — M. Wischnitzer, *Die jüdische Zunftverfassung in Polen und Litauen im XVII. und XVIII. Jahrhundert*, in: *Vierteljahrsschrift f. Sozial- und Wirtschaftsgeschichte* 20, 1929, 433—451. — *Hofjuden:* F. L. Carsten, *The court Jews; a prelude to emancipation*, in: *Leo Baeck Institute. Year Book* 3, 1958, 140—156. — P. Saville, *Le Juif de cour. Histoire du résident royal Berend Lehman* (1661 bis 1730), Paris 1970. — H. Schnee, *Zur Nobilitierung der ersten Hoffaktoren*, in: *Archiv f. Kulturgeschichte* 43, 1961, 62—99. — Ders., *Die Hoffinanz und der moderne Staat*, Berlin 1953—1967, 6 Bde. — S. Stern, *Jud Süss*, Berlin 1929. — Dies., *The Court Jew*, Philadelphia 1950. — M. Grünwald, *Samuel Oppenheimer und sein Kreis*, Wien, Leipzig 1913.

Lebensweise und Brauchtum: Siehe Dritter Teil, Kap. V. — Johann Jacob Schudt, *Jüdische Merkwürdigkeiten*, Neudruck (der Ausgabe 1714), Berlin 1922, 4 Bde.

Buchdruck: Siehe auch Teil A dieser Bibliographie (Abschn. II/5). — A. Freimann — A. Marx, *Thesaurus Typographicae Hebraicae Saeculi XV*, Berlin 1924—1931; Neudruck 1969. — L. Goldschmidt, *Hebrew Incunables*,

Oxford 1948. — A. Marx, *The literature of Hebrew Incunabula,* in: *Studies in Jewish History and Booklore,* New York 1944, 277—295. — *Regional:* Siehe *Soncino-Blätter,* Berlin 1925—1930, 7 Bde., und *Kirjath Sepher,* Jerusalem, Jahrgänge 1—2, 4, 11, 14—15, 17, 20, 42—43, 45; ferner D. W. Amram, *Makers of Hebrew Books in Italy,* Neudruck Philadelphia 1963. — M. Beniyahu, *Ha d^{e}fus ha-ʿibri b^{e}Cremona,* Jerusalem 1961. — J. Bloch, *Early Hebrew Printing in Spain and Portugal,* New York 1938. — Ders., *Hebrew Printing in Riva di Trento,* New York 1933. — Ders., *Hebrew Printing in Naples,* New York 1942. — H. D. Friedberg, *History of Hebrew Typography in Italy, Spain-Portugal, Turkey and the Orient* (hebr.), Antwerpen 1934. — Ders., *History of Hebrew Typography of the Following Cities in Central Europe: Altona, Augsburg ...* (hebr.), Antwerpen 1935. — Ders., *History of Hebrew Typography of the Following Cities in Europe: Amsterdam, Antwerp, Avignon ...* (hebr.), Antwerpen 1937. — Ders., *Tol^{e}dot ha-d^{e}fus ha-ʿibri b^{e}Polin,* Tel Aviv ^{2}1950. — A. Habermann, *Ha-madpisim b^{e}ne Soncino* (Die Drucker der Soncino-Familie), Wien 1932/3. — A. Yaari, *Ha-d^{e}fus ha-ʿIbri b^{e}'arṣot ha-mizraḥ* (Orient), Jerusalem 1936/40, 2 Bde. — Ders., *Ha-d^{e}fus ha-ʿibri b^{e}Qušṭa'* (Konstantinopel), Jerusalem 1967. — J. Prijs, *Die Basler hebräischen Drucke,* Olten 1964. — E. Roth, *Hebräischer Buchdruck in Mitteleuropa,* Baden-Baden 1969. — J. Wolf, *Geschichte des Buchdrucks in Böhmen und Mähren,* Weimar 1928.

Erziehung: I. Fishman, *The History of Jewish Education in Central Europe,* London 1944. — M. A. Shulvass, *Between the Rhine and the Bosporus,* Chicago 1964, 70—128.

Synagogen: Batte K^{e}näsät b^{e}nuje ʿeṣ b^{e}Polin (Holzsynagogen in Polen), Tel Aviv 1941. — A. Breier — M. Eisler — M. Gruenwald, *Holzsynagogen in Polen,* Wien 1934. — D. Davidovitch, *Batte k^{e}näsät b^{e}Polin w^{e}ḥurbanam* (Synagogen in Polen und ihre Zerstörung), Tel Aviv 1960. — A. Dumoulin, *Un joyau de l'art judaique français: La synagogue de Cavaillon,* Paris 1970. — B. Foges, *Die Altertümer der Prager Josephstadt,* Prag 1882. — Ch. Z. Hirschberg, *Š^{e}ridehäm šäl batte-k^{e}näsät q^{e}dumim bIrušalajim* (Reste alter S. in J.), in: *Qadmoniot* 1, 1967/8, 56—62. — M. Piechotka, *Wooden Synagogues,* Warschau 1959. — J. Pinkerfeld, *Bišbile 'omanut j^{e}hudit,* Merchavja 1958. — Ders., *Batte k^{e}nesijjot b^{e}'Äräṣ-Jiśra'el,* Jerusalem 1946. — Ders., *Batte-k^{e}näsät b^{e}'Iṭaljah,* Jerusalem 1954. — R. Vishnitzer (Bernstein), *The Architecture of the European Synagoge,* Philadelphia 1964.

Kunst und Kunsthandwerk: F. Landsberger, *Jewish artists before the period of emancipation,* in: *Hebrew Union College Annual* 16, 1941, 321 bis 414. — G. K. Loukomski, *Jewish Art in European Synagogues,* London 1947. — E. Moses, *Jüdische Kult- und Kunstdenkmäler in den Rheinlanden,* Düsseldorf 1931. — J. Pinkerfeld, *Bišbile ...* (s. o.). — A. Rubens, *A Jewish Iconography,* London 1954. — H. Volavkova, *The Synagogue treasures of Bohemia and Moravia,* Prag 1949. — M. Narkiss, *The Artcraft of the Yemenite Jews,* Jerusalem 1941. — H. Frauberger, *Über ältere Kultusgegenstände in Synagoge und Haus*, Frankfurt a. M. 1903 (Neudruck Jerusalem 1970). — L. S. Freehof — B. King, *Embroideries and Fabrics for the Synagogue*, New York 1972/3. — J. Gutmann, *Jewish Ceremonial Art. A basic bibliography*, in: *Studies in Jewish Bibliography in honor of I. E. Kiev*, New York 1971. — St. S. Kayser, *Jewish Ceremonial Art*, Philadelphia 1959. — A. Nakon, *Holy Arks and Ritual Appurtenances from Italy in Israel* (hebr.), Tel Aviv 1970. — *Historia Hebraica*. Ausstellungskatalog Berlin 1965. — *Monumenta Judaica*. Katalog, Köln 1963. — *Synagoga*. Katalog Ausstellung Recklinghausen, 1960/1. — L. Yarden, *The Tree of Life*, London 1971. — D. Davidowicz, *Wandmalereien in alten Synagogen*, Hameln 1969. — M. G. Sandri — P. Alazraki, *Arte e vita ebraica a Venezia*, 1516—1797, Florenz 1971. — *Buchkunst:* Ch. Wengrov, *Haggadah and Woodcut*, New York 1967. — *The Prague Haggadah 1526*, New York 1964 (Faksimile). — *Illuminierte Ketubbot (Heiratsverträge):* D. Davidovitch, *The Ketubah*, Tel Aviv 1968.

2. Die Sefardim: Siehe Teil A dieser Bibliographie, Abschn. II/6.

3. Italien: A. Yaari, *Š^{e}refat ha-Talmud b^{e}'Iṭaljah* (Talmudverbrennung in Italien), Tel Aviv 1954. — S. Luzzatto, *Discorso circa il stato degli Hebrei*, Venedig 1638 (hebr. Übers.: *Ma'^{a}mar 'al J^{e}hude Venezia*, Jerusalem 1951). — A. Modena — E. Morpurgo, *Medici e chirurghi ebrei dottorati e licenziati nell'Università di Padova dal 1617 al 1816*, Bologna 1967. — B. Pullan, *Rich and Poor in Renaissance Venice*, Oxford 1971. — L. Poliakov, *Les banchieri juifs* ... (s. o.). — J. Schirmann, *Theater and Music in the Italian Ghetti Between the 16th and 18th Century* (hebr.), in: *Zion* 29, 1963/4, 61—111. — R. B. Back, *A sketch of Jewish Economic Life in Italy on the Eve of the Napoleonic Era* (hebr.), in: *Zion* 12, 1946/7, 66—73.

4. Mittel- und Westeuropa: H. H. Ben-Sasson, *Ha-J^{e}hudim mul ha-Reformaṣijah*, Jerusalem 1970. — D. J. Kohen, *'Irgune »B^{e}ne ha-m^{e}dinah« b^{e}'Ašk^{e}naz*, Diss. Jerus. 1967 (Landjudenschaften). — H. H. Hasselmeier, *Die Stellung der Juden in Schaumburg-Lippe*, Bückeburg 1967. — J. Jacobsohn, *Die Judenbürgerbücher der Stadt Berlin*, Berlin 1962. — G. Kisch, *Rechts- und Sozialgeschichte der Juden in Halle: 1686—1730*, Berlin 1970. — F. Kölsch, *Kursachsen und die Juden in der Zeit Brühls*, Engelsdorf-Leipzig 1928. — A. Kopp, *Die Dorfjuden in der Nordpfalz*, Meisenheim 1968. — S. Stern, *Josel von Rosheim*, Stuttgart 1959. — Dies., *Der preußische Staat und die Juden*, Tübingen 1962, 4 Bde. — R. Straus, *Urkunden und Aktenstücke zur Geschichte der Juden in Regensburg 1453—1738*, München 1960. — L. Rosenthal, *Zur Geschichte der Juden im Gebiet der ehemaligen Grafschaft Hanau*, Hanau 1963. — A. Feilchenfeld, *Die Denkwürdigkeiten der Glückel von Hameln*, Berlin 1923. — *Niederlande:* C. Roth, *A Life of Menasseh ben Israel*, Philadelphia 1934. — W. C. Pieterse, *Livro de Bet Haim de Kahal Kados de Bet Yahacob*, Assen 1970. — E. M. Koen, *The Earlist Sources Relating to the Portuguese Jews in the Munici-*

pal Archives of Amsterdam up to 1620, in: *Studia Rosenthaliana* 4, 1970, 25—62. — H. I. Bloom, *The economic ...* (Abschn. 1). — *England:* A. Hyamson, *The Sephardim of England,* London 1951. — T. W. Perry, *Public opinion, propaganda and politics in 18th century England,* Cambridge/Mass. 1962. — E. Rosenberg, *From Shylock to Svengali. Jewish Stereotypes in English Fiction,* Stanford 1960. — C. Roth, *The Resettlement of the Jews in England,* London 1960. — C. Roth, *The Rise of Provincial Jewry,* London 1950.

5. Osteuropa: H. H. Ben Sasson, *Hagut w^{e}hanhagah* (Denken und Leitung), Jerusalem 1958/9. — N. Hannover, *Abyss of Despair (Yeven metzulah),* Translated by A. J. Mesch, New York 1950. — S. Ettinger, *The legal and social status of Jews in the Ukraine from the 15th to the 17th centuries* (hebr.), in: *Zion* 20, 1954/5, 128—152. — Ders., *Ḥälqam šäl ha-J^{e}hudim b^{e}qolonizaṣijah šäl 'Uqra'inah* (Der Anteil der Juden an der Kolonisation der U.), ibd. 21, 1955/6, 107—142. — J. Heilperin, *Pinqas Wa'ad 'Arba' ha-'Araṣot* (Protokollbuch des Vierländerrates), Jerusalem 1945. — M. S. Lew, *The Jews of Poland. Their political, social and communal history as reflected in the works of Rabbi Moses Isserle,* London 1944. — L. Lewin, *Die Landessynode der großpolnischen Judenschaft,* Frankfurt 1926. — R. Mahler, *Dibre j^{e}me Jiśra'el,* II/1: *Polin bitqufat ha-ḥaluqqot* (Polen zur Zeit der Teilungen), Merchavja 1954. — D. B. Teimanas, *L'autonomie des communautés juives en Pologne aux XVIe et XVIIe siècles,* Paris 1933. — S. Weinberg, *T$^{e'}$udot l^{e}tol^{e}dot ha-q^{e}hillot ha-j^{e}hudijot b^{e}Polin* (Urkunden zur Geschichte der jüd. Gemeinden in P.), New York 1951. — D. Weinryb, *Mäḥqarim b^{e}tol^{e}dot ha-kalkalah w^{e}ha-ḥäbrah šäl J^{e}hude Polin* (Untersuchungen zur Wirtschafts- und Sozialgeschichte der Juden Polens), Jerusalem 1939. — D. Weinryb, *Texts and Studies in the Communal History of Polish Jewry,* New York 1950. — M. M. Zarchin, *Jews in the Province of Posen,* Philadelphia 1939. — J. M. Zunz, *Geschichte des Krakauer Rabbinats,* Lemberg 1874 (Neudruck Tel Aviv 1970). — S. Dubnow, *Pinqas ha-M^{e}dinah 'o Pinqas Wa'ad ha-q^{e}hillot ha-ra'šijot bimdinat Liṭa'* (Protokollbuch des Landes ... Litauen), Jerusalem ^{2}1969. — J. Klausner, *Wilna bitqufat ha-Ga'on,* Jerusalem 1962. — H. Heilperin, *Taqqanot m^{e}dinat Mähren,* Jerusalem 1951.

6. Im ottomanischen Reich: M. S. Goodblatt, *Jewish Life in Turkey in the XVI Century,* New York 1952. — R. J. Werblowsky, *Joseph Karo, Lawyer and Mystic,* London 1962. — C. Roth, *The House of Nasi,* Philadelphia, *Donna Gracia,* 1947, *The Duke of Naxos,* 1948. — H. J. Zimmels, *Rabbi David ibn Abi Zimra,* Breslau 1932. — I. Ben-Zvi, *Eretz-Israel under Ottoman Rule* (hebr.), Jerusalem 1955. — J. Heilperin, *Ha-$^{'a}$lijjot ha-ri'šonot šäl ha-ḥ^{a}sidim,* (Die ersten chasidischen Einwanderungen), Jerusalem 1947. — S. Avitzur, *Ṣ^{e}fat märkaz l^{e}ta$^{'a}$šijjat $^{'a}$rige ṣämär ba-m$^{e'}$ah ha-15* (Zefat als Zentrum der Wolltextilindustrie im 16. Jh.), in: *Sefunot* 6, 1961/62, 41—69. — B. Klar, *Rabbi Ḥajjim 'ibn Aṭar,* Jerusalem

1951. — B. Lewin, *Notes and documents from Turkish archives*, Jerusalem 1952. — S. Schechter, *Safed in the Sixteenth Century*, in: *Studies in Judaism*, Bd. 2, Neudruck Philadelphia 1945, 202—285. — S. Schwarzfuchs, *La décadence de la Galilée juive du XVIe siècle et la crise du textile au Proche Orient*, in: *Revue des Études Juives* 121, 1962, 169—179.

II.–IV. DAS JUDENTUM SEIT DER AUFKLÄRUNG. LITERATUR ZUM GESAMTZEITRAUM

M. Raisin, *A History of the Jews in Modern Times*, New York 1919. — H. M. Sachar, *The Course of Modern Jewish History*, London 1958. — J. Katz, *Jews and Freemasons in Europe, 1723—1939*, Cambridge/Mass. 1970.

WIRTSCHAFT:
J. Bouvier, *Les Rothschilds*, Paris 1967. — H. J. Habakuk — M. Postan, *The Cambridge Economic History of Europe*, Bd. VI, 1—2, Cambridge 1965. — M. Mark, *Le peuple juif à la poursuite d'un équilibre économique*, Genf 1936 (Diss.).

GEISTESGESCHICHTE: J. B. Agus, *Modern Philosophies of Judaism*, New York 1941. — J. L. Blau, *Modern Varieties of Judaism*, New York 1966. — E. B. Borowitz, *A New Jewish Theology in the Making*, Philadelphia 1968. — E. Fleischmann, *Le Christianisme »mis à nu«*, Paris 1970. — H. M. Graupe, *Die Entstehung des modernen Judentums*, Hamburg 1969. — E. Schulin, *Die weltgeschichtliche Erfassung des Judentums bei Hegel und Ranke*, Göttingen 1958. — H. Liebeschütz, *Von Georg Simmel zu Franz Rosenzweig*, Tübingen 1970. — N. Rotenstreich, *Jewish Philosophy in Modern Times*, New York, Chicago, San Francisco 1968. — Ders., *Tradition and Reality*, New York 1972. — M. Wiener, *Jüdische Religion im Zeitalter der Emanzipation*, Berlin 1933. — Z. R. Ury, *The Musar Movement*, New York 1970.

LITERATUR: *Hebräisch:* A. Ben-Or, *Tol^{e}dot ha-sifrut ha-ʿibrit ha-ḥ^{a}dašah*, Tel Aviv 1963/64, 3 Bde. — J. L. Landau, *Short Lectures on Modern Hebrew Literature*, London 1938. — J. Lichtenbaum, *Sifrutenu ha-ḥ^{a}dašah*, Tel Aviv 1963. — Y. Goell, *Bibliography of Modern Hebrew Literature in English Translation*, Jerusalem 1968. — J. Klausner, *Geschichte der neuhebräischen Literatur*, Berlin 1921. — Ders., *Hisṭorjah šäl ha-sifrut ha-ʿibrit ha-ḥ^{a}dašah*, Jerusalem 2.—3. Auflage 1953/1960, 6 Bde. — P. Lachober, *Tol^{e}dot ha-sifrut ha-ʿibrit ha-ḥ^{a}dašah*, Tel Aviv, Neudruck 1963, 4 Teile in 2 Bde. — A. Shaanan, *Ha-sifrut ha-ʿibrit ha-ḥ^{a}dašah*, Tel Aviv 1962/64, 3 Bde. — D. Patterson, *The Hebrew Novel in Czarist Russia*, Edinburgh 1964. — G. Shaked, *Ha-Maḥ^{a}zäh ha-hisṭori bitqufat ha-t^{e}ḥijjah*, Jerusalem 1970. — N. Slouschz, *La Renaissance de la littérature hébraique*, Paris 1903. — B. Benshalom, *Hebrew Literature between the two World Wars*, Jerusalem 1953. — A. Berinan, *An Anthology of Modern Hebrew Poetry*, London 1968. — M. Horowitz, *Initiation à la littérature* *hébraique*, Paris 1960. — R. Mintz, *Modern Hebrew Poetry*, Berkely 1966. — J. M. Mittelmann, *Hebräische Erzähler der Gegenwart*, Zürich 1964. — I. Rabinowich, *Major Trends in Modern Hebrew Fiction*, Chicago 1968. — S. Y. Penueli — A. Ukhmani, *Anthology of Modern Hebrew Poetry*, Jerusalem 1966. — B. Kurzweil, *Sifrutenu ha-ḥ^a^dašah — hämšek 'o mahp^e^kah?*, Jerusalem ²1965/6. — Ders., *Ben ḥazon l^e^ben ha-'absurdi*, Jerusalem 1966. — R. Wallenrod, *The Literature of Modern Israel*, New York 1956. — M. Guil, *La literatura hebrea moderna*, Montevideo 1967. — *Jiddisch: Leksikon fun der nayer yidisher Literatur*, New York 1956 ff. — J. Jeshurun, *100 Yar moderner yidishe Literatur*, New York 1965. — S. Liptzin, *The Flowering of Yiddish Literature*, New York 1964. — Ders., *The Maturing of Yiddish Literature*, New York 1970. — Ch. A. Madison, *Yiddish Literature*, New York 1968. — A. A. Roback, *Contemporary Yiddish Literature*, London 1957.

Presse: J. Fraenkel, *The Jewish Press of the World*, London ⁷1972. — M. Krajzman, *La presse juive en Belgique et aux Pays Bas*, Brüssel 1971. — F. M. Brody, *The Hebrew Periodical Press in America* (1871—1931), Baltimore 1934. — B. Poll — J. Maier, *Jüdische Presse im 19. Jahrhundert*, Aachen 1967 (Aus dem Internationalen Zeitungsmuseum der Stadt Aachen; mit Bibl.). — Y. Glattstein u. a., *Yiddishe Presse in Amerike*, New York 1945. — A. Kirschnitz, *Di yiddishe Presse in Ratenferband*, Minsk 1928. — L. Parger, *A Bibliography of Yiddish Periodicals in Great Britain (1867—1967)*, in: *Studies in Bibliography and Booklore* 9, 1969, 3—32. — M. D. Gaon — M. Catane, *A Bibliography of the Judeo-Spanish (Ladino) Press*, Jerusalem 1965.

Regionalgeschichte:
Frankreich: A. Ayes, *French Enlightement and Rabbinic Judaism*, Frankfurt a. M. 1970. — R. F. Byrnes, *Antisemitism in Modern France*, New Brunswick 1950. — A. Hertzberg, *The French Enlightement and the Jews*, New York 1968; *La révolution française et l'émancipation des Juifs*, Paris 1968, 8 Bde. — G. Levitte, *Aspects of French Jewry*, London 1969. — M. R. Marcus, *The Politics of Assimilation, London 1971.*
England: Ch. Bermant, *Troubled Eden. An anatomy of British Jewry*, London 1969. — L. P. Gartner, *The Jewish Immigrant in England 1870* bis *1917*, London 1960. — J. A. Garrard, *The English and Immigration. A comparative study of the Jewish influx 1880—1910*, London 1971. — V. D. Lipman, *Social History of the Jews in England 1850—1950*, London 1954.
Deutschland: H. G. Adler, *Die Juden in Deutschland*, München 1960. — H. Fischer, *Judentum, Staat und Heer in Preußen im frühen 19. Jahrhundert*, Tübingen 1968. — F. Friedländer, *Das Leben Gabriel Riessers*, Berlin 1926. — E. Hamburger, *Juden im öffentlichen Leben Deutschlands*, Tübingen 1968. — H. Krohn, *Die Juden in Hamburg, 1800—1850*, Frankfurt a. M. 1967. — H. Liebeschütz, *Das Judentum im deutschen Geschichtsbild von Hegel bis Max Weber*, Tübingen 1967. — S. Esh — G. Herlitz (Hg.), J. Meisl, *Protokollbuch der jüdischen Gemeinde Berlin*

1723—1854, Jerusalem 1962. — A. M. Meyer, *The Origins of the Modern Jew*, Detroit 1967. — E. Sterling, *Judenhaß*, Frankfurt a. M. 1969. — S. Wenzel, *Jüdische Bürger und kommunale Selbstverwaltung in preußischen Städten 1808—1848*, Berlin 1967. — E. Bloch, *Geschichte der Juden in Konstanz im 19. und 20. Jahrhundert*, Konstanz 1971. — S. Schwarz, *Die Juden in Bayern im Wandel der Zeiten*, München 1963. — J. Toury, *Die politischen Orientierungen der Juden in Deutschland von Jena bis Weimar*, Tübingen 1966. — Ders., *M^{e}humah um^{e}bukah b^{e}mahp^{e}kat 1848* (Verwirrung während der Revolution von 1848), Tel Aviv 1968. — *Aufklärung/Assimilation:* J. Jakobson, *Jüdische Trauungen in Berlin, 1759* bis *1813*, Berlin 1968. — B. Meyer, *Salon Sketches*, New York 1938. — H. Landsberg, *Henriette Herz. Ihr Leben und ihre Zeit*, Weimar 1913. — H. Arendt, *Rahel Varnhagen*, München 1959. — S. Hensel, *Die Familie Mendelssohn*, Freiburg, München 1959. — C. Lowenthal-Hensel, *Mendelssohn-Studien*, Berlin, München 1972. — W. Sombart u. a., *Judentaufen*, München 1912. — H. Bock, *Ludwig Börne. Vom Ghettojuden zum Nationalschriftsteller*, Berlin 1962. — S. Maimon, *Geschichte des eigenen Lebens*, Berlin 1935. — *Deutschland ab ca. 1871:* S. Adler-Rudel, *Ostjuden in Deutschland 1880—1940*, Tübingen 1959. — K. Blumenfeld, *Erlebte Judenfrage*, Stuttgart 1962. — K. J. Ball-Kaduri, *Das Leben der Juden in Deutschland im Jahre 1933*, Frankfurt 1963. — Ders., *Vor der Katastrophe, Juden in Deutschland 1934—1939*, Tel Aviv 1967. — Ders., *Von der »Reichsvertretung« der Juden in Deutschland*, Jerusalem 1958. — H. Freeden, *Vom geistigen Widerstand der deutschen Juden*, Jerusalem 1963. — Ders., *Jüdisches Theater in Nazideutschland*, Tübingen 1964. — K. J. Herrmann, *Das Dritte Reich und die deutsch-jüdischen Organisationen 1933—1934*, München, Berlin 1969. — H. A. Knütter, *Die Juden und die deutsche Linke in der Weimarer Republik 1918—1933*, Düsseldorf 1971. — J. Lestschinsky, *Das wirtschaftliche Schicksal des deutschen Judentums*, Berlin 1932. — J. B. Marcus, *The Rise and Destiny of the German Jew*, Cincinnati 1934. — G. L. Mosse, *Germans and Jews*, New York 1970. — W. E. Mosse (Hg.), *Deutsches Judentum in Krieg und Revolution 1916—1923*, Tübingen 1971. — Ders. (Hg.), *Entscheidungsjahr 1932*, Tübingen 1965. — D. L. Niewyk, *Socialist, Anti-Semite, and Jew*, Baton Rouge 1971. — A. Pauker, *Der jüdische Abwehrkampf*, Hamburg 1968. — R. L. Pierson, *German Jewish Identity in the Weimar Republic*, New Haven 1970 (Ann Arbor Microfilms 1971). — W. Scheffler, *Judenverfolgungen im Dritten Reich*, Berlin 1960. — H.-J. Schoeps, *»Bereit für Deutschland«*, Berlin 1970 . — F. A. Theilhaber, *Schicksale und Leistungen der Juden in der deutschen Forschung und Technik*, Berlin 1932. — R. Weltsch, *Deutsches Judentum. Aufstieg und Krise*, Stuttgart 1963. — E. Zechlin, *Die deutsche Politik und die Juden im Ersten Weltkrieg*, Göttingen 1969. — K. Zielenziger, *Juden in der deutschen Wirtschaft*, Berlin 1930. — H. Silbergleit, *Die Bevölkerungs- und Berufsverhältnisse der Juden im Deutschen Reich*, Bd. 1, Berlin 1930. — *Deutsche und Juden* (N. Goldmann, G. Scholem u. a.), Frankfurt a. M.

1967. — I. Deutschkron, *Israel und die Deutschen*, Köln 1970 . — *Doch das Zeugnis lebt fort. Der jüdische Beitrag zu unserem Leben*, Berlin 1965. — L. Katcher, *Post-mortem. The Jews in Germany Today*, New York 1968. — H. Kehr, *After Hitler*, London 1963. — B. Engelmann, *Deutschland ohne Juden*, München 1970. — A. Leschnitzer, *Saul und David*, Heidelberg 1954. — H. J. Schultz, *Juden, Christen, Deutsche*, Stuttgart 1961. — *Antisemitismus:* W. Boehlich, *Der Berliner Antisemitismusstreit*, Frankfurt a. M. 1965. — N. Cohn, *Die Protokolle der Weisen von Zion*, Köln 1969. — H. Greive, *Theologie und Ideologie*, Heidelberg 1969. — D. Hollstein, *Antisemitische Filmpropaganda*, München-Pullach 1971. — P. W. Massing, *Vorgeschichte des politischen Antisemitismus*, Frankfurt a. M. 1959. — K. Meier, *Kirche und Judentum*, Göttingen 1968. — G. L. Mosse, *The Crisis of German Ideology*, New York 1964. — J. Parkes, *The Emergence of the Jewish Problem 1878—1938*, London, New York, Toronto 1946. — P. G. Pulzer, *Die Entstehung des politischen Antisemitismus in Deutschland und Österreich* 1867—1914, Gütersloh 1966. — I. Schorsch, *Jewish Reaction to German Anti-Semitism 1870* bis *1914*, New York 1972. — U. Tal, *Christian and Jews in the »Second Reich«* (hebr.), Jerusalem 1969. — L. Westphalen, *Geschichte des Antisemitismus in Deutschland im 19. und 20. Jahrhundert*, Stuttgart 1962.

Österreich: D. van Arkel, *Antisemitism in Austria*, Diss. Leiden 1966. — J. S. Bloch, *Der nationale Zwist und die Juden in Österreich*, Wien 1886. — I. Friedman, *The Austro-Hungarian Government and Zionism*, in: *Jewish Social Studies* 27, 1965, 236—249. — *H. Kohn, Karl Kraus, Arthur Schnitzler, Otto Weininger. Aus dem jüdischen Wien der Jahrhundertwende*, Tübingen 1962. — J. Moser, *Die Judenverfolgung in Österreich 1938—1945*, Wien 1966. — K. Schubert, *Der Einfluß des Josephinismus auf das Judentum in Österreich*, in: *Kairos* 14, 1972, 81—97. — E. Weinzierl-Fischer, *Zu wenig Gerechte*, Graz 1969. — H. Zohn, *Österreichische Juden in der Literatur. Ein biobibliographisches Lexikon*, Tel Aviv 1969. — *Tschechoslowakei:* R. Kestenberg — Gladstein, *Neuere Geschichte der Juden in den böhmischen Ländern*, Bd. 1, Tübingen 1969. — *The Jews of Czechoslovakia* Bd. 1, Philadelphia, New York 1968. *Ungarn:* N. Katzburg, *Ha-'Anțišemijut b^eHungarijah*, Tel Aviv 1968. — J. Z. Zahavy, *Tol^edot ha-Ṣijjonut b^eHungarijah* (Geschichte des Zionismus in U.), Jerusalem 1965.

Osteuropa: J. Brafmann, *Das Buch vom Kahal*, hg. von S. Passarge, Leipzig 1928 (Polemik). — L. S. Dawidowicz, *The Golden Tradition*, London 1967. — O. J. Janowsky, *People at Bay: The Jewish Problem in East-Central Europe*, New York 1938. — J. Meisl, *Haskalah*, Berlin 1919. — P. H. Seraphim, *Das Judentum im osteuropäischen Raum*, Essen 1938. — K. Stillschweig, *Die Juden Osteuropas in den Minderheitsverträgen*, Berlin 1936. — I. Trunk, *Judenrat: The Jewish Councils in Eastern Europe under Nazi Occupation*, New York, erscheint 1973. — B. Weinryb, *Neueste Wirtschaftsgeschichte der Juden in Russland und Polen*, Breslau 1934. — L. Poliakov, *De l'antisionisme à l'antisémitisme*, Paris 1969. —

Polen: N. M. Gelber, *The Jewish question in Poland in the years 1815 to 1830* (hebr.), in: *Zion* 13/14, 1958/9, 106—143. — Ders., *Die Juden und der polnische Aufstand 1863,* Wien 1923. — W. M. Glicksman, *In the Mirror of Literature. The economic life of the Jews in Poland as reflected in Yiddish literature 1914—1939,* New York 1966. — Ders., *A Kehillah in Poland During the Interwar Years,* Philadelphia 1970. — R. Mahler, *Hasidim and Haskalah in Galicia and the Congress Kingdom of Poland* (hebr.), Merhavjah 1961. — Ders., *J^e^hude Polin ben šte milḥ^a^mot-ʿolam* (Das polnische Judentum zwischen den beiden Weltkriegen), Tel Aviv 1968. — H. M. Rabinowicz, *The Legacy of Polish Jewry; a history of Polish Jews in the inter-war years,* New York 1965. — M. Schorr, *Rechtsstellung und innere Verfassung der Juden in Polen,* Wien, Berlin 1917. — S. Segal, *The New Poland and the Jews,* New York 1938. — N. M. Gelber, *Tol^e^dot ha-t^e^nuʿah ha-ṣijjonit b^e^Galiṣijah,* Jerusalem 1958, 2 Bde. — A. Alsterdal, *Antisemitism — Antisionism — Exemplet Polen,* Stockholm 1969. — *Russland:* L. Greenberg, *The Jews in Russia,* Philadelphia ²1965, 2 Bde. (in 1). — Qaṣir (Ernte). *Qobäṣ l^e^qorot ha-ṣijjonut b^e^Rossijah,* Bd. 1, Tel Aviv 1964. — H. Landau, *Jews and the development of the credit and transport system in Russia* (jidd.), in: *YIVO Ekonomische Shriften* 2, 1932, 93—105. — Ders., *The Jews in oil industry and trade in Tsarist Russia,* in: *YIVO-Bleter* 14, 1939, 269—285. — M. Lewin, *The Problem of Productivization in the »Haskalah« Period* (hebr.), Diss. Jerusalem 1967/68. — J. Maor, *Š^e^ʾelat ha-J^e^hudim ba-t^e^nuʿah ha-liberalit w^e^ha-mahpakanit b^e^Rossijah, 1890—1914* (Die Judenfrage in der liberalen und revolutionären Bewegung in R.), Jerusalem 1964. — J. Raisin, *The Haskalah Movement in Russia,* Philadelphia 1913. — *Sowjetrußland:* B. Brutzkus, *Die wirtschaftliche und soziale Lage der Juden in Rußland vor und nach der Revolution,* in: *Archiv f. Sozialwissenschaft und Sozialpolitik* 61, 1929, 266—321. — G. Aronson u. a., *Russian Jewry 1917—1967,* New York 1969. — C. T. Goldelman, *Jewish National Autonomy in Ukraina, 1917—1920,* Chicago 1968. — J. Leshtschinsky, *Ha-J^e^hudim b^e^Rossijah ha-sobjeṭit,* Tel Aviv 1943. — H. Z. Rudy, *Die Juden in der Sowjetunion,* Wien 1966. — E. Schulman, *A History of Jewish Education in the Soviet Union (1918—1948),* New York 1971. — J. L. Teller, *The Kremlin,* New York 1957. — E. Wiesel, *Die Juden in Rußland,* München 1967. — J. Frumkin, *Russian Jewry 1917—1967,* New York 1969. — R. I. Rubin, *The Unredeemed Anti-Semitism in the Soviet Union,* New York 1968.

Vereinigte Staaten von Amerika: C. Adler, *With Firmness in the Right,* New York 1946. — M. Autin, *The Promised Land,* Boston ²1969 (Autobiogr.). — St. Birmingham, *In unseren Kreisen,* Berlin 1968. — N. Hentoff u. a., *Black Anti-Semitism and Jewish Racism,* New York 1969. — J. L. Blau — S. W. Baron, *The Jews of the United States 1790—1840,* New York, Chicago 1963. — S. G. Cogan, *Pioneer Jews of the California Mother Lode, 1849—1880,* Berkeley 1968. — J. X. Cohen, *Jews, Jobs, and Discrimination,* New York ⁵1945. — A. Friesel, *Ha-t^e^nuʿah ha-ṣijjonit b^e^ʾArṣot ha-B^e^rit ba-šanim 1897—1914* (Die zionistische Bewegung in den

USA in den Jahren . . .), Tel Aviv 1970. — A. Gilbert, *A Jew in Christian America,* New York 1966. — R. Glanz, *Jew and Italian,* New York 1971. — N. Glazer — D. P. Moynihan, *Beyond the Melting Pot,* Cambridge/ Mass. ²1970. — A. Goldberg, *The Classification of Jewish Immigrants and its Implications,* New York 1965. — M. M. Gordon, *Assimilation in American Life,* London, New York 1964. — A. A. Goren, *New York Jews and the Quest for Community (1908—1922),* New York 1970. — S. Grahams, *With Poor Immigrants to America,* London 1914. — A. Guttmann, *The Jewish Writer in America. Assimilation and the Crisis of Identity,* London, New York 1972. — S. Halperin, *American Zionism,* Diss. Washington Univ. 1956. — B. Halpern, *The American Jew,* New York 1956. — J. G. Heller, *Isaac M. Wise,* New York 1965. — H. Hapgood, *The Spirit of the Ghetto. Studies of the Jewish Quarters of New York,* New York 1965. — W. Herberg, *Protestant — Catholic — Jew,* New York 1955. — S. Joseph, *Jewish Immigration to the United States from 1881 to 1910,* New York 1969. — S. A. Kaplan, *Can Persecution Arise in America?,* Washington 1966. — M. J. Karpf, *Jewish Community Organization in the United States,* New York 1938. — S. Katz (Hg.), *Negroe and Jew,* New York 1967. — M. N. Kertzer, *Today's American Jew,* New York 1967. — N. Kiell (Hg.), *The Psychodynamics of American Jewish Life,* New York 1967. — D. Kirshenbaum, *Mixed Marriage and the Jewish Future,* New York 1958. — J. Kramer — S. Leventman, *Children of the Gilded Ghetto,* New Haven 1961. — P. Kresh, *The American Jewish Reader. Essays, Fiction and Poetries,* London, New York 1967. — J. E. Mayer, *Jewish-Gentile Courtship,* New York 1961. — J. K. Mikliszanski, *Tolᵉdot hasifrut ha-ʿibrit bᵉ'Ameriqah* (Geschichte der hebräischen Literatur in A.), New York 1967. — S. Poll, *The Hasidic Community of Williamsburg,* New York 1962. — P. I. Rose, *The Ghetto and Abroad,* New York 1969. — S. Rosenburg, *America is Different,* New York 1964. — N. Rotenstreich, *Galut Jiśra'el ba-maḥᵃšabah ha-jᵉhudit bᵉ'Arṣot ha-Bᵉrit* (Israels Exil im jüdischen Denken der USA), Jerusalem 1966. — J. A. Rubin, *Partners in State-Building,* New York 1969. — N. J. Rubinger, *Abraham Lincoln and the Jews,* New York 1962. — R. Sanders, *The Downtown Jews,* New York 1969. — A. Shemueli, *Bet Jiśra'el uMᵉdinat Jiśra'el* (Israel und Staat Israel), Tel Aviv 1966. — M. Sklare, *The Jews,* Glencoe 1958. — M. Sklare — J. Greenblum, *Jewish Identity on the Suburban Frontier,* New York 1967. — Ch. H. Stember u. a., *Jews in the Mind of America,* New York 1966. — N. Weyl, *The Creative Elite in America,* Washington 1966. — J. Wolfe, *A century of Iowa Jewry,* De Moines 1941.

Mittel- und Südamerika: J. Beller, *Jews in Latin America,* New York 1972/73. — H. Avni, *Baron de Hirsch's colonization project in the Argentinian Republic* (hebr.), Diss. Jerusalem 1969. — J. X. Cohen, *Jewish Life in South America,* New York 1941.

Islamische Gebiete. Nordafrika: N. Slouschz, *Travels in North Africa,* Philadelphia 1927. — *Ägypten:* J. M. Landau, *Ha-Jᵉhudim bᵉMiṣrajim ba-me'ah ha-19* (Die Juden in Ägypten im 19. Jh.), Jerusalem 1967. —

Mittlerer Osten: H. Y. Kahan, *Ha-J^{e}hudim b^{e}'arṣot ha-Mizraḥ ha-tikon* (Die Juden der Länder des Mittleren Ostens), Jerusalem 1972. — T. Askenazi, *Tol^{e}dot J^{e}hude 'Iraq taḥat ha-šilṭon ha-^{ca}rabi* (Geschichte der Juden im I. unter arabischer Herrschaft, 1914—1960), Jerusalem 1960. — A. Ben-Jacob, *Širah upijjuṭ šäl J^{e}hude Babel b^{e}dorot ha-'aḥ^{a}ronim* (Dichtung und religiöse Poesie der Juden Mesopotamiens in den letzten Generationen), Jerusalem 1970.

Palästina. 19. Jh. bis 1918: S. Avitzur, *Ḥajje jom-jom b^{e}'Äräṣ-Jiśra'el* (Alltagsleben in Pal.), Jerusalem 1972. — M. Assaf, *Ha-j^{e}ḥasim ben 'Arabim wJhudim b^{e}'Äräṣ-Jiśra'el 1860—1948* (Die Beziehungen zwischen Arabern und Juden in Pal ...), Tel Aviv 1970. — Y. Ben-Arieh, *'Äräṣ-Jiśra'el ba-me'ah ha-19* (Pal. im 19. Jh.), Jerusalem 1970. — Y. Ben Zvi, *'Äräṣ-Jiśra'el bime ha-šilṭon ha-'oṭṭomani* (Pal. zur Zeit der ottomanischen Herrschaft), Jerusalem 1955. — Ders., *Š^{e}'ar jašub* (Ein Rest wird zurückkehren), Jerusalem 1966. — A. Etz-Hadar, *'Ilanot,* Tel Aviv 1967. — J. N. Mandel, *Turcs, Arabs and Jewish Immigration into Palestine, 1882—1914,* Oxford 1965. — Y. Ro'i, *The Zionist attitude to the Arabs 1908—1914,* in: *Middle Eastern Studies* 4, 1968, 198—242. — *Mandatszeit:* G. Antonius, *The Arab Awakening,* Philadelphia 1939. — M. Begin, *The Revolt,* New York 1952. — N. und H. Bentwich, *Mandate Memories 1918—1948,* New York 1965. — H. Bergmann, *Palästina wie es wirklich ist,* Berlin ^{3}1934. — M. Burstein, *Selfgovernment of the Jews in Palestine,* Tel Aviv 1934. — D. Carpi — Y. Gorni, *T^{e}nu'ot uz^{e}ramim poliṭijim ba-jiššub ha-j^{e}hudi b^{e}'Ä.-J. bitqufat ha-Mandaṭ* (Politische Bewegungen und Strömungen in der jüdischen Bevölkerung Palästinas zur Zeit des Mandats), Tel Aviv 1968/69. — J. Garcia-Granados, *The Birth of Israel,* New York 1948. — S. L. Hattis, *The Bi-national idea in Palestine during Mandatory times,* Haifa 1970. — A. M. Hyamson, *Palestina Under the Mandate,* London 1950. — A. Köstler, *Promise and Fulfilment,* London 1949. —A. Ruppin, *Building Israel. Selected Essays,* New York 1949. — Ders., *Three Decades of Palestine,* Jerusalem 1936. — J. B. Schechtman, *The United States and the Jewish State Movement,* New York 1966. — Ch. Sykes, *Crossroads to Israel,* London 1965. — Staat Israel: siehe Kap. IV.

II. AUFKLÄRUNG, EMANZIPATION, ASSIMILATION

A. Altmann (Hg.), *Studies in Nineteenth-Century Jewish Intellectual History,* Cambridge/Mass. 1964. — M. Ben-Horin — A. G. Duker, *Emancipation and Counter-Emancipation,* New York 1971. — P. Borchsenius, *The Chains are Broken,* London 1964. — V. Eichstädt, *Bibliographie zur Geschichte der Judenfrage,* Bd. 1, Hamburg 1938. — I. Elbogen, *Ein Jahrhundert jüdischen Lebens,* Frankfurt a. M. 1967. — A. Eloesser, *Vom Ghetto nach Europa,* Berlin 1936. — N. Glatzer, *The Dynamics of Emancipation,* New York 1965. — J. Katz, *Out of the Ghetto,* erscheint 1973. — Ders., *Emancipation and Assimilation,* Jerusalem 1970. — Ders., *Die Entstehung der Judenassimilation und deren Ideologie,* Frankfurt a.

M. 1935. — Y. Kaufmann, *Golah w^enekar* (Exil und Fremde), II, Tel Aviv ²1960/1. — F. Kober, *Jüdische Geschichte in Briefen aus Ost und West,* Wien 1938. — R. Mahler, *A History of Modern Jewry, 1780—1815,* I, London 1971; II: 1815—1848, Teilband 1: *Eastern Europe* (hebr.), Merchavja 1970. — B. Mevorakh, *Napoleon ut^equfato* (Napoleon und seine Zeit), Jerusalem 1968. — M. Philippson, *Die neueste Geschichte des jüdischen Volkes,* Frankfurt 1907—1911, 3 Bde. — D. Rudavsky, *Emancipation and Adjustment,* New York 1967. — N. Rothenstreich, *Ha-J^ahadut uz^ekujjot ha-J^ehudim* (Das Judentum und die Judenrechte), Tel Aviv 1959. — M. S. Samet, *H^alakah w^eReformah,* Diss. Jerusalem 1967. — E. Sterling, *Kulturelle Entwicklung im Judentum von der Aufklärung bis zur Gegenwart,* Wuppertal 1969. — M. Wischnitzer, *To Dwell in Safety. The Story of Jewish Migration Since 1800,* Philadelphia 1948.

AUFKLÄRUNG: N. Hinske — M. Albrecht (Hg.), *Was ist Aufklärung? Beiträge aus der Berliner Monatsschrift,* Darmstadt 1973. — E. Shochet, *Re'šit ha-haśkalah b^ejah^adut Germanjah* (Anfang der Aufklärung im deutschen Judentum), Jerusalem 1957. — J. Halevi, *Muśśag ha-jah^adut b^esifrut ha haśkalah* (Der Begriff des Judentums im Schrifttum der Aufklärung), Tel Aviv 1956. — M. Kayserling, *Moses Mendelssohn,* Leipzig 1862. — H. M. Z. Meyer, *Moses Mendelssohn Bibliographie,* Berlin 1965. — G. Ebell, *Moses Mendelssohn und die deutsche Literatur,* Hannover 1966. — Moses Mendelssohn, *Gesammelte Schriften.* Jubiläumsausgabe, Berlin 1929—1938 (Neudruck Stuttgart 1972 ff.), 20 Bde.

ZU III UND IV: DIE ZEIT SEIT 1880. LITERATUR ZUM GESAMTZEITRAUM

H. Agar, *The Saving Remnant. An account of Jewish survival since 1914,* London 1960. — J. Robinson — Ph. Friedman, *Guide to Jewish History under Nazi Impact,* New York 1960. — D. Fleming — B. Bailyn, *The Intellectual Migration — Europe and America 1930—1960,* Cambridge/Mass. 1969. — B.-Z. Dinur, *Israel and the Diaspora,* Philadelphia 1969. — Ph. Friedman, *Bibliography of Books in Hebrew on the Jewish Catastrophe and Heroism in Europe,* Jerusalem 1960. — J. Halpern, *Hamahp^ekah ha-j^ehudit* (Die jüdische Revolution), Tel Aviv 1961. — O. I. Janowsky, *Jews and Minority Rights, 1898—1919,* New York 1933. — S. L. Kirshenbaum, *Tol^edot 'Am Jiśra'el b^edorenu* (Geschichte des Volkes Israel in unserer Generation), Tel Aviv ²1969, 2 Bde. — J. Leshtschinsky, *N^edude Jiśra'el b^edorot ha-'aḥ^aronim* (Wanderungen Israels in den letzten Generationen), Tel Aviv 1965. — A. L. Sachar, *Suffering is the Badge,* New York 1940. — R. Weltsch, *An der Wende des modernen Judentums,* Tübingen 1972. — D. S. Wyman, *Paper Walls. America and the Refugee Crisis, 1938—1941.* Amherst/Mass. 1968. — A. Ruppin, *Die Juden der Gegenwart,* Köln ²1911. — Ders., *Soziologie der*

Juden, Berlin 1930/32, 2 Bde. — A. Adler, *Jews in many Lands,* London 1905. — E. Carlebach, *Exotische Juden,* Berlin 1932.

ERZIEHUNG: B. Bettelheim, *The Children of the Dream,* London 1969. — M. Eliav, *Ha-ḥinnuk ha-j^{e}hudi b^{e}Germanijah bime ha-Haśkalah w^{e}ha-'Emanṣipaṣijah* (Die jüd. Erziehung in Deutschland zur Zeit der Aufklärung und Emanzipation), Jerusalem 1960. — U. Engelmann, *Jewish Education in Europe 1914—1962; annotated bibliography,* Jerusalem 1965. — O. I. Janowsky (Hg.), *The Education of the American Jewish Teacher,* Boston 1967. — J. Pilch — M. Ben-Horin, *Judaism and the Jewish School,* New York 1966. — Z. Sharfstein, *History of Jewish Education in Modern Times* (hebr.), ^{2}1960/1965, 5 Bde.

III. VON DEN POGROMEN ZUR KATASTROPHE

ABSCHN. 1 U. 2: Siehe die Literaturangaben »Zum Gesamtzeitraum« zu Kap. III u. IV.

3. SOZIALISMUS: K. Marx, *Zur Judenfrage,* Hg. S. Grossmann, Berlin 1920. — E. Silberner, *Moses Hess,* Leiden 1966 (Bibl.). — Ders., *The Works of Moses Hess,* Leiden 1958 (Bibl.). — B. Borochov, *Nationalism and the Class Struggle,* New York 1937, 2 Bde. — Ders., *Poale-Zion-Shriften,* New York 1920, 2 Bde. — A. Leon, *Judenfrage und Kapitalismus,* München 1971. — E. Silberner, *Ha-Soṣializm ha-ma^{ca}rabi uš$^{e'}$elat ha-J^{e}hudim* (Der westliche Sozialismus und die Judenfrage), Jerusalem 1955. — J. S. Hertz, *The Jewish Labor Bund,* New York 1958. — L. Cantor, *100 šenot ma'^{a}baq* (100 Jahre Ringen), Tel Aviv 1969. — E. Mendelsohn, *Class Struggle in the Pale,* Cambridge 1970. — H. J. Tobias, *The Jewish Bund in Russia,* London 1972. — *Amerika:* M. Epstein, *Jewish Labor in the United States,* New York ^{2}1969, 2 Bde. — E. Tcherikover, *Geshikhte fun der yidisher Arbeter-Bavegung in di Fareynikte Shtaten,* New York 1943/45, 2 Bde. — *Palästina/Israel:* M. Braslawsky, *T^{e}nu'at ha-po^{ca}lim b$^{e'}$Äräṣ — Jiśra'el,* Tel Aviv 1955/63, 4 Bde. — P. Merhav, *Tol^{e}dot t^{e}nu'at ha-po^{ca}lim b^{e}Jiśra'el,* Merchavjah 1967. — W. Preuss, *Die Arbeiterbewegung in Israel,* Köln 1969. — J. Shapira, *Ha-Po'el ha-Ṣa'ir,* Tel Aviv 1967. —

4. TERRITORIALISMUS: D. J. Marmor, *The Diplomatic Negotiations of the Jewish Territorial Association (JTA) and the Reasons for their Failure* (hebr.), in: *Zion* 11. 1945/6, 109—140, 175—208.

5. NATIONALE BEWEGUNG UND ZIONISMUS:

M. Hess, *Rom und Jerusalem,* Leipzig 1862. — L. Pinsker, *Autoemanzipation!,* Berlin 1882. — Th. Herzl, *Der Judenstaat,* Leipzig, Wien 1896. — Achad Ha-Am, *Am Scheidewege,* Berlin 1913/16, 2 Bde. — *Vorgeschichte und Chibbat Zion:* N. M. Gelber, *Zur Vorgeschichte des Zionismus,* Wien 1928. — B.-Z. Dinaburg (Dinur), *Ḥibbat Ṣijjon,* Tel Aviv 1932/34, 2 Bde. — N. Sokolow, *Hibbath Zion,* Jerusalem 1934. — M. I. Bodenheimer, *So wurde Israel,* Frankfurt a. M. 1958. — A. Böhm, *Die zionistische Bewegung*, Berlin ²1935/37, 2 Bde. — D. Carpi (Hg.), *Zionism. Studies in the History of Zionism* (hebr.), Tel Aviv 1970/71, 2 Bde. — N. Goldmann, *Staatsmann ohne Staat*, Köln 1970. — B. Halpern, *The Idea of the Jewish State*, Cambridge/Mass. 1961. — A. Hertzberg (Hg.), *The Zionist Idea*. Garden City 1959. — A. Manor u. a., *The Jews and the National Question*, Tel Aviv 1964. — H. Meier-Cronemeyer, *Der Zionismus*, Köln (*Germania Judaica* 6, 1—2) 1967. — H. Parzen, *Conservative Judaism and Zionism*, in: *Herzl Year Book* 6, 1964/5, 311—368. — J. B. Schechtman, — J. Benari, *History of the Revisionist Movement*, I, Tel Aviv 1970. — N. Sokolow, *History of Zionism*, Neudruck New York 1969, 2 Bde. — Ch. Weizmann, *Trial and Error*, London 1950 (Memoiren).

6. Weitere Gruppierungen: *Antizionismus:* M. Güdemann, *National-Judenthum*, Leipzig ²1897. — H. Margulies, *Kritik des Zionismus*, Wien 1920, 2 Bde. — A. Wiener, *Kritische Reise durch Palästina*, Berlin 1927. — C. Brunner, *Von den Pflichten der Juden und von den Pflichten des Staates*, Berlin 1930. — M. L. Ernst, *So Far So Good*, New York 1948. — J. Berger, *Who Knows Better, Must Say So*, New York 1955. — A. M. Lilienthal, *What Price Israel*, Chicago 1953. — Ders., *The Other Side of the Coin*, New York 1965. — A. Jacob, *Der Krieg geht weiter*, München 1968. — N. Weinstock, *Le sionisme contre Israël*, Paris 1969. — *Orthodoxie:* A. Blau, *Sefär »Umalkut tehafek la-minut«*, Jerusalem 1970. — Ch. Bloch, *Sefär Dobeb śifte jeśenim*, Brooklyn 1958. — *Sefär Wajjo'al Mošäh*, New York 1959. — S. Rawidowicz, *Babel wIrušalajim*, New York 1957. — *Orthodoxie und Chasidismus:* L. Jung, *Men of the Spirit*, New York 1964. — B. Homa, *Orthodoxy in Anglo-Jewry*, London 1969. — A. Barth, *Orthodoxie und Zionismus*, Berlin 1920. — H. Schwab, *The History of Orthodox Jewry in Germany*, London 1950. — *Mizrachi:* J. L. Fishman (Hg.), *Sefär ha-Mizraḥi*, Jerusalem 1946. — *Religion and State in Israel. The Religious Zionist Standpoint*, Jerusalem 1965. — J. Shulman, *Ha-Po'el ha-Mizraḥi*, Jerusalem 1967/68. — *Conservatives:* M. Sklare, *Conservative Judaism*, New York ²1972. — M. Davies, *The Emergence of Conservative Judaism*, Philadelphia 1962. — H. Parzen, *Architects of Conservative Judaism*, New York 1964. — *Reformjudentum:* W. G. Plaut, *The Rise of Reform Judaism*, New York 1963. — Ders., *The Growth of Reform Judaism*, New York 1965. — *Reconstructionism:* M. M. Kaplan, *Judaism as a Civilization*, New York 1934 (Neudruck 1967). — Ders., *A New Zionism*, New York 1955. — M. Ben-Horin, *Common Faith — Uncommon People*, New York 1970.

7. Jüdische Schriftsteller über jüdische Themen: Siehe Teil A dieser Bibliogr., Abschn. II/9. — C. Lehrman, *L'élément juif dans la littérature française*, Paris 1960/61, 2 Bde. — R. Feigelson, *Écrivains juifs de langue française*, Paris 1960. — L. Geiger, *Die deutsche Literatur und die Juden*, Berlin 1910. — G. Krojanker, *Die Juden in der deutschen Literatur*, Ber-

lin 1922. — H. Zohn, *Österreichische Juden in der Literatur,* Tel Aviv 1969. — W. Jakob, *Bibliographie* in: *Studies in Bibliography and Booklore* 6, 1962/3, 75—92. — A. Zweig, *Bilanz der deutschen Judenheit,* Neudruck Köln 1961. — H. Großmann, *Emigration,* Frankfurt a. M. 1969. — *Exil-Literatur 1933—1945,* Frankfurt a. M. [3]1967.

8. Jüdische Literatur in jüdischen Sprachen: Siehe die Literaturangaben zu Kap. II—IV (»Zum Gesamtzeitraum«).

9. Jüdische Kunst:
E. Naiményi, *The Essence of Jewish Art,* Tel Aviv 1961. — H. Berl, *Das Judentum in der Musik,* Berlin, Leipzig 1926. — *Theater:* R. Ben-Ari, *Habima,* New York 1957. — *National Theatre Habimah,* Tel Aviv 1970. — A. Zweig, *Juden auf deutschen Bühnen,* Berlin 1928. — M. Kohansky, *Hebrew Theater,* Jerusalem 1968. — S. Silberzweig, *Lexikon fun Yiddishen Theater,* Mexico City 1931/67, 5 Bde.; — M. Myer, *Yiddish Theater in London 1902—1942,* London 1942.

10. Mensch und Gesellschaft im Wandel: *Kibbutz und Moschav:* B. Bettelheim, *The Children of the Dream,* London 1969. — H. Darin-Drabkin, *Der Kibbuz,* Stuttgart 1969. — M. Frank, *The Cooperative Land Settlements in Israel and their Relevance to African Countries,* Basel 1968. — E. Kanowsky, *The Economy of the Israeli Kibbutz,* Cambridge/Mass. 1966. — H. Meier-Cronemeyer, *Kibbuzim,* I, Hannover 1969. — E. Meyer, *Der Moschav,* Basel 1967. — M. Pallmann, *Der Kibbuz,* Basel 1966. — A. I. Rabin, *Growing up in the Kibbutz,* New York 1965. — M. E. Spiro, *Kibbutz,* New York 1971. — J. Talmon-Gerber, *Jaḥid wᵉḥäbrah ba-Qibbuṣ* (Individuum und Kollektiv im K.), Jerusalem 1970. — H. Viteles, *The history of the cooperation movement in Israel,* London 1966 f. — D. Weintraub, *Moshava, Kibbutz, and Moshav,* Ithaca 1969. — Ders., *Immigration and Social Change,* Jerusalem 1971. — J. Baratz, *Siedler am Jordan. Die Geschichte des ersten Kibbuz,* Göttingen 1963. — Iḥud ha-Bonim, *Kibbutz: a new society? An anthology,* Tel Aviv 1971. — *Landwirtschaft:* G. Davidson, *Our Jewish Farmers,* New York 1943. — J. M. Isler, *Rückkehr der Juden zur Landwirtschaft,* Frankfurt a. M. 1929. — J. Elk, *Die jüdischen Kolonien in Russland,* Frankfurt a. M. 1886. — *Ḥaqla'im Jᵉhudim ba-ᶜᵃrabot Rossijah* (Jüdische Landwirte in den Steppen Russlands), Merhavjah 1965. — M. D. Winsberg, *Colonia Baron Hirsch,* Gainesville/Fla. 1964. — H. J. Levine — B. Miller, *American Jewish Farmer in Changing Times,* New York 1966.

IV. ZENTRUM UND PERIPHERIE

1. Israel:
Bibl. A. Neuberg, *The State of Israel 1848—1968,* Jerusalem 1970. — M. Emmanuel, *Israel,* London 1971. — H. Abosch (Hg.), *Der israelisch-ara-*

bische Konflikt, Darmstadt 1969. — I. Abu-Lughod, *The Transformation of Palestine,* Evanston 1971. — A. J. Arberry (Hg.), *Religion in the Middle East,* Cambridge 1969, 2 Bde. — A. Arian, *Ideological Chance in Israel,* Cleveland 1968. — J. B. Bell, *The Long War,* Eaglewood 1969. — E. Birnbaum, *The Politics of Compromise. State and Religion in Israel,* Rutherford 1970. — M. Brecher, *The Foreign Policy System of Israel,* London 1971. — H. Cattan, *Palestine,* London 1969. — Ch. Douglas-Home, *The Arabs and Israel,* London 1968. — Th. Draper, *Israel and World Politics,* New York 1968. — S. N. Eisenstadt, *Israeli Society,* New York 1967. — M. Evenary — N. H. Tadmor, *The Negev,* Cambridge/Mass. 1971. — Y. Freudenheim, *Die Staatsordnung Israels,* München 1963. — M. Hillel, *Israël en danger de paix,* Paris 1969. — M. M. Kasher, *Ha-t^e^qufah ha-g^e^dolah* (Die große Zeit), Jerusalem 1968. — J. C. Hurewitz, *Middle East Politics,* New York 1969. — R. Lee — M. E. Marty, *Religion and Social Conflict,* New York 1964. — E. Likowski, *Israel's Parliament,* London 1971. — E. Marmorstein, *Heaven at Bay. The Jewish Kulturkampf in the Holy Land,* London 1969. — J. Matras, *Social Change in Israel,* Chicago 1965. — H. Mason (Hg.), *Reflections on the Middle East Crisis,* The Hague 1970. — P. Medding, *MAPAI in Israel,* Cambridge 1973 (?). — Zs. *Politische Bildung,* 4, 1, 1971: *Israel heute,* Stuttgart. — N. Safran, *From War to War,* New York 1969. — H. M. Samuel, *The Structure of Society in Israel,* New York 1969. — E. Schweid, *'Ad ha-Mašber,* Jerusalem 1969. — V. D. Segre, *Israel: A society in Transition,* London 1971. — M. Selzer, *The Aryanisation of the Jewish State,* New York 1967. — M. Shokeid, *The Dual Heritage, Immigrants from the Atlas mountains in an Israeli village,* Manchester 1971. — K. Sontheimer, *Israel. Politik, Gesellschaft, Wirtschaft,* München 1969. — R. Szereszewski, *Essays on the Structure of the Jewish Economy in Palestine and Israel,* Jerusalem 1968. — J. L. Talmon, *Israel among the Nations,* New York 1968. — H. Wagner, *Der arabisch-israelische Konflikt im Völkerrecht,* Berlin 1971. — A. Weingold, *Israel. Group relations in a new society,* New York 1965. — S. Wildhaber, *Wachstum und Strukturwandel in der israelischen Wirtschaft,* Stuttgart, 1967. — D. Willner, *Nation-Building and Community in Israel,* Princeton 1968. — W. Laqueur, *The Israel-Arab Reader,* New York 1969. — G. Friedmann, *Ende des jüdischen Volkes?,* Reinbek 1968. — Th. Pirker, *Die Histadrut,* Basel, Tübingen 1965. — E. Spiegel, *Neue Städte in Israel,* Stuttgart, Bern 1966.

2. Soziologie, Demographie, Diaspora:

U. O. Schmelz, *Jewish Demography and Statistics: Bibliography for 1920—1960,* Jerusalem 1961. — Z. Rudy, *Soziologie des jüdischen Volkes,* München 1965. — S. Federbusch, *World Jewry Today,* Jerusalem 1959. — A. Tartakover, *Šibṭe Jisra'el* (Die Stämme Israels), Tel Aviv 1965/69, 3 Bde. — B. Z. Dinur — A. Tartakover, *K^e^lal Jisra'el,* Jerusalem 1954. — *Bitfuṣot ha-Golah* (In der Zerstreuung des Exils), Jerusalem 1965. — J. Leshtzschinsky, *The Jewish Dispersion,* Jerusalem

1961. — S. Strizower, *Exotic Jewish Communities*, London 1962. — I. Schneersohn, *D'Auschwitz à Israel*, Paris 1968.

WEITERE AKTUELLE FRAGEN:
R. L. Rubenstein, *After Auschwitz*, Indianapolis 1966. — G. S. Rosenthal, *Generation in Crisis*, New York 1969. — E. B. Borowitz, *How Can a Jew Speak of Faith Today?*, Philadelphia 1969. — Z. Kolitz, *Survival for What?*, New York 1969. — A. J. Wolf, *Rediscovering Judaism*, Chicago 1965. — A. A. Cohen (Hg.), *Arguments and Doctrines*, Philadelphia 1970. — J. Neusner, *Judaism in the Secular Age*, London 1970. — A. Jospe (Hg.), *Tradition and Contemporary Experience*, New York 1970. — Ph. Longworth (Hg.), *Confrontation with Judaism*, London 1967. — J. K. O'Dea, *Religion and Ethnicity*, New York 1970. — E. Amado Lévy-Valensi — J. Halpérin (Hg.), *Tentation et action de la conscience juive*, Paris 1971. — B. Litvin — S. B. Hoenig (Hg.), *Jewish Identity*, New York ²1970.

Glossar

Im Text nur einmal erwähnte und dort erläuterte Begriffe wurden nicht aufgenommen. Soweit hebräische Ausdrücke im Deutschen geläufig geworden sind, wurde auf die exakte Transkription verzichtet. Bei den transkribierten hebräischen Wörtern wurden ḥ (wie ch zu sprechen) und ṣ (wie tz zu sprechen) unter h und s, š (wie sch zu sprechen) unter sch eingeordnet.

Aaron: In der Tradition Bruder des Mose, Ahnherr der Priestersippe der Aaroniden und Prototyp des Jerusalemer Ober- oder Hohepriesters.

Achtzehngebet, Achtzehnbittengebet: Täglich dreimal zu betendes Pflichtgebet, eingeführt in der Jabneperiode (70—130 n. Chr.).

'Aguddat Jiśra'el: Weltorganisation der nichtzionistischen Orthodoxie, auch politische Partei in Israel.

'Alijjah: Hebräische Bezeichnung für Einwanderung in das Land Israel.

Almemor: Siehe *Bimah.*

'Am ha-'aräṣ: »Volk des Landes«, rabbinische Bezeichnung für die nichtrabbinisch orientierte Bevölkerung, sodann volkstümliches Schimpfwort: »Ungebildeter«.

'Amidah: »Stehen« — das *Achtzehngebet.*

Ammon, Ammoniter: Nachbarvolk Israels im Ostjordanland.

Amoräer: Die talmudischen Lehrer der *Gemara.*

Amoriter: Neben »Kanaanäern« die vorisraelitische Bevölkerung des Landes Israel.

Amphiktyonie: Stämmebund (wie die antiken griechischen Stämmebündnisse) mit Zentralheiligtum.

Apokalypse: Literarische Gattung; Darstellung der Welt- und insbesondere Endgeschichte mit aktualisierender Tendenz und mit dem Anspruch unmittelbarer Offenbarung.

Apokalyptik: Spekulative, endzeitbezogene und aktualisierende Geschichtsdeutung mit entsprechend radikaler Haltung.

Apokryphen des Alten Testaments: Schriften, die in der griechischen Bibelübersetzung zwar mit enthalten sind, in Jabne (nach 70 n. Chr.) aber nicht in den Kanon der (hebräischen) Heiligen Schriften aufgenommen wurden.

Aramäer: Völkerschaften im syrisch-mesopotamischen Raum; Nachbarreich (Aram) Israels mit Hauptstadt Damaskus.

Aramäisch: Gruppe von Dialekten, verwandt mit Hebräisch. In persischer Zeit Reichs- und Verkehrssprache; Umgangssprache der Juden zwischen babylonischer Gefangenschaft und arabischer Eroberung (neben Hebräisch und Griechisch).

Aschkenasien: Aškᵉnaz — hebräische Bezeichnung für Mitteleuropa, meist inklusive Osteuropa, speziell aber für Deutschland.

Aschkenasisch: Das Judentum Europas (der christlichen Länder) im Unterschied zum »sefardischen« Judentum.

Assur, Assyrien: Mesopotamisch-vorderorientalische Großmacht, die in der 2. Hälfte des 8. Jh. v. Chr. auch Nordisrael und Juda unterwarf.

Autonomismus: Bestrebungen in der Habsburger Monarchie und in Polen-Rußland, den Juden einen nationalen Autonomiestatus zu verschaffen; nichtzionistisch-jiddisch orientierte Basis.

Baal: Kanaanäischer Gott, Herr über Wachstum und Gedeihen, sterbende und wiederauferstehende Gottheit. Viele lokale Kulte, die mit der Jahweverehrung konkurrierten.

Babylonien: Mesopotamisch-vorderorientalische Großmacht, die gegen Ende des 7. Jh. v. Chr. Assyrien ablöste und auch Juda unterwarf. 596 v. Chr. Eroberung Jerusalems, Tempelzerstörung und Deportationen (siehe folgendes Stichwort).

Babylonisches Exil oder *Babylonische Gefangenschaft:* Deportationen aus der judäischen Ober- und Mittelschicht 597 und 586 v. Chr. nach Mesopotamien; beendet 538 v. mit dem »Kyros-Edikt«.

Balfour Declaration: Offiziöses Schreiben des britischen Außenministers Balfour an Lord Rothschild im Jahr 1917 mit der Versicherung, die britische Regierung werde die Errichtung eines »jüdischen Nationalheims« in Palästina mit Sympathie betrachten, ohne damit die Rechte anderer Gruppen beeinträchtigen zu wollen.

Bar Miṣwah: »Sohn des Gebots«, der Dreizehnjährige, der zur vollen Beobachtung des Religionsgesetzes verpflichtet ist.

Barajta', Mehrzahl *Barajtot:* »Draußen«, das heißt außerhalb der *Mischna* befindliche tannaitische Überlieferungen innerhalb der *Gemara.*

Berakah, Mehrzahl *Berakot:* Segensspruch, Benediktion.

Bᵉrit Šalom: »Friedensbund«, Vereinigung (1925—1940) mit dem Ziel eines Ausgleichs zwischen Juden und Arabern in Palästina und der Gründung eines binationalen Staates.

Beschneidung: Entfernung der Vorhaut, im Vorderen Orient und anderswo weit verbreiteter Brauch, der im Judentum im Gegensatz zu den nicht beschnittenen Philistern und in der hellenistisch-römischen Zeit zu einem zentralen Bekenntnissymbol (»Zeichen des Bundes«) wurde.

Bet Din: »Gerichtshof«, speziell religiöses Gericht.

Bet midraš: Lehrhaus, Lernhaus.

Bet mišpaṭ: »Gerichtshof«, speziell staatliches oder nichtreligiöses Gericht.

BILU: Abkürzung des hebräischen Verses *Jesaja* 2, 5; Motto und Bezeichnung der ersten Palästinasiedler nach 1881/82 *(Ḥibbat Ṣijjon).*

Bimah: »Bühne«, Podium für die Schriftlesung in der Synagoge; in Aschkenasien auch *Almemor* genannt.

»Bund«: Nicht-zionistische sozialistische jüdische Arbeiterbewegung (Osteuropa, USA).

Bund: In der Tradition die Erwählungsverpflichtung des Volkes Israel unter Mose am Sinai; ihr Inhalt: die *Torah.*

Bundesbuch: Gesetzbuch in der Bibel (*Exodus* 20, 22—23, 9).

Bundeslade: Siehe Lade(heiligtum).

ChaBaD: Abkürzung aus hebräisch *Ḥäsäd — Binah — Da'at* (Gnade, Einsicht, Erkenntnis), Bezeichnung einer Richtung im osteuropäischen Chasidismus.

Chanukkah: »Einweihung« — Fest zur Erinnerung an die Wiedereinweihung des Tempels unter Judas Makkabäus 164 v. Chr.

Chasidim, Chasidismus: 1. Religiöse Strömung im Frühjudentum zur Zeit der Makkabäeraufstände; 2. Aschkenasischer Chasidismus: mystisch-esoterische Strömung im mitteleuropäischen Judentum des Mittelalters; 3. Osteuropäischer Chasidismus: Religiöse Bewegung in Osteuropa seit dem 18. Jh., oft »Chasidismus« schlechthin genannt.

Chazaren: Stämmegruppe und Königreich nördlich des Kaukasus und an der Kaspischen See, im 8.—12. Jh. von einem gewissen politischen Gewicht. Königshaus und Oberschicht traten im 8. Jh. zum Judentum über.

Chronistisches Geschichtswerk: 1. und 2. Chronik mit den Büchern *Esra* und *Nehemia.*

Coelesyrien: Südliches Syrien mit Juda, im 3. Jh. v. Chr. unter ptolemäischer Herrschaft.

Conservative Judaism, Conservatives: Amerikanische jüdische Denomination; siehe: Konservatives Judentum.

Dajjan: »Richter«, speziell religiöser Richter, in der Regel Funktion des Rab(biners), im islamisch-mittelalterlichen Bereich selbständiges Amt, in großen Gemeinden Aschkenasiens zum Teil dem Rab beigeordnet.

Daršan: Prediger.

Davididen: Nachkommen des judäischen Königshauses (Davids); siehe auch Hillel, Patriarch, Exilarch.

D^{e}bir: Das Allerheiligste des Tempels.

Deutero-Jesaja: Jesaja 40—55; im babylonischen Exil entstandene Sammlung von Prophetensprüchen.

Deuteronomium: Das *5. Buch Mose;* Gesetzescorpus in demselben.

Deuteronomisch: Betrifft die religionspolitische Strömung, aus der das *Deuteronomium* hervorgegangen ist, und eine Redaktion der *Pentateuch*-Quellenschriften.

Deuteronomistisches Geschichtswerk: Die Bücher *Josua* bis *2. Könige* in ihrer letzten Gestalt, nach dem babylonischen Exil teils im Geist des *Deuteronomiums,* teils im Geist der Jerusalemer Priestertradition abgeschlossen.

Diaspora: »Zerstreuung«; Existenz außerhalb des Landes Israel (vergleiche Exil).

Edom: 1. Volk und Nachbarreich Judas im Süden, nach der Bibel mit Esau als Stammvater; 2. Symbolische Bezeichnung und Typus für das Römische Reich und (später) für die christliche Weltmacht.

El: Gemeinsemitisch »Gott«, in Kanaan auch Eigenname des höchsten Gottes; viele lokale Ausprägungen und Kulte.

Elephantine: Jüdische Militärkolonie in Oberägypten (auch Jeb) um 400 v. Chr. Bekanntgeworden durch den Fund aramäischer Papyri.

Eljon: El Eljon, Gottheit des vorisraelitischen Jerusalem.

Elohist: Pentateuch-Quellenschrift oppositioneller Tendenz im Vergleich zu Jahwist und Priesterschrift.

Eschatologie: Betrifft Erwartung und Darstellung eines zielgerichteten Geschichtsablaufs.

Essener: Nach Josephus Flavius und anderen antiken Schriftstellern eine jüdische religiöse Gruppierung in der Zeit vor 70 n. Chr.; eng verwandt oder identisch mit der Qumrangemeinde.

Etrog und *Lulab:* Citrusfrucht und Palmzweig für den Feststrauß des Laubhüttenfestes; geläufige Symbole der jüdischen Kunst.

ETZEL: Abkürzung für hebräisch *'Irgun Ṣ^{e}ba'i L$^{e'}$ummi (Militärische Nationale Organisation)*; Terrorgruppe der Revisionisten in den Jahren vor der Staatsgründung.

Exil: 1. = Babylonische Gefangenschaft (586–538 v. Chr.); 2. Die Existenz außerhalb des Landes Israel überhaupt (*Golah, Galut*).

Exilarch: Politisches Oberhaupt der Juden im Partherreich und unter dem Kalifat, aramäischer Titel: *Reš galuta'*; die Exilarchenfamilie leitete sich vom letzten legitimen judäischen König (Jojakin) her.

Exodus: 1. Auszug aus Ägypten unter Mose, Typus auch der eschatologischen Erlösung; 2. *Das 2. Buch Mose.*

Frankismus: Spätsabbatianische Sekte, Anhänger des Jakob Frank.

Galut: Siehe Exil.

Gaon: »Exzellenz«, Titel der Schulhäupter in Babylonien und Palästina im Mittelalter; später gelegentlich verwendete ehrenvolle Bezeichnung.

Garizim: Berg bei Samaria, Heiligtum der Samaritaner.

Gebetsriemen: Siehe *Tefillin.*

G^e^mara': »Vervollständigung«; die talmudische Diskussion auf der Basis der *Mischna*, der eigentliche Inhalt der *Talmude.*

Geniza: 1. »Schatzhaus«; Aufbewahrungsort für Schriften, die wegen des in ihnen enthaltenen heiligen Gottesnamens nicht vernichtet werden dürfen, sondern rituell bestattet werden müssen; bis zu dieser Bestattung werden sie in der »Geniza« aufbewahrt. 2. Speziell die Kairoer Geniza, die gegen Ende des vorigen Jahrhunderts durch S. Schechter erschlossen wurde und viele Texte und Quellen aus dem 9. bis 14. Jahrhundert enthält.

Gerusie: Ältestenrat, Notablengremium neben dem Hohepriester in persisch-frühhellenistischer Zeit.

Geṭ: Urkunde, speziell Scheidungsurkunde.

Gnosis: Religiöse Strömung in der Antike von weltflüchtig-leibfeindlichem Charakter.

Goj: »Volk«, in spät- und nachbiblischer Zeit vor allem für nichtjüdische Völker *(Gojjim)*, schließlich auch Bezeichnung für den einzelnen Nichtjuden und volkstümliches Schimpfwort.

Golah: Siehe Exil.

Habdalah: Zeremonie zur Trennung zwischen Feiertag und profanem Tag.

Habiru: Nomadische Gruppen der vor-israelitischen Zeit.

Ḥ^a^burah: »Vereinigung« von Pharisäern in frühjüdischer Zeit und von rabbinisch orientierten Juden der talmudischen Periode zur Pflege der rituellen Lebensweise.

Ḥäbrah qaddiša': »Heilige Genossenschaft«; wohltätige Vereinigung, speziell Begräbnisbrüderschaft in den mittelalterlichen und neuzeitlichen Gemeinden.

Ḥädär: »Kammer«; die traditionelle Kinderschule.

Hadas: Riechkräuterbehälter (auch *B^e^samim*-Büchse genannt) für die *Habdalah*-Zeremonie.

Hafṭarah: Abschnitt der synagogalen Prophetenlesung.

Haganah: »Verteidigung«; Selbstverteidigungsorganisation der Juden Palästinas vor der Staatsgründung.

Haggadah: Nichtgesetzliche Überlieferung.

Hagiographen: Siehe Kanon.

Halachah: Die verbindliche religionsgesetzliche Überlieferung, das gültige Religionsgesetz.

Hallel: Psalmen 115—118.

Ha-qärän ha-qajjämät l^e^Jiśra'el: Jewish National Funds, Jüdischer Nationalfonds, mit der Aufgabe, in Palästina für die jüdische Nation Grundbesitz zu erwerben.

Haśkalah: Aufklärung, speziell die jüdische.

Hasmonäer: Familie und Herrscherhaus — auch »Makkabäer« genannt — im 2./1. Jh. v. Chr.

Ḥazzan: Vorbeter, Vorsänger, Kantor.

Ḥebär ha-J^e^hudim: »Rat der Juden« — oberstes politisches Organ Judas in der frühen Hasmonäerzeit; Nachfolgeinstitution der »Gerusie« und Vorläufer des »Sanhedrin«.

Heiligkeitsgesetz: Gesetzessammlung in der Bibel *(Leviticus* 17—16).

Hekal: Die Halle des Tempels.

Hekalot: »Tempelhallen« — die (7) himmlischen Hallen, das himmlische Heiligtum, Gegenstand von Spekulationen.

Henotheismus: Verehrung eines einzigen Gottes bei Anerkennung der Existenz anderer Götter.

Ḥerut: »Freiheit« — Bezeichnung der revisionistisch-zionistischen Partei seit der Staatsgründung.

Ḥibbat Ṣijjon: »Zionsliebe«, später *Ḥob^e^be Ṣijjon,* »Zionsfreunde« genannt; Vorzionistische ostjüdische Palästinabewegung, Gründer der ersten Siedlungen (siehe *BILU*).

Hillel: Pharisäisches Schulhaupt aus Babylonien in Palästina im 1. Jh. v. Chr. Die Nachkommen bekleideten nach 70 n. das Amt des palästinensischen Patriarchen und nahmen davidische Abstammung in Anspruch.

Histadrut (Histadd^{e}rut): »Organisation« — geläufige (verkürzte) Bezeichnung der Gewerkschaft im Staat Israel.

Ḥob^{e}be Ṣijjon: Siehe *Ḥibbat Ṣijjon.*

Höhenheiligtum: Volkstümliche kanaanäische Kultstätte in biblischer Zeit.

»Höre, Israel«: Beginn von *Deuteronomium* 6, 4 f.; Bekenntnisformel und Kern eines täglich zweimal zu sprechenden Pflichtgebets (seit der Jabneperiode).

Horeb: Gottesberg und Ort der Mose-Offenbarung nach bestimmten biblischen Traditionen; nach anderen: Sinai.

Ismael: Sohn Abrahams und der Hagar (*Genesis* 16), Ahnherr der Wüstenvölker (der Araber); später Symbol und Typus für die islamische Weltmacht.

Israel: 1. Bezeichnung des Nordreiches, das 722 durch die Assyrer vernichtet wurde; 2. Bezeichnung für das Volk der Hebräer insgesamt, seit 722 v. Chr. in Juda bewußt verwendet; 3. die geläufigste Selbstbezeichnung des Judentums bis heute, vor allem religiös; 4. Bezeichnung des modernen Staates Israel.

Israelitisch: 1. das Nordreich Israel (bis 722 v. Chr.) betreffend; 2. das Judentum der biblischen Zeit (»Altisrael«) betreffend; 3. Bezeichnung für »jüdisch« im 19. Jahrhundert (neben »mosaisch« und »hebräisch«).

Jad: »Hand« — Zeigestab für die Schriftlesung.

Jahwist: Pentateuch-Quellenschrift mit davidisch-dynastischer Tendenz.

J^{e}šibah: Weiterführende talmudische Schule.

Jewish Agency: Gremium der jüdischen Selbstverwaltung in Palästina zur Mandatszeit.

Jiddisch: Jüdische Umgangssprache auf der Basis des mittelalterlichen Jüdisch-Deutschen, seit 1880 auch Literatursprache.

Jiddischismus: Ostjüdische Bewegung zu Anfang dieses Jahrhunderts mit dem Anspruch, jiddische Sprache und ostjüdische Kultur als Grundlagen der Jüdischkeit schlechthin zu behaupten.

Jiššub: Hebräische Bezeichnung für die jüdische Bevölkerung Palästinas vor der Staatsgründung.

Jom Kippur, Jom ha-kippurim: Versöhnungstag.

Josephus Flavius: Jüdischer Historiker des späten 1. Jahrhunderts n. Chr.

Juda: Israelitischer Stamm und Königreich, zuerst mit Hebron, unter David und danach mit Jerusalem als Hauptstadt. 586 v. Chr. durch die Babylonier aufgelöst. In persischer Zeit Provinz *J^{e}hud.*

Judäa: Name für die frühere persische Provinz Juda in hellenistisch-römischer Zeit.

Kabbalah: »Überlieferung«; speziell eine spekulative mystische Strömung im mittelalterlichen und neuzeitlichen Judentum.

Kabod: »Herrlichkeit« Gottes, kultische Gegenwart und Erscheinung Gottes; Gegenstand esoterischer Spekulationen.

Kairoer Geniza: Siehe Geniza.

Kanaan: Bezeichnung des späteren Palästina in vorisraelitischer Zeit = Land Israel in der biblisch-jüdischen Tradition.

Kanaanäer: Vorisraelitische Bevölkerung des Landes Israel, unter David/Salomo integriert.

»Kanaanäer«: Strömung unter jüngeren Israelis mit Betonung der israelischen nationalen Eigenständigkeit gegenüber dem Diasporajudentum und mit dem Ziel einer bodenständigen Kultur im Rahmen des Vorderen Orients.

Kanon: Verbindlich festgestellte Sammlung Heiliger Schriften, endgültig zwischen 70 und 130 n. Chr. in Jabne abgeschlossen. Als kanonisch gelten seither: 1. Die *Torah* (der *Pentateuch*), 2. die Propheten, und 3. die Hagiographen (»Schriften«), mit abgestufter Autorität.

Karäer: Anti-rabbinische Bewegung, in Babylonien im 8. Jh. entstanden und seither eine jüdische Sekte. Wörtlich »Biblizisten«, weil sie sich gegen die rabbinische Tradition auf die Bibel beriefen.

Kašer: Rituell tauglich, rein.

Ketubbah: Heiratsvertrag.

Kibbutz, Kebutzah: Landwirtschaftliche Kollektivsiedlung in Palästina/Israel.

Kol Nidre: »Alle Gelübde« — Anfang eines bekannten Gebets am Versöhnungstag.

Konservatives Judentum: Religiöse Richtung im Judentum des 19./20. Jahrhunderts, die sich von der Reformbewegung abgrenzte und mehr als diese von der Tradition beibehalten wollte. In Amerika: *Conservative Judaism.*

Koscher: Jüdisch-deutsch für *kašer.*

Kulturzionismus: Zionistische Richtung, die dem Aufbau eines geistig-kulturellen Zentrums in Palästina gegenüber der Staatsgründung den Vorrang einräumte.

Kyros-Edikt: Erlaß des Perserkönigs Kyros von 538 v. Chr., der den deportierten Judäern die Heimkehr gestattete und den Wiederaufbau des Jerusalemer Tempels anordnete.

Lade, Ladeheiligtum, auch *Bundeslade:* Truhenförmiges, kultisches Objekt ungeklärter Herkunft aus der Richterzeit; nach der Tradition vom Sinai. Unter David Palladium der vereinten Heerbanne von Israel und Juda, unter Salomo im Jerusalemer Tempel, mit diesem 586 v. Chr. vernichtet. Symbol der Erwählung der davidischen Dynastie und Jerusalems, angeblicher Behälter der Gebotstafeln. Vorbild für den *Torah*-Schrein.

LECHI: Abkürzung für hebräisch *Loḥ^a^me Ḥerut Jiśra'el* (*Freiheitskämpfer Israels*); revisionistische Terrorgruppe vor der Staatsgründung, auch »Stern-Gruppe« genannt.

Leviten: Jahweverehrende Gruppen aus Südjuda, unter David maßgebend in Kult und Verwaltung, später vor allem Priester an den staatlichen Heiligtümern, daher als Priesterstamm dargestellt und auf Levi (Sohn Jakobs) zurückgeführt. In der letzten Königszeit und nach dem babylonischen Exil gegenüber der Jerusalemer Priesterschaft zu kultischem Dienstpersonal und Tempelmusikern degradiert.

Lulab: Siehe *Etrog* und *Lulab.*

Machzor: Der Jahresfestzyklus und das dazugehörige Gebetbuch.

Makkabäer: Beiname der frühen Hasmonäer.

Makkabiade: Jüdische Weltsportwettspiele; seit 1929.

Mamzer: Kind aus ungültiger Ehe; volkstümliches Schimpfwort.

Marranen: Zwangsgetaufte Juden in oder aus Spanien und Portugal, die heimlich an ihrem alten Glauben festhielten.

Maśkilim: Aufklärer, siehe *Haśkalah.*

Masora, Masoreten: Überlieferung beziehungsweise Tradenten des Bibeltextes.

Massah: Siehe *Mazzah.*

Mazzah: Ungesäuertes Brot für das *Passah-Mazzot*-Fest zur Erinnerung an den Auszug aus Ägypten.

Megillot, 5 Meg.: Die biblischen Bücher *Ruth, Klagelieder, Hoheslied, Prediger Salomos* und *Esther,* die an bestimmten Festen des Jahreszyklus verlesen werden.

Memorbuch: Gedächtnisbuch mitteleuropäischer Gemeinden im Mittelalter und in der Neuzeit für Märtyrer und berühmte Persönlichkeiten.

Menorah: Siebenarmiger Leuchter nach dem Vorbild des Leuchters im 2. Tempel.

Messias: »Gesalbter«, das heißt König. Seit der babylonischen Gefangenschaft speziell der erhoffte König der Zukunft.

Messianisch: 1. die Zeit des Messias betreffend; 2. die Verwirklichung und Vorbereitung der Messiaszeit betreffend.

Mezuzah: Ritualgegenstand am Türpfosten; *Torah*-Denkzeichen (mit biblischen Texten) und Schutzsymbol.

Midrasch: 1. Methode der Schriftanwendung und Schriftdeutung; 2. Literarische Gattung (Art Kommentar); 3. Bezeichnung für verschiedenartige rabbinische Schriften, auch homiletischen und traktatartigen Charakters.

Minjan: »Zahl« — die Mindestzahl von zehn anwesenden Kultfähigen für den synagogalen Gottesdienst.

Miqwäh: Rituelle Badeanlage.

Mischna: »Überlieferung«, »Lehre«: 1. Literarische Form (einer gesetzlichen Einzelüberlieferung); 2. die um 200 n. Chr. vollendete verbindliche Sichtung und Sammlung der »mündlichen Überlieferung«.

Mitnaggᵉdim: »Gegner« — speziell des osteuropäischen Chasidismus.

Mizrachi: Bezeichnung der zionistischen orthodoxen Weltorganisation.

Mizraḥ: »Osten« — dekorierte Tafel an der Ostwand des Hauses zum Anzeigen der Gebetsrichtung.

Moab, Moabiter: Nachbarvolk und -reich Israels/Judas im südlichen Ostjordanland.

Monotheismus: Verehrung eines einzigen Gottes unter Ausschluß der Existenz anderer Götter.

»Monotheismus, ethischer«: Im 19. Jh. (S. Formstecher) geprägter Begriff zur Kennzeichnung des Judentums, der »Religion des Geistes«, im Gegensatz zum »physischen Monotheismus« der natürlichen Religion.

Mošab: Landwirtschaftliche Siedlung in Palästina/Israel auf kooperativ-genossenschaftlicher Basis.

Mosaisch: Im 19. Jh. übliche Bezeichnung statt »Jüdisch«.

Musaf: »Zusatz« — zusätzliches Opfer an Sabbat und Festtagen am Tempel, später zusätzlicher synagogaler Gebetsgottesdienst (im Anschluß an den Morgengottesdienst).

Musar: »Ethos«; *Musar*-Literatur: Erbauungsliteratur.

Musar-Bewegung: Erneuerungsbewegung des 19./20. Jahrhunderts, gegründet von Israel Salanter.

Nagid: »Vorsteher, Fürst«, Titel der Repräsentanten des Judentums im Mittelalter in Spanien und in Ägypten.

Naśi': 1. »Fürst«, Regent; 2. Titel des palästinensischen Patriarchen in der talmudischen Periode.

Neo-Orthodoxie: In Deutschland im 19. Jh. durch Samson Raphael Hirsch gegründete traditionalistische Richtung bei gleichzeitigem Festhalten an

Aufklärung und Emanzipation; schließlich mit eigenen Gemeinden und Schulen.

Omar-Bund: Grundlage für den Status der Juden in den islamischen Ländern, dem Kalifen Omar I. (7. Jh.) zugeschrieben.

Oniaden: Hohepriesterliche Familie im 3./2. Jh. v. Chr.

Orthodoxie: Traditionalistisches Judentum seit der Aufklärung.

Ostjuden: Nach vollzogener Assimilation im Westen geläufiger Ausdruck für osteuropäische Juden.

Pajtan: Synagogaler religiöser Dichter.

Palästina: Geographische Bezeichnung für »Land Israel« einschließlich der Küstenebene, auf eine römische Bezeichnung nach 70 n. Chr. zurückgehend.

Palmach: Abkürzung für hebräisch *P^eluge Maḥaṣ* (Stoßtruppen), die Kampfeinheiten der *Haganah.*

Paraschah: Abschnitt der synagogalen *Torah*-Lesung.

Parnas: »Vorsteher«, Mitglied der Gemeindeleitung.

Passah-Haggadah: Ritual des *Seder*-Abends am *Passah*-Fest.

Patriarch: Oberhaupt der Juden Palästinas und im Römischen Reich aus der Familie Hillels in der talmudischen Periode, auch Ethnarch; hebräischer Titel: *Naśi'.*

Pentateuch: Die *Fünf Bücher Mose.*

Pentateuch-Quellenschriften: Grundschriften für die Redaktion der *5 Bücher Mose* (Jahwist, Elohist, *Deuteronomium,* Priesterschrift), die verschiedene Strömungen und Interessengruppen der biblischen Zeit repräsentieren.

Pharisäer: Vertreter einer religionspolitischen Richtung im Judentum zwischen ca. 150 und bis 70 n. Chr., die danach zum »normativen Judentum« wurde und das rabbinische Judentum begründete.

Philister: Zweig der »Seevölker« aus der Ägäis, um 1200 v. Chr. an der südpalästinensischen Küste.

Phönikien, Phöniker: Stadtstaaten an der mittel- und nordsyrischen Küste.

Pijjut: Religiöse Dichtung.

Pilpul, Pilpulistik: Scharfsinnige, im Extrem gekünstelte Erörterung gesetzlicher Probleme.

Polis: Hellenistische Stadt mit besonderer Verfassungsform.

Priesterschrift: Pentateuch-Quellenschrift; Jerusalemer Priestertradition.

Prokurator: Römischer Unterstatthalter, in Palästina 6 n. bis 66 n. Chr. mit Amtssitz Caesarea am Meer.

Proselyt: Nichtjude, der zum Judentum übertritt.

Pseudepigraphen des AT: Außerkanonische Schriften aus frühjüdischer Zeit, zum Teil pseudepigraph, das heißt unter fingiertem Verfassernamen überliefert.

Ptolemäer: Herrscherhaus in Ägypten nach Alexander dem Großen.

Qärän ha-j^e^sod: Zionistischer Fonds zur Finanzierung von palästinensischen Siedlungsprojekten.

Qärän qajjämät: Siehe *Ha-qärän ...*

Qahal: »Gemeinde«, speziell die alte, autonome Gemeinde der Zeit vor der Emanzipation.

Qidduš: »Heiligung« — Zeremonie zu Beginn des Sabbats oder Festtages.

Qiddušin: Ritus der Eheschließung.

Qumran: Ort am Toten Meer; Ruinen einer antiken Siedlung, in deren Umgebung man seit 1948 in Höhlen die Texte von Qumran gefunden hat.

Rab: Titel für den rabbinischen Gelehrten in Babylonien (in Palästina: *Rabbi),* später für Rabbiner.

Rabban: Titel des palästinensischen Patriarchen.

Rabbi: (Mein) Lehrer, Meister; palästinensischer Gelehrtentitel (in Babylonien: *Rab).* Heute Titel amerikanischer Reformrabbiner.

Rabbinen: Gesetzesgelehrte der pharisäisch-talmudischen Observanz.

Rabbiner: Beamteter Gesetzesgelehrter, in europäischen Gemeinden des Mittelalters eingeführt.

Rabbinerseminar: Wissenschaftlich orientierte Rabbiner-Ausbildungsstätte (im Gegensatz zur *J^ev^šibah*) seit der Aufklärung.

Rabbinisch: im Sinne der Gesetzesgelehrten der pharisäisch-talmudischen Tradition.

Raschi: Abkürzung von *R(abbi) Š^e^lomo Jiṣḥaqi.*

Reconstructionism: Amerikanisch-jüdische Erneuerungsbewegung seit den zwanziger Jahren, gegründet von M. M. Kaplan.

Reformed Judaism: Amerikanisch-jüdische Denomination, siehe Reformjudentum.

Reformjudentum: Liberale, »reformatorische« religiöse Richtung im 19./20. Jh., begründet vor allem durch Abraham Geiger; in Amerika: *Reformed Judaism.*

Rekabiter: Nomadisierende Sippe der Königszeit.

Reš galuta': Siehe Exilarch.

Revisionismus: Radikale, nationalistisch-zionistische Bewegung, seit 1948 *Ḥerut*-Partei.

Ro'š ha-šanah: Neujahr.

Sabbat: Traditioneller jüdischer Ruhe- und Feiertag, der siebte Wochentag. In hellenistisch-römischer Zeit auch zum Bekenntnissymbol geworden.

Sabbatianismus: Messianische Bewegung des Sabbetaj Zbi um 1666 und seiner Anhänger.

Sabbatjahr: Das 7. Jahr, in dem man nach strenger Überlieferung nicht ernten soll.

Saboräer: Endredaktoren der babylonischen *Gemara* im 6. Jh. n. Chr.

Ṣaddiq: »Gerechter«, im osteuropäischen Chasidismus die religiös-soziale Leitgestalt der Gemeinschaft.

Sadduzäer: Religionspolitische Richtung im Frühjudentum unter der Ägide vornehmer Priester- und reicher Laienkreise.

Samaria: Seit Omri Hauptstadt des Nordreichs Israel. 722 durch die Assyrer zerstört. In nachexilischer Zeit Zentrum der persischen Unterprovinz und mit Jerusalem/Juda rivalisierend.

Samaritaner: Von den Juden sich im 5./3. Jh. v. Chr. lösende Gruppe mit dem Zentrum in Samaria und mit einem eigenen Heiligtum auf dem Garizim.

Sanhedrin: 1. Oberstes politisches, religiöses und juristisches Gremium in Judäa in der herodianisch-römischen Zeit unter dem Vorsitz des Hohepriesters; 2. nach 70 n. (bzw. nach 138 n. Chr.) neben dem Patriarchen oberste jüdische Instanz für die Juden in Palästina und im Römischen Reich.

Schächten: Rituell vorschriftsmäßiges Schlachten zur Vermeidung von Blutgenuß, Durchschneiden der Kehle (Halsschlagadern) des Tieres.

Schammaj: Pharisäischer Schulgründer im 1. Jh. v. Chr. und Konkurrent Hillels.

Schofar: Widderhorn für kultisch-gottesdienstliche Zwecke.

Ṣ^{e}daqah: »Gerechtigkeit« — das sozial rücksichtsvolle Verhalten, »Solidarität«, Wohltätigkeit, Almosen.

Sedär (Seder): »Ordnung«, speziell die liturgische Ordnung für den *Passah*-Abend (siehe auch *Passah-Haggadah*).

Sefardisch: Im Unterschied zu »aschkenasisch« die Juden spanisch-orientalischer Herkunft und ihre Tradition.

Seleukiden: Herrscherhaus in Syrien/Vorderasien nach Alexander dem Großen.

Seliḥah: Poetisches Bußgebet.

Šeliḥim: »Gesandte« (»Apostel«) des Heiligen Landes oder speziell der Heiligen Stadt (Jerusalem, zeitweilig auch Zefat).

Septuaginta: Griechische Bibelübersetzung der Juden in Ägypten, seit 250 v. Chr. entstanden.

Sikarier: Fanatisch-militante Aufständische gegen Ende der Zeit des 2. Tempels.

Sinai: Siehe *Horeb.*

Ṣiṣit: Kleiderquaste.

Sukkah, Sukkot: Laubhütte, Laubhüttenfest.

Šulḥan ʿaruk: Gesetzeskodex des Josef Karo, 16. Jahrhundert.

Synagoge: 1. (griechisch) »Versammlung«, speziell die gottesdienstliche; 2. Versammlungshaus — Synagogengebäude; 3. Im christlichen Sprachgebrauch in Entsprechung zu »Kirche« Bezeichnung für Judentum.

Synhedrion/Synhedrium: Siehe *Sanhedrin.*

Taḥanun: »Flehen«, Nach »Höre, Israel« und »Achtzehngebet« der dritte große Komplex des täglichen Gottesdienstes.

Ṭallit: Gebetsmantel, Gebetsschal.

Talmud: »Lehre«: 1. Die Überlieferung, innerhalb des talmudischen Sprachgebrauchs speziell die biblische; 2. Bezeichnung der abgeschlossenen *Gemara* auf Grund der (daher auch mitgedruckten) *Mischna*; in Palästina um 400, in Babylonien um 500 schriftlich fixiert. Der »Babylonische Talmud« setzte sich gegenüber dem »Palästinensischen« fast völlig durch.

Tannaiten: 1. Die Lehrer der »mündlichen Überlieferung« bis zum Abschluß der *Mischna* (ca. 200/220 n. Chr.); 2. Texttradenten, die bestimmte Überlieferungskomplexe auswendig konnten und bei Bedarf an den talmudischen Schulen rezitierten — »lebendige Bücher«.

Targume: Aramäische Übersetzungen der Bibel.

Tefillin (Gebetsriemen): Torah-Denkzeichen, während des Gebets an Kopf und linkem Arm zu befestigen.

Territorialismus: 1905 von der zionistischen Organisation sich ablösende Bewegung, deren Ziel es war, außerhalb Palästinas weitere jüdische Siedlungsmöglichkeiten zu schaffen.

Tobiaden: Vornehme Familie aus dem Ostjordanland mit erheblichem Einfluß auf Juda/Jerusalem im 4.—2. Jh. v. Chr.

Torah: »Lehre«, »Anweisung«: 1. Die *Fünf Bücher Mose (Pentateuch)* – die «schriftliche *Torah*«; 2. die verbindliche, offenbarte Gesetzesüberlieferung, »schriftliche« und »mündliche *Torah*« (siehe *Mischna*); 3. die gesamte religionsgesetzliche Tradition.

Torah-Schrein: Schrank bzw. architektonisch gestaltete Nische zur Aufbewahrung der *Torah*- und Schriftrollen in den Synagogen.

Torah-Rolle: Die Heiligen Schriften werden für den synagogalen Gebrauch vom Altertum her auf Schriftrollen und nicht in Buchform geschrieben.

Tosefta: »Ergänzung«, Bezeichnung einer Sammlung von Überlieferungen aus der Zeit der Tannaiten, die in der *Mischna* nur teilweise oder abweichend überliefert sind.

Vätergötter: Familiengottheiten der Patriarchenzeit.

Zadok: 1. Neben Ebjatar Jerusalemer Oberpriester unter David und Salomo; Ahnherr der »Zadokiden«, der späteren hohepriesterlichen Sippe; 2. Name des Begründers der Zelotensekte in römischer Zeit (6 n. Chr.).

Zadokiden: Vornehme Jerusalemer Priestersippe, traditionelle Inhaber des Hohepriesteramtes.

Zeloten: Radikale, militant antirömische Richtung im Judentum zwischen 6 und 70 n. Chr.

Zion: 1. Ursprünglich der Hügel des Jerusalemer Tempels; 2. symbolisch für Jerusalem und Land Israel; 3. heute Name des Südwesthügels (Dormitio-Kirche).

Zionismus: Von Theodor Herzl 1897 begründete Bewegung mit dem Ziel der Errichtung eines »Jüdischen Nationalheims« in Palästina und letztlich der Gründung eines Judenstaates.

Zohar: »Lichtglanz«, Hauptwerk der mittelalterlichen Kabbala, ca. 1280 bis 1290 durch Mose de Leon abgefaßt.

Zeittafel

Erster Teil: IM RAHMEN DES ALTEN ORIENTS

2100/1600	*Mittlere Bronzezeit*	
1800/1500	»Patriarchenzeit«	
1600/1200	*Spätbronzezeit*	Infiltration proto-israelitischer Gruppen in Kanaan und Ägypten
1290/1224	Ramses II. in Ägypten	
	»Exodus«	
1200 ff.:	Übergang zur Eisenzeit	Philister an der Küste
	»Richterzeit«	
1050	Zerstörung von Silo durch Philister	
1020/1004	König Saul	
	Königszeit	
1004/965	David	
965/928	Salomo	Anfänge der Geschichtsschreibung
928/26	Reichsteilung	

Juda		*Israel*	
928–911	Rehabeam	926–907	Jerobeam
922	Ägyptische Invasion		
908–868	Asa		
		882/842	Dynastie Omris
		882/871	Omri
			Aramäerkriege
		871/852	Ahab
868/851	Josaphat	853	Schlacht bei Karkar
		843/746	Dynastie Jehus
842	Staatsstreich der Atalja	842/814	Jehu. Assyrische Oberherrschaft
769/732	Ussia	787/748	Jerobeam II.
758 (743)/727	Ahas	722	Untergang des Reiches Israel
Assyrische Oberherrschaft			
727/698	Hiskia		Jesaja
701	Assyrer belagern Jerusalem		
640/609	Josia		Jeremia
622	Reform des Josia in Jerusalem		
609	Schlacht bei Megiddo		
Babylonische Oberherrschaft			
597	1. Eroberung Jerusalems durch die Babylonier. Deportationen		
586	2. Eroberung Jerusalems durch die Babylonier. Tempelzerstörung		
	Weitere Deportationen. Untergang des Reiches Juda		
	»Babylonische Gefangenschaft«		Ezechiel Deuterojesaja

Persische Oberherrschaft

538	Kyros-Edikt.	
	1. Heimkehrerwelle	
520/515	Bau des 2. Tempels	Haggaj, Sacharja
	Konflikte mit der Landesbevölkerung	
		Torah
458/420	Reformen unter Esra und Nehemia	Deuteronomistisches Geschichtswerk
410/398	Krise in Jerusalem; Brudermord im Tempel, Beginn des samaritanischen Schismas. Statthalter Bagoas. Elephantine	Prophetenschriften redigiert
		Psalter
		Chronistisches Geschichtswerk

Zweiter Teil: IN DER HELLENISTISCH-RÖMISCHEN WELT

332	Alexander der Große erobert Palästina
320 ff.:	Kämpfe um Palästina zwischen Ptolemaios und Antigonus
	Anfänge der ägyptischen Diaspora
301	*Ptolemaios erobert Palästina*
ca. 246:	Tobiade Josef
ca. 250 ff.:	Griechische Bibelübersetzung in Alexandrien
ca. 200:	Hohepriester Simon
	Buch Jesus Sirach
198	*Seleukiden erobern Palästina*
175/164	Antiochus IV. Epiphanes
175	Hohepriester Onias III. abgesetzt
175/171	Jason Hohepriester

169	Plünderung des Tempelschatzes — Aufstände. Dezember 167 — April 164 Religionsverfolgung Makkabäeraufstand Dezember 164 Tempel neu eingeweiht	
160	Judas Makkabäus gefallen. Nachfolger Jonathan	
152	Jonathan Hohepriester Entstehung der »Religionsparteien«	
142	Simon Nachfolger Jonathans	
141	Eroberung der syrischen Akra in Jerusalem. Simon erblicher Hohepriester und Fürst	
141 ff.:	*Souveräner Makkabäerstaat*	
134/104	Johannes Hyrkan	
103/76	König Alexander Jannaj	Qumran-Blütezeit
76/67	Königin Salome Alexandra. Pharisäische Herrschaft	
67/63	Bürgerkrieg	
63	*Eroberung Jerusalems durch Pompeius. Römische Oberherrschaft*	
63/40	Hyrkan II. Hohepriester und Ethnarch	
40/37	Antigonus II.	
37—4	Herodes d. Große	
4 v. — 6 n. Chr.	Archelaos	
6—41 n. Chr.:	Römische Prokuratoren	Zeloten
26—36	Pontius Pilatus	
38	Unruhen in Alexandrien	
41/44	König Agrippa I.	Philon von Alexandrien
66/70	*1. Jüdisch-römischer Krieg* Zerstörung des 2. Tempels	Unruhen in Alexandrien
73	Eroberung der Felsenfestung Masada	

70 ff.:	*Jabne-Periode.* Pharisäismus als normatives Judentum	
70/93	Werke des Historikers Flavius Josephus	
115/117	Diaspora-Aufstände	Exilarchat in Babylonien
132—135	*2. Jüdisch-römischer Krieg.* Bar-Kochba-Aufstand	
140 ff.:	Patriarchat und Sanhedrin in Palästina	
ca. 200:	Fixierung der »mündlichen Tradition«: Mischna	
217	Tod des Jehuda-ha-Naśi'	

»Amoräische« Zeit

	Palästina	*Babylonien*
		Rab und Samuel in Babylonien
		Aufstieg der babylonischen Schulen
		245 Dura Europos
313 ff.:	Christliche Herrschaft	
361/363	Kaiser Julian Apostata	
ca. 400:	Palästinensischer Talmud	
425/426	Abschaffung des Patriarchats	
613—617	Jüdisch-parthische Herrschaft über Jerusalem	ca. 500: Babylonischer Talmud

Dritter Teil: DAS JUDENTUM IM MITTELALTER

Islamische Welt	
638	Arabische Eroberung Jerusalems
8.–11. Jh.:	*Blütezeit des babylonischen Judentums (Gaonäische Zeit)*
711	Eroberung Spaniens
942	Saadja Gaon gestorben
900–1140:	*Spanisches »Goldenes Zeitalter«*
1099	Kreuzfahrer in Jerusalem
11./14. Jh.:	Dokumente der »Kairoer Geniza«
11./12. Jh.:	*Blütezeit im fatimidischen Ägypten*
1187	Saladin erobert Jerusalem
1204	Moses Maimonides gestorben
Ab 1100	Verfall des wirtschaftlichen und kulturellen Lebens im Orient
1453	Türken erobern Konstantinopel

Christliche Welt	
7. Jh.:	Verfolgungen im visigothischen Spanien
9. Jh.:	Beginn der aschkenasischen Kolonisation
900–1096	*Aschkenasische Blütezeit*
1096	1. Kreuzzug. Verfolgung
1140/1300	*Blütezeit im christlichen Spanien*
	Maimonidischer Streit
	Aufkommen der Kabbalah
1190	Das Buch Zohar
1195/6	Verfolgungen im Rheinland
1240/42	Disputation und Talmudverbrennung in Paris
1263	Disputation von Barcelona
1290	Vertreibung aus England
1348/49	»Schwarzer Tod«
1394	Vertreibung aus Frankreich
14./15. Jh.:	Fortschreitende *reconquista* und Unterdrückung in Spanien
1492	Vollendung der *reconquista*-Vertreibung aus Spanien
1496/97	Vertreibung aus Portugal

Vierter Teil: DIE JUDEN IN DER NEUZEIT

I. *Zwischen Mittelalter und Aufklärung*

Mittel- und West-Europa	*Osteuropa*	*Ottomanisches Reich*
Regionale Vertreibungen		
1475 Erste hebräische Drucke	*1500—1648: Blütezeit in Polen/Litauen*	*1500—1620: Blütezeit im ottomanischen Reich*
		1516 ff.: Palästinensisches Zentrum. Kabbalah von Zefat
1523/32 Messianische Bewegung: David ha-Reubeni, Salomo Molko		
1554 Zensur hebräischer Bücher		1564 Josef Karos Schulchan Aruch
Aufkommen der »Hofjuden«	1569/71 Moses Isserles »Mappah« zum Schulchan Aruch	
	1580 Vierländerrat	
Marranen siedeln in Übersee und in den Niederlanden	1603 Rabbi Löw von Prag gestorben	
1656 Baruch Spinoza gebannt	1623 Litauen-Rat selbständig	
Zulassung der Juden nach England	*1648 Chmielnitzki-Massaker* Niedergang des osteuropäischen Judentums	
Blütezeit des niederländischen Judentums		1665/6 Sabbetaj Zbi
	Sabbatianische Bewegung	
Anfänge der Aufklärung und Assimilation	Aufkommen des *Chasidismus* 1772/1793/1795: Teilungen Polens	Niedergang des sefardischen Judentums im Orient

Mittel- und Westeuropa	*Osteuropa*	*Orient*	*Übersee (Nordamerika)*
1782 Toleranzedikt Josephs II.			
1786 Moses Mendelssohn gestorben			
1789 ff. Französische Revolution			
1791 Gleichberechtigung in Frankreich	Rußland begrenzt jüdische Siedlung		Gleichberechtigung in den USA
1797 Gleichberechtigung in der Batavischen Republik			
1807 Grand Sanhédrin Gleichberechtigung in napoleonisch beherrschten Gebieten			
	1812 Erste Ansätze zur Gleichberechtigung		
1814/15 Wiener Kongreß Stagnation und Rückschritte in der Emanzipation			
1819 Judenhetze in Frankfurt (»Hep-Hep«) »Wissenschaft des Judentums« begründet	1822 Verbot des Kahal		
			1835 ff.: Deutsche Einwanderung
1831 Gleichberechtigung in Frankreich		1840 Damaskusaffäre	
	1844 Endgültiges Kahalverbot		

II. *Von 1780 bis 1880* / Fortsetzung

Mittel- und Westeuropa	*Osteuropa*	*Orient*	*Übersee (Nordamerika)*
1844 Revolutionen — vorübergehende Gleichberechtigung			
	1854/56 Krimkrieg Aufstieg der hebräischen und jiddischen Presse		
1860 Alliance Israélite Universelle 1860 ff.: Gleichberechtigung in den meisten Staaten			1871 ff.: Neue deutsche Einwandererwelle

III. *Von 1880 bis 1945*

Europa	*Osteuropa*	*Amerika*	*Palästina*
1872 Hochschule für Wissenschaft des Judentums Berlin			1870 Mikve Israel gegründet
Anfänge des politischen Antisemitismus	Verschärfung der sozialen und politischen Lage Palästinabewegung	1875 Hebrew Union College Cincinnati	
	1881/82 Pogrome Massenauswanderung		
Zuwanderung von »Ostjuden«		Masseneinwanderung	

	Hibbat Zion		BILU-Siedlungen 1. Alijjah
	1884 Kattowitz-Konferenz	1885 Pittsburgh-Platform der »Reformed«	
	Aufstieg der jiddischen Presse und Literatur	1886 Jewish Theological Seminary New York	
	1890 Odessa-Konferenz		
1894 ff.: Dreyfusaffäre			Argentiniensiedlung unter Baron Hirsch
1896 Theodor Herzl, »Der Judenstaat«			
	1897 »Bund«		
1897 1. Zionistischer Kongreß			
1902 Mizrachi gegr.			
	1903 Kishinev-Pogrom		
1904 Th. Herzl gestorben	1905/6 Pogromwelle		2. Alijjah
		Masseneinwanderung aus Osteuropa	1909 Kibbutz Deganjah
1914/17 1. Weltkrieg			1915 Zion Mule Corps
1917 Balfour-Declaration			

Europa	*Osteuropa*	*Palästina*
	1919/20 Pogrome in der Ukraine Sowjetrussische Beschränkungen des jüdischen Lebens	1919/23 3. Alijjah
1921 12. Zionistenkongreß		1920 *Britisches Mandat* Keren ha-J^e^sod Jewish Agency Histadrut
	Polnisches Judentum führend	
	1925 YIVO gegründet	
		1921 Arabische Unruhen in Haifa
		1924 Technion
		1925 Hebrew University Jerusalem
		1924/32 4. Alijjah
	1928 ff.: Birobidschan	1929 Arabische Unruhen
1933 Hitler Reichskanzler		1933/39 5. Alijjah
1935 Nürnberger Gesetze	1934 ff.: Stalinistische Säuberungen	1936 Arabische Unruhen
1936 1. Jüdischer Weltkongreß		1937 Peel-Teilungsplan
1938 Reichskristallnacht		1939 ETZEL und LECHI
1939/45 2. Weltkrieg		1941 Palmach
»Endlösung«		1942 Biltmore-Programm
1945 ff.: Versorgung der »Displaced Persons«		
		Illegale Einwanderung Jüdisch-britische Auseinandersetzungen
		1947 UNO-Teilungsplan

IV. *Seit 1948*

1948	*Proklamation des Staates Israel*	
	Beginn des Unabhängigkeitskrieges	Qumran-Funde
1949	Waffenstillstand	Neue Unterdrückung in der Sowjetunion Antizionismus
	Flucht von 750 000 Arabern aus Israel Flucht von 500 000 Juden aus arabischen Ländern	
1952	Wiedergutmachungsabkommen mit der Bundesrepublik Deutschland	
1956	*Sinaifeldzug und Suezkrise*	
1960	Funde aus der Bar-Kochba-Zeit in der Wüste Juda	
1966	S. J. Agnon erhält den Nobelpreis für Literatur, zusammen mit Nelly Sachs	
1967	*Sechstagekrieg*	
1973	Neuer Krieg zwischen Israel und den arabischen Staaten	

Karten und Pläne

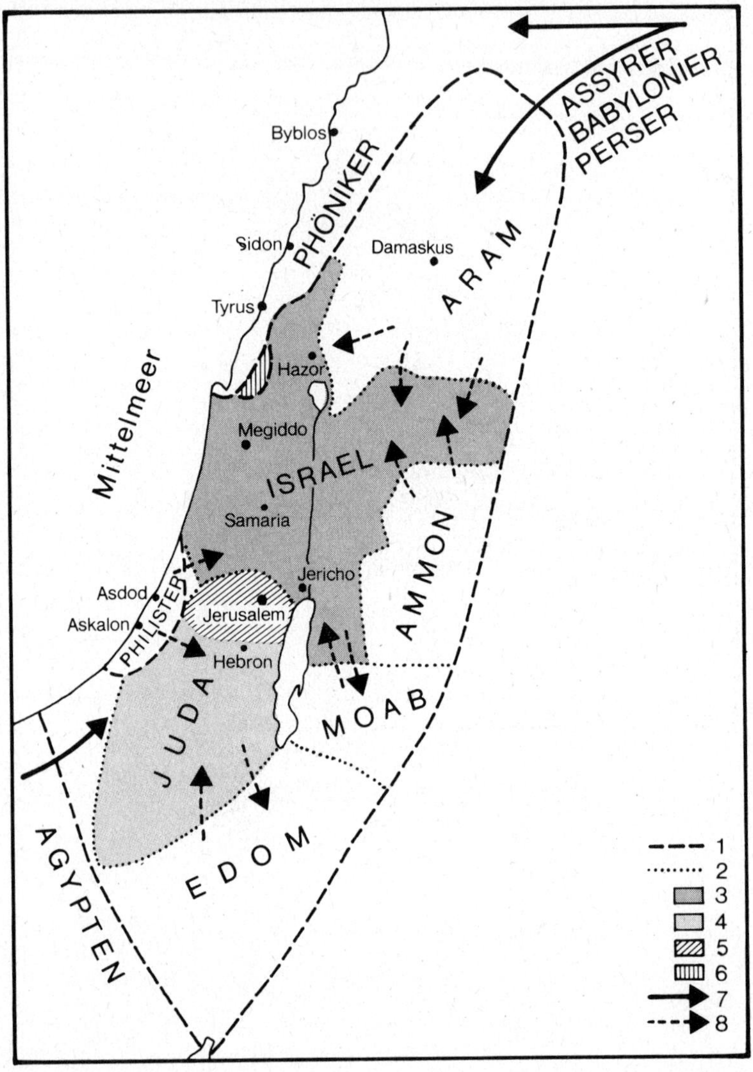

Altisrael

1 *Grenze des davidisch-salomonischen Großreiches*
2 *Grenzen von ca. 800 v. Chr.*
3 *Nordreich Israel*
4 *Südreich Juda*
5 *Persische Provinz Juda ca. 400 v. Chr.*
6 *Von Salomo an Tyrus abgetreten*
7 *Großmächte*
8 *Regionale Erweiterungsbestrebungen*

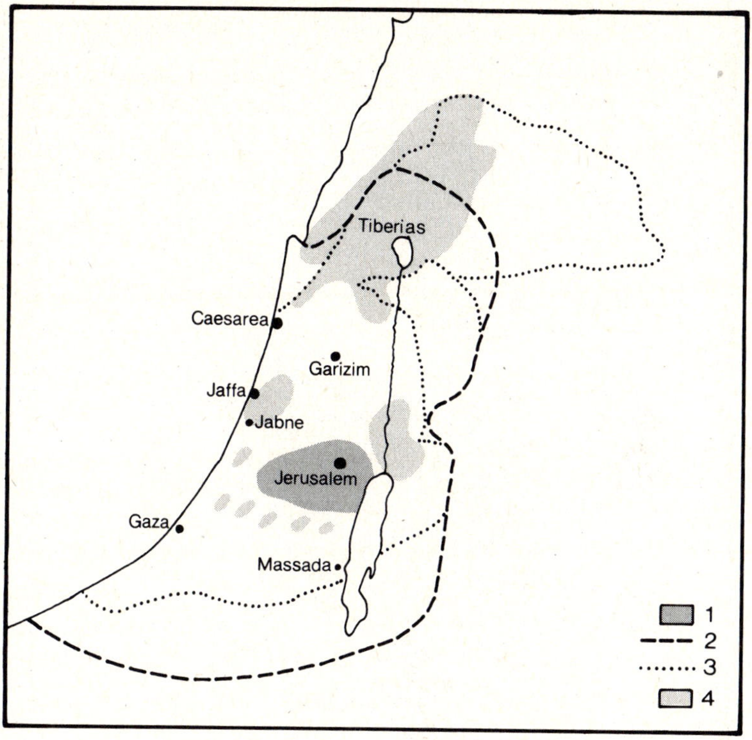

Unter hellenistisch-römischer Herrschaft

1 Persische Provinz Juda
2 Reich des Alexander Jannaj
3 Reich Herodes' des Großen
4 Jüdische Siedlungsgebiete 138—638 n. Chr.

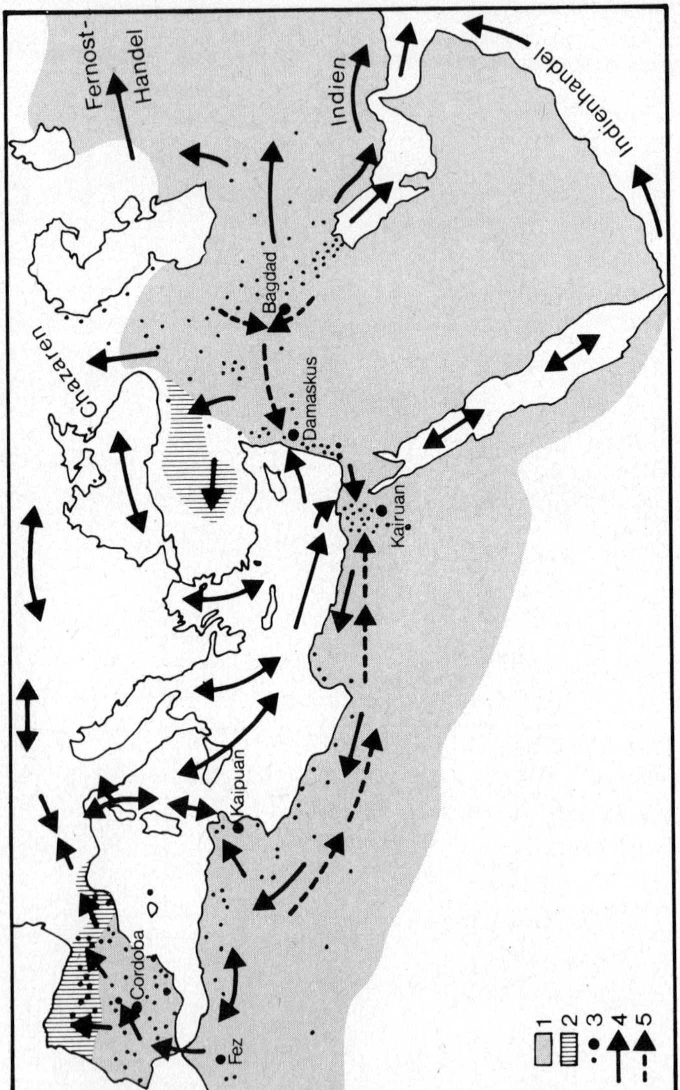

Das Judentum in der islamischen Welt um ca. 1000

1 *Islamisch beherrschte Gebiete*
2 *Christliche Rückeroberung in Spanien, islamisches Vordringen in Kleinasien*
3 *Jüdische Hauptsiedlungsgebiete*
4 *Siedlungsbewegungen und Handelswege*
5 *Rückwanderungen ins Fatimidenreich*

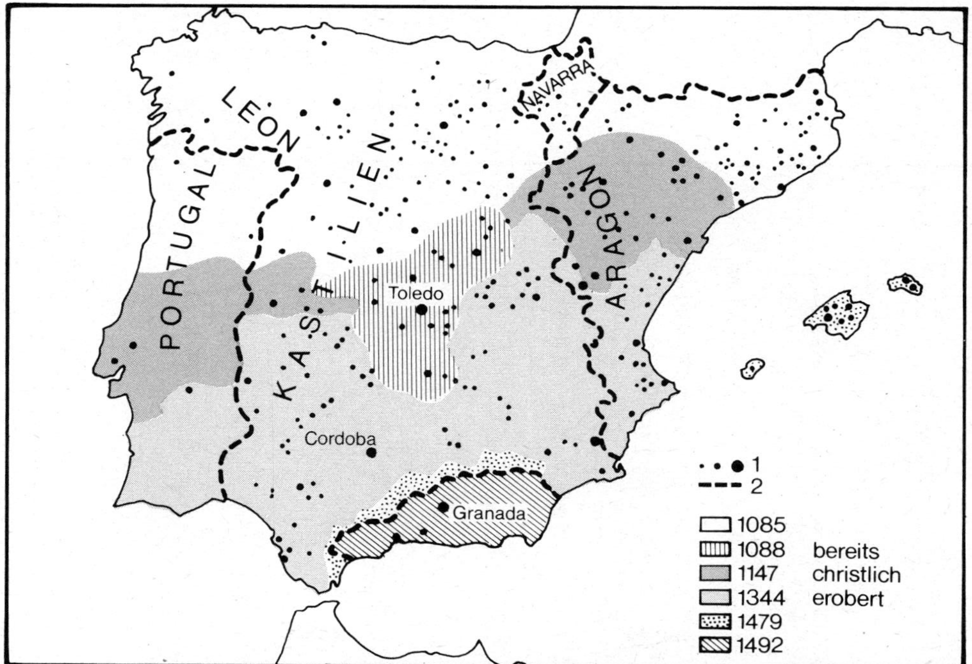

Spanien und die Reconquista

1 *Jüdische Siedlungen im 14./15. Jh.*
2 *Staatsgrenzen 1479*

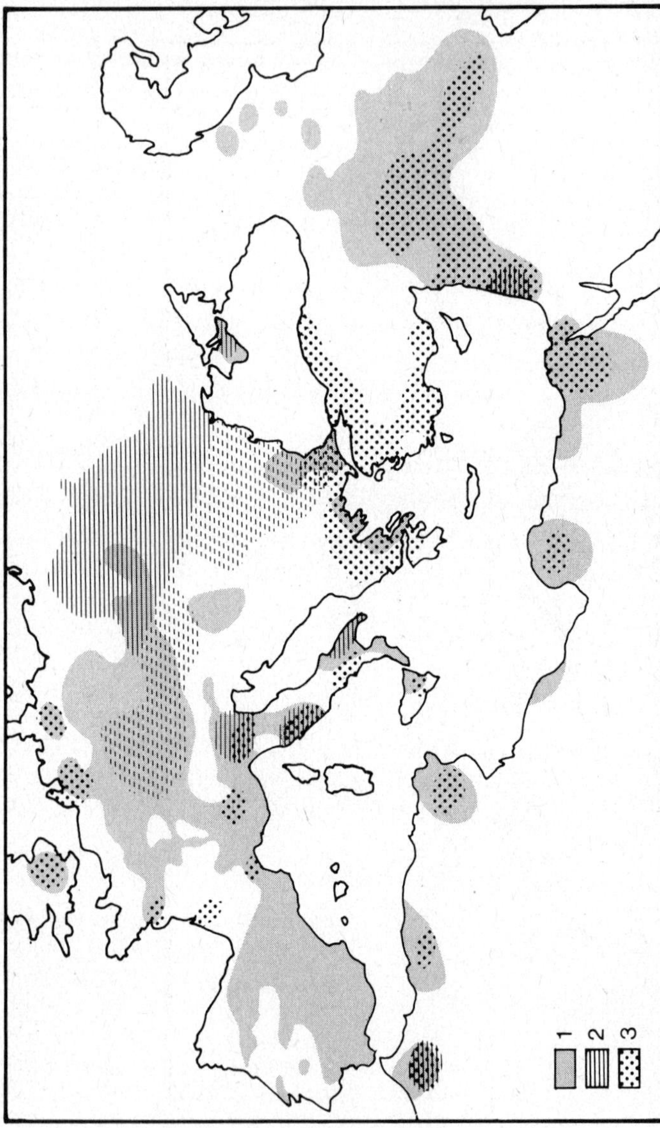

Jüdische Diaspora zwischen ca. 1000—1780

1 *Mittelalterliche Siedlungsgebiete*
2 *Aschkenasisches Siedlungsgebiet nach 1492*
3 *Sefardisch-orientalische Siedlungen nach 1492*

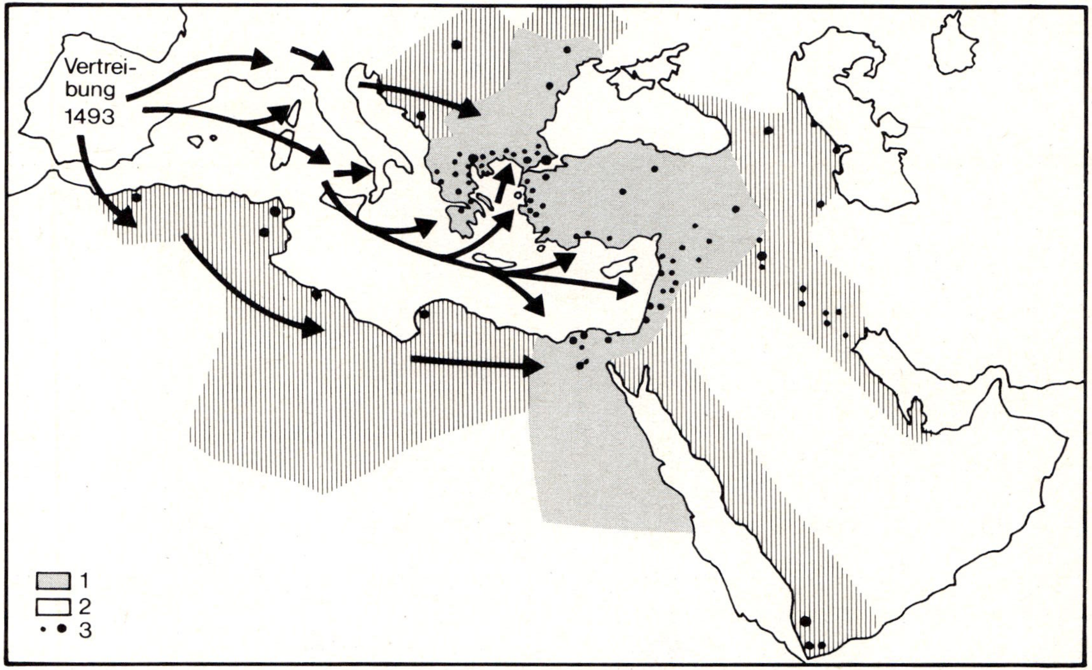

Die Juden im ottomanischen Reich

1 Das Reich unter Selim I. (1512—1520)
2 Im 16./17. Jh. dazuerobert
3 Jüdische Zentren

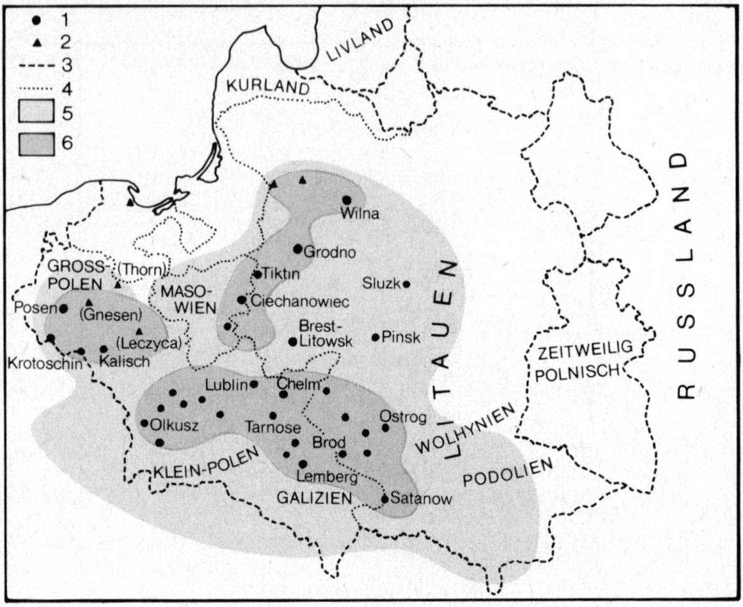

Die Juden in Polen – Litauen, Anfang 17. Jh.

1 Großgemeinde
2 Marktort
3 Staatsgrenze
4 Provinzgrenze
5 Jüdische Verbreitungsgebiete
6 Jüdische Ballungsgebiete

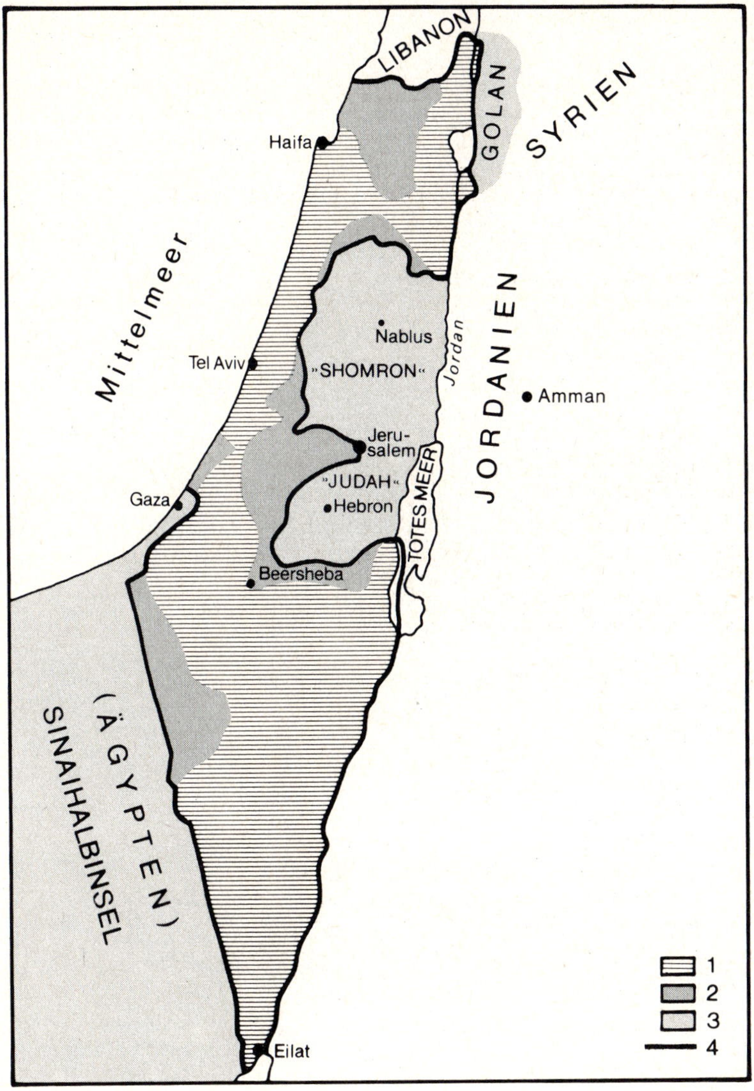

Das heutige Israel

1 Israelisches Staatsgebiet nach UNO-Plan 1947
2 Gebietsgewinne durch Waffenstillstand 1949
3 Seit 1967 besetzt
4 Grenze 1949—1967

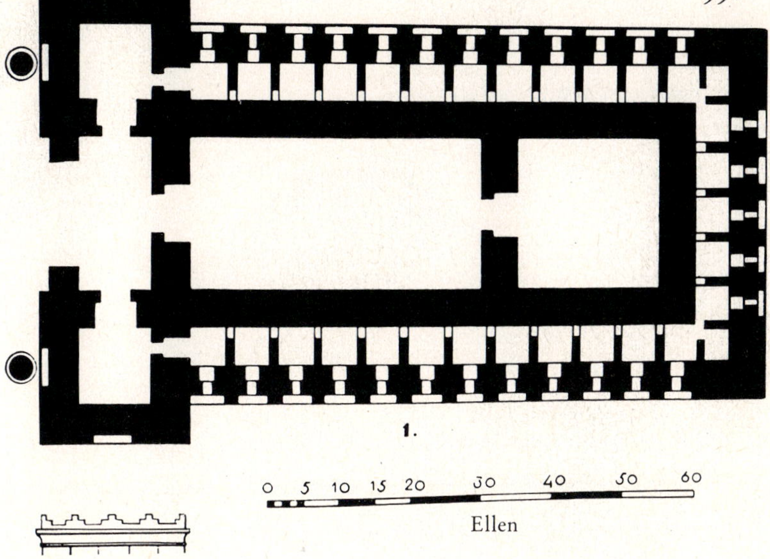

1.

Grundriß und Seitenansicht des salomonischen Tempels (nach L. H. Vincent/A. M. Steve).

2.

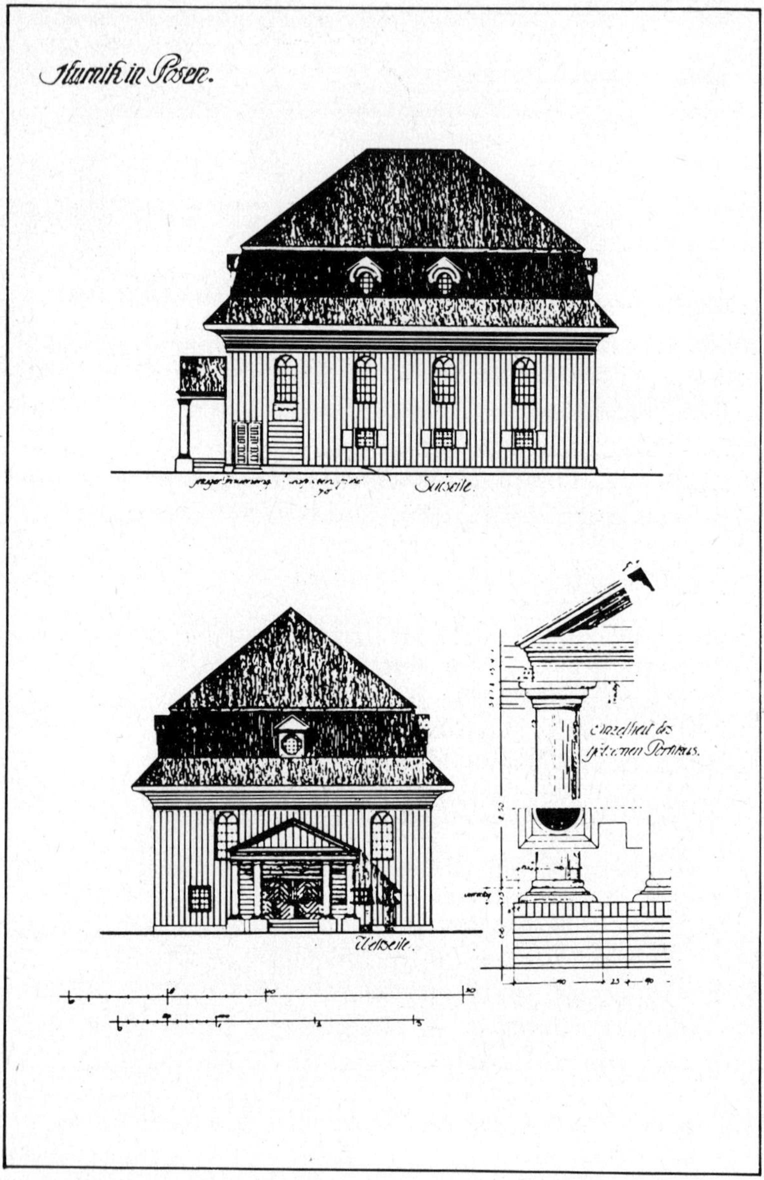

Die Holzsynagoge von Kurnik/Posen

Abbildungsverzeichnis

Farbtafeln

Schwarzweiß-Abbildungen

Register

A

C

D

E

F

I

K

L

M

P

Q

U

V

W

Z

Inhaltsverzeichnis

Kindlers Kulturgeschichte des Abendlandes

IN 22 BÄNDEN

Herausgegeben von Friedrich Heer

1. VORGESCHICHTE EUROPAS
   von Stuart Piggott
2. GRIECHENLAND
   von C. M. Bowra
3. HELLENISMUS
   von M. Hadas
4. ROM
   von Michael Grant
5. DIE SPÄTANTIKE
   von Joseph Vogt
6. DIE KELTEN
   von Myles Dillon und Nora Chadwick
7. DIE GERMANEN
   von Emil Nack
8. BYZANZ
   von Steven Runciman
9. FRÜHES MITTELALTER
   von Friedrich Heer
10. HOCH- UND SPÄTMITTELALTER
    von Friedrich Heer
11. RENAISSANCE
    von S. Harrison Thomson
12. DAS ZEITALTER DER ENTDECKUNGEN
    von John H. Parry
13. BAROCK
    von Maurice Ashley
14. DAS 18. JAHRHUNDERT
    von George Rudé
15. EUROPÄISCHE REVOLUTIONEN
    von Eric Hobsbawm
16. EUROPÄISCHE KOLONIALREICHE
    von John H. Parry
17. DAS BRITISCHE COMMONWEALTH
    von Nicholas Mansergh
18. GESCHICHTE DER ZIVILISATION
    von Fernand Braudel
19. DAS 19. JAHRHUNDERT
    von Robert Schnerb
20. DIE SLAWEN
    von Roger Portal
21. DAS 20. JAHRHUNDERT
    von George Lichtheim
22. REGISTERBAND

Jeder Band mit ca. 500 Seiten und 32 Bildseiten, davon 8 Farbtafeln.

Kindler Verlag Zürich und München

7 - 1 - 3 - 2 - 7